中国循环经济年鉴

（2010）

总第3卷

主编　解振华

中国财政经济出版社

图书在版编目（CIP）数据

中国循环经济年鉴. 2010 / 解振华主编.
–北京：中国财政经济出版社，2010. 12.
ISBN 978-7-5095-2721-4

I.①中… II.①解… Ⅲ.①自然资源–资源经济学
–中国–2010–年鉴 Ⅳ.①F124.5–54
中国版本图书馆CIP数据核字（2011）第006398号

中国财政经济出版社 出版
URL: http://www.cfeph.cn
E-mail: cfeph@cfeph.cn

社址：北京市海淀区阜成路甲28号　邮政编码：100142
发行处电话：010－84119310　发行处电子信箱：gzp1616@126.com
北京财经书店　电话：64033436
廊坊市安次区码头镇长岭印刷厂印刷　各地新华书店经销
889×1194毫米　16开　印张：31.75
彩插：160页　印张：10　字数：1700千字
2010年12月北京第1版　2010年12月北京第1次印刷
定价：380元
ISBN 978-7-5095-2721-4
（图书出现印装问题，本社负责调换）

《中国循环经济年鉴》编辑委员会

《中国循环经济年鉴》编辑部

要切实加大节能环保投入，认真落实节能减排责任制，突出抓好节能减排重点工程建设，努力实现节能减排目标；要着力加强节能减排和新能源技术研发和推广，大力发展节能环保产业，积极培育循环经济。

——中共中央总书记、国家主席胡锦涛参观“2009中国国际节能减排和新能源科技博览会”时的谈话

2009年9月22日，国家主席胡锦涛在美国纽约召开的联合国气候变化峰会开幕式上发表《携手应对气候变化挑战》讲话表示，中国将加强节能、提高能效工作，争取到2020年单位国内生产总值二氧化碳排放比2005年有显著下降。大力发展可再生能源和核能。大力发展绿色经济，积极发展低碳经济和循环经济，研发和推广气候友好技术

2009年3月5日，国务院总理温家宝在向第十一届全国人民代表大会第二次会议做的《政府工作报告》中指出，2009年要毫不松懈地加强节能减排和生态环保工作。突出抓好工业、交通、建筑三大领域节能，继续推进十大重点节能工程建设，落实电机、锅炉、汽车、空调、照明等方面的节能措施，大力发展循环经济，坚持节能、节水、节地

2009年10月17日，中共中央政治局常委、国务院总理温家宝（左二）考察国家循环经济试点企业金川集团有限公司

2009年6月19日，中共中央政治局常委、国家副主席习近平（前左二）在国家循环经济试点企业——新疆维吾尔自治区石河子市天业集团考察

2009年4月23日，中共中央政治局常委、国务院副总理李克强（前左二）出席循环经济院士专家座谈会并发表重要讲话强调，要深入贯彻落实科学发展观，不失时机地培育和壮大循环经济，推动发展方式转变和创新，实现资源的高效利用、循环利用、无害利用，促进经济又好又快发展。国家发展和改革委员会和中国工程院组织的“循环经济专家行”启动

2009年1月16日，由国家发展改革委、全国人大环资委、环境保护部联合主办，中国经济导报社与中央电视台等联合承办的学习《循环经济促进法》电视大赛在北京圆满落幕。全国人大常委会副委员长陈至立（右五）、全国人大环境与资源保护委员会主任委员汪光焘（右四）、国家发展改革委副主任解振华（左四）等出席颁奖仪式并颁奖

2009年8月6日，国家发展和改革委员会主任张平（前右三）在宁夏回族自治区副主席齐同生陪同下考察宝丰能源集团

2009年5月6日，由国家发展和改革委员会、中国工程院联合组织的20多位院士、专家参与的“循环经济专家行”第一站在北京地区进行。中国工程院院长徐匡迪（前左二）、国家发展改革委副主任解振华（前左三）参加“循环经济专家行”活动。图为“循环经济专家行”在北京盈创再生有限公司考察调研

2009年7月，由国家发展改革委、中国工程院联合组织的“循环经济专家行”活动在山西省调研咨询

2009年3月12日，国家发展改革委副主任解振华在北京主持召开《柴达木循环经济试验区总体规划》专家论证会

2009年8月21日，国家发展改革委副主任解振华在北京主持召开《河南省循环经济试点实施方案》论证会

2009年12月24日，国务院正式批准实施《甘肃省循环经济总体规划》。该规划提出，到2015年，要把甘肃省建设成为全国循环经济发展示范区

2009年10月13～15日，国家发展和改革委员会环资司与日本国际协力机构（JICA）在北京共同举办了“中日城市典型废弃物资源化研讨会”

编辑说明

一、《中国循环经济年鉴》是全面记载我国循环经济历史的大型典籍类工具书，坚持以毛泽东思想、邓小平理论和“三个代表”重要思想为指导，贯彻落实科学发展观，为推动循环经济发展服务。

二、《中国循环经济年鉴》从2008出版发行以来，受到了各方面的欢迎和赞许，给了我们继续努力编辑出版《中国循环经济年鉴》以巨大鼓舞和鞭策。

三、《中国循环经济年鉴 2010》内容是2009年中国循环经济的发展状况，采用文章、条目、报表和图片相结合的体例。

四、《中国循环经济年鉴 2010》具有以下特点：载入的事件、信息、数据、资料、图片等均来自官方和公开出版物，具有权威性、真实性；内容比较全面、系统、完整，从中央到地方，以至企业、园区、各个行业、领域，言论、重大活动和事件、法规、政策、科技、典型案例，多层次、全方位，涉及循环经济的各个方面，丰富、翔实；收录了近700幅反映我国循环经济的图片，使之具有较强的可视性、生动性和可读性。

五、《中国循环经济年鉴 2010》加大了循环经济试点单位和循环经济实践的载述，从而提升了交流与借鉴的价值。

六、《中国循环经济年鉴 2010》的编辑出版得到了国务院有关部委（局），各省、自治区、直辖市、计划单列市、新疆生产建设兵团发改委（经委），国家各重点行业及其协会、循环经济试点与实践单位、专家学者的大力支持，在此深表感谢！

七、《中国循环经济年鉴》编辑部设在北京现代循环经济研究院(010－84119310，gzp1616@126.com)。由于水平有限，对于书中存在的疏漏乃至错误，敬请读者不吝指正。

Illustration

1. The China Circular Economy Yearbook is a large-sized reference book to comprehensively record circular economy history in our country. It is always edited with Mao Zedong Thought, Deng Xiao-ping Theory and the Important Thought of Three Represents as guidance, to implement Scientific Outlook on Development and to serve the circular economy promotion.

2. The China Circular Economy Yearbook 2010 has been widely welcomed and appreciated since its publication. For this, we are greatly encouraged and driven to hardly improve the edition and publication of the China Circular Economy Yearbook.

3. The basic content of the China Circular Economy Yearbook 2010(hereinafter refer to as the Yearbook 2010) is the development of the Chinese circular economy in 2008. The text mode to combine articles, entries, forms and pictures is adopted in the Yearbook.

4. The Yearbook 2010 has some distinct characteristics, such as: It has authority and reality for all the affairs, information, data, materials and pictures inside come from official resources or publications; It has comprehensive, systematic and full content covering from the center to regions and including enterprises, parks, every industries, areas, sayings, important activities and affairs, laws, policies, sciences and typical cases; It involves in every aspects of the circular economy from different levels and all orientations; It collects nearly 700 pictures reflecting the circular economy in our country and hence is interesting to see and read.

5. Comparing the China Circular Economy Yearbook 2008, more communication and reference value is gained by increasing the stating of circular economy experimental units and practices in this Yearbook.

6. During the edition of the Yearbook 2010, it is highly appreciated the strong support from the ministries and commissions of the State Department, every province, municipalities, cities directly under the central government, cities specifically designated in the state plan, the Development and Reform Commission of Xinjiang Production and Construction Corps of CPLA, every national important industries and their associations, circular economy experimental units and specialists and scholars.

7. The newsroom of the Yearbook is located in Beijing Modern Research Institute of Recycling Economy(gzp1616@126.com). Because of lack of experiences and limited level, please do not hesitate to point out and amend the omissions and errors in the Yearbook.

目录 Contents

党和国家领导人重要论述

中共中央总书记、国家主席
胡锦涛重要论述

参加第十一届全国人大第三次会议广东团讨论时发言

要抓住时机加强节能减排和生态保护。要按照建设生态文明的要求，全面加强节能、节水、节地、节材和资源综合利用工作，积极培育低碳经济和循环经济。抓紧淘汰落后生产能力，有效地降低能耗、水耗、物耗水平，有效地减少主要污染物的排放总量，有效地提高单位土地面积的产出率。

综合利用煤矸石，发展循环经济，一次性的投入虽然增加了，但在生产过程中将灰渣重复利用做砖，从综合利用这个渠道来说，生产的效益也会增加。更重要的是，环境好了，老百姓也得到了最大的实惠！

（2009年3月7日）

参观2009中国国际节能减排和新能源科技博览会时的谈话

大力推进节能减排，积极开发新能源，这是贯彻落实科学发展观、促进经济社会可持续发展的重大举措。在当前应对国际金融危机的形势下，节能减排和开发新能源工作尤其不能放松。要切实加大节能环保投入，认真落实节能减排责任制，突出抓好节能减排重点工程建设，努力实现节能减排目标；要着力加强节能减排和新能源技术研发和推广，大力发展节能环保产业，积极培育循环经济；要注重开展节约资源和保护环境教育，不断增强全社会特别是青少年的节能环保意识；要积极参与应对气候变化国际合作，共同建设生态文明。

（2009年3月20日）

考察山东大唐东营风力发电项目时的谈话

大力发展包括风电在内的可再生能源，是抢抓世界新一轮能源革命先机的必然要求。希望企业抓住国家大力扶持可再生能源发展的有利时机，着力加强技术创新，着力降低运营成本，为做大做强风电产业、改善我国能源结构发挥更大作用。希望企业牢牢把握宝贵发展机遇，瞄准世界产业技术前沿开展科研攻关，不断突破更多核心和关键技术，努力抢占未来发展的制高点。

（2009年10月18日）

在新加坡会见新加坡总理李显龙时的谈话

继续做好苏州工业园区和天津生态城两个政府间合作的旗舰项目。结合中新自由贸易协定实施，拓展中国企业在新加坡投资兴业的途径和空间，探讨开展环境保护、循环经济等领域合作。

（2009年11月12日）

中共中央政治局常委、全国人大常委会委员长吴邦国重要论述

在安徽调研时的谈话

铜陵大力发展循环经济的路子是对的，措施是有力的，相信按照这个路子走下去，会再造一个新铜陵。

一定要抓住当今世界开始重视低碳经济发展的机遇，加快发展太阳能、风能等可再生能源，加快开发洁净煤、智能电网、新能源汽车、碳捕捉等技术，加快建筑节能步伐，为实现经济社会可持续发展提供新的不竭动力。

（2009年7月2～7日）

考察中国工程院时的谈话

历史告诉我们，每一轮的国际金融危机，都会带来一次大的结构调整、产业升级和企业重组，只有把握国际产业发展新趋势、占领国际产业竞争制高点才能真正抓住机遇、掌握主动。这就迫切需要增强自主创新能力。

要瞄准世界科技前沿实现重点突破。要深入分析全球产业发展趋势，加强低碳技术、新能源、新材料、生物医药、信息技术、节能环保、智能电网、新能源汽车等方面的研发，努力占领国际产业竞争制高点，为推动以节能降耗为核心的新一轮企业技术改造，促进传统产业升级换代，培育经济发展新的增长点提供有力科技支撑。

（2009年11月4日）

在甘肃省考察时的谈话

要瞄准世界同行业先进水平，主动开展以节能降耗为核心的新一轮技术改造，大力发展循环经济，加强资源综合利用，既减少环境污染，又增加经济效益。

发展风能、太阳能、核电等清洁能源和新能源，将成为经济发展新的增长点，是能源结构调整的主攻方向，也是应对气候变化、确保能源安全的重大举措。甘肃要充分利用得天独厚的条件，毫不动摇地发展风能、太阳能等清洁能源，全力搞好示范项目。要加大科技投入，加强自主创新，攻克技术难题，掌握关键技术，提高装备质量，努力降低成本，为可再生能源发展提供坚实的技术支撑和保障。

（2009年11月9～14日）

在亚太经合组织工商领导人峰会上的演讲

创新思路，积极推动经济发展方式转变。应该加快实施科技创新和产业改造，大力发展绿色经济、循环经济，充分依靠科技进步增强世界经济增长内在动力。我们应该加强经济技术合作，降低人为技术转让壁垒，缩小发展中成员同发达成员的技术差距，特别是绿色技术差距，避免形成新的“绿色鸿沟”。发达成员应该帮助发展中成员获得有助于转变经济发展方式的资金和技术，推动世界经济平衡有序发展。

（2009年11月13日）

中共中央政治局常委、国务院总理温家宝重要论述

与西班牙首相萨帕特罗举行会谈

双方将加强科技合作，探讨可再生能源、生态环境、循环经济等领域的联合研发，培育新的经济增长点。

（2009年1月30日）

接受英国《金融时报》专访

中国的观点主要有三:第一，中国支持哥本哈根会议，支持应对气候变化所采取的各项积极措施，支持发展绿色经济，而且认为发展绿色经济很可能是应对金融危机的一个新的经济增长点。第二，在应对气候变化上，中国是高度重视的，成立了国家领导小组，并且制定了第一份应对气候变化的国家方案，这也是发展中国家的第一份国家方案。我们在“十一五规划”中已经制定节能减排的约束性目标，也就是每年单位GDP的能耗要降低4%，5年降低20%。前两年我们没有完成任务。2008年我们完成了。我们还将继续把这种做法长期坚持下去。这也可以看作是中国自我限制的一种办法。第三，中国难以在哥本哈根会议上承诺量化目标，因为中国还处在发展中。欧洲已经有几百年工业化的历史，我们才有几十年。我们有13亿人口，但人均温室气体排放量比发达国家低得多，累计排放更低。但是我们仍然抱着积极的态度加强同欧盟的合作，特别是在节能减排、低碳经济、环保技术上。

（2009年2月2日）

在江苏省考察时的谈话

要加大投入力度，发展循环经济，促进产业结构升级，为群众生产生活创造良好环境。

节能环保是一个大产业，要加快发展节能环保产业，大力发展循环经济，提高环境保护效率，培育新的经济增长点。

（2009年2月21～22日）

十一届全国人大三次会议《政府工作报告》

（2008年）坚持不懈地推动节能减排和生态环境保护。中央财政安排423亿元资金，支持十大重点节能工程和环保设施等项目建设。全国新增城市污水日处理能力1149万吨，新增燃煤脱硫机组容量9712万千瓦。单位国内生产总值能耗比上年下降4.59%，化学需氧量、二氧化硫排放量分别减少4.42%和5.95%。近三年累计，单位国内生产总值能耗下降10.08%，化学需氧量、二氧化硫排放量分别减少6.61%和8.95%。巩固退耕还林还草成果，推进天然

林、青海三江源等生态保护和建设工程。实施重点流域、区域水污染防治规划。发布了《中国应对气候变化的政策与行动》白皮书。

（2009年）毫不松懈地加强节能减排和生态环保工作。一是突出抓好工业、交通、建筑三大领域节能，继续推进十大重点节能工程建设，落实电机、锅炉、汽车、空调、照明等方面的节能措施。二是大力发展循环经济和清洁能源。坚持节能节水节地。积极发展核电、水电、风电、太阳能发电等清洁能源。推进洁净煤技术产业化。严格执行能耗和环保国家标准，加大节能技术和产品推广应用力度，加强资源综合利用。三是健全节能环保各项政策，按照节能减排指标体系、考核体系、监测体系，狠抓落实。四是开展全民节能减排行动，国家机关、公共企事业单位要发挥表率作用。五是继续强化重点流域、区域污染防治，加强石漠化、荒漠化治理，实施重点防护林、天然林保护和京津风沙源治理等生态建设工程，保护水、森林、草原、湿地等生态环境。推进农村环境综合整治。整顿规范矿产资源开发秩序。合理开发利用海洋资源。六是实施应对气候变化国家方案，提高应对气候变化能力。加强气象、地震、防灾减灾、测绘基础研究和能力建设。

（2009年3月5日）

主持召开国务院常务会议

重点支持钢铁、有色金属、石化、轻工、纺织、食品等行业加快研发共性关键技术，调整产品结构，发展循环经济。重点发展新能源汽车，支持节能、环保、安全等关键技术开发，发展填补国内空白的关键总成产品。

（2009年5月6日）

主持召开国务院常务会议

今年以来，国家结合重点产业调整和振兴规划实施，加大老旧汽车报废更新力度，出台鼓励“汽车摩托车下乡”、“家电下乡”等政策，有力地促进了农村消费，对拉动内需，稳定和扩大就业，保持经济平稳较快发展发挥了重要作用。为进一步促进扩大内需，根据我国家电、汽车产业发展和消费市场实际，有必要实施鼓励汽车、家电“以旧换新”的政策措施。这不仅有利于扩大消费需求，也有利于提高能源资源利用效率，减少环境污染，促进节能减排和循环经济发展。

采用财政补贴方式，鼓励汽车、家电“以旧换新”。（一）在现有老旧汽车报废更新补贴政策基础上，扩大补贴范围，加大补贴力度。对符合一定使用年限要求的中、轻、微型载货车和部分中型载客车，适度提前报废并换购新车的，或者对提前报废污染物排放达不到国Ⅰ标准的汽油车和达不到国Ⅲ标准的柴油车，并换购新车的，按照原则上不高于同型车单辆购置税的金额给予补贴。（二）在北京、上海、天津、江苏、浙江、山东、广东和福州、长沙，开展电视机、电冰箱、洗衣机、空调、电脑等5类家电产品“以旧换新”试点。对交售补贴范围内旧家电并购买新家电的消费者，原则上按新家电销售价格的10%给予补贴，分品种确定最高补贴额度；对回收补贴范围内旧家电并送到拆解处理企业的运输费用，给予定额补贴。（三）今年中央财政将老旧汽车报废更新补贴资金从10亿元增加到50亿元，同时安排20亿元资金用于家电“以旧换新”补贴。

（2009年5月19日）

主持国家应对气候变化领导小组暨国务院节能减排工作领导小组会议

虽然节能减排取得重要进展，但面临的形势依然严峻，任务相当艰巨。要坚持以科学发展观为指导，进一步增强做好节能减排工作的紧迫感和责任感，把节能减排作为调整经济结构、转变发展方式的重要抓手，作为应对国际金融危机、促进经济发展的新的增长点，全面深化改革，完善体制机制，加大工作力度，打好节能减排攻坚战。（一）严控“两高”行业盲目扩张。严格执行国家产业政策和项目管理规定，强化用地审查、节能评估、环境影响评价，从严控制“两高”行业低水平重复建设，继续控制“两高一资”产品出口。2009年，“上大压小”关停小火电机组1500万千瓦，淘汰落后炼铁产能1000万吨、炼钢产能600万吨、水泥产能5000万吨。完善淘汰落后产能退出机制。（二）突出抓好重点工程和重点领域。加大中央和地方财政对节能减排重点工程投入力度，引导社会投资。2009年，形成工程节能能力7500万吨标准煤，新增城市污水日处理能力1000万立方米，新增燃煤电厂烟气脱硫设施5000万千瓦以上。继续推进千家企业节能行动，形成2000万吨标准煤的节能能力。完善北方采暖地区既有居住建筑节能改造6000万平方米。鼓励汽车、家电“以旧换新”。（三）大力发展循环经济。建立循环经济发展专项资金，支持循环经济技术开发、示范推广、能力建设。加快再生资源回收体系建设。继续推动“限塑”、秸秆综合利用，治理商品过度包装。（四）加快高效节能产品推广。实施“节能产品惠民工程”，通过财政补贴方式推广高效节能空调、冰箱等10大类产品；支持在北京、上海、重庆等13个城市开展节能与新能源汽车示范试点，推广节能灯1.2亿只。（五）深化改革，完善政策。落实成品油价格和税费改革方案。完善天然气价格形成机制。修订高污染、高环境风险产品名录。进一步扩大用于节能减排的企业债券发行规模。推进有条件的地区开展排污权有偿使用和交易试点。制定发布固定资产投资项目节能评估和审查办法、城镇排水及污水处理条例。修订重点用能单位节能管理办法、能效标识管理办法，继续组织制订、修订高耗能产品能耗限额强制性国家标准和产品强制性能效标准。（六）加强节能减排监管，强化目标责任制。将省级政府2008年节能减排目标责任评价考核结果向社会公告，落实奖惩措施，加强督促检查，进一步强化政府的主导责任。（七）加强能力建设。加快完善节能减排统计、监测和考核体系。加强人才培养，强化科技支撑。（八）积极参与国际合作。切实加强双边、区域和多边在节能、新能源和低碳技术研发等方面的合作。

（2009年6月5日）

在湖南省考察时的谈话

进一步发展节能环保产业，把循环经济、绿色经济放在重要位置。

（2009年6月12～14日）

主持召开国务院常务会议

巩固和发展企稳向好的形势，必须进一步做好节能减排工作，大力发展环保产业、循环经济和绿色经济。抓好抓实节能减排重点工程建设、高效节能产品推广和循环经济试点工作，组织实施“节能产品惠民工程”，从严控制“两高”行业低水平重复建设。

（2009年6月17日）

在济南钢铁集团公司考察时的谈话

面对国际金融危机和激烈的市场竞争，钢铁业发展必须下大决心、大力气调整结构，大力推进技术改造，坚决淘汰落后产能，推进企业兼并重组。通过降低成本，提高效益，增强企业竞争力。重视节能环保，走循环经济发展道路。

（2009年6月27日）

在山西省考察时的谈话

谁在科技上占领制高点、谁掌握了关键技术、谁具有自主的知识产权、谁的高端产品多，谁就能在竞争中长期占有优势。当前，尤其要重视依靠科技发展新能源、新材料、生物制药、节能环保等新兴产业，培育新的经济增长点。

要把钢铁业的发展与信息化结合起来，与新材料发展结合起来，与循环经济结合起来。

要下决心引进新技术，大力推进清洁生产，让煤炭生产质量和效益走在世界的前列。

（2009年7月4～5日）

在吉林省考察时的谈话

发展洁净能源和可再生能源是世界的潮流。我国具备发展风能的自然条件。我们具备发展风能的工业基础和研发力量。要进一步研究能源发展布局和比重。制定能源发展总体规划。电力行业总装机容量必须和市场相适应，要防止发电设备产能过剩。要集中力量开展风电并入电网的技术攻关。风电发展的规模要合理，保证风电制造业的可持续，不能一哄而起。

要进一步调整优化经济结构，支持和推进新能源、生物医药、文化等新兴产业的技术研发和产业化，培育新的经济增长极，但发展新兴产业也要进行市场调查，制定规划，防止造成新的产能过剩。

（2009年7月25～27日）

主持召开国务院常务会议

气候变化既是环境问题，又是发展问题，归根到底是发展问题。中国作为一个负责任的发展中大国，充分认识到应对气候变化的重要性和紧迫性，主张通过切实有效的国际合作，携手努力，共同应对。我国将继续坚持《联合国气候变化框架公约》和《京都议定书》基本框架，坚持“共同但有区别的责任”原则，坚持可持续发展；主张哥本哈根会议应严格遵循巴厘路线图授权，进一步加强《公约》及《议定书》的全面、有效和持续实施，统筹考虑减缓、适应、技术转让和资金支持。我们从国情和实际出发，承担与我国发展阶段、应负责任和实际能力相称的国际义务，为应对气候变化做出应有的贡献。

应对气候变化工作要立足于推动生态文明建设和科学发展，统筹考虑经济发展和生态建设，统筹考虑国内和国际两个大局，统筹考虑当前利益和长远战略，全面实施应对气候变化国家方案，开展广泛有效的国际合作，推动哥本哈根会议取得积极成果。下一阶段，重点做好以下几方面工作。（一）把应对气候变化纳入国民经济和社会发展规划。把温室气体排放和适应气候变化目标作为各级政府制定中长期发展战略和规划的重要依据。（二）抓好国家方案的落实。努力实现“十一五”单位国内生产总值能耗降低20%左右、可再生能源比重提高到10%左右、森林覆盖率达到20%等目标。在“十二五”期间继续完善和实施应对气候变化国家方案。（三）大力发展绿色经济。紧密结合扩大内需促进经济增长的决策部署，培育以低碳排放为特征的新的经济增长点，加快建设以低碳排放为特征的工业、建筑、交通体系。（四）强化应对气候变化综合能力建设。制定应对气候变化的科技发展战略与规划，开展低碳经济试点示范，推动形成资源节约、环境友好的生产方式、生活方式和消费模式。加大资金投入力度，提高应对气候变化政策的实施保障能力。（五）健全应对气候变化的法律体系。加快建立相配套的法规和政策体系，制定相应的标准、监测和考核规范，健全必要的管理体系和监督实施机制。（六）积极开展国际交流与合作。继续对外开展应对气候变化政策对话与交流，拓展应对气候变化国际合作渠道，加快资金、技术和人才引进，有效消化、吸收国外先进的低碳技术和应对气候变化技术。深化与发展中国家的合作，支持不发达国家和小岛屿发展中国家提高适应气候变化的能力。

（2009年8月12日）

在达沃斯论坛上的致辞

要把深化改革开放作为根本动力，更加注重构建充满活力的体制机制。加快建立反映市场供求关系、资源稀缺程度、环境损害成本的生产要素和资源价格形成机制，推进资源性产品价格和环保收费改革。

要突破制约产业转型升级的关键技术，促进战略性新兴产业加快发展，重点支持新能源、新材料、生物医药、第三代移动通信、三网融合等产业的技术研发和产业化，加快发展低碳经济、绿色经济，努力占领国际产业竞争的制高点。

要共同应对全球气候变化。气候变化是人类面临的共同挑战，需要每个国家、企业和个人承担起相应的责任。中国高度重视气候变化问题，制定了应对气候变化国家方案，不断增加科研投入，大力调整产业结构，推动节能减排。经过3年努力，单位GDP能耗累计下降10%，二氧化硫和化学需氧量排放累计下降9%和6.6%。

应对气候变化必须加强国际合作。要依据《联合国气候变化框架公约》和《京都议定书》的原则与规定，开展广泛对话和务实合作。充分考虑各国基本国情、发展阶段、历史责任、人均排放等多种因素，坚持可持续发展的框架，坚持共同但有区别责任的原则。发达国家应正视自己的历史责任和高人均排放现实，大幅度降低温室气体排放，并为发展中国家应对气候变化提供资金、技术和能力建设支持。发展中国家也应尽最大努力，为应对气候变化做出积极贡献。

（2009年9月10日）

在北京人民大会堂向北京科技界发表《让科技引领中国可持续发展》讲话

要推动中国经济在更长时期内全面协调可持续发展，走上创新驱动、内生增长的轨道，就必须把建设创新型国家作为战略目标，把可持续发展作为战略方向，把争夺经济科技制高点作为战略重点，逐步使新兴战略性产业成为经济社会发展的主导力量。

科学选择新兴战略性产业非常重要，选对了就能跨越发展，选错了将会贻误时机。中国发展新兴战略性产业，具备一定的比较优势和广阔的发展空间，完全可以有所作为。

高度重视新能源产业发展，创新发展可再生能源技术、节能减排技术、清洁煤技术及核能技术，大力推进节能环保和资源循环利用，加快构建以低碳排放为特征的工业、建筑、交通体系。要努力走在全球新能源汽车发展的前列，尽快确定新能源汽车的技术路线和市场推进措施，推动中国汽车工业跨越发展。

（2009年11月3日）

主持召开国务院常务会议

妥善应对气候变化，事关我国经济社会发展全局和人民群众根本利益，事关各国人民的福祉和长远发展。中国作为负责任的发展中国家，主张通过切实有效的国际合作，共同应对气候变化。我们将坚持《联合国气候变化框架公约》和《京都议定书》基本框架，坚持“共同但有区别的责任”原则，主张严格遵循巴厘岛路线图授权，加强《公约》及《议定书》的全面、有效和持续实施，统筹考虑减缓、适应、技术转让和资金支持，推动哥本哈根会议取得积极成果。

我国始终高度重视气候变化问题，坚定不移地走可持续发展道路，从国情和实际出发，制定应对气候变化国家方案，积极推进经济和产业结构调整、优化能源结构、实施鼓励节能、提高能效等政策措施，不断增加应对气候变化科技研发投入，努力减缓温室气体排放，增加森林碳汇，提高适应能力，取得了积极成效。

面对气候变化的严峻挑战，我们必须深入贯彻落实科学发展观，采取更加强有力的政策措施与行动，加快转变发展方式，努力控制温室气体排放，建设资源节约型和环境友好型社会。到2020年我国单位国内生产总值二氧化碳排放比2005年下降40%~45%，作为约束性指标纳入国民经济和社会发展中长期规划，并制定相应的国内统计、监测、考核办法。通过大力发展可再生能源、积极推进核电建设等行动，到2020年我国非化石能源占一次能源消费的比重达到15%左右；通过植树造林和加强森林管理，森林面积比2005年增加4000万公顷，森林蓄积量比2005年增加13亿立方米。这是我国根据国情采取的自主行动，是我国为全球应对气候变化做出的巨大努力。

应对气候变化工作要立足于推动科学发展，立足于加强生态文明建设，统筹经济发展和保护环境，统筹国内和国际两个大局，统筹现实需要和长远利益。要把应对气候变化作为国家经济社会发展的重大战略。加强对节能、提高能效、洁净煤、可再生能源、先进核能、碳捕集利用与封存等低碳和零碳技术的研发和产业化投入，加快建设以低碳为特征的工业、建筑和交通体系。制定配套的法律法规和标准，完善财政、税收、价格、金融等政策措施，健全管理体系和监督实施机制。加强国际合作，有效引进、消化、吸收国外先进的低碳和气候友好技术，提高我国应对气候变化的能力。增强全社会应对气候变化的意识，加快形成低碳绿色的生活方式和消费模式。

（2009年11月25日）

中共中央政治局常委、国务院副总理李克强重要论述

在全国能源工作座谈会上的讲话

国内国际能源供需矛盾的缓解，为解决能源领域深层次矛盾提供了有利时机。必须把促进增长与调整结构结合起来，大力推进能源结构战略性调整，加快转变能源发展方式。要着力推动科技创新，积极开发水电、风电、太阳能等清洁能源、可再生能源，加快发展循环经济和节能环保产业，培育现代能源产业，形成新的经济增长点。

能源关系国计民生，是经济社会发展的重要基础是我国现代化建设的基本保障。当前世界金融危机仍在蔓延，对我国经济造成较大冲击。能源产业也出现了需求减缓、效益下降等新情况。要立足当前、着眼长远，化挑战为机遇，积极应对金融危机带来的影响，在保持能源生产稳定增长的同时，大力推进能源结构调整，构筑稳定经济清洁安全的能源供应体系，为保持经济平稳较快发展提供有效支撑。

针对当前能源领域存在的突出矛盾和问题，要加强能源基础设施建设，重点推进农村和城镇电网改造、节能减排改造、西电东送、西气东输、大型煤炭基地、石油化工基地、大型核电等工程建设，更好地保障人民生活和经济社会发展。

加快能源结构调整步伐，促进能源产业可持续发展，必须深化能源领域各项改革。要积极稳妥地推进能源产品价格改革，理顺能源资源价格关系，加快能源市场体系建设进程，不断探索和改进新形势下政府能源管理体制，促进能源产业转入科学发展的轨道。加强战略规划，完善政策法规，充分利用国际国内两个市场两种资源，提高能源领域对外开放水平。

（2009年2月4日）

在循环经济专家座谈会暨循环经济专家行启动仪式上的讲话

当前，国际金融危机仍在蔓延，对实体经济的影响还在加深。在全社会推广应用循环经济，能够明显减少资源消耗，从源头上减少污染排放，这不仅可以改善资源利用效率和生态环境效益，而且有助于提高企业经济效益。做大做强循环经济，在近期内能够为扩内需、保增长、调结构提供重要支撑，从长远看有利于增强发展后劲。壮大循环经济产业，还有利于提高对外开放水平，更好地参与国际竞争。要把发展循环经济放到重要位置，寻求新的增长路径，赢得未来发展先机。

要深入贯彻落实科学发展观，不失时机地培育和壮大循环经济，推动发展方式转变和创新，实现资源的高效利用、循环利用、无害利用，促进经济又好又快发展。

发展循环经济，要按照减量化、再利用、资源化的原则，推动企业集中布局、产业集聚发展、废弃物循环利用，加快构建高效、节约、环保的现代产业体系，通过产业链的衔接，把上游废物变成下游原料，做到物尽其用。要全面推行清洁生产，采用先进的工艺和设备，加强和改善企业管理，尽可能把投入的资源吃干榨尽，最大限度减少对原生资源的消耗，最大限度地降低污染和废话物最终排放量，直至实现零排放。还要有序推进废旧物资和机电产品的再利用、再制造，努力变废为宝、化害为利，提高资源综合利用效率。

发展循环经济是对传统发展方式从理念到模式、从规划到实践的重大创新，是一项开创性、挑战性很强的事业，需要积极探索新思路、新举措、新办法。要坚持政府推动、市场引导、企业实施、公众参与，搞好统筹规划，完善政策法规，推进体制创新，加快技术进步，深化试点示范。要以循环经济院士专家行活动为契机，调动社会各方面积极性，不断提高循环经济发展水平。

（2009年4月23日）

在财政支持新能源与节能环保等新兴产业发展工作座谈会上的讲话

应对全球金融危机，要把保增长、扩内需与调结构、上水平有机结合起来，把握世界产业技术革命的新趋势，推动新能源与节能环保等战略性产业加快发展，培育新的经济增长点。

历史经验表明每一次危机都孕育着新的技术突破催生新的产业变革。综合考虑国内外情况，新能源和节能环保产业是促进消费、增加投资、稳定出口的一个重要的结合点，也是调整结构、提高国际竞争力一个现实的切入点。这一新兴产业发展的潜力很大，应当重点给予扶持。通过健全和完善财税政策等措施，推进新能源和节能环保技术产业化，加快用新能源和节能环保技术改造传统产业，大力发展循环经济和清洁生产，扩大终端消费，培养新的市场，促进新兴产业发展壮大。

（2009年5月21日）

在河北省曹妃甸考察时的谈话

循环经济是一个新兴朝阳产业，前景十分广阔。要用新理念新机制加强工业区内上下游产业的衔接，实现产业群的资源循环利用、排放物集中处理和无害化处理，把曹妃甸工业区打造成高水平的循环经济示范区。

要加快发展新能源、节能环保、高新技术等新兴产业，培育和壮大新的经济增长点。抓住国家调整振兴钢铁工业的机遇，控制总量，淘汰落后，优化结构，推动钢铁产业由大变强。

（2009年6月1日）

参加全国节能宣传周活动并出席节能工作座谈会时的谈话

要深入贯彻落实科学发展观，坚持节约资源、保护环境的基本国策，把推进节能减排、建设生态文明作为应对国际金融危机、促进经济平稳较快发展的重要任务，加快发展资源消耗低、环境污染少、经济效益好的绿色产业，培育新的经济增长点，实现可持续发展。

发展绿色产业，是世界产业结构调整变化的一大趋势，发展前景十分广阔。在我国推进节能减排、发展绿色经济，是当前扩内需、保增长、惠民生的重要举措之一，也是从我国国情出发，调整经济结构、增强发展后劲、化解资源环境瓶颈制约的长远之计。

发展绿色产业和绿色经济，要继续抓好工业、交通、建筑等重点领域节能，扎实推进污染防治和生态建设。加快发展新能源、节能环保产业和循环经济，既重视节能环保产品生产和设备制造，又重视节能环保的管理服务，用节能环保技术改造传统产业。大力推进技术创新，广泛推广应用新技术新产品新服务。抓紧健全鼓励节能环保的政策，创新体制机制，从生产、流通、消费各个环节加以引导，逐步构建绿色的产业结构、增长方式和消费模式，拓展新的发展空间，实现节约发展、清洁发展、高效发展。

节能环保产业是一个朝阳产业，要在这方面狠下功夫，把产业做大做强，形成新的竞争优势。

（2009年6月17日）

出席环境宏观战略座谈会时的讲话

要深入贯彻落实科学发展观，从战略上进一步加强环境保护，把生态环保作为保持经济平稳较快发展的重要举措，把节能减排作为调整经济结构的有效途径，努力实现清洁节约安全和可持续发展。

要立足当前，着眼长远，保持政策的连续性和稳定性，提高政策的针对性、有效性和可持续性，把扩内需、保增长、调结构、惠民生有机结合起来，更加重视节能环保，加快经济结构调整步伐，大力发展绿色产业和循环经济，统筹城乡和区域环境保护，不断增强可持续发展能力。

（2009年7月21日）

考察青海省时的谈话

西部地区资源开发利用潜力巨大，要依靠科技创新，加强资源勘查，努力增加探明储量，合理布局上下游产业，做好发展循环经济这篇大文章，要抓住保增长、调结构的有利时机，促进企业不断培育自主品牌，提升产品质量和科技含量，着力增强市场竞争力，引导优势产业做大做强。

（2009年8月23～25日）

主持召开全国污染源普查领导小组会议时的讲话

要从源头上防治环境污染，加大结构调整力度，促进产业升级，淘汰落后产能，大力发展循环经济和绿色经济，发展环保产业。严格环境监督管理，加大环境执法力度，健全环境保护的激励和约束机制，落实环保责任和问责制度，维护人民群众环境权益和身体健康。

（2009年8月26日）

在第四届中日节能环保综合论坛开幕式上的讲话

面对继续应对国际金融危机的新情况并考虑“后危机”乃至更长一段时间的发展变化，我们应当把保增长与调结构更好地结合起来，更加重视节约能源资源，不断增强可持续发展能力，保持经济长期平稳较快发展。

目前世界经济正在发生大变革大调整，发展绿色经济已经成为国际上一个重要趋势。中国经济增速逐季回升，结构调整和节能减排的任务相当紧迫。能源资源的节约高效利用，既是应对国际金融危机的有效举措，又是经济结构战略性调整的重要抓手。通过加强节能等管理，可以抑制生产经营中各种浪费能源资源的行为，防止高耗能、高排放的建设项目上马，降低区域经济活动的能源资源消耗，从而有利于促进中国产业结构和整个经济结构的优化升级。

面向未来，中国将坚持资源节约的基本国策，加大产业结构调整力度，加快淘汰落后产能，大力发展绿色经济和循环经济，构筑有利于节约能源资源的产业体系；积极调整能源结构，促进新能源、清洁能源、可再生能源加快发展；还要继续推进重点产业、重点企业的节能，实行建筑节能、绿色照明等节能工程，通过各方面的共同努力，加快建设资源节约和环境友好型社会。

（2009年11月8日）

在中欧战略伙伴关系研讨会开幕式上的讲话

应对气候变化、保护生态环境是国际社会的共同愿望，也是中国可持续发展的内在要求。加大节能增效力度，发展绿色经济、循环经济、低碳经济，有利于促进资源节约型、环境友好型社会建设，有利于推进产业结构优化升级、培育新的经济增长点，可以也应当作为中国经济结构战略性调整的重要抓手和现实突破口。

（2009年11月19日）

领导言论

在循环经济座谈会暨循环经济专家行启动仪式上的讲话（节录）

徐匡迪

循环经济院士专家行是国家发改委与中国工程院共同组织的一次调研咨询活动。可发挥院士专家集体智慧，针对循环经济发展中的若干重大工程技术问题，提供咨询服务。是贯彻党中央、国务院发展循环经济的战略决策、践行科学发展观的一项重要举措、同时也是我们在新形势下建设资源节约、环境友好的“两型社会”的一次有益尝试。

循环经济与传统的工业按产品分类的线性经济不同，是要做到资源及过程排出物(固、气、液态)的最大限度利用，最少排放，因此往往是多学科交叉的、复杂的系统工程。这次国家发改委与工程院共同组织“循环经济院士·专家行”的主要任务是，要总结试点单位发展循环经济的典型经验、成功模式；通过开展技术咨询，推动重大技术改造工程，提高试点单位科技创新能力和循环经济的发展水平。同时，要通过贯彻《循环经济促进法》，推动循环经济的健康发展。

促进循环经济的发展，是我国走新型工业化道路的必然选择。国家发改委确定以循环经济为发展重点，是抓住了我国国民经济建设的关键。中国工程院历来十分关注、推动循环经济的发展，曾受国家发改委的委托，组织开展过“关于循环经济发展战略”研究，并专门立项开展了“关于建设节约型社会的战略研究”和“关于工业污染防治战略研究”等咨询课题。目前仍在进行的相关课题包括：“国家环境宏观战略研究”、“可再生能源发展战略研究”和“流程工业节能策略研究”等。这些课题研究，都贯穿着“循环经济”的基本理念，其中很多建议已被国务院及有关部门采纳，成为制定政策和项目建设的参考依据，也为这次院士专家行活动奠定了较好的基础。

此次院士专家行活动，为我们的院士专家深入了解相关产业和企业在推进循环经济方面的发展现状，为研究解决相关问题，提供了良好的机会。希望各位院士专家能够围绕试点单位的工艺流程改造，产业结构调整升级，增长方式转变，行业战略定位，产业合理布局，企业节能减排等方面，认真调查、深入研讨。借鉴国外情况，结合我国国情提出切实可行的建议和解决方案，圆满完成此次院士专家行的咨询调研任务。在此，我也特别强调，只有广大管理干部、科技工作者都来、关注循环经济的发展，都成为推动我国循环经济发展的实践者，这项任务才有可能完成，我们的目标才能真正实现。

（徐匡迪：中国工程院院长，2009年4月23日）

在循环经济座谈会暨循环经济专家行启动仪式上的发言

解振华

国务院副总理克强同志亲临神华国华北京热电公司视察循环经济工作，是对循环经济发展的促进和支持。我们一定认真贯彻落实克强同志视察中的重要指示和会议上讲话要求，将我国发展循环经济工作做好做实。

经国务院同意，国家发展改革委会同有关部门分别于2005年、2007年分两批，选择192家单位开展国家循环经济试点示范工作。国家发展改革委加强了对循环经济工作的指导，这项工作得到了财政部、科技部、环保部、工程院等很多部门的支持和配合。近期根据国务院领导指示，我们多次邀请专家到甘肃、青海指导编制了甘肃省和青海省柴达木试验区循环经济总体规划，并与相关部门协调提出支持发展循环经济的经济政策，近期将报国务院。4年来，我们以循环经济试点工作为契机，把发展循环经济作为调整经济结构、转变发展方式的重要抓手，通过加强规划指导、完善政策措施、加大资金投入、加快技术研发、强化宣传培训等一系列措施，在重点行业、产业园区、部分领域和区域开展了试点，循环经济从理念逐步变为行动，逐步发展，取得了积极成效，资源产出率稳步提高，单位产品能耗物耗明显降低，废物循环利用水平取得较大提高，污染物排放得到一定程度的控制，形成了一批循环经济的典型企业和产业园区，为节能减排做出了积极贡献。2007年，我国能源产出率为8660元/吨标准煤,同比增长4.04%；工业固体废弃物综合利用率已达62.8%，同比增长2.6%;万元工业增加值用水144立方米，同比下降6.5%;城市垃圾无害化处理率为62%，同比增加4个百分点;钢产量近四分之一来源于废钢，水泥原料的20%来自于固体废物，纸浆产量近三分之一的原料来自再生资源。

为了更好地落实科学发展观，总结循环经济试点经验，树立典型，扩大宣传，推动循环经济形成较大规模，国家发展改革委、中国工程院联合组织开展“循环经济专家行”活动。充分发挥院士、专家的技术优势、知识优势，对试点单位循环经济实施情况进行调研，挖掘经验，总结循环经济发展模式；开展技术诊评和咨询，帮助解决存在的主要问题；推动完成重大技术改造，提高试点单位科技创新能力和循环经济发展水平；为管理部门提出循环经济发展的政策建议。新闻媒体将随行报道，宣传发展循环经济的典型经验和先进人物，介绍循环经济发展模式，普及循环经济发展理念。通过这项活动宣传贯彻《循环经济促进法》，推动循环经济在法制化轨道顺利发展。

这次座谈会之后，“循环经济专家行”将全面展开，由院士和专家、记者、工作人员组成的专家行活动小组将历时两个月。国家发展改革委将会同中国工程院积极做好活动的组织、协调和服务工作。专家行活动要认真贯彻落实克强副总理今天讲话要求，注重实效，不走过场，不流于形式，真正做到为企业循环经济发展出谋划策，排忧解难。希望各位院士、专家全力以赴，积极支持，使本次活动真正取得实效。希望新闻媒体积极做好典型经验和先进人物宣传报道，使循环经济理念不断深入人心。

（解振华：国家发展和改革委员会副主任，2009年4月23日）

加快推行清洁生产
促进我国工业发展方式的转变（节录）

苗　圩

一、推行清洁生产是转变工业发展方式的根本途径

当前，在工业领域，加快推行清洁生产不仅十分必要，而且已经十分紧迫。

一是推行清洁生产是转变工业发展方式、走新型工业化道路的要求。党的十六大明确提出，要坚持走新型工业化道路，并明确把“资源消耗低，环境污染少”作为新型工业化道路的重要内容。这不仅是建设资源节约型、环境友好型社会的要求，也是工业自身转变发展方式，实现可持续发展的需要。目前，我国还处在工业化中期，未来一个时期，工业化任务仍然十分艰巨，工业仍将是能源资源消耗、污染物排放的重点领域。但同时，工业化过程中资源能源供给严重不足、环境保护要求越来越高，将直接制约工业化进程。我们除了要减少传统的污染物外，还要应对包括碳排放在内的非传统污染物减排任务。因此，必须实施清洁生产，降低消耗，提高资源能源产出效率；减少排放，实现绿色生产，从而推动工业发展方式转变。

二是推行清洁生产是全面完成“十一五”规划约束性指标的重要手段。近年来，国家高度重视清洁生产和节能降耗减排工作，明确了“十一五”节能减排目标任务。经过各方面共同努力，工业领域节能减排取得了显著成绩。“十一五”前三年，规模以上单位工业增加值能耗比2005年下降了15.1%，下降速率是全社会单位GDP能耗下降速率(10.08%)的1.5倍。工业COD排放量也实现大幅下降，2008年较2005年下降17.5%，远远高于全国COD6.61%的下降幅度。今年上半年，全国规模以上单位工业增加值能耗同比降低11.34%，远高于同期单位GDP能耗3.35%的降幅。但同时，也要清楚地看到，与国际先进水平相比，我们还有很大差距。例如，我国大中型钢铁企业吨钢可比能耗比国际先进水平高15%；火电供电能耗高20%；水泥综合能耗高23.6%；矿产资源总回收率约为30%，比国外先进水平低20个百分点以上；煤炭回采率仅30%左右（其中小型煤矿只有10%～15%），比国际先进水平低10个百分点左右。从酿酒工业看，我国啤酒工业单位产品取水量较国际先进水平高出2～3m^3,能耗高30%～40%。因此，推进节能减排的任务还十分繁重，要求我们下更大力气实施清洁生产。

三是推行清洁生产是应对国际金融危机，提升工业竞争力的迫切要求。

面对能源资源和环境保护双重压力，为全面提升产业竞争力，走新型工业化发展道路，我们必须加快推进清洁生产，促进工业发展方式转变，实现工业持续、快速、绿色发展。

二、抓住重点、创新思路，全面提升工业清洁生产水平

《清洁生产促进法》实施六年来，清洁生产的理念正被越来越多的部门、协会、企业所理解和接受，并逐步转化为自觉行动。据初步统计，截至2008年底，全国24个省级工业主管部门共印发推行清洁生产文件146件。其中天津市、云南省制定了《清洁生产促进条例》。广东省政府建立了表彰奖励制度。24个省市对23495家工业企业人员进行了清洁生产审核培训，共培训清洁生产人员47141人次；培育清洁生产咨询服务机构453家，现有专职咨询服务人员3450人。全国累计10110家企业完成清洁生产审核验收，通过清洁生产审核累计提出中高费方案89721个，已实施23992个，占提出方案总数的27%；累计投资总额达271亿元。累计实现削减COD约38万吨、$SO_2$40万吨、氨氮6527吨，节水79亿吨、节能1321万吨标准煤，取得经济效益220亿元。其中，产生一批典型企业。广东省珠江啤酒集团投入1.7亿元实施中高费方案后，企业水耗、能耗达到国际先进水平，获得3.8亿元的经济效益；南京钢铁厂

在实施干熄焦、高炉余压发电、中水回用等清洁生产项目后，2008年吨钢SO_2排放量下降17.6%，COD排放量下降77.3%；无锡村田电子有限公司自主投入实施清洁生产技改项目，取得4倍于投资的效益。

近几年，清洁生产工作虽然取得了一定的成绩，但是，与节能减排任务相比还有很大差距。一是清洁生产工作还没有全面推开。到目前，开展清洁生产审核的工业企业，仅占全国规模以上工业企业总量的3.25%。已开展清洁生产审核的企业主要分布在纺织、化工、石化、电子信息、装备、制造、建材、有色金属、钢铁、造纸等重点行业，大部分行业开展审核的企业数量不超过企业总数的5%，其中化工行业仅占企业总数的2.5%、钢铁行业仅1.4%。二是清洁生产工作机制尚不健全。部分省市没有明确工业清洁生产的责任部门；部分省市对企业指导、监督检查等不够。企业特别是企业主要领导重视不够，普遍存在重审核轻实施现象。龙头企业的典型示范作用以及行业清洁生产先进技术示范与推广工作尚未落实到位，清洁生产实现源头预防污染、节约资源能源的功能还没有充分发挥。三是支持清洁生产的政策措施不落实，特别是政府资金投入严重不足。2008年地方政府资金支持总额约2.2亿元，仅占企业清洁生产项目总投资额的1.7%，有些省份“十五”以来尚未安排财政资金支持这项工作。中央财政用于支持清洁生产审核以及项目引导的资金也十分有限。这些问题，需要我们在今后的工作中努力加以解决。

去年国务院机构改革，明确工业和信息化部负责工业、通信业清洁生产促进工作。据了解，在地方机构改革过程中，大部分省市也都明确由工业主管部门负责此项工作。这为全面深入推进清洁生产工作提供了组织保障。我们要抓住这个有利时机，积极履行职能。

一是要把清洁生产纳入工业发展规划，统筹考虑。要把清洁生产作为工业发展的一项重要任务落实好，需要从工业发展方式转变的高度，把清洁生产工作纳入工业发展总体规划中统筹考虑。地方工业主管部门要结合本地产业结构、资源能源消耗和污染物排放等实际情况，突出重点行业、重点流域、重点区域、工业园区，制定清洁生产推行规划。同时，要加强衔接和协调，把清洁生产纳入地方工业发展规划。在研究和制定“十二五”规划时，要将清洁生产作为重要内容统筹考虑。企业特别是高能耗高污染行业企业，要根据产品、技术、工艺特点，从研发设计、过程控制、回收利用、售后服务等环节，系统全面地制定清洁生产实施方案，列入企业发展规划组织实施。

二是加强科技创新，提升企业清洁生产水平。在推行清洁生产过程中，始终要把科技进步和技术创新放在突出位置。最近我部正在组织编制重点行业清洁生产推行方案，基本想法是，分类推动清洁生产技术创新。对影响行业清洁生产水平的关键、重大共性技术，要充分利用各方面的科研力量和多渠道资金，加强攻关，尽快突破；对具有应用基础的新技术，要加大应用示范力度，加快产业化步伐；对先进、适用、成熟的清洁生产技术要加大推广力度，扩大应用。地方工业主管部门要加强与有关部门的沟通协调，把清洁生产技术纳入地方科技发展规划予以重点支持；要鼓励支持企业运用先进清洁生产技术、工艺实施技术改造。企业要进一步加强清洁生产审核和评价，提出清洁生产技术需求，加大技术创新力度，加快技术进步。

三是突出抓好中高费方案的实施，把清洁生产落到实处。通过清洁生产审核，系统查找出能耗、物耗及产污重点部位，并筛选出一批有针对性的清洁生产中高费方案。这是清洁生产工作的第一步。但清洁生产水平如何，关键要看中高费方案的实施情况及效果。从近几年实践看，中高费方案实施情况并不理想。一方面，由于中高费方案往往着眼于长远，除部分项目具有经济效益外，相当部分项目环保特性突出，经济效益不明显，或有效益但投资回报期较长，市场主体自主投资的意愿不足。另一方面，政府资金和政策引导力度不够，约束激励机制欠缺，导致大量投资回收期相对较长、有助于环保和资源节约的清洁生产技术改造项目得不到实施。据调查，2008年通过清洁生产审核提出清洁生产中高费方案15592个，已经实施5090个，仅占提出方案总数的33%。中高费方案实施率低下，是清洁生产效果没有充分发挥的主要影响因素。因此，必须采取切实有效的措施，加快中高费项目实施。

四是大力发展节能环保产业，促进清洁生产向更广阔的领域发展。

五是积极采取有效措施，加快实施清洁生产审核。

（苗圩：工业和信息化部副部长，2009年9月4日在全国酿酒行业推行清洁生产现场交流会上的讲话）

立足科学发展　大力推进循环经济（节录）

吴晓青

一、发展循环经济是中国经济社会可持续发展的必然选择

《中华人民共和国循环经济促进法》将循环经济定义为“在生产、流通和消费等过程中进行的减量化、再利用、资源化活动的总称”。循环经济作为一种经济形态，从资源利用角度看，循环经济能够提高资源利用率，以尽可能少的资源消耗，取得最大的经济产出；从环境保护角度看，循环经济能够以尽可能小的环境代价，取得最大的经济产出和最小的废物排放。因此，发展循环经济有利于实现环境保护由末端治理向源头预防和全过程控制转变，有利于解决区域性和结构性污染问题，是解决各类环境问题的治本之策。

中国仍然属于发展中国家，正处于实现现代化和工业化、城镇化加快发展的过程中，经济的持续快速增长将会给资源环境保护带来较大压力。从资源禀赋看，中国的人均淡水资源量仅为世界人均占有量的1/4，人均耕地不到世界平均水平的40%，人均森林为世界人均占有量的1/5，45种主要矿产资源人均占有量不到世界平均水平的一半。从环境现状看，全国地表水污染依然严重，2008年七大水系水质总体为中度污染，湖泊和水库富营养化问题突出；全国城市空气质量总体良好，但部分城市的空气污染还比较严重；农村环境问题日益突出，部分地区已呈现出污染从城市向农村转移的态势。从发展过程来看，发达国家上百年工业化过程中分阶段出现的各类环境问题，在中国改革开放30年中集中表现出来，呈现复合型和压缩型特点。

根据2008年国民经济和社会发展统计公报，当年实现国内生产总值(GDP)30万亿元，实现财政收入6.13万亿元，新增国家外汇储备4178亿美元，国家外汇储备总额接近2万亿美元。与此同时，我国共消费水泥13.7亿吨，钢材5.4亿吨，电解铝1260万吨。此外还消费煤炭27.4亿吨，原油3.6亿吨，其中一半来自进口。根据2008年环境统计公报，当年共排放废水571.7亿吨，工业粉尘584.9万吨，烟尘901.6万吨，化学需氧量(COD)1320.7万吨，二氧化硫2321.2万吨。由此可见，我们付出的资源环境代价是巨大的、沉重的。按照目前的经济增长速度，到2020年，中国的国内生产总值(GDP)在现有基础上再翻一番，而我们的资源能源消耗和污染物排放量也翻一番的话，其结果是十分严重的，也是绝不能容忍的。

二、中国发展循环经济的主要做法

一是开展循环经济试点。早在2001年，原国家环保总局就组织开展了国家生态工业示范园区的创建工作。截至目前，已批准建设国家生态工业示范园区33个，其中有3个国家生态工业示范园区通过验收并正式命名。2005年和2007年，国家先后启动两批循环经济试点，共涉及钢铁、有色等11个重点行业，再生资源回收利用等重点领域，各类产业园区及有关省市，共170多家试点单位。通过试点，逐步建立了不同行业、不同领域、不同区域发展循环经济的有效模式。

二是严格环境准入。在应对国际金融危机过程中，我们坚持将“保增长”和“调结构”相结合，坚决控制“两高一资”项目和产能过剩行业的过快增长，推动经济发展方式的转变和产业结构的调整。对重点污染行业和重点流域，制定了更加严格的排放标准，发布了钢铁、有色、石化、煤炭、造纸、建材、酿造、制革、纺织等重点行业的近50项清洁生产标准，通过环境保护的“倒逼”机制，有力地推动了循环经济的发展。

三是强化环境影响评价。新建和改造各类产业园区必须依法进行环境影响评价，并严格落实循环经济的相关要

求、标准和配套措施。鼓励各类产业园区内的企业进行废物交换利用、能量梯级利用、土地集约利用、水的分类利用和循环使用。在重点行业建设项目环评审批中，对循环经济类项目给予优先支持。

四是大力推进生态省和生态市的建设。目前，全国已有海南、吉林、黑龙江等14个省(自治区、直辖市)开展了生态省(区、市)建设。500多个市(县、区)开展了生态市(县、区)建设工作，其中有11个市(县、区)成为国家生态市(县、区)。此外，国家还批准了389个国家级生态示范区，629个环境优美乡镇。各地在生态示范建设过程中，以循环经济理论为指导，调整产业结构，加强环保基础设施建设，从而改善了环境质量，促进了区域经济、社会与环境的协调发展。

五是积极推进国家环保模范城市创建。“创模”工作开始于1997年，是具有中国特色的城市环境保护模式。目前，已有67个城市和5个直辖市(城区)被授予国家环境保护模范城市(城区)的称号，128个城市正在积极开展“创模”活动。通过“创模”，全面提升了城市的环境保护工作，环保模范城市各项环境指标都明显高于全国城市的平均水平，城市环境质量也得到明显改善，“蓝天、碧水、绿地、宁静、洁净”已经成为环保模范城市的重要标志。

三、进一步促进循环经济发展的建议

中国对循环经济发展已经制定了明确的战略方针和政策框架，形成了有效的组织和实施模式。为了加快推进我国循环经济发展，建议如下：

一是加快建立和完善促进循环经济发展的法律法规与政策体系。《循环经济促进法》已经开始全面实施，近期应加快研究制定循环经济相关的配套法律法规。对相关法律法规进行修订时，要在生产、流通和消费等过程中充分体现循环经济的理念。从产业政策、财政、投资、金融信贷等方面，研究制定相关政策，逐步建立起促进循环经济发展的激励机制。加快制定与循环经济相关的环境标准和环境技术政策。

二是编制循环经济发展规划。建议组织编制钢铁、有色、煤炭、电力、化工、建材、制糖等重点行业和废物综合利用、再生资源集散市场建设、再生金属利用等重点领域的循环经济规划和推进计划，明确循环经济发展的目标、任务和保障措施，提出资源产出率、废物再利用和资源化率等考核指标，并部署推进一批循环经济发展的重点区域和重大项目。

三是强化全过程环境监管。要通过“以新带老”方式，加快淘汰落后工艺、设备、技术，引导和监督各类新、改、扩建企业进一步落实循环经济的要求。按照《重点企业清洁生产审核程序的规定》，以超标排放和超总量排放的企业为重点，推进重点企业的清洁生产审核工作。继续组织对全国重点行业、地区、企业进行现场监督检查，加大对环境违法行为的查处力度，促使企业采用循环经济的生产模式。

四是加强循环经济的技术研发和推广应用。国家重点基础研究发展计划、国家科技支撑计划和国家高技术研究发展计划等专项科技计划中，要组织实施一批循环经济共性技术攻关、重大技术装备产业化和高技术产业化专项，支持建设一批循环经济示范项目。对《国家鼓励发展的资源节约综合利用和环境保护技术目录》、《国家重点行业清洁生产技术导向目录》、《重点行业循环经济支撑技术目录》中鼓励发展的技术，要通过召开现场会、交流会等方式进行推广和应用。

五是加强循环经济的国际交流与合作。中国的循环经济发展尚处于起步阶段，与先进国家相比，资源利用效率和环境绩效水平尚存在较大差距。因此，要积极开展国际交流与合作，引进和吸收国外先进的清洁生产技术、废物资源化技术以及生态工业关键技术，同时也要和其他国家分享我国在循环经济方面所取得的成功经验。

（吴晓青：环境保护部副部长，2009年10月16日在首届曹妃甸论坛上的演讲）

做好汽车家电以旧换新民心工程（节录）

姜增伟

近年来，随着我国工业化和城镇化的发展，我国汽车、家电保有量大幅增加。据测算，2009年汽车报废量将达到270万辆，电视机、电冰箱、洗衣机、空调和电脑5类家电报废量近9000万台。采取财政补贴方式，建立有效的激励机制，鼓励汽车、家电以旧换新，不仅可以促进汽车、家电产业的稳步增长，保持经济的平稳较快发展，而且能有效促进资源的回收利用，减少环境污染，是一项关注民生，让老百姓得到实惠的民心工程。

初步测算，汽车、家电以旧换新政策的实施，可更新老旧汽车100万辆、家电约500万台，可回收利用各种资源近230万吨，其中包括废钢铁150万吨、废有色金属17万吨、废塑料20万吨、废橡胶20万吨，拉动消费5000亿元。

把电视机等5种家电作为以旧换新的主要产品，主要考虑是：这5种家电居民普及率高，社会保有量大，需求增长快，更新潜力大。同时，这5种家电产品均属于产业关联度较高的产品，通过政策鼓励消费者以旧换新，可以拉动钢铁、有色金属、塑料、橡胶等上游产品的消费。

为了方便消费者能够充分选择，实施办法中对换购的新家电不作企业、品牌和型号等方面的限制。回收的旧家电一律报废拆解，不需进行年限、品牌、型号的界定。消费者可以根据实际情况自主选择是否报废旧家电。

关于汽车以旧换新，实施办法要求商务部门会同有关部门分别在市（州）、县设立汽车以旧换新联合服务窗口，审核补贴资金申请，方便车主一次性办理资金申领手续。同时，建立汽车以旧换新信息管理系统，以提高审核效率，并确保资金发放及时、安全。

对于家电以旧换新手续和程序如何简化的问题，按照“公开透明、价格合理、手续简便、保障质量”的原则，在实施办法中采取在售新环节直接从价格中抵扣的办法来简化程序，方便老百姓交旧买新，确保消费者真正受益。

家电以旧换新实施办法明确规定，回收的旧家电一律进入指定拆解企业进行拆解处理，要求中标回收企业签订承诺协议，保证回收的旧家电全部销售给指定的拆解处理企业；要求拆解处理企业签订承诺协议保证不将收购的旧家电再流通，在规定时限内将废家电拆解处理完毕。不仅使能耗高、安全性差的老旧家电产品被淘汰掉，资源得到充分的回收利用，也防止已经进入报废期的旧家电经过改装流入二手市场，有效的促进了家电产品的更新换代。

为满足消费需求，5种家电可以进行品类交叉换购。为保障以旧换新工作规范有序开展，回收旧家电的企业和销售新家电的企业由试点省市人民政府依据统一的资质条件招标确定，并向社会公告，消费者可在中标企业中自由选择，以形成适当的竞争机制。

为保障财政补贴资金的安全，防止骗补等问题发生，有关部门开发了“汽车、家电以旧换新管理信息系统”作为统一管理的平台，由系统自动生成以旧换新凭证号，将收旧、报废、售新、申领补贴等各环节的信息实时登录，每个环节均需登陆系统查验、核对上一环节的有关信息后才能办理，实行环环相扣、全程监督的办法。

试点省市各级财政部门通过加强对汽车、家电以旧换新补贴资金使用的监督和管理，确保补贴资金安全、及时、足额发放。通过管理信息系统网络监控、实地检查和接受举报投诉等多种方式，切实加强监管，充分发挥财政、商务、环保等部门的作用，同时，充分发挥舆论监督作用，监督财政资金的使用，防止骗补资金等行为发生。

（姜增伟：商务部副部长，2010年7月20日就汽车、家电以旧换新政策接受新华社记者专访）

2009年省、自治区、直辖市政府工作报告

2009年北京市政府工作报告（节录）

万元生产总值能耗、水耗分别下降4%和5%，化学需氧量和二氧化硫排放量分别下降2 %和3%，市区空气质量二级以上天数比重力争达到71%。

采购1000辆节能环保公交车，对更新淘汰黄标车给予补贴，支持组建“绿色车队”。

继续抓好节能减排。严格执行国家环保、节能标准，完善符合首都功能的指标体系、监测体系和考核体系。突出抓好工业、交通、建筑三大领域节能，完成30家市级机关办公用房和800万平方米大型公建节能改造。建立餐饮、娱乐等行业节能规范与标准。制定实施促进节能减排的政策措施，大力支持太阳能、风能、地热、生物质能等新能源开发利用，推进混合动力、氢燃料等替代能源产业化。加快节能技术与产品应用，推广1000万只高效照明产品。建立政府引导、企业为主的投入机制，积极引导中小企业进入节能环保领域创业发展。扩大循环经济试点，搞好资源回收利用重点项目，提高资源再利用水平。深入开展全民节能行动，推行节约环保的生产方式、生活方式和消费模式。

落实第十五阶段控制大气污染各项措施，进一步改善空气质量。按照减量化、资源化和无害化原则，制定垃圾收费政策及标准，积极推进生活垃圾分类收集、运输和处理，垃圾资源化率达到37%。加快垃圾焚烧厂和综合处理设施建设，在餐饮企业相对集中街区开展餐厨垃圾资源化处理试点。建设清河再生水厂二期，推进高碑店、卢沟桥污水处理厂升级改造，市区和郊区污水处理率分别达到94%和50%，扩大城乡再生水利用规模。

2009年上海市政府工作报告（节录）

万元生产总值综合能耗进一步下降，环保投入相当于市生产总值的比例继续保持在3%左右。

综合运用经济、法律、行政等手段，坚决淘汰高污染、高能耗、高危险、占地多、效益低的落后产能。

加强大气环境治理与保护，提前实施国家第Ⅳ阶段机动车污染物排放控制标准，全面完成电厂燃煤机组烟气脱硫，开始启动脱硝工作。强化污染减排目标管理责任制，二氧化硫和化学需氧量排放量进一步下降。加强噪声污染控制和固体废物利用与处置，完成高速公路、城市快速干道沿线900个噪声敏感点的治理，实施江桥生活垃圾焚烧厂技改扩能工程。加快推进吴泾等工业区环境综合整治，全面落实郊区工业区污水治理等环境基础设施建设任务。

2009年天津市政府工作报告（节录）

万元生产总值能耗下降4%，化学需氧量、二氧化硫排放量分别下降1%。

着力抓好节能降耗，发展循环经济。强化节能工作责任制，抓好冶金、石化、电力等五大行业、重点企业的节能降耗。严格执行能耗限额标准，实行能源补偿制度。加速淘汰落后产能，改造高耗能设备。推行合同能源管理和

清洁生产。发展循环经济，推进国际合作，加快子牙循环经济产业园建设。

强化污染减排目标责任考核。完成大港发电厂等重点企业的烟气脱硫工程，加快燃煤锅炉脱硫除尘改造，完成中心城区小锅炉拆除并网，环境空气质量二级及以上良好天数保持在83%以上。开发利用太阳能、风能等清洁能源。完善再生资源回收网络体系。加强饮用水水源地安全保障。实施水环境治理工程，完成大沽排污河等24条河道的环境治理。改造提升中心城区4个污水处理厂，各区县新建、改造28个污水处理厂，年内12个投入使用。全市污水集中处理率达到80%以上。加快区县垃圾处理设施建设，城市生活垃圾无害化处理率达到90%以上。

2009年重庆市政府工作报告（节录）

单位生产总值能耗下降4.7%，化学需氧量、二氧化硫排放量分别下降2%和4%。

政府带头，认真实施《公共机构节能条例》。深入开展节能减排全民行动，倡导节约环保型生产方式、消费模式和生活习惯。严格执行项目环保准入和区域限批制度。建立淘汰落后产能企业名单公告制度。强化工业污染在线监测，建立限量排放和消耗的精确计量标准，推进重点行业100项重大节能减排技术改造项目，开展总量减排指标交易试点。深入实施环保“四大行动”。完成主城20户污染企业环保搬迁。新建主城排水工程三级管网100公里，推进三峡库区第二批工业废水治理项目，城镇生活污水集中处理率达到76%、垃圾无害化处理率达到85%。

2009年河北省政府工作报告（节录）

单位生产总值能耗下降5%，化学需氧量排放量减少5.5%，二氧化硫排放量减少5%。

加快太阳能、风能、生物质能等新能源开发，推动相关设备制造，努力把新能源打造成我省产业发展的新优势。

打好节能减排攻坚战。引导企业增优汰劣，上大压小，加快钢铁、电力、建材、焦炭、造纸等重点耗能污染行业淘汰落后产能的步伐，用先进产能替代落后产能。突出抓好重点区域、重点行业的节能减排，深入开展“双三十”节能减排示范工程，加强对单位生产总值能耗高于全省平均水平设区市的督导检查。对一般制浆造纸企业实行全行业退出，对未完成节能减排目标、超过排放总量、能耗增量控制指标的地区或企业，高于当地单位生产总值能耗水平和增加相应污染物排放总量的项目一律不再批新建。继续实施“双百企业”节能工程，对726家重点排污企业，实行污染排放自动在线监控。所有燃煤机组要安装脱硫装置并正常运行。对省内七大水系实施跨界断面水质与财政挂钩的生态补偿机制，在重点行业实行差别电价、阶梯水价，完善节能减排与用地指标、财政补贴等相挂钩的机制。强化目标考核，对逾期未完成节能减排工作目标任务的地方和企业，严格执行问责制和“一票否决制”。

2009年山西省政府工作报告（节录）

万元生产总值综合能耗下降5.6%，化学需氧量、二氧化硫排放量分别下降3.6%和2.6%。

节能减排是建设资源节约型、环境友好型社会的重要内容。要按照事前防范、事中控制、事后处置的要求，全过程监管、全方位推进节能减排，促进经济社会可持续发展。

强化落实节能减排政策措施。要加快淘汰落后产能，严格控制“两高一资”等传统产业的能耗，严格执行新上项目的能评和环评制度。对污染严重的区域、流域、行业和企业实施整顿和限批。要进一步加强能源计量管理，完善节能减排标准体系建设。鼓励开发和使用节能降耗、保护环境的新技术、新工艺、新设备，大力推行清洁生产。建立健全资源开采和生态环境治理恢复补偿机制，完善节能减排指标考核体系，实行严格的奖惩制度和一票否决制度。

加强重点行业领域的节能减排工作。要狠抓工业领域的节能，大力推进六大高耗能行业、千家高耗能企业节能技术改造。积极推进建筑节能，倡导全社会节能，加大市政公共设施节能。严格控制传统行业重点企业的污染排放量，实施污染排放重点整治。焦化企业脱硫除尘效率要达到98%以上，污水处理综合排放达到一级标准；火电企业脱硫效率要达到95%以上，污水实现零排放；煤炭企业要建成矿井水处理设施，实现矿井水闭路循环不外排；钢铁企业污染物排放指标、化工企业废水处理都要达到一级清洁生产标准。

大力实施生态环境修复治理。深入推进“蓝天碧水”工程，大力实施重点城市、区域的环境综合治理，加快大运高速公路清洁走廊建设。不断提高11个重点城市的污水处理率、生活垃圾无害化处理率、集中供热率和烟尘控制覆盖率。两年内，各市、县全部建成污水处理厂并正常运营。要实施饮用水源地和地下水保护工程。认真落实全省生态功能区划，全面启动生态省试点建设，大力推进汾河流域、太原西山地区和大同、阳泉等十个地级市的生态环境治理修复重点工程。深入推进造林绿化工程，加强森林资源保护，不断提高全省森林覆盖率。通过几年的努力，使我省的生态环境状况明显改善。

大力发展循环经济。发展循环经济是推进节能减排的重要措施。要以实施循环经济试点省为契机，从企业、园区、社区和城市四个方面入手，以工业百强企业和非工业百户污染较重的单位为重点，发展循环经济，塑造我省传统产业的新形象。积极开发新能源和可再生能源，努力实现资源的永续利用。

2009年内蒙古自治区政府工作报告（节录）

单位生产总值能耗下降5%以上，化学需氧量和二氧化硫排放量分别控制在27.9万吨和 141.12万吨以内，完成“十一五”任务总量的90%和80%。

加大节能减排攻坚力度。要采取有力措施，“倒计时”地分解任务、安排进度，确保完成年度目标。继续强化技术、工程和管理措施，突出抓好工业、交通、建筑等重点领域和重点企业的节能技改，加快火电机组脱硫改造和城镇污水处理设施建设，继续淘汰落后产能。加强环境污染治理，做好重点流域水污染防治，保护集中饮用水源地，确保城乡居民的饮水安全。加强重点城市和工业园区的空气污染防治，做好煤田火区、沉陷区治理和生态恢复工作。大力发展循环经济和环保产业，全面推行清洁生产。完善有利于节能减排的政策措施，严格落实项目建设节能审查和环保“三同时”制度，通过制度约束减少浪费和污染。强化政府主导和企业主体责任，健全统计、监测、考核体系，切实推进依法治理。

2009年辽宁省政府工作报告（节录）

单位生产总值能耗下降4%。

毫不放松抓节能减排。要继续落实目标责任制，严格执行环保问责制，加强监督和行政执法。全面淘汰高污染、高耗能的落后生产能力。大力推广地源热泵等节能技术。大力推进城市热电联产项目。继续推进工业锅炉节能改造。电力、钢铁等企业实现二氧化硫达标排放。加快城乡垃圾处理场建设。加大环境保护力度，加强重点水源地和湿地保护。

2009年吉林省政府工作报告（节录）

单位地区生产总值能耗下降5%。

深入推进节能减排。集中力量抓好100户年综合能耗1万吨标准煤以上企业节能，实施 100个节能改造项目。大力推广高效节能产品和建筑材料，搞好重点污染减排工程建设，严格环保准入门槛，加快淘汰落后产能。

2009年黑龙江省政府工作报告（节录）

万元GDP综合能耗下降5%以上，化学需氧量排放量下降2%、二氧化硫排放量下降 0.5%。

切实抓好节能减排和生态建设，加快发展生态主导型经济。继续强化节能减排目标责任和监督管理，实施考核奖惩制度，开展重点行业和企业的节能减排达标活动。进一步提高高耗能、高污染行业的准入门槛，建立淘汰落后产能企业名单公告制度，积极推进排污有偿使用和交易试点工作，适当提高排污和污水、垃圾处理收费标准。扎实推进重点节能减排工程，抓好37个国家重点节能支持计划项目、64个松花江污染防治规划项目建设，加快城镇污水处理厂和电厂机组脱硫设施建设，强化污染治理设施和减排工程运行监督。大力发展循环经济，推广煤矸石、粉煤灰及农业秸秆等废弃物的综合利用技术，推进七台河市、望奎县等第二批循环经济试点工作。落实节能减排政策措施，推广高效节能产品，倡导节约型的生产方式、消费模式和生活习惯。

2009年江苏省政府工作报告（节录）

单位地区生产总值能耗下降4.6%，化学需氧量、二氧化硫排放量分别削减3%、2.2%。

打好节能减排攻坚战。坚持结构调整、技术进步和管理创新“三管齐下”，推进重点行业和企业的节能减排，突出抓好工业、交通、建筑三大领域的节能改造工程，推动公共机构节能，有效降低能耗、水耗、物耗水平。启动第二批省级循环经济试点，实施 500个高水平清洁生产改造项目，建设一批“零排放”企业。加大沿海化工园区环境整治力度，抓紧制定主要入海河流综合整治规划。加强项目环境评价管理，从源头上防止污染排放。建立淘汰落后产能企业名单公告制度，落实差别电价、节能环保汽车消费税等政策，倒逼高能耗、高污染产品退出市场。完善并实施各项环境价格政策措施。积极倡导节约型生产方式、消费模式和生活习惯。

加强环境保护和生态建设。加大太湖流域水环境综合治理力度，推进太湖治理重点工程建设和企业提标改造，落实环境资源补偿政策，确保太湖湖体水质有所改善。加强长江入江支流综合整治，力争淮河流域治污项目全部开工、完成率过半。新增城镇污水日处理能力超过100万吨，实现县城以上空气自动监测全覆盖。继续实施农村河道疏浚整治工程，严格控制农业面源污染，减少农用化学品使用量，积极推广秸秆和规模化养殖畜禽粪便综合利用，推进农村生活垃圾、生活污水处理和农村改厕。

2009年浙江省政府工作报告（节录）

单位生产总值能耗下降4%以上，化学需氧量排放量下降3%以上，二氧化硫排放量下降3%左右。

切实加强资源节约和环境保护。深入实施资源节约和环境保护行动计划。加快推动节能降耗十大工程，严格执行重点耗能行业能耗限额标准，抓好6000余家重点耗能企业节能改造，加快淘汰小火电等落后产能，健全落后生产能力退出机制，扩大差别电价实施范围，鼓励发展风能、太阳能、生物质能等新能源和可再生能源。加强节地、节水、节材和资源综合利用工作，落实“365”节约集约用地实施方案，推进低丘缓坡和滩涂的合理开发利用，加快农村宅基地整理，鼓励建设多层厂房，加大对地下空间资源的利用和开发，严格执行用水定额管理，深化水价改革。深入推进“811”环境保护新三年行动和环境保护八大工程，加快太湖流域水环境综合治理步伐，加强钱塘江流域氮磷污染控制和重点河段监管，加强水库水源地保护和农村饮用水安全管理，加强重点环境问题整治。制定实施重点污染行业准入标准，禁止新上高污染项目，推进燃煤发电机组脱硫改造，加强对重点工业污染源的“飞行监测”。加大城乡环境综合整治力度，严格控制农业农村面源污染，防治大气、土壤、近岸海域污染。完善环境监测监控体系，加强环保执法监管，推进排污权交易。加快循环经济试点省建设，推动开发区（园区）生态化改造。

2009年安徽省政府工作报告（节录）

单位生产总值能耗下降4%，化学需氧量、二氧化硫排放量均下降2%。

抓好资源节约和环境保护工作。全面加强节能、节水、节地、节材和资源综合利用工作，切实降低能源资源消耗和污染物排放总量。突出抓好工业、交通、建筑三大领域节能，推进重点行业和重点企业能效水平达标活动，抓好国家和省级循环经济试点建设，进一步提升“三废”利用和开发水平。

2009年山东省政府工作报告（节录）

万元生产总值能耗降低5.45%，二氧化硫和化学需氧量排放均下降 4%。

节能减排工作只能加强，不能弱化。一要抓好节能降耗和淘汰落后产能。进一步强化重点领域节能工作，突出抓好工业、交通、建筑和公共机构节能，继续推进千户重点企业节能，加快实施“十大节能工程”，深入开展重点行业和重点企业能效水平达标活动。搞好结构节能，努力在汽车、锅炉、电机系统、空调、照明等关键领域抓出成效。推进钢铁、电力、化工、建材等行业节能技术产业化项目建设，有效降低能耗、水耗、物耗水平。调整优化能源结构，加快发展太阳能、生物质能、风能、地热能等可再生能源，努力构建稳定安全、高效清洁的能源体系。完善落后产能退出机制，落实重点行业淘汰落后产能财政奖励政策，确保完成 100万千瓦小火电装机、 1025万吨立窑水泥、 30万吨焦化的淘汰任务，全面关停产能9万吨以下小型煤矿。二要抓好环境保护和生态建设。搞好重点流域污染防治，突出抓好南水北调沿线、淮河、小清河、海河、半岛五大流域工业点源和城市污染源治理。加快城市污水处理厂和垃圾处理设施建设，新建城市污水处理厂 15座、垃圾处理项目10个，城市污水集中处理率进一步提高，生活垃圾无害化处理率达到70%。搞好城市扬尘、工业废气和机动车尾气治理，进一步改善城市空气质量。抓好农业面源污染治理和近海海域污染防治。强化污染治理设施运行监督，积极推进排污权有偿使用和交易试点。加快防护林体系建设，加大森林、湿地资源保护力度，切实做好水土保持和饮用水源地保护。三要抓好循环经济发展。探索重点领域循环经济发展模式，实施一批关键项目，拉长重点行业循环经济产业链，构建循环型产业体系。加强资源综合利用和废资源再生利用，提高资源循环利用率。全面推行清洁生产，加大节能技术和产品推广应用力度。开展全民节能活动，提高广大群众的节能环保意识。四要抓好考核监管。完善节能环保法规体系，落实节能减排责任制。强化源头控制，严格能评、环评审查制度，严格执行节能减排指标体系、考核体系和监测体系，实施新增能耗等量淘汰制度。加大节能减排行政执法力度，严肃查处违法违规行为。

2009年福建省政府工作报告（节录）

单位生产总值能耗降低3.2%，二氧化硫排放量下降1.5%，化学需氧量排放减少 0.2%。

加大节能减排攻坚力度。严格落实目标责任制，完善节能减排的指标、监测和考核体系。强化新开工项目节能评估和环评把关，从源头上加强能源节约和污染防控。健全节能环保奖惩机制，继续实施差别电价、替代发电、污水处理运营费同处理效果挂钩等各项政策。继续推进重点节能工程，加强节能技术改造和合同能源管理，抓好重点领域和重点企业节能，鼓励发展清洁能源和可再生能源。严格执行建筑节能标准，推进墙体材料革新。加快燃煤电厂、冶金企业脱硫等减排项目建设，督促企业完善污染治理设施，抓好重点污染源在线监控，依法查处治理设施不运行和违法排污行为。推进污水垃圾处理设施建设，建设23个污水处理项目和27个垃圾处理项目。鼓励环保企业加强节能减排新技术、新装备的研发和推广应用。加快淘汰小火电、小水泥、小造纸等落后生产能力，严格限制审批建设不符合规划要求的小水电项目。培育低碳经济、循环经济，推进工业园区和工业集中区生态化改造，鼓励 “三废”综合利用和可再生资源回收利用，促进节能、节水、节材、节地，全面推行清洁生产。

2009年江西省政府工作报告（节录）

万元生产总值能耗下降4%，化学需氧量排放量下降2%，二氧化硫排放量下降2%。

切实抓好节能减排工作。突出抓好重点地区、重点产业、重点企业节能减排。实施好丰城电厂综合节能改造、晶能光电LED产业化等重点节能工程。抓好火电、钢铁、水泥、化工等重点企业脱硫改造，新余电厂、井冈山电厂、九江电厂燃煤火电机组脱硫设施建成投运。抓好公共机构节能和建筑节能工作。抓好萍乡市、永修云山经济开发区、江铜集团、华春集团等4个国家级循环经济试点。加大财政对节能减排的支持力度，增加减排专项资金2000万元，总额达到7000万元；增加节能专项资金1000万元，总额达到4000万元。

2009年河南省政府工作报告（节录）

万元GDP能耗降低4.8%，化学需氧量、二氧化硫排放量分别下降3.4%和4.7%。

加强节能减排和生态建设。把加强资源节约和环境保护作为转变发展方式的重要抓手，完善节能减排指标体系、监测体系和考核体系，努力实现节约发展、清洁发展、可持续发展。强力推进节能降耗。突出抓好工业、交通、建筑等关键领域节能工作。严把项目准入关，严控“两高”和产能过剩行业投资，防止低水平重复建设和盲目扩张。加强重点行业节能降耗，加快推进余热余压利用等重点节能工程建设，确保列入国家计划的178个项目建成投产；启动工业锅炉、电机系统节能改造专项计划，争取用两年时间改造一遍。推广绿色照明工程。加快淘汰钢铁、造纸、焦化、电石等行业落后产能，关闭100万千瓦燃煤小火电。大力推进污染减排和生态建设。支持省市县三级环境自动监控系统建设，争取上半年完成全省城市污水处理厂化学需氧量和氨氮自动监控设备更新改造。加强对贾鲁河等重点流域、矾土冶炼和小铁合金等集中区域的环境综合整治。在四大流域及丹江口库区实施重点涉水工业点源深度治理，在冶金、化工等行业进行脱硫治理，在造纸、制药等行业实施废水深度治理。加快林业生态省建设，完成造林面积638万亩。积极推动土地、矿产资源节约集约利用。认真开展土地综合整治，统筹安排各类用地，用好增量、盘活存量，优先保障重点企业、重点项目用地需求；继续推进矿产资源整合，加强矿产资源勘查开发，提高资源利用效率，提高资源保障和接续能力。着力健全长效机制。积极推动循环经济试点省建设，加快培育循环经济产业链、循环经济产业园区和循环经济城市。适当提高排污费、污水和垃圾处理费征收标准，探索主要污染物排污权交易。鼓励企业加大环保投入，完善环保设施；严格执行环境法规和排放标准。推行有利于节约资源、保护环境的生产方式、生活方式和消费模式，使之成为全社会的自觉行动。

2009年湖北省政府工作报告（节录）

单位生产总值能耗下降4%以上，化学需氧量排放下降1.5%，二氧化硫排放量下降 2.6%。

强力推进节能减排和生态环境建设。一是强化节能减排工作责任制。按照“硬标准、硬约束、硬检验”的要求，强化监督考核。严格执行项目开工建设环评审批和节能评估审查，严格控制高耗能、高排放行业的发展。二是抓好重点领域的节能减排。安排投资 150亿元，加快实施“十一五”节能减排行动计划确定的重点节能减排工程项目建设。围绕能源消费和转换集中的钢铁、建材、化工、电力、有色以及节能效果明显的交通、建筑等行业加强节能改造。继续开展环保专项治理，确保列入关停范围的企业应关尽关、关紧关实。三是大力发展循环经济。研究制定化工、建材、农业、再制造等重点领域循环经济专项规划，编制发布循环经济支撑技术目录和指标评价体系，支持青山—阳逻—鄂州循环经济示范区、荆门国家循环经济试点市建设，同时建设一批循环经济城市和园区。推进资源枯竭型城市转型，实现可持续发展。四是开展全民节能行动，在全社会推行节油、节电、节水等措施。五是进一步加强生态环境建设。全面推行排污许可证制度，加强排污权交易市场建设。实施碧水工程，加强“两库”（三峡库区、丹江口库区）、“两江”（长江、汉江）、“两湖”（洪湖、梁子湖）等重点河流、重点水源、重点区域生态环境的保护和治理。加快城镇污水处理设施、垃圾处理设施、污水管网和重点流域水污染防治工程建设及医疗废物、危险废物处置设施建设，加强运营管理。

2009年湖南省政府工作报告（节录）

万元生产总值能耗下降4.5%；二氧化硫和化学需氧量排放减少2%以上。

以试验区综合配套改革带动全省“两型社会”建设。一是提高资源集约利用水平。实行最严格的耕地保护制度和节约用地制度，严格控制建设占用耕地并实行先补后占，加大闲置土地清理处置，强化执法监管，促进建设用地优化配置和高效利用。深入整顿规范矿产资源开发秩序，加大对重点矿区、重点矿种和超深越界等问题的专项整治力度。推进矿产资源管理制度创新和资源整合，建立健全矿产资源有序、持续、规模开发的长效机制。加强地质工作。加强水资源的节约、保护和统一管理。二是大力发展循环经济。继续开展株冶、智成化工、汨罗循环经济工业园和株洲清水塘、永兴、泰格林纸集团等国家循环经济试点，抓紧启动省内20家企业、7个园区循环经济试点工作；提高工业废物综合利用和再生资源循环利用水平，重点在钢铁、有色、造纸、纺织、化工、建材等行业推广清洁生产和资源循环利用。三是大力发展环保产业。重点培育和引进环保骨干企业，支持永清、凯天等一批环保企业集团发展壮大，推行环境污染治理的企业化、市场化和社会化运营。四是加强生态环境建设。认真实施湘江流域水污染整治方案，综合治理冶金、采选、化工和农村畜禽养殖等污染；加快实施全省城镇生活污水处理三年行动计划，完成设市城市和县城污水处理设施建设。强化污染源控制，开展污染源普查，加强自动监控建设。严格环境影响评价制度，建立健全生态环境补偿机制，按主体功能区的不同要求，提高环境准入门槛。限制高污染、高耗能、高排放和资源性产品出口。加强农村污染防治，严控重污染企业和落后产能向农村转移。加强重要生态功能区保护，继续搞好植树造林、封山育林，巩固退耕还林、退田还湖成果，加强水土流失治理，保护森林、湿地生态系统。抓好长沙、株洲、常德、邵阳、怀化、张家界、湘西生态市（州）创建工作。大力倡导绿色消费模式，促进生态文明建设。五是按照建设“两型社会”的要求，在“3+5”区域乃至全省积极探索建立一批省级改革试验区。

2009年广东省政府工作报告（节录）

单位生产总值能耗下降3.7%，二氧化硫和化学需氧量排放总量分别削减3.0%和 4.5%。

加大节能降耗工作力度。严格执行节能问责制和“一票否决”制。建立健全落后产能退出机制,加快淘汰小钢铁、小水泥等行业落后产能,抓好电力工业“上大压小”。深入实施十大重点节能工程。鼓励发展能源资源消耗低、附加值高的产业和产品,积极开发应用新能源和可再生能源。推进建筑节能,稳步开展政府办公建筑和大型公共建筑节能监管和改造。加快实施节能减排科技行动计划,完善节能减排统计、监测、考核体系。推动节能市场化进程。

加强环境保护和生态建设。严格执行主要污染物排放总量控制制度,建立污染减排倒逼机制。抓好污水和垃圾处理设施建设,确保年底前珠三角地区中心镇、东西北地区的县城全部建成污水集中处理设施,地级以上市全部建成生活垃圾无害化处理设施。完善污水管网建设,提高污水处理设施运行率。加大饮用水源水质保护力度,继续推进珠江综合整治和治污保洁工程。开展珠三角城市群大气复合污染综合防治,整治机动车尾气污染。推进清洁生产,开展建设资源节约和环境友好型社会综合配套试点,创建循环经济示范区。完善和实施促进节能减排的市场准入标准、强制性能效标准和环保标准。加快建设国控、省控重点污染源在线监控系统。推行排污许可证、企业环境信用和污染责任保险制度,对重点环境问题和重点污染企业实行挂牌督办,加强对城乡结合部企业的排污监管。

2009年广西壮族自治区政府工作报告（节录）

万元生产总值能耗降低3.4%，二氧化硫排放总量削减1.1%，化学需氧量排放总量削减5%。

抓好节能减排工作。强化节能减排目标责任制和“一票否决制”。着力推进城镇和工业园区污水垃圾处理设施建设。全面完成重点减排工程建设。加快淘汰炼铁、炼钢、造纸、酒精落后产能。抓好冶金、有色等八大重点能耗行业和392家重点能耗企业的节能降耗。推进建筑节能。实施“广西工业百项节能技术推荐行动”，推广高效节能照明产品。

2009年海南省政府工作报告（节录）

万元GDP能耗下降1个百分点。

扎实推进节能减排。优良的生态环境是海南可持续发展的最大资本，要进一步强化市县政府节能减排目标责任制，确保18个污水和18个垃圾处理项目竣工，新开工6个污水和7个垃圾处理项目。加强对重点污染源的监控，实行节能减排技术改造，推广应用节能减排新材料新产品，大力发展风能、太阳能等清洁能源。

2009年四川省政府工作报告（节录）

加强节能减排工作。强化节能、节水、节材和资源综合利用，深入开展全民节能减排行动。积极开展战略环评，培育低碳经济，大力发展循环经济，逐步建立资源循环利用体系。严格限制高耗能、高污染项目和生产能力过剩项目，重点抓好192户落后产能企业及工艺技术装备的关闭和淘汰工作。加强岷江、沱江、嘉陵江及金沙江等流域污染治理，搞好三峡库区影响区水污染防治，加快污水处理厂、垃圾处理厂及配套设施建设，加强地震废墟清理，挂牌整治200户工业污染企业和60户规模化畜禽养殖企业。探索建立排污权交易市场化新机制。加强城乡饮用水源地监督管理和示范工程建设。

2009年云南省政府工作报告（节录）

单位生产总值能耗下降4.3%。

要把生态立省、环境优先的战略思想贯穿到每一项工作、每一个具体项目的实施中，大力发展循环经济和低碳经济，全面推行清洁生产，加快形成有利于节约能源资源和保护生态环境的产业结构、增长方式和消费模式。更加深入扎实地推进“七彩云南保护行动”的实施，努力争当全国建设生态文明的排头兵。

确保完成节能减排目标。加大节能减排技术开发和推广力度，坚决淘汰落后产能，切实遏制高污染行业盲目发展。继续深入实施节能减排全民行动，强化企业节能降耗措施，加强重点用能单位管理。在重点行业组织实施一批节能示范项目，大力发展循环经济和环保产业。

2009年贵州省政府工作报告（节录）

单位生产总值能耗降低4.3%，化学需氧量和二氧化硫排放量分别下降1.3%和4.8%。

把节能减排和生态环境保护作为转变发展方式的重大任务，着力构建资源节约型和环境友好型社会。

围绕十大重点节能工程，组织实施一批余热余压利用、能量系统优化改造、节约或替代石油的重点技改、重点耗能行业利用工业废渣生产节能建材、利用成熟技术改造现有生产工艺等工程和工业节水项目，突出抓好重点行业、重点企业的节能管理和技术改造。根据国家产业政策，进一步细化企业在生产规模、能耗物耗等方面的准入标准，对达到准入标准的企业，加大扶持力度，支持企业进行技术改造，调整产品结构，降低能耗物耗和生产成本，并鼓励这些企业兼并和扶助同行业小企业，带动整个行业提高节能降耗水平。对于达不到准入标准的落后产能，综合采取经济、法律、行政等措施予以淘汰。继续抓好列入国家规划的循环经济试点，加快建成一批循环经济基地项目。在用好去年省财政安排的污水处理设施建设资金的基础上，省财政再投入3亿元以上，基本建成县级以上城镇污水处理设施。抓紧完成尚未开工的城镇垃圾处理项目前期工作，力争全部开工建设。在清水江、乌江、赤水河、北盘江等重点流域新开工建设一批环境污染防治项目。加大环境执法和行政监察力度，严格实行行政问责和区域限批制度。深入开展全民节能减排活动，积极倡导节约型的生产方式、消费模式和生活习惯。

加强资源节约和综合利用。实行最严格的节约用地制度，提高土地资源综合利用效益。重点建设一批磷石膏、粉煤灰、煤矸石和建筑弃渣等主要废弃物的综合利用项目，鼓励瓦斯抽采及综合利用，加快推进建筑墙体材料革新和污水再生循环利用、垃圾资源化回收利用。认真落实国家有关资源综合利用的税收、价格等优惠政策。进一步完善土地、水、矿产等资源有偿使用制度。

2009年西藏自治区政府工作报告（节录）

万元地区生产总值能耗控制在国家规定范围内。

加大投资力度，安排资金20亿元，加快建设退牧还草、退耕还林、天然林保护、自然保护区建设、重点区域造林绿化、水土流失治理、城镇污水垃圾处理设施等项目，全面启动西藏生态安全屏障保护与建设工程。建立和完善多领域的生态补偿机制。加强草场保护建设和农牧区环境保护工作。强化水资源统一管理和集中式饮用水源地保护。严格环境执法监管，认真落实节能减排各项措施。严格执行建设项目地质灾害危险性评估制度及环境影响评价和“三同时”制度，规范各类开发建设活动，尽量降低经济开发的环境成本。

2009年陕西省政府工作报告（节录）

单位生产总值能耗降低4.5%，二氧化硫、化学需氧量分别削减4.5%和3%。

切实加强节能减排和生态环境建设，努力实现更高水平的发展。今年是完成“十一五”节能减排任务的关键年，必须把节能减排和生态环境建设摆在更加突出的位置切实抓紧抓好。

强力推进节能减排工作。严格控制新上“两高一资”项目，加大“上大压小”力度，淘汰水泥、焦化、钢铁等行业落后产能870万吨，全面完成年度发电机组脱硫设施建设任务，削减二氧化硫4万吨。一手抓200个能耗大户，一手抓中小企业，以钢铁、建材、石油石化、电力、有色等5个行业为重点，推广节能技术和工艺，实现节能130万吨标准煤。大力推进公共机构的节能，积极发展太阳能、地热等清洁再生能源。

2009年甘肃省政府工作报告（节录）

万元GDP能耗下降5.2%，二氧化硫排放量和化学需氧量分别控制在52.3万吨和16.9万吨以内。

积极推进循环经济发展，加大节能减排力度。实施《甘肃省循环经济总体规划》，提升资源综合利用水平。支持白银等资源型城市转型。实施酒钢矿渣综合利用工程等160个重点循环经济项目。加强对年耗能万吨标准煤以上的178户用能企业的监督管理，加快列入国家财政节能奖励的76个节能改造项目建设进度。对单位产品能耗超过限额标准的用能企业实行限期整改。加大建筑、交通运输、商业民用以及公共机构节能工作力度。加快淘汰炼铁、铁合金、电石、造纸等行业落后产能。组织实施好兰州热电公司脱硫工程等8个二氧化硫减排项目，完成平凉宝马纸业废水处理等36个重点化学需氧量减排项目。做好兰州等重点城市大气污染治理工作，抓紧实施兰州石化公司烟气脱硫等重点污染源治理、银光公司酸雾治理项目。加快污水处理厂配套管网建设，支持兰州城市污水全收集全处理。探索建立完善资源有偿使用制度和生态环境补偿机制，深化供水、污水和垃圾处理、排污等价格和收费改革工作。加大饮用水源地保护力度，进一步做好黄河、泾河、渭河等重点流域水污染防治工作，加快水管体制和水资源管理体制改革，推进节水型社会建设。

2009年青海省政府工作报告（节录）

地区生产总值增长9%左右。

大力发展循环经济。全面实施柴达木循环经济特色优势产业发展规划，完成盐湖产业链发展等专项规划，尽快实施西宁国家级经济技术开发区循环经济试点园区实施方案。

加快培育提升特色产业，千方百计转变发展方式。注重调整产业结构，把握发展循环经济、生态经济、新能源经济和产业升级的新方向，大力推进资源转换战略，优化产业布局，强化创新驱动，促进特色优势产业向规模化、集群化发展。盐湖综合利用二期、复合肥、高精铝板带、铜箔、铝箔等项目进程加快，ADC发泡剂一体化等项目开工建设，碳酸锂、硅材料、机织藏毯等一批新型产业正在形成，全面提升了工业发展的速度、质量和效益。预计规模以上工业增加值增长21.5%，工业企业实现利润180亿元，增长36%，产出性项目投资占全社会固定资产投资比重提高到50%。大力推进资源间循环利用、产业间循环组合、企业内循环生产，柴达木循环经济试验区建设取得实质性进展；西宁经济技术开发区被列入国家第二批循环经济试点产业园区，为开发区的建设和产业升级注入了新的活力。严格实行节能问责制，实施一批节能技术改造工程，积极淘汰落后产能，预计万元工业增加值能耗下降6%。有重点地组织推进一批科技创新项目，盐湖资源多元素开发等重大技术研究取得重要突破，在盐湖资源综合利用、有色金属冶炼等关键技术的引进上取得重要进展。

加大节能减排和环境治理力度。开工建设一批城镇污水处理工程,争取新上余热余压利用等一批节能减排项目,落实结构减排、工程减排、建筑节能等措施。年内化学需氧量、二氧化硫排放总量分别控制在7.7万吨和13.7万吨以内。加强对新上项目的用能审核和环境影响评价,力争新项目的技术、工艺、节能、环保在国内同行业居于领先水平。建立健全落后产能退出机制,政府决不保护落后产能。

2009年宁夏回族自治区政府工作报告（节录）

单位地区生产总值统合能耗下降4%，二氧化硫排放量减少6.5%，化学需氧量排放量减少4%。

毫不松懈地抓好技术改造和节能减排。抓住国家振兴有色金属、装备制造、轻纺等10大产业的机遇，加快新一轮企业技术改造，完成技改投资120亿元。重点实施青铜峡铝业异地改造二期、中石油宁夏石化500万吨炼油、中色东方3000吨钛及钛合金管棒线材、国电宁夏2500吨多晶硅、启元药业维生素综合提取等50个重点技改项目。严格实行节能减排目标责任制和“十大铁律”，继续办好10件环保实事，对100户重点企业实行污染排放在线监测，实施100项节能减排新技术和50个示范工程。坚决淘汰落后产能，杜绝限制性高耗能、高排放项目上马。

开发利用清洁能源，新建农村户用沼气6万口、太阳灶5万台、节能炕灶15万个。

2009年新疆维吾尔自治区政府工作报告（节录）

万元产值能耗降低5%。

强化节能减排工作，10万千瓦以上火电机组、新建大型火电机组必须安装脱硫设施。全面完成有色金属冶炼等行业二氧化硫排放大户污染治理工作。坚决淘汰不符合产业政策的高耗能、高污染工艺和设备。做好自治区第二批循环经济试点工作。切实加强城市污染综合治理，提高城市污水垃圾处理能力。重点推进乌鲁木齐冬季大气污染综合整治。搞好矿区生态恢复建设和煤矿塌陷区治理。加强农业和养殖业面源污染治理，重点保护好农村饮用水源和农村生产生活环境。

政策文件

国务院政策文件

国务院办公厅关于治理商品过度包装工作的通知

国办发[2009]5号

各省、自治区、直辖市人民政府，国务院各部委、各直属机构：

为减少商品包装中的资源消耗，加快建设资源节约型和环境友好型社会，经国务院同意，现就治理商品过度包装工作有关事项通知如下：

一、充分认识治理商品过度包装的重要意义

近年来，随着人民生活水平的逐步提高和社会零售商品种类的日益丰富，企业在努力提高商品内在品质的同时，积极改进商品包装，对于进一步体现商品价值、增强商品市场竞争力发挥了重要作用。但是，也有部分企业为提高产品价格，片面在商品包装上做文章，主要表现为包装层次过多、包装空隙过大、选材用料失当、包装物难以回收利用、包装成本过高，甚至搭售贵重物品等。特别是近几年来，月饼、茶叶、酒类、化妆品、保健食品等商品过度包装之风愈演愈烈，引起了社会各界的广泛关注。有关部门对月饼等过度包装问题进行了初步整治，取得了积极成效，但少数商品过度包装问题仍比较突出。商品过度包装不仅浪费资源、污染环境，而且导致商品价格虚高，损害消费者利益，扰乱市场秩序，助长奢侈腐败现象，不符合建设资源节约型、环境友好型社会的要求，与学习实践科学发展观、建设社会主义精神文明相违背，必须采取有力措施从根本上加以治理。各地区、各部门要充分认识治理商品过度包装的重要性和紧迫性，加大工作力度，切实抓紧抓好，抓出成效。

二、抓紧制定完善标准、法规和政策，禁止生产、销售过度包装商品

治理商品过度包装要从源头抓起。对直接关系人民群众生活和切身利益的商品，要在满足保护、保质、标识、装饰等基本功能的前提下，按照减量化、再利用、资源化的原则，从包装层数、包装用材、包装有效容积、包装成本比重、包装物的回收利用等方面，对商品包装进行规范，引导企业在包装设计和生产环节中减少资源消耗，降低废弃物产生，方便包装物回收再利用。质检总局要按照上述要求，加强组织领导，加快工作进度，尽快制定出台《限制商品过度包装要求食品和化妆品》国家标准。法制办要会同有关部门抓紧起草限制商品过度包装条例，为治理商品过度包装提供法制保障。价格部门要研究完善遏制过度包装的价格政策，财税部门要研究完善促进包装物回收利用的税收政策。

企业要严格执行商品包装国家标准和法规，做到生产企业不生产过度包装商品，流通企业不采购、不销售过度包装商品。有关行业协会要充分发挥职能作用，引导企业严格自律，端正生产经营态度，自觉履行社会责任。要加强包装领域的技术创新，积极开发新材料、新工艺、新设备，减少材料用量、减少污染，提高包装物的回收利用率，促进包装业健康发展。

三、加大宣传教育力度，动员全社会抵制过度包装

商品过度包装的根源在于不健康的消费理念和消费习惯。要充分发挥新闻媒体的舆论导向和监督作用，广泛宣传过度包装的危害性，大力倡导健康文明、节约环保的消费理念和社会风尚，动员全社会自觉抵制过度包装和奢侈浪费之风。对于月饼等传统节日食品，要在商场、社区、学校等重点场所开展形式多样的宣传教育活动，提倡选择经济实惠、简洁包装产品，不购买过度包装产品。各级行政机关、社会团体、事业单位、国有企业要带头自觉抵制过度包装商品。

四、加强组织领导，强化监督检查

地方各级人民政府负责本地区治理商品过度包装工作，要将治理过度包装作为节约资源保护环境工作的重要内容，高度重视，加强领导，周密部署，精心组织，务求取得实效。发展改革委要切实负起牵头责任，加强组织协调和督促指导，监察、财政、商务、质检、工商、价格、宣传等部门要充分发挥职能作用，密切配合，结合实际制定具体实施办法，共同做好治理商品过度包装工作。质检部门要将商品包装有关国家标准执行情况纳入日常监督检查内容。工商部门要重点加强对商场、超市等场所执行商品包装有关规定的监督检查。对违反有关规定生产、销售过度包装商品的，有关部门要依法予以查处。鼓励广大群众对过度包装商品进行举报，质检、工商、价格等部门要认真做好举报电话的值守工作，及时处理群众反映的问题。发展改革委要会同有关部门适时开展专项检查，推动各项措施的落实。

国务院办公厅

二〇〇九年一月二十三日

国务院办公厅关于转发发展改革委等部门促进扩大内需　鼓励汽车家电以旧换新实施方案的通知

国办发〔2009〕44号

各省、自治区、直辖市人民政府，国务院各部委、各直属机构:

发展改革委、财政部、商务部、工业和信息化部、环境保护部《促进扩大内需　鼓励汽车、家电“以旧换新”实施方案》已经国务院同意，现转发给你们，请认真贯彻执行。

今年以来，国家结合实施重点产业调整和振兴规划，加大老旧汽车报废更新力度，出台鼓励“汽车摩托车下乡”、“家电下乡”等政策，有力地促进了农村消费，对拉动内需，稳定和扩大就业，保持经济平稳较快发展发挥了重要作用。为进一步促进扩大内需，根据我国家电、汽车产业发展和消费市场实际，有必要实施鼓励汽车、家电“以旧换新”的政策措施。这不仅有利于扩大消费需求，也有利于提高能源资源利用效率，减少环境污染，促进节能减排和循环经济发展。各有关省市人民政府和国务院有关部门要加强领导，制定明确的实施细则，认真组织实施抓好落实。

国务院办公厅

二〇〇九年六月一日

附件：

促进扩大内需　鼓励汽车、家电“以旧换新”实施方案

发展改革委　财政部　商务部

工业和信息化部　环境保护部

为进一步扩大汽车、家电消费，促进扩大内需，保持经济平稳较快发展，特制定鼓励汽车、家电“以旧换新”实施方案。

一、鼓励汽车、家电“以旧换新”的重要意义

（一）拉动国内需求。随着工业化、城镇化进程加快，我国汽车、家电消费快速增长，保有量大幅增加，淘汰更新潜力较大。据预测，2009年汽车报废量将达到270万辆，家电报废量将达到近9000万台，如果加快淘汰更新，将促进汽车、家电产业稳步增长。

（二）促进节能减排。老旧汽车油耗比新车高5%-10%，特别是“黄标车”油耗比“绿标车”高30%，污染物排放量严重超标，老旧家电电耗比新家电高20%-30%。实行汽车、家电“以旧换新”，有利于提高汽车、家电能效水平，减少环境污染。

（三）有效利用资源。汽车、家电中含有大量可回收利用的钢铁、有色金属、塑料、橡胶等资源，通过“以旧换新”，加快完善汽车、家电回收拆解处理体系，可使这些资源得到充分有效利用，促进循环经济发展。

（四）稳定和扩大就业。汽车、家电生产技术含量高，产业链长，鼓励汽车、家电“以旧换新”，不仅有利于促进汽车、家电产业稳步增长，也有利于促进营销、物流、售后服务以及报废汽车、废旧家电回收拆解等劳动密集型行业的发展，安置大量人员就业。

二、基本思路

采取财政补贴方式，鼓励汽车、家电“以旧换新”，建立有效的激励机制，进一步扩大内需特别是消费需求，促进节能减排，发展循环经济。坚持与“汽车摩托车下乡”、“家电下乡”等扩大消费政策相衔接；与将于2011年施行的《废弃电器电子产品回收处理管理条例》制度设计相一致；既要确保财政资金使用的安全有效，又要做到简便易行，方便广大消费者。

三、鼓励汽车“以旧换新”的政策措施

在现有老旧汽车报废更新补贴政策的基础上，进一步扩大补贴范围，加大补贴力度，加快老旧汽车报废更新。2009年在已安排老旧汽车报废更新补贴资金10亿元的基础上，中央财政再安排40亿元。

（一）补贴范围。一是对符合一定使用年限要求的中、轻、微型载货车和部分中型载客车，适度提前一定年限报废并换购新车的，给予补贴。二是对提前报废“黄标车”并换购新车的，给予补贴。同时符合财政部、商务部公告的《2009年老旧汽车报废更新补贴资金发放范围及标准》规定的车型，只能享受一种补贴政策；提前报废“黄标车”并换购新车，新车已享受了1.6升及以下乘用车减半征收车辆购置税政策的，不再享受老旧汽车报废更新补贴政策。

（二）补贴标准。符合条件的老旧汽车报废更新单辆补贴金额，原则上不高于同型车辆的单辆车辆购置税金额，具体标准为：中型载货车6000元，轻型载货车5000元，微型载货车4000元，中型载客车5000元，轻型载客车4000元，微型载客车3000元，其他车型6000元。

中央按上述补贴标准，对地方实行补贴资金包干。地方可以根据“黄标车”的车型、年限以及城市管理等因

素，调整补贴标准。

（三）资金补贴流程。按照《老旧汽车报废更新补贴资金管理暂行办法》的有关规定，车主将报废汽车交售给有资质的报废汽车回收拆解企业，回收拆解企业向车主开具报废汽车回收证明，车主凭报废汽车回收证明、注销证明、更新车辆购车发票和有效身份证明申领补贴资金。

四、鼓励家电“以旧换新”的政策措施

鉴于目前我国绝大多数地区废旧家电回收处理体系尚未建立，2009年先在废旧家电回收处理体系有一定基础的省市开展家电“以旧换新”试点，成熟后在全国推广。2011年按《废弃电器电子产品回收处理管理条例》的要求建立家电回收利用生产者责任制。2009年财政安排20亿元资金，用于家电“以旧换新”补贴。补贴资金由中央财政和试点省市财政共同负担。

（一）试点范围。选择北京、天津、上海、江苏、浙江、山东、广东和福州、长沙9省市开展家电“以旧换新”试点。

（二）补贴范围。包括电视机、电冰箱、洗衣机、空调、电脑5类家电产品。

（三）补贴对象。一是对交售补贴范围内的旧家电并购买新家电的消费者给予补贴。二是对回收补贴范围内的旧家电并送到拆解处理企业的运输费用给予补贴。

（四）补贴标准。交旧购新补贴不超过家电销售价格的10%，并分品种确定补贴最高上限。回收运输实行定额补贴，具体标准另行制定。

（五）操作流程。

1.确定实施主体。家电销售商和家电回收企业以招标方式确定。拆解处理企业由试点省市人民政府从现有拆解处理企业中确定，试点期间，原则上每个试点省选择1–2家，试点城市选择1家。拆解处理企业要符合国家有关环保法律法规要求。

2.收购旧家电。消费者通过网络或者电话提出交售旧家电，回收企业上门收购旧家电，并向消费者开具国家统一印制的家电以旧换新凭证。试点省市人民政府有关部门根据实际情况公布旧家电回收指导价格。

3.购买新家电。消费者凭家电以旧换新凭证，向中标的家电销售商购买新家电。家电销售商按照新家电售价减去补贴后的价格销售给消费者。财政部门根据销售商的有关记录和凭证给予补贴。家电生产企业向消费者公告“以旧换新”家电产品的规格、型号和参考价格。

4.废旧家电拆解处理。回收企业收购的旧家电交售给拆解处理企业进行拆解处理。拆解处理企业向回收企业垫付运输费用，并开具发票。财政部门根据拆解处理企业实际回收量，按照回收运输补贴标准给予运费补贴。回收后再流通的旧家电不予补贴。

（六）申领补贴资金。家电销售商凭新家电销售发票存根和对应的家电以旧换新凭证，到当地财政部门申领补贴资金。废旧家电拆解处理企业凭收购发票底单及有关记录，到当地财政部门申领运费补贴。

五、组织实施

财政部会同商务部、工业和信息化部、环境保护部等部门制定家电“以旧换新”财政补贴资金管理办法，商务部会同有关部门组织实施汽车、家电“以旧换新”工作，环境保护部负责废旧家电拆解处理的组织实施和监督管理，工商、质检等部门在各自职责范围内加强监督管理，请中央宣传部组织新闻媒体做好汽车、家电“以旧换新”政策宣传和舆论监督工作。

试点省市人民政府负责本地区家电回收和拆解处理工作的组织实施和监督管理，并定期向国务院有关部门报告。各试点地区要按照本实施方案的要求制定具体的操作细则，同时本着既保障财政资金安全，又方便群众交旧购新、享受补贴的原则，积极探索家电“以旧换新”的操作办法。

国务院办公厅关于印发2009年节能减排工作安排的通知

国办发〔2009〕48号

各省、自治区、直辖市人民政府，国务院各部委、各直属机构：

《2009年节能减排工作安排》已经国务院同意，现印发给你们，请认真贯彻执行。

国务院办公厅

二〇〇九年七月十九日

附件：

2009年节能减排工作安排

“十一五”前三年，各地区、各部门认真落实党中央、国务院的部署，把节能减排作为促进科学发展的重要抓手，作为扩内需、保增长、调结构的重要内容，工作力度不断加大，节能减排取得积极进展。全国单位GDP能耗逐年逐季降低，2006年下降1.79%，2007年下降4.04%，2008年下降4.59%，三年累计下降10.1%，节能约2.9亿吨标准煤。全国二氧化硫、化学需氧量（COD）排放总量不断降低，2007年分别下降4.66%和3.14%，2008年分别下降5.95%和4.42%，“十一五”前三年累计分别下降8.95%和6.61%。

虽然节能减排取得积极进展，特别是今年以来产业结构发生了一些积极变化，但结构不合理的问题仍然突出，第三产业比重偏低，高耗能工业增速较快。国际金融危机对我国影响加剧，给节能减排工作带来新的问题和挑战。有的地方出现盲目上高耗能、高排放项目的苗头，有的地方擅自出台高耗能行业电价优惠政策；一些企业效益回落，影响节能减排重点工程实施。工作层面也还存在着认识不到位、激励政策不完善、机制不健全、监管不到位、基础工作薄弱等问题。从目前进展情况看，“十一五”节能目标完成进度仍落后于时间进度，形势严峻，任务艰巨。

2009年是实现“十一五”节能减排目标具有决定性意义的一年，各地区、各部门要进一步统一思想，充分认识节能减排工作的重要性和艰巨性，增强紧迫感和责任感，以科学发展观为指导，在保持经济平稳较快增长中坚持节能减排不动摇，继续把节能减排作为调整经济结构、转变发展方式的重要抓手，作为应对国际金融危机，扩内需、保增长、调结构的重要内容，作为减缓和适应全球气候变化、促进人类可持续发展的重要举措，全面落实各项节能减排政策措施，进一步加大工作力度，务求取得更大成效，确保节能减排目标完成进度与“十一五”规划实施进度同步。

一、加强目标责任考核。组织相关部门和专家对省级政府2008年节能减排目标完成情况进行现场评价考核，评价考核结果向社会公告，落实奖惩措施，实行严格的问责制。组织各地节能主管部门开展千家企业节能目标责任评价考核，审核汇总考核结果，向社会公告并做好考核结果的运用。发布2008年全国和各地区单位GDP能耗、主要污染物排放及工业增加值用水量指标公报，以及2009年上半年全国单位GDP能耗和主要污染物排放量指标公报。抓好军队资源节约统计与考评工作。

二、推动重点工程实施。继续加大中央预算内投资、新增中央投资、中央财政专项资金和国外优惠贷款对节能减排的支持力度，重点支持十大重点节能工程建设、循环经济发展、淘汰落后产能、城镇污水处理设施及配套管网建设、重点流域水污染治理，以及节能环保能力建设。2009年，通过实施十大重点节能工程，形成7500万吨标准煤的节能能力；实施“节能产品惠民工程”，对能效等级1级或2级以上高效节能空调、冰箱等10大类产品，通过财政补贴方式加大推广力度；推广节能灯1.2亿只；支持在北京、上海、重庆等13个城市开展节能与新能源汽车示范试点。新增城市污水日处理能力1000万立方米，全国36个大城市基本实现污水全部收集处理；新增燃煤电厂烟气脱硫设施5000万千瓦以上，新增钢铁企业烧结机烟气脱硫设施20台（套）。

三、**严控高耗能、高排放行业盲目扩张**。组织修订《产业结构调整目录》。在抓紧组织实施钢铁、汽车、造船、石化、轻工、纺织、有色金属、装备制造、电子信息、物流等重点产业调整振兴规划过程中，严格执行国家产业政策和项目审核管理规定，强化用地审查、节能评估审查、环境影响评价，从严控制高耗能、高排放行业盲目扩张。继续推动外商投资产业结构优化升级。加大信息技术在传统产业中的应用力度，对高耗能、高排放行业进行改造和提升。加大淘汰落后产能的力度，2009年“上大压小”关停小火电机组1500万千瓦，淘汰落后炼铁产能1000万吨、炼钢600万吨、水泥5000万吨、造纸50万吨、铁合金70万吨、焦炭600万吨。完善淘汰落后产能退出机制，公告淘汰落后产能企业名单，推广大型企业兼并重组落后企业等有效做法，落实好差别电价政策和淘汰落后产能企业职工安置政策措施。发布节能设备指导目录、落后高耗能设备淘汰目录等，推动淘汰落后高耗能设备。落实节能发电调度办法，抓紧出台配套政策。大力促进服务业和高技术产业发展，提高其在国民经济中的比重。

四、加快技术开发和推广。围绕能源、资源、环境等领域，建设和完善若干国家工程中心、国家工程实验室和国家重点实验室，在高效发电、重污染行业清洁生产、建筑节能等方面组织科研攻关，攻克一批节能减排关键和共性技术。编制工业、通信业清洁生产技术指南和重点节能技术推广专项规划。支持大型先进压水堆及高温气冷堆核电站重大科技专项。加大新技术、新产品产业化的实施力度，推动电动汽车产业化，做好“金太阳”太阳能发电、大型超超临界发电、有机废水循环利用等技术的规模化推广应用。制定半导体照明（LED）产业发展意见。推进浅层地热能开发利用。加快风能资源的评估与开发。发布农业机械节能减排技术。出台关于推行合同能源管理加快节能服务产业发展的意见，鼓励专业节能公司采用合同能源管理方式，为中小企业、公共机构实施节能改造。启动污泥处理处置示范工作。积极推进环保产业发展，继续开展烟气脱硫特许经营试点，规范城镇污水和垃圾处理特许经营，鼓励排污单位委托专业化公司承担污染治理或设施运营。发布当前国家鼓励发展的环保设备（产品）目录，编制环保装备示范工程规划。广泛开展节能减排国际合作，切实加强双边、区域和多边在节能、新能源和低碳技术研发等方面的交流，积极引进国际先进技术和管理经验。

五、着力抓好重点领域节能减排。继续大力推进千家企业节能行动，发布能源利用状况公告，开展节能管理师试点，形成2000万吨标准煤的节能能力。制定发布钢铁、建材、电子信息、军工和中小企业节能减排指导意见，深入开展重点耗能行业能效水平对标活动。扩大强制性能效标识实施范围，制定发布电风扇、微波炉、通风机、工业锅炉等6种产品能效标识实施规则。组织开展5万个锅炉房节能管理达标活动。2009年底施工阶段执行节能强制性标准比例提高到90%以上；全面开展北方采暖地区既有居住建筑节能改造，2009年改造6000万平方米；继续推进供热按用热量计量收费；扩大可再生能源建筑应用示范规模，出台推动太阳能光电技术在建筑领域应用的实施意见，实施好新建经济适用房、廉租房、新农村农房可再生能源建筑规模化应用项目。大力发展公共交通，优化道路运输组织管理；严格执行汽车燃料消耗量限值标准，实施落后车辆淘汰制度，完善报废汽车回收机制；加快发展水路运输，推进船型标准化；加快电气化铁路建设；优化航线航路，启动机场节电工程，研究建立民航业节能减排激励约束机制；建立交通运输行业节能减排监测考核体系。安排财政资金70亿元，鼓励汽车、家电“以旧换新”。推进节约型机关、学校、科技场馆、文化场馆、医院、体育场馆等“六个100示范工程”建设，研究建立公共机构节能考核制度。开展大型公共建筑能耗统计、审计和公示工作。继续安排中央投资支持农村沼气建设；实施农村清洁工程，加大“以奖促治”工作力度，解决一批村镇存在的突出环境问题。推进零售业节能降耗。

六、大力发展循环经济。做好循环经济促进法贯彻实施工作。组织编制重点行业和重点领域循环经济发展规划，印发省市循环经济发展规划编制指南。建立循环经济发展专项资金，支持循环经济技术研发、示范推广、能力建设等。深化循环经济示范试点，开展“循环经济专家行”活动。加快实施汽车零部件再制造试点，出台促进汽车零部件再制造产业发展意见，建立汽车零部件再制造产品标识制度。组织编制实施再生金属利用规划、重大机电装备再制造产业发展规划。加快国家生态示范工业园区建设。研究建立循环经济评价指标体系和统计制度。发展矿产资源领域循环经济，推进矿产资源综合利用，加快脱硫石膏、磷石膏、农作物秸秆等资源化重点工程建设。启动第三批禁止使用实心粘土砖和第三批“禁止现场搅拌砂浆”工作。制定重点电子信息产品污染物管理目录，推动废弃电器电子产品回收利用。加快第二批再生资源回收体系建设试点，支持建设一批统一规范的社区回收站点、专业化分拣中心和区域集散市场。推进城镇污水处理再生利用。启动餐厨垃圾无害化处理试点。促进灾区建筑废弃物资源化利用。进一步加大“限塑”和秸秆综合利用工作力度。落实国务院办公厅关于治理商品过度包装的有关文件精神，抓紧制定治理商品过度包装的相关标准和政策。推动机电产品包装节材代木。推进循环农业促进行动，重点抓好10个循环农业地市建设，以及农垦制糖业、天然橡胶业的循环产业建设。

七、完善相关经济政策。继续推进资源性产品价格改革，落实成品油价格和税费改革方案。完善天然气价格形成机制。实行鼓励余热余压发电的上网和价格政策。继续推进电价改革，完善需求侧电价管理制度。继续实行促进节约用水的水价制度，鼓励使用再生水。完善老旧汽车报废更新补偿制度。出台农村老旧渡船拆解改造补偿制度。研究调整车辆购置税政策。推进环保收费改革，提高收缴率。研究建立污染物减排激励机制。修订高污染、高环境风险产品名录，继续控制高耗能、高排放和资源性产品出口。继续实施促进节能减排的政府采购政策，完善清单动态管理制度、公示制度和执行政策的奖惩制度。完善矿产资源有偿使用制度改革。逐步建立生态环境补偿机制。进一步扩大用于节能减排的企业债券发行规模，研究开展污水处理项目收益债券试点、环境污染责任保险试点。金融机构继续加大对节能减排重大项目的信贷支持。推进有条件的地区开展排污权有偿使用和交易试点工作。

八、加快法规和标准建设。完善节能减排法律法规体系，加快节约能源法和循环经济促进法配套法规建设。落实好民用建筑节能条例、公共机构节能条例。研究起草排污许可证条例。尽快出台固定资产投资项目节能评估和审查办法、城镇排水和污水处理条例。修订重点用能单位节能管理办法、能效标识管理办法、节能产品认证管理办法，组织制订、修订电炉钢冶炼和氧化铝、尿素等高耗能产品能耗限额强制性国家标准，以及水源热泵机组、小功率电机、容积式空气压缩机、通风机、工业锅炉等用能产品强制性能效标准。进一步完善并严格执行电石、热轧带肋钢筋等高耗能和易造成环境污染产品的市场准入条件。制订电力企业节能降耗主要指标监管评价标准。

九、强化节能减排监管。加强对各地区节能减排工作的监督检查，督促各项节能减排优惠政策的落实，坚决制止和纠正擅自出台对高耗能行业实行优惠电价、违规乱上高耗能和高排放项目等行为。加强节能减排执法检查，严肃查处严重浪费能源资源、严重破坏环境、违反能源利用状况报告制度、私自排污等问题。开展能效标识、能源计量器具配备、能源计量数据及使用、高耗能特种设备等专项检查。深入开展环保执法专项行动，重点做好电力、钢铁、建材、造纸等12个高耗能、高排放行业排放总量控制和排污许可制度执行情况的监督检查。加强职工节能减排义务监督员队伍建设，强化对义务监督员的培训。发布电力企业节能减排情况通报。

十、加强监管能力建设。加快节能减排统计、监测和考核体系建设。加强资源环境、循环经济基础研究，建立体现资源节约型、环境友好型社会建设的中国资源环境统计指标体系。抓紧组建国家节能中心，健全省级节能监察机构和节能技术服务中心。结合第二次全国经济普查，组织实施第二、三产业用能单位能耗调查和主要耗能行业重点耗能设备普查。继续推进污染源普查工作，加强环境质量监测、污染源自动监控、信息传输与统计等能力建设。进一步完善城镇污水处理管理信息系统，启动建设全国城镇生活垃圾处理管理信息系统。建设电力行业节能减排监管信息平台。

十一、开展规划编制等重大问题研究。编制节能环保产业发展规划，加快培育新的经济增长点。开展“十二五”节能专项规划前期研究，研究节能重大问题，重点做好节能目标预测。对节能中长期专项规划实施情况进行评估。开展“十二五”污染物排放总量控制计划前期研究，重点对实施总量控制的污染物及排放指标等开展专题研究。做好“十二五”城镇污水、垃圾处理设施建设规划的前期研究，重点是目标、技术路线、政策机制等，特别是对垃圾处理技术路线、污泥无害化处理做专题研究，为制订“十二五”规划纲要做好前期准备。

十二、加大宣传教育工作力度。继续广泛深入开展“节能减排全民行动”，以节油节电和全民节能为重点，深入开展节能减排宣传教育，普及节能环保知识，积极倡导节约型的生产方式、消费模式和生活习惯。做好2009年全国节能宣传周、中国城市无车日、世界水日、中国水周、全国城市节水宣传周、“六·五”环境日的宣传活动。各地区要对节能减排做出突出贡献的单位和个人予以表彰，在全社会进行广泛宣传。开展“汽车节能环保驾驶”活动，大力宣传节能环保驾驶理念。新闻媒体要加大节能减排报道力度，宣传先进经验，曝光反面典型，发挥舆论的引导和监督作用。

发展改革委要加强节能减排综合协调，环境保护部要做好减排协调工作，指导、督促、检查各地区、各部门落实国务院节能减排综合性工作方案和本工作安排的各项工作，及时向国务院报告节能减排进展情况，提出意见和建议。

国务院关于甘肃省循环经济总体规划的批复

国函[2009]150号

甘肃省人民政府，发展改革委、财政部：

发展改革委《关于报送甘肃省循环经济总体规划（报批稿）的请示》(发改环资[2009]2928号）收悉。现批复如下：

一、原则同意《甘肃省循环经济总体规划》（以下简称《总体规划》），请认真组织实施。甘肃省地处青藏高原、内蒙古高原和黄土高原的交汇处，是我国重要的生态屏障和陆路交通枢纽，资源蕴藏丰富，战略地位重要，发展潜力巨大。要把《总体规划》实施作为应对国际金融危机，保持经济平稳较快发展的重要举措，着力推动经济发展方式转变和经济结构调整，着力提高经济增长质量和效益，实现甘肃省经济社会的全面协调可持续发展。

二、《总体规划》实施要高举中国特色社会主义伟大旗帜，以邓小平理论和“三个代表”重要思想为指导，深入贯彻落实科学发展观，以转变经济发展方式为主线，以体制机制创新和科技进步为动力，按照“减量化、再利用、资源化”原则，积极培育循环经济产业链和循环经济骨干企业，切实加强循环经济产业园区和基地建设，加大循环经济支撑技术的研发推广力度，努力把甘肃省建成国家循环经济示范区，为推动循环经济发展，建设资源节约型和环境友好型社会做出贡献。

三、甘肃省人民政府要切实加强对《总体规划》实施的组织领导，明确工作分工，完善工作机制，落实配套措施，确保完成规划目标和任务。要按照规划确定的循环经济产业模式和产业园区、基地建设布局，制定切实可行的工作方案，扎实推进相关项目的组织实施。严格执行项目建设管理程序，做好环境影响评价和节能评估审查工作，落实项目资金，加强资金管理，保证建设质量，提高投资效益。要按照规划提出的方向和原则，结合当地实际，探索发展循环经济的新思路、新举措，建立循环经济统计、监管、考核体系，充分调动各方面积极性，层层落实责任，务求取得实效。

四、国务院有关部门要根据《总体规划》要求，按照职能分工，制定完善本部门支持甘肃省发展循环经济的具体政策措施，在有关专项规划编制、政策实施、项目安排、资金筹集、体制机制创新等方面，切实加大支持和指导力度。甘肃是经济欠发达省份，各有关部门要加强沟通协调，指导和帮助甘肃省解决规划实施中的困难和问题，为该地区循环经济发展创造良好的政策环境。

五、发展改革委要加强对《总体规划》实施的跟踪分析和监督检查，组织开展规划实施中期评估和后评估，做好与“十二五”规划、主体功能区规划和其他相关规划的衔接工作，针对实施中出现的新情况新问题，适时会同甘肃省人民政府对规划进行调整，重大问题及时向国务院报告。

加快发展循环经济，对于甘肃省调整经济结构，转变发展方式，走科学发展之路具有重要意义。各有关方面要坚定信心、密切合作、扎实工作，共同推动《总体规划》的落实，努力实现甘肃省经济社会又好又快发展。

国务院

二○○九年十二月二十四日

国家发展和改革委员会政策文件

关于编制秸秆综合利用规划的指导意见

为贯彻落实国务院办公厅关于抓紧编制秸秆资源综合利用中长期发展规划的意见，加快推进秸秆综合利用，实现秸秆的资源化、商品化，促进资源节约、环境保护和农民增收，现就做好秸秆综合利用规划编制工作提出如下意见：

一、编制秸秆综合利用规划的重要意义

我国秸秆数量大、种类多、分布广，每年秸秆产量近7亿吨。长期以来，秸秆是我国农村居民主要生活燃料、大牲畜饲料和有机肥料，少部分作为工业原料和食用菌基料。近年来，随着农村劳动力转移、能源消费结构改善和各类替代原料的应用，加上秸秆综合利用成本高、经济性差、产业化程度低等原因，开始出现了地区性、季节性、结构性的秸秆过剩，特别是在粮食主产区和沿海经济发达的部分地区，违规焚烧现象屡禁不止，不仅浪费资源、污染环境，还严重威胁交通运输安全。

近年来，在国家有关部门和各地政府积极推动和支持下，秸秆综合利用取得了显著成果，各地投资建设了一批秸秆人造板、秸秆直燃发电、秸秆沼气、秸秆气化、秸秆成型燃料等综合利用项目。同时，多种形式的秸秆还田、保护性耕作、秸秆快速腐熟还田、过腹还田、栽培食用菌等技术的推广应用，在一定程度上减少了秸秆焚烧现象。但是，秸秆综合利用仍然存在利用率低、产业链短和产业布局不合理等问题。存在这些问题的主要原因：一是对秸秆综合利用认识不足。一些地区没有把秸秆真正作为资源来看待，缺乏统筹规划，综合利用推进不力。二是秸秆资源与利用现状不清。长期以来，由于对秸秆利用的重视程度不够等原因，尽管有关部门和专家开展了一些调查和分析工作，但仍存在着秸秆资源不清、利用现状不明等问题。三是市场化机制不完善，缺乏政策激励。目前，各地还没有建立有效的市场机制和储运体系，秸秆商品化水平低，缺乏鼓励秸秆综合利用的具体政策措施，秸秆产业发展滞后。四是缺乏农民经济实用的配套技术设备。在农作物轮作茬口紧的多熟农区，秸秆便捷处理设施不配套，农民收集处理秸秆的难度大，随意遗弃和露天焚烧现象严重；秸秆综合利用新技术应用规模较小，尤其是适宜农户分散经营的小型化、实用化技术缺乏，各项技术之间集成组合不够。

编制秸秆综合利用规划，要根据不同地区的资源禀赋、利用现状和发展潜力，明确秸秆开发利用方向和总体目标，因地制宜、合理布局，安排好建设内容，制定和完善各项政策，逐步形成秸秆资源开发利用的良性循环，彻底解决秸秆露天焚烧问题，促进农村经济社会持续、协调发展，改善农村居民生产生活条件，增加农民收入，保护生态环境。

二、指导思想和基本原则

（一）指导思想

深入贯彻落实科学发展观，认真落实节约资源和环境保护基本国策，促进资源节约型、环境友好型社会建设。把推进秸秆综合利用与社会主义新农村建设、农业增产增效和农民增收结合起来。以技术创新为动力，以制度创新

为保障，通过秸秆多途径、多层次的合理利用，逐步形成秸秆综合利用的长效机制，有效解决秸秆焚烧问题。

（二）基本原则

疏堵结合，以疏为主。加大对秸秆焚烧监管力度，在研究制定鼓励政策，充分调动农民和企业积极性的同时，对现有的秸秆综合利用单项技术进行归纳、梳理，尽可能物化和简化，坚持秸秆还田利用与产业化开发相结合，鼓励企业进行规模化和产业化生产，引导农民自行开展秸秆综合利用。

因地制宜，突出重点。根据各地种植业、养殖业的现状和特点，秸秆资源的数量、品种和利用方式，合理选择适宜的秸秆综合利用技术进行推广应用。在满足农业利用的基础上，合理引导秸秆成型燃烧、秸秆气化、工业利用等方式，逐步提高秸秆综合利用效益。近期做好机场周边、高速公路沿线和大中城市郊区的秸秆综合利用工作，防止对交通运输和城乡居民生活造成严重危害。

依靠科技，强化支撑。加强技术集成配套，建立不同类型地区秸秆综合利用的技术模式，强化技术支撑；依靠科技入户、新型农民培训、科技特派员、星火12396等项目，强化技术培训和指导，推广简捷实用的秸秆综合利用技术，促进技术普及应用；大力开发操作简便、集约利用水平高的实用新技术。

政策扶持，公众参与。统筹考虑国家对秸秆综合利用的扶持政策情况，进一步加大政策引导和扶持力度，充分发挥市场配置资源的作用，鼓励社会力量积极参与，形成以市场为基础、政策为导向、企业为主体、农民广泛参与的长效机制。

三、编制的主要任务和进度要求

（一）主要任务

以省为单位编制秸秆综合利用规划。规划基准年为2008年（按2008年底数据），规划水平年为2010年和2015年。规划编制采用自下而上，逐级汇总编制的方法。各省（区、市）要在开展秸秆资源调查，进一步摸清秸秆资源潜力和利用现状的基础上，根据资源分布情况，合理确定适宜本地区的秸秆综合利用方式（饲料、肥料、燃料、食用菌基料和工业原料等）、数量和布局，设定发展目标，鼓励秸秆还田和多元化利用产业的共生组合，并编制秸秆综合利用重点项目建设规划。同时，规划中要提出相应的保障措施和支持政策，还要体现加强秸秆转化利用技术的研发与集成，加快成果转化和推广等具体的科技支撑内容。按时提交本地的规划成果。

（二）规划目标

秸秆资源得到综合利用，解决秸秆废弃和焚烧带来的资源浪费和环境污染问题。2010年在东部发达地区、中心城市周边、机场和高速公路沿线地区基本实现禁烧。力争到2015年，在全国建立较完善的秸秆还田、收集、储运体系，基本形成布局合理、多元利用的秸秆还田和产业化综合利用格局，秸秆综合利用率超过80%。

（三）进度要求

规划工作涉及面广，调查、统计、分析工作量大，各省（区、市）编制单位要精心组织，在2009年8月底前按质按量完成规划编制工作。

四、重点实施领域

各地区尤其是农业主产区，应因地制宜重点选择当地优势产业带，以小麦—水稻和小麦—玉米为主，在秸秆剩余量大、茬口紧、焚烧严重的地区开展秸秆综合利用。近期对于交通干道、机场、城市周边等重点地区，要重点规划，尽快解决秸秆的季节性和结构性过剩问题。

品种上，重点解决量大面广的玉米、小麦、水稻、棉花秸秆及各地农业优势产业的秸秆。

五、保障措施

（一）加强组织领导。编制秸秆综合利用规划是一项重要工作，涉及部门多，难度大，任务重。各级政府及有关部门要认真贯彻落实党中央和国务院的有关政策精神，要以科学发展观为指导，提高认识，加强领导，精心组织规划编制工作。各省（区、市）人民政府要做好规划编制工作中的组织协调，注意与已有的农业、工业、环保、农村能源、畜牧、饲料、农业机械化等规划的衔接工作。

（二）做好规划编制的前期工作。要认真做好秸秆资源调研与评价等前期工作。各地要通过深入细致地系统调研，摸清本地区农作物秸秆资源总量和利用的种类、分布、产量及利用途径等情况，对秸秆资源进行全面、科学的评价，为编制秸秆资源综合利用规划提供可靠的依据。

（三）落实人员和经费保障。要选配知识结构好、业务能力强、熟悉情况的骨干人员，组建得力的规划编制队伍，统一培训，提高规划人员的素质和水平。各省（区、市）人民政府要为规划编制安排必要的经费，为规划编制工作提供经费保障。

（四）采取科学的工作方式。要广泛动员多学科力量，充分借鉴国内外先进经验，科学确定秸秆资源调查和评价方法，合理选择技术路线。要坚持政府组织、专家领衔、部门合作、公众参与、科学决策的方针，科学系统地安排规划编制各项工作。

（五）加大公众参与力度。要充分发扬民主，加强调研，广泛听取意见。规划编制部门应当公布规划草案或者举行听证会，扩大公众参与，增强规划编制的公开性和透明度，听取公众意见。

附件：1.秸秆综合利用重点技术（略）

2.秸秆综合利用规划提纲（建议）（略）

国家发展改革委　农业部

二〇〇九年二月九日

关于公布第三批限时禁止使用实心粘土砖城市名单的通知

发改环资[2009]485号

各省、自治区、直辖市发展改革委、经贸委（经委），国土资源厅、住房城乡建设厅、农业厅：

根据国务院办公厅《关于进一步推进墙体材料革新和推广节能建筑的通知》（国办发[2005]33号）要求，截止2010年底，所有城市城区禁止使用实心粘土砖（以下简称“禁实”）。但由于部分城市人口少，建设规模小，经济发展水平相对落后，不具备“禁实”的能力和条件；另有一部分城市已经完成“禁实”任务，不需列入第三批“禁实”名单中。经调整，现将第三批限时“禁实”城市名单印发你们（见附件），请在总结前两批“禁实”工作经验的基础上，稳步推进第三批“禁实”工作。国家有关部门将适时组织对第二批“禁实”城市检查验收。

附件：全国限时第三批禁止使用实心粘土砖城市名单（151个）（略）

国家发展改革委　国土资源部

住房城乡建设部　农业部

二〇〇九年二月二十日

全国关停小火电机组情况2009年第4号公告

为做好电力工业节能减排工作，优化电源结构，提高能源效率，按照《国务院批转发展改革委、能源办关于加快关停小火电机组若干意见的通知》（国发[2007]2号）要求，在国家有关部门的大力支持下，通过各省（自治区、直辖市）人民政府和相关电力企业的共同努力，2008年全国共关停小火电机组1669万千瓦，超额完成年度计划目标。至此，“十一五”前三年全国累计关停小火电机组3421万千瓦，已完成“十一五”目标的68%。

现将2006年、2007年11~12月份和2008年关停小火电机组情况（2007年1~10月份情况已公告）予以公布，以接受社会各界监督。

附表：一、2008年全国关停小火电机组情况表（略）

二、2007年11－12月份全国关停小火电机组情况表（略）

三、2006年全国关停小火电机组情况表（略）

国家发展改革委　国家能源局

国家环境保护部　电监会

二○○九年三月六日

国家发展改革委办公厅、中国工程院办公厅关于开展循环经济专家行活动的通知

发改办环资[2009]885号

各省、自治区、直辖市及计划单列市、新疆生产建设兵团发展改革委、经贸委（经委），有关院士、专家：

发展循环经济是国家经济社会发展的一项重大战略。为加快循环经济发展，探索发展循环经济的有效模式，2005年以来，经国务院同意，国家发展改革委等部门组织开展了国家循环经济示范试点。为总结试点工作经验，帮助试点单位提高技术和管理水平，宣传典型经验，促进循环经济形成较大规模，国家发展改革委、中国工程院于2009年4月下旬至8月联合开展“循环经济专家行”活动。现将“循环经济专家行”活动方案印发你们。

4月23日下午，国家发展改革委、中国工程院举行“循环经济座谈会暨循环经济专家行启动仪式”，正式启动循环经济专家行活动，国务院领导出席并作重要指示。近百名院士、专家将分赴全国，陆续到国家循环经济示范试点单位进行考察、总结、咨询、指导，请各省（市、区）发展改革委、经贸委（经委）确定具体负责部门和联络人员，于2009年4月30日前报国家发展改革委（环资司），并通知相关试点单位做好准备，具体调研时间和地点将另行通知。

附件：一、“循环经济专家行”活动方案（略）

二、“循环经济专家行”拟调研单位名单（第一批）（略）

国家发展改革委办公厅

中国工程院办公厅

二○○九年四月二十日

关于印发半导体照明节能产业发展意见的通知

发改环资[2009]2441号

各省、自治区、直辖市及计划单列市、副省级省会城市、新疆生产建设兵团发展改革委、经贸委（经委、经信委、工信委、工信厅）、科技厅（科委）、财政厅（局）、住房城乡建设厅（建委、建设局）、质量技术监督局：

为推动我国半导体照明节能产业健康有序发展，培育新的经济增长点，扩大消费需求，促进节能减排，国家发展改革委、科技部、工业和信息化部、财政部、住房城乡建设部、国家质检总局联合制定了《半导体照明节能产业发展意见》。现印发给你们，请结合实际贯彻落实。

附：半导体照明节能产业发展意见

国家发展改革委　科技部

工业和信息化部　财政部

住房城乡建设部　国家质检总局

二○○九年九月二十二日

附件：

半导体照明节能产业发展意见

半导体照明是继白炽灯、荧光灯之后照明光源的又一次革命。半导体照明技术发展迅速、应用领域广泛、产业带动性强、节能潜力大，被各国公认为最有发展前景的高效照明产业。为推动我国半导体照明节能产业健康有序发展，培育新的经济增长点，扩大消费需求，促进节能减排，特制订本意见。

一、半导体照明节能产业发展现状与趋势

半导体照明亦称固态照明，是指用固态发光器件作为光源的照明，包括发光二极管（LED）和有机发光二极管（OLED），具有耗电量少、寿命长、色彩丰富、耐震动、可控性强等特点。上游产业外延材料与芯片制造，属于技术和资金密集行业；中游产业器件与模块封装以及下游产业显示与照明应用，属于技术和劳动密集行业。

20世纪90年代以来，半导体照明技术不断突破，应用领域日益扩展。在指示、显示领域的技术基本成熟，已得到广泛应用；在中大尺寸背光源领域的技术日趋成熟，市场占有率逐步提高；在功能性照明领域的技术刚刚起步，处于试点示范阶段。此外，医疗、农业等特殊领域的半导体照明技术方兴未艾。

近几年，半导体照明产业发展迅速，美国、日本、欧洲、韩国、我国台湾地区在不同领域具有较强优势，全球产值年增长率保持在20%以上。我国先后启动了绿色照明工程、半导体照明工程，在十大重点节能工程、高技术产业化示范工程、企业技术升级和结构调整专项、863计划新材料领域中先后支持半导体照明技术的研发和产业化项目，具备了较好的研发基础，初步形成了完整的产业链，并在下游集成应用方面具有一定优势。2008年我国半导体照明总产值近 700亿元，其中芯片产值 19亿元，封装产值185亿元，应用产品产值450亿元。从长远发展看，世界照明工业正在转型，许多国家提出淘汰白炽灯、推广节能灯计划，将半导体照明节能产业作为未来新的经济增长点。随着我国产业结构调整、发展方式转变进程的加快，半导体照明节能产业作为节能减排的重要措施迎来了新的发展

机遇期。

二、半导体照明节能产业发展存在的主要问题

虽然我国半导体照明节能产业发展取得积极进展，但是还面临着许多急需解决的问题。

（一）专利和核心技术缺乏。目前半导体照明的主流技术专利多为发达国家所控制，企业发展面临的专利风险日益加大。核心装备 MOCVD（金属有机源化学气相沉积设备）基本依赖进口。研发投入不足，缺乏支持基础理论研究的长效机制，共性技术研发平台尚不完善，关键技术研发没有形成合力。

（二）产业整体水平较低。我国半导体照明生产企业超过3000家，其中70%集中于下游产业，且技术水平和产品质量参差不齐。国产 LED外延材料、芯片以中低档为主，80%以上的功率型LED芯片、器件依赖进口。企业规模小，集中度低，产品不定型，不利于形成竞争优势和知名品牌。

（三）标准和检测体系尚未建立。检测设备、检测方法研发和标准制定工作不能适应产业快速发展的要求。半导体照明产品的标准与检测体系建设亟待完善，权威检测平台尚未建立，无法对现有半导体照明产品进行质量评价或认证。

（四）低水平盲目投资现象严重。目前不少地方将半导体照明节能产业作为发展的重点产业，加大支持力度，但也同时存在盲目投资、低水平建设的现象，一些地方政府不顾经济效益对道路照明进行盲目改造，过度投入景观照明，导致产业无序竞争，产品质量良莠不齐，资源浪费严重，影响消费者信心，不利于产业健康发展。

三、半导体照明节能产业发展的指导思想、基本原则、发展目标及重点领域

（一）指导思想

全面落实科学发展观，围绕扩内需、保增长、调结构、惠民生，大力实施绿色照明工程，以增强自主创新能力和扩大绿色消费需求为主线，以抢占未来竞争制高点为目标，以市场为导向、以企业为主体、以试点示范工程为依托，以改善制约产业发展环境为手段，形成一批拥有自主知识产权、知名品牌和较强市场竞争力的骨干企业，实现技术上的重点突破和产业上的重点跨越，培育振兴我国半导体照明节能产业，推动节能减排，促进经济平稳较快发展。

（二）基本原则

坚持扩大内需与长远发展相结合。 发展半导体照明节能产业代表世界照明工业的未来发展方向，不仅是应对金融危机、保持经济平稳较快发展的重要突破口，也是催生新技术革命、培育新兴产业、促进节能减排、应对全球气候变化的重要途径。

坚持产业发展与结构优化相结合。发展半导体照明节能产业，要从区域产业实际出发，注重推动传统照明行业的结构优化，提升半导体照明上下游企业的资源整合和产业集中，带动关联产业的协同发展，实现区域产业结构的优化升级。

坚持技术引领与需求带动相结合。 半导体照明节能产业要以技术创新为支撑、社会需求为导向谋求发展。企业在遵循产业发展规律、增强自主创新能力的同时，要努力把握市场脉搏，积极拓展消费市场，形成以市场应用促进科技创新、以科技创新带动市场需求的良性循环。

坚持政府引导与市场机制相结合。 发展半导体照明节能产业要在政府宏观政策引导下充分发挥市场配置资源的基础性作用，创新体制机制，形成有利于产业发展的政策环境和市场环境，调动市场主体的积极性。

（三）发展目标

到 2015年，半导体照明节能产业产值年均增长率在 30%左右；产品市场占有率逐年提高，功能性照明达到20%左右，液晶背光源达到50%以上，景观装饰等产品市场占有率达到70%以上；企业自主创新能力明显增强，大型MOCVD装备、关键原材料以及70%以上的芯片实现国产化，上游芯片规模化生产企业 3–5家；产业集中度显著提

高，拥有自主品牌、较大市场影响力的骨干龙头企业 10家左右；初步建立半导体照明标准体系；实现年节电400亿千瓦时，相当于年减排二氧化碳4000万吨。

（四）重点领域

技术与装备。支持 MOCVD装备、新型衬底、高纯 MO源（金属有机源）等关键设备与材料的研发；开展氮化镓材料、OLED材料与器件的基础性研发；支持半导体照明应用基础理论研究，包括光度学、色度学、测量学等；攻克半导体照明产业化共性关键技术，包括大功率芯片和器件、驱动电路及标准化模组、系统集成与应用等技术。

照明产品。 开发和推广替代白炽灯、卤钨灯等节能效果显著、性价比高的半导体照明定型产品；开发和推广停车场、隧道、道路等性能要求高、照明时间长的功能性半导体照明定型产品；发展中大尺寸液晶显示背光源、汽车照明等增长潜力大的半导体照明产品；发展医疗、农业等特殊用途的半导体照明产品。

服务体系。完善具有国际水平的半导体照明产品检测平台；支持建立公共信息服务、跨学科设计创意以及人才培养平台；鼓励开展节能诊断、咨询评价、产品推广、宣传培训等服务；推广合同能源管理、需求侧管理等节能服务新机制。

四、半导体照明节能产业发展的政策措施

（一）统筹规划，促进产业健康有序发展

各级发展改革、经贸、科技、工业和信息化、财政、住房城乡建设、质检等主管部门要按照职责分工，各司其职，加强协调，形成合力，积极推进半导体照明节能产业健康有序发展。加强对半导体照明节能产业发展的指导，严格落实国家产业政策和项目管理规定，科学规划，合理布局，避免盲目扩张和低水平重复建设，不断提高产业集中度，推动区域产业专业化、特色化、集群化发展。加强城市道路照明、景观照明新建和改建工程的论证工作，统一规划设计，避免盲目拆换和过度亮化。

（二）继续加大半导体照明技术创新支持力度

科技部、国家发展改革委、工业和信息化部等部门要继续通过国家973计划、863计划、高技术产业化示范工程等渠道，加大对半导体照明领域的科学研究和技术应用的支持力度；有效整合和利用现有科技资源，加强国家重点实验室、国家工程实验室、国家工程中心建设，形成基础科学研究的长效机制以及成果可转移、利益可共享的合作开发机制。通过引进消化吸收再创新，联合各方集中攻克MOCVD装备等核心技术。组织实施“十城万盏”工程，结合市场需求，不断强化产品的集成创新。进一步实施专利战略，建立专利池，增强产业核心竞争力。

（三）稳步提升半导体照明产业发展水平

国家发展改革委、财政部、科技部、工业和信息化部、住房城乡建设部等部门以及地方政府要加大投入，积极引导社会投资，重点支持有一定规模和技术实力，特别是拥有自主知识产权的企业，通过技术改造扩大生产规模，提升核心竞争力和产业化水平。组织实施半导体照明试点示范工程，通过中央预算内投资支持一批示范项目，包括道路、工矿企业、商厦和家庭等功能性照明的新建和改造，并加强监督和评估。支持优势企业兼并重组，提高产业集中度和规模化水平，培育形成一批龙头企业和知名品牌。

（四）积极推动半导体照明标准制定、产品检测和节能认证工作

国家质检总局、国家发展改革委、财政部、工业和信息化部、科技部、住房城乡建设部要加强半导体照明产品相关基础标准、产品标准和测试方法标准的研究，加大检测设备投入，提高国家级检测机构对半导体照明产品的检验和测试能力。尽快制定出台重点支持和推广半导体照明产品的技术规范。研究建立半导体照明标准体系，逐步出台产品的检测标准、安全标准、性能标准和能效标准，积极参与国际标准制定。针对不同的半导体照明产品分重点、有步骤地研究开展节能认证工作。

（五）积极实施促进半导体照明节能产业发展的鼓励政策

各级财税、发展改革、科技等部门要推动落实国家对生产新型节能照明产品的企业，从事国家鼓励发展的项目进口自用设备以及按照合同随设备进口的技术及配套件、备件，在规定范围内免征进口关税的优惠政策。鼓励采购国产MOCVD装备，建立使用国产装备的风险补偿机制，支持关键装备国产化。推动将半导体照明产品和关键装备列入节能环保产品目录，享受相应鼓励政策。推动将半导体照明产品纳入节能产品政府采购清单。在道路、工矿企业、商厦和家庭等领域选择推广相对成熟的半导体照明产品，条件成熟时纳入财政补贴政策支持范围。

（六）广泛开展半导体照明节能的宣传教育和人才培养

各地区、有关部门要积极开展科学的舆论宣传，正确认识半导体照明产品的优势和不足，科学投资，理性消费，为半导体照明节能产业发展营造良好的舆论环境。抓好人才培养，支持高等院校、职业学校、研究机构开设相关学科教育。引导人才合理流动，创造良好的人才培养、引进和流动环境。

（七）加强区域和国际间的交流与合作

有关部门要研究出台相关措施，加快海峡两岸半导体照明在标准、检测、应用等领域的交流与合作。积极推动与联合国开发计划署、全球环境基金等国际组织和有关国家政府，在逐步淘汰白炽灯、加快推广节能灯等领域的合作，提出我国逐步淘汰白炽灯、加快推广节能灯以及半导体照明产品的路线图和专项规划。开展半导体照明国际技术交流，与有关国际组织和国家建立合作机制，引进国外的先进技术和管理经验，不断拓展半导体照明国际合作的领域和范围。

千家企业节能目标评价考核结果的公告

2009年第18号

根据《国务院批转节能减排统计监测及考核实施方案和办法的通知》（国发[2007]36号，以下简称《通知》）要求，各省、自治区、直辖市及新疆生产建设兵团节能主管部门，对本辖区内千家企业2008年节能目标完成情况和节能措施落实情况进行了评价考核，并将考核情况报送我委。我们组织专家对各地报送的评价考核材料进行了审核。现将有关情况公告如下：

一、节能目标完成情况

参加2008年考核的千家企业共922家（2007年考核的953家千家企业中，部分企业由于兼并、破产、关停等原因，没有参加2008年考核），其中886家完成了年度节能目标，占96.1%；36家未完成年度节能目标，占3.9%；2008年共实现节能量3572万吨标准煤。

截至2008年底，千家企业共实现节能量10620万吨标准煤，完成“十一五”节能目标的106.2%，提前两年完成了“十一五”节能任务。其中完成或超额完成的443家，占48.05%；完成80%～100%的161家，占17.46%；完成60%～80%的163家，占17.68%；完成40%～60%的80家，占8.686%；完成40%以下的75家，占8.13%。

二、节能措施落实情况

自2006年开展千家企业节能行动，特别是2007年开展节能目标评价考核工作以来，千家企业对节能工作的重视程度明显提高，能源管理制度不断完善，节能技术改造投入显著增加，能源计量、统计等基础工作趋于规范。通过开展能源审计、编制节能规划、编报企业能源利用状况报告、开展能效水平对标、实施节能技术改造等工作，千家企业各项节能工作都取得了积极进展，能源利用效率得到大幅提高。

（一）加强组织领导，健全管理制度。绝大部分千家企业都建立了由企业主要负责人任组长的节能工作领导小组，定期召开会议，研究部署企业节能工作；设立专门的机构和能源管理岗位，加强对企业节能工作的组织协调；健全能源管理制度，完善节能管理机制。企业节能组织和管理体系初步形成，工厂–车间–班组三级能源管理网络基本建立，以能源管控中心、能源中心为代表的能源管理组织模式在大中型企业中得到普遍建立，能源管理水平明显提高。

（二）落实目标责任，建立奖惩机制。多数千家企业都建立了节能目标责任制，在对“十一五”节能目标进行年度分解的基础上，将任务落实到各个分厂（车间）、各个环节、各个岗位，层层签订节能目标责任书，将节能任务完成情况纳入各基层单位经济责任体系。加强节能考核，实行节奖超罚，将考核结果直接与干部职工经济利益相挂钩，通过奖惩手段，强化职工的节能责任感，建立企业节能的激励约束机制。

（三）加大资金投入，实施节能改造。在国际金融危机冲击下，许多千家企业仍能加大节能资金投入，积极优化产品结构，淘汰落后产能，实施节能技术改造。主要产品单位产品能耗和综合能耗水平大幅下降，大量先进适用的节能设备、工艺和技术得到推广应用，一大批重点节能项目正在逐步实施。据估算，千家企业2008年节能技术改造总投资约900亿元，实施节能技术改造项目近3000个，预计可实现节能能力3000多万吨标准煤。

（四）强化节能管理，夯实基础工作。大多数千家企业都能认真贯彻执行国家及地方节能法律、法规、标准，严格企业节能管理。根据高耗能产品单位能耗限额标准，实施主要耗能设备能耗定额管理；按照节能设计规范和用能标准实施新、改、扩建项目；开展能源审计，编制节能规划，完善能源计量，规范能源统计，组织能效对标。

（五）开展宣传培训，提高节能意识。千家企业大部分都能开展日常性的节能宣传，并积极组织“节能宣传周”、“节能减排全民行动”等活动，以简报、黑板报、悬挂节能宣传图片、标语等多种形式，宣传节能法规、政策、技术、信息、经验、窍门等，并组织员工进行节能知识和技能培训。

尽管千家企业节能工作取得了明显成效，但还存在以下问题：一是个别企业节能意识还不强，管理机构不健全，制度不完善，没有配备专业节能管理人员；二是部分企业节能基础工作薄弱，能源计量设备老化，配备不全，能源统计粗放，存在缺漏；三是部分千家企业节能技术研发和改造资金投入不足；四是受国际金融危机和能源价格回落影响，部分企业节能工作有所放松；五是部分企业已提前完成了“十一五”节能目标，企业进一步加强节能管理、挖掘节能潜力的压力与动力不足。

三、考核结果

通过对千家企业节能目标完成情况和节能措施落实情况的综合评分，922家千家企业中，483家考核结果为超额完成等级，占52.39%；375家为完成等级，占40.67%；28家考核结果为基本完成等级，占3.04%；36家考核结果为未完成等级，占3.9%。

根据国务院《通知》要求，对千家企业中的国有独资、国有控股企业，考核结果交各级国有资产监管机构，作为对企业负责人业绩考核的重要依据，实行问责制。对评价考核结果为超额完成和完成等级的企业，由省级节能主管部门予以通报表扬；对成绩突出的，给予表彰奖励。对评价考核结果为未完成等级的企业，一是要求在考核结果公告后一个月内提出整改措施，并报所在地省级节能主管部门，限期整改；二是一律不得参加年度评奖、授予荣誉称号，不给予国家免检等扶优措施；三是对其年内新建高耗能投资项目和新增工业用地暂停核准和审批。

附件：1. 2008年千家企业节能目标责任评价考核汇总表（略）

2. 2008年关停并转千家企业名单（略）

中华人民共和国国家发展和改革委员会

二○○九年十一月十六日

黄河三角洲高效生态经济区发展规划（节录）

(四)发展循环经济

按照减量化、再利用、资源化的原则，建设全国重要的循环经济示范区。加强工业园区建设，提高园区产业集聚能力，新建工业项目要在园区布局建设，鼓励现有工业企业向园区转移，实现集聚生产、集中治污、集约发展。推进国家循环经济试点企业加快发展，发展一批新型环保企业，发挥示范带动作用。加强高效能、可循环技术研发，推广循环生产模式，加快化工、电力、建材、轻工等行业技术改造，构筑生态环保产业链。推进环境友好型产业集群发展，建设一批特色生态化工园区，推动清洁生产，加快传统化工向低排放、可循环、精细化方向转变。支持延伸石油化工产业链，综合利用海水、卤水和岩盐资源，推进海水梯级利用、油盐化工产品接续利用等重大循环经济项目建设。支持企业兼并重组，整合提升炼化企业，加强与国内外大型石油石化企业集团合作，建设国内竞争力强的新型化工基地。大力加强节能减排，加大节能技术研发和推广，突出抓好化工、电力等重点行业节能，加强能源生产、运输、消费各环节的制度建设和监管，健全和落实节能评估审查制度。加强环境准入管理，推进清洁生产审核。全面推行工程减排、结构减排和管理减排，大力削减COD和SO_2排放量。

专栏6：生态环境保护重点工程

水污染治理。黄河、南水北调东线工程和小清河流域水污染治理，马颊河、德惠新河、漳卫新河、徒骇河、淄河下游大型污水处理厂建设工程。

海咸水入侵治理。莱州水生态修复工程，广饶县引水补源工程。

大气治理。燃煤电厂全部安装脱硫、脱硝装置。

防护林和生态林工程。农田林网、路域林网、水系林网“三网”合一绿化工程，沿海防护林体系建设。实施林场扩建、新建和河道淡水水系生态林示范工程。

自然保护区建设。建设和完善一批自然保护区，实施濒危野生动植物保护和物种拯救工程。

地质遗迹保护与开发利用。建设黄河三角洲国家地质公园。

生态环境监测系统建设。建设和完善天地一体的现代立体监测体系。

循环经济示范园区。东营经济开发区、胜利工业园、华泰工业园、海科临港化工工业园、万达橡胶轮胎工业园，滨州鲁北化工生态工业园、西王集团工业园、铁雄能源工业园，潍坊滨海经济开发区、寿光渤海精细化工园、昌邑沿海经济开发区、山东海龙工业园、寒亭建材工业园，莱州银海工业园，高青经济开发区，乐陵高新技术开发区。

节能重点工程。热电联产和热电冷联产工程，电力、交通运输等节油工程，燃料乙醇等石油接续替代品生产，石化企业系统能量优化，节能建筑材料、高效节能照明及节水系统推广。

国家发展改革委

二○○九年十二月二日

工业和信息化部政策文件

关于太湖流域加快推行清洁生产的指导意见

工信部节［2009］104号

上海市经济和信息化委员会、江苏省经济贸易委员会、浙江省经济贸易委员会：

为落实《太湖流域水环境综合治理总体方案》，改善太湖流域水环境质量，根据《中华人民共和国清洁生产促进法》和《国务院办公厅关于印发工业和信息化部主要职责内设机构和人员编制规定的通知》（国办发[2008]72号），现就推进太湖流域工业和通信业清洁生产工作，提出如下意见：

一、推行清洁生产是太湖流域污染治理的根本性措施

太湖流域综合治理区企业众多，工业比重高达60%，污染排放大，工业废水排放量占综合治理区废水排放总量的65%以上，工业废水COD、氨氮、总氮排放量分别占太湖流域主要水污染排放量的30%、34%和29%。改善太湖流域水环境，在加强工业污染末端治理的同时，必须推行清洁生产，注重污染预防，从源头和全过程减少工业污染物的产生。

实施清洁生产，从产品设计、原材料选用、生产过程控制、废物综合利用等环节，全面考虑节约资源能源、减少废物产生的要求，不仅可节能减排，有效控制环境污染，而且可以增强企业的市场竞争力，实现可持续发展。在工业和通信业行业推行清洁生产，减少污染排放，对促进产业技术和管理升级，促进太湖流域水体环境质量的改善，实现该地区经济社会可持续发展具有重要意义。

二、指导思想、主要原则和目标

（一）指导思想

牢固树立科学发展理念，认真落实《太湖流域水环境综合治理总体方案》，加强政策引导，注重制度创新，规范企业管理，加快技术升级，强化宣传培训，推动企业建立内部持续推行清洁生产的机制，开展清洁生产技术改造，全面提高太湖流域企业清洁生产水平，促进太湖流域经济、环境可持续发展，并为其他地区推行清洁生产提供借鉴。

（二）主要原则

坚持政府引导、企业主体、市场化推进的原则。企业是实施清洁生产的主体，要强化企业责任意识，发挥企业的积极性。在充分运用市场机制的基础上，政府要加强政策引导，提供支持和服务。

坚持突出重点和全面推进相结合的原则。以重点行业（造纸及纸制品业、石油加工、炼焦及核燃料加工业、化学原料及化学制品制造业、医药制造业、化学纤维制造业、食品制造业、纺织染整业）、重点企业（年综合能耗5000吨标煤以上企业、年取水量30万立方米以上企业、重点污染源监控企业）为重点，采取宣传动员、加强培训、目标考核、表彰奖励等多种方式重点推进；鼓励、引导其他企业依法实施清洁生产。

坚持激励机制和约束机制并用的原则。充分发挥强制性审核的约束作用，强化公众监督。依法落实有关政策，

逐步建立促进清洁生产的激励机制。

（三）实施目标

到2012年，符合强制性清洁生产审核条件的工业和通信业企业全部实施一轮清洁生产审核，其他企业依法开展自愿清洁生产审核。力争重点行业和重点企业中70%的企业能够实施清洁生产技术改造项目，企业清洁生产水平在原有基础上有较大提高。

三、太湖流域推行清洁生产的主要任务和措施

（一）统筹规划、有序推进。上海市、江苏省、浙江省（以下简称“两省一市”）工业和通信业主管部门要根据企业达标排放、使用有毒有害物质，以及污水产生和排放等情况，组织制定清洁生产规划。区分轻重缓急，制定清洁生产审核分年度计划，并根据审核情况，组织编制项目改造计划。配合有关部门，依法公布强制性审核企业名单，加大对重点行业、重点企业的宣传培训力度，全面推进清洁生产。

（二）建立持续开展清洁生产的机制。充分发挥企业作为清洁生产主体的积极性，鼓励企业制定清洁生产中长期规划、年度目标、企业清洁生产管理办法，建立清洁生产组织机构，配备相关专职人员，对员工开展清洁生产培训，建立内部表彰奖励机制等，按计划实施清洁生产方案，持续开展清洁生产。

（三）加快推广应用先进适用的清洁生产工艺、技术。企业在技术改造过程中要优先采用国家发布的清洁生产技术。“两省一市”要对太湖流域重点行业、重点企业清洁生产改造项目加大投资支持力度，组织开展清洁生产试点示范，核实示范项目的成效，引导先进适用的清洁生产技术在行业内全面推广。

（四）加强政策支持和引导。“两省一市”工业和通信业主管部门要充分利用节能减排专项资金、中小企业发展基金等，支持企业实施清洁生产项目。同时要积极会同有关部门设立清洁生产专项资金，保障资金使用额度，并逐年增加。各地要将企业清洁生产中高费项目优先纳入区域、流域污染治理规划。各地安排技术改造、节能减排项目要优先考虑清洁生产项目。要加强与银行等金融机构的沟通和衔接，将企业清洁生产中高费项目列入绿色信贷支持计划，在同等条件下优先发放贷款。申报各级政府资金补助的清洁生产项目，必须是企业经清洁生产审核提出并通过清洁生产主管部门验收的项目，或者利用国家推荐的清洁生产技术进行改造的项目。对于自愿审核、实施清洁生产方案并取得显著成效的企业，应进行表彰，在当地主要媒体上公布其名单及有关成果。

（五）实行严格的项目准入政策。作为经济发达地区和污染防治重点区域，太湖流域企业的清洁生产水平应高于其它地区，新建、改建项目审批、核准或备案时，除满足其它政策标准等有关要求外，其指标不应低于清洁生产评价指标体系中的“清洁生产先进企业”水平。

（六）加大清洁生产审核监督管理。“两省一市”工业和通信业主管部门，要加大对工业和通信业企业清洁生产审核全过程监管，严把审核质量关。对强制性审核企业，要配合有关部门依法履行强制性审核程序，督促其公布主要污染物排放情况，并在规定时间内实施。对自愿开展审核的企业，要会同有关部门督促其项目按计划实施。建立清洁生产信息系统，向社会提供清洁生产方法和技术、可再生利用的废物供求及清洁生产政策等信息。编制有关行业清洁生产指南和技术手册，指导清洁生产的实施。加强对技术咨询服务机构的指导，定期公布咨询机构审核业绩，建立优胜劣汰机制。

（七）“两省一市”工业和通信业主管部门要制定有利于工业及通信业实施清洁生产的产品资源消耗定额标准。积极配合有关部门探索建立超定额消耗资源累计加价机制，推动建立有利于资源节约和污染治理的价格机制。

（八）探索建立污染物减排激励机制。对清洁生产达标排放企业，应按《中华人民共和国清洁生产促进法》与企业签订进一步节能减排协议，加大政府资金支持，引导企业落实协议中的技术改造项目。鼓励地方探索污染防治市场化模式，大力发展节能减排专业化公司，鼓励第三方对污染防治项目进行建设和运营。

（九）加强宣传培训。要将清洁生产作为节能减排工作的重要抓手，利用电视、报纸、网络等媒体进行深入宣

传报道。加大对工业及通信业企业培训和指导力度，全面普及清洁生产知识，引导行业协会、咨询机构开展清洁生产服务，支持行业协会和清洁生产咨询服务机构开展清洁生产经验交流或技术研讨等活动。

四、加强组织管理，全面落实各项任务和措施

"两省一市"工业和通信业主管部门是落实太湖流域推行清洁生产各项任务和目标的责任主体，要将工作目标、具体任务细化分解到市、县或区，建立责任明确、分级负责、共同推进的管理体系。要加强组织协调和指导，落实有关政策措施，督促任务进展。要建立年度目标责任考核制，加强监督检查，定期通报执行情况；建立年终考核与奖惩相结合的考核机制。"两省一市"工业和通信业主管部门应在每年12月底前将当年任务完成情况报工业和信息化部。

工业和信息化部

二〇〇九年三月十九日

关于加强工业和通信业能源资源节约宣传工作的通知

工信部节［2009］263号

各省、自治区、直辖市、计划单列市、新疆生产建设兵团、副省级省会城市工业经济主管部门，各省、自治区、直辖市通信管理局，各有关单位：

为贯彻落实《节约能源法》和《循环经济促进法》，进一步提高能源资源利用效率，推动产业结构优化升级和走新型工业化道路，现就加强工业和通信业能源资源节约宣传工作通知如下：

一、 充分认识加强能源资源节约宣传工作的重要性

党和政府高度重视能源资源节约工作。2008年6月27日，胡锦涛总书记在中共中央政治局集体学习时强调，必须把建设资源节约型、环境友好型社会放在工业化、现代化发展战略的突出位置，落实到每个单位、每个家庭。2009年3月5日，温家宝总理在第十一届全国人民代表大会第二次会议的政府工作报告中强调，要毫不松懈的加强节能减排和生态环保工作，大力发展循环经济和清洁能源，严格执行能耗和环保国家标准，加大节能技术和产品推广力度，加强资源综合利用。我国人口众多、资源相对不足、环境承载能力较弱，在推进产业振兴和走新型工业化道路的进程中，能源资源约束越显突出，以能源资源的过量消耗为代价推进工业化和经济发展，不仅能源资源"瓶颈"问题会更加突出、工业化和经济发展也难以为继，并且破坏生态、污染环境，妨碍人民生活质量的提高。党的十六届三中全会以来，工业战线广大干部职工的节约环保意识明显增强，但总体上与践行科学发展观、走新型工业化道路的要求还有较大差距。加强能源资源节约宣传，提高全体干部职工对节约资源重大意义的认识，在实践中自觉将"节约放在首位"，对促进工业和通信业节能减排工作尤为重要。

2009年，是全面实施钢铁、汽车、造船、石化、轻工、纺织、有色金属、装备制造、电子信息等九大行业调整和振兴规划的第一年，也是工业保增长、加快转型升级、调整和振兴任务比较繁重的一年。当前，国际金融危机的影响还在蔓延，对我国工业造成严重冲击，我们应抓住机会，在工业和通信业领域广泛开展能源资源节约宣传，促进能源资源节约工作从观念认识到深入实践上的转变，将能源资源节约作为促进产业升级和提高企业经营效益的重要抓手，推动能源资源节约与合理利用，使广大职工及社会各界坚定应对危机和走新型工业化道路的信心。

二、 广泛开展能源资源节约宣传工作，形成齐抓共管新局面

（一）总体要求。以党的十七届三中全会精神为指导，深入学习实践科学发展观，落实资源节约和环境保护基本国策，以进一步提高能源资源节约意识为中心，以促进产业升级为目标，全面推进节能、节水、节材、节地、资源综合利用工作和发展循环经济，实现可持续发展。各地工业和通信业主管部门及广大企业要结合实际情况，制定切实可行的宣传工作实施方案，加强组织领导，建立目标责任制，明确措施要求，广泛开展宣传活动，进一步提高节约意识，把保增长、调结构、促发展的任务落实到位。

（二）以企业为主体，重在提高企业能源资源节约的主动性。一是积极创建能源资源节约的企业文化。广大企业可通过电视、网络、板报、培训、知识竞赛、产品展示、案例演示等形式多样、喜闻乐见的宣传教育形式，在企业内形成领导高度重视、员工积极参与、注重节约行为、努力创建节约型企业的良好文化氛围。二是提高能源资源节约的责任意识。企业应把能源资源节约作为自己责无旁贷的社会责任，通过岗位节约竞赛、目标考核、节约表彰等有效的宣传管理手段，提高全体员工的能源资源节约意识和行为，降低能源资源消耗和减少污染排放，做促进可持续发展的标兵。三是充分调动和发挥员工的主动性及创造性。鼓励员工在实践中积极进行技术革新和发明创造，采用先进适用技术改造提升传统产业，不断提高能源资源利用效率。

（三）以政府为主导，发挥政府在能源资源节约宣传工作中的导向和推动作用。当前要围绕能源资源节约宣传工作的目标，重点加强工业节能、资源综合利用、清洁生产、循环经济等方面的宣传。一是加强对相关法律法规的宣传及政策解读。要结合本地实际情况，进一步加强《节约能源法》、《循环经济促进法》等相关法律法规，以及国家在鼓励能源资源节约、环境保护方面相关政策的宣传力度，指导企业准确理解国家相关法律法规和政策要求，推动法律法规和政策的落实。二是加强标准宣贯及监督执法力度。要利用标准化组织及行业协会等技术支撑机构的力量，加强标准宣贯工作，充分发挥标准对促进能源资源节约工作的基础性作用，将其作为监督执法的基础依据，加强对企业能源资源节约工作的监督管理。三是进一步加大对能源资源节约新技术、新产品、新材料、新工艺的宣传推广力度。利用各种渠道积极宣传介绍国家相关部门推荐的“节能减排技术/产品目录”，积极宣传和推动“两化融合”，支持企业能源资源节约技术的自主创新，引导和推动相关行业，特别是量大面广的中小企业重视能源资源节约先进技术/产品的识别与应用工作。四是积极为企业能源资源节约宣传及管理工作提供指导和服务。要根据国家九大行业调整和振兴规划的要求，重点做好当前新形势下对企业能源资源节约工作的政策宣传和引导，加大对淘汰落后产能，促进产业结构优化升级工作的宣传教育力度，促进工业发展方式的转变，加快推进我国新型工业化的建设进程。

三、加强组织领导，推动能源资源节约宣传工作再上新台阶

各地工业和通信业主管部门及广大企业要进一步提高能源资源节约的认识，增强责任意识，结合本地区、本企业实际，抓紧制定具体的宣传工作实施方案。要加强对宣传工作的组织领导，精心布置、有效引导，做到工作到位、责任落实、注重实效；要强化能源资源节约宣传工作的能力建设，加强督促检查；要充分利用现代通信业的手段，发挥各种宣传媒体的作用，营造自觉行动的能源资源节约氛围。同时，要以加强宣传为契机，进一步理清思路，明晰措施，利用国家产业调整和振兴的有利时机，积极做好工业和通信业领域能源资源节约工作，推动我国工业经济又好又快发展。

工业和信息化部

二〇〇九年六月八日

工业和信息化部办公厅
关于组织开展机电产品再制造试点工作的通知

工信部节［2009］128号

各省、自治区、直辖市及计划单列市、副省级省会城市、新疆生产建设兵团工业和信息化主管部门，有关中央企业：

为贯彻落实科学发展观，推进循环经济发展，经研究，我部决定组织开展机电产品再制造试点工作。现将机电产品再制造试点工作的目标、范围、组织申报程序及相关要求通知如下：

一、工作目标、主要内容和范围

再制造是指以机电产品（装备）等旧工业制成品为原料，运用高科技的清洗工艺、修复技术或利用新材料、新技术，进行专业化、批量化修复或技术升级改造，使得再制造后产品（装备）在技术性能和安全质量等方面达到原同类新品的标准要求。

国外产业实践表明，再制造不仅是大量报废机电产品实现资源化利用的最佳途径，而且由于其节能减排成效显著，对我国实现节能减排目标意义重大。大力发展再制造产业，是我国节能减排的一项重要措施，是加快发展循环经济，建设资源节约型、环境友好型社会的重要举措，也有利于促进就业和扩大对外贸易。

机电产品再制造试点的工作目标是，通过试点，为制定再制造产品相关技术标准和市场准入条件、完善流通监管体系、加强逆向物流体系建设等提供参考，为大规模推进机电产品再制造产业发展积累经验。

机电产品再制造试点工作的主要内容是，选择部分机电产品制造行业，确定一批具备行业代表性和较好再制造基础的企业开展再制造试点，依托试点企业积极探索机电产品再制造的基本做法、相关政策、管理制度和监管体系。

开展再制造试点的范围包括：工程机械、大型工业机电设备、机床、农用机械、矿采机械、铁路机车装备、船舶装备、医疗及办公信息设备等整机及关键零部件。

二、试点企业申报程序及相关要求

（一）试点企业基本条件。开展再制造试点的机电产品生产企业应当基本具备以下条件：在该行业具有代表性；具有较大生产制造规模；具有较高的产品（装备）社会保有量；具备开展再制造的基础条件。

（二）试点企业申报内容要求。试点申请报告主要内容包括：试点企业的基本情况（包括现有装备、产品生产规模、保有量），再制造的工作基础（包括旧件回收情况），再制造发展潜力分析和发展目标（3年），再制造装备、产品范围，再制造装备、产品用途和销售渠道。

（三）试点企业确定。在各地区和有关企业申报的基础上，组织有关单位和专家对申报企业进行审核，选择确定一批企业开展试点。

（四）试点工作要求。试点企业应制定试点工作方案，明确目标任务，成立领导小组，加强技术改造，组织落实试点工作各项任务。试点企业在获得批准后，应当加快工作进度，尽快达到以下要求：制定和形成完善的再制造相关技术质量标准和生产规范；具备检测、检验旧件和再制造产品主要性能指标的技术手段和能力；具备再制造所需拆解、清洗、加工、装配、检测等方面的技术装备，形成批量化生产能力和产业规模；具备污染防治设施和能力，达到废物处理等相关环保要求；通过第三方的质量管理体系和环境管理体系审核。在达到上述要求后，再制造试点企业可提出验收申请。

（五）有关激励政策。对试点企业再制造相关重点建设项目，中央及各级地方政府技术改造等财政资金予以优先安排支持。加快研究对通过验收的试点企业开展再制造的鼓励扶持政策。

请各省、自治区、直辖市工业和信息化主管部门、有关中央企业组织推荐再制造试点企业，并对申报材料和企业资质条件进行认真审核，于7月30日前将申请报告文本（一式六份）及电子版报送我部（节能司）。

工业和信息化部

二○○九年六月二十六日

钢铁行业烧结烟气脱硫实施方案

工信部节［2009］340号

《钢铁产业调整和振兴规划》（国发［2009］6号）明确提出，未来三年内，钢铁行业要实施钢铁产业技术进步与技术改造专项，对烧结烟气脱硫等循环经济和节能减排工艺技术，给予重点支持，并对重点大中型钢铁企业节能减排提出了明确的指标要求。为落实《钢铁产业调整和振兴规划》，推动钢铁行业开展烟气脱硫，特编制本实施方案，实施期限为2009－2011年。

一、钢铁行业烧结烟气二氧化硫污染状况

目前，钢铁行业二氧化硫主要由烧结球团烟气产生，烧结球团烟气产生的二氧化硫占钢铁企业排放总量70%以上，个别企业达到90%左右（不含燃煤自备电厂产生的二氧化硫）。

据统计，2008年全国重点统计的钢铁企业二氧化硫排放量约110万吨，其中烧结二氧化硫排放量约80万吨。

（一）烧结烟气的特点

我国钢铁行业烧结烟气成分复杂，波动性较大，具有以下特点：一是烟气量大，一吨烧结矿产生烟气在4000~6000m^3；二是二氧化硫浓度变化大，范围在400~5000mg/Nm^{3}之间；三是温度变化大，一般为80~180℃；四是流量变化大，变化幅度高达40%以上；五是水分含量大且不稳定，一般为10%~13%；六是含氧量高，一般为15%～18%；七是含有多种污染成份，除含有二氧化硫、粉尘外，还含有重金属、二恶英类、氮氧化物等。这些特点都在一定程度上增加了钢铁烧结烟气二氧化硫治理的难度。

（二）烧结装备及脱硫装置情况

治理烧结烟气二氧化硫污染主要通过在烧结机上安装脱硫装置来完成。据统计，我国现有烧结机500余台，烧结机总面积53820m^2，生产能力达58950万吨，平均单台烧结机面积122 m^2。

截至2009年5月底，我国已建成烧结烟气脱硫装置35套，实现脱硫的烧结机共40台，烧结机总面积6312m^2，形成烧结烟气脱硫能力8.2万吨。已投入运行的烧结烟气脱硫装置采用的工艺主要有循环流化床法、氨–硫铵法、密相干塔法、石灰石–石膏法等。

我国现有钢铁企业中，中央企业烧结机58台，烧结机总面积11792m^2。截至2008年底，中央企业已建成烧结烟气脱硫装置2套，实现脱硫的烧结机共2台，烧结机总面积675m^2，形成烧结烟气脱硫能力0.79万吨。

（三）存在的主要问题

1.缺乏成熟的烧结脱硫技术。目前已投入运行的烧结烟气脱硫装置采用的脱硫工艺主要有循环流化床法、氨–硫铵法、密相干塔法、石灰石–石膏法等，这些工艺在我国处于研发和试用阶段，实际脱硫效果，有待进一步验证和

评估。

2.副产物利用途径少。彻底解决烧结烟气污染问题，不但要实现烟气高效脱硫，还要解决副产物的有效利用问题。由于烧结烟气脱硫产生的副产物成分复杂，目前还缺乏有效的利用途径。

3.脱硫装置投资大、运行费用高。烧结脱硫装置投资约占烧结机投资的20%～50%，吨烧结矿脱硫运行成本5～14元。投资大、运行成本高是制约安装脱硫装置的重要因素。

4.有效监管不够。大多数钢铁企业没有安装烧结烟气在线监测设备，对钢铁企业烧结排放二氧化硫的监管主要采用间断的监测方式，无法对排放二氧化硫浓度及总量准确监控。

二、烧结脱硫的指导思想、主要原则和目标任务

（一）指导思想

以科学发展观为指导，按照《中华人民共和国环境保护法》、《中华人民共和国大气污染防治法》等法律法规要求，认真落实《钢铁产业调整和振兴规划》，通过安装烧结烟气脱硫装置，削减钢铁行业烧结烟气二氧化硫排放量，并通过烧结脱硫工程后评估，引导和推进钢铁行业二氧化硫减排工作。

（二）实施原则

1.科学评估，分步实施。依据相关政策、法规和标准，充分考虑企业烧结烟气的特点，对不同烧结烟气脱硫工艺技术进行评估论证，为钢铁行业推广烧结烟气脱硫技术提供参考，引导企业分步开展烧结脱硫装置能力建设。

2.突出重点，央企先行。加快实施处于两控区、环境重点区域（珠三角、长三角和京津冀）、环境保护重点城市及使用高硫原、燃料的钢铁企业烧结烟气脱硫。中央企业应起表率作用，在烧结烟气脱硫工程建设中发挥模范带头作用。

3.结合实际，选择工艺。各钢铁企业根据实际情况，遵循经济有效、安全可靠、资源节约、综合利用的原则，因地制宜选取经济适用的脱硫工艺和技术。

（三）主要目标

在2009年5月底已形成烧结烟气脱硫能力8.2万吨的基础上，2011年底前钢铁行业新增烧结烟气脱硫能力20万吨（其中中央企业10万吨）。2011年钢铁行业烧结烟气排放二氧化硫不超过64.5万吨，重点大中型企业吨钢二氧化硫排放量小于1.8kg，满足《钢铁产业调整和振兴规划》提出的指标要求，烧结烟气二氧化硫污染初步得到治理。

（四）主要任务

1.开展烧结脱硫工程后评估工作。对已建成烧结脱硫工程，组织行业专家，评价其技术先进性、装置可靠性、投资及运行经济性等指标，在此基础上，提出适合我国国情的烧结脱硫技术和工艺目录，引导促进烧结脱硫技术的规范发展。

2.分步实施，有序推进烧结脱硫工作。新建烧结机要按“三同时”原则，配套建设烧结烟气脱硫装置。现役烧结机按本实施方案要求建设烟气脱硫装置，三年内新增烧结脱硫装置能力20万吨。

3.注重脱硫副产物综合利用。将烧结脱硫副产物的利用纳入钢铁企业固体废物综合利用体系中，积极探索脱硫副产物的利用途径。

三、分步实施计划

到2011年，新增烧结机脱硫面积15800m^2，形成脱硫能力20万吨。其中中央企业新增烧结机脱硫面积7700m^2，形成脱硫能力10万吨。

——2009年实施脱硫的烧结机面积4100m^2，形成脱硫能力4万吨。其中中央企业实施脱硫的烧结机面积1900m^2，形成脱硫能力2万吨。

——2010年实施脱硫的烧结机面积7700m^2，形成脱硫能力11.5万吨。其中中央企业实施脱硫的烧结机面积

3300m²，形成脱硫能力4.6万吨。

——2011年实施脱硫的烧结机面积4000m²，形成脱硫能力4.5万吨。其中中央企业实施脱硫的烧结机面积2500m²，形成脱硫能力3.4万吨。

四、保障措施

（一）加强政策支持

1.按照《钢铁产业调整和振兴规划》要求，把钢铁烧结脱硫项目纳入节能减排重点工程予以支持。地方工业主管部门在安排地方财政节能减排资金时，要优先支持钢铁烧结脱硫项目。我部会同有关部门安排技术改造资金时，将优先支持烧结脱硫项目。对拥有自主知识产权，适合我国特点的烧结脱硫技术与装备项目，给予重点支持。

2.鼓励采用多种方式融资建设烧结脱硫工程。采用多种融资方式，积极利用社会投资，建设烧结脱硫工程。如采用BOO、BOT等方式建设、运行脱硫装置，积极推进污染治理市场化。

（二）加大监管力度

1.安装烧结烟气在线监控装置。钢铁企业应安装烧结烟气在线监测装置，监测设备应与当地环保部门监控系统直接联网，实时传送数据。

2.加大对烧结脱硫装置的监管力度。各级工业主管部门要加大钢铁企业脱硫装置的验收工作，积极配合环保部门定期发布当地钢铁企业环保达标公告。

3.加强环境统计制度建设。企业应建立烧结脱硫数据统计制度，建立脱硫设施运行台帐，定期向当地相关部门通报排污情况。

（三）加强组织实施

1.各级工业主管部门、中央钢铁企业要按照本《方案》的要求，制定本地、本企业烧结脱硫计划，并组织推动项目实施，于每年2月底之前将上一年度烧结脱硫进展情况上报我部。

2.各钢铁企业要高度重视烧结脱硫工作，成立专门的工作班子，明确责任和任务，按照烧结脱硫计划要求，认真实施本企业烧结脱硫项目。加强脱硫日常运行管理工作，客观、真实向有关部门上报脱硫工程实施情况。

3.各脱硫工艺设计单位、工程承包商、设备供应商和中介机构要加强行业自律，提高服务意识，共同努力，按本方案要求加快实施烧结烟气脱硫工程。

工业和信息化部

二〇〇九年七月三十日

机电产品包装节材代木工作方案

工信部联节［2009］416号

为贯彻落实《国务院办公厅转发发展改革委等部门关于加快推进木材节约和代用工作意见的通知》（国办发［2005］58号）精神，实施节材代木工程，推进机电产品包装节材代木工作，制定本方案。

一、基本情况

我国人口占世界总人口的22%，森林蓄积仅占世界总量的3.2%，木材资源极为匮乏。随着城乡建设快速发展和人民生活水平的不断提高，木材消费呈刚性增长，木材供需矛盾日益突出。

在我国机电产品包装中，木材包装约占80%，每年消耗木材1000多万立方米，占我国商品木材产量的1/6左右，而且大部分都是优质木材。加快推进机电产品包装节材代木工作，对于节约优质木材，保护森林资源和生态环境，具有重要意义，既是建设资源节约型、环境友好型社会的要求，更是促进我国机电产品包装升级，加快与国际接轨的现实需要。

近几年，我国在机电产品包装节材代木方面进行了积极探索，先后在太原重机集团、中国一重集团、中国二重集团、太原重型集团、上海电气集团、东方电气集团等13家企业开展节材代木应用试点。在以速生林木材加工成“单板层积材”替代实木包装材料；以金属、菱镁、木塑材料及竹胶板、蜂窝纸板、农作物秸秆板替代木包装材料等方面取得了进展。经过几年的努力，试点企业节材代木的比例达到30%~57%，年节约木材4万多立方米。

但是，节材代木工作也面临着一些问题。主要是：包装成本较高，产品缺乏市场竞争力；产品技术、生产工艺、试验方法、检测技术与标准化等研究工作薄弱；缺少具体的鼓励机电产品包装节材代木的政策等。因此，需要进一步采取措施，加大工作力度，把机电产品节材代木推向新的发展阶段。

二、指导思想和目标

（一）指导思想

以科学发展观为指导，坚持节约资源和保护环境基本国策，以科技为先导，以研究开发和示范推广机电产品包装节材代木新材料为重点，以建立健全标准规范及监督管理机制为保障，采取有效措施，推进材料革新和技术进步，全面提升机电产品节材代木包装水平。

（二）工作目标

到2011年底，开发出一批节材代木新材料、新技术、新工艺、新产品，机电产品节材代木包装产品质量和技术水平有较大幅度提高；初步建立机电产品包装节材代木法规、标准、政策体系和信息服务体系；5吨以下机电产品实木包装比例下降30%，节材代木包装比例达到50%，年节约优质木材300万立方米。

三、主要工作任务

（一）加强科技攻关。支持企业、科研院所以关键技术工艺、检测试验方法等为重点，开展专题研究和技术攻关。积极开发新材料、新技术，提高产品质量和技术水平，降低包装成本。支持有条件的地区、企业集团建设包装节材代木工程技术研究中心，加快科研成果转化。同时，开展包装技术国际合作，积极引进国外先进技术。

（二）加快重点项目建设。按照企业主体、政府引导、多渠道筹资的思路，加快层积材、农作物秸秆板、竹胶板、重型瓦楞纸板、蜂窝纸板、菱镁、木塑等重点节材代木材料生产项目建设，尽快形成一批节材代木效果好、有市场竞争力的产品生产能力。

（三）逐步扩大试点。在总结前期试点工作基础上，在机械、电工、仪器仪表、电子等行业各选择3~5家有代表性企业进行节材代木包装扩大试点，鼓励使用节材代木新材料、新产品。适时总结试点经验，逐步推广。

（四）加强标准体系建设。充分发挥标准对行业发展的支撑作用，逐步建立机电产品包装节材代木标准体系。以层积材、农作物秸秆板、胶合板材、竹胶板、重型瓦楞纸板、菱镁、蜂窝纸板等为重点，抓紧开展节材代木包装材料、包装容器标准制订工作。

（五）强化回收利用。加强机械、包装、物流等行业协会之间的协调配合，选择部分节材代木机电产品包装生产、运输、使用企业，开展包装物周转使用示范。加强节材代木机电产品包装物的回收管理，规范回收工作，逐步建立节材代木机电产品包装物共用系统。

（六）建立评价体系。建立节材代木包装质量评价体系，研究制定机电产品包装节材代木质量评价办法。制定行业准入条件，提高节材代木机电产品包装企业准入门槛，严格行业准入管理，保障节材代木包装质量。

四、政策措施

（一）积极落实财税政策。落实并完善资源综合利用产品增值税政策，促进机电产品包装节材代木。将符合条件的机电产品包装节材代木材料研发、设计、应用作为支持重点列入《包装行业高新技术研发资金管理办法》支持范围。

（二）完善产业政策。研究将节材代木行业的生产制造作为鼓励类纳入《产业结构调整指导目录》；将市场需求量大、技术先进的节材代木生产设备和产品纳入《当前国家鼓励发展的环保设备（产品）目录》；将重点发展的包装节材代木技术纳入《中国木材节约代用技术政策大纲》。尽快完善有利于节材代木工作的产业政策体系。

（三）开展宣传教育。将机电产品包装节材代木作为节能减排工作的重要内容，利用新闻媒体进行宣传报道，新闻网站、行业网站要开辟专栏广泛宣传节材代木的重要性、紧迫性以及国家采取的政策措施，宣传机电产品包装节材代木取得的成效，提高全社会节材代木的意识。

（四）抓好落实，有序推进。地方工业和信息化、发展改革、科技、财政、商务、质检、税务主管部门要加强协调配合，按照工作方案，抓好落实。有关中央企业要按照方案要求，结合实际，积极开发、使用节材代木产品，争取成为节材代木工作的典型和示范。地方工业和信息化主管部门和有关行业协会要于每年12月31日前将本地区、本行业工作开展情况报工业和信息化部。

工业和信息化部　国家发展改革委
科学技术部　财政部　商务部
国家税务总局　国家质检总局
二〇〇九年八月二十七日

关于加强工业和通信业清洁生产促进工作的通知

工信部节［2009］461号

各省、自治区、直辖市工业和信息化主管部门，有关中央企业：

为深入贯彻落实科学发展观，全面实施《中华人民共和国清洁生产促进法》，推动工业和通信业节能、降耗、减排、增效，加快工业结构调整和工业经济发展方式转型，现就加强工业和通信业清洁生产促进工作通知如下：

一、充分认识新时期加强工业和通信业清洁生产促进工作的重要意义

党的十七大明确提出，必须把建设资源节约型、环境友好型社会放在工业化、现代化发展战略的突出位置。前进中面临的突出问题之一是经济增长的资源环境代价过大。要求建设科学合理的能源资源利用体系，提高资源利用效率。我国工业污染防治除了要注重传统的末端治理外，更要加强源头削减、全过程控制。源头预防和末端治理并举是工业污染防治的有效途径。清洁生产体现的是预防为主、全过程控制的思想，是通过加强和改进产品研发设计、原材料及能源选择使用、工艺过程、回收再利用、企业管理等环节控制，提高资源、能源使用效率，减少或者避免污染物的产生和排放，提高企业效益的措施。其本质是减少资源、能源消耗，从源头避免和削减污染物的产生，减少环境污染的重要措施。

工业是资源、能源消耗和污染物排放的重点领域，资源、能源消耗约占全国总量的70%，化学需氧量（COD）、二氧化硫（SO_2）排放量分别占35%和86%。做好工业和通信业清洁生产促进工作，降低能源资源消耗，减少污染物排放，既是节能减排工作的重要任务，也是促进产业升级、技术进步、管理创新的重要措施，是转变工

业发展方式的根本途径，是我国走新型工业化道路、实现可持续发展的必然要求。

《清洁生产促进法》实施以来，国家和地方陆续出台了一系列促进清洁生产的政策措施，取得了明显成效。但是，从企业审核数量、政府引导力度、中高费方案中的项目实施情况等方面看，与《清洁生产促进法》的要求还有很大差距。2003年至2008年底，全国仅10965家工业企业开展了清洁生产审核，占全国规模以上工业企业总量的3.25%；实施中高费方案中的项目数量只占方案提出项目的25%；地方政府累计共安排4.8亿元财政资金支持清洁生产，仅占企业清洁生产投资总额的1.8%。

为更好地实施《清洁生产促进法》，切实转变工业和通信业发展方式，必须进一步提高对工业领域推行清洁生产重大意义的认识，加大工作力度，创新工作模式，加快推进工业和通信业实施清洁生产。

二、突出重点，加大清洁生产促进工作力度

（一）制定清洁生产推行规划。地方工业和信息化主管部门（以下简称“地方主管部门”）应结合本地产业结构,重点流域、重点区域污染防治要求,资源能源消耗、污染物排放等实际情况，突出能源资源消耗高、污染排放量大的重点工业行业、工业园区需要，以加快结构调整、促进产业升级、实现节能减排为目标，制定清洁生产推行规划。加强与有关部门的沟通衔接，将清洁生产工作纳入地方经济社会发展规划。中央企业要制定符合本单位实际情况、有针对性的清洁生产推行规划，纳入企业发展规划，组织集团内企业全面实施清洁生产。各地和中央企业要在2010年底前完成规划编制工作。

（二）开展清洁生产审核工作。地方主管部门要结合节能减排任务要求、地区行业特点，按轻重缓急，制定清洁生产审核年度计划。加大对重点行业、重点企业和工业园区的宣传培训力度，鼓励企业自愿开展清洁生产审核。配合环境保护部门筛选和公布强制性清洁生产审核企业名单，加强对强制性审核企业开展清洁生产审核的指导。中央企业要在确保完成强制性清洁生产审核的同时，积极主动开展自愿性清洁生产审核。

（三）建立清洁生产审核评估制度。清洁生产审核评估是确保审核质量的重要措施。地方主管部门要建立清洁生产审核评估制度，制定清洁生产审核评估办法，组织专家或委托相关机构对审核过程、报告质量、方案实施情况进行系统评估，公布通过清洁生产审核评估的企业名单，引导和推动审核工作有针对性、高质量地开展。

（四）切实实施清洁生产中高费项目。实施中高费项目是清洁生产工作的重点，直接关系到清洁生产的效果。各地主管部门要根据审核情况，建立项目储备库，跟踪项目实施情况。对通过审核评估企业的中高费项目要优先纳入区域、重点行业治理规划，在地方技术改造和节能减排项目中予以重点支持。地方主管部门要鼓励并采取措施支持企业实施提标改造。

（五）开发推广先进清洁生产技术。依靠科技创新，提升技术水平，是清洁生产工作的关键。地方主管部门要组织提出本地区清洁生产的重大技术和关键技术需求，加强与有关部门沟通协调，将其纳入地方科技发展规划予以支持。要加强先进技术的应用示范，积极组织开展后评估，公示评估结果，引导先进技术的推广。对国家清洁生产技术导向目录或清洁生产推行方案中公布的先进适用清洁生产技术，要加大宣传推广力度，引导、支持企业在清洁生产技术改造中优先采用。

（六）加强支撑体系建设。要充分发挥已有清洁生产咨询服务机构的作用，为清洁生产审核、方案实施、后评估等提供技术支撑服务。地方主管部门要支持各类清洁生产服务机构与节能机构的联合与协作，为企业开展清洁生产提供高效、专业化的服务。建立咨询机构业绩考评机制，促进咨询服务质量的提高。要建立和完善清洁生产信息系统，向社会提供清洁生产技术和方法、可再生利用的废物供求以及清洁生产政策等方面的信息和服务。

三、采取措施，促进各项工作落实

（一）加强组织领导。地方主管部门、中央企业要依法加强对清洁生产工作的组织协调和指导，建立责任明确、分级负责、共同推进的管理体系。要加强对清洁生产审核项目实施情况等监督检查。

（二）加强政策支持和引导。地方主管部门要加强与地方有关部门的协调配合，积极落实清洁生产促进政策，建立清洁生产专项资金，加大地方财政对清洁生产的支持力度。加强与银行等金融机构的沟通和衔接，将企业清洁生产中高费项目列入绿色信贷支持计划，对通过清洁生产审核评估的企业优先发放贷款。对自愿审核、实施清洁生产方案并取得显著效果的企业，在当地主要媒体和地方主管部门网站公布名单，予以表彰。工业和信息化部在会同有关部门安排中央投资技术改造项目时，将优先支持通过审核评估的中高费清洁生产项目；对已通过省级主管部门清洁生产审核评估的中小企业节能减排项目，中小企业发展专项资金将优先支持。

（三）建立信息报送和通报制度。地方主管部门和中央企业要按照《工业和信息化部办公厅关于报送工业和通信业清洁生产工作情况的通知》（工信厅节函[2009]224号）要求，做好信息报送工作；按本通知要求编制并及时向我部报送清洁生产推行规划；每年12月底前，向我部报送当年清洁生产工作总结。工业和信息化部将定期通报地方和中央企业开展清洁生产工作的情况。

工业和信息化部

二○○九年九月十四日

关于抑制产能过剩和重复建设引导水泥产业健康发展的意见

工信部原[2009]575号

为贯彻落实国务院《关于抑制部分行业产能过剩和重复建设引导产业健康发展的若干意见》（国发[2009]38号），进一步加强和改善水泥行业管理工作，现提出如下意见：

一、提高认识，统一思想

水泥是重要的建筑基础材料，我国水泥产量居世界第一，为经济社会发展做了巨大贡献。今年以来，面对国际金融危机的不利影响，在中央实施“保增长、扩内需、调结构、惠民生”一揽子计划的推动下，水泥工业形势继续向好，产量稳步增长，效益明显回升，结构调整取得新的成效。

但是，在看到保增长成绩的同时，必须清醒认识到水泥工业存在的深层次矛盾。一是重复建设出现加剧趋势。2008年全国水泥产能18.7亿吨，产量14亿吨。截止2009年9月底，全国新建成投产和在建生产线400余条，总产能约6亿吨，水泥产能严重过剩。二是落后产能数量较大。目前全国仍有5亿吨落后产能，约占现有总产能的27%。三是产业集中度低。前10位企业水泥企业产量仅占全国比重20%左右。四是资源浪费、环境污染、生产无序等状况依然比较严重。一些地方能耗和环保超限企业没有得到及时整治，部分地区仍然存在无证企业的非法生产。

当前我国水泥工业正处在发展的关键时期，必须进一步统一思想，在保增长的同时更加注重结构调整和转变发展方式，将抑制水泥产能过剩和重复建设作为结构调整的重点工作抓紧、抓实，抓出成效。

二、坚决抑制产能过剩和重复建设

一是严格市场准入，提高准入门槛。工业和信息化部将会同有关部门抓紧制定和发布《水泥行业准入条件》，进一步提高能源消耗、环境保护、资源综合利用等方面的准入门槛。二是配合有关部门做好对2009年9月30日前尚未开工的水泥项目的清理（具体要求见附件），并将清理结果和意见报送工业和信息化部。坚决停止违法违规项目建设，清理期间一律不得核准新的扩能建设项目。

三、继续加大淘汰落后工作力度

一是继续认真贯彻执行《关于印发节能减排综合性工作方案的通知》（国发［2007］15号）规定，确保完成“十一五”期间淘汰落后水泥产能2.5亿吨的工作目标。要求各地在媒体上公告应予淘汰的落后企业（生产线）名单，接受社会监督。二是按照国发［2009］38号文规定进一步加快淘汰落后产能。各地要按照《关于报送水泥和平板玻璃淘汰落后产能2009年计划及三年计划的通知》（工信厅原[2009]222号）要求抓紧制定2010~2012三年内彻底淘汰不符合产业政策和环保、能耗、质量、安全要求的落后水泥产能时间表。要将淘汰落后产能指标分解落实到各地区和具体企业，积极争取各级财政资金，加大对淘汰落后的支持力度，逐步建立落后产能退出机制。

四、以省为单位做好地区水泥产需总量平衡

鉴于水泥生产和销售区域性较强，在总量上应以省区平衡为主。各地要加强本地区水泥工业发展规划编制工作，对已经制定发布的水泥规划要认真执行，强化规划的约束性。还没有制定水泥规划的省区要抓紧制定。在此基础上，通过全国和省级水泥工业规划结合，制定若干重点经济区域水泥工业发展规划，切实搞好水泥产需总量平衡和结构调整。

五、支持企业开展技术改造

重点支持企业通过上大压小、等量或减量置换落后产能、开展综合利用、推进节约生产、清洁生产等有利于节能降耗、减排治污、提高质量为主要内容的技术改造，推动淘汰落后。主要包括水泥余热发电、粉磨系统节能改造、粉尘治理和利用工业废弃物、垃圾、城市污泥生产水泥等一批具有示范和带动作用的技术改造项目，推进水泥行业结构调整和产业升级。国家将在技术改造专项中适当安排部分资金，重点支持符合上述领域的技术改造项目。

六、推动优势企业兼并重组

按照国家发展改革委等八部门《关于水泥工业结构调整的指导意见》（发改运行[2006]609号）要求，水泥企业前10户集中度“十一五”末要达到30%，前50户集中度要超过50%。按照国家发展改革委、国土资源部、中国人民银行《关于公布国家重点支持水泥工业结构调整大型企业(集团)名单的通知》（发改运行[2006]3001号）要求，鼓励大企业并购重组落后企业，推动结构调整，提高产业集中度。积极开展调查研究，提出支持水泥兼并重组的新的优惠措施建议，完善国家对重点支持水泥企业的各项政策。

七、建立信息发布制度

各地工业主管部门要会同同级相关职能部门和行业协会建立信息发布制度，及时公布水泥产销和投资的最新情况，客观分析市场容量和产能利用率，评估已核准水泥项目产能规模与分布，引导企业冷静思考，谨慎决策，适时规避投资风险。

八、加强组织领导，切实落实问责制

各地工业主管部门要认真履行职责，切实加强组织领导，进一步改进和强化水泥行业管理。对违反国家土地、环保、生产许可等法律法规和信贷政策、产业政策规定，工作严重失误或失职造成水泥违规建设项目的，要及时向相关部门通报，切实落实问责制。要充分发挥好行业协会的参谋助手作用，通过实施有效的行业管理，引导水泥产业健康可持续发展。

附件：清理水泥建设项目表(略)

工业和信息化部

二○○九年十一月二十六日

关于印发《机电产品再制造试点单位名单（第一批）》和《机电产品再制造试点工作要求》的通知

工信部节［2009］663号

《工业和信息化部办公厅关于组织开展机电产品再制造试点工作的通知》（工信厅节［2009］128号）印发后，各地按照相关要求，推荐报送了一批机电产品再制造试点企业和产业集聚区。我们在组织有关单位对试点申报材料进行评审的基础上，经认真研究，选择确定了徐工集团工程机械有限公司等35个企业和产业集聚区为第一批试点单位。现将试点单位名单及试点工作相关要求印发你们，请抓紧组织推进试点工作。

附件：1. 机电产品再制造试点单位名单（第一批）

2. 机电产品再制造试点工作要求

二〇〇九年十二月十一日

附件1：

机电产品再制造试点单位名单（第一批）

一、工程机械	徐工集团工程机械有限公司、武汉千里马工程机械再制造有限公司、广西柳工机械有限公司、卡特彼勒再制造工业（上海）有限公司、天津工程机械研究院、长沙中联重工科技发展股份有限公司、三一集团有限公司
二、工业机电设备	上海宝钢设备检修有限公司、哈尔滨汽轮机厂有限责任公司、中国第一重型机械集团公司、西安西玛电机（集团）股份有限公司、湘电集团有限公司、安徽皖南电机股份有限公司、沈阳大陆激光技术有限公司
三、机床	重庆机床（集团）有限责任公司、武汉重型机床集团有限公司、青海一机数控机床有限责任公司、武汉华中自控技术发展有限公司
四、矿采机械	山东泰山建能机械集团公司、新疆三力机械制造有限公司、宁夏天地奔牛实业集团有限公司、胜利油田胜机石油装备有限公司、北京三兴汽车有限公司、成都百施特金刚石钻头有限公司、松原大多油田配套产业有限公司
五、铁路机车装备	哈尔滨轨道交通装备有限责任公司、山西汾西重工有限责任公司、中国北车集团大连机车车辆有限公司、洛阳LYC轴承有限公司
六、船舶	大连船用阀门有限责任公司
七、办公信息设备	珠海天威飞马打印耗材有限公司、山东富美科技有限公司、富士施乐爱科制造（苏州）有限公司
八、再制造产业集聚区	湖南浏阳制造产业基地、重庆市九龙工业园区

附件2：

机电产品再制造试点工作要求

一、加强试点工作组织领导。各试点单位要尽快建立健全再制造试点工作组织管理体系，加强组织领导，明确目标任务，落实工作责任，积极认真组织开展试点工作。

二、抓紧制定完善再制造试点实施方案。试点单位要组织力量，加强研究，统筹规划，结合实际制定和完善再制造试点实施方案，提出本单位试点工作目标，尤其是标志性目标，落实工作任务（编制要点见附1）。请于2010

年3月15日前将实施方案通过有关地方工业和信息化主管部门或中央企业集团报我部（节能与综合利用司）。实施方案应装订整齐，提交一式五份，并附电子版。我部将组织专家对试点实施方案进行审查论证。

三、加大技术改造力度。各试点单位要抓好技术改造，加大投资力度，积极运用先进、成熟的再制造相关技术，提升再制造所需要的拆解、清洗、加工、装配、检测等方面的技术和装备水平，并配套建设相关污染防治、废物处理等基础设施，尽快形成批量化产品再制造能力和产业规模。规划的再制造重点建设项目，请一并随同实施方案上报，并加快投资、用地、环评等前期准备工作进度。

四、努力提升再制造管理水平。不断完善再制造产品技术质量标准、生产规范和管理制度。加强旧件和再制造产品的信息化管理，规范产品标识，建立产品档案。探索适应再制造要求的经营模式、把再制造理念贯穿于产品全生命周期的设计、生产、销售、维修、回收、再制造等环节。

五、加快旧件逆向物流体系建设。各试点单位要结合产品市场保有及自然淘汰情况，充分依托自有销售及售后服务网络，加强与专业回收及物流企业合作，加快建立健全旧件逆向物流体系，形成与再制造规模相匹配的旧件收集能力。

六、再制造产业集聚区要认真组织协调所辖相关企业开展再制造，培育和延伸再制造产业链，重点抓好通用检测和公用技术平台建设，积极引进再制造专业技术和服务企业，建立技术咨询和产业服务体系，推动再制造关键技术研发与应用。

七、有关地方工业和信息化主管部门、中央企业集团要做好试点工作的指导和组织协调工作，跟踪试点工作进展，对试点中出现的新情况、新问题，以及带有普遍性的政策问题，要深入调研，及时反映。对再制造试点企业重点建设项目，应积极予以支持。

八、加强信息报送与交流。试点工作启动后，试点企业于每年6月底和12月底前分别将上半年和年度再制造试点工作进展情况通过地方工业和信息化主管部门或中央企业集团报我部（节能与综合利用司）。为便于试点信息交流与组织协调，请各地方工业和信息化主管部门、中央企业集团于2009年12月25日前，将本单位及相关试点单位再制造工作负责人及联系人信息汇总后（格式参考附2）报我部（节能与综合利用司）。

附：1. 再制造试点实施方案编制要点（略）

2.再制造试点工作负责人及联系人（略）

关于印发钢铁企业烧结余热发电技术推广实施方案的通知

工信部第[2009]719号

各省、自治区、直辖市及计划单列市、新疆建设兵团工业和信息化主管部门，有关单位：

为进一步加大钢铁行业节能技术改造力度，提高能源管理水平及能源利用效率，根据重点产业调整和振兴规划有关要求及工业节能工作总体安排，我们组织编制了《钢铁企业烧结余热发电技术推广实施方案》。现印发你们，请遵照执行。

二〇〇九年十二月二十九日

附件：

钢铁企业烧结余热发电技术推广实施方案

二〇〇九年十二月

前言

钢铁工业是国民经济重要基础产业，能源消耗量约占全国工业总能耗的15%，废水和固体废弃物排放量分别占工业排放总量的14%和17%，是节能减排的重点行业。当前，钢铁行业发展面临严峻挑战和新的发展机遇，传统的粗放型发展模式已难以为继，迫切要求行业企业以节能减排为抓手，积极转变发展方式，利用高新技术改造、提升行业技术管理水平，走科技含量高、经济效益好、资源消耗低、环境污染少的新型工业化道路。

在钢铁企业中，烧结工序能耗仅次于炼铁工序，占总能耗的9%～12%，节能潜力很大。烧结余热发电是一项将烧结废气余热资源转变为电力的节能技术。该技术不产生额外的废气、废渣、粉尘和其它有害气体，能够有效提高烧结工序的能源利用效率，平均每吨烧结矿产生的烟气余热回收可发电20kW·h，折合吨钢综合能耗可降低约8千克标准煤，从而促进钢铁企业实现节能降耗目标。本方案计划用3年时间（2010～2012年），在重点大中型钢铁企业中有针对性地推广烧结余热发电技术，预期在钢铁行业的推广比例达到20%，形成157.5万吨标准煤的节能能力，为钢铁企业在日益激烈的市场竞争中进一步降低生产成本、实现节能降耗发挥积极作用。

一、技术发展及应用现状

（一）烧结余热发电技术概况

钢铁企业烧结工序能耗仅次于炼铁工序，居第二位，一般为企业总能耗的9%～12%。我国烧结工序的能耗指标与先进国家相比差距较大，每吨烧结矿的平均能耗要高20千克标准煤，节能潜力很大。

烧结余热回收主要有两部分：一是烧结机尾部废气余热，二是热烧结矿在冷却机前段空冷时产生的废气余热。这两部分废气所含热量约占烧结总能耗的50%，充分利用这部分热量是提高烧结能源利用效率，显著降低烧结工序能耗的途径之一。

目前，国内烧结废气余热回收利用主要有三种方式：一是直接将废烟气经过净化后作为点火炉的助燃空气或用于预热混合料，以降低燃料消耗，这种方式较为简单，但余热利用量有限，一般不超过烟气量的10%；二是将废烟气通过热管装置或余热锅炉产生蒸汽，并入全厂蒸汽管网，替代部分燃煤锅炉；三是将余热锅炉产生蒸汽用于驱动汽轮机组发电。

从实现能源梯级利用的高效性和经济性角度分析，余热发电是最为有效的余热利用途径，平均每吨烧结矿产生的烟气余热回收可发电20kW·h，折合吨钢综合能耗可降低8千克标准煤。我国烧结余热发电机组按余热锅炉形式分为四种，即：单压余热发电技术、双压余热发电技术、闪蒸余热发电技术和补燃余热发电技术。近年，低温余热发电技术已在建材等行业得到了广泛应用，特别是随着双压、闪蒸发电技术和补汽凝汽式汽轮机技术获得突破，大大提高了余热回收效率，为钢铁企业烧结余热发电技术的推广创造了条件。

（二）应用现状

2004年，马钢引进日本川崎技术在2台300m^2烧结机上建设了国内第一套余热发电系统（装机容量17.5MW），该系统于2005年9月并网发电。随后多家钢铁企业对烧结余热资源及发电技术开展了前期调研工作。目前，我国已建成的10套烧结余热发电机组共涉及19台烧结机，烧结机面积共4849m^2，发电机组总装机容量137MW。此外，安钢等一些企业正在施工建设烧结余热发电站。烧结余热发电技术推广比例不及4%。烧结余热发电技术在国内应用已经成熟，全套设备可以国产化，已具备全面推广的条件。

（三）存在的问题

一是企业对低温余热利用观念尚未完全转变。过去，受低温余热技术发展的限制，国内企业大多将烧结余热用于助燃空气、预热混合料或利用余热回收装置产生蒸汽，余热回收利用效率不高。伴随着烧结机的大型化，传统的余热利用途径已无法充分利用余热资源，达到效益的最大化，需要企业转变观念重新认识低温余热利用。

二是烧结余热发电机组运行效率不高。烧结余热发电机组对烟气流量及温度均有一定要求，实际运行中，运行效率受烧结设备大小、生产工况等多方面影响，余热回收系统的工作参数变动，输出的压力、温度、流量随之变化，导致发电机组的运行效率不高。

三是烧结余热发电装置投资较大。烧结余热发电装置建设资金约占烧结机投资的10%～20%，资金回收期较长在一定程度上影响烧结余热发电技术的推广。

二、指导思想、原则和目标

（一）指导思想

坚持以科学发展观为指导，积极落实钢铁产业发展政策与钢铁产业调整和振兴规划，以提高能源利用效率为核心，引导企业技术改造投资方向，积极推广烧结余热发电技术，提高钢铁企业能源利用效率，为实现钢铁行业节能减排目标奠定基础。

（二）基本原则

1. 坚持企业主体原则。企业是节能降耗的责任主体、实施主体和受益主体，要通过加强政策导向和信息引导，发挥市场配置资源的基础性作用，调动企业自主实施节能技术示范和技术改造的积极性，推动烧结余热发电项目建设。

2. 坚持大中型烧结机优先原则。大中型烧结机烟气流量和烟气温度相对集中、稳定，更适合集中建设余热发电装置，能源回收和利用效率更高。

3. 坚持整体推进与分年度实施相结合。方案的实施坚持统筹安排、整体推进，并结合资金安排、市场环境及企业生产经营情况，分年度、分步骤组织实施，确保烧结余热发电项目稳妥有序推进。

4. 坚持技术推广与产业调整和振兴相结合。方案的实施将与落实钢铁产业调整和振兴规划相结合，把重点节能技术示范推广作为应对国际金融危机的重要手段，加快企业烧结余热发电项目建设并尽快形成稳定的节能能力，为促进钢铁行业调整与振兴发挥积极作用。

（三）建设目标

在具备条件的大中型烧结机中，有针对性地实施一批烧结余热发电示范项目，预期在钢铁行业推广比例达到20%，形成157.5万吨标准煤的节能能力，促进钢铁行业节能减排工作的深入开展。

三、主要内容

（一）范围和条件

钢铁企业生产的主体设备应符合国家《钢铁产业发展政策》和《产业结构调整指导目录》中鼓励类的要求，烧结机应在180m^{2}及以上。根据国内已投产的烧结余热发电装置的运行状况，从技术可靠、经济合理的角度分析，采用余热发电技术的烧结机应符合如下条件：冷却废气混合温度不低于300℃；单台余热发电机组装机规模不小于3000kW。

（二）建设内容

烧结余热发电项目重点推广双压、闪蒸余热发电技术，主要建设内容包括：

1. 改造原有余热回收系统。增建热风循环系统和高换热效率的余热锅炉，提高余热蒸汽回收量和蒸汽品质。

2. 增建汽轮机发电机组及其附属系统。主要包括废热锅炉、蒸汽透平机、闪蒸器、发电机组及辅助附属设备。

3. 改造或增建循环冷却水系统、电气与过程控制系统及配套外部管道等。

（三）实施进度

实施期为3年，即2010~2012年。

（四）项目投资估算

计划实施烧结余热发电技术的烧结机82台，预计总投资51.9亿元。

四、组织实施

（一）组织单位

工业和信息化部、各省、自治区、直辖市及计划单列市、新疆生产建设兵团工业和信息化主管部门。

（二）实施主体

符合条件的钢铁企业。

（三）参与单位

中国钢铁工业协会、有关设计单位及节能技术服务机构等。

五、配套措施

（一）加大对烧结余热发电项目的政策支持力度积极落实国家已出台的促进企业节能减排的各项财政、税收优惠政策，围绕钢铁产业调整和振兴规划，发挥产业政策引导作用，加大对企业建设烧结余热发电项目的支持力度。完善利用余能发电的激励政策，协调电网管理部门，为企业烧结余热发电机组并网创造良好条件，鼓励企业使用国产化设备。

（二）完善多元化的企业节能技术改造投融资机制发挥各级财政资金的引导和示范作用，以企业投入为主体，吸引和带动社会各方面投资，形成多元化的投融资机制，推动企业开展节能技术改造。鼓励企业开展合同能源管理项目等方式，通过市场渠道筹集节能减排资金。

（三）加强对烧结余热发电项目建设的监督管理各地方要加强对项目建设的跟踪和管理，定期组织项目实施情况监督检查，及时组织项目竣工验收，对项目节能效果和实施水平等进行后续评估，确保项目进度、工程质量和资金使用符合国家有关要求并实现预期节能效果。

（四）完善烧结余热发电技术评价标准和应用规范建立和完善烧结余热发电技术、经济指标体系，加快研究制订并严格执行科学的评价标准和应用规范，以指导和规范项目投资建设与稳定运行，促进烧结余热发电技术的推广实施。

附件：钢铁企业烧结余热发电技术推广实施项目表（略）

财政部和国家税务总局政策文件

财政部进一步明确办理再生资源增值税退税程序的通知

财监[2009]7号

各省、自治区、直辖市、计划单列市财政厅（局）、国家税务局，财政部驻各省、自治区、直辖市、计划单列市财政监察专员办事处，新疆生产建设兵团财务局：

《财政部国家税务总局关于再生资源增值税政策的通知》（财税[2008]157号）下发后，相关部门纷纷来电询问退税审核程序问题。为顺利执行该文件，规范相关部门退税行政审批行为，现将有关事项通知如下：

一、负责初审的财政部门原则上是指各地（市、区、州）财政局，实行“省直管县”财政管理体制的，各县（县级市、区、旗）财政局为初审部门；负责复审的财政部门是指各省（自治区、直辖市、计划单列市）财政厅（局）；专员办负责终审，并按规定办理退税手续。

二、负责初审、复审的财政部门应当严格按照有关规定进行审核，专员办根据复审意见进行终审。除财税[2008]157号文件规定外，专员办办理一般增值税退税事项仍按照《财政监察专员办事处一般增值税退税行政审批管理程序暂行规定》（财监[2003]110号）执行。

三、专员办、负责初审和复审的财政部门应当严格遵守各项廉政制度与工作纪律，自觉接受有关部门对退税工作的监督，不断改进和完善增值税退税审批工作。财政部将定期或不定期对再生资源增值税退税行政审批工作进行监督检查，加强和规范退税工作管理。专员办、初审和复审财政部门工作人员滥用职权、玩忽职守、徇私舞弊的，将按照有关规定进行处理。

本通知自发文之日起执行。

财政部

二〇〇九年二月十三日

国家税务总局关于资源综合利用企业所得税优惠管理问题的通知

国税函[2009]185号

各省、自治区、直辖市和计划单列市国家税务局、地方税务局：

为贯彻落实资源综合利用的企业所得税优惠政策，现就有关管理问题通知如下：

一、本通知所称资源综合利用企业所得税优惠，是指企业自2008年1月1日起以《资源综合利用企业所得税优惠目录（2008年版）》（以下简称《目录》）规定的资源作为主要原材料，生产国家非限制和非禁止并符合国家及行业相关标准的产品取得的收入，减按90%计入企业当年收入总额。

二、经资源综合利用主管部门按《目录》规定认定的生产资源综合利用产品的企业（不包括仅对资源综合利用工艺和技术进行认定的企业），取得《资源综合利用认定证书》，可按本通知规定申请享受资源综合利用企业所得税优惠。

三、企业资源综合利用产品的认定程序，按《国家发展改革委 财政部 国家税务总局关于印发〈国家鼓励的资源综合利用认定管理办法〉的通知》（发改环资〔2006〕1864号）的规定执行。

四、2008年1月1日之前经资源综合利用主管部门认定取得《资源综合利用认定证书》的企业，应按本通知第二条、第三条的规定，重新办理认定并取得《资源综合利用认定证书》，方可申请享受资源综合利用企业所得税优惠。

五、企业从事非资源综合利用项目取得的收入与生产资源综合利用产品取得的收入没有分开核算的，不得享受资源综合利用企业所得税优惠。

六、税务机关对资源综合利用企业所得税优惠实行备案管理。备案管理的具体程序，按照国家税务总局的相关规定执行。

七、享受资源综合利用企业所得税优惠的企业因经营状况发生变化而不符合《目录》规定的条件的，应自发生变化之日起15个工作日内向主管税务机关报告，并停止享受资源综合利用企业所得税优惠。

八、企业实际经营情况不符合《目录》规定条件，采用欺骗等手段获取企业所得税优惠，或者因经营状况发生变化而不符合享受优惠条件，但未及时向主管税务机关报告的，按照税收征管法及其实施细则的有关规定进行处理。

九、税务机关应对企业的实际经营情况进行监督检查。税务机关发现资源综合利用主管部门认定有误的，应停止企业享受资源综合利用企业所得税优惠，并及时与有关认定部门协调沟通，提请纠正，已经享受的优惠税额应予追缴。

十、各省、自治区、直辖市和计划单列市国家税务局、地方税务局可根据本通知制定具体管理办法。

十一、本通知自2008年1月1日起执行。

国家税务总局

二〇〇九年四月十日

财政部、国家发展改革委关于开展“节能产品惠民工程”的通知

财建[2009]213号

各省、自治区、直辖市、计划单列市财政厅（局）、发展改革委（经委、经贸委、经信委、工信委、工信厅），新疆生产建设兵团财务局、发展改革委：

根据《国务院关于加强节能工作的决定》（国发[2006]28号）和《国务院关于进一步加强节油节电工作的通知》（国发[2008]23号），经国务院同意，财政部、国家发展改革委组织实施“节能产品惠民工程”，采取财政补贴方式，加快高效节能产品的推广，一方面有效扩大内需特别是消费需求，另一方面提高终端用能产品能源效率。为加强财政资金管理，我们制定了《高效节能产品推广财政补助资金管理暂行办法》，现印发给你们，请遵照执行。

各地要充分认识开展“节能产品惠民工程”的重要性和紧迫性，统一思想，加强领导，协同配合，扎实工作，大力宣传，采取积极有效措施，确保“节能产品惠民工程”顺利实施。

附件：高效节能产品推广财政补助资金管理暂行办法

财政部

国家发展改革委

二〇〇九年五月十八日

附件：

高效节能产品推广财政补助资金管理暂行办法

第一章 总则

第一条 根据《国务院关于加强节能工作的决定》（国发[2006]28 号）和《国务院关于进一步加强节油节电工作的通知》（国发[2008]23 号），中央财政安排专项资金，支持高效节能产品的推广使用，扩大高效节能产品市场份额，提高用能产品的能源效率水平。为加强高效节能产品推广财政补助资金（以下简称“补助资金”）管理，提高资金使用效益，特制定本办法。

第二条 本办法所称高效节能产品是指满足使用功能和质量要求的前提下，依据能源效率国家标准，能源效率较高的用能产品。

第三条 生产企业是高效节能产品推广的主体。中央财政对高效节能产品生产企业给予补助，再由生产企业按补助后的价格进行销售，消费者是最终受益人。

第四条 补助资金按照科学合理、公正透明的原则安排使用，并接受社会监督。

第二章 推广产品与推广企业

第五条 国家将量大面广、用能量大、节能潜力明显的高效节能产品纳入财政补贴推广范围。具体产品种类另行确定。当高效节能产品市场份额达到一定水平时，国家不再补贴推广。

第六条 财政部、国家发展改革委建立推广企业和产品准入制度，制定各类产品推广实施细则。

第七条 符合条件的生产企业根据实施细则要求，将高效节能产品推广申请报告及下述材料报所在地节能主管部门和财政部门，经省级节能主管部门、财政部门审核后，报国家发展改革委、财政部。

（一）产品的能源效率及质量性能参数；

（二）产品推广价格；

（三）推广方案；

（四）其他相关材料。

第八条 国家发展改革委、财政部组织对地方上报的高效节能产品推广申请报告及相关材料进行审核，并公告推广产品规格型号及推广企业目录。

第三章 补助条件

第九条 财政补助的高效节能产品必须符合以下条件：

（一）符合能源效率国家标准要求，能源效率等级为1级或2级，其它质量性能符合相关国家标准规定；

（二）推广数量达到一定规模；

（三）实际销售价格不高于企业承诺的推广价格减去财政补助后的金额；

（四）具有唯一可识别的产品条码序列号，外包装和本体上按要求加施“节能产品惠民工程”标识和字样；

（五）推广企业具有完善的售后服务体系，履行约定的质量及服务；

（六）推广企业具有完备的产品销售及用户信息管理系统，按要求提供相关信息；

（七）产品推广实施细则规定的其他要求。

第四章　资金使用范围和补助标准

第十条 补助资金主要用于高效节能产品推广补助和监督检查、标准标识、信息管理、宣传培训等推广工作经费。

第十一条 高效节能产品推广补助标准主要根据高效节能产品与同类普通产品成本差异的一定比例确定。具体标准在相应实施细则中明确。

第十二条 鼓励有条件的地方安排一定资金支持高效节能产品推广。

第五章　补助资金申报和下达

第十三条 推广企业在月度终了后，将上月高效节能产品实际推广情况汇总录入信息管理系统，并于10日内将推广情况及相关信息逐级上报财政部、国家发展改革委。

第十四条 地方财政部门、节能主管部门通过高效节能产品推广信息管理系统对本地区产品推广情况进行审核。

第十五条 财政部根据推广企业月度推广情况，预拨产品推广补助资金。各级财政部门按照财政国库管理制度等有关规定，将补助资金及时拨付给推广企业。

第十六条 年度终了后 30 日内，推广企业编制上年度补助资金清算报告，逐级上报财政部。财政部根据地方财政部门、节能主管部门审核结果和专项核查情况进行补助资金清算。

第十七条 财政部根据高效节能产品推广工作进展、资金需求等情况安排一定工作经费。

第六章　监督管理

第十八条 财政部、国家发展改革委组织对高效节能产品推广情况开展专项检查。地方财政部门、节能主管部门对高效节能产品推广情况进行日常核查。

第十九条 推广企业有下列情形之一的，财政部、国家发展改革委将视情节给予通报批评、扣减补助资金等处罚。情节严重的，由国家发展改革委、财政部取消企业高效节能产品推广资格：

(一)提供虚假信息、骗取补助资金的；

(二)推广产品的能源效率、质量性能指标不符合要求的；

(三) 年推广高效节能产品数量未达到规定规模的；

(四) 推广产品实际销售价格高于企业承诺推广价格减去财政补助的；

(五) 未按要求使用标识，或伪造、冒用标识，利用标识做虚假宣传，误导消费者的。

第二十条 对出具虚假报告和证明材料的相关机构，一经查实，予以公开曝光，并视情节追究其相应法律责任。

第二十一条 补助资金必须专款专用。任何单位不得以任何理由、任何形式截留、挪用。对违反规定的，按照《财政违法行为处罚处分条例》（国务院令第 427 号）等有关规定，依法追究有关单位和人员的责任。

第七章　附则

第二十二条 本办法由财政部、国家发展改革委负责解释。

第二十三条 本办法自印发之日起实施。

财政部　国家发展改革委关于印发《“节能产品惠民工程”高效节能房间空调器推广实施细则》的通知

各省、自治区、直辖市、计划单列市财政厅（局）、发展改革委（经委、经贸委、经信委、工信委、工信厅），新疆生产建设兵团财务局、发展改革委：

根据《财政部 国家发展改革委关于开展“节能产品惠民工程”的通知》（财建[2009]213号）的精神，我们制定了《“节能产品惠民工程”高效节能房间空调器推广实施细则》，现印发给你们，请遵照执行。

附件：“节能产品惠民工程”高效节能房间空调器推广实施细则

财政部

国家发展改革委

二〇〇九年五月十八日

附件：

“节能产品惠民工程”高效节能房间空调器推广实施细则

一、推广产品及企业条件

（一）申请高效节能房间空调器（简称高效节能空调器）推广的产品必须满足以下要求：

1. 能源效率达到国家标准GB12021.3《房间空气调节器能效限定值及能源效率等级》现行版本中能效等级2级及以上水平；

2. 通过能效标识备案；

3. 通过“节”字标志节能产品认证；

4. 推广价格不高于下表所列的最高限价：

额定制冷量（W）	最高限价（元/台（套））	
	能效等级1级	能效等级2级
额定制冷量≤2800	4000	3500
2800<额定制冷量≤4500	5000	4000
4500<额定制冷量≤7100	8500	7500
7100<额定制冷量≤14000	12000	11000

5. 在近三年内国家产品质量监督抽查和能效标识市场专项检查中，该品牌的空调器产品无不合格。

（二）申请高效节能空调器推广的生产企业必须满足以下要求：

1. 为中国大陆境内合法注册的独立法人；

2. 承诺年推广高效节能空调器数量不少于10万台(套)；

3. 拥有所申请推广产品的自主品牌或品牌合法使用权，同一品牌只能由一家生产企业申请推广；

4. 具有完备的产品销售、安装及用户信息管理系统。

二、推广产品范围

推广产品为能效等级2级及以上，制冷量在14000W以下，气候类型为T1的分体式房间空气调节器。移动式、变频式、多联式、单元式空调机组，暂不纳入推广产品范围。

三、推广补助标准

高效节能空调器推广财政补助标准具体为：

额定制冷量（W）财政补助标准（元/台（套））

额定制冷量（W）	能效等级1级	能效等级2级
额定制冷量≤2800	500	300
2800<额定制冷量≤4500	550	350
4500<额定制冷量≤7100	650	450
7100<额定制冷量≤14000	850	650

对已享受家电下乡等其他财政补助政策的产品，不再给予补助。

四、推广资格申请

申请高效节能空调器推广的生产企业，将高效节能产品推广申请报告（包括申请书、企业基本情况、推广产品信息、推广方案等内容及电子版本，具体格式见附件1）及下述材料逐级上报，经省级节能主管部门、财政部门审核后，报国家发展改革委、财政部。

（一）营业执照和税务登记证（复印件加盖公章）；

（二）推广产品“节”字标志节能产品认证证书；

（三）推广产品能效检测报告；

（四）推广产品能效标识备案证明；

（五）质量管理体系和环境管理体系认证证书；

（六）商标注册证明及授权书；

（七）银行出具的资信证明；

（八）其他相关材料。

国家发展改革委会同财政部对上报材料进行审核，并公示推广产品规格型号及推广企业目录。

五、补助资金申请和拨付

（一）推广企业按照不高于推广价格减去财政补助后的价格销售高效节能产品，并将销售、安装及用户信息及时录入“节能产品惠民工程”信息管理系统。于月度终了后10日内将月度推广报告（包括申请书、销售信息汇总表、消费者信息汇总表等内容，具体格式见附件2），逐级上报财政部。

（二）地方财政部门、节能主管部门通过“节能产品惠民工程”信息管理系统对本地区产品推广情况进行审核。

（三）财政部根据推广企业月度推广情况，预拨补助资金。

（四）年度终了后30日内，推广企业提出上年度补助资金清算报告，逐级上报财政部。

（五）财政部根据地方财政部门、节能主管部门审核结果和专项核查情况进行补助资金清算。

六、标识的加施

（一）推广企业在推广产品的本体和包装上按照本细则要求加施“节能产品惠民工程”标识和字样（样式见附件3）。

（二）推广产品公示之日前生产的产品，应于公示发布后1个月内在本体或外包装上加施补助标识。

关于印发《家电以旧换新实施办法》的通知

财建[2009]298号

北京市、天津市、上海市、江苏省、浙江省、山东省、广东省、福州市、长沙市财政、商务、发展改革、工业和信息化、环境保护、工商、质量技术监督主管部门:

为进一步促进扩大消费需求，提高资源能源利用效率，减少环境污染，促进节能减排和循环经济发展，根据《国务院办公厅关于转发发改委等部门促进扩大内需鼓励汽车家电以旧换新实施方案的通知》（国办发［2009］44号），财政部、商务部、发展改革委、工业和信息化部、环境保护部、工商总局、质检总局制定了《家电以旧换新实施办法》。现印发给你们，请遵照执行。

附件：家电以旧换新实施办法

财政部　商务部　国家发展改革委

工业和信息化部　环境保护部

工商总局　质检总局

二○○九年六月二十八日

附件：

家电以旧换新实施办法

第一章　总　则

第一条　为进一步促进扩大消费需求，提高资源能源利用效率，减少环境污染，促进节能减排和循环经济发展，根据《国务院办公厅关于转发发展改革委等部门促进扩大内需鼓励汽车家电以旧换新实施方案的通知》（国办发[2009]44号），制定本办法。

第二条　本办法所称“家电以旧换新”是指消费者废弃旧家电并购买新家电的行为。

第三条　家电以旧换新工作先试点再全国推广。

第四条　家电以旧换新工作遵循“手续简便、方便消费、直接补贴、安全高效、节能环保”的原则。

第二章　补贴政策

第五条　2009年6月1日至2010年5月31日，在北京、天津、上海、江苏、浙江、山东、广东、福州和长沙等9省市试点。全国推广的工作安排，由财政部、商务部、发展改革委、工业和信息化部、环境保护部等部门研究提出具体方案报国务院批准后组织实施。

第六条　补贴方式及对象：

1.在试点省市注册登记具有法人资格或具有试点省市当地户口，在规定时间内交售旧家电并购买新家电的单位和个人（以下简称购买人），在购买新家电时可享受家电补贴。交售旧家电与购买新家电的单位和个人必须一致。已享受“家电下乡”补贴政策的新家电不得重复享受以旧换新补贴。

2.在规定时间内从购买人手中收购旧家电并交售给指定拆解处理企业进行拆解处理的中标家电回收企业（以下简称回收企业），均可享受运费补贴。

第七条　以旧换新补贴家电产品范围：电视机、电冰箱（含冰柜）、洗衣机、空调、电脑。补贴产品范围如需调整，由财政部会同商务部、工业和信息化部等部门研究提出具体意见报国务院批准后组织实施。

第八条　补贴标准为：

1.电补贴。按新家电销售价格的10%给予补贴，补贴上限为：电视机400元/台，冰箱（含冰柜）300元/台，洗衣机250元/台，空调350元/台，电脑400元/台。

2.费补贴。按回收企业交售旧家电的数量定额补助，具体补贴办法，由财政部另行研究确定。

第九条　以旧换新的新家电要符合国家有关安全、环保等标准要求。

第三章　操作流程

第十条　家电销售企业和家电回收企业由试点省市商务主管部门会同财政部门以招标方式确定，招标结果报商务部、财政部备案，并向社会公布中标家电销售、回收企业的名单和联系方式。拆解处理企业由试点省市废旧家电拆解处理主管部门从现有拆解处理企业中筛选，报政府确定，确定结果报环境保护部、财政部备案。具体操作办法由商务部、环境保护部分别制定。

第十一条　购买人选择中标回收企业，通过网络、电话及其他方式提出交售旧家电申请。回收企业及时上门收购旧家电，向购买人开具国家统一印制的家电以旧换新凭证。

回收企业要及时准确地将家电以旧换新凭证的所有信息，包括回收旧家电的类别、品牌、产品制造商、型号、机身序列号、购买人姓名和身份证件号码、旧家电回收价格、以旧换新凭证序列号等录入家电以旧换新管理信息系统。

第十二条　购买人选择中标销售企业，凭有效身份证件、家电以旧换新凭证，到家电销售企业购买新家电。对符合条件的，家电销售企业在销售新家电时直接向购买人垫付补贴资金，并将相关信息录入家电以旧换新管理信息系统。

第十三条　中标回收企业收购的旧家电一律交售给指定拆解处理企业进行拆解处理。对符合条件的，拆解处理企业向回收企业垫付运输费用补贴，并将相关信息录入家电以旧换新管理信息系统。

第十四条　家电销售企业凭新家电销售发票、以旧换新凭证和《家电以旧换新（家电）补贴资金申报表》等材料，经当地商务部门或地方政府确定的相关业务主管部门审核后，到同级财政部门申领补贴资金。

第十五条　拆解处理企业凭以旧换新凭证和《家电以旧换新（运费）补贴资金申报表》等材料，经当地政府确定的相关业务主管部门审核后，到同级财政部门申领已垫付的运费补贴。

第四章　家电回收企业

第十六条　为方便购买人交售旧家电，旧家电回收采取多元化回收的方式。家电生产企业（售后服务机构）、销售企业、专业回收企业和拆解处理企业等均可参加试点省市有关部门组织的家电以旧换新回收企业招投标活动。

第十七条　招标确定的家电回收企业应当具有相应的服务能力，信誉好并且具备以下基本条件：

1.布局合理、覆盖面广的回收网点；

2.收网点有通过家电以旧换新管理信息系统记录、查验以旧换新有关信息的能力；

3.符合环保要求的存储场地；

4.经过培训、具备一定专业技术知识的回收人员；

5.三年内经营资信状况良好。

第十八条　试点省市商务主管部门会同财政部门根据本地实际情况，在本办法规定的基本条件的基础上，制定家电回收企业招投标的具体条件。

第十九条　试点省市商务主管部门将中标家电回收企业及符合条件的回收网点报商务部、财政部备案。

第二十条　中标回收企业要签订承诺协议，保证及时按合理价格收购购买人交售的旧家电，规范发放以旧换新凭证，回收的旧家电全部交售给指定的拆解处理企业，不擅自拆解处理旧家电，不弄虚作假，不从事制售以旧充新等违法行为。

第五章　家电销售企业

第二十一条　专业家电连锁销售企业、综合性大型零售企业、家电生产企业（销售机构）等均可参加试点省市有关部门组织的家电以旧换新销售企业招投标活动。

第二十二条　招标确定的销售企业应当具有较强实力、信誉好、销售网络健全，并且具备以下基本条件：

1.售网点覆盖面广，试点省的销售企业网点覆盖到县一级；

2.销售网点有通过家电以旧换新管理信息系统记录、查验以旧换新有关信息的能力；

3.有较强的仓储及配送能力；

4.备完善的家电送货、安装、调试、维修的售后服务体系；

5.三年内经营资信状况良好。

第二十三条　试点省市商务主管部门会同财政部门根据本地实际情况，在本办法规定的基本条件的基础上，制定家电销售企业招投标的具体条件。

第二十四条　试点省市商务主管部门将中标家电销售企业及符合条件的销售网点报商务部、财政部备案。

第二十五条　中标销售企业要签订承诺协议，保证按市场正常价格销售新家电，严把进货关，杜绝假冒伪劣、以次充好、以旧充新的产品进入市场流通。

第六章　拆解处理企业

第二十六条　试点期间，原则上每个试点省份选择1~2家拆解处理企业，试点城市选择1家。非指定的拆解处理企业不得收购和处理以旧换新的旧家电。

第二十七条　拆解处理企业应符合国家环境保护的有关法律法规的要求，并且具备以下基本条件：

1.依据《电子废物污染环境防治管理办法》（原国家环境保护总局令第40号）列入电子废物拆解利用处置单位名录（包括临时名录）的独立法人单位，不包括个体工商户；

2.具有相关环境、质量、安全等管理和技术人员；

3.具有与拆解处理废旧家电相适应的分类、包装、贮存、拆解、处理的相关设施和设备；

4.对不能深度处理的废旧家电及其拆解产物应具有妥善利用或处置方案；

5.具有通过家电以旧换新管理信息系统记录、查验废旧家电拆解处理数据的能力；建立了废旧家电经营情况记录簿制度；

6.近三年内未受到环境保护部门的相关处罚。

第二十八条　试点省市相关业务主管部门要根据本地实际情况，在本办法规定的基本条件的基础上，制定确定拆解处理企业的具体条件，保障废旧家电拆解处理能力。

第二十九条　拆解处理企业要签订承诺协议，保证不无故拒收回收企业交售的旧家电，不将收购的旧家电再流通，不从事制售以旧充新等违法行为，在试点省市相关业务主管部门规定的时限内将废家电拆解处理完毕。

第三十条　拆解处理企业在试点期间违反环境保护法律、法规的，所在地的省市人民政府相关业务主管部门应取消其拆解处理企业资格。

第七章　补贴资金申报、审核及兑付

第三十一条　购买人交售旧家电，从回收企业取得国家统一印制的家电以旧换新凭证。回收企业须在以旧换新凭证上注明旧家电的产品品牌、规格、型号、串号（产品生产编号）、购买人姓名及身份证件号等信息。

第三十二条　购买人购买新家电时直接申报家电补贴，由销售企业代财政部门进行审核。对符合补贴条件的，销售企业按销售价格向购买人开具发票，指导购买人填写《家电以旧换新（家电）补贴资金申报表》，当场兑付补贴资金，按照新家电的正常销售价格减去补贴后的金额收取货款。不符合补贴条件的，应立即告知购买人，按销售价格收取货款。

第三十三条　购买人申报补贴时应当提供的资料：（1）以旧换新凭证；（2）购买新家电的发票；（3）《家电以旧换新（家电）补贴资金申报表》；（4）购买人居民身份证件或相关法人单位的相关证明。

第三十四条　家电销售企业每半个月对购买人的申报资料进行整理，经当地商务部门或当地政府确定的相关业务主管部门审核后，到同级财政部门申领家电补贴。财政部门在接到申报的7个工作日内进行审核确认后，将补贴资金通过国库集中支付方式直接支付到家电销售企业在银行开设的基本账户。各级财政、商务部门要加强对家电销售企业代理审核兑付情况的监督检查，防止骗补行为的发生。

第三十五条　回收企业将收购旧家电销售给拆解处理企业，向拆解企业开具销售发票，发票要注明交售旧家电的产品类别、规格、型号、数量和价格等信息。

第三十六条　根据实际销售旧家电数量，回收企业直接申报运费补贴，由拆解处理企业代财政部门进行审核，对符合规定的，直接垫付运费补贴，同时指导回收企业填写《家电以旧换新（运费）补贴申报表》。不符合补贴规定的，应立即告知回收企业。

第三十七条　回收企业申报补贴时应当提供的资料：（1）以旧换新凭证；（2）销售旧家电的销售发票；（3）《家电以旧换新（运费）补贴申报表》。

第三十八条　拆解处理企业逐月对回收企业的申报资料进行整理，经当地人民政府确定的相关业务主管部门审核后，到同级财政部门申领家电补贴。财政部门在接到申报的7个工作日内进行审核确认后，将补贴资金通过国库集中支付方式直接支付到家电拆解处理企业在银行开设的基本账户。各级财政、环保和相关业务主管部门要加强对拆解处理企业代理审核兑付情况的监督检查，防止骗补行为的发生。

第八章　补贴资金来源、拨付及清算

第三十九条　补贴资金按照专项转移支付有关规定，实行国库集中支付。

第四十条　补贴资金的管理和使用遵循公开透明、分级负担、定向使用和动态监管的原则。

第四十一条　补贴资金由中央财政和试点省市财政共同负担。其中，中央财政负担80%，试点省市财政负担20%。

第四十二条　财政部会同商务部根据各试点省市废旧家电存量、家电拆解处理能力、经济发展水平等，测算补贴资金规模，将中央财政应负担的补贴资金按80%预拨到试点省市财政部门。

第四十三条　试点省市财政部门收到中央财政拨付的补贴资金后，应当落实地方应负担的补贴资金，在15个工作日内下达补贴资金预算分解文件，并根据预算文件，按需求进度和上述程序支付补贴资金。实施过程中，如实际需支付补贴资金超预算，由试点省市财政部门先行垫付。

第四十四条　试点省市财政部门会同商务部门在每年4月底前，核实汇总本地区上年度补贴资金使用情况，报财政部进行审核清算。

第九章　部门职责分工

第四十五条　财政部会同商务部、发展改革委、工业和信息化部、环境保护部、工商总局和质检总局等有关部门按照部门职责分工和本办法的规定，共同组织实施家电以旧换新工作。

财政部会同商务部、发展改革委、工业和信息化部、环境保护部等部门负责制定家电以旧换新政策并发布实施办法，负责财政补贴资金管理。

商务部会同财政部、发展改革委、工业和信息化部、环境保护部等部门组织实施家电以旧换新工作，会同财政部指导试点省市确定家电回收企业、销售企业，负责家电以旧换新管理信息系统开发和培训工作，负责印制和组织发放家电以旧换新凭证。

发展改革委负责加强以旧换新新家电的价格监管，规范经营者的价格行为，负责指导试点省市确定旧家电回收指导价格。

环境保护部负责废旧家电拆解处理的组织实施和监督管理，并会同财政部指导试点省市确定拆解处理企业。

工业和信息化部负责对家电产品生产企业的管理，督促指导生产企业提高和保障家电产品质量。

工商、质检等部门在各自职责范围内加强家电产品生产和市场监督管理。

第十章　试点组织实施

第四十六条　试点省市人民政府负责本地区家电以旧换新工作的组织实施。试点省市人民政府要成立家电以旧换新试点工作领导小组，组成工作班子，落实工作经费，精心组织，加强监管。

第四十七条　试点省市人民政府有关部门要按照国办发[2009]44号和本办法的要求，尽快制定具体的操作细则，包括购买人交旧购新流程，家电回收企业、销售企业和拆解处理企业的确定，补贴申报程序，补贴资金兑付，产品售后服务，市场秩序监督，政府保障措施等内容，并报财政部、商务部、环保部等部门备案。

第四十八条　试点省市人民政府有关部门负责督促家电生产企业及时公告以旧换新新家电的参考价格，监督中标的家电销售企业按市场正常价格销售新家电，做到公开透明、价格合理。

第四十九条　试点省市人民政府有关部门要充分考虑有关方面意见，指导中标回收企业合理制定废旧家电回收指导价格并及时予以公布，监督中标的家电回收企业按公平合理的价格回收旧家电。

第五十条　试点省市商务主管部门会同财政、环保等有关部门负责管理本地区家电以旧换新进程，通过建立与中标家电回收企业、销售企业和拆解处理企业的联系机制，建立顺畅的信息渠道，监督和管理家电回收、销售企业及网点和拆解处理企业，建立工作档案，及时掌握工作动态，督促企业做好以旧换新工作。

第五十一条　试点省市人民政府有关部门负责本地区家电以旧换新的政策宣传和培训工作。

第五十二条　试点省市商务主管部门会同财政、工信、环境保护部门建立工作报告制度，定期将试点工作进展情况、存在问题和建议向商务部、财政部、工业和信息化部、环保部等部门报告。

第十一章　试点监督管理

第五十三条　试点省市人民政府负责本地区家电以旧换新工作的监督管理。通过建立家电以旧换新工作监督管理制度，保障以旧换新工作有序开展。

第五十四条　试点省市各级财政部门加强对家电以旧换新补贴资金使用的监督和管理，确保补贴资金及时、足额发放。

第五十五条　试点省市各级商务主管部门建立中标家电回收、销售企业经营行为的监督制度。

第五十六条　试点省市各级环境保护部门加强对废旧家电拆解处理环节的监督管理。

第五十七条　试点省市各级工商行政管理部门要充分发挥12315消费者申诉举报网络的作用，及时受理和依法处理消费者对以旧换新家电产品的申诉举报，切实维护消费者的合法权益。

第五十八条　试点省市各级质监部门查处违反质量等法律法规行为，从源头上打击假冒伪劣产品违法活动。

第十二章　附则

第五十九条　试点省市可根据本办法制定具体实施细则。

第六十条　本办法自发布之日起执行。

第六十一条　本办法由财政部、商务部、发展改革委、工业和信息化部、环境保护部、工商总局、质检总局按职责分工负责解释。

家电以旧换新运费补贴办法

财政部

第一章　总则

第一条　为规范家电以旧换新运费补贴管理，根据《促进扩大内需鼓励汽车家电以旧换新实施方案》（国办发[2009]44号）、《家电以旧换新实施办法》（财建[2009]298号），特制定本办法。

第二条　本办法所称“家电以旧换新运费补贴”是指对家电回收企业从消费者手中收购废弃旧家电然后集中运至拆解处理企业的过程中发生运输费用的定额补贴资金。

第三条　本办法适用于家电以旧换新各试点省市。

第二章　补贴标准

第四条　家电以旧换新运费补贴根据回收旧家电类型、规格、运输距离分类分档给予回收企业定额补贴，具体标准详见附表。

第五条　回收旧家电运输距离是指回收企业实际所在地与拆解处理企业实际所在地间的公允距离，具体标准由试点省市相关主管部门核定并公布。

第三章　补贴资金申报、审核及兑付

第六条　回收企业将收购旧家电销售给拆解处理企业，向拆解处理企业开具销售发票，发票要注明交售旧家电的产品类别、规格、型号、数量和价格等信息。

第七条　拆解处理企业代财政部门进行审核，对符合规定的，直接垫付运费补贴，同时指导回收企业填写《家电以旧换新（运费）补贴申报表》。不符合补贴规定的，应立即告知回收企业。

第八条　回收企业申报补贴时应当提供的资料：

（1）以旧换新凭证；

（2）销售旧家电的销售发票；

（3）《家电以旧换新（运费）补贴申报表》。

第九条　拆解处理企业逐月对回收企业的申报资料进行汇总整理，经当地政府确定的相关业务主管部门审核后，向同级财政部门申领补贴资金。财政部门在接到申报的7个工作日内进行审核确认后，将补贴资金直接支付到家电拆解处理企业在银行开设的基本账户。

第四章　补贴资金来源、拨付及清算

第十条　补贴资金按照中央财政专项转移支付有关规定，实行国库集中支付。

第十一条　补贴资金由中央财政和试点省市财政共同负担。其中，中央财政负担80%，试点省市财政负担20%。

第十二条　试点省市财政部门收到中央财政拨付的补贴资金后，应尽快落实地方应负担的补贴资金，在15个工作日内下达补贴资金预算分解文件，并根据预算文件，按需求进度和上述程序支付补贴资金。实施过程中，如实际需支付补贴资金超预算，由试点省市财政部门先行垫付。

第十三条　试点省市财政部门会同相关业务主管部门在每年4月底前，核实汇总本地区上年度补贴资金使用情况，报财政部进行审核清算。

第五章　监督管理

第十四条　试点省市各级财政部门应加强对家电以旧换新运费补贴资金使用的管理，确保补贴资金及时足额发放。

第十五条　试点省市财政部门要会同有关部门加强对回收企业、拆解处理企业的日常监督管理，防止弄虚作假、虚报冒领等行为，保证财政资金安全。

第十六条　对发现弄虚作假、虚报冒领的，要根据《家电以旧换新实施办法》及相关法律法规，除追缴补贴资金外，给予通报批评、取消资格等相应处理。

第六章　附则

第十七条　本办法自发布之日起执行。

第十八条　本办法由财政部负责解释。

附件：家电以旧换新运费补贴标准表

财政部

二〇〇九年八月二十一日

附件：

家电以旧换新运费补贴标准表

品种	规格		标准（元）	
			150公里以内	151公里以上（含）
电视机	CRT电视	显示屏21吋及以下	20	30
		显示屏21吋以上	30	40
	平板电视	显示屏25吋及以下	20	30
		显示屏25吋以上	25	35
电冰箱	容积220升及以下		30	40
	容积220升以上		40	50
洗衣机	洗衣量5公斤及以下		30	40
	洗衣量5公斤以上		40	50
空　调	窗式空调		20	30
	挂壁式空调		30	40
	柜式空调		40	50
电　脑	显示屏14吋及以下		20	30
	显示屏14吋以上		25	35

关于以农林剩余物为原料的综合利用产品增值税政策的通知

财税[2009]148号

各省、自治区、直辖市、计划单列市财政厅（局）、国家税务总局，新疆生产建设兵团财务局：

经国务院批准，现将以农林剩余物为原料生产加工的综合利用产品增值税政策通知如下：

一、自2009年1月1日起至2010年12月31日，对纳税人销售的以三剩物、次小薪材、农作物秸秆、蔗渣等4类农林剩余物为原料自产的综合利用产品(产品目录见附件)由税务机关实行增值税即征即退办法，具体退税比例2009年为100%，2010年为80%。

二、申请办理增值税即征即退的纳税人，必须同时符合以下条件：

1. 2008年1月1日起，未因违反《中华人民共和国环境保护法》等环境保护法律法规受到刑事处罚或者县级以上环保部门相应的行政处罚。

2. 综合利用产品送交由省级以上质量技术监督部门资质认定的产品质量检验机构进行质量检验，并取得该机构出具的符合产品质量标准要求的检测报告。

3.纳税人应单独核算综合利用产品的销售额和增值税销项税额、进项税额以及应纳税额。

三、纳税人申请退税时，除按有关规定提交的相关资料外，应提交下列材料：

1. 自2008年1月1日起未因违反《中华人民共和国环境保护法》等环境保护法律法规受到刑事处罚或者县级以上环保部门相应的行政处罚的书面申明。

2. 省级以上质量技术监督部门资质认定的产品质量检验机构出具的相关产品符合产品质量标准要求的检测报告。

四、税务机关应加强增值税即征即退管理，不定期对企业生产经营情况（包括本通知第三条第1项的书面申明内容）和退税申报资料的真实性进行核实，凡经核实有虚报资料、骗取退税等行为的，追缴其此前骗取的退税款，并取消其以后享受上述增值税优惠政策的资格。

五、本通知所述“三剩物”，是指采伐剩余物(指枝丫、树梢、树皮、树叶、树根及藤条、灌木等)、造材剩余物(指造材截头)和加工剩余物(指板皮、板条、木竹截头、锯沫、碎单板、木芯、刨花、木块、篾黄、边角余料等)。

“次小薪材”，是指次加工材(指材质低于针、阔叶树加工用原木最低等级但具有一定利用价值的次加工原木，其中东北、内蒙古地区按LY／T1 505—1999标准执行，南方及其他地区按LY／T1369—1999标准执行)、小径材(指长度在2米以下或径级8厘米以下的小原木条、松木杆、脚手杆、杂木杆、短原木等)和薪材。

“农作物秸秆”，是指农业生产过程中，收获了粮食作物（指稻谷、小麦、玉米、薯类等）、油料作物（指油菜籽、花生、大豆、葵花籽、芝麻籽、胡麻籽等）、棉花、麻类、糖料、烟叶、药材、蔬菜和水果等以后残留的茎秆。

“蔗渣”，是指以甘蔗为原料的制糖生产过程中产生的含纤维50%左右的固体废弃物。

六、《财政部 国家税务总局关于以三剩物和次小薪材为原料生产加工的综合利用产品增值税即征即退政策的通知》（财税[2006]102号）和《国家税务总局关于沙柳箱纸板实行增值税即征即退政策的批复》（国税函[2003]840号）相应废止。

财政部　国家税务总局

二○○九年十二月七日

附件：

实行增值税即征即退的综合利用产品目录

序号	产品名称
1	木(竹)、秸秆纤维板
2	木(竹)、秸秆、蔗渣刨花板
3	细木工板
4	活性炭
5	栲胶
6	水解酒精、炭棒
7	沙柳箱纸板
8	以蔗渣为原料生产的纸张

财政部、商务部关于
调整汽车以旧换新补贴标准有关事项的通知

财建[2009]995号

各省、自治区、直辖市、计划单列市财政厅（局）、商务主管部门，新疆生产建设兵团财务局、商务主管部门：

为完善汽车以旧换新政策，提高政策吸引力，进一步加快老旧汽车报废更新，扩大汽车消费，促进节能减排和资源有效利用，根据国务院常务会议精神，现就调整汽车以旧换新补贴标准等有关事项通知如下：

一、对符合《关于印发<汽车以旧换新实施办法>的通知》（财建[2009]333号），以下简称《实施办法》），提前报废老旧汽车、“黄标车”并换购新车的，补贴标准调整如下：

（一）报废老旧汽车的补贴标准：

报废中型载货车，每辆补贴人民币13000元；

报废轻型载货车，每辆补贴人民币9000元；

报废微型载货车，每辆补贴人民币6000元；

报废中型载客车，每辆补贴人民币11000元。

（二）报废“黄标车”的补贴标准：

报废重型载货车，每辆补贴人民币18000元；

报废中型载货车，每辆补贴人民币13000元；

报废轻型载货车，每辆补贴人民币9000元；

报废微型载货车，每辆补贴人民币6000元；

报废大型载客车，每辆补贴人民币18000元；

报废中型载客车，每辆补贴人民币11000元；

报废小型载客车（不含轿车），每辆补贴人民币7000元；

报废微型载客车（不含轿车），每辆补贴人民币5000元；

报废1.35升及以上排量轿车，每辆补贴人民币18000元；

报废1升（不含）~1.35升（不含）排量轿车，每辆补贴人民币10000元；

报废1升及以下排量轿车、专项作业车，补贴标准仍为每辆补贴人民币6000元。

二、将《实施办法》第六条中车辆使用年计算的终止日期由注销日期调整为将车辆交售给依法设立的指定报废汽车回收拆解企业的日期。

三、各地商务主管部门应会同环保、财政部门，通过汽车以旧换新信息管理系统，对已经按原补贴标准发放汽车以旧换新补贴的进行确认，确认完成后，由财政部门按照本通知确定的补贴标准向车主补发差额部分的补贴资金。

四、对已经按财政部商务部公告2009年第20号规定享受补贴的，如果同时符合汽车以旧换新有关条件，或车主补充新车购车发票、机动车登记证书等材料后符合汽车以旧换新有关条件，经所在地商务主管部门会同环保、财政部门通过汽车以旧换新信息管理系统确认后，由财政部门按照本通知确定的补贴标准向车主补发差额部分的补贴资金。

五、商务主管部门要引导报废汽车回收拆解企业依法诚信经营，做到车辆收购价格公开透明，不得变相压价。承担汽车以旧换新车辆回收工作的报废汽车回收拆解企业应在汽车以旧换新信息管理系统中如实填报报废车辆型号、轿车排量等有关信息。对不履行填报义务或不如实填报的报废汽车回收拆解企业，商务主管部门可依据《实施办法》有关规定进行处理。

财政部　商务部

二○○九年十二月二十八日

关于资源综合利用及其他产品增值税政策的补充的通知

财税[2009]163号

各省、自治区、直辖市、计划单列市财政厅（局）、国家税务总局，财政部驻各省、自治区、直辖市、计划单列市财政监察专员办事处，新疆生产建设兵团财务局：

《财政部国家税务总局关于资源综合利用及其他产品增值税政策的通知》（财税[2008]156号）发布后，各地陆续反映一些垃圾发电和资源综合利用水泥适用政策问题。为促进资源综合利用，推动循环经济发展，经研究，现补充通知如下：

一、财税[2008]156号第三条第（二）项“以垃圾为燃料生产的电力或者热力”的规定，包括利用垃圾发酵产生的沼气生产销售的电力或者热力。

二、将财税[2008]156号文件第三条第五项规定调整为：

采用旋窑法工艺生产的水泥（包括水泥熟料，下同）或者外购水泥熟料采用研磨工艺生产的水泥，水泥生产原料中掺兑废渣比例不低于30%。

1. 对采用旋窑法工艺经生料烧制和熟料研磨阶段生产的水泥，其掺兑废渣比例计算公式为：

掺兑废渣比例＝

（生料烧制阶段掺兑废渣数量＋熟料研磨阶段掺兑废渣数量）÷（除废渣以外的生料数量＋生料烧制和熟料研磨阶段掺兑废渣数量＋其他材料数量）×100%

2. 对外购水泥熟料采用研磨工艺生产的水泥，其掺兑废渣比例计算公式为：

掺兑废渣比例＝

熟料研磨阶段掺兑废渣数量÷（熟料数量＋熟料研磨阶段掺兑废渣数量＋其他材料数量）×100%

三、本通知自2008年7月1日起执行。财税[2008]156号第三条第五项规定同时废止。

财政部　国家税务总局

二○○九年十二月二十九日

关于公布环境保护节能节水项目企业所得税优惠目录（试行）的通知

财税[2009]166号

各省、自治区、直辖市、计划单列市财政厅（局）、国家税务局、地方税务局、发展改革委、经贸委（经委）、新疆生产建设兵团财务局：

《环境保护、节能节水项目企业所得税优惠目录（试行）》，已经国务院批准，现予以公布，自2008年1月1日起施行。

附件：环境保护、节能节水项目企业所得税优惠目录（试行）

财政部　国家税务总局　国家发展改革委

二〇〇九年十二月三十一日

附件：

环境保护、节能节水项目企业所得税优惠目录（试行）

序号	类别	项目
1	公共污水处理	城镇污水处理项目
		工业废水处理项目
2	公共垃圾处理	生活垃圾处理项目
		工业固体废物处理项目
		危险废物处理项目
3	沼气综合开发利用	畜禽养殖场和养殖小区沼气工程项目
4	节能减排技术改造	1、既有高能耗建筑节能改造项目
		2、既有建筑太阳能光热、光电建筑一体化技术或浅层地能热泵技术改造项目
		3、既有居住建筑供热计量及节能改造项目
		4、工业锅炉、工业窑炉节能技术改造项目
		5、电机系统节能、能量系统优化技术改造项目
		6、煤炭工业复合式干法选煤技术改造项目
		7、钢铁行业干式除尘技术改造项目
		8、有色金属行业干式除尘净化技术改造项目
		9、燃煤电厂烟气脱硫技术改造项目
5	海水淡化	用作工业、生活用水的海水淡化项目
		用作海岛军民饮用水的海水淡化项目

环境保护部政策文件

关于贯彻落实家电以旧换新政策加强废旧家电拆解处理环境管理的指导意见

环发[2009]73号

各试点省市环境保护厅（局）：

2009年6月1日，国务院办公厅印发了《关于转发发展改革委等部门促进扩大内需鼓励汽车家电以旧换新实施方案的通知》（国办发〔2009〕44号），拟在北京、天津、上海、江苏、浙江、山东、广东、福州和长沙等省市开展家电“以旧换新”试点工作。为保障“以旧换新”过程产生的废旧家电得到妥善拆解处理，并推动《废弃电器电子产品回收处理管理条例》（国务院令第551号，以下简称《条例》）的贯彻落实，现提出指导意见如下：

一、提高认识

（一）鼓励家电“以旧换新”是国务院促进扩大内需的一项重要政策措施。做好“以旧换新”过程中产生的废旧家电拆解处理工作，防止环境污染，对于落实家电“以旧换新”政策具有重要意义。

（二）各级环保部门要从保障该项政策顺利实施，保持经济平稳较快发展，大力发展循环经济，加快资源节约型、环境友好型社会建设的高度，进一步提高认识，把研究解决废旧家电拆解处理中的有关问题作为近期工作重点，抓好各项工作的落实。

二、明确思路

（三）坚持“因地制宜，统筹规划，市场导向，政府扶持”的原则，处理好当前与长远的关系，既要保障本次“以旧换新”的废旧家电得到妥善处理，又要与《条例》施行相衔接，严格资格许可，强化环境监管，保护生态环境，促进资源利用。

三、积极组织实施

（四）按照国务院的要求，在当地政府的领导下，积极主动开展废旧家电拆解处理的组织实施工作。组织实施中的有关情况和存在问题，应及时向当地政府报告。

（五）深入调查废旧家电拆解处理行业现状，全面掌握当地拆解处理能力状况、技术水平、污染防治设施建设等情况，并要切实研究解决拆解处理企业有关能力不足，污染防治设施不全，技术落后以及非法拆解等问题。

（六）依据《条例》和《电子废物污染环境防治管理办法》（原国家环保总局令第40号）规定，按照当地政府的要求，严格按条件筛选符合环保要求的废旧家电拆解处理企业（以下简称“拆解处理企业”）。

（七）加强与商务、工业和信息化、工商等主管部门的协调和沟通，支持拆解处理企业与家电生产企业、销售商以及废旧家电回收企业建立合作，确保回收的废旧家电进入拆解处理企业拆解处理。禁止不具备条件的回收企业擅自拆解处理废旧家电；防止拆解处理企业无故拒收废旧家电；保障运输过程环境安全，防止因破碎等原因导致废旧家电中有害物质泄漏到环境中。

（八）积极配合财政主管部门，落实废旧家电运费补贴政策。

（九）积极配合价格主管部门，充分征求拆解处理企业、有关行业协会及专家的意见，考虑拆解处理企业的承受能力，指导中标回收企业合理制定废旧家电回收指导价格。

四、强化监督管理

（十）研究制定监管办法。制定废旧家电拆解处理环境监管办法，严格废旧家电拆解处理过程的环境监管。

（十一）督促拆解处理企业建立日常环境管理制度。拆解处理企业要建立信息管理系统以及经营情况记录簿，如实记载每批废旧家电的来源、类型、重量以及数量、收集（接收）时间、拆解处理时间、贮存地点；不能深度处理的废旧家电拆解产物（以下简称“拆解产物”）以及其他固体废物或液态废物的种类、重量或者数量及去向；拆解处理过程中的污染物排放情况等信息。相关原始凭证应作为经营情况记录簿的附件保存。拆解处理企业应将接收的废旧家电的基本信息如实录入家电以旧换新信息管理系统，并定期向环保部门报送拆解处理信息。

（十二）加强对拆解处理企业的环境监管工作。监督拆解处理企业依据相关法律和标准规范的要求拆解处理废旧家电，各类污染物排放要达到相关排放标准。不具备深度处理能力的企业应将拆解产物交由符合环保要求的单位处理，防止拆解产物无序利用造成环境污染。特别是废旧冰箱、空调的制冷剂应予以回收并以符合环保相关要求的方式处理；废印刷电路板等危险废物应提供或委托给有相应资质的持危险废物经营许可证的单位利用处置；电线电缆、电机应提供或委托给环境保护部核定的进口废五金电器、废电线电缆和废电机定点加工利用单位或其他符合环保要求的单位拆解处理；阴极射线管的玻璃应优先提供或委托给阴极射线管生产企业回收利用。

（十三）加大对废旧家电拆解处理中违法行为的处罚力度。对造成严重环境污染的拆解处理企业，要依法严厉查处。依法严厉打击非法拆解处理废旧家电的行为。

五、完善政策措施

（十四）会同有关部门研究制定废旧家电处理行业发展规划。发展规划要考虑本地区实际，合理布局，防止盲目建设和重复建设。特别是要考虑本辖区及邻近区域内废旧家电的产生量及其跨区域流动情况，现有废旧家电处理能力等情况和因素。

（十五）鼓励废旧家电拆解处理实现产业化发展。要在政府引导下，以政策为基础，以市场为导向，以企业为主体，促进废旧家电处理行业实现专业化和产业化发展。鼓励跨区域联合处理废旧家电。

（十六）加大科技创新力度。要充分发挥我国劳动力优势，发展符合我国国情的拆解处理技术和装备。鼓励自主研发设备，避免盲目引进。要通过有关科技计划和专项，积极推动“产学研”相结合，促进废旧家电拆解处理技术的标准化和规范化，降低印刷电路板等拆解产物的利用或深度处理成本，提高拆解产物的市场价值。

（十七）加强制度建设。抓紧制定贯彻落实《条例》的地方实施细则，建立健全配套政策和相关

（十八）加强统筹协调。会同有关部门研究制定切实可行的试点工作方案，明确责任，深入实际调查研究，及时总结经验，扎实推进废旧家电拆解处理工作。试点工作的动态及重大问题要及时向环境保护部报告。其他省市可参照执行。

环境保护部

二〇〇九年七月一日

关于落实汽车以旧换新政策鼓励黄标车提前报废的通知

环办[2009]104号

各省、自治区、直辖市环境保护厅（局）：

为贯彻落实《国务院办公厅关于转发发展改革委等部门促进扩大内需　鼓励汽车家电以旧换新实施方案的通知》（国办发[2009]44号，以下简称《通知》）精神，确保汽车“以旧换新”政策有效实施。现就有关工作要求通知如下：

一、汽车“以旧换新”是国务院促进扩大内需的一项重要举措，鼓励“黄标车”提前报废是其重要内容。采取有效措施，鼓励“黄标车”提前报废，对于有效防治机动车污染，改善大气环境质量具有重要意义。地方各级环保部门应高度重视，将其作为大气污染防治工作重点，会同有关部门制定“黄标车”提前报废工作方案，认真做好“黄标车”提前报废的组织协调工作，促进辖区内“黄标车”提前报废。

二、地方各级环保部门应配合有关部门合理调整本地区“黄标车”提前报废补贴标准，以车辆类型和使用年限为参考因素，以降低“黄标车”保有量为目标，统筹考虑中央和地方财力，确保补贴资金有效、合理使用。三、按照《通知》要求，合理界定补贴范围。《通知》规定的补贴范围，是针对未达到规定使用年限提前报废的“黄标车”，不包括超过汽车报废标准规定使用年限、排放检验不达标和交易转出本地的“黄标车”。

三、严格执行“黄标车”提前报废的查验工作程序，确保车辆认定准确无误。主要的程序为：

（一）车主递交《汽车以旧换新补贴资金申请表》（以下简称“申请表”）和机动车行驶证。

（二）对已经持有黄色环保检验合格标志的机动车，工作人员应查验其有效期。在有效期内的，可直接认定为“黄标车”。对尚未发放环保检验合格标志地区的机动车，工作人员应登陆“黄标车查询系统”，输入燃料类型、车辆型号、初次登记日期和号牌号码等信息，选择车辆类型和用途，进行查询认定。我部将近期下发“黄标车查询系统”软件。

（三）将认定结果标注在“申请表”相应位置，并加盖环保部门审核意见专用章。

（四）对认定和查验结果进行记录。

四、建立“黄标车”提前报废信息报送制度。各地应通过：“黄标车查询系统”，统计“黄标车”提前报废信息，由省级环保部门于每季度初将上季度汇总信息上报我部。

五、加强人员培训。省级环保部门要组织辖区内有关工作人员，针对政策规定、相关标准、系统使用、工作流程等进行培训，保证规范、熟练地使用操作系统，做好“黄标车”认定和查验工作。我部今年将适时组织先期培训。

六、各级环保部门要充分利用电视、报纸、网络和手机短信等多种媒体渠道，开展形式多样的宣传教育活动，广泛宣传鼓励“黄标车”提前报废工作的政策法规和社会环境效益，提高全社会对机动车污染防治工作的认识。

各地贯彻落实情况请于2009年12月底前上报我部。

环境保护部

二○○九年八月二十四日

商务部政策文件

商务部办公厅关于做好第二批再生资源回收体系建设试点推荐工作的通知

商办商贸函[2009]6号

各省、自治区、直辖市、计划单列市及新疆生产建设兵团商务主管部门，有关协会：

2006年，商务部在全国26个城市开展了第一批再生资源回收体系建设试点工作。两年来，试点工作取得了显著成效，在全社会得到广泛关注。在继续抓好第一批试点工作的同时，商务部将适时扩大试点范围，启动第二批试点，现将试点推荐有关事项通知如下。

一、试点范围

按照第二批试点是对第一批试点进行补充、深化的原则，第二批试点范围如下：

（一）具有一定再生资源回收工作基础、相关法律法规健全的省会城市、计划单列市和部分地级城市。

（二）区域辐射能力强、带动作用显著的区域性集散市场。

（三）按废塑料、废金属、废纸等不同品种设立的、具有较强行业优势的专业性加工中心。

二、组织推荐相关要求

（一）各地商务主管部门、行业协会推荐试点不超过3个，即1~2个试点城市和1个集散市场或加工中心。

（二）推荐材料包括：被推荐单位的基本情况，再生资源回收工作基础（包括近两年已开展的工作和取得的成效）和问题，试点工作的目标、内容和重点。

请各地商务主管部门、行业协会按上述要求做好第二批再生资源回收体系建设试点的推荐工作，并于2009年3月6日前将推荐材料上报商务部（商贸服务管理司）。

商务部

二○○九年二月九日

商务部、财政部关于加快推进再生资源回收体系建设的通知

商贸发[2009]142号

各省、自治区、直辖市、计划单列市商务主管部门、财政厅（局），新疆生产建设兵团商务局、财务局，有关中央企业：

为贯彻落实《国务院办公厅关于搞活流通扩大消费的意见》（国办发[2008]134号）要求，推行资源节约，鼓励

循环消费，商务部、财政部决定加快推进再生资源回收体系建设有关工作。现通知如下：

一、原则及目标

随着我国经济的快速发展，能源和资源瓶颈问题日益凸现，再生资源回收在提高资源利用率，减少污染，保护环境方面的作用愈加重要。目前我国再生资源回收行业规模小、回收率低、技术落后、二次污染严重，部分企业和从业人员经营行为不规范等问题十分突出，与建设资源节约型、环境友好型社会的要求不相适应。因此，各地务必要从落实科学发展观的高度认识再生资源回收体系建设的重要性，把推动再生资源回收体系建设作为节能减排的重要措施，抓紧、抓实、抓出成效。

（一）指导原则

政府引导支持，企业市场化运作，以有利于提高再生资源回收利用率，有利于环境保护，有利于方便居民生活，有利于行业管理和培育规模化、规范化的龙头企业为出发点，以回收企业和集散市场为载体，立足于整合规范现有回收网络资源，通过政策支持推动改造、提升；试点先行，以点带面，实现全国再生资源回收体系建设的平稳较快发展。

（二）总体思路和目标

以城市为重点，率先选择在直辖市、计划单列市和省会城市开展试点（以下简称“试点城市”），取得经验后再逐步向地级及以下城市推开。通过完善再生资源回收的法律、标准和政策，形成再生资源回收促进体系；通过建立回收企业和从业人员培训体系，规范改造社区居民回收站点、分拣中心和集散市场，使城市90%以上回收人员纳入规范化管理，90%以上的社区设立规范的回收站点，90%以上的再生资源进入指定市场进行规范化的交易和集中处理，再生资源主要品种回收率达到80%，逐步形成符合城市建设发展规划，布局合理、网络健全、设施适用、服务功能齐全、管理科学的再生资源回收体系，实现再生资源回收的产业化。

二、主要工作

（一）建立和完善再生资源回收管理机制

各地要结合城市建设规划制定再生资源回收体系建设规划，并通过政府或立法机关发布，使之具有法律效力；制定并形成包括法律法规、标准及财税、土地等政策在内的再生资源回收促进体系；建立对再生资源回收体系建设指导、监督和管理的组织机构和管理制度。

（二）建立和规范再生资源回收体系

各地要选择确定承担再生资源回收体系建设的龙头企业，充分发挥龙头企业作用，在充分利用、规范和整合现有再生资源回收渠道的基础上，统一规划，合理布局，规范建设，形成以社区回收站点和分拣中心为基础，集散市场为核心，加工利用为目的的再生资源回收网络体系，逐步提高回收集散加工能力，促进再生资源行业健康、有序发展。

1. 引导回收企业运用连锁经营的方式，对目前“散兵游勇”式的走街串巷回收方式进行整合和规范，按照“便于交售”的原则，合理规划布局，建设统一规划、统一标识、统一着装、统一价格、统一衡器、统一车辆、统一管理、经营规范的固定或流动社区回收点。

2. 按照再生资源回收体系建设规划，提升废纸、废塑料（废饮料瓶）、废金属等主要再生资源回收品种的综合分拣加工能力，形成运营规范、专业化、符合环保要求的分拣加工中心。

3. 对于再生资源集中度较高、交易规模较大、有较好基础、具有一定的区域辐射能力的大型跨地区的集散市场要进行规范和提升，完善其储存、集散、初级加工、交易、信息收集发布等进行进行进行进行进行进行进行进行环境保护设施和劳动保护设施等方面的建设。

（三）宣传教育培训

各地要根据本地的实际情况，组织编写相应的培训教材，对行政管理人员、企业管理人员和回收拆解工人进行培训，提高再生资源回收行业的管理水平和专业化、组织化、规范化程度。

（四）规范行业监督管理

建立再生资源回收统计制度，开发、完善再生资源管理信息系统，扎实推进企业及从业人员备案工作，加强对行业的监管。商务部将会同财政部对再生资源回收体系建设进行阶段性审核验收，对符合验收规范的项目，授权使用全国统一的再生资源回收体系标识，逐步形成规范完善的再生资源回收体系。

中央财政促进服务业发展专项资金将对再生资源回收体系建设给予支持，具体办法另发。

三、工作要求

各地商务主管部门要加强对再生资源回收体系建设的组织领导与管理，指导企业完善经营设施、环境保护和劳动保护设施建设，提升技术水平，组织相关从业人员培训，推动回收行业的产业化发展；财政部门要与商务主管部门加强沟通与协调，统筹安排资金使用与管理，提高资金使用效率；要加强对项目执行和资金落实情况的监督、检查工作，严禁任何单位骗取、挪用、截留资金，或擅自改变专项资金用途。有关工作进展情况请及时报商务部（商贸服务司、财务司）、财政部（经济建设司）。

特此通知

附件：试点城市再生资源回收体系建设规范

中华人民共和国商务部

中华人民共和国财政部

二〇〇九年三月二十七日

附件：

试点城市再生资源回收体系建设规范

一、再生资源回收站（点）建设规范

第一条　严格按照“七统一、一规范”（统一规划、标识、着装、价格、计量、车辆、管理及经营规范）的要求进行建设。

第二条　回收站（点）经营证照及资质齐全，负责人有个人身份证明资料，无违法犯罪记录。

第三条　按照“便于交售”的原则，城区每2000户居民设置1个回收站（点）；乡、镇每2500户居民设置1个回收站（点）。

第四条　回收站（点）面积原则上不少于10平方米，门面招牌采用统一规范的站名和设计。

第五条　回收站（点）建设要符合当地城市总体规划，设计及装修与社区环境相符，社区回收站（点）采用绿色环保轻型建筑材料进行全封闭处理。

第六条　社区回收站（点）的从业人员须经过培训学习，持证上岗。

第七条　不影响当地市容市貌和环境卫生，排污设施完善，符合当地的环境保护要求。

第八条　社区回收站（点）至中转站至再生资源集散市场间配备相应的封闭式运输设备。

第九条　保证社区回收站（点）再生资源能及时运出，避免造成新的环境污染和火灾隐患，同时配备消防安全设施，符合消防安全管理规定要求。

二、再生资源集散市场建设规范

根据网络体系整体功能配置要求，市场应由“五区一中心”构成，即：商品交易区、分拣加工区、仓储配送区、商品展示区、配套服务区和培训中心。

第一条　再生资源集散市场的设置应在符合城市总体规划、土地利用总体规划和当地固体废物污染防治规划的前提下，在交通便利、基础设施齐全的近郊地区选址。

第二条　再生资源集散市场规划、设计及建设要符合环保、市容和消防安全等标准，设有隔离围墙，园区绿化，保持较好的外观环境。

第三条　市场要完善集散、交易、储存、初加工、治污减排等功能，并与再生资源综合利用相配套。市场内加工区、交易区、仓储配送区与服务区、办公区分离，加工区与交易区配备相应的环保、安全等作业设施，集中治理废弃物排放，消除二次污染。

第四条　市场的建设用地规模根据国家产业政策、城市规划要求和当地再生资源总量确定，集约用地。

第五条　市场建设要符合环保部门环保评估及生产技术标准的资质认定，具备相关废弃物的处理资质。开展易污染废物拆解加工的市场内应铺设具有防止地面水、雨水及油类混入或渗透功能的硬化地面，处理设施周围应有油类或液体的截流、收集及油水分离的环保设施或措施。

第六条　市场内各区域须符合以下要求：

1. 商品交易区应依交易产品种类进行细分，形成集约化经营，整体设计、装修及建设要符合当地环保及消防的管理要求。

2. 分拣加工区建筑面积根据当地再生资源总量而定，采用轻型建筑材料进行全封闭处理，在设计、装修方面必须符合环保及消防的要求，着重防止废弃物溢散、散发恶臭、污染地面及影响四周环境。

3. 仓储配送区建筑面积根据市场交易量而定，采用标准化、系列化、规范化的运输、仓储、装卸、搬运、包装机具设施及条形码等技术。提高整体资源利用率，降低企业运作成本。

4. 商品展示区在设计与装修上以现代化、科技化为标准，为场内交易提供商品展示服务。

5. 信息中心负责场内交易、加工等信息的统计，定期发布国内外再生资源供求信息，为当地再生资源回收各网点以及全市居民与企业提供信息服务。鼓励设立在线收废网站、统一公开的服务电话及互联网络设施，以方便居民及企事业单位预约投售。

6. 配套服务区与培训中心以培训及其他服务功能为主，按照消防、环保管理要求进行施工建设。

以上各区域应按有关法律、法规和规定，经有关部门验收、批准后运营。

商务部办公厅关于组织开展第二批再生资源回收体系建设试点工作的通知

商商贸字[2009]53号

商务部第一批再生资源回收体系建设试点工作自2006年启动以来，在全社会产生广泛影响，一些试点城市已初步形成了集回收、分拣和初加工三位一体的再生资源回收网络体系。为更加全面推进再生资源回收体系建设，贯彻落实《国务院办公厅关于搞活流通扩大消费的意见》（国办发[2008]134号）精神，商务部决定组织开展第二批再生资源回收体系建设试点工作。现将有关事项通知如下：

一、试点范围

第二批试点将围绕实现节能减排、资源节约、生态环保和扩大消费的目标，对第一批试点进行补充和深化，以城市为重点，选择在直辖市、计划单列市和省会城市开展试点，取得经验后逐步向地级及以下城市推开。

经各地商务主管部门和有关协会推荐，综合考虑区域分布、再生资源回收工作基础等因素，确定29个城市、11个集散市场作为第二批试点单位（名单见附件）。

二、工作内容

第二批试点工作要围绕城市社区回收站点、专业加工中心和集散交易市场等环节，重点抓好以下几方面工作：

（一）创新经营模式，规范回收站点

按照再生资源回收体系建设规划，积极引导和鼓励回收企业采取连锁经营的方式，按照“便于购销、保护环境“的原则，建设和规范社区回收站点。

（二）提高加工技术水平，实现产业化发展

引进国外成功做法和先进适用技术，通过消化、吸收和再创新，改进专业化技术水平，规范运营，逐步提高废塑料、废金属、废纸、废家电等再生资源主要品种的专业化分拣加工能力，实现对再生资源的专业分拣和产需衔接，推动再生资源回收加工向规模化、连锁化和产业化方向发展。

（三）提升完善市场功能，加强安全环保建设

进一步提升和完善再生资源主要品种集中度高、交易规模大的综合性集散交易市场功能，逐步形成规划布局合理、集散功能分明、管理科学有序、区域辐射和带动作用显著的再生资源市场体系。市场建设需符合再生资源回收体系建设规划，加强安全、劳动保护和环保设施建设，逐步实现零排放和零污染的绿色发展。

三、试点工作要求

各试点地区要在总结第一批试点工作经验的基础上，采取有力保障措施，推动第二批试点工作顺利开展。

（一）加强组织领导，完善管理机制

各试点单位要成立再生资源回收体系建设试点工作领导小组，确定专门机构和具体实施单位，加强部门协调，建立和完善再生资源回收体系建设政策保障、工作机制和管理制度。各试点城市商务主管部门要结合城市建设规划制定再生资源回收体系建设规划，并通过人民政府或立法机关发布，使之具有法律效力。

（二）编制实施方案，认真组织实施

有关省（区、市）商务主管部门要会同当地有关部门组织试点单位编制实施方案，实施方案应结合地方实际，突出重点，明确回收体系建设的目标、内容、重点和保障措施等。各试点单位要按照实施方案，抓紧制定分阶段工作计划，落实各项责任和任务，保证工作进度。

（三）加强重点项目申报，严格监督检查和验收

有关省（区、市）商务主管部门要会同当地有关部门做好工作协调和重点项目申报工作，建立试点工作进展阶段性总结和监督检查制度，及时对试点工作进行总结和评估，采取多种方式推广试点经验，逐步形成规范完善的再生资源回收体系。各试点单位要加快编制项目可行性研究报告，并组织专家论证，积极做好资金、用地、环评等项目前期准备工作和项目组织实施工作。

各试点单位请于2009年7月31日前将再生资源回收体系建设试点工作实施方案报商务部，商务部将会同有关部门组织专家对试点实施方案进行审查论证，通过后方可开展试点工作。有关省（区、市）商务主管部门对试点中出现的新情况、新问题要认真研究解决并提出建议，及时向商务部（商贸服务管理司）报告。

附件：再生资源回收体系建设试点单位（第二批）

商务部

二○○九年六月二十四日

附件：

再生资源回收体系建设试点单位（第二批）

一、城市（29个）

张家口市、大同市、赤峰市、铁岭市、长春市、佳木斯市、苏州市、杭州市、马鞍山市、三明市、景德镇市、临沂市、烟台市、潍坊市、漯河市、襄樊市、长沙市、广州市、海口市、内江市、遵义市、玉溪市、拉萨市、汉中市、兰州市、西宁市、银川市、库尔勒市、青岛市。

二、集散市场（11个）

长春亿北再生资源集散市场、苏北再生资源集散市场、赣粤闽湘区域性再生资源集散市场、江门市嘉能再生资源回收市场、大连废旧金属集散交易市场、马鞍山再生资源集散市场、常州再生资源集散市场、山东德力西再生资源集散市场、浙江慈溪再生塑料产业基地、江西丰城市赣中再生金属集散市场、白银有色集团西北再生金属加工基地。

商务部　财政部关于开展报废汽车回收拆解企业升级改造示范工程试点的通知

商建发[2009]4号

河北、山西、内蒙古、吉林、黑龙江、安徽、河南、湖南、广东、重庆、四川、云南、陕西、新疆等省、自治区、直辖市商务主管部门、财政厅（局）：

根据《国务院办公厅关于搞活流通扩大消费的意见》（国办发[2008]134号）精神，为提升报废汽车回收拆解行业的环保、资源利用水平，促进汽车产业可持续发展，商务部、财政部决定从2009年起在你省（区、市）开展“报废汽车回收拆解企业升级改造示范工程”试点。现将有关事项通知如下：

一、目标和任务

2009年，在试点省（区、市）内开展报废汽车回收拆解企业升级改造，通过财政支持，引导试点企业进行以清洁环境、安全生产、节约资源、推进技术进步和现代化管理为重点的技术改造，提高行业整体水平，促进老旧汽车报废更新。

二、承办企业应具备的条件

申报“报废汽车回收拆解企业升级改造示范工程”试点企业应同时具备以下条件：

（一）经省（区、市）商务主管部门资格认定，并已报商务部备案的企业；

（二）组织机构、规章制度健全，运营规范，经营状况良好；

（三）经营面积不低于10000m^2，企业注册资金50万元以上，近三年报废汽车（不含摩托车）回收、拆解量年均在500辆以上；

（四）遵守《报废汽车回收管理办法》（国务院令第307号），没有违法违规行为；

（五）制定了升级改造实施方案，具有改造所需的配套资金；

（六）履行企业义务，按时上报了报废汽车回收、拆解信息统计报表。

三、升级改造标准

项目升级改造以《报废汽车回收拆解企业技术规范》（GB22128–2008）为标准，升级改造项目完成后应达到规范对场地、设施设备、企业管理等方面的要求。主要具备：

（一）封闭或半封闭拆解车间，场地硬化并防渗漏，油、水（含雨水）分离等环保设施；

（二）车架剪断设备、车身剪断或压扁设备，总成拆解平台或精细拆解平台等设备；

（三）专用废液收集装置和密闭存储容器，空调制冷剂的收集装置，废蓄电池存储容器，安全气囊引爆装置等设备；

（四）其他有利于提高拆解技术水平、清洁环保、安全生产、回收利用、管理现代化的设备设施，包括：对报废车辆回收、拆解流程以及零部件进行信息化管理的设备；对零部件分类存放的货架、仓库等设备设施。

对按本通知要求试点实施“报废汽车回收拆解企业升级改造示范工程”，达到标准并经验收合格的，中央财政促进服务业发展专项资金将给予支持，具体办法另发。鼓励有条件的地区利用地方财政资金支持“报废汽车回收拆解企业升级改造示范工程”项目。

四、有关工作要求

（一）加强实施规划指导。试点省（区、市）商务主管部门（以下简称省级商务主管部门）要会同财政部门，根据本地区实际情况制定“报废汽车回收拆解企业升级改造示范工程”实施规划，按照公平、公正、透明原则择优选择承办企业。实施规划应包括当地报废汽车回收管理现状、报废汽车回收拆解企业发展水平、存在的主要问题和升级改造的目标、工作重点、配套措施及政策建议等。各地应于2009年8月31日前将实施规划和“报废汽车回收拆解企业升级改造示范工程”项目申请汇总表（见附件1）以正式文报商务部（市场建设司，下同）、财政部（经济建设司，下同），并于每季度末报送项目进展有关情况。

（二）严格项目质量监督管理。有关地市级商务主管部门应会同同级财政部门组成项目验收小组，对建设完成项目逐一验收，验收报告上签字确认验收结论（分为“验收合格”和“验收不达标”两种），并将验收情况汇总后报省级商务主管部门。省级商务主管部门会同财政部门根据情况对验收合格项目进行随机抽查复检，并于2010年6月底前以两部门文件将验收情况报送商务部、财政部。商务部会同财政部根据需要对验收合格项目进行不定期抽查。

（三）积极做好沟通协调工作。报废汽车回收拆解企业升级改造涉及安全环保、资源利用，对加快汽车更新、促进汽车消费具有积极作用。地方各级商务、财政部门要高度重视，密切协作，认真落实；加强与有关部门沟通和协调，落实地方配套资金，争取相关政策支持，确保“报废汽车回收拆解企业升级改造示范工程”顺利实施。

（四）认真制定具体实施办法

省级商务主管部门应会同同级财政部门，根据本通知规定，结合当地实际情况，研究制定具体实施办法并于2009年8月31日前报商务部备案，明确项目申报、验收的具体程序和所需材料等具体要求，申报材料应包括“报废汽车回收拆解企业升级改造示范工程”项目申请书（见附件2），升级改造项目实施方案，批准设立企业的相关证明文件等材料。各地在项目实施过程中，应加强调查研究，认真总结经验，如有问题，要及时向商务部反映。

特此通知

附件：1. “报废汽车回收拆解企业升级改造示范工程”项目申请汇总表（略）

2. “报废汽车回收拆解企业升级改造示范工程”项目申请书（略）

二〇〇九年七月十七日

商务部办公厅关于印发《〈家电以旧换新实施办法〉政策解读》及有关工作要求的通知

商办商贸函[2009]67号

北京市商务委，天津市商务委，上海市商务委，江苏省经贸委，浙江省商务厅，山东省商务厅，广东省经贸委，福州市贸发局，长沙市商务局：

2009年7月14~15日，商务部会同发展改革委、财政部、环境保护部召开全国汽车、家电以旧换新和搞活流通扩大消费工作会议，对相关工作进行部署并提出要求。为做好家电以旧换新工作，现将《家电以旧换新实施办法》政策解读印发给你们。同时，为保障家电以旧换新工作顺利开展，各试点省市要重点做好以下几项工作：

一、抓紧制定操作细则

各试点省市商务主管部门要按照国办发44号文件和《家电“以旧换新”实施办法》（财建[2009]298号，以下简称《办法》）的精神，充分考虑试点的工作要求以及本地区的实际情况，抓紧制定操作细则，7月25日前要完成此项工作，并报商务部等有关部门备案。

二、尽快组织招投标

试点省市商务主管部门要会同财政部门，在办法规定的基本条件的基础上，制定家电销售企业和回收企业招投标的具体条件，尽快开展招投标工作。招投标的全部工作要在7月31日前结束。招投标结束后，试点省市商务主管部门要在5个工作日内，将中标的家电销售企业、回收企业及符合条件的网点报商务部、财政部备案。

三、建立工作报告制度

试点省市商务主管部门要定期将试点工作进展情况、存在问题及建议向商务部（商贸服务司）反馈。派专人负责整理搜集网上舆情，了解政策实施的社会反响及评价。自本通知印发之日起，请于每周一向商务部（商贸服务司）报送上周工作进展情况和舆情反应。

四、建立工作联系机制

各试点省市商务主管部门要做好工作安排，建立工作责任制，并将细化工作方案、联系人于7月22日前报商务部（商贸服务司）。

五、做好有关工作

一是要对各级商务主管部门及有关部门、销售企业、回收企业和拆解企业开展家电以旧换新政策培训和信息管理系统使用培训，确保各级商务主管部门与有关企业掌握和了解家电以旧换新政策和信息系统功能，确保各企业用好系统，及时录入真实、有效和完整的信息。商务部将于近期安排培训小组赴各地进行信息管理系统的培训辅导工作。政策培训由各试点省市自行开展。

二是做好凭证印制和发放前的各项准备工作，落实工作经费，在7月22日前申报本地区以旧换新凭证数量。商务部将会同有关部门确定凭证样式。

三是重视宣传工作，要组织网上访谈和平面媒体的专题文章，采取多种方式，正面报道家电以旧换新工作。

附件：《家电以旧换新实施办法》政策解读（略）

商务部

二〇〇九年七月二十日

关于加强报废汽车监督管理有关工作的通知

商建发[2009]572号

各省、自治区、直辖市、计划单列市及新疆生产建设兵团商务、公安、环境保护、交通运输、工商主管部门:

实施汽车以旧换新是党中央、国务院搞活流通、扩大消费、应对国际金融危机的重要决策，对保持国民经济平稳较快发展具有重要意义。加强报废汽车管理，防止报废汽车、拼装车流向社会，是顺利实施汽车以旧换新政策的重要保证。各级政府有关部门要充分认识做好报废汽车监督管理工作的重要性，认真贯彻执行《中华人民共和国道路交通安全法》及其实施条例、《中华人民共和国大气污染防治法》、《中华人民共和国道路运输条例》、《报废汽车回收管理办法》等法律法规。为营造良好的市场环境，维护广大群众利益，确保汽车以旧换新政策实施效果，现将有关事项通知如下:

一、加强对报废汽车回收拆解行业的管理

(一)商务主管部门应根据《报废汽车回收管理办法》等有关规定，对辖区内报废汽车回收拆解行业进行统筹规划，合理布局，进一步健全报废汽车回收拆解企业的准入和退出机制。积极采取措施，推动企业完善回收服务网络，方便车主交售报废车辆和办理相关手续;按照《报废汽车回收拆解企业技术规范》的要求，引导企业提升管理和技术水平，防止二次污染，减少资源浪费。

(二)商务主管部门要加强对报废汽车回收拆解企业及其回收网点的监督管理，规范回收拆解行为，引导企业诚实守信、合法经营。对于报废汽车回收拆解企业出售报废汽车及其五大总成、拼装车，以及买卖或伪造、变造《报废汽车回收证明》的，一经查实，提请工商行政管理等部门依法处理。公安部门要加强对报废汽车回收拆解企业治安状况的监管。

二、认真执行机动车强制报废制度

(三)公安机关要严格报废汽车注销登记制度，对达到强制报废标准的汽车，要按规定通知车主办理注销登记;严格审查报废汽车回收拆解企业出具的报废汽车回收证明，并在规定的时间内依法出具注销证明。要加大路面查处报废汽车的力度，对驾驶已达到报废标准的汽车上路行驶的违法行为，要严格依照《中华人民共和国道路交通安全法》及其实施条例予以处罚，并收缴报废汽车，强制报废。

(四)环境保护部门要强化在用汽车的环保定期检验管理，对报废汽车，一律不准进行环保定期检验，不予核发环保检验合格标志。对即将报废的汽车，环保检验合格标志有效期截止日期，应与其报废期限一致。

(五)交通运输部门要严格营运车辆市场准入管理，对即将达到报废标准的道路运输车辆，应当提示运输经营者及时更新；对未在公安机关登记注册的车辆，一律不准进入道路运输市场。

(六)汽车车主应依法及时将达到报废标准的汽车交售给报废汽车回收拆解企业，任何单位和个人不得将达到报废标准的汽车用于抵债。各执法部门查扣、罚没的汽车凡达到报废标准的，一律造册归档，及时交报废汽车回收拆解企业拆解，所得款项上缴财政。

(七)报废汽车回收拆解企业应对回收的报废车辆逐车登记，通过汽车以旧换新信息管理系统打印《报废汽车回收证明》，及时将《报废汽车回收证明》、车辆登记证书、号牌、行驶证交公安交通管理部门办理注销，并按规定拆解回收车辆，其中大型客、货车及其他营运车辆应当在公安机关的监督下解体。

三、加大对报废汽车拆解市场的整治力度

(八)工商行政管理部门要依法查处非法从事报废汽车回收拆解活动的企业或个人，依法查处报废汽车和拼装车

辆进入市场交易或以其他方式交易的行为。

(九)交通运输部门要加强对汽车维修企业的管理，严格执行《中华人民共和国道路运输条例》的有关规定，坚决打击承修报废汽车或擅自改装汽车的违法行为。

四、加强信息沟通和部门协作

(十)商务、公安、工商、环境保护、交通运输等部门要加强沟通，建立信息通报机制，对已达到报废标准的汽车办理注销登记情况、报废汽车拆解情况、报废汽车回收拆解企业情况、汽车修理企业维修车辆记录等信息定期进行相互通报，及时准确掌握报废车辆的动态信息以及相关企业的工作情况。

(十一)商务、公安、工商、环境保护、交通运输等部门要在各司其职各负其责的基础上通力合作，密切配合，认真做好报废汽车的监督管理工作，从报废汽车的注销登记、回收拆解、拆解市场整治、路面巡查等环节，强化对报废汽车的监督管理，切实杜绝报废汽车、拼装车上路行驶和流入市场。

商务部　公安部　环境保护部

交通运输部　工商总局

二〇〇九年十一月二十六日

关于家电以旧换新工作有关问题的通知

商办商贸函[2009]93号

北京市、天津市、上海市、江苏省、浙江省、山东省、广东省、福州市、长沙市商务、财政、环保、工商主管部门：

家电以旧换新工作启动以来，各试点省市按照《家电以旧换新实施办法》，结合当地实际，扎实推进以旧换新工作。总体看，试点工作进展顺利，政策效果明显。但在实际操作中也反映出一些问题。为进一步做好家电以旧换新工作，现将有关事项通知如下：

一、完善操作流程，提高便利性

各试点省市要本着最大限度方便消费者的原则，积极探索各种方便消费者的操作措施，根据需要调整实施细则，完善操作流程，允许中标企业先售新后收旧，回收和销售双中标企业可采取“购收同步”，即企业销售新家电的同时回收旧家电，同时鼓励“以旧换新进社区”，提高消费者参与家电以旧换新的便利性。

二、增加拆解企业，充实拆解能力

针对一些试点省市拆解能力不足的问题，试点省市环保主管部门要督促现有拆解处理企业充分挖掘潜力，加快拆解处理进度。必要时，在防止环境污染的前提下，可增补目前尚未列入“电子废物拆解利用处置单位名录”（以下简称“名录”）的企业为家电“以旧换新”的定点拆解处理企业。增补企业应当限期达到列入“名录”的相关条件。环保部门要进一步加大废旧家电拆解处理企业的环保监管力度，打击非法拆解处理；监督拆解处理企业确保电视和电脑的显示器玻璃、冰箱保温材料、线路板等拆解产物的无害化利用和处置。

三、加快审核和补贴资金兑付进度

针对目前中标销售企业申领补贴资金周期较长、占压企业资金等问题，试点省市商务主管部门要加快审核速度，财政主管部门应采取措施缩短企业申领周期，对资信状况好、具有较大销售规模的中标企业可以预拨部分补贴资金，允许家电连锁企业向总部所在地财政部门统一申领补贴，加快补贴资金的兑付进度，减轻销售企业的资金占压负担。同时财政部门要加强资金监管，采取有效措施，切实保证财政资金的安全、规范使用。

四、切实落实回收企业增值税优惠政策

试点省市商务主管部门要指导中标销售企业和回收企业到当地工商行政管理部门申请增加再生资源回收经营范围，并到当地商务主管部门申请再生资源企业备案，按照《再生资源回收管理办法》的规定规范经营。符合财税[2008]157号文件规定条件的中标销售和回收企业，可以享受有关增值税优惠政策。

五、完善中标企业服务水平

试点省市商务主管部门要对中标回收、销售企业提出增加服务设备、人力及收旧、录入信息时限的要求，特别要督促回收和销售双中标企业在规定时间内完成收旧业务，防止因企业信息录入不及时影响消费者购新和领取补贴。对于违反政策规定和承诺协议的企业，要及时提出警告予以纠正或给予扣除违约金的处罚，对情节严重的企业，给予取消家电以旧换新中标企业资格的严肃处理。工商行政主管部门要依法加大有关市场监督检查力度，维护市场秩序，为家电以旧换新工作营造良好的市场环境。

商务部办公厅　财政部办公厅

环境保护部办公厅　工商总局办公厅

二〇〇九年十二月一日

农业部政策文件

全国农作物秸秆资源调查与评价工作方案

为落实国务院办公厅关于开展秸秆资源调查的意见，加快推进秸秆综合利用，实现秸秆的资源化、商品化，促进资源节约、环境保护和农民增收，特制定全国农作秸秆资源调查与评价工作方案如下：

一、调查与评价工作目标

通过调查稻谷、小麦、玉米、薯类、油料和棉花等农作物秸秆资源的产量、分布、收集方式和利用途径等，对秸秆资源进行全面、科学的评价，摸清我国作物秸秆资源状况，并分析未来发展趋势，为开展秸秆综合利用和农业资源总体评价工作提供基础信息，同时为制定各级秸秆综合利用专项规划和秸秆利用项目评估提供依据。

二、调查对象和内容

（一）调查对象

本次调查以县为单位进行，逐级汇总。主要调查与评价稻谷、小麦、玉米、薯类、油料和棉花等大宗农作物以及被调查区域的优势农作物品种。

（二）调查与评价内容

1. 秸秆资源产量调查：针对稻谷、小麦、玉米、薯类油料、棉花等主要农作物，调查各类秸秆资源产量和分布。

2. 秸秆利用现状调查：调查秸秆作为燃料、饲料、肥料、工业原料和食用菌基料等利用方式的数量及比例。

3. 秸秆利用经济性评价：调查各地秸秆的价格和运输距离、成本等。

4. 秸秆资源利用潜力评价。分品种对秸秆资源进行评价，分析可利用潜力等。

5. 未来农作物秸秆的变化趋势分析。对主要农作物秸秆资源数量、品种和利用等进行预测和分析，评估主要农作物秸秆资源的未来发展变化趋势。

三、调查方法

为了作好本次调查与评价工作，我部组织制定了农业行业标准《农作物秸秆资源调查与评价技术规范》（报批稿）。本次调查将按照该标准的有关规定执行，以实地调查为主，并充分利用已有和正在执行的秸秆资源调查结果，鼓励利用地理信息系统（GIS）平台，建立秸秆资源全国数据库。

四、实施的工作程序与时间安排

（一）工作程序

农业部负责全国秸秆资源调查方案和技术标准、技术规程的制定，负责全国的技术指导、省级培训和质量抽查，组织建设国家级秸秆资源数据库等。对省级调查成果进行全面的检查。对重点地区和重点品种将开展实地核查，以保证调查成果真实、准确。

各省（区、市）农业部门牵头，会同畜牧、农机等部门负责本地区秸秆资源调查工作的组织实施。按照农业部统一要求，根据本地区的秸秆资源利用特点，编制本地区的工作方案及实施细则，自行组织或通过招投标方式统一选择专业队伍，负责组织各地实地开展秸秆调查与评价工作。另外，省级负责对各县（市）秸秆资源调查工作的质量检查和成果验收。

（二）时间安排

从2009年1月起，开始启动资源调查与评价工作。2009年1月至2月开展秸秆资源调查的有关准备工作，完成调查方案编制、技术规范制定，以及试点经验总结、业务培训等。2009年3月全面启动调查工作，至2009年6月，完成各省秸秆资源调查与评价工作，并上报农业部科技教育司。在调查和评价的基础上，2009年7月至12月，完成全国秸秆资源数据库的建设，实现全国秸秆资源调查成果集成和信息共享。具体为：

（一）2009年1月至2月为调查工作部署与培训阶段。为确保本次资源调查顺利进行，我部将就资源调查与评价等事项对相关工作人员进行集中培训。具体培训安排另行通知。

（二）2009年3月至6月为调查阶段。包括制定农作物秸秆资源调查与评价实施方案及细则；做好准备工作，包括组织准备、技术资料准备、仪器工具物资准备等；签订有关协议，如技术辅导协议、委托调查合同；开展技术培训、调查实习、培训考核；进行文案调查、实地调查、现场取样及测试、资料整理；撰写调查与评价报告；对调查成果进行审核，出具评审意见；将调查成果、数据上报省农业主管部门批准。

（三）2009年6月为调查结果汇总阶段。各地上报的资源调查数据经上级主管部门审查合格后，由省级农业部门统一汇总，一式两份并加盖单位公章后上报送农业部科技教育司。

（四）2009年7月至11月为调查数据整理与分析阶段。农业部科技教育司组织有关人员对所有调查结果进行整理、校正、分析、总结，完成全国秸秆资源数据库的建设。

（五）2009年12月为成果集成阶段。对全国秸秆资源调查评价成果集成，出版成果报告并推广应用。

五、调查成果

（一）数据成果。数据按标准格式填写上报，原始数据作为附件交主管部门保存备查。

（二）文字成果。包括省级秸秆资源调查与评价报告及评估报告等。

六、保障措施

一是加强组织领导。秸秆资源调查时间紧，任务重，要求高，涉及面广，需要农业、农村能源、农机、畜牧等多个部门的配合和支持。各级农业部门要认真贯彻落实党中央和国务院的有关政策精神，要以科学发展观为指导，提高认识，加强领导，精心组织调查工作，积极争取相关部门的配合和支持。同时，为保证调查质量，各地要抽调素质高、业务能力强、能吃苦的农业技术骨干组建调查队伍，调查人员要参加有关技术培训方可开展调查工作，确保工作有序、质量有保证。

二是落实调查经费。秸秆资源调查与评价，是实现秸秆资源综合利用的基础性工作，调查成果是制定各地秸秆资源综合利用规划和发展方针政策、促进科学决策的重要依据。本次调查因子广，工作量大，需要大量的人力、物力和财力，各级政府是本次调查的主体，农业部门要积极争取本地财政资金支持，确保资金按时、足额到位，同时对调查经费严格管理，做到专款专用。

三是建立检查验收制度。执行分级检查验收制度，每一阶段成果需经检查合格后方转入下一阶段，避免将错误带入下阶段工作，保证成果质量。国家、省、市级分级负责。县级调查成果由市级农业部门负责组织预检，省级农业部门组织验收。农业部科技教育司负责组织对省级汇总成果验收。同时，为加强成果质量检查力度，农业部对省级成果进行全面的检查，并对重点地区进行抽查核实，确保秸秆资源调查数据的准确性。

四是制定奖罚制度。各地在开展本次秸秆资源调查与评价工作过程中，要制定相应的奖励措施，明确补助标准，充分调动调查人员的积极性和主动性，确保秸秆资源调查与评价工作按时保质完成。对因工作不力，造成不能按时、保质完成任务者，视情况给予通报批评和相应处理；对在调查中弄虚作假者，责令该调查组调查全部返工。同时，农业部科技教育司将对本次秸秆资源调查与评价完成情况较好的单位和个人进行表彰。

农业部

二〇〇九年二月十六日

住房和城乡建设部政策文件

城镇污水处理厂污泥处理处置及污染防治技术政策（试行）

建城[2009]23号

1. 总则

1.1 为提高城镇污水处理厂污泥处理处置水平，保护和改善生态环境，促进经济社会和环境可持续发展，根据《中华人民共和国环境保护法》、《中华人民共和国水污染防治法》、《中华人民共和国固体废物污染环境防治法》、《中华人民共和国城乡规划法》等相关法律法规，制定本技术政策。

1.2 本技术政策所称城镇污水处理厂污泥（以下简称“污泥”），是指在污水处理过程中产生的半固态或固态物质，不包括栅渣、浮渣和沉砂。

1.3 本技术政策适用于污泥的产生、储存、处理、运输及最终处置全过程的管理和技术选择，指导污泥处理处置设施的规划、设计、环评、建设、验收、运营和管理。

1.4 污泥处理处置是城镇污水处理系统的重要组成部分。污泥处理处置应遵循源头削减和全过程控制原则，加强对有毒有害物质的源头控制，根据污泥最终安全处置要求和污泥特性，选择适宜的污水和污泥处理工艺，实施污泥处理处置全过程管理。

1.5 污泥处理处置的目标是实现污泥的减量化、稳定化和无害化；鼓励回收和利用污泥中的能源和资源。坚持在安全、环保和经济的前提下实现污泥的处理处置和综合利用，达到节能减排和发展循环经济的目的。

1.6 地方人民政府是污泥处理处置设施规划和建设的责任主体；污泥处理处置设施运营单位负责污泥的安全处理处置。地方人民政府应优先采购符合国家相关标准的污泥衍生产品。

1.7 国家鼓励采用节能减排的污泥处理处置技术；鼓励充分利用社会资源处理处置污泥；鼓励污泥处理处置技术创新和科技进步；鼓励研发适合我国国情和地区特点的污泥处理处置新技术、新工艺和新设备。

2. 污泥处理处置规划和建设

2.1 污泥处理处置规划应纳入国家和地方城镇污水处理设施建设规划。污泥处理处置规划应符合城乡规划，并结合当地实际与环境卫生、园林绿化、土地利用等相关专业规划相协调。

2.2 污泥处理处置应统一规划，合理布局。污泥处理处置设施宜相对集中设置，鼓励将若干城镇污水处理厂的污泥集中处理处置。

2.3 应根据城镇污水处理厂的规划污泥产生量，合理确定污泥处理处置设施的规模；近期建设规模，应根据近期污水量和进水水质确定，充分发挥设施的投资和运行效益。

2.4 城镇污水处理厂新建、改建和扩建时，污泥处理处置设施应与污水处理设施同时规划、同时建设、同时投入运行。污泥处理必须满足污泥处置的要求，达不到规定要求的项目不能通过验收；目前污泥处理设施尚未满足处置要求的，应加快整改、建设，确保污泥安全处置。

2.5 城镇污水处理厂建设应统筹兼顾污泥处理处置，减少污泥产生量，节约污泥处理处置费用。对于污泥未妥善处理处置的，可按照有关规定核减城镇污水处理厂对主要污染物的削减量。

2.6 严格控制污泥中的重金属和有毒有害物质。工业废水必须按规定在企业内进行预处理，去除重金属和其他有毒有害物质，达到国家、地方或者行业规定的排放标准。

3.污泥处置技术路线

3.1 应综合考虑污泥泥质特征、地理位置、环境条件和经济社会发展水平等因素，因地制宜地确定污泥处置方式。污泥处置是指处理后污泥的消纳过程，处置方式有土地利用、填埋、建筑材料综合利用等。

3.2 鼓励符合标准的污泥进行土地利用。污泥土地利用应符合国家及地方的标准和规定。污泥土地利用主要包括土地改良和园林绿化等。鼓励符合标准的污泥用于土地改良和园林绿化，并列入政府采购名录。允许符合标准的污泥限制性农用。

3.2.1 污泥用于园林绿化时，泥质应满足《城镇污水处理厂污泥处置 园林绿化用泥质》(CJ248)的规定和有关标准要求。污泥必须首先进行稳定化和无害化处理，并根据不同地域的土质和植物习性等，确定合理的施用范围、施用量、施用方法和施用时间。

3.2.2 污泥用于盐碱地、沙化地和废弃矿场等土地改良时，泥质应符合《城镇污水处理厂污泥处置 土地改良泥质》（CJ/T 291）的规定；并应根据当地实际，进行环境影响评价，经有关主管部门批准后实施。

3.2.3 污泥农用时，污泥必须进行稳定化和无害化处理，并达到《农用污泥中污染物控制标准》（GB4284）等国家和地方现行的有关农用标准和规定。污泥衍生产品应通过场地适用性环境影响评价和环境风险评估，并经有关部门审批后方可实施。污泥农用应严格控制施用量和施用期限。

3.3 污泥建筑材料综合利用。有条件的地区，应积极推广污泥建筑材料综合利用。污泥建筑材料综合利用是指污泥的无机化处理，用于制作水泥添加料、制砖、制轻质骨料和路基材料等。污泥建筑材料利用应符合国家和地方的相关标准和规范要求，并严格防范在生产和使用中造成二次污染。

3.4 污泥填埋。不具备土地利用和建筑材料综合利用条件的污泥，可采用填埋处置。国家将逐步限制未经无机化处理的污泥在垃圾填埋场填埋。污泥填埋应满足《城镇污水处理厂污泥处置 混合填埋泥质》（CJ/T 249）的规定；填埋前的污泥需进行稳定化处理；横向剪切强度应大于25kN/m^2；填埋场应有沼气利用系统，渗滤液能达标排放。

4. 污泥处理技术路线

4.1 在污泥浓缩、调理和脱水等实现污泥减量化的常规处理工艺基础上，根据污泥处置要求和相应的泥质标准，选择适宜的污泥处理技术路线。

4.2 污泥以园林绿化、农业利用为处置方式时，鼓励采用厌氧消化或高温好氧发酵（堆肥）等方式处理污泥。

4.2.1 厌氧消化处理污泥。鼓励城镇污水处理厂采用污泥厌氧消化工艺，产生的沼气应综合利用；厌氧消化后污泥在园林绿化、农业利用前，还应按要求进行无害化处理。

4.2.2 高温好氧发酵处理污泥。鼓励利用剪枝、落叶等园林废弃物和砻糠、谷壳、秸杆等农业废弃物作为高温好氧发酵添加的辅助填充料，污泥处理过程中要防止臭气污染。

4.3污泥以填埋为处置方式时，可采用高温好氧发酵、石灰稳定等方式处理污泥，也可添加粉煤灰和陈化垃圾对污泥进行改性。

4.3.1 高温好氧发酵后的污泥含水率应低于40%。

4.3.2 鼓励采用石灰等无机药剂对污泥进行调理,降低含水率，提高污泥横向剪切力。

4.4 污泥以建筑材料综合利用为处置方式时，可采用污泥热干化、污泥焚烧等处理方式。

4.4.1 污泥热干化。采用污泥热干化工艺应与利用余热相结合，鼓励利用污泥厌氧消化过程中产生的沼气热能、垃圾和污泥焚烧余热、发电厂余热或其他余热作为污泥干化处理的热源；不宜采用优质一次能源作为主要干化热源；要严格防范热干化可能产生的安全事故。

4.4.2 污泥焚烧。经济较为发达的大中城市，可采用污泥焚烧工艺。鼓励采用干化焚烧的联用方式，提高污泥的热能利用效率；鼓励污泥焚烧厂与垃圾焚烧厂合建；在有条件的地区，鼓励污泥作为低质燃料在火力发电厂焚烧炉、水泥窑或砖窑中混合焚烧。

4.4.3 污泥焚烧的烟气应进行处理，并满足《生活垃圾焚烧污染控制标准》（GB18485）等有关规定。污泥焚烧的炉渣和除尘设备收集的飞灰应分别收集、储存、运输。鼓励对符合要求的炉渣进行综合利用；飞灰需经鉴别后妥善处置。

5. 污泥运输和储存

5.1 污泥运输。鼓励采用管道、密闭车辆和密闭驳船等方式；运输过程中应进行全过程监控和管理，防止因暴露、洒落或滴漏造成的环境二次污染；严禁随意倾倒、偷排污泥。

5.2 污泥中转和储存。需要设置污泥中转站和储存设施的，可参照《城市环境卫生设施设置标准》（CJJ27）等规定，并经相关主管部门批准后方可建设和使用。

6. 污泥处理处置安全运行与监管

6.1 国家和地方相关主管部门应加强对污泥处理处置设施规划、建设和运行的监管；污泥处理处置设施运营单位（以下简称运营单位）应保障污泥处理处置设施的安全稳定运行。

6.2 运营单位应严格执行国家有关安全生产法律法规和管理规定，落实安全生产责任制；执行国家相关职业卫生标准和规范，保证从业人员的卫生健康；应制定相关的应急处置预案，防止危及公共安全的事故发生。

6.3 城镇污水处理厂、污泥运输单位和各污泥接收单位应建立污泥转运联单制度，并定期将记录的联单结果上报地方相关主管部门。

6.4运营单位应建立完备的检测、记录、存档和报告制度，并对处理处置后的污泥及其副产物的去向、用途、用量等进行跟踪、记录和报告，相关资料至少保存5年。

6.5 地方相关主管部门应按照各自的职责分工，对污泥土地利用全过程进行监督和管理。污泥土地利用单位应委托具有相关资质的第三方机构，定期对污泥衍生产品土地利用后的环境质量状况变化进行评价。污泥处理处置场所应禁止放养家畜、家禽。

6.6 地方相关主管部门应加强对填埋场的监督和管理。填埋场运营单位应按照国家相关标准和规范，定期对污泥泥质、填埋场场地的水、气、土壤等本底值及作业影响进行监测。

6.7 污泥焚烧运营单位应按照国家相关标准和规范，定期对污泥性质、污泥量、排放废水、烟气、炉渣、飞灰等进行监测。污泥综合利用单位还需对污泥衍生产品的性质和数量进行监测和记录。

7. 污泥处理处置保障措施

7.1 国务院有关部门和地方主管部门应加强污泥处理处置标准规范的制定和修订，规范污泥处理处置设施的规划、建设和运营。

7.2 地方人民政府应进一步提高污水处理费的征收力度和管理水平，污水处理费应包括污泥处理处置运营成本；通过污水处理费、财政补贴等途径落实污泥处理处置费用，确保污泥处理处置设施正常稳定运营。

7.3 各级政府应加大对污泥处理处置设施建设的资金投入，对于列入国家鼓励发展的污泥处理处置技术和设备，按规定给予财政和税收优惠；建立多元化投资和运营机制，鼓励通过特许经营等多种方式，引导社会资金参与污泥处理处置设施建设和运营。

住房和城乡建设部
环境保护部　科学技术部
二○○九年二月十八日

国家能源局政策文件

关于组织开展全国重点煤矿区煤层气抽采利用规模化建设工作的通知

国能煤炭[2009]100号

各省、自治区、直辖市发展改革委、煤炭行业管理部门:

近年来，我国煤矿区煤层气（瓦斯）抽采利用取得了重要进展，2008年煤层气抽采量58亿立方米，利用量18亿立方米，抽采量1亿立方米以上的矿区9个，煤层气民用用户90万户、发电总装机容量92万千瓦。但煤层气抽采量与我国煤炭开采过程中每年向大气排放瓦斯量、与新一轮评价的煤层气资源量不协调，瓦斯利用率偏低，矿区煤层气抽采利用进展不平衡，实现煤层气产业发展目标任务艰巨。为贯彻落实国务院领导同志批示精神，完成《煤层气（煤矿瓦斯）开发利用“十一五”规划》目标，做好“十二五”规划前期准备工作，根据煤矿瓦斯防治部际协调领导小组第六次会议安排，国家能源局决定组织开展全国重点煤矿区煤层气抽采利用规模化建设工作。现将有关事项通知如下。

一、主要任务和目标

进一步落实“先抽后采、治理与利用并举”的方针，在煤矿区优选一批具备煤层气规模化抽采利用条件的重点区域，采取相关激励扶持政策，强力推进煤层气抽采利用，确保完成2010年目标：建成年煤层气抽采量超过1亿立方米的矿区18个，煤层气民用用户200万户以上，煤层气发电装机容量150万千瓦以上，50%以上的发电设备实现热电冷联供。到2015年建成36个煤层气抽采利用亿方级矿区，从根本上减少煤矿瓦斯灾害威胁，充分利用煤层气资源，有效保护大气环境。

二、工作步骤

（一）2009年3~5月，请有关省（区、市）组织重点候选矿区（见附件一）编制煤层气抽采利用规模化建设方案，并填写有关表格（格式见附件二、三），并于5月22日（星期五）前分别上报国家能源局煤炭司和煤炭科学研究总院重庆研究院。

（二）2009年6月，全国重点煤矿区煤层气抽采利用规模化建设方案编制组对有关省（区、市）上报的方案进行汇总分析，并选择部分矿区开展调研。

（三）2009年7月，形成全国重点煤矿区煤层气抽采利用规模化建设方案初稿，组织专家论证。

（四）2009年8月，国家能源局组织审查建设方案，征求有关方面意见后，批准发布实施。

三、组织领导

全国重点煤矿区煤层气抽采利用规模化建设工作，涉及范围广，工作任务重，时间紧迫。为加强组织领导，成立全国重点煤矿区煤层气抽采利用规模化建设工作领导小组，由国家能源局煤炭司司长方君实任组长，国家能源局煤炭司、中煤科工集团公司、煤矿瓦斯治理国家工程研究中心、煤层气开发利用国家工程研究中心等有关同志为成员，协调解决方案编制和实施过程中的重大问题。领导小组下设编制组和专家组。

编制组，煤炭科学研究总院重庆研究院胡千庭任组长，煤炭科学研究总院西安研究院张群、中煤北京华宇工程公司张保连任副组长，成员：刘见中、雷毅、文光才、岳超平、孙东玲、孙海涛、董国伟、李日富、张新民、廖斌琛、夏仕柏、王喜武、苏纪明。

专家组，煤炭科学研究总院研究员卢鉴章任组长，成员：申宝宏、袁亮、王魁军、俞启香、周心权、刘泽功、程卫民、张遂安、方家虎、贺天才、黄昌文、李伟、刘东才、游浩、孙学会、张振龙、王世斌、刘万波、舒桂德、蔡毅、卫修君、崔洪明、王志春。

四、有关要求

（一）高度重视。编制重点煤矿区煤层气抽采利用规模化建设方案是贯彻落实科学发展观的具体举措。通过实施先抽后采、采煤采气一体化，从源头上减少瓦斯灾害威胁，促进煤矿安全生产；减少向大气排放瓦斯，改善大气环境；加大煤层气综合利用，增加洁净能源供应。建设方案将作为指导煤矿区煤层气开发利用、决策重要项目、安排政府投资和落实经济扶持政策的重要依据。各省（区、市）发展改革部门和煤炭行业管理部门要提高认识，明确责任，落实到人，按照有关部署，做好相应工作。

（二）认真分析。各省（区、市）发展改革部门和煤炭行业管理部门要组织重点煤炭企业和重点产煤地（市），认真分析《国家发展改革委关于印发煤层气（煤矿瓦斯）开发利用“十一五”规划的通知》（发改能源〔2006〕1044号）在本地区的贯彻落实情况，全面总结2005–2008年煤矿区煤层气抽采利用情况，深刻分析面临的突出问题和下一步开发利用形势，同时做好与全国13个大型煤炭基地规划、矿区总体规划的衔接工作。

（三）确定规模。各省（区、市）发展改革部门和煤炭行业管理部门在分析现状的基础上，根据煤炭开发、煤层气资源、煤层气抽采条件、抽采利用规划、配套基础设施和市场需求预测等分析，根据国家划定的煤炭规划矿区范围，研究提出重点建设的煤矿区煤层气抽采利用规模，包括数量、位置和范围。同时明确抽采方式、建设时序、利用方向和保障措施。

（四）确保工作质量和进度。各省（区、市）要组织精干力量开展方案编制工作，方案初稿形成后，要征求有关部门和专家意见，经修改完善后，按时间要求上报。联系方式如下：

附件：一：全国重点煤矿区侯选名单（略）

二：煤矿区煤层气抽采利用规模化建设方案编制提纲（略）

三：有关表格（略）

国家能源局

二○○九年三月十日

国家标准化管理委员会政策文件

国家标准化管理委员会2009年全国标准化工作要点（节录）

加强节能减排和生态环境保护标准化工作，为节能减排提供技术支撑。

1.落实《2008～2010资源节约与综合利用标准发展规划》，抓好节能、节水、节材、节地、新能源与可再生能源、矿产资源综合利用、废旧产品及废弃物回收与再利用、清洁生产等8大领域重点国家标准的制修订工作。

2.加快制定建材、煤炭、纺织、造纸等重点耗能行业的能源计量器具配备和管理要求等国家标准，抓好用能产品能效标准、高耗能产品能耗限额标准和用水器具水效标准的制修订工作，完善节能减排标准体系。

3.完善地方和企业节能标准审查备案制度，加强各地节能减排标准工作的调查和研究，指导企业按照《企业节能标准体系编制通则》的要求，建立节能标准体系。

4.继续开展替代能源标准体系研究工作，推动太阳能、氢能、海洋能、生物质能、风能和地热能等相关标准的研制工作。重点做好甲醇燃料、二甲醚和车用乙醇汽油调和油等标准的制修订工作。加快推动变压器节能降耗技术、变频调速技术，废旧电工产品回收和再利用等标准的制修订，推动节能目标的实现。

5.完善循环经济标准体系，推进循环经济标准化试点建设。加快循环经济标准的制修订工作，逐步完善循环经济标准体系。加强对已批复的试点工作落实情况的跟踪、督促和指导，出台《循环经济标准化试点建设指导意见》，逐步规范试点的申报、审批和考核等工作。

循环经济标准化试点工作指导意见

（国标委工一联[2009]48号）

一、试点的指导思想、任务和目标

（一）指导思想

贯彻落实科学发展观，以减量化、再利用、资源化为核心，运用标准化的手段，加快循环经济先进技术的推广应用，探索循环经济发展的新思路和新经验，促进经济、社会、环境的可持续发展。

（二）任务

试点的主要任务包括：

1、建立并完善循环经济标准体系，积极采用国际标准和国外先进标准，开展标准的科学性、实用性研究，制修订相关国家标准、行业标准、地方标准和企业标准；

2、注重循环经济标准的宣传，重点抓好节能、节水、节材和废物再利用、资源化等方面标准的贯彻应用；

3、进一步探索和完善不同层次（企业、领域、产业园区、城市）循环经济标准化工作模式，总结标准化促进循环经济发展的成功经验与做法；

4、加强循环经济标准信息等平台建设，构建循环经济标准化信息网络。

（三）目标

通过循环经济标准化试点工作，树立一批循环经济标准化示范的典型企业、产业园区和城市，以点带面，推动技术标准的应用和实施，培养一批标准化人才，推动企业产业园区建立循环经济标准体系，促进企业、产业园区、城市获得良好的经济效益、社会效益和环境效益。

二、试点的申报和审批

（一）试点单位基本条件

1、所在地政府和主管部门重视标准化工作，积极支持试点的建立和开展，并给予配套建设经费；

2、原则上应为国家循环经济示范试点单位，符合国家发展和改革委员会（以下简称：国家发展改革委）等六部门印发的《关于组织开展循环经济试点（第一批）工作的通知》（发改环资【2005】2199号）、《关于组织开展循环经济示范试点（第二批）工作的通知》（发改环资【2007】3420号）和《关于组织开展汽车零部件再制造试点工作的通知》（发改办环资【2008】523号）文件的要求；

3、资源产出、资源消耗、资源综合利用及废弃物排放等方面的指标处于国内先进水平，并完成所在地方政府下达的节能减排目标任务；

4、开展循环经济特色明显，示范性强。

（二）申报和审批程序

1、申报单位应在广泛调研的基础上，进行科学分析，明确循环经济标准化试点建设的目标，依照本指导意见，结合实际，制定切实可行的实施方案。

2、申报单位应提交如下申报材料：《循环经济标准化试点工作申报书》（附件1）和《循环经济标准化试点工作实施方案》（附件2）。申报材料须加盖试点所在地地级以上循环经济综合管理部门、质量技术监督局和政府的印章。

3、由有关省、自治区、直辖市质量技术监督局作为推荐单位，择优向国家标准化管理委员会（以下简称：国家标准委）提出申请，并报送国家发展改革委。

4、在收到各地申报材料后，国家标准委、国家发展改革委将对《循环经济标准化试点工作实施方案》进行审查，必要时进行实地考察。

5、凡通过审查的试点单位，由国家标准委、国家发展改革委批准启动试点工作。

三、试点的管理与考核

（一）试点单位要围绕试点工作方案和目标，健全工作机构，完善工作制度，制定推进措施，组织好试点工作的实施。

（二）各级质量技术监督局和循环经济综合管理部门要加强对试点工作的指导、考核和服务，定期或不定期检查试点工作进展情况，促进试点工作有序开展。

（三）循环经济标准化试点考核工作要围绕循环经济标准化试点项目建设总体目标的要求，按照循环经济标准化试点实施方案中的试点内容进行。

（四）循环经济标准化试点考核工作由国家标准委组织，由国家标准委、国家发展改革委共同实施。

（五）试点工作一般为2～3年。试点期满，经所在地省级质量技术监督局向国家标准委和国家发展改革委提出申请，国家标准委和国家发展改革委根据需要组织专家对试点单位进行考察。

（六）各级相关部门应及时总结循环经济标准化试点经验，采用多种形式加大循环经济标准化试点成果的宣传和推广，促进循环经济标准化工作的深入开展。

法律法规和标准

中华人民共和国国务院令第551号

《废弃电器电子产品回收处理管理条例》已经2008年8月20日国务院第23次常务会议通过，现予公布，自2011年1月1日起施行。

总理　温家宝

二〇〇九年二月二十五日

废弃电器电子产品回收处理管理条例

第一章　总则

第一条　为了规范废弃电器电子产品的回收处理活动，促进资源综合利用和循环经济发展，保护环境，保障人体健康，根据《中华人民共和国清洁生产促进法》和《中华人民共和国固体废物污染环境防治法》的有关规定，制定本条例。

第二条　本条例所称废弃电器电子产品的处理活动，是指将废弃电器电子产品进行拆解，从中提取物质作为原材料或者燃料，用改变废弃电器电子产品物理、化学特性的方法减少已产生的废弃电器电子产品数量，减少或者消除其危害成分，以及将其最终置于符合环境保护要求的填埋场的活动，不包括产品维修、翻新以及经维修、翻新后作为旧货再使用的活动。

第三条　列入《废弃电器电子产品处理目录》（以下简称《目录》）的废弃电器电子产品的回收处理及相关活动，适用本条例。

国务院资源综合利用主管部门会同国务院环境保护、工业信息产业等主管部门制订和调整《目录》，报国务院批准后实施。

第四条　国务院环境保护主管部门会同国务院资源综合利用、工业信息产业主管部门负责组织拟订废弃电器电子产品回收处理的政策措施并协调实施，负责废弃电器电子产品处理的监督管理工作。国务院商务主管部门负责废弃电器电子产品回收的管理工作。国务院财政、工商、质量监督、税务、海关等主管部门在各自职责范围内负责相关管理工作。

第五条　国家对废弃电器电子产品实行多渠道回收和集中处理制度。

第六条　国家对废弃电器电子产品处理实行资格许可制度。设区的市级人民政府环境保护主管部门审批废弃电器电子产品处理企业（以下简称处理企业）资格。

第七条　国家建立废弃电器电子产品处理基金，用于废弃电器电子产品回收处理费用的补贴。电器电子产品生产者、进口电器电子产品的收货人或者其代理人应当按照规定履行废弃电器电子产品处理基金的缴纳义务。

废弃电器电子产品处理基金应当纳入预算管理，其征收、使用、管理的具体办法由国务院财政部门会同国务院环境保护、资源综合利用、工业信息产业主管部门制订，报国务院批准后施行。

制订废弃电器电子产品处理基金的征收标准和补贴标准，应当充分听取电器电子产品生产企业、处理企业、有关行业协会及专家的意见。

第八条　国家鼓励和支持废弃电器电子产品处理的科学研究、技术开发、相关技术标准的研究以及新技术、新工艺、新设备的示范、推广和应用。

第九条　属于国家禁止进口的废弃电器电子产品，不得进口。

第二章　相关方责任

第十条　电器电子产品生产者、进口电器电子产品的收货人或者其代理人生产、进口的电器电子产品应当符合国家有关电器电子产品污染控制的规定，采用有利于资源综合利用和无害化处理的设计方案，使用无毒无害或者低毒低害以及便于回收利用的材料。

电器电子产品上或者产品说明书中应当按照规定提供有关有毒有害物质含量、回收处理提示性说明等信息。

第十一条　国家鼓励电器电子产品生产者自行或者委托销售者、维修机构、售后服务机构、废弃电器电子产品回收经营者回收废弃电器电子产品。电器电子产品销售者、维修机构、售后服务机构应当在其营业场所显著位置标注废弃电器电子产品回收处理提示性信息。

回收的废弃电器电子产品应当由有废弃电器电子产品处理资格的处理企业处理。

第十二条　废弃电器电子产品回收经营者应当采取多种方式为电器电子产品使用者提供方便、快捷的回收服务。

废弃电器电子产品回收经营者对回收的废弃电器电子产品进行处理，应当依照本条例规定取得废弃电器电子产品处理资格；未取得处理资格的，应当将回收的废弃电器电子产品交有废弃电器电子产品处理资格的处理企业处理。

回收的电器电子产品经过修复后销售的，必须符合保障人体健康和人身、财产安全等国家技术规范的强制性要求，并在显著位置标识为旧货。具体管理办法由国务院商务主管部门制定。

第十三条　机关、团体、企事业单位将废弃电器电子产品交有废弃电器电子产品处理资格的处理企业处理的，依照国家有关规定办理资产核销手续。

处理涉及国家秘密的废弃电器电子产品，依照国家保密规定办理。

第十四条　国家鼓励处理企业与相关电器电子产品生产者、销售者以及废弃电器电子产品回收经营者等建立长期合作关系，回收处理废弃电器电子产品。

第十五条　处理废弃电器电子产品，应当符合国家有关资源综合利用、环境保护、劳动安全和保障人体健康的要求。

禁止采用国家明令淘汰的技术和工艺处理废弃电器电子产品。

第十六条　处理企业应当建立废弃电器电子产品处理的日常环境监测制度。

第十七条　处理企业应当建立废弃电器电子产品的数据信息管理系统，向所在地的设区的市级人民政府环境保护主管部门报送废弃电器电子产品处理的基本数据和有关情况。废弃电器电子产品处理的基本数据的保存期限不得少于3年。

第十八条　处理企业处理废弃电器电子产品，依照国家有关规定享受税收优惠。

第十九条　回收、储存、运输、处理废弃电器电子产品的单位和个人，应当遵守国家有关环境保护和环境卫生管理的规定。

第三章　监督管理

第二十条　国务院资源综合利用、质量监督、环境保护、工业信息产业等主管部门，依照规定的职责制定废弃电器电子产品处理的相关政策和技术规范。

第二十一条　省级人民政府环境保护主管部门会同同级资源综合利用、商务、工业信息产业主管部门编制本地区废弃电器电子产品处理发展规划，报国务院环境保护主管部门备案。

地方人民政府应当将废弃电器电子产品回收处理基础设施建设纳入城乡规划。

第二十二条　取得废弃电器电子产品处理资格，依照《中华人民共和国公司登记管理条例》等规定办理登记并在其经营范围中注明废弃电器电子产品处理的企业，方可从事废弃电器电子产品处理活动。

除本条例第三十四条规定外，禁止未取得废弃电器电子产品处理资格的单位和个人处理废弃电器电子产品。

第二十三条　申请废弃电器电子产品处理资格，应当具备下列条件：

（一）具备完善的废弃电器电子产品处理设施；

（二）具有对不能完全处理的废弃电器电子产品的妥善利用或者处置方案；

（三）具有与所处理的废弃电器电子产品相适应的分拣、包装以及其他设备；

（四）具有相关安全、质量和环境保护的专业技术人员。

第二十四条　申请废弃电器电子产品处理资格，应当向所在地的设区的市级人民政府环境保护主管部门提交书面申请，并提供相关证明材料。受理申请的环境保护主管部门应当自收到完整的申请材料之日起60日内完成审查，作出准予许可或者不予许可的决定。

第二十五条　县级以上地方人民政府环境保护主管部门应当通过书面核查和实地检查等方式，加强对废弃电器电子产品处理活动的监督检查。

第二十六条　任何单位和个人都有权对违反本条例规定的行为向有关部门检举。有关部门应当为检举人保密，并依法及时处理。

第四章　法律责任

第二十七条　违反本条例规定，电器电子产品生产者、进口电器电子产品的收货人或者其代理人生产、进口的电器电子产品上或者产品说明书中未按照规定提供有关有毒有害物质含量、回收处理提示性说明等信息的，由县级以上地方人民政府产品质量监督部门责令限期改正，处5万元以下的罚款。

第二十八条　违反本条例规定，未取得废弃电器电子产品处理资格擅自从事废弃电器电子产品处理活动的，由工商行政管理机关依照《无照经营查处取缔办法》的规定予以处罚。

环境保护主管部门查出的，由县级以上人民政府环境保护主管部门责令停业、关闭，没收违法所得，并处5万元以上50万元以下的罚款。

第二十九条　违反本条例规定，采用国家明令淘汰的技术和工艺处理废弃电器电子产品的，由县级以上人民政府环境保护主管部门责令限期改正；情节严重的，由设区的市级人民政府环境保护主管部门依法暂停直至撤销其废弃电器电子产品处理资格。

第三十条　处理废弃电器电子产品造成环境污染的，由县级以上人民政府环境保护主管部门按照固体废物污染环境防治的有关规定予以处罚。

第三十一条　违反本条例规定，处理企业未建立废弃电器电子产品的数据信息管理系统，未按规定报送基本数据和有关情况或者报送基本数据、有关情况不真实，或者未按规定期限保存基本数据的，由所在地的设区的市级人民政府环境保护主管部门责令限期改正，可以处5万元以下的罚款。

第三十二条　违反本条例规定，处理企业未建立日常环境监测制度或者未开展日常环境监测的，由县级以上人民政府环境保护主管部门责令限期改正，可以处5万元以下的罚款。

第三十三条　违反本条例规定，有关行政主管部门的工作人员滥用职权、玩忽职守、徇私舞弊，构成犯罪的，依法追究刑事责任；尚不构成犯罪的，依法给予处分。

第五章　附　　则

第三十四条　经省级人民政府批准，可以设立废弃电器电子产品集中处理场。废弃电器电子产品集中处理场应当具有完善的污染物集中处理设施，确保符合国家或者地方制定的污染物排放标准和固体废物污染环境防治技术标准，并应当遵守本条例的有关规定。

废弃电器电子产品集中处理场应当符合国家和当地工业区设置规划，与当地土地利用规划和城乡规划相协调，并应当加快实现产业升级。

第三十五条　本条例自2011年1月1日起施行。

环境保护部关于发布《钢铁工业发展循环经济环境保护导则》等两项国家环境保护标准的公告

公告 2009年 第12号

为贯彻《中华人民共和国环境保护法》，保护环境，促进循环经济发展，现批准《钢铁工业发展循环经济环境保护导则》和《铝工业发展循环经济环境保护导则》两项标准为国家环境保护标准，并予发布。

标准名称、编号如下：

一、钢铁工业发展循环经济环境保护导则（HJ 465–2009）（略）

二、铝工业发展循环经济环境保护导则（HJ 466–2009)（略）

以上标准自2009年7月1日起实施，由中国环境科学出版社出版，标准内容可在环境保护部网站（bz.mep.gov.cn）查询。

特此公告。

二〇〇九年三月十四日

环境保护部关于发布国家环境保护标准《综合类生态工业园区标准》的公告

公告 2009年 第34号

为贯彻《中华人民共和国环境保护法》和《中华人民共和国循环经济促进法》，保护生态环境，保障人体健康，促进循环经济发展，现批准《综合类生态工业园区标准》为国家环境保护标准，并予发布。

标准名称、编号如下：

综合类生态工业园区标准（HJ 274–2009）（略）

该标准代替《综合类生态工业园区标准（试行）》（HJ/T 274-2006），自发布之日起实施，由中国环境科学出版社出版。标准内容可在环境保护部网站（bz.mep.gov.cn）查询。

特此公告。

二○○九年六月二十三日

环境保护部关于发布国家环境保护标准《纺织染整工业废水治理工程技术规范》的公告

公告 2009年　第33号

为贯彻《中华人民共和国水污染防治法》，保护环境，保障人体健康，规范污染治理工程建设工作，现批准《纺织染整工业废水治理工程技术规范》为国家环境保护标准，并予发布。

标准名称、编号如下：

纺织染整工业废水治理工程技术规范（HJ 471-2009）（略）

以上标准自2009年9月1日起实施，由中国环境科学出版社出版，标准内容可在环境保护部网站（bz.mep.gov.cn）查询。

特此公告。

二○○九年六月二十三日

2009年环境保护部发布的清洁生产标准

序号	标准号	标准名称	标准发布时间
1	HJ 514－2009	清洁生产标准 宾馆饭店业	2009-11-30
2	HJ 510－2009	清洁生产标准 废铅酸蓄电池铅回收业	2009-11-16
3	HJ 513—2009	清洁生产标准 铅电解业	2009-11-13
4	HJ 512—2009	清洁生产标准 粗铅冶炼业	2009-11-13
5	HJ 476-2009	清洁生产标准 氯碱工业（聚氯乙烯）	2009-8-10
6、	HJ 475－2009	清洁生产标准 氯碱工业（烧碱）	2009-8-10
7	HJ 474－2009	清洁生产标准 纯碱行业	2009-8-10
8	HJ 473－2009	清洁生产标准 氧化铝业	2009-8-10
9	HJ 470—2009	清洁生产标准 钢铁行业(铁合金)	2009-4-10
10	HJ 469－2009	清洁生产审核指南 制订技术导则	2009-3-25
11	HJ 468—2009	清洁生产标准 造纸工业（废纸制浆）	2009-3-25
12	HJ 467—2009	清洁生产标准 水泥工业	2009-3-25

高耗能特种设备节能监督管理办法（节录）

国家质量监督检验检疫总局

第116号

第一章 总则

第一条 为加强高耗能特种设备节能审查和监管，提高能源利用效率，促进节能降耗，根据《中华人民共和国节约能源法》、《特种设备安全监察条例》等法律、行政法规的规定，制定本办法。

第二条 本办法所称高耗能特种设备，是指在使用过程中能源消耗量或者转换量大，并具有较大节能空间的锅炉、换热压力容器、电梯等特种设备。

第三条 高耗能特种设备生产（含设计、制造、安装、改造、维修，下同）、使用、检验检测的节能监督管理，适用本办法。

第四条 国家质量监督检验检疫总局（以下简称国家质检总局）负责全国高耗能特种设备的节能监督管理工作。

地方各级质量技术监督部门负责本行政区域内高耗能特种设备的节能监督管理工作。

第五条 高耗能特种设备节能监督管理实行安全监察与节能监管相结合的工作机制。

第六条 高耗能特种设备的生产单位、使用单位、检验检测机构应当按照国家有关法律、法规、特种设备安全技术规范等有关规范和标准的要求，履行节能义务，做好高耗能特种设备节能工作，并接受国家质检总局和地方各级质量技术监督部门的监督检查。

第七条 国家鼓励高耗能特种设备的生产单位、使用单位应用新技术、新工艺、新产品，提高特种设备能效水平。对取得显著成绩的单位和个人，按照有关规定予以奖励。

第二章 高耗能特种设备的生产

第八条 高耗能特种设备生产单位应当按照国家有关法律、法规、特种设备安全技术规范等有关规范和标准的要求进行生产，确保生产的高耗能特种设备符合能效指标要求。

特种设备生产单位不得生产不符合能效指标要求或者国家产业政策明令淘汰的高耗能特种设备。

第九条 高耗能特种设备的设计，应当在设备结构、系统设计、材料选用、工艺制定、计量与监控装置配备等方面符合有关技术规范和标准的节能要求。

第十条 高耗能特种设备的设计文件，应当经特种设备检验检测机构，按照有关特种设备安全技术规范和标准的规定进行鉴定，方可用于制造。未经鉴定或者鉴定不合格的，制造单位不得进行产品制造。

第十一条 高耗能特种设备制造企业的新产品应当进行能效测试。未经能效测试或者测试结果未达到能效指标要求的，不得进行批量制造。

锅炉、换热压力容器产品在试制时进行能效测试。电梯产品在安全性能型式试验时进行能效测试。

第十二条 特种设备检验检测机构接到高耗能特种设备制造单位的产品能效测试申请，应当按照有关特种设备安全技术规范和标准的要求进行测试，并出具能效测试报告。

第十三条 特种设备检验检测机构对高耗能特种设备制造、安装、改造、维修过程进行安全性能监督检验时，应当同时按照有关特种设备安全技术规范的规定，对影响设备或者系统能效的项目、能效测试报告等进行节能监督检查。

未经节能监督检查或者监督检查结果不符合要求的，不得出厂或者交付使用。

第十四条　高耗能特种设备出厂文件应当附有特种设备安全技术规范要求的产品能效测试报告、设备经济运行文件和操作说明等文件。

第十五条　高耗能特种设备的安装、改造、维修，不得降低产品及其系统的原有能效指标。

特种设备检验检测机构发现设备和系统能效项目不符合相关特种设备安全技术规范要求时，应当及时告知高耗能特种设备安装、改造、维修单位。被告知单位应当依照特种设备安全技术规范要求进行评估或者能效测试，符合要求后方可交付使用。

第十六条　高耗能特种设备安装、改造、维修单位应当向使用单位移交有关节能技术资料。

第三章　高耗能特种设备的使用

第十七条　高耗能特种设备使用单位应当严格执行有关法律、法规、特种设备安全技术规范和标准的要求，确保设备及其相关系统安全、经济运行。

高耗能特种设备使用单位应当建立健全经济运行、能效计量监控与统计、能效考核等节能管理制度和岗位责任制度。

第十八条　高耗能特种设备使用单位应当使用符合能效指标要求的特种设备，按照有关特种设备安全技术规范、标准或者出厂文件的要求配备、安装辅机设备和能效监控装置、能源计量器具，并记录相关数据。

第十九条　高耗能特种设备使用单位办理特种设备使用登记时，应当按照有关特种设备安全技术规范的要求，提供有关能效证明文件。对国家明令淘汰的高耗能特种设备，不予办理使用登记。

第二十条　高耗能特种设备安全技术档案至少应当包括以下内容：

（一）含有设计能效指标的设计文件；（二）能效测试报告；（三）设备经济运行文件和操作说明书；（四）日常运行能效监控记录、能耗状况记录；（五）节能改造技术资料；（六）能效定期检查记录。

第二十一条　对特种设备作业人员进行考核时，应当按照有关特种设备安全技术规范的规定，将节能管理知识和节能操作技能纳入高耗能特种设备的作业人员考核内容。

高耗能特种设备使用单位应当开展节能教育和培训，提高作业人员的节能意识和操作水平，确保特种设备安全、经济运行。高耗能特种设备的作业人员应当严格执行操作规程和节能管理制度。

第二十二条　锅炉使用单位应当按照特种设备安全技术规范的要求进行锅炉水（介）质处理，接受特种设备检验检测机构实施的水（介）质处理定期检验，保障锅炉安全运行、提高能源利用效率。

第二十三条　锅炉清洗单位应当按照有关特种设备安全技术规范的要求对锅炉进行清洗，接受特种设备检验检测机构实施的锅炉清洗过程监督检验，保证锅炉清洗工作安全有效进行。

第二十四条　特种设备检验检测机构在特种设备定期检验时，应当按照特种设备安全技术规范和标准的要求对高耗能特种设备使用单位的节能管理和设备的能效状况进行检查。发现不符合特种设备安全技术规范和标准要求的，应当要求使用单位进行整改。当检查结果异常或者偏离设计参数难以判断设备运行效率时，应当由从事高耗能特种设备能效测试的检验检测机构进行能效测试，以准确评价其能效状况。

第二十五条　高耗能特种设备及其系统的运行能效不符合特种设备安全技术规范等有关规范和标准要求的，使用单位应当分析原因，采取有效措施，实施整改或者节能改造。整改或者改造后仍不符合能效指标要求的，不得继续使用。

第二十六条　对在用国家明令淘汰的高耗能特种设备，使用单位应当在规定的期限内予以改造或者更换。到期未改造或者更换的，不得继续使用。

二〇〇九年七月三日

部委特稿

立足环境保护　全面推进循环经济发展

环境保护部

长期以来，资源短缺和环境污染一直是影响我国经济社会可持续发展的两大瓶颈。作为循环经济的引入和推动者，环境保护部早在20世纪90年代就提出，我国要大力发展循环经济。2000年以来，在中国经济快速增长带来的资源环境压力及国际环保新思潮的影响下，环境保护部进一步将发展循环经济作为实现可持续发展、经济和环境“双赢”的一个重要举措，从不同层次、角度和领域开展了发展循环经济的理论探索和实践尝试。

2009年1月1日，社会各界盼望多年的《循环经济促进法》正式施行。《循环经济促进法》明确了我国环境保护行政主管部门在发展循环经济工作中的职责和任务，从发展循环经济、实现可持续发展的角度对我国的环境保护工作提出了新的要求。

为了全面贯彻落实科学发展观、积极应对全球气候变化、缓解我国能源资源瓶颈、提升国家综合竞争力、促进资源节约型和环境友好型社会的建设，2009年，环境保护部从解决工业污染和城市污染入手，通过推动清洁生产、建立生态工业园区、建设环境友好型社会等多种途径，在全国范围内，从企业、区域和社会三个层面，在完善政策法规、实践试点示范、倡导可持续消费、开展国际合作、加强人员培训等方面开展了大量的工作，大力推动循环经济，取得了良好的效果。

一、组织编制循环经济相关法律、法规及其他政策性文件

——国家生态工业示范园区的建设和管理工作是环境保护部发展循环经济、在区域层次开展循环经济试点示范工作的具体实践形式。为提高国家生态工业示范园区管理的科学性和可操作性，环境保护部根据我国生态工业园区建设的现实需求和未来的发展趋势，针对现有标准中部分指标不能完全满足各类处于不同地区、不同发展阶段的工业园区开展生态化建设的指导需求的现状，修订发布了《综合类生态工业园区标准》（HJ274–2009），替代原标准作为综合类国家生态工业示范园区的建设、管理、验收和绩效评估的依据。

随着气候变化成为全球关注的热点问题，环境保护部与时俱进，于2009年12月发布了《关于在国家生态工业示范园区中加强发展低碳经济的通知》，要求自2010年起，在国家生态工业示范园区建设和发展中，将发展低碳经济作为重点内容纳入园区建设和考核体系。

——为提高循环经济和生态工业试点示范工作的科学性和示范性，加强循环经济发展模式的研究和指导，环境保护部2009年发布了《钢铁工业发展循环经济环境保护导则》（HJ465–2009）和《铝工业发展循环经济环境保护导则》（HJ466–2009），完成了《盐化工发展循环经济环境保护导则》、《综合类园区发展循环经济环境保护导则》和《煤化工行业发展循环经济环境保护导则》的编制工作。

——《生态工业支撑技术评估指标体系 钢铁》、《造纸行业资源再循环指标体系》、《台式计算机行业资源再循环指标体系》、《酒精行业资源再循环指标体系》和《炼焦行业资源再循环指标体系》5项环境标准已按计划完成征求意见稿，行业资源再循环指标体系的建立工作稳步推进。

——2009年正式发布了《水泥工业清洁生产标准》、《造纸工业（废纸制浆）清洁生产标准》、《清洁生产标准制订技术导则》、《钢铁行业（铁合金）清洁生产标准》、《氧化铝业清洁生产标准》、《纯碱工业清洁生产标准》、《氯碱工业（烧碱）清洁生产标准》、《氯碱工业（聚氯乙烯）清洁生产标准》、《废铅酸蓄电池铅回收

业清洁生产标准》、《粗铅冶炼业清洁生产标准》、《铅电解业清洁生产标准》、《宾馆饭店业清洁生产标准》12项清洁生产行业标准。截至2009年底，共颁布实施了54项清洁生产标准、《重点企业清洁生产审核评估验收实施指南》和两批需重点审核的有毒有害物质名录，指导企业开展清洁生产。

——为配合政府绿色采购制度实施，环境保护部2009年制定发布了《环境标志产品技术要求 编制技术导则》、《环境标志产品技术要求 数字式一体化速印机》、《环境标志产品技术要求 防水卷材》、《环境标志产品技术要求 刚性防水材料》、《环境标志产品技术要求 防水涂料》、《环境标志产品技术要求 家用洗涤剂》、《环境标志产品技术要求 木质门和钢质门》、《环境标志产品技术要求 皮革和合成革》、《环境标志产品技术要求 采暖散热器》等9项环境标志产品标准。环境保护部制定的现行有效环境标志产品标准已达78项。

——为了推进生态文明建设，印发了《环境保护部关于开展第二批全国生态文明建设试点工作的通知》，确定了北京市延庆县，河北省承德市，上海市闵行区，江苏省常熟市、昆山市、江阴市、太仓市、无锡市，浙江省杭州市，广东省中山市，云南省 洱源县，贵州省贵阳市为第二批生态文明建设试点地区，深化生态市（县）建设工作提出了要求，创新体制机制，探索生态文明建设模式。组织编制了《全国环境优美乡镇考核标准》。

二、严格环境准入，淘汰落后产能，促进产业结构调整

环境保护部在建设项目环评审批中，严格落实发展循环经济的有关要求，积极推进节能减排工作，促进项目建设方案的优化。2009年前三季度批复的项目，在环保措施全部落实后，可削减化学需氧量排放量1.2万吨。

为遏制“两高一资”、产能过剩、低水平重复项目和违法项目的建设，2009年1月至10月，环境保护部对总投资1909.9亿元的47个项目环评文件作出不予批复、暂缓审批等决定，为不符合规定的项目设置了一道不可逾越的“防火墙”。

三、深化循环经济试点工作

（一）指导和管理国家生态工业示范园区的建设，积极推进循环经济试点工作不断深入

2009年，国家生态工业示范园区建设领导小组（环境保护部、商务部、科技部）批准了上海张江高科技园区、南昌高新技术产业开发区、宁波经济技术开发区等三个园区开展国家生态工业示范园区建设，批准烟台经济技术开发区、无锡新区、潍坊滨海经济开发区等三个园区正式命名为国家生态工业示范园区。

至2009年底，原国家环保总局和国家生态工业示范园区建设领导小组办公室已批准了36个园区开展国家生态工业示范园区建设，其中6个园区已正式得到了国家生态工业示范园区的命名，其中行业类园区9个，综合类园区26个，静脉产业类园区1个；西部地区5个，中部地区4个；东部地区27个。循环经济试点以点带面，辐射到全国范围。各园区为实现建设规划的总体目标，通过项目实施、完善相应支持政策等途径，对区域循环经济发展起到了良好的示范作用。

（二）继续推进生态省、生态县（市、区）、生态村等生态示范区试点工作

2009年，组织完成了10个县（市、区）的生态建设示范工作的技术评估。全国生态示范区建设试点自启动以来，发展迅速，在推进试点地区经济、社会和环境保护协调发展的同时，对周边地区产生了良好的辐射作用，使生态示范区建设成为区域社会、经济可持续发展的一种理想载体和组织形式。

2009年12月31日，颁布的《国务院关于推进海南国际旅游岛建设发展的若干意见》（以下称《意见》）将海南定位为“全国生态文明建设示范区”，在中央的支持下，海南将进一步加快生态文明建设步伐。

1999年3月30日国家环保总局正式批准我国第一个生态示范省海南省开展生态省建设10年来，在生态环境保护、产业发展、人居环境建设和生态文化培育等方面取得显著成效，使得海南在经济社会快速发展的同时，生态环境质量持续保持全国领先水平，为国际旅游岛的建设提供了资源环境的保障。

生态环境保护方面，空气质量达到全国一级标准；绝大部分地表水达到国家三类标准，海水为二级以上；全省共建成68个自然保护区，其中热带雨林、珊瑚礁、红树林等重要生态系统得到有效保护。优先发展生态型产业，构筑以生态农业和生态旅游为主、生态工业共同发展的生态产业格局，做到“在发展中保护，在保护中发展”。截至

2009年底，全省已建成10501个文明生态村，占全省自然村总数的45.4%；文明生态集镇创建工作深入开展；5个生态市县规划工作正在扎实推进，海口市编制了近两年生态市建设实施方案，由市政府批准实施，《三亚市生态市建设规划》已通过专家评审。

四、加大投入，加强清洁生产工作力度

加强对清洁生产、循环经济项目的支持和投入，加强对重点企业清洁生产审核的宣传，拓宽重点企业清洁生产审核的范围，全面启动重点企业清洁生产审核评估、验收工作，统计汇总全国重点企业清洁生产审核开展情况，提高全民对清洁生产的认识，引导重点企业积极主动开展清洁生产审核。

五、倡导环境友好的消费方式，推动可持续消费与绿色采购

按照《国务院关于落实科学发展观加强环境保护的决定》中"在消费环节，要大力倡导环境友好的消费方式，实行环境标识、环境认证和政府绿色采购制度"的要求，环境保护部会同财政部开展了政府绿色采购工作。截至2009年底，已发布了第四期《环境标志产品政府采购清单》，政府绿色采购产品种类由19类增加到21类，有700余家企业生产的8000多个规格型号的产品列入了《环境标志产品政府采购清单》。为保证《环境标志产品政府采购清单》的公开公正，进一步规范了相关管理工作，增加了预先公示的环节，同时，将其调整周期由一年调整一次改为半年调整一次。

为配合政府绿色采购制度实施，环境保护部加快了环境标志标准的制订步伐，加强对环境标志产品认证工作的监督，规范认证工作。通过中国环境标志认证的产品有70多个大类，近40000多种规格型号的产品，年产值超过1000亿元。

根据国家促进低碳经济发展的要求，在修订环境标志产品标准工作中，积极开展了增加碳排放指标的研究。首次在《环境标志产品技术要求 轻型汽车》标准制订中增加了碳排放指标的试点，通过环境标志标准和开展环境标志产品认证，引导低碳型环境友好产品的发展。

六、积极做好循环经济领域国际合作

环境保护部不断加强与美国、欧盟等发达国家，俄罗斯、日本、韩国、东盟等周边国家，以及广大发展中国家在资源综合利用、可持续能源、清洁生产、污染防治、废物回收及再生利用等领域的交流与合作，通过参与中日韩三国3R/循环经济研讨会等有关国际会议及论坛、实施"中日技术合作推进循环经济"等项目，充分学习和借鉴国外先进的理念和机制，极大地推动了我国的循环经济发展。

中日韩三国3R/循环经济研讨会是在中日韩三国环境部长会议机制下的研讨会。2005年至2009年已经召开了五次。2009年11月，第五届中日韩三国3R/循环经济研讨会在日本东京召开，主要议题有：循环型社会/循环经济/低碳社会关系；电子废弃物处理实践经验交流；构建相关领域信息共享系统。此次会议的召开增强了三国间的相互了解，为循环经济领域的交流与合作提供了广阔的平台。

2009年，为推进中日技术合作"推进循环经济"子项目 "推进静脉产业生态工业园建设"进度，中日双方相关人员联合组成了调研组，完成了对备选试点工业园的实地调研。

七、人员培训工作及循环经济科学研究和队伍建设

一是将循环经济培训作为重要内容纳入2009年全国性环保业务系列培训工作中。先后于2009年7月举办的"锰三角"地区党政领导干部环保培训班，同年9月举行的湖北、湖南两型社会建设环保专题研讨班、宁夏、新疆党政领导干部环保培训班和4期地市级环保局长岗位培训班中安排有关内容的培训，并组织部分班次学员参观了曹妃甸循环经济工业示范园区。

二是召开研讨会推进核行业资源循环再利用。支持中国核学会辐射防护分会、核化工分会和中国环境科学学会核安全与辐射环境安全专业委员会于2009年8月在大连召开了"全国低中放废物管理与最小化、核设施退役与三废治理研讨会"，交流研讨了废物最小化战略、政策与导则、废物最小化方法、技术措施、三废治理实践与经验、核设施退役以及废物循环再利用等。

加快科技创新步伐　促进循环经济大规模发展

科学技术部

党中央、国务院高度重视发展循环经济，把发展循环经济作为调整经济结构、转变发展方式、实现节能减排目标、推进资源节约与环境保护基本国策的重要措施。“十一五”期间，在国家重大战略任务的推动下，尤其是2009年《循环经济促进法》实施以来，循环经济理念深入人心，政策体系逐步完善，试点工作深入开展，发展循环经济取得了积极的成效。科技部贯彻落实党十七大指示精神，实施《循环经济促进法》，加大循环经济科技创新力度，推动循环经济大规模发展。

一、新形势下发展循环经济的紧迫性

现行粗放式经济发展模式导致资源浪费和污染物排放量巨大，对生态环境的压力持续增长，节约资源、保护环境与经济快速发展之间的矛盾已成为全面实现小康社会宏伟目标的症结之一。破解我国环境保护与经济发展的瓶颈问题，必须立足加快传统落后产业升级，推动产业结构调整和绿色发展，改变传统末端治理方式，向源头和全过程控制转变，这决定了发展循环经济是实现双重目标的根本选择与有效途径。

（一）发展循环经济是支撑节能减排与应对气候变化的根本措施

我国仍处于工业化发展中期，钢铁、化工、有色、电力、轻工等高消耗、重污染的结构模式与技术体系，在较长时间仍占为主体地位，资源能源利用效率低，污染物源头和过程排放量巨大。循环经济通过物质闭路循环和能量梯次利用，实现低投入，高利用，低排放。特别是煤电、钢铁、冶金等行业是我国CO_2排放的主体，通过资源能源消耗的源头减量发展循环经济，可以实现低碳排放型的重化工业发展模式。因此，发展循环经济可以协同解决多种污染物削减，资源能源节约和温室气体减排，不仅综合环境效益突出，还能带来显著经济效益。

（二）发展循环经济是推动资源循环利用战略新兴产业的重要途径

随着我国城市化的快速发展和居民消费结构的升级，每年产生数亿吨的废旧机电、报废汽车、废旧家电及电子电器等社会消费废物，蕴含大量金属、橡胶、塑料等再生资源，成为永不枯竭的“城市矿产”。以废旧机电与电子电器再制造、废旧家电回收利用、金属再生利用、废旧高分子材料高值利用等为核心的资源循环利用产业已快速发展起来，不仅从根本上解决了社会消费废物的环境污染问题，也为资源安全供给提供了途径，成为21世纪的朝阳产业。德国通过实施“循环经济和废物处置法”，资源利用产出效益在近20年内提高了4~10倍，废物循环利用行业每年创造500亿欧元产值。即使在全球金融危机的冲击下，德国的资源循环利用行业仍然实现了快速发展。2008年我国资源循环利用产业总产值也达到了8000亿元，2012年可达1.4万亿元，作为战略性新兴产业，具有广阔的发展前景。

（三）发展循环经济是推动经济发展模式转变和落实“两型”社会建设的根本举措

作为一种新的经济发展模式，循环经济具有鲜明的国情特色与阶段发展特征。当前，发达国家已经完成传统工业的现代化改造，为在后危机时代占据制高点和应对全球气候变化，纷纷提出了建立循环型社会或低碳社会，引领一种新的经济发展模式转变。如，美国提出2020绿色科技计划，在未来20年将污染物排放减少30%。日本在2025年规划中提出了“全部清洁化”战略，制定了全面物质循环型社会建设的科技计划。欧盟将在2013年之前投资1050亿欧元支持欧盟地区的“绿色经济”，促进就业和经济增长。发达国家的污染防治已转向绿色制造、新能源、碳减排等绿色经济与循环型社会技术创新阶段。我国发展循环经济，不能照搬国外经验与现成模式，要统筹国内、国外发展的新形势，立足于我国发展阶段和面临资源环境问题的国情，不仅要面向废弃物的资源化循环利用，更要注重源头减量化的产业技术升级，积极推动城市、农村、区域等大规模发展循环经济，积极推动低碳经济，建设资源节约型和环境友好型社会，最终实现绿色发展。

二、循环经济科技创新取得阶段性进展

世界各国发展循环经济的经验表明，科技创新是推动循环经济大规模发展的坚实基础与内在动力，对于推动循环经济发展具有重要支撑与引领作用。我国《循环经济促进法》强调发展循环经济必须坚持“技术可行、经济合理、资源节约、环境保护”的原则，明确要求加强循环经济科技创新投入。2010年的“两会”报告明确提出，“积极发展循环经济和节能环保产业。支持循环经济技术研发、示范推广和能力建设”，循环经济发展对科技创新提出了更高、更新的要求。

在《国家中长期科学和技术发展规划纲要（2006-2020年）》中，“在重点行业和重点城市建立循环经济的技术发展模式，为建设资源节约型和环境友好型社会提供科技支持”，被列为未来15年科学技术发展的七大目标之一。按照《规划纲要》的部署，科学技术部围绕“两型”社会建设，做好循环经济科技发展的总体规划与创新推进，将循环经济重大科技成果的创新与推广作为重点，不断加大对重污染行业清洁生产、工业园区废物循环利用、区域资源综合利用、城市废物再生利用等循环经济关键技术研发的科技投入，部署了“清洁生产与循环经济关键技术与示范”、“重点耗水行业节水技术开发与示范”等一系列国家循环经济科技计划项目。“十一五”以来我国在科技促进循环经济发展方面取得了一定的工作成效，培育和发展了一批快速增长的循环经济新兴产业，为我国循环经济大规模发展、实现重点行业与区域资源节约、环境保护、经济发展的协调提供了阶段性的科技支撑。

（一）支撑我国循环经济决策与能力建设

循环经济理论框架及实践模式的研究逐步深入，许多成果广泛应用于国家重大决策的制定。例如，较早开展了绿色GDP核算的研究，并于2006年由国家环保总局和国家统计局联合发布了《中国绿色国民经济核算研究报告》；通过立法研究支撑了我国《循环经济促进法》颁布及实施。近期，科技部会同发改委、工信部，启动了循环经济评价考核指标、循环经济技术标准、节能减排技术目录与政策的研究，为国家循环经济的深入发展和节能减排提供技术支撑。支持完成了石油炼制、制革等50多个行业清洁生产标准制定工作，并应用于企业清洁生产审核，极大地推动了企业的清洁生产。另一方面，支持建立区域再生资源交易平台（专栏1）、循环经济与节能减排技术信息服务平台，增强了发展循环经济的能力建设。

专栏1　区域再生资源交易平台

区域再生资源回收体系是连接生产消费与资源再生的关键环节。我国正在全国范围内大力推进再生资源回收利用网络体系的建设，但由于废弃物分类标准缺失，资源化产品种类繁多，成分复杂，市场无序化经营严重，在很大程度上阻碍了再生资源产业健康持续的发展。例如，国家标准《全国主要产品分类与代码》中缺少废弃物及资源化产品的分类与代码，标准数量欠缺，类别分散，缺乏成套性和系统性，在技术推广和产品应用上存在诸多障碍。

针对再生资源分类缺乏标准和交易信息不对称的问题，在国家科技支撑计划项目的支持下，清华大学研制了废弃物分类及编码标准体系、废弃物资源化属性数据库、废弃物交易搜索匹配系统三项核心技术。同时，清华大学课题组携手江苏仕德伟网络科技公司，共同构建了5R再生资源交易平台（www.5RChina.com），并初步实现了商业化运营。截至2010年8月，交易平台企业用户数约5.9万家，累计交易量超过11万吨，交易额约3亿元，废物交易信息

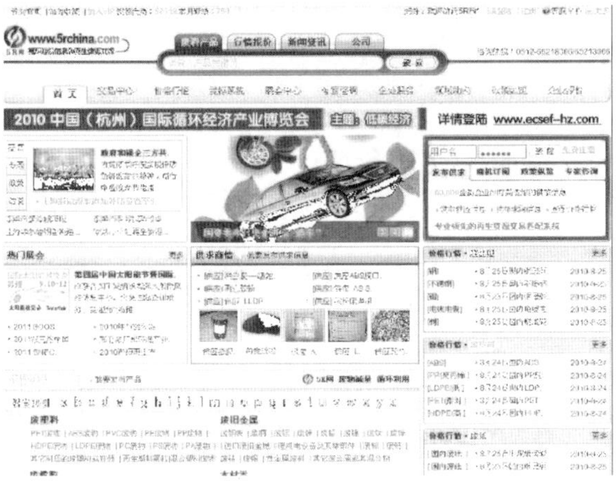

区域废物交易平台

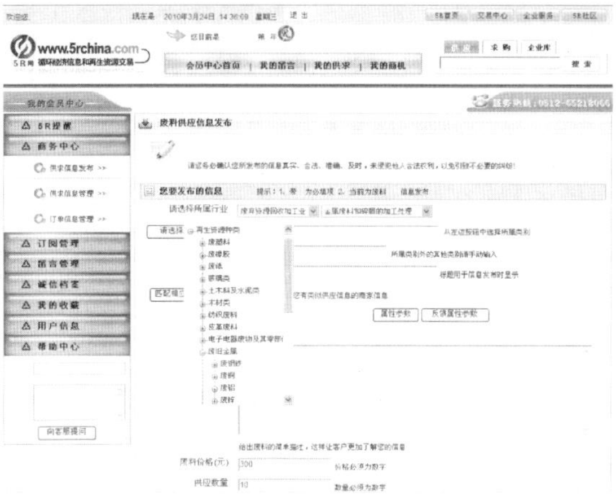

再生资源交易信息匹配标准系统

发布超过600条/天，获得来自企业、政府的经济效益约800万元。

（二）推动重污染行业节能减排目标的实现

在“十一五”期间，科技部以落实国务院《节能减排综合性工作方案》，实施《节能减排科技专项行动方案》为抓手和目标，针对钢铁、化工、有色、皮革等节能减排重点行业，开展了以节能减排与清洁生产为目标的技术研发与集成示范。有些行业关键技术的突破，可以实现节省建设投资15%~20%，降低生产成本约10%，降低生产能耗约50%，提高资源利用率20%以上，工业废渣源头减量约80%。例如，制革行业（专栏2）与电石法聚氯乙烯行业（专栏3）通过清洁生产技术的集成，在节水、减少COD排放以及经济效益方面取得了显著的成效。这些典型行业循环经济技术发展模式的实施，不仅实现了节能减排的目标，而且支撑了我国传统行业环境保护方式的根本转变。

专栏2　清洁制革集成技术

我国是世界皮革工业第一大国，其年产值已经超过4000亿元，但是传统制革过程废水氨氮超标等环境污染问题较严重。针对这一问题，四川大学等课题组开发了以酶制剂为基础的低硫少灰保毛脱毛技术、无氨脱灰技术、废水氨氮脱除技术等清洁生产关键技术，并实现集成应用；适时制定并发布国家《制革行业清洁生产评价指标体系》。在国家科技支撑计划项目的支持下，现已建设5个技术集成程度较高的示范工程企业，合计生产皮革530万张/年，完成产值7.9亿元，减少水用量150万吨/年，减少COD排放1128吨/年，减少硫化物排放1600吨/年，减少石灰排放3200吨/年，减少废水处理费用1300万元/年。目前，皮革清洁生产技术已在我国300多家企业实现推广应用，取得了显著的经济、环境效益。

清洁制革技术废液

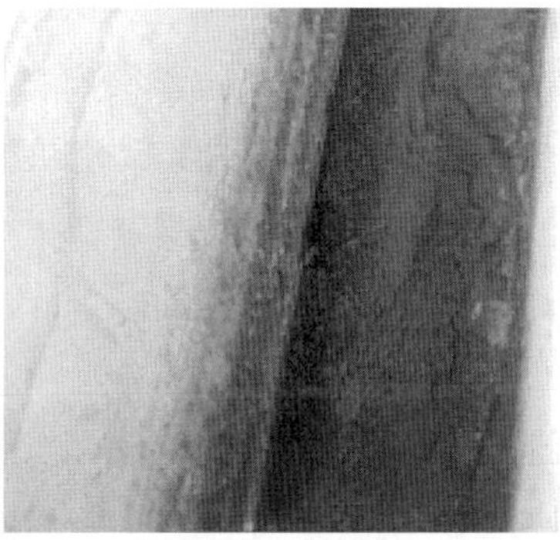

传统制革工艺废液

注：清洁制革技术使废液污染负荷大幅度减低，常规处理后可达到排放。

序批式生物膜反应器（SBBR）

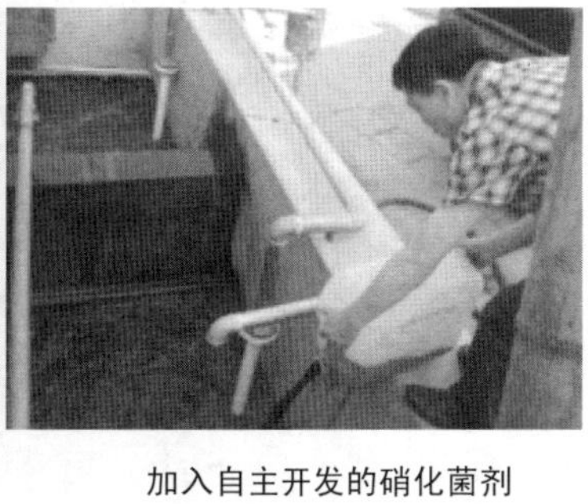

加入自主开发的硝化菌剂

注：脱氮功能微生物菌剂的开发和应用，使制革废水氨氮超标的难题得以解决。

新型干法乙炔发生装置

含汞废酸深度解析处理装置

聚合母液水生化处理回收装置

新型干法电石渣制水泥装置

专栏3　电石法聚氯乙烯清洁生产技术

电石法聚氯乙烯生产以电石、HCL为原料，在其生产过程中产生大量的废电石渣、含VCM的精馏尾气以及含硫、含汞、含磷废水，“三废”治理与清洁生产问题，对我国PVC行业可持续发展具有较大的现实意义。新疆天业（集团）有限公司自主创新和吸收引进包括湿法乙炔电石渣上清液闭路循环技术、干法乙炔发生技术、含汞废酸深度解析处理技术、低固汞的研究与开发技术、聚合母液水回用技术以及电石渣综合利用技术。通过技术集成使乙炔一次用水量降低到传统工艺的1/10，含汞废酸的含酸量由22%降至1%以下，含汞降至20mg/L以下，聚合母液水达到电厂中水回用标准。同时，每年可回用废水约800万吨、电石渣约150万吨，为企业年节约生产成本5000万余元，增加效益1亿元左右。

（三）促进资源循环利用等战略性新兴产业的发展

以废旧产品、城市垃圾、大宗工业废物循环利用，支撑了再生资源、环保装备、清洁生产服务等新兴产业的发展。针对废旧机电产品、再生金属、废旧轮胎等主要再生资源循环利用，我国先后突破了一些高附加值产品加工技术与设备，并迅速得到产业化推广应用。2007年我国再生资源利用超过1.6亿吨，总产值超过4000亿人民币，解决了约1300万农民工就业问题。在汽车零部件再制造方面（专栏4），纳米喷涂、微脉冲冷焊等多项表面工程技术的突破，使废旧零部件再制造率由73%提升到90%。工业固体废物循环利用技术每提高综合利用率1个百分点，每年将减少1000万吨污染物排放，经济环境效益巨大。

专栏4　汽车零部件再制造关键技术与装备

我国废旧汽车数量逐年递增，数量巨大，蕴含附加值高，但传统的回炉利用模式造成极大的资源浪费和能源消耗。在国家科技支撑计划项目的支持下，装甲兵工程学院研制了汽车零部件再利用关键技术与再制造自动化工艺

汽车零部件自动化再制造关键技术与装备应用示范工程

废旧零部件物理清洗技术实现了产品的无污染、绿色化

原来无序的生产现场

信息化建设后的生产现场

装备，建立了基于“尺寸恢复和性能提升法”的中国特色再制造技术模式，形成了3项国家标准和多项行业标准。关键技术与设备现已成功应用于中国重汽济南复强动力有限公司、广州花都全球自动变速箱有限公司等多家再制造企业的发动机、变速箱等汽车零部件再制造生产线，已实现旧件利用率超过90%，不可再制造部分资源化比率大于90%，万元产值工业固体废物处置量小于10kg；基本实现了再制造全过程废水、废气的零排放。以济南复强动力有限公司为例，通过对5万台废旧斯太尔发动机进行的再制造统计，可回收附加值16.15亿元，利税1.45亿元，提供就业500人，节省金属3.825万吨，节电7250万度，减少CO_2排放3000吨。

（四）凝练了多项适合我国国情的循环经济技术模式

通过加大循环经济科技投入，一些典型园区和城市的循环经济技术模式初步形成。例如，依托济南钢铁有限公司（专栏5）在铁碳资源高效利用、能量/水梯级利用、废物资源化利用取得的技术突破，凝炼形成了资源高效利用的循环型钢铁企业新模式，成为了传统钢铁园区发展循环经济的典范。依托清华大学作为技术依托的苏州市（专栏6），在水热综合利用、电子废物资源化利用以及包括餐厨垃圾、废旧轮胎、焚烧飞灰等典型城市废弃物的资源化利用技术取得了突破，构建区域废弃物交易标准平台，加大城市废弃物回收体系建设与循环利用工程示范，解决了高技术产业发达城市的废弃物资源处理问题，构建了城市静脉产业技术模式，具有较好的推广示范意义。这些技术模式的凝练和示范，为我国下一阶段在工业园区、城市与区域大规模发展循环经济奠定了技术基础。

专栏5　大型钢铁联合企业工业园区循环经济技术模式

我国钢铁企业普遍存在的资源利用率低、能耗高和环境污染严重等突出问题，在国家科技支撑计划项目的支持下，开发了烧结矿余热高效回收发电、炼钢转炉烟道废气余热高效回收发电、焦化废水分级处理、高炉渣生产矿渣微粉、氧化铝赤泥铁元素分级提取与资源化利用、钢铁流程消纳社区生活废水等重大行业关键共性技术与装备，依托济南钢铁有限公司建立了“一园五链”大型钢铁联合企业示范园区，构建了铁资源高效转化与利用循环经济产业链、余热余能梯级利用循环经济产业链、水资源高效及循环利用循环经济产业链、企业内部三废资源综合利用循环经济产业链、大宗社会废弃物消纳循环经济产业链。济南钢铁集团公司通过建立“一园五链”循环经济工业园区模式，吨钢综合能耗降低到596kg标准煤，耗新水量降低到2.96吨；每年减少固废排放20万吨，SO_2排放4000吨，废水排放600万吨，CO_2排放150万吨；同时每年吸纳社区废水240万吨，消纳社会大宗工业固体废弃物（赤泥）100万吨以上；技术转让收入超过2000万元。

烧结矿余热回收发电装置

赤泥铁元素分级提取与资源化

专栏6　苏州城市循环经济共性技术发展模式

建设一批符合循环经济发展要求的资源节约型、环境友好型城市，是我国率先提出的具有中国特色的一项重要举措，典型城市建立循环经济的技术发展模式具有重大的战略意义和示范作用。

苏州市电子信息、精细化工等高新产业发达，多种高能耗高物耗产业并存，居民消费升级加速带来了大量废弃物。清华大学联合多家科研单位和企业，按照“顶层设计、节点联动、政策保障”的技术路线，贯穿“生产、流通、消费与处理处置”生命周期全过程相结合的思路，通过关键技术突破和示范工程建设形成了由“规划集成、清洁生产、废物回收交易、废物资源化以及政策管理规范化”五类支撑城市循环经济发展的共性技术支持体

CRT锥屏分离处理装置

废电路板处理装置

废锂电池处理技术示范

餐厨垃圾高效湿热资源化处理工程

废旧轮胎常温破碎生产精细胶粉技术工程

焚烧飞灰水泥窑煅烧资源化技术工程

系：（1）以投入产出分析技术和空间物质流分析技术为代表的城市循环经济规划顶层设计技术，编制了《苏州市循环经济发展规划（2008）》；（2）在生产环节，突破了电子、电力、化工、印染和采选矿五类行业的清洁生产技术（如热泵辅助污泥厌氧消化和同时供冷技术），并通过政府开展推广应用到约1000家企业；（3）在流通环节，构建了再生资源交易标准化平台，还针对构建了餐厨垃圾、电子废物等废物回收体系建设；（4）在消费与处理处置环节，针对东部城市大量产生的废轮胎、餐厨垃圾、焚烧飞灰和电子废物4种典型废物，开发了废旧轮胎常温精细粉碎生产塑化胶粉技术、餐厨垃圾湿热水解资源化处理技术、焚烧飞灰水泥窑煅烧资源化技术、成套化电子废弃物处理和资源化利用技术，并建立相应的规模化示范工程；（5）在政策保障部分，提供了循环经济规划、餐厨垃圾、电子废物等回收政策与管理办法，支撑出台了政府绿色采购、清洁生产管理办法等一系列支撑循环经济的地方政策、法规以及管理办法，并得到了实施。

项目的实施后，苏州市每年实现了对电子废物CRT1440吨、LCD100吨、废旧轮胎2万吨、餐厨垃圾3.65万吨、垃圾焚烧飞灰10950吨和污水厂污泥6.57万吨的资源化，实现年收入超过2亿元，取得了显著的环境、经济效益。

（五）科技带动公众生活方式与消费模式的可持续转变。

科技部积极开展循环经济科技走进企业、社区、农村等活动，以循环经济理念倡导可持续生产与消费模式的转变。如通过绿色食品、生态时装、绿色家电、节能汽车、生态房屋、生态旅游产品的开发与认证，倡导消费者在消费时选择有助于公众健康和循环利用的绿色产品。在一些农牧业生态建设、新农村新牧区建设中，沼气、太阳能利用等核心技术改善了当地居民的生活方式和质量。

落实科学发展观　大力发展循环农业

农业部

发展循环农业，不仅是缓解资源约束和确保农产品有效供给的需要，也是降低农业生产成本、保障农民收入持续增长及农村社会和谐发展的迫切任务。近年来，农业部认真贯彻落实科学发展观，加强农业资源环境保护工作，采取切实有效措施，加大科研攻关力度，大力发展循环农业、生态农业、现代农业，推广应用农业清洁生产技术，节约农业生产成本，保护农业资源，资源化利用农村废弃物，防治农业面源污染，取得了一定成效。

一、促进农业清洁生产，推进农业废弃物资源化利用

（一）农村清洁工程试点建设继续开展

2009年，农业部继续开展农村清洁工程建设，推进农村环境综合整治。中央安排1032.5万元财政经费，重点支持湖南、湖北、安徽、四川、重庆等17个省（市）的112个村实施农村清洁工程试点示范。在中央财政经费的带动下，省级、县级分别自筹经费1158万元和7708万元（包括农民自筹）用于开展农村清洁工程建设。示范村通过建设田园清洁、家园清洁和村级公共卫生清洁等设施建设，将人畜粪便、生活垃圾和污水、作物秸秆进行无害化处理和资源化利用；示范区共建设生态拦截沟1.79万米、农村废弃物发酵处理池1507个、生活污水净化处理池2653个、村内管网建设20.6万米、道路建设213767米，农村“四改”配套建设8784户，垃圾分类收集设施购置14557户，建设农村物业服务站123个，无机垃圾中转设施411个。通过项目实施，示范区有效防治了农业面源污染，村容村貌发生很大变化，精神文明程度得到进一步提高。

（二）农村沼气建设规模继续扩大

2008年底至2009年初，中央连续下达两批新增农村沼气项目,共投资80亿元,引导地方政府加大沼气补助资金力度，其中中央投资项目建设户用沼气358万户、大中型沼气工程项目1579处、养殖小区和联户沼气工程项目10440个，2009年新建农村沼气用户超过510万户。同时，农村沼气服务网点建设规模也不断扩大，服务体系进一步加强和完善。到2009年底，全国农村沼气用户达到3500万户，年生产沼气约134亿立方米，农民使用沼气替代薪柴相当于2100万吨标准煤，减少二氧化碳排放约5000万吨。农村沼气的应用产生了显著的经济、环境和社会效益，成为各地推动社会主义新农村建设的抓手。

农业部科技教育司到广西临桂县考察生态农业

北京市平谷县大力推进循环农业

（三）养殖业清洁生产不断深化

截至2009年，国家投入82亿元，分别支持生猪、奶牛标准化规模养殖场（小区）建设，投入4.62亿元启动了蛋鸡标准化养殖场改造以奖代补项目，进一步提高规模化畜禽养殖场排泄物的治理和资源化利用水平。下发了《关于加快畜禽标准化规模养殖的意见》，要求各地把畜禽养殖废弃物防治作为标准化规模养殖的重要内容，突出抓好畜禽养殖污染的无害化处理工作。启动实施了生猪、奶牛、蛋鸡、肉鸡、肉牛和肉羊等主要畜禽品种的标准化示范创建活动，发挥标准化示范场在标准化生产、畜禽粪污处理等方面的示范带动作用，引导各地在推动畜禽规模养殖发展的同时，实现养殖场的排泄物达标排放和资源化利用。全国水产健康养殖深入推进，目前农业部水产健康养殖示范场累计达到1177家。

二、节约农业生产成本，减少农业生产污染

（一）测土配方施肥行动稳步推进

2009年，中央财政投入12亿元用于测土配方施肥补贴，项目区扩大到2498个项目县（场、单位），基本覆盖了所有县级农业行政区。粮棉油等主要农作物测土配方施肥技术覆盖率在60%以上，并向经济作物、园艺作物拓展。共推广测土施肥面积10亿亩以上，受益农户达1.5亿户。项目实施的经济环境效益十分明显，小麦、水稻、玉米等粮食作物一般增产6%~10%，亩节本增效30元以上；经济作物亩节本增效在80元以上；减少不合理化肥投入150多万吨（折纯）。

（二）保护性耕作工作取得新进展

2009年国务院批准了国家发改委、农业部编制的《保护性耕作工程建设规划（2009-2015年）》（以下简称《规划》）。《规划》将我国北方15个省（区、市）和苏北、皖北地区划分为东北平原垄作、东北西部风沙干旱、西北黄土高原、西北绿洲农业、华北长城沿线、黄淮海两茬平作等六个保护性耕作类型区，以县（农场）为项目单元，建设600个保护性耕作工程区（共2000万亩）。通过项目建设与辐射带动，新增保护性耕作面积约1.7亿亩；建设国家保护性耕作工程技术中心1个。保护性耕作以秸秆覆盖地表、免少耕播种、深松及病虫草害综合控制为主要内容，有效防治了农田扬尘和水土流失，在蓄水保墒、培肥地力、节本增效、减少秸秆焚烧和温室气体排放方面起到重要作用。2009年，农业部继续推广保护性耕作技术，利用财政专项资金实施部级保护性耕作示范县134个，全国新增保护性耕作实施面积1000多万亩。截至2009年底，中央财政累计投资2亿元，地方财政投入资金8亿元，带动农民投入26亿元，累计建设256个部级、315个省市级保护性耕作示范县，项目共涉及300多万户，实施保护性耕作技术面积5500万亩，机械化免耕播种面积1.3亿亩，秸秆机械化粉碎还田面积3.2亿亩。

农业部首批循环农业示范市——桂林市“节能减排农村行”启动仪式

三、保护农业资源，促进农业可持续发展

（一）农作物物种资源保护工作全面开展

2009年，农业部组织各省（区、市）农业部门对143个物种进行了系统调查，共发现2028个分布点，抢救性收集各类资源1311份（次），并新建12个农业野生植物原生境保护点、2个异位保存圃和1个基因鉴定评价中心。

（二）水生生物资源保护成效显著

2009年农业部审定公布（农业部公告第1308号）57个国家级水产种质资源保护区（第三批），分布于长江、黑龙江、珠江等水系的36条江河、14个湖泊，以及渤海、黄海、东海的7个海湾、岛礁和滩涂等水域生态系统。2009年，农业部发布《水生生物增殖放流管理规定》，全国投入增殖放流资金5.9亿元，增殖放流各种鱼类、虾蟹类、贝类等共计245亿尾，先后与重庆、北京、山东、广东等13个省（区、市）政府联合举办了12次水生生物增殖放流活动，引导带动全国各地共实施增殖放流活动上千次。海洋休渔期间休渔的海洋捕捞机动渔船数量达11万艘，休渔渔民数量近100万人。组织开展了2009年长江禁渔期执法检查行动，沿江10省（区、市）共组织开展执法检查行动5340次，出动检查船艇7408艘次，参加检查人员70032次，共查获违禁捕捞船2112艘次，确保了长江禁渔期制度顺利执行。

（三）草原保护有序开展

2009年，农业部继续组织实施退牧还草和京津风沙源草原治理等重大草原生态保护建设工程，集中治理生态脆弱和严重退化草原。中央财政投入退牧还草工程15亿元，建设草原围栏525.7万公顷，补播改良严重退化草原156.7万公顷，治理石漠化草原2.7万公顷。京津风沙源草原治理工程中央财政投入3.6亿元，治理草原19万公顷，建设牲畜棚圈127万平方米，购置饲草料加工机械17100台（套）。强化草原灾害防控，全国累计建设草原防火指挥中心21个、草原防火物资储备库46座、草原防火站70个，每年开设边境草原防火隔离带3000公里。防治草原鼠害699万公顷，防治草原虫害517万公顷，为农牧民群众挽回直接经济损失10.9亿元。加强草原执法监督，前移草原执法关口，2009年共依法查处开垦草原、非法征占用草原、非法采集草原野生植物等草原违法案件27000余起。完善草原政策法规，将牧业机械纳入农机购置补贴范围，在西藏开展草原生态补偿试点，修订和出台《草原防火条例》、《草种检验员考核办法》和《草种进出口管理细则》等法规。

在农业循环经济模式的指引下，2009年稻花香集团昂首突破50亿元，近20万农民直接或间接就业致富，交出一份企业发展与社会责任双赢的答卷

发展循环经济　推进节能减排

商务部

2009年是进入新世纪以来我国经济社会发展最为困难的一年，也是我国商务事业经受严峻考验的一年。面对历史罕见的国际金融危机的严重冲击，全国商务系统广大干部职工在党中央、国务院的坚强领导下，坚定信心，迎难而上，扎实工作，共克时艰，商务事业取得了新进展。国内消费保持平稳较快增长，全年社会消费品零售总额12.5万亿元，同比增长15.5%；对外贸易实现保市场、保份额目标，全年进出口约2.2万亿美元，降幅13.9%左右；吸收外资持续下滑局面得到扭转，全年实际使用外资约900亿美元左右，下降约2.6%；“走出去”保持逆势上扬的发展态势，非金融类对外直接投资约420亿美元，对外承包工程营业额近777亿美元，对外劳务合作营业额达89.1亿美元。一年来，商务部根据党的十六届五中全会提出的“大力发展循环经济，完善再生资源回收利用体系”的要求和《国务院关于做好建设节约型社会近期重点工作的通知》(国发[2005]21号)、《国务院关于加快发展循环经济的若干意见》(国发[2005]22号)精神，在循环经济方面取得了显著成效。

一、家电以旧换新试点工作取得了令人瞩目的成绩

2009年5月19日，国务院第65次常务会议决定自2009年6月1日至2010年5月31日，在北京、天津、上海等9个省市开展家电以旧换新试点工作。按照国务院部署，商务部、财政部、发展改革委、环境保护部等部门及时开展工作，召开工作会议、下发文件通知，明确具体工作要求。中宣部、工业和信息化部、工商总局、质检总局在各自职责范围内做了大量工作，为各地顺利开展试点奠定了基础。试点实施一年来，各试点省市在国务院各有关部门支持下和当地政府的领导下，认真落实家电以旧换新各项工作要求，努力创造家电以旧换新的良好环境，达到了预期目标，取得了令人瞩目的成绩。

一是形成城市消费新热点，拉动了内需。截至2009年12月30日，9个试点省市共销售五类新家电360.2万台，销售额140.9亿元，占五类家电品种销售额的近1/3，占全部家电总销售额的1/5左右。实施家电以旧换新后，上海市五类家电销售总量同比增长30%，其中家电以旧换新销售量占五类家电销售总量的60%。苏宁、国美两大家电销售企业在9个试点省市的五类家电销售总量同比分别增长98%、94%，其中家电以旧换新销售量分别占五类家电销售总量的57%、68%。实施家电以旧换新和家电下乡政策，有效拉动了国内市场，家电行业减缓了出口下降的不利影响，受金融危机影响很小，逆势上扬，2009年我国家电行业累计工业销售产值同比增长3.28%。家电以旧换新作为拉动内需政策的一个重要组成部分，引导城镇居民潜在消费能力的释放，有效地扩大了消费，开拓了国内市场，减缓了近年来出口下降的不利影响，为应对金融危机，“保增长、调结构”做出了重要贡献。

二是提升居民生活水平，改善了民生。家电以旧换新通过财政补贴，惠及大量城镇居民，促进了居民生活环境条件的改善，体现了和谐社会与关注民生，消费者享受补贴约50亿元，受惠家庭达1355万户，其中多数为中低收入群体。同时，在销售、回收、拆解各个环节提供了大量就业机会。据统计，服务于家电以旧换新的从业人员达30万人以上，其中70%以上是农民工和城市下岗人员，对于扩大社会就业起到了一定的积极作用。

三是促进资源循环利用，保护了环境。截至2009年12月30日，9个试点省市共回收五大类旧家电402.6万台，其中回收废旧电视机298.1万台，占总数的74.1%。回收的废旧家电可利用废塑料、废铜等再生资源10万多吨。同时，以旧换新推动居民消费水平提升，淘汰了耗能高的老旧家电，推广了节能新家电，新家电降低家电能耗消耗约20%~30%，产品更新换代和消费升级特征明显。此外，9个试点省市实施家电以旧换新政策以来，废旧家电一律进入指定拆解企业集中处理，试点地区已初步形成较为完善的回收处理机制，促进了资源循环利用和环境保护。目前我国已进入家电报废高峰期，通过以旧换新，对废家电进行集中回收、拆解、处理，可以使资源得到充分有效的利用，有利于在现阶段培育废旧家电回收拆解产业，改变回收无序、小作坊拆解污染的局面，加快建立现代化回收、拆解体系，推动循环经济发展。目前试点省市招标确定了317个回收企业，22个拆解处理企业，回收和拆解处理运做规范，规模效益凸显。可以说，通过家电以旧换新，节约了能源，推动了资源循环利用，有效地挖掘了“城市矿山”，也防止了环境污染，取得了显著的资源环境效益、经济效益和社会效益，同时，还有力地促进了家电回收拆解这一新型产业技术装备水平的提高。

2009年3月27日，商务部部长陈德铭考察贵阳市金恒再生资源交易中心

二、再生资源回收体系建设工作步伐加快

据测算，每回收利用1吨废旧物资，可以节约自然资源4.12吨，节约能源1.4吨标准煤，减少6~10吨垃圾处理量；每利用一万吨废纸，可生产纸浆8000吨，节约木材3万立方米，标准煤1.2万吨，水100万立方米，少排放废水90多万立方米，节电600万千瓦时。因此，加快建设现代再生资源回收体系，是实现节能减排目标的一个重要举措，也将有效地促进资源节约型、环境友好型社会的建设。

2006年开始，商务部在北京等26个城市开展了第一批再生资源回收体系建设试点；2007 年，国务院把再生资源回收体系建设试点列入了国家节能减排综合性工作方案，并明确由商务部负责。2009年实施的《循环经济促进法》又明确规定“国家鼓励和推进废物回收体系建设”。2009年，商务部会同财政部下发《关于加快推进再生资源回收体系建设的通知》(商商贸发[2009]142号),已有29个城市和11个交易市场作为第二批再生资源回收体系建设试点。我国已兴起了河北保定、浙江永康、湖南汨罗、山东临沂、四川新津、河南长葛、广东南海和重庆等废旧物资交易市场。此外,一些专业化的园区如安徽界首的再生铅、江西丰城的再生铝、湖南永兴的贵金属、江西贵溪的再生铜市场也在加速建设发展。2009年开始财政部、商务部等支持了北京等12个城市的回收网点及分拣中心建设，这12个城市已经完成了13000多个再生资源的回收网点,并且已经建成了42个分检中心，同时，又支持了10个跨区域的再生资源回收市场。通过这些设施的建设，对于整个再生资源的体系建设起到很大的作用，同时对再生资源的回收也有很大的推动。这12个城市的体系建成之后，每年可以多回收废纸72万吨，废钢铁7.2万吨,废有色金属3.6万吨,废塑料7.2万吨,同时,这个体系的建设也推动了就业。这12个城市试点地区可以增加18万个就业岗位。各个试点城市均成立了以市政府主要领导任组长，甚至一些城市还由市委书记、市长亲自挂帅，由商务部门及发改委机构、工商、公安、财政、环保等部门共同参与的再生资源回收利用体系建设工作领导小组，形成了各司其职、共同推进的工作机制，为规范回收行业的健康发展以及确立该行业的管理体制奠定了基础。通过再生资源回收体系的建设，对我国整个循环

2009年11月26日，商务部副部长姜增伟与财政部张少春副部长在北京市调研“家电以旧换新”试点实施情况

经济、循环消费的发展有很大的促进作用。

一是确立了回收行业管理体制。再生资源回收涉及资源节约、环境保护、城市规划建设、社会安定和谐等方方面面，是个系统工程。因此建立再生资源回收体系，需要政府引导和市场运作，仅靠一个企业、一个部门是难以完成的，必须依靠全社会的力量，各方面通力协作，才能使这项工作得以实施。总结试点成功经验，最重要的一条就是各地政府高度重视。试点城市均成立了以市政府主要领导任组长，有些城市还是市长、市委书记亲自挂帅，由商务部门及发改、工商、公安、财政、环保等部门共同参与的再生资源回收利用体系建设工作领导小组，形成了各司其职、共同推进的工作机制，为管理和规范回收行业的健康发展奠定了基础。

2007年商务部联合发展改革委等五部门颁布了《再生资源回收管理办法》（商务部令2007年第8号），确立了再生资源回收经营者备案制度、回收生产性废旧金属登记制度，确定了统一管理、分工负责的监管原则和回收网点规划的制定原则，形成了由商务主管部门牵头、各部门协调配合的管理体制。目前，各地按照《再生资源回收管理办法》的要求，已全面开展备案工作，备案单位已达到23819个，北京、天津备案登记率达60%以上。此外，商务部已开通了回收经营者网上备案系统，并准备建立回收行业管理信息系统和统计指标体系，逐步实现行业管理的电子化、信息化，填补行业管理基础的空白。

二是完善了回收行业政策体系。国务院有关部门以及各级政府大力支持再生资源回收工作，制定了多项优惠政策措施，支持和激励了再生资源产业发展，为处于起步阶段的再生资源回收体系建设提供了有力保障。财政部已将再生资源回收利用纳入服务业专项资金中给予扶持。试点城市政府也都在力所能及的情况下，突破有关政策的界限，给予了财政资金支持。如北京和上海市分别拨付专项资金2000万元和4500万元支持试点建设工作；浙江省每年给予龙头企业1000万元专项资金补贴；成都市财政给予每个绿色回收站点每月500元的直接补贴；沈阳市给予回收网络体系承建单位政策性补贴30万元，回收站点如果验收合格，可以获得补贴500元。同时，各地公安交通部门在回收的运输环节，工商、环保、城建等部门在网点和市场的规划和建设中，也打破常规，简化手续，为回收体系的建设营造了良好政策氛围。

三是形成了回收网络体系。部分试点城市已经初步形成了以社区回收站点为基础、集散分拣市场为中心、点面结合、一体化的再生资源回收加工再利用网络体系。（1）布局合理的回收站取代了散乱差的回收摊点。如吉林市对再生资源回收亭的样式、门脸、面积和字号，实行统一的标准；江苏物联集团发展跨区域再生资源连锁经营，市场占有率不断扩大。在规范建设网点的同时，各地还积极探索创新营销方式，采取多种经营业态，调动居民交售废旧物资的积极性，实行更加便捷的服务。如上海市新锦华公司开展了在线回收废旧物资的新功能，覆盖面达到全市九个中心城区，改进了传统的资源回收方式，利用网络手段解决了居民卖废品难的问题；昆明市通过回收站点采取以鲜花、家政服务换废品的新颖回收方式，吸引调动了居民交售废旧物资的积极性。通过对回收网点的整顿和建设，规范了回收前端，最大限度地聚集了再生资源。（2）功能分明的集散市场取代了传统的交易市场。如天津市英驰集团不锈废钢集散基地与北方不锈钢交易市场本部对接，形成市场交易与仓储配送基地联动互补的废钢炉料、废不锈钢集散-交易-物流配送供应链，实现了对再生资源的专业分拣和产需衔接，推动了再生资源回收加工向规模化、连锁化、产业化发展；北京中兴公司引入先进的废纸打包生产线，可以将废纸进行高密度、低体积压缩，每分钟即可压缩一个约1立方米、重一吨的废纸包，不仅改善了工人的工作环境，减少了劳动强度，提高了工作效率，而且便于仓储运输、不易燃烧，推动了行业技术进步，带动了行业回收效益和加工处理水平的提高。（3）由单纯的回收经营向加工利用发展。天津市将废旧轮胎回收网点与“海泰”沥青、“军超”橡胶对接；将废纸回收与天马纸业回收加工公司对接，通过将分拣中心与加工利用中心合作的方式，不仅规范了再生资源的流通，也延长了回收企业经营链条，扩大了经营规模。江苏物联利用废旧木材开发的木塑复合材料及其制品，已远销海外，并被应用于北京奥运场馆等工程，创新了产业链条，提升了回收体系的价值。

四是取得了显著的经济社会效益。如昆明市2007年废旧物资回收量达到70万吨，占全市年产废旧物资的40%，钢铁、有色金属、纸浆等产品的原材料有三分之一以上来自废旧物资回收，降低了生产成本；天津市2007年再生资源回收加工总量540.8万吨，年销售额80多亿元，每年以10%~20%的速度递增；西安市建成的基础回收网络体系年完成废旧物资收购量可达70万吨，占市区废旧物资产出量的80%。天津市三年来安置“4050”下岗职工300余人，帮助30多户特困户减困脱贫。昆明市把回收体系建设作为创建文明城市、园林城市的重要指标和举措，2007年启动了“再生资源回收与创建文明城市同行”系列活动，取得了很好的效果，同时促进了社会秩序好转，维护了社会稳定和居民生活秩序。吉林市通过回收体系建设和规范管理，使得与行业相关的治安案件发案率由33%下降为15%。上海市已组织15批1081人次培训，1057人经考试合格获得了培训证书；西安市编写并发放了6000余份培训资料，举办培训班26期，免费培训2161人次。

三、零售业节能减排工作成效显著

加强零售业节能减排，既是商务领域贯彻落实科学发展观的重大举措，也是新形势下加快建设资源节约型、环境友好型社会的有效途径。商务部于2007年6月在北京、天津、上海等十个试点城市开展了“零售业节能行动”。到2009年，全国零售业节能减排工作取得阶段性进展。

一是制定零售业节能减排相关标准规范。2009年，指导中国商业联合会发布《全国商务领域节能产品目录》，引导企业选择先进的节能设备、技术和产品。发布《超市节能规范》（SB/T10520–2009），引导超市开展节能技术改造。根据中国连锁经营协会“2009年中国连锁百强”数据显示，连锁百强总耗电量比2008年约减少16.96亿度电，下降幅度达16%，估算减少CO_2排放162.68万吨，环境效益和经济效益均十分显著。

二是开展限制销售使用塑料购物袋工作。根据《商品零售场所塑料购物袋有偿使用管理办法》（商务部令2008年第8号）的规定，商务部2009年配合有关部委赴全国有关省份开展“限塑”检查。检查结果表明，全国各省市政府高度重视，周密部署，“限塑”工作稳步开展，效果显著。大中城市的商品零售场所基本做到了按照国家标准采购和销售塑料购物袋，并对塑料购物袋明码标价，实行有偿使用。与“限塑令”实施前相比，各商品零售场所塑料购物袋均大幅减少，其中，超市“限塑”效果最明显，塑料购物袋减少量平均在75%以上，接近500亿个，相当于减少塑料消耗约27万吨。

三是抑制商品过度包装。组织协调有关部门，研究修订有关商品包装标准。2009年积极配合相关部门研究发布《限制商品过度包装 食品和化妆品》（GB 23350–2009）国家标准，指导协会做好《月饼》（GB19855–2005）国家标准的修订工作并于2009年7月发布。协调指导协会发出倡议书，做好对外宣传工作。2009年9月，商务部组织中国联合会、中国饭店协会等联合发出“共同抵制月饼过度包装，促进月饼市场健康发展”的倡议，营造良好的市场氛围。

四是推广高效照明产品。2009年商务部协助有关部委，对“零售业节能行动”试点城市万米以上零售店铺节能灯需求量进行了统计，并组织协调企业落实财政补贴，高效照明产品推广工作成效显著。北京市2009年共推广更换安装高效节能照明灯具25.4万支（套），基本实现全市商场超市绿色照明。

四、全国散装水泥推广工作取得较好成效

2009年，全国散装水泥产能及产量快速增长，散装率稳步提高。全国散装水泥供应量达到7.53亿吨，同比增长18.4%；散装率46.27%，同比增长0.45个百分点。散装水泥产业的快速发展产生了较好的社会经济效益，2009年，共节约标准煤1730.1万吨，减少粉尘排放756.7万吨，减少二氧化碳排放量4498.8万吨，减少二氧化硫排放14.6万吨，产生综合经济效益338.9亿元。

一是城市禁止施工现场搅拌砂浆工作稳步推动。2009年商务部与建设部联合召开了“全国散装水泥工作会议暨城市禁现工作现场会”，总结交流散装水泥和禁止现场搅拌混凝土砂浆（以下简称“禁现”）工作经验，并对发展散装水泥工作进行了总体部署。针对全国散装水泥“禁现”工作发展不平衡等问题，商务部与住房城乡建设部联合下发了《商务部、住房和城乡建设部关于进一步做好城市禁止现场搅拌砂浆工作的通知》（商商贸发[2009]361号），进一步促进“禁现”工作的开展。各地散装水泥行政主管部门认真贯彻落实，组织召开工作会议，开展监督检查，完善政策，“禁现”工作取得积极进展。

二是农村推散工作逐步推进。随着新农村建设的深入，水泥的使用量不断增加。商务部在2009年“全国农村散装水泥推广工作现场会”上提出：在借鉴、发挥农村推散典型示范作用的基础上，农村散装水泥推广工作全面展开；农村推散惠农政策得到进一步落实；站点建设趋于合理，农村推散网络初步形成；确保每年本地区农村水泥散装率增长高于全国和本地区水泥散装率的增长水平。各地积极采取措施，推动农村散装水泥更好更快发展。如江苏省结合自身实际，提出把农村发展散装水泥工作纳入县（市）政府工作目标，加大支持资金投入力度，进一步创新工作机制和发展模式，加快农村散装水泥技术装备的研发工作要求，将农村推广散装水泥工作落到实处，全面提升农村水泥散装化水平。

三是散装水泥基础设施建设步伐逐步加快。一些地区加快预拌砂浆生产和物流设备配套建设，不断提高综合配套能力，积极开展预拌砂浆生产线建设、物流设备选型咨询工作，为企业提供服务。如天津市动员社会力量投资建设预拌普通砂浆生产线、购置干混砂浆物流设备，使全市干混砂浆生产能力和物流设备配套能力得到明显提高。

五、典型案例

（一）江苏省家电以旧换新位居前列

江苏省通过采取一系列有效措施，取得了明显成效，回收、拆解旧家电和销售新家电数量均位于9个试点省市前列。截至2009年11月2日，全省累计回收旧家电58.5万台，销售新家电48.8万台，拆解旧家电16.9万台，分别占9个试点省市总量的30%、31%和42.6%，销售额18.6亿元，占9个试点省市总销售额的30%。其中，南京市回收旧家电、销售新家电和销售额分别占江苏省总量、总额的21.9%、20.7%和20.4%，成为江苏省家电以旧换新的排头兵。主要做法：

一是加强组织领导，形成工作合力。江苏省成立了家电以旧换新工作领导小组，确立工作目标，落实工作任务，明确部门职责，建立起上下贯通、横向联系的工作机制，形成合力，推动家电以旧换新工作。特别是江苏省商务厅、财政厅、环保厅等部门以及拆解企业和回收企业共同调研，在充分考虑企业和消费者利益的基础上确定了浮动的回收指导价，消费者满意，拆解企业也可接受，保障了家电以旧换新工作顺利实施。

二是开展针对性招标，夯实渠道基础。江苏省采取分批招标的方式确定家电回收和销售企业，为确保省内所有中标企业每个区、县至少两个网点，江苏省计划进一步扩大招标范围、提高网点覆盖面。南京市按照有关条件，推荐家电和IT专卖及百货和超市等业态的12家实力强、信誉好、物流体系和售后服务完善的企业参加招标，其中，苏宁电器、五星电器、国美电器和宏图三胞4家企业双中标，其直营门店覆盖南京市所有区县，为推进家电以旧换新

工作打下了坚实的渠道基础。

三是优化操作流程，便利消费者。为方便消费者参与以旧换新，江苏省积极探索、优化操作流程。消费者可以记录旧家电的详细资料前往商场进行登记，先购买新家电，核实信息无误后，商场给消费者送新机器的同时将旧家电一并回收。这既降低了企业运输成本，也为消费者提供了便利。

四是培训专业人员，提供队伍保障。江苏省家电以旧换新工作小组积极组织商贸部门和中标企业的工作人员进行家电以旧换新政策、回收、销售和补贴流程、信息系统操作等家电以旧换新相关业务培训，在较短时间里培养了一批懂政策、明要求、知流程、会操作的回收、销售、咨询和录入人员，为推进家电以旧换新工作提供了队伍保障。

五是开展宣传报道，激活消费欲望。为使广大消费者了解政策、积极参与，江苏省家电以旧换新工作小组充分利用电视、报纸、广播、网站等媒体开展系列政策宣传和跟踪报道。通过电视访谈节目、宣传单等多种形式开展宣传，解读政策，使家电以旧换新政策及运作流程深入人心，得到了社会广泛认同和积极响应，有效激发了消费者参与家电以旧换新的热情。

（二）重庆再生资源回收体系建设成效明显

重庆市再生资源回收体系建设试点工作开展以来，市政府高度重视，成立了分管副市长为组长、分管副秘书长和市商委主任为副组长、15个市级有关部门负责人为成员的再生资源回收体系建设工作领导小组，领导小组办公室设在市商委。从2006年开始，重庆市商委组织开展了全市再生资源回收行业调查研究，形成了《重庆市再生资源回收体系建设研究报告》，在调研的基础上，制订了《重庆市再生资源回收体系建设试点实施方案》，下发了《关于开展再生资源回收体系建设工作的通知》，对再生资源回收体系建设工作进行了安排部署。市政府出台了《关于加快全市再生资源回收体系建设的意见》，明确了全市再生资源回收体系建设的总体要求、工作目标、工作原则、工作重点及保障措施，并把再生资源回收体系建设作为城乡统筹商贸网络体系建设内容之一，在《关于加快商贸流通发展的决定》做了强调部署；各区县成立了政府分管领导任组长、相关部门负责人为成员的再生资源回收体系建设工作领导小组；街道(乡镇)、村社建立了相应的工作机构，形成了各司其职、共同推进的工作机制，从而保证了全市再生资源回收体系建设的全面推进。

该项目由政府主导，结合市政府制定的再生资源回收体系建设规划，在全市40个区县审查选定了15个区县为全市再生资源回收体系建设试点区县，确定了18个企业为全市再生资源回收体系建设试点企业，分别作为标准化回收网点及分拣中心、集散交易市场建设的龙头企业，在资金、政策等方面给予倾斜支持。一是资金支持。2008年，在市、区县商业发展资金中安排了260万元，在中央下达的服务业发展资金中安排了280万元，对重点再生资源回收体系建设项目给予了补助；2009年还将加大力度，对社区回收站点、分拣中心、市场建设给予资金补助。二是税收优惠。在2010年底前对再生资源回收体系建设龙头企业减按15%的税率征收企业所得税等优惠政策；2009年新税收政策实施后，市商委与经委、财政、税务等部门积极研究协调，明确全市再生资源回收体系建设试点企业经财政部重庆专员办核准后可按月申请退税、经市国税局核定后可享受缓缴三个月增值税的税收政策。三是土地优惠。把再生资源回收体系建设项目用地纳入城市规划，优先保障用地，其用地和各种规定费用按照工业园区用地政策执行，免收配套费。四是用工优惠。再生资源回收体系建设单位招用下岗失业人员、移民并符合有关规定的，享受相关就业再就业扶持政策。通过新建或改造提升，建成“七统一、一规范”的再生资源回收站(点)1251个（约占全市回收站点的16%）、建成分拣中心65个（启动建设分拣中心38个）、已建和在建中的再生资源交易市场6个、已建和在建中的区域性再生资源集散市场8个，配备专用回收车辆78辆，规范建设了回收网点和集散市场。

根据城市自身特点，重庆市在规范固定回收站点的基础上，采取“活动式回收亭”灵活回收城市再生资源，并且开展了“绿色回收进高校、绿色回收进机关、绿色回收进社区”的“三进”活动。在加快网点建设的同时，重庆市整合建设专业分拣中心，通过与用废企业达成协议，形成了“回收—分拣—循环利用”的再生资源产业链，集散交易市场辐射云、贵、川周边省市和沿海发达地区，初步形成了较为完善的再生资源回收网络体系。

重庆市再生资源回收体系于2009年4月22~24日建设通过阶段性验收，并被商务部授权使用再生资源回收体系图徽标识。

（三）北京市零售业节能减排工作扎实推进

北京市通过开展零售业节能行动以及一系列专项活动，节能减排工作取得阶段性进展，节能降耗效果明显。2008年、09年节能改造共节电15000多万千瓦，折合标准煤消耗6000多吨，主要做法有：

一是明确工作目标，开展节能调查。2009年，北京市商务委联合北京节能环保中心开展了《北京市商业服务业节能状况研究》的专题研究工作，起草了《北京市商业服务业节能状况研究报告》，初步掌握了80家商场超市、30家餐饮企业、10家物流企业、15家居民服务企业的能源利用和节能情况。

二是制定管理办法，开展商业领域节能改造。2008年北京市商务委研究制定了《北京市商场超市节能改造资金管理实施办法》，发挥政府资金的引导作用。2008、09年共32家企业42家门店开展了节能改造，政府资助1639万元。节能改造试点项目共涉及照明、空调、电梯三大系统的更新改造共59项。

三是推广绿色照明工程，积极开展照明系统升级。据统计，2008、09年共推广更换高效节能照明灯具254547支（套），基本实现全市商场超市绿色照明。

四是实施合同能源管理，推广商业节能新模式。2009年北京市商务委配合《北京市合同能源管理项目扶持办法（试行）》的出台，选择新华百货、王府井百货等优秀企业开展合同能源管理项目试点工作。

五是发布《节能改造指导目录》，推广节能减排新技术。2009年北京市商务委制定并发布了《商业服务业节能改造指导目录》。该《目录》结合零售业、餐饮业、生活服务业等行业的不同特点，提出了包括空调、供热、照明、给排水等方面57个项目内容及应用技术。

地方循环经济

国家循环经济试点市

北京市循环经济

北京市发展和改革委员会

2009年，在国家发展和改革委员会等中央部委的指导支持下，在北京市市委、市政府的正确领导下，北京市积极探索转变经济发展方式，以提高资源利用效率和减少污染物排放为核心，通过创新体制机制、加强科技支撑、健全保障体系、培育试点示范等手段全面推进循环经济试点城市建设，在GDP持续增长的同时，实现主要污染物化学需氧量和二氧化硫排放总量、单位能耗持续下降，北京市循环经济工作取得了显著成效。

一、循环经济成效显著

经国家统计局初步核算，2009年北京市万元GDP能耗为0.607吨标准煤，提前一年完成“十一五”规划目标。万元GDP水耗为31.2立方米，同比下降6.9%；工业用水重复利用率达到96.13%。主要污染物化学需氧量和二氧化硫排放总量分别从2005年的11.6万吨和19.06万吨减少到2009年的9.88万吨和11.88万吨，均已提前动态实现国家下达指标。中心城区垃圾无害化处理率达到100%，北京市垃圾无害化处理率达到95.8%。中心城区污水处理率达到94%，再生水利用率提高到59%。危险废物无害化处置率达到100%。全年空气质量达标天数达到285天。北京市林木绿化率达到52.6%，北京市城镇绿化覆盖率达到44.4%。

二、循环经济工作进展顺利

（一）循环经济试点单位建设

落实国家循环经济试点城市建设要求，北京市发展和改革委员会2009年1月出台了《北京市循环经济试点工作实施意见》，提出了北京市开展循环经济试点的指导思想与工作目标 。指导思想是：全面落实科学发展观，紧紧围绕建设“人文北京、科技北京、绿色北京”的要求，按照“减量化、再利用、资源化”原则，以提高资源生产率和减少废弃物排放为目标，以技术创新和制度创新为动力，针对行业和社会领域发展循环经济的内在需求，加大试点示范的工作力度，营造有利于发展循环经济的市场环境和运行机制，推动全市循环经济工作的全面、深入开展，实现首都社会可持续发展。工作目标是：充分发挥试点单位“先行探索、典型示范、以点带线、以线促面”的引导和示范作用，针对现代服务业、高新技术产业、现代制造业、都市型生态农业等行业，围绕资源减量、资源回收、资源再生及综合利用等主要领域，通过试点培育一批循环经济代表性企业，探索循环型生态园区、城镇和区县中观区域循环经济发展模式，促进经济发展方式转变，提升首都可持续发展能力。

根据统筹兼顾、注重实效、自主创新、形成示范的原则，在区县、乡镇、园区及企业四个层面评选出首批24家试点单位，并在2009中国北京国际节能环保展览会期间授牌。指导试点单位编制循环经济实施方案，并在2009年下半年组织专家进行了评审。北京市将对试点机构给予政策、资金、税收、土地申请、政府采购等多方面支持。

（二）绿色技术、节能产品推广

发布《北京市2009年节能节水减排技术推荐目录》，将绿色照明、供暖锅炉系统节能、建筑节能等16类84项技术、产品列入其中，并提出逐步将这些技术、产品作为今后北京市固定资产投资项目节能评估和审查、合同能源管理项目资金申请审核等工作的重要依据。2009中国北京国际节能环保展览会期间，组织3场技术推介会以及合同能源管理项目签约、绿色照明工程签约、高效电机采购协议签约、节电改造产品供货合同签约等多场签约活动。

（三）循环经济重点工程建设

1.推行清洁生产 。北京自1993年开始推行清洁生产，在国内属于较早开展清洁生产审核的城市，特别是近几年，推行的力度和广度明显加快和拓宽。按照“依法推进、建章立制、突出重点、动态管理、长效运营”的思路，通过试点示范、政策制定、资金支持、国际合作等各种措施推行清洁生产，取得了显著的经济、社会及环境效益。

北京市已经出台了《北京市〈清洁生产审核暂行办法〉实施细则》、《北京市支持清洁生产资金使用办法》、《北京市清洁生产审核验收暂行办法》、《北京市清洁生产审核咨询机构管理办法》和《北京市清洁生产专家管理暂行办法》等五部地方性文件，加强对开展清洁生产工作全过程的政策保障和监管，为实现“审核工作常态化、验收工作规范化、中高费方案可行化、咨询服务专业化”工作目标奠定了扎实的基础。特别是在全国率先发布清洁生产专项资金使用办法，即《北京市支持清洁生产资金使用办法》，通过对中小企业专项资金、固定资产投资资金和排污收费资金等三方面资金的整合，明确了支持环节、支持比例、支持方式和支持力度。市发展改革委、市环保局、市工促局、市财政局以及市商务局等相关委办局统筹协调，分工合作，联合推进全市清洁生产工作。

2009年继续有序推进清洁生产各项工作，完成21家企业的清洁生产审核验收，取得较明显的环境和经济效益。同时启动12个重点水污染企业和15个重点用能单位的清洁生产审核工作。到2009年9月，北京市已有59家企业通过清洁生产审核阶段性验收，其中25家获得市财政3700万元引导资金支持。企业通过能源、污染物、水和原材料四大平衡测算和分析，查找出清洁生产方案2021项，节约了大量的能源和原材料。

2.废弃物处理工程。加快推进垃圾处理设施建设，建成北京水泥厂污泥处置线并投入运营。强化资源综合利用企业认定管理，2009年共认定企业166家，利用废石及废石砂、粉煤灰及粗灰、煤矸石、城市生活垃圾等各种废弃资源2253.6万吨，实现工业产值109.6亿元。

3.重点节能工程。一是继续推进绿色照明工程，在朝阳区、海淀区等5区县及北京市重点商场超市推广高效照明产品1370万只；二是推进政府机构节能工程，启动30家政府机构节能改造；三是积极推进LED路灯示范项目。

4.再生水利用工程。全面启动中心城区污水处理厂升级改造工程。开工建设清河二期、卢沟桥和北小河等再生水厂，建设规模61万立方米/日，同步建设再生水利用管线，保障城市环境水源。全面加快门头沟、延庆等再生水厂建设，开工建设引温入潮二期工程。

5.清洁能源利用工程。2009年北京市天然气使用量达65亿立方米，比2008年增加4亿立方米，优质能源的比重超过62%。结合国家金太阳工程，实施了一批如京东方8代线太阳能光伏屋顶、京运通1MW光伏屋顶等可再生能源利用项目，重点实施了“阳光双百”、“绿色燃气”和“三起来”等惠农安居新能源工程。

6.大气污染防治工程。淘汰黄标车超过10万辆；完成7.2万户（累计改造约16万户）平房居民 “煤改电”工程，至此全部完成城市核心区文保区 “煤改电”工程，每年采暖季可减排二氧化硫约190吨，一氧化碳约10100吨；继续淘汰“三高”企业，2009年退出了一批小石灰、小水泥等高污染企业。

（四）循环经济保障机制建设

制定《北京市循环经济试点工作实施意见》、《“绿色北京”行动计划》（2010–2012年），起草修订了《北京市实施〈中华人民共和国节约能源法〉办法》，下发《北京市合同能源管理项目扶持办法（试行）》及两个配套实施办法，使循环经济工作有章可循、有法可依；建立健全考核评价和监督执法机制，完成对区县和重点用能单位2008年节能目标考核工作，开展整治违法排污企业保障群众健康环保专项行动；配合国家发改委组织循环经济专家行，为国家及北京市循环经济试点项目发展支招献策，推进北京市循环经济科学发展；加大政府投入，对国家及北京市循环经济试点项目进行资金支持，对取得资质的资源利用企业实行税收减免，对清洁生产中高费项目进行了补贴。

国家循环经济试点市

上海市循环经济

上海市发展和改革委员会

2009年，上海紧紧围绕实现“十一五”规划确定的节能减排和土地保护等目标以及成功举办2010年世博会的契机，认真贯彻落实《中华人民共和国清洁生产促进法》和《中华人民共和国循环经济促进法》等国家有关的循环经济政策法规，积极实施《上海市循环经济试点工作方案》，结合上海市自身经济结构特点，采取强有力的措施，不断深化循环经济发展，着力推进能源资源节约和环境优化保护，取得了显著成效。

一、资源综合利用水平和管理能力不断提升

2009年，上海继续深化落实国家循环经济试点城市建设要求，紧紧围绕“城市，让生活更美好”的世博主题，切实将推动循环经济与转变经济发展模式有机结合，以提高资源综合利用和提升环境质量为核心，以资源节约、综合利用、清洁生产为载体，以科技进步为动力，打造生态宜居城市，构建符合上海实际的循环经济发展模式：

（一）加大政策支持力度

2009年，上海市制定出台了《上海市循环经济发展和资源综合利用专项扶持暂行办法》，对循环经济领域的固定资产投资项目、循环经济试点单位开展的试点工作以及相关信息网络平台建设等予以不同额度的资金支持。2009年，共支持13个项目，涉及农业废弃物、工业废弃物、电子废弃物资源化利用和试点单位试点方案编制等领域，涉及相关投资21362万元，支持资金2388万元。另外，针对燃煤电厂脱硫装置集中投产运营带来的脱硫石膏处理处置难的问题，我们根据调研摸底，在全国率先出台了《上海市脱硫石膏综合利用和安全处置实施方案》，并配套制定了《上海市脱硫石膏综合利用专项扶持实施办法》。在2009~2011年三年间，对脱硫石膏综合利用企业、水泥厂喂料系统改造以及脱硫石膏深化利用所需的煅烧线建设等项目予以一定额度的资金支持，预计每年支持资金约为3000万元。此外，根据国家要求，上海市还编制了《上海市秸秆综合利用规划（2010年—2015年）》、《上海市城镇排水污泥处置规划》等，目前，正根据相关要求研究制定上海市相关领域财政支持政策。

（二）加强体制机制创新

2009年是上海市第四轮环保三年行动计划的启动年。在此轮环保三年行动计划中，特别设立了“循环经济和清洁生产专项”，共设定循环经济试点、工业园区生态改造、老港静脉园区建设、电子废弃物资源回收和综合利用以及清洁生产等5大项21个项目。截至2009年底，21个项目已全部启动，大部分项目按计划进行，1个项目已提前完成。2009年，上海市出台了《关于本市实施再生资源回收经营者备案登记的通知》，启动实施了备案工作，同时，基本实现“在线收废”系统全市联网覆盖，市民通过网络或拨打电话，即可享受上门收废的服务。

（三）加大技术推进力度

2009年，上海继续加大技术研发力度推动循环经济发展，在洁净煤发电、生活垃圾与污泥处置、废旧汽车拆解再制造和废旧轮胎综合利用、脱硫石膏综合利用、大型煤化工、海上风电等项目上突破了一批具有自主知识产权的节能减排和循环经济关键技术，前瞻性地布局二氧化碳减排技术公关项目，产学研结合设立了中型秸秆发电锅炉新

产品研究开发及产业化应用、东海大桥10万千瓦海上风电场关键技术应用研究等项目，培育了一批具有较强竞争力的清洁能源产业集群，进一步推进了循环经济产业发展、提高了能源利用效率。

（四）提升资源综合利用水平

2009年，上海共认定245家资源综合利用企业，全年冶炼渣、粉煤灰、脱硫石膏等工业固体废弃物综合利用率达到97.8%。围绕发展高效生态农业，加强农业废弃物处理和资源高效利用技术研究，推进农业可持续发展。上海市农作物秸秆以还田为主的利用率超过70%。“十一五”期间，全市新建5个畜禽粪便处理中心，郊区商品有机肥生产企业超过40家，年生产商品有机肥18万吨。同时，积极发展农村沼气工程建设，实现沼气充分利用，成为新农村建设的亮点。全市积极开展生活垃圾分类收集，餐厨垃圾、大件垃圾及焚烧厂炉渣等资源化利用工作，不断完善“物质分流、垃圾分类”的生活垃圾分类模式，形成了以老港静脉产业园为主，江桥垃圾焚烧厂、御桥垃圾发电厂等多个垃圾专业处理厂为辅的生活垃圾处理布局。对垃圾进行生物化处理和垃圾衍生燃料利用处理（RDF）等方式，以回收资源的处置技术取代单纯垃圾处理。推进适度包装，减少包装废弃物，各部门联动，对月饼包装，特别是礼品月饼进行监控，取得明显效果。严格贯彻实施“限塑令”，积极研发可降解、绿色环保的替代产品。

二、各类型试点工作不断深化

结合2010上海世博会召开的契机，上海加快推进各类型试点工作稳步前行。指导市区二级共34家循环经济试点单位进一步深化试点工作，不断交流总结试点经验，形成行业指南予以推广。推动汽车发动机等机电产品再制造，2009年，上海大众联合发展公司在原桑塔纳3个车型再制造发动机的基础上，又开发了POLO和帕萨特系列再制造发动机，形成年销售量2000台的生产能力，处于国内领先地位；卡特彼勒再制造工业有限公司2009年再制造产品增加到7种120个型号。进一步扩大清洁生产覆盖面，认定清洁生产示范企业107家，组织开展144家工业企业清洁生产审核，完成85家企业1716项各类清洁生产方案，年节约标煤4.8万吨，减排二氧化硫2061吨，确定中高费方案奖励项目22个，年节约标煤5.9万吨。全面启动节水型小区、校区、企业、工业园区和节水型区县建设，大力推进浦东新区和青浦区国家级节水型社会试点建设，重点加强试点地区的制度建设、规划实施和专题研究等工作。此外，上海积极推进国家生态工业示范园区创建工作，推动各级开发区生态化改造和产业升级，2009年莘庄工业区通过了市级验收，正在准备国家验收考核。金桥出口加工区、张江高科园区、上海化工区等园区也已通过国家论证，准备落实相关工作。另有漕河泾新兴技术开发区、青浦工业园区等一批开

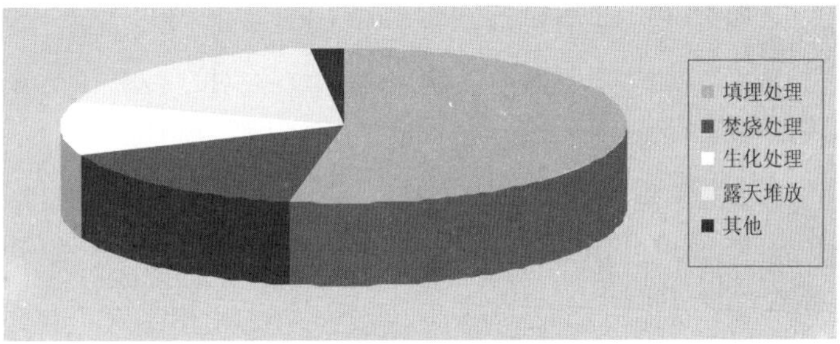

上海市垃圾处理方式分布图

上海市循环经济园区分布图

发区正在积极准备申报和创建工作。

三、节能减排工作稳步推进

2009年，在市委、市政府坚强领导下，经过全市上下共同努力，全市单位GDP综合能耗降幅6.17%，超过年初确定的年度目标；二氧化硫和化学需氧量分别比2008年同期削减15.5%和8.74%，削减率在全国均名列第一，超额完成年度目标。主要体现在以下几方面：

一是出台实施一批重大政策。上海市人大修订了上海市的《节约能源条例》，为上海市节能工作提供了依法行政依据；颁发了节能空调、节能灯等多项地方补贴政策，相继出台了循环经济、建筑、交通、脱硫石膏、老旧汽车淘汰、危化企业调整、太湖治理区域污染源截污纳管等节能减排多项扶持政策。

二是推进一批重点工程。在节能方面，全年完成结构调整项目846项，实现节能能力100多万吨，启动节能技改项目270项，实现节能能力约60万吨。新建2800万平方米执行节能强制性标准建筑，改造既有建筑600万平方米，推广可再生能源在建筑领域尤其在世博场馆中的应用。加强公交车报废更新和新能源汽车推广，全年完成老旧公交车更新2600多辆。在洁净煤发电、大型煤化工、海上风电等项目上有关键性的技术突破。推进十大重点节能工程和燃煤工业锅炉分类管理等专项节能工程实施，加大高效节能产品推广力度，全年累计推广节能空调34万台，节能灯具900万只。在污染减排方面，建成竹园第一污水处理厂升级改造工程并通水调试，完成金山鹏鹞、青浦第二、崇明新河等5座郊区污水处理厂的新建或扩建工程。完成上海石化和宝钢电厂共47.5万千瓦脱硫设施，全面完成“十一五”期间计划建设的燃煤电厂脱硫工程。按期关停了杨树浦电厂和闵行电厂21万千瓦燃煤小机组。启动了燃煤电厂氮氧化物控制试点工作。

三是进一步夯实统计监测考核等基础工作。完善并加强能源统计监测，加强节能方面的标准化、计量工作，推进节能产品认证，健全节能质量监管体系，开展并加强节能执法监督检查。公布上海市重点用能单位名单并抓好其能源利用状况报送工作。顺利通过国家对上海2008年节能工作考核，对全市19个区县2008年节能目标和工作开展考核。完善污染减排“考核、监测、统计”体系建设，对重点减排工程建设进度和重点减排单位的运行管理进行跟踪检查。高度重视污染减排监测体系建设，截至2009年底，共安装废水、废气在线监测设备414套。不断完善污染减排统计体系，完成了第一次污染源普查工作，不断开发完善全市污染源地理信息系统。

四、2010年循环经济工作重点

一是不断提升固废综合利用水平和能力。针对工业废弃物收集运输管理过程中存在的难点和重点问题，通过从源头收集、安全储运直到处理处置全过程信息化管理体系的建立，构建工业废弃物物流信息系统，实现工业废弃物高效管理和资源化利用。充分利用国内外科技资源，促进新技术的引进、消化、吸收和创新，推进产学研用产业链健康和谐的运作。同时，推进一批产业化示范项目，如脱硫石膏建材产品开发及产业化项目、冶炼钢渣高效处理产业化项目、商品混凝土固体废弃物大掺量利用示范项目、白龙港资源生活污泥和工业固废综合利用示范项目等项目建设，引领固体废弃物综合利用工作健康发展。

二是加快上海生态农业建设步伐。以资源的高效利用和循环利用为目标，着力推进秸秆机械化还田及资源再利用，在上海市郊各区县大力推广农作物秸秆机械化还田和在商品有机肥、食用菌基料、燃料发电等能源化、资源化综合利用。以有机肥加工为主体，继续积极推进畜禽粪便资源化综合利用，着力提高养殖业废弃物资源利用效率和多途径利用，提高资源化利用的经济产出价值和生态价值。加强生态技术研究，减少农业生产过程对环境和农产品的污染。实施多种农业有机废弃物产沼气集中供气工程，实现农村社区的沼气集中供气和稳定运行。

三是推进生活垃圾等分类收集和资源化利用进程。加速推进生活垃圾分类收集和处理处置体系建设。加强源头管理，实现生活垃圾减量化，促进社会源头减量，加大政府引导推进力度。推进生活垃圾全过程分类，大力推行低碳生活方式，加快建设日常生活垃圾分流处理系统，支持采用焚烧发电、生物气利用等生活垃圾处理技术，提高全市生活垃圾资源化利用率。同时，着力推进其它垃圾的规范化处理，拓展建筑装修垃圾利用途径，规范餐厨垃圾产生、收集、运输、处置行为，实现餐厨垃圾产生单位全覆盖管理。推广应用绿化垃圾回收利用技术成果，加大绿化垃圾回收利用力度。

四是继续抓好节能减排和清洁生产工作。继续加大淘汰落后产能的力度，推进实施一批节能减排重点工程，强化对重点用能单位和主要领域节能减排监督管理，以科技进步为引领，推进低碳技术应用，加大节能空调和节能灯等高效节能产品推广工作力度。加快相关支持政策制定实施，动员全社会参与节能低碳活动。进一步加大清洁生产，组织实施“清洁生产和资源综合利用十大示范项目”，加强清洁生产审核和示范企业认定工作。

五是继续推进循环经济试点和生态园区创建工作。继续加大对各级各类循环经济试点单位的试点工作跟踪和指导，探索区县、园区、社区、企业等不同层次和领域的循环经济发展模式，总结各类型试点单位的成功经验并加以推广，扩大其试点示范功能。指导汽车发动机等机电产品再制造试点、节水型社会等专项试点工作。同时，加快推进各级开发区生态工业园区创建工作，推进各级开发区生态化改造和产业升级。

六是不断完善循环经济发展的政策制度体系建设。进一步加大《循环经济促进法》的执行力度。开展上海市循环经济立法可行性调研工作。研究制定支持循环经济发展的专项政策，争取每年依托科技进步和政策支持解决一到两个领域废弃资源的综合利用问题。进一步深化资源类价格改革，同时在落实好国家现有税政策的同时加大地方财力资金的支持。按照已出台的相关循环经济支财政支持政策，支持一批循环经济项目发展。积极申报国家资源综合利用等支持项目。认真总结“十一五”期间上海市循环经济发展的经验，针对新的发展要求和重点，开展“十二五”循环经济发展规划的编制工作。

国家循环经济试点市

天津市循环经济

天津市发展和改革委员会

2009年是天津开展国家循环经济示范试点城市建设的第二年，也是各项建设工作取得显著进展的一年。在市委、市政府的高度重视下，天津市按照国家统一部署和要求，全面贯彻落实科学发展观，坚持把发展循环经济作为调整经济结构、转变发展方式、缓解资源环境瓶颈约束的重要抓手，大力推进国家循环经济示范试点城市建设，推出一系列有力措施，推动循环经济纵深稳步发展。国家级和市级循环经济示范试点建设步伐加快，示范带动作用更加突出；中日循环型城市合作取得新进展，签订了一批新的重点合作项目；再生资源重点领域管理取得新突破，报废汽车拆解企业得到优化整合重组；节能减排成效显著，各项指标完成良好；国家循环经济示范试点城市建设取得阶段性成果，为全面完成试点建设任务奠定了良好基础。

一、细化责任分工，着力落实循环经济试点实施方案

天津市委、市政府高度重视循环经济工作，市领导多次进行批示和工作布置。2009年，《天津市循环经济试点实施方案（2008—2012年）》获国家发展改革委复函同意，并由市政府批准实施。实施方案具体明确了近期全市发展循环经济的指导思想、基本原则、总体思路、发展目标、主要任务和重点项目以及空间布局、技术创新、保障措施等。特别是结合区域经济理论对循环经济的空间布局进行了有益探索，充分体现了特大型老工业城市发展循环经济的特色，有力地促进了全市循环经济的发展。

按照实施方案的总体安排，市发展改革委拟定了关于落实天津市循环经济试点实施方案的部门分工意见并上报市政府批转执行。该意见在原有2007年市政府颁布的《天津市发展循环经济工作的部门分工意见》（津政办发[2007]21号）基础上，针对实施方案中新的重点任务，做了更为细致的工作分工，将发展循环经济的“11253”重点工程及主要任务，逐项落实到市有关部门及区县，并规定了定期分析、年终检查落实、结果公开发布等制度，以确保国家循环经济示范试点城市建设成效。

二、以点带面，大力推进国家和市级循环经济试点建设

2009年，天津市继续扎实推进循环经济示范试点建设工作，国家级和市级循环经济试点总数达到40个，为实现天津市建设国家循环经济示范试点城市的总体目标之一，即建设100个国家级和市级循环经济示范试点奠定了坚实基础。

国家级试点建设步伐加快，示范带动作用更加突出。其中，天津经济技术开发区继续优化发展循环经济的政策环境，加大对循环经济重点项目的支持力度。在设立每年预算为1亿元“泰达节能降耗、环境保护专项资金”的基础上，发布了《天津开发区促进节能降耗、环境保护鼓励目录（第二批）》，2009年通过评审的鼓励项目200多个，补贴金额近5000万元。2009年4月22日开通了“绿色再生资源网”，为开发区形成良性物质循环流动奠定了基础。继续完善水、能源和垃圾处理循环系统，深化综合性工业园区发展循环经济的“泰达模式”。2009年，开发区实现了万元工业增加值水耗4.19立方米、能耗142.57公斤标煤、化学需氧量排放0.22公斤、二氧化硫排放量0.34公

斤，处于国内先进水平，实现了又好又快发展。北疆发电厂采用超大规模超超临界机组发电，与其他技术的机组相比，每度电的煤耗减少50~100克。利用发电余热和低品位蒸汽进行海水淡化，副产的浓海水排入汉沽盐场制盐，制盐产生的苦卤制造化工产品，发电产生的粉煤灰和脱硫石膏用于生产新型建材。每年在增加盐产量45万吨的同时，可节约22.5平方公里的盐田占地，淡化水的90%用于城市供水。目前北疆发电厂已实现了两台发电机组双投的目标，海水淡化制出合格淡水，建材厂及浓海水工程配套投产，“发电—海水淡化—浓海水制盐及盐化工—土地节约—新型建材”的循环经济产业链正逐步变为现实，经济、社会和环境效益得到显现，电力产业发展循环经济的“北疆模式”得到了较好实践。

市级示范试点范围不断扩展，循环经济发展成效显著。市发展改革委开展了第二批示范试点的申报评审工作，天津天铁冶金集团有限公司等31个单位编制完成循环经济示范试点建设实施方案，并通过专家论证，被市政府确定为天津市第二批循环经济示范试点。作为对第一批示范试点的补充和深化，二批试点重点增加了服务业、农业和环保产业，涉及工业园区、企业、小城镇、化工、冶金、建筑、医药、食品、造纸、环保、旅游、物流、农业等诸多领域和行业。与此同时，天津市继续发挥每年2000万元市级发展循环经济专项资金的支持引导作用，对技术、工艺先进，利用各类废弃物延伸循环经济产业链，具有显著节能、节水、节材效果的循环经济项目，给予资金支持。截至2009年底，累计支持循环经济重点项目41个，带动相关投资20.45亿元。这些项目建成达产后，每年可节煤18.53万吨、节水339.2万吨、减少二氧化碳排放18.9万吨，同时可实现年利用电厂粉煤灰59.44万吨、建筑垃圾和污水处理厂污泥24.61万吨，年回收有色金属、铁、塑料等再生资源14.2万吨，年替代石油7.8万吨，具有良好的社会效益和环境效益。

三、加快建设子牙循环经济产业区，推进资源循环利用产业快速发展

位于天津静海县西南部的子牙循环经济产业区，是国家第二批循环经济试点，国家级废旧电子信息产品回收拆解处理示范基地和国家进口废物“圈区管理”园区。多年来，天津市始终把子牙循环经济产业区作为全市发展循环经济工作的重中之重，大力推进园区的规划建设。园区以最初的简单拆解进口七类物资为基础，不断延伸产业链条，逐步发展成为我国北方地区最大的资源综合利用的大型园区。

2009年，子牙循环经济产业区各项规划建设工作取得了积极进展。天津子牙循环经济产业区总体规划（2008—2020年）和产业发展规划（2009—2020年）分别获市政府和市发展改革委批复。园区总体规划面积135平方公里，近期开发建设面积为50平方公里，分为工业区21平方公里、林下经济区20平方公里、科研居住区9平方公里，构建三区联动、循环互补的经济社会发展格局。园区现已建立了融资体制，全面启动了基础设施和重点项目建设。入驻企业129家，年拆解加工能力为100~150万吨，每年向市场提供再生铜40万吨、再生铝15万吨、再生铁20万吨、橡塑材料20万吨、其他材料5万吨，正逐步形成以再生资源回收网络为基础，以再生资源综合利用产业化技术研发为核心，对废旧物资进行回收、集中拆解、深加工的静脉产业发展循环经济的“子牙模式”，努力实现“静脉”与“动脉”产业的有效链接。

子牙园区的建设，有效解决了废物拆解行业中的环境污染，改善了废物拆解行业的生产经营环境，同时加快了地区经济发展，引导资源循环利用产业向集中、统一、规范、健康的方向发展。今后，子牙园区将以“循环子牙、生态子牙、便捷子牙、宜居子牙”为发展理念，从经济发展、资源循环利用、污染控制、园区管理四个方面探索建立循环经济发展模式，重点发展废旧电子信息产品处理加工业、报废汽车拆解处理业、废旧橡塑加工业、废旧机电产品拆解处理业、精深加工再制造业、节能环保新能源产业等六大主导产业，全力打造国际一流循环经济产业示范区、国家级循环经济产业带动基地和中国北方地区的“城市矿山”。

四、加强国际间交流合作，提高循环经济发展水平

2009年，天津市继续加强与日本北九州市的沟通联系，双方围绕中日循环型城市合作备忘录，加强友好往来，诚恳务实地推动节能环保、循环经济等领域合作向纵深发展。在继续推进原有项目的基础上，又签署了一批新项目，合作取得了阶段性成果，对促进天津市循环经济发展中的体制机制创新、政策法规完善以及静脉产业发展发挥了积极作用。

继续深化天津市与日本北九州市的循环型城市合作。一是借鉴经验，编好规划。天津市借鉴日本北九州生态工业园的成功经验，编制完成天津子牙循环经济产业区总体规划，为园区科学发展奠定了坚实基础。二是搭建平台，推进中日企业间合作交流。2009年10月在日本北九州市召开了“日中循环城市商务研讨会”、12月在天津举办了“中日循环型城市建设商务论坛”，就双方循环经济工作成果进行宣传，并进行项目洽谈合作，推动更深层次、更广泛的交流与合作。通过中日汽车回收拆解企业间的交流，组织开展了汽车回收拆解项目评估，以及完善回收体系和政策支持体系的研讨，推动了天津市汽车回收拆解产业的发展。三是加强培训合作。2009年2月市有关部门和相关企、事业单位赴日，对日本生态工业园的规划、建设与管理等进行了专题培训。日本北九州市也多次组织企业和大专院校循环经济的专家到天津市交流，收到较好效果。

积极推动务实合作，签署一批新项目。天津市国联报废机动车回收拆解有限公司与日本吉川工业株式会社《关于报废机动车回收拆解合作的项目》、天津市绿天使再生资源回收利用有限公司与日本住友商事株式会社《关于天津市废家电回收拆解的项目》、天津市经济技术开发区管委会与株式会社利泰姆《关于共同推进滨海低碳经济促进中心建设的合作框架协议》等项目分别签订了合作备忘录，并在11月8日第四届中日节能环保论坛上交换了合作备忘录文本。

五、攻关重点难点问题，探索再生资源回收利用管理新途径

天津正处在工业化、城镇化加快发展的时期，经济社会发展对各类资源的需求日益增加；与此同时，城市发展建设每年产生大量废弃物，不仅造成资源浪费，还易形成环境污染。发展再生资源产业是解决资源短缺和环境容量双重制约的重要途径，也是增加社会就业、形成新的经济增长点、发展战略性新兴产业的重要内容。

加快再生资源回收体系建设。天津市作为商务部确定的再生资源回收体系建设试点城市之一，近几年再生资源回收利用体系建设有了较快发展。天津市制定出台了多项再生资源回收规范法规，把建成1个覆盖全市、辐射周边、连通国际的再生资源回收网络列入循环经济示范试点城市建设“11253”工程，并提出用3~5年时间在社区覆盖面、集中分拣比重、规范管理强度上实现3个90%、利废程度达到80%的总体目标。目前，全市从事再生资源回收经营单位近3000个，各类回收站点5000多个，多个分拣加工中心已建设改造完毕并投入运营，形成了“滨海英驰”、“万家利”、“绿天使”、“海泰”等多个具有一定影响力的再生资源回收利用品牌单位，打造了废不锈钢、废旧金属、废旧电器等十几个回收利用产业链条，初步形成了再生资源回收的网络布局。

积极推动报废汽车拆解企业整合重组。针对报废汽车回收拆解行业存在的布局分散、拆解企业规模小、拆解技术手段落后等问题，按照市领导关于加强报废汽车回收利用管理的批示要求，市发展改革委牵头会同有关部门开展了报废汽车拆解企业整合工作。经过20余次会议协调和各方面的积极配合，将原有7家报废汽车拆解企业整合组建为一家新的报废汽车拆解企业，新公司注册为“天津市国联报废机动车回收拆解有限公司”，落户天津子牙循环经济产业区内。经营范围包括：报废机动车回收、拆解；废旧物资回收；再生资源开发、利用及销售；废旧金属拆解加工；金属材料、冶金炉料销售等。此举对于优化全市循环经济布局，促进再生资源产业的整合、提升发挥了积极作用并积累了宝贵经验。

六、深入开展节能减排，各项指标完成良好

天津市委、市政府高度重视节能减排工作。天津市通过建立节能减排工作机制、制度体系、激励机制，制定节能减排实施方案，实施节能减排重点工程，不断加大节能减排工作力度。“十一五”前四年，天津市节能减排工作取得显著成绩。节能方面：重点抓好工业节能，狠抓冶金、电力等重点耗能行业和20户“千家企业”，大力推进建

筑节能，交通、农村、机关等节能工作也有序开展。2006年、2007年、2008年降幅分别为3.98%、4.9%、6.85%，连续三年居全国前三位。2009年天津市万元GDP能耗为0.84吨标准煤，同比下降6.03%，“十一五”以来累计下降20.1%，提前一年完成“十一五”节能降耗任务。减排方面：贯彻实施“十一五”主要污染物总量减排统计、监测及考核“三个办法”，制定出台《天津市2009年主要污染物总量减排计划》。确定并实施了84个化学需氧量减排项目和215个二氧化硫减排项目，对大沽河、北塘河等河道进行了水环境专项综合治理。全年二级良好及以上天数达307天。2009年天津市化学需氧量排放量13.3万吨，同比下降0.12%，比2005年下降8.92%。二氧化硫排放量23.67万吨，同比下降1.41%，比2005年下降10.68%，提前一年完成“十一五”二氧化硫减排任务。

七、加快建设节水型城市，进一步提升节水水平

作为南水北调东中线规划区节水型社会建设试点，“十一五”期间，天津市大力推进节水型社会建设工作，实现了以有限水资源支撑全市经济社会又好又快发展的目标。

水资源管理制度体系进一步完善。天津市修订了《天津市实施〈中华人民共和国水法〉办法》和《天津市城市排水和再生水利用管理条例》，出台了《天津市超计划用水累进加价水费征收管理规定》等规范性文件，初步形成了以“水法实施办法”和“节水条例”为核心、相关配套法规规章协调的水资源管理制度体系。不断深化水价制度改革，实施了差别定价、鼓励性价格、地表水和地下水价格联动、超计划用水累进加价等一系列价格调节措施，初步形成多水源良性水价机制，促进了地下水减采和非常规水源的开发利用。

各业节水水平进一步提升。工业节水方面，通过严格计划用水管理，加大水平衡测试，政策鼓励等措施，重点引导冶金、石化、印染等高耗水行业加强节水管理、实施节水改造。2008年万元工业增加值用水量12立方米，居国内领先。农业节水方面，围绕农业结构调整和设施农业建设，因地制宜地大力推广先进适用的节水灌溉新技术和农业节水措施，全市节水灌溉面积占有效灌溉面积的74%，灌溉水利用系数达到0.64。公共生活节水方面，加大政府引导资金投入，推进企事业单位和居民区节水器具的改造，全市节水器具普及率达到95%以上，节水效果十分显著。

积极推进海水淡化及综合利用产业发展。海水直接冷却和海水循环冷却广泛应用于电力和化工生产，海水直接利用达13亿吨/年。建成天津北疆电厂、天津大港新泉海水淡化有限公司、天津开发区万吨级海水淡化示范工程和大港电厂等4个海水淡化工程。海水淡化作为新兴战略产业发展迅速，以天津膜天膜工程技术有限公司、天津宝成集团等企业为代表，在海水淡化设备制造领域形成了一定企业集群和产业规模，一批海水淡化装备制造企业应运而生。

八、大力推进资源综合利用

2009年，天津市继续大力推动资源综合利用工作，取得积极进展。一是加大城市基础设施投入，推动废物末端处理资源化。天津市已正式投入运营的生物质发电厂有三座，总装机容量3.7万千瓦，年垃圾处理能力60万吨。正在建设中的滨海新区垃圾焚烧发电厂项目，日处理垃圾1500吨，装机容量2.4万千瓦。二是继续推进工业废物资源化利用，全市工业固体废物综合利用率达到98%以上。三是积极推进秸秆资源的综合利用。截至2009年底，天津市农村共建户用沼气3.39万户，年产沼气1161.95万立方米；各类型畜禽养殖沼气工程188处，供气户数0.89万户，年产沼气814.27万立方米；秸秆沼气集中供气工程2处，供气户数0.06万户，年产沼气32.40万立方米；秸秆气化集中供气工程55处，供气户数2.31万户，年产秸秆燃气4215.75万立方米。四是充分利用天津得天独厚的地热资源，实现地热资源梯级利用。全市纳入地热资源管理的开采井261眼，年开采量为2642万立方米，地热供暖面积达到1200万平方米，占中心城区集中供暖总面积的10%，主要用于建筑供暖、居民生活热水、康乐理疗、温泉度假、农业种植养殖等领域，成为我国利用地热供暖规模最大的城市。

九、积极开展循环经济理论实践研究，提升发展质量

“十二五”时期是天津全面建设现代化、建设生态宜居型城市的关键时期。随着经济社会的快速发展及资源环境要求的不断提高，循环经济发展的方向、规模、内容将呈现新态势，对循环经济工作水平也提出了更高的要求。在《天津市循环经济试点实施方案（2008—2012年）》的基础上，结合循环经济发展面临的新形势和国家最新的宏观政策要求，积极开展循环经济理论与实践研究，对指导和促进全市循环经济发展、加快经济发展方式转变具有十分重要的意义。

着手开展“十二五”循环经济发展关键政策研究。2009年，天津市发展改革委与南开大学联合申请了国家自然科学基金课题《“十二五”时期我国转变经济增长方式、实现科学发展的循环经济关键政策研究》，并得到国家自然科学基金委员会批复，目前正抓紧推进各项研究工作。该课题成果将提出促进循环经济发展的经济激励、部门协调和科技投入等方面的关键政策，为推进循环经济深入发展提供创新思路，也为天津市“十二五”时期循环经济发展提供决策依据。

配合国家开展“循环经济专家行”天津站活动。由国家发展改革委、中国工程院联合组织的“循环经济专家行”天津站活动于2009年7月在天津市顺利开展，专家组深入天津市循环经济试点园区和企业，对各试点单位进行了指导，为天津市循环经济发展出谋划策，有力推动了天津市循环经济发展。

组织编制天津市循环经济“十二五”发展规划。按照《循环经济促进法》有关规定和天津市开展“十二五”重点专项规划的统一部署，2009年天津市启动了天津市循环经济“十二五”发展规划的前期工作。天津市将按照建设资源节约型和环境友好型社会的要求，以构筑生态宜居高地、建设全国循环经济示范城市为目标，以转变经济发展方式为主线，以资源高效利用和循环利用为核心，以建设循环型企业、循环型产业园区、循环经济产业链和循环型社会为抓手，通过对天津市典型企业、典型区域和重点产业的发展现状、存在问题、面临形势和需求分析，提出“十二五”期间天津市循环经济发展的总体思路、目标、重点任务和保障措施。2010年底前天津市将完成规划。

国家循环经济试点市

重庆市循环经济

重庆市经济和信息化委员会

2009年，重庆市以科学发展观为指导，认真贯彻落实《中华人民共和国循环经济促进法》、《国务院关于加快发展循环经济的若干意见》和《国务院关于推进重庆市统筹城乡改革和发展的意见》等法规文件精神，以被国家批准为首批循环经济试点城市为契机，把发展循环经济工作融入到党中央、国务院应对国际金融危机、促进经济平稳较快发展的宏观政策中，在打赢“止滑促增”攻坚战的同时，完成了发展循环经济年度目标任务，促进重庆经济社会又好又快发展。

一、重庆市发展循环经济进展情况

（一）资源综合利用取得新进展

全市积极开展以煤矸石、粉煤灰利用为重点的固体废物资源化，带动烟气脱硫石膏、铸造砂、冶炼钢渣、尾矿渣等工业固体废弃物的综合利用。2009年工业固体废弃物综合利用量突破1900万吨，综合利用率达80%以上。

（二）初步建立覆盖全市的再生资源回收体系

截至2009年，全市已培育再生资源回收龙头企业22个，建成统一规划、统一标识、统一着装、统一价格、统一衡器、统一车辆、统一管理、经营规范的 “七统一、一规范”的再生资源回收站（点）1675个、分拣中心52个、市场3个，启动建设再生资源交易市场19个。2009年，全市再生资源回收量达到272万吨，较2008年回收量同比增长9.7%。

（三）初步形成以沼气为纽带的农村循环经济链

2009年新建农村户用沼气池19.3万口，比上年增加48.3%。全市沼气已累计达到112.83万口，沼气适宜农户入户率达到26.87%，形成了年产4.3亿立方米的规模，相当于节约标煤68万吨。

（四）城镇污水、生活垃圾等市政设施建设已初具规模

截至2009年，全市已建成城市垃圾处理场47座，生活垃圾处理能力达到10517吨/天；全市全年无害化处理生活垃圾共345万吨，生活垃圾无害化处理率达到89%。全市建成城市污水处理厂50座，生活污水处理能力达到230.5万吨/天；2009年，全市污水处理率达到76%，主城区污水处理率达到90%，三峡库区污水处理率达到80%。

（五）水资源的利用效率大幅度提高

2009年全市万元GDP取水量为147立方米，较2008年同比下降9.3%；万元工业增加值用水量为205立方米，较2008年同比下降9%；农业灌溉水有效利用系数提高到0.41。

（六）清洁生产工作稳步推进

2009年全市开展清洁生产审核企业共60家，其中自愿开展清洁生产审核企业9家，强制开展清洁生产审核企业51家，实际通过清洁生产审核验收的有52家，推行各种清洁生产技改方案600余项，完成清洁生产项目投资约4亿元。通过审核验收的52家企业，每年可以实现节能1.92万吨标煤，节水650万吨，减排COD 1200吨，减排二氧化碳1700吨。2009年12月8日，在重庆市举行的清洁发展机制（CDM）项目碳收益兑现仪式上，英国政府通过购买碳减

2009年8月5日的重庆青少年节能行动启动仪式

重庆市清洁发展机制（CDM）项目碳收益兑现仪式

排指标，向重庆市4家企业支付了五千多万元人民币碳交易资金。

（七）节能降耗工作取得较大进展

2009年全市万元GDP能耗为1.18吨标准煤，比2008年下降5.5%，超额完成下降4.7%的年度目标。截至2009年，全市万元GDP能耗降低进度已达84%。

（八）环境质量进一步改善

全市环境质量总体保持良好水平，大气环境质量和水环境质量得到进一步改善。2009年主城区空气质量满足良好以上天数达到303天，较2008年增加6天；优良天数占全年的比例达83%。三江重庆段水质保持良好，水质属于Ⅱ类和Ⅲ类的断面比例分别为91.3%和8.7%。2009年全市化学需氧量、二氧化硫排放量分别较2008年下降0.81%和4.64%，超额完成年度减排目标任务。

二、发展循环经济的主要措施

（一）建立发展循环经济保障体系

加强循环经济基础体系建设。在统计体系建设方面，在重点行业新增能源消费统计指标，建立部门能源统计报表制度，实现重点用能企业能耗数据网上直报。建立市、区两级主要污染物总量减排统计合作机制，形成定期协调会议制度，建立重点减排企业月报制度。在监测体系建设方面，完善了覆盖全社会的能源消费统计监测体系。建立重点减排项目按月监察监测制度，360余户重点污染源和年度主要减排项目纳入监察监测范围。在考核体系建设方面，市政府印发了《重庆市节能目标责任评价考核办法》，节能减排指标纳入了党政一把手环保实绩考核。市节能减排办在2009年对40个区县政府和节能减排重点企业实施了考核。

探索建立发展循环经济的激励和约束机制。激励机制方面：一是设立市级节能和循环经济专项资金，建立随财政收入增长比例同比例增加的机制；二是建立表彰奖励制度，在每年召开的全市节能减排大会上，对发展循环经济、节能减排作出贡献的单位和个人，以市政府名义予以表彰；三是针对金融危机对全市再生资源回收行业带来的冲击，为再生资源回收行业企业制定了按月办理返还增值税、缓缴增值税和按15%缴纳所得税等优惠政策。约束机制方面：一是制定了《重庆市超限额使用能源加价收费管理办法》，对水泥等产品用能实行超限额使用能源加价收费，用价格杠杆引导企业节能降耗；二是制定了《重庆市固定资产投资项目节约能源评估和审查办法》，建立了新、改、扩建固定资产投资项目节能评估和审查机制，对未通过节能审查的项目不准审批、核准和建设，能源供应单位不得供应能源。

（二）开展示范试点，探索发展循环经济有效模式

全市国家级循环经济试点单位编制的《循环经济试点实施方案》，均已通过国家发改委组织的专家评审，并获得试点工作批复。全市23家市级第一批循环经济试点单位也正按照编制完成的《循环经济试点实施方案》开展试点工作。通过试点，全市重点打造了万州三峡果业公司“柑桔皮渣—果肉纤维—柑桔芳香剂—果汁、柑桔皮渣—饲料—养殖业”、涪陵化工公司“磷石膏资源化利用”、北碚长江造型公司“铸造废砂资源化利用”等循环经济示范产业链，在促进库区农民增收、治理农村面源污染、减少资源能源消耗、提高废弃物利用率等方面取得了一定成效。

重庆市节能宣传周暨职工节能减排义务监督员培训工作会

（三）优化产业结构，大力发展低能耗、低污染产业

加快淘汰落后产能。2009年全市按计划关停了小火电机组2台，总装机容量10万千瓦；落后钢铁生产能力已累计淘汰350万吨，超额完成了淘汰任务，有120万吨计划在2010年淘汰的落后钢铁产能已提前淘汰；淘汰落后水泥产能145万吨，超额完成了100万吨的年度淘汰任务；关闭100个300万吨产能小煤矿。

建立落后产能退出机制。在加快淘汰落后产能的同时，在不同行业建立了相应的退出机制。市政府在相关文件中制定了电力、水泥、钢铁、煤炭等行业落后产能退出鼓励政策，加快推进火电、水泥、钢铁、煤碳等行业落后产能淘汰工作。

大力发展低能耗低污染产业。坚决遏制电力、化工等六大高耗能行业的过快增长，2009年实现增加值606.25亿元，占规模以上工业企业增加值的比重为27.7%，同比下降2.7个百分点。大力发展低消耗低排放的电子信息产业，实现销售产值1006亿元，增长23.4%，比全市工业销售产值增长率17.2%高6.2个百分点。随着惠普、富士康、广达、英业达、思科等电子信息企业的落户，重庆将实现从传统制造业城市向信息产业为龙头的科技城市的转变，工业产业结构将得到极大优化。低消耗低排放的传统支柱产业——汽车工业得到进一步发展，实现销售产值2580亿元，增长25.2%。2009年6月2日，由长安汽车领衔的重庆市节能与新能源汽车产业联盟成立仪式在重庆市东部新城鱼嘴组团隆重举行。这是重庆市政府积极贯彻国家《汽车产业调整振兴规划细则》，推动新能源汽车发展精神的重大举措。

大力发展第三产业。2009年，全市第三产业实现增加值2474.44亿元，同比增长13.3%，占地区生产总值的37.9%，占比上升了0.6个百分点。

（四）建立回收利用体系，提高资源综合利用效率

加强工业固体废弃物回收利用。按照国家《资源综合利用认定管理办法》，加强对资源综合利用企业的认定工作，认真落实资源综合利用优惠政策，以此带动废弃资源的综合利用

重庆市节能与新能源汽车产业联盟成立仪式

工作。积极开展以煤矸石、粉煤灰利用为重点的固体废物资源化，带动了烟气脱硫石膏、高炉水渣、冶炼钢渣和尾矿渣等工业固体废弃物的综合利用。

建立再生资源回收利用体系。市政府出台了《关于加快全市再生资源回收体系建设的意见》，对再生资源回收体系建设工作做了全面部署，制定了相关税费减免、资金补助等扶持政策，并把再生资源回收体系建设纳入到城乡统筹商贸发展六大网络体系建设中。目前，全市已基本形成以供销社及各级物资回收公司为主体，私营企业和个体经营为补充的废旧物资回收网络。

加快餐厨垃圾回收利用体系建设。2009年7月13日，市政府审议通过了《重庆市餐厨垃圾管理办法》。该办法对餐厨垃圾收集、运输和处理要求等做出明确规定，并已于2009年9月1日起施行。全市餐厨垃圾已实行统一收运、集中处理，实现无害化、资源化的目标。

加强市政污水处理厂尾水、污泥和中水的循环利用。鸡冠石污水处理厂尾水发电项目已建设完成，正在进行设备调试。项目总投资2438万元，装机1×0.16万千瓦，年发电量880万千瓦时。困扰重庆市多年的污水处理厂污泥已成功应用于拉法基公司的水泥生产，年处理量4万吨，可解决日处理量30万吨污水处理厂产生的污泥。此外，中水也已回用到市政道路冲洗、绿化浇灌等方面。

（五）进一步推进重点领域节能

建筑领域节能。一是自2009年10月1日起，全市已全面禁止使用各种类型的烧结实心砖。二是新建建筑施工阶段节能强制性标准执行率为91%，同比上升了6%。三是积极推进既有建筑节能改造工作，全年完成移动公司综合办公楼和市规划局办公楼两个既有建筑节能改造示范工程。四是加强建筑节能管理体系建设，市建委成立了建筑节能处，江北区、开县等6个区县设立了专门的建筑节能管理机构。

交通领域节能。一是制定并印发了《重庆市公路水路交通节能减排中长期规划》。二是设立并安排交通节能减排专项资金100万元。三是强化运输组织管理，抓好运输节能工作。对主城区6000辆公交客运车辆安装了GPS调度系统，合理调度运力，公交营运车辆每100公里能耗下降3%。四是大力实施船舶标准化，实现年节约燃油10万余吨。严把准入关，在新增动力审批时已拒绝20余艘能耗高、污染重的船舶进入重庆市水运市场。

公共机构节能。2009年，市级机关事务管理局新设立了节能工作处，专门负责全市公共机构节能工作。沙坪坝、南川、云阳等区县在机关事务管理局也设立了专门负责公共机构节能工作的科室。建立市级机关能耗监测平台，对市级各部门能源资源消耗情况实行每月统计，每半年通报一次各单位能源资源消耗情况。建立了全市公共机构能源资源消耗统计制度，完成2005~2008年的能源资源消耗统计工作，并按时报送国务院机关事务管理局。6月25日，市财政局与市经委联合召开财政补贴高效照明产品推广工作会议，布置2009年节能灯推广工作。2009年公共机构人均综合能耗在2008年的基础上下降了5.56%。

重庆市2009年财政补贴高效照明产品推广工作会议

（六）加快循环经济技术研发和推广应用

全市将循环经济、节能减排技术研发和推广应用列入年度科技发展计划。在工业领域，组织实施了低浓度矿井瓦斯气能源化技术及装置、垃圾焚烧发电关键技术研究及产业化等研发项目，研制了国内首台具有自主知识产权的2MW变速恒频风力发电机并成功应用；研制成功了混合动力轿车，节油17%。在建筑领域，积极推进可再生能源建筑应用工作，开展水源热泵技术的集成研制和示范、小城镇建设关键技术研究与示范。在交通领域，组织开展山区高速公路隧道节能型照明系统研究与应用、船舶内燃机应用等研发项目。

（七）强化环保措施，消除环境污染安全隐患

强力推进主城污染企业环保搬迁工作。会同市环保局，研究提出主城第五批环境污染安全隐患重点企业搬迁计划，并上报市政府批准同意，该批企业27户，要求在2012年前全部完成搬迁，市政府在空港工业园区召了开第五批企业环保搬迁启动会。全市纳入搬迁范围的企业已达165户，2009年完成25户企业搬迁，累计已完成88户。

积极推进第二批工业废水治理项目。2008年初，重庆市第二批86个工业废水治理项目列入《三峡库区及其上游水污染防治规划（修订本）》，规划投资为20.5亿元。为组织实施好这批项目，会同市财政局、市环保局印发了《重庆市三峡库区及其影响区工业废水治理项目（第二批）监督管理办法》（渝经发[2009]43号），在项目招投标、工程组织实施、中央预算内资金拨付、竣工验收等方面作了详细的规定，确保国家投资安全和项目按期建成投运。第二批项目完成后，每年可形成化学需氧量3.3万吨削减能力。

认真探索工业园区污水集中处理推进方式。为促进工业园区污水集中处理厂建设，在充分调研的基础上，已编制完成《工业园区污水集中处理厂建设推进方案》。

加大船舶污染治理力度。全面启动了船舶生活污水、油污水等流动污染源治理，在新建（改建）船舶上，全部安装生活污水和油污水处理设备，实现达标排放；在跨省客船上安装生活污水和油污水处理装置工程，正按计划有序推进，目前已完成工程进度的80%；主城餐饮趸船生活污水全部实现达标排放。同时，执法部门加大了船舶违规排放的查处力度，并对航行于三峡库区部分重点船舶实行了铅封禁排。

三、2010年发展循环经济工作思路

《国务院关于推进重庆市统筹城乡改革和发展的意见》（国发[2009]3号）对重庆市循环经济发展提出了“积极开展循环经济试点，做好工业园区循环经济发展规划，把重庆建成中西部地区发展循环经济的示范区。”的新要求。为此，为加快全市循环经济发展，探索发展循环经济的有效模式，2010年全市重点推进以下工作：

一是做好《重庆市循环经济条例》立法调研与起草工作，争取尽快出台，为发展循环经济提供法规保障；二是加强对列入国家和市循环经济试点单位工作的监督、检查和指导，确保试点工作按期完成；三是认真总结推广第一批市级循环经济试点工作的经验和做法，组织开展第二批市级循环经济试点工作；四是编制《重庆市第十二个五年发展循环经济规划》，全面推进循环经济的深入开展；五是加强循环经济技术支持体系的开发和研究，为发展循环经济提供技术支撑；六是加大发展循环经济的资金投入和对项目的支持力度；七是进一步做好循环经济宣传和培训工作，营造循环经济健康发展的社会氛围。

河北省循环经济

河北省发展和改革委员会

2009年，按照河北省省委、省政府的统一部署，各地各部门把发展循环经济作为落实科学发展观、构建和谐社会的重大举措，把节能减排作为发展循环经济的重要抓手，进一步突出重点，不断强化措施，加大推进力度，循环经济工作取得初步成效。全省万元GDP能耗降至1.64吨标煤，比上年下降5.02%，累计下降17.21%；化学需氧量削减3.47万吨，排放量同比下降5.74%，累计下降13.7%；二氧化硫削减9.16万吨，排放量同比下降6.81%，累计下降16.21%。

一、以节能减排为重点，推动企业循环发展

（一）认真落实目标责任

把健全目标责任作为重要推进手段。一是严格考核奖惩。对2008年各设区市和“双三十”单位节能减排目标责任完成情况组织开展评价考核，严格兑现奖惩措施，考核结果在全省通报，并在新闻媒体公布。二是分解目标任务。2009年年初核定下达各设区市2009年节能减排目标，实行万元GDP能耗降低率、累计进度和能源消费量三重控制。三是开展专项督导和预考核。2009年8月份，省节能减排工作领导小组办公室组织开展对各设区市上半年节能目标完成和措施落实情况进行专项督导。11月份，对各设区市前三季度进展情况进行预考核，帮助各地对照目标找差距、定措施、抓落实。

（二）严控能耗污染反弹

在促进经济企稳回升的同时，坚持把遏制能耗反弹作为全年节能减排工作的关键来抓。一是周密安排。2009年年初，省政府召开全省节能减排工作电视电话会议，明确把“防松劲、防反弹”作为全年节能减排工作的总要求，并从五个方面作出具体部署。二是严控增量。在对新建项目严格进行节能评估审查和环境影响评价的同时，省政府出台了区域禁（限）批实施意见，明确对重点开发和环境敏感区域严格限制高耗能、高排放项目建设。三是果断施策。针对核查中发现的问题，对7家问题严重的城镇污水处理厂实施污染减排预警。针对能耗快速反弹的势头，召开全省节能工作紧急调度会，并报经省政府同意果断出台“六条措施”，督促各设区市制定关停预案并认真落实。

（三）加大节能项目建设力度

把加快项目建设作为完成目标任务的有力支撑，力促项目早开工、快建设、早见效。一是谋划实施节能项目。谋划节能技改项目694项，年内竣工节能项目450项，形成节能能力590万吨标煤，均比2008年明显增加。二是积极争取专项资金支持。申报国家节能、循环经济和资源综合利用备选项目301项，国家下达资金项目128项，安排预算内和国债资金3.85亿元，核定节能奖励资金3.5亿元。认真组织筛选项目，争取国家安排河北省环保专项、“三河三湖”治理、农村环保资金共计8.2亿元。

二、以结构调整为核心，构建循环产业体系

（一）发展战略新兴产业

把发展战略新兴产业作为促进循环经济发展的战略选择。一是加强政策引导。2009年制定了《关于加快构建现代产业体系的指导意见》，把发展新能源、高端装备制造、生物等低耗能、低排放行业作为重点发展方向，努力形成“低投入、低消耗、低排放、高效率”的经济发展模式。二是谋划重点项目。规划建设张承千万千瓦风电基地，推进100MW风光储工程示范试点，加快发展生物质能和地热能项目实施，以天威、英利、中航惠腾等骨干企业为依托，组织谋划了一批光伏和风电化产业项目，有效推动了新能源、高端装备制造等新兴产业发展。截至2009年底，

风电总装机容量达到280.2万千瓦，光伏发电装机容量810千瓦，在建和已建成生物质能发电总装机容量达到40.1万千瓦，累计建成沼气池274万户，普及率达18%，累计开发地热能井点139处。三是加大政策扶持力度。全面落实国家对有关战略新兴产业的出口退税政策、企业进口关键零部件进口环节增值税及关税优惠政策。按照国家有关专项资金补助办法，积极争取相关领域资金支持。

（二）加快传统产业提升改造

把提高传统产业的技术和水平作为促进循环经济发展的重要任务。一是开展“对标行动”。组织实施了重点行业企业对标行动，在技术装备、产品研发、经营管理、人才队伍等方面逐项查找差距，制定追赶、跨越的路线图和时间表，促进先进适用的技术在企业提升改造中的普及和推广。二是加快产业整合。对重点行业加紧整合重组、做优做强，提高集中度和质量效益。目前，河北钢铁集团内部实质性整合基本完成，冀中能源集团成功重组华药集团，联想弘毅投资重组耀华玻璃正式签订框架协议。三是提高企业创新能力。以省内优势企业和重点高校、科研院所为依托，组织建设了河北省轧辊工程技术研究中心等25家省级工程技术研究中心和重点实验室，全省省级以上工程技术研究中心和重点实验室数量已达到132家。

（三）坚决淘汰落后产能

把淘汰落后产能作为腾出循环经济发展空间的有效手段。一是开展淘汰落后产能集中拆除爆破行动。根据各地淘汰落后产能进度，组织有关设区市开展炼钢、炼铁、焦化等行业淘汰落后产能集中拆除爆破行动，加大年度淘汰计划实施进度。二是严格落实相关政策。综合运用经济、法律、行政等手段，采取等量替代、政府补贴、限期拆除等措施，鼓励引导各地淘汰落后产能，为发展先进产能腾出空间和容量。对逾期未完成任务的设区市，实行建设项目“区域限批”；对逾期未完成任务的企业，依法吊销排污许可证、生产许可证、取水许可证、安全生产许可证，不予审批和核准新的建设项目，不予批准新增建设用地，依法停止落后产能生产的供电供水。“十一五”前四年，全省共淘汰落后炼铁产能2316万吨，炼钢1543万吨，水泥4697万吨，平板玻璃4215万重量箱，小火电318万千瓦，小煤矿391处，小机焦670万吨，造纸132万吨。

三、以培育试点企业为着力点，创新循环经济发展模式

（一）抓好循环经济试点

把循环经济试点示范作为带动循环经济整体发展的强劲动力。一是精心组织试点工作。组织第二批省级循环经济试点单位制定了循环经济实施方案，并筛选出30个循环经济示范项目予以重点支持。截至2009年底，已有5个项目竣工，完成投资76253万元，占全部项目总投资的23%。二是实施重点推进。组织召开全省县域发展循环经济现场经验交流会，总结推广邱县推进发展循环经济的先进经验，探索县（区）域发展循环经济有效模式，促进循环经济由试点示范向整体推进转变。

（二）大力推进清洁生产

把清洁生产作为从源头减少污染的首要途径。一是增加资金投入。通过中小企业发展基金、国债资金、环境保护专项资金等支持企业实施清洁生产项目和开展清洁生产审核，尤其是对冶金、电力、化工、造纸、纺织印染、医药、建材行业的中高费项目给予重点支持。二是建设人才队伍。组织有关部门、企业、服务机构等主要负责人员参加国家及省市开展的清洁生产培训班，壮大清洁生产工作的人才队伍。同时，邀请省内清洁生产等方面知名专家组成清洁生产专家库并在网上予以公布。截至2009年底，河北省共613人获得了国家清洁生产审核师资格。三是加强目标考核。为进一步推动全省清洁生产工作，省政府将开展清洁生产审核列入对各设区市、各扩权县政府环保工作考核目标。印发《年度清洁生产审核工作方案的通知》，明确了各设区市完成清洁生产审核企业数量最低限额及各级发改、环保等部门的工作任务，并严格兑现奖惩措施。截至2009年底，全省共安排552家企业开展清洁生产审核工作，完成评估259家、验收167家。通过清洁生产，企业共实施无低费方案6309个、中高费方案908个，方案共计投资9.88亿元，减少COD 3129吨，减少二氧化硫3064吨。

国家循环经济试点省

山西省循环经济

山西省发展和改革委员会

国家发改委、中国工程院组织的“循环经济专家行”在山西太原钢铁公司调研献策

2009年，山西省发展循环经济以深化全省企业、园区、社区、区域4个层面、70个循环经济试点作为重要抓手，结合淘汰落后、节能减排、服务业“1+10”重点工程、“2+10”生态环境综合治理工程和新农村建设等相关工作，取得积极进展。

一、2009年工作进展概况

——循环经济促进各项指标完成，效果显著。2009年，万元生产总值综合能耗下降5.6%，化学需氧量、二氧化硫排放量分别下降3.6%、2.7%，全部完成年度任务，特别是二氧化硫指标提前实现“十一五”目标。与2008年相比，万元工业增加值能耗同比下降9.2%；万元GDP取水量同比下降20.7%，万元工业增加值用水量同比下降2.2%。工业固体废物综合利用率比上年提高1.32个百分点。

——农业循环经济稳步推进。把发展洪洞县林下经济和以沼气为纽带的各种能源生态模式作为推动农村循环经济发展的重点，截至2009年底，适宜地区农村沼气用户累计发展到20余万户，并形成养殖—沼气—种植、沼气—发电—生活等多条生态链。夏县依托万亩种养连作生态农业示范园，建立起种植业—养殖业—沼气—生活用能的循环型农业发展模式，实现资源循环利用，达到生产减污、节约成本、增产增效和产品无公害的目的。

——推动经济发展方式的转变。大力发展低能耗产业，加大传统行业淘汰落后生产能力的力度，积极推进服务业18个重点领域“1+10”重点工程各项目，全省服务业在扩内需保增长中亮点突出，2009年投资增长71%，服务业增加值增长11%，在三次产业中的比重上升到36.8%。省政府每年安排淘汰落后专项补助资金5亿元；2009年，全省共淘汰钢铁落后产能950万吨，焦炭1095万吨，水泥568万吨，小火电144.46万千瓦，电石和铁合金36.8万吨。通过优化产业结构，淘汰落后产能，从源头上降低能源资源消耗，削减污染物排放总量，实现减量化发展。

——加强生态建设和环境保护，深入推进“蓝天碧水工程”和造林绿化工程，实施生态环境修复治理“2+10”工程。11个重点城市空气质量优良率达到85%以上，10个重点城市和70个县（市）空气质量达到国家二级标准，完成营造林530万亩，全省生态环境质量进一步改善。全国造林绿化现场会在长治召开，山西省被授予“全国生态建设突出贡献奖”。

二、主要做法和措施

（一）争取国家政策和资金支持

山西省循环经济促进会成立大会

《循环经济在山西》首发式

2009年9月，由省发改委牵头编制的《山西省循环经济发展总体规划》经过国家发改委组织的权威专家严格论证，获得国家发改委正式批复。批复认为，该"规划"具有科学性、前瞻性和创新性，对全国编制循环经济发展规划具有一定的示范意义。该"规划"结合山西省实际，通过建设煤炭、电力、煤化工、冶金、建材、农业、旅游和现代物流等产业循环经济体系和发展途径，提出了发展循环经济前后的物流、能流、水平衡图，争取了国家对我省关于循环经济项目核准等八项政策，是指导全省循环经济发展的路线图，对促进我省建设循环经济示范试点省和加快转型发展将起到巨大的推动作用。2009年共争取国家循环经济项目中央预算内投资7000万元，对山西双良水泥有限公司利用太钢固体废渣建设日产2500吨熟料水泥生产线、安泰集团80万吨/年矿渣粉磨等10余个项目予以支持。

（二）成立了山西省循环经济促进会

由省发改委倡导成立了山西省循环经济促进会，作为一个行业组织，旨在担当起政府与企业、园区、城市和社区之间发展循环经济的纽带和桥梁，逐步形成共同推动山西循环经济发展的大格局。促进会定期发行了会员内部交流双月刊《山西循环经济》，促进了山西省循环经济试点单位之间的经验交流，更好地为省委、省政府、省人大、省政协等领导建言献策，为循环经济试点企业、园区、城市和社区的实施提供服务。

（三）国家"循环经济专家行"山西站活动圆满结束

省人大副主任、工程院院士谢克昌，清华大学教授、工程院院士金涌等13名专家对山西省太钢、潞安、安泰、阳煤丰喜等第二批国家级循环经济试点单位发展循环经济给予了高度评价，人民日报、中国经济导报等多个国家级报刊用较大版面对此做了正面报道。

（四）对循环经济试点单位进行中期评估

根据李克强副总理关于建立"可量化、可评价、可考核"的循环经济指标体系的批示精神，山西省启动了对循环经济试点单位进行中期评估的工作。由省循环节约办牵头，联合省环保厅、统计局等有关部门，采用定量、定性相结合方法对列入国家和山西的循环经济试点单位逐一进行了中期评估，根据循环经济试点实施方案，对各单位发展循环经济的主要任务和目标的完成情况、项目进展、措施的落实情况以及开展的技术性和政策性创新，进行尝试性的评价考核，进一步促进试点单位推进循环经济的工作力度。

（五）继续支持循环经济项目建设

2009年利用省煤炭可持续发展基金2.8亿元，进一步加大了对循环经济项目的支持力度，西山煤电屯兰瓦斯发电项目、太钢集团450平方米烧结机烟气脱硫制酸项目等一批循环经济重点项目已完成主体建设及设备安装，即将投入试运行。

（六）编撰完成了《循环经济在山西》大型画册

在国庆60周年前夕，由省委书记张宝顺作序、省政府王君省长担任顾问、牛仁亮副省长担任编委会主任、省发改委李宝卿主任担任主编的《循环经济在山西》大型画册印刷出版。画册以图文并茂的形式系统地总结了山西省发展循环经济的经验，展示了一段时期以来山西发展循环经济取得的主要成果，提高了全省人民对发展循环经济必要性和紧迫性的认识。

三、循环经济试点

（一）行业试点成效明显

煤炭行业以潞安矿业集团为代表，依据循环经济理念和产业生态学原理进行设计、建设和改造，煤电化、煤焦化、煤油化三条主产业链不断拉长加粗，建成了焦化、电化、煤电、煤油四大循环经济园区，矿区内煤、油、电、焦、化、建材等各产业间实现有效组合和链接，达到相互间资源的最优化配置。重点完成了五阳矿煤层气综合抽采及利用工程、年产6500万块烧结砖（一期工程）的郭庄矸石砖厂、余吾和容海两个2×135MW煤矸石综合利用发电项目等循环经济项目。考核主要指标表明，近年来吨煤开采能耗和物耗在不断降低，煤炭资源采区回收率为83.2%，处于国内先进水平，万元产值水耗为33立方米，万元产值能耗为1.21吨标煤，处于历史上能耗和物耗较低水平。

煤化工行业以山西焦化集团为代表，进一步加大循环经济项目建设力度，充分合理利用资源，投资8亿元建设了90万吨/年焦炉易地扩改项目一期工程，替代了原58-Ⅱ型焦炉；投资5.8亿元建设了20万吨/年甲醇项目，充分利用焦炉煤气；投资8亿元建设90万吨/年焦炉扩建项目二期工程；投资2.8亿元建设10万吨/年苯精制项目，替代原粗苯加工酸洗工艺；投资8.5亿元建设20万吨/年醋酸项目，可充分利用现有甲醇产品作原料；投资6亿元建设现有焦炉配套使用的干熄焦项目，以替代原湿法熄焦工艺。

冶金行业以太钢集团为典型代表，通过淘汰污染大、能源资源消耗高、生产效率低的生产设备，实现了装备大型化、生产高效化、产品清洁化、品种多元化、环保设施一流化、能耗物耗指标处于行业先进水平。近年来累计投入48亿元用于清洁生产、节能降耗和循环经济项目,初步形成了钢铁生产长短流程结合的“1124”绿色循环经济发展模式，即树立一个理念，钢厂与城市是和谐发展的“共同体”理念；提升一个目标，建成冶金行业节能减排和循环经济的示范工厂；依靠“两个创新”，技术创新和管理创新；拓展“四大功能”，产品制造、能源转换、废弃物消纳处理、绿化美化，走出一条内陆型钢厂与中心城市和谐发展的新路子。其亮点是已建成水、气、酸完整的闭路循环链，并有效利用各种余热、余能和废气发电，形成多条能源回收循环利用链，使太钢的综合能耗大幅度降低，吨钢综合能耗从703千克标准煤降到564千克标准煤，下降25%；万元产值能耗从

2009年8月30日，全国煤炭行业第一个循环经济园区——大同煤矿集团(以下简称同煤)塔山循环经济园区建成。塔山循环经济园区开创了黑色煤炭、绿色开采、科学发展的先河，探索出具有同煤特色的循环经济发展模式，实现了资源综合利用的最大化和经济效益、社会效益的最大化

潞安矿业集团建成了国内最大的煤矸石制砖生产线

太钢集团30万立方米粉煤灰加气砼砌块工程

0.9吨标准煤降到0.63吨标准煤，下降30%，均处于行业领先水平。

（二）工业园区试点初见成效

初步建成了同煤集团塔山循环经济园区等若干个具有地方特色和产业特色的试点园区。

2009年8月正式落成的同煤塔山循环经济工业园区，是全国煤炭行业建成的首个循环经济园区。园区围绕“煤-电-建材、煤-化工”两条循环经济产业链，高标准规划建设了“一矿、八厂、一条路”10个项目，注重就地对初级产品进行转化，初步形成了以煤为头、物料循环、减量利用、多业并举的产业链条，主要指标达到了国内同行业先进水平。实现矿井原煤经洗选外送，洗煤矸石用于资源综合利用电厂的发电燃料，分选矸石中的高岭岩加工后制成造纸、橡胶和玻璃纤维的原料，高岭岩厂和电厂的粉煤灰成为水泥和墙体材料厂的原料，净化处理矿井排水和生产、生活废水用于电厂供水。这种把资源综合利用和环境保护纳入企业规划、构建生态产业链条的做法，提高了煤炭及伴生资源的回收率，实现了产业废物的跨行业利用。

（三）社会领域发展循环经济各具特色

在循环经济实践中，一批试点县市不断强化建设生态文明、构建和谐社会的总目标。太原市结合汾河生态治理修复与保护和西山地区综合整治，通过循环经济文化创新，生态文明观念和循环经济观念深入人心，并转化为实现生产发展、生活富裕、生态良好目标的自觉行动；长治市城市垃圾分类、污水处理后的中水处理等循环经济静脉产业体系建设亮点突出；介休市发展循环经济基本形成了特征明显的工业、农业、服务业及人居环境的循环经济体系，尤其是以园区为载体的循环经济共生网络和公辅配套工程得到了较快的发展。为循环经济试点社区配置垃圾桶和宣传栏，推广晋城市城区垃圾分类回收经验，支持建设一批统一规范的社区回收站、专业化分拣中心和区域集散市场，进一步使循环经济理念深入人心，引导市民节约资源、保护环境、发展循环经济，有力促进了发展方式的转变。

四、2010年循环经济工作重点

以贯彻《中华人民共和国循环经济促进法》和相关法规为契机，在全省范围内大力推进循环经济发展，坚持政府推动、市场引导、企业实施、公众参与的方针，大力实施《山西省循环经济发展总体规划》，以煤炭、焦化、冶金、电力、化工、建材、农业等产业为突出重点，加快推进重大项目建设，加快建立产业循环经济体系和循环经济技术支撑体系，努力探索循环经济发展模式，形成全省各级各部门以及试点单位共同推进的局面。

（一）积极推进立法工作

首先，贯彻落实国家《循环经济促进法》，结合本省实际，制定出台《山西省循环经济促进条例》。我委已开展立法的前期推进工作，省人大已对此展开调研，准备将其纳入2010年立法计划。其次，研究制定《山西省固定资产投资项目节能评估和审查条例》，建立节能评估和审查专家库，严格落实项目可行性研究报告节能篇的审查和评估。

（二）加快发展循环经济的机制体制创新

制定循环经济标准规范，总结和推广循环经济发展模式，制定循环经济示范企业、工业示范园区、农业示范园区、绿色社区标准，研究循环经济的资源效率标准、能源效率标准、废弃物排放标准等。

建立和完善发展循环经济的政策体系。继续完善落实国家已经出台的支持循环经济发展的投融资政策措施，加大对循环经济重大项目的信贷支持，加大银行融资额度。加大对循环经济技术研发和推广的支持力度，鼓励科研机构和企业开发减量化、再利用、资源化、共生链接和系统集成等方面的实用技术。建立面向循环经济的技术供给机制和促进循环经济技术的激励机制，不断提高循环经济的技术支撑能力。

（三）建立全省循环经济发展评价体系和统计制度

根据李克强副总理关于建立“可量化、可操作、可考核”的指示精神，国家发改委和国家统计局已经将我省列为三个试点省之一，目前重点在水泥、金属冶炼及压延企业开展主要资源和资源产品消耗统计指标的填报试点，将逐步建立山西省循环经济发展统计评价体系及相应的统计方法制度，并在此基础上建立省对市、市对县的循环经济指标完成情况的考核评价体系。

（四）抓好循环经济重点项目建设和技术开发

有组织、有重点、有秩序地开展具有循环经济示范带动意义和节能减排效果显著的项目在试点单位推进。促进循环经济发展中有重大推广意义的共性和关键技术转化，包括可再生能源技术，雨水收集、粉煤灰、煤矸石等资源综合利用技术，焦化废水处理、污泥安全处置技术等；积极实施重点节能工程，加大节能技术改造，以提高能源利用效率为核心，进一步加大节能潜力大、见效快的高效节电产品、高效拖动设施、余热余压回收利用等方面新技术、新产品、新设备推广应用；推进污水处理厂建设运行。加快污水回用设施建设，促进城市污水再生利用率由目前的33.6%提高到50%以上。

（五）大力支持静脉产业的发展

以废电池、废塑料、废汽车等为突破口，对重大静脉产业项目要实行用地优先、贷款优先、产品市场准入优先、政府采购优先和税收减免、政府贴息等支持政策，促进其加快发展。积极开展垃圾分类回收，向国家争取将太原市和大同市列为山西省开展餐厨废弃物资源化利用和无害化处理工作的试点城市，推动餐厨废弃物资源化利用和无害化处理；向国家争取将太原市山西静脉产业园和朔州市万宝盛再生资源回收加工利用工业园区列为国家城市矿产示范基地，推动城市废弃资源再生利用规模化发展。

（六）召开全省发展循环经济工作会议

下半年组织召开由省主要领导参加的全省发展循环经济工作会议，将国家批复的《山西省循环经济总体规划》中的各项指标进行细划分解，将各项特征指标分年度分解到各市和有关部门，分年度考核。在对循环经济试点单位中期评估考核的基础上，奖优罚劣，对推进不力的试点单位进行动态调整；加大全省发展循环经济的舆论宣传工作力度，对循环经济发展过程中涌现出来的先进单位和个人给予表彰，交流循环经济工作的先进经验。

（七）建立行业协会、中介组织、民间机构、个人参与循环经济的工作机制

明确行业协会（行管办）在推动本行业循环经济发展、监督企业实施国家强制性标准、组织企业签署自律协议和开展技术推广、培训等方面的职责。鼓励中介组织、民间机构承担循环经济法规、标准、技术、知识的培训工作，鼓励中介组织、民间机构、个人开展多种形式的循环经济活动，培养公众节约资源、保护环境的意识。

内蒙古自治区循环经济

内蒙古自治区经济和信息化委员会

"十一五"以来，随着以节约发展、清洁发展、安全发展为核心的可持续发展理念的不断深入，内蒙古自治区以节能减排、清洁生产、资源综合利用工作为核心的循环经济工作得到全面加强和高度重视，取得了明显的进展和成效，为内蒙古自治区发展低碳工业经济奠定了良好的基础。

一、总体进展情况

为进一步树立科学发展观，切实转变经济增长方式，构建和谐、节约和可持续发展型社会，"十一五"期间，国家确定了两项约束性指标，即在"十一五"末期，全国单位国内生产总值能耗降低20%的节能目标和主要污染物排放总量减少10%的减排目标。根据内蒙古自治区实际，自治区政府提出了到2010年，全区单位地区生产总值能耗从2005年的2.48吨标准煤/万元下降到1.86吨标准煤/万元，比"十五"末降低25%（应内蒙古自治区要求，2009年国家将内蒙古自治区"十一五"节能目标调整为降低22%）；主要污染物减排目标在2005年的基础上，将二氧化硫排放总量控制在140万吨之内，削减率为3.8%；化学需氧量排放总量控制在27.7万吨之内，削减率6.7%。

"十一五"以来，内蒙古自治区积极贯彻执行国家资源节约、综合利用一系列方针政策，积极推行资源节约、资源综合利用、清洁生产和环境保护工作，各方面工作取得了一定成效。继自治区人民政府成立了自治区工业循环经济示范区工作领导小组后，2006年自治区制定出台了《内蒙古自治区人民政府关于建设工业循环经济示范区的指导意见》，成为"十一五"期间指导自治区循环经济工作的纲领性文件。经过全区上下的共同努力，到2009年底，内蒙古自治区发展循环经济工作进展顺利，取得了较好成效，共有46个企业和工业园区被列入国家和自治区级循环经济试点单位。

2009年，内蒙古自治区单位地区生产总值能耗为2.01吨标煤，同比下降6.91%，"十一五"前四年内蒙古自治区单位地区生产总值能耗累计降低18.82%，完成节能目标进度的83.51%；全区二氧化硫排放量为139.88万吨，较2005年下降了3.93%；全区化学需氧量排放量为27.85万吨，较2005年下降了6.23%；"十一五"前四年两项约束性指标都完成了80%以上。此外，2009年全区能源消费总量达到15356万吨标煤，其中工业能源消费量为10452万吨标煤，同比上升2.44%；工业烟尘排放量32.05万吨，同比下降25.19%；工业氮氧化物排放量102万吨，同比下降2.64%；单位工业增加值用水量为51立方米/万元，同比下降5.56%；工业用水重复利用率达到93.61%；煤炭回采率达到60%，采煤机械化水平达到80%以上；工业固体废弃物综合利用率达到54.28%，"三废"综合利用产品产值达到23.60亿元。2009年关闭小火电机组20万千瓦，淘汰落后产能电石10万吨、水泥360万吨。这些指标相对于内蒙古自治区"十五"末期水平均有显著提升。内蒙古自治区发展循环经济工作已初具规模，企业、产业、园区、地区等各个层面的循环经济格局正在逐步形成，发展循环经济的内在机制正在建立，为今后加快循环经济和低碳经济发展奠定了良好的基础。

二、内蒙古自治区发展循环经济的主要工作

发展循环经济是当前促进工业低碳化发展的最有效途径。"十一五"以来，内蒙古自治区主要在加强循环经济试点创建、淘汰落后产能、加强节能技术进步、加快清洁生产、推进资源综合利用等方面做了大量的工作。

(一)通过试点示范创建促进循环经济

到2009年底，内蒙古自治区发展循环经济工作进展顺利，取得较好成效。列入国家和自治区循环经济试点示范企业（园区）增加到46个，其中企业23个，工业园区23个，涉及钢铁、有色、建材、化工、电力、煤炭、医药、木材加工、农畜产品加工业和高新技术产业等十个重点行业，覆盖全区12个盟市。这些试点示范企业（园区）在发展循环经济的基础工作、补链项目建设、完善产业链及配套工程等方面取得显著成效。据初步统计，2009年全区46个循环经济试点示范园区（企业）实现工业增加值1146亿元，约占同期全区工业增加值的30%；已完成循环产业链重点项目86项，累计完成投资624亿元；共实现节能477万吨标煤，节电3.15亿度，消减二氧化硫25.51万吨，消减化学需氧量7.06万吨；完成工业固体废物利用量4261万吨。这些试点示范企业（园区）在发展循环经济的基础工作方面，包括节能减排、清洁生产、资源综合利用、环境保护等资源节约工作取得了显著成效。通过循环经济试点企业（园区）的示范作用，进一步带动了全区一大批园区和企业开展了循环经济工作，以循环经济模式发展工业经济的格局已经形成。

（二）优化产业结构调整

为加强对淘汰落后产能工作的组织实施，内蒙古自治区制定下发了《内蒙古自治区淘汰落后产能工作实施方案》，确定了"十一五"期间淘汰落后产能的总体目标和年度计划，明确了各级政府及各有关部门的责任，制定了电石、铁合金、钢铁、水泥、造纸、酒精等行业落后生产能力的核定标准和关停、淘汰落后产能验收办法。明确各盟市主要领导为本地区关停工作的第一责任人，将淘汰落后产能工作目标分解到有关地区和企业，与相关地区签订任务书，实行目标责任制和责任追究制，把淘汰落后产能工作情况作为各地区年终考核的重要指标。

通过采取以上措施，2009年，内蒙古自治区关闭小火电机组20万千瓦，淘汰落后产能电石10万吨、铁合金2万吨、水泥360万吨、钢20万吨、铁197万吨、焦炭495万吨、有色金属5.4万吨、造纸14.8万吨、味精1万吨。内蒙古自治区产业结构调整进一步优化，企业技术装备水平明显提高。全区煤矿数量由2000年的2009个减少到501个，现有煤矿平均单产能力由14万吨提高到100万吨，其中国有重点煤矿单井能力达到350万吨，煤炭资源回收率由30%提高到60%以上，采煤机械化水平由25%提高到80%以上；电石1.25万千伏安及以上单套设备生产能力占全区电石总生产能力的95%，总体装备水平高于全国平均水平，电石为区内PVC生产配套量达到30%；铁合金1.25万千伏安及以上单套设备生产能力占全区铁合金总生产能力的67%，总体装备水平高于全国平均水平，铁合金为区内镁和镁合金生产配套量达到20%。

（三）加强节能技术进步

自2007年以来，自治区财政共安排2.4亿元节能技改补助和"以奖代补"节能技改专项资金，重点支持节约和替代石油、燃煤工业锅炉(窑炉)改造、余热余压利用、电机系统节能、能量系统优化等"十大节能工程"、"自治区100项节能工程"以及煤炭、电力、钢铁、有色、建材、化工、轻工行业的节能技术项目，共支持项目180余个。项目完成后可形成节能量300万吨标煤。同时，自治区近几年共获得国家国债和"以奖代补"资金6.6亿元，支持项目76个。项目全部完成后可形成节能量243万吨标煤，利用粉煤灰197万吨，利用各种废弃物15.8万吨，节水3707万立方米，减排COD1.65万吨，利用二氧化碳1.5万吨。据不完全统计，国家和自治区引导资金支持的节能项目可形成节能量543万吨标煤，占内蒙古自治区"十一五"目标节能量的15%，对推动内蒙古自治区节能和循环经济工作发挥了重要作用。

进一步加大节能技术推广力度，制定下发了《2009年内蒙古节能技术及节能产品目录》，开发推广了兆瓦级光伏发电、高铝粉煤灰提取硅酸钙、电石炉热回收烘干物料、新型沼气开发利用等10项节能新技术和粉煤灰砖等9项节能产品。在冶金、电力、水泥等高污染、高耗能行业，重点支持了清洁生产、工业窑炉改造、工业废水利用、矿热炉节能改造、煤炭提质深加工、可再生能源利用等节能项目关键技术的研发推广。

（四）加强清洁生产审核

针对自治区能源重化工产业结构和工业企业污染问题突出的现状，自治区政府对污染物排放超过国家和地方排放标准、污染物排放总量超过地方人民政府核定的排放总量控制指标、使用有毒有害原料进行生产或者在生产中排放有毒有害物质的企业（简称“双超双有”）作为实施强制性清洁生产审核的对象和主体。自“十一五”对实施清洁生产的企业开展审核工作以来，自治区结合全区产业特点和污染物排放现状，在电力、冶金、化工、建材、有色、矿山等重点行业的高耗能、高污染企业中积极推行了强制性清洁生产审核。截止到2010年初，先后分4批次公布了全区强审企业名单，共确定了185家重点污染企业开展强制性清洁生产审核。通过实施强制性清洁生产审核，促进了企业减少污染物的排放，节约了能源，减轻了环境压力，取得了较好的环境效益、经济效益、社会效益和示范效应。此外，内蒙古自治区在大力抓好强制性清洁生产审核的同时，还鼓励企业积极开展自愿性清洁生产审核工作。目前，总共有134户企业通过了自治区组织的清洁生产审核验收，其中强审企业106户，自愿性审核企业28户。通过开展清洁生产审核，这些企业取得了明显的节能环保效益、经济效益和社会效益，切实从源头上起到了节约能源、削减污染的效果。

（五）加大资源综合利用力度

在国家实施鼓励企业开展资源综合利用政策以来，内蒙古自治区积极推进循环经济工作，资源综合利用率不断提高，利用废物的范围进一步拓宽。目前已利用的废物扩展到炉渣、粉煤灰、煤矸石、洗中煤、页岩、风积沙、尾矿、废轮胎、杂骨、林业三剩物、沙柳、余热、二氧化碳、二氧化硫等十几种类，利用废物生产的产品品种不断增多，如水泥、墙体材料、纤维板、胶制品、电力以及纳米碳酸钙、超细煅烧高岭土等高科技产品，产品档次及附加值也明显提高。在开展资源综合利用的同时，也带动了相关产业的发展。主要措施有：一是制定实施了《内蒙古自治区资源综合利用认定管理办法实施细则》，进一步规范资源综合利用认定工作。同时配套《实施细则》制定了资源综合利用产品、工艺（技术）申报及认定规程，认真落实好国家鼓励资源综合利用的优惠政策。二是制定了《内蒙古自治区“十一五”资源综合利用规划》，提出了内蒙古自治区资源综合利用的指导思想、发展目标、重点领域、重点工程和保障措施，指导和推动了自治区资源综合利用工作。三是开展了重点领域的资源综合利用工作。结合全区重点行业结构调整规划，促进电力行业健康发展和粉煤灰综合利用工作，出台了《内蒙古自治区粉煤灰综合利用管理办法》。

三、今后工作重点

循环发展是节约发展、清洁发展、可持续发展的重要途径，是内蒙古自治区工业经济结构调整、向低碳转型升级的重要举措。下一步要围绕发展循环经济，积极推进节能降耗工程、循环经济试点示范工程、清洁生产示范工程、资源综合利用工程“四大工程”。

一是推进实施节能降耗工程。2010年是完成“十一五”节能约束性目标的最后一年，剩余的任务量尽管比重不大，但完成难度很大。因此，2010年要进一步强化工作措施，确保完成“十一五”单位GDP能耗下降22%的目标。一要进一步强化节能降耗基础性工作。继续做好节能目标责任评价考核工作，推进国家重点节能工程，推广重点节能技术，抓好重点用能单位节能管理，严格执行固定资产投资项目节能评估审查制度，加快合同能源管理试点工程建设，健全节能管理体系。二要继续淘汰落后产能和调整产业结构。综合运用行业准入、能耗准入、差别电价、补偿奖励等措施，按期完成钢铁、铁合金、水泥、电石、焦炭等“十一五”淘汰任务。继续加快产业升级步伐，加大产业延伸力度，不断提高产业发展水平，着力抓好钢铁、有色、煤化工、氯碱化工、硅产业、稀土等产业的延伸加工，规划和实施一批深加工项目，提高就地加工转化水平，切实从源头控制高耗能、高排放行业过快增长，有效遏制低水平重复建设。

二是推进实施循环经济示范工程。在现有循环经济试点示范单位中建设一批既有行业代表性又有地区特点的循环经济示范工程，成为内蒙古自治区推广发展循环经济的典型模式。重点建设以霍林河铝业、包头铝业、希望铝业为主的煤—电—铝深加工产业示范工程；建设以紫金矿业、库博锌业、金峰铜业为主的有色金属及其延伸产业示范工程；建设以乌斯太盐化工、丰镇氟化工、乌海氯碱化工为主的化工及其延伸产业示范工程；建设以伊泰煤制油、多伦煤基烯烃、庆华煤焦化为主的煤化工及其延伸产业示范工程；建设以科尔沁玉米加工、塞飞亚养殖、蒙牛乳业为主的农畜产品深加工示范工程；建设以包头稀土高新区、包头稀土高科集团为主的稀土深加工产业示范工程。着重抓好重化工业集聚区和工业园区发展循环经济，推进产业链延伸组合，实现能源、资源循环利用，推动相关产业协调快速发展。

三是推进清洁生产示范工程。积极推广应用清洁生产工艺和技术。自治区将对已经通过清洁生产审核验收的企业，从中选择一批清洁生产实施效果较好、无低费和中高费方案实施完毕且污染物排放达标的企业进行表彰，并在各行业中树立一批全区清洁生产示范企业，给予各类优惠政策支持。以充分发挥清洁生产示范企业在节能降耗、环境保护、循环经济和资源综合利用方面的示范作用。

四是推进实施资源综合利用工程。着重推进工业固体废物和生物质领域的资源综合利用。在煤矿集中的地区重点推进矸石综合利用项目建设，在火电厂集中的地区重点推进粉煤灰、脱硫石膏综合利用项目建设，在金属、非金属矿区集中的地区重点推进尾矿综合利用项目建设，在鄂尔多斯、巴彦淖尔、通辽等地区重点推进沙柳和秸秆生物质能综合利用项目建设。

把循环经济与节能减排、清洁生产、资源综合利用工作融为一体，用活、给足现有各项优惠政策，大力支持循环经济试点示范企业和园区发展，使内蒙古自治区工业经济实现由循环经济向低碳经济的跨越式转变。

国家循环经济试点省

辽宁省循环经济

辽宁省经济和信息化委员会

辽宁省坚持把循环经济、节能减排作为落实科学发展观、调整经济结构、转变发展方式的切入点和突破口，工作成效显著，为保增长、保民生、保稳定作出了突出贡献。2009年辽宁省二氧化硫排放量105.14万吨，已提前完成“十一五”减排任务；化学需氧量排放量56.26万吨，累计完成“十一五”减排任务的98.07%。

一、2009年循环经济工作进展情况

2009年，辽宁省循环经济工业化布局基本完成，指标向好，工业领域的减量化、资源化、再利用工作取得了显著的进步，形成了源头控制、流程控制、效率控制为核心内容的工业循环经济发展体系。

据统计，全省规模以上工业万元工业增加值能耗实现2.26吨标准煤，同比下降6.95%；六大高耗能行业总产值占地区工业总产值比重继续下降，占规模以上工业的比重已下降到39%，下降了4.5个百分点，六大高耗能行业单位工业增加值能耗同比下降9.85%；全国千家企业能源消费量同比下降1%，2005年以来首次下降，年节约275万吨标准煤；万元工业增加值用水量实现45立方米，同比下降4.25%；工业用水重复利用率达到80%。全省工业锅炉和供暖锅炉试点工程全面启动，锅炉平均热效率提高6%，节约原煤300万吨；钢铁、建材、煤炭行业骨干企业主体设备基本实现余热余压的合理利用，余热余压发电装机容量达到230万千瓦；再制造试点工作正式启动。沈阳大陆激光等3家企业被列为工信部第一批机电产品再制造试点单位，已经编制完成了试点工作实施方案；资源综合利用和再生资源利用工作全面推进。工业“三废”、尾矿、城市污泥等废弃物的资源化利用取得积极进展，全省工业固体废弃物综合利用率50.52%，同比增加3.72个百分点，确定废旧家电、废电池省级回收试点，对全省机关、事业单位、学校、国有企业的废旧家电、废电池进行定点回收，积极申请家电“以旧换新”试点省。

二、循环经济工作采取的主要措施

（一）大力推进重点用能企业的节能降耗

一是积极开展“双千企业”节能行动。2009年辽宁省参加国家“千家企业”考核的企业为57户，考核结果完成等级以上的有51家，累计有34家企业提前完成“十一五”节能任务目标；为发挥重点用能企业节能降耗的拉动效应，辽宁将年用能5000吨标准煤以上1700多户企业纳入省级监控范围，这些企业的用能量占全省工业用能的70%，占全省用能总量的60%，抓住这些企业的节能降耗工作，就抓住了全省节能降耗的关键。为此，建立了“双千企业”节能监察信息平台，对重点企业用能情况实施季调度，加强对企业用能情况的指导和监控。二是组织实施重点节能工程项目。2009年，辽宁省从国家争取到国债项目、节能奖励项目41个，项目全部建成后可实现节能量60万吨标准煤；安排省节能专项资金项目101项，预计节能190万吨标准煤。省经信委会同省质监局完成了全省工业锅炉的摸底调查工作，编制了《辽宁省工业锅炉用能潜力分析》，已经启动了15个试点工程。

（二）强化节能执法监察

辽宁省将节能监察作为推进企业节能降耗的重要抓手，加强了节能监察队伍能力建设，全省已建立1个省级节能监察中心，14个地级市、13个县区级节能监察机构，初步构建起省、市、县三级节能监察体系。在这些节能监察

机构中，省中心和9个地级市中心都已经参照公务员管理。全省节能监察队伍现有人员317人，其中70%以上的人员持有执法证。省里还为各市节能监察中心配备了急需的检验仪器设备，省、市两级节能监察机构节能监察仪器设备数量已达503台（件），基本能够满足节能监察工作的需求。2009年，省市两级节能监察中心共完成318家企业的监察任务，提出整改方案705个，这些整改方案完成后预计节能量36.76万吨标准煤。目前，已经完成整改方案475个。

（三）大力优化工业产业结构

修订了产业发展及能效准入目录，2009年版目录涵盖11个行业、161种用能产品以及46种主要设备，基本上覆盖辽宁省现有主要工业行业；制定了吨钢综合能耗、选煤电耗、乙烯能耗、原油（气）液电耗、海棉钛、海棉锆能耗等6项地方节能标准，作为各级投资、土地、环保、信贷审批项目的重要依据和各级节能监察部门监督检查的重要依据。六大高耗能行业平均增速低于规模以上工业增长速度，六大高耗能行业单位工业增加值能耗同比下降9.85%；主要产品单位能源利用效率逐年提高，其中烧碱综合能耗下降10.4%，乙烯生产综合能耗下降4.7%，炼焦工序单位能耗下降8.8%，吨水泥熟料综合能耗下降9.1%，吨钢综合能耗下降3.5%，规模以上工业企业加工转换效率超过76%。通过合理调控高耗能行业的发展，产品结构和产业结构得到优化和升级，有力地支撑了全省节能目标的实现。

（四）积极推进企业清洁生产

一是加强建设项目清洁生产管理。严格执行《国家重点行业清洁生产导向目录》，所有新建、扩建、改建和技术改造等建设项目，必须采用技术起点高、能耗物耗小、污染物产生量少的清洁生产工艺，对没有采用先进的清洁生产工艺和技术的项目一律不予通过。二是大力推进企业清洁生产技术进步。根据《国家重点行业清洁生产技术导向目录》，在冶金、石化、化工、轻工和纺织等行业中，重点推广干熄焦技术、含硫污水汽提装置扩能改造等57项清洁生产新技术。建设了100个清洁生产示范项目，创建了60多家废水“零排放”企业。三是积极开展清洁生产审核。2009年，全省强制性清洁生产审核企业58家，其中28家完成了审核验收，提出中高费方案162项，实施109项。印发了《辽宁省工业企业清洁生产审核暂行管理办法（暂行）》，启动自愿性清洁生产审核工作。

（五）加快推进资源综合利用

组织起草了《辽宁省工业资源综合利用管理办法》，该办法已列入2009年省政府的立法计划，以法律法规形式规范企业合理开发和有效利用资源。积极落实国家资源综合利用的税收优惠政策，组织实施一批重点工业领域资源综合利用项目，资源综合利用工作取得明显进展。全省冶炼废渣、炉渣、粉煤灰、煤矸石综合利用率分别达到98.12%、89.13%、64.32%、86.53%。鞍钢建成高炉渣微细粉生产线，钢渣再选加工线和热闷渣处理工艺，开发了矿渣微粉、精块钢、精铁粉、精渣钢、磁选粉五大主导产品，实现了冶金渣资源化转换，已实现当年新渣100%加工、渣中所有钢铁物料100%回收，多年来产生的近亿吨钢铁废渣山正在逐步得到治理。将辽阳统一企业有限公司确定为全省第一个废旧电池无害化、资源化、工厂化处理示范项目，在全省设立废旧电池回收箱，建立废旧电池回收体系。省经信委、财政厅等11家单位联合发文，在全省机关、事业单位、国有企业、高等院校、医疗单位等开展废弃电子产品集中回收处理，加快辽宁牧昌公司电子垃圾回收利用项目建设，实现电子废弃物的集中处理和资源化利用。

（六）加强节能减排的国际交流与合作

为加强辽宁省与发达国家和地区的交流与合作，提升全省节能减排的技术和管理水平，促进节能减排的健康发展，省经济和信息化委员会与日本国近畿经济产业局就促进节能环保产业领域商业交流与合作事宜已经达成相关协议。双方于2009年11月8日在北京举办的第四届中日节能环保论坛上签署了合作备忘录。在以后的两年里，辽宁省与日本国关西地区将在努力保护企业所拥有的知识产权，举办以提供节能环保产业领域的政策和技术信息等为目的的研讨会和商贸配对活动，在关西地区培养两个地区的产业人才以及向辽宁省派遣专家等工作等方面开展节能环保产业领域的商业合作，以促进辽宁省与关西地区节能环保的商业交流。

三、循环经济工作基本经验

一是完善循环经济总体布局，指导循环经济的实践。辽宁省循环经济工作起步较早，2002年率先在全国开展循环经济试点建设，创建了“3+1”循环经济模式。2005年，被国家六部委确定为循环经济试点省以来，构建了

"65115"循环经济发展框架，即重点发展6个行业、5个城市、10个县区、10个园区、50户企业。近年来，省经信委指导上述试点单位编制了实施方案，分期组织专家评审，初步构建起全省推进循环经济试点建设的总体框架。根据循环经济试点建设工作的进度情况，2009年，对省级循环经济试点单位进行适当调整，增补了6个试点单位，进一步完善循环经济总体布局。

二是加强与本地区经济发展规划的协调，推进循环经济发展。辽宁省在制定循环经济发展的框架体系时，充分考虑了地处辽东半岛的区位优势，确定的5个省级循环经济试点市中，有4个属于临港城市，以便与辽宁沿海经济带的开发建设有机结合，通过发展循环经济，促进全省经济社会的可持续发展。

三是发挥产业、资源的优势，推进循环经济发展。辽宁省镁硼行业资源优势明显，全省已探明菱镁矿保有储量约占全国储量的85%、世界储量的20%，硼矿探明储量占全国储量的57%。在推进循环经济试点省建设工作时，辽宁省将镁硼行业作为发展循环经济的重点行业，有步骤地组织专家对硼铁矿综合利用过程中存在的技术难题开展技术攻关活动，利用钢厂使用后的废弃镁砖进行再加工，利用低品位轻烧镁（MgO含量80%~85%）生产纸面玻镁板，对硼酸生产中的硼酸母液进行回收利用，生产副产品七水硫酸镁，实现污染物零排放。同时，改造落后轻烧反射窑122座、重烧窑126座，既降低能耗，减少排放，又能提高产品质量。积极扶持41家重点镁硼矿山企业开展矿山剥岩工作，完成剥岩1355万吨，获得可采矿量1800万吨，组织32家矿山企业安装了69套滚笼筛矿石分选设备，有效地提高了资源使用率，有效地保护了资源。

四、2010年重点工作

一是深化目标责任、完善政策机制。继续深化工业企业"双千"节能活动，将统计口径内的年用能3000吨标准煤以上的企业全部纳入考核调度范围，建立能源利用状况公报制度，搞好"十一五"能效终期评估。实施能源后审计和延伸审计，优选钢铁、水泥行业全面推进能效对标活动。加快建立工业领域项目"能评"制度，制定相关管理办法，严格限制高耗能和严重浪费能源的产业项目以及工业园区发展。抓紧能效体系建设，继续修订完善《产业能效指导目录》，继续组织制定工业节能系列标准，对高耗能企业实行更加严格的市场准入制度。

二是健全法制保障、加强监察督导。积极争取《辽宁省工业资源综合利用管理办法》的尽快发布，组织开展《辽宁省工业企业清洁生产审核管理办法（暂行）》的前期基础性工作，研究落实国家节能、节水、资源综合利用税收优惠政策的流程和制度。推进全省节能监察体系建设，推进节能监察制度化，下达年度监察计划，组织开展节能减排专项督查活动，重点检查节能减排目标责任落实、节能工程实施、固定资产投资项目节能评估和审查情况等。

三是加大资金投入，推进技术进步。利用、协调好中央和地方各级财政政策和资金，做好项目储备、推荐、评审和实施各项工作，加大重点工程实施力度。充分发挥省节能专项引导资金作用，重点支持重点用能单位能源审计潜力项目以及工业节水、循环经济等领域的技术改造或技术提升项目，发挥项目载体对全省节能减排目标的支撑作用，提高投资对经济增长的贡献率。加快节能减排技术开发和推广。继续支持一批节能减排关键和共性技术研发，推动建设产学研相结合的技术开发平台。在钢铁、石化、电力、建材、镁硼等重点行业推广负能炼钢、余热余压发电、热电联产、新型干法窑等潜力大、应用面广的重大节能技术，加快节能自主创新。

四是大力发展循环经济，推进资源综合利用。系统推进循环经济试点省建设体系中6个重点工业行业、10个工业园区和50户工业企业的示范试点建设，支持建设一批循环重点项目。探索建立工业园区和重点工业行业层面的循环经济评价指标体系和资金保障体系。继续做好工业资源综合利用工作，落实好相关税收优惠政策。加大实施清洁生产审核力度，重点支持企业实施中高费方案的梯级实施，开展创建清洁生产示范企业活动。

五是培育服务体系，强化宣传教育。加强技术服务和支撑体系建设，培育能源审计、节能评估机构和队伍。推行合同能源管理、电力需求侧管理等，培育节能和环保服务市场。强化数据保障体系建设，启动运行全省工业能源信息统计平台，实现对全省重点工业企业能耗、物耗、水耗和资源综合利用的实时调度。从企业着手，开展能源资源宣传。推进辽宁省与日本关西地区节能合作框架协议的实施，组织重点工作领域学习和交流。

吉林省循环经济

吉林省发展和改革委员会

2009年5月，吉林省省长韩长赋在八宝循环经济工业园考察调研

吉林省委和省政府高度重视，采取有效措施，努力建设资源节约型和环境友好型社会，实现循环经济的较快发展。

一、2009年循环经济工作进展情况

2009年吉林省把发展循环经济、建设资源节约型和环境友好型社会作为落实科学发展观、转变经济增长方式、发展战略性新型产业、全面振兴东北老工业基地的重大举措，以“减量化、再利用、资源化”为核心，以提高资源利用率和降低废物排放为目标，以技术创新和制度创新为动力，健全完善政策法规体系，逐步探索出一条适合吉林省循环经济发展的新思路和新模式。目前，全省循环经济在城市层面、园区层面、领域层面、企业层面和汽车零部件再制造层面均有国家级循环经济试点单位，带动了全省循环经济的发展。一是按照《吉林省循环经济发展“十一五”规划》的要求，积极推进 “53121”工程，并取得成效。二是加强节能减排工作，大力推进工业节能、建筑节能、交通节能、农村节能、公共机构节能，淘汰落后产能，推广低碳技术，发展低能耗、高附加值的新兴战略性产业。三是认真开展资源综合利用工作，2009年认证新型建材、再生资源回收利用、农林剩余物资源化等领域196家综合利用企业，促进企业资源综合利用工作的开展。四是组织实施重点资源节约和环境保护重点工程，2009年，全省共有108个节能减排、循环经济项目获得国家6.29亿元资金补助。五是组织实施《松花江流域水污染防治规划》，列入规划的86个重点项目，完工66个。六是组织实施城镇污水、垃圾处理设施项目57项，总投资50亿元。

2009年底，吉林省单位国内生产总值（GDP）能耗1.21吨标煤/万元，同比下降5.98%，累计完成“十一五”目标的77%；化学需氧量（COD）排放量36.08万吨，同比下降3.62%，二氧化硫（SO_2）排放量36.3万吨，同比下降3.83%。在主要污染物减排方面，提前完成“十一五”减排目标。工业固体废物综合利用率达到64.3%，完成“十一五”规划目标的99%。

二、发展循环经济的主要做法

（一）加强领导，为循环经济发展提供保障

吉林省政府 年初召开了全省节能减排、发展循环经济电视电话会议，部署全年工作任务。省应对气候变化及节能减排领导小组还定期召开工作会议，听取汇报，落实工作，形成了齐抓共管的工作机制，推动了循环经济的发展。

（二）大力推进节能降耗，推动循环经济发展工作

一是落实节能减排目标责任制。2009年初，吉林省将年度节能减排目标分解到各市（州），并组织各市（州）政府与省政府签订了2009年度节能减排目标责任书。为加大节能减排各重点领域工作力度，制订下发了《吉林省2009年各部门节能减排工作安排方案》，确定了强化目标责任评价考核、加快淘汰落后生产能力、加大节能减排重点工程实施力度等十二大类共82项重点工作，分解落实到省直31个相关部门，基本涵盖了年度节能减排重点工作。

二是推进重点领域节能减排。工业节能领域，吉林省积极推进产业结构升级，制定了《吉林省工业产业跃升计划纲要》，利用工业节能专项资金支持30个工业节能项目，实施后年可实现节能量30万吨标煤；商业流通领域，积极开展了推广使用节能设备、限制生产销售使用塑料购物袋、限制商品过度包装等工作；农业农村节能领域，大力发展农村沼气建设，全年建设户用沼气池3.1万户、大中型沼气工程30处、农村沼气服务网点318处，并开展了旱作节水技术、测土配方施肥等节能耕作技术推广；交通节能领域，印发《汽车节能驾驶手册》，开展了对营运车辆驾驶员的节能减排驾驶技术培训，并积极优化公路运输站场建设布局，加速淘汰能耗高、排放超标的老旧车辆；建筑节能领域，新建建筑设计阶段执行节能标准率达到100%，施工阶段执行率达到99%以上，2009年全省既有建筑节能改造面积1322万平方米，超额完成了国家任务，争取国家奖励资金5亿元；公共机构节能方面，吉林省在全国率先公布了《吉林省公共机构节能办法》,初步建立了省、市、县三级公共机构节能管理体制。

三是积极淘汰落后产能，促进产业结构优化升级。产业结构调整、淘汰落后产能是发展循环经济、实现节能减排目标的关键。2009年是吉林省淘汰落后产能工作力度最大的一年，淘汰落后产能共涉及27户企业，其中：电力企业5户，淘汰落后产能83.6万千瓦；铁合金企业3户，淘汰落后产能2.32万吨；电石企业1户，淘汰落后产能22.5万吨；水泥企业13户，淘汰落后产能217万吨；玻璃企业1户，淘汰落后产能4.5万重量箱；造纸企业3户，淘汰落后产能4.54万吨；酒精企业1户，淘汰落后产能2万吨。2009年的淘汰落后产能计划全部完成，当年实现节约标煤120万吨左右。

（三）全面推行清洁生产，加快循环经济发展进程

认真贯彻落实《清洁生产促进法》和《吉林省关于加快推行清洁生产的意见》，深入开展清洁生产审核工作。在省节能减排专项资金中安排一定数量的资金，对开展清洁生产审核的重点企业予以支持，调动了企业开展清洁生产审核的积极性。对开展清洁生产效果显著的企业通过“以奖代补”的形式予以奖励，提高企业清洁生产审核工作的质量。同时要求列入松花江流域、辽河流域水污染防治“十一五”规划的重点企业、国家和省循环经济试点单位，都要完成清洁生产审核工作，目前，这些企业的清洁生产审核工作正在稳步推进。

（四）积极开展资源综合利用，提高资源利用率

在推行资源综合利用工作中，吉林省优先支持具有示范意义的共伴生矿产资源综合利用，工业废渣资源化利用，木材节约代用，农业废弃物综合利用以及以提高专业化、规模化水平为主要内容的再生资源回收利用产业化项目，提高资源的利用率。在工业方面，按照“低开采、高利用、低排放”的循环经济理念，实施技术改造方案，对生产排除的大量废渣进行提炼、磁选、加

吉林化工工业循环经济示范园以“五个一体化”（建设产业链设计一体化、公用工程一体化、物流传输一体化、环境保护一体化及园区管理服务一体化）为方针，实行“三步走”战略，实现吉林石化经济再次腾飞

工、选出含铁矿，再将其返回前生产流程循环利用，大大提高了经济效益。积极探索适合本地实际的再生资源产业化道路，培育和壮大以新工艺、新技术为核心的企业实体，加快培育废旧汽车、废旧电子（电器）产品、废金属、废塑料等再生资源的加工利用产业化基地，形成再生资源综合利用产业园区。

林业方面，结合吉林省丰富的林木及森工废料资源，积极发展林木废弃物综合利用加工和生物能源产业。充分利用林业“三剩物”、加工下脚料、次小薪柴等废弃物，采用现代高新技术，发展装饰用板材、活性炭等产业。积极培育大型废旧木材和木制品交易市场，鼓励资源回收再利用，推进木材改性、防腐技术的研发研制进度，加大锯屑与废旧塑料复合材料的开发力度，提高废旧木材的综合利用率。

农业方面，围绕农作物秸秆、畜禽粪便等废弃物的综合利用，重点推广“四位一体”农村能源生态模式，大力推进大中型畜禽养殖场沼气能源环境工程建设；积极推广秸秆轻体保温建筑材料、装饰材料技术和气化技术，开展新型复合节能建筑材料、秸秆固化、炭化等项目示范推广工作；适度发展利用秸秆、生活垃圾等再生资源发电工程。积极发展生物材料和生物质能源产业。充分利用农畜产品加工附属物，发展农畜产品深加工延伸产业。

积极开展资源综合利用认证工作，调动了资源综合利用企业的积极性。

(五)开展“限塑”工作，倡导绿色消费

“限塑令”实施以来，全省各级质监部门认真贯彻落实国务院的有关规定和总局的有关部署，建立健全了塑料购物袋生产企业的质量监督机制，重点开展了三项日常监管工作：一是组织各地开展辖区塑料购物袋生产企业的清查工作，摸清全省现有塑料购物袋生产企业13户，对企业建立了质量档案，掌握其生产规模和产品品种，建立健全动态监管信息库。二是要求各地全面加强对塑料购物袋生产企业的日常监督检查（“三查”）：一查企业是否全面、彻底地停止生产超薄塑料购物袋；二查企业是否具备保证塑料购物袋符合标准的必备生产条件；三查企业是否按规定加贴（印）合格塑料购物袋产品标志。三是坚持定期检查、日常巡查和质量抽查相结合，建立了长效监督机制。省工商局组织对各类市场进行严格“限塑”监管，据统计，全省工商系统共检查集贸（农贸）市场1290个，检查经营户72100户，出动执法人员12700人次，查处大量不合格塑料袋。在监管的同时，加大宣传力度，结合“3·15”国际消费者权益保护日宣传活动，宣传“白色污染”的危害，宣传塑料购物袋限产限售限用的重要意义，从而营造良好的社会舆论氛围，引导群众树立了节能减排、环保消费、绿色消费的生活理念。

（六）发挥试点示范带动作用，提高循环经济发展水平

长春高新技术开发区水循环利用工程

积极推进国家循环经济试点单位亚泰集团、吉林市再生资源有限公司、四平循环经济示范区、白山市、一汽集团试点建设，在淘汰落后产能、加快再生资源回收体系建设、开展农业废弃物资源化利用、加强循环经济政策研究、实施汽车零部件再制造等方面，取得成效，使试点工作不断深入。加快省级循环经济试点工作，滚动实施“53121”工程（“5”即抓好涉及农业、钢铁、有色、煤炭、电力、化工、建材、轻工等8个行业50个循环经济骨干企业（项目）；“3”即抓好3个循环经济示范园区；“1”即抓好1个循环经济试点市；“2”即抓好2个循环经济试点县；“1”即抓好1个国家循环经济试点重点领域再生资源回收利用体系建设），循环经济试点布局得到进一步完善。同时，吉林省批复吉林化学工业循环经济示范园区、前郭县长山循环经济工业集中区、吉林八宝工业园区、通化市二道江循环经济示范区的循环经济发展规划正在全面实施。

吉林省循环经济工作取得了一些成绩，这与国家发改委的指导和支持是分不开的。但是，在工作中还存在一些问题需要解决：一是发展循环经济的认识有待进一步提高；二是资源化水平需要有一个大的提升；三是发展循环经济的资金投入不足；四是循环经济产业链条需要不断的延伸。

三、2010年工作安排

2010年全省循环经济的发展，要在巩固现有成果的基础上，重点做好以下几方面工作：

一是进一步做好循环经济的宣传工作。继续在全省范围内组织开展多种形式的节能减排，发展循环经济的宣传活动。利用省内外主要媒体大力宣传发展循环经济的重要性、紧迫性，增强全社会发展循环经济的意识，形成发展循环经济的浓厚氛围。

二是加强对循环经济试点的监督、检查和指导。按照国家批复的《循环经济试点工作实施方案》的要求，加快落实方案中重点项目建设，按期完成循环经济发展的各项指标。继续抓好列入《吉林省循环经济发展“十一五”规划》试点单位的试点工作，带动全省循环经济工作的发展。

三是加快农业循环经济的发展步伐。吉林省是农业大省，农作物资源丰富，全年秸秆资源总量为4500万吨左右，畜禽粪便年产生量达到6000万吨以上。2010年，积极开展农作物秸秆综合利用，在全省进行试点并推广。在“城镇化建设工程”和“新农村建设工程”建设中，依托有实力的企业，采用先进的处理工艺和设备，对吉林省畜牧业发展重镇和农村开展畜禽粪便减量化、无害化、资源化处理，达到保护环境和资源化利用的目的。

四是逐步建立循环经济技术支撑体系。进一步研究制定政策，鼓励研究和开发循环经济技术。重点研究开发适应市场需求的节能、节水、延长产业链条、清洁生产、废弃物再生利用的资源化、有利于消除污染物的零排放、有害材料替代、回收处理和绿色再制造等技术，逐步建立循环经济技术支撑体系，提高吉林省循环经济的发展水平。

五是启动餐厨废弃物资源化和无害化处理工作。加强对餐厨废弃物回收、运输、处理的监督管理，积极探索推广餐厨废弃物资源化和无害化处理技术，开展餐厨废弃物资源化和无害化处理示范工程，提高餐厨废弃物资源化和无害化处理水平。

六是开展“城市矿产”示范基地建设。开展“城市矿产”示范基地建设是缓解资源瓶颈的有效途径，是减轻环境污染的重要措施，是发展循环经济的重要内容。2010年，抓好1~2个“城市矿产”基地建设，推动吉林省报废机电设备、电线电缆、家电、汽车、手机、铅酸电池、塑料、橡胶等重点“矿产资源”的循环利用、规模利用和高值利用。

黑龙江省循环经济

黑龙江省发展和改革委员会

一、 2009年黑龙江省发展循环经济主要情况

2009年，省委、省政府认真贯彻落实科学发展观，将发展循环经济作为转变黑龙江省经济增长方式，实现全省经济社会持续发展的大事来抓，积极落实国家循环经济各项方针政策，综合运用法规约束、技术支撑、市场引导等多种手段，全面推进循环经济工作开展，在全省一些行业和地区取得了明显的进展和成效。

（一）注重源头治理，大力推行清洁生产

按照政府指导推动与企业自主实施相结合的原则，有计划、有步骤地在重点城市、行业和企业实施清洁生产示范工程。目前黑龙江省已在石化、煤炭、电力、建材、冶金、森工、医药、造纸等重点行业推行清洁生产，使这些企业的能耗、水耗、物耗和污染物排放得到了有效的控制。龙煤集团开发利用矿井水和煤层气，70%矿井水得到净化利用，利用煤层气为15万户居民提供清洁燃料。七台河市在全市范围内广泛开展“三废”治理，宝泰隆、龙洋等企业通过技术改造，综合利用焦炉煤气，大幅度减少原材料消耗，降低了污染物排放。

（二）开展资源综合利用，变污染源为新资源

佳木斯、七台河、鸡西、鹤岗、双鸭山等东部煤电化资源型城市积极依靠科技进步，大力开展资源综合利用，煤矸石制砖代替了黏土制砖，节约了土地，也提高了资源利用率。粉煤灰、瓦斯和矿井水重复利用等方面也取得了成效，真正把污染源变成了新资源，加快了资源的循环综合利用，实现了速度、质量、效益的同步发展。全省加快对粮食加工剩余物稻壳的综合利用，在望奎等地用稻壳发电、制炭等，既提高了资源利用率，代替能源，又保护了环境。海林县海强水泥厂将生活垃圾资源化，通过技术处理，使垃圾变为可燃原料和水泥用水，节约了燃煤和工业用水，实现了废物的再利用。

（三）抢抓试点先机，一批循环经济试点单位初具规模

近年来，在国家发改委的关心和支持下，全省通过依托地方资源优势，加快牡丹江国家级循环经济园区、七台河循环型城市、望奎县望奎镇等循环经济试点单位的建设，充分发挥其示范带动作用，探索出各具特色的、不同类型的循环经济发展模式。望奎县望奎镇是全国4个农业循环经济试点之一，以粮食种植、生猪养殖、生猪副产品加工、沼气利用、秸秆发电、生物质燃料灰渣综合利用等循环经济项目为重点，全力推进生态农业示范区、循环经济工业示范区和绿色社区建设，探索了一条工农结合型循环经济发展模式。牡丹江市循环经济试点园区引导企业向“资源—产品—废弃物—再生资源”循环式生产转变，加强企业间耦合联动和资源共享，探索了园区循环经济发展模式。七台河市依托煤炭资源，积极构建煤—焦—化工、煤—电—建材两大工业循环经济产业链，建设新兴煤焦化、茄子河煤电建、勃利东岗焦电化三个工业示范园区，同时加大循环型农业和社会发展，探索了资源城市循环经济发展模式。龙煤矿业集团鸡西分公司把提高煤炭资源

七台河市宝泰隆集煤炭开采、洗煤、炼焦、煤化工、发电、供热于一体

利用率和废物资源化利用作为工作的着力点，实现资源循环利用最大化、废物排放最小化，加快瓦斯发电、矸石电厂、矿井水利用等重点工程建设，逐步形成采煤—选煤—矸石发电一体化与“三废一沉”上下游资源综合利用的循环产业链，探索了企业循环经济发展模式。伊春市朗乡林业局作为全国唯一一家林业循环经济试点单位，在加快原料林基地建设基础上，开展林下资源循环利用、多种经营全面发展、生态旅游相互促进，努力探索林业循环经济发展模式。各循环经济试点有效的探索，为推动全省经济社会又好又快、更好更快发展拓展了空间。

（四）积极推进循环经济重点项目建设，切实提高能源利用效率

鹤岗、鸡西、双鸭山、七台河等地利用煤矸石、粉煤灰在发电和生产新型节能墙体材料方面开辟新的途径，已形成一定的规模。鸡西利用煤矿瓦斯发电的3台机组已投入运行。七台河宝泰隆公司利用改造工程已竣工，红鲜焦化园区内焦化企业焦炉煤气、焦油可实现闭合循环利用。牡丹江中远实业集团用工业废渣生产节能建材、大庆路通科技有限公司利用废旧玻璃综合利用等项目已投产。

（五）加大科技投入，支持循环经济共性和关键技术的研究开发

积极引进和消化、吸收国外先进技术，提高循环经济发展的技术支撑和创新能力。建立以企业为主体、科研院所和高等院校协同参与的技术开发机制，提高科研开发能力。加大对循环经济的政策研究、信息咨询、技术服务和宣传培训力度。

（六）节能减排的效果进一步显现

节能减排是循环经济源头治理效果的具体体现。2009年，全省单位GDP能耗同比下降5.61%；化学需氧量、二氧化硫排放量削减率分别达到2.42%和1.75%。

二、黑龙江省发展循环经济中面临的问题

黑龙江省循环经济发展虽然取得了一定成绩，但从整体上看，目前仍处于探索、起步阶段，还存在以下问题，需进一步解决。

（一）循环经济理念尚需进一步提高

黑龙江省属资源型省份，由于长期受传统经济的影响较深，在思想深处尚未完全树立起循环经济发展理念，还未真正认识到循环经济是转变黑龙江省经济发展方式的根本出路。一些园区和企业对发展循环经济的积极性尚未完全调动起来。

（二）体制不适应，机制不完善

黑龙江省循环经济发展很不平衡，目前仅有五个国家级试点，循环经济发展集中度不高。管理体制还不适应循环经济发展要求，缺乏发展循环经济的有效动力机制。同时，在政策尚未配套的市场经济条件下，不完全的价格机制对再生资源的替代利用造成了负面影响，导致再生资源的成本高于自然资源的价格，再加上自然资源本身的价值扭曲，造成了循环经济的价格障碍，增加了循环经济的成本和发展的难度。

哈工大与牡丹江开发区共建国家级循环经济试点园区

鸡西矿业集团的瓦斯发电

（三）政策不配套

发展循环经济需要有政策的支持和法制的规范。我国《循环经济促进法》已公布并实施，但循环经济政策尚不配套。对循环经济企业尚未有摸得到、看得见、用得着的扶持政策出台，金融、信贷、税收等对废弃物资源化产业的支持不够明显，力度不大。政策的滞后，影响黑龙江省循环经济的发展。

（四）投资政策不清晰，缺乏循环经济发展专项资金

国家对各地循环经济发展提供了引导资金，但与循环经济发展需求相比有相当大的差距，一些重点项目因资金缺少而不能及时建设，循环经济引导资金比例过低也是影响投资的一个重要因素。同时按照《循环经济促进法》的要求，省级政府要设立发展循环经济的专项资金，支持循环经济的科技研究开发、循环经济技术和产品的示范与推广、重大循环经济项目的实施、发展循环经济的信息服务等。黑龙江省发展循环经济的资金严重不足，加之金融机构的支持力度不够，是造成黑龙江省循环经济发展不快的重要原因。

（五）科技支撑体系尚未完全形成，技术供给严重不足

从循环经济发展需求分析，目前，技术供给明显不足，技术队伍尚未形成。清洁生产所需的先进技术设备和生产工艺短缺；产业链接所需的元素代谢、物质循环等产业共生技术薄弱；再生资源回收利用所需的精确分类、科学鉴别、深度加工等技术匮乏，难以支撑循环经济的持续发展。

从各试点单位技术现状分析，虽然领导对技术创新都非常重视，但自身内部缺少技术人才，力不从心，目前科企结合的机制尚不健全，技术支撑乏力。因此，造成了产业链条伸不长、链不紧、后劲不足、产品科技含量不高、低档次循环的局面。

三、下一步黑龙江省循环经济发展的思路

（一）认真总结国家级循环经济试点经验，全面开展省级试点

继续抓好现有5个国家级循环经济试点建设。开展省级循环经济示范单位建设，努力培育循环经济省级试点市、县、镇5个、园区5个、企业10个，使其成为建设全省发展循环经济的带动力量。

（二）加快建立先进技术体系，强化循环经济支撑手段

依靠科研院所，加快发展节能、节水和原材料节约新技术；开发能源开采和综合利用技术、研发产业链延伸和耦合技术、探索系统化技术模式；加快黑龙江省循环经济技术专家队伍的建设，开展循环经济发展的学术交流、研讨与成果展活动，不断提高研究能力和水平，建立先进技术体系。

（三）实施循环经济四大重点工程建设

新技术推广工程。制订2010年节能减排技术推广计划。推进锅炉改造、余热回收等供暖系统节能改造工程；在城市餐厨垃圾产生集中的地区，利用生化处理技术积极推进餐厨垃圾资源化处理；加快节能环保产业发展步伐。

固体废弃物处置工程。加快建设县级垃圾处理设施，重点推进垃圾焚烧设施和区县垃圾转运设施的建设。进一步提高全省矿山废石、煤矸石的利用量，加快建立废旧家电及电子废弃物处置项目等，实现资源的再利用。

水污染治理和水资源节约工程。稳步推进一批污水处理设施建设，全省污水处理率提高到24.3%。加快东部煤电化矿井水处理项目建设，使其尽快投入使用，矿井水处理率力争达到45%。加快中水回用项目，年利用再生水6.5亿立方米。

秸秆综合利用工程。编制黑龙江省《秸秆综合利用规划》，到2010年全省秸秆综合利用率达40%以上。

（四）完善政策体系，为循环经济发展提供激励机制

研究制定循环经济产业发展政策，充分发挥产业集聚和工业生态效应，按照循环经济的发展模式规划建设和改造区域经济发展。调整和落实循环经济的投资政策，形成以政府投资为引导，企业、个人和境外投资者积极参与的多元化投融资机制。研究和完善循环经济发展的价格政策、收费政策、财税政策等，加大对循环经济发展的支持力度。做好黑龙江省《循环经济促进条例》的前期调研，加快立法进程。

国家循环经济试点省

山东省循环经济

山东省经济和信息化委员会

山东省认真落实科学发展观，深入学习贯彻《循环经济促进法》，积极推进循环经济试点省各项工作落实，取得了丰硕成果。2009年，全省万元GDP能耗 1.04 吨标准煤，同比下降 5.46 %；万元GDP取水量72.5 立方米，同比下降10.27 %；工业用水重复利用率89.24 %，同比提高 0.46个百分点；工业固体废物综合利用率93.46%，同比提高0.9个百分点。通过积极开展循环经济试点省工作，有力地促进了全省经济和社会的平稳较快发展。

一、依法行政，开拓创新，推动循环经济试点省建设

（一）认真贯彻实施《循环经济促进法》

《循环经济促进法》于2009年1月1日正式实施，为了做好法规的宣传贯彻工作，省政府召开了全省贯彻实施《循环经济促进法》座谈会。省委常委、副省长王军民，省人大副主任鲍志强出席会议并做重要讲话，对全省如何学习宣传和实施《循环经济促进法》、积极推进全省循环经济发展做了全面部署。会后，省经济和信息化委员会于2009年3月24日在济南市举办了全省各市、县（市、区）政府循环经济工作主管人员参加的学习贯彻《循环经济促进法》培训班。全省17个市相继展开了《循环经济促进法》的宣传培训贯彻活动，进一步增强了依法推进循环经济发展的意识和自觉性。建立了循环经济试点省建设季度例会制度，分别于2009年的3月12日、7月10日、9月24日在潍坊市、新泰市和烟台市召开了三次现场会，交流工作，解剖典型，拓展全省循环经济发展的深度和广度。

（二）抓好典型示范，推进循环经济发展

一是于2009年9月25日在烟台召开了循环经济型园区建设现场经验交流会，树立了一批循环经济园区样板。二是开展了山东省循环经济示范工程和示范单位创建活动。省经信委下发文件，以点带面，总结了100家典型单位的循环经济工作经验。三是于2009年6月9日下发文件公布2009年度全省十大循环经济示范工程和12家循环经济优秀工程。于同年12月14日下发文件公布了优选出的第一批55个循环经济示范单位。四是于2009年12月份组织开展了“山东省优秀循环经济企业” 评选活动。济钢、莱钢、新汶矿业、烟台万华、泉林纸业等25家企业被评为首批“山东省优秀循环经济企业”，在主流媒体予以公布并颁发了奖牌。这批先进典型是山东省被确定为国家循环经济试点省以来涌现出的发展循环经济的楷模，是各行业认真落实科学发展观，在生产、流通、消费过程中开展减量化、再利用、资源化活动，努力实现经济增长方式的根本转变，建设资源节约型、环境友好型企业的突出代表和排头兵，他们的创新实践和探索，对带动面上循环经济的深入发展起到了积极推动作用。

（三）积极探索总结行业循环经济发展模式

为加强对行业循环经济工作的指导，我们对钢铁、造纸、煤炭、化工等行业进行了分析研究，先选择了山东钢铁工业总结其循环经济发展模式，并组织了大专院校、循环经济研究机构、行业协会（公司）开展了对山东省济钢、莱钢、青钢、日钢等钢铁企业发展循环经济的调研，提出了山东省钢铁行业发展循环经济有效模式。研究形成的《山东省钢铁行业循环经济发展研究报告》，理论与实践结合紧密，行业特点鲜明，操作性强，受到了骨干钢铁

企业及业内专家的充分欢迎和好评，对下一步深化钢铁行业循环经济起到了指导作用。各市也积极研究探索循环经济发展的有效模式。德州市总结提出了禹城市循环经济发展模式，培植形成了玉米（芯）、大豆、木材深加工等多个循环产业链。聊城市大力实施循环经济“2320”工程，总结出了以泉林纸业为代表的造纸行业循环经济发展模式。

（四）精心组织开展循环经济试点省中期评估

组织省有关部门和各市经贸委（经委）、节能办及院校循环经济研究机构，对《山东省循环经济试点工作实施方案》实施情况进行全面检查总结，按阶段性目标完成、重点工作落实、推进形成市（园区、企业）发展循环经济模式、分析存在的问题、下一步推进循环经济发展的措施建议等五个方面进行了中期评估工作，形成了客观真实、分析准确、措施有力的中期评估报告。《山东省循环经济试点工作实施方案》所列11项阶段性目标中，有9项达到或超标准完成，有3项指标尚未达到工作目标，但经评估确认能够如期完成。中期评估报告对于进一步贯彻《循环经济促进法》，全面落实试点省工作方案，起到了积极推动作用。

二、清洁生产工作再上新台阶

清洁生产是发展循环经济工作的重要组成部分，是政府引导企业开展循环经济的基础工作。

（一）大力开展清洁生产审核

一是加大了清洁生产审核工作力度。山东水泥厂有限公司等110家企业为山东省2009年度自愿实施清洁生产审核重点企业。分别下发了鲁经贸函字[2009]22号和鲁经贸循字[2009]408号通知，对 13家未完成节能减排目标责任任务的企业，强制实行清洁生产审核。二是认真开展了清洁生产对标建设活动。济南市把清洁生产对标建设活动贯穿于企业清洁生产审核全过程，建立了清洁生产审核对标评价机制。通过对标建设活动，全省共有30家企业获得“清洁生产先进企业”称号。三是加强咨询服务机构建设和业务培训。山东省先后公布了4批共29家清洁生产咨询服务机构和2家清洁生产技术依托单位，建立了103人组成的清洁生产专家库。举办了3期清洁生产培训班，共培训260多人。四是积极开展了清洁生产审核验收工作。全年有198家企业的清洁生产审核通过了验收。这些企业通过实施清洁生产方案，每年可削减COD排放6.3万吨，削减二氧化硫排放3.8万吨，削减废水排放473.4万吨，削减固体废弃物140.1万吨，节约新鲜水53.3万吨，节约标煤75.5万吨，为企业增加效益27.9亿元。济南、青岛、淄博、潍坊、莱芜、滨州等市对通过清洁生产审核验收的企业，还出台了给予一定资金奖励的政策，有力地促进了清洁生产工作的深入开展。

（二）积极开展《山东省清洁生产促进条例》的地方立法工作

为深入贯彻落实《清洁生产促进法》，结合山东实际情况，积极开展《山东省清洁生产促进条例》的地方立法工作，这是一项推进循环经济向纵深发展的重要工作内容，工作得到省政府的高度重视，列入了年度立法计划。根据国家有关规定，《山东省清洁生产促进条例》的立法指导思想，一是坚持科学发展观，实施可持续发展战略，发展循环经济，全面建设小康社会；二是坚持法制统一原则，根据上位法，并把上位法的原则性规定结合山东实际加以细化、延伸、补充；三是把山东省几年来对清洁生产实施的管理经验及一些行之有效的政策措施上升为法规，通过建立健全制度进一步推进山东省清洁生产的健康发展。起草的文本已提交省政府法制办做进一步调研论证修改完善，争取尽早提交省人大讨论通过颁布实施。

（三）抓好清洁生产先进技术的推广应用

按照国家发改委关于推荐清洁生产先进技术的通知（发改办环资[2009]452号）要求，组织各市在工农业生产、建筑工程、矿产资源开采等领域，认真筛选了26种有利于从源头和全过程控制污染物排放、提高资源利用效率的工艺技术、装备和产品，上报国家有关部门，并在全省推而广之。落实工信部办公厅《关于申报2009年工业清洁生产示范项目的通知》，组织各市上报了17个项目，其中山东泉林纸业有限公司的非木材制浆无元素氯漂白减排项目列为工信部应用示范项目。

（四）认真落实国家鼓励环保产业发展的政策措施

省经信委于2009年4月30日在济南市组织召开了全省环境保护专用设备确认评审会，共确认企业100家、确认环境保护专用设备142种，减免税额2000多万元，推动了全省环保产业的发展。全省重点统计的7大类环保设备（产品）中，有6大类产品产量保持增长。其中，综合利用和清洁生产设备同比增长77.8%，水质污染防治设备增长19.8%。

三、资源综合利用产业持续发展

资源综合利用是组成循环经济的重要环节，对于建设节约型社会起到非常重要的推动作用。

（一）积极推进尾矿的综合利用

2009年5月，省经信委在产学研展览洽谈会上成功举办了尾矿综合利用展。尾矿综合利用展区成为展洽会的亮点。省委常委、副省长王军民对此做了重要批示："这次尾矿综合利用展办得好，大力推广尾矿利用设备，可以变废为宝，化害为利，努力把其培育成山东省转变发展方式的一个亮点。"烟台、威海市大力开展黄金尾矿的综合利用，如用黄金尾矿生产加气混凝土、瓷砖等，涌现出了山东国大黄金、金正建材等一批骨干企业。山铝公司加大科研开发力度，已成功开发出用氧化铝赤泥生产水泥、砖、肥料等10余项综合利用新技术，尾矿利用实现了产业化。2009年，全省尾矿综合利用量达到792万吨，同比增长32%。

（二）大力开展城市建筑垃圾的综合利用

省经信委于2009年3月12日在潍坊市召开了全省城市建筑垃圾综合利用现场经验交流会，推广了潍坊三建公司综合利用建筑垃圾的经验做法。潍坊市规模以上建筑垃圾综合利用企业已发展到5家，年利用建筑垃圾260万立方米，基本实现了城区建筑垃圾全部综合利用。济南市利用建筑垃圾生产地面砖项目、烟台市利用建筑垃圾生产砂浆项目正在加快实施。

（三）切实抓好传统工业"三废"的综合利用

先后组织有关企业参加了国家组织的粉煤灰、煤矸石资源综合利用技术研讨，下大力气推广纯低温余热发电、粉煤灰造纸、水泥旋窑消纳社会废物等一批先进适用技术，着力提高资源综合利用产品附加值。2009年，全省资源综合利用企业实现产品产值337.3亿元，增长4.1%。实现销售收入320.5亿元，增长1.5%。共利用工业固体废物5789.6万吨，同比增长0.9%；废气29.6亿立方米，增长31.7%；废水612万吨，增长8.8%。枣庄市突出抓好水泥旋窑企业的纯低温余热发电示范项目，已建成5座，年可发电3亿度，节标煤14.2万吨。

（四）认真落实国家支持资源综合利用的优惠政策

2009年度共认定资源综合利用企业361家，省经信委和税务等部门认真落实国家优惠政策，支持企业应对金融危急，走出困境，加快发展资源综合利用产业。为做好山东省水泥粉磨站资源综合利用政策落实，省经信委会同省财政厅、国税局、地税局等部门联合进行调研改进工作，现全省已有近50家水泥粉磨站企业通过了资源综合利用认定。

四、再利用产业进一步扩展升级

（一）加强再生资源回收利用工作的法制建设

2009年7月23日，省政府第48次常务会议通过了《山东省再生资源回收利用管理办法》，并以省政府第215号令颁发。2009年8月28日组织召开了全省贯彻实施《山东省再生资源回收利用管理办法》座谈会。会后，会同省科技厅等8部门联合印发了《关于贯彻实施<山东省再生资源回收利用管理办法>的通知》，对如何贯彻落实该办法进行了具体部署。全省17个市也以不同形式开展了《山东省再生资源回收利用管理办法》的宣传贯彻活动。

（二）抓好再生资源示范企业和重点项目建设

省经信委于3月5日印发了《关于组织推荐资源再生利用示范企业和示范项目的通知》，筛选确定了东营方圆有色金属有限公司等10家再生资源示范企业和电子废物资源化利用等10个重点项目。通过示范带动作用，推动全省再生资源产业的发展。10个再生资源示范企业积极发挥自身优势，大力开展废物利用，取得了良好经济效益和社会效益。2009年，利用废塑料3600万吨，废玻璃40万吨，废橡胶20万吨，废铜20万吨，废钢铁20万吨，废铅10万吨。

（三）积极发展再制造产业

抓住山东省被列入国家再制造试点的机遇，积极争取山东省更多的企业列入国家试点。目前，济南复强动力公司、潍柴动力再制造公司被国家发改委列为汽车零部件再制造试点企业、山东富美科技公司、山东泰山建能机械公司、胜利油田胜机石油装备公司被工信部列为机电产品再制造试点企业。这五家企业高度重视试点工作，加大投入，强化措施，大力开拓市场，再制造产业发展较快，2009年，济南复强动力公司再制造发动机15500台，潍柴动力公司再制造发动机1679台。山东富美科技有限公司形成年生产500万支环保激光硒鼓生产能力。省经信委为总结典型带动全省，于7月10日在新泰市召开了全省再制造技术推广会。目前，全省有一定规模的机电设备再制造企业达到30余家。国家有关部门对山东省再制造工作给予了充分肯定。国家发改委、工信部分别在山东省召开再制造经验交流会议，有力促进了山东省再制造工作再上新台阶。

（四）认真做好汽车以旧换新和废旧家电及电子产品回收拆解处理工作

省经信委、财政厅等七部门联合下发了《山东省汽车以旧换新实施办法》，并于8月6日在济南组织召开了全省汽车以旧换新动员会议，按时启动汽车以旧换新信息管理系统。在全省增加汽车以旧换新临时回收网点78个。山东委会同省环保厅筛选确定青岛新天地、山东中绿、烟台绿环等三家企业为“家电以旧换新”废旧家电拆解处理企业。这3家企业充分发挥自身优势，积极开展回收拆解工作，2009年回收废旧家电60万台，全部进行了无害化、资源化处理。

为进一步加大治理商品过度包装工作力度，省政府下发了《关于贯彻国办发[2009]5号文件做好治理商品过度包装工作的通知》（鲁政办发[2009]23号），努力减少商品包装中的资源消耗和商品过度包装废弃物对环境的污染。会同省有关部门制定了《全省治理商品过度包装工作方案》，组织开展了治理月饼过度包装等专项检查。

五、采用循环经济模式，参与开展黄河三角洲高效生态经济区发展规划编制

省委、省政府从发展循环经济的战略高度，提出了黄河三角洲高效生态经济区发展的大思路。我们根据省政府统一部署，认真组织各有关市摸清了黄河三角洲地区工业、服务业和高技术产业目前的发展状况，展开了一系列调研，提出了按循环经济模式规划建设黄河三角洲的具体设想、发展重点和政策措施。起草了《黄河三角洲高效生态经济区现代加工制造业发展布局及循环经济发展构想》，为今后山东省黄河三角洲地区高效生态经济区的建设，提出了具体意见和建议，其中部分已被国家有关部门和省政府采纳。

安徽省循环经济

安徽省发展与改革委员会

安徽省委、省政府高度重视发展循环经济，将大力发展循环经济作为落实科学发展观、转变发展方式、加速安徽崛起的重要举措。作为全国较早启动循环经济工作的省份之一。目前，在安徽循环经济已逐步形成规模化发展，并已取得了明显成效。到2009年底，安徽省万元GDP全年降低5.39%，超额完成全年降低4%的目标。2009年万元GDP能耗比2005年下降16.36%。已累计完成“十一五”节能目标80.05%。全省化学需氧量和二氧化硫排放量连续三年双下降，优化产业结构、节能项目示范、新能源产业兴起、循环农业逐步开展，节能减排工作成果显著。

一、推进循环经济试点示范工作

组织力量，开展分类指导，深化循环经济试点。对全省111个循环经济试点开展中期评估，根据不同类型提出了针对性意见，促进循环经济试点单位成为节能减排和“两型”社会典型。

铜陵市是国家循环经济试点市，2009年，该市充分发挥国家循环经济试点在节能减排上的示范作用，单位GDP能耗同比下降4.98%,超额完成原定下降4.3%的节能目标；二氧化硫排放量为40760吨，超额完成省控制指标；工业固废综合利用率、工业用水重复利用率、铜冶炼全硫回收利用率均超计划完成目标，分别达到83.2%、93.8%、98.5%；城区空气达到或优于二级以上天数达352天，占全年总天数的96.4%，超过原定90%的目标；城市饮用水水质达标率为100%。对照国家发改委批准实施的《铜陵市循环经济试点市实施方案》，“十一五”地区单位GDP能耗降低进度达85.12%，二氧化硫排放量、工业固废综合利用率、工业用水重复利用率、铜冶炼全硫回收利用率均已实现《试点方案》2010年的目标。

淮北市委、市政府高度重视循环经济发展，把发展循环经济列入了《我市国民经济和社会“十一五”发展规划》纲要，制定出台了《淮北市人民政府关于加快发展循环经济的若干意见》、《淮北市鼓励发展循环经济的若干规定》、《淮北市循环经济示范企业示范项目认定管理办法》、《淮北市循环经济引导资金管理办法》。年产200万吨的皖北煤电集团祁东煤矿投资建设了煤泥矸石电厂、煤矸石砖厂、安徽省第一个瓦斯电厂等一批循环经济项目。同时，农村试点已经启动，沼气工程初见成效。通过作物秸秆和饲草过腹还田发展畜牧业，发展食用菌生产和无公害农业，增施有机肥料，发展农业循环经济，取得了明显成效。

国家循环经济试点企业铜陵有色控股公司：全年实现节电1170万千瓦时，利用余热发电5222.89万千瓦时，主产品实现节能量0.72万吨标准煤，万元增加值综合能耗0.81吨标煤，全硫利用率98.5%，矿产资源综合回收率60.6%，水重复利用率达90%以上。2009年共投入7.89亿元，建设循环经济项目，其中铜阳极泥综合利用、铜冶炼炉渣资源综合利用、80万吨硫酸二期等循环经济重点建设项目计划投资37580万元，实际投资达到46217万元。最为典型的是在抵御金融危机的风险中，铜冠冶化园因循环经济不但没有倒闭，而且求得生存与发展。

皖北煤电集团公司是省属国有重点企业集团， 是国家第二批循环经济试点企业。2008年公司循环经济项目实现直接产值2.5283亿元（其中不包括洗煤和淮化），直接利润6652万元。该公司在抓好煤炭生产的同时，正确处理经济、资源和环境全面、协调发展的关系，大力发展循环经济。认真做好了矿井产生的废渣、废气、废水等废弃物的回收利用，充分利用煤矿伴生资源，实施了资源综合利用，建起了坑口洗煤厂、煤泥煤矸石电厂、瓦斯电厂、煤矸石砖厂、矿伴高岭土厂、矿井水处理厂等一批循环经济项目。做到了化害为利，变废为宝，取得了经济效益和社会效益的双丰收。建成了安徽省第一家瓦斯发电厂，形成了以祁东煤矿为代表的煤矿小循环经济产业链发展模式。

界首市田营循环经济工业园是全国第二批循环经济试点单位。该工业区现已形成年处置废旧铅酸电池40万吨和年产再生铅33万吨的生产能力，产量占全国再生铅产量的一半以上，是全国最大的废旧铅酸电池回收和加工基地，园区骨干企业安徽省华鑫铅业集团有限公司是全国《再生铅及合金锭标准》制定单位。园区再生资源综合利用水平不断提高，产业链条得到有序延伸。2008年，经安徽省能源利用检测中心检测，吨铅耗煤为87.5kg，低于国家规定的吨铅耗煤小于130kg的标准。每年可节煤15000多吨，解决了近万人的劳动就业。节电400万度，直接增效达2000万元，获得了国家知识产权局颁发的4项专利证书。经安徽省环境监测站监测，各项数据均低于国家危险物排放规定标准。界首市通过大力发展循环经济，将一个濒临灭绝的产业，发展成“城市矿山”和新的经济增长点。

二、推进以循环经济为中心的生态安徽建设

（一）把循环经济理念融入社会主义新农村建设

安徽省始终坚持把发展循环经济作为落实科学发展观、转变经济增长方式、推进新农村建设、构建资源节约型和环境友好型社会的重要抓手和重要途径。

阜南县是国家农业（林业）循环经济试点县，该县以科技为支撑，着力推动秸秆综合利用，大力发展食用菌生产。目前，已建成各类专业生产基地26个，全县食用菌种植面积达5500亩，种植户1万多户，季节性从业人员5万人左右，每年转化各种秸秆27100吨，玉米芯11400吨，棉籽壳15700吨，锯末3150吨，牛粪6360吨，使秸秆及牲畜粪便等资源得到充分利用。全县食用菌年实现产值1亿元以上，增加农民纯收入5000多万元。利用废弃红麻杆制活性碳，年生产麻杆碳近3万吨，产值1.5亿元，解决了4500人的劳动就业问题。秸秆制炭新工艺项目被国家发改委确定为阜南县农业（林业）循环经济示范试点支撑项目，获得中央补贴260万元。

结合规模养殖小区建设，重点实施畜禽养殖场沼气工程。形成了“林—草—牧”、“牛—沼—菌”、“猪—沼—粮”、“猪—沼—珍珠（鱼）”等多种循环农业模式。目前，全县拥有沼气池近8000口，总容积64000立方米，减排粪污56万吨；年减排COD 22万吨，年可产沼气4000万立方米，折标煤2856吨。有120多个沼气点开展了以沼气为纽带的循环经济利用技术，年节支增收1200~1600余万元。新建永发、富民、阜玉等35处中型以上沼气工程。

深化林权制度改革，积极发展林下经济和林木加工业。在蒙洼、洪洼的荒坡地、低洼地上植树造林、种杞柳，全县林地面积达到72万亩，其中杨树58万亩，杞柳6万亩。通过林下宜粮则粮，宜菜则菜，宜草则草，积极发展牛、羊养殖，在水面养鹅鸭、养鱼、养珍珠。形成了林、粮、菜、草、畜、禽、鱼、珠一体化的经营模式，使各产业之间互生共存，相互促进，资源循环利用，使林业发展与养殖业发展互促并进。大力发展林木加工业。目前，全县规模以上木材及杞柳加工企业110家，其中黄岗柳编功能区已形成柳、木、藤、铁、草混编产品10多个系列上万个品种的出口创汇型产业集群。

把生态型城乡村建设摆上更加重要的战略地位。全县现已完成267个中心村、1160个居民点详规生态型村镇的设计和规划，加强农村基础设施建设。把田集东岳村、会龙芦庄村、地城陶寨村、三塔张寨村、洪河桥钐岗村等村作为第一批循环经济示范点村，结合发展“一村一品”，大力发展示范村经济。按照实施城镇化战略的总体工作目标和要求，把推进城乡村建设与发展循环经济结合起来。

（二）以重点企业为龙头，积极推进行业循环经济的发展

2009年以来，安徽省紧紧围绕节能减排及循环经济实施方案确定的目标任务，实施了一批节能减排和发展循环经济的重大项目。开创了以重大项目带动重点企业，重点企业带动相关行业循环经济发展的良好势态。

2009年，全省共117个资源节约、循环经济和环境保护项目获得中央新增投资和预算内资金支持，总投资86.3

亿元，补助总额达71600万元。2010年又有96个项目获得支持，总投资88.3亿元，补助中央预算内资金达7.48亿元。其中，国家循环经济试点项目基本都获得千万元以上的国债扶持。一批循环经济理念指导下的产业基地和园区快速发展壮大。如煤化—盐化一体化项目的一期工程淮北临涣煤焦化项目、淮南矿业循环经济煤化工基地、无为煤基多联产精细化工循环经济示范基地、铜陵循环经济工业园等投资百亿元以上的项目投产或开工建设，推动经济结构调整，促进产业层次提升。

海螺集团积极落实国家循环经济政策，促进企业可持续发展，以努力建设环境友好型、资源节约型企业为目标，重点实施五大举措：一是全力推进纯低温余热发电项目的建设。海螺集团通过多年科研攻关，开发出具有自主知识产权的纯低温余热发电技术，设备全部国产化。到2009年底，集团所有水泥生产线均配套了纯低温余热发电，现已并网运行的发电机组共32套，装机规模52万千瓦，在建机组15套，装机规模16.8万千瓦。所有发电机组全部并网运行后，年发电51.8亿度，年可节约标煤181.1万吨，减排二氧化碳448.8万吨。同时，集团共为其他水泥企业水泥生产线配套68套余热发电机组，装机容量达83.58千瓦。可年节电63.5亿度，相当于节约标煤222.3万吨。二是大力推进利用水泥窑处理城市生活垃圾技术。集团首套城市生活垃圾处理项目一期现已在铜陵建成，该项目年计划处理铜陵市生活垃圾19.8万吨，节约标煤1.3万吨，减排二氧化碳3.12万吨。三是不断创新技术，实现废弃物资源化，全力打造生态企业。通过多年摸索和创新，该集团使用工业废渣代替水泥生产原料技术日趋成熟，达到国内领先水平。2009年，集团共消纳工业废渣1400多万吨。四是大力推广低品位资源的开发利用，实现可持续发展。通过工艺技术和品质管理，大力改进开采技术和设备，2009年海螺集团实现采矿回收率保持了100%，共利用低热值煤、低挥发分煤、高硫煤共计100多万吨。五是在设计和生产管理中大力推进“减量化原则”，从节能技术创新改造入手推进节能减排。通过采用新型干法生产工艺和持续的技术改造，2009年集团公司可比熟料综合能耗118.57千克标煤/吨，比全行业140千克的平均水平低15.3%；可比水泥综合能耗为97千克标煤/吨，比行业平均水平119千克低18.4%，达到国际水泥行业先进水平。

马鞍山钢铁股份有限公司是我国特大型钢铁联合企业。该公司深入贯彻落实科学发展观，牢固树立循环经济理念，结合大规模的淘汰落后、结构调整和技术改造，围绕钢铁企业产品制造、能源转换、社会废弃物消纳处理三大功能，坚持“减量化、再利用、资源化”原则，深入推进节能减排，强化技术创新和管理支撑，努力构建以低能耗、低污染、低排放为基础的经济发展模式。

具体做法有：一是加快结构调整，实现产业升级。“九五”以来，累计淘汰轧钢产能400余万吨。在淘汰落后的基础上，加快生产现代化建设。二是加强过程控制，推进清洁生产。一方面，坚持源头减量，严格落实“精料”方针，优化用料结构，努力降低吨钢原燃材料消耗。高炉入炉矿品位由1998年前的54.66%提高至目前的58.99%，实现了良好的低能耗、低排放效果。另一方面，推进绿色制造，积极削减资源消耗高、污染排放大的产品产量，扩大“双高”产品生产，大力开发绿色环保产品。三是抓好用水管理，推进水资源循环。虽然处在长江之滨，但马钢牢固树立节水意识，大力推广先进节水工艺技术，推进水资源循环利用。2009年吨钢耗新水同比下降24%。四是落实二氧化硫减排措施，减少大气污染物排放。六是深化综合利用，努力变废为宝。

与2000年相比，目前马钢吨钢综合能耗从978千克标煤降至730千克标煤，自发电比例从30%提高到70%，工业用水循环率从76%上升到96%，吨钢耗新水从70吨降至5.5吨；固废综合利用率提高到98%；吨钢排水量4.09吨、吨钢COD 0.18千克、吨钢二氧化硫2.01千克，主要污染物排放均达到国家标准。

（三）推进清洁生产国际合作项目

安徽省将清洁发展机制项目与节能减排、循环经济工作紧密结合起来，积极组织企业和国内外相关机构联系，积极推荐清洁发展机制项目。利用国际资金开展节能改造和新能源项目建设。先后启动了淮南矿业煤层气开发利用、淮北矿业干熄焦、海螺水泥余热发电、马钢节能降耗等一批大中型企业的清洁发展机制（CDM）项目建设。

其中，53个项目获得国家批准，16个项目已获得联合国有关机构的注册。这些项目实施后，预计年减排二氧化碳933万吨，年碳汇收益约9亿元。最近，包括垃圾发电、生物质能源发电、小水电等一批中小型项目也完成了前期准备，正在进入审批程序。

三、建立和完善循环经济保障机制

（一）政策保障

2009年安徽省专门设立了支持循环经济发展专项资金，制定了《安徽省循环经济专项资金管理办法》、《安徽省节能环保产业发展规划》，编制了《巢湖流域水环境综合治理总体方案》、《安徽省应对气候变化实施方案》和《全省秸秆综合利用规划》，启动了《安徽省发展低碳经济思路研究》和《安徽省发展循环经济“十二五”规划思路研究》，开展了城市仓储废弃物资源化、无害化试点、城市矿产示范基地工作，贯彻实施了国家发改委《关于推进再制造产业发展的意见》。

2009年底，安徽省循环经济研究院正式成立。这标志着安徽省循环经济研究工作又搭建了新平台，迈出了新步伐。

（二）科研技术保障

安徽省现已形成了合肥、芜湖、蚌埠节能环保产业基地，拥有中国科技大学、合肥工业大学、中科院合肥物质研究院、蚌埠玻璃研究院、化三院（东华股份公司）、安徽省环境科学研究院等一大批国内知名的节能环保产业科学研究单位和淮南矿业集团瓦斯综合利用国家工程中心、马鞍山金属矿产资源高效循环利用国家工程研究中心、奇瑞汽车节能环保国家工程实验室等一批国家和省级科技创新和产业化平台。新能源转换和传输设备、储能材料和智能控制节电技术、水泥低温余热发电设备、光伏并网发电及生物质能源、环境监测等技术和装备具有国际、国内先进水平。

四、积极宣传、创造良好的循环经济发展氛围

为加快推进农作物秸秆综合利用，国家发展改革委、农业部于2009年11月9～10日在安徽省合肥市联合召开了全国农作物秸秆综合利用现场经验交流会。国家发改委副主任解振华、农业部副部长陈晓华出席会议并分别作了重要讲话。石元春、张齐生两位院士及有关专家在会上作了专题报告。国务院有关部门、有关省市发展改革委、农业厅负责同志、部分行业协会、专家、重点企业负责人等共300多人参加了会议。2009年8月28～29日，安徽省发改委和省循环经济研究会共同举办“壮大循环经济，推进创业就业”论坛，有400多人参加。2009年10月，召开“发展循环经济与低碳经济应对气候变化和能源问题”座谈会，发起《大力发展循环经济与低碳经济 应对气候变化和能源问题倡议书》。

2009年，在安徽省委宣传部的大力支持下，安徽日报、安徽电视台和安徽广播电台对全省一些循环经济先进典型进行深入报道。安徽省循环经济研究会和安徽日报农村版共同开辟“循环经济专版”，每周一个整版，共刊出85期200多篇稿件，向广大读者集中推介安徽省循环经济的典型经验。先后在人民日报、经济日报、光明日报、中国环境报、科技日报、农民日报、中国经济导报、中央电视台及安徽日报、安徽电视台、政府网等媒体开展了循环经济专题宣传，中央媒体也积极发表安徽发展循环经济消息，初步形成了发展循环经济的社会氛围。

五、存在问题

安徽省的循环经济发展取得了一定的成绩，具备了全面继续推进的基础。但是，总体上粗放型经济发展方式尚未根本改变，经济增长的资源环境代价过大，节能减排面临的形势十分严峻，循环经济发展潜力很大。还存在部分政府和企业领导认识有待到位；投入激励机制有待健全；政策法制体系建设有待完善；循环经济考核体系有待建立等问题。

六、下一阶段安徽省循环经济发展的主要任务

在试点示范的基础上，全面发展循环经济，促进经济结构优化升级、转变发展方式；努力提高资源利用效率，确保节能减排目标实现，提升安徽省可持续发展能力。

一是深化发展循环型生态农业。生态农业在安徽省已有相当基础，大力发展以生态农业为主体的现代农业。建设一批区域化布局、标准化生产、规范化管理的粮食、畜牧和水产等高效生态农产品基地， 深入推进农业产业化“532”提升行动。推行“九节一减”和各种生态农业，建设一批生态农业示范园区和无公害、绿色、有机农产品生产基地。建立健全农业标准化体系、农产品市场认证体系。推进秸秆、农膜、禽畜粪便的循环利用，大力发展农村沼气，改善农村环境面貌和能源结构。

二是全面推进工业循环经济。煤炭、电力、冶金、家电、汽车制造、建材等是安徽省工业主导行业，也是发展循环型工业的重点。继续淘汰和关闭浪费资源、污染环境的落后工艺、设备和企业，改造能耗高、污染重的传统产业，鼓励发展节能、降耗、减污的高新技术产业；有效开展废弃资源综合利用，拓展汽车零部件再制造到机电设备再制造，培育各具特色的循环经济工业典型，推进新型工业化。

三是加快发展生态服务业。发挥安徽省生态旅游资源的优势，加强旅游资源保护、整合，完善旅游基础设施，优化产业空间布局，提升以黄山为中心的皖南地区开放开发水平，打造皖南旅游文化示范区，着力打造“生态安徽”旅游品牌形象。同时，加快金融、科教服务、信息咨询、物流等服务业的发展。

四是重点建设循环型园区。开发区和工业集中区大力推进循环经济。对老工业区实施循环经济改造工程，淘汰老工业区中高污染、高耗能、低技术含量、低附加值的企业，通过改造工艺和生产技术，引进新的关联企业入园，构建完整的产品链；在工业区集中区、高新区、开发区创建新的生态工业示范园区，科学筛选和确定入园企业和项目，实现物流、能流、技术集成，信息与基础设施共享，达到经济、环境、社会整体效益的最大化。鼓励地区开发和大型企业建设循环经济园区。

五是创新扩大节能环保产业。推进循环经济关键链接技术、生态保护技术、绿色照明及节能技术、节水技术、再生资源回收利用技术等研究和推广，发展节能环保产业；建设节能环保工程中心和国家实验室，加快区域科技创新服务中心、科技企业孵化器、企业研发中心、技术市场和科技中介组织建设。抢抓应对气候变化国际合作机遇，启动低碳经济试点，研究碳交易，继续指导、推动情节发展机制国际合作。

六是建立健全政策法规体系。贯彻实施《循环经济促进法》，制订《安徽省循环经济实施条例》，编制《安徽省循环经济发展“十二五”规划》和相应的专项规划；增加省级财政专项投入，继续拓展循环经济资金投入渠道，引导、激励社会资金投入循环经济重点项目建设；同时研究制订省及各市发展循环经济统计考核与监测统计指标体系，建立起适合安徽省发展循环经济、建设资源节约型社会要求的法规和标准体系。

国家循环经济试点省

江苏省循环经济

江苏省经济贸易委员会

江苏是经济大省，同时又具有人口密度全国最大、人均环境容量全国最小、单位国土面积工业负荷全国最高的特殊省情。转变发展方式，不断扩大循环经济规模，建设资源节约型和环境友好型社会，对江苏尤为重要和紧迫。

一、循环经济工作取得初步成效

江苏省是全国较早启动循环经济试点工作的省份之一。近年来，按照国家发展和改革委员会等六部委试点工作的要求，不断加大推进力度，努力探索发展循环经济有效实现形式，取得了一定成效。全省单位GDP能耗逐年降低，2009年，全省万元地区生产总值能耗同比下降5.17%，超额完成了年初确定下降4.6%的年度目标；全省主要污染物COD和SO_2排放量分别为82.7万吨和107.41万吨,分别比2008年下降2.83 %和5.62%；全省万元地区生产总值用水量为161立方米，比2005年下降了43%；工业固体废弃物综合利用率达到99%，比2005年上升了4个百分点；城镇垃圾无害化处理率约为80%，比2005年上升了34个百分点，均超额完成了江苏省循环经济试点实施方案所确定的阶段性目标。

（一）加强组织领导，构建政府为主导的工作格局

做好发展循环经济工作，加强领导是保障。省委、省政府高度重视发展循环经济工作，省政府召开全省循环经济工作会议，专题部署发展循环经济工作。梁保华书记、罗志军省长明确要求做到经济建设与生态建设一起推进、经济效益与节能减排一起考核、产业竞争力与环境竞争力一起提升、物质文明与生态文明一起发展。一是健全领导机制。建立了经贸、发改、农业、建设、水利、国土、交通、科技、质监等多部门参加的发展循环经济工作部门协调机制，及时研究协调工作中的重大问题。二是加强规划引导。2005年、2006年省政府先后印发了《江苏省循环经济发展规划》和《江苏省循环经济试点实施方案》，明确了江苏省发展循环经济目标、重点任务、重点项目和保障体系。组织编制了《江苏省工业循环经济发展规划》等专项规划，为全面系统推进循环经济发展奠定了坚实的基础。三是落实政策措施。近年来，省委、省政府先后出台一系列加强节能减排、促进可持续发展的政策文件，均对发展循环经济提出明确要求。2005年，江苏省就已设立发展循环经济专项资金，经逐年增加，2009年专项资金额度已达到2亿元，用于支持节能和循环经济项目建设。四是分解落实责任。从2005年开始，省政府把发展循环经济纳入政府年度工作重点任务，分解落实到部门，并对落实情况进行半年一次的督促检查。五是加强监督考核。省委、省政府将单位GDP能耗下降率和COD、SO_2排放量削减率等纳入市、县全面小康建设指标考核内容和落实科学发展观综合指标体系，作为市县党政主要领导干部政绩考核评

苏州工业园区开发建设15年来，加快发展循环经济，大力推进 节能减排，使每万元GDP能耗降到0.36吨标准煤，万元GDP的COD、SO_2排放量仅为全国平均水平的1/18和1/40，资源集约、生态环保等走在了全国开发区前列

价的主要内容，实行“一票否决”。六是加强宣传工作。省有关部门编印出版了《循环经济小常识》、《江苏对循环经济建设的探索》等丛书，先后举办三届循环经济博览会和数十场报告会、研讨会和循环经济论坛等，组织开展循环经济知识竞赛，宣传普及循环经济理念，营造发展循环经济的良好氛围。

2009年10月，沙钢集团华盛高炉节能减排技术改造项目竣工投产。项目采用国内外最先进的富氧喷煤系统、煤气洗涤循环系统、净化水增压系统、TRT余热发电、炉前脱硅及高效除尘环保系统等节能减排先进技术

（二）以实施重点工程为载体，整体协调推进

组织实施重点工程，是发展循环经济的重要载体。近年来，我们按照循环经济试点实施方案明确的总体目标，实施一批重点工程，把发展循环经济的重点任务落到实处。一是推进节能工程。以冶金、化工、建材、纺织、电力等行业为重点，围绕工业锅炉（窑炉）节能改造、电机系统节能改造、工业余热余压利用、能量系统优化等，加大力度组织实施重点节能改造项目。“十一五”以来，累计组织实施的节能改造和循环经济项目达1200多项，形成节能能力达1400万吨标准煤。连续四年建成15万千瓦能效电厂，节能100多万吨标准煤。大力推进建筑节能，在设计阶段100%执行建筑节能标准的基础上，施工过程中建筑节能标准执行率持续上升。2009年，江苏省施工过程中建筑节能标准执行率达92.3%，比2008年上升5%；竣工验收项目执行建筑节能标准的比例由2008年的96.26%上升到99.4%。大力推进交通节能，2009年全省更新减少老旧车辆8000多辆，一年节省燃油超过13万吨。大力推进公共机构节能，组织实施11个公共机构建筑节能改造项目。二是推进节水工程。在火电、化工、造纸、冶金、纺织、建材、食品、机械等八个高耗水行业，组织开展节水专项行动。“十一五”以来，创建节水型企业250多家。2009年，全省单位工业增加值水耗（不含火电）从2005年的65吨/万元下降到31吨/万元，工业用水重复利用率比2005年提高了4%。三是推行清洁生产工程。制定实施《江苏省清洁生产“十一五”行动纲要》，围绕重点流域和化工、印染、酿造等重点行业，加大清洁生产审核组织力度。“十一五”以来，先后有4835家企业实施审核，其中，对400家污染较重企业实施强制性审核。据统计，上述企业在审核基础上，共实施6500多项中高费改造方案，投资58亿元，节能1200多万吨标准煤，企业主要污染物削减20%，增收节支70多亿元。四是推进综合利用工程。以综合利用共生、伴生矿产资源、工业“三废”、废旧再生资源、农林水产废弃物为重点，推进资源综合利用产业化、规模化。“十一五”以来，全省共有2603多家企业被认定为资源综合利用企业。以常州逸盛橡胶制品有限公司、南通回力集团公司、江苏春兴合金(集团)有限公司为骨架，分别建成全国最大的废旧轮胎翻新（28万条/年）、再生胶（10万吨丁基再生胶/年）、无污染再生铅（10万吨/年）基地。以吴江市七都镇为中心，建成年回收利用和加工100万吨再生铜、铝、塑料的再生资源加工利用基地。五是推进清洁能源建设工程。积极发展核能、太阳能、风能和生物质能等新型能源。2008年，全省新能源产业产值达到889亿元；太阳能光伏电池产量1580兆瓦，居全国首位；风电装备整机制造能力100万千瓦。全省清洁能源装机比重达15.5%，比“十五”末提高了5%。六是推进生态工业示范园区建设工程。在积极创建国家生态工业示范园区的同时，出台《江苏省省级生态工业园区管理办法》，建立省级生态工业园区建设协调机制，在园区层面推进循环经济建设。苏州工业园区、苏州高新区GDP能耗、COD和SO_2的排放量不断下降，生态环境明显改善，已被命名为国家生态工业示范园区，在全国首批3家国家生态工业示范园区占两席。常州钟楼经济开发区以“零地”招商为手段，调整产业结构，积极构建园区生态网络，已被命名为首家省级生态工业园。七是推进生态农业建设工程。组织实施“清洁家园、清洁水源、清洁田园”，生态农业县建设，无公害农产品基地建设，生物农药、高效肥料等无公害投入品开发及示范，秸秆、畜禽粪便资源化综合利用示范等项目。截至2008年底，全省共建成4个国家级生态农业示范县和34

个省级生态农业县；建成农村户用沼气工程50多万处，规模畜禽场沼气治理工程1000多处，秸秆气化集中供气工程70多处。八是推进循环经济服务体系建设工程。江苏省物联再生资源有限公司，运用现代连锁经营方式重组再生资源回收网络，完善加盟连锁，开通在线收废网，建设区域性的加工物流配送中心及再生资源交易市场，形成了再生资源回收、交易和加工的新型业态。苏州高新区投入1600万元用于循环经济平台建设，实现24小时不间断的循环经济信息发布、交易等电子商务功能。目前，循环经济电子信息平台网站——全球环保网，会员人数6000家以上，日访问人数2000人次以上，动态信息2万条以上，正逐步成为国内循环经济和环保领域具重要影响的门户网站之一。

（三）以试点示范为抓手，探索发展循环经济有效实现形式

"十一五"以来，先后分两批组织15个城市、20个园区、155家企业组织开展省级循环经济试点，积极推进苏州工业园、江苏春兴合金（集团）有限公司、柏科（常熟）电机有限公司等10个国家级试点单位的试点工作，探索不同类型、不同层次、不同行业的循环经济有效实现形式，取得初步成效。一是形成了一批具有江苏特色的企业发展循环经济模式。如宜兴协联热电公司构建出"发电—供热—生物发酵"循环经济主产业链，并创新出用柠檬酸生产的高浓度废水作为电厂烟气脱硫微生物碳源、用污水处理产生的沼气直接加热脱硫净烟气等新工艺，推动了国内乃至国际烟气脱硫技术的发展。南通鑫缘茧丝绸集团股份有限公司通过循环经济项目的实施，已形成了制种、栽桑养蚕、蚕茧收烘、缫丝、绢纺、织绸、服装一条龙"公司+工厂+农户"的茧丝绸产业化经营体系，并十分注重生产全过程的物质回收利用。从下脚茧（丝）中提取丝素蛋白和丝胶蛋白，并从丝素蛋白中提取纯丝素蛋白原料；从蚕丝绵、绢丝脱胶排放的废水中回收提取丝胶资源作为功能性生物膜、表面活性剂等方面的生产原料，提高了企业生产过程中各种副产品和废弃物的综合利用效率和附加值，达到"物质循环"和"变废为宝"的目标。江苏永林油脂化工有限公司将提炼大豆、菜籽、棉籽等植物油脂过程中所产生的下脚料经过提取加工生成脂肪酸，再经过真空蒸馏提取加工，可以分别生产出工业油酸、硬脂酸和植物沥青，实现了"资源—产品—再生资源"的物质反复循环，做长了产品链，提高了产品附加值。二是产业园区循环经济发展模式初步形成。苏州高新区已基本形成了"产品代谢"、"废物代谢"、"产品配套"和"集约利用"等四条循环经济产业链，使全区电子信息、精密机械加工、精细化工等产业群落的构成更趋完整和合理。扬州经济开发区引进麦拓卡夫特光伏浆料回收有限公司的浆料回收利用项目，回收碳化硅浆料，将园区内多晶硅生产过程中所形成的浆料进行回收循环再利用。通过引入补链企业，构建和形成完善的生态产业链网，提高产业内部及产业之间的生态关联度，起到了以龙头促"链条"、以产业链带动整合的效果。三是区域层面资源循环利用体系有了雏形。苏州市与清华大学就"苏州城市循环经济发展共性技术开发和应用研究"进行全面合作，积极探索城市餐厨垃圾、电子废弃物资源化途径，建成餐厨垃圾湿热水解资源化示范工程和电子废物资源化示范工程等项目，被科技部列为示范项目。

（四）以构建循环型产业体系为目标，不断调整优化结构

发展循环经济，调整优化结构是关键。近年来，按照走新型工业化道路的要求，大力推进产业结构调整，从源头上促进循环经济发展。一是优化经济结构。按照"调高、调优、调轻"的要求，坚持一手抓先进制造业、一手抓现代服务业，优先发展高技术、高效益、低消耗、低排放产业。"十一五"以来，江苏省第三产业占地区生产总值的比重逐年上升，由2005年的32.5%上升到2008年的38.1%。服务业增加值突破1万亿元，高新技术产业产值占规模以上工业比重达28%，比2005年提升4个百分点。二是严格产业准入。编制实施《江苏省工业结构调整指导目录》，在节能减排等方面制定严于国家要求的行业标准。建立固定资产投资项目节能审查制度，2008年，全省共组织对585个固定资产投资项目进行节能评估和审查，42个项目因能耗过高遭否决，不符合节能规范的设计和设备选型得到整改。在太湖流域全面禁批化学制浆造纸、制革、酿造、染料、印染、电镀等6类重污染项目，把苏北地区化工项目准入门槛从3000万元提高到15000万元。对产业政策确定的限制类项目，其新增COD和二氧化硫总量实施"减二增一"。三是淘汰落后产能。从严格执行产业政策、加强财政支持、落实工作责任和加强督促检查等方面加大工作力度，淘汰落后生产能力取得积极进展。“十一五”以来，全省已淘汰落后钢铁产能792.2万吨、关停小火电机组622.34万千瓦，全省148家企业拆除水泥机立窑260台，淘汰落后水泥生产能力2900万吨左右，提前完成了“十一五”淘汰小水泥任务。深入开展化工生产企业专项整治，截至2009年底，全省累计关闭4631家小化工企业，提前一年完成关闭“小化工”三年计划。

（五）以科技支撑行动为抓手，大力推进循环经济技术开发应用

发展循环经济，技术进步是根本。江苏省在全国率先启动的节能减排科技支撑行动中，将循环经济作为重点领域，在关键技术开发、应用推广、示范企业培育等方面加大支持力度，提升科技创新对发展循环经济的先导和支撑作用，取得显著成效。江苏省开发的陶瓷分离膜技术在支撑体制备技术和规模化、陶瓷微滤和超滤膜生产制备、陶瓷膜成套装备生产、陶瓷膜产品质量检测及工业化应用等核心技术方面取得了突破。开发的树脂法处理有毒有机化工废水技术在新型系列吸附树脂合成、吸附和解吸及回收物分离精制等核心技术上处于国内外先进水平。江苏省交通科学研究院针对目前公路养护建设中出现的大量沥青路面旧料处理及恢复路面沥青材料性能和路用性能自主研发出高效沥青再生剂，应用于路面的再生利用，可节约大量的沥青和砂石材料。目前正在组织实施工业余热回收半导体温差发电技术研发、有机酸、氨基酸行业生产废水联合清洁生产共性技术、生活污水生物处理循环回用关键技术与装备的研发及产业化、有机化工废弃物资源化利用及焚烧处理装备产业化等重大关键技术攻关。在加强技术研发的同时，组织实施了苏州市城市生活垃圾无害化处理与资源化利用技术集成应用、城市污泥两阶段发酵法生产高附加值产品关键技术与装备、餐饮垃圾分类处理与资源化利用成套技术、秸秆水泥质高性能关键技术应用示范等项目。

（六）深化改革创新，构筑发展循环经济长效机制

做好发展循环经济工作，改革创新是动力。坚持把深化改革作为促进循环经济发展的根本动力，探索建立发展循环经济长效机制。一是实行差别价格政策。在钢铁、水泥、电解铝等高耗能行业中限制类、淘汰类企业的基础上，扩大到建材、化工、有色金属冶炼等行业中的限制类、淘汰类企业。鼓励风电、生物质能发电等清洁能源发展，推进“太阳能发电示范工程”和“屋顶计划”，对非特许权招标风力发电、垃圾发电、沼气发电、秸秆发电等可再生能源发电项目上网电价每千瓦时补贴0.25元。加大差别水价实施力度，对苏南地区工业污水处理费（政府定价部分）按高于生活污水处理费0.2元/吨征收，重污染行业污水处理费按高于一般工业、服务业1.5倍的幅度征收。二是深化环境资源价格改革。从2007年7月1日起，废气排污费征收标准由每当量0.60元提高到1.20元，污水排污费征收标准由每当量0.7元提高到0.9元，逐步提高到1.4元。太湖地区的污水处理费提前调整到每吨1.3~1.6元。2008年，太湖地区所有乡镇建成区开征污水处理费。从2008年7月1日起，对新建的污水处理厂征收氨氮、总磷超标

宜兴协联热电公司利用循环经济将热电和化工两个传统污染企业进行了无害化处理：热电厂用生产柠檬酸的废水培养细菌，再让细菌“吃掉”燃煤发电产生的二氧化硫，生成的硫磺一年能卖1000万元；电厂产生的粉煤灰、水渣和柠檬酸厂生产的硫酸钙、菌丝体经处理后分别作为水泥生产的原料和饲料，每年能带来2000多万元的收入；柠檬酸厂的污水用来沼气发电，每天可发电2万千瓦时，并在全国首次使用色谱分离工艺替代传统钙盐工艺生产柠檬酸，可减少90%的水耗

喃嵘水产（上海）有限公司的高位节能循环养殖系统

排污费；2009年1月1日起，对所有污水处理厂征收氨氮、总磷超标排污费。三是提高排放标准。在太湖流域实施更加严格的污染排放标准和区域环境准入条件。参照国际先进标准，对太湖地区城镇污水处理以及印染、化工、造纸、钢铁、电镀等行业实施新的污染排放标准，提高COD、氨氮和总磷排放限值，并从2008年1月1日起实施。其他行业全面执行国家《污水综合排放标准》或相应行业一级排放标准。

二、2010年工作重点

发展循环经济、促进经济社会可持续发展是一项长期的任务。江苏省发展循环经济工作虽已取得了初步的成效，但任务仍很艰巨。江苏省总体上处于工业化、城市化加速发展阶段，长期形成的粗放型增长模式尚未得到根本转变，工作中还存在认识、措施、政策、投入等不够到位的问题。

2010年是发展循环经济工作、实现“十一五”节能减排约束性目标的决定性阶段，也是江苏省建设更高水平小康社会的关键阶段。我们将以科学发展观为指导，认真贯彻落实《循环经济促进法》，以优化资源利用方式为核心，坚持结构调整、技术进步和管理创新“三管齐下”，狠抓关键措施落实，不断完善政策机制，形成以政府为主导、企业为主体，全社会共同推进的良好局面，确保完成“十一五”循环经济试点总体目标，促进经济社会又好又快发展。

（一）进一步加快产业结构优化升级

坚持走新型工业化道路，组织实施好14个产业调整和振兴规划纲要，着力推进产业高端化、规模化、品牌化和绿色制造。做强主导产业、做大新兴产业、做精传统产业，努力形成自主创新能力强、能源资源消耗低、污染排放少、经济效益好的现代产业体系。

（二）进一步加快实施循环经济重点工程

以节能、节水、清洁生产、资源综合利用、清洁能源建设、生态工业示范园区建设、生态农业建设、服务体系建设为重点，继续组织实施一批重点项目，进一步提供减量化、资源化和再利用水平。

（三）进一步加快科技支撑行动实施步伐

围绕能量、水资源梯级利用，工业废水、废气、废渣资源化，产业链生态化延伸及链接、电子废弃物清洁资源化、城市生活垃圾资源化、绿色设计、再制造等10个领域，钢铁、有色、建材、化工、纺织、电力、印染等重点行业，加快共性和关键技术开发，加快推进关键共性技术集成化应用和创新型技术应用，建设一批能耗水耗低、再利用资源化水平高、国内领先的循环经济示范工程。

（四）进一步深化循环经济试点

认真总结近几年循环经济实践模式，编写各地发展循环经济的成功案例，发挥示范带动作用；建立全省循环经济指标评价体系；研究制定循环经济示范园区、企业标准，开展创建循环经济示范园区、企业活动；启动再制造、包装物节材试点工作。

（五）进一步健全保障机制

进一步强化组织领导，明确目标责任，逐级抓好落实。进一步完善政策，增强政策持续推动力。加快法制建设，加快修订《江苏省节约能源条例》，启动《江苏省发展循环经济条例》的制定起草工作。

国家循环经济试点省

浙江省循环经济

浙江省发展和改革委员会

2009年，在浙江省委、省政府的正确领导和国家发改委的具体指导下，按照浙江省发展循环经济建设节约型社会工作领导小组的总体部署，浙江省循环经济工作坚持以“减量化、再利用、资源化”为原则，以转变经济发展方式为核心，通过各成员单位和各级地方政府的共同努力，取得了显著成效。

一、浙江省循环经济工作取得的成绩

一是资源综合利用成效显著。截至2009年底，全省资源综合利用生产企业增加到500多家，年利用工业固废、生活垃圾、“三剩物”等固废6000多万吨。全省在垃圾焚烧发电、污泥综合处置、再生资源综合利用、餐厨垃圾利用等资源综合利用领域建设了一批重大示范项目。资源综合利用领域从粉煤灰、冶金炉渣等传统的工业固废拓展到废旧家电、废旧轮胎等社会消费领域。

二是循环经济发展特色区域逐步显现。浙江省一些区域结合块状经济发展循环经济的特色较为明显。如永康市通过充分利用铝、铜等金属再生资源，发展和提升传统五金产业；台州路桥区以废旧金属拆解产业为主导，进口并再利用大量的废旧电器、五金，逐步形成了废弃金属拆解再利用的产业基地；余姚、慈溪等地从废旧金属、塑料等再生资源利用着手，形成了废旧物—配件—家电的循环经济产业链；富阳市依托造纸产业，实施了中水回用、造纸污泥利用、废纸再利用等循环经济项目。

三是循环经济典型模式逐步形成。通过近几年的摸索实践，浙江省循环经济模式已从单一的资源综合利用模式向多元化模式拓展，如：巨化集团、杭州钢铁集团等以工业“三废”综合利用为核心特征的企业集团式循环经济发展模式；杭州富春江环保热电公司、台州齐合天地公司等以再生资源综合利用为核心特征的循环经济发展模式；余杭蓝天农业园等以生态农业模式为核心特征的循环经济发展模式；绍兴滨海工业园区等以工业园区生态化改造为核心特征的循环经济发展模式；北仑、宁海等地以打造临港石化、能源产业链为核心特征的循环经济发展模式等等。这些模式不仅在省内具有很好的示范借鉴作用，在全国也有一定的推广意义。目前各地及一些企业已经结合实际情况，积极学习应用这些循环经济典型模式。

四是循环经济示范试点成效突出。2009年，临安市、德清县通过国家生态县考核验收。全省累计建成国家生态县1个、国家级生态示范区43个、国家环境保护模范城市6个、全国环境优美乡镇138个和省级生态县20个、省级环保模范城市4个、省级生态乡镇648个；累计建成省级绿色学校603所、全国绿色学校49所，省级绿色社区372个、国家级绿色社区27个，省级绿色企业324家，省级绿色饭店290家，省级绿色医院94家，全国绿色家庭22户，省级绿色家庭1058户。杭州市、安吉县列为全国生态文明试点；湖州市、临安市列为省级生态文明试点。

五是资源节约成效较大。节水方面，2009年全省万元GDP用水量下降到93.5立方米，工业用水重复利用率（规模以上）达到60%以上；灌溉水利用系数提高到0.552以上；县级以上城市污水处理率达75.6%。节材方面，2009年，全省新型墙体材料应用率达到72%，水泥散装率达71.82%。节地方面，2009年万元GDP新增建设用地消耗量为

9.12平方米，同比降低5%，土地资源利用居全国领先水平。

六是节能降耗成效明显。2009年全省万元生产总值能耗下降到0.74吨标准煤，比上年下降5.4%。全省累计建设沼气工程11400多处，年产沼气8000多万立方米，推广太阳能900万平方米，农村清洁能源利用率达65%左右。2009年确定省级建筑节能示范项目773万平方米。

七是污染减排和生态建设成效良好。浙江省全面开展“811”环境污染整治行动，环境污染和生态破坏趋势基本得到有效控制。2009年，全省化学需氧量和二氧化硫排放量分别比2008年削减4.6%和5.3%。全省生态建设积极推进，至2009年底，已有43个市、县（市、区）获得国家级生态示范区的验收命名，累计创建国家级环境优美乡镇138个，省级生态乡镇20个，国家级绿色学校49 所，国家级绿色社区27个。

二、循环经济工作开展情况

（一）加强组织领导

自2005年成立浙江省发展循环经济建设节约型社会工作领导小组以来，浙江省循环经济组织领导体系不断完善。2009年，由于机构改革和人事变动，省委、省政府及时发文（浙委[2009]73号）调整了领导小组成员名单，保证了组织领导机构的延续性。与此同时，全省各厅局进一步加强了自身组织机构建设，根据形势发展优化了组织领导机构的体制机制。如省建设厅根据建筑节能工作不断深入的实际，2009年初调整补充了省建筑节能工作协调小组成员，增补了省统计局、省教育厅、省旅游局、省机关事务管理局等部门。省交通运输厅为了进一步协调发展循环经济、建设节约型行业和推进交通运输行业节能减排工作，于2009年初调整成立了循环经济与节能减排工作领导小组及办公室，由厅长亲自任组长，成员由省公路局、省港航局、省运管局、厅质监局主要领导及机关有关处室负责人组成。

各市、县（市、区）也基本建立了以行政主要领导为首、各职能部门参加的组织领导体制，部分地方政府还根据实际情况进行了创新。如宁波市组织召开了市循环经济工作领导小组成员单位联络员暨宁波循环经济简报通讯员会议，建立了市循环经济工作领导小组成员单位日常联络制度，完善了工作网络体系；全市所有县（市、区）都已先后成立循环经济工作领导小组，由党政主要领导出任领导小组组长，相关职能部门主要负责人担任领导小组成员，从组织体系上加强了对发展循环经济建设节约型社会工作的领导。

（二）强化规划引导

为进一步加快浙江省循环经济发展，省发改委根据国家对循环经济试点省份规划申报的要求，编制了《浙江省循环经济试点实施方案》。2009年9月，国家发展改革委批复同意浙江省《试点实施方案》，10月，省政府印发了《试点实施方案》。与此同时，其他成员单位也积极开展循环经济规划工作，如省建设厅组织开展了可再生能源建筑应用调研和规划研究，分管厅长带队先后赴嘉兴、宁波、绍兴等地开展调研，召开专题座谈会，并组织编制《浙江省可再生能源建筑应用发展规划》（送审稿）。

为加强对全省循环经济重点问题的研究，循环经济领导小组各成员单位组织了多项课题研究。如省农办根据省委关于《浙江推进生态文明建设思路与对策研究》的统一部署，成立了《浙江生态文明村建设的思路与对策研究》课题组，提出了推进浙江生态文明乡村建设的对策与措施；省建设厅组织开展了《浙江省国家机关办公建筑和大型公共建筑用能监管现状和对策研究》，取得了较好的研究成果；省发改委会同省级有关部门开展了循环经济支持性政策调研，先后赴杭州、宁波、嘉兴、绍兴等地，通过与各地有关部门和循环经济相关企业座谈以及实地考察，掌握国家及省相关循环经济政策的落实和实施情况，并形成循环经济支持性政策调研报告。

（三）完善政策体系

2009年，浙江省循环经济政策、法规、标准体系进一步完善，相关制度建设取得明显成效。省农办与省国土资源厅联合起草了《关于深入开展农村土地综合整治、扎实推进社会主义新农村建设的意见》，已提交省委办公厅、省政府办公厅印发执行。省经信委起草了《关于加快光伏等新能源推广应用与产业发展的意见》，由省政府办公厅印发（浙政办发[2009]55号），并启动修订《浙江省实施<中华人民共和国节约能源法>办法》，已被省人大列为2010年一类立法项目。省发改委组织拟定了《关于推进循环经济试点基地建设的指导意见》，并适时启动《浙江省循环经济促进条例》的制定工作，争取及早出台循环经济地方法规。省环保厅拟定了《浙江省人民政府关于开展排污权有偿使用和交易试点工作的指导意见》（浙政发[2009]47号），并组织编制《排污权核定和分配技术办法》、《排污权交易管理规程》、《排污权交易管理信息系统功能设计》等配套文件。

节能监察标准是推进浙江省循环经济发展、促进产业转型升级的重要手段。省经信委已全部完成年初下达的多项能耗限额标准制订计划的初稿，对烧碱、电石、合成氨等已颁布实施的能耗限额标准进行观测，并对全省50多家热电企业能源利用情况进行了监察和对标。同时，为加强浙江省民用建筑节能标准相关的设计软件管理，进一步指导和规范浙江省民用建筑节能设计，提高民用建筑节能设计质量，省建设厅主动与中国建研院联系沟通，并组织技术力量开展对节能设计和软件应用的研究，印发了《浙江省民用建筑节能设计技术管理的若干规定》（建设发[2009]218号）和《关于进一步深入做好建筑节能工作的通知》（建设发[2009]281号），并编制完成了《建筑门窗应用技术规程》、《外墙外保温构造详图》、《太阳能热水系统设计与安装图》等有关建筑节能标准、图集。

（四）狠抓项目建设

加快推进项目建设和改造，是促进浙江省循环经济发展的重要抓手。2009年，省发改委根据《浙江省发展循环经济“991行动计划”实施方案》，重点在循环经济九大重点领域实施了150多个重点项目，取得了明显成效。省经信委着力推动工业循环经济“733”工程，抓好绿色设计制造、资源能源利用效率提高、可再生能源推广利用、资源循环利用产业发展、工业“三废”回收利用、废旧工业产品再生利用以及生活垃圾回收利用等7个方面工作。省农业厅以现代农业发展示范工程、畜禽养殖场排泄物治理工程、农村户用沼气工程、化肥农药减量控害增效工程为抓手，加快推进生态型农业示范工程建设。省建设厅大力推进建设节能示范工程，积极组织申报国家光伏发电建筑应用示范项目、国家级可再生能源建筑应用示范城市和农村地区可再生能源建筑应用示范县，配合做好国家“金太阳”示范工程申报。省环保厅全面组织实施“811”环境保护新三年行动计划，进一步深化重点流域、重点行业、重点企业污染治理。其他厅局也积极开展了别具特色的试点示范工程和项目建设行动计划，发挥了较好的资源节约效益和示范引导作用。

在项目建设的基础上，浙江省循环经济基地建设布局已渐露端倪。根据《浙江省循环经济试点实施方案》，浙江省重点布局了25个循环经济试点基地，包括浙江废旧家电回收利用基地、台州金属资源再生产业基地、永康再生资源回收利用基地、慈溪再生塑料基地、金华市汽车零部件再制造基地、绍兴报废汽车综合利用产业基地等。

（五）完善指标体系

根据全省循环经济的总体部署，相关部门加快了循环经济统计考核指标体系的研究，特别是省统计局将研究建立园区循环经济统计制度作为建立循环经济统计制度的突破口。2009年，经过课题研究和充分调研，形成了开发区（工业园区）循环经济统计调查方案，并于5月份启动了开发区（工业园区）循环经济统计试点。试点范围主要包括台州市、丽水市全部国家级和省级开发区（工业园区）、临安市经济开发区、宁海县工业园区，以及上述园区内主营业务收入3000万元以上的所有工业企业。

在园区循环经济统计体系建设的基础上，省统计局通过编制循环经济发展指数，以动态的方法对区域循环经济发展状况和发展速度作出评价。这套循环经济发展指数编制的指标体系由四类20个指标组成，较全面地涵盖了一、二、三产业循环经济的主要综合性指标，具有代表性和客观性。省发改委会同统计等部门参照《试点实施方案》22项指标，也着手研究建立循环经济统计考核机制，逐步建立完善浙江省具有特色和操作性的循环经济统计考核指标体系，争取成为全国循环经济统计试点省。

（六）增强创新能力

2009年，省科技厅牵头会同其他部门重点围绕节能、新能源开发和可再生能源利用技术、节水及污水处理回用技术、资源综合利用及各类废弃物资源化技术、企业清洁生产技术、企业间产业生态链的集成技术组织重大科技专项项目，进行科技攻关。如重点开展了高浓度发酵废液的循环利用关键技术研究与示范、城市中水综合利用深度脱氮技术研究和工程示范、焚烧飞灰水泥窑协同处理技术研究、废旧节能灯回收处理系统研发、白泥湿法烟气脱硫技术研究与示范等项目，切实增强循环经济科技创新能力。

同时，大力推广循环经济先进适用技术，发挥科技的支撑和引领作用，把一些成熟、适用的关键、共性技术及时推广应用。省科技厅专门组织编制《环保先进、实用技术（产品）汇编》，并将和省环保厅、建设厅联合召开环保先进、实用技术（产品）推介会，推进科研成果的转化应用。

（七）扩大宣传教育

为大力提升循环经济的社会影响力，提升公民提高资源综合利用的意识，2009年省委宣传部积极开展推进循环经济工作的各项宣传报道，组织新闻单位认真贯彻落实宣传要求，认真做好以发展循环经济、建设节约型社会为主题的宣传报道工作。截至2009年12月，浙江日报、浙江电台、浙江电视台、浙江在线新闻网站等浙江省主要新闻媒体共刊播各类发展循环经济报道约570篇（条），其中浙江日报刊发报道180余篇，浙江之声电台播发报道180余条，浙江卫视播发报道150余条，浙江在线新闻网站刊发报道30余篇。

同时，省教育厅在全省教育系统开展节能宣传活动周，通过学校广播、板报、印制宣传手册、开展节能知识比赛、征文活动、举办节能论坛等形式，开展节能宣传教育，提高师生员工的节能意识。省法制办等部门积极开展《循环经济促进法》普法宣传活动，提高政府、企业和公民的知法用法意识。

三、2010年循环经济工作重点

（一）抓紧启动循环经济试点基地建设

《浙江省循环经济试点实施方案》提出根据全省各市、县的产业特点和资源条件，在全省范围内规划建设25个循环经济试点基地。循环经济试点基地建设是试点省建设的重要载体，也是重点工作。一是出台《循环经济试点基地建设指导意见》。二是启动一批试点基地建设。选择一批基础较好、特色明显的试点基地，作为全省第一批试点基地先行启动建设。目前已基本具备建设条件的基地包括：浙江废旧家电回收利用（杭州）、台州金属资源再生产业、永康再生资源回收利用、慈溪再生塑料等资源综合利用型循环经济试点基地；北仑临港重化工业、宁海县临港产业等临港型循环经济试点基地；海宁（中国）太阳能科技工业园循环经济试点基地；诸暨环保装备产业循环经济试点基地；宁波市餐厨垃圾回收利用循环经济试点基地；衢州氟硅新材料循环经济试点基地等。

（二）实施发展循环经济“991行动计划”

根据浙江省发展循环经济“991行动计划”，2010年继续滚动实施省级循环经济重点项目100余项，推进资源综合利用、节能、节水、节材、工农业园区生态化改造、绿色建筑，以及循环经济技术研发应用等方面的项目建设，包括建设再生金属资源利用示范项目、建设餐厨垃圾利用示范项目、建设污泥利用示范项目、建设中水回用示范项目、建设海水淡化示范工程、建设全省垃圾发电项目。

（三）扎实推进节能节水节地节材和资源综合利用

一是大力推进节约能源。以电力和热力、建材、石化、纺织造纸、冶金、机械六大高耗能工业以及年耗能5000吨标准煤以上的企业为节能重点，深化工业节能，争取到2010年规模以上万元工业增加值综合能耗下降22%；推进建筑节能，到2010年全省基本完成高耗能公共建筑的改造任务，节能建筑比例上升到14%，建立政府办公建筑和大型公共建筑的用能监管体系，推进建筑节能工作逐步向农村扩展；加强可再生能源的研发和应用，重点支持太阳能、风能和生物质能等可再生能源的研究开发和产业化，到2010年新增推广太阳能热水器154万平方米以上，新增风力发电机容量8万千瓦，新增垃圾发电装机容量10万千瓦。到2010年，全省能源利用率达到40%。

二是深入开展节约用水。大力推进工业节水，重点推动电力、纺织、造纸、化工等四大高耗水行业的节约用水工作，到2010年，工业增加值每增长1%，取水量增长平均控制在0.16%以内，全省重点工业企业全部达到国家节水型企业标准；强化农业和农村节水，积极推广旱作农业技术和节水灌溉设备应用，2010年全省农业灌溉用水有效利用系数达到0.56，2012年上升到0.58；加强城市节水工作，加强城镇供水管网改造，大力推广建筑节水、雨水利用技术，开展城市中水利用系统建设试点，到2010年，城镇供水管网漏损率由2005年的18%下降到15%以下。

三是持续推动原材料节约。以冶金、石化、建材、纺织、轻工等行业为重点，加大原材料消耗管理和技术改造；加大替代型材料推广力度，不断提高新型代用建材和新型墙体材料的应用比例。2010年新型墙体材料建筑应用比例达到71%以上；大力节约包装材料。推广使用可降解、易回收、低成本的包装材料。2010年水泥散装率达到72%以上。

四是不断强化节约集约用地。积极推进城镇建设节地，努力盘活存量建设用地，加快农用地转而未供土地的供应速度；推进多层标准厂房建设，完善工业用地招拍挂出让制度，逐步提高工业用地的投入产出强度和土地利用强度；严格控制低密度大套型住宅用地投放，发展节能省地型住宅；努力推行交通、能源、水利等基础设施和城市基础设施用地有偿使用；节约集约利用农村土地，深入实施“千村示范、万村整治”工程，切实加强农村宅基地整理示范村建设；全面推进农村闲置宅基地、空闲地治理工作。到2010年，全省单位建设用地GDP产出率达到2.30亿元/平方公里。

五是切实加强资源综合利用。以冶金、电力、医药、石化、造纸、建材、轻纺等行业为重点，推进工业“三废”循环利用，开展粉煤灰、煤矸石和冶金、化工废渣及有机物综合利用。加强再生资源回收利用体系建设，将“城市垃圾”转变为“城市矿山”，以废纸、废旧金属、废塑料、废旧轮胎、废旧家电、电子产品回收利用及生活垃圾、餐厨垃圾资源化利用为重点，规范再生资源回收利用体系和废弃物回收与拆解市场，促进再生资源回收、加工、利用产业链的形成。建立完善城乡垃圾分类收集处置系统，将生活垃圾由填埋为主逐步过渡到以焚烧为主并辅以综合利用，推进全省垃圾焚烧发电厂的合理布局和发展，使浙江省生活垃圾焚烧发电产业在全国保持领先水平。2010年工业固体废弃物综合利用率超过93%，全省资源综合利用产值达到1050亿元。

（四）完善循环经济法规政策和统计指标考核体系

一是着手制定《浙江省循环经济促进条例》。省人大和省法制办已将《促进条例》列入2010年立法工作二类计划（即2010调研，2011年出台）。省发改委将于近期建立立法工作综合起草组，尽快启动立法工作。

二是完善循环经济配套法规政策。根据对浙江省现有循环经济相关法规政策梳理，2010年在法规规章方面，除抓紧制定《浙江省循环经济促进条例》外，还要及时修订《浙江省资源综合利用条例》、《浙江省实施〈中华人民共和国节约能源法〉办法》、《浙江省废弃电器电子产品回收处理管理办法》等地方性法规和规章。

三是建立健全省循环经济统计指标体系。结合国家循环经济评价指标体系，根据浙江省循环经济发展的基础和特色，在减量化、循环利用、环境优化、循环支撑等方面选取20项左右能采集、易分析、好比较、可考核的数据作为指标内容，逐步构建完善浙江省循环经济统计指标体系。

福建省循环经济

福建省经济贸易委员会

2009年，福建省认真贯彻落实《循环经济促进法》，按照国家发展改革委《关于做好召开第二次全国循环经济工作会议的通知》要求，大力推动和加快循环经济发展，并取得明显成效。

一、主要做法和成效

福建省委、省政府高度重视发展循环环济，认真落实中央、省政府有关总量减排的部署和安排，围绕实现福建省“十一五”循环经济发展专项规划和主要污染物减排的目标任务，采取了一系列措施，在发展循环经济工作上取得较大成效，单位GDP能耗每年都有较大幅度的降低。2009年全省万元GDP能耗为0.813吨标准煤，单位GDP能耗下降3.2%，规模以上企业单位工业总产值能耗同比下降4%，年能耗万吨以上企业（527家）单位工业总产值能耗同比下降3.42%。工业固体废物综合利用率达到72.68%，工业用水的重复利用率达到60%以上，培育了一批循环经济、清洁生产和资源综合利用的典型企业和试点示范单位，实现了福建省的节能减排目标。

（一）加强对循环经济发展的宏观指导

强化法治建设，把发展循环经济工作不断纳入法制化轨道，建立健全资源节约、环境保护和循环经济发展的法律法规体系。一是结合福建省实际，起草制定了《福建省节约能源条例》，并已列入省人大2010年条例工作计划。根据2009年1月1日正式实施的《循环经济促进法》，积极开展立法调研，加大宣传力度，将在近期提出和起草制定《福建省循环经济促进法条例》。通过立法对资源消耗、节约、循环利用、废物排放和环境状况做出分析，明确目标、工作重点。二是每年要求各地区制定发展循环经济的推进计划，要求各地区和示范试点企业根据实际情况，编制和实施循环经济发展实施方案，提出符合本地区以及重点行业、重点领域的资源集约利用、能源和水资源节约利用、清洁生产的发展循环经济的工作措施。

（二）推进产业结构调整升级，实现节能降耗

一是在大力发展先进节能和环保产业同时，加快流通现代化步伐，积极发展生产性服务业，推进金融、保险、交通、物流、中介等各种服务业发展，进一步提高第三产业和高技术产业在国民经济的地位与比重，促进了福建省GDP综合能耗的降低，从根本上实现节能减排。二是按照产业政策导向要求，加快淘汰能耗高、污染重的落后设备、技术和工艺。认真落实《“十一五”期间分年度分行业淘汰落后产能计划表》目标，对能耗高、效率低、污染重的水泥、钢铁、电石、铁合金、小火电等行业进一步明确淘汰、转型的时间、目标、任务，推进13个高耗能、高染污行业实施了淘汰落后生产能力。全省淘汰落后水泥产能333.7万吨、小火电112万千瓦。对铁合金、水泥、钢铁等高耗能行业执行差别电价政策。三是对电解铝、铁合金、水泥、钢铁等高耗能行业执行差别电价政策。目前，福建省共下达执行差别电价企业名单297家。通过执行差别电价和必要的经济补偿等政策，加快落后设备、技术和工艺的淘汰，有效遏制了这些产业的盲目发展和低水平重复建设。四是积极推动水电、太阳能、风能、沼气、生物柴油等可再生能源建设。

（三）节能重点工程取得显著成效

按照《福建省“十一五”循环经济发展专项规划》、《福建省“十一五”重点节能工程行动方案》提出的目

标和任务，每年都制定重点循环经济和节能推进计划，大力推进节约降耗、减少自然资源消耗的重点工程。一是通过注重开发减量化、再利用和资源化技术与装备，重点抓好燃煤工业锅炉（窑炉）改造、热电联产、集中供热、余热余压利用、电机系统节能、能量系统优化、建筑节能、绿色照明、政府机构节能、先进适用节能技术应用等十大重点工程项目建设，鼓励引导企业实施节能减排改造。二是电力行业制定并实施有利于节能减排的发电调度办法，优先安排清洁、高效机组和资源综合利用发电，开展火电机组“以大代小”替代发电工作，全省供电煤耗下降到333.32克/千瓦时。三是根据福建省产业结构调整和企业用能情况变化，重新调整了200家重点耗能企业名单，并加强了能耗监控。组织召开重点用能企业节能形势分析会，分析企业能耗上升原因，提出切实可行的节能降耗措施。组织开展全省200家重点用能企业节能监测和能源审计工作，实现重点用能企业能效整体水平大幅度提高。

(四)积极推动试点示范工程，促进循环经济发展

按照国家大力发展循环经济和《福建省“十一五”循环经济发展专项规划》要求，福建省积极推进循环经济试点示范企业工作，涌现出了一批循环经济的试点示范企业和园区。一是福建三钢集团、三明橡胶环科、泉港石化工业园区等5家被列为国家循环经济(第一、第二批) 试点示范单位，并获得国家对试点示范单位的大力扶持。二是福建省有94家企业和14个工业园区被列为福建省循环经济试点示范单位。循环经济示范企业，经过部门推动和企业努力，试点示范工作取得了一定的成效，为加快全省循环经济发展提供借鉴，为加快全省循环经济发展提供示范。以福建三钢集团为龙头的冶金行业，积极探索资源高效利用和循环使用的循环经济发展路子，充分回收焦炉、高炉、转炉在生产过程中产生的大量煤气，节约大量的能源；通过采用余热余压发电、引进高炉炉顶压差发电技术，建设高炉煤气余压透平发电装置，实现资源优化配置和合理利用；以南平圣农集团、长富乳业集团为龙头的农牧企业，目前已形成了“一主二副”的循环经济模式，除将鸡粪、牛粪转化成生物有机肥外，还从鸡肠子、鸡羽毛中分别提取胰蛋白酶、氨基酸等，2009年循环经济为企业新增产值8000万元。为解决企业扩大规模后仅靠有机肥厂将无法消化大量鸡粪的问题，公司还投资建设鸡粪发电厂，这是中国乃至亚洲第一家采用鸡粪直接燃烧发电的电厂，项目安装两台12MW机组，年处理鸡粪20万吨，发电1.7亿千瓦时。鸡粪发电不仅能将污染源完全消灭，还能化害为利，发电后所产生的灰粉是一种非常好的钾肥原料，也可用作有机肥原料。

（五）大力推行清洁生产，从源头上削减污染排放

认真贯彻落实《清洁生产促进法》，积极引导企业实施清洁生产，依法对污染物排放超标的企业，以及使用有毒、有害原料进行生产或生长中排放有毒、有害物质的企业，开展清洁生产审核。全省已有福建炼油厂、三钢、南纸、青纸、龙溪轴承、福人木业等207家企业开展清洁生产,其中125家已审核通过。通过开展清洁生产审核，实施清洁生产方案，企业获得了节能、降耗、减污、增效等经济、社会和环境效益，企业清洁生产水平明显提高。全省通过清洁生产验收的企业在大量削减污染物的同时，平均每个企业增加效益1200万元。福建三明市作为清洁生产试点城市，工作取得初步进展。全市建立了100多人持有清洁生产审核师培训合格证的清洁生产审核骨干队伍，三钢集团、福建化纤、青山纸业、永安智胜等重点企业通过审核验收，累计取得经济效益1.51亿元。2009年印发《福建省清洁生产审核实施细则》，并下发100家开展清洁生产审核企业名单。

（六）加快技术进步，为循环经济建立支撑体系

积极支持和帮助企业建立技术研发中心，增强了企业节能减排技术开发能力。一是加强了与节能减排关联的技术创新公共平台的建设，推进新能源、电子、功能材料等行业技术开发基地建设。仅2008年就新认定23家省级企业技术中心、5家国家级企业技术中心,并着力构建企业技术创新公共服务平台，新成立了鞋业、船舶、环保机械、改性塑料等4家行业技术开发基地，支持组建了电机、陶瓷产业集群信息化服务平台和工控行业资源信息、船舶交易网电子商务平台。二是通过举办“中国·福建项目成果交易会”、“海峡绿色建筑与建筑节能博览会”、“节能与循环经济对接会”、“专业产学研现场会”等产学研合作平台等，积极推广节能、循环经济新技术、新产品，2009

年实现项目对接60多项，一批节能、节水、清洁生产等技术在内的科研成果在企业中得到转化，产生了显著的社会效益和经济效益。

（七）积极开展综合利用，提高资源利用率

认真贯彻落实国家对资源综合利用的优惠政策，鼓励企业积极开展综合利用。近年来，在国家政策扶持和引导下，福建省资源综合利用规模不断扩大，技术水平不断提高。2009年，在各级相关部门的积极协同下，福建省通过资源综合利用认定的企业有181家，其中林业企业84家。一是福建省大宗工业废渣得到有效利用。已有煤矸石、粉煤灰、炉渣、冶炼渣、化工废渣、窑灰、石灰渣以及各种尾矿渣等30多种废渣被广泛利用，综合利用产品涉及建材、化工、电力、森工等行业20几个品种，工业固体废物综合利用率达72%。涌现出了一批资源综合利用和循环利用的产业、企业、工业园区、县市先进典型。如南安市利用石材产业的下脚料石粉加工生产混凝土加气砖、人造大理石等新型建材，利用废弃的碎石生产石板壁画等，形成了协进、鹏翔、广泰祥、万灵、东野等一批资源综合利用的企业，年综合利用石粉300多万吨，碎石200多万吨，工业固体废物综合利用实现了产业化发展。二是林业资源的循环利用也取得明显的成效，全省竹木综合利用率达98%以上,走在全国的前列。每年利用300多万立方米的“三剩物”——采伐剩余物、造材剩余物、加工剩余物以及次、小薪材，代替原木生产多种高附加值木制品，其中生产150万立方米人造板，年节约450万立方米木材，相当于少砍伐6.2万公顷森林。同时，利用林木、竹子加工废弃物锯屑生产活性炭达5万多吨，相当于节约75万立方米的木材。不仅变废为宝，还大大节约了森林资源，有效地支持了生态建设和环境优化。三是再生利用工作也取得新突破，其中废纸年利用量达140万吨，废纸制浆量占造纸总量的55%，年节约木材448万立方米，每年废钢利用量200万吨、废旧轮胎利用量12万吨。积极开展废旧家电回收利用，省物资集团下属福建宏源废旧家电回收处理有限公司在福州市600个社区建立回收网络。此外龙岩卓越新能源发展有限公司自主开发的废动植物油生产生物柴油技术填补了国内空白，达到国际先进水平，年消耗废植物油、地沟油7万吨，替代化石柴油5万吨，实现了可再生能源替代石油,缓解能源紧张状况,并杜绝餐桌污染，改善生态环境。

（八）积极开发利用可再生能源，促进能源结构的调整

一是组织规划和实施了《福建省太阳能产业发展行动方案》，启动了南安、莆田等地光伏电子产业基地、产业园区建设。组织实施了太阳能集中供热和太阳能路灯照明示范工程，推动太阳能利用产业化发展。二是加强水能、风能、生物质能、沼气等可再生能源基地化、规模化、集约化建设，大力推广使用可再生能源、清洁能源，全省水电总装机达954.7万千瓦，风电装机容量达21.37万千瓦，生物柴油产能达25万吨，农村户用沼气池保有量26.7万口。三是推广使用清洁能源。支持了以龙岩卓越能源公司为龙头产业基地的利用废动植物油生产生物质能等一批项目建设；支持了德化等县工业园区LNG项目的建设，促进能源利用向高效化、清洁化方向发展；推动陶瓷行业全面使用电能、天然气等清洁能源，减少了环境污染。

（九）生态建设和环境整治深入推进

一是强化饮用水源保护。印发《实施水源保护区标志和隔离网设置技术规范》，安排省级预算内专项补助资金，扶持莆田东圳水库、宁德金涵水库等一批城市集中式饮用水源地保护建设，规范水源保护区管理，强化保护区的环境整治。设区市、县级市和县城饮用水源达标率分别为99.6%、95.6%、93.9%。二是深化重点流域、区域的环境整治。闽江、九龙江流域被环境保护部列为实施生态补偿的第一批试点区域；实施厦门海域海漂垃圾整治；深入开展城市环境综合整治和绿色社区创建活动，推进福州、厦门、泉州3个国家环保模范城市和漳州、龙海2个创建城市巩固、深化创模工作，深入实施闽清、晋江、南安建陶业和龙岩水泥业整治；12条主要河流水域功能达标率和Ⅰ类～Ⅲ类水质比例分别为96%和94.2%，均比2008年同期有所提高。全省环境质量继续保持在良好水平，9个设区市空气质量优、良天数比例为96%，同比提高0.6%。三是深入推进农村环境治理。省政府批转实施《关于加强农村环境保护工作实施意见》，开展环境优美乡镇创建活动，已建全国环境优美乡镇11个、省级17个；农村家园清洁行动深入推进，农村污水垃圾治理和养殖业污染治理取得新成效，开展全省土壤污染状况调查和土壤修复试点。四是加强生态环境保护。强化对各类自然保护区等环境敏感地区的环境监管，推进国家级和省级生态示范区建设，全省示范区面积约占全省陆域面积的41%；完成沿海防护林造林面积10.8万亩，建设21万亩绿色通道和1600公里生物防火林带，治理水土流失面积15万亩。

（十）加大资金投入，支持和推动循环经济发展

近几年，福建省争取国家专项资金、各级财政安排节能循环经济专项资金约3.3亿元，每年支持200个节能、节水、资源综合利用、循环经济和污染防治项目的建设。一是对重点节能技术改造、循环经济项目给予补助。有四个项目获得国家发改委国债项目补助，项目总投资达2.65亿元。2007年三钢集团、厦钨、晋江凤竹纺织、泉港工业园区被列入国家循环经济第二批试点单位工作，实施方案通过审核，几家企业已争取到了国家专项资金扶持。二是积极推进企业实施循环经济项目。省级财政设立了专项资金。2009年省级财政共对91个循环经济项目安排补助资金2523万元。废油加工利用、新型墙材、废旧轮胎回收利用和脱硫石膏利用等11个循环经济项目列入。三是省财政还设立循环经济专项资金，扶持了一批循环经济对接项目，对节水、节材、资源综合利用、清洁生产、再生资源回收加工利用等项目给予资金补助。四是除加大财政投入外，各级金融机构也加大了对节能项目投资贷款的力度，福建省发改委与省人行、环保局联合制定了《关于金融支持福建省节能减排的指导意见》，引导金融机构加强和改进支持节能减排的金融服务工作，2008年联合举办福建省节能减排政银企合作洽谈会，会上15家企业与7家金融机构签订融资意向协议，意向金额达75.68亿元。同时，各地积极支持和推广合同能源管理，利用市场机制引导企业开展节能技术改造，有效地解决了企业节能投资不足、节能服务跟不上等一系列问题。

二、存在的主要问题及加快发展循环经济的主要措施

从福建省情况看，由于循环经济发展仍处于起步阶段，短期内仍无法改变传统“粗放型”经济增长模式。一是二氧化硫、烟尘、工业粉尘排放量对环境的污染仍很严重。二是配套政策措施有待完善，实现节能减排目标完成还不很好。为加快发展循环经济，下一步要采取的主要措施：

第一，树立发展循环经济新观念，不断完善绩效考核体系。进一步加强对发展循环经济工作领导和指导，健全循环经济责任制，建立和完善促进循环经济发展的评价指标体系和科学考核机制，全面落实节能减排责任制，把循环经济工作纳入地方政府政绩考核的一项内容，纳入日常管理和工作考核中，做到层层有责任，逐级抓落实，综合运用经济、法律和必要的行政手段，确保完成全省节能减排的各项指标任务。

第二，继续加大发展循环经济的重点工作和重点环节。一是加强工业、交通、建筑、公共机构等重点领域节能工作、继续推动电力、钢铁、有色金属、煤炭、石油加工、化工、建材、纺织、造纸等重点耗能行业的节能技术改造，推广应用节能潜力大、应用面广的重大节能技术，提高企业利用效率。二是优化产业结构，发展高新技术产业和装备现代化、技术水平先进、节能型的钢铁、石化、机械等先进制造业。加大淘汰钢铁、铁合金、水泥、火电、煤炭、造纸等高耗能、高污染行业落后产能的力度。三是从源头减少废物的产生，在石化、电力、造纸、啤酒、钢铁、建材等重点耗能行业全面开展清洁生产审核。四是大力开展资源综合利用，最大程度实现废物资源化和再生资源回收利用。

第三，推进循环经济发展新模式。用循环经济理念指导编制“十二五”等专项规划，提出“十二五”节能减排目标，进一步完善资源有偿使用制度与开发制度，建立良好绿色生产和消费激励机制。充分利用市场和行政手段，按照循环经济模式规划，重点建设石材、电镀、林产加工、废弃橡胶、塑料等列入国家和省级的试点产业园区和产业集控区，通过集中供热和废物集中处理方式，实现资源节约和工业废弃物的有效利用率。

第四，加快循环经济技术开发和标准体系建设。一是加快循环经济技术开发。二是建立循环经济技术咨询服务体系。三是制定和完善促进循环经济的标准体系。四是建立节能减排的技术库。

第五，建立和完善促进循环经济发展的政策机制。一是加大对发展循环经济的重大项目、试点企业和园区、清洁生产和资源综合利用等项目的资金补助、贷款贴息的支持。二是对高耗能行业中淘汰类、限制类项目，严格执行按国家产业政策制定的差别电价政策。三是继续落实国家鼓励的资源综合利用的税收优惠政策及加快建立大宗废旧资源回收处理收费制度。

第六，坚持依法推进循环经济发展。一是加强法规体系建设，抓紧制定节能、节水、资源综合利用等促进资源有效利用的法规和规章。二是加大依法监督管理的力度。建立严格的资源节约管理制度和单位能耗公报制度，实行单位能耗目标责任和评价考核制度。健全重点行业新建项目、重点耗能产品和新建建筑市场准入制度。建立高耗能企业节能审计制度。实行强制淘汰高耗能高耗水落后工艺、技术和设备的制度。推行强制性能效标识制度和节能产品认证制度。严格执行设计、施工、生产等技术标准和材料消耗核算制度。

第七，加大发展循环经济的教育、宣传和培训力度。开展重点用能企业和循环经济试点企业的节能、循环经济培训，组织实施节能全民行动实施方案，研究制定2010年节能、循环经济宣传方案，广泛开展内容丰富、形式多样的节约能源、循环经济宣传活动，提高全民资源忧患意识和节约意识。动员社会各方面力量，大力开展形式多样的节约资源和保护环境的教育、宣传活动，提高全社会对发展循环经济重大意义的认识，把节约资源、保护环境变成全体公民的自觉行为。

江西省循环经济

江西省发展和改革委员会

2009年，为全面贯彻落实科学发展观，加快建设资源节约型、环境友好型社会，实现“十一五”节能减排的目标，江西省上下认真贯彻党中央、国务院及省委、省政府的部署，把发展循环经济、推进节能减排作为落实科学发展观的重要抓手，继续加大工作力度，落实政策措施，取得了显著成效。

一、主要工作成效

（一）节能降耗取得积极进展

通过实施一批重大项目，推广使用节能降耗的新工艺、新技术、新设备、新产品，江西省产值能耗、产品能耗、建筑能耗和照明能耗明显下降，主要设备能源利用效率不断提高。据国家统计局初步核定，2009年江西省万元生产总值能耗为0.88吨标准煤，比上年下降4.54%，超额完成了江西省年初确定的下降4%的目标，也高于全国下降2.2%的降幅；“十一五”前四年，累计下降16.7%，降幅比全国平均水平多2.32个百分点，完成“十一五”期间总能耗下降目标的82%，超过时间进度。其中，江西省规模以上工业企业万元增加值能耗为1.67吨标准煤，同比下降10.13%。省重点监测的55项产品单耗中，有44项产品单耗较2008年下降，占80%；其中印染布单位产品综合能耗下降19.8%、原煤下降18.9%、炼油下降10.9%、水泥下降9.0%、烧碱(隔膜法)下降7.7%。与此同时，节材、节水工作取得较好成效。2009年，江西省推广散装水泥1760万吨，节约包装袋3.4亿个；万元生产总值用水量为345立方米，同比下降4.4%。

（二）污染物减排取得明显成效

一是主要污染物减排赶超时间进度。据环保部核定，2009年，江西省化学需氧量和二氧化硫排放量分别为43.52万吨、56.42万吨，同比分别下降2.27%和3. 24%，超额完成了江西省年初确定的双下降2%的目标，分别完成“十一五”减排任务的94. 8%和113.5%，彻底扭转了被动局面，为江西省经济发展腾出了环境容量空间。二是废水排放状况改善。2009年，工业用水重复利用率达到74.51%，与上年基本持平；工业废水排放达标率为94.02%,比上年提高1.04个百分点。三是固体废物处置能力不断提高。2009年，江西省工业固体废物综合利用量3697万吨，比上年增加446万吨；工业固体废物综合利用率为41.52%，比上年提高1.92个百分点；工业固体废物处置量4427万吨，比上年增加274万吨。四是企业清洁生产工作进一步加强。全年完成蓝星化工江西星火有机硅厂等19家企业清洁生产审核，创建了江铜集团、亚东水泥厂等一批省级清洁生产示范企业。积极推进清洁发展机制（CDM）项目在江西省实施，已累计争取到国家核准江西省50个清洁发展机制项目，其中资溪县昌坪河和刘家山两个水电项目、景德镇开门子干熄焦技改项目、丰城矿务局煤层气利用项目、南昌麦园垃圾发电项目等8个项目在国际组织成功注册。

（三）资源综合利用水平稳步提高

2009年，江西省认定的资源综合利用企业达到45家，认定了47个资源综合利用项目。一是有色金属矿产资源综合利用走在全国前列。江西省铜、钨、钽、铌、稀土等矿产资源丰富，有色金属矿产的采选、冶炼技术在全国领先，固体废物综合利用率达到92%。二是废旧物资回收取得明显成效。2009年，江西省物资回收经营企业达到200多家，回收生产性废旧金属近200万吨，实现销售收入70多亿元，回收拆解报废汽车2万多辆，形成了鹰潭铜产业循环基地拆解加工区等一批年销售收入过亿元的综合回收利用基地。

二、主要做法及措施

（一）加强组织领导，提升管理能力

一是不定期召开相关工作协调会。为充分发挥省政府领导任组长的省资源节约和循环经济工作领导小组及其办公室作用，结合推进节能减排工作，多次不定期召开省发改委、省工信委、省环保厅、省统计局等成员单位会议对相关问题进行研讨，推进省直有关部门按照各自职责范围和工作分工，积极研究制订、落实相应的政策和措施，及时掌握动态，密切协调配合，切实形成合力，扎扎实实推进江西省循环经济深入发展。各市、县参照省里做法，相应建立了组织领导工作机制，结合实际，制定具体实施方案，狠抓相关工作落实。二是加强循环经济工作管理能力建设。在本轮政府机构改革中，江西省为进一步强化节能工作机构，增强节能管理和监察能力，逐步形成政府节能管理、节能监察、节能服务三位一体的节能管理体系。2009年，在省发改委增设了资源节约和环境保护处，组建了省节能监察总队，核定21个事业编制。

（二）积极开展试点，推广先进产品

重点推进江铜集团公司、萍乡市、永修云山经济开发区等单位抓好国家循环经济试点工作，探索发展循环经济的有效模式，促进在重点行业、重点领域、产业园区和城镇开展省级循环经济试点。通过试点，提出发展循环经济的重大技术和项目领域，进一步完善促进再生资源循环利用、降低污染排放强度的政策措施，提出按循环经济模式规划、建设、改造工业园区以及建设资源节约型、环境友好型城镇的思路，树立一批先进典型，为加快发展循环经济提供示范。形成政府推动、市场主导、企业主体、全民参与的发展循环经济试点的新机制，为在生产、流通、消费等环节全面推进循环经济发展奠定基础。同时，按照国家要求，大力推广中央补贴高效照明产品，全年推广使用节能灯300多万只，预计可实现年节电3.5亿度。

（三）探索发展模式，推进园区试点

江西省坚持“布局合理、用地集约、产业集聚”的原则建设工业园区，园区的土地节约和资源综合利用水平显著提高。江西省94家省级以上开发区70%以上的用地属于荒山、荒坡、荒滩和丘陵，依托园区办工业比过去分散建厂方式节省近6万亩土地。通过规划引导、政策扶持，一批工业园区在产业集聚基础上陆续形成比较完整的工业生态系统。目前，江西省初步形成了永修云山经济开发区、婺源工业园区、靖安工业园区、莲花工业园区、武宁工业园区、湖口金砂湾工业园区等一批发展循环经济比较突出、生态环境保护良好的资源节约型、环境友好型开发区，先后推进了南昌经济技术开发区等21个工业园区开展省级生态工业园区试点建设。

（四）公共机构示范，发挥表率作用

公共机构节能降耗工作得到有效开展，成立了专门工作机构，制定了规划任务，落实了责任，抓好了试点，相关措施得到有效落实。一是完善省级公共机构节能管理机构。在成立省公共机构节能领导小组基础上，省政府同意省政府机管局增设公共机构节能管理处，增加5个事业编制。市、县也相继设置公共机构节能管理机构，安排专门人员从事节能工作。二是制定并实施了《公共机构节能条例》的系列配套法规文件。印发了《关于贯彻实施〈公共机构节能条例〉的通知》，制定了《江西省公共机构节能考核评价办法》，出台了《江西省公共机构节能管理办法》；拟定了公共机构能源消耗定额标准、能源消耗审计办法、公务用车编制管理办法和江西省公共机构节能责任制监督办法等。三是公共机构能耗统计报告制度进一步健全。先后印发《关于开展江西省公共机构能源资源消耗统计工作的通知》、《关于加强公共机构能源资源消耗统计工作有关事项的通知》，对公共机构能耗统计工作进行全面布置。同时，开发了“江西省公共机构能源资源消耗网络填报系统”、建立网络系统统计软件编报平台，实现上报统计数据网络化。通过一系列政策措施的实施，江西省各级领导干部、公务人员发展循环经济、建设节约型社会的理念不断增强。各级党政机关把建设节约型社会贯穿于日常公务活动中，深入开展“节约资源从我做起”活动，

认真贯彻执行国家推动政府机构节能的实施意见，推广无纸办公、压缩会议、降低油耗、节约用电、惜水省材。抓好政府建筑物的节水和采暖、空调、照明系统节能改造。加强节约用水管理，单位内部绿地用水和景观用水尽可能不使用自来水。制订公布江西省节约型产品的政府采购清单，党政机关优先采购节能、节水产品和节约型办公材料，带头使用绿色产品。据初步统计核算，2009年省级公共机构能耗水平比上年下降5%以上，为推进江西省循环经济发展、节能减排工作发挥了重要的示范表率作用。

（五）注重政策引导，强化正面激励

运用财税、投资、信贷、价格等政策手段，调节和影响市场主体的行为，建立自觉发展循环经济的新机制。一是落实省级节能专项资金，对发展循环经济、具有明显节能效益的重大项目、示范工程以及技术开发和产业化项目，用以奖代补形式给予支持，全年安排专项资金4000万元，带动社会投资5亿元，同时大大提升了统计、监察、交通、建筑以及公共机构等领域推进循环经济工作的能力。二是财政等相关部门积极安排落实资金，用于支持发展循环经济的政策研究、项目建设、技术推广、示范试点、宣传培训等工作，2009年安排各类资金达到2000万元，带动一批先进技术、工艺的研发与推广。三是税务部门切实执行国家关于资源综合利用、再生资源回收利用的税收优惠政策，积极开展资源综合利用企业认定工作。四是金融机构对促进循环经济发展的重点项目和突出企业给予了积极的金融支持，先后召开多次银企对接会，推进循环经济重大项目建设，落实银行贷款20多亿元。五是价格主管部门充分发挥价格调节作用。落实了差别电价政策，将差别电价的电费收入专项用于支持经济结构调整和节能减排；取消对高耗能企业的优惠电价政策，降低小火电价格，对火力发电企业给予每度电补偿1分5厘的脱硫加价，对生物质能、风能、太阳能以及垃圾发电等实行鼓励性电价政策。按照污染者付费的原则，提出了提高生活垃圾、污水处理收费以及排污费收费标准和改革收费方式的方案。同时，按照全国统一部署，适时调整了成品油、天然气价格，提高了工业用（不含化肥及独立供热企业）天然气出厂价格，完善了水资源费征收使用管理办法。

（六）完善法制保障，做好对策研究

完善发展循环经济的法规制度建设，做好相关立法工作，依法加强监督管理。认真贯彻落实《中华人民共和国节约能源法》、《中华人民共和国清洁生产促进法》、《中华人民共和国可再生能源法》、《中华人民共和国环境保护法》、《中华人民共和国水法》、《中华人民共和国固体废物污染环境防治法》、《中华人民共和国环境影响评价法》、《江西省促进发展新型墙体材料条例》和《江西省散装水泥发展和管理办法》等相关法律、法规和规章。转发了《国务院办公厅关于深入开展全民节能行动的通知》（赣府厅发[2009]9号），制定了《关于进一步加强节油节电工作的实施方案》、《江西省推行能源合同管理的若干意见（试行）》，印发了《进一步加强省级公共机构公务车节油和办公节电工作的实施方案》、《江西省节能监察办法（试行）》，拟订了《江西省实施〈中华人民共和国节约能源法〉办法(修订草案)》、《江西省固定资产投资项目节能评估和审查管理办法（草案）》等。开展了对江西省和各地区“十一五”节能目标完成情况和节能措施落实情况进行深入调研、总结和分析，启动了《江西省民用建筑节能管理条例》、《江西省可再生能源管理条例》、《江西省反窃电办法（修订）》、“十二五”循环经济发展、节能专项规划、污染物排放总量控制计划、城镇污水、垃圾处理设施建设规划等节能减排规章、规划或计划的前期研究工作。

（七）增强科技支撑，提升发展潜力

继续加大科技投入，支持循环经济共性和关键技术的研究开发。推进循环经济公共技术研发平台、技术检测中心、技术咨询服务体系建设。加大产业发展专项资金、环保专项资金以及产业技术进步资金支持循环经济技术开发推广的力度，鼓励帮助企业、高校和科研机构加大对循环经济技术研究的投入。推动国际交流与合作，借鉴成功经验，积极引进和消化、吸收国外先进的循环经济技术，重点组织开发共伴生矿产资源和尾矿综合利用技术、能源节约和替代技术、新能源和可再生能源利用技术、废物综合利用技术、企业清洁生产技术、循环经济发展中延长产业链和相关链接技术、企业间产业生态链的集成技术、绿色再制造技术和生态农业技术等，提高循环经济技术支撑能力和创新能力。

（八）强化宣传教育，重视专项培训

江西省各地、各部门充分利用全国节能宣传周、全国城市节水宣传周、世界环境日等，开展“节能减排全民行动”专题宣传活动。先后开展了“2009年节能宣传周”、首届世界低碳大会等系列节能减排宣传活动，先后制作并向社会免费发放环保布袋5万个、各类节能减排宣传资料20万份。并按照内外有别的原则，继续在省政府网站和内部政务专网开设好省污水处理设施建设专题，及时宣传省委、省政府的决策，发布相关信息，反映工作动态，介绍各地好的工作经验和做法。同时，全面组织开展循环经济发展相关培训工作。2009年，省统计局培训了170家重点能耗企业统计人员及市级能源统计人员；省政府机管局举办六期节能培训班，培训各地、各部门600多名节能工作人员；省交通运输厅对100多名干部进行节能减排管理培训；省质监局从江西省锅炉监察、检验机构挑选20多名业务骨干，参加质检总局节能培训班；省发改委、省工信委等部门组团或选派人员赴德国、日本进行节能学习培训。

（九）开展表彰奖励，加强监督管理

一是考核奖励了环资工作先进县。根据《关于印发2008年市县政府六项考核评价的实施意见的通知》精神，2009年省政府拨出专门资金继续对九江市武宁县、上饶市婺源县、南昌市东湖区等3个被评为2008年资源节约和环境保护的先进县（区）予以了表彰奖励。二是考核通报了设区市政府节能目标责任完成情况。根据江西省《节能减排统计监测及考核实施方案和办法》，2009年对江西省各设区市政府2008节能目标责任情况进行了考评并通报。三是研究加大节能表彰力度。省政府正在研究对设区市政府、百家重点耗能企业节能先进集体、先进个人进行表彰奖励。

三、当前存在的主要问题

虽然2009年循环经济工作取得了可喜成绩，但欠账不少，任务仍然不轻，责任不可松懈，循环经济发展体系建设尚需进一步健全完善。一是重点领域循环经济发展潜力有待挖掘；二是投入还不能完全适应工作需要；三是循环经济体制机制还不够健全，体制尚待理顺，省级单位GDP能耗统计、监测、考核体系初步建立，循环经济表彰奖励制度尚不完善，激励机制有待强化；四是法规政策体系建设还不够完善。

四、2010年循环经济工作要点

2010年是实现“十一五”目标的决战年，也是两个五年规划的衔接年，要进一步增强紧迫感和责任感，把发展循环经济、推进节能减排作为转变经济增长方式、加快结构调整的主要抓手，作为建设鄱阳湖生态经济区的重要工作着力点，作为扩大国内需求、培育新的增长点的重要方面，全面落实各项发展循环经济、推进节能减排政策措施，务求取得更大成效，确保全面完成“十一五”循环经济发展任务，并做好“十二五”循环经济发展规划的编制工作。

一是完善相关评价考核体系。建立完善江西省各级节能减排统计、监测及考核体系。开展好资源节约和环境保护考核评价。落实节能减排奖惩。

二是加大重点工程实施力度。继续促进省级生态工业园区建设。推进低碳经济技术推广项目试点建设。推进清洁生产发展机制，更广泛地开展清洁生产审核工作。

三是全面开展资源综合利用工作。做好资源综合利用认定。抓好100家重点资源综合利用企业认定工作。推进资源枯竭型城市建设。完善江西省资源回收利用体系建设。开展节水型城市建设试点。

四是大力发展循环经济。推进国家循环经济试点建设。第一，以重点项目建设为抓手，继续大力推进萍乡市、云山经济开发区、江铜集团、华春集团等四家国家循环经济试点单位建设，积极探索循环经济发展模式。第二，全面启动省级循环经济试点工作。参照国家循环经济试点经验，从重点行业、重点领域、产业园区和城镇中选取100

个单位进行试点。第三，积极探索农业循环经济发展模式。重点推进以农作物秸秆综合利用、畜禽综合治理为主的循环农业体系建设，同时有效实施农药及化肥的“双减”工程，积极探索农业生态园循环经济发展模式。第四，建立健全循环经济统计制度。参照外省市经验，以提高资源生产率和减少废物排放为目标，合理设定循环经济统计指标，准确、及时提供主要资源利用水平、资源使用质量和节能、节水等措施的采用情况。

五是强化技术产品研发推广。搭建研发平台。开展新技术推广。节能环保产品认证与推广。

六是抓好重点领域。围绕建设鄱阳湖生态经济区发展规划，全面展开工业、交通、建筑、公共机构及农村等重点领域循环经济工作。工业领域继续大力推进千家企业节能行动，深入开展重点用能单位能效水平对标活动，发布重点用能单位能源利用状况公告，开展节能管理师试点。交通领域落实好落后车辆淘汰制度，建立健全并严格执行汽车燃料消耗量限值标准，大力发展公共交通，优化道路运输组织管理，加快推进电气化铁路江西段改造工程建设。建筑领域实施好新建经济适用房、廉租房、新农村农房可再生能源建筑规模化应用项目和低能耗及绿色建筑项目；扩大可再生能源建筑应用示范规模，研究实行在适宜地区强制推广太阳能热水系统的措施。公共机构领域推进节约型机关、学校、科技场馆、文化场馆、医院、体育场馆等“六个100示范工程”建设，研究建立公共机构节能考核制度。开展大型公共建筑能耗统计、审计和公示工作。农村领域继续加大力度推动农村沼气“一池三改”和大中型沼气工程建设，争取中央投资对江西省农村沼气建设更大支持。

七是完善经济政策。增加财政投入。完善价格和税费政策。推进金融扶持。

八是优化法规、标准和规划。加快循环经济促进法配套法规建设。完善循环经济法规体系，修订《江西省实施<中华人民共和国节约能源法>办法》，出台《江西省民用建筑节能管理条例》、《江西省公共机构节能管理办法》、《江西省循环经济促进办法》等。落实好国家有关节能评估和审查、节能监察以及重点用能单位节能管理、能效标识管理等政策法规。出台《江西省固定资产投资项目节能评估和审查管理办法》、《江西省节能监察办法》等配套办法和方案。制定循环经济相关规划与标准。落实高耗能产品能耗限额强制性国家标准和用能产品强制性能效标准，制定和完善相应省级标准。抓紧制定《江西省新能源产业发展规划》等，完成“十二五”循环经济发展、节能专项规划、促进低碳经济发展工作方案、污染物排放总量控制计划等相关规划或计划编制工作。

九是强化监督管理。加强重点循环经济工程项目督查。强化重点企业监管。不定期开展法规政策执行情况和重点区域排查。

十是加强能力建设。加强各级统计能力。提升节能服务、管理综合能力。强化环境监管能力。

十一是做好宣传培训工作。全方位开展循环经济知识技术普及与推广。不定期开展循环经济促进法等相关配套政策法规专项培训。继续办好每年一次的节能宣传周、全国城市节水宣传周、世界环境日等专题宣传活动。强化舆论监督。

广东省循环经济

广东省经济和信息化委员会

自2004年全国循环经济工作会议以来，广东省委、省政府高度重视循环经济工作，按照科学发展观的要求，认真贯彻落实党中央、国务院关于发展循环经济的有关部署，加强组织领导，采取有力措施，积极推进广东省循环经济工作，加快构建资源节约型和环境友好型社会。在各地区、各部门的共同努力下，广东省循环经济工作取得了阶段性成效，主要工作情况如下：

一、广东省发展循环经济工作基本情况

（一）循环经济试点工作有序开展

一是国家级循环经济试点工作稳步推行。2006年以来，广东省先后有两批7家单位被国家发展改革委列为循环经济试点单位、1家单位被列为汽车零部件再制造试点，1家单位被国家工业和信息化部列为机电产品再制造试点。在国家相关部委的指导下，试点工作取得了明显的示范效应，总结出较为典型的发展循环经济工作模式。

二是省级循环经济试点管理工作逐步强化。2006年，广东省从城市、园区、企业三个层面推进循环经济试点工作，确立了第一批循环经济试点企业、园区、市（县）共84家，其中有6个试点城市、9个试点园区和试点区（县）、69个试点企业。按照分级负责、动态管理的原则，广东省经济和信息化委员会完成了省级试点评估考核工作，其中60个试点单位通过评估考核，有序推动循环经济试点工作开展。

（二）企业清洁生产工作日渐普及

一是推进企业自愿实施清洁生产。早在2002年，广东省经济和信息化委员会会同省科技厅、环保厅在全国率先建立清洁生产表彰奖励制度。截至目前，广东省先后认定了九批382家广东省清洁生产企业并予以表彰奖励。

二是强制性清洁生产工作有序开展。近年来，广东省先后公布了三批163家重点污染企业和99家使用或排放有毒有害物质的企业为强制性清洁生产审核企业，要求这些企业开展清洁生产审核工作。

三是强化清洁生产咨询服务机构力量。不断充实壮大清洁生产中介服务机构，先后公布了93家科研院所、中介机构服务为广东省清洁生产技术依托单位，为企业实施清洁生产提供智力支持。

（三）工业园区循环经济工作有序推进

一是突出抓好工业园区循环经济工作。广东省经济和信息化委员会自2009年起把加快推进工业园区循环经济工作作为重点任务抓落实，研究制定了《广东省加快推进工业园区循环经济工作意见》。

二是组织编制循环经济工业园区认定管理办法。为全面贯彻落实国务院批复的《珠江三角洲地区改革发展规划纲要》以及省委省政府《关于加快建设现代产业体系决定》的精神，根据省领导批示精神，广东省经济和信息化委员会完成了《广东省循环经济工业园区认定管理办法》的制订工作，上报省政府颁布实施。同时，下发了《省市共建循环经济产业基地认定管理办法》。

二、广东省推进循环经济的主要措施

（一）建立发展循环经济协调工作机制

发展循环经济工作是一项综合性的系统工程。目前广东省初步建立起“省、市”两级发展循环经济协调工作机制，形成了全省上下联动的工作格局。2005年4月，省政府成立省建设节约型发展循环经济领导小组，负责统筹、协调

和指导全省发展循环经济工作。2009年机构改革后，该领导小组并入省节能减排领导小组中，领导小组办公室设在广东省经济和信息化委员会。

（二）建立健全循环经济政策法规

一是先后组织编制《广东省循环经济发展规划》、《广东省资源综合利用中长期规划》、《广东省清洁生产推行规划》等规划，目前均已上报省政府，即将颁布实施。其中，《广东省循环经济发展规划》将于近期上省政府常务会议讨论。二是完善《广东省实施〈中华人民共和国循环经济促进法〉办法》编制和《广东省节约能源条例》的修订。三是相继出台《关于建设节约型社会发展循环经济的若干意见》、《关于进一步加强我省节能工作的意见》、《关于加快推进清洁生产工作的意见》和《广东省加快推进工业园区循环经济工作意见》政策文件和《广东省清洁生产审核及验收办法》等。

（三）完善循环经济激励机制

2006年以来，省财政每年安排2000万资金用于支持循环经济的政策研究、宣传培训、能力建设等，较好地发挥了循环经济工作经费“四两拨千斤”的资金引导作用。2008年，首次设立了每年2个亿的省节能专项资金。建立起广东省单位GDP能耗统计、监测、考核体系，制定了《广东省单位GDP能耗考核体系实施方案》和《省千家企业节能考核工作方案》，组织开展了省、市、县、企业四级节能考核工作，落实了节能问责制。

（四）推进循环经济对外合作

一是加强粤港清洁生产合作。推进“粤港清洁生产伙伴计划”，组建了由粤港两地政府部门、中介机构专家组成的“粤港清洁生产伙伴”评审委员会，对符合条件的申请企业进行评估，认定了首批51家“粤港清洁生产伙伴”标志企业。二是落实与日本兵库县的循环经济合作。推荐江门市新会仁科电力集团有限公司和广州市万绿达集团有限公司作为中日循环型城市建设合作试点企业，建立起两地召开政府间工作会议的制度。

（五）加大循环经济宣传培训

一是开展循环经济相关培训活动。近年来，广东省先后组织了1次节能监察能力培训活动、3次资源综合利用政策培训活动、4次节能技术服务单位培训活动、5次重点能耗企业培训活动和若干次省清洁生产审核师培训，建立起清洁生产远程培训制度。二是开展广泛的循环经济理念普及宣传。以举办全省节能宣传周和高层论坛为切入点，宣传普及循环经济理念。2006年以来，先后举办建设节约型社会发展循环经济高层论坛、节能降耗与新型工业化高层论坛、中日节能环保合作论坛结合，承办国家循环经济专家行活动。

三、广东省循环经济下一步工作思路

当前，国家高度重视节能减排工作。在此形势下，近期广东省经济和信息化委员会将从以下几方面开展工作，推进我省循环经济发展落实节能减排。

一是推进广东省循环经济工业园认定管理工作，完成约10个循环经济工业园区、产业基地的认定，要用发展循环经济理念指导园区建设，推进园区内的企业全面实施清洁生产。

二是抓好循环经济试点深化，强化试点工作管理，实施分级负责、落实优存劣汰的动态管理制度，在第一批循环经济试点评估考核工作的基础上，2010年着力推动约50家企业成为循环经济试点企业。

三是推动清洁生产向纵深发展，持续推进企业清洁生产审核，力促全省认定奖励约200家“广东省清洁生产企业”。完善“粤港清洁生产伙伴”联合认定的程序及管理，认定第二批“粤港清洁生产伙伴”。

四是抓好循环经济技术开发、产业化示范和推广应用，在循环经济工业园组织开发和示范有重大推广意义的资源节约和替代技术、能量梯级利用技术等循环经济清洁生产技术研发。

五是推动资源综合利用深入开展，开展资源综合利用认定，落实国家税收优惠政策，建立资源综合利用数据库和资源综合利用专家库，培育约10个资源综合利用龙头企业。

六是组织编制广东省十二五节能环保产业规划，落实好国家出台的节能环保产业税收优惠政策，推动节能环保产业加快发展。

广西壮族自治区循环经济

广西壮族自治区发展和改革委员会

2009年10月30日，广西南宁市、梧州市、柳州市、贵港市、来宾市与广东佛山市、肇庆市、云浮市八个西江沿江城市的市长、副市长齐聚广西梧州，参加第二届西江经济发展论坛，纵论“西江黄金水道”的保护和开发，八市官员还就如何发展循环经济、建设生态西江签署了《梧州宣言》

2009年，广西继续认真贯彻落实《中华人民共和国循环经济促进法》、《国务院关于加快发展循环经济的若干意见》等法律法规和文件精神以及国家发展和改革委员会等部委发展循环经济的有关要求，按照自治区党委、政府的决策部署，把发展循环经济作为调整经济结构、转变发展方式、实现节能减排目标的重要措施，全面推进能源、原材料、水、土地等资源节约及综合利用、循环利用，在重点行业、重点企业以及工业园区加快推进循环经济发展，各项工作取得了明显成效。

一、2009年广西循环经济概况

（一）再生资源回收产业化取得新成效

广西从事再生资源回收经营的企业有2000多家，其中年营业收入达到180万元以上的有280多家，从业人员近50万人，遍布全区、网络纵横的回收体系已基本形成，2009年全区工业固体废物综合利用率达到61%。建筑垃圾再利用、墙体材料资源综合利用、钢结构建筑、污水回用等先进技术得到进一步应用。

（二）绿色建筑得到大力推广

2009年，广西发布了关于推广绿色建筑的实施意见，还在全国率先成立了绿色建筑分会。2009年1月，发布了《广西绿色建筑评价标准》，并正在抓紧制定绿色建筑相关技术规范，计划在2010年发布，成为地方强制性标准。2009年11月，广西住房和城乡建设厅首批获得住房城乡建设部准许独立开展一、二星级绿色建筑的评价工作。

（三）清洁生产有序推进

2009年，为加快清洁生产审核能力建设，自治区出台了《广西壮族自治区清洁生产咨询服务机构管理办法》，公布了一批清洁生产审核技术支撑单位名单，帮助企业开展清洁生产审核。一批中介服务机构也已经正式申请开展清洁生产审核咨询服务业务。

（四）工业循环经济评价标准逐步建立

2009年，广西组织编制了冶金、有色、建材、制糖、化工、电力、轻工（啤酒酿造）等主要支柱产业以及有色金属工业园区的循环经济地方评价指标体系，并且由自治区质量技术监督部门作为地方标准发布执行。这是国内率先发布的首个工业主要行业循环经济地方标准。

（五）农业循环经济发展迅速

广西农业部门自主创新的水稻免耕抛秧、玉米免耕栽培、冬季马铃薯免耕栽培等“三免”技术得到大力推广；生态农业建设内容不断丰富，在闻名国内外的“养殖+沼气+种植” 三位一体生态模式基础上，又成功地推出了“猪+沼+果（稻、菜、蔗等）+灯+鱼”生态模式；稻草、甘蔗叶、玉米秆、木薯秆、豆类茎秆、红薯及花生藤蔓等农业废弃资源得到综合利用，以非粮原料木薯生产车用燃料乙醇的产业发展能力进一步增强，生物质能源农业实现持续快速发展。2009年，农民从水果业和生态农业中获得的收入占总收入的70%以上，农村生态环境得到进一步改善。

2009年12月7日，国务院颁布实施《国务院关于进一步促进广西经济社会发展的若干意见》提出，积极发展资源再生利用、节能服务和环保产业，建设梧州、玉林再生资源循环利用示范园区；开展百色生态铝工业基地循环经济试点，鼓励河池有色金属工业和来宾、贵港、崇左糖业发展循环经济。支持三水铝土矿综合开发。加强矿山尾矿规模化综合利用

（六）节能降耗成效明显

广西狠抓节能减排工作，单位能耗持续下降。根据国家统计局初步核定数据，2009年广西万元GDP能耗1.0574吨标准煤，比2008年下降4.43%；规模以上万元工业增加值能耗2.235吨标准煤，比2008年下降6.68%。

（七）污染物减排取得新进展

2009年全区在经济社会加快发展、GDP持续较快增长的情况下，化学需氧量排放量97.63万吨，与2008年相比减少3.64万吨，下降3.6%；二氧化硫排放量为89.05万吨，比2008年减少3.41万吨，下降3.69%。

二、主要做法和经验

（一）主要做法

加强组织领导。自治区各级政府、各职能管理部门从落实科学发展观的高度，将循环经济作为经济社会发展的重要工作来抓，加强对循环经济工作的组织领导，层层抓好落实。自治区人民政府建立了由自治区有关厅局参加的联席办公制度，先后多次召开会议，制定实施计划，认真部署、指导并督促，形成上下配合、合力推进的工作格局。

强化规划工作。制定重点行业循环经济发展规划，研究制定了《“十一五”主要工业行业循环经济发展规划》、《广西制糖工业发展循环经济工作意见》、《广西林产工业发展循环经济工作意见》、《广西建材工业发展循环经济工作意见》、《广西化工行业发展循环经济工作意见》、《广西再生资源回收利用发展循环经济工作意见》、《广西工业园区发展循环经济工作意见》等循环经济发展规划。通过制定工作规划，明确发展循环经济的基本思路、主要目标、重点任务、政策措施及重点项目，对各项工作的组织实施发挥了重要作用。

突出抓好重点领域循环经济工作。第一，重点抓好工业循环经济发展。着力推进冶金、有色、建材、电力、造纸、化工、制糖等七大重点行业循环经济发展，以先进工业技术为主干,综合消纳利用各类工业废弃物，形成节能、生态、环保三位一体的工业循环经济体系。第二，抓好农业循环经济发展。加快农村生态建设，把开展以沼气为纽带的生态农业建设作为为农民办实事、办好事的重要举措。到2009年底，广西累计建成沼气池355.3万座，沼气池入户率达44.4%，在全国各省区中排名第一。大力推广“养殖—沼气—种植”三位一体的“恭城模式”，推动生态农业建设，坚持走最有效利用资源和保护环境的农业循环经济之路。第三，加强建筑领域循环经济发展。推广地源热泵、太阳能建筑一体化等10项建筑节能新技术，全年建筑节能40万吨标准煤；大力推广可再生能源在建筑中的应用，在新建建筑中，可再生能源的应用超过125.6平方米；积极发展节能环保新型墙材，全区新型墙材产量110亿块标砖，占墙材总量的44%。

加大资金投入。2009年，自治区本级安排节能减排专项资金3.35亿元，比2008年增加1.25亿元，增长60%，重点支持工业企业节能、淘汰落后产能、主要污染物减排、建筑领域节能以及城镇污水生活垃圾处理设施建设等。同时，大力支持城镇污水生活垃圾处理设施建设，2009年共计筹措资金4.6亿元，比2008年增加2.7亿元，增长142%。

认真开展循环经济试点。第一，认真开展国家循环经济试点，主要抓好国家级循环经济试点单位——广西贵糖

（集团）股份有限公司、河池市南方有色冶炼有限公司的循环经济试点。通过试点方案实施和相应技术改造，广西贵糖（集团）股份有限公司各生产系统之间通过中间产品和废弃物的相互交换而衔接，形成了一个较为完整和闭合的生态工业网络，使资源得到最佳配置，废弃物得到有效利用，环境污染减少到最低程度；河池市南方有色冶炼有限公司实现锌渣、氧化铝渣及生产余热的综合回收利用，年节约硫资源在13万吨以上，年减少SO_2排放量4万吨以上，节约标煤3.65万吨。第二，培育自治区级工业循环经济试点示范项目，在2008年已认定冶金、有色、建材、制糖等重点行业11个单位（企业、园区）作为自治区第一批示范试点的基础上，2009年再次组织化工、林产、日用陶瓷等行业11个企业作为自治区级循环经济试点单位。第三，开展汽车零部件再制造试点，2009年，国家发改委认定广西玉柴机器股份有限公司为“汽车零部件再制造试点企业”，广西及时指导企业按要求制定汽车零部件再制造试点工作方案，加大技术改造投资力度，抓好技术攻关和先进适用技术推广应用。目前，广西玉柴机器股份有限公司已形成了年整机拆解和零部件再制造10000台的能力，“十一五”期内将建成国内一流的发动机再制造示范企业。

（二）基本经验

建立和完善政策法规是循环经济发展的重要保障。在认真贯彻执行《中华人民共和国循环经济促进法》、《国务院关于加快发展循环经济的若干意见》的基础上，根据广西实际，建立健全政策法规体系，明确循环经济发展有关各方的权利、义务，落实责任，使循环经济发展有法可依，这是发展促进循环经济的重要依据。目前，为促进循环经济发展，广西已制定出台《固定资产投资项目节能评估和审查管理办法》、《工业循环经济试点工作暂行规定》、《广西建筑太阳能热水系统一体化设计施工及验收规程》和《广西地源热泵技术规范》等一系列规范性文件，使广西循环经济发展始终走在法制化、规范化的轨道上。

加强规划引导是促进循环经济发展的前提和关键。这包括两个层面：一是把发展循环经济放在重要位置，以循环经济理念指导国民经济和社会发展规划以及重点领域专项规划，用循环经济理念指导区域发展、产业振兴、主体功能区和城市建设等规划的编制，形成资源节约、环境友好的产业结构和空间布局，并将循环经济发展纳入这些规划中。二是制定循环经济发展专项规划。循环经济的发展有物质循环、资源共享、生产过程耦合等模式，针对不同的循环经济模式，制定相应的专项规划，促进具体领域、产业、园区或企业循环经济的发展。

加强技术开发应用和推广是循环经济发展的根本动力。突破制约循环经济发展的技术瓶颈对推动循环经济发展至关重要。具有普遍推广意义的资源节约和替代技术、能量梯级利用技术、延长产业链和相关产业链接技术、“零排放”技术、有毒有害原材料替代技术、回收处理技术、绿色再制造技术、降低再利用成本技术等，都是循环经济发展的关键技术，没有技术突破，就谈不上发展。一是加大对循环经济技术的投入，支持企业、科研院校投入对循环经济技术的研究开发，组织各方面的科技力量，共同研究循环经济和资源节约中的共性和关键性技术问题。二是支持和鼓励企业加强技术开发应用，广西金河集团有限责任公司的硫化锌精矿常压富氧直接浸出技术、河池市南方有色冶炼有限责任公司的铅锌联合冶炼技术等就是以企业为主开发应用的先进技术，对这些企业循环经济的发展起到了至关重要的推动作用。

贵糖集团通过发展循环经济，在制糖、造纸过程中产生的蔗渣、废糖蜜、白泥、酒精废液、二氧化碳等“废物”经过技术处理后绝大部分实现了循环利用，生产废弃物综合利用率达95%以上，年产值近 6 亿元，大大超过制糖本身。图为用蔗渣造纸

实施目标责任考核是发展循环经济的重要手段。广西在循环经济发展工作中坚持求真务实，做到有目标、有责任、有考核，确保各项工作目标任务如期完成。对作为循环经济重要内容的节能减排工作，广西将国家分解下达的“十一五”节能减排指标，逐级分解下达万元GDP能耗指标、工业节能目标、建筑节能目标、污染物减排指标等。

出台广西《单位GDP能耗考核和主要污染物总量减排考核工作方案》，严格实行目标责任考核，每年一季度，自治区政府都组织自治区有关部门组成节能减排目标责任评价考核小组，对全区各地级市节能减排目标完成情况进行评价考核。通过考核，有效地促进各地区循环经济发展。

三、广西循环经济发展下一步工作计划

（一）进一步健全和完善循环经济规划和政策体系

组织编制《广西壮族自治区循环经济总体规划》，推动出台广西《关于加快循环经济发展的意见》，明确政府、企业、公众在发展循环经济和资源节约型社会建设中的权利和义务。推动政府绿色采购，逐步提高政府采购循环经济产品的法定比例。进一步加大环境资源有偿使用制度的执行力度。在出台的政策中，优先解决循环经济建设的用地、融资问题。

（二）继续加大节能减排工作力度

紧紧抓住节能减排目标责任考核，以重点行业和重点领域为主体，以结构调整、技术进步、监督检查为手段，采取切实可行的措施，淘汰落后产能，重点抓好工业、农业、建筑、交通、公共机构等重点领域节能和污染减排等中心任务，全面提高城镇污水和生活垃圾处理率，努力完成国家下达的“十一五” 节能减排目标任务。

（三）继续抓好循环经济试点工作

对国家批复的循环经济试点单位，指导和督促其按照方案抓紧组织实施；对自治区循环经济试点单位实施动态管理，开展试点单位阶段性评估和监督检查工作。组织符合条件的园区、企业抓紧开展相关前期工作，争取国家批准新增列入循环经济试点单位。

（四）组织开展“百家制糖企业循环经济推进行动”

《国务院关于进一步促进广西经济社会发展的若干意见》明确指出，支持广西建设糖业循环经济示范省区。为贯彻落实国务院的决策部署，加快促进广西制糖行业经济增长方式转变，自治区政府已明确由自治区工业主管部门2010年在全区制糖工业中组织开展“百家制糖企业循环经济推进行动”，努力培育形成国内制糖工业循环经济发展模式。

（五）启动循环经济评价指标对标工作

《广西主要工业行业循环经济评价指标体系》地方标准已由自治区质量技术监督局正式公布实施。2010年，自治区有关部门将结合2009年度循环经济实施情况对相关园区和企业进行评估考核。

（六）组织研究开发和推广循环经济先进技术

在国家循环经济综合主管部门的指导帮助下，积极探索建立以企业为主体、产学研相结合的技术开发和创新机制，加快建立与广西实际相适应的循环经济技术支撑体系。研究开发和推广节约、替代、循环利用的先进适用技术，重点开展再制造、资源节约和替代、清洁生产、节能减排和废旧物资资源化利用的技术研究，为循环经济发展提供技术支撑。鼓励和引导企业加快实施循环经济技术改造项目建设，提升自主创新能力。

恭城县红岩生态旅游新村坚持不懈地抓好“养殖—沼气—种植”三位一体生态农业，积极开展生态农业观光旅游，当地农民住上了漂亮的“小洋楼”

广西壮族自治区农村能源办公室副主任李遐指导农户综合利用沼气种植“生态果”

湖南省循环经济

湖南省经济和信息化委员会

一、基本成效

2009年，在省委、省政府的正确领导和国家相关部委的指导支持下，湖南省认真贯彻落实国务院节能减排综合性工作方案，大力推进节能降耗，发展循环经济，并紧紧围绕完成“十一五”期间万元GDP能耗下降20%、规模工业万元GDP能耗下降25%的目标，扎实工作，取得了阶段性成效。

——“十一五”前三年能耗目标任务完成情况。2006年、2007年、2008年，全省万元GDP能耗分别下降3.39%、4.43%和6.72%，规模工业万元增加值能耗分别下降 4.38%、7.99%和11.84%。2006至2008年，全省累计完成“十一五”万元GDP能耗下降目标的进度为66.95%，规模工业万元增加值能耗提前完成了“十一五”目标。

——2009年重点用能企业能耗情况。（1）300家重点用能企业情况：工业总产值4035.45亿元，同比增长16.10%。能耗总量4317.93万吨标煤，同比下降0.62%。万元产值能耗1.07吨标煤，同比下降14.40%。（2）百家企业情况：工业总产值484.66亿元，同比上升11.25%。能耗总量 1166.02万吨标准煤，同比下降1.33%。万元产值能耗2.41吨标准煤，同比下降11.07%。（3）千家节能企业情况工业总产值1743.42亿元，同比上升18.16%。能耗总量2824.34万吨标准煤，同比上升2.36%。万元产值能耗1.62吨标准煤，同比下降13.37%。

——节能减排目标任务完成进度情况。 2009年全省万元GDP能耗下降5.02%，截至2009年底，累计完成“十一五”万元GDP能耗下降总任务的90.02%；2009年全省单位规模工业增加值能耗下降13.69%，累计完成“十一五”单位规模工业增加值能耗下降总任务的139.56%。总的看来，湖南省能够顺利完成“十一五”节能目标任务。2009年，全省化学需氧量减排超额完成了年度目标，二氧化硫提前完成了“十一五”减排任务。

——资源综合利用情况。湖南省资源综合利用主要集中在有色、建材、化工、森工等行业，主要利用“工业三废”及余热余压、劣质能源、生物质能等。2009年全省工业固体废弃物综合利用量4010.4万吨，综合利用率达到76.7%；秸秆产量4380万吨，综合利用率达到56.09%。2009年开展资源综合利用的企业实现销售收入近80亿元，总利润5亿元。资源综合利用占比重最大的是固体废物综合利用，占全省资源综合利用总产值的78%；其次是再生资源回收利用，占15%；其余资源综合利用仅占7%。

——节材情况。2009年，全省生产新型墙材120亿块标砖，节约土地1.98万亩，节约能源74.4万吨标煤，综合利用工业废渣438万吨，减少工业废气排放42万吨。新型墙材占墙材总量的比例达55%，比2008年提高了5个百分点。

——再制造情况。湖南省在工程机械、铁路机车、机床、矿采机械等机电产品再制造方面取得了一定进展。如中联重科、三一集团、江南机器、江麓机电、湘潭铁路电机等企业，在机电产品再制造方面达到一定产值和利润。如：中联重科公司在再制造方面已经实现年产值3000万元。

二、主要做法

（一）加强组织领导

湖南省对节能工作高度重视，把推进节能降耗工作摆在十分重要和突出的位置。一是加大组织协调力度。省第九次党代会把节能减排和环境保护作为湖南省贯彻落实科学发展观坚守的“四条底线”之一。省政府成立了以省长为组长的节能减排工作领导小组，各市州也成立了相应机构，政府主要领导亲自挂帅，加强对节能工作的组织领导和综合协调。时任省长周强同志先后主持召开省政府常务会议、全省节能减排工作电视电话会议和节能减排工作领导小组会议，专题研究和部署节能减排工作。2009年，省委、省政府先后两次召开全省节能减排工作大会，对“十一五”节能减排工作进展情况进行中期总结和评估，对后阶段节能减排工作进行安排和部署。印发了《湖南省节能减排综合性工作实施方案》，分年度印发了《节能减排部门工作安排》和《节能降耗工作要点》，进一步明确各部门工作责任，协调有关部门形成工作合力。二是加大资金投入力度。围绕推进十大重点节能工程的实施，湖南省逐年加大了节能投入力度。2007年，从技术进步专项资金中安排了1500万元支持节能工作；2008年，建立了3000万元的节能专项资金；2009年，又增加1500万元，使节能专项资金达到6000万元。三是加大考核奖励力度。建立了湖南省节能统计指标体系、监测体系、考核体系，把节能目标完成情况纳入各地经济社会发展综合评价体系和党政领导干部综合考核评价体系。分年度对全省14个市州政府和千家企业、百家企业节能目标完成情况和节能措施落实情况进行了评价考核，并将考核结果向全社会公告。同时，把节能目标完成情况纳入全省推进新型工业化考核指标体系，制定了考核奖励办法。召开全省新型工业化总结表彰大会，对先进单位一并进行表彰。

（二）加强结构调整

坚持把结构调整作为推进节能降耗工作的重要途径来抓。

一是积极建立能评制度。从源头上控制高耗能行业盲目扩张。全省各市州也不同程度地推进能评工作，如长沙市政府制定了能评办法，在市政务中心设立专门窗口，对固定资产投资项目实行节能评估和审查。

二是加快淘汰落后产能。认真贯彻落实国家产业政策和国务院《关于抑制部分行业产能过剩和重复建设引导产业健康发展的若干意见》，制定高耗能行业淘汰落后产能分地区、分年度工作计划，进一步加大高耗能行业落后产能淘汰力度，重点限制部分产能过剩行业的盲目扩张和重复建设。“十一五”以来，全省共关停小钢铁企业25家，淘汰落后炼铁产能263万吨、炼钢产能255万吨；关停小火电机组138.5万千瓦；淘汰落后水泥产能1400万吨；关停淘汰小造纸企业762家；关停小铁合金（金属电解锰）企业33家，淘汰落后产能27.8万吨；关闭小煤矿516处。对666家淘汰类、限制类企业实行了差别电价。

三是着力优化产业结构。通过抓好节能降耗工作加速推进新型工业化，加快高新技术产业和新兴产业发展。2008年，湖南省高新技术产业增加值占规模工业比重由2006年29.8%提高到30.8%。2009年，湖南省六大高耗能行业增加值占全省规模工业总量比重由2007年的41.7%下降到35.4%。

四是继续实行差别电价政策，根据国务院办公厅《关于转发发展改革委关于完善差别电价政策意见的通知》（国办发[2006]77号）文件精神，湖南省会同省物价部门，从2006年开始先后分三批对省内电解铝、铁合金、电石、烧碱、水泥、钢铁、黄磷、锌冶炼等8个行业的淘汰类、限制类企业实行差别电价，2009年继续对这些淘汰类、限制类企业分别实行加价0.2元/（kW·h）、0.05元/（kW·h）的差别电价措施，促进高能耗行业的淘汰落后产能工作。

五是积极推进小火电机组关停工作。“十一五”期间，湖南省已关停小火电机组138.5万千瓦，提前完成了国家下达的关停任务。同时根据《国务院批转国家发展改革

泰格40万吨浆纸一体化项目10号机

委、能源办关于加快关停小火电机组若干意见的通知》（国发[2007]2号）文件精神，积极推进“上大压小”、“以大代小”工作的开展，对关停的小火电机组进行电量补偿，允许对其电量计划进行转让，对金竹山电厂、湘潭电厂、鲤鱼江电厂等电厂的关停机组，适当进行电量补偿。

六是积极开展节能调度，优化全省发电结构积极开展电力行业节能调度工作，一是坚持以煤以水定电、以电定用、有序用电的原则，科学调度、优化电力运行方式，及时制定与发电出力相匹配的用电调控指标。在确保电网安全的前提下，充分考虑节能降耗工作要求，按照煤耗高低安排发电计划，优先安排水电和能耗低污染少的大机组发电，并通过签订替代发电协议、开展发电指标交易、建立交易运营平台等多种方式推进节能调度工作的开展，取得了一定的成效。

七是在日常的电网运行调度中要求在确保电网安全稳定运行的前提下，优先安排蓄水正常的水电机组发电，优先安排容量大、能耗低的火电机组发电，鼓励高效、节能、环保的大机组多发、满发；八是积极实行“以大代小、电量置换”措施，鼓励高能耗高污染的老机组所承担的发电计划由大容量机组代发，从而在保证湖南省社会经济发展和人民生活用电需要的情况下，降低发电煤耗和环境污染。

（三）完善政策措施

围绕推进节能降耗工作，不断完善相关政策、法规和标准体系。

一是完善配套法规。颁布了《湖南省新型墙体材料推广应用条例》和《湖南省散装水泥条例》，其中《湖南省散装水泥条例》为全国首个省级散装水泥管理条例。

二是加强执法监察。在原省节能监测中心的基础上成立了省节能监察中心，落实了人员编制和工作经费。全省有一半的市州也成立了节能监察中心，加强了能力建设。积极开展节能监察执法工作，委托省节能监察中心先后对全省9家钢铁企业和25家建材企业进行节能监察和执法检查。在冰灾和迎峰度夏期间，组织对全省节约用电情况开展了专项检查，对高耗能企业以及淘汰类、限制类企业实行停电、限电措施。

三是制定规划标准。出台实施湖南省“十一五”节能、资源综合利用、循环经济发展等规划。在严格执行国家有关高耗能产品能耗限额强制性标准的同时，结合湖南省实际，制定并发布了水泥熟料、烧碱、合成氨等16个高耗能产品的能耗限额和《湖南省用水定额》等地方标准。

（四）开展全民节能

湖南省围绕调动方方面面推进节能工作的积极性，扎扎实实抓好节能基础性工作。一是扎实开展全民节能行动。按照国家节能减排全民行动实施方案要求，组织制定了9大行动的具体实施方案，形成政府推动、企业实施、全社会共同参与的节能减排工作机制。以节油节电为重点，积极开展全民节能行动。组织节能减排进家庭、进社区行动，举办“快乐驾车、自在节油”竞赛活动，引导社会公众参与节能。大力推广绿色照明产品，近两年湖南省推广高效照明灯具350万只。二是切实强化节能宣传培训。加强节能工作日常宣传，组织开展了节能法宣贯和节能宣传周活动，成功举办了中国长沙首届节能科技产品交易博览会，营造良好的舆论氛围。强化节能培训，积极组织千家企业参加国家培训，并分批对市州经委和年综合能耗1万吨标煤以上的重点用能企业开展能源利用状况报告制度培训。三是大力开展节能科技支撑行动。组织制定了《湖南省节能减排科技支撑行动方案》，大力推广应用节能新技术、新工艺、新设备、新产品，有效降低了重点耗能行业的能耗。如在有色行业重点推广采选冶高效节能清洁生产、短流程生产等重大技术，化工行业重点推广节能新工艺和余热余压利用技术，水泥行业重点推广新型干法工艺和纯低温余热发电技术。创新节能技术服务机制。积极推动合同能源管理，建立了节能降耗专家库，依托中南大学成立了“湖南节能评价技术研究中心”，积极为企业开展能源审计、技术咨询和节能评价等服务。

（五）推动企业节能

湖南省以开展企业服务年为契机，将工作的着力点放在为企业服务上，把节能与循环经济、资源综合利用、清洁生产等工作结合起来抓，取得了良好的经济效益和社会效益。

一是突出抓好重点企业节能。突出抓好国家“千家企业节能行动”在湘28家企业、省里确定的“百家企业节能行动”企业和300家重点用能企业的节能工作，核定节能目标任务，签订目标责任书，并组织企业开展能源审计，编制节能规划。建立全省重点用能单位能源管理人员备案制度，对年综合能耗1万吨标煤以上的重点用能单位能源管理人员实行登记备案。此外，开发了“湖南省重点用能单位能源利用状况查询及填报系统”，并组织了培训，建立了重点用能企业能源利用状况季报和年报制度。

二是突出抓好重点节能工程。建立十大重点节能工程项目库，积极组织企业申报项目，2006年以来，共争取国家节能财政奖励和中央预算投资项目198个，为企业争取资金12.4亿元，项目建成后可形成节能量496万吨标煤。湖南省还向国家工信部申报149个节能减排技术改造储备项目，推荐12项重点节能技术，指导和帮助浏阳再制造产业基地、中联重科、三一重工、湘电集团等企业成功申报并获批国家第一批机电产品再制造试点。与此同时，省里建立节能奖励制度。出台了《湖南省节能技术改造财政奖励资金管理办法》，对年节能量在5000~10000吨标煤的项目，按50元/吨标煤的标准实行以奖代补。近年来，省里累计投入节能专项资金1.2亿元，重点支持511个节能项目，项目建成后可形成节能量240万吨标煤。

三是突出抓好循环经济发展。积极出台配套政策措施，推进株冶、智成化工、泰格林纸集团、株洲清水塘工业区、永兴再生资源产业园和汨罗再生资源集散市场等6个列入国家循环经济试点单位的试点工作，专门出台了支持汨罗和永兴国家循环经济试点发展的政策文件。同时，制定了湖南省第一批循环经济试点工作方案，在17家企业和7个园区开展省级循环经济试点。先后召开全省及化工、建材等行业循环经济工作现场会，总结推广试点经验。

四是突出抓好清洁生产和资源综合利用。颁布了《湖南省实施<中华人民共和国清洁生产促进法>办法》，并通过地方法规在全国率先建立清洁生产标识制度。建立了由50名专家组成的“湖南省清洁生产专家库”。重点在造纸、纺织等行业推行清洁生产审核工作，沅江市明星麻业有限公司等 20多家工业企业自愿性开展了清洁生产审核，泰格林纸集团等20多家企业通过清洁生产强制性审核。积极开展资源综合利用工作，牵头联合国税、地税、财政等部门成立了省资源综合利用认定委员会，重点在有色、建材、化工、森工等行业开展资源综合利用工作，一大批企业和机组通过资源综合利用认定享受了国家税收优惠政策，2009年全省工业固体废弃物综合利用率达到80%以上，秸秆综合利用率达到56%以上。

（六）推进技术节能

一是积极开展节能技术宣传活动。“十一五”以来，联合省电力公司积极开展节能宣传工作，共制作了10集以电力小精灵为主题的动漫节能宣传片，两集节电宣传理念片和影视片，印制了十万余套《客户用电节能减排实用手册》、《家庭节能小手册》、节能宣传折页、宣传海报以及节能台灯等节能宣传用品，通过赠阅宣传资料、张贴大幅宣传广告画、出动节能宣传车、与新闻媒体合作等多种形式，多层次、多方面的广泛宣传电力需求侧管理的基本理念、节电相关政策以及家庭节电和企业节电的基础知识，在全社会引导电力用户采用科学的用电方式和先进的节电技术、设备、材料。

二是积极推进节电示范工程，“十一五”以来，湖南省积极推进电力需求侧管理示范工程工作的开展。从06年开始，在电机变频节能改造、绿色照明、热泵技术等多个节能领域内选择了湘钢、衡阳重机等30余家单位作为电力需求侧管理工程示范项目；积极推进电动汽车项目，联合省电力公司在长株潭以及湘西、张家界、衡阳等地积极推广纯电动汽车、电动快速服务抢修车、电力工程维护车的使用。

三是推进负荷管理系统建设，加大了负荷管理系统投入力度。“十一五”期间全省共投入近1.1亿元资金进行负荷管理系统建设，并在14个地区均建设了系统主站，负责区域内的用电信息采集和负荷管理。至2009年底，负荷管理终端安装覆盖户数为21898户，总体覆盖率为86.6%，其中岳阳、娄底、常德、湘西、株洲覆盖率已达100%。目前，全省负荷管理系统监视最大负荷（累计）为880.7万kW，实际可控客户8143户，可控最大负荷185.47万kW，监视负荷、可控负荷分别占全省统调负荷的72%和15%；四是积极开展需求侧管理课题研究和培训。联合湖南大学、中南大学、长沙理工大学等单位完成了《湖南省火电厂节能研究分析》、《湖南省行业电力电量结构研究分析》、《差别电价对湖南电力市场的影响》、《扩展性差别电价研究》等10余软科学课题研究项目。从2007年以来，每年都邀请北京以及省内有关专家举办了电力需求侧管理培训班，进一步提高各单位相关人员电力需求侧管理的业务水平。

三、典型案例

目前，湖南省6个国家循环经济试点单位积累了一定经验和发展模式。试点单位在试点过程中根据自身的市场、资源、技术、文化等条件，积极探索出了适合本地发展循环经济的典型模式，并取得了实质性进展：

一是汨罗再生资源集散市场充分发挥物资集散功能，年回收100多万吨再生资源，就地催生一大批再生资源加工企业，成为当地经济发展的第一大亮点，被国家有关媒体称为“汨罗模式”。

二是智成化工公司通过持续推行清洁生产，实现了“三废”的循环利用和综合利用，资源利用率和污染物排放指标达到了国内先进水平，探索出化工行业发展循环经济的“清洁生产”模式。

三是近几年永兴县利用先进技术改造传统产业，并将冶炼回收行业适当集中到工业园区，实现集群式发展和集中式治污，创造了没有银矿的“中国银都”品牌，并被国内很多机构称为“永兴模式”。

四是泰格林纸集团充分注重造纸资源消长的适度平衡以及造纸废弃生物质的综合利用，探索出“林纸一体化”发展模式。

五是株洲冶炼集团通过引进国际先进技术，分步推动系列生产工艺升级，正在建立“铅锌联合冶炼”循环经济产业模式。

四、基本经验

（一）运用政策，引导产业发展

“十一五”以来，湖南省充分运用国家在资源综合利用方面税收优惠政策，根据国家规定的条件，积极为企业办理税收减免有关手续，开展资源综合利用的企业，享受到了税收方面实实在在的优惠，催发了企业综合利用工业“三废”以及余热余压的内在动力，并因此带动了湖南省各个行业越来越多的企业加入资源综合利用行列中来。特别是湖南省建材、有色、化工、轻工、冶金等行业开展资源综合利用热情高涨，大量利用工业“三废”余热余压以及劣质能源，为全省节能减排作出很大的贡献。如：过去对环境造成较大影响的粉煤灰，已经成为建材行业一种比较热销的上游原料；利用工业生产工艺的余热余压发电，已经成为工业生产项目必然配套的子项目等等。

（二）集中要素，突出重点区域

湖南省对列入国家循环经济试点范围的6家单位，在各种生产要素的行政配置上予以重点倾斜，有力地支持和帮助试点单位循环经济试点工作的深度推进，提高了试点单位发展循环经济的技术装备和管理水平。特别是针对汨罗和永兴两个国家试点单位，省政府专门出台政策，在资金扶持、服务平台、用地保障、项目审批等方面给予特殊政策，并产生积极的效果，目前比照上述两个试点的政策，针对另外一个国家循环经济试点单位—株洲清水塘工业区，正在研究制定专门的扶持政策，决心下大气力通过扶持株洲清水塘工业区发展循环经济，解决该区域的环保历史欠账问题。通过相对集中和整合相关要素，对循环经济特征明显的试点区域，予以重点倾斜，既响应和配合了国家循环经济试点工作，更是湖南省发展循环经济寻找切入点和突破点，进而推动循环经济全面发展的必然过程。

（三）拓展试点，推动示范辐射

湖南省在积极做好国家循环经济试点工作的同时，比照国家的做法，开展省级循环经济试点，对本省7家园区和17家企业进行试点扶持和指导，对此试点单位召开现场办公会和经验推广交流会，扩大试点示范辐射带动效应，建材、有色、化工等行业的发展循环经济均有了示范典型，为全省相关行业发展循环经济提供技术标杆和管理示范，通过拓展试点，湖南省发展循环经济的思想认识、技术攻关、制度安排等已经从点到线，并逐步由线向面上延伸。

湖北省循环经济

湖北省发展和改革委员会

2009年9月16日，由湖北省科学技术协会和荆门市人民政府共同主办的“2009年湖北省全国科普日暨全省废旧电池和电子废弃物回收活动启动仪式”在荆门市（国家循环经济试点市）隆重举行，湖北副省长郭生练出席仪式并宣布活动正式启动

2009年，湖北省各地区、各部门认真贯彻落实科学发展观，把节能减排和发展循环经济作为转变发展方式的重要抓手，进一步加大工作力度和政策措施落实力度，以节能节水、资源综合利用、环境保护等领域为重点，不断深化循环经济示范试点，努力探索循环经济不同层面的发展模式，全省循环经济工作取得积极成效。

一、2009年循环经济工作进展情况

（一）主要指标完成情况

2009年，全省单位生产总值能耗为1.237吨标准煤，比2008年降低5.84%，完成“十一五”目标的91.43%，超额完成了2009年的目标任务；化学需氧量排放57.57万吨，二氧化硫排放量为64.38万吨，比2008年分别降低1.7%和3.89%，提前一年完成了“十一五”主要污染物总量减排目标。

（二）循环经济试点不断得到深化

组织国家循环经济试点单位、汽车零部件再制造试点单位、省级循环经济试点企业、园区和城市（县）按照批准的实施方案进行试点，建设了一批关键链接项目，逐步构建形成了一系列循环产业链条，探索实践化工、冶金、轻工、建材、电力、农业等行业及资源回收利用重点领域典型的循环经济发展模式，初步形成了企业小循环、园区中循环和城市（区域）大循环的循环经济发展格局。

（三）循环经济试点示范作用逐步显现

“十一五”以来，湖北省共组织开展了国家和省共89家循环经济试点，在冶金、轻工、化工、建材、电力、农业及资源回收利用重点领域探索形成了较成功的循环经济发展模式，带来了显著的经济效益和社会效益，较好地带动了关联产业的发展，同时也为同行业其他企业或类似园区提供发展模式参考，引导激发更多的企业参与循环经济建设，全省循环经济规模不断得到扩大。

（四）深入推进两型社会建设

发展循环经济是武汉城市圈两型社会建设的突破口，湖北省编制完成了《武汉城市圈综合配套改革试验三年行动计划资源节约专项实施方案（2008—2010年）》。在重点推进东西湖区、青山区等国家循环经济试点建设的基础上，拓展建设青山—阳逻—鄂州大循环经济示范区，开展再制造示范工程试点、循环经济产业园区试点、创建生态示范园区试点、建设电子废弃物拆解利用园区，开展推广应用建筑节能省地环保新技术示范试点、区域再生资源回收利用体系建设试点，建设武汉城市圈废弃电池回收网络。

（五）探索建立了跨区域的循环经济发展模式

按照湖北省委省政府提出的按照循环经济发展理念构建跨区域的青山—阳逻—鄂州大循环经济示范区的构想及要求，积极协调各地各部门深入开展调研工作，编制完成了《青山—阳逻—鄂州大循环经济示范区实施方案》，指导“青阳鄂”三地努力构建一体化的循环型产业体系、一体化的基础设施共享系统和一体化的管理服务平台。

湖北省政府向荆门格林美公司移交了5万枚废旧电池。荆门格林美新材料有限公司是荆门市的重要循环经济企业，2008年回收处理废旧电池1000吨

二、采取的主要措施及经验

（一）加强宏观指导

2009年，湖北省政府下发了由湖北省发展和改革委员会牵头起草的《关于加强节油节电工作的意见》（鄂政发[2009]4号）、《关于发展低碳经济的若干意见》（鄂政发[2009]51号）、《关于印发湖北省应对气候变化行动方案的通知》（鄂政发[2009]57号）等重要文件，有效地推动了全省循环经济工作的开展。组织编制完成了《湖北省农作物秸秆综合利用规划》，切实推进大宗工业废弃物的综合利用。

（二）深入研究，积极开展调研工作

湖北省发展和改革委员会高度重视调查研究工作，多次深入企业实地考察，并组织专家和有关部门完成了若干重大课题的研究。围绕如何开展跨区域循环经济发展工作，研究完成了《青山–阳逻–鄂州大循环经济示范区研究报告》，积极探索创建了跨区域循环经济发展模式和资源环境约束下重化工业循环型发展模式；围绕农作物秸秆利用问题，研究完成了《湖北省农作物秸秆综合利用发展战略研究》，为湖北省秸秆综合利用提供理论指导；围绕湖北省重点行业循环经济发展问题，研究完成了《湖北省化学工业循环经济发展规划研究报告》和《湖北省再制造产业发展规划》，指导湖北省化工和再制造产业循环经济的有序发展。

（三）探索构建循环经济发展模式

在重点行业、重点领域、产业园区、市（县）探索建立循环经济发展的有效模式。以能源资源节约和“三废”综合利用为重点，实现企业内部循环，形成武钢、宜化、兴发、安琪等一批循环经济典型企业；以重化工集聚的工业园区发展循环经济产业链为重点，建立园区产业代谢和共生关系，建设宜昌开发区、青山、阳逻、黄冈龙感湖管理区等循环经济产业园区；充分发挥地方资源优势，以构建区域性循环经济体系为重点，建设荆门、谷城、枝江等一批循环经济典型城市；在资源回收利用领域，形成以湖北金洋冶金股份有限公司、荆门格林美等为代表的以废旧电池回收提炼金属资源的典型企业。

（四）推进循环经济重点项目建设

把项目建设作为推进循环经济工作的重要手段，重点支持循环经济核心链接项目的建设，不断探索完善循环经济产业链的构建。按照发展循环经济的原则和要求，组织策划并储备了一大批循环经济重点项目，建立了循环经济项目库。与此同时，推动了一批低能耗、低污染、高附加值和高技术含量的重点循环经济项目建设，重点支持武汉保华公司30万吨催化油浆综合利用项目、安琪酵母公司酵母生产装置节能及废弃物综合利用项目、荆门格林美公司二次镍钴资源循环利用及相关镍钴高技术产品项目、钟祥连心牧业公司有机垃圾资源化综合处理项目及荆门麻城星祺石膏公司年产2000万平方米纸面石膏板项目等一批核心项目建设。同时对项目进行跟踪，及时发现和帮助解决项目建设中存在的困难和问题，确保重点项目的顺利实施。

（五）大力开展资源综合利用

通过税收优惠政策，积极支持企业开展废物资源化利用，推动资源综合利用企业发展。目前全省已认定资源综合利用企业630家，年综合利用粉煤灰、炉渣、尾矿、磷石膏等废弃物4000万吨，实现产值165亿元，减免增值税、企业所得税等近6亿元。

（六）产学研结合，搭建了循环经济技术支撑平台

湖北省科教优势明显，雄厚的技术研发、设备制造实力增加了节能环保产业的综合竞争力，为发展循环经济提供了强有力的技术支撑。钢铁、化工、建材、轻工等行业是耗能、耗材、耗水大户，发展循环经济的潜力很大。湖北省不断加大循环经济共性和关键技术开发，突破循环经济发展的技术瓶颈，提高循环经济技术创新能力，将循环经济和资源节约技术研发纳入了年度科技计划，对重大科技成果转化项目给予重点支持。

（七）强力推进节能降耗工作

不断加强节能制度建设，严格实行节能目标责任制和评价考核制度，加强固定资产投资项目节能评估和审查工作。通过产业结构战略性调整，不断加大资金、技术、人才等资源的整合力度，发展高技术产业和第三产业，加快淘汰落后生产能力。组织实施一批重点节能工程，加大对节能改造及技术创新的投入力度，加强重点耗能企业和重点领域的节能管理，同时不断加强节能地方性法规建设，强化节能基础性工作。

（八）依法开展节能减排专项检查

宣传贯彻《节约能源法》，会同省人大财经委开展《湖北省<节约能源法>实施办法》的修订工作，会同有关部门对“百家企业”节能工作进展情况进行了检查。加大了项目监督检查力度，多次深入项目单位检查国家和省支持的节能和循环经济项目的进展情况，督促企业严格按照国家和省批复的投资计划实施项目。会同省建设厅组织开展建筑节能专项检查，会同省环保局开展“惩治违法排污企业，保障群众健康”专项检查。

（九）不断加强宣传力度

落实“节能减排全民行动”实施方案，开展了建设节约型机关活动、节能减排家庭社区行动、科普行动、媒体行动等多种形式的节能减排行动。以节能减排、科学发展为主题，组织节能宣传周、环保世纪行等活动，组织省内主要新闻媒体集中宣传节能减排、循环经济典型，及时报道各地区、有关部门循环经济工作进展情况，有利于发展循环经济的社会氛围日益浓厚。

三、存在的主要问题

2009年，湖北省在资源节约、发展循环经济方面做了一些工作，也取得了一些成绩，但是与国内其他先进循环经济试点省、市相比还有很大差距，还存在诸多问题。

（一）产业结构偏重，结构性矛盾突出

湖北正处于工业化中期初级阶段，对能源和资源的依赖度较高，产业结构和消费结构处于较高能耗水平，单位GDP能耗和主要产品能耗均高于全国平均水平，资源浪费和环境污染问题比较突出，以粗放型要素投入方式为主的经济发展方式仍未根本转变，发展循环经济任重而道远。

（二）发展观念仍未得到根本转变

社会各界对循环经济的认识水平参差不一，某些政府职能部门的工作体制还不顺，一些地方存在等待观望现象，同时，现有的

湖北金洋冶金股份有限公司再生铝熔炼车间一角

发展评价往往看重的是经济增长指标，使决策部门主观上缺乏工作的紧迫性和责任感。循环经济还远没有成为全民的自觉意识，尽管各级政府倡导建立循环经济体系，但民众对循环经济体系的理解还停留在表层，转变发展观念，普及循环经济理念将是一个长期的过程。

武汉钢铁（集团）公司两套配备世界最先进焦炉环保工艺的干熄焦装置

（三）循环经济发展不均衡

小企业由于自身规模偏小，融入大循环有困难，对于一些循环经济建设过程中的关键项目，由于技术资金压力较大，实施进度上保障性不强，从而导致了大企业循环经济发展成效显著，而多数小企业难有实质性的进展。同时，湖北省工业领域参与循环经济的程度较高，取得了较成功的经验，而农业和第三产业循环经济发展相对较薄弱，有待于进一步探索实践。

（四）循环经济引导激励机制尚未建立

2006年以来，湖北省先后开展了两批省循环经济试点，得到各级政府与企业的积极响应和大力支持。但是从全省来看，目前的支持还停留在概念上、在试点单位这块牌子上，对试点单位引导性的政策激励较为缺乏，部分企业开展循环经济工作的积极性不高。

四、进一步推进循环经济的工作重点

2010年是实施“十一五”规划的最后一年，也是“十二五”工作的谋划之年，湖北省将进一步突出循环经济在社会经济发展中的战略地位，把发展循环经济作为调整经济结构、转变发展方式、解决资源环境约束的根本性举措来抓，采取更加有力的措施，促进循环经济形成更大规模。

（一）全面开展循环经济工作总结

对国家、省循环经济试点单位开展评估验收，总结试点经验；全面系统摸清全省各地“十一五”以来开展循环经济工作的总体情况，总结成功经验，深入研究存在的问题和障碍，提出对策措施及政策建议，不断深化循环经济试点，推广典型的循环经济发展模式，全面推进循环经济发展。

（二）编制循环经济发展规划

根据国家发布的区域循环经济发展规划编制大纲，编制《湖北省循环经济发展“十二五”规划》。组织有关人员到全省各地深入调研，收集资料，摸清全省循环经济发展现状，广泛征集各地各部门及循环经济试点单位的意见，提出“十二五”全省循环经济的发展目标、基本思路和主要任务，指导湖北省“十二五”期间循环经济全面发展。

（三）进一步优化调整产业结构

把改造提升传统产业和发展战略性新兴产业作为发展循环经济的重点领域和主攻方向。通过产业结构战略性调整，进一步加大资源的整合力度，抑制高耗能、高排放行业的过快增长，多方面多举措推动节能、环保、资源循环利用产业的发展，培育一批具有核心竞争力的大型企业集团，打造一批产业聚集基地，逐步形成比较完善的发展体系，加快培育成战略性新兴产业。

（四）继续开展资源综合利用

继续组织资源综合利用产品（工艺）认定，积极推进脱硫石膏、磷石膏、农作物秸秆等资源化利用项目，提高工业固废的综合利用率，扩大废金属、废塑料、废旧轮胎等再生资源产业化规模。完善《湖北省农作物秸秆综合利用规划》，编制秸秆肥料化利用、秸秆饲料化利用、秸秆作为燃料利用、利用秸秆栽培食用菌和及秸秆为原料的加工业利用等五大分项规划并组织实施，不断提高湖北省秸秆综合利用水平。

（五）组织实施循环经济重点工程

推进一批循环经济重点工程建设，实现重点领域发展循环经济的突破。大力实施“城市矿产”开发工程，以废旧机电设备、报废汽车、废旧家电、电子废弃物、废塑料等为重点，建立废旧资源回收网络，建设若干集回收、拆解、再利用为一体的高价值资源化利用示范基地；实施共伴生矿资源综合利用工程，支持尾矿综合利用项目建设；实施大宗工业废弃物综合利用工程，推动工业废渣、废液、废气的资源化利用，积极开发高附加值产品；实施农林废弃物综合利用工程，加快秸秆和林木三剩物产业化。

（六）加快发展节能环保产业

研究制定《湖北省节能环保产业发展规划》并组织实施。利用湖北现有节能产业、资源循环利用产业和环保产业基础、资源优势和科教优势，加快发展节能环保技术、装备、产品和服务等产业，培育新兴产业。加大资金争取力度，支持节能电机、节能窑炉、节能水泵、节能灯、高压变频器、软启动等节能产品生产项目的建设；支持烟气脱硫、污水处理、固体废弃物处理及利用等环保设备的研究和生产；支持节能技术改造、污泥资源化利用、生活垃圾焚烧发电、建筑垃圾综合利用等节能环保工程的建设。加快建立节能减排技术服务体系，扩大合同能源管理，培育节能减排技术服务市场。研究发行企业节能减排债券、开展节能减排交易、扩展商业银行能效贷款等，为节能环保产品研发、生产、推广和技术改造提供融资服务。加快推进技术创新，帮助节能环保企业申报国家和省级技术创新中心，建立信息交换平台，促进产、学、研结合，推荐和发布先进适用的节能环保技术。支持企业开拓市场，加快企业结构调整,实施名牌战略,培植壮大产业龙头骨干企业。

（七）研究制定促进循环经济发展的政策机制

研究构建促进循环经济发展的财政、税收、价格、金融政策体系，引导金融机构加大对循环经济的支持力度。根据《循环经济促进法》，争取设立省级循环经济发展专项资金，重点支持循环经济重点工程建设，支持发展循环经济的技术研发、示范推广、重大核心链接项目的实施、建设信息共享平台以及奖励等。

（八）加强循环经济宣传培训

制定循环经济宣传方案，开展广泛的循环经济宣传活动，通过多种形式加大宣传力度，报道湖北省循环经济发展成果，使发展循环经济的理念更加深入人心。召开全省循环经济工作座谈会，交流推广成功经验，并邀请省内部分新闻媒体参会进行宣传报道，凝练推广循环经济典型模式。加强技术培训，考察学习先进省、市节能减排、循环经济发展的典型经验，进一步提高工作队伍的业务素质。

国家循环经济试点省

河南省循环经济

河南省发展和改革委员会

河南省是国家确定的第二批循环经济试点省。近年来，省委、省政府高度重视循环经济工作，把大力发展循环经济作为破解资源环境约束的重要举措，坚持把发展循环经济与优化产业结构、促进节能减排、加快经济转型有机结合起来，出台了一系列法规标准和政策措施，培育循环经济新兴产业，强化循环经济技术创新，实施了一批循环经济示范工程，全省循环经济发展取得显著成效。2009年全省单位GDP能耗降到1.156吨标准煤/万元,较上年下降6.16%；COD和二氧化硫排放量较上年削减3.79%和6.68%;全省万元GDP用水量降到104立方米，万元工业增加值用水量降到66立方米，分别较2007年下降10.3%和3%;工业固体废物综合利用率达到73.7%。

一、强化循环经济宏观指导

成立了以常务副省长任组长，省发展改革委、科技、财政等十六个厅局负责人为成员的河南省循环经济工作领导小组，年内多次召开循环经济发展领导小组工作会议，安排部署循环经济发展工作。以被国家确定为循环经济试点省份为契机，2009年编制印发了《河南省循环经济试点实施方案》。省政府已出台《关于加快推进循环经济试点省建设的通知》，为促进河南省循环经济发展提供了政策保障。

2008年至2009年，河南省先后出台了《单位产品能源消耗限额编制通则》、《氧化铝产品能耗限额》、《电解铝产品能源消耗限额》、《河南省用水定额（试行）》、《铝加工产品能源消耗限额》、《铅冶炼产品能源消耗限额》、《锌冶炼产品能源消耗限额》等地方标准，有效促进了全省工业企业资源能源节约尤其是有色行业能耗水平的降低。

二、加大“三废”资源综合利用

大力推广赤泥综合利用、电石泥废渣利用、尾矿综合利用、立磨粉磨高炉矿渣等资源综合利用技术，实施工业固废综合利用工程，加大对粉煤灰、煤矸石、尾矿、脱硫石膏、赤泥、冶炼废渣等大宗固废资源化利用，同时还积极开展余热余压、矿井水等的综合利用；引导农业产业化龙头企业积极实施畜禽粪污、秸秆、林木三剩物等农业废弃资源的综合利用工程，有效提高了农业资源的利用效率。2009年全省共认定的综合利用企业242家，综合利用各类固体废物5110万吨。全省工业固体废物综合利用率达到73.7%，矿井水综合利用率达到35%。通过开展资源节约利用和综合利用，大量废弃资源得到回收和再生利用，减少了环境污染，提高了经济效益。

南阳天冠生物发酵有限公司生物柴油生产装置

三、大力发展农业循环经济

组织编制《河南省秸秆综合利用规划》，加强畜禽粪便、秸秆及其他农业剩余物的综合利用。在农村，大力推广节能型住宅、省柴节煤炉灶、太阳能热利用技术、农业废弃物综合利用技术，农业节水、节肥、节药技术和农田污染综合治理技术。在平原和丘陵地区积极推广“平原农林牧复合生态模式及配套技术”、“畜—沼—粮（菜、果）”、“四位一体”等生态技术模式；在城市郊区和城镇推广“设施生态农业模式及配套技术”。大力推进农村沼气建设，截至2009年底，全省农村累计建成370万户用沼气，每年可节约标准煤350余万吨。

四、加快循环经济技术研发应用

针对资源依赖型和高耗能产业比重高、传统农业份额大的基本省情，积极推进重点行业、重点领域循环经济相关新技术、新产品的推广应用。在煤炭、有色、化工、建材、钢铁、造纸、纺织、食品等工业行业和农业及社会等领域，以节能、节水、资源综合利用和生态环境保护为重点，大力实施科技创新工程，坚持自主创新与引进、消化、吸收并举，研发创新、推广应用了一批循环经济关键与共性技术。坚持把发展循环经济的共性和关键技术列入全省重点技术创新和科技攻关计划，全省已拥有选矿拜尔法生产氧化铝、大型预焙电解铝槽、在改良西门子法的基础上自主创新生产多晶硅技术、富氧底吹—鼓风炉还原炼铅、液态铅渣直接还原炼铅、低温余热发电等一批具有自主知识产权的核心技术。积极推进关键和共性循环经济技术开发和示范推广，强化烧结法生产氧化铝、选矿拜耳法和后加矿增浓溶出、水泥行业纯低温余热发电等一批拥有自主知识产权的技术得到广泛应用，取得了显著的节能效果。全省仅建成的新型干法水泥窑纯低温余热发电一项，年节能量即达30多万吨标准煤。

五、积极推进循环经济试点建设

2005年以来，全省开展了两批共58家单位试点工作，其中10家被列入国家试点。两批试点单位按照国家有关要求编制试点实施方案，因地制宜地提出了发展循环经济的目标、任务、重点和措施，规划了循环经济重点建设项目。加强循环经济项目申报和管理工作，组织实施了豫光金铅有限公司液态高铅渣直接还原项目、河南青山金汇不锈钢产业有限公司年产25万吨再生不锈钢系列产品等一批重点项目。通过试点工作，涌现出了天冠企业集团、大周镇再生金属回收加工区、安阳钢铁集团公司等先进典型，为全省循环经济发展起到了很好的示范作用。

（一）河南天冠企业集团有限公司

河南天冠企业集团有从自身发展和全面建设环境友好型社会的角度出发，立足于绿色、循环、可持续发展的企业理念，以“减量化、再利用、资源化”为原则，全力实施“以农产品为基础，以生物质能源、化工为主导，以综合利用和精深加工为双翼”的企业发展战略，致力于农产品的综合开发利用，致力于石油化石资源的替代，建立了集农产品资源、生物能源、生物质化工和可再生资源等为一体的新型循环工业体系，成为国内最具代表性的循环经济和可持续发展示范基地。企业拥有国内最大的年产50万吨燃料乙醇生产能力，拥有国际上最大的7万吨/年谷朊粉生产线，同时拥有亚洲最大的生物天然气工程。

（二）河南省大周镇再生金属回收加工区

大周镇再生金属回收加工区依托废旧金属回收交易市场构建了融回收、交易、冶炼加工为一体的再生金属回收利用体系，形成了再生不锈钢、再生铝、再生铜三大产业基地，区内各类经济实体1000余家，规模以上企业100

安阳钢铁烧结余热发电系统

河南大用实业有限公司构建起多目标共生性绿色肉鸡产业发展模式

多家，年回收废旧金属近200万吨，再生各类金属120万吨，成为长江以北最大的再生金属集散地。2009年，大周镇再生金属回收加工区实现主营业务收入156亿元。通过组织实施年产20万吨再生铝项目、年产30万吨不锈钢系列产品项目等，引入战略投资者或联合兼并现有的企业，使加工区形成了“回收—预处理—初级加工—深加工”产业链条，实现了废旧资源的高效利用，加工区也被国家列为第二批“城市矿产”示范基地备选园区。

（三）安阳钢铁集团公司

安阳钢铁集团公司把推进节能减排、发展循环经济作为抓机遇、调结构、战危机、促发展的重要抓手，按照减量化、资源化、再利用的循环经济理念，大力发展循环经济，调整优化产品结构，推广先进节能减排技术，投巨资建设了烧结余热发电、干熄焦发电、高炉TRT、高炉汽动鼓风、转炉煤气回收、副产煤气发电、余热蒸汽综合利用及大型综合污水处理厂等一大批循环经济重点项目，实现了能源、水资源及固体废弃物的高效回收和资源化循环再利用，取得了显著的经济效益和社会环境效益。2009年，安阳钢铁集团公司利用余热余能发电6.73亿千瓦时，比2005年增加了6.6倍，包含汽动鼓风的自发电比例达到28%，比2005年提高22个百分点；吨钢新水消耗完成了4.98m^3，比2005年降低了3.52m^3，降幅高达41.4%，水循环利用率达到了96.8%；钢铁渣及含铁废弃物综合利用率达到100%，并实现了氧化铁皮及部分含铁尘泥的短流程循环利用。

（四）河南省沈丘县付井镇

河南省沈丘县付井镇依托金丝猴食品股份有限公司、周口康福食品有限公司等农业产业化龙头企业，积极探索奶牛养殖粪便的沼气利用新模式，突破沼气规模化利用难题，扩大沼气应用用途和范围，实现沼气规模化生产和工业化应用，形成“养殖基地集中制沼气，沼气供应金丝猴集团等加工业作为清洁能源，沼渣、沼液用于效益农田”的镇域范围内资源大循环格局。

（五）河南大用实业有限公司

河南大用实业有限公司依托规模化养鸡及屠宰主导产业，大力构建“利用鸡肠子、鸡羽毛等下脚料和废弃物生产蛋白酶解生物饲料、鸡骨素等废弃物的开发利用产业链“、“肉鸡饲养—鸡粪—生产生物有机肥—种植业产业链”以及“肉鸡屠宰＋肉鸡饲养—废水＋鸡粪—沼气发电站”等多条副产业链，构建起多目标共生性绿色肉鸡产业发展模式，实现对养殖和生产过程中物流和能流的合理配置、耦合共生、循环利用，形成了具有鲜明特色的绿色肉鸡产业良性循环发展。

六、积极推进节能、节水、节地工作

稳步推进工业锅炉改造、余热余压利用、能量系统优化、节能建材和绿色照明等重点工程建设。2009年利用国家节能奖励资金实施节能技术改造项目117个，年可形成节能能力214万吨标准煤。加快推进建筑、交通、公共机构等领域节能工作，市、县新建民用建筑节能标准执行率均达到100%。颁布实施了电力、建材、钢铁、煤炭等四个行业10项高耗能产品单位能耗限额地方标准。2009年单位GDP能耗下降6.02%。

重点抓好火电、化工、造纸、冶金等高耗水企业节水改造示范工程，大力推进煤矿矿井水资源化利用和城市节水工作，全面实施计划用水管理，全省城市计划用水管理率达到70%以上。

加强土地集约、节约利用，在城市和工业项目建设方面，大力推广使用多层标准厂房，提高容积率，在农村积极推进“空心村”、砖瓦窑厂、工矿废弃地“三项整治”活动。

七、加快淘汰落后产能

认真落实国家产业政策，严把项目准入关，严格控制电解铝、钢铁、焦化、水泥、电石、传统煤化工等高耗能、高污染和产能过剩行业盲目发展。2009年，综合运用产业政策、价格调控、环境保护等手段，积极争取中央财政奖励资金14.3亿元，全年关停小火电300万千瓦、落后造纸产能110万吨、发酵产能20万吨、焦炭产能56万吨、钢铁产能46.3万吨。

海南省循环经济

海南省经济和信息化厅

2009年是《循环经济促进法》颁布实施的第一个年头。一年来，海南省政府深入贯彻科学发展观，认真落实中央应对国际金融危机冲击的各项政策措施，在全力保持经济平稳较快发展的同时，大力推进经济结构调整，加快转变发展方式，把调整产业结构、完善循环经济政策、加强监督管理、推进技术进步作为2009年循环经济工作的重点，在企业、区域、社会三个层面以及工业、建筑、交通运输、能源、旅游等行业和公共机构中扎实推进循环经济的各项工作，为全面推进国际旅游岛、生态省建设打下坚实的基础。

一、循环经济发展的主要进展情况

2009年，全省国内生产总值1449亿元，同比增长11.7%。在经济快速发展的同时，全省生态环境质量继续保持全国领先水平。与2008年相比，2009年海南省主要矿产资源产出率、能源产出率、土地产出率、水资源产出率同比分别增加1840.5元/吨、0.037亿元/万吨标煤、3.5万元/公顷、5.2元/立方米；单位国内生产总值取水量、单位国内生产总值能耗、万元工业增加值能耗、万元工业增加值取水量分别下降16.4%、2.78%、4.53%、15.7%，农业灌溉水平有效利用系数由0.5265提高到0.535；工业固体废弃物综合利用率达到85%，同比提高10个百分点，城市生活垃圾无害化处置率和和城市污水再生利用率分别提高15.3和5.73个百分点；COD排放量略有下降，工业固体废物排放量、二氧化硫排放量无显著增加；清洁能源所占比例达到30.6%。2009年，海南省发展循环经济工作力度明显加大，循环经济工作取得积极成效。

二、采取的主要措施

（一）进一步完善工作机制和政策体系

省政府把循环经济、节能减排工作摆在更加重要的位置，多次召开专题会议，分析节能减排形势，部署全省各市县、各领域循环经济、节能减排工作，并加强对市县节能减排、循环经济工作的指导，督促市县完善推进节能减排、循环经济发展的协调机制，省政府有关部门制定了《海南省2009年节能行动计划》，《海南省2009年度主要污染物总量减排计划》，分解落实节能减排、推进循环经济的工作措施，建立问责制度。

海南猪-沼气-果种植示范园

为有效推进各市县节能工作，2009年，根据各市县产业结构、经济社会发展以及年度节能工作重点等具体情况，海南省在全国率先制定了市县节能考核指标和评分标准。此外，省政府出台了《关于加强生活垃圾处理设施运营管理的通知》、《海南省公共机构节能管理办法》等与循环经济发展配套的政策法规，省政府各部门研究发布了《第一批禁止使用的一次性塑料制品名录》、《电梯节能改造技术指南》等工业、建筑、交通、公共机构方面的节能减排规章制度、标准，推动行业的节能减排监督管理。相关政策的不断完善，促进了循环经济发展。

三亚市国光豪生大酒店太阳能热水工程

（二）科学规划，促进产业结构调整

2009年省政府出台了《海南省促进高新技术产业发展若干规定》，制订了《海南省人民政府贯彻国务院<关于推进海南国际旅游岛建设发展若干意见>,加快发展现代服务业的实施意见》，完成“十二五”海南省循环经济课题研究，认真开展国际旅游岛建设规划编制，合理调整了产业结构，优化了产业布局。按照工业和信息化产业项目相对集中、行业相对集群、产业结构合理优化的布局要求，2009年4月，10万平方米建筑规模的海南生态软件园开园，截至2009年底已有50家企业入园；三亚创意产业园有中兴通讯等10家企业签约入园；海口药谷14家签约入园企业中，有11个项目开工建设。2009年，为促进海南西部地区发展，海南省委出台了《关于加快海南西部开发建设的若干意见》，提出点状建设洋浦开发区、东方化工城、昌江工业园区等5个工业园区和开发区。

（三）推动重点领域的循环经济发展

1.工业

加大资源综合利用力度。利用炼油、水泥、钢铁等行业的余热、废气等发电，其中华盛水泥、国投水泥、海南炼化、中海油、金海浆纸等综合利用机组年发电量达13亿千瓦时。组织对11家企业（项目）进行了资源综合利用认定，引导和促进企业开展粉煤灰、煤矸石和废渣、废水等工业废弃物综合利用，全年主要工业废弃物综合利用率达到85%，比上年提高10个百分点。中海油化肥投资4000多万元，完善废水循环系统，增加中水回用量，实现废水零排放。

开展清洁生产审核。2009年，海南省公布的5家重点企业按要求开展清洁生产审核工作。开展清洁生产审核工作以来，全省重点企业的清洁生产审核共产生清洁生产方案203项，其中无低费方案175项，中高费方案28项。全省完成清洁生产审核评估的企业共计投入资金6.85亿元，完成清洁生产方案187项，其中167项无低费方案，实施中高费方案19项。企业通过实施清洁生产方案，每年可获经济效益6.87亿元，减少水消耗430万吨、能源消耗33.3万吨标煤，削减COD排放985吨、SO_2排放28.5吨、氮氧化物排放22.8吨。

加快淘汰落后产能步伐。全年共淘汰4条机立窑水泥生产线，淘汰落后生产能力达50万吨。列入国家第二批“禁实”城市的三亚、海口完成“禁实”任务，督促儋州、琼海等“禁实”城市进一步加强“禁实”和淘汰实心黏土砖产能工作，2009年有11家实心黏土砖厂已实现关闭或转产。

2.建筑

新建建筑施工阶段节能强制性标准执行率基本达到国家要求，开展太阳能与建筑应用一体化工作，组织实施太阳能光电建筑示范项目，建立可再生能源建筑应用示范市、县。全年太阳能热水系统建筑应用面积增加165万平方米，太阳能热水集热器面积增加约6万平方米，实现年节约标准煤0.6万吨，节电1910万千瓦时，减排CO_2约2万吨，拉动社会投资约7200万元。三亚、海口等国家“禁实”城市新建建筑新型墙体材料的应用比例达到98%。全年共推广散装水泥260万吨，可减排15万吨CO_2，节约标准煤5.7万吨。

3.交通

2009年，海南省按照统筹规划建设交通运输基础设施项目、实现各种交通运输方式和运输服务紧密衔接的要求，积极推动海南东环铁路项目建设，该项目预计2010年底可投入运行，同时启动了中线高速公路建设项目，2009年海口港二期工程建成投产；继续整合道路班车运输资源，进一步优化运输组织，通过实施“滚动发班”，共节约柴油7.7万吨；建立了汽车以旧换新联席会议制度，各市县加大淘汰耗能大、污染重的老旧汽车力度，全年淘汰老旧汽车200辆；推广应用沥青路面现场热再生技术，有效节约了沥青用量，成本比传统施工方法节约20%~30%。

4.公共机构

建立起海南省公共机构联席会议制度，组建了节能管理机构。制订了《海南省公共机构节能管理办法》、《关于加强节约型机关建设意见》等一系列公共机构节能规章制度。组织对省级机关的中央空调系统、供电系统、供水设备、照明用电等进行了全面改造，提高了能源使用效率。

5.旅游业

结合海南创建国际旅游岛目标，积极发展生态旅游、加快服务业的发展。将循环经济的“减量化、再利用、资源化”基本原则贯穿到旅游业规划、基础设施建设、经营、消费与管理和信息反馈全过程。建设亚龙湾热带森林公园等一批以生态恢复、生物多样性保护和弘扬生态文化为主题的生态旅游区和4A级旅游景区。通过创建循环型旅馆和绿色宾馆酒店，鼓励采用合同能源管理模式，推广使用风光互补照明、实施太阳能供热系统改造等节能环保技术改造，实现资源的有效利用。2009年5月，海南省启动生态旅游发展战略研究，旨在研究海南省生态旅游的发展对策，打造生态旅游特色品牌，为国际旅游岛增色。

6.农业

继续实施农村沼气工程，推动农业等领域节能减排。全年新增农村户用沼气4.34万户，新建大中型沼气工程192处，每年可生产沼气超过4500万立方，减排CO_2约41万吨，折合节约标准煤3万吨。生态、环保、经济的太阳能灭虫灯在农村地区得到较广泛应用。

（四）推进重大项目和推广应用新产品新技术

截止到2009年底，投资25.6亿元的28个污水处理项目已有25个开工建设，其中海口桂林洋等10个污水处理厂2009年底已投入运行，其余15个污水处理项目将于2010年竣工。海南省率先实施了污水处理设施运营整合和委托运营，获得巨大的社会反响。为减少乡镇生活污水COD排放，年内有8个人工湿地建成并投入使用，全省已累计建成人工湿地23个。

按照《海南省贯彻〈再生资源回收管理办法〉的实施意见》以及《关于进一步做好再生资源回收工作的通知》，海南省已逐步建立起垃圾分类收集和资源化利用体系，2009年废旧资源综合利用量达到20万吨，废钢铁、有色金属、纸、塑料及橡胶回收利用率分别为50%、75%、50%、32%、25%；投资13亿元的21个垃圾处理及转运项目已有20个开工建设， 2009年15个项目已完工，其中竣工项目6个，力争21个项目在2010年全部竣工；2009年全省生活垃圾无害化处理率达到52.3%。海口市垃圾填埋沼气发电以及琼海市垃圾焚烧发电项目已投入运行，2009年累计发电量达540万度，预计2010年发电量达1090万度。

2009年国家节能示范工程三亚亚龙湾冰蓄冷项目已完成主体工程和部分管道铺设，于2010年上半年可投入运行。昌江华盛水泥厂石灰石原料运输系统节能改造项目竣工运行；昌江华盛水泥厂在余热发电系统中实施了冷却塔风机由电力改水力驱动工程，年节电146万多度。

积极推进国家“863”科技示范项目，2009年海南省LNG燃气汽车快速发展，共建成LNG加气站4座，LNG公交车从2008年的43辆增加到2009年的245辆，增加了4倍多， LNG燃气汽车占全省公交车保有量的比重达到13.2%。

（五）大力发展清洁能源和可再生能源

为积极推进清洁能源和可再生能源的开发与应用，省政府研究起草鼓励新能源产业发展的若干政策，出台《海南省太阳能热水系统建筑应用管理办法》，省物价部门提出了提高水电和可再生能源上网电价的有关政策；在海口高新区内规划了光伏产业园，引进英利集团年产百兆瓦太阳能光伏全产业链项目；儋州峨蔓和文昌潮滩鼻装机容量为2×4.95万千瓦的2个风电场项目和6万吨生物柴油项目正式投入运行；积极推进临高20MW光伏并网发电国家“金太阳”示范工程项目、昌江核电一期工程、海南LNG一期（200万吨）工程、10万吨燃料乙醇工程。2009年全省清洁能源在能源中比例达到30.6%。

（六）进一步完善激励和约束机制

海南省在财力不足的情况下，2008年省节能专项资金重点支持节能、资源综合利用、循环经济项目等12个项目建设，带动企业投入约8000万元，项目实现年节能量4.5万吨标煤。海南省2009年100万只节能灯推广实行了国家、省政府、市政府的两级或三级财政补贴，顺利完成2009年节能灯推广任务；2009年对11个开展粉煤灰、煤矸石和废渣、废水等工业废弃物综合利用企业（项目）进行了资源综合利用认定，全省共有24家资源综合利用认定企业（项目）享受到了资源综合利用优惠政策；对燃气汽车免征车辆通行附加费；实施了新的峰谷电价政策和有利于烟气脱硫的电价政策；按照“污染者付费”的原则，全省城镇和经济开发区已于2009年12月起开征生活垃圾处理费；按照新修订的《海南省城镇污水处理费征收使用管理办法》强化污水处理费的征收工作；继续征收新型墙体材料专项资金，提高了新型墙体材料市场竞争力。

（七）初步建立统计、监督和考核体系

2009年，海南省初步建立了循环经济指标统计评价体系；建立和完善节能标准体系，组织制定海南省主要工业产品的单位产品能耗标准，启动对11家重点耗能企业进行能源审计和能效对标工作，全年组织对45个新上的固定资产投资项目进行节能评估和审查，省节能监察大队等单位对90多家实心黏土砖厂和全省高耗能、高污染行业的重点企业（生产线）节能措施落实情况、差别电价和产品能耗限额标准执行等情况进行检查监督，全年共发出整改通知书等执法文书100多项；加强对一次性塑料制品的监督管理，认真贯彻落实《海南经济特区限制生产运输销售储存使用一次性塑料制品规定》，在全省范围内对塑料购物袋和一次性塑料餐具市场开展专项整治活动；省环保部门共组织出动执法人员11942人，检查企业4601家，立案查处各类环境违法行为22件。2009年，省工业和信息化厅、省国土环境资源厅分别组织了对18个市县、洋浦经济开发区以及重点耗能企业进行2008年度节能目标责任和主要污染物总量减排目标责任考核。

（八）推进循环经济示范园区建设

三亚亚龙湾冰蓄冷项目

1.工业示范园区

编制完成的国家循环经济试点昌江循环经济工业园区的实施方案原则通过了国家评审。2009年，该园区将“深入实践科学发展观，打造国家级循环经济示范区”作为学习实践活动的载体和中心议题，中央第四巡回检查组和省第四指导检查组都给予充分的肯定和高度评价；组织编制《海南省昌江循环经济工业区建设规划》，开展叉河园区污水处理厂项目前期工作，开展道路和安装54盏太阳能路灯等基础设施建设；园区水泥厂全年共消化贫废矿12万吨、造纸厂滤泥5万吨，做好海南矿业200万吨贫矿选场项目前期工作；2009年华盛水泥和国投矿山运输皮带长廊节能工程已完工，园区水泥厂余热发电总装机容量达到56MW，与2008年相比新增30MW，推广应用余热发电冷却塔节能改造；2009年园区共淘汰落后水泥产能18万吨和钢铁产能20万吨。

2.农业示范园区

2009年2月，海南省农业厅和海口市政府联手创建海口市现代生态循环农业示范工程，示范区土地总面积806平方公里，主要内容有："猪—沼—作物"生态循环农业示范基地和以沼肥综合利用的设施农业示范基地。截止到2009年底，园区已累计新建农村畜禽养殖小区45个，建成大中型沼气工程105处、联户型沼气池33处、"一池三改"沼气池1.1万个,集中供气农户5000多户,发展"猪—沼—作物"生态循环基地面积9.3万亩,沼气受益农户年均节支增收3000元。

3.旅游示范园区

位于亚龙湾的龙湾云天热带木林公园坚持开发建设与自然景观、人文景观、生态环境保护、节能减排相结合，园区内建设污水处理站7个，年处理各类污水达67万吨，回收的中水用于冲厕、绿化、洗车和景观湿地，实现废水"零排放"的要求；采用空气热泵系统与太阳能热管结合的方式供给解决景区内度假、服务、员工所需热水，采用太阳能循环水泵系统实现景观水长期循环；在道路施工过程中，采用人工开石，自设的石材加工厂切割成各类景区所需建筑用材，余边角碎料铺装停车场地面和道路垫层，基本做到无施工废土石方外运情况；通过采取杜绝水管出现跑、冒、滴、漏等现象、降低马桶水箱水位、建设敞开式用餐平台等措施，努力降低资源能源消耗，减少环境污染。

（九）开展广泛深入的宣传培训

2009年围绕大力发展循环经济主题，开展了"节能宣传周"、"地球日"、"科技宣传月"等活动，把发展循环经济宣传活动深入到企业、社区、商场、学校、农村和机关，动员社会各界广泛参与节能减排活动，开展了能源紧缺体验活动，在全社会开展了禁止生产和销售使用一次性塑料制品行动。举办了各市县节能管理工作负责人、全省重点用能单位能源管理负责人、建筑节能等培训班。请国家发改委解振华副主任来琼召开节能减排专题讲座。通过一系列论坛、培训、技术交流会、展览会、科学知识普及等，循环经济理念逐步深入人心，社会氛围更加浓厚。

贵州省循环经济

贵州省发展和改革委员会

贵州省坚持把发展循环经济作为支撑全省经济社会发展和资源节约环境保护的抓手，全面推进资源节约型和环境友好型社会建设，发展循环经济各项工作取得积极进展。2009年全省单位生产总值能耗预计较上年下降4.12%，化学需氧量和二氧化硫排放量分别较上年下降2.63%和4.87%。“十一五”前四年贵州省单位生产总值能耗累计下降16.51%，完成目标任务的80.87%，高于全国平均水平；化学需氧量和二氧化硫排放总量分别累计下降4.27%和13.44%，分别完成“十一五”减排总体目标的60.99%和89.6%。工业固体废物综合利用率、工业用水重复利用率分别较上年提高2%和1.4%；加快淘汰落后产能力度，目前贵州省在火电、煤炭、水泥、焦炭、钢铁等行业的落后产能淘汰工作，已全面达到国家对贵州省的进度要求；为加快全省城镇污水、垃圾处理设施建设，除积极争取国家相关补助资金外，贵州省自2008年起投入省级财政专项资金94373万元（省级财政专项84888万元，省级建设、环保专项资金9485万元），用于城镇污水处理设施建设，2009年全省城镇污水处理率和生活垃圾无害化处理率分别达到41.32%和41.4%。

一、循环经济工作开展情况

（一）积极有效推进国家循环经济试点单位（城市）建设

2005年，贵州省贵阳市、贵州宏福实业有限公司、贵州开阳磷化工集团公司、贵州赤天化纸业股份有限公司被批准为国家第一批循环经济试点单位（城市）。目前，贵州省试点单位（城市）试点工作稳步推进，在资源综合利用、清洁生产、污染治理、环境保护和节能减排等方面取得了明显成效，同时也为全省进一步扩大试点工作打下了较好的基础。2007年贵州茅台酒厂有限责任公司被批准为国家第二批循环经济试点企业，循环经济试点工作正加快推进。

贵阳市修改和完善了《贵阳市循环经济生态城市建设条例》、提出了《贵阳市循环经济实施条例（大纲）》。培育出了一批发展循环经济的典型案例和成功的模式，发展循环经济工作呈现出稳步推进、逆势而上、科学发展的局面。2009年，贵阳市万元生产总值综合能耗比上年下降4%左右，其中，规模以上工业企业万元工业总产值综合能耗为1.43吨标准煤，同比下降7.74%；工业固体废弃物综合利用量完成268.5万吨，超额完成年度目标；化学需氧量排放控制在5.07万吨，二氧化硫排放量控制在17.9万吨，提前完成“十一五”总量控制目标；城市污水处理率达49.2%，城区空气质量良好率稳定在95%以上。

贵州开磷集团经过50多年的建设与发展，初步形成了“开磷矿业、开磷磷化工、开磷煤化工、开磷建设、开磷贸易、开磷物业”六个产业，实现了由劳动密集型、资源生产型向集约化、产品多样化的转变。在企业内部已形成了磷煤化工产业配套及“湿热并举”的磷肥生产和磷化工产业格局，建立起了以主业为龙头的“磷—煤—电—建材”工业产业链和以辅业为支撑和“贸易—房开建设—塑编制品—物业管理—社区医疗”为主体的市场体系和服务体系，是我国较为典型的以“磷煤结合、矿肥结合、矿化结合”为核心业务的大型磷化工企业集团。是我国“十一五”化肥工业发展指南规划中的特大型磷肥基地建设单位。在我国高浓度磷肥生产企业中目前生产规模排名为前三位，并连续六年进入中国石油化工行业百强之列。2005~2009年，企业累计投入循环经济产业发展项目资金29.35亿元。实施循环经济产业发展项目13项，更新改造落后的生产装置与设备近百台(套)，并新建了具有经济规模、技术先进、节能效果显著的大型磷煤化工装置。企业通过循环经济和发展项目的实施，使企业整个生产过程逐步发展成为无废、少废和绿色产品的生产过程。

贵州宏福实业有限公司围绕磷矿及伴生资源的回收利用、“三废”资源化利用、提高能源利用效率等。一是抓好磷矿及伴生资源回收利用。开发利用低品位磷矿及钙硅质磷矿，自主研发WF-01浮选剂，降低入选磷矿品位，提高了磷矿的开发利用率；回收磷矿伴生氟、碘资源，已建成一套50吨/年湿法磷酸碘回收装置，开辟了工业提碘的新途径；已建成2万吨/年无水氟化氢装置，是世界上第一套从磷肥生产过程中回收高纯氟的化工装置，使氟资源的回收利用成为新的经济增长点，为全球磷化工行业的氟污染治理提供了示范。二是抓好“三废”资源化利用。将热电厂燃煤锅炉烟气中SO_2回收生产硫酸，每年减少SO_2排放1.7万吨，副产硫酸2.6万吨，实现资源化脱硫；自主研发WFS酸性废水选矿技术，建设250万吨/年酸性废水选矿项目，建成后年减少取用270万方新鲜水，使磷肥厂酸性废水实现零排放，可节约废水处理费用和5万吨/年硫酸用量；积极研发磷石膏资源化利用技术，已建成500万块/年磷石膏砖、10万吨/年磷石膏制水泥添加剂、50万m^2/年磷石膏制建材石膏板、10万块/年粉煤灰制砖等项目，磷石膏制酸联产石灰等磷石膏规模化利用项目实施。三是抓好节能降耗。将自主研发和引进吸收的湿法磷酸净化技术结合，建成目前世界上最大、中国第一家10万吨/年湿法磷酸净化装置，填补了中国湿法磷酸净化的空白，其推广应用将根本改变中国磷化工业的原料供应格局和极大地降低磷化工业的单位增加值能耗；采用联合研发的磷酸二铵尾气净化联产磷酸一铵的清洁工艺，将磷酸二铵反应、造粒尾气余热、磷酸一铵料浆浓缩余热等低位热能回收，实现能量梯级利用，使废气的整治与产品生产相耦合，实现尾气治理、资源回收及产品浓缩“三合一”的技术集成。通过不断地技术创新，瓮福集团公司已掌握和拥有多项磷化工循环经济的关键技术。

贵州茅台酒厂有限责任公司按照“循环利用，节能减排，清洁生产，技术领先，环境优美”的总体要求，本着有利于企业科学发展、有利于茅台“走出酒的天地”发展战略、有利于和茅台酒生产相关多元化发展的原则，公司成立了循环经济园区建设指挥部，负责项目建设的前期准备工作。茅台循环经济科技示范园是以资源节约、清洁生产和废弃物的多层次循环利用为目标，以现代生物技术、环保技术为依托，运用自然生态规律和生物系统的方法，将生产茅台酒的废弃酒糟作为原料，经生态处理后回到生态农业中实现资源循环和能量多级利用，形成茅台酒产业和生态农业之间的横向耦合。形成有机原料(高粱、小麦)—茅台酒生产(节能、环保、清洁)— 酒糟综合利用(生产中级酱香型白酒、生物有机肥等产品开发)—回归土地—种植茅台酒有机原料(高粱、小麦)的纵向闭合的生态产业链。目前，园区正处于第一批建设项目（包括锅炉房、取水工程、1#、2#、3#制酒生产房、食堂、浴厕、水电及消防设施安装等8个项目）的紧张建设阶段，2010年2月完成公开招标工作，于同年3月2日全面启动建设，截至2010年6月底，在4个月的时间里，第一批建设项目已顺利完成总进度的约75%。第一批建设项目将于2010年9月投入使用，届时将实现3万甑茅台酒废弃酒糟的处理能力。同时，全面启动第二批建设项目（包括制酒生产房、办公楼、蛋白饲料烘干车间、种蝇养殖车间、生物处理车间、有机肥生产车间等在内的10多个项目）的招标准备工作。园区建成投产后，预计实现年生物转化茅台酒酒糟约12万甑、年产酱香型基酒9600吨，年产有机肥约6万吨、饲料幼虫蛋白400吨、饲料成虫蛋白165吨、食用昆虫蛋白830吨、食用壳聚糖17吨。从而实现较好的社会效益、环保效益、节能效益、经济效益。

贵州赤天化纸业股份有限公司依托黔北丰富的竹资源，围绕建成资源消耗低、废物排放少、技术装备一流、产品绿色环保的竹浆厂的目标，采用世界造纸行业先进的循环经济技术，建设年产20万吨林浆纸一体化工程项目。一是实现资源消耗和污染物的减量化。采用先进的蒸煮、筛选、洗涤、漂白等工艺设备，效率高，用水少，无流失，无黑液排放；对生产过程中产生的废气采用臭气回收燃烧工艺，烟气多级处理，达到先进的排放水平；制浆线实现“清污分流”，提高水的重复利用率，减少污水排放量，废水净化处理后排放的污染负荷远低于国家标准。二是实现废弃物的资源化利用。将制浆生产过程中产生的竹屑等固体废弃物作燃料，新建一台50t/h的循环流化床废渣锅炉及输送系统，年处理固体废弃物约5.6万吨，回收热量折标煤4218吨；此外，每年还回收硫化碱2937吨，回收白泥（折成石灰）5100吨，回用水53万吨。三是实现废液的综合治理。将制浆过程中蒸煮产生的浓度为16.5%的废液（黑液），经过蒸发浓缩、浓液焚烧、绿液苛化和苛化白泥的煅烧回用，实现整个制浆蒸煮生产化学药品的封闭循环使用，达到废液的零排放。2009年公司共回用25000吨碱，燃烧制浆黑液共产生299176吨蒸汽，折合标煤34166吨。

（二）全省循环经济基地建设步伐加快

贵州省以发展电力、煤及煤化工、磷及磷化工、铝及铝加工等优势产业为重点，用循环经济理念进行一体化规划，第一批启动的18个循环经济工业基地规划及建设进展顺利。目前，贵阳市开阳循环经济型磷煤化工生态工业基地、桐梓循环经济型煤化工生态工业基地、六盘水市老鹰山煤电化一体化基地、毕节地区毕节循环经济型煤化工生态工业基地、绥阳循环经济型重化工生态工业基地、黔西南州循环经济型安龙重化工基地、盘县“煤（焦、化）--钢—电”一体化循环经济工业基地、贵阳特殊钢有限责任公司新特材料循环经济工业基地、赤水市竹业循环经济基地、黔东循环经济工业基地、铜仁大龙循环经济型高载能生态工业基地等一批循环经济基地项目已开工建设，将形成新的产业集群。

二、发展循环经济的措施

（一）积极出台政策、法规和规划，为循环经济发展提供保障

省委、省政府十分重视循环经济的发展工作，主要领导明确指出，贵州的发展决不能以浪费资源、污染环境、破坏生态、危及人民生命健康为代价；保住青山绿水也是政绩，也是为了实现又好又快地发展。近年来，贵州省认真贯彻落实中央有关加强环境保护、建设资源节约型和环境友好型社会、发展循环经济的要求，先后颁布了一系列政策文件和地方性法规。如《省人民政府关于促进循环经济发展的若干意见》、《贵州省推进清洁生产的实施意见》、《关于贯彻落实科学发展观进一步做好新形势下人口资源环境工作的意见》、《关于贯彻国务院做好建设节约型社会近期重点工作通知的实施意见》、《关于加快推进节约用水和水价改革促进水资源可持续利用的意见》、《贵州省节能减排综合性工作方案》、《关于转发省节能减排领导小组减排办公室贵州省主要污染物总量减排攻坚战行动方案的通知》等一系列文件；省人大常委会通过和批准了《贵州省节约能源条例》、《贵阳市建设循环经济生态城市条例》、《贵州省地质环境管理条例》等地方性法规和规章，为促进循环经济发展提供了政策支持和法规保障。

同时，按照规划先行的原则，各有关部门通过大量的调研工作，完成了《贵州省“十一五”节水型社会建设规划》、《贵州省水利发展“十一五”专项规划》、《贵州省“十一五”污水处理及再生利用设施建设规划》、《贵州省“十一五”资源节约和综合利用规划》、《贵州省三峡库区及其上游污染防治规划》等一系列规划，为促进贵州省循环经济发展提供了规划保障。《贵州省再生资源回收利用管理办法（草案）》已列入2010年立法调研计划。

（二）建立完善工作机制，指导全省循环经济加快发展

为了加快循环经济的发展，贵州省从建立健全有关制度和标准着手，逐步建立各级、各部门协作配合、共同推进的工作机制，指导和推动全社会及重点工业基地循环经济的发展。

一是建立省发展循环经济工作联席会议制度，明确贵州省循环经济牵头单位。为更好地推动循环经济的发展，研究拟订全省促进循环经济发展重大政策措施，协调解决全省推进循环经济发展中的重大问题，指导、督促、检查发展循环经济各项工作，省政府建立了以分管副省长为召集人，省政府办公厅、省发展改革委、省经济和信息化委等16个单位参加的省发展循环经济工作联席会议制度。2009年机构改革后，省政府进一步明确省发展改革委为贵州省节能减排、节能、循环经济牵头单位。

二是实行循环经济基地规划的审查和控制。为了确保循环经济基地的新建、扩建或改造项目按照循环经济的理念建设和发展，建立起真正的循环经济基地，明确了对循环经济基地规划的审查评价中，由省发展改革委对规划是否符合国家的产业政策、工业布局及产品规模是否合理等进行审查，由省国土资源厅对矿产资源、土地资源等进行审查，由省水利厅对水资源等进行审查，由省经济和信息化委对工业和信息化领域的节能降耗进行审查，由省环保厅对环境保护评价进行审查，对达不到国家和省有关规定和标准的，一律不予通过。对通过省各有关部门审查的，再由省发展改革委组织省内外专家、省有关部门进行评审，规划评审通过后，由省发展改革委批复并列为省级循环经济型工业基地。通过提高准入门槛，确保循环经济科学、真实、有效地发展。

三是加快建立以能耗统计监测和考评体系为突破口的循环经济评价指标体系。节能降耗是发展循环经济的主要内容，对节能降耗指标的统计监测和考核评价，是建立循环经济指标评价体系的重要组成部分。贵州省把建立较完善的能耗统计监测体系作为一项重要任务，在深入开展调研的基础上，结合实际，制定了《贵州省地区节能降耗统计监测方案(试行)》，初步建立了能够反映市一级能耗水平的能耗统计体系，为开展能源统计监测、节能目标考评工作提供了制度保证。建立了能耗通报制度，有力地促进了节能降耗约束性指标的执行。省人民政府印发了《贵州省单位GDP能耗统计指标体系和监测体系实施方案》和《贵州省单位GDP能耗和单位工业增加值能耗考核体系实施方案》，并按实施方案对各市州地开展了节能目标责任的考评工作。

（三）实行分层次示范，积极做好试点示范引导

重点支持贵阳市依照建设循环经济生态城市总体规划，搞好发展循环经济的示范建设工作。在省内有条件的工业园区和企业建立示范基地及项目，规划建设开阳、坪桥、桐梓、绥阳、瓮福、镇远、安龙、织金、普定等一批循环经济工业基地。将开磷集团、瓮福集团、赤天化集团、茅台集团、水钢集团、盘江煤电集团、水矿业集团等大型骨干企业作为试点，引导和支持企业内部资源的循环利用。通过试点，提出发展循环经济的重大技术和项目领域，完善促进再生资源循环利用、降低污染排放强度的政策措施，提出按循环经济模式规划、建设、改造工业园区以及建设资源节约型、环境友好型城市的思路，为发展循环经济提供示范。

（四）抓好循环经济发展的重点环节，提高资源综合利用水平。

在资源开采环节，坚持“在保护中开发、在开发中保护”的原则，推进资源综合利用和发展循环经济的重大项目建设，合理开采和有效保护稀缺矿产与优势矿产资源；加强对矿山企业开采回采率、采矿贫化率和选矿回收率监管，提高资源综合回收利用率。在资源消耗环节，实行清洁生产并依法强制审核，鼓励节能降耗，着重降低能源原材料工业等重点产业及行业的能源、原材料、水资源消耗。在废物产生环节，强化上述重点行业的污染预防和全过程控制，实行生产者责任延伸，合理延长产业链，拓宽发展幅；重点实施煤渣、粉煤灰、煤矸石、脱硫石膏、磷石膏、炭石、尾矿渣、冶炼渣、煤矿瓦斯、烟气、二氧化硫、林木采伐剩余物等主要废弃物的综合利用项目，争取实现“零排放”；加快再生水利用设施建设，加强城镇垃圾等的减量化和再利用。在再生资源产生环节，加强回收系统建设，着重抓好贵阳市废旧物资回收网络建设和贵阳、遵义废旧物资回收市场试点；建设节水型城市，建立城市垃圾分类收集和分选系统。在消费环节，倡导有利于节约资源和保护环境的消费方式，鼓励使用能效标志产品、节能节水认证产品和环境标志产品；推行建筑节能，积极发展节能省地型建筑，推进中水回用；政府机构实行绿色采购。

（五）积极开展循环经济科技成果的转化和产业化工作

一是认真做好科技攻关计划项目的组织申报。根据《贵州省中长期科学和技术发展规划纲要》的总体指导思想，围绕省政府经济社会发展重点，贵州省发布了《2009年社会发展攻关计划项目指南》，下达《关于组织申报2009年度社会发展科技攻关计划项目的通知》，以可持续发展战略为主题，认真做好相关科技计划的组织申报，2009年贵州省共安排循环经济领域项目11项，支持经费204万元。

二是建设循环经济领域工程中心。2009年整合科研院所已有科技资源，建设了贵州省磷资源高效利用工程技术研究中心，该中心集聚国内外相关领域专业技术人才，形成了磷矿采选、磷复肥及磷精细化工技术研究、伴生资源综合利用及废弃物资源化利用方面的强有力研发团队，将为解决磷化工行业共性、关键性、前沿性技术难题，培养后续研发人才队伍，为我国磷矿资源的高效利用及提升磷化工行业整体技术水平提供技术支撑。

三、2010贵州省循环经济工作安排

2010年，贵州省促进循环经济发展的主要目标是：初步建立起发展循环经济的法规体系、政策支持体系、技术创新体系、管理体制和激励约束机制；资源利用效率大幅度提高，单位生产总值能源消耗比2005年下降20%左右；主要污染物二氧化硫、化学需氧量排放总量在2005年基础上分别下降15%和7%；工业固体废物综合利用率达到40%，工业用水重复利用率达到60%以上，矿产资源综合回收率提高5个百分点以上，形成一批资源生产率高、污染物排放低的清洁生产企业、循环经济生态工农业基地和资源节约型、环境友好型城镇及区域。围绕以上目标，主要做好以下工作：

一是制定循环经济规划，指导全省循环经济发展。高质量完成《贵州省“十二五”发展循环经济和节能减排专项规划》的编制。按照循环经济要求，对中心城市、重点开发区、重点产业园区、重化工业集中地区，进行统筹规划、建设和逐步改造，引导和促进集聚发展。

二是以能源原材料工业及骨干企业为重点，全面推行清洁生产。深入贯彻落实《清洁生产促进法》及贵州省实施意见，积极开展清洁生产试点，着重抓好对环境影响大的电力、煤化工、磷化工、有色、冶金、建材等重点行业的清洁生产。

三是以重点领域和重点行业为突破口，大力推进节能降耗。抓紧制定并严格执行重点行业能耗标准，大力实施政府机构节能、绿色照明、节能监测和技术服务体系建设等重点节能工程。认真落实国家“千家企业节能行动”计划，深入实施“521”节能降耗工程，积极推进冶金、有色、化工、建材、电力等重点耗能行业的企业节能。

四是以推广生物质能应用为重点，大力发展高效循环农业。大力开展循环农业科技示范园区及生态循环经济示范村建设，启动实施农业大中型沼气综合利用示范工程、乡村清洁示范工程建设，加强农业面源污染治理，促进农业农村生产生活衍生物综合利用。

五是积极发展环保产业，为资源循环利用和保护环境提供物质技术保障。积极开发减量化、再利用和资源化的技术与装备，重点发展工业粉尘、烟气回收利用、垃圾处理的工艺及设备。借助清洁发展机制，利用国际资源，加大清洁发展机制项目的开发力度。

六是加快淘汰落后产能，促进循环经济发展。根据限期淘汰落后产能的方案，淘汰钢铁、电力、化工、有色、建材等行业中高耗能、高污染、低效益的工艺、技术和装备，淘汰不符合能耗标准的在役机电通用耗能设备和产品。.

七是加强循环经济项目的储备和前期工作。加强循环经济项目的调研，做好循环经济示范项目的收集、筛选工作，加强项目审核，选择技术先进、经济环境效益明显、条件成熟的项目储备并积极向国家申报，多渠道筹集资金，以项目建设推进贵州省循环经济发展。

八是加强宣传教育和培训。动员社会各方面力量，大力开展形式多样的节约资源和保护环境的宣传活动。

四川省循环经济

四川省发展和改革委员会

2009年，四川省坚决贯彻党中央、国务院发展循环经济工作部署，以“减量化、再利用、资源化”为原则，以“低消耗、低排放、高效率”为目标，按照“两个加快”的战略部署，将发展循环经济、强化节能减排与灾后恢复重建有机结合，努力克服汶川特大地震灾害和国际金融危机的双重影响，积极推进经济结构调整，促进发展方式转变，全省经济成功实现企稳回升、向好发展的同时，循环经济工作也取得了积极进展。

加快发展循环经济是落实科学发展观、转变经济增长方式的重要抓手，是建设资源节约型、环境友好型社会的重要内容。近年来，四川省围绕发展壮大循环经济产业，深入调查、科学规划、分类指导、试点探索，循环经济、清洁生产理念逐步深入人心，工作机制基本建立，工作力度逐步加大，政策措施逐步完善，技术支撑逐步加强，各类循环经济试点积极推进，四川省发展循环经济工作取得积极成效。

一、发展循环经济的主要进展情况

（一）强化领导，建立健全循环经济的工作机制，不断强化工作目标

四川省委、省政府历来高度重视循环经济发展，成立了主要领导任组长，分管副领导任副组长，省直有关部门主要领导为成员的节能减排工作领导小组，各市（州）也建立了相应的工作机构，建立了推进节能减排和循环经济发展的工作机制。健全了推进循环经济发展的工作机制，在省节能减排工作领导小组统一协调下，省发展改革委牵头负责规划实施的指导协调工作，定期召开部门联席工作会议，研究解决推进循环经济发展中的重大问题，制订相应的政策措施，建立目标责任制，做到了层层有责任，逐级抓落实。各级人民政府也把发展循环经济列入重要议事日程，增强紧迫感和责任感，建立了工作机制。省政府印发了《四川省“十一五”循环经济发展规划》，明确四川省发展循环经济的指导思想、目标任务、发展重点和主要措施。2009年，四川省进一步贯彻落实《循环经济促进法》，省政府出台了《关于进一步推进节能降耗工作的意见》、《关于进一步加强主要污染物总量减排工作的通知》等一批相关文件并采取一系列措施推进循环经济工作，“十一五”以来四川省万元GDP能耗累计下降16.36%，完成“十一五”节能目标的80.05%；全省矿产资源总回收率和共伴生矿综合利用率不断提高，工业固体废弃物综合利用率达到55%。

（二）科学规划，建立发展体系

启动编制《循环经济促进法》四川省地方性法规，将推进循环经济发展列入法制轨道。继续实施《四川省“十一五”循环经济发展规划》，同时把发展循环经济作为重要内容纳入正在编制的“十二五”规划，一是通过调查研究、科学论证，统筹安排节能、节水、综合利用等重点领域的专项规划；二是围绕重点产业，拉长产业链条，优化产品结.构，促进产业之间的共生耦合，重点安排工业废弃物再利用、再循环项目；三是围绕“三废”的综合利用及建材生产转化等方面，建立适合四川省实际的发展模

四川地震灾区农村垃圾处置及循环利用项目启动仪式

式和经济体系。

（三）推进试点，壮大产业规模

积极推进国家确定四川省的3个循环经济园区、5家企业和四川省确定的177个（户）省级循环经济试点园区、企业的试点工作，2009年重点支持了成都、德阳、绵阳、广元等重灾地区建设循环经济示范园区，推动五粮液、攀钢、四川美丰等企业实施循环经济重大项目，发挥科技资源集、产业基础、特色资源的优势，通过典型企业、园区的发展壮大，在磷化工、精细化工、汽车及零部件、食品等行业，构建和壮大企业之间、园区之间、地区之间的循环经济产业，一批资源利用水平高、污染排放明显减小的循环经济试点初步建成，在发挥集聚效应的同时，进一步促进了减量化、资源化和再利用，也降低了企业经营成本，提高了效益，示范效应初步显现。从省内现有企业的能源、水和原料利用状况入手，制定包括资源产出率、单位产品资源消耗（能耗、水耗、原材料消耗）、资源综合利用、废物排放等方面的标准进行对标。通过引进关键链接项目，打造循环型的资源流、物质流、能量流、信息流和技术流的高效耦合系统。加快发展低耗能、低排放、具有高科技含量的重点项目，按照循环利用的理念构建产业园区。

（四）开展示范，推进有序重建

四川省以提高资源利用效率、促进废弃物循环利用为重点，力争将灾后恢复重建与发展循环经济有机结合，促进灾区经济、社会和环境全面、协调、可持续发展。

汶川地震引起的倒塌房屋和危房拆迁两项合计约产生建筑垃圾5亿吨,超过一个特大城市20年产生的建筑垃圾总量,这些建筑垃圾如露天堆放,不仅占用了大量土地,还将可能污染地下水和土壤,而如采用无害化填埋处置,至少需要花费100亿元。四川省政府印发了《汶川地震灾后建筑废弃物综合利用实施意见》（以下简称《实施意见》）。《实施意见》提出：到2010年底前完成地震灾后建筑废弃物的清理、回收工作，建筑废弃物的综合利用率达到70%以上，处置率达100%。《实施意见》明确了有关政策措施：对新建和扩建建筑废弃物综合利用项目，经省、市（州）相关部门认定后，在3年内分别由省和所在市（州）按照投资贷款利息额给予一定比例贷款贴息。3年内将省、市（州）墙改基金留存的30%专项用于利用建筑废弃物生产墙板、空心砌块、非烧结砖等企业补助。对符合国家、省有关资金政策，年处理建筑废弃物能力达到40万吨以上的项目，在省预算内基本建设投资、省工业发展资金安排方面给予适当支持，并作为循环经济项目向国家申请专项补助。自2008年7月1日起，对参与建筑废弃物综合利用的企业实行增值税扩大抵扣范围政策。开启绿色信贷通道。对建筑废弃物综合利用专项信贷需求，实行灵活的贷款方式。按四川省对水泥出厂价格实行最高限价管理的原则，对建筑废弃物综合利用所需水泥实行临时价格干预；建筑废弃物综合利用生产用水执行最优惠价格；在国家认定的39个极重和重灾县（市、区）范围，执行灾区优惠电价政策；减免建筑废弃物综合利用各环节所涉及的相关行政事业性收费；免收灾区运输建筑废弃物的车辆通行费；制定有利于建筑废弃物综合利用生产的销售价格政策。建筑废弃物综合利用项目建设用地可纳入“绿色通道”快速审批。“以工代赈”政策。采用以工代赈方式清运建筑废弃物，劳务报

四川永祥股份有限公司总投资3亿多元的综合利用电石渣年产150万吨水泥项目，是利用生产PVC产生的电石渣和其他的粉煤灰、硫酸渣、煤渣等工业废渣，采用新型干法生产工艺建设一条2000t/d熟料电石渣水泥生产线

酬由所在市（州）给予补助。

2009年，省建设厅、省发改委、省经委联合印发了《四川汶川地震建筑废弃物资源化实施指南》，提出在都江堰、北川、什邡、青川、江油等地震灾区规划建设6个建筑废物资源产业化处置示范工程，安排了1亿元专项资金支持建材企业发展，选择典型企业召开了建筑废弃物综合利用现场会，鼓励和引导企业以资金、技术、设备等方式积极参与建筑废弃物处理项目。目前在都江堰、青川、什邡、江油等灾区已建成4个建筑废弃物处理场，年处理能力达120万吨，

（五）开拓创新，培育新的亮点

一是下发了《关于加快推进农作物秸秆综合利用的实施意见》，编制完成了四川省秸秆综合利用规划（2010－2015）初稿，提出了到2015年全省秸秆综合利用率达90%以上、基本解决秸秆废弃和田间焚烧问题的目标及相关工作重点。针对四川省资阳、眉山等丘区大市（县）走出了一条畜禽粪便综合的模式，生态养殖—沼气发电—畜产加工，解决农业能源污染，仅2009年省市共安排资阳市8000余万元，拉动民间投资14亿元，同时有力带动了当地产业发展。

二是在巩固一、二批“禁实”成果基础上，全面推进第三批限时禁止使用实心粘土砖城市工作，在19个城市禁止使用实心粘土砖。大力推广新型墙体材料，制定了关于在四川省地震灾区积极推广使用非烧结新型墙体材料的通知，加大新型墙体材料在灾后重建中推广使用，全省新型墙体材料占比达到52%以上。

三是加大废旧家电、塑料回收市场建设，在内江、成都等地培育了一批大中型再生资源回收、加工市场。

四是认真贯彻落实国家关于限塑工作的部署，严格限制塑料购物袋的生产、销售和使用，推进商品过度包装治理工作。

五是大力推广新型墙体材料，制定了关于在四川省地震灾区积极推广使用非烧结新型墙体材料的通知，加大新型墙体材料在灾后重建中推广使用，全省新型墙体材料占比达到52%以上。制定了《回收金属面聚苯乙烯夹心板建筑应用技术规程》，有序开展活动板房回收工作。

二、发展循环经济采取的主要措施

（一）加大宣传，牢固树立科学发展观意识

发展循环经济是实现可持续发展的重要途径，既关系当代发展，又惠及子孙后代，利国利民，需要政府、企业和社会公众共同参与。因此，去年，四川省积极行动，运用各种手段宣传循环经济作用，使全省人民牢固树立科学发展观意识。一是通过运用广播、电视、报刊、杂志和印发宣传品等手段，开展形式多样的宣传活动，大力普及循环经济相关知识，广泛宣传发展循环经济的政策，提高对发展循环经济重要性的认识。二是通过广泛的宣传教育活动，使各级领导干部树立科学的发展观，把发展循环经济的理念贯穿到各项经济工作中去，走可持续发展道路；使企业领导树立循环经济的新观念、新思维，创新发展思路，开拓性地经营企业；使公众树立自觉的环境 保护意识和绿色消费意识，自觉抵制浪费行为，把节能、节水、节材、节粮、垃圾分类回收及减少一次性产品的使用逐步变成每个公民的自觉行为，逐步形成节约资源和保护环境的生活方 式和消费模式。

（二）科学规划，统筹建立循环经济有效发展体系

把发展循环经济作为编制“十一五”规划的重要指导原则，纳入“十一五”规划。要通过调查研究、科学论证，以科学的发展观为指导，编制符合全省实际的循环经济发展中长期规划。在规划编制过程中，加强对发展循环经济的专题研究，统筹安排节能、节水、工业垃圾综合利用、生活垃圾回收利用等重点领域的专项规划。围绕重点产业，拉长产业链条，优化产品结构，促进产业之间的共生耦合，协调发展，重点安排工业废弃物再利用、再循环项目。围绕“三废”的综合利用及建材生产转化等方面，通过建立适合四川省实际的发展模式和经济体系，使全省工业循环经济有序运作，快速发展，实现经济社会环境的协调可持续发展。

（三）狠抓重点，推动全省产业布局的合理调整

西南循环经济产业园樟木集中区开园

用循环经济理念指导产业转型，促进产业布局合理调整。一是通过一批重点行业、重点企业、工业园区循环经济的试点示范，总结重点产业，试点、示范企业实施循环经济的经验，找出可持续发展的基本模式，做到以点带面，带动全省工业循环经济节能减排工作快速发展。二是从省内现有企业的能源、水和原料利用状况入手，制定包括资源产出率、单位产品资源消耗（能耗、水耗、主要原材料消耗）、资源综合利用、废物排放等方面的实现目标。三是通过引进关键链接项目，形成企业间共生和代谢的生态网络关系，打造循环型的资源流、物质流、能量流、信息流和技术流的高效耦合系统。四是加快发展低耗能、低排放、具有高科技含量的重点项目，按照循环经济的理念和工业生态学理论构建工业园区。

（四）科技创新，走开放式发展循环经济的路子

提高资源利用效率，减少废弃物排放，是企业提高经济效益、保护社会生态环境的重要途径。发展循环经济，建设资源节约型社会，必须要有相关的技术作支撑。去年，四川省努力突破制约循环经济发展的技术瓶颈，重点加强对节能技术、节水技术、链接技术、新材料技术、生态技术的研究开发，促进技术进步和科技成果的转化。通过加强与大专院校和科研院所的联系，借脑借智，投入必要的资金，对资源节约技术和废弃物消化利用技术进行了革新和升级。同时，四川省论证和储备了一批节能降耗、效益可观的项目，建立了资源节约、综合利用、工业污染防治和促进清洁生产的环保项目库，做好了项目前期工作，培育了招商引资载体。以加大招商引资工作力度，争取国家资金和国债资金的支持的方式，积极寻找投资合作伙伴，走出了一条开放式发展循环经济的新路子。

三、发展循环经济的基本经验

（一）领导重视是关键

领导重视，组织落实，是推进循环经济发展的关键。各试点单位的领导尤其是主要领导高度重视发展循环经济，成立了以主要领导为组长的发展循环经济领导小组，并设立专门的工作班子，加强协调联动。不少单位一把手亲自抓，亲自部署落实。各试点市（州）都组织召开了循环经济工作会议，党委、政府领导亲自进行动员部署，促进了循环经济工作的开展。

（二）科学规划是前提

制定科学的循环经济发展规划是循环经济工作取得成效的前提条件。我们在组织实施第一批试点过程中，要求各单位编制试点工作方案，并组织专家对方案逐一进行论证审查。通过制定规划或试点实施方案，明确了发展循环经济的基本思路、主要目标、重点任务、政策措施及重点项目，方案的编制和论证审查对试点工作组织实施发挥了重要作用。

（三）科学技术是支撑

开发应用资源高效利用和循环利用的关键技术是循环经济发展的重要支撑。2009年全省高新技术产业增加值突破千亿元大关，六大高耗能行业增加值占地区工业增加值比重为30.94%。四川省的3个循环经济园区、5家企业和四川省的省级循环经济试点园区、企业的试点工作取得成效，五粮液、攀钢、四川美丰等企业循环经济项目取得重大进展。经验表明，循环经济发展取得显著成效的企业往往是科技支撑作用的结果。

（四）完善政策是基础

近年来，四川省出台了一系列奖励政策，对循环经济的发展起到了有效的激励，极大地调动了企业开展资源综合利用的积极性。如：2009年对川化集团有限责任公司等4户企业作为节能突出贡献企业、泸天化（集团）有限责任公司等12户企业作为节能先进企业予以表彰，取得了良好效果。

四、存在的主要问题

（一）产业结构仍需调整

由于四川省尚处于工业化加速发展期，高耗能、高污染的产业所占比重仍然偏大，轻重工业仍然维持1：6的结构，万元GDP能源消耗及主要污染物强度较高，产业结构重型化、发展方式粗放的格局没有根本改变。

（二）体制机制和政策仍不完善

促进节能减排、淘汰落后产能、发展循环经济的激励和补偿机制尚未完全建立，各级投入发展循环经济的资金有限，且覆盖面不广；运用合同能源管理等市场化的节能新机制的推动力不够。

（三）能力建设亟待加强

循环经济管理基础能力建设与发展循环经济任务矛盾十分突出，能源和环境统计力量依然十分薄弱，节能监察和环保执法工作有待进一步强化。

（四）受地震灾害和金融危机影响较大

汶川特大地震和金融危机给四川省循环经济发展和清洁生产带来了较大压力。灾后重建拉动水泥、钢铁等高耗能行业增长，清洁生产工程实施受到影响，部分节能措施落实不到位，产业结构调整步伐放缓，淘汰落后进度滞后。金融危机的不断蔓延造成市场需求减弱、产品价格下降，部分企业开工不足，产能得不到充分发挥，用能设备能源利用效率下降；同时，由于企业效益回落，投资行为更趋谨慎和短期化，对循环发展与清洁生产投入带来的长期回报认识不足，节能融资更加困难，影响了清洁生产工程的实施。在扩大内需保增长过程中，淘汰落后产能难度加大，控制“两高”行业投资反弹的任务更加艰巨。

五、下一步工作重点

（一）加快产业升级

一是支持和鼓励企业采用先进工艺和设备，提高企业经济效益、环境效益和社会效益，防止“两高”行业低水平重复建设。二是促进电子信息、新能源、新材料、节能环保、生物产业等高新技术产业的应用。三是加快现代服务业与工业融合，提高低耗能、低排放产业在国民经济中的比重，努力培育新的经济增长点。

（二）突出重点领域和重点行业

一是继续实施清洁生产审核，建立一大批循环经济型企业。二是加强对废物的利用与回收，培育新的经济增长点。三是大力发展生态工业，实现环境与经济“双赢”。四是发展循环型生态农业，促进城乡发展的协调统一。五是以城市中水回用为重点，全面建设资源循环型社会。六是推动新型墙材的推广应用，加大对地震灾后建筑废弃物利用力度。七是继续开展循环经济、清洁生产宣传教育，提高公众参与意识。

（三）大力发挥市场机制作用

一是加大合同能源管理，运用市场机制，诊断、融资、改造等为用户服务，广泛推广应用节能增效新技术、新产品，促进全社会节约利用、高效利用、清洁利用能源资源。二是认真落实企业主体责任，自觉加快技术改造和设备更新步伐，加快构建有利于资源节约和环境友好的产业体系。三是以科技、人才优势为依托，加快循环经济技术开发，建立以企业为主体、产学研相结合的技术创新与成果转化体系。

宜宾天原集团形成了集能源、热电、电石、化工、建材为一体的循环经济产业链，成为国内电石法聚氯乙烯产业走健康发展之路的典范

云南省循环经济

云南省发展和改革委员会

2009年，云南省深入贯彻落实科学发展观，始终把构建资源节约型和环境友好型社会与全面建设小康社会目标结合起来，把发展经济与节约资源、保护环境结合起来，采取一系列强有力措施，不断调整产业结构，转变发展方式。各地、各部门以《循环经济促进法》的实施为契机，结合实际积极研究并探索发展循环经济新路子,大力推进以“减量化、资源化、再利用”为核心内容，以低消耗、低排放、高效率为基本特征的经济发展模式，并取得了新的成效。

一、主要工作进展情况

根据省委、省政府发展循环经济的战略构想，在充分调研的基础上，提出了云南省发展循环经济思路。围绕并服务于全省的总体发展战略，在生产、消费、回收综合利用等各个环节贯彻循环经济理念，在企业园区、区域和社会各个层面着力推进资源循环利用和节能减排，逐步构建生态工业、生态农业和生态旅游业等生产及消费循环系统，建立相应配套保障体系，形成资源节约型和环境友好型发展模式和经济社会结构。按照阶段工作重点，突出抓了以下几方面工作。

（一）着力构建重点区域重点产业发展循环经济体系

第一，构建滇中、滇东为主要区域的工业循环体系。滇中、滇东是云南省工业集中分布的地区，主要以磷、煤、有色金属等资源加工型产业为主，普遍存在产业链短、资源消耗大、利用率低、生态环境破坏严重等问题。但滇中、滇东区域工业产业的集中分布为构建生态工业链及发展循环经济提供了基础，为以调整物质流动方向为特征的循环经济的发展提供了空间。主要立足当地的资源优势和产业优势，以提高资源利用效率和改善生态环境为目标，以产业结构调整及优化布局为主线，依托龙头企业和工业聚集区（工业园区）及特色产业基地，不断延伸产业链和资源再生链，形成一批生态共生产业集群，构建资源型产业发展的循环工业模式。

第二，构建高原湖区及重点河流区为主循环农业体系。云南省坝区，特别是湖盆区域由于地形平缓、土壤肥沃和水资源使用便利，是社会经济发展的密集区域，尤其是农业发展的主要区域。这些区域普遍存在农业生产粗放、产业结构不合理、面源污染突出等问题，特别是农药、化肥残留物及垃圾、秸秆、畜群粪便等农村及农田废弃物污染严重，导致湖区水环境及生态环境质量下降，加剧了湖区经济发展与资源环境之间的矛盾。因此，这些区域是农业循环经济发展的重点区域。另外，在金沙江、珠江等重要河流的主要直接径流区，有选择地开展农业循环经济示范区建设。农业循环经济示范区的建设以发展农业生产、提高经济增长质量为重点，以削减面源污染及保护水环境质量为目标，突出产业结构调整和提高资源利用效率，依靠科技进步，从农民家庭、村镇、生态园（区）、区域等四个不同层次构建农业循环经济发展模式。

第三，构建滇西北、滇东南生态旅游业循环经济体系。旅游业是云南省五大支柱产业之一，2008年旅游总收入占当年全省GDP的11.4%。旅游业已成为云南省新的经济增长点，在国民经济中的地位日显重要。以滇西北旅游区、滇东南旅游区为优先区域，以生态旅游为优先领域，从空间格局（区域层次）、旅游服务业体系（产业层次）、旅游业基础设施（企业和产品层次）等方面构建旅游循环经济模式。

第四，构建重点城市再生产业循环经济体系。再生产业的发展是建立资源节约和循环型社会的重要途径。昆明、曲靖、玉溪、蒙自、大理是云南省确定的五个重点发展的区域性中心城市，是社会消费、可再生废旧物资产生的主要区域。以重点城市作为再生产业发展的优先区域，构建再生产业循环经济模式，为再生资源回收、加工体系的完善及再生资源实体的建立提供借鉴。

（二）不断深化循环经济试点工作

为进一步贯彻落实省委、省政府发展循环经济的一系列重大战略部署，加快推进云南省“两型”社会建设，积极推动首批20家企业（单位）开展循环经济试点工作，为探索建立不同行业、不同领域、不同区域循环经济发展的有效模式发挥了试点示范作用。

昆明钢铁控股有限公司截至2009年底投资2亿多元，完成节能减排项目29项。为强化管理，努力做好节能减排和循环经济工作，实施管理机构整合，优化组织结构，挂牌成立了昆钢节能减排中心。先后举办各级管理人员和工程技术人员参加的循环经济培训班25期，参培人数上千人。广大员工的循环经济理念、环境忧患意识不断增强。

云天化集团有限责任公司建立完善了原材料及能源消耗能源收支平衡月报表报送、企业能源利用季度报告、定期上报环境资源利用、集团各生产企业的能源审计等一系列工作机制，有力地推进了循环经济发展。

临沧南华晶莹糖业有限公司制定出台了《云南临沧市晶莹糖业有限责任公司清洁生产审核工作实施方案》。8个糖业公司和1个纸业公司共实施完成清洁生产方案932个（其中无/低费方案890个，中/高费方案42个），并全部分别通过清洁生产强制和自愿审核验收，使各子公司生产管理中的节能、降耗、减污、增效水平明显提高。以蔗渣、废弃物和废糖蜜综合利用为特征的“三条循环经济链”建设，为云南省蔗糖业发展循环经济做了积极探索。

开远市工业示范区积极开展循环经济，园区自然环境、社会环境大为改观。2009年与2003年相比，大气污染物二氧化硫排放量减少14.6%，烟尘排放量减少47.2%，工业粉尘排放量减少39.2%。

祥云飞龙实业有限责任公司对铅锌冶炼固体废渣中的银、铅、锌、铟、镉等10多种有价金属元素进行综合回收，生产废水全部循环利用。实施“氧化锌矿出渣和高杂质氧化锌矿提锌技术”攻关项目，经专家组评审鉴定，成果为国内领先，国际先进。

云铝公司推进技术创新，使原铝交电单耗达到13300kW·h/t以下，创造了全国最好指标和世界一流水平，被命名为“国家环境友好企业”。

（三）积极探索发展循环经济新路子

积极推进循环经济试点示范工作，建立能耗指标公报制度、完善能源统计体系，淘汰落后生产能力、促进节能降耗，扩大差别电价实施范围、加大差别电价实施力度，开展节约生产、清洁生产，倡导绿色消费，着力构建节约型消费模式。2008年以来，先后组织完成了《云南省发展循环经济，实现节能减排战略研究》、《云南省季度地区能源消费总量核算方案课题研究》、《云南省工业清洁生产发展战略研究》、《云南省秸秆综合利用规划研究》、《云南省发展低碳经济规划研究》、《云南省“十二五”节能减排规划研究》等课题，不断探索云南特色发展循环经济新路子。昆明、曲靖、保山等州市（县、区）先后编制了《循环经济发展规划》。2009年，启动了出台《云南省循环经济促进条例》、编制《云南省循环经济发展规划》前期工作。

二、采取的主要措施及取得的成效

（一）采取的主要措施

淘汰落后产能，培育新兴产业。突出重点，扶优汰劣，加快推进工业领域的节能减排。加大力度淘汰落后产能，减少污染和排放，为新兴产业腾出发展空间，在钢铁、煤炭、建材、化工、有色等重点耗能行业实施“六大”节能工程。“十一五”期间已实施300多个节能示范项目，每年节能量超过200万吨标准煤。提前两年关停8台10万千瓦小火电机组。炼钢、电石、黄磷等超额完成淘汰计划，全省累计淘汰火电92.8万千瓦，完成“十一五”计划

88.2%。每年财政支持节能和淘汰落后产能的资金不少于3亿元。按照生态建设产业化、产业发展生态化的要求，大力发展生态环保、低消耗、高效益的产业和产品。农业方面，以培育扶持龙头企业和农民专业合作组织为抓手，着力提高农业和农村经济的组织化、产业化发展水平，不断提升烤烟、茶叶、橡胶、蔗糖等传统优势产业，大力发展中药材、花卉、林果、蔬菜、蚕桑、木本油料等新兴产业。工业方面，加快培育发展生物医药、光电子、新材料、新能源、环保产业和先进制造业等战略性新兴产业，重视利用先进适用技术和高新技术改造传统产业，推进矿产业精细化、新型化发展，促进轻工业加快发展。

调整能源结构，发展清洁可再生能源。加大水电等可再生能源的开发，上大压小、适当控制火电规模。电力装机水火比例由2006年的55.2：44.8调整为2009年的66.1：33.5。2008年太阳能热水器保有量800多万平方米，普及率全国第一；建设亚洲最大的166兆瓦太阳能光伏试验示范电站项目；沼气建设规模和技术在全国处于领先地位。2008年底，全省农村户用沼气池保有量达到215.6万户，位居全国第四。2008年全省可再生能源占一次能源消费比重达到20%，远高于全国的平均水平。

加大工业结构调整力度，努力实现节能减排。调整工业内部结构，主要是“调优、调强、调轻”。云南重化工业增加值的比重较高，2008年达55%，是造成目前工业能源和资源消耗比较大的一个原因。调优，就是优化工业内部结构，逐步降低重化工业在工业增加值中所占的比例。在保持总量可持续增长的前提下，通过五年左右的时间，重化工业所占比重下降10个百分点以上。调强，就是依靠技术进步和自主创新提高企业的盈利能力和核心竞争力，提高产品的技术水平和附加值。调轻，重点是延长重化工业的产业链，促进重化工产品向精细化、新型化方向发展，大力发展与最终消费市场衔接的日用轻工产品。

大力发展循环经济、低碳经济，积极应对气候变化。2008年省政府颁布了《云南省应对气候变化方案》。2009年，率先在全国编制了《云南省发展低碳经济规划纲要》。积极开发清洁发展机制（CDM）项目，截至2010年3月，云南省CDM项目批准项目280项，占全国同期批准总数的11.6%，居全国第一；注册项目95项，占全国同期注册总数的12.5%，居全国第一。批准项目年减排量约为2956万吨二氧化碳。组织了一批循环经济的重要项目，实施了首批20个循环经济试点，共选取11家重点企业、1家再生资源回收利用中心、3个园区和2个城市，推进农业、服务业再生资源回收利用等发展循环经济工作。加大了对传统烟、糖、茶、胶行业、养殖生态水产等产业发展循环经济支持力度。启动和实行清洁生产企业超过4000家，近500家企业通过了清洁生产审核验收，100多家企业通过了强制清洁生产审核验收。

解决环境突出问题，推进区域环境治理。落实九大高原湖泊水污染防治措施。滇池治理实施的环湖截污和环湖公路、环湖生态建设、入湖河道治理、农村面源污染治理、滇池底泥疏浚、外流域调水工程六大措施取得重大突破，洱海保护治理经验得到国家环保部高度肯定，抚仙湖—星云湖综合治理有新的进展，及时有效处置了阳宗海水体砷污染事件。实施滇西北生物多样性保护行动，力争“十一五” 期间，多方筹资70亿元用于滇西北环境保护和生态建设。重视跨国界河流环境保护问题，编制了《沘江流域水污染防治规划》，切实开展沘江重金属污染治理，实施了“流域限批”。全面开展城镇生活污水和垃圾处理设施建设。全省将在2012年前县级以上城市建成城镇污水、生活垃圾处理设施，设市城市及县城管网收集率达到85%以上，城镇污水处理率达到80%以上，垃圾无害化处理率达到100%。积极推广制糖企业酒精废醪液和制糖废水综合治理减排工程，规模以上的制糖企业已全部按照环保部认可的技术和标准完成技术改造。强化现役燃煤电厂及钢铁行业脱硫设施建设，对全省规模以上火电企业都进行脱硫设施建设，全省已有893.5万千瓦燃煤脱硫机组建成投产。2009年省级财政安排减排资金7亿元。钢铁行业脱硫项目也全面启动，2010年将完成650平方米的烧结机脱硫。

（二）取得的成效

单位生产总值能耗指标持续下降。2006~2009年四年累计下降14.11%，完成“十一五”目标进度81.63%，减排成绩突出。2006~2009年COD排放量累计削减4.16%，完成“十一五”目标进度85.0%；2006~2009年二氧化硫排放量累计削减4.35%，提前一年完成“十一五”目标任务。万元工业增加值用水量从131立方米下降到105立方米，下降了19.85%；工业固体废弃物综合利用率54%，比2005年35%提高了19个百分点；城市污水集中处理率60%，比2005年39.5%提高了20个百分点；城市生活垃圾无害化处理率65%，比2005年41.9%提高了23个百分点。通过近年来的努力，政府推动、企业主体、市场运作、全民参与的模式基本形成。

三、存在的主要问题及下一步工作重点

云南省的产业特点决定了产业发展的资源依赖性强，高耗能产业比重偏大，其中重化工业占工业增加值的比重高达55%。能源利用效率低，能源消费结构不尽合理。企业技术整体水平落后，创新能力弱，节能环保产业发展缓慢，在推进循环经济发展过程中面临诸多问题和困难。主要是：个别企业（单位）对发展循环经济认识尚未完全到位；一些地方仍把GDP增长作为硬任务，清洁发展、集约和节约发展、循环利用资源和生态文明的意识不强；科技支撑作用不够，资源节约和环境保护重大技术的研发还比较薄弱，资源高效利用和循环利用的关键技术亟待突破，先进适用的成熟技术推广应用亟待加强；资金投入不足，企业缺乏加大投入的内在动力和外在压力。这些问题都需要在今后的工作中逐步加以研究解决。下一步要重点抓好以下几个方面的工作：

第一，转变发展方式，优化产业结构。抓住国家实施产业调整和振兴规划的机遇，把调整优化产业结构作为应对危机的重要举措，大力发展轻工业，优化升级重工业，加快培育新兴产业。加快“两高一资”传统产业升级，大力发展低能耗，少污染、高附加值产业。大力发展现代服务业，不断提高第三产业在国民经济中的比重。

第二，淘汰落后产能，推进技术进步。重点抓好炼铁、水泥、铁合金等行业淘汰落后产能工作，鼓励企业提前淘汰，为先进产能腾出发展空间。推进企业节能技术进步，支持节能技术产品开发和推广应用，实施100项节能示范项目，着力打造30家先进节能示范工业企业。

第三，加大资金投入，支持重大项目。重点支持六大重点节能工程、城市污水垃圾项目、滇池治理项目、火电脱硫项目和糖厂COD削减项目，确保“十一五”节能减排目标得以顺利完成。按国家对节能减排工作的有关要求，提高排污费征收标准；开征或提高污水处理费和垃圾处理费，运用经济杠杆督促企业加强污染治理。认真组织实施“节能产品惠民工程”。

第四，加快“两污”项目建设，确保减排目标完成。全省将新建城市污水处理厂145个，垃圾处理厂103个，确保到2012年，全省污水收集率达到85%，处理率达到80%，垃圾无害化率达到100%。全省每个县区都要建成城市污水处理厂和垃圾处理场。

第五，深化循环经济示范试点，树立一批先进典型。推进矿产资源综合利用，提高低品位矿、共伴生矿、尾矿的综合利用水平。推进工业“三废”综合利用，提高工业固体废弃物综合利用率和工业用水重复利用率。深入推进九湖流域企业、工业园区企业、规模以上企业清洁生产工作。全面推进城镇生活垃圾分类处理体系建设，充分回收垃圾的废旧资源。

第六，优化能源消费结构，坚决遏制高耗能高排放行业过快增长。对新上项目严格把关，规范和完善环境影响评价和固定资产投资项目节能评估和审查制度。继续实施节能发电调度，积极开发新能源、可再生能源，不断优化能源消费结构，降低煤炭在能源消费中的比重。

第七，建立和完善法律法规体系，形成有利于循环经济发展的长效机制。研究并制定适应新形势的法律法规体系、激励机制，建立和完善行业指标体系，财政、税收、金融信贷等方面的优惠政策。引导企业注重资源利用效率，提高环境保护意识，促进全省循环经济的健康快速发展。

西藏自治区循环经济

西藏自治区发展和改革委员会

2009年,自治区党委、政府把节能减排工作作为深入学习实践科学发展观活动重要内容，制定了全区节能减排的目标任务和工作措施，强调了发展循环经济的重要性和紧迫性，以落实节能减排主要指标为抓手，着力发展重点行业、重点企业、重点领域和重点工程的循环经济，以点带面开展工作，全区循环经济工作取得一定成效。

一、强化循环经济各项政策措施，确保循环经济发展取得实效

（一）加强组织领导，完善制度政策

按照《国务院办公厅关于印发2009年节能减排工作安排的通知》（国办发[2009]48号）要求，西藏自治区节能减排工作领导小组及办公室对我区节能减排工作进行了全面安排部署，并明确了各级政府、各有关部门的职责分工。制定了《西藏自治区人民政府关于贯彻落实国务院进一步加强节油节电工作深入开展全民节能行动实施意见的通知》、《西藏自治区人民政府办公厅转发自治区发展改革委、气象局关于西藏自治区应对气候变化方案的通知》、《西藏自治区人民政府关于做好冬春季节节能节电工作的通知》等一系列推进循环经济工作的政策措施。积极探索建立全区能耗统计监测制度，加强节能减排机构建设。根据自治区政府批复的机构改革方案，自治区组建了区环境保护厅、工业和信息化厅，区发展改革委内设资源节约与环境保护处，负责自治区节能减排工作领导小组办公室日常工作，进一步明确了职责和分工，通过强化组织领导和完善政策，全区循环经济工作不断取得新进展。

（二）加大循环经济支持力度，推动技术推广和应用

大力实施农牧区传统能源替代工程。2009年全区建设了11个大中型沼气、10个养殖小区和548个农村沼气服务网点建设，使12.4万户农牧民用上了安全清洁的沼气能源。加快县城水电站建设，新增和改善了近1.5万人的生产生活用电问题。全区累计建成太阳能光伏电站379座，装机容量达9000千瓦。沼气和清洁能源的推广使用，进一步改善了我区能源结构。

积极推进企业清洁生产技术进步。我区严格执行限制高能耗、高污染行业发展的经济政策和产业政策，坚持源头控制与淘汰设备相结合，加快循环经济技术、设备改造力度，不断淘汰落后产能和设备。组织企业推广应用余热发电技术，实施水泥生产线纯低温余热发电项目。加大对清洁生产技术开发、技术示范、技术改造和技术推广支持力度，对从事具有推广价值的清洁生产、环保产业、资源综合利用、节能、节水等符合产业政策重点技改项目优先给予支持。工业企业发展循环经济的自觉性进一步提高，部分企业自筹资金对工艺设备新增二次水处理，大大降低能源消耗，又解决了二次污染问题。

西藏自治区累计建成太阳能光伏电站379座，装机容量达9000千瓦

积极推行建筑领域节能工作。根据国家推行建筑节能政策和标准，积极推动新型墙体材料在建筑中的应用，搭建技术标准与政策平台，推动建筑节能试点工程。以规范西藏建筑墙体材料为突破口，制定了《居住建筑节能设计标准》、《民用建筑采暖设

计标准》、《居住建筑节能设计构造图集》和《关于进一步推进我区墙体材料革新和推广建筑节能的通知》，建立了自治区太阳能项目管理数据库和民用建筑节能材料和产品备案制度。实施了“村村通”太阳能光伏单体发电系统工程、金太阳工程、西藏新能源检测中心和风光互补电站及风光互补路灯应用示范项目等。在全区大力推广100.8万只高效照明产品，对有条件的地区和部门进行照明系统节能改造，使更多群众得到实惠，进一步提高了公众节能意识。已在全区部分廉租房、经济适用房建筑和寄宿制学校建设规划中采取外墙保暖系统设计。部分单位已开始对既有居住建筑进行节能改造，推广太阳能极热供暖技术，安装使用量达2500平方米。

继续实施交通领域节能技术改造。禁止高耗能车辆进入运输市场，从源头把好车辆的准入关。对能耗高、排放超标的老旧车辆进行了集中清理，共有564辆老旧营运车辆退出运输市场。继续推进出租汽车“油改气”技术改造工程，鼓励使用液化天然气等清洁燃料，截至2009年底，全区约890辆出租车完成“油改气”改造并投入运营。客运企业对900辆营运车辆上安装了GPS车载机，与客源信息服务网络配套使用，实现了对车辆的远程调度，提高车辆里程利用率，有效提高了能源利用率。

（三）加大宣传力度，营造循环经济发展氛围

以节能宣传周活动为契机，积极开展循环经济宣传活动。通过组织产品展示、问题咨询、发放宣传手册、知识竞赛等活动和播放电视台公益广告、发布短信等形式，大力普及循环经济相关知识，广泛宣传发展循环经济的政策，提高了全社会对发展循环经济重要性和必要性的认识，对更多的循环经济技术和产品有了更加直观的认识，营造了循环经济发展氛围。

二、加强生态环境保护与建设，确保生态环境良性循环

（一）西藏生态安全屏障保护与建设稳步推进

2009年2月18日，国务院50次常务会议审议通过了《西藏生态安全屏障保护与建设规划》，将西藏生态安全屏障保护与建设工程确定为国家重点生态工程，提出用近5个五年规划期的时间，投入资金155亿元，实施3大类 10项生态环境保护与建设工程，到2030年基本建成西藏生态安全屏障。为确保规划顺利实施，自治区成立了规划实施领导小组，出台了《西藏生态安全屏障保护与建设实施意见》，召开了《西藏生态安全屏障保护与建设规划实施方案》编制工作会议。目前，已完成规划3大类10项工程的实施方案和7项保障工作方案，提出了规划专项资金的项目计划。随着规划的深入实施，西藏的生态环境保护与建设工作，形成了统一规划、整体推进、分部门实施的新格局。

（二）严格环境执法监管，逐步规范各类开发建设活动

严格执行建设项目环境影响评价和“三同时”制度，对不符合有关规划、标准的建设项目坚决不予审批，努力从源头上控制新污染的产生。矿产资源勘察与开发环境监管力度不断加大。下发了《关于进一步加强矿产资源勘察与开发环境保护工作的通知》，对西藏自治区矿产资源勘查项目环境保护工作实行分类管理，依法关闭不符合规范、规程要求的选矿企业。

（三）重视环境基础调查研究和能力建设，不断夯实环境保护工作基础

全面完成全区第一次污染源普查和土壤污染状况调查工作。对全区污染源普查进行了全面验收考核，编制了《西藏自治区第一次污染源普查技术报告》。完成了土壤污染状况调查样品分析，获得详尽的土壤污染状况调查分析数据。建立了 西藏自治区土壤污染状况调查数据库和样

西藏已有1万多户农牧民改变以往靠柴薪、牛粪取火的传统生活方式，利用沼气烧水做饭。“十一五”期间，西藏计划投资8亿多元，在农牧区建设20万座沼气池，使100万左右农牧民用上优质、清洁的沼气

华新水泥西藏分公司发展循环经济取得显著成效

品库，编写了《西藏自治区土壤污染状况调查报告》、《西藏自治区一江两河区耕地土壤质量状况》，开展了全区持久性有机污染物更新调查和全区医疗机构医疗废物处置能力调查。

生态补偿研究工作稳步推进。开展了西藏森林、草地、湿地、自然保护区、水资源保障和矿产资源开发等6个领域的生态补偿研究，形成了《西藏生态补偿研究报告》，编制了各领域的生态补偿实施方案，提出了西藏生态补偿政策需求。

环境监测与科研能力不断增强。开展了水、气、声常规监测和集中式饮用水水源地水质监测、酸雨监测、降尘监测、重点污染源监测、委托性监测工作。对全区部分重点项目区以及青藏铁路沿线的环境质量现状进行了调查监测。逐步形成覆盖全区环境空气质量自动监测网络，完善了环境信息服务体系。

三、循环经济初步发展中存在的问题

西藏自治区循环经济发展仍处于起步阶段，在自治区党委、政府的正确领导下，做了许多卓有成效的探索和实践，取得了一定的社会效益和经济效益，但从目前发展情况看，仍存在问题和困难：一是循环经济试点工作进展缓慢；二是部分企业缺乏发展循环经济的积极主动性；三是缺乏发展循环经济政策、技术、资金支撑。

四、今后发展循环经济的工作重点

（一）进一步强化领导，建立健全推进循环经济发展的工作机制

建立健全发展循环经济监测、统计、考核体系，做到层层有责任，逐级抓落实。学习借鉴先进经验，认真分析本地本部门实际情况，研究制定推动循环经济发展的政策措施。部门间加强沟通、密切配合、形成合力，扎实推进循环经济发展。

（二）突出重点和特点，推进循环经济试点工作

用循环经济理念指导产业转型，促进经济发展方式转变。大力推进企业发展循环经济，引导企业以调整产品结构、拉长产业链条、全面提升资源综合利用水平为重点，加快发展低耗能、低排放、具有高科技含量的重点项目，推行清洁生产，实施循环经济的试点工作。鼓励企业通过集成物质、能量和信息等，努力实现资源利用的最大化和废物排放的最小化，逐步形成企业间循环经济产业链，以点带面，带动全区循环经济发展。

（三）节约能源资源，提高能源资源利用效率

加强对重点行业的能源、原材料、水和土地等资源的消耗管理，积极推广优质、高效、低耗以及少废、无废排放的生产工艺，应用节能、节材、节油、节水、节地等节约资源技术和产品，实现能源资源综合、高效、循环利用。

（四）进一步加大资金投入力度，支持发展循环经济

积极引导各金融机构加大对发展循环经济企业的信贷支持。积极争取财政资金，加大对企业发展循环经济的扶持力度。

（五）加大宣传，提高认识，营造全民参与发展循环经济的浓厚氛围

通过运用广播、电视、报刊、信息化等手段，开展形式多样的宣传活动，把发展循环经济的理念贯穿到各项工作中去，树立循环经济的新观念、新思路，坚持可持续发展的道路。进一步树立全民环保意识和绿色消费意识，自觉抵制浪费行为，逐步构建资源节约型和环境友好型社会。

陕西省循环经济

陕西省发展和改革委员会

2009年，陕西省认真贯彻落实《国务院关于加强循环经济的若干意见》（国发[2005]22号），把循环经济摆上突出重要位置，积极开展试点示范，逐步完善政策法规，继续加强基础工作，减量化、再利用、资源化的循环经济模式初步形成，有效促进了经济发展方式的转变。

一、主要成效

（一）节能减排成效显著

2009年陕西省万元GDP能耗为1.172吨标准煤，同比下降4.56%，“十一五”前四年累计下降17.24%，完成目标进度84.78%，超额完成国家规定进度4.78个百分点；2009年全省二氧化硫和化学需氧量排放总量分别为80.44万吨和31.81万吨，同比下降9.56%和4.23%，二氧化硫提前一年实现“十一五”目标任务。

（二）资源综合利用水平大幅提高

2009年陕西省工业固体废物综合利用率达到43%，比2005年（24.1%）提高了18.9个百分点。目前，普通碳酸盐水泥粉煤灰和工业废渣掺入量提高到23%，复合水泥提高到30%以上，1/3的纸浆产量来源于再生资源，全省万元工业增加值用水量48m^3，提前两年完成“十一五”下降30%的目标。

（三）再生资源回收利用量快速增加

已基本建立由社区回收、市场集散交易、综合利用三个层次的再生资源回收利用网络，70%的可利用废物得到回收利用，西安、宝鸡等大中城市已建立规范的废旧汽车、废旧电器集中分拆、产业化处理的加工体系。

循环经济支撑体系初步建立。一是5个国家级、24个省级循环经济试点单位建设全面开展，榆林兰炭、粉煤灰循环利用初具规模，龙门生态示范园区焦化、钢铁企业清洁生产和废物循环利用成效显著，陕南尾矿渣综合利用项目建设进展顺利；二是省政府出台了《陕南循环经济产业发展规划（2009—2020年）》，《陕西循环经济条例》进入立法程序；三是陕西循环经济工程技术院挂牌成立，为全省循环经济发展提供了技术支撑平台。

二、主要工作

（一）大力发展循环经济，积极推动节能减排

各市区把发展循环经济与节能减排紧密结合起来，以循环经济推进了节能减排。榆林市加强兰炭尾气的回收利用，在企业内实现了燃料、原料、产品、废弃物之间的良性循环。如金属镁产品能耗由5.7吨标煤降至1.67吨标煤，降耗幅度70%，年节约原煤6万吨，减排二氧化硫66吨。循环经济使榆林市高耗能的金属镁产业真正变为节能、环保、循环经济型的产业。循环经济使榆林市高耗能的金属镁产业成为节能、环保、循环利用资源的支柱产业。

我国最大的瓦斯发电集群——彬长矿业集团公司瓦斯发电厂

龙钢集团公司按照循环经济的理念进行了废水、废气、废渣、粉（烟）尘、废水“四闭路一循环”治理和综合利用，先后投资18000余万元，实施了废水回收治理工程（COD减排项目）、煤气综合利用发电、水渣超细粉工程、烟尘治理等项目，减少环境污染的同时，增加了企业经济效益

2009年3月17日，铜川矿务局焦坪矿区侏罗纪煤层气开发试验井日产超1000立方米

（二）大力发展循环经济，实现资源综合利用

在循环经济的发展中，陕西省逐步实现了对各类资源的综合利用。规划建设的商丹循环工业经济园，在盐化工、氟、锌、硅材料、基础设施建设等方面布局了10条循环经济产业链，可综合利用近430万吨固体废弃物、120万吨粉尘，518万吨废气和10460万吨废水，固废综合利用率及废水重复利用率分别达到81.76%和98.18%。咸阳彬长旬循环经济工业园实现了煤矿疏干水、煤矸石、煤泥及煤粉灰的循环、综合利用，形成了较完整的循环经济产业链条。铜川市开发利用煤层气资源，建设7000kW瓦斯发电厂，年可利用瓦斯672万立方米，发电量1756万度，能满足矿山全年用电量的29%。西安市经开区构建和完善生态工业网链，启动实施了钛、镁废料再生循环利用、中水回用等工业生态链接项目，金威啤酒等一批企业实现废水“零排放”，年节水1800万吨。榆林锦界工业园北元集团围绕工业余热废气和工业废渣综合利用，大力发展循环经济。目前，已建成4×60兆瓦抽背式发电装置、120万吨／年工业废渣制水泥生产线，实现了聚氯乙烯余热废气和工业废渣的闭路循环。目前陕西省已建成等30多个煤矸石和粉煤灰综合利用项目，2009年煤矸石和粉煤灰综合利用率达到74%和47%。

（三）大力发展循环经济，实施清洁生产审核

实施清洁生产审核为发展循环经济奠定了基础。2009年全省有17家重点污染企业开展了清洁生产审核并通过专家组验收，共实施方案590项。其中，无低费/管理类方案528项，占已实施方案总数89.6%，投入费用1648.5万元，年产生经济效益6996.8万元,投入产出比为1：4.2。节约新鲜水277.6万吨/年，节电4480.4万kWh/年，节煤1540.1万吨/年，节约蒸汽1441.6万吨/年。减少废水排放334.1万吨/年，削减COD 350.5吨/年，削减SO_2 40.9吨/年，减少烟尘、粉尘排放186.6吨 /年，减少固废排放0.16万吨/年。实施中/高费方案62项，投入资金57990.4万元，取得经济效益17321.9万元/年，投资偿还期3.35年。节水25671.5万吨/年，节电2508.2万度/年，节煤7344.1万吨/年，削减COD 3792.1吨/年，削减SO_2 899.7吨/年。

龙钢集团基本实现了高炉、焦炉和转炉煤气的“零排放”，当年产生的冶金废渣全部实现回收利用，水资源循环利用率达到90%。青啤西安汉斯集团固体废物的利用率达到100%，水循环利用率达到86%。东岭集团在焦化生产同铅锌冶炼之间建立起渣、气、水互相关联、互为利用的循环经济模式，成为国内同行业的首创。通过清洁生产审核，全省电力、石油化工、钢铁、有色、造纸、印染、食品、医药等高耗水行业的废水实现循环了利用，全省工业用水循环利用率达60%以上。

（四）大力发展循环经济，促进产业结构优化

榆林市加强兰炭尾气的回收利用，在企业内实现了燃料、原料、产品、废弃物之间的良性循环

陕西省各市区以发展循环经济促进产业结构优化。汉中市以循环经济产业集聚为主线，有机整合现有的工业园区，完善园区之间的循环经济产业链，打造了装备制造、冶金、新材料、生物医药、油气石化、有机农业六大产业基地和循环经济型旅游创新中心。渭南市以实现产业重组和优化工业布局为目的，建设韩城循环经济工业园区，构建“煤—焦炭—煤气—甲醇—二甲醚”等9个循环经济链条，实现了能流的梯级利用，园区内工业废水80%以上通过处理后回用，年减排固体废物44万吨。榆林市在榆神等六个工业区集中建设兰炭（半焦）尾气、煤矸石、煤粉灰、低温余热、有机废弃物及废轮胎综合利用等六大类80个循环经济项目，形成了具有集聚效应和高关联度的煤电、煤化工、盐化工、新型建材为主的循环经济产业格局，而且在企业、产业间产生了多条完整的、闭合的循环经济链条。安康市立足特有的资源优势和产业基础，用发展循环经济调整产业结构，初步构筑了汉滨五里、石泉河池、紫阳硒谷、旬阳生态、镇平绿色等生态工业园区。

（五）发展循环经济，推动生态农业建设

杨凌示范区发挥自身优势，以发展循环经济推动生态农业建设，初步建立了以涉农产业为核心的循环经济发展格局，并用农牧废弃物处理为主的“畜-沼-肥-农产品”的模式，在奶畜、果林、菜蔬、农产品等八大涉农产业建立起相互间的链接。先后投资20991万元，大力发展节水灌溉及沼气工程，逐步在示范园内建成了一个完整的节水灌溉体系和大型沼气工程，实现畜禽粪便、果枝秸秆等有机物的完全资源化和“沼液、沼渣”的有效利用。建成的400立方以上六个大型沼气工程，年可处理畜禽粪便等有机物39208吨，年产沼气44.68万立方，沼肥13.94万吨。汉中市以现有生态农业园区为基础，建设茶叶、中药材、蔬菜和柑桔等有机农产品种植基地和以畜禽加工、茶叶、柑桔为主的有机农产品加工产业园。并以农业资源的再生与循环利用、通过发展沼气等手段，形成资源多层次开发，多级循环利用的复合生态模式，实现农业系统资源的闭路循环。

（六）开展多种活动，促进公众意识提高

各市区充分利用电视、报刊等多种媒体，广泛开展宣传，调动各方面发展循环经济的积极性。承办了全国学习《循环经济促进法》电视大赛西北赛区的比赛，陕西省发展改革委代表队和榆林市发展改革委代表队分别获得西北赛区冠军和第三名，在北京的全国总决赛中陕西省发展改革委代表队获得第五名，并授予陕西省发展改革委和陕西省人大环资委优秀组织奖。举行了陕西省首届循环经济论坛、专家院士作了专题报告，进一步增强了各级各方面发展循环经济的理念和意识。

国家循环经济试点省

甘肃省循环经济

甘肃省经济委员会

甘肃省循环经济试点实施方案论证会2009年6月30日在北京召开，国家发改委副主任解振华作总结发言

甘肃省省长徐守盛、副省长石军认真听取专家发言

甘肃作为长江、黄河的重要水源补给生态功能区、资源能源大省、西部老工业基地和贫困多民族地区，迫切需要通过走循环经济道路来保证国家生态安全、找出资源型省份科学发展的突破口、实现老工业基地振兴和维护民族团结边疆稳定。发展循环经济是甘肃省转变经济发展方式，优化产业结构，提高经济增长的质量和效益，促进甘肃经济又好快发展的重要抓手，对甘肃省具有重要的现实意义和重大战略意义。

甘肃省发展循环经济起步较早，基础工作比较扎实。从2005年开始，甘肃省就开始编制循环经济发展规划。2007年12月，国家发改委将甘肃列为全国循环经济试点省，在国家各部门的精心指导和大力支持下，在省委、省政府的领导下，全省上下思想认识统一，发展循环经济势头强劲，试点工作全面展开，并取得了一定成效。

一、主要措施

甘肃省被列入国家循环经济试点省份后，省委、省政府高度重视，省委陆浩书记先后多次做出批示，明确要求要求结合我省实际，采取针对性措施，切实抓好落实，确保取得实效。近几年来，主要采取了以下措施：

一是加强组织领导。成立了全省发展循环经济工作领导小组，省政府主要负责同志任组长，省政府主管副省长为副组长，经委、发改委、财政、环保等19个省直有关部门的主要负责同志为成员，定期召开会议，研究决定循环经济发展的重大事项，协调解决存在的主要困难和问题。领导小组下设办公室，设在省经委，负责日常工作开展，督促领导小组决定重大事项的落实。省政府常务会议多次听取循环经济发展情况汇报，先后对循环经济总体规划、设立循环经济专项资金，对如何加大政策支持力度等重大问题进行了专题研究，有力地推动了全省循环经济工作发展。

二是全面部署动员。2008年9月3日，省政府在金昌市召开全省循环经济现场会，省委、省人大、省政协有关负责同志，全省各市州政府主要领导和分管负责人，省、市政府各20多个有关部门，中央在甘和地方重点企业的主要负责同志等共计400多人参加会议。省长徐守盛出席会议并讲话，对全省循环经济发展工作进行了全面动员部署。通过此次会议，全省上下进一步统一了思想，提高了认识，增强了发展循环经济工作的责任感和紧迫感。

三是健全政策法规。在制定出台《甘肃省资源综合利用条例》、《甘肃省人民政府关于加强节能工作的意见》、《甘肃省人民政府关于落实科学发展观 加强环境保护的意见》、《节能减排综合实施方案》、《甘肃省主要工业产品单位能耗限额指导目录》、《甘肃省节能减排全民行动实施方案》等有关政策法规的基础上，2008年我省又出台了《甘肃省人民政府关于加快发展循环经济的实施意见》，《甘肃省再生资源回收综合利用管理办法》已起草完成并计划近期出台，《甘肃省实施循环经济促进法办法》正在抓紧制定。通过健全政策法规，依法推进循环经济工作的发展。

四是强化监督管理。在对污染减排实行目标责任管理的基础上，从“十一五”开始，省政府将节能目标任务也纳入了目标责任书。每年初，省政府主要负责同志与各市州政府主要负责人签定工作目标责任书，明确目标任务，落实工作责任，年终进行评价考核并实行“一票否决制”。同时，加强日常督促检查，2008年7月，对节能目前任务完成情况达不到进度要求的，省政府主管领导给相关市州党委和政府的主要负责同志写信，要求进一步采取有力措施，确保全年目标任务的完成。在建立循环经济考评制度的基础上，对循环经济试点单位实行年度考评措施，考核结果纳入各级政府负责同志的政绩考核范围。对重点用能企业及重点用能设备用能情况和高耗能设备淘汰情况组织开展检查，制定淘汰落后产能申报审核办法，建立淘汰落后产能工作定期报告和检查制度。

五是加大支持力度。甘肃省被列为国家循环经济试点省份后，为有效促进全省循环经济发展工作，从2007年起省财政设立节能专项资金，每年安排2500万元支持节能减排；2008年，设立促进循环经济发展专项资金3000万元，主要用于支持循环经济示范试点、新能源可再生能源开发利用、资源综合利用新产品新技术推广、循环经济宣传、教育、培训和表彰奖励等，进一步调动了社会各方面发展循环经济的积极性。

六是发挥示范带动。2008年以来，甘肃省选定金昌市、白银市、嘉峪关市、武威市、兰州西固区、平凉崆峒区等主要工业城市（区），金昌新材料工业园区、中科院白银高新技术产业园等10个工业园区，以及金川公司、酒钢公司、白银公司、兰州石化公司等32户重点企业为循环经济试点单位，在城市、园区和企业等不同层面组织开展循环经济试点工作，指导试点单位制定和实施试点方案，及时总结推广循环经济试点单位的典型经验和成功做法，充分发挥典型单位的示范带动作用。

七是开展宣传培训。一年来，甘肃省利用报纸、电视、杂志、网络等多种宣传媒体，开展多种形式的宣传活动，利用节能宣传周、世界环境日等活动组织开展集中宣传。省人大常委会办公厅、省政府办公厅、省委宣传部联合下发《关于贯彻实施中华人民共和国循环经济促进法的通知》，对循环经济宣传工作做出具体安排部署。通过开展广泛宣传，全社会对循环经济发展工作重要性的认识普遍增强，在国家发改委组织的“全国循环经济促进法网上知识竞赛”中，全国30个省市区共有5303人提交答卷，甘肃以1407人位列第一，占26.5%，比排名第二位的吉林省多883人。同时，甘肃省还通过组织党校培训、专题研讨、实地调研等形式，对省、市循环经济主管部门和试点单位的负责人进行循环经济知识培训，为实际工作开展提供人力保障。

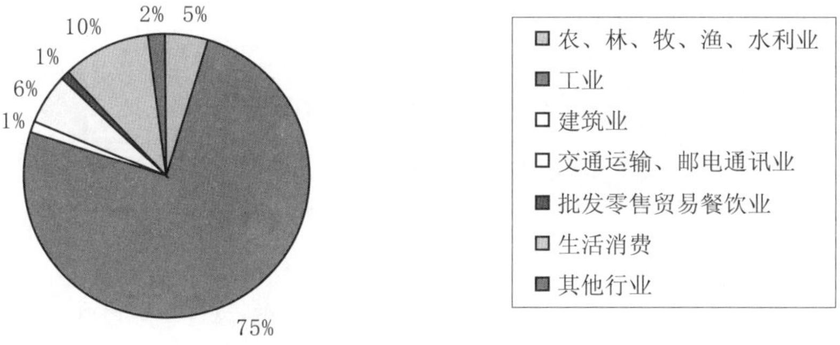

甘肃省各产业能源消耗结构示意图

二、进展情况

一是编制了《甘肃省循环经济总体规划》：规划的实施期限为2009~2015年，共7年。总体目标是:到2015年把甘肃建设成为我国循环经济发展示范区。《规划》把循环经济理念贯穿到农业、工业以及第三产业的发展过程中，着力构建资源节约和环境友好型的产业体系；围绕把甘肃建成国家循环经济示范区的目标，重点打造16条循环经济产业链，培育100户骨干企业，改造提升36个省级以上开发区，逐步形成覆盖全省的各具产业特色的七大循环经济专业基地。温家宝总理、李克强副总理分别对甘肃省《规划》作出重要批示。目前《规划》已由国家发改委牵头征求国家各部委的意见征求过程中，待经最后修改后，上报国务院。

有关领导和专家考察酒泉钢铁集团尾矿循环利用

二是大力推进清洁生产。甘肃省成立了甘肃省清洁生产指导中心，制定了《加快推行清洁生产的实施意见》、《行业清洁生产技术要求》和《清洁生产指南》。2008年以来，先后多次召开全省推行清洁生产现场会，推进清洁生产工作。对对冶金、有色、石化、食品、煤炭等行业的200户重点企业实行了清洁生产审核户重点企业进行了清洁生产审核试点。开展强制性清洁生产审计，通过“6+1”循环经济和清洁生产试点，兰州石化等企业水循环利用率达到90%以上。加强清洁生产审核技术队伍建设，目前已有近400人获得清洁生产审核师资格。

三是做好开展了强制性清洁生产审计，通过“6+1”循环经济和清洁生产试点，使兰州石化等企业水循环利用率达到90%以上。据不完全统计，2007年全省供销和物资系统县以上再生资源回收企业回收利用再生资源总量超过200万吨，比上年增长12%以上。2008年，全省有97115户企业的35种产品通过了资源资源综合利用产品认证，资源综合利用产品实现销售收入1940亿元，综合利用各类固体废弃物30余种7201200万吨。全省再生资源回收利用体系网络建设力度进一步加大，重点城市基本建立了废旧物资回收体系。

四是抓紧节水型社会建设。甘肃省先后出台了《甘肃省实施水法办法》、《甘肃省水资源费征收管理办法》、《甘肃省行业用水定额》等一系列法规。借鉴张掖市节水型社会试点建设经验，全省先后分两批设立了43个县市区

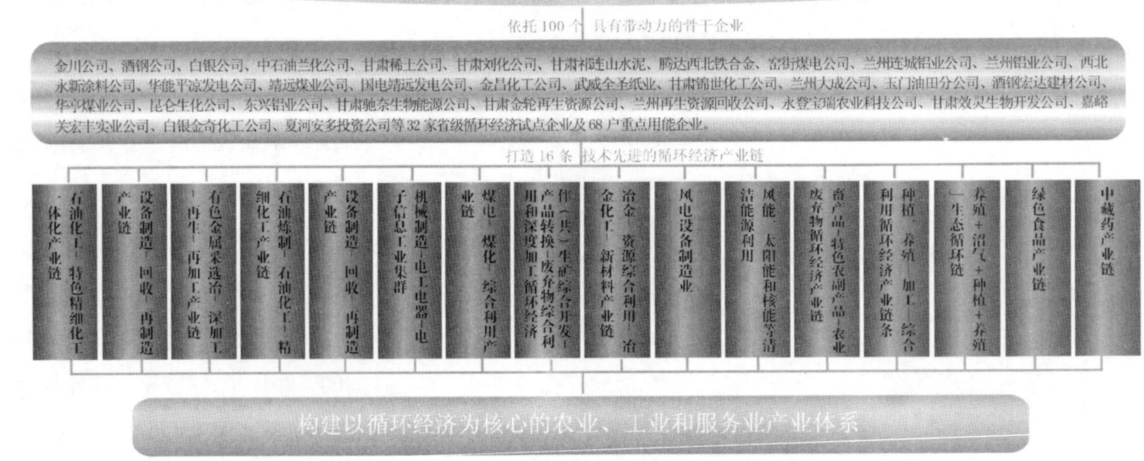

甘肃省循环经济体系

作为省级节水型社会建设试点，试点面积覆盖了河西走廊全部县区。兴建了一大批大、中、小型水利工程，初步形成了以供水、灌溉、防洪、发电、水土保持、生态治理为主的水利体系。2008年，全省万元生产总值用水量为387m³，万元工业增加值用水量为108m³，较2007年分别下降15.87%和25%，工业用水效率总体有较大提高。

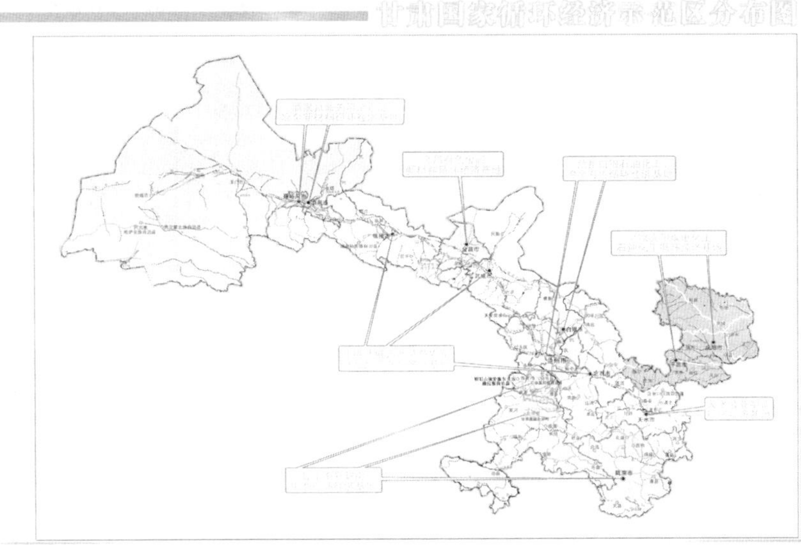

甘肃省循环经济基地分布图

五是抓好重点项目（国债投资项目及其他投资项目）建设。2008年以来，甘肃省利用国家支持循环经济发展，加大循环经济投资力度的有利时机，在重点行业、重点企业认真组织实施循环经济促进项目。在国家发改委的大力支持下，甘肃省组织实施重点节能项目54项、资源节约和环境保护项目25项。目前，部分项目已建成投产并发挥效益。其他尚未建成的项目也在按照计划进度抓紧实施。据测算，项目建成投产后，每年可节约能源137万吨标准煤，节水1300多万吨，综合利用工业固体废弃物70多万吨，对全省循环经济发展将产生很大促进作用。

六是鼓励重大关键技术开发和推广应用。通过加大循环经济发展新技术、新工艺、新产品的研究和开发力度，在重点行业、重点企业积极推广应用先进适用的技术工艺和产品，充分发挥技术进步对循环经济发展的强有力促进作用。如：金川公司通过采用新的选矿工艺，使贫矿选矿回收率达到96%，达到世界先进水平。兰州大成自动化工程有限公司研制的绿色镀膜技术，实现了清洁镀膜生产、根除电镀“三废”污染的目标，技术水平世界领先。兰州电机有限公司变速恒频风力发电系统项目的开发，为风能的有效利用提供了强有力的技术支撑。

三、加大发展循环经济资金的投入

甘肃在财政非常困难的情况下，对循环经济发展给予大力支持。2007年省财政设立节能专项资金，每年安排2500万元支持节能减排，2008年决定再增加3000万元，作为促进循环经济发展专项资金，主要用于支持循环经济示范试点、新能源可再生能源开发利用、资源综合利用、新产品新技术推广、循环经济宣传、教育、培训和表彰奖励等，进一步调动了社会各方面发展循环经济的积极性。

张掖养殖—沼气一体化

陇南退耕还林初见成效

四、取得的资源环境效益

通过发展循环经济，甘肃省资源、能源利用有了较大优化。2005年至2008年，甘肃省万元GDP能耗、万元GDP取水量、二氧化硫排放量、化学需氧量排放量降幅均达10%以上，同时资源产出率、能源产出率、工业固体废物综合利用率、废钢铁、有色金属、塑料、橡胶、纸的回收利用率、城市污水再生利用率、城市生活垃圾无害化处置率等都有10%以上的提高，事实证明，甘肃省通过发展循环经济大幅减少了资源、能源消耗和污染排放，使废旧资源得到了循环利用，取得了明显的经济和社会效益。

表1　2002～2008年甘肃省万元GDP能耗和电耗情况

（以2005年不变价格计算）

指标 年度	能源消费总量 （万吨标准煤）	电力消耗总量 （亿千瓦时）	万元GDP能耗 （吨标煤/万元）
2002	3174.23	342.33	2.57
2003	3525.08	398.33	2.52
2004	3907.74	452.00	2.31
2005	4367.67	489.48	2.26
2006	4743.05	536.33	2.20
2007	5109.29	614.74	2.11
2008	5373.06	677.76	2.01

五、循环经济关键技术及技术集成方面取得的进展

（一）关键性技术在重点行业得到推广应用

在有色、冶金、建材、煤炭等重点行业，推广应用了一批共性和关键性链接技术。粉煤灰、煤矸石、冶炼废渣、化工废渣、采矿废石等工业固体废弃物实现了再利用，采用生物冶金技术提取金川公司贫矿和白银公司露天剥离废石资源中有价金属的工艺技术应用进展良好，新型干法水泥生产线纯低温余热发电、高炉炉顶压差发电、钢渣水淬再利用、高炉转炉煤气回收等一批资源再利用技术也得到广泛应用。金川公司新的选矿工艺使贫矿选矿回收率达到96%，居世界先进水平。兰州大成自动化工程有限公司研制的绿色镀膜技术，达到清洁镀膜生产、根除电镀“三废”污染的目标。兰州电机有限公司变速恒频风力发电系统项目的开发，为风能有效利用提供强有力的技术支撑。在农业领域，甘肃省在农作物制种、节水灌溉、旱作农业技术等方面走在全国的前列。

（二）推广一批成熟的先进适用技术

近年来，甘肃省在有色、冶金、石化、建材等行业积极淘汰落后产能和技术工艺，大力推广应用成熟、适用、先进的新技术、新工艺和新设备，取得了显著的节能减排效果。甘肃省目前推广应用的部分先进技术如表所示。

（三）研发一批关键技术

在有色冶金、清洁能源、节水型社会建设等方面，甘肃省尚有一些提高资源利用效率、优化清洁能源结构、完善“五化农业”模式等方面的关键技术目前还不太成熟，需要加大研发力度。

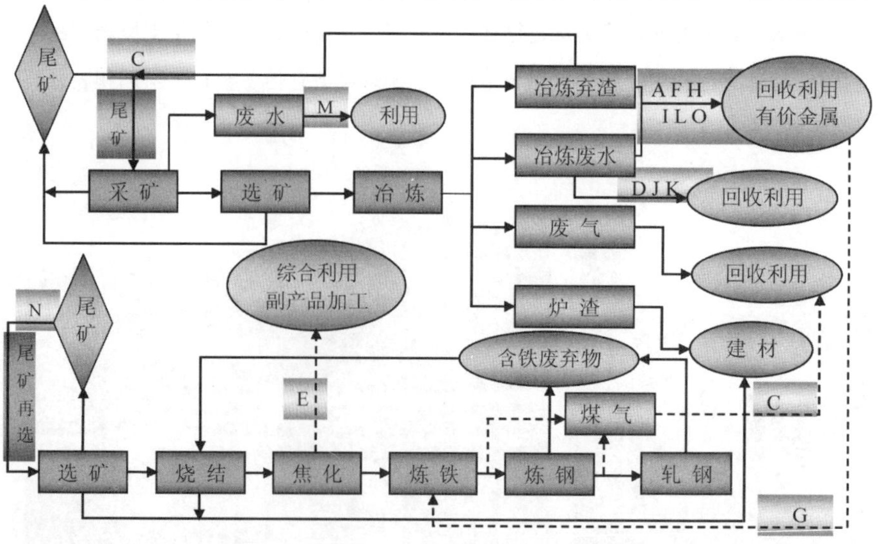

甘肃省冶金有色行业循环经济产业链示意图

1.羰基冶金技术及羰基镍产业化示范研究。羰基冶金工艺是气化冶金技术的重要分支，其原理是利用Ⅷ过渡金属与一氧化碳反应，生成易挥发的羰基化合物进行分离提取金属的一种方法。羰基镍

表2 甘肃省推广应用的先进技术

行业	先进技术	关键作用
冶金有色行业	尾矿再选技术	回收尾矿
	生物冶金技术	贫矿资源的开发利用
	选冶药剂的绿色合成技术	污染防治、提高回收率
	冶炼废水治理及回用技术	水的处理、回用
石油化工行业	石棉湿法浮选改性工艺	资源再利用
	废旧轮胎低温粉碎制取精细胶粉的技术	资源化
	好氧生物处理高含盐废水技术	污水处理回收
	炼油污水回用技术、油田污水处理回注技术	工业废水回收利用
煤电化工行业	煤泥循环流化床燃烧固硫技术	三废治理
	煤矸石、煤泥综合利用技术	低热值能源利用
	热电联产技术	资源高效利用
	煤粉强化燃烧及劣质燃料燃烧技术	能源高效利用
建材及新材料行业	高掺量粉煤灰烧结空心砖（多孔砖）技术	粉煤灰利用
	节能型隧道窑焙烧技术	节能
	新型干法水泥生产技术	资源高效利用、节能
	新型干法水泥纯低温余热发电技术	余热利用
装备制造业	清洁能源开发与电网稳定性技术	清洁能源
	失效零部件修复和废旧机电设备再制造技术	节能、节材
	“电子垃圾”资源化单元技术与设备	资源回收利用
	绿色镀膜成套装备技术	污染防治
生态农业	“超声波-大孔树脂提取洋葱黄酮类物质技术”	节能、资源再利用
	农业节水技术集成模式建立和推广	农业节水
	厌氧发酵技术及大型沼气池“三沼”综合利用技术	资源回收利用及清洁能源开发利用

粉、羰基镍丸产品广泛应用于军工、粉末冶金、化工、电子、能源、航天、通讯、汽车及其他特种行业。我国最大的镍钴生产企业——金川集团公司通过技术创新掌握了其核心技术，打破了加拿大等国对该项技术100多年的垄断和封锁。该课题旨在加快羰基镍的产业化进程，利用羰基冶金工艺技术生产羰基镍粉、羰基镍丸等上千种性能独特的高质量产品，并使与镍伴生的铂族贵金属的回收率提高10%，带动我国铂族贵金属产业整体水平的提升。

2.低品位、难选铜（镍）矿和锌矿的直接提取技术。通过近十年的研究，生物冶金技术在甘肃省有色金属低品位复杂难选矿的金属提取研究中取得了良好的成果。但针对甘肃省气候特点及矿产资源特性的生物冶金技术还未取得突破性进展，特别是高效、经济处理有色金属低品位矿的浸出—萃取—电积工艺（如生物浸出、堆浸、地下溶浸、搅拌浸出和溶剂萃取）等技术还未得到广泛应用。该课题旨在充分借助循环经济专题研究，以金川集团公司和白银集团公司等大型骨干企业为依托，采用先进的湿法冶金工艺，逐步实现工业化生产规模，使我国的铜、镍和锌资源得到充分有效的利用。

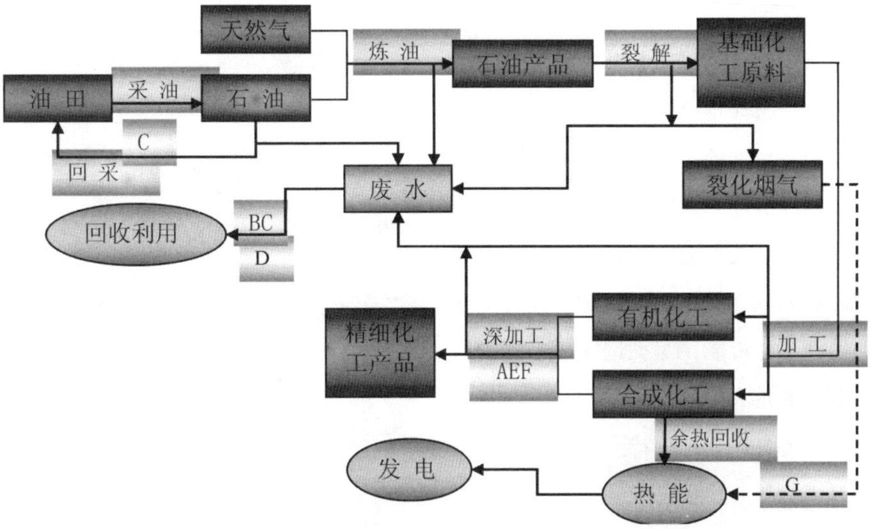

甘肃省石油化工行业循环经济产业链示意图

3.铜冶炼废渣资源化循环经济系统的关键技术集成研究及示范。依托白银有色集团铜业公司开展铜冶炼废渣资源化的技术研发，从铜冶炼工艺配套优化、熔融渣还原生产铁合金工艺及装备、含铜耐磨铸铁或高硅铸铁中硫的脱除技术、二次渣综合利用技术四个互为依托、高度关联的方面开展技术研发及工程示范，建立铜冶炼废渣资源化循环经济系统。

4.节水型农业循环经济系统的关键技术集成研究及示范。节水工农复合循环经济技术模式及示范，在具备发展"五化农业"（规模化、设施化、有机化、品牌化、循环化）条件，农产品深度加工业有基础和发展前景的甘肃定西市，通过节水灌溉技术、规模设施化种养技术、沼气与太阳能集成技术、沼液高附加值利用技术、马铃薯淀粉深加工生物技术、加工有机废物资源化利用和废水循环利用技术等多种技术集成，建设定西节水型循环经济模式示范。

5.镍铜冶炼废渣资源化循环经济系统的关键技术集成研究及示范。以金川集团为依托，在产渣源头环节，开展镍铜冶炼工艺配套优化技术研究，选择利于资源化的新渣型并减少产渣量；在渣的初级资源化环节，开展熔融渣还原生产铁合金的工艺及装备研究；在高附加值化环节，开展以含镍、铜、钴、硅的铁水为基础材料生产新牌号合金钢产品、工艺及钢材深加工工艺研究；在二次废物处理环节，开展镍铜熔融渣还原生产铁合金后二次冶炼渣利用技术研究。通过各环节关键技术集成实现完整的镍铜冶炼废渣资源化循环经济系统。

6.可再生能源循环经济系统的风光互补关键技术集成研究及示范。开展大型风电场与大型光伏电场互补发电对电网的平稳输电和合理调度技术研究；开展在风电监控的平台上实现对光伏系统的监控、管理与维护技术研究，减少光伏发电的监控系统投入成本和维护管理成本；研发高效、环保、可循环利用的储能装置，配合风光互补发电上网。研究甘肃风力与日照资源分布，选择大型风光互补示范项目最佳实施地点，完成可行性研究报告和兆瓦级示范工程。

7.白银市太阳能综合利用研发、生产及应用示范。白银市年日照时数2659～3085小时，日照率为57.62%，重点研发光伏硅材料、晶硅太阳能电池、太阳能电池及组件制造装备等，建设研发试验及产业化示范基地。研发并推广为分散的气象台站、地震台站、公路道班、广播电视、公路铁路信号及太阳能阴极保护系统等提供电力的工业用光伏电源。太阳能研发成果产业化后，可实现产业转型，有利于资源枯竭型城市的可持续发展。

六、发展循环经济的主要经验

一是领导重视，组织落实，是推进循环经济发展的关键。甘肃省委省政府主要领导高度重视发展循环经济，建立由省经委牵头、会同省环保局等有关部门参加的建立健全了推进循环经济发展的协调工作机制，对推进循环经济发展中遇到的重大问题及时进行解决。各市州根据各自产业结构特点，提出了以循环经济为核心、推进接续产业发展的工作思路。发展为循环经济，转变发展方

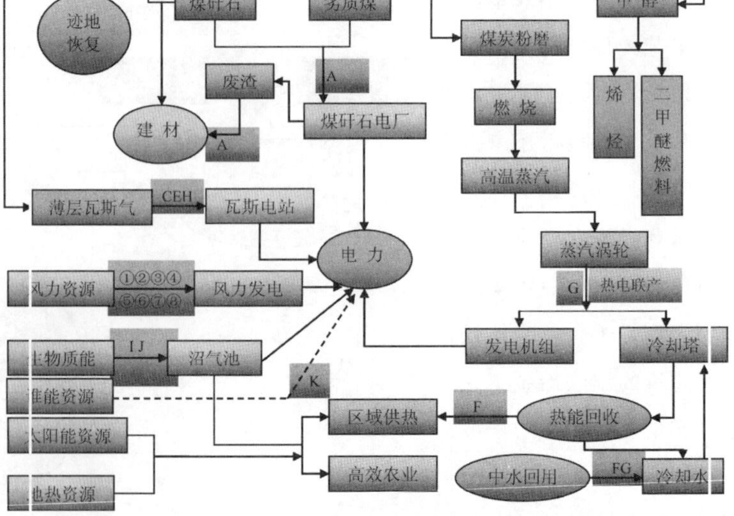

甘肃省煤电化工及清洁能源行业循环经济产业链示意图

式，在全省上下已形成的共识发展提供了有利时机。

二是制定科学的循环经济发展规划，是循环经济工作取得成效的前提条件。《甘肃省循环经济发展规划》和《甘肃省循环经济总体规划》明确了全省发展循环经济的基本思路、主要目标、重点任务、政策措施及重点项目，对促进全省循环经济发挥了重要作用。

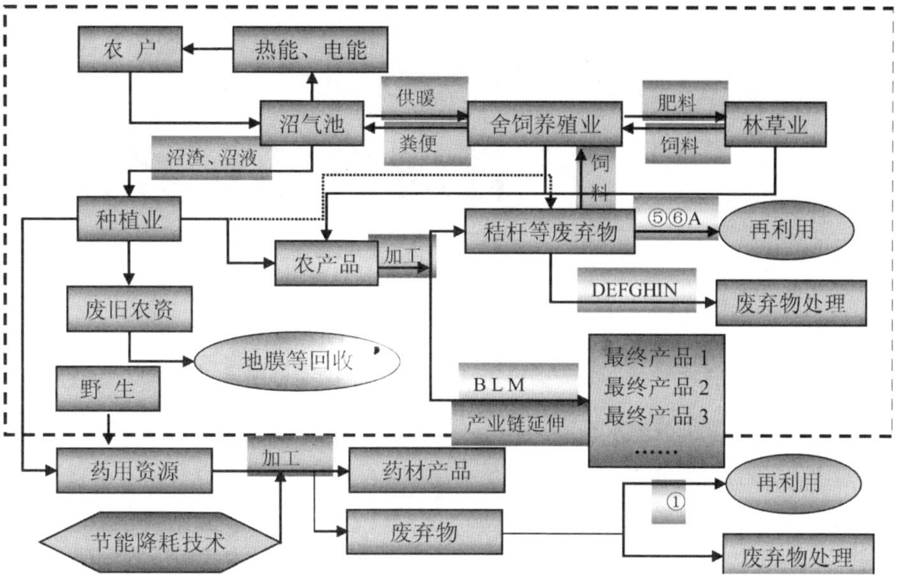

甘肃省生态农业及特色农副产品加工行业循环经济产业链示意图

三是开发应用资源高效利用和循环利用的关键技术，是循环经济发展的重要支撑。酒钢公司和金川公司成功的试点经验表明，循环经济发展取得显著成效的企业往往是通过自主创新和引进、消化、吸收、再创新掌握了一些关键技术的企业。

四是项目建设，是发展循环经济的重要保障。2008年，省经委共获国家发展改革委节能减排、资源综合利用专项资金支持项目62项。共争取节能财政奖励资金3.15亿元，中央预算内投资1.86亿元，有力地推动了循环经济发展。

五是有效的激励政策和有利于循环经济发展的机制，是发展循环经济的重要基础。建立有效的激励政策，形成有利于循环经济发展的机制，才能做到既“循环”又“经济”，循环经济才能得到持续发展、长期巩固和不断提高。

七、发展循环经济的困难和有关建议

循环经济发展涉及各个产业，包括经济社会发展的诸多领域和各个方面，要成功推动循环经济发展，政府在起步阶段实行强有力的支持政策予以鼓励和引导是必不可少的。国家《循环经济促进法》对制定激励措施支持循环经济发展做出了明确规定，国内外的大量实践也充分表明了这一点。甘肃的循环经济发展面临着不少困难和问题，一方面，甘肃是一个典型的资源型省份，“两高一资”的结构特征明显，资源利用水平不高的问题突出，部分循环经济评价指标即使与全国平均水平相比仍存在不小的差距，循环经济发展示范工作量大面广，任务艰巨；另一方面，甘肃是一个欠发达省份，经济基础差，实力薄弱，财力非常有限。在这样的条件下发展循环经济，迫切需要国家在政策措施上给予强有力的支持。

甘肃省将建立健全政策措施，协调落实机制，对国家出台支持本省循环经济发展的政策措施认真研究，根据各项政策的具体内容，由牵头部门负责、相关部门配合，明确工作责任，制定实施细则，认真做好组织落实，充分发挥国家支持政策对循环经济发展实际工作的有力推动作用。对贯彻落实中存在的问题和困难，及时向国家有关部门提出解决措施的建议。

青海省循环经济

青海省发展和改革委员会

为深入贯彻落实党的十七大关于建设生态文明的要求，青海省省委、省政府进一步深化省情认识，旗帜鲜明地提出了以保护生态环境、发展生态经济、培育生态文化为主要任务的生态立省战略。发展循环经济是贯彻落实科学发展观、转变经济发展方式、实施生态立省战略的重要举措，也是促进青海省经济社会可持续发展、实现富裕文明和谐新青海奋斗目标的一项重要内容。

循环经济工作是一项具有长期性、探索性的系统工程，近几年来，在省委、省政府的正确领导和安排部署下，青海省以科学发展观为统领，在循环经济方面进行了积极探索和大胆实践，分别在建立组织机构、研究政策、规划指导、招商引资、资金支持和争取国家扶持等方面开展了卓有成效的工作，循环经济工作取得实质性进展。现将青海省循环经济工作进展及下一步工作安排介绍如下。

一、青海省循环经济的提出

2005年4月底，宋秀岩省长一行赴柴达木，在认真调研、深入思考的基础上，立足青海省柴达木地区资源优势和环境特点，按照对柴达木资源进行“综合开发、有效配置、循环利用”的指导思想，提出了建设柴达木循环经济试验区的发展思路，在循环经济方面进行了大胆探索和实践。经过积极争取汇报，2005年10月，柴达木被列为国家首批循环经济产业试点园区，得到了国家的高度重视和大力支持。2007年，西宁经济技术开发区又被列为国家第二批循环经济试验区。自国家批准青海省循环经济试验区建设以来，各有关地区和部门明确认识，统一思想，大力推进循环经济园区建设，在建立组织机构、研究政策、规划指导、招商引资、基础建设、项目培育、资金支持等方面做了大量卓有成效的工作，试验区基础设施明显改善，园区经济快速发展，对于推动全省工业经济结构调整，加快发展方式转变，延伸产业链条，推进产业升级，拉动全省经济快速持续健康发展，发挥了积极的带动和引领作用。

实践证明，发展循环经济是保持青海经济社会可持续发展的有效途径和根本出路，对于加快青海省经济发展至关重要，意义重大。各有关地区和部门要进一步统一思想，增强信心，坚定不移地加快推进循环经济试验区建设，为全省经济社会又好又快发展奠定坚实基础。

青海东台吉乃尔盐湖锂资源开发

青海碱业

二、循环经济工作进展

（一）组织开展申请获得了两个国家循环经济试点园区

2005年10月，柴达木被列为国家首批循环经济试验区，2007年12月，西宁经济技术开发区被列为国家第二批循环经济试验区，青海省已有两个国家循环经济试验区。青海省循环经济工作认识早、起步早，在加大宣传和争取工作力度的基础上，进一步加强试验区基础设施配套力度，为试验区循环经济工作有序开展打好基础。

（二）建立试验区循环经济发展组织机构

2005年，省政府成立了以主管副省长为组长的柴达木循环经济试验区领导小组，办公室设在省发改委，组织、协调相关工作，并在试验区所在地——海西州政府设立了试验区管理委员会具体组织实施。2008年，西宁市政府成立了以副市长为组长的西宁经济技术开发区循环经济试点工作领导小组，办公室设在西宁经济技术开发区管委会和市发改委。

（三）开展循环经济相关政策研究

目前，省政府已出台《青海省发展循环经济实施意见》、《青海省柴达木循环经济试验区循环经济项目认定管理暂行办法》，省财政出台了《青海省循环经济发展专项资金管理暂行办法》，中国柴达木循环经济研究院编制《促进中国柴达木循环经济发展的经济政策研究》。为了加强国家试点节能减排工作力度、促进循环经济发展，海西州相继出台了《海西州单位GDP能耗考核体系实施方案》、《海西州单位GDP能耗统计指标体系实施方案》、《海西州建筑节能规划方案》等文件。

（四）加强循环经济规划指导

相继组织开展了《青海省柴达木循环经济试验区实施方案》、《西宁经济技术开发区循环经济试点实施方案》、《柴达木循环经济特色优势产业发展规划》、《柴达木循环经济试验区总体发展规划》、《青海省二次资源利用规划》、《西宁市大通桥头工业循环经济实施方案》以及试验区内各功能分区产业发展规划等一批循环经济规划编制工作。同时，积极开展水资源综合开发利用、规划环评等配套规划工作和煤化甲醇、聚苯硫醚、联二脲等循环经济工业项目的前期研究工作。这些规划和项目前期研究进一步明确了推进循环经济发展的基本思路、主要目标、重点任务、政策措施及重点项目，形成了较为系统、切实可行的工作方案和实施措施。

（五）中央领导高度关注和支持柴达木循环经济试验区建设

为了获得更高层次、更大力度的支持，省委、省政府充分利用各种机会，积极向中央领导汇报。2008年两会期间，青海省代表团向中央领导同志呈送了《关于青海省柴达木循环经济试验区发展情况的汇报》，李克强、贺国强等同志分别作出重要批示，同年6月，农工民主党中央副主席陈宗兴一行在青海调研期间，对试验区建设提出了重要的指导意见，并向中央统战部呈送了促进柴达木循环经济试验区发展的建议，温家宝总理在建议报告上做了重要批示；7月，国务院办公厅尤权副秘书长组织国家部委召开会议，专题研究促进试验区发展的有关事宜，会议纪要要求加快做好《总体规划》编制工作；9月份，就《总体规划》编制工作，国家发改委解振华副主任带领专家和司局领导到青海省调研。2009年3月12日，国家发改委在北京召开《总体规划》论证会，相关专家和部委领导参会，对《总体规划》提出了意见和建议。2010年3月15日国务院正式批复了《总体规划》，这是第二个由国家批复的区域循环经济发展规划，规划的获批标志着柴达木发展循环经济已经由地方战略提升为国家战略，同时也标志着试验区循环经济建设由探索起步阶段迈入科学发展的轨道。

（六）建立健全循环经济指标评价体系

按照国家发布的循环经济评价指标体系，结合青海省资源开发特点，特别是柴达木和西宁经济技术开发区这两个试点园区工业基础、产业定位和发展方向，坚持循环经济“3R”原则，围绕资源产出率、废物再利用和资源化水平、工业用水循环利用率等方面，青海省正逐步建立健全循环经济指标评价体系。

（七）加强循环经济科技攻关力度

针对目前制约循环经济发展的盐湖资源综合开发、新能源、新材料等领域的工艺技术，积极搭建循环经济科技创新平台。2007年6月，省政府与中科院共同成立中国柴达木循环经济研究院。经过政府、科研院所、企业的共同努力，在油气勘探开发和加工，盐湖提钾、提锂、提镁、提硼，有色金属采选以及废矿利用等方面取得科技成果57项，其中青海锂业吸附法提锂技术、东台吉乃尔湖卤水提锂工业性试验、青海盐湖100万吨钾肥加工系统、盐湖镁资源氨法制取高纯镁砂产业化技术等31项科技成果达到国际或国内先进水平，这些成果已在相关领域和行业成功应用，为循环经济项目建设、产业融合发展、产业链延伸提供了有力的科技支撑。"柴推会"成功举办全国首届循环经济产业园区发展论坛和盐湖镁产业发展论坛两次高科技论坛，对主要工艺路线选择、关键技术攻关、重要科技条件建设产生了积极正确引导。

（八）加大资金支持力度

2006、2007、2008年分别向国家发改委上报三批循环经济备选项目，积极争取国家资金支持。2007年，国家下达西部矿业高原铅锌矿原生电位调控浮选技术改造等4个项目共计1750万元资金，2008年，国家下达青海盐湖年产一万吨碳酸锂项目、青海洁神餐厨垃圾处理项目、青海裕泰有机肥等项目共1630万元资金支持。按照国家发改委要求，青海省将2009年资源节约和环境保护备选项目上报国家发改委。

青海省克服自身财政困难，加大对发展循环经济的资金支持力度。2006年给予2000余万元的循环经济资金支持，2007年设立省循环经济专项资金，当年及2008年分别下达3000万元，共计给予8000余万元的循环经济资金支持。同时，鼓励有条件的地区建立循环经济发展专项资金，用于支持本地区开展循环经济相关工作。

（九）加大招商引资工作力度

为进一步宣传和推介青海省循环经济项目，进而吸引投资方来青兴业，先后在北京、上海、广州、山东、江苏、香港、浙江等地召开新闻发布会、项目推介会，利用"柴推会"、"青洽会"招商平台多方面、多形式、多层次宣传柴达木和西宁，全面展示独特的资源优势和良好的投资环境，宣传广阔的发展空间和巨大的发展潜力。同时，2006年、2007年、2008年度分别在格尔木召开三届"柴达木循环经济试验区项目推介会"，共签约153个项目，签订协议资金635亿元，借助外力、多元投资已成为发展青海省循环经济的重要方式。

（十）项目建设成效显著

目前，碱业一期、庆华焦化一期等项目已建成投产；青海盐湖100万吨钾肥产品综合利用项目、年产一万吨碳酸锂基本建成；云天化复合肥一期、盐湖综合利用项目二期、中信国安西台吉乃尔盐湖钾锂硼资源开发项目、青海碱业二期、格尔木肯得可克铁矿采选正在建设；年产10万吨ADC发泡剂一体化工程、庆华焦化二期、昆仑碱业、五彩矿业纯碱、西豫10万吨粗铅冶炼、盐湖年产10万吨精制氯化钾、海西化建100万吨废渣干法水泥等项目开工建设；盐湖镁、钠资源综合利用启动项目、马海盐湖45万吨氯化钾、云天化复合肥项目二期等一批计划新开工项目前期工作正有序进行，项目建设呈现出建成一批、在建一批、规划一批的良好发展势头。

三、存在的主要问题

（一）循环经济发展的政策体制还不完善

国家已出台实施《循环经济促进法》，但其中的政策措施很笼统，仅在引导层面，难以操作，在产业、投资、财税、科研、信贷、环保、资源配置、土地等方面缺乏具体的、可操作性强的鼓励循环经济发展的优惠政策，作为发展循环的主体，企业在资源综合利用、延伸产业链、发展循环经济方面积极性不高，一定程度上影响了发展循环经济的进程和质量。

（二）科技创新能力不足、综合开发利用水平依然偏低

青海省工业经济结构仍以重化工为主，涉及到能源、有色、盐化等重化工业，基本是技术和资金密集型行业。由于青海省地处内陆腹地，对外开放不足，远离技术、远离市场，发展循环经济最关键的开采技术、环保技术、节能技术和资源综合利用技术自身研发困难、依靠自身力量仍难有作为。

（三）为循环经济项目配套的资源配置难度越来越大

作为经济欠发达的资源性省份，在加快发展中对资源开发的依赖更大。但青海省查明储量具备开采条件的矿产资源大多已配置完，而要支撑经济快速发展，就亟需发现新的矿产资源开发地。由于以前投入不足，青海省的地质勘查程度较低，但除少数矿种和矿点已达到详查和精查程度外，大多数资源地质勘查程度还比较低。基础数据不可靠，能够探明列入开采计划的资源较少，可供大规模工业开发的后备资源不足。

（四）循环经济发展资金投入有限

建立循环经济，促进可持续发展，需要加大企业技术改造和环保基础设施的投资力度，必须投入必要的财力支持。青海省经济基础差、底子薄，经济自我积累能力弱、财政困难，为循环经济发展投入的资金非常有限。

四、循环经济下一步工作安排

为进一步贯彻落实科学发展观，实现经济社会全面协调、可持续发展，需要继续加大循环经济各项工作力度，着重在政策争取落实、政府引导支持、招商引资等方面向更广更深方向发展，力争青海省循环经济工作再上新台阶。

（一）积极争取促进循环经济发展的相关政策

借鉴参考其他省区在发展循环经济方面的成熟的、可行的做法和经验，结合实际，在产业、财税、地勘等政策方面进一步探索和实践，继续大力争取国家支持循环经济发展的相关政策措施，力争循环经济政策取得实质性的突破进展。

（二）做好国家法律法规及相关规划的贯彻实施工作

认真学习并执行《循环经济促进法》等国家相关法律法规，结合青海省实际，开展《青海省循环经济促进条例》立法的前期工作。执行国家西部大开发政策，认真贯彻落实国务院《支持青海等省藏区经济社会发展的若干意见》。做好《柴达木循环经济试验区实施方案》、《西宁经济技术开发区循环经济试点实施方案》的贯彻实施工作。做好与国家发改委的汇报衔接工作，以国务院批复的《柴达木循环经济试验区总体规划》为依据，努力做好青海省循环经济的各项工作。

（三）突出试点，统筹兼顾，构建特色循环经济产业格局

青海省各地区发展循环经济的条件、基础和发展的重点不尽相同，发展循环经济必须按照不同地区的比较优势，结合省“十一五”规划和主体功能区划分，本着“结合实际、培育特色、突出试点、涵盖全省”的原则，形成优势互补、良性互动的循环经济区域协调发展格局。西宁市以西宁经济技术开发区试点为载体，充分发挥区位优势，发展精细化工、有色金属深加工、装备制造、光伏新材料等特色优势产业，同时，在城市垃圾无害化、资源化利用和中水回用等方面开展资源化、再利用工作。海西州以柴达木循环经济试验区为载体，以盐湖资源综合开发利用为主线，结合油气、有色、煤炭等优势资源以及西藏金属矿产及新疆煤炭等资源，积极延伸油气开发、盐湖化工、有色金属冶炼、煤化工等循环经济产业链，并实现产业链有机融合和生产要素的合理有效配置。海东地区以高

青海省第一座现代化矿井鱼卡综合采煤工作面

盐湖二期

原特色农畜产品生产加工循环经济产业为重点，将现有工业产业的升级改造和城镇化建设有机结合。“三江源”和环湖地区在生态保护的前提下，有重点、有步骤地推进优势资源开发和循环利用，构建特色循环经济产业格局。同时，要加强两个试点经验的总结、交流与推广工作。

（四）加强循环经济技术支撑体系建设

加强科技创新，加快科技成果转化。加快组织循环经济关键技术和共性技术的研究开发和产业化示范；支持建立循环经济信息系统和技术咨询服务体系。增强自主创新能力，努力掌握核心技术和关键技术。积极选用先进、成熟、适用的工艺技术，进一步推动优势资源开发的技术升级，加速科技成果的转化。同时，积极贯彻落实国家促进科技进步的政策，做好科技成果的推广应用，提升产业整体技术水平。

（五）加大资源管理力度

一是按照规划配置矿产、水等资源。按照全省、资源地发展规划，统筹兼顾、科学合理地配置资源；二是加强对矿产、水等资源配置的调控。在明确投资强度、开采规模、综合利用和环境保护等条件下，将资源配置给真正有实力、有能力、有信誉进行资源综合开发利用的优强企业，确保循环经济项目配套资源需求，实现资源合理有效利用。同时，采取必要的措施，引导优强企业运用市场化手段进行资源整合。三是支持和引导资源综合开发利用。鼓励采矿企业积极采用新技术、新工艺，提高回采率，提高共伴生矿和尾矿的综合利用率。对已有采矿证的企业，要求对可供循环利用的共伴生矿产资源进行综合开发利用。对自身暂不能综合开发利用的，但共伴生资源为其它循环经济项目所需要的，可通过政府引导、市场运作的方式，由开采企业与深加工企业合作开发或由深加工企业以参股、兼并、收购等方式进行综合开发利用。对自身不能综合开发利用，又拒不接受合作开发的开采企业，由政府回购采矿权，另行配置。

（六）加大项目工作力度

一是抓住国家“扩内需、保增长”的大好机遇，积极争取国家对青海省循环经济项目支持；二是抓一批诸如盐湖集团镁、钠资源综合利用、复合肥二期等具有带动、示范作用的重大项目建设，提高产业集聚，促进技术创新，推动产业结构调整；三是做好项目协调服务工作，全省上下形成合力，抓紧一批在建项目的建设工作，争取新开工一批项目，积极做好一批前期项目工作，确保项目建设的连续性。

（七）采取切实措施，强化人才保障

制定优惠的措施鼓励引进高层次技术人才、创业经营型人才，增加人才储备。进一步优化人力资源结构，加大对现有人才、岗位亟需人才的培养力度，营造人才集聚和发挥效能的良好环境，使各类人才人尽其才、才尽其用，为青海省循环经济发展提供智力支撑。

（八）加大两个循环经济试点产业园区的基础设施配套力度

随着资源开发的不断深入，两个试验区的水电路配套设施与需求仍存在很大缺口，从可持续发展长远考虑，迫切需要进一步加速推进周边及园区内铁路、公路、电网等基础设施建设。铁路：加快园区企业铁路专用线建设，加快格尔木—敦煌、格尔木—库尔勒和格尔木—成都铁路前期工作，争取早日开工建设。公路：加大园区和重点资源开发地公路建设投入。电网：建设西宁—格尔木二回750千伏输变电工程、格尔木—拉萨500千伏直流输电线路。加强330千伏、110千伏电网向重点资源地和工业园区覆盖。管线：加快涩—宁—兰天然气复线建设。

（九）召开全省首届循环经济大会、第四届柴达木循环经济试验区项目推介会

（十）深入开展循环经济宣传工作

总结试点、全省推广组织开展循环经济系列宣传活动，全面总结两个国家循环经济试验区试点经验，进而在全省宣传和推广循环经济，树立科学发展观和循环经济发展理念，普及循环经济知识，提高发展循环经济的积极性，营造全社会共同参与循环经济发展的良好氛围，把节约资源、保护环境变成全体公民的自觉行动。

宁夏回族自治区循环经济

宁夏回族自治区经济和信息化委员会

2009年，宁夏回族自治区全面贯彻落实科学发展观，按照“减量化、再利用、资源化”要求，积极调整产业结构，不断改进和优化资源综合利用方式，在发展循环经济，建设资源节约型、环境友好型社会等方面做了大量探索和实践，循环经济发展成效显著。

2009年宁夏回族自治区节能和循环经济工作会议

一、主要工作及成效

（一）修定完善配套法规

2009年，修定并颁布了《宁夏回族自治区实施〈中华人民共和国节约能源法〉办法》，对现有的工业产品单位能耗限额进行了修定。公共机构、建设、交通、财政等管理部门在各自领域也出台了相关政策、办法。

（二）循环经济试点力度不断加大

目前全区共发展国家级循环经济试点单位3家，省级试点39家，地市级试点48家。

（三）资源综合利用水平不断提高

2009年，通过资源综合利用认定和复审的企业共40家，综合利用粉煤灰97.47万吨、煤矸石34.07万吨，采矿碎屑46.80万吨，其他废弃物77.16万吨，新型墙材消纳各类废弃物200万吨，“三废”综合利用总量达455.5万吨。

（四）万元GDP综合能耗大幅下降

2009年，全区万元GDP能耗比2008年下降了6.04%，比计划目标多完成2.04个百分点，高于全国2.2%的下降率3.84个百分点，完成“十一五”总体节能目标的80.06%，超额完成年度目标。

（五）不断延伸产业链

形成了一批符合宁夏回族自治区工业发展实际的循环经济产业集群，目前“热电—烧碱—电石—PVC树脂—水泥”产业链、“煤—电—粉煤灰—新型墙体材料”产业链、“电力、煤炭、冶金—粉煤灰、煤矸石—新型建材”产业链、“造纸—废水处理—林基地灌溉—林纸一体化—污泥综合利用—林业枝材综合利用—沼气发电”等产业链已全面得到推广和运作。宁东能源化工基地宝丰能源循环经济试点园区形成了以煤矿为龙头，建设400万吨/年洗煤—220万吨/年焦化—15万吨/年焦油加工—5万吨/年苯加氢—20万吨/年焦炉煤气制甲醇—2×330MW热电厂循环生产线；中冶美利集团先后实施了林区渗退水工业回用工程—供热系统能量优化—大功率电机变频改造—四级氧化塘工程及工业垃圾焚烧热能利用工程，总投资超过1.5亿元，年可节能8万多吨标煤，实现了废水零排放，建成了近20万亩速生林地，形成了“以水（废水）造地（沙地）—以地育林—以林固沙—以沙滤水—以水养工”的生态经济循环发展模式。

宁夏回族自治区第二批循环经济试点单位实施方案审查会

二、主要经验及措施

（一）加强组织领导，完善措施

自治区认真贯彻国家循环经济工作会议精神，成立了由自治区人民政府副主席为组长的循环经济工作领导小组，负责全区循环经济工作的综合协调和推进工作。全区在工业、农业、第三产业等领域全面开展循环经济工作，提高了认识，统一了思想，加强了领导。自治区政府多次组织召开政府常务会议，专题研究部署循环经济和节能减排工作，主要领导亲自协调解决工作中存在的主要问题和困难，组织领导得到进一步强化。各地市（县）和重点耗能企业也成立了由主要领导任组长的工作机构，制定了循环经济工作方案，分解落实了各项目标。

（二）创新发展理念，开展循环经济试点工作

一是推进国家级循环经济试点单位工作。对列入国家级试点的石嘴山市、宁东能源化工基地和金昱元化工集团有限公司3家单位加强指导和扶持，石嘴山市和宁东能源化工基地的《循环经济试点方案》均已通过国家发改委组织的专家评审，目前各项工作已全面实施。宁夏金昱元化工集团公司投资建成的60万吨/年电石泥渣制水泥生产线，解决了氯碱、PVC树脂用电、蒸汽、电石泥渣污染的问题，形成了热电—烧碱—电石—PVC树脂—水泥联产的循环经济产业链。年可消纳粉煤灰、电石泥渣等各种废渣34万吨，节约标煤近2万吨，减少粉尘排放2.2万吨。

二是积极组织实施省级循环经济试点工作。2009年，自治区确定的循环经济试点单位能够严格按照试点实施方案逐步推进，按照“减量化、再利用、资源化”的原则，大力发展循环经济，以最少的资源消耗和环境代价，实现最大的经济产出和最少的废物排放，促进经济、资源、环境与社会效益的和谐发展。2009年，自治区又全面启动第二批循环经济试点工作，有29家单位被确定为自治区第二批循环经济试点，其中包括2个试点县、2个试点园区和25个试点企业。按照《自治区循环经济试点（第二批）工作方案》要求，各试点单位编制了《循环经济试点实施方案》。在2009年全区节能和循环经济工作会议上，自治区对通过方案审查的28家试点单位进行了授牌，并对近年来在循环经济工作方面表现突出的单位进行了通报表彰。

（三）努力提高资源综合利用水平，不断推进清洁生产工作

针对十分严峻的工业固体废弃物综合利用形势，自治区深入贯彻落实《自治区加快推进清洁生产的实施意见》和新修订的《宁夏回族自治区实施<国家鼓励的资源综合利用认定管理办法>细则》等政策法规，积极拓宽工业固体废弃物综合利用领域，鼓励水泥、新型墙材等生产企业，增加粉煤灰、煤矸石、化工废渣等固体废弃物的掺和量；鼓励煤矸石发电、煤矸石生产建筑材料及制品等大宗用量项目建设。同时，加大资源综合利用认证工作力度，为电力、建材、化工、冶金、造纸等多个行业的40多户企业办理认证手续，每年减免税收近亿元。通过各方面努力，电石泥、粉煤灰、煤矸石等行业主要固体废弃物的利用量不断攀升，有效提高了自治区资源综合利用率。截至2009年，全区资源综合利用率已达63.12%，提前完成了“十一五”计划目标。

在推进清洁生产工作方面，一是积极实施清洁生产重点企业管理和强制审核制度。将污染物排放量大、污染严重、清洁生产潜力大的企业作为清洁生产的重点，实施清洁生产重点企业管理制度。二是逐步拓宽清洁生产领域。在抓好工业企业清洁生产的同时，将清洁生产的理念和实践扩展到农业、建筑业、矿产资源开发和服务业等社会经济生活的各个领域。三是广泛开展宣传培训，进一步加大清洁生产实施力度。2004年至2009年，全区已有50家企业开展了自愿清洁生产审核，方案实施后，预计每年可节约标准煤125873.16吨，节水2042.63吨，每年减少排放化学需氧量1364.75吨、氨氮227.757吨、二氧化硫516.8吨、粉尘11747.9吨、消纳固体废物283.8吨。

2009年，自治区积极向国家申报2009年工业清洁生产示范项目，上报了宁夏万胜生物工程有限公司管束干燥机废气回收综合利用技术改造等14个项目，自治区宁夏伊品生物工程股份有限公司10万吨味精清洁生产技术集成示范项目列入这批项目安排表中，该项目总投资5617.27万元，预计获得国家奖励资金1120万元。

在园区工业发展方面，坚持以经济结构调整为主线，加强对工业园区现有企业的生态化改造，在招商引资工作中，对新进企业、新上项目从产业政策、园区规划、准入标准、集约用地、节约用水、废物排放、资源循环利用等诸方面提高准入门槛，引导上下游产业集聚发展，形成生态工业集群，实现“三废”循环综合利用，工业园区和重点工业企业节能减排、循环经济与生态经济的主导作用日渐凸显。目前，全区21个工业园区都规划了废弃物处置和综合利用项目，环保设施联建共享，推动园区向资源节约、生产清洁、排放达标的生态园和城市功能区方向发展。宁夏中冶美利工业园区投资2亿多元，建成林纸一体化工程，提高了工业废水重复利用率，极大地改变了当地生态环境，实现了环保效益、社会效益与经济效益的共赢。

（四）强力推进节能减排，力促循环经济工作

——调整优化产业结构，淘汰落后生产能力。自治区对传统产业提高准入门槛，合理规划生产能力，不再单纯发展能耗高、附加值低、产业链短的高耗能初级产品。一是认真贯彻落实《自治区党委、人民政府关于加快服务业发展的意见》和《自治区党委、人民政府关于大力推进全民创业的意见》，积极推进全民创业，有力的促进了第三产业的发展。二是积极推进装备制造业、新材料、特色农产品加工、高新技术和轻工业发展，对高耗能行业实行总量控制，强制推进节能改造。三是大力淘汰落后产能。积极采取措施对小火电、小炼铁、小炼焦、小造纸和小水泥等进行淘汰，2009年共淘汰小火电10万千瓦、小水泥60万吨、1.2万吨金属锰生产线一条，单井产量10万吨以下煤矿全部关停，完成了年度任务。

——加大节能资金投入，加快重点项目实施。2009年，自治区财政投入9984万元用于节能减排专项资金，比2008年增加52%，比年初预算安排资金多支出2984万元。2009年，全区共组织实施了宁夏惠冶镁业有限公司回转窑及精炼炉烟气预热利用等19个重点节能工程，获得国家1.07亿元资金支持。组织实施绿色照明工程，积极推广高效照明产品，2009年实际推广201.6万只节能灯，比上年增长194%，实现节电10404.58万千瓦时，折标准煤3.64万吨，减排二氧化碳10.38万吨，二氧化硫0.31万吨。自治区财政对城乡居民和部分大宗用户使用高效照明产品在国家补贴的基础上，给予再补贴，2009年共拨付补贴资金385万元，增幅达37.5%。

——推广节能先进技术，推行节能新机制。一是筛选了一批技术成熟，节能效果显著，实用性强的节能新技术和新产品在全区范围内加以推广，主要包括国内外高低压节电技术、节电装置，大功率节能灯具及照明电器等。积极推广应用外墙复合轻质保温板、混凝土多孔砖（CP砖）、复合型混凝土多孔保温砖（JT砖）和高品质的门窗材料等墙体自保温产品，加快了我区建筑节能产品更新换代。二是召开现场会在全区范围内推广锅炉、矿热炉余热发电综合利用技术。目前全区已有4家重点用能企业开始实施余热余压发电项目，其中青铜峡水泥股份公司6MW水泥纯低温余热发电机组已并网发电，年发电量达2250多万千瓦时。2009年投入410万元资金，对隔爆型变频调速电机、高效节能石油加热炉等新技术进行了研发，同比增长46.7%。其余项目正在建设之中。三是加快建立节能新机制。我区与中国资源综合利用协会达成了自治区企业节能

2009年节能宣传周活动

减排促进中心合作协议；与北京康得新能源科技公司签署了推进节能降耗合作协议，在全区推广合同能源管理新机制；与清华大学商学院发展中心就扩大节能减排合作进行了深入探讨，帮助宁夏培训节能管理人才，并对企业节能开展诊断。2009年，宁夏节能投资有限公司与宁夏医学院附属医院、中卫美利纸业集团有限公司和宁夏荣华缘冶金有限公司3家企业通过合同能源管理模式，开始实施节能改造。项目总投资7680万元，项目建成后年可节约标准煤2.32万吨标准煤，减排二氧化碳9.83万吨。

（五）开展全民行动，全方位发展循环经济

在新农村建设过程中，各市（县）加大沼气开发、利用太阳灶节能的力度，探索并推广了北方“四位一体”、“三位一体”、“猪沼果”、“猪沼菜”、“五配套”、“一池三改”等多种能源生态模式，既改善了农村环境，又带来了实惠，深受群众的欢迎。2009年，共建设户用沼气6万户，联户沼气157处，大型沼气工程3处，投放太阳灶5.75万台，全区沼气和太阳能利用年节约标准煤2.78万吨，减少二氧化碳排放7.4万吨，减少二氧化硫排放622.8吨。

在重点企业方面，通过一批节能新技术的研发推广应用，切实降低了重点用能企业的产品单耗。“特大型电解铝预焙槽工艺及相关技术研究”、“金属镁冶炼节能降耗技术研发”、“工业生物发酵行业节能清洁生产技术研发”等一批节能降耗重大技术项目取得进展。宁夏美洁纸业股份有限公司循环流化床锅炉替代链条锅炉节能技术改造项目、宁夏电投钢铁有限公司利用蓄热燃烧技术改造加热炉系统项目、宁夏安泰新能源股份有限公司综合利用煤矿瓦斯发电项目、宁夏英力特河滨冶金有限公司矿热炉能量系统优化等一批节能技改项目已在企业中得到实施，能源利用效率得到进一步提高。

在建筑领域方面。全区新建建筑设计阶段节能标准执行率达到100%，施工阶段节能标准执行率为95.2%以上。积极推进建筑领域太阳能技术的应用，完成了太阳能技术推广的技术规范，2009年全区实施可再生能源建筑应用面积127万平方米，占当年新建工程总面积的12.83%，比上年提高3.3个百分点。实施太阳能建筑应用示范工程10个，共核拨补助资金7570万元。新型墙体材料普及推广力度加大，2009年共认定新型墙体材料产品47家，新型墙体材料产量占墙材总量的55.3%，年节约用地2742.6亩，节约标煤10.3万吨，减少CO_2排放20.6万吨。

（六）强化培训和宣传，大力推进全民资源节约意识

按照自治区政府的统一安排，自治区统计局定期举办专题培训班，对市、县（区）能源统计工作人员进行培训；分地区对年耗能在5000吨标准煤以上的重点耗能企业举办能源统计和能源审计培训班，对全区规模以上工业企业能源统计员分批进行了培训，同时还举办了由全区市（县）长、经委主任和统计局长参加的能源统计知识讲座。自治区节能监察中心举办了全区年耗能5万吨标准煤以上83户重点企业运用互联网报送能源统计分析内容的培训班。加大宣传力度，及时报道全区节能和循环经济工作先进典型。利用2009年节能宣传周活动契机，组织各地开展丰富多彩、形式多样的节能和循环经济工作宣传系列活动，各有关部门、各地在主要公共场所利用板报、厂报、广播等形式集中开展宣传活动。

三、存在的问题

一是法规政策不完善。“十一五”以来，自治区循环经济虽然按照发展规划逐步推进，但各项保障措施、服务体系和监督检查机制还没有完全建立起来，没有形成一个适应本地区发展的循环经济法规做指导。

二是节能降耗形势依然严峻。由于资源禀赋和产业结构的原因，自治区能源消耗的强度较大，从目前进度看，四年累计完成了“十一五”节能目标的80.06%，要按期完成下降20%的节能目标，最后一年万元GDP能耗要下降4.36%，任务十分艰巨。

三是废物综合利用难度加大。由于自治区工业重型化特征明显，未来经济社会发展必将保持较高增长速度，“三废”产生量必然会同步增加，预防、监控、利用、治理的强度和难度增大。

四是循环发展的意识还亟待加强。一些干部和地区在发展过程中还存在重经济增长、轻节能减排的思想，法律意识淡薄。新闻媒体宣传不够深入，民众节约资源、节俭消费的意识还不强。

四、2010年循环经济工作思路

2010年，将按照自治区“十一五”发展循环经济的规划和实施方案，立足宁夏实际，做好以下几个方面的工作：

一是加快研究建立和健全循环经济的法规体系。结合自治区实际，制定鼓励、限制、禁止发展的产业和产品目录；建立资源节约及循环利用产品的优先准入制度；加快国家和自治区循环经济试点方案的推进工作。

二是要加快循环经济试点工作步伐。加快石嘴山市、宁东能源化工基地和金昱元化工集团有限公司国家级循环经济示范的试点工作，努力将其真正建成资源高效利用、物质充分循环、能源消耗较低的国家级循环经济示范典型，为全区的循环经济工作起到示范和引路作用。不断加大自治区第一、第二批循环经济试点单位工作力度，加快推进步伐，通过不断提升科技进步，组织实施重大项目，强化企业的主体作用，推行清洁生产，努力延长产业链等措施，作到“减量化、资源化和再利用”。要努力提高“三废”的综合利用率，进一步落实国家各项资源综合利用税收优惠政策，鼓励企业采用新工艺、新技术，加大粉煤灰、煤矸石、化工废渣、冶炼废渣等固体废弃物的综合利用。

三是加快推进产业结构调整。大力发展“五优一新”产业，用高新技术和先进适用技术提升冶金、有色等传统产业，培育引导重点耗能行业的骨干企业发展循环经济。鼓励支持关联程度高、技术含量高、附加值高的产业和项目加快发展，延长产业链。坚决淘汰不符合国家产业政策的企业或工艺设备，遏制高耗能高排放行业过快增长，限止落后产能向区内转移。在冶金、石化、建材、发电、煤炭等主要工业行业和领域，按照“减量化、资源化、再利用”原则，从节能、节水、节地、资源综合利用和环境保护等角度选择培育循环经济重大项目抓紧实施。

四是要加大对循环经济发展的资金支持力度。加大资金支持额度，支持重大项目和技术开发、产业化示范项目、循环经济试点单位、新机制技术的推广、管理能力和监管体系建设、节能减排奖励资金。财政基本建设投资要向节能环保项目倾斜。健全矿产资源有偿使用制度。继续加强和改进新型墙体材料专项基金和散装水泥专项基金征收管理。要继续积极争取国家财政的支持，做好项目储备和项目论证工作。

五是制定和完善支持循环经济发展的税收政策。认真执行和落实国家关于西部大开发、节能、节水、资源综合利用、环保产业等方面的税收优惠政策。积极探索建立符合自治区实际，有利于深入推进循环经济和节能减排工作的税收优惠政策。

六是要理顺自然资源价格。积极调整水、热、电、天然气等价格政策，促进资源的合理开发、节约使用、高效利用和有效保护。执行电力峰谷电价，实施有利于烟气脱硫的电价政策，制定鼓励可再生能源发电以及利用余热余压、煤矸石和城市垃圾发电电价政策。制定阶梯式水价、超计划超定额用水加价制度，制定支持再生水、苦咸水、矿井水、雨水开发利用的价格政策。

七是切实降低能源消耗。加强年能耗在5万吨标煤以上重点用能企业节能降耗工作，分解落实节能目标。继续开展节能审计，加强能源统计和能源监测，切实降低重点耗能产品的单耗。采取节能新技术、新工艺，增加投入，力争使铁合金、电石、金属镁等产品的单耗整体达到或接近国内先进水平。切实抓好重点地区和重点领域的节能评估工作，确保顺利实现自治区“十一五”万元GDP能耗下降20%的节能目标。

八是加大循环经济宣传力度。认真做好循环经济先进单位的经验总结和宣传推广工作，充分发挥新闻、出版、广播、影视、文化等部门和社会团体的作用，发挥好先进典型的引路作用。引导和鼓励公众投身资源节约型社会建设，提倡节俭消费、适度消费、科学消费，自觉节约能源、水资源及各种资源，抵制过度包装，积极回收再生资源，建立崇尚节约的社会风尚和生活方式。对污染环境、浪费资源的单位进行曝光，加大处罚力度。

九是抓好“十二五”循环经济发展规划的论证编制工作。发展循环经济，规划是龙头。2010年，将聘请有关专家和专业设计院所到全区各领域进行深入调研，采集数据、论证分析、科学筹划，确保“十二五”循环经济规划指导思想先进，技术路线可行，具有较强的可操作性。

新疆维吾尔自治区循环经济

新疆维吾尔自治区发展和改革委员会

新疆是我国重要的资源接替区，同时也是生态环境脆弱、水资源贫乏、经济发展落后的省区。发展循环经济，有利于促进新疆节能减排，缓解新疆资源、环境约束，有利于推进新疆新型工业化进程和增强产品的市场竞争力，保障国民经济安全，对新疆建设节约型社会与和谐社会具有重要的战略意义。近年来，在可持续发展战略的指导下，自治区认真落实国家发展循环经济、开展资源节约、节能减排的工作部署，积极采取政策、法律、技术、宣传等手段措施，循环经济发展取得了一定成效。但总体看来，传统的高耗能、高污染、低效率的粗放型经济增长方式还没有得到根本性转变，循环经济发展仍处于试点和起步阶段，循环经济总体发展水平较低。

一、2009年新疆发展循环经济的主要工作

（一）加强循环经济协调领导机制的宏观管理

加强宏观调控，充分发挥自治区循环经济工作领导小组作用。加强循环经济工作领导小组各成员单位的协调与沟通，各成员单位根据责任分工，各司其职，形成统一认识，明确任务，强化措施，加强协作，狠抓落实，形成协调配合、齐抓共管的新局面，推进自治区循环经济各项工作顺利开展。

（二）制定相关政策，为发展循环经济奠定基础

为促进新疆循环经济发展和资源节约综合利用，根据国家出台相关法律、政策，新疆自治区人民政府和相关部门相继制定了《认真贯彻落实国务院关于做好建设节约型社会近期重点工作通知的实施意见》（新政发[2005]87号）、《关于贯彻落实国务院加快发展循环经济若干意见的实施意见》（新政发[2005]101号）、《关于组织开展自治区循环经济试点工作的通知》（新发改地区[2007]46号）。2009年下发了《单位GDP和固定资产投资规模增长的新增建设用地消耗考核办法》、《新疆固定资产投资项目节能评估和审查管理暂行办法》（新发改法规[2009]1917号）等资源节约与环境保护相关文件。这些政策性文件的出台为自治区加强环境保护和资源综合利用、发展循环经济、建立资源节约型社会奠定了重要的政策法规基础。

（三）加强循环经济试点示范工作

自治区把发展循环经济作为调整经济结构、转变经济发展方式的重要抓手，认真组织开展循环经济试点，积极推进新疆有色工业(集团)稀有金属有限责任公司、中粮新疆屯河股份有限公司、库尔勒经济技术开发区3家国家级和21家自治区级循环经济试点工作。自治区第二批循环经济试点已启动前期工作。通过循环经济试点，实施并推广节能、节水、资源综合利用、清洁生产等循环经济模式，以点带面，逐步推广，促进节能减排，使企业节能减排实现从末端治理向源头控制、过程治理转变，企业节能减排由被动向主动型转变，让企业得到更好的经济效益。新疆天业公司、宝钢集团八一钢铁公司、中泰化学公司等企业循环经济模式已基本形成，并在节能降耗、减排增效、实现资源的高效转化利用方面取得明显成效，起到了较好的示范带动作用。

（四）积极推动农业领域循环经济发展

从发展节水生态农业入手，大力推进农村畜禽粪便、农作物秸秆、生活垃圾和污水向肥料、燃料、饲料的资源转化，积极推广农村节水灌溉技术，推动自治区农业发展循环经济。通过建设农业生态工程、无公害产业生态工

程、高效农业生态工程、农机配套与耕作制度改革工程、农村能源综合利用工程、秸秆综合利用工程、环境保护与管理工程等，探索出“种—养—加”结合的生态农业模式，逐步推进农业循环链形成。如昌吉州探索出“畜禽养殖—粪便—有机肥(再生资源)—有机食品—有机畜禽”、“饲料—畜禽养殖—沼气(能源、农肥)—种植(饲料)”及“种植—秸杆—加工成草粉—饲料养殖—生物有机肥—农作物种植”的循环发展模式，在种植业和养殖业间形成了闭合循环，提高了废弃物的综合利用水平，促进了绿色农业发展。实施了国家农村小型公益型农村能源项目、农村沼气国债建设项目和集中养殖场大中型沼气发电工程项目，截至2009年底，全疆在83个项目县市建成户用沼气36.1万户，农村沼气年节能50万吨标准煤，年减排温室气体260万吨。

（五）组织实施资源节约与综合利用及循环经济工程

按照国家《关于印发“十一五”十大重点节能工程实施意见的通知》要求，自治区积极组织实施“十大重点节能工程”等资源节约与环境保护项目。2009年，自治区共有67个资源节约与环境保护项目获得国家资金支持，预计节能量150万吨标准煤。自治区财政安排节能减排专项资金支持39个节能减排项目，预计实现节能量33.55万吨标准煤。积极推动新疆高等级电网建设，2009年电力综合线损率比上年下降8.5个百分点。大力开发可再生能源，在建可再生能源项目达到21项、装机规模252.1万千瓦，可再生能源发电运行装机规模将达到344万千瓦，占全区电力装机总量的1/4 以上。

加大燃煤电厂机组脱硫力度。2009年底，自治区完成了14台装机容量266万千瓦燃煤机组脱硫设施建设，占燃煤机组总装机容量的37%，占10万千瓦以上新老机组装机容量的67%。开工建设污水处理厂和管网建设项目21个（氧化塘7个），建成11个，新增污水处理能力29万吨/日，污（废）水处理能力有效提升。

（六）加强重点领域节能减排工作，降低能源资源消耗

工业领域加强重点耗能企业节能管理，16家千家企业“十一五”前四年累计节能量256.27万吨标准煤，超额完成“十一五”节能目标87.32万吨标准煤。建筑领域积极推行设市城市及县城民用建筑强制性节能50%标准，全区已建成节能建筑约9300万平方米，年节能173万吨标准煤，减排二氧化硫4.16万吨，减排二氧化碳461.18万吨。累计完成既有居住建筑供热计量及节能改造682万平方米,年形成节能11.37万吨标准煤，减排二氧化硫0.35万吨，减排二氧

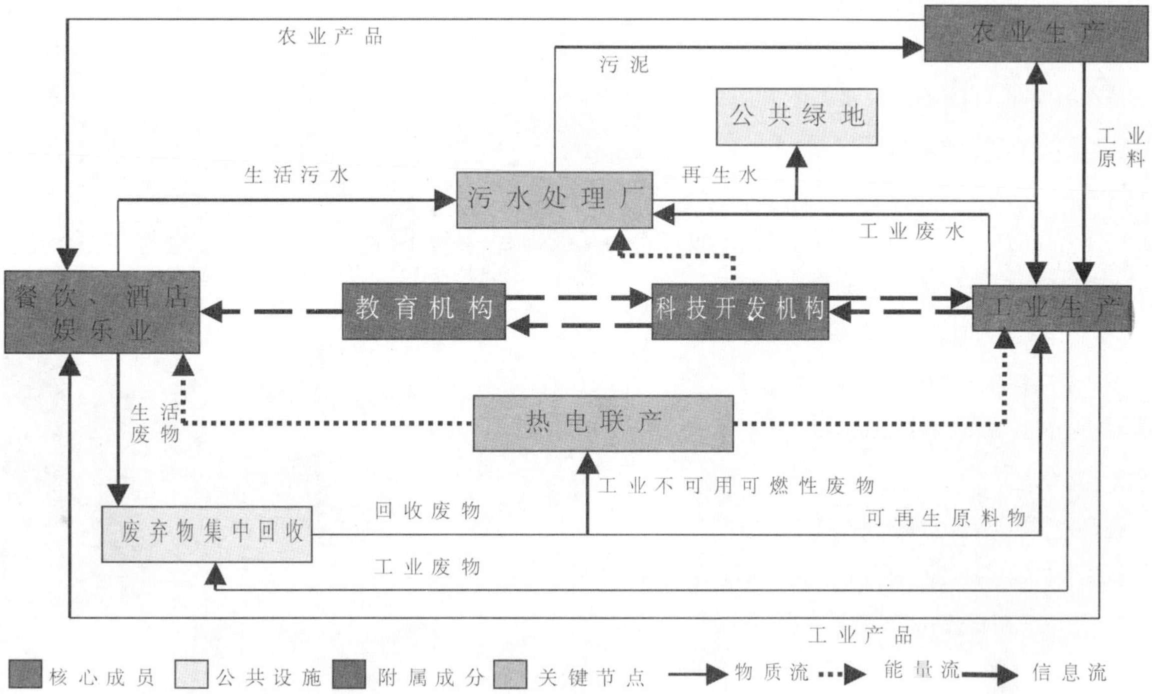

乌鲁木齐经济技术开发区循环经济模式总体结构图

化碳38.44万吨；已建可再生能源建筑总面积约455万平方米，年节能11.86万吨标准煤，减排二氧化硫1.67万吨，减排二氧化碳30.79万吨。交通行业开展甩挂运输试点工作，推行油耗定额考核制度，禁止高耗能车辆进入道路运输市场。航空运输系统通过优化航线、提高空域使用效率、缩短空中飞行距离等措施，降低油料消耗。铁路运输大力开展节能减排工作，综合能耗由2006年的1.42吨标准煤/万元营业收入降到2009年的0.9吨标准煤/万元营业收入，节能率达36.6%。公共机构开展全区各级党政机关和事业单位能源资源消耗统计工作，制定节约油、电、水、气规章制度，2009年各级党政机关油、电、水的消耗预计比上年降低5%。

（七）积极组织开展清洁生产工作

清洁生产是发展循环经济的重要途径之一，是从源头上削减污染、提高资源利用效率。截至2009年自治区共公布强制性清洁生产审核企业和重点企业清洁生产审核119家，对9家自愿开展清洁生产审核的企业验收。依法对重点企业开展清洁生产审核，审核工作中以企业节能降耗、主要污染物减排、循环经济为核心，督促企业认真落实以发展循环经济为主的综合性工作方案，通过清洁生产审核使企业在源头和生产过程中降低能源资源消耗，降低污染物排放。

（八）加大循环经济的宣传力度

2009年，自治区继续围绕“大力发展循环经济，加快建设节约型社会”这一主题，结合节能宣传周、世界水日、地球日、天山环保世纪等活动，采用新闻媒体采访、悬挂横幅、展版等多种形式加大节能减排、循环经济宣传力度，全社会对发展循环经济重要意义的认识进一步提高，节约资源、保护环境正在变成全体公民的自觉行为，发展循环经济的良好社会氛围也正在形成。同时，绿色服务业，环境标志认证体系、绿色学校、绿色社区、政府绿色采购等发展循环经济的有效方式逐渐深入人心。

二、循环经济主要成效

一是循环经济试点工作取得积极进展。3家国家级循环经济试点单位实施方案进入实施阶段，循环经济试点项目得到国家支持，节能、节水、资源综合利用水平得到提高。21家自治区级循环经济试点单位工作进展顺利，试点示范作用提升。自治区第二批循环经济试点工作已启动，将在企业、园区、市（县）三个层面展开。

乌鲁木齐经济技术开发区新疆科艺达铝朔制品有限公司木塑资源综合利用生产线

二是万元GDP能耗持续下降。自治区2009年万元GDP能耗1.934吨标准煤，比上年下降1.53%，“十一五”前四年累计下降8.55%，完成“十一五”目标进度的40.05%；规模以上工业万元增加值能耗为2.371吨标准煤，比上年下降1.72个百分点。

中粮新疆屯河股份有限公司制糖真空冷却循环水系统

三是主要污染物控制成效显著。2009年，自治区化学需氧量排放27.12万吨，比上年上升0.06%；二氧化硫排放56.78万吨，比上年上升0.57%。全区主要污染物排放总量控制工作较上年有了显著进步，两项主要污染物均完成了年初制定的总量控制目标任务。

四是综合利用水平提高。2009年，自治区工业固体废物综合利用率约47%，工业用水重复利用率约92%，工业废水排放达标率约68%。

三、典型单位（乌鲁木齐经济技术开发区）

乌鲁木齐经济技术开发区（以下简称“开发区”）是国家级经济技术开发区，是自治区第一批循环经济试点单位。近年来，开发区按照发展循环经济的理念，实施资源高效利用和环境保护的发展模式，循环经济发展水平有较大的提高。

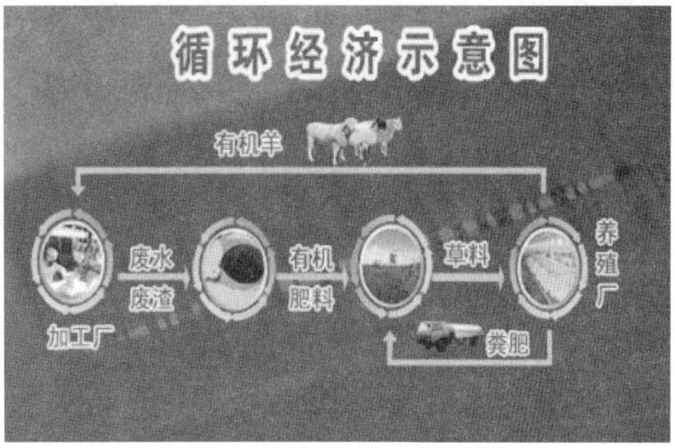

哈密长河工贸集团有限公司循环经济模式图

2009年，开发区继续加强组织协调，创新组织机构建设。实施了会商、磋商机制，初步建立起循环经济和节能减排的政策支撑体系。制定出台了《开发区发展循环经济和节能减排促进办法（试行）》等配套政策与规范性文件，构建了政策支撑体系。修订了《发展循环经济和节能减排考核体系实施方案》，将职能部门和企业同时纳入到考核体系，落实目标责任、完善考核体系。深入开展工业、建筑、交通、公共机构等重点领域循环经济和节能减排。加强企业能源管理工作，重点企业建立和完善了循环经济和节能减排组织机构、制定循环经济和节能减排管理制度。实施节能新机制，推广先进节能技术、产品。鼓励企业积极开展合同能源管理、ISO14000认证及清洁生产审核工作，金风科技、伊利食品等14家企业已通过ISO14000认证。引导企业研发和推广节能减排技术和产品。组织实施燃煤工业锅炉改造，电机系统节能、能量系统优化等节能工程建设。推行绿色照明，累计向居民推广节能灯2.5万只，开展对市政道路系统灯具改造。深入开展形式多样的循环经济宣传工作。

2009年，开发区规模以上工业增加值能耗为0.25吨标准煤/万元，比上年下降49.4%，仅为国家工业生态示范园区标准的一半；规模以上工业增加值新鲜水取水量7.6立方米/万元，比上年下降46%；化学需氧量与二氧化硫减排量为253.2吨、103.3吨；建筑工程节能设计达标率为100%，建筑总能耗比上年下降15%，新建住宅和公共建筑节水器具普及率达100%；管委会办公大楼的单位建筑面积能耗为0.06吨标煤/平方米，比上年下降60%，人均能耗为1.12吨标煤/人，同比下降89%；出口加工区办公大楼办公系统水耗为13.96立方米/人，同比下降59%；单车耗油量控制在9.1公斤/公里，节油达6510吨。

新疆生产建设兵团循环经济

新疆生产建设兵团发展和改革委员会

新疆生产建设兵团高度重视资源节约和环境保护，始终把可持续发展战略作为经济社会发展的重要指导原则，不断加强环境保护和资源综合利用工作，积极推进循环经济发展工作。

一、主要工作进展情况

（一）加强组织领导，发展循环经济意识明显增强

党的十七大把建设资源节约型、环境友好型社会作为科学发展观基本要求的重要方面，提出必须放在工业化、现代化发展战略的突出位置，落实到每个单位、社会每个家庭。这充分体现了党中央对资源、环境问题的高度重视，对解决资源和环境问题的坚强决心和信心。发展循环经济是国家经济社会发展的一项重大战略，新疆兵团在中央、自治区和兵团党委的正确领导下，全面落实科学发展观，努力克服严峻困难和不利影响，以节能减排为抓手，大力发展循环经济，促进资源循环式利用，全社会节约资源、保护环境的意识明显提高。

（二）积极推进产业结构调整

各级积极落实科学发展观，精心谋划发展思路，采取综合措施，大力调整产业结构，突出延伸产业链建设，促进了产业调整和升级，三次产业结构由2005年的29：32：39调整到2009年的35：31：34。认真制定并完成淘汰落后生产能力年度目标，电石、水泥等行业的产业整合和结构调整工作取得新进展，共关停、取缔、淘汰了28家落后企业及生产线，已淘汰落后煤炭产能18万吨、水泥产能32万吨，2009年新型干法水泥产能已占兵团水泥生产能力的80%以上。水电、风能、太阳能等清洁能源不断发展，用能结构得到优化。高技术产业继续保持快速发展，企业自主创新能力得到加强。

（三）积极推进循环经济试点工作

2009年，石河子市把发展循环经济作为经济增长方式、建设两型社会的重要战略举措，认真谋划，强力推进，初步探索出一条切合自身实际的发展之路。抓住循环经济试点城市的有利机遇，以重化工业为主的北工业园区和以氯碱化工为主的天业集团作为试点，坚持科技创新，不断突破循环经济的关键技术，实现“吃干榨尽”，废水、废气、废渣得到综合利用，构建了园区和企业层面的循环经济发展模式。2009年，石河子市循环经济重点项目之一的高效节水及废水综合利用项目得到国家支持，预计可获得国家资金1000万元。该项目总投资1.54亿元，建设20万亩高效节水灌溉面积，项目实施后，年可节约用水量1000万立方米。

新疆天业集团依托优势资源转化战略，通过产业间的“大循环”和产业内部“小循环”有机结合，大力推行清洁生产、创新发展循环经济关键支撑技术等措施，循环经济发展效果显著。与2005年相比，2009年天业集团废水排放量下降 70%，COD排放量下降 16%，二氧化硫排放量下降 4%，电石渣综合利用率100%，废旧滴灌带回收利用率85%，主导产品能耗平均下降10%以上。

（四）突出抓好节能减排工作

一是加强对节能减排工作的组织领导。筹备召开兵团节能减排电视电话会议。兵团上下形成了主要领导亲自抓，分管领导重点抓，各师、各部门相互配合，一级抓一级、层层抓落实的良好局面。为形成推进兵团节能减排工

作部门工作合力，结合兵团实际，制定了《新疆生产建设兵团2009年推动落实节能减排工作安排部门分工的通知》（兵节能减排办[2009]7号），确保各师、各单位将2009年节能减排各项工作落到实处。举办了“重点用能企业能源利用状况报告填报工作培训班”，对新疆青松建材化工（集团）股份有限公司等40余家重点用能企业的50名负责能源管理工作的业务人员进行了能源填报工作培训。

二是认真落实节能减排目标责任制。2009年是认真落实节能减排目标责任制的重要一年，根据兵团领导指示，联合建设局、统计局的相关单位对各师年度节能目标完成情况进行了现场考核，并对22家企业开展节能减排工作进行了专项督查和调研，并对各师年度节能指标完成情况和节能措施落实情况进行了通报，节能目标责任制的落实对督促企业进一步落实各项节能措施、提高对节能减排工作的认识、确保“十一五”节能目标任务的完成具有重要意义。

三是加大环资项目管理力度。及时下达了第二、三批扩大内需中央投资项目计划。认真做好项目的储备及上报工作。开展了2009年兵团本级节能减排专项资金项目的组织申报及下达工作。加强对项目的跟踪管理。根据国家发改委环资司要求，为确保项目的顺利实施，加快建设进度，加强了项目的跟踪管理和督促检查，特别是对新增中央投资项目进行动态掌握，加大对投资计划执行情况的监督力度。对新增中央投资城镇污水垃圾处理设施项目、环资项目建设进展情况实行了旬报及月报制度。对污水垃圾项目工程进度进行现场检查，督促项目单位在实施过程中严格落实项目法人责任制、招投标制、监理制等项目管理制度，严格项目建设进度。

四是加快实施节能减排重点工程。工业节能减排项目实施力度加大。围绕燃煤锅炉改造、能量系统优化、电机系统节能、余热余压利用、污染减排等认真实施节能减排技术改造，在节约能源资源的同时，削减了SO_2、COD等排放量，生态效益明显。建筑节能工程得以大力推进。新建建筑节能50%强制性标准全面实施。公共机构节能工作不断加强。认真执行《新疆生产建设兵团关于开展增收节支工作的意见》和《节能产品政府采购清单》，严格公务用车管理，控制室内空调温度，减少电梯使用，在节能降耗工作方面起到了示范带动作用。高效照明产品推广工作取得成效。加强与广东佛山照明有限公司和欧司朗（中国）照明有限公司的沟通与合作，推广节能灯50万只。

五是进一步加强基础性工作。严把项目审批关，把节能评估、环境影响评价作为项目审批的前提条件，从源头上控制能耗的过快增长和污染物的超标排放。进一步加强能源统计和计量工作，加强了人员培训工作，基本摸清了兵团能源现状，不断提高监管能力。开展了企业能源审计和节能规划编制工作，找出了薄弱环节，明确了发展目标和方向。

（五）广泛开展各类宣传活动

兵团各级普遍开展了节能减排全民行动，组织开展了节能宣传周、“六·五”世界环境日等专题宣传活动。机关、学校、企事业单位及新闻媒体广泛参与节能减排行动。认真贯彻实施《中华人民共和国节约能源法》及《新疆生产建设兵团关于开展增收节支工作的意见》，在办公、用车、设备采购等方面，更加注重节能降耗，起到了良好的示范带动作用，全社会节能减排意识明显增强。加大了节能宣传周活动力度。联合兵团机关事务管理局、建设环保局等部门，围绕“推广使用节能产品，促进扩大消费需求”活动主题，制定了节能宣传周活动方案，制作大型展览设计，现场推广节能灯，发放宣传材料等，同时利用兵团日报、兵团电视台等新闻媒体进行广泛宣传，形成了很好的宣传声势。

二、下一步工作安排

第一，加快转变经济发展方式。严把项目审核关，重点加大工业结构调整力度，加快淘汰落后生产能力。要按照产业链模式谋划项目，实现产业间上下游联动、一条龙生产，力争做到“吃干榨净”。坚持走节约发展、清洁发展、安全发展、可持续发展的路子。不断优化用能结构，大力发展水电、风能、太阳能等清洁能源。大力发展服务业，逐步提高服务业在兵团经济中的比重，构建新型节能减排产业体系，努力提高经济增长质量和效益。

第二，突出抓好重点企业节能减排。兵团将进一步加大对重点企业节能减排工作的检查和指导力度，逐一落实节能减排任务。在重点用能企业要继续开展能源审计和节能规划编制工作，开展与国际、国内同行业先进水平的能效对标活动，推动企业加大技术改造力度，提高节能减排管理水平。要加快制糖、番茄加工等重点行业的废水治理工程建设力度，确保COD排放量大幅度降低，实现达标排放；已建电厂要加快技术改造步伐，实现达标排放；在建的热电机组必须安装脱硫设施并确保正常运行。

第三，做好规划工作。一是根据国家要求，结合兵团实际，启动"十二五"兵团节能规划编制工作，制定"十二五"节能目标及节能工作整体规划，为兵团节能工作的深入开展提供保障。二是牵头组织编制兵团"十二五"城镇污水垃圾处理设施建设规划，坚持统筹规划、协调发展的原则，因地制宜稳步推进兵团城镇污水垃圾处理设施建设。

第四，继续抓好循环经济试点工作。认真贯彻落实全国循环经济试点工作会议精神，扎实推进石河子市和天业集团循环经济试点工作，努力探索城市循环经济发展的模式。进一步扩大兵团循环经济试点范围，在一些师和重点行业选择、培育一批单位进行循环经济试点。

第五，全面推行清洁生产，从源头上节约能源和治理污染。把开展清洁生产审核作为发展循环经济的重要切入点，积极推进清洁生产和工业污染全程控制，切实抓好重点污染企业强制性清洁生产审核工作，督促企业不断采取改进设计、使用清洁的能源和原料、采用先进的工艺技术与装备、改善管理、综合利用等措施，从源头削减污染，提高资源综合利用效率，减少能源浪费和污染物排放。通过开展清洁生产审核工作淘汰落后产能、设备，进而促进产业结构的调整，把清洁生产建设成长期性的、机制化的制度。进一步加强清洁生产审核审查机构的规范化、制度化管理，建立清洁生产专家服务库，为循环经济提供技术支持，形成兵师两级共同促进—中介服务—企业实施的推动模式。

第六，做好全社会资源节约工作。继续组织开展"节能减排全民行动"。兵师机关要继续带头厉行节约，努力降低机关运行成本，加快建设节约型机关步伐，推动机关在节能降耗工作方面继续起示范带动作用；农业领域要加快秸秆综合利用规划的编制工作，进一步做好节油、节水技术的推广，大力发展户用沼气；建筑领域要大力推进既有建筑供热计量及节能改造工作；交通领域要积极鼓励和引导运输企业选用自重轻、承载量大、能耗低的运输车辆；城镇建设要加快实施城市污水处理厂及配套管网建设和改造工程，提高污水集中处理率；社会消费领域要积极推广应用高效节能产品，积极引导和推广节能环保型消费和服务方式。

第七，继续加大资金投入。要继续完善国家资金引导、企业为主和社会参与的投入机制。一是争取国家资金支持，做好已上报项目的各项前期工作。二是兵团本级财务继续安排专项资金，用于扶持重点节能减排技术推广和示范项目建设。三是从企业发展资金中安排一定比例资金用于节能减排技术改造。四是鼓励和引导金融机构加大对循环经济、环境保护及节能减排技术改造项目的信贷支持。另外，兵团拟建的风电、水电及余气余压利用项目要积极通过实施CDM项目，促进企业开展节能减排。

第八，强化监督管理。加大项目管理力度，开展项目专项检查，重点对项目进展、资金落实等情况进行全面检查。继续组织开展节能减排专项检查，对重点企业节能降耗、污染治理和节能减排目标责任书落实情况以及兵团挂牌督办企业和国家挂牌督办企业的环境整治情况进行检查督办，严厉查处超标排放、环境违法等各类违法行为。

国家循环经济试点市

青岛市循环经济

青岛市发展和改革会

国家发展改革委组织召开青岛市循环经济试点专家论证会

2009年，青岛市以强化循环经济试点建设为抓手，突出做好《青岛市循环经济试点实施方案》编制并顺利通过了国家发展改革委组织的专家论证，全市循环经济工作不断深化，工业节能和建筑节能工程成效显著，废旧轮胎和建筑垃圾综合利用规模不断扩大，农业领域循环经济发展稳步推进，循环经济科研支持力度不断加大。2009年，全市共有86家企业通过清洁生产审核，工业固体废弃物综合利用率达到98%，取得了良好的经济效益和环境效益，有力地推动了全市“环湾保护、拥湾发展”战略的贯彻实施。

一、循环经济工作主要情况

（一）《青岛市循环经济试点实施方案》通过专家论证会

经过充实和完善，《青岛市循环经济试点实施方案》于2009年11月20日顺利通过了国家发展改革委组织的专家论证。青岛市于2007年被列入国家第二批循环经济试点城市。根据试点工作要求，结合青岛市发展循环经济的实际，编制并上报了《青岛市循环经济试点实施方案》。

“实施方案"明确了青岛市发展循环经济的指导思想、基本原则、发展目标、主要任务和工作重点，提出了重点项目和保障措施。其中重点实施发展循环经济“3321”工程，主要内容是：打造静脉产业基地、海水综合利用产业基地和废旧轮胎综合利用产业基地等3个循环经济特色产业基地；开展崂山区、黄岛区和城阳区等3个循环经济试点示范城区建设；推进20个循环经济试点示范园区建设；培育100个循环经济试点示范单位。通过实施“3321”工程，将实现重点突出、以点带面、全面发展的新格局，构建具有青岛特色的循环经济发展模式。论证组专家及领导对实施方案给予了充分的肯定，同时，就青岛如何加快壮大循环经济、尽快形成较大规模提出了意见和建议。《青岛市循环经济试点实施方案》经国家发展改革委批复后，作为指导和规范青岛市循环经济发展的纲领性文件，将对促进全市循环经济发展发挥重要作用。实施方案通过国家论证标志着青岛市循环经济工作进入了一个新的发展阶段。

（二）循环经济试点工作成果显著

2009年先后完成了青岛市第一批循环经济试点42家单位和第二批循环经济试点72家单位的试点实施方案专家评

国家发改委、中国工程院“循环经济专家行”调研组在青岛新天地生态循环科技有限公司考察

审和方案批复工作。对国家、省及市第一批循环经济试点，即3个城区、12个园区、51个试点单位的试点实施方案推进情况进行了中期调度，及时掌握试点建设情况，协助企业解决实际问题，推进相关项目建设。青岛市1个城区、1个园区和5个企业被列为山东省第一批循环经济示范单位。青岛碱业股份有限公司的“白泥与二氧化硫双向治理”项目被山东省经济贸易委员会、山东省政府节能办授予“山东省十大循环经济示范工程”。

随着循环经济试点工作的深入开展，进一步凸显了循环经济理念的指导作用，扩大了循环经济典型示范的影响。尤其是热电、化工、钢铁、建材、玻璃、酿酒等重点行业中的试点企业，明显提高了节能减排和资源综合利用水平，取得了良好的经济效益，增强了试点单位的核心竞争力。

青岛啤酒股份有限公司作为山东省循环经济试点企业，积极在集团内50余个工厂推行循环经济发展技术，大力开展清洁生产、节能技改和废弃物综合利用等工作，初步形成特色鲜明、行业领先的循环经济发展模式，取得显著经济效益。如该公司下属的青岛啤酒二厂，仅2009年上半年就比同期节电125万千瓦时，节煤3000吨，节水4.5万吨，节约资金达2400万元。城阳区作为青岛市循环经济试点城区和山东省第一批循环经济示范城区，全区的国家级、省级、市级循环经济试点单位达到了27个，探索形成了以木材综合利用产品加工、粉煤灰综合利用和废旧轮胎翻新再制造等为特色的区域循环经济发展模式。城阳区注重促进循环经济发展的长效机制建设，2009年制定下发了《关于印发〈青岛市城阳区节约型社会建设专项资金使用管理暂行办法〉的通知》（青城发改〔2009〕95号），安排区财力资金200万元，专项用于节能降耗、循环经济等工作。2009年共对区内10家企业的13个节能项目、14家循环经济试点企业进行了奖励，促进了当地循环经济试点企业的积极性，有力地推动了全区循环经济的深入发展。

（三）清洁生产促进工作持续加强

青岛市始终将清洁生产促进工作作为推动循环经济发展的重要手段，不断加强协调指导，健全工作网络，建立完善清洁生产培育体系、审核体系、评价体系和服务体系，加大资金支持力度，加强重点项目示范和引导，有力地推动了全市清洁生产工作不断迈上新台阶。2009年，全市有86家企业通过清洁生产审核，实施无低费方案2000项、中高费方案200项，完成投资2亿元，获得直接经济效益4亿元，年减排COD 700吨、SO_2 2000吨、废水150万吨，节水600万吨、节电1500万千瓦时、节煤6万吨、节约蒸汽15万吨。截至2009年，全市共有369家企业通过了清洁生产审核，企业员工清洁生产参与率达到95%以上，产生可行性方案15300项，方案实施后年形成经济效益约20亿元，成效比较明显。

（四）循环经济科技研发力度不断加强

青岛市围绕全市节能减排和循环经济发展的技术需求，选择重点领域，加大对节能减排和循环经济应用技术研究开发的支持力度，加强先进适用技术的综合集成和现代高技术研究应用。在生产领域重点组织开展了企业为降低原材料和能源消耗、减少废物排放所开发的无害化新技术和新工艺的研究与应用。在海水综合利用方面，加大海水淡化技术研究与开发，在青岛华欧海水淡化有限公司建立水电联产-热膜耦合海水淡化技术研究与工程示范，开展了用海水冲厕技术研究与开发。在新能源领域技术研究开发方面，重点开展太阳能、风能、生物质能和海水能技术的研究开发。青岛明月海藻公司开展海藻加工废渣综合利用技术应用示范研究。通过稀土络合、生物降解、生物发酵、超微粉等技术，将海藻加工过程中产生的废渣进行综合利用,从中提取岩藻多糖、海藻多糖复合物、海藻胶、海藻生物基肥和海藻饲料等产品。实现年回收利用废渣4.5万立方，减少排放90%以上。中国科学院青岛生物能源与过程研究所等一批大院大所相继落户，使青岛市生物能源学科门类和研究领域不断拓宽。生物柴油、纳米级微乳化剂、生物质固化、生物质热解液化燃料油产业化得到快速发展，按照生物能源产业发展空间布局，建立了生物能源产业基地。

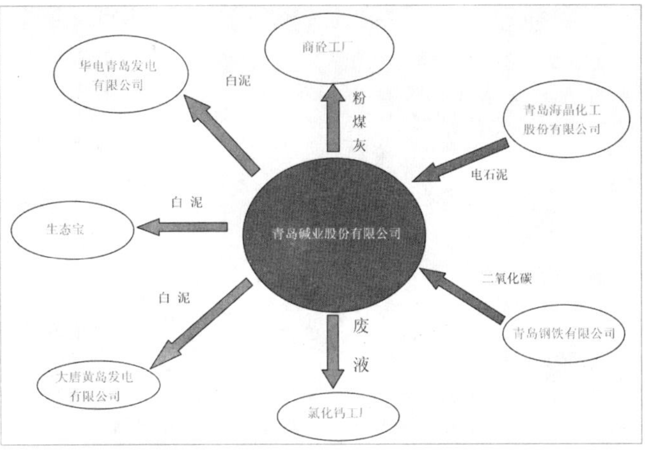

青岛碱业股份有限公司工业废弃物综合利用循环经济产业链条图

（五）农业循环经济稳步推进

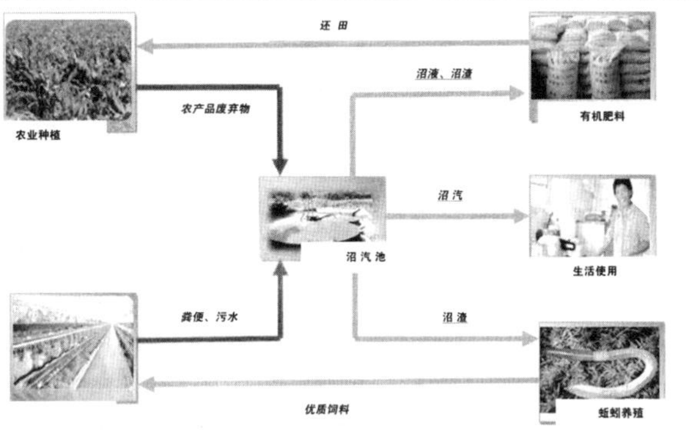

青岛顺科养鸡有限公司生态养殖、种植循环经济模式图

青岛市各级政府普遍加大了对农村沼气投入力度，2009年青岛市又安排专项资金2000万元用于农村沼气项目建设，完成了1.14万户"一池三改"户用沼气、8座大中型沼气工程和150处沼气乡村服务网点建设任务。截至2009年，全市累计建设户用沼气池5.6万户，年处理废弃物56万吨；建设大中型沼气池73处，年处理废弃物63万吨；建设小型沼气工程23处，年处理粪污500吨；建设"四位一体"生态能源模式大棚1150座，面积68.5万平方米，所产生"三沼"（沼气、沼液、沼渣）进行综合利用，年生产无公害优质蔬菜390万公斤；建成秸秆气化集中供气站14处，年利用农作物秸秆4000余吨，使2700户农民用上了清洁、干净、优质的燃气。推广农作物秸秆固化成型燃料生物质炉4200户，年利用农作物秸秆1万余吨，在秸秆能源化利用方面探索出了新路子。青岛顺科养鸡有限公司是青岛市第二批循环经济试点单位，繁育蛋鸡十万只，年产生鸡粪约8000吨。该公司将鸡粪生产沼气供生产和周边居民生活用气，沼液用于生产有机肥料，有机肥培育"绿色食品"，沼渣养蚯蚓又可作为鸡饲料，形成了较为完整的循环经济生态种养殖模式。认真做好农作物秸秆资源调查与评价工作，编制完成了《青岛市农作物秸秆综合利用规划》。推广秸秆过腹还田，扩大秸秆青贮、氨化,玉米秸秆青贮突破80万亩，推广秸秆气化、固化成型和秸秆栽培食用菌技术等，每年秸秆利用总量可达20万吨以上。目前全市秸秆综合利用率达到80%以上。

（六）废旧轮胎综合利用产业规模不断扩大

经过多年的发展，青岛市废旧轮胎综合利用产业已初具规模，技术设备处于国内先进水平。青岛天盾橡胶有限公司建成了具有年翻新5000条港机轮胎能力的生产基地和初步的港机轮胎回收体系，被列为国家循环经济试点单位，所发明的轮胎翻新技术，获得了法国巴黎国际发明博览会银奖。赛轮股份有限公司翻新轮胎产能达到10万条/年，利用废轮胎深度处理生产微细橡胶粉6500吨/年，是我国首批获准建立轮胎资源循环利用示范基地的企业。

（七）废旧家电及电子产品和汽车处理工作进展顺利

青岛新天地静脉产业园是国内首个经批准创建静脉产业类国家级生态工业示范园区的产业园。园区建设了全国废旧家电及电子产品回收处理示范工程，自主研发的废弃电器电子产品拆解处理技术申请了国家专利，回收处理能力居于全国前列。废旧家电及电子产品回收拆解与资源利用项目处理能力可以达到180万台/年。2008年，开始建设报废汽车拆解项目，自主研发的报废汽车拆解技术设备已经申请国家发明专利，工程设计拆解规模可以达到25000

青岛市《循环经济促进法》讲座

台/年。建设了覆盖山东省的再生资源三级回收体系，开通了回收热线电话及回收网站。2009年6月被确定为山东省废旧家电、报废汽车以旧换新回收拆解单位。园区内还拥有先进的危险废物焚烧、工业固体废物焚烧、危险废物填埋、一般工业固体废物填埋等废物无害化处置设施，确保废物得到安全处置，不产生二次污染。

（八）海水淡化等海水利用项目得到大力推进

青岛市发挥濒海优势，长期以来一直重视对海水的利用，海水淡化产业发展已步入推广阶段，海水淡化示范项目取得了重要进展。华电青岛发电有限公司等电力企业利用海水替代淡水进行机组冷却、烟气脱硫，年直接利用海水量约11亿立方米。截至2009年，全市海水淡化能力已达到3万吨/日。与西班牙百菲萨公司合作建设的青岛百发海水淡化项目已开工，采用反渗透淡化工艺处理海水，计划2011年建成通水，设计总规模为10万吨/日，项目建成后的淡化海水将直接进入市政自来水供水管网。

（九）工业节能重点项目进展顺利

组织实施了30个工业锅炉改造、余热余压利用等“十大节能工程”财政奖励项目，安排市财力奖励资金3200万元，拉动投资3.5亿元，年实现节能量16万吨标准煤。启动“节能惠民工程”，圆满完成192万只高效照明产品推广工作和海尔、海信等企业高效节能空调器推广申报工作，共有近100种能耗等级2级以上的高效节能空调器列入中央财政补贴推广目录，并对购买者按照每台300～850元的标准给予补贴。这些节能惠民工程的开展既有力地推动了全市节能工作，又让广大城乡居民切切实实享受到国家政策的实惠。建设重点用能单位能耗动态监控系统，完成了全市重点用能企业能耗动态系统培训和运行，完成了每月重点用能企业能源利用状况报告，完善了重点用能企业能源利用状况报送和监测体系。

（十）建筑节能重点工程全面推进

2009年8月29日，《青岛市民用建筑节能条例》经青岛市第十四届人大常委会第十二次会议审议通过，并于9月25日经山东省第十一届人大常委会第十三次会议审查决定自2010年1月1日起执行。建筑节能和绿色照明等建筑领域重点节能工程有序推进，2009年全市共完成140万平方米的既有居住建筑供热计量及节能改造任务。其中，综合改造12万平方米，热计量改造128万平方米。开工可再生能源建筑应用项目达到120万平方米。青岛市已经有国际帆船中心、卓越蔚蓝群岛等15个项目被评为国家可再生能源建筑应用示范项目，建筑面积达350多万平方米，获得国家财政补贴及地方补助资金1.54元。青岛金海滨置业园280kW光电项目、青岛海景置业海景绿洲100kW光电项目已被列为国家光电建筑应用示范项目,在同类城市中拥有国家可再生能源建筑应用示范项目名列首位。在新型墙材应用（禁实）和建筑节能方面，“禁实”建筑和节能建筑完成率达到“双百”，2009年全市完成“禁实”建筑约745.2万平方米，新建节能建筑约744万平方米，共节能19.7万吨标准煤，节约土地0.2万亩，减少废气排放30.3万吨，利废175.1万吨。

二、2009年青岛市推进循环经济发展主要措施

（一）落实各项资源综合利用优惠政策

青岛市发改委委托山东省水泥质量监督检验站、青岛市建筑工程质量检测站和市节能监察中心，完成了全市近120个资源综合利用建材产品检测抽样。对申请国家税收鼓励政策的资源综合利用产品组织专家评审和认定，2009年有37家企业42个产品通过认定；对青岛海晶化工厂等12户企业100台（套）节能节水和环境保护专用设备进行了专家认定。为督促工业企业单位的节能环保工作，促进提升发展循环经济意识，青岛市发改委联合市文明委、市环保局对全市申请创建环境友好企业的单位进行了审核，2009年有12家企业和2个工业园区被授予青岛市环境友好单位称号。加快启动实施汽车以旧换新工作，会同市财政局贯彻落实好国家关于汽车以旧换新的政策，发布了《青岛市汽车以旧换新实施细则》。在市行政审批大厅设立了汽车以旧换新联合服务窗口，在《青岛日报》、青岛新闻网等媒体和网站上发布了以旧换新工作程序和补贴标准，并于9月9日正式启动以旧换新工作，截至2009年底，共完成以旧换新车辆104辆，补贴资金129.9万元。

（二）争取专项资金支持循环经济项目

青岛市注重发挥专项资金的支持作用，积极做好循环经济重点项目的筛选和储备工作，先后上报国家2009年城镇污水和垃圾处理设施项目2个、资源节约和环境保护项目8个、节能技术改造财政奖励项目3个、城镇污水垃圾处理设施项目增补5个。同时，积极运用市级节能和循环经济专项资金引导重点项目发展，安排专项资金对部分循环经济试点项目给予扶持，提高了企业发展循环经济的积极性。

（三）落实节能责任目标，促进循环经济发展

组织9户国家重点用能企业和72户省重点用能企业完成了2008年节能责任目标自查，并通过国家、省审核。9户国家重点用能企业全部完成了年度节能责任目标，其中3户企业超额完成年度目标；72户省重点用能企业实现年节能量近80万吨（与2005年比），超额完成省政府下达的计划目标。分解落实各区、市2009年节能责任目标，组织签订节能目标责任书，严格落实责任制。对“十一五”后两年万元GDP能耗降低计划进行分解，制定各重点用能企业2009年节能目标责任书，强化目标管理，确保措施落实。以青政办[2009]59号文下发市政府各部门2009年节能工作目标，完善了节能工作目标考核体系。

（四）积极推进建筑垃圾综合利用

为推动全市城市建筑垃圾综合利用工作，青岛市发改委进行了实地调研并拟定了推动青岛市城市建筑垃圾综合利用工作建议。同时，确定了2家城市建筑垃圾资源化利用示范企业，研究提出《关于加快推动建筑垃圾综合利用实施意见》，拟以青岛市政府办公厅文件形式印发，争取在资源化利用技术工艺水平上取得重点突破。作为城市建筑垃圾资源化利用示范企业的青岛绿帆再生建材有限公司,已形成了年加工地下建筑垃圾30多万立方米的能力，规划新建年综合利用地上建筑垃圾60万立方米的生产规模，分别将碎砖瓦加工成生产粉煤灰砖的细骨料、将碎混凝土加工成生产混凝土的粗骨料和细骨料。该公司已与青岛理工大学材料学重点实验室和青岛市建筑材料行业技术中心合作，参与再生骨料国家标准的制定工作。凭借先进的工艺技术研发，青岛市将努力在城市建筑垃圾综合利用领域取得良好成效。

青岛市第二批循环经济试点单位方案编制培训班

（五）“循环经济专家行”到青岛进行调研

为总结国家循环经济试点工作经验，协助试点单位提高技术和管理水平，宣传各地循环经济发展典型经验，2009年6月17日和18日，由国家发展改革委和中国工程院联合组织的“循环经济专家行”工作组到青岛市开展了调研活动。来自国家发展改革委、中科院、国家环保部、中国物资再生协会等10余名专家学者分别到青岛新天地生态循环科技有限公司和青岛天盾橡胶有限公司进行了座谈和现场考察，对两家循环经济试点单位的工作给予了充分肯定并提出宝贵的意见建议。包括新华社、中央电视台在内的多家中央媒体对青岛市循环经济发展情况进行了采访报道。

（六）加强循环经济宣传教育活动

为深入贯彻落实《循环经济促进法》，全面推动青岛市循环经济发展，2009年1月，青岛市人民政府印发了《关于贯彻实施<中华人民共和国循环经济促进法>的意见》（青政发[2009]3号），分别从完善循环经济配套制度和评价指标体系、抓好循环经济重点行业和领域建设、加快建立发展循环经济的激励机制和切实做好监督检查工作等六个方面对全市循环经济发展工作进行了全面部署。6月，在全市范围内组织了《循环经济促进法》知识讲座，邀请有关专家为市政府相关部门、12区市发改部门和循环经济试点单位等约500人进行授课讲解。

积极开展节能宣传周。青岛市政府及青岛市发改委、经信委等14个部门负责人及有关企业和市民代表共500余人参加了在五四广场举行的“青岛市2009年全国节能宣传周”开幕式活动。各机关部门的节能方法、山东省总工会表彰的先进职工事迹和节能科普知识、海尔集团国际先进的智能节能家电产品等都在开幕式上做了展示。节能宣传周期间，各种款式的高效节能空调、节能电机、节能环保汽车等产品都成为了媒体宣传和关注的重点。在此期间，青岛市发改委还组织了2008年全市节能奖的专家评选工作，全市共有3户节能突出贡献企业、2项重大节能成果17户节能先进企业和12项优秀节能成果受到市政府表彰。同时，还在市北区多个社区街道举办了“节能降耗社区行”的节能知识普及活动，在全市小学、幼儿园中开展了“我是节能小明星”和“节约能源校园行”科普宣传活动，拓宽了节能宣传的领域，推动了节能和循环经济工作向纵深开展。

国家循环经济试点市

宁波市循环经济

宁波市发展和改革委员会

2009年，宁波市经济发展经受了新世纪以来最为严峻的考验。面对国际金融危机的严重冲击，全市在市委、市政府的领导下，深入学习实践科学发展观，围绕“标本兼治、保增促调”总要求，迎难而上，抢抓机遇，统筹推进“保增长、抓转型、重民生、促稳定”的各项工作，应对危机取得明显成效，经济回升逐步向好，民生得到持续改善，社会保持和谐稳定，经济发展方式转变也迈出坚实步伐，节能减排成效显著，生态环境不断改善，循环经济发展得到稳步推进。

一、促进循环经济发展，加快结构调整

运用循环经济理念，推进产业、投资和能源消费等重点结构调整，加快宁波市经济发展方式的转变，培育符合循环经济特征的经济体系，促进循环经济的发展。

（一）加快产业结构调整，循环经济特征更加明显

2009年，宁波产业结构继续沿着“一产稳定优化、二产调整转型、三产发展加快”的集约化方向发展，产业结构的循环经济特征更加明显。现代服务业引领第三产业发展加快，技术进步主导重工业向高级化迈进。第三产业比重上升到42.3%，增长速度增长13.3%，对GDP的贡献率达到63.9%，信息软件、金融、物流、会展、旅游等资源消耗少、环境影响小、产出附加值高的现代服务业迅速发展，其中信息软件业务收入增长42%，金融业增加值增长18%，旅游收入增长18%，全国第一个以整合物流资源、提高物流效率的第四方物流市场平台开始试运行；工业技术进步带动作用继续增强，装备制造业继续主导工业结构调整的方向，电气机械及器材制造业、通用设备制造业、通信设备、计算机及其他电子设备制造业、交通运输设备制造业继续位居制造业前十，并占工业增加值的三分之一。工业企业经济效益大幅回升，规模以上工业企业利税、利润分别增长75.2%和98.9%。企业创新能力继续提高，发明专利授权量增长58.8%，新增国家高新技术企业138家，高新技术产品产值占工业总产值比重超过三分之一。

（二）循环经济发展促投资结构加速向城市经济生态化集约化发展模式转变

投资是经济结构调整的驱动力。近几年，大力推动循环经济发展，使投资结构加速向城市经济生态化集约化发展模式转变。2005年，宁波第三产业投资增速开始超越第二产业投资增速，2006年到2009年的四年间，交通邮政仓储业、科教卫体文广、环境与公共设施管理业投资年均增长分别达到21%、32%和23%，高于全市固定资产投资增长速度。2009年工业投资增速放缓，但近几年工业内部投资结构转变趋势明显，电子信息产业、装备制造业等先进制造业投资保持了较快增长，远高于工业平均投资增长速度，推动工业结构的调整加快。

（三）能源结构向清洁型优化方向发展

能源是重要的经济发展要素，能源结构优化也是发展循环经济的重要内容，能源结构的清洁型优化方向决定了能源的高效利用、清洁化利用和可持续利用水平。2008年浙江第一大型风电项目——慈溪风力发电场一期工程竣工并网试发电，2009年风电连续一年运行，发电1亿多度。2009年，宁波市的一次能源中清洁能源比例上升到0.13%左右。在集约用能方式的推动下，能源终端消费结构也向清洁环保型和集约化转变，电力、燃气和集中供热不断增加。其中，2009年电力消费年均增长4%左右，占终端能源消费的42%左右，燃气和集中供热比重也都有所上升。

二、推进资源节约，提高资源利用效率

从观念引导、结构调整、技术推进、循环利用、管理促进等各个方面全面推进资源节约，不断提高资源利用效率，是循环经济发展的主要路径。

（一）能源利用效率不断提高

2009年，宁波万元GDP综合能耗同比下降5.6%，“十一五”前四年，全市单位GDP能耗累计下降16.2%，完成“十一五”目标任务的80%，实现了节能目标完成进度与时间进度基本一致。2009年，产业结构的变化对促进综合能耗强度下降的贡献超过30%，也是近几年最为明显的。“十一五”以来的四年，全市共累计节约能源近1000万吨标准煤。大型电厂供电煤耗水平继续保持全国领先水平。炼油、冶金等产业的节能水平也保持在全国前列。镇海炼化的炼油专业能耗76.1千克/吨原料，比2005年下降14.55%。建筑节能在城区全面推广。新建居住建筑和公共建筑严格实施节能50%的设计标准。到2009年，可再生能源建筑应用面积已达870多万平方米，太阳能、地表水、浅层地热能等的应用不断得到发展。2009年，全市农村地区推广应用太阳能热水器2.57万平方米，新增受益农户1.7万余户，全市农村清洁能源利用率已达68%。

（二）水资源利用效率大幅度提高

2009年，万元GDP（2005年价，下同）综合用水量降到约54m^3，与2005年相比累计下降32%，已经完成“十一五”规划的下降30%任务，四年累计节约用水量约26.17亿m^3，已经超过宁波市一年的总用水量，其中农业节水占44%左右，工业节水占41%左右。农业节水灌溉得到大力推广。2009年，全市耕地节水灌溉面积已经达到200多万亩，占有效灌溉面积的80%多，其中喷滴灌面积已达18.6万亩。工业节水投入继续加大，继续开展水平衡测试和节水评估，推动企业进行节水改造。再生水利用迈上新台阶。北仑岩东污水处理厂10万吨/日再生水工程投运，开始向北仑地区大型工业企业供水。全市污水处理回用量达到1600万吨，已经占到总供水量的0.8%。全市印染行业中水回用率达到30%以上。

（三）土地集约利用水平进一步提高

2009年，宁波市全面实施 “365”节约集约用地实施方案，消化历年转而未供土地2.17万亩，盘活存量建设用地1.11万亩。继续加大市场配置土地资源的基础性作用的发挥，全市以招标拍卖挂牌出让方式供应的土地有2.39万亩，占出让土地供应总量的94.2%。加快工业向工业园区的集中，工业园区中企业实现工业总产值占全市工业总产值比重由2005年的38%提高到2009年的45%左右；工业园区单位土地工业产出由2005年的6.27亿元/平方公里，提高到2009年的7.6亿元/平方公里；共新增标准厂房用地157.89万平方米，建成标准厂房226.84万平方米；推行企业内部节地挖潜，全年节地174.32万平方米。严格耕地占补平衡，土地整理新增耕地2800亩、建设用地复耕新增耕地面积3200亩。加快农业产业基地建设，促进优势产业集约发展，全市农业产业基地集群已建成85个，在建21个；全市土地流转面积128.5万亩，流转率达52%，规模经营面积139.8万亩，占耕地面积54%；全面启动实施农村住房集中建设，改造建设农村住房3.8万户，面积近500万平方米，节约用地3884亩。

三、延长产业链条，促进资源循环利用

（一）农业资源循环利用不断深入

各种农牧结合的生态种养模式不断创新和推广，农业废弃物减排与资源化利用方面实现有机结合。2009年，全市农业秸秆综合利用率达到83%；加大配方肥推广力度，提高施肥的针对性和有效性，全年开展各类田间肥效试验63个，制定肥料配方28个，配方肥施总用量5.74万吨，施用面积110万亩；全年安排了50万元用于5个畜禽粪便无害化处理中心的建设，确定8家企业为有机肥料推广入围企业，推广商品有机肥使用量达到了4.7万吨，比2008年增加5.6%，推广应用面积达14万亩。推动了宁波市的生态农业快速发展，提高了宁波市农业资源循环利用的水平，提高了农业经济效益。2009年底，全市总认证有机食品企业7家，产品9个；获得绿色食品标志使用权企业101家，产品223个；累计拥有无公害农产品641个。

（二）工业资源综合利用成效明显

2008年，全市工业企业共产生固废971.83万吨，综合利用811.88万吨，处置108.08万吨，储存52.07万吨，排放500吨，处置利用率94.66%，比上年提高4个百分点。粉煤灰、脱硫石膏、回收废纸、废铜、废塑料等固废综合利用继续扩大，成效明显。以废弃物资源化利用产业链为主，在石化、钢铁、造纸、建材等重点产业间构筑起循环经济特征明显的产业体系。工业园区以再生资源循环利用为主线，稳步推进园区的生态化改造。

（三）资源回收再生体系逐步建立

以列入循环经济试点城市实施方案标志性工程的可再生资源回收工程为重点，加快城市可再生资源回收网络建设，社区回收站建设顺利推进，截至2009年底，市中心城区（海曙、江东、江北、鄞州四区）已经完成规划的114家统一制式的社区回收站，为社区居民提供了规范化服务。交易集散中心项目选址和建设用地进入衔接落实阶段。各县（市）区再生资源回收体系建设工作也开始提速，鄞州区农村规范回收网点覆盖率达95%，全区农村社区回收网络基本形成；镇海区实施流动收购集中居住堆放点模式的8个规划点已全部建成并投入使用；余姚、慈溪、北仑、宁海等地也在试点乡镇（街道）此基础上，进一步扩大建设范围，建成一批示范社区回收站。

四、控制污染排放，改善自然生态环境

（一）约束性减排任务在克难攻坚中推进

2009年，全市化学需氧量（COD）实际排放量为4.45万吨，比上年下降6.4%，比2005年下降14.8%；SO_2实际排放量为13.08万吨，比上年下降4.4%，比2005年下降38.7%。分别完成“十一五”减排任务的99%和80%。全市加快推进“2410”工程建设。2009年底，全市建成集中式污水处理厂22座，其中，城市生活污水集中处理厂12座，工业污水集中处理工程10座，全市污水日处理总能力达到112万吨/日，其中生活污水处理总能力达96.5万m^3，污水处理率可达到83%左右。全市共建成农村生态化生活污水集中处理设施115处，零排放生态公厕100余座。同时，全市累计建成5座污泥焚烧处置和1座污泥干化焚烧设施，污泥处理能力达到750吨/日，市六区范围内生活污水厂污泥的无害化处理问题得到基本解决。全市四大燃煤电厂共计1266万千瓦机组和18家热电企业燃煤锅炉均已完成脱硫工程建设，并投入正常运行，全年工业SO_2排放12.87万吨，比上年下降4.2%。北仑电厂三期和国华电厂二期4台100万千瓦机组均按“三同时”要求配套建成了脱硫脱硝设施，并投入正常运行，脱硝率达到约60%。

（二）清洁生产全面推进

各种农业清洁生产种植方式和清洁高效养殖方式得到推广。2009年，结合宁波市畜牧养殖小区建设，奉化市、象山县2009年新增联户沼气用户589户，建池容积10150立方米。全市猪年存栏200头以上规模牧场都得到了生态化治理。各县（市）、区全面开展清洁生产审核，全年完成47家市级清洁生产示范企业的审核。全市7个重点行业整治区域,已有5个完成整治任务并通过验收，余下的慈溪废塑料行业和象山石浦水产品加工2项污染整治工作也正按计划积极推进。鄞州区、宁海县采取转产关闭、整改提高等措施，整治铸造企业182家，实现传统重污染行业的整合提升。

（三）垃圾无害化处理显著提高

健全全市垃圾处理网络，提高处理能力。全市城乡生活垃圾集中处理率达到95%。其中，中心城区城乡垃圾清运处理量达到119万吨，城乡垃圾无害化处理率为97.27%，其中建成区清运处理量82万吨，无害化处理率达到100%。全市已经有三座城市垃圾焚烧发电厂运营。进一步巩固和提高餐厨垃圾处理质量和资源化利用水平，开展粪便无害化处理试点工作。日处理能力达500吨粪便和100吨餐厨垃圾的宁波市生化处理厂工程顺利通过竣工验收，粪便、餐厨收运处置能力进一步提高。

五、争创示范先进，增添新的发展动力

2009年，宁波市在循环经济试点和生态绿色系列创建中，取得较好的成绩。宁波市餐厨垃圾回收利用、宁海县临港循环经济试点区、北仑重化工业和慈溪再生塑料获得浙江省循环经济试点基地称号。全市生态县、村镇建设全面推进。到2009年底，全市省级以上生态乡镇65个，其中全国环境优美乡镇13个，国家级生态村1个。此外，各级绿色环保(模范)单位创建工作积极推进，滕头生态旅游区已通过省生态旅游示范区验收；韭山列岛已通过国家级自然保护区评审。

国家循环经济试点市

深圳市循环经济

深圳市发展和改革委员会

深圳作为全国改革开放的窗口和“试验田”，在保持经济持续较快发展的同时，特别重视经济发展的质量和效益。2009年深圳市生产总值达到8201亿元，居内地大中城市第四位；人均生产总值达到13581美元，提前两年实现“十一五”规划目标。工业增加值年均增长14.3%，达到3598亿元。全社会固定资产投资年均增长9.4%，达到1709亿元。社会消费品零售总额年均增长15.8%，达到2599亿元。全口径财政收入年均增长18.5%，达到2765亿元。5年累计实现中央级财政收入8153亿元，服务全国的能力显著增强。在中国社科院发布的城市竞争力评估报告中，深圳综合竞争力连续四年列内地城市榜首。深圳市大力发展循环经济，强力推进节能减排工作，在组织领导、政策法规、产业结构调整、推进重点领域节能等方面都取得了明显进展，单位生产总值能耗、水耗持续下降，在全国保持领先水平。

一、循环经济政策体系进一步健全

（一）《深圳市LED产业发展规划（2009–2015）》以“政府扶持、政策引导，科学规划、推进集聚，积极投入、推进研发，注重宣传、打造示范，加快发展、做强做大”为原则，以打造产业核心竞争力为目标，以提高自主创新能力为关键，以改善产业发展环境为手段，广聚发展资源，健全创新体系，优化产业结构，推动深圳LED产业做大做强。规划指出，在白光通用照明、大尺寸LED背光源等领域实现突破，继续保持在LED封装和LED显示屏上全国领先的优势，推动产业链和创新链向高端发展，建设具有国际水平的技术研发及服务平台，培育一批具有国际竞争力的龙头企业，打造若干知名品牌，掌握一批核心技术，建成我国LED产业技术创新的示范基地和全球重要的LED产品研发生产基地。同时出台了《深圳市推广高效节能半导体照明（LED）产品示范工程实施方案》及《深圳市促进半导体照明产业发展若干措施》。

（二）《深圳新能源产业振兴发展规划（2009–2015年）》。为加快推进深圳市新能源产业发展，依据《珠江三角洲地区改革发展规划纲要（2008–2020年）》、《深圳国家创新型城市总体规划（2008–2015）》、《深圳市综合配套改革总体方案》和《深圳市现代产业体系总体规划（2009–2015年）》等，于2009年12月30日出台《深圳新能源产业振兴发展规划（2009–2015年）》。该规划是引导和促进深圳新能源产业发展的行动纲领。随后出台了《深圳新能源产业振兴发展政策》及实施细则等一系列政策文件，在组织保障、财政资助、标准制定、税收优惠、政府采购、人才培养、中介服务、产业布局等方面对新能源产业的发展给予扶持，促进新能源产业快速发展。

（三）《深圳市节能与新能源汽车示范推广实施方案（2009–2012年）》。2009年9月24日，财政部、科技部、发改委、工业和信息化部在深圳市组织《深圳市节能与新能源汽车示范推广实施方案（2009–2012年）》专家论证会及新能源汽车示范推广试点工作讨论会，专家组一致认为该实施方案任务明确、保障措施得力、配套政策完备，能够结合深圳市现有的产业和技术优势，并在车辆基础设施规划和运营模式方面有所创新，具有较强的可实施性，符合论证要求，顺利通过论证。

（四）《深圳市资源节约与综合利用专项资金管理办法》。为进一步规范深圳市资源节约与综合利用专项资金（原“深圳市能源基金”）的管理，提高资金使用效率，保证资金使用的公开、公平、公正，根据《深圳市市级财政专项资金管理暂行办法》（深府办〔2007〕68号）等有关规定，结合深圳市资源节约与综合利用工作的需要，深圳市出台了《深圳市资源节约与综合利用专项资金管理办法》。

（五）《深圳市再生资源回收管理办法》。经市政府四届120次常务会议审议通过《深圳市再生资源回收管理办法》，于2009年2月1日起开始实施。该法对有效管理深圳市再生资源回收行业、规范再生资源回收活动、奠定了法律基础，促进了深圳市经济与社会可持续发展。

（六）《深圳市节能减排综合性实施方案》。为贯彻落实《国务院关于印发节能减排综合性工作方案的通知》（国发〔2007〕15号）和《印发广东省节能减排综合性工作方案的通知》（粤府〔2007〕66号）要求，加快推进各项节能减排工作，实现“十一五”期间节能减排目标，促进深圳市经济社会全面协调可持续发展,深圳市于2008年12月29日印发《深圳市人民政府办公厅关于印发深圳市节能减排综合性实施方案的通知》。

（七）经深圳市第四届人民代表大会常务委员会第三十次会议于2009年7月21日修订《深圳经济特区环境保护条例》，并于2010年1月1日起施行。深圳市人居环境委关于重新修订并发布了《深圳市环境保护局污染物排放总量控制管理办法》、《深圳市危险废物转移管理办法》、《深圳市环境保护局防治油污染管理办法》、《深圳市绿色社区达标考评管理办法》、《深圳市环境保护局污染源排放口规范化管理办法》、《深圳市污染源监测管理办法》、《深圳市建筑施工噪声管理规定》、《深圳市环境保护信访管理实施办法》、《深圳市环境保护局污染源限期治理管理办法》、《深圳市排污申报登记管理办法》、《深圳市污染防治设施管理办法》、《深圳市环境保护工程技术方案评估管理办法》、《深圳市环境保护局建设项目环境保护“三同时”管理办法》等13件规范性文件。

（八）《光明新区绿色建筑示范项目建设管理试行办法》。为了全面推进光明新区绿色建筑示范项目建设，根据有关法律、法规及市政府与住房和城乡建设部签订的《关于建设光明新区绿色建筑示范区合作框架协议》，结合光明新区实际，深圳市制定了《光明新区绿色建筑示范项目建设管理试行办法》。

（九）《深圳市创建节水型企业（单位）专项行动奖励办法》。为加快推进深圳市节水型城市创建工作，根据深圳市人民政府办公厅《关于印发深圳市创建节水型城市专项行动方案的通知》（深府办〔2008〕54号）的要求，市水务局和市财政委联合制定了《深圳市创建节水型企业（单位）专项行动奖励办法》。

（十）《2009年深圳市整治违法排污企业保障群众健康环保专项行动工作方案》。根据环境保护部等八部门《关于2009年深入开展整治违法排污企业保障群众健康环保专项行动的通知》（环发〔2009〕43号）和2009年全国整治违法排污企业保障群众健康环保专项行动电视电话会议要求，深圳市继续开展整治违法排污企业保障群众健康环保专项行动，严厉打击环境违法行为，解决当前影响可持续发展的突出环境问题，保障人民群众的切身环境权益，促进主要污染物减排工作的顺利实施。

（十一）为进一步完善环卫市场机制，提升城市清洁水平，改善市容环境，把深圳打造成为全国最干净、最优美的城市，深圳市人民政府发布《关于完善环卫市场机制提升城市清洁水平的意见》。

（十二）为全面贯彻落实科学发展观，实现经济增长模式的根本转变，推动深圳市的生态文明建设，促进深圳市经济、社会的可持续发展，深圳市人民政府发布《关于加快环保产业创新发展的若干意见》，加强环保产业的宏观引导和调控力度，重点扶持在国际市场上具有较强竞争力的龙头环保企业集团，培育发展一批拥有技术特色优势、为大型企业进行专业化配套服务的"专、精、特、新"中小型环保企业。通过发展环保产业，提高资源综合利用率，减少污染负荷，逐步改善环境质量，保障高品位生态城市建设目标顺利实现。

二、循环经济试点工作开创新局面

2009年，以创建国家循环经济试点城市为重要抓手，在全面深入推进循环经济试点工作方面取得重要进展，循环经济试点工作开创了新局面。

根据国家发改委要求完成了《深圳市循环经济试点实施方案》编制工作,并在广泛征求意见的基础上多次修改完善。该实施方案已获得国家发展改革委正式批复，同时，深圳市按照广东省关于第一批循环经济试点城市的有关要求将该方案上报广东省循环办，并通过了广东省循环办组织的专家评审。

按照国家发改委要求，配合国家开展“循环经济专家行”活动,收到明显成效，受到国家发改委和中国工程院的好评。

组织指导深圳市重点循环经济企业开展循环经济试点，目前深圳市两家国家循环经济试点企业——深圳南山热电股份有限公司和深圳格林美高新技术股份有限公司循环经济试点实施方案已获国家发改委批复并组织实施。

三、节能减排工作取得阶段性成绩

（一）健全了组织领导和工作机制。成立了市节能减排工作领导小组，由市长任组长，办公室设在市发展改革委。明确节能减排工作具体由市发展改革委负责统筹，市科工贸信委、住房建设局、交通运输委分别负责工业节能、建筑节能和交通节能，市人居环境委负责减排工作。按照“严格控制增量、大力改造存量、鼓励发展第三产业”的原则，分解落实了节能目标，并与各区签订了节能降耗责任书。

（二）出台了一系列节能减排的法规、政策和规划。起草《深圳市单位GDP能耗考核体系实施方案》，并征求相关部门意见，目前已经市政府常务会议审议，待进一步修改完善后将正式发布实施。将节能指标完成情况纳入市、区经济社会发展综合评价体系，作为政府领导干部综合考核评价和企业负责人业绩考核的重要内容，实行问责制。印发了《深圳市节能中长期规划》，明确了2010年节能的目标和发展重点，并提出2020年的远景目标。与市法制部门就《深圳市固定资产投资项目节能评估和审查管理办法（试行）》（送审稿）进行沟通和协调，目前基本达成一致意见，并已上报市政府审定。届时，深圳市节能评估审查将走上法制化轨道。

（三）促进了产业结构的调整优化，结构节能成效显著。发布了深圳市产业结构调整优化和产业导向目录，坚决控制不符合有关法律法规规定、严重浪费资源、污染环境、不具备安全生产条件、危害人民身体健康和公共安全，以及产品质量低于国家、行业或地方规定最低标准等需要淘汰的落后工艺技术、装备和产品。三次产业的比重由2000年的0.7：49.7：49.6，发展为2009年的0.1：46.7：53.2。高新技术、现代金融、现代物流和文化四大支柱产业占GDP的比重达到60%以上，产业结构调整成效明显，节能效益显著。

（四）推进了工业、建筑、交通等重点领域节能。大力开展电力需求侧管理，督促强化重点用能企业节能管理，遏制高耗能、高污染行业过快发展。编制《深圳市建筑节能“十一五”发展规划》，建立了较为完善的建筑节能监管体系，探索既有建筑节能改造，深入推进绿色建筑自主创新。稳妥、有效地开展了欧（国）Ⅲ排放标准公交车的推广使用工作，不断提高公交企业中混合动力或清洁燃料大巴占所有大巴的比例。今年还将进一步开展欧（国）Ⅳ排放标准油品的推广工作。这些工作的开展为深圳市完成“十一五”节能减排目标奠定了坚实的基础。

（五）深入LED照明企业和有关协会进行调研，召集政府部门、行业协会和企业进行座谈，组织起草了《深圳市推广高效节能LED照明产品示范工程实施方案（送审稿）》。

（六）市政府组织有关部门接受省节能考核工作组对深圳市2008年节能目标完成情况和节能工作进展情况的现场核查，省考核工作组听取了市节能减排领导小组办公室关于深圳市节能工作自查情况的汇报，就有关问题进行提问，并现场核查了深圳市提供的有关证明材料，其他有关部门分别作了补充汇报。省考核工作组提出初步反馈意见，深圳市节能目标责任考核为完成等级，顺利完成节能减排目标。

（七）根据国家发改委等14部委《关于2009年全国节能宣传周活动安排意见的通知》（发改环资[2009]989号）精神，市发改委会同市科工贸信委等部门制订并印发了《深圳市2009年节能宣传周活动安排》，组织安排动员大会、节能科普宣传、节能新技术、新产品推广会、经验交流会等活动，取得了良好的节能宣传效果。

（八）向全国人大低碳经济调研组汇报深圳市低碳经济发展的有关情况，组织参加国家发改委应对气候变化司召开的专题工作会议，讨论国家发改委起草的《关于促进低碳发展的指导意见》（初稿），并表达了深圳市争取成为国家低碳发展试点城市的愿望。

（九）根据《国家发展改革委办公厅、财政部办公厅关于请组织申报2009年节能技术改造财政奖励项目的通知》（发改办环资[2009]618号）要求，组织了赤湾码头“油改电”等项目上报国家发改委。

（十）综合深圳市经济发展的实际情况，经过周密的调研分析，深圳市向国家发改委上报了《关于将深圳市列为国家低碳经济试点城市的请示》。

（十一）为彻底摸清深圳市碳排放总量，组织深圳发展改革委城市发展研究中心和市环科院对深圳市碳排放总量进行初步测算。

（十二）深圳市积极组织相关人员，编制《深圳新能源产业振兴发展规划（2009－2015年）》和《深圳新能源产业振兴发展政策。

四、重点领域与项目形成先导效应

（一）重点领域建设

强力推进节能减排。一是贯彻《深圳市“十一五”期间污染减排工作方案》（深府〔2008〕97号），出台《深圳市节能减排综合性实施方案》，将节能减排工作任务分解落实到各区和各职能部门；二是分解落实全市节能指标。根据全市节能目标、各产业能耗水平、节能潜力、各区GDP占全市的比重及各区三次产业结构，按照“严格控制增量、大力改造存量、鼓励发展第三产业”的原则，与各区及部分重点耗能企业签订了节能降耗责任书；三是根据《深圳市单位GDP能耗考核体系实施方案》等文件要求,圆满完成广东省2009年度对深圳市单位GDP能耗考核工作；四是进一步落实污染减排政策,加大环保执法力度，继续贯彻实施并完善吊销排污许可证制度、公开忏悔和承诺制度、银行征信管理制度等监管机制，采取法律、行政、经济等手段，有力地打击了违法排污行为；五是认真贯彻落实“限塑令”，组织开展相关检查活动。根据国家发改委等部委《关于开展限制生产销售使用塑料购物袋专项检查的通知》（发改环资[2009]1055号）等文件精神，联合市市场监管等部门对深圳市贯彻落实《国务院办公厅关于限制生产使用塑料购物袋的通知》（国办发〔2007〕72号，简称“限塑令”）和《商品零售场所塑料购物袋有偿使用管理办法》情况进行了集中检查，结果表明，深圳市贯彻落实情况较好，受到国家相关部委肯定。

扎实推进“节水型城市和社会”建设工作。全面实施计划用水管理，提升城市节水管理水平。根据《深圳市创建节水型城市和社会行动方案》要求，市水务部门加强了单位用户的计划用水管理，进一步完善了计划用水管理制度，全市计划用水率已达99%以上。大力推广非传统水资源利用，提高城市再生水利用率。编制完成《深圳市节约用水规划（2005–2020年）》、《深圳市水资源综合利用规划》，对全市非传统水资源利用进行统一规划、部署，并组织实施。目前，全市再生水利用率达到11%。加大执法工作力度，开展清理整顿洗车场浪费用水专项行动。目前全市1400多家洗车场90%通过整改，配备了洗车循环用水装置，采取了循环用水措施。

推进再生资源综合利用体系建设。通过开展废旧电池分类回收活动推进全市电子废弃物回收利用体系建设进程；利用市场化模式，推动餐厨垃圾综合利用；强力推进建筑垃圾综合利用试点工作，目前深圳市华威建材有限公司塘朗山建筑废料综合利用项目、深圳市绿发鹏程环保科技有限公司和深圳市永安彩砖实业有限公司龙岗区建筑废弃物回收再利用项目等都已进入市场化运作阶段；四是稳步推进生活垃圾焚烧发电项目建设进程。

（二）重点项目建设

出台《深圳市循环经济示范项目认定办法》，认定了第一批37个示范项目和一家发展循环经济标兵单位，引起社会广泛关注。进一步加大对深圳市第一批循环经济示范项目的推广力度，扩大循环经济示范项目影响，增强示范项目的辐射带动作用。

继续培育具有推广价值和重要示范意义的循环经济示范项目。深圳市下坪填埋场填埋气体收集和利用项目、深圳市格林美高新技术股份有限公司循环再造低成本塑木型材和铜合金制品项目、深圳市嘉达高科产业发展有限公司国家合成树脂功能新材料产业化示范基地建设项目、南山热电厂移动供热项目和污泥干化项目，东江环保股份有限公司含铜废液回收处理项目、梅山苑住宅产业化示范基地项目等一批循环经济示范项目，不仅具有一定的经济效益，社会效益和环境效益也十分明显，在深圳和全国都有较大影响。

根据市委、市政府保增长、保民生、保稳定部署要求，积极组织深圳市各区、各有关单位申报资源节约和环境保护2009年中央预算内投资备选项目和城镇垃圾处理中央预算内投资项目申报工作，2009年分5次共报送80个项目循环经济项目，其中5个项目获中央预算内资金资助，资助金额超过3000万元。

通过集中开展循环经济示范项目推广活动，进一步扩大循环经济示范项目影响，增强示范项目的辐射带动作用，普及循环经济理念。深圳市循环经济试点工作得到了国家和省的充分肯定和大力支持，已成功入选广东省第一批循环经济试点城市和国家第二批循环经济试点城市，同时，深圳市有多家企业入选国家循环经济试点单位，多个项目获得各种相关奖项或称号。

五、生态文明进一步提升

深圳市深入治理水、大气、噪声和固体废弃物污染，化学需氧量、二氧化硫排放量分别削减24.2%和26.9%。开展新一轮城市总体规划和土地利用总体规划编制，将全市近一半的土地划入基本生态控制线，城市规划的战略性、前瞻性不断增强。特区内外一体化进程明显加快，城市空间结构不断优化。持续开展“城市管理年”与“基层基础年”、“清无”、“查违”和市容环境提升行动，市容环境明显改善。制定《深圳生态文明建设行动纲领（2008—2010）》，实施生态文明建设系列工程，生态市建设有序推进，被列为全国首批生态文明建设试点地区和首个国家生态园林示范城市，“公园之城”也初步形成。社会经济与生态环境保护共赢发展意识进一步提升。

国家循环经济试点市

大连市循环经济

大连市发展和改革委员会

2009年7月，大连市10座污水处理厂运行

2009年1月7日，为全面规范大连市节能减排有关档案管理工作，发挥档案在建设资源节约型、环境友好型社会中的重要作用，市档案局和市发展改革委联合下发了《关于做好节能减排有关档案管理工作的通知》（大档发[2008]35号）。

2月19日，在印发的《大连市人民政府办公厅关于调整市重点工业区开发建设协调小组等五个临时性议事机构成员的通知》（大政办发[2009]38号）中明确，大连市循环经济工作领导小组和大连市节能减排工作领导小组合并为大连市节能减排和循环经济工作领导小组，并对其成员进行了调整。

3月18日，市发展改革委下发了《大连市财力投资节能减排、循环经济建设项目竣工验收指导意见》，并组织了相应培训；为加强新增中央预算内投资项目管理，市发展改革委与建设项目所在地政府就配套资金和建设时间等内容签订了责任书。

5月18日，由台湾晶元光电股份有限公司、大连中基芯片科技有限公司、山西光宇半导体照明有限公司合作兴建的晶田科技（大连）股份有限公司大功率LED项目举行了签约仪式。该项目以拥有自主知识产权的大功率LED的研发、生产为核心，并为国内外LED照明产品提供高性能、高效率、高品质的LED大功率芯片。

6月19日，大连市举行了国家“十城万盏”半导体照明应用工程试点城市建设启动仪式。

9月28日，大连奇瑞汽车整车项目在大连保税区大窑湾填海区举行开工典礼。项目总规划年产20万辆整车（含新能源汽车）。投资47亿元，主要生产奇瑞乘用车产品，计划于2011年6月建成投产。此项目的开工建设，标志着大连市新能源汽车生产基地建设工作已正式启动。

2009年，市财力投入基本建设资金1.52亿元，用于支持污水处理厂及配套工程、生活垃圾填埋场、农村沼气等重点项目建设。同时，争取到国家和省专项资金2.41亿元，用于危险废物处置设施扩建、LED产业化、核电、风电装备自主化和能源装备等项目建设。

2009年，全市万元地区生产总值能耗比上年下降5.7%；万元工业增加值能耗下降7.3%；万元地区生产总值用水量下降9.2%；主要污染物平均削减率为10%；污水集中处理率95%；中心城区城市生活垃圾无害化处理率100%；中水回用率35%。

一、主要举措与成效

（一）各行业积极发展循环经济

工业循环经济 继续实施大连市“百家企业”节能行动，加强重点用能单位能源管理，组织实施了18户重点用能单位能源审计，年内有16户企业完成了能源审计工作，企业能源利用效率提高了2个百分点；按照市政府印发的《关于推进全市工业锅炉节能减排工作的实施意见》要求，以2009年为起始年，在2年内完成全市重点用能单位5000台在用工业锅炉及新安装投运锅炉的节能减排经济性检验工作，2009年已完成2000台，并对其中422台进行了节能技术改造，热效率提高5%。

农业循环经济 2009年市财力投资近1500万元，共建成户用沼气13478户，大型沼气工程50处，太阳能热水器1000平方米，组合架空炕9260铺。2009年新增的能源项目，年可节约标准煤约1.7万吨。建立了户用沼气、大型沼气、生物质气化工程等节能活动示范基地，组织了全市农村沼气服务网点技术人员培训。

林业循环经济 2009年完成植树8067.5万株，造林30.5万亩，绿化村110个，道路绿化603公里，生态河绿化226.6公里，恢复矿山（坑）植被19.2万平方米。特别是高质量地完成了237.4公里滨海大道的绿化工作，使其成为贯穿大连市的又一条旅游景观带、生态环保带和经济发展带。

建筑循环经济 组织“大有文园”等6个合计建筑面积129万平方米的环境友好型住宅示范项目工程和“软景公寓”等6个近7000平方米的成品住宅示范项目；“大连理工大学能动学院光伏示范项目”等5个光电建筑一体化应用示范项目已开工建设；年内完成可再生能源建筑应用面积79万平方米，完成太阳能热水器应用项目16个，建筑面积81万平方米；完成了160万平方米的既有居住建筑供热计量改造工作。

交通循环经济 在公路建设与养护工程中，继续推广应用路面再生技术，将原有路面材料进行循环利用，并开展了沥青混凝土温拌技术应用试验，节约了资源和能源；严格控制高能耗、高污染机动车辆从事营运，全年报废、淘汰高耗能老旧车辆1800余台，新增新能源汽车162辆。

公共机构节能工作 成立了以肖盛峰副市长为组长，市委、市政府、市人大、市政协有关部门领导参加的大连市公共机构节能工作领导小组。2009年7月7日召开了全市公共机构节能工作会议，并下发了《关于做好公共机构节能工作的通知》，对“十一五”后两年的全市公共机构节能任务进行了分解；完成了市政府机关办公楼节能改造方案的征集和论证工作，并对部分政府机关和公共机构的照明及供水设施进行了更新和改造。

节水 2009年新增节水灌溉面积8.8万亩，其中喷滴灌1.25万亩、管灌3.07万亩、渠道防渗4.51万亩，完成灌区渠道节水改造长度83.5公里。为做好市政府对区市县政府和先导区管委会绩效评估工作中的GDP取水量、工业增加值取水量等指标的考核工作，市水务局印发了《大连市节约用水管理工作考核赋分办法》和《大连市GDP取水量考核赋分办法》，推广节水型房屋卫生洁具2万套（件）。

资源综合利用 根据国务院2009年9月9日下发的《关于进一步实施东北地区等老工业基地振兴战略的若干意见》（国发[2009]33号）要求，大连市启动了“大连（庄河）国家生态工业示范园区（静脉产业类）”的建设工作，并以此为契机，将其培育成为绿色经济、低碳经济、循环经济示范园区。该园区规划总占地面积12平方公里，以处理本市及周边地区可再生资源为主；为加快推进秸秆综合利用，实现秸秆的资源化、商品化，促进资源节约、

大连夏家河600吨污泥处理厂于2009年5月正式投入运行

大连石油化工公司海水淡化装置

环境保护工作，市发改委会同市农委完成了《大连市秸秆综合利用规划（2010－2015）》编制和上报工作，并以市政府办公厅文件形式正式下发；建设了一批节能减排项目，大连驼山风电场2009年完成装机容量5万千瓦，汇鑫风电有限公司完成装机容量3万千瓦，大连市目前风电装机总容量已达12万千瓦，有7万千瓦已并网发电。大连热电集团有限公司香海热电厂利用低真空技术，将生产过程中排向大气的工艺废热回收，作为居民采暖热源，已完成供热面积193万平方米。大连开发区污水源热泵供热站工程，利用污水处理厂处理后的污水做为污水源热泵站低温热源进行供热，一期供热面积约48万平方米，现已开工建设。

大连市节能监察支队对企业生产工艺和设备进行节能检测

（二）加强科技支撑

组织实施了“城市可降解有机废物资源化利用及产业化项目和高效节能成套焦炉设备研发及产业化项目”科技攻关；成立了“十城万盏”半导体照明应用工程试点城市建设领导小组，并提出大连市实施“双十双百”工程的试点建设目标：突破LED核心专利10项，应用LED节能照明灯具10万盏，培育LED骨干企业100家，实现新增绿色产值100亿元。

（三）加快建设法规政策体系

起草完成了《大连市循环经济促进条例》（草案），并基本完成了其立法前期的各项准备工作；加强全市生态环境保护工作，完成了《大连市生态补偿机制》研究，2009年7月23日通过了专家评审；为进一步规范工业园区管理与建设工作，启动了《大连市主体功能区固定资产投资项目节能减排准入标准》（暂定名）的制订工作。

（四）循环经济试点取得显著成效

作为国家循环经济试点单位的大连经济技术开发区和松木岛化工园区，在深化资源节约、资源综合利用及节能减排技术创新与应用等方面，取得了较好的经济和社会效益。大连经济技术开发区万元GDP能耗为0.72吨标煤，同比下降5.3%；万元GDP水耗为14.6立方米，同比下降7.6%；工业固体废弃物综合利用率81%；中水回用率40%。截至2009年底，松木岛化工园区签约入驻企业已达46家，其中在建32家，投资总额135亿元人民币。

（五）宣传教育工作全面展开

全年组织新闻媒体在广播、电视等节目中刊发和报道节能减排、低碳经济、绿色经济和循环经济等相关信息近200条；开展培训职工节能减排义务监督员和创建节能减排环保基地活动，建立节能减排环保基地34个，530家企业设立了职工节能减排义务监督员，义务监督员提出的意见和建议已有近1500条被采纳；组织“节能减排家庭志愿者”宣讲团，深入到机关、学校、社区（村屯）、家庭进行宣传、指导和咨询，提高全社会节能减排和环境保护意识；在2009年全国节能宣传周活动中，紧紧围绕“推广使用节能产品，促进扩大消费要求”活动主题，全市共组织大型节能主题宣传活动29次，发放宣传材料15万（册）份，发放环保购物袋5万个，推广高效照明产品50余万支，销售节能型家电2000多台（部）。市发展改革委和市环保志愿者协会共同印制《市民低碳生活手册》1万余册，并于2009年12月28日，在中山区海军广场街道海广社区组织了《市民低碳生活手册》发放仪式，通过宣传低碳生活理念，普及低碳生活知识，营造低碳生活氛围，不断强化和提高公众的节能减排意识。

二、存在的主要问题

一是节能减排和循环经济统计体系建设相对薄弱，统计数据不够准确和全面。二是政策法规体系不健全，国家近几年相继颁布了《清洁生产促进法》、《节约能源法》和《循环经济促进法》等法律法规，在微观层面相关配套的实施细则等没有及时出台，致使工作执行起来不够有力，有些工作的开展缺少法规依据，存在一定阻力。

国家循环经济试点市

厦门市循环经济

厦门市发展循环经济工作领导小组

2009年是新中国成立60周年，也是厦门市发展历史上很不平凡的一年。一方面，百年不遇的金融危机给厦门市发展带来了严重冲击和挑战；另一方面，海西战略上升为国家战略和两岸关系和平发展给我们带来了重大历史机遇。在厦门市委的正确领导下，坚持以邓小平理论和“三个代表”重要思想为指导，深入学习实践科学发展观，应对危机全力落实“三保”，抓住机遇努力“先行先试”，全市上下凝心聚力、坚定信心，奋发有为、开拓创新，经济回升向好趋势不断巩固，质量效益进一步提升；重点建设、岛外开发、政策争取、城市管理等工作积极有效，中心城市的综合优势进一步增强；社会事业、民生保障、循环经济、生态建设、社会管理和公共服务继续加强，社会和谐安宁。全年地区生产总值1619亿元，增长8%（按可比价格计算）；财政总收入451.4亿元，其中地方级财政收入240.5亿元，分别增长10.1%和9.2%，全社会固定资产投资882亿元，三项指标均提前一年完成“十一五”目标；城镇居民人均可支配收入26131元，增长9.1%；农民人均纯收入9153元，增长8%；居民消费价格指数97.3%，城镇登记失业率4.01%，人口自然增长率7.85‰。单位生产总值能耗降低2.5%以上，节能减排完成年度目标。

一、2009年厦门市环境概述

2009年，在应对金融危机和贯彻落实加快建设海西经济区决策部署的过程中，厦门市始终坚持深入学习实践科学发展观，以污染减排为主线，以改善环境质量为目标，发展循环经济为抓手，统筹协调，扎实推进，全市环保工作在加快海西建设中取得新的进展。化学需氧量、二氧化硫总量减排工作已经提前两年完成“十一五”减排目标，被评为全国节能减排二十佳城市之一。第一次全国污染源普查顺利通过验收，并成为全国污染源普查工作的先进集体。全市环境空气质量达到国家二级标准，水环境质量和声环境质量总体保持稳定。重点区域流域综合整治扎实推进。建成区绿化覆盖率有所提高，“绿色社区”、“绿色学校”、“环境优美乡镇”、“安静小区”等创建工作持续深入，生态环境质量有所改善。

2009年厦门市空气质量优的天数为161天，优级率为44.1%，良的天数为199天，轻微污染的天数为5天。与2008年相比优级率上升了10.8%，轻微污染天数减少7天。2009年空气中3种主要污染物年均浓度为：可吸入颗粒物0.061mg/m^3、二氧化硫0.020mg/m^3、二氧化氮0.039mg/m^3，三种主要污染物浓度同比2008年分别下降了12.9%、23.1%、15.2%。二氧化硫、二氧化氮浓度均达到国家环境空气质量一级标准，可吸入颗粒物浓度可达到国家环境空气质量二级标准，3种污染物浓度均为近五年最低。

根据省政府减排工作部署制定《2009年厦门市主要污染物总量减排工作意见》，计划的13个化学需氧量减排项目全部完成，全市全年化学需氧量排放总量4.69万吨，较2008年削减0.2%，提前超额完成“十一五”期间的减排任务。

2009年厦门市工业固体废物综合利用率为89.83%，与2008年相比略有下降；医疗废物处置率100%；生活垃圾无害化处理率96.66%。全市工业固体废物产生量132.19万吨，综合利用量119.50万吨（其中综合利用往年贮存量0.24万吨），处置量4.27万吨，贮存量8.66万吨。工业固体废物的产生量主要集中在火电力、热力的生产和供应业(60.02％)、化学原料及化学制品制造业(15.66％)、非金属矿物制品业(8.12％)；贮存量主要集中分布在电力、热力的生产和供应业(97.76％)。全市工业危险废物产生量16931.14吨，综合利用量5381.47吨，贮存量36吨，处置量为11515.67吨（包括往年2吨）。危险废物的产生量主要集中在纺织业(42.40％)、化学原料及化学制品制造业(17.52％)、通信设备、计算机及其他电子设备制造业(7.70％)等行业。全市医疗废物产生量3130吨，集中焚烧处理量3130吨，医疗废物处置率达100％。全市生活垃圾产生量104.417万吨，无害化处理量为100.933万吨，无害化处理率为96.66％。

二、循环经济方面工作

2009年，按照厦门市委市政府构建和谐社会的要求，认真贯彻实施《中华人民共和国循环经济促进法》，组织实施《厦门市人民代表大会常务委员会关于发展循环经济的决定》，全面落实科学发展观。积极推进循环经济的发展，探索厦门市发展循环经济的有效途径。在厦门市各发展循环经济成员单位的密切配合、共同努力下，加大发展循环经济的力度，在循环经济、环境保护、资源综合利用、清洁生产等方面工作有了进一步的发展。

（一）继续做好循环经济示范试点工作，拓展试点领域

2009年年初厦门市循环办、市经发局组织开展评选表彰“厦门市2008年度循环经济先进单位”工作。经过认真总结、评审，厦门三立汽配、厦门通士达有限公司等10家单位被表彰，进一步推动厦门市循环经济发展，树立典型模范作用。积极推动钨业股份做好循环经济试点实施相关工作，督促厦门钨业股份有限公司对照国家发改委组织专家组评审意见，认真修改和完善《厦门钨业股份有限公司循环经济试点实施方案》并及时上报，保证试点工作顺利实施。积极跟踪厦门通士达节能灯汞回收循环经济示范项目建设进度，并做好项目服务工作。对福建省目前唯一的节能灯汞回收项目进行跟踪，及时了解项目建设进度和中央增投资金使用情况，督促厦门通士达有限公司对发现的问题认真整改。该项目完成后将大幅度降低汞污染，解决废灯管处置不合理的问题，填补厦门乃至福建省内节能灯无害化处理的空白，促进厦门市节能灯制造工业进入良性循环轨道。

（二）召开“全市循环经济暨节能工作会议”

为总结厦门市发展循环经济工作的经验和不足,落实厦门市人大执法检查组对发展循环经济工作执法检查提出的8条需要进一步改进和解决的意见，宣贯自2009年1月1日起实施的《中华人民共和国循环经济促进法》，6月11日，召开了“全市循环经济暨节能工作会议”，厦门市发展循环经济工作领导小组主要成员单位都在会上发言，总结厦门市发展循环经济的经验、研讨不足之处，提出措施和思路。为配合“全市循环经济暨节能工作会议”的召开，落实国务院有关通知要求，组织对厦门市与循环经济有关的监察工作：一是市经发局等7个部门联合制定厦门市《关于限制生产、销售、使用塑料购物袋专项检查的通知》（厦发改服务〔2009〕8号）及专项检查工作方案、分工职责。二是厦门市工业节水的专项检查监察专项工作。三是厦门市开展清洁生产的专项监察工作。同时，为规范循环节能专项资金的管理和使用，提高资金使用效益，根据相关法规和财政预算管理的有关规定，制定《厦门市循环节能专项资金管理暂行办法》。使厦门市“循环节能专项资金”得以更有效、更规范地发挥作用。

（三）抓住循环经济的重点，大力推进节能减排工作

节能方面：完善节能政策法规体系建设。《厦门市节约能源条例》经市人大常委会三审通过，并经省人大常委会批准，2009年1月1日正式实施，这是福建省第一部关于节能工作的地方法规；在全省率先制定出台《厦门市固定资产投资项目节能评估和审查暂行办法》及其实施细则以及《厦门市节能评估中介机构备案暂行办法》等配套文件，明确了固定资产投资项目节能评估审查的具体操作规程，从源头上把好节能关；出台《厦门市单位GDP能耗考核体系实施办法》，完善节能目标责任制，并对各区节能目标完成情况进行考核。

制定了《厦门市“十一五”重点节能工程行动方案》，对全市“十一五”重点节能工程进行规划、指导，确定

在制造业、建筑业、交通运输业、旅游酒店业、商贸业5大行业，推动燃煤工业锅炉（窑炉）改造、热电联产、集中供热、余热余压利用、电机系统改造、能量系统优化、建筑节能、绿色照明等十大重点节能示范工程建设。2009年组织实施了翔鹭石化股份有限公司PTA电机系统节能改造等20项节能示范工程，涉及电机变频、中央空调、余热回收、注塑机节电及空气源热泵等领域，并安排市节能资金补助385万元。2009年组织实施了节能科技项目20项，支持经费1890万元，项目涉及照明节能、能源节能、建筑节能和再生能源技术领域，如华侨大学信息科学与工程学院的《太阳能充放电控制及LED驱动芯片设计》等，这些项目的实施，大力推动了节能减排技术的研究、推广和应用。大力发展半导体照明产业，启动"十城万盏"试点工程。2009年5月11日，国家科技部批复厦门市成为国家首批"十城万盏"试点城市。目前厦门"十城万盏"试点工程各项工作已开始启动。厦门市计划到2011年底，共实施3万盏以上LED功能照明灯具，实现年节电约1500万度以上，相应年减少二氧化碳、二氧化硫、氧化氮、粉尘排放2万吨以上。

减排方面：根据福建省政府关于主要污染物总量减排工作的总体部署，继续推进以燃煤电厂脱硫、热电联产、集中供热、使用清洁能源为主的二氧化硫减排工程建设。2009年厦门市计划的7个二氧化硫减排项目全部完成，全年二氧化硫排放总量为4.55万吨，较2008年削减2.52%，提前超额完成"十一五"期间的减排任务。

在结构减排方面，大力推广使用清洁能源，岛内禁止审批燃煤锅炉；岛外凡在热电厂（站）服务区范围内的企业停止使用燃煤、燃重油锅炉，在服务范围外的现有燃煤、燃重油锅炉逐步进行改造，使用水煤浆、电等清洁能源，全市已有143家企业采用集中供热替代了中小燃煤锅炉；2009年厦门市又有7家企业采用水煤浆锅炉替代了原有燃煤（或燃油）锅炉。

在工程减排方面，全市所有火电、热电、非电、自备电厂已全部安装脱硫设施，正进一步完善配套设施并加强监管，确保设施正常稳定运行。2009年安排的7个脱硫项目已全部安装集散控制系统（DCS系统）；同集热电自动喷钙设施通过验收；重点减排企业的燃煤含硫率都控制在0.8%以下。

在管理减排方面，严格落实国家、地方的各项相关环保法律法规制度和减排政策，严格执行调度制度,实施减排奖惩制,积极完善减排的"指标、监测、考核"三大体系建设。

（四）持续开展资源综合利用认定工作，强化固废处理和利用

及时完成资源综合利用企业（产品）认定工作。2009年共审核厦门卓越生物质能源有限公司、大胜窑业建设开发（厦门）有限公司等五家资源综合利用企业的认定申请材料并进行及时认定，主动联系税务机关对首次认定的厦门卓越生物质能源有限公司和顺新（厦门）实业有限公司办理减免（退）税手续进行辅导。积极协调解决资源综合利用企业困难。出台《厦门市企（事）业单位生产和使用水煤浆项目环保专项资金补助办法》，在市环保专项资金和循环节能资金中设立专项，用于水煤浆的推广应用和对水煤浆项目的补贴；妥善处理城市污泥紧急处置问题，有效缓解市城市污泥滞留现状。

2009年，厦门市组织开展了对全市危险废物重点污染源及危险废物（含医疗废物）处置单位环境安全大检查，排查安全隐患；强化了对危险废物的产生、收集、贮存、运输、利用、处置等各环节中的监督管理，全年共办理228家企业危险废物转移报批手续。持续推进环卫基础设施建设。东孚垃圾填埋场封场绿化工作基本完成，渗滤液处理设施完工进入调试阶段，填埋气体发电厂投入运行，日收集垃圾填埋气体1600立方米，经脱水、过滤、增压等预处理后用于发电，年发电量1600万千瓦时，减排温室气体9.4万吨。后坑垃圾焚烧发电厂一期工程正常运行，日处理生活垃圾400吨；东部固废填埋场渗滤液处理设施建设基本完工；东部（翔安）、西部（海沧）垃圾焚烧发电厂开始建设，总设计规模均为1200吨/日，分二期建设；日处理生活垃圾500吨的垃圾分类处理厂各项前期准备工作进展顺利，目前已完成三通一平，很快就将进入工程施工阶段。"海漂垃圾"治理任务圆满完成。

（五）加快推进工业清洁生产工作，引导农业生态养殖

组织专家对厦门路达工业（优达厂）等19家企业（其中自愿实施审核4家；强制实施审核15家）清洁生产审核报告进行现场审核评估，经过有关专家的严格审核，松下电子信息公司等10家企业通过验收，责令未通过验收的先锋（厦门）电镀开发公司等9家企业及相关清洁生产咨询机构认真组织整改。根据国家发改委办公厅、环保部办公厅《关于审核和补充国家清洁生产专家库专家的通知》（发改办环资〔2008〕2844号）要求，认真组织厦门市有关部门、单位、专家推荐申报工作。并按要求会同市环保局进行筛选，确定刘淞等8人为厦门市推荐上报“国家清洁生产专家库备选专家人选”。转发省经贸委、省环保局公布《2009年度自愿实施清洁生产审核企业名单》（闽经贸资源〔2009〕338号）及《2009年度应强制实施清洁生产审核企业名单》（闽环科〔2009〕12号），其中厦门自愿实施清洁生产审核企业有厦门银鹭食品公司等5家，应强制实施清洁生产审核企业有翔鹭石化（厦门）有限公司等12家，及时通知并召集各区经贸局及相关企业进行座谈、动员，布置落实相关企业做好开展清洁生产审核的前期工作。

开展农村环境保护工作。结合农村清洁家园行动，加大农村污水、垃圾、畜禽养殖等方面的工作力度。完成《厦门市村庄环境保护规划》和农村小康环保行动计划；不断完善农村环卫基础设施建设；完成农村生活污水处理回用试点，同安区小后垄村和翔安区茂林村、桐梓村的试点工程已经完工并开始运行；全面开展生态村和环境优美乡镇创建工作；深化畜禽养殖治理，合理规划养殖区域，积极推行生态型“零排放”或发酵式养殖模式，全年共关停、拆除和制止了禁养区内养殖场184家，完成28家2500头以上规模化养殖场生态型零排放及“发酵式”生态零排放建设项目，另有119家养殖场已启动治理；完成全市土壤污染现状调查和生态修复试点建设工作。

（六）做好工业节水工作，加大城市污水处理回用力度

继续做好企业水平衡测试工作。与节水办、市环保和市政园林等部门对节水先进典型翔鹭石化公司节水成果进行现场查验核实，并对该公司的水平衡测试工作进行现场指导，对企业深挖节水潜力、进一步加强用水管理等方面提出了具体的意见、建议。做好“节水宣传周”、“节能宣传周”相关节水工作。一是参与节水办组织的“节水宣传周”系列活动，在制定表彰方案、宣传活动安排、企业产品和技术展示等方面积极建言献策。二是动员组织宇扬节水科技、科斯特节水设备等10家节水技术企业参加“节能宣传周”启动活动，大量节水技术和产品的展示，丰富了宣传周的活动内容。三是配合节能周系列活动，市经发局、节水办、市环保局、市政园林局等部门对工业企业开展“节水工作监察”，推动和促进了华纶印染、圣源金属制造等企业的节水工作。

围绕改善水环境质量，完善管网、泵站等城市环境基础设施建设，加强污染治理，提升污染防治能力。7个污水处理厂中控系统和平台建设全部完成。石渭头污水处理厂和同安污水处理厂扩建工程、海沧污水处理厂技改工程均已完成，全市新增污水处理能力15万吨/日，污水设计处理能力已达83.34万吨/日。全市新建成并投用污水收集管道125km，新投运4个污水泵站，新增污水截流能力8.8万吨/日。狐尾山引污上山示范工程建成投入运行；石渭头污水处理厂建成能力为2.4万吨/日的中水回用设施，全市工业循环用水率和中水回用率明显提高。继续推进重点流域水环境综合整治，五缘湾湿地公园截污工程完成环湾截污管道工程的铺设，建成4个污水提升泵站，其中2个已投入运行；湖边水库总设计能力为25万吨/日的补水调水工程完工；筼筜湖截污工程被列为2009年市委、市政府为民办实事项目，周边沟口截污改造和除臭工程相继建成投入使用。积极推进“污水上山”和污水处理厂尾水利用工程建设，进一步削减排入水体中的污染物总量。日利用量约930吨污水的狐尾山污水上山二期扩建项目基本完成；湖里高新技术园“国家生态示范工业园区”建设规划和方案完成，部分环境基础设施工程也已开工建设；全市21个项目完成清洁生产审核，39个项目通过ISO14000环境管理体系认证。

（七）加强循环经济宣传工作，扎实推进生态文明建设

广泛开展多层次、多种形式的《循环经济促进法》宣贯活动，进一步提高全社会对发展循环经济的认识。市循环办将牵头会同各成员单位利用各种机会，运用各种宣传手段，在全市广泛开展多层次、多形式的《循环经济促进法》及配套法规系列宣贯活动。

2009年8月，厦门市出台《厦门市贯彻落实党中央、国务院和省委、省政府加快建设海峡西岸经济区决策部署的实施意见》，要求在转变经济发展方式和增强自主创新能力上先行先试，奋力成为海峡西岸科学发展的先行区，明确提出建设资源节约型环境友好型城市的目标。11月，印发《关于编制厦门市建设海峡西岸重要中心城市纲要有关工作的通知》，“加强生态文明建设”作为纲要重要章节之一，进一步强调在节能减排、循环经济、环境综合整治、生态建设与保护等方面开展工作。启动《厦门市生态文明建设规划和实施纲要》的编制工作，在生态文明建设的组织、法规、政策和指标体系方面展开探索；企业污水“零排放”、清洁生产、环境管理体系认证工作持续开展，继续推进绿色社区、绿色学校、生态村、环境优美乡镇、安静小区创建工作，全市共有148家企业实施清洁生产审核；200多家企业通过ISO14001环境管理体系认证；建成123所绿色学校、48个绿色社区；16个生态村、2个环境优美乡镇通过省环保厅验收；15个小区实施创建安静居住小区工作，其中10个通过区级验收。

虽然厦门市开通的“厦门节能网”、“厦门节水网”、“厦门循环经济网”等发展循环经济信息平台，但厦门市发展循环经济的服务体系还远不能完全满足社会需求，尚未能建立各成员单位业务协同机制，实现信息资源共享等问题，市循环办将重点协调各职能部门，围绕提高整体协调能力，形成联动机制，服务发展全局对信息交流平台进行调整和改版，完善交流互动功能，充实信息内容，重点是通过整合资源，实现信息共享，把各网站逐步建设成为为政府、专家、企业和公众提供循环经济信息交流的平台，提供循环经济发展所需的技术、设备、资金、人才、产品等的服务平台，逐步建立起发展循环经济的服务支撑体系。

三、2010年厦门市循环经济重点工作

在2009年6月11日召开的“全市循环经济暨节能工作会议”上，叶副市长提出厦门市发展循环经济下一步的主要工作要求：一是落实在2010年建成一批符合循环经济发展的典型企业；二是落实循环经济工业示范园区建设；三是落实工业企业实施清洁生产审核的督促推进工作；四是落实循环经济常态化宣传和清洁生产培训。

重点行业和重点领域循环经济

钢铁工业循环经济

中国钢铁工业协会

2008年下半年爆发国际金融危机以来，受世界经济衰退的影响，我国钢铁产品直接和间接出口急剧下降，钢铁企业效益大幅下滑，企业生产经营陷入严重困难局面。钢铁行业广大干部职工，迎难而上，奋力拼搏，认真落实党中央、国务院应对国际金融危机的一系列政策措施，使钢铁生产经营逐步恢复，并实现平稳较快增长，行业扭亏为盈，初步摆脱了困难局面。2009年钢产量再创历史新高，达到56784.24万吨，实现销售收入22441.4亿元，实现利税1254.55亿元，其中利润553.88亿元，为国家实现保增长、扩内需、调结构的战略目标，做出了积极贡献。

一、钢铁工业循环经济工作进展情况

2009年钢铁工业发展循环经济，主要是结合行业、企业中心任务推进，适时开展了一些专项活动，着力抓好以下各项工作。

（一）贯彻落实《循环经济促进法》，努力开创钢铁行业发展循环经济新局面

全国人大常委会2008年8月29日通过的《中华人民共和国循环经济促进法》，自2009年1月1日起施行。为钢铁行业、企业循环经济工作提出了发展指导原则，该法以“减量化、再利用、资源化”为主线，确立了循环经济的基本制度和政策框架。一些钢铁企业，特别是国家循环经济试点单位，贯彻落实《循环经济促进法》，把企业建设成为钢铁行业发展循环经济的示范基地。

宝钢自主开发循环经济新技术，成功地建成了国内首套基于分布式网络的能源中心，世界上第一台燃用低热值纯高炉煤气的燃气－蒸气联合循环热电机组，以及完整的转炉煤气柜双柜并网运行系统，集成为“钢铁企业副产煤气利用与减排综合技术”，获2009年国家科技进步奖二等奖。

莱钢开展了《建设生态化钢厂》的课题研究，以建立“全员学习型、绿色生态型、持续发展型”钢铁强企为共同价值观和愿景；调整组织机构，构建起循环经济管理体系；自主研发与引进消化相结合，成功应用起干熄焦、顶燃式热风炉、蓄热式加热炉、高炉干法除尘、转炉干法除尘等先进技术和装备，形成循环经济技术支撑体系；加强资源能源整合与高效循环利用，形成了铁素体、余热余能、工业水和固体废弃物等四条循环经济产业链；2009年吨钢综合能耗为642千克标煤，吨钢新水消耗量为2.9吨，余热余能自发电比例达到50%以上，水的重复利用率达到97.4%，固体废弃物综合利用率达到98.5%,以“节能减排增效为目标的钢铁企业循环经济运行体系建设”为题，荣获2010年国家级企业管理创新成果二等奖。

（二）贯彻落实《钢铁产业调整和振兴规划》，节能减排取得显著成效

2009年1月14日，国务院常务会议审议并原则通过《钢铁产业调整和振兴规划》，规划期为2009～2011年。规划目标之一是节能减排工作要取得明显成效，重点大中型钢铁企业的吨钢综合能耗不超过620千克标煤，吨钢耗用新水量低于5吨，吨钢烟粉尘排放量低于1.0千克，吨钢二氧化碳排放量低于1.8千克，二次能源基本实现100%回收利用，冶金渣近100%综合利用，污染物排放浓度和排放总量双达标。

2009年钢铁工业重点统计企业平均吨钢综合能耗619.43千克标煤，吨钢耗用新水量4.43吨，吨钢烟粉尘排放量1.05千克，二次能源利用率95.14%，冶金渣利用率96.6%，污染物排放达标，即基本上达到或接近《钢铁产业调整

和振兴规划》所提出的要求，取得了明显进步。上海市节能先进企业、全国节能先进企业称号的宝钢，资源能源利用效率继续走在全行业前列，其高炉煤气、转炉煤气、焦炉煤气的综合利用率达到96.47%，水重复利用率达到98.07%，冶金渣综合利用率达到100%。

（三）采用合同能源管理方式，借助节能环保服务企业之力推进节能减排工作

合同能源管理（简称EMC）是一种新型的市场化节能机制，国家有关部委正在制订《加快推行合同能源管理促进节能服务业发展的意见》，并从资金补贴、税收、会计和金融等方面采取措施予以支持。目前，已有一些钢铁企业在积极尝试这种节能新机制，并取得一些效果。

武钢于2009年2月18日与湖南泰通电力科技有限公司签定了节能改造合同。泰通公司采用合同能源管理方式为武钢所有水泵系统、灯光照明系统和高低压电机进行节能改造，3个项目预计总投资2亿多元，改造完成后，每年将为武钢节能约3亿千瓦时，节约标准煤10万吨，减少二氧化碳排放量30多万吨，每年为武钢节约资金近2亿元，其经济效益和社会效益十分显著。该项目进展顺利，有几家分厂已改造完毕并通过验收，平均节能率在25%以上。如炼铁分厂被改造的设备每小时节约用电7000千瓦时，支付节电费用后，还从额外节电量中省下开支，5个月即近250万元，待合同期满并分享节能服务费后，20台价值3000多万元的高压变频装置将无偿划归炼铁分厂门下。天钢、武钢等企业很受启发，实施合同能源管理，节能环保服务企业和被服务的钢铁企业双方都受益。

（四）认真实施《钢铁工业发展循环经济环境保护导则》，高标准打造绿色钢铁

国家环境保护部于2009年3月14日发布《钢铁工业发展循环经济环境保护导则》，自2009年7月1日起实施。许多钢铁企业把发展循环经济与实施环境保护导则融为一体，高标准地打造绿色钢铁企业。鞍钢2009年把发展循环经济、加强节能减排、建设生态文明作为重点任务来抓。一是不断完善各级环保节能的管理机构、管理体系，严格了节能减排考核制度，层层落实到各个岗位；二是不断采用清洁生产工艺、节能新技术，相继完成首台烧结机烟气脱硫项目、西部污水深度处理工程，以及在鲅鱼圈钢铁新区利用太阳能和风能发电，减少二氧化碳排放量，使节能环保登上新台阶；三是不断对厂区、矿区进行大规模绿化和复垦，截至2009年底已完成绿化造林面积96万平方米，占鞍山地区应恢复面积的77%，冶金厂区绿化覆盖率达35%，厂区烟尘排放量稳定达标，使鞍山市区大气质量Ⅱ级以上天数达到301天以上，受到省市环保部门的高度称赞。太钢在2009年紧紧抓住危机中蕴含的发展机遇，围绕建设冶金行业节能减排和循环经济示范区的目标，大力推进绿色转型发展。具体做法有四：一是大力推进工艺装备的绿色转型，瞄准世界一流水平，快速推进全流程工艺技术装备的升级换代，实现主体装备的大型化、集约化、现代化、高效化；二是大力推进制造过程的绿色转型，以科技创新和技术进步为支撑，倡导节约、环保的文明生产方式，使全流程实施清洁生产，实现资源有效利用和污染控制，2009年与2008年相比，吨钢综合能耗、新水消耗量、烟尘排放量、二氧化碳排放量、化学需氧量等指标全面下降；三是大力推进品种结构的绿色转型，实施精品战略，研发生产出一批高强度、高耐磨损、高抗腐蚀抗冲击性的新型钢铁材料，进入国家重点工程、新兴产业，市场占有率居国内首位；四是大力推进厂容环境的绿色转型，以“折旧建绿、折墙透绿、见缝插绿”的手段，以“增绿、先绿”为目的，开展了大规模的厂容环境的整治工作，厂区绿化面积达到281.6万平方米，绿化覆盖率达38.4%，初步建成了生态型园林化工厂。

（五）组织召开中日钢铁环保节能先进技术专家交流会，促进钢铁行业环保节能工作的国际交流与合作

2009年3月12～13日，中国钢铁工业协会与日本钢铁联盟共同在日本千叶县召开了第四届中日钢铁业环保节能先进技术专家交流会，双方参会代表64人，其中中方代表30人。会议交流的主要内容是烧结烟气脱硫技术及中日两国的环境政策情况及标准现状，参观住友金属鹿岛制铁所活性炭脱硫装置及高炉渣微粉处理装置。通过这次现场参观与交流，使中方人员对烧结烟气采用活性炭脱硫工艺的应用情况有了更深入具体了解。关于环境污染排放标准，日本分国家、地方、企事业单位三级标准，国家制定一般性标准限值，地方和企事业单位的标准限值严于国家标准限值，这一作法可以在一定程度上促进节能环保的技术进步，同时减轻企业的环境成本，我国今后制定环境污染排放标准时可借鉴日本的作法。

（六）全国重点大型耗能钢铁生产设备节能降耗对标竞赛举行授牌表彰会，十单位荣获“全国工人先锋号”称号

近年来，中国机冶建材工会和中国钢铁工业协会共同组织开展了“全国重点大型耗能钢铁生产设备节能降耗对标竞赛”活动，目的在于充分调动企业和广大职工的积极性，推动钢铁企业的节能降耗工作不断向更高的标准和更深的层次发展。经过2007、2008年的竞赛，一些参赛企业的各项能耗指标取得明显改善，一些单位多项技术指标进入世界一流行列。2009年4月25日，全国重点大型耗能钢铁生产设备对标竞赛暨“全国工人先锋号”授牌表彰会在北京举行。这次会议对在竞赛中取得优异成绩并获得“全国工人先锋号”荣誉称号的先进单位进行授牌和表彰。这10个单位是：宝钢股份公司宝钢分公司炼铁厂高炉分厂4高炉、武钢股份公司炼钢总厂三分厂3号炼炉、太钢不锈钢股份公司炼铁厂5高炉作业区、首钢迁安钢铁有限公司炼铁分厂2号高炉、济钢第三炼钢厂炼钢车间2号120吨转炉、武钢股份公司炼铁总厂炼铁分厂7号高炉车间、马钢股份公司第三炼铁总厂B高炉、太钢不锈钢股份公司第二炼钢厂冶炼作业区1号转炉、河北钢铁集团唐钢股份公司炼铁厂南区高炉、江苏沙钢集团宏发炼钢厂2号转炉。会上，武钢股份公司炼钢总厂第三分厂3号转炉炉长邓瑜同志代表获奖单位宣读了题为《发扬主人翁精神，争当节能降耗先锋》的倡议书。

（七）组织召开钢铁行业能效对标及节能重点工作研讨会，深入推进节能减排工作

2009年11月20～21日，中国钢铁工业协会环保与节能工作委员会在安徽省马鞍山市召开了钢铁行业能效对标及节能重点工作研讨会。国家发改委资源节约和环境保护司、国家工信部节能与综合利用司和40多家钢铁企业的代表参加会议。马钢、攀钢、宝钢、鞍钢、唐钢、太钢等企业代表做了大会发言，介绍各自企业在节能减排、能效对标、能源中心建设等方面所做的工作及取得的经验。分组讨论时，各企业介绍了各自节能减排工作的设想，对深入开展能效对标活动的建议。中国钢铁工业协会顾问吴建常同志作了“科学建设能源管理中心，抓好能效对标，推进钢铁行业节能减排”的讲话，他在肯定钢铁行业近年来节能减排方面取得的成绩的同时，提出五条要求：一要将节能减排纳入企业发展战略规划；二要从夯实基础入手，全面强化企业管理，建立健全节能减排管控及监测体系；三要依靠技术进步，不断降低能耗和减少污染排放；四要建立一支高素质的节能减排队伍；五要继续充分发挥协会环保与节能工作委员会的作用，加结强企业间的技术和管理经验的交流，共同努力使钢铁行业节能减排工作再上一个新台阶。

二、钢铁工业发展循环经济取得成效

（一）提高了资源能源利用效率

钢铁工业企业发展循环经济的一个主要目标，就是实现资源能源的高效利用和循环利用。钢铁行业特别是重点钢铁企业发展循环经济以来，在这几方面的进步都很大。如吨钢能源消耗，2005年时吨钢综合消耗为747.3千克标煤，2008年降至629.93千克标煤，下降了15.7%；又如吨钢水耗，2005年吨钢新水消耗量为8.06立方米，2008年降至5.09立方米，下降36.8%。

据统计，重点钢铁企业，2009年与2008年相比，吨钢综合能耗由629.93千克标煤降至619.43千克标煤，又下降了2%；吨钢新水消耗量由5.09立方米降至4.43立方米，又下降了12.96%。其他一些资源能源利用效率也有新进步，如焦炉煤气利用率由97.9%上升至98.16%，提高了0.26个百分点；高炉煤气利用率由94.91%上升至95.36%，提高了0.45个百分点；转炉煤气利用率由83.14%上升至86.06%，提高了2.92个百分点；水的重复利用率由96.52%上升至96.97%，提高了0.45个百分点；高炉渣利用率由96.01%上升至97.48%，提高了1.47个百分点；钢渣利用率由93.03%上升至93.08%，提高了0.05个百分点；含铁尘泥利用率由98.44%上升至99.12%，提高了0.77个百分点。

（二）提高了清洁生产、环境保护水平

钢铁工业企业发展循环经济的另一个主要目标是维护好生态环境。目前，钢铁企业已改变了过去那种“先排放、再治理”的做法，大都按循环经济原则要求，从源头消减开始，加强整个生产过程的控制，对生产过程产生的副产品和废弃物进行回收利用，力争实现“零”排放，对最终排放的污染特进行无害化处理，做到达标排放。钢铁企业发展循环经济以来，清洁生产、环境保护水平有了很大提高，如外排废水量，2005年时吨钢外排废水量为4.27吨，2008年降至2.16吨，下降了49.4%。在此基础上，2009年仍有明显进步，降至1.69吨，又下降了21.75%。

据统计，重点钢铁企业，2009年与2008年相比，吨钢粉尘排放量由0.82千克降至0.74千克，下降9.7%；吨钢SO_2排放量由1.85千克降至1.56千克，下降15.7%；吨钢COD排放量由0.10千克降至0.073千克，下降27%。

（三）提高了企业经济效益、环境效益和社会效益

主要是由于钢铁企业发展循环经济后，企业功能由原来仅有产品制造功能，拓展到拥有产品制造、能源转换、生产排泄物资源化和社会废弃物综合利用等四大功能，把企业经济效益、环境效益和社会效益有机地结合起来，并不断提高。

从重点钢铁企业来看，2009年与2008年相比，钢材品种结构优化了，特别是攻克了一些关键品种，国内钢材市场占有率提高了，由97.2%上升至97.4%，其中一些关键品种的市场占有率提高幅度较大，如电工钢板由79.4%上升为84.1%，少进口20.8万吨；镀层板由77.4%上升为84.6%，少进口123.7万吨；涂层板由88.4%上升为91.3%，少进口123.7万吨，从而节省了大量外汇，对提高企业经济效益和社会效益都做出了贡献。

从一些企业综合利用社会废弃物来看，重钢集团组建了三峰环境公司，推进垃圾发电产业，开始时引进世界一流的德国马丁技术，自主消化吸收创新，成功地实现该技术设备的国产化，并用其在我国建成第一个BOT模式的重庆同兴垃圾焚烧发电厂，人们关注的二噁英指标优于欧盟标准，一年处理50多万吨垃圾，营业收入上千万元，并解决90～100人的就业，达到了垃圾处理的无害化、减量化、资源化的目标，实现了经济效益、环境效益和社会效益三丰收。在这个基础上，组建了重庆三峰环境产业公司，成为重钢钢铁主业之后的一大重点产业，以EPC总承包、设备供货和运营为核心的服务。到2009年底，已先后投资建设和承接了地处西南和江浙一带的8个项目，这8个垃圾焚烧发电厂发挥作用后，一年能处理垃圾400多万吨，创收上亿元，解决就业岗位700多个。

煤炭行业循环经济

中国煤炭工业协会

改革开放以来，我国在推动资源节约和综合利用、推行清洁生产方面取得了积极成效。但是，传统的高消耗、高排放、低效率的粗放型增长方式仍未根本转变，资源利用率低，环境污染严重。同时，存在法规、政策不完善，体制、机制不健全，相关技术开发滞后等问题。为抓住重要战略机遇期，实现全面建设小康社会的战略目标，必须大力发展循环经济，按照“减量化、再利用、资源化”原则，采取各种有效措施，以尽可能少的资源消耗和尽可能小的环境代价，取得最大的经济产出和最少的废物排放，实现经济、环境和社会效益相统一，建设资源节约型和环境友好型社会。

在发展循环经济过程中，我国能源面临的最大挑战是以煤炭为主的能源结构，我国一次能源生产中煤炭占76%，在能源消费结构中，一次能源中69%依靠煤炭，发电80%以上来自于火电。要实现可持续发展，优化能源结构势在必行，必须开发和利用面向未来的清洁能源。可是在可预见的30年，煤炭仍然将是我国的能源主体。所以，如何清洁高效利用好煤，做好煤炭及其相关资源的综合利用将是解决中国能源问题行之有效的途径，也是我国发展循环经济的关键环节。

一、2009年煤炭行业发展循环经济概况

加快循环经济发展，探索发展循环经济的有效模式，是煤炭行业可持续发展的必要条件。一是按照清洁发展和循环利用的要求，制定资源综合利用规划和措施，优化能源资源消费模式。试点企业的煤矸石、洗矸、煤泥以及煤层气等共伴生资源必须进行综合利用，矸石山全部要有防止自燃措施。二是注重生产源头减量化的同时，更要注重技术的升级，大量吸收国内外先进成熟的技术，努力发展科技含量高、附加值高综合利用技术和产品，引导企业走废弃物科技型循环利用的发展道路。三是引导企业着力搞好产业园区规划，优化生产力布局，通过试点和示范工程加快构建高效、节约、环保的现代化产业体系。

在煤炭行业11家循环经济试点单位的带动下，2009年，煤炭行业循环经济充分发挥各行业专家的群体优势、技术优势、知识优势，更好地总结循环经济试点工作经验，帮助试点单位提高技术和管理水平，宣传典型经验，促进循环经济形成较大规模，增强了发展的信心，寻找到新的经济增长点。

二、循环经济试点企业情况

（一）国家第一批煤炭循环经济试点单位

山西焦煤集团、新汶矿业集团、抚顺矿业集团、淮南矿业集团、平顶山煤业集团作为全国煤炭行业发展循环经济的首批5家试点单位，5年来，根据自身的特点进行了有针对性的循环经济发展，为循环经济模式在煤炭行业的推广提供了宝贵的经验。

1.山西焦煤集团

山西焦煤西山煤电集团公司是全国最大的炼焦煤生产企业，注重提高资源开采水平和洗选效率，以延伸煤－电－材和煤－焦－化产业链为重点，以传统矿区节能降耗、废弃物利用和新建矿区综合开发、资源转化为方向，快速推进古交矿区煤－电一体化建设，实现了古交矿区原煤高效开采、洗精煤外销、中煤及其他劣质煤发电、矿井

水及生活废水处理后回用、粉煤灰及煤矸石合理开发的煤炭矿区资源高效循环产业链，减少了废弃物排放和环境污染，提高了矿区资源综合利用水平，成为极具示范效应的矿区循环经济发展模式，被有关领导和专家赞誉为“西山模式”。

山西焦煤杜儿坪瓦斯发电厂

2009年山西焦煤实施的重大循环经济投入项目有：西山煤电马兰矿瓦斯发电项目、汾西矿业瓦斯发电项目、霍州煤电粉煤灰综合利用项目、华晋焦煤瓦斯发电二期工程、山西焦化二厂水重复利用项目等。目前，山西焦煤每年可抽采利用2.4亿立方米的瓦斯，废水全部经过处理达标排放，中水复用达到70%。山西焦煤还直接燃用煤泥、矸石等低热值燃料，在原料集中、市场集中、运输合理的地区建设规模适中、多元投资、先进适用的建材园区，逐步利用煤矸石、粉煤灰，构建煤–电–材产业链，实现资源–产品–废弃物的循环综合利用。

2.新汶矿业集团

近年来，面对矿区资源萎缩、生产和生态环境压力越来越大的严峻现实，新矿集团创新发展思维，牢固树立“延长循环经济产业链条就是延长企业生命线”、“循环经济是清洁经济、高效经济、可持续发展经济”的新理念，以建设资源节约型、环境友好型企业为目标，按照“资源循环利用、企业循环生产、产业循环组合”的思路，大力拓展以煤为基础，电、化、建综合利用为支撑的循环经济链条，努力转变经济增长方式，企业逐步进入资源综合利用、能源高效转化、经济快速增长、效益稳步提升的良性发展轨道。

新矿集团发展循环经济的主要做法有：大力开展“以矸换煤”工程，努力提高矿区资源回采率；横向拓展产业链，实现资源高效循环利用；纵向延伸产业链，实现产品结构调整优化；加强能源审计和规划工作，促进矿区节能减排；加强技术创新，支撑矿区循环经济发展；积极开展对外输出技术与服务，延长环保产业链；加强融资力度，铸造企业核心竞争力；重点国债投资项目进展情况及主要成效。

通过一系列创新性工作，2009年，新矿集团万元产值取水量10.2105吨；工业用水重复利用率提高到94%；矿井水利用率达到58%；煤矸石利用率120%；全年预计实现节能量9万吨标煤，超额完成省政府下达的节能量指标；烟尘排放总量同比降低4%；二氧化硫排放总量同比降低3%；公司所有建设项目的环境影响评价执行率达到100%，“三同时”执行合格率达到100%。

新汶矿业集团综合利用电厂

3.抚顺矿业集团

近年来，在国家、省市有关部门的正确领导下，抚矿集团通过加强组织领导、加大投入，把循环经济发展与抚矿集团的转产转型结合起来，不断延长循环经济产业链，抚矿集团得到快速发展。页岩油生产规模增加了15万吨/年，页岩烧结砖新增生产能力6000万块/年。骨干项目均取得实质性进展，产业链结构日趋完善，抚矿集团经济总量保持稳定快速增长，在商

抚顺矿业集团油母页岩炼油厂

品煤产量减少的情况下，经营总收入、非煤收入、资产总额及员工收入均有大幅提高。

抚矿集团目前实施的重点循环经济工程包括：一是建设投产6万吨/年E部油母页岩油生产装置；二是建设投产6000万块/年煤矸石页岩烧结砖；三是建设10万吨/年ATP干馏小颗粒油母页岩油生产装置；四是建设投产低热值气体发电供热的余热余压回收利用节能减排和循环经济示范项目；五是洗煤用水实现闭路循环；六是全面实现集中供热；七是回收页岩原油生产过程中余热余压供热。项目的顺利实施将进一步提高抚矿集团发展循环经济的水平。

4.淮南矿业集团

淮南矿业集团把发展与资源环境的矛盾统一于循环经济，主动从区域经济社会发展的需要出发调整企业行为，不断探索符合淮南矿区实际的循环经济发展模式，统筹解决好区域内山川河流等大生态环境问题，又在矿区内部形成小循环，从而在更深、更高的层次上落实科学发展观。

淮南矿业集团发展循环经济的主要做法：坚持理念引领，坚持“五个统筹”。一是统筹产业发展。以煤为根本，沿煤炭产业链布局，首创煤电一体化模式，形成“煤、电、化、机、环、资”多产业格局，一个矿井形成一个小循环，整个矿区形成一个大循环，实现节能、降耗、减污、增效的有机统一，构建循环经济产业链。二是统筹城市发展。市矿双方形成共识，遵循煤炭城市建设和发展规律，和谐规划，建设功能齐全的新城区。三是统筹乡村发展。采用地企统筹的方式，将采煤塌陷搬迁与城镇化建设、生态环境治理“三合一”。四是统筹社会发展。在煤炭行业内率先完成了社会职能移交和辅业分离改制。五是统筹环境治理。提出将矿区采煤沉陷区治理与淮河中段治理统筹考虑，积极探索采煤沉陷综合治理的途径。

5.平顶山煤业集团

平煤集团认真贯彻落实科学发展观，以循环经济理念为指导，提出了“以煤为本、相关多元”的发展战略，注重各类资源的开发、配置和有效利用，为发展循环经济提供良好的资源条件。

平煤集团依托实业创新资本运营，为发展循环经济提供资金、人才、技术、市场和资源支撑。同时借助国家把平煤列入循环经济试点企业的机遇，逐步探索和构筑了符合煤矿实际的“3+2”循环经济发展模式，实现了又好又快发展。“3”即为：以独立项目或矿点为基础的“点循环”，以相关产品或产业链延伸为主体的“线循环”，以园区多项目综合布局、集中循环利用为平台的“面循环”。“2”即为：一是树立新型资源观，注重无形资源的开发利用，实现无形资源与有形资源的最优配置；二是依托实业创造性地实施煤炭企业资本运营，为企业发展循环经济搭建人才、技术、资金、市场和规模平台。

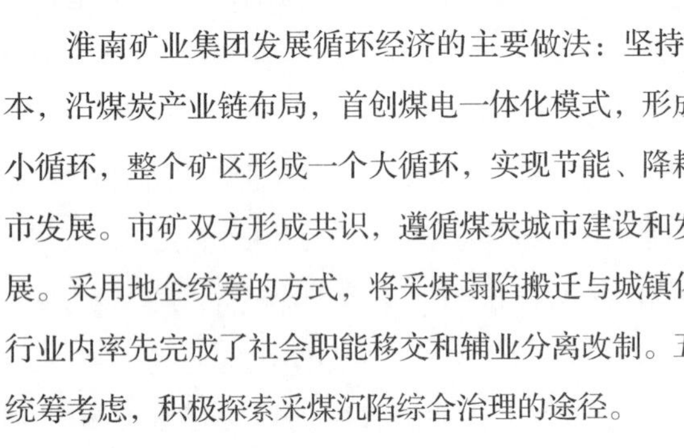

淮南矿业集团瓦斯发电机组

（二）国家第二批煤炭循环经济试点单位

2007年12月，国家启动了第二批循环经济试点，煤炭行业选择了山西潞安矿业集团、内蒙古伊东煤炭集团、内蒙古庆华集团、辽宁铁法煤业集团、黑龙江鸡西公司和安徽皖北煤电集团公司共6家企业作为试点单位。

1.山西潞安矿业集团

潞安集团把发展循环经济作为战略发展的主要内容，以发展战略为导向，以延伸产业为主线，以产业园区为载体，以技术创新为动力，不断拉长加粗煤电化、煤焦化、煤油化三条主产业链，建成完善焦化、电化、煤电、煤油四大循环经济园区，加快发展煤、电、油、化、硅五大产业。2009年，潞安在发展循环经济过程中，坚持绿色开采，提高资源利用率、采用洁净煤技术，发展洗选加工，全面推行绿色开采和清洁生产，降低资源消耗和污染物排放水平，补建和扩建资源回收利用环节。积极实施煤层气综合抽采及利用工程、煤矸石制砖项目、煤矸石山生态重建与景观恢复项目、煤矸石综合利用电厂项目，完善现有三条产业链，搞好四大产业园建设，实现园区生态化。

2.内蒙古伊东煤炭集团

内蒙古伊东煤炭集团公司坐落在素有“塞外宝库”美称的鄂尔多斯市准格尔旗境内，是全国民营企业500强。伊东循环经济产业基地依托周边丰富的煤炭资源，按照“配套关联、协调发展”的原则进行产业定位，延长煤炭深加工的产业链，提升支柱产业和主导产品的规模。通过产业链的链接，实现以“资源—产品—再生资源”为特征的“基地大循环、企业小循环”循环经济发展模式。

3.内蒙古庆华集团

内蒙古庆华集团公司是一个集采矿、选矿、煤化工、冶金产业为一体的综合大型矿产资源开发企业。制定“致力于传统能源的循环利用和绿色发展”战略，转变产业发展模式，由资源开采企业转为资源开发与循环利用企业。重点建设“煤焦化零排放工程”，发展冶金－化工综合利用产业，逐步形成“煤—焦—化产—蒸汽—冶金—化工—建材”产业链。

4.辽宁铁法煤业集团

铁煤集团紧紧抓住国家振兴东北老工业基地和促进煤炭工业健康发展的战略机遇，充分发挥资源、管理和技术装备优势，以构建和谐矿区为目标，以资源开发和综合利用为重点，大力发展循环经济，通过管理创新、体制创新和科技创新，加快产业结构调整和优化升级，初步摸索出了一条具有铁煤特色的、可持续发展的循环经济发展之

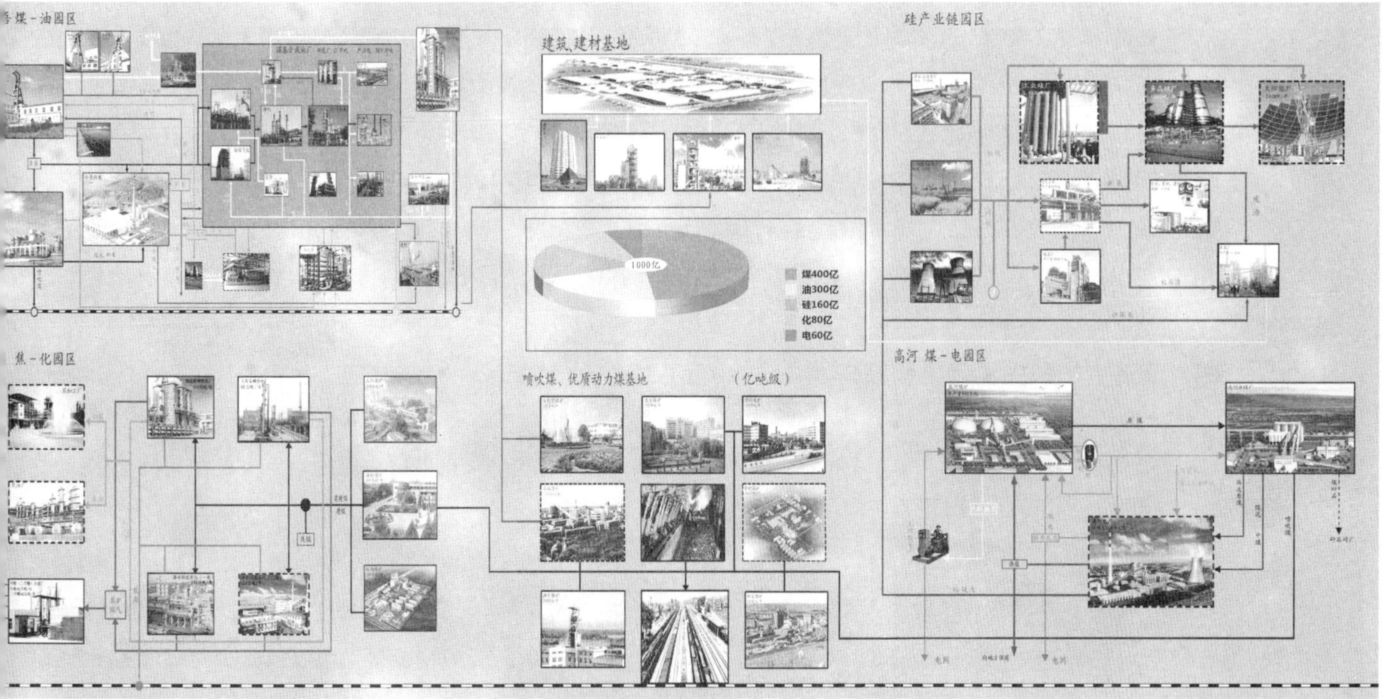

潞安循环经济园区

路。2009年，铁煤集团循环经济的发展已经初具规模，由过去“资源—产品—废弃物”的单向直线模式转向为“资源—产品—再生资源”的综合性循环经济发展模式，尤其是物质资源在“煤电建”、“煤层气综合利用”的转换中实现了最大限度的有效利用。

5.黑龙江鸡西公司

黑龙江龙煤集团鸡西分公司按照循环经济的基本要求，调整优化产业结构，彻底改变粗放开发、低效利用、污染环境的增产路子，实施煤电一体化战略，将现有煤炭资源做精做细，提高资源回收利用率，配套发展与煤炭关联程度较高的电力、建材等相关产业，延长煤炭产业链，提升企业综合竞争力，实现矿区的持续发展和长期稳定。充分发挥矿区煤矸石、煤泥和瓦斯资源等优势，积极延长煤炭产业链，实现了热电联产、余热利用、梯级利用和循环利用，使煤炭、电力等产业的附加值逐级提高，实现了经济效益、社会效益和环境效益三者的有机统一。

6.安徽皖北煤电集团公司

皖北煤电集团公司通过对煤炭单一经营模式和粗放经营方式的改变，确立实施了“整合上下游资源，做大主业；延伸煤炭产业链，做强企业”的发展战略。作为资源型企业，皖北煤电集团充分发挥企业人才、资金、资源、技术等优势，加快了以煤炭为依托，发展煤化工、电力等产业，逐步形成了煤炭、煤化工、电力、建材、非金属材料等多产业协调发展的格局。2009年资源产出率0.03万元/吨。万元产值能耗1.65吨标煤，工业固体废物综合利用率为78%，工业用水重复利用率为72%。

三、煤炭行业节能降耗进展

“十一五”以来，在党中央、国务院的部署和全国上下的共同努力下，节能减排工作取得积极进展，我国能耗强度持续下降。截至2009年底，“十一五”的前四年，全国单位GDP能耗下降了14.38%，累计节能约4.5亿吨标准煤；化学需氧量的排放总量下降了9.66%；二氧化硫排放总量下降了13.14%。

总体来讲，煤炭行业节能减排指标完成进度快于全国，根据对原国有重点煤矿的统计，2005年万元产值能耗平均3.20tce/万元，2009年降为1.13tce/万元（按现价计算），降幅约为65%，平均每年降幅约为16%；2005年原煤生产综合能耗平均为19.50千克标煤/吨，2009年降为14千克标煤/吨，降幅约28%；2005年原煤生产电耗平均为33.20kWh/吨，2009年降为25.40kWh/吨，降幅约23.5%，平均每年降幅为5.9%。

2006年，国家发改委等五部委联合发布了《千家企业节能行动实施方案》。2009年节能千家企业参与考评的煤炭企业有61家（由于兼并重组原因，2009年为61家），考核结果显示，61家煤炭企业在“十一五”前四年共完成节能量1168万吨标准煤，其中47家超额完成了年度节能目标，占77%；12家完成了年度节能目标，占20%。

近年来煤炭产业节能工作主要体现在以下几个方面：构建节能管理体系，形成了行业节能工作网络体系；落实节能管理基础工作，完善能源计量手段，建立能源消费统计报表制度，健全能源定额考核制度；改革煤炭开采方法、生产工艺，实施规模化集中生产，降低煤炭产品单耗；利用矿区低热值燃料和矿井瓦斯，组织节能技术开发和攻关。

四、清洁生产和主要污染物减排

高效节能的同煤塔山矿

传统的煤矿生产是以煤炭资源的开采和洗选加工为主，在为社会提供大量煤炭的同时，也带来了一系列的环境问题。煤矿清洁生产的目的是提高整个开采过程中资源与能源的利用效率，最大限度地减少对环境的不利影响。将整个煤矿及其周边相联地域当作一个独立性的区域，结合区域清洁生产的方法，将清洁生产的对象从以往单一的煤矿企业或技术拓展到产业系统、自然系统和经济社会系统。从只考虑局部或某个阶段的影响扩展到考虑产品或工艺的整个生命周期的环境影响。对矿区经济的各个方面:总体布局、产业结构、重点行业等实施清洁生产审核，找出存在的主要问题，提出合理的清洁生产方案，使矿区实现资源的合理利用、废物资源化和废物最小化。

神华羊场湾花园式矿区

截至2009年，我国煤炭系统共建成煤矸石综合利用电厂约400座，装机容量2500多万千瓦时，年燃用煤矸石、煤泥等达3亿吨；矿井水利用率稳步提高，2009年我国大中型煤矿矿井水产生量约为50亿立方米，利用量大约为32.6亿立方米，利用率大约为58%；煤层气广泛应用于民用和工业锅炉燃料，2009年煤层气抽采74.4亿立方米，利用25.11亿立方米；全国约有60万公顷塌陷农田土地，煤矸石地面堆积约45亿吨，占用土地2万多公顷，造成大型矿区、煤炭资源城市严重的环境污染和生态破坏。

2008年11月环境保护部发布的煤炭采选业清洁生产标准指标涵盖了生产工艺与装备要求、资源能源利用指标、产品指标、污染物产生指标（末端处理前）、废物回收利用指标、矿山生态保护、环境管理要求。煤炭产业清洁生产技术包括清洁的开采技术、洁净煤技术和节能减排技术等。

矿井清洁生产的整体规划。要实现矿井清洁生产，要在矿井开发之前，对如何改善煤炭生产环境和清洁生产，作一个整体的规划、进行全面安排。根据国家和行业有关环境保护的法律、法规及标准，就如何减轻煤炭生产对矿区周边的环境污染问题，做总体规划。在矿区规划和设计中有关清洁煤生产的内容要实行严格审查，不符合清洁煤生产的设计和规划，不予批准。

改革巷道布置、减少岩石巷道掘进量，消除煤矸石污染。井下巷道布置要在满足安全生产的前提下，遵循“多掘煤巷、少掘岩巷”的原则，优化采区巷道布置，推行无煤柱护巷技术，从源头上减少井下矸石的排放量，消除煤矸石污染，改善矿井环境。

选择合适的采煤方法和生产工艺，达到清洁生产目的。煤炭在生产过程中将产生大量的废气、废水、废渣，对矿区周边环境产生严重污染，而采用何种采煤方法和生产工艺，则直接影响着清洁生产和环境污染，要坚持“安全、清洁、高效、低耗、高回收率”的原则，正确选择有利于煤的清洁生产的采煤方法和生产工艺。

矸石井下处理技术。矸石井下处理技术是从宏观上实现煤的清洁生产，从根本上消除矸石污染的危害。矸石不出井，就是通过各种技术手段将巷道掘进产生的矸石，就地处理于井下。井下各种岩巷掘下的矸石，用矿车运送到井下矸石集中处理站，经过破碎和处理后，用作井下铺轨、巷道壁后充填、采空区充填等。

电力行业循环经济

中国电力企业联合会

一、电力发展情况

截至2009年底，全国全口径发电设备容量87410万千瓦，同比增长10.26%。其中，水电19629万千瓦，同比增长13.72%，约占总容量的22.46%；火电65108万千瓦，同比增长8.00%，约占总容量74.49%；核电908万千瓦，约占总容量的1.04%；并网风电容量1760万千瓦，同比增长109.82%，约占总容量的2.01%，风电装机容量已连续四年实现翻倍增长。2009年全国装机容量构成（见图1）。

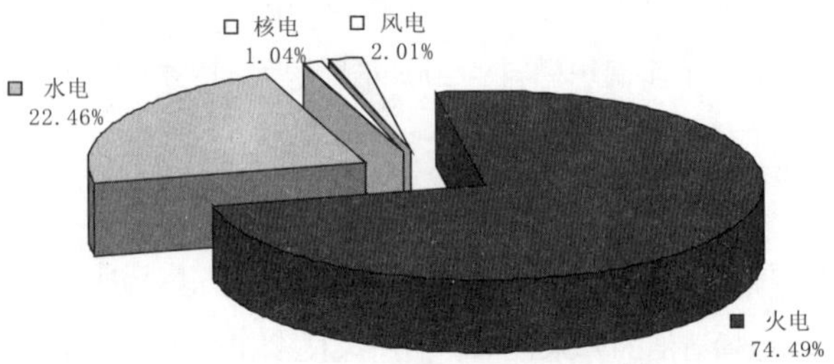

图1　2009年全国装机容量构成

2009年，全国全口径发电量36812亿千瓦时，比上年增长6.67%。其中，水电5717亿千瓦时，同比增长1.08%；火电30117亿千瓦时，同比增长7.45%；核电701亿千瓦时，同比增长1.20%；并网风电发电量276亿千瓦时，同比增长111.14%。

二、推进循环经济工作情况

2009年1月1日，《中华人民共和国循环经济促进法》正式实施，为促进循环经济发展、提高资源利用效率、保护和改善环境、实现可持续发展提供了法律保障，同时也在多个方面为电力行业发展循环经济指明了方向。2009年，电力行业在推进循环经济方面开展了诸多工作，在加强管理、技术改造、优化运行及发挥市场机制作用等方面取得了实质性进展。

（一）加强管理，规范节能减排工作

多数电厂能够做到建立健全节能减排领导机构和三级监督网络，完善管理制度和技术规程，通过加强节能管理和运行管理，开展同业对标，狠抓设备治理，进一步提高了机组的经济性和可靠性。采取的主要措施包括：建立节能减排组织体系，完善相关管理制度，落实节能减排责任；开展定期分析，加强节能减排工作的精细化管理；加强运行管理，提升机组经济运行水平；努力挖掘设备潜力，提高设备能效等。如，德州电厂近年来大力开展节能减排宣传教育，定期开展节能减排合理化建议活动、缺陷消除专项治理活动等，以节能监督日汇报及节能减排周通报等形式，强化节能减排计划措施的落实并开展相关考核，增强企业员工节能减排意识，提高节能减排措施执行力。2009年，德州电厂组织运行、检修、策划部门有关专工，深入开展节能诊断分析工作，针对发现的问题提出整改措施，取得阶段性成果。

（二）积极开展技术改造，实现节能减排

一是开展通流系统改造，降低机组热耗，从而降低煤耗。张家口电厂近两年相继完成#2、#4机组汽轮机通流部分改造，供电煤耗可降低15克/千瓦时以上。二是开展锅炉改造，提高锅炉效率。王滩发电厂利用机组小修,完成了#1、#2锅炉邻炉底部蒸汽加热改造，缩短了机组启动时间，实现了冷态启动无油点火。三是开展高压电机变频改造。浙能嘉华电厂、国电北仑电厂、华能玉环电厂、浙能兰溪电厂、浙能乐清电厂、大唐乌沙山电厂、台州发电厂

等均开展了凝泵改变频工作，降低了凝结水泵的运行电流。仅此一项，华能玉环电厂每年即可降低厂用电率0.1%。四是开展微油点火改造，节油成效明显。五是开展机组冷却塔改造，降低水耗。六是针对燃煤质量变化和脱硫系统运行中存在的问题，开展脱硫技术改造，提高脱硫系统对煤种的适应性，提高脱硫系统的运行稳定性和可靠性。七是电网公司积极开展技术改造，提高电网输送能力，降低线损。

（三）优化运行方式，降低生产能耗

主要通过优化机组启停、循环水泵、脱硫设备、制粉系统、除灰系统的运行方式来降低能耗。华能玉环电厂和大唐乌沙山电厂实现了机组全过程启停不使用电泵，机组启动采用单侧风机运行，节电效果明显；华能玉环电厂、大唐乌沙山电厂、浙能兰溪电厂均根据不同季节、不同环境和温度优化循环水泵运行方式，有效降低了厂用电率；华能玉环电厂优化脱硫设备运行方式，使脱硫厂用电率下降0.08%；浙能兰溪电厂优化磨煤机低负荷运行方式，年节电1008万千瓦时；大唐乌沙山电厂优化除灰系统运行方式，使输灰单耗降低0.3千瓦时/吨。

（四）引入市场机制，创新减排工程管理模式

火电厂烟气脱硫引入特许经营模式，对于提高脱硫工程质量和设施投运率、加快烟气脱硫技术进步、实现烟气脱硫产业又好又快发展有着重要意义。截至2009年底，火电厂烟气脱硫特许经营试点项目共有20个（53台机组，2328.5万千瓦），其中9个项目（30台机组，1386.5万千瓦）已按特许经营方式运行。

（五）优化调度，提高能源利用效率

电网企业有序开展节能发电调度试点工作，建立起以政府为主导，监管部门、电网企业、发电企业共同参与的节能发电调度协作体系，做好水火电联合优化调度，确保最大限度利用水能资源，减少燃煤消耗，降低污染物排放。2009年，国家电网公司统调水电厂节水增发电量约120亿千瓦时，南方电网公司统调水电厂节水增发电量约28亿千瓦时，相当于节约标准煤约500万吨（按照当年全国平均供电煤耗水平计算）。

（六）进一步加强需求侧管理，推进节能服务

电网企业充分发挥电力需求侧管理系统作用，针对负荷实行动态管理，推动差别电价，实现错峰调节作用，保证重要客户、重点地区的电力有序供应。

三、2009年电力行业循环经济发展成效

（一）关停小火电机组任务提前完成

2009年，关停小火电机组2617万千瓦，超额完成全年关停1500万千瓦小火电机组的目标。“十一五”前四年，全国累计关停小火电机组6006万千瓦，超额完成国务院确定的“十一五”关停5000万千瓦目标。据测算，关停6000万千瓦小火电机组，每年可节约原煤6900万吨，减少二氧化硫排放约120万吨。

“十一五”以来全国关停小火电机组情况见（图2）（根据国家能源局核定数据分析）。

（二）燃煤机组供电煤耗进入世界先进行列

在提前两年实现“十一五”末供电煤耗目标的基础上，2009年全国6000千瓦及以上火电厂供电标准煤耗继续下降至340克/千瓦时，比2008年下降了5克/千瓦时。“十一五”前四年，供电煤耗累计下降30克/千瓦时，节能降耗成效显著。

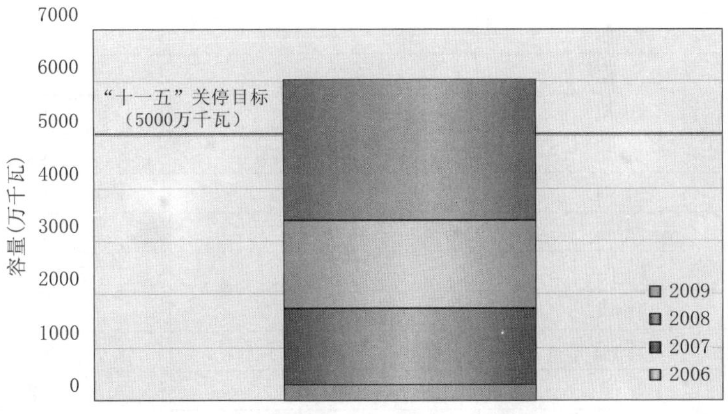

图2 “十一五”以来全国关停小火电机组情况

1978~2009年我国火电机组平

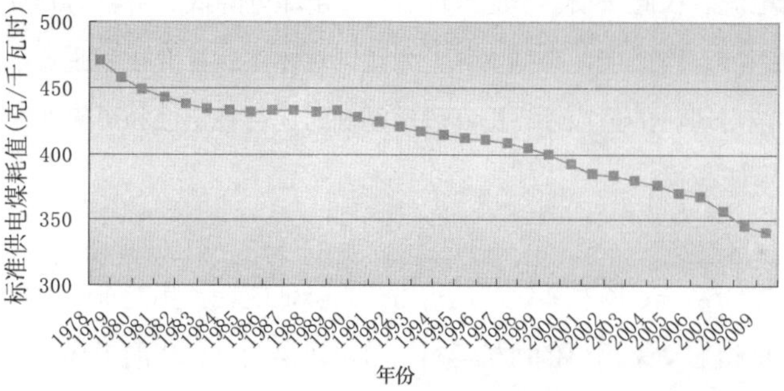

图3 1978～2009年火电机组平均供电标准煤耗变化情况

均供电标准煤耗变化情况见图3，2009年各省（区、市）供电标准煤耗及与2008对比情况见表1，14家以火电机组为主、总装机容量超过500万千瓦额度大型发电企业供电标准煤耗见表2。

（三）厂用电率不断下降

电力企业高度重视节能减排工作，通过加强运行管理水平，积极开展技术改造，厂用电率逐年下降。2009年，6000千瓦及以上电厂厂用电率为5.76%，比2005年降低0.11个百分点。

表1 2009年各省（区、市）供电标准煤耗及与2008年对比情况

地区	供电标准煤耗（克/千瓦时）		2009年比2008年变化（克/千瓦时）
	2009年	2008年	
全国	340	345	-5
北京	291	303	-12
天津	336	343	-7
河北	345	354	-9
山西	352	349	3
内蒙古	354	357	-3
辽宁	347	350	-3
吉林	336	350	-14
黑龙江	367	376	-9
上海	323	328	-5
江苏	327	331	-4
浙江	324	326	-2
安徽	326	337	-11
福建	317	326	-9
江西	343	354	-11
山东	350	350	0
河南	334	344	-10
湖北	339	346	-7
湖南	344	356	-12
广东	332	337	-5
广西	334	338	-4
海南	339	344	-5
四川	367	388	-21
贵州	346	353	-7
云南	342	360	-18
西藏	343	359	-16
陕西	344	348	-4
甘肃	343	345	-2
青海	359	376	-17
宁夏	345	349	-4
新疆	434		

表2 2009年部分大型发电企业供电标准煤耗情况

集团公司名称	供电标准煤耗（克/千瓦时）		2009年与全国平均水平比较（克/千瓦时）
	2009年	2008年	
中国华能集团公司	328	334	−12
中国大唐集团公司	328	335	−12
中国华电集团公司	332	340	−8
中国国电集团公司	332	341	−8
中国电力投资集团公司	343	350	3
中国神华集团公司	329	325	−11
广东省粤电集团有限公司	334	333	−6
浙江省能源集团有限公司	329	329	−11
国投电力公司	327	331	−13
北京能源投资（集团）有限公司	325	318	−15
申能（集团）有限公司	301	306	−39
深圳市能源集团有限公司	310	314	−30
华润电力控股有限公司	334	339	−6
河北省建设投资公司	340	343	

其中，水电厂用电率0.4%，比2005年降低0.04个百分点；火电厂用电率6.62%，比2005年降低0.18个百分点。1978～2009年全国厂用电率变化情况见图4，2009年各省（区、市）发电厂用电率与2008年对比情况见表3，17家总装机容量超过500万千瓦的发电集团公司厂用电率情况见表4。

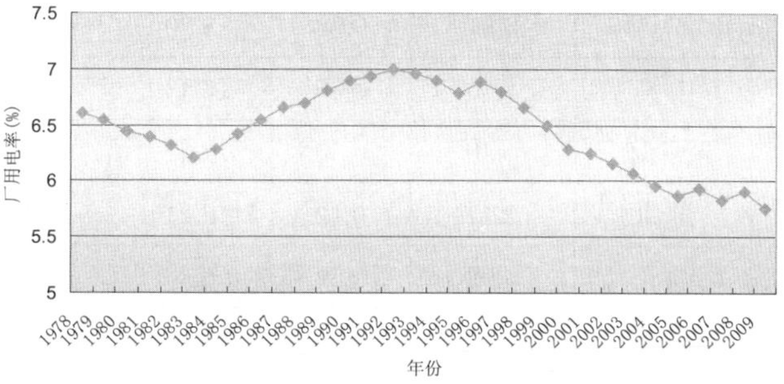

图4 1978～2009年发电厂厂用电率变化情况

（四）输电线损率明显下降

2009年，全国电网线路损失率继续下降至6.72%，低于英国（8.11%）、加拿大（8.1%），高于澳大利亚（6.22%）美国（6.52%）、日本（4.81%）、韩国（3.78%）；2010年1~6月，全国输电线路损失率5.57%，比上年同期下降0.05个百分点。“十一五”前四年，输电线损率累计下降0.49个百分点，节能降耗成效明显。

1978～2009年全国电网线路损失率变化情况见图5。

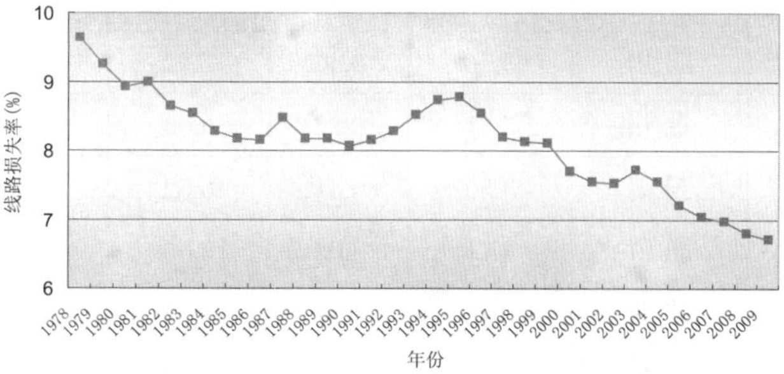

图5 1978～2009年电网线路损失率变化情况

2009年各省（区、市）线路损失率及与2008年对比情况见表5。

（五）二氧化硫减排目标提前完成

2009年，电力行业进一步加大现役火电机组的脱硫改造力度，同时新建燃煤机组全部配套建设脱硫装置，

表3　2009年各省（区、市）发电厂用电率及与2008年对比情况

地区	发电厂用电率（%）						2009年比2008年总值变化（百分点）
	2009年			2008年			
	总平均值	水电	火电	总平均值	水电	火电	
全国	5.76	0.40	6.62	5.90	0.36	6.79	–0.14
北京	6.43	1.15	6.55	7.02	1.40	7.14	–0.59
天津	6.80		6.80	7.05		7.05	–0.25
河北	6.89	1.61	6.92	6.89	1.85	6.90	0
山西	8.02	0.55	8.10	8.12	0.36	8.22	–0.1
内蒙古	7.54	0.37	7.82	7.79	0.58	7.96	–0.25
辽宁	6.77	2.45	6.94	7.00	1.99	7.18	–0.23
吉林	7.05	0.98	7.89	7.04	0.98	7.76	0.01
黑龙江	7.00	1.41	7.29	7.33	0.80	7.53	–0.33
上海	5.22		5.22	4.97		4.88	0.25
江苏	5.44	1.34	5.38	5.56	1.33	5.51	–0.12
浙江	5.51	0.53	5.66	5.59	0.51	5.77	–0.08
安徽	5.53	0.66	5.59	5.66	0.81	5.72	–0.13
福建	4.23	0.17	5.10	4.33	0.10	5.61	–0.1
江西	5.37	0.88	5.80	5.90	1.04	6.50	–0.53
山东	7.43	0.00	7.43	7.13		7.14	0.3
河南	6.40	0.50	6.62	6.97	0.43	7.22	–0.57
湖北	2.17	0.12	6.21	2.10	0.12	6.62	0.07
湖南	4.92	0.52	6.39	4.55	0.50	6.46	0.37
广东	5.63	0.66	6.16	5.57	0.53	6.18	0.06
广西	3.14	0.37	6.69	2.89	0.34	7.14	0.25
海南	7.29	0.57	8.17	7.46	0.57	8.18	–0.17
四川	3.56	0.40	7.92	4.62	0.41	10.21	–1.06
贵州	5.51	0.22	6.68	5.76	0.21	7.04	–0.25
云南	3.56	0.31	6.52	3.66	0.24	7.29	–0.1
西藏	4.71	3.02	8.06	3.55	2.02	9.15	1.16
陕西	6.76	0.41	7.24	6.55	0.44	6.95	0.21
甘肃	4.60	0.83	6.88	4.89	1.01	6.40	–0.29
青海	2.57	0.68	7.01	2.90	0.73	7.14	–0.33
宁夏	7.53	0.25	7.76	7.25	0.46	7.57	0.28
新疆	4.44	0.77	5.16				

表4　2009年部分大型发电企业厂用电率情况

集团公司名称	发电厂用电率（%）		2009年比2008年变化（百分点）
	2009年	2008年	
中国华能集团公司	5.6	5.9	-0.3
中国大唐集团公司	5.3	5.5	-0.2
中国华电集团公司	5.8	6.0	-0.2
中国国电集团公司	5.9	6.1	-0.2
中国电力投资集团公司	6.3	6.3	0
中国核工业集团公司	6.8	6.6	0.2
中国长江三峡集团公司	0.1	0.1	0
神华集团有限责任公司	6.3		-
中国广东核电集团有限公司	3.8	3.9	-0.1
广东省粤电集团有限公司	5.8	5.8	0
浙江省能源集团有限公司	5.9	5.9	0
国投电力公司	3.8	3.7	0.1
北京能源投资（集团）有限公司	6.4	6.3	0.1
申能（集团）有限公司	4.4	4.2	0.2
深圳市能源集团有限公司	5.5	5.1	0.4
华润电力控股有限公司	6.4	6.4	0
河北省建设投资公司	6.8	6.9	-0.1

通过充分发挥结构减排、技术减排、管理减排的综合减排作用，电力二氧化硫排放量继续下降，且提前一年完成"十一五"电力二氧化硫减排目标（951.7万吨）。根据中电联统计分析，2009年，全国电力二氧化硫排放量约948万吨，比上年下降9.7%，降幅超过全国二氧化硫排放总量降幅5.1个百分点；占全国二氧化硫排放量的比例由2008年的45.2%下降到42.8%，减少2.4个百分点；火电二氧化硫排放绩效值由2008年的3.8克/千瓦时下降到3.2克/千瓦时，减少0.6克/千瓦时。2006~2009年，电力二氧化硫共下降352万吨（同期全国共下降334万吨），是全国的1.05倍，为全国二氧化硫总量减排做出了巨大贡献。

2001~2009年全国及电力二氧化硫排放情况见图6（全国二氧化硫排放量来源于全国环境状况公报，电力二氧化硫排放量来源于电力行业统计分析）。

据中国电力企业联合会统计，截至2009年底，燃煤电厂烟气脱硫机组容量达到4.7亿千瓦，比上年增长29.5%，是2000年的90余倍。全国烟气脱硫机组占煤电机组的比例约为76%，比2008年增加12个百分点。2005~2009年全国燃煤电厂烟气脱硫机组发展情况见图7。

在全国已投运的烟气脱硫机组中,30万千瓦级

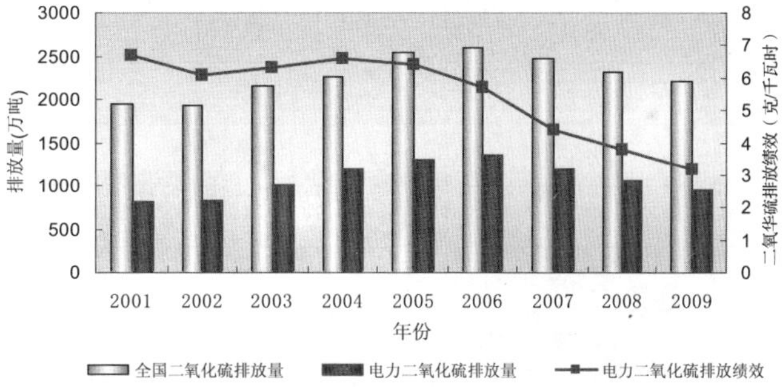

图6　2001～2009年全国及电力二氧化硫排放情况

表5　2009年各省（区、市）线路损失率及与2008年对比情况

地区	线路损失率（%）		2009年比2008年变化（百分点）
	2009年	2008年	
全国	6.72	6.79	-0.07
北京	6.76	6.92	-0.16
天津	5.91	6.01	-0.1
河北	5.24	5.3	-0.06
山西	6.87	7	-0.13
内蒙古	4.48	4.41	0.07
辽宁	7.4	5.83	1.57
吉林	6.98	7.29	-0.31
黑龙江	8.09	8.54	-0.45
上海	6.09	6.1	-0.01
江苏	8.15	8.29	-0.14
浙江	5.5	5.5	0
安徽	5.99	6.04	-0.05
福建	7.29	4.36	2.93
江西	5.4	5.99	-0.59
山东	6.49	6.15	0.34
河南	5.41	5.49	-0.08
湖北	6.25	6.33	-0.08
湖南	8.96	9.01	-0.05
广东	5.59	6.68	-1.09
广西	6.44	5.82	0.62
海南	7.68	7.95	-0.27
重庆	8.61	7.78	0.83
四川	10.31	10.36	-0.05
贵州	4.6	4.67	-0.07
云南	6.33	5.63	0.7
西藏	11.42	12.85	-1.43
陕西	6.86	6.34	0.52
甘肃	5.54	5.82	-0.28
青海	3.76	3.48	0.28
宁夏	4.65	4.89	-0.24
新疆	7.99	8.06	-0.07

及以上烟气脱硫机组占86%。石灰石-石膏湿法仍是主要脱硫方法,占92%,其余脱硫方法中,海水法占3%,烟气循环流化床法占2%,氨法占2%,其他占1%,见图8。

在2009年新投运的烟气脱硫机组中，从脱硫机组性质看，新建工程比例增幅较大，由2008年的55%增加到2009年的70%。从烟气脱硫机组容量等级来看，仍以30万千瓦级及以上烟气脱硫机组为主，占90%，见图9。从烟气脱硫方法分布看，石灰石-石膏湿法仍占较大比例，且氨法脱硫比例有所增加。其中，石灰石-石膏湿法占92%；海水法占4%；氨法占2%；其他方法（如烟气循环流化床法、NID循环半干法等）占2%。

（六）烟尘、氮氧化物、废水等污染物控制取得显著成效

1.烟尘

燃煤电厂排烟除尘方式以静电除尘为主，采用静电除尘器的锅炉容量占95%以上。随着环保要求的不断趋严，布袋除尘器和电袋除尘器比例逐步提高。目前，适用于电站锅炉的布袋除尘器、电袋除尘器已经实现了国产化，并在国内20万千瓦、30万千瓦、60万千瓦机组应用，见图10。

2009年，在全国火电装机容量比上年增长8.0%、火电发电量比上年增加7.4%的情况下，全国火电厂烟尘平均排放绩效值1.0克/千瓦时，比上年下降了0.2克/千瓦时；烟尘排放总量315万吨，比上年下降4.5%。

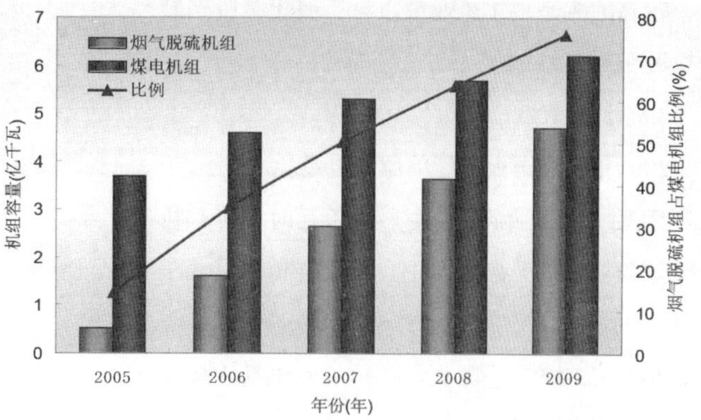

图7　2005～2009年全国燃煤电厂烟气脱硫机组发展情况

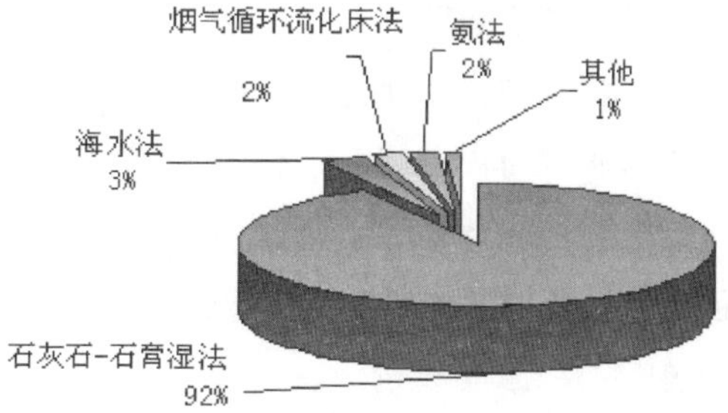

图8　2009年底前全国已投运烟气脱硫机组脱硫方法分布情况

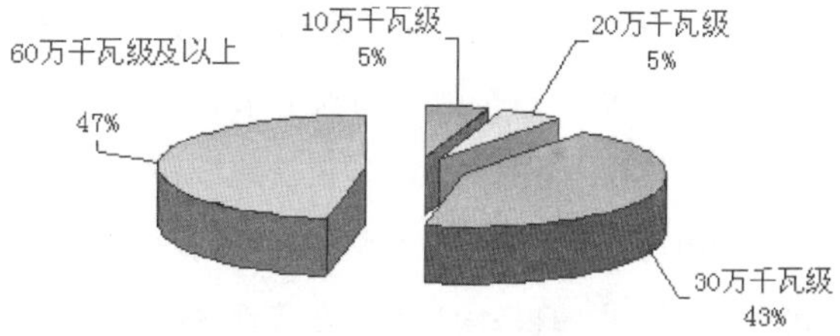

图9　2009年当年投运烟气脱硫机组容量等级分布

2001～2009年全国火力发电厂烟尘排放情况见图11(烟尘排放量来源于电力行业统计分析，统计范围为全国装机容量6000千瓦及以上火电厂)。

2.氮氧化物

随着我国节能减排、“上大压小”等政策的实施，氮氧化物的控制力度不断加强,电力氮氧化物排放量增长趋势明显放缓。根据中电联统计，截至2009年，全国已投运的烟气脱硝机组容量接近5000万千瓦（见图12），约占煤电机组容量的8%。已投运的烟气脱硝机组以新建机组为主，且大部分采用选择性催化还原法（SCR）工艺技术。但由于目前尚未出台脱硝电价政

图10　60万千瓦级电袋除尘器实例

策，较高的脱硝成本企业难以自行消化，脱硝装置投运率不高。

3.废水

2009年，全国火电厂单位发电量耗水量2.7千克/千瓦时，比上年降低0.1千克/千瓦时；废水排放绩效指标0.53千克/千瓦时，比上年降低0.07千克/千瓦时。

2001～2009年全国火电厂单位发电量水耗和废水排放情况见图13。

四、电力行业实施循环经济情况

(一)大力推进粉煤灰综合利用

2009年，全国燃煤电厂发电及供热消耗原煤约15.34亿吨，产生粉煤灰约4.2亿吨，比上年增长7.7%；燃煤电厂粉煤灰综合利用率为68%，比2008年提高1个百分点；粉煤灰综合利用量达到2.8亿吨，比上年增长7.7%。

2001～2009年粉煤灰产生与综合利用情况见图14。

（二）积极开展脱硫副产品综合利用

2009年，全国燃煤电厂采用石灰石-石膏湿法烟气脱硫等工艺产生的副产品石膏约4300万吨，比上年增加23%。从全国平均水平来看，2009年脱硫石膏综合利用率约56%。但受地域和经济发展水平影响，各地脱硫石膏综合利用情况不一。如北京、河北、珠三角和长三角等地区的脱硫石膏综合利用情况较好，西南地区脱硫石膏的综合利用率相对较低。

我国在天然石膏应用基础上，对各类工业附产石膏开展了大量的利用研究开发，形成了一批应用技术，开拓了一批行之有效的利用领域和途径。对于脱硫石膏来说，目前，我国燃煤电厂生产的脱硫石膏主要应用于水泥和石膏板行业，另外在粉刷石膏、石膏粉、石膏粘结剂、农业、矿山填埋灰浆以及公路路基材料等领域也有所应用，但均未形成工业规模。

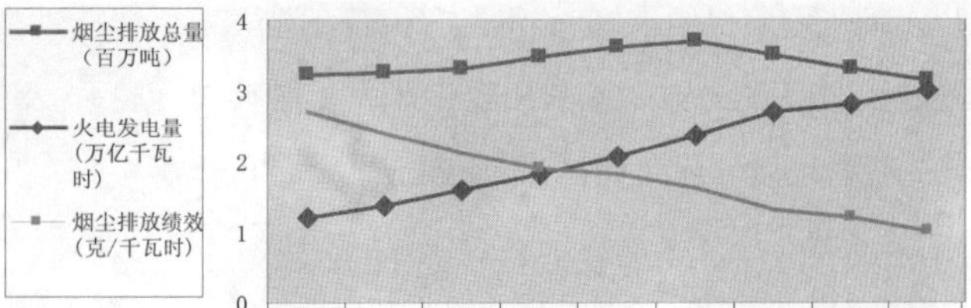

	2001	2002	2003	2004	2005	2006	2007	2008	2009
烟尘排放总量（百万吨）	3.22	3.24	3.3	3.46	3.6	3.7	3.5	3.3	3.15
火电发电量（万亿千瓦时）	1.20	1.35	1.58	1.81	2.04	2.37	2.70	2.80	3.01
烟尘排放绩效（克/千瓦时）	2.7	2.4	2.1	1.9	1.8	1.6	1.3	1.2	1

年份

图11　2001年～2009年全国火力发电厂烟尘排放情况

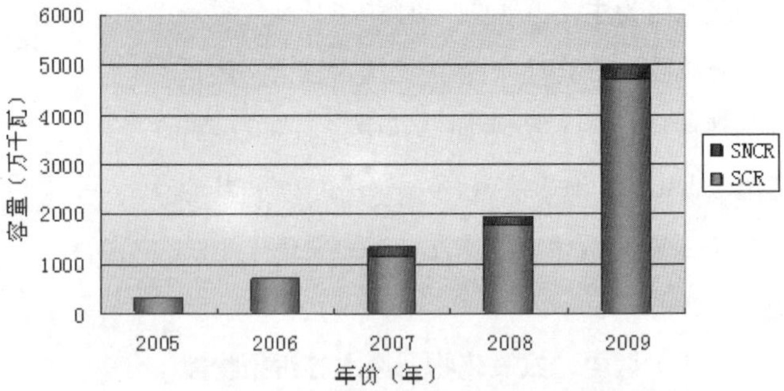

图12　2005-2009年全国电力脱硝机组装机容量

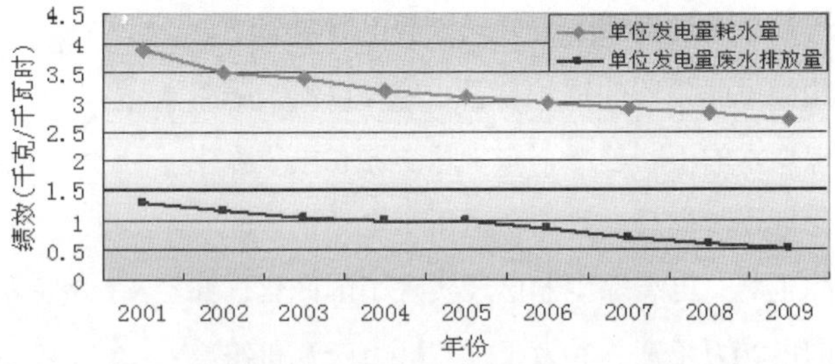

图13　2001年～2009年全国火发电厂单位水耗和废排水情况

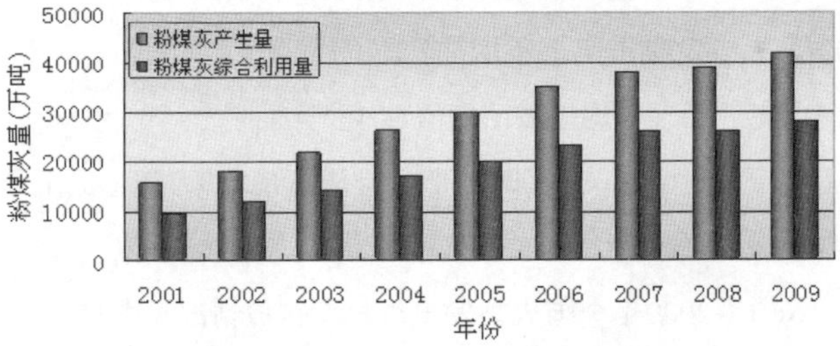

图14　2001～2009年粉煤灰产生与综合利用情况

1.代替天然石膏做水泥缓凝剂。用脱硫石膏生产水泥缓凝剂具有十分广阔的前景，但由于脱硫石膏含有高于10%的外在水份，使其输送、计量等方面存在一定问题。目前，水泥厂有直接加原状脱硫石膏的，但需要人工干预；也有利用经过造粒后的脱硫石膏，输送、计量的效果等同于天然石膏。由于在水泥原料中添加比例较小、需要改进水泥现有设备、与天然石膏存在市场竞争等因素，用脱硫石膏制作水泥缓凝剂尚未得到大量应用。

2.焙烧成热石膏用于石膏建材。如粉刷石膏及石膏腻子、纸面石膏板、纤维石膏板、刨花石膏板、石膏空心隔墙板、石膏空心大板、组合石膏空心板、石膏砌块（包括空心砌块）、陶瓷石膏模具、石膏制作装饰件等。

(1）粉刷石膏。粉刷石膏是符合国家产业政策和建筑节能要求的新型绿色建材，是传统水泥砂浆或混合砂浆的换代产品。国内应用电厂烟气脱硫石膏生产建筑石膏粉（见图15）、粉刷石膏的厂家较多，产品加工方式多样，但产量大都不大。目前粉刷石膏在我国北方地区得到了推广利用，据中国石膏工业协会预测，粉刷石膏用量以每年20%以上的速度递增，是一种有发展潜力的室内抹灰产品，市场潜力巨大。

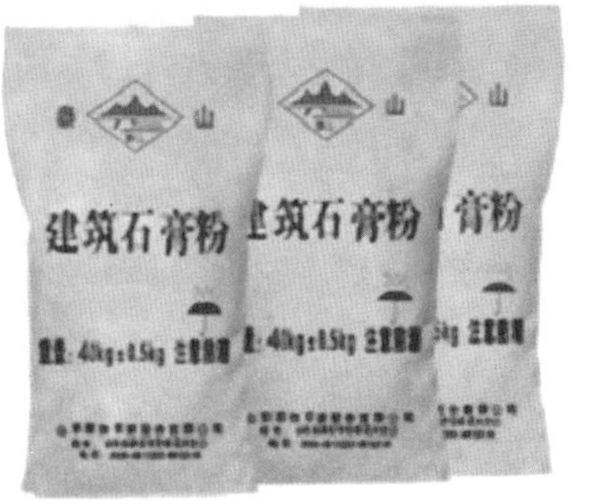

图15　利用电厂烟气脱硫石膏生产建筑石膏粉

(2）纸面石膏板。利用脱硫石膏生产纸面石膏板在我国近年发展迅速，已初具规模，尤其在江苏和浙江地区电厂的脱硫石膏用于石膏板生产企业的较普遍。 2009年全国纸面石膏板累计产量13亿 m^2。该类产品生产商大多以≥85%的添加比例使用脱硫石膏作为生产原料，并且积极筹建100%使用电厂脱硫石膏的大型生产线。纸面石膏板系列产品见图16。

图16　纸面石膏板系列产品

我国石膏板生产企业主要有：山东泰和集团、北新建材(集团)有限公司以及部分外资独资或合资企业。欧洲三大石膏公司，即英国的BPB公司、法国的Lafarge（拉法基）公司和德国的Knauf（可耐福）公司均在中国有较大的投资。我国主要石膏板生产企业见表6。

(3）石膏砌块。石膏砌块加工性好，轻质高强，是一种适用于大开间灵活隔断的良好的墙体砌块，但石膏砌块产品受市场和经济性制约，产值低、能耗高，运输半径较小，应用脱硫石膏的技术阻力大。由于生产成本较高，目前，大部分生产线都是10万 m^2以下的小生产线，难以形成规模化的生产和技术应用。

3.蒸压加气混凝土及蒸压粉煤灰砖等蒸压硅酸盐制品外加剂。

4.改良土壤。据农业部统计，我国西北、华北、东北共有34.6万平方公里的盐碱土地，严重时寸草不生、长年荒芜，极大地影响了我国的农业生产和生态环境。石膏作为盐碱地的改良剂，已经有百年历史，但天然石膏价格高，改良盐碱地成本大，影响了推广应用。脱硫石膏的重金属含量以及污染物含量远远低于国家有关标准，脱硫石膏的出现开辟了盐碱地改良技术的新途径。

利用脱硫石膏改良盐碱土壤，可使不毛之地变为绿洲，减少水土流失，防止沙尘暴，使生态环境得到极大改善。利用脱硫石膏改良后的土地，农作物长势良好，经检测，农作物重金属含量是安全的。

按每亩加脱硫石膏1.5吨计，则土壤改良需要的脱硫石膏约7亿吨。但由于受运输的限制，脱硫石膏用于土壤改良的量是有限的。在火电厂距盐碱地较近的地区，应该优先考虑用脱硫石膏改良土壤。

表6　中国主要石膏板生产企业

序号	企业名称	石膏板产量
1	山东泰和集团北新建材(集团)有限公司	100000万 m^2/年
2	上海拉法基小野田石膏建材有限公司	2500万 m^2/年
3	可耐福石膏板（芜湖）有限公司	2000万 m^2/年
4	可耐福石膏板（天津）有限公司	600万 m^2/年

石油和化工行业循环经济

中国石油和化学工业联合会

一、2009年石油和化工行业概况

石油和化学工业是国民经济的重要基础产业和支柱产业，它与国民经济发展、人民生活水平提高和国防建设的关系极为密切。经过30年的改革开放，特别是“十五”以来的发展，我国石油和化学工业已经具有比较坚实的基础。进入21世纪以来，我国石油和化工行业飞速发展，工业产值、销售收入、利润额年均增幅均在12%以上。2009年全国石油和化工行业规模以上企业3.46万家，实现总产值6.63万亿元，同比增长0.3%，占全国工业总产值的12.1%，实现利润4570亿元，同比下降8.4%，占全国工业总利润的16.2%。石油和化学工业主要产品的生产能力大幅增长，化肥、农药、纯碱、烧碱、染料等20多种主要产品产量位居世界前列，乙烯、合成树脂、合成橡胶等石化产品自给率也有很大提升(主要产品2000年和2009年产量见表1)。通过建立以企业为主体的技术创新体系，推进科技进步，行业整体技术水平进一步提高；推动结构调整，加快产业结构和产品结构向高技术、高功能方向转移，行业竞争能力不断增强；加快化工园区建设，促进集约化生产和经营，产业集聚效应开始显现；融入国际市场步伐加快，进出口贸易快速增长，实施“走出去”战略，实现进口资源多元化取得了可喜的成绩。石油和化工产品在满足了国民经济发展的需要，对农业的稳产增产、汽车、电子、通信等产业的进步发挥了积极的作用。

表1　石油和化学工业主要产品2000年、2009年产量对比表

产品	单 位	2000年	2009年	增长率（%）
原 油	亿吨	1.625	1.895	16.6
天然气	亿立方米	277	829.9	199.6
原油加工	亿吨	2.11	3.746	77.5
乙 烯	万吨	469.8	1069.7	127.7
合成树脂	万吨	1079.6	3603.2	233.8
合成橡胶	万吨	83.6	275.5	229.5
化 肥	万吨	3186	6706.2	110.5
化学农药	万吨	64.7	226.2	249.6
烧 碱	万吨	668	1891.0	183.1
纯 碱	万吨	826	2001.4	142.3
甲 醇	万吨	198.7	1133.4	470.4
轮 胎	亿条	1.22	6.546	436.6

数据来源：中国石油和化学工业协会《中国石油和化工经济数据快报》。

石油和化工产业在快速发展的同时，也存在着许多严峻的问题。首先,是提高国际竞争力与自主创新能力不强的矛盾。30多年来,石油和化工的发展基本依靠引进技术,特别是附加值较高的化工产品的工艺技术及装备，与国际先进水平相比要落后10～15年。其次,是快速发展与资源短缺的矛盾。主要能源资源人均占有量不到世界平均水平的一半，其中原油仅为8%,我国原油2009年对外依存度已经超过50%，加之高耗能产品的较快发展，加剧了资源与行业可持续发展的矛盾。第三，是建立资源节约型社会的要求与行业技术和管理水平落后的矛盾。2009年，全国石油和化学工业综合能源消费量为3.84亿吨标煤，比2008年增长2.7％，全行业能源消费量占全国总量的12.5%，占工业能源消费量的17.4%。整个石油和化工行业的单位产值的能耗与发达国家相比还有一定的差距。第四，是建立环境友好型社会的要求与环境治理能力不足的矛盾。2009年，全行业废水排放总量为43.8亿吨，废水中化学需氧量排放量为62.4万吨，氨氮排放量为11.7万吨，废气排放总量为40395亿标立方米，废气中二氧化硫排放量为185.1万吨，烟尘排放量为78.1万吨，工业粉尘排放量为34.1万吨，氮氧化物排放量为94.1万吨，工业固体废物产生量为17002万吨，其中危险废物产生量为639万吨，工业固体废物排放量为72万吨，都位于工业部门前列。

2009年10月14日，由中国石油和化学工业协会与国际化学品制造商协会共同主办的2009中国责任关怀促进大会在北京召开。大会深入讨论了企业社会责任、促进循环经济、开展综合利用和节能减排等话题。全国人大常委会原副委员长顾秀莲、工业和信息化部副部长苗圩、中国石油和化学工业协会会长李勇武出席大会并致辞

二、2009年石油和化工行业循环经济发展情况

2009年石油和化工行业的企业和化工园区开展了大量的工作，将发展循环经济作为调整经济结构和转变发展方式的重要抓手，取得了明显的成效，涌现出了一批典型。

（一）2009年石油和化工大型集团公司循环经济发展情况

2009年，中国石油天然气集团公司通过实施分解落实污染减排目标指标，推进十大减排工程、加快建设污染减排体系、开展循环经济试点工作、加强污染减排效果评估等措施，全部实现达标排放，污染减排取得较大成效。2006年起，中国石油相继启动“吉林油田高含二氧化碳天然气开发和二氧化碳综合利用”重大专项以及“吉林油田二氧化碳驱油重大科技开发试验”项目。经过3年刻苦攻关，二氧化碳分离与防腐技术和二氧化碳驱油矿场试验等系列技术取得重大突破，为吉林油田长岭气田通过二氧化碳分离注入附近油田驱油，提高储量动用率和原有采收率，进而为实现二氧化碳有效利用和减排等综合效益提供了强有力的技术支撑。2009年12月25日，首个集天然气开采、二氧化碳埋存驱油的一体化项目于吉林油田长岭含二氧化碳天然气田和吉林大情宇井油田建成投产，在形成年10亿立方米天然气综合配套产能的同时，每年可封存二氧化碳4~12万吨，取得了良好的二氧化碳减排和提高油田采收率综合效果。

中国石化积极发展循环经济推进资源高效利用和循环利用，推广副产品的综合利用，实现低消耗、低排放、高效率。中国石化利用炼厂干气建设提浓装置或者建设乙烯制乙苯装置。2009年建设完成和新批项目5个，合计利用干气中的乙烯资源超过10万吨。中国石化还利用乙烯裂解副产碳四、碳五资源。2009年已经实现上海裂解碳五全分离，拟批复投资天津、燕山碳五分离项目，拟在燕山采用自主开发的烯烃歧化技术，建设碳四利用工业化装置。中国石化还进一步采取措施，回收轻烃并综合利用。2009年已落实50个轻烃利用项目，每年可回收利用轻烃约351万吨。中国石化积极对氢气资源优化利用。通过制氢原料气体化和富氢气体回收利用，可顶替制氢原料中石脑油约29.7万吨，回收氢气的13.7万标准立方米/小时。中国石化回收焦化装置液化气组分，相继完成10套焦化吸收稳定配套改造，每年可回收液化气约20万吨。

中国海洋石油总公司作为一家以国际一流能源公司为目标的国际化公司，多年来坚持“清洁、绿色、低碳和

中国石油天然气集团公司循环经济试点工作取得较大成效

循环经济”的发展理念，努力发展循环经济来减少资源消耗和污染物排放，实现企业与社会、自然的和谐统一。2007年9月，中国海油利用LNG（液化天然气）冷能进行空气分离的生产项目在福建省莆田市正式奠基，这是我国首个LNG冷能利用项目，使中国海油循环经济再添亮点。该项目由中海油能源发展有限公司与美国空气化工产品公司联袂投资建设，总投资约3亿元。零下162度左右的液化天然气在还原为气体时要释放大量冷能。目前，LNG接收站用海水进行加温，如果不加处理，冷却后的海水排入海中会导致海域内温度分布不均，影响周围生态环境。因此，回收利用LNG冷能，不仅可以保护海洋生态环境，还能节能减排。中国海油正在进一步加强对LNG冷能利用技术的研究，并制订了详细的发展规划。根据规划，中国海油将在福建莆田、浙江宁波，广东大鹏和上海等四个LNG接收站相继建成空气分离项目和民用取冷项目，2010—2015年将完成中国海油各LNG接收站冷能综合利用的全面建设与开发。中海油将在向国家提供LNG清洁能源的同时，实现LNG冷能的综合开发利用，在低温应用领域拓展出循环经济新模式。

2009年，中化集团进一步优化利用资源，不断探索循环经济模式，促进自身低碳、绿色发展。集团通过全面推行清洁生产工作，实施的清洁生产项目投产后可取得年经济效益3.3亿元，可发电2亿千瓦时，节电1.4亿千瓦时，节水156.9万吨，节约27.5万吨标准煤，减排二氧化碳29.5万吨，综合利用废渣11.5万吨。集团下属中化涪陵完成了从耗能污染大户到环保先锋的转变，作为2008年“石油和化工行业节水先进单位”，中化涪陵在2009年继续深入开展相关工作，依靠“源头抓起、过程控制、分级利用和循环使用”的举措，在实现污水零排放的基础上，根据源头治理、清污分流的原则，彻底改造了厂内事故废水、初期雨水、生活废水治理系统，确保污水的全面回收利用。

2009年，中国化工集团公司积极响应“节能减排”号召，并在业界勇开先河，采用“零排放”管理概念，打造零排放高标准目标，推进化工企业节能减排工作。先后完成了“PVC聚合离心母液回用”、“含油废水回用”等示范工程。开展“责任关怀”企业试点，加快“环境友好型企业”建设，一批企业通过了清洁生产审核，有多个节能和环保技术改造项目获得财政奖励资金。全年，集团公司节约能源近100万吨标准煤，万元产值综合能耗同比下降9.4%，万元产值耗新鲜水下降22.36%，工业用水重复利用率提高4%，废水排放下降8.36%，COD排放下降11.02%，SO2排放下降3.58%。

2009年，陕西延长石油集团公司加快靖边能源化工综合利用产业园区的建设。该园区主要项目为年产180万吨甲醇、150万吨重油催化热裂解、60万吨甲醇制烯烃（DMTO）、60万吨聚丙烯、60万吨聚乙烯等。由于用当地丰富的煤、气、油等为原料，把石油化工、煤化工与油田气化工进行耦合，企业实现了煤化工生产甲醇“碳多氢少”与石油、油田气化工生产甲醇“氢多碳少”的优势互补，使二氧化碳与氢气充分参与甲醇合成反应，从而大幅提高了资源转化率和产品收率，减少了二氧化碳及“三废”的排放。与同等规模的煤制甲醇项目相比；该项目年减排二氧化碳435万吨，节水1000余万立方米，减少废渣27万吨。资源利用率比国际先进水平提高8.86%，比国内先进水平提高17.55%，年节能42万吨标煤。另外，延长集团与地方政府合作的正在规划中的榆横煤化工产业园区、延安煤、油、气、盐综合化工园区、榆神煤炭综合利用化工园区和商洛氟硅化工园区，也全部通过多种资源要素与生产要素深度优化与配置，达到资源高效转化与清洁生产的目的。其中，延安煤、气、油、盐综合利用产业园区，是以煤、油田气。炼厂轻油为原料，在建设年产180万吨甲醇、60万吨DMTO、25万吨聚丙烯、35万吨聚乙烯、25万吨丁辛醇、6万吨乙丙橡胶项目的同时，又把重油催化热裂解产生的烯烃与当地丰富的岩盐进行反应和深加工，最终形成100万吨／年烯（芳）烃和100方吨／年聚氯乙烯生产能力。榆横煤化工产业园区则以煤、油田气为原料，建设年产240万吨甲醇、60万吨醋酸、30万吨醋酸乙烯、20万吨醋酸等项目，最终形成百万吨醋酸及其衍生物的生产基地。榆神煤炭综合利用化工园区借助煤的分级利用技术，以800万吨／年原煤低温干馏为依托，建设160万吨／年焦炉煤气制甲醇及化肥、100万吨／年煤焦油加氢等装置，产品包活甲醇、尿素、轻质油、“三苯”、碳酸二甲酯、丁辛醇等十余种。商洛氟硅化工园区是将氟化工、多晶硅生产与盐化工有机结合，形成5.5万吨／年氟化工系列产品、3000吨／年多晶硅和2000兆瓦／年太阳能光伏电池生产能力，通过氟、硅盐化工衔接和配套，实现区内物料闭路循环，减少“三废”排放，提高了能源、资源利用率。

（二）2009年石油和化工园区循环经济发展情况

2009年是上海化工园区开始创建“国家生态工业园区”。上海化工园区通过清洁生产上台阶，大力推动循环经济、低碳经济，取得了很好的效果。上海化工园区全年共投入环保和清洁生产资金16.16亿元，相当于全区固定资产投资的18%；在环境状况方面，该区内陆地表水整体水质、大气二氧化硫年均浓度、环境空气API指数、固废利用率，均优于上海市平均水平；节能减排方面，全区总能耗465.5万吨标煤，同比降6%，万元产值能耗0.925吨标煤，同比降8%，COD和二氧化硫排放总量也远低于政府考核指标。上海化工园区被评为上海首家节水型工业园区。项目选择是上海化工园区推动清洁生产、环境保护和循环经济的关键。在招商引资中，化工园区突出以炼化一体化与乙烯为上游核心产品链，辐射带动中下游氯化工、精细化工产品链，优先引进能丰富和延伸区内产品链、生产工艺先进、原辅材料利用率高和污染排放少的项目，实现资源利用最大化。在确保园区生产总值不断增长的同时，万元产值能耗、水耗等指标不满足于同步上升，而是追求不断下降。现在，化工园区40多家中外化工企业形成了“你的产品是我的原料，我的废物成为他的原料，他的余热成为大家的能源”的格局，所有物料都得到充分利用；即使是“吃干榨净”后的渣料，也经过专业焚烧公司处置，产生蒸汽送到生产系统用作热能。

宁波化学工业区坚持规划先导，基础先行，着力构建循环经济产业链，以科学发展理念指导园区的开发建设，正在全力打造成一个国家级石化产业基地。在产业布局上，园区着力构建石油化工产业链，发展循环经济。园区重点发展以炼油及乙烯为龙头的石化源头产业、合成材料产业、高分子产品产业和精细化工产业，为整个化工区的发展提供丰富的石油化工原料。目前，宁波化工区已构建纵、横二条循环经济产业链。在推广内部循环、清洁生产的过程中，宁波化工区通过研发和引新技术，采用新工艺、更新新设备，来达到降低生产中的物耗、能耗、水耗，减少了“三废”的排放量。如园区内的宁波大地环保有限公司已建成0.5吨/日危险固废焚烧装置和3000吨/年有机溶剂回收装置，可对园区范围内的各种固体废物(含危险固废)进行安全、环保的处置。

浙江省发展循环经济“991行动计划”重点项目——镇海炼化资源回收工程

中海壳牌实现90%左右的液体和固体废物可以被循环使用，同时该公司能源中的90%也是来自于废物回收，仅节能减排一项就可带来直接效益1亿多元。图为大亚湾中海壳牌石化项目

上海化工园区

2009年，位于邢台市宁晋县的盐煤化工循环经济园区开始进行建设。该循环经济园区通过开发并延伸纯碱化工、氯碱化工和煤化工三条产业链，从而建设成为华北地区最大、达到国际先进水平的盐煤化工基地。其中，纯碱化工产业链是以当地储量丰富的岩盐为原料，辅以当地及周边部分煤炭资源，以联碱法制纯碱，发展纯碱化工。氯碱产业链规划以当地岩盐为原料，生产全卤制烧碱，实现煤、电、盐、碱的大联合，增强成本竞争力。同时进一步延伸产品链，耗氨产品重点发展有机硅系列、三氯氢硅——多晶硅系列、甲烷氯化物——有机氟系列、氯化芳烃系列、氯化法钛白粉、氯代异氰眠酸、氯化聚乙烯等耗氯精细化学品和化工新材料产品；耗碱产品重点发展站胶纤维、层状硅酸钠和偏硅酸钠等；氢气主要用于生产双氧水，满足造纸、纺织和绿色双氧水法环氧丙烷等行业的需求。煤化工产业链利用宁晋周边地区的煤炭资源和廉价焦炉气甲醇资源，发展碳一化工、甲醇制丙烯及其下游产品。在宁晋当地煤矿达到一定开采规模的条件下，二期考虑利用宁晋当地的煤炭资源发展煤化工产业。

2009年8月，柴达木循环经济试验区一号工程的盐湖集团综合利用项目一期工程开始投料试车,这标志着柴达木循环经济试验区的建设进入了一个新的阶段。柴达木盆地矿产资源丰富，目前已探明矿种39个，其中以钾、钠、镁、理、硼等化学矿产资源在全国占有绝对优势，其他资源还有石油天然气、煤炭、铁矿和有色金属等，整个盆地的矿产资源潜在经济价值约17万亿元，占青海省矿产资源潜在价值的93％左右，占全国矿产资源潜在总价值的16％左右。柴达木盆地具有其他地区所没有的资源融合性较强的优势。为了实现矿产资源的高效利用，柴达木盆地于2005年10月被列为国家首批循环经济试点园区，成为我国13个国家级循环经济试验区中最大的一个。至2009年底，一批突出循环经济理念的化工产业项目陆续落户柴达木盆地。总投资近300亿元盐湖集团综合利用项目将分三期实施，该项目以盐湖镁资源综合开发利用为引擎，规划建设世界级规模的金属镁基地，同时联产甲醇、电石、纯碱、焦炭等化工产品。届时，盐湖集团将在察尔汗盐湖上形成一个由数十套化工装置组成的、涵盖十多种化工和镁基新材料产品的循环经济产业链条。青海碱业在德令哈地区规划的年产270万吨纯碱项目，其原料是钾肥生产中产生的尾盐，而纯碱生产中产生的废炉渣料和废液还能分别转换成水泥原料和氯化钙产品。整个柴达木盆地建成、在建和规划中的约450万吨纯碱装置；所需工业盐将全部来自钾肥生产中产生的废盐，具有明显的成本优势。其他企业在柴达木木盆地投资建设的煤—焦—盐化工、煤化工—盐化工—建材、有色金属—天然气—盐化工和铁矿—焦炭—钢铁等项目，由此形成了柴达木盆地循环经济区五大循环经济产业链和格尔木、德令哈、大柴旦、乌兰等四大功能工业园区，化工产业集聚效应正在显现。

2009年南京化学工业园区按照南京市相关部门提出“转型发展、创新发展、跨越发展”的总体要求，遵循“生态优先、协调发展”的原则，转变经济增长方式，优化产业结构和空间布局，有效利用资源和保护环境，积极推进节能减排和资源综合利用，大力发展循环经济。近年来，随着入区企业的增多，南京化工园以“集聚优势产业，优化产品结构”为主线，推动产业链建设，积极发展中下游产品的延伸加工，提高产品的精细化率和深加工率，充分发挥园区的集聚效应。发展石油化工、碳一化工、氯化工产业链，形成高分子材料、精细化学品、新型材料、医药化工的企业集群及产品组团。惠生（南京）化工有限公司于2007年在南京化工园投产，具备20万吨／年甲醇、29万吨／年一氧化碳的生产能力，总投资8.2亿元。这是园区发展节能减排和循环经济的典范企业，其中直接用于环保投资的金额为4400万元，占投资总额5.4%；用于资源循环利用单元的投资为5800万元，占总投资的7.1%。惠生是南京化工园区碳一产业链的龙头企业，生产过程坚持贯彻资源综合利用、节能、环保的宗旨，其主要生产原料氧气来自园区内的空气公司，产品一氧化碳和甲醇则是下游企业塞拉尼斯的原材料。上下游之间的原料往来都是通过管廊连接。此外，每年大约产生10万吨废渣作为水泥生产厂的添加剂，部分粗渣可用于铺路。每年回收1.5万吨的硫磺可直接以液态送至南京化学工业公司硫酸厂做原料。这样的科学布局使得惠生处于一个环环相扣的紧密产业链中，与同等规模的化肥厂（产品为尿素）相比，每年可减少CO_2排放量35万吨；与同等规模的单一甲醇厂比较，每年可减少CO_2排放量40万吨。与此同时，惠生公司的煤气化单元采用美国德士古水煤浆气化技术，碳转化率高达96%~98%；硫回收单元采用荷兰CoMPrimo公司超级克劳斯硫回收工艺，可实现硫回收单元的零排放，整个系统硫的总回收率达99.4%以上。全厂蒸汽进行多级利用，每年副产的40万吨中压蒸汽和20万吨低压蒸汽可进行余热发电，每年发电量7200万度，年销售收入2700万元。

（三）2009年石油和化工行业发展循环经济的典型企业

至2009年，兴发集团先后投资2亿多元，对固废、废热、废水、废气等进行综合整治，固体废弃物的综合利用率已经达到100%，尾气综合利用率超过95%，工业水重复利用率达到90%，废热利用也取得明显成效。2009年发展循环经济为企业带来直接经济效益达1亿多元。公司所属的宜昌精细化工园位于宜昌市 亭开发区，一期工程15万吨／年离子膜烧碱、5万吨／年草甘膦、5万吨／年甘氨酸、4万吨／年特种磷酸盐、装机6万千瓦的热电联产项目已建成投产，同时18万吨／年有机硅和10万吨/年电子级化学品正在建设中。在这个工业园里，每一个产品的副产物都是下游产品的原材料，直至最后一个产品的副产物又是头一个产品的原材料，所有进场原材料在整个园区内循环往复，最终都形成产品。离子膜烧碱的主产品烧碱用来生产草甘膦和特种磷酸盐，而副产品氯气用于生产三氯化磷和甘氨酸，三氯化磷和甘氨酸变成草甘膦的原材料。副产的氯气和氢气又生产成氯化氢，氯化氢生产成氯甲烷，和草甘膦生产副产的氯甲烷一起又变成有机硅的原材料。生产草甘膦副产的还有母液，母液蒸发后生产成氯化钠和草甘膦水剂，氯化钠又返回用于生产离子膜烧碱，草甘膦水剂直接销售。正在建设的有机硅项目投产后，副产物盐酸解析成氯化氢生产氯甲烷，氯甲烷又用来生产有机硅。通过这种闭路的循环经济产业链，一方面省去了巨额环保治理费用，另一方面作为原材料为企业增收超过1亿元。目前，在兴发集团的每一条生产线上都形成了这种废弃物循环利用、“吃干榨尽”的态势。黄磷和磷酸是兴发集团的传统主导产品，生产黄磷每年副产磷渣60多万吨，磷泥3万多吨，生产湿法磷酸每年副产30万吨磷石青。近年来，兴发先后投资1500万元在国内率先建成利用次磷酸钠残渣生产万吨级饲料钙生产线，不仅年减少固休废弃物排放3500吨，而且年增效益450万元；在建成富磷泥烧制磷酸工业装置的基础上，投资600万元引进磷泥烧酸装置，利用磷泥烧酸的残渣生产柑橘专用肥，从根本上消除了多年来磷泥堆积的环境风险。此外，每年千余吨焦球亩接作为黄磷生产原料增效300多万元，亚矾废盐回收替代硝酸钠年减少采购成本200多万元，磷渣生产水泥解决了多年来的磷渣处理难题等。

泉港石化工业区鸟瞰图

利民公司是国家重点农药杀菌剂生产骨干企业、江苏省高新技术企业。2008至2009年，利民公司投资2000余万元对主导产品代森锰锌生产过程的重点污染环节进行了工艺改造，集中实施了生产污水净化中水回用工程、代森锰锌闪蒸喷淋水循环利用工程、碳酸锰与碳酸锌废渣综合利用工程。系列工程一方面从根本上解决了废水、废渣中的污染源，并每年从中回收500吨代森锰锌；另一方面使生产用水由原先的每天3000吨下降至500吨，节约了大量地下水资源，实现了生产用水全部闭路循环，达到了废水零排放。2009年上半年，利民公司与东南大学合作，投资1100余万元，实施了从丙森锌母液废水提取硫酸铵的环保技术改造工程。通过对母液废水经除锌、调酸后，用泵输人三效薄膜蒸发器，然后通入蒸汽进行蒸发。一效加热蒸汽冷凝液作为循环冷却水损耗的补充，二、三效蒸出液输送到生产车间作为洗涤用水及配制氨水使用，底部浓缩液结晶后离心出硫酸氨。工程投人运行后，实现了代森类生产性污水、固废90%以上的回收利用。每年综合利用代森类农药固废1000吨，年增经济收益790万元。

宁夏大荣实业集团有限公司是以电石深加工氰胺产品的生产企业，生产用水全部依靠开采地下水。早在1994年，大荣集团就投资260余万元兴建了工业废水闭路循环再利用工程。1997年又投资210万元建成了电石炉冷却水软化处理循环系统工程，投运后使电石单位工艺耗水降至5吨以下。2006年，大荣集团再次投入350万元建成水处理中心，将室外水处理改造成密闭的化学处理。通过采用水处理新技术，实现了工业废水的循环利用，使水资源的利用率由投产之初的30%提高到目前的 85%以上。至2009年，大荣集团少开采地下水近1亿立方米，每年节约水资源开采费近160余万元。在充分利用好工业废水的同时，大荣集团做优大循环，变固体废渣为水泥的生产原料。大荣集团自行开发了利用氰胺废渣生产水泥技术，投入8000万元建成综合利用氰胺产品废渣年产20万吨环保水泥生产线，使各种氰胺产品废渣在水泥原料仲的配比达到 50%，一举实现了工业废渣零排放，提高了资源综合利用率，构筑起循环经济产业链。该生产线运行以来，处理氰胺废渣及其他工业废料近80多万吨，并相应节约了近50余万吨制造水泥的原材料。近期，大荣集团还计划以公司的水泥窑和电石炉烟道气余热及二氧化碳回收利用来进一步做大做强企业的循环经济工作。计划在3年内回收外排的约15万吨二氧化碳进行综合利用，用于生产化工产品和商业销售。该项目完成后，每年可回收余热生产蒸汽72万吨，节约燃煤22100吨，折标煤18000吨，年回收减排二氧化碳10万吨，用于双氰胺、单氰胺等化工产品生产。

近年来，山东金能煤炭气化有限公司在生产中打造具有金能特色的闭路循环产业链。在原煤炼焦过程中，产生的煤气进行化产，化产后的煤焦油作原料，煤气作燃料，进行煤焦油深加工，生产出炭黑焦油，再用炭黑焦油作原料，以煤气作燃料，生产炭黑，在炭黑生产过程中，释放出大量尾气，将尾气回收至焦炉重新炼焦，置换出新的焦炉煤气，进入美国卡特彼勒的燃气轮机发电、产汽、制冷，为整个公司提供平衡的电能、热能和冷能。在此过程中，除了焦炭、炭黑及其他产品外，其余的形成了一个封闭的回路。以煤气为主线，完成了二期年产80万吨城市煤气化、30万吨煤精细化工、21万吨炭黑及配套发电项目的首尾串连，实现了资源利用和资源利用价值最大化。在金能公司，主要原材料是煤炭。金能公司创新思路，以煤气为载体，串起了三个链条：炼焦—化产—煤焦油—炭黑链条；炼焦—化产—巴豆醛—山梨酸—山梨酸钾食品防腐剂链条；炼焦—化产—对甲酚—BHT医药中间体链条，这三大链条，实现了煤化工、精细化工的完美结合，走出了国内化工的一条创新之路。链条中，除了产品外，无废弃物产生，真正将煤吃

常熟化工园区污水处理厂一角

干榨净，让煤的价值得以充分休现。同时，净化后的煤气进入燃气轮机发电，发电后的尾气进余热锅炉升温升压，然后进背压式汽轮机发电、产汽，用以精细化工生产，与单独产生同等数量的热能和电能相比，可节省约23%的燃料，年可减排二氧化碳36818吨。

兴发集团宜昌精细化工业园区一角

三、石油和化工产业循环经济的发展前景与政策建议

(一)促进清洁生产技术的开发和应用

对于氮肥行业，应采用先进的水煤浆气化、干粉煤气化、灰熔聚粉煤气化等技术替代固定层气化装置，或替代以油和天然气为原料的合成氨生产装置，调整原料结构，从根本上降低氮肥生产成本，减少环境污染；对于磷肥行业，要大力推广磷石膏渣综合利用技术，如磷石膏制硫酸联产水泥、磷石膏制建材等；对于氯碱行业，要继续鼓励离子膜法烧碱的发展，积极推广干法乙炔技术，电石渣废液治理要大力推广电石渣制水泥，电石渣上清夜回用于生产技术；对于纯碱行业，纯碱生产的蒸氨废渣要采用废清夜综合利用制氯化钙和再制盐，废液晒盐或掺兑晒盐，废渣制钙镁多元复合肥，废渣制工程土，蒸氨废渣制水泥或建筑胶凝材料，废渣制脱硫吸收剂，废渣制抹灰砂浆等技术进行处理；对于铬盐行业要推行无钙焙烧工艺，逐步淘汰有钙焙烧工艺；对于染料行业，一是用先进的化工机械来装备染料行业；二是采用清洁生产技术，如相转移催化技术、金属化合物催化技术、分子筛催化技术等；三是开发新的染料商品剂型，以满足用户在自动化和环保等方面的要求，如可发低粉尘的颗粒型染料和液体染料；对于农药行业，要开发低毒、可降解的新品种，开发生物杀虫剂、除草剂等；对于橡胶工业，要大力推广动态脱硫法再生胶生产技术和废旧轮胎的常温粉碎技术。

（二）继续建设以石油和化学工业为核心的大型工业园区

建议相关部门按照循环经济理念来建立化工园区，这是解决资源环境发展矛盾的理想模式。一是通过采取措施规范石油和化工园区管理，引导园区按照循环经济模式进行规划、建设和改造。石油和化工园区的建设要通过对区内产品项目、公用辅助、物流运输、环境保护和管理服务的整合，做到专业集成、投资集中、资源集约、效益集聚。二是积极探索总结园区循环经济实践模式，园区建设除要求入园企业物料、废物实现内部循环外，还要促进园区内上下游企业之间副产品或废产物的相互利用，通过企业间的物质集成、能量集成和信息集成，形成产业间的代谢和共生耦合关系，使一家工厂的废气、废水、废渣、废热、废弃物式副产品成为另一家化工厂的原料和能源。使园区内形成必要的生产循环，以减少浪费，有效提高企业和企业之间资源循环利用和污染综合防治的水平，大大提高经济效益。三是要组织经验交流，积极开展咨询服务，不断提高园区技术水平和管理水平，促成园区各个企业共享资源和互换副产品的产业组合形式，形成园区实现物质闭环循环、能量多级利用的模式，逐步实现公用辅助一体化、物流运输一体化、环境保护一体化和管理服务一体化。四是要制定严格的石油和化工园区环境保护政策。在石油和化工园区的发展过程中，有一部分石油和化工园区的环境治理工作没有跟上，园区内和园区周围地区的环境污染严重，甚至成为当地居民和有关部门冲突的导火索。有关部门需要制定严格的化工园区环境保护政策，采取切实可行的措施来促使石油和化工园区的负责部门改善园区的环境。五是要鼓励和支持吸引中小企业入驻的石油和化工园区。

轻工行业循环经济

中国轻工业联合会

轻工业承担着繁荣市场、增加出口、扩大就业、服务“三农”的重要任务，在国民经济和社会发展中具有举足轻重的作用。

为应对国际金融危机，国务院于2009年5月18日发布了《轻工业调整和振兴规划》（以下简称《规划》）。《规划》实施以来成效显著，轻工业总体企稳回升。2009年轻工业规模以上企业总产值107614.5亿元，同比增长13.5%；从2009年10月开始月度出口交货值出现正增长，全年累计出口2778亿美元，同比负增长10.2%，明显小于全国出口负增长16%的降幅，且所占国际市场份额没有降低，贸易顺差是全国的104.6%;行业效益明显好转，1～11月累计实现利润4909.9亿元，同比增长24.6%。

一、主要开展的工作

2009年，中国轻工业联合会围绕《规划》的实施，把节能降耗减排作为促进轻工业经济平稳较快发展的重要举措，重点开展了以下几个方面的工作：

（一）发挥舆论导向作用，加强行业节能减排，扩大循环经济宣传

为了贯彻落实《规划》，促进行业结构调整，技术进步和产业升级，逐步淘汰落后产能，实现节能减排，走绿色生态、质量安全和循环经济的新型轻工业发展之路， 2009年7月16日，中国轻工业联合会和中国洗涤用品工业协会联合举行了浓缩洗衣粉标志及市场推广新闻发布会，推广浓缩洗衣粉。浓缩洗衣粉是一个具有良好性价比的产品，就像节能灯一样，产品小、用途广、影响大。浓缩洗衣粉比传统标准洗衣粉体积缩小一倍，去污效果增加一倍，单次洗涤成本更低。同时，生产能耗仅相当于普通洗衣粉的四分之一。国家发展改革委、工业和信息化部、商务部、国有资产监督管理委员会、工商总局、中国消费者协会、中国广告协会等部门和单位相关负责人参加了会议，国内主要新闻媒体均派记者参加了发布会。

2009年12月4日，中国轻工业联合会和中国皮革工业协会、中国电池工业协会、中国照明电器协会在北京联合举办了“推进轻工行业节能减排新闻发布会”。中国轻工业联合会王世成副会长向与会代表介绍了轻工行业的运行情况，对轻工行业落实《规划》、推进节能减排、发展循环经济工作取得的成果进行了总结，并对下一步工作重点作了部署。中国皮革工业协会、中国照明工业协会、中国电池工业协会从不同的层面介绍了行业开展节能减排、发展循环经济的状况，以及下一步开展工作的打算。发改委、工信部等有关方面的领导对节能减排、发展循环经济工作给予了具体指导。来

酿酒行业推行清洁生产现场交流会

自人民日报、新华社、中央电视台等国内主要新闻媒体的记者参加了发布会。

轻工产品与人们的日常生活密切相关，通过新闻发布会的形式让全社会各个方面了解轻工相关行业开展的节能减排、发展循环经济工作情况，进一步推动行业循环经济工作的开展。

（二）推进节能减排科技项目的落实

组织向科技部高新司申报“制糖生产过程节能关键技术及示范”、“高效环保超小型化电冰箱压缩机的研发与产业化”、“节能环保型陶瓷金属卤化物灯生产工艺及装备产业化”和“高效直流变频空调核心技术开发及产业化”四个节能科技支撑项目，其中前两个项目已通过科技部高新司领导和专家的审查，并经部长办公会原则同意立项审批。

2008年申报的“造纸、发酵行业污染物减排与资源化利用关键技术及示范”科技支撑项目，经努力已列为科技部社会发展科技司2010年重点项目计划，将于2010年启动项目论证等工作。

（三）抓住重点行业推进节能减排工作

总结啤酒行业在2002年至2008年实现产量增长59%、废水排出量未明显增长的经验，特别是广州珠江啤酒集团有限公司在清洁生产方面的先进经验和成功做法，9月4日，工业和信息化部与中国轻工业联合会在珠江啤酒公司召开酿酒行业推行清洁生产现场交流会。来自工业和信息化部、中国轻工业联合会、各省市经贸委、酿酒行业和发酵行业的企业、地方行业协会、高等院校、研究院所等近300名代表参加了会议。工信部苗圩副部长、轻工联合会潘蓓蕾副会长、广东省人民政府佟星副省长等出席了会议并作了重要讲话。应邀出席本次会议的代表还有环保部、全国人大环资委、国务院法制办。此次会议的成功召开推动了相关行业清洁生产工作的深入开展。

造纸行业是轻工业中COD和废水排放最重的行业，COD排放量约占工业总排放量的三分之一，废水排放量约占工业总排放量的18%，而占造纸原料仅18%的非木浆排放的COD约占造纸行业的60%。中国轻工业联合会积极配合工信部组织专家对以麦草浆为主要原料的山东泉林纸业公司的循环经济经验进行了调研总结，上报了相关政策建议。协助工信部对各省市上报的轻工行业清洁生产示范项目共计35项按行业组织了相关专家评审，在评审的基础上已向工信部重点推荐了 8 个示范项目，最终落实了3个示范项目；示范项目的实施为相关行业树立了典范，对推动行业清洁生产的深入开展将产生积极的影响。

我国用于照明的耗电量约占全国发电量的12%。中国轻工业联欢会积极配合发改委等有关部门，大力推广高效照明产品。在中央财政补贴资金6亿元的基础上，2009年已销售1.2亿只高效照明产品，销量是2008年的两倍，拉动消费15亿元，可实现年节电62亿千瓦时，减排二氧化碳620万吨，二氧化硫6.2万吨，既惠及城乡居民扩大了消费需求、促进了企业发展，又推动了节能减排。

（四）配合政府有关部门做好节能减排课题研究工作

完成了发改委2008年下达的“轻工重点行业节水综合措施（模式与政策）研究”课题的研究报告，通过课题研究摸清了相关节水技术和节水模式，为政府部门制定相关节水政策提供了参考依据。完成了发改委产业协调司下达的“轻工业产业政策研究课题”中环保部分研究内容，包括造纸、皮革、电池、发酵、制糖、罐头、饮料、酿酒、日用陶瓷和日用玻璃10个行业的研究报告，为政府部门制定相关产业政策提供了参考依据。

承担了工信部组织的“重点行业节能减排技术评估与应用研究”科技支撑项目中的“轻工行业节能减排技术筛选与评估”课题，包括造纸、发酵、酿酒、制糖、皮革、电池、制盐等 7 个行业，积极开展课题相关研究工作，进度和质量良好。通过此项课题的研究，将摸清相关行业节能、清洁生产、减排、废弃物利用等各方面的现状与节能减排潜力，为行业清洁生产审计、能源审计、工程设计、技术推广、政策制定等提供依据。

中国轻工业联合会还承接了环保部“行业环境经济政策配套综合名录编制”工作，主要包括限制类的“高污染、高环境风险”工艺名录、鼓励类的环境友好工艺及产品名录、污染减排重点环保设备名录。2009年选择了造纸、发酵两个行业首先开展工作，该课题成果将为国家制定环保、绿色信贷、出口退税、税收、加工贸易等相关政策提供依据。

（五）启动“十二五”规划中节能减排部分的前期研究工作

配合科技部开展“十二五”科技发展战略规划前期研究工作，组织造纸、发酵、制糖、皮革、家电和电池6个行业参加循环经济科技规划前期研究工作和资源与环境领域科技规划前期研究工作。承担工信部“十二五”节能规划前期研究工作课题，包括造纸、日用陶瓷、日用玻璃和发酵4个行业，目前已按工信部要求提供了初稿，预计2010年6月完成课题。

二、下一步要开展的主要工作

轻工行业节能减排面临的任务仍然比较繁重，主要污染物（COD）排放量占全国工业排放总量的50%，工业废水排放量占全国工业废水排放总量的28%，食品、造纸、皮革、电池等行业是轻工业污染物排放的主要行业，也是节能减排任务较重的行业。

《规划》中明确了2009～2011年节能减排的目标，要求污染物排放明显下降。到2011年，主要行业COD排放比2007年减少25.5万吨，降低10%，其中食品行业减少14万吨、造纸行业减少10万吨、皮革行业减少1.5万吨；废水排放比2007减少19.5亿吨，降低29%，其中食品行业减少10亿吨、造纸行业减少9亿吨、皮革行业减少0.5亿吨。为完成上述目标，一方面要坚决落实《规划》中提出的“推进企业节能减排”专项——重点对食品、造纸、电池、皮革等行业实施节能减排技术改造；编制重点行业清洁生产推行方案，支持重点行业企业实施应用示范工程，推广成熟先进适用清洁生产技术；另一方面要配合政府部门落实《规划》明确提出的淘汰落后量化指标，即2009~2011年淘汰落后制浆造纸200万吨以上、皮革3000万标张、酒精100万吨、味精12万吨、柠檬酸5万吨的产能等。

2010年围绕节能减排中国轻工业联合会拟开展的重点工作：

（一）配合政府有关部门做好相关工作

配合工信部在2010年3月份发布造纸、发酵和酿酒行业清洁生产推行方案；配合工信部在12月底前编制并发布电池、皮革、制糖等行业清洁生产推行方案；进一步配合政府相关部门落实节能减排共性技术研发、技术示范、技术改造、技术推广等各类项目，推进行业节能减排工作扎实开展；积极参与科技部相关“十二五”资源环境、循环经济科技规划；配合发改委、工信部做好相关“十二五”节能减排规划的制定工作；配合环保部做好皮革、制糖、酿酒、罐头、饮料等行业“行业环境经济政策配套综合名录”制定工作；配合工信部做好淘汰落后产能的前期工作。

（二）按循环经济发展模式建设新型产业园区

结合开展轻工特色区域的建设工作，按照集中生产、统一治污、符合循环经济的发展模式，与地方政府联动，集全行业的优势力量做好产业转移和示范园区建设工作。中国轻工业联合会、中国皮革协会已与辽宁省政府和辽宁阜新市政府签订协议，初步确定将阜新作为第一个“承接转移制革示范基地”，在转移的过程中实现产业升级和节能减排，并逐步在全国其他地区推广。

（三）推动重点行业节能减排

进一步推动节能减排、发展循环经济，促进造纸、皮革、洗涤用品、食品、日用陶瓷、日用玻璃、日用搪瓷、照明等行业结构调整。坚持发展循环经济，减少对资源、能源的消耗，加强资源的回收和再利用，转变发展方式，实现绿色增长，可持续增长。

（四）召开现场经验交流会

组织发酵等相关重点行业开展节能减排新技术、新工艺、新装备等现场经验交流会，推动相关行业节能减排工作的深入开展。

纺织行业循环经济

中国纺织工业协会

2009年是我国纺织工业努力克服金融危机影响、在逆境中寻求发展的一年。年初，受到国际金融危机影响，行业产销、投资增速全面下滑，效益严重恶化。但国家围绕“保增长、扩内需、调结构”采取了一系列宏观调控政策，出台了《纺织工业调整和振兴规划》，为我国纺织行业提供了较为宽松的国内发展环境。行业多年来围绕加快产业结构调整、转变发展方式所作的工作取得成效，为行业发展提供了动力和支撑。因此，在全球经济不景气、国际市场持续低迷的情况下，我国纺织行业仍然呈现出了企稳回升、发展逐渐向好的良好局面。其中，大力实施节能减排，推进循环经济发展，是产业结构调整和产业升级的重要内容，在一年中取得了实质性进展。

一、《纺织工业调整和振兴规划》强调节能减排

2009年2月，国家出台《纺织工业调整和振兴规划》（简称“规划”），肯定了纺织工业的重要产业地位，大大提振了全行业的发展信心。与此同时，“规划”明确了产业调整和振兴的主要任务，配套了相应的政策措施，在指导和推进行业发展方面具有重要意义。在保增长的同时，尤其强调了进行产业结构调整和转变发展方式的重要性，明确了纺织行业到2011年的节能减排目标：“节能减排取得明显成效。全行业实现单位增加值能耗年均降低5%、水耗年均降低7%、废水排放量年均降低7%。”

2009年新增中央预算内资金中，安排纺织工业技改专项17.3亿元，拉动纺织工业总投资354亿元。项目涉及高新技术纤维产业化及应用、印染行业节能减排和产业升级、纺织装备自主化等，国家投资项目对纺织工业固定资产投资起到了示范和引导作用,加快了设备更新改造的进程。其中专门列出了印染行业节能减排与技术改造专项，推广印染清洁生产工艺，具体包括：采用冷轧堆前处理、短流程前处理、酶处理、高效水洗等先进设备和工艺进行前处理改造；采用冷轧堆染色、短流程湿蒸轧染、涂料染色等先进设备和工艺对传统染色改造；采用涂料印花、数码印花、喷墨喷蜡激光制网等先进设备和工艺进行印花工艺设备改造；采用松式整理、手感整理等先进设备和工艺提高面料功能；智能化在线监测与控制工艺技术的应用。

二、着手制定“十二五”行业发展的相关规划

2009年底，纺织行业着手进行“十二五”发展战略的前期研究，推进节能减排，发展循环经济是其中的重点任务。目前的初步思路是：

（一）推进实施节能减排改造工程

针对重点企业和重点产业集群实施节能减排改造工程，以点带面，在全行业推广应用成果。淘汰高耗能、高污染、低水平生产能力，制定各行业淘汰落后设备目录，并及时修订。

（二）推广节能减排实用技术、工艺和设备

组织实施一批高效低成本节能降耗和污染减排行业共性、关键技术开发和产业化示范项目，在重点行业中选择一批节能、节水潜力大、应用面广的重大技术，加大推广力度。积极推广废弃资源回用技术，引导企业加快技术进步，同时加强监管，逐步实现循环经济。

加强节能减排的技术指导。建立和完善纺织行业节能减排审核机构和机制，加强对纺织节能、节水、减排技术

马桥街道党委书记、园区管委会主任沈顺年代表园区与中国纺织工业协会签订了“节能减排自愿协议”

的评估，为企业推荐技术先进、成熟、适用的技术，逐步建立纺织行业节能、节水、减排工作的技术支撑体系。加强企业节能减排专业人员的培训。

（三）加强节能减排管理和监控

纺织工业根据国家目标制定节能减排目标，出台《节能减排目标责任和评价考核实施方案》，建立“目标明确，责任清晰，措施到位，一级抓一级，一级考核一级”的节能目标责任和评价考核制度。严格执行固定资产投资项目节能评估和审查制度。强化对重点耗能企业，特别是千家企业节能工作的跟踪、指导和监管，对未按要求采取措施的企业向社会公告，限期整改。加强电力需求管理。组织开展节能专项检查。研究建立并实施科学、统一的节能减排统计指标体系和监测体系，编制高耗能耗水行业的准入门槛。防止纺织节能减排不到位的企业向中西部转移，避免先污染后治理的老路。

（四）建立纺织制品纤维再生循环利用体系和标准

我国废旧纺织品每年相当一部分被抛弃和焚烧，造成环境污染。国际上已在纤维再生利用上走出新路，我国废旧军服回收项目也已经启动。制定针对废旧纺织品回收再利用的法律法规和标准，设立废旧纺织品的回收再利用机构或组织，加强消费、分类、再生、加工及最终产品设计、生产、应用的高效、低成本技术的开发和提升。加强对纺织制品纤维再生循环利用的宣传教育，积极开展相关领域的国际合作。

三、推广清洁生产技术

清洁生产是纺织循环经济的重要部分，是印染行业多年来一直推行的技术。为了更好地进行全国推广，纺织工业协会配合工业和信息化部，研究制定了《纺织染整行业清洁生产技术推行方案》，重点推广三项技术：

（一）染整高效前处理工艺

包括机织物退染一浴法新工艺、冷轧堆印染技术、生物酶染整加工技术、短流程煮漂工艺、纯棉针织物平幅连续煮漂工艺。

此项技术按印染总量的40%推广，每年可节水、减少污水排放量11330万吨，节能121万吨标准煤，节电16878万千瓦（6781万吨标准煤）。短流程印染前处理技术环境效益突出。由于前处理废水排放量占印染废水总排放量的60%以上，印染废水占纺织工业废水排放量的80%，因此，该技术的推广应用对纺织工业节约用水、减少污染物排放具有重要意义。

（二）少水印染加工技术

包括小浴比染色、染化料自动配送系统、数码喷墨印花系统、涂料染色技术、泡沫整理技术等。

此项技术按我国印染总量20%推广计算，每年可节水、减少污水排放量近5000万吨，节能7.84万吨标准煤。

（三）印染在线检测与控制系统

包括丝光浓碱浓度在线检测控制装置、淡碱浓度在线检测控制装置、织物含潮率在线检测控制装置、气氛湿度在线检测及控制装置、PH值在线检测控制装置、织物门幅在线检测控制装置、布面非接触测温装置、双氧水在线检测控制装置、非接触织物含水率在线检测装置、智能化在线检测与生产过程智能信息化管控系统等。

推广应用后印染企业生产过程自动化水平将大大提高，保证生产进度、提高产品质量、改善工人条件、操作方便，降低生产及管理成本，并且节约原材料消耗、减少排污。如温度自控系统每年节约蒸汽5300 吨，提高生产效率10%～15%；淋水阀流量在线控制节约水2.45万吨，人力成本节约15%。2009年规模以上印染企业印染布产量540亿米，折合生产线约5000条，此项技术按20%推广，每年节水、减少污染物排放约2450万吨。

典型案例是杭州汇丽染整理有限公司，这是一家集各类纺织面料的印染整理及其设计开发为一体的印染整理企业，拥有各类印染专业技术人员及员工580余人，专业生产丝绸、棉布、各类亚麻、汉麻、苎麻、黄麻、化纤、针织等漂、染、印、涂、轧光、轧花、磨毛及各种高档织物面料的特种整理，年生产能力8000万米，产品销往欧美及东南亚市场。

近年来通过技术改造，加大投入、设备改造，开展各项节能降耗和清洁生产技术推广，尤其在2009年，贯彻《振兴规划》的精神，应用信息化等高新技术，实施了印染生产的生产数据在线采集系统、中央控制系统、丝光浓碱在线检测控制系统、含潮率控制系统、车间视频监控系统、预缩率及纬密在线显示及控制系统、高效清洁能源水煤浆锅炉等项目，取得了显著的经济效益。公司2009年产量、产值、增加值能耗分别比上年下降2.81%、12.70%和13.25%。最明显的是对企业现有生产线的三台连续轧染机、一台丝光机、三台氧漂机、一台水洗机共8套设备配置含潮率在线检测控制系统，共计投资20万元。根据企业现有生产情况，每套含潮率控制系统可以节约蒸汽20公斤/小时，年节约蒸汽量=每小时节约量×年工作时间=8套×0.02吨/小时×24小时×300天=1152吨。

四、积极淘汰落后工艺和装备

加快淘汰耗能高、效率低的落后工艺和装备，是加快节能减排、积极应对全球气候变化的迫切需要，也符合循环经济的减量化原则。

2009年以来，国家加大了淘汰落后产能的力度，下达了“关于进一步淘汰落后产能工作的通知”，淘汰范围包括纺织工业的部分印染和化纤落后设备：要求在2011年底前，淘汰74型染整生产线、使用年限超过15年的前处理设备、浴比大于1：10的间歇式染色设备，淘汰落后型号的印花机、热熔染色机、热风布铗拉幅机、定型机，淘汰高能耗、高水耗的落后生产工艺设备；淘汰R531型酸性老式粘胶纺丝机、年产2万吨以下粘胶生产线、湿法及DMF溶剂法氨纶生产工艺、DMF溶剂法晴纶生产工艺、涤纶长丝锭轴长900毫米以下的半自动卷绕设备、间歇法聚酯设备等落后的化纤工艺设备。

纺织工业协会积极贯彻落实国务院文件的精神，对《产业结构调整指导目录》的淘汰类工艺设备进行了修订，并已经上报国家发展改革委。

五、开展循环经济相关标准研究和制定

纺织行业在推进循环经济过程中，积极开展了相关标准和规范的研究制定工作。

2009年，为了贯彻《中华人民共和国水污染防治法》，保护环境，保障人体健康，规范污染治理工程建设工作，纺织工业协会配合国家环境保护部，研究制定了《纺织染整工业废水治理工程技术规范》，规范纺织染整工业废水治理工程设施建设和运行，改善环境质量，制定本标准。该标准对纺织染整工业废水治理工程设计、施工、验收和运行管理提出了技术要求，适用于纺织染整工业企业的新建、改建和扩建废水治理工程的设计、设备采购、施工及安装、调试、验收和运行管理，可作为环境影响评价、设计、施工、环境保护验收及建成后运行与管理的技术依据。

该标准为国家环境保护标准，自2009年9月1日起实施。

六、协会积极开展活动推动循环经济发展

纺织工业协会一直将推进节能减排和循环经济工作作为纺织产业结构调整的重点。

2009年5月在北京组织召开“纺织行业节能减排工作会议”，以“推进节能减排，振兴纺织产业”为主题，通

过政策解读和行业分析，使企业充分了解国家有关节能减排工作的要求、相关政策和当前形势，引导纺织产业集群地区与企业正确制定区域节能减排规划，推进节能减排工作的开展。中国纺织工业协会副会长杨东辉、秘书长杨纪朝、发改委环资司节水处徐志强处长、国家工信部节能司节能处余薇处长出席了本次会议。

会上，浙江海宁马桥街道党委书记、园区管委会主任沈顺年代表园区与中国纺织工业协会签订了“节能减排自愿协议”，这标志着园区成为行业内首个节能减排示范园区。作为针织行业有代表性的园区，马桥将严格遵照国家和行业的有关政策，郑重承诺对园区内废水进行深度处理回用，一期工程完工时达到年回用工业用水300万吨的目标，并自愿接受国家有关部门和中国纺织工业协会的监督和指导，为行业其他园区做出表率。

2009年9月召开了“纺织行业环境保护标准制定工作会议”，对国家项目申报工作进行了专业培训，对纺织行业环境保护标准修订编制工作进展情况进行了总结。积极配合政府部门，组织企业节能减排项目申报，共收集企业节能项目100项。

2009年到2010年上半年，协会承担了一系列课题研究，积极开展相关调研和研究，完成国资委下达的《节能减排对纺织行业未来发展方向影响》课题、工业和信息化部下达的《纺织行业节能减排技术筛选与评估》课题，承担了《节水型企业－纺织行业》和《棉印染产品取水定额》国家标准的制修订和《纺织染整行业清洁生产推行方案》报告的编写工作；制定《棉印染行业环境经济政策配套综合名录》，其中包括制定棉印染行业的“双高”产品及工艺名录、环境友好工艺及产品名录和污染减排重点环保设备名录；印染协会发布了两批《印染行业节能减排先进技术》目录，对企业的研发进行导向。

橡胶行业循环经济

中国橡胶工业协会

2009年是我国橡胶行业极不平凡的一年。在这一年里，橡胶行业不仅和全国其他行业一样，经受住了全球金融危机的冲击，而且顶住了“轮胎特保案”的严峻考验。在我国经济强劲复苏的大环境下，全行业坚持科学发展观，坚持把推进循环经济与自主创新、产品结构调整、市场多元化紧密结合起来，克服各种困难，取得了平稳增长。据中国橡胶工业协会统计预测，2009年完成工业总产值略高于2008年，出口交货值略低于2008年，但利税高于2008年，这一成绩超过预期，令人欣慰。

表1　2008～2009年度中国橡胶主导产品产量

产品名称	轮胎	子午胎	力车胎	输送带	V带	胶管
计量单位	万条	万条	万条	万平米	万A米	万标米
2008年产量	35000	26365	60976	24490	138889	88889
2009年产量	38000	30000	66464	27429	158333	89778
产品名称	胶鞋	炭黑	助剂	纤维帘子布	钢帘线	再生胶胶粉
计量单位	万双	万吨	万吨	万吨	万吨	万吨
2008年产量	207410	245	60	34.9	77.3	270
2009年产量	203677	283	66	34.3	83.0	275

注：表中数据来自第五届中国橡胶市场发展论坛暨2010世界橡胶高峰论坛论文集。

2009年，全国橡胶实际消费量达到588万吨，比上年550万吨增长6.9%，连续8年居世界第一。2004～2009年中国橡胶消费量见表2，从表2可以看出，2008年以前中国橡胶消费量增长较快，2008年开始增幅降低。

表2　2004~2009年中国橡胶消耗量

年份 名称	2004年	2005年	2006年	2007年	2008年	2009年
天然橡胶（万吨）	160	190	210	235	253	270
增长（%）	11.1	18.8	10.5	11.9	7.7	6.7
合成橡胶（万吨）	180	210	240	270	297	318
增长（%）	8.4	16.7	14.3	12.5	10.0	7.1
合计（万吨）	340	400	450	505	550	588
增长（%）	9.7	17.6	12.5	12.2	8.9	6.9

表3　2004~2009年中国废橡胶循环利用主要产品　　单位：万吨

年份 名称	2004年	2005年	2006年	2007年	2008年	2009年
再生橡胶	130	145	170	195	245	250
硫化橡胶粉	22	22	22	25	25	25
合计	152	167	192	220	270	275

2009年10月13日，中国橡胶工业协会受邀参加“中日城市典型废弃物资源化研讨会”，并在会上作《再生橡胶利用在中国》演讲

中国废橡胶综合利用行业坚持每年将社会产生的几百万吨废橡胶（含废旧轮胎）作为再生资源循环利用。具有中国特色的几百万吨再生橡胶产品在中国被成熟应用，广泛的橡胶制品应用市场突显，巩固了再生橡胶产业为橡胶工业护航的主导地位（见表3）。

再生橡胶是橡胶工业的重要原材料之一，与天然胶、合成胶一起被称为“三胶”。再生橡胶不仅具有良好的工艺性能，而且有较好的物理机械性能，根据橡胶烃和其特有的合成胶成分的还原性，在一些橡胶产品中与天然胶和合成胶按比例掺用，或直接用于生产部分橡胶制品。再生橡胶是环保、资源的重要标志,是贯彻落实废橡胶综合利用科学发展观，建设资源节约型、环境友好型社会，推动橡胶工业循环经济发展的助推器。废橡胶综合利用行业作为一个特殊的治污利废行业，肩负着“中国特色”橡胶工业循环经济发展的重任。

一、中国再生橡胶产业现状

中国的改革开放，成就了中国橡胶工业空前的持续、飞速、健康发展，在社会主义市场经济体制下，中国成为世界第一橡胶工业大国。同时，生胶资源严重匮乏，成为影响中国橡胶工业发展的最大障碍。中国再生橡胶工业的快速增长正是在这样的一个背景下得以发展壮大。

表4　2009年中国橡胶消耗量及再生胶利用率明细表

名称		数量（万吨）		合计（万吨）		
天然胶		270		588		
合成胶		318				
再生橡胶		250		250		
其中		占588万吨橡胶总消耗量（%）	数　量（万吨）	占250万吨再生胶消耗量（%）	数　量（万吨）	备注
轮胎行业		61.0	358.68	30.00	75.00	
非轮胎橡胶制品		39.0	229.32	70.00	175.00	
其中	力车胎行业	8.5	49.98	40.00	100.00	
	胶管胶带行业	6.0	35.28	15.00	37.50	
	胶鞋行业	10.5	61.74	5.00	12.50	
	乳胶行业	4.0	23.52	0.00	0.00	
	橡胶制品行业	10.0	58.80	10.00	25.00	

注：橡胶耗胶量数据均来自第五届中国橡胶市场发展论坛暨2010世界橡胶高峰论坛论文集。

2009年国际金融危机继续影响全球经济，中国废橡胶综合利用行业虽受橡胶工业的影响，但数据显示，在中国政府拉动内需强有力措施和汽车下乡带动轮胎工业等影响下，中国的再生橡胶产量仍然保持增长势头，在2008年245万吨的基础上，2009年达到250万吨，继续稳居世界再生橡胶产量第一的地位。

目前，我国废橡胶综合利用行业在新的经济形势下，拥有在国际上生产成本最低、效果最佳、自主研发的再生橡胶关键再生支撑技术和配套的环保支撑技术，再生橡胶产品已由中国制造发展成中国创造。生产企业遍布全国，产量已由解放初期1500吨发展到2009年250万吨，整整提高了1666倍以上。一个“既要金山银山，又要绿水青山”

的理念已遍及绿色环保再生橡胶制造产业。环保治理已基本达到先进国家环保标准，产品也列入环境友好型产品。中国特色的再生橡胶产业令世人瞩目。

二、中国再生橡胶生产能力

由于中国橡胶工业的蓬勃发展，催生了中国再生橡胶生产能力的大幅提高。当前，再生橡胶生产能力超过500万吨/年，生产企业数量达1000余家，区域性规模生产能力都基本达到15万吨左右。据不完全统计，再生橡胶产量规模在1万吨以上的有100余家，生产能力约250万吨；规模在0.5万吨以上的有500余家，生产能力约300万吨；中国再生橡胶生产企业除西藏、澳门外，遍布全国各省、市、自治区（包括台湾、香港）。

新的再生橡胶生产工艺层出不穷，规格、品种更是琳琅满目，近年来开发了无味再生胶、丁基再生胶、卤化丁基再生胶、氯丁再生胶、丁腈再生胶、三元乙丙再生胶、高强力再生胶、浅色再生胶、彩色再生胶、乳胶再生胶等多个品种，用于替代不同类型的生胶,满足橡胶制品生产的需要。

三、中国再生橡胶生产技术进展

20世纪90年代中国自主研发的“废橡胶动态脱硫新工艺技术”在国内成功推广，2009年我国生产250万吨再生橡胶，其中90%以上采用了该工艺。

近年来，中国废橡胶机械制造企业专门为再生橡胶生产研发生产出再生胶生产专用轮胎破碎机、全钢粉碎机、高速比、高线速捏炼机和精炼机，由于速比、剪切力加大，在不增加设备和人员的情况下，产量、质量、效率均得到大幅度提高。

例如：重庆市南川庆岩橡胶有限公司采用捏炼机2台、精炼机1台的“三机一线”生产线,淘汰传统借用橡胶制品厂 “四机一线”生产线。该公司再生胶成型车间原来有“四机一线”生产线4条，设备16台，配备电机功率816kW。生产精细轮胎再生胶，24小时产量是21.6t；按负荷70%计算需13708度电，每吨再生胶需634.66度电。而采用“专业工装” “三机一线”生产线3条，设备仅需9台，配电机功率495 kW，同样生产精细轮胎再生胶， 24小时产量是20.7t；负荷同样按70%计算需8316度电，每吨再生胶仅需401.74度电，吨产再生胶直接节约232.9度电，节能达36%以上。根据每节约1度电就减少1千克二氧化碳和0.03千克二氧化硫的排放计算，仅该公司年产6000吨精细轮胎再生胶，节能就达1397400度电，减少了1397400千克二氧化碳和41922千克二氧化硫的排放。还不包括节省的15名人工和减少7台设备投资、维修费用及占地面积。

都江堰市新时代工贸有限公司自主研发的“橡胶再生常压高温连续脱硫工艺技术及设备”工业化生产，彻底改变了传统的“油法”、“水油法”和“动态法”压力容器脱硫生产再生橡胶的工艺历史。这种“以机代罐”常压高温连续脱硫设备生产再生橡胶工艺，节省了水、汽相变的热功耗，避免了工艺废水的二次污染及废气的治理；较好地解决了连续工业化生产技术；其耗能在150千瓦时/吨以内，与电加热动态脱硫罐能耗千瓦时/吨相比，工艺节能20%以上。该工艺技术尚在进一步总结、完善阶段，下一步将作为再生橡胶生产的更新换代脱硫工艺技术进行推广发展。

为替代传统的导热油热传导及电阻传导方式再生罐，四川双流天利民橡胶有限公司研制成功新型感应加热装置，并已应用于不同规格的再生罐体上，该方式比导热油加热方式可降低投资90%，节省操作工3人，降低维修费用8万/年，比电热传导方式装机功率降低20%，吨再生橡胶加热功耗降低20%，实际耗能仅为140千瓦时/吨，且避免了由于电加热局部过热产生的罐体变形的弊端。经技术监督和环保部门考评，

表5　2009年1～12月份再生橡胶产量排行榜

序号	企业名称	产量（吨）
1	南通回力橡胶有限公司	105527.00
2	南京金腾橡塑有限公司	48042.00
3	宁波华星轮胎有限公司	40892.00
4	莱芜市福泉橡胶有限公司	40268.00
5	京东橡胶有限公司	36483.00
6	唐山兴宇橡塑工业有限公司	35450.00
7	金轮橡胶（海门）有限公司	31958.55
8	福建环科化工橡胶集团有限公司	23323.95
9	唐山北方橡胶集团有限公司	22267.00
10	清远结加精细胶粉有限公司（胶粉）	17020.00

该装置无环境幅射和其他污染源发生，并已在河南、山东、四川等再生橡胶企业应用。

2009年，中国废橡胶综合利用行业还自主研发了多项新技术、新工艺及节能工装,基本达到节能20%的目标。随着市场需求和行业环境意识的提高，继上海肖友橡胶公司之后，无臭味、无迁移污染、采用植物助剂生产的再生橡胶产能进一步提升。该品种实际产能2009年达到了40万吨，产量已占再生橡胶总量的20%。

为解决再生胶生产脱硫硫化氢恶臭和尾气排放不达标，行业研制开发了生物法、物理法再生胶工艺尾气治理装置，以及新型专利的环保装置，从根本上解决了困扰行业多年的恶臭和脱硫尾气治理问题。经治理后的恶臭等级低于国家标准1万倍，且无苯系物气体排放，回收利用尾气体作为燃料，处理后的废水达标并循环使用，实现了真正的闭合清洁生产。由此，市场经济的多元化，也使环保设备由单一的生化法拓展为物理法、物化法、闭合循环利用系统等多模式集约化综合治理格局。

行业中符合经济规模企业环保工装配套水平由2003年的28%提高到2009年的98%，部分小规模企业环保配套水平也达到60%，工业废水实现闭合循环利用，实现零排放，2008年，全国第一次工业污染源普查结果表明，80%企业实现达标，10%企业综合考评出现单项缺失，行业基本达到减排15%的目标。

四、再生橡胶在中国橡胶工业中的作用与影响

多年来，中国再生橡胶产品依其特有的优势，定位为振兴橡胶工业的主要法宝之一。再生橡胶以一定比例与天然橡胶和合成橡胶并用，不仅具有较好的物理机械性能，而且具有良好的工艺加工性能。在中国天然橡胶75%、合成橡胶46%依赖进口情况下，依据3吨再生橡胶可以替代1吨天然橡胶、1.5～2吨合成橡胶计算，2009年我国生产250万吨再生橡胶（占废旧橡胶利用量的73%），相当于为橡胶工业提供了80多万吨橡胶原材料。除满足国内使用外，还远销世界几十个国家和地区。

国内天然橡胶种植面积87.5万多公顷，天然橡胶总产量近60万吨。据此核算，每产1吨天然橡胶需占耕地22亩。依此类推，80万吨生胶需占耕地面积达116.8万公顷以上。

250万吨的再生橡胶不仅为环境保护处理了近400万吨废橡胶固体废弃物，而且也为国家节约了大量耕地。

按正常年份的价格，进口1吨天然橡胶需2200元美金左右，仅此一项每年可为国家节约外汇17.6亿美元以上。

再生胶在资源保护中的作用及在减少能源依赖性和降低温室气体排放中的作用分别见表6和表7。

预计在今后发展中，只要有中国橡胶工业的存在，中国的“再生橡胶”利用将继续承担环保、资源和价廉物美的经济责任。

再生橡胶可以代替天然橡胶和合成橡胶用于诸多橡胶制品中。一般情况下，在配方中添加30份再生橡胶可代替10份左右的天然橡胶或合成橡胶。不同用途、不同技术要求的产品使用的再生橡胶量不同。有的产品可以代替30%～50%的天然橡胶或合成橡胶。有的产品可以全部采用再生橡胶代替生胶。例如：在力车胎生产过程中，长期掺用适当比例的再生

表6　再生胶在资源保护中的作用

	聚合体置换比	
	At 5% 5%	At 10% 10%
节省能源(GJ)	42，318，637	84，637，388
节省石油（加仑）	30，800，000	61，600，000

注：能源→每千克橡胶节省的能源GJ数；
石油→替代新鲜橡胶时，生产一条轮胎所节约的加仑数；
根据当前替代率5%来计算，可为橡胶工业节省＄378.000.000美元。

表7　再生胶在减少能源依赖性和降低温室气体排放中的作用

材料	能源（MJ/kg）	温室（kg CO/kg）
天然橡胶	8	0.4
合成橡胶	110	5.0
炭黑	125	5.7
所有其它添加剂	100	8.2
纤维	45	2.1
钢丝轮胎帘线	36	3.2
每公斤轮胎制造	11.7	19
再生胶	2.1	0.1

注：数据来源于美国环境保护局、日本汽车轮胎厂协会、英国环境局。

胶，替代生胶，不仅降低产品成本，而且改善了胶料加工性能，提高了生产效率。近年来，随着精细再生胶、高强力再生胶、无味再生胶等再生胶新产品的增加，掺用再生胶比例已达到30%～35%，部分企业研究使用再生丁基橡胶掺用于生产丁基内胎，有的企业还生产出全再生丁基橡胶的力车内胎。据测算，力车胎行业每年耗胶（含天然胶、合成胶）约50万吨，2009年，生产力车胎产品全年至少少用天然胶、合成胶30万吨以上，既利用了再生资源、降低了成本，节约了外汇，又提高了产品质量，产品出口赚取了外汇，可谓一举几得。

干净整洁的废轮胎粉碎车间

五、再生橡胶利用在中国发展前景

在中国政府相关部委政策鼓励支持下，中国的废橡胶综合利用行业在中国橡胶工业协会领导下，继续加强自律，再塑形象，继续提升产品再生功能，节能降耗、降低成本，挑战传统工艺，完善单元控制水平，加快企业逐步转变摆脱手工原始的加工工艺进程；积极扩大、研发再生橡胶、硫化橡胶粉科学应用；抓好生产加工过程中的污染泄露防治工作。并在国家修订《资源综合利用目录》时，将废橡胶、再生橡胶产品重新列入目录，确保再生橡胶产业持续健康的发展。

在《再生橡胶行业清洁生产水平评价标准》的框架下，在完成国家“十一五”规划任务的基础上，进一步推进废橡胶综合利用行业在“十二五”期间再实现节能20%、减排25%的目标。根据预测，2010年中国再生橡胶产量将增幅8%，达到270万吨以上。由于“低碳经济”发展的深入人心，随着国内废橡胶的大量产生和国内外市场对再生橡胶产品的强势需求，再生橡胶在橡胶工业中的重要作用将更加明显。为了满足环保、资源和市场的需求，预计“十二五”期间，中国再生橡胶产量增幅将达55%，达到420万吨以上。再生橡胶利用在中国乃至世界，作为循环经济的可利用再生资源，发展前景将更加辉煌灿烂。

配备环保装置的再生胶车间

再生胶生产企业配备的环保装置

废钢铁回收利用

中国废钢铁回收利用协会

废钢铁是钢铁工业必不可少的主要原料，钢铁产量的增减决定着废钢需求量的升降，反之废钢供应量的丰欠直接影响着钢铁工业健康的发展。

2009年受金融危机的影响，全球钢铁企业普遍减产。国际钢协数据显示：美洲同比下降30.1%，欧洲同比下降22.8%，亚洲同比增长3.8%（其中日本同比下降26.3%，韩国同比下降9.4%），非洲同比下降11.3%，大洋洲同比下降28.6%，中东地区同比下降了3.3%。除中国大陆外全球粗钢产量同比下降21.1%，而中国粗钢产量同比增长了13.5%。境外大量的废钢进入了中国市场，丰富了我国废钢铁资源，为国内废钢市场注入了新的活力，为进口废钢铁市场带来了新的发展机遇。

一、2009年我国钢铁工业的废钢铁消耗继续快速增长

（一）2009年废钢铁应用总量大幅提高

2009年国家拉动内需，保增长、保民生4万亿资金救市等一揽子政策的有效实施，加大了基本建设的投资，带动了房地产、汽车制造业、农机家电制造业、铁公路等基本建设的发展，促进了我国钢材市场、废钢铁市场的稳步复苏。

2009年我国粗钢产量为5.68亿吨，同比增长13.5%，占世界钢产量12.2亿吨的46.6%。消耗废钢铁总量8310万吨，2008年为7200万吨，增长了1110万吨，同比增长15.4%，高于粗钢增长幅度。无论是同比增长和消耗总量均达到历史最好水平，废钢供不应求的局面略有好转。

表1　2000～2009年我国粗钢产量统计表

年份	2000	2001	2002	2003	2004	2005	2006	2007	2008	2009
产量（万吨）	12850	15103	18225	22234	27279	35579	42102	49490	50049	56784
增幅（%）	–	17.53	20.67	21.99	22.69	30.42	18.33	17.5	1.13	13.5
电炉钢产量（万吨）	2020	2401	3049	3906	4167	4179	4420	5843	6340	6800
电炉钢比	15.7	15.8	16.7	17.6	15.2	11.7	10.5	11.9	12.4	12

表2　2000～2009年我国废钢铁消耗总量统计表

年份	2000	2001	2002	2003	2004	2005	2006	2007	2008	2009
废钢消耗总量(万吨)	2920	3440	3920	4820	5400	6330	6720	6850	7200	8310
增长率（%）	–	17.81	13.95	22.96	12.03	17.22	6.16	1.93	5.1	15.4

2000～2009年我国废钢铁年应用量从2900万吨增长到8310万吨，增长近3倍，平均每年以600万吨的幅度递增，在我国粗钢产量继续快速增长、铁矿石进口日益紧张的背景下，废钢铁供应市场的增长。对缓解钢铁工业对铁矿石过高的依赖度起到一定的作用。

（二）2009年废钢铁资源仍然供应不足，废钢单耗水平仍然很低

2009年由于进口废钢的复苏，我国废钢铁资源得到较好的补充，废钢铁供应总量大幅增加，使我国废钢铁单耗水平有所回升。2009年全国平均综合废钢单耗为146 kg/吨钢，同比增长1.4%。

1999年我国钢铁工业全面完成了平炉+模铸的炼钢工艺的改造，进入了转炉（电炉）+连铸的炼钢时代沿袭至今。2000年我国废钢综合平均单耗为227kg/吨钢，成为21世纪的峰值。由于废钢资源常年供应不足，废钢单耗逐年递减，到2007年降到历史最低，为140kg/吨钢，下降了37%。虽然近两年有所回升，但增长较慢，总体水平仍然很低。

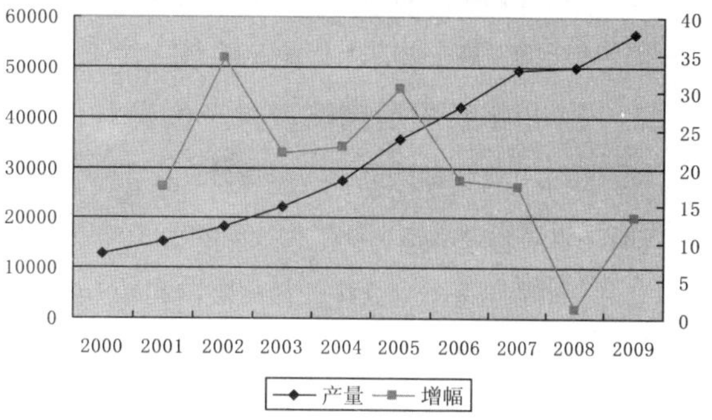

图1　2001～2009年我国粗钢产量增长走势图

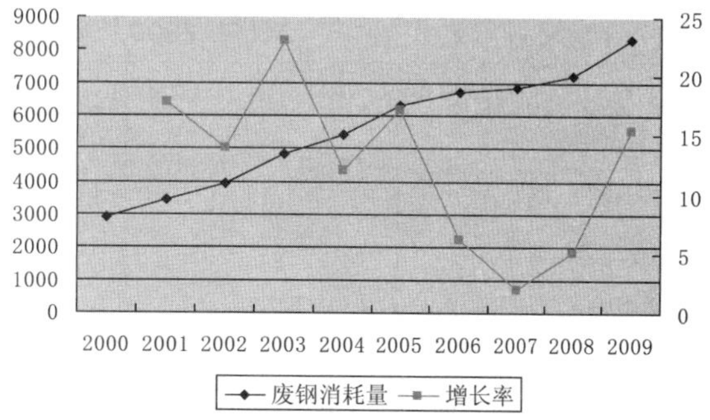

图2　2000～2009年我国废钢消耗总量走势

我国电炉钢废钢单耗从2000年的833kg/吨钢逐年递减到2009年的450kg/吨钢，下降46%。其中也存在着近几年在电炉钢原料配置时逐步增加使用热送铁水的因素。

表3　2000~2009年我国废钢铁综合平均单耗统计表

年份	2000	2001	2002	2003	2004	2005	2006	2007	2008	2009
废钢单耗（kg/t）	227	226	215	217	191	178	160	140	144	146
增长率(%)		−0.44	−0.44	0.9	−11.98	−6.8	−10.11	−12.5	2.9	1.4

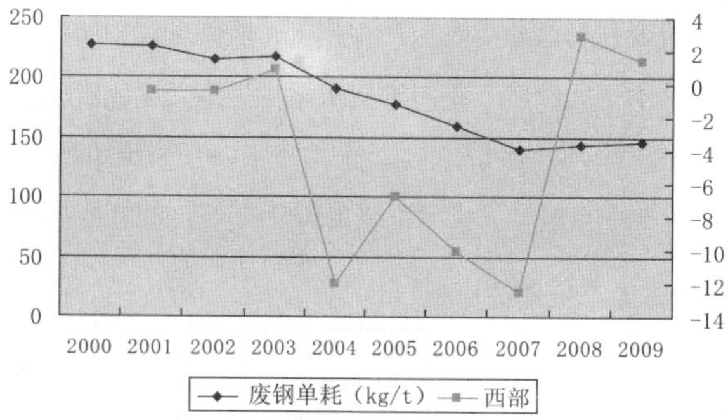

图3　2000～2009年我国废钢综合单耗走势图

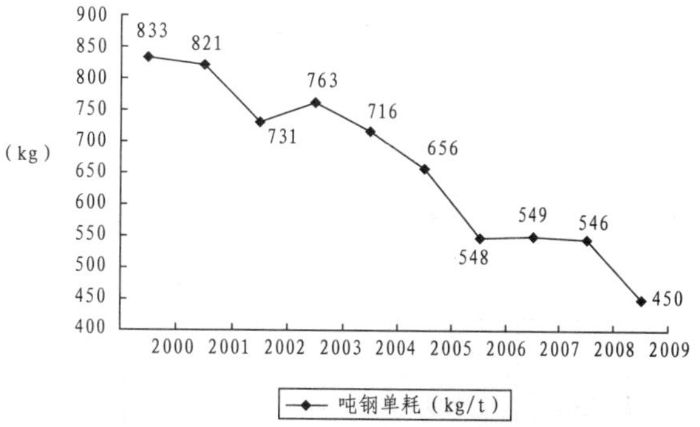

图4　2000～2009年我国电炉钢废钢单耗走势图

世界平均废钢单耗为400～450千克/吨钢，转炉钢废钢单耗可达300 千克/吨钢，差距很大。同时也显现了我国废钢铁供需市场的发展空间非常广阔，潜力巨大。

二、2009年我国废钢铁资源产生量和供应市场有所发展

我国钢铁工业废钢铁资源的来源分三个部分：钢铁企业自产废钢约占资源总量的35%左右；社会采购废钢约占50%左右；进口废钢约占15%左右。2009年三种废钢的供应量都有所增长，也是废钢供给最好的一年。

（一）2009年全国钢铁企业自产废钢3040万吨，同比增长6.3%。钢铁企业自产废钢主要指钢铁生产线上产生的切头、切边、废次材、注余、跑漏、渣钢及设备检修产生的废钢总量，平均每年增加193万吨。

随着我国年粗钢产量的增加，自产废钢总量也有所增加，2000年自产废钢1299万吨，2009年为3040万吨，增加1740万吨，增长134%。

表4　2000～2009年钢企自产废钢产生率统计表

年份	2000	2001	2002	2003	2004	2005	2006	2007	2008	2009
粗钢产量（万吨）	12850	15163	18237	22234	28291	35324	41915	48929	51234	56781
钢企自产废钢量（万吨）	1299	1334	1344	1530	1700	2220	2750	2700	2860	3040
自产废钢率（%）	10.11	8.83	7.37	6.88	6.75	6.36	6.56	5.33	5.58	5.35

注：自产废钢主要指钢企生产线上产生的切头、切边、废次材、注余、跑漏、渣钢及设备检修产生的废钢总量。

废钢的产生率却随着连铸比的增加和综合成材率的提高逐年下降，2001年废钢产生率为10.11%，2009年降到5.35%，降低了4.76%，给钢企带来巨大的经济效益，这是技术进步的成就。同时也标示着我国钢铁工业加快结构调整、淘汰落后、优化工艺、提升技术的显著成效。

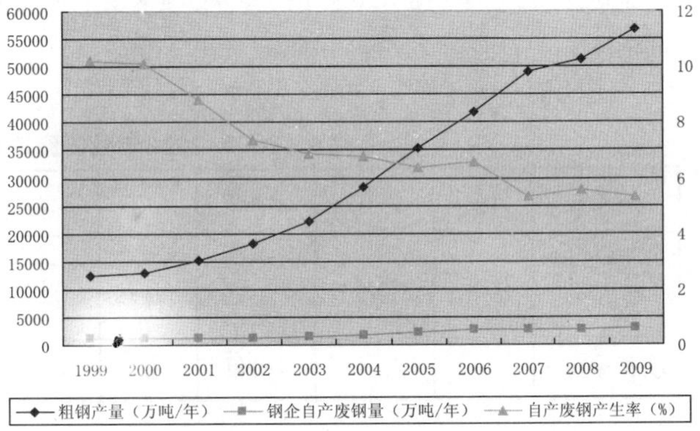

图5　1999～2009年钢企自产废钢走势图

（二）2009年钢企社会采购废钢为4580万吨，2008年为4200万吨，增加了380万吨，同比增长9%。社会采购废钢主要指钢企从国内市场上采购的社会城乡所产生的报废机动车、非机动车、家电、器皿、生活设施等生活废钢，以及制造业、加工业、建筑业、运输业等在生产、施工、检修过程中所产生的边角余料和报废设备等。随着我国工业化进程的提高和居民生活水平的改善，钢材消费量逐步提高，废钢产生量也快速增加。2000年社会废钢采购量约1788万吨，2009年增长到4580万吨，增长154%，平均每年以310万吨的幅度递增。社会废钢的产生量增加反映了我国经济的发展和居民的生活水平的提高。我国正逐步向废钢产生大国迈进。

表5　2000～2009年我国废钢资源产生量统计表

年份	2000	2001	2002	2003	2004	2005	2006	2007	2008	2009
自产废钢	1299	1334	1344	1530	1700	2220	2750	2700	2860	3040
社会采购	1788	1897	2284	3216	3300	3675	3800	4310	4200	4580
进口废钢	510	979	785	945	1023	1014	538	339	359	1369
进口海绵铁	–	70	130	168	156	75	31	33	60	177

（三）2009年全国共进口废钢1370万吨，2008年进口359万吨,同比增长280%。进口海绵铁177万吨，同比增长19.5%。废钢进口量的增加反映了我国钢材市场在宏观调控下依然保持着平稳快速增长，对废钢资源需求强劲。

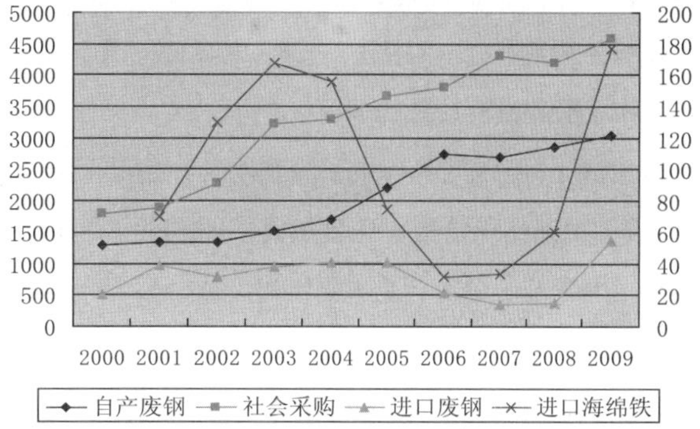

图6　2000～2009年我国废钢资源产生量走势图

三、2009年国内废钢铁市场价格运行基本稳定

2009年我国对废钢开始实行新的增值税政策。为了促进再生资源税收的公平和税制的规范，促进再生资源产业的科学发展，国家从2009年1月1日开始对废钢铁征收增值税，先征后返，两年过渡。2009年返70%，2010年返50%，2011年全额纳税。

此项税收政策的实施将提高废钢供应企业和地方政府的积极性，激发市场活力，促进市场的繁荣。但由于退税措施滞后，严重影响了废钢市场的贸易，一季度各地不平衡秩序较乱，二季度经过迅速调整下半年逐步走向正常。发挥了较好的促进作用，基本达到预期效果，促进了国内废钢市场的繁荣和稳定。

（一）废钢市场：2008年下半年受世界金融危机的冲击，国内废钢铁市场一跌再跌，年底触底。2009年年初止跌回暖。一季度受钢材市场的拉动，小幅震荡，但市场反应比较理智成熟，很快恢复平静，元月份重废全国平均到厂价2538元/吨，12月份为2604元/ 吨，增长66元，增长2.6%，总体呈小幅上扬态势，震幅不大，市场运行全年比较稳定。

（二）生铁市场：紧跟废钢铁市场同步震荡回升。元月份含税到厂价位2610元/吨。 12月份为2706元/吨，增长96元，增长3.7%，全年没有大的起伏，运作比较稳健。炼钢生铁高于重型废钢102元/吨。全年基本上在100元/吨价差上浮动。

造成生铁高于重型废钢的价格现象有诸多不确定因素。（1）废钢及生铁需求市场及采购繁简度因地区和钢企

表6　2009年废钢生铁均价（元/吨）统计表

月份	重废	中废	生铁
1月	2538	2450	2610
2月	2677	2613	2758
3月	2517	2460	2565
4月	2332	2248	2398
5月	2313	2258	2391
6月	2398	2351	2441
7月	2524	2445	2568
8月	2675	2595	2763
9月	2562	2487	2666
10月	2524	2437	2608
11月	2510	2438	2621
12月	2604	2525	2706

注：均价是指全国重点钢企采购的平均价格，为含税到厂价

炼钢工艺的不同，采购成本有所不同；（2）两种资源在炼钢中的真实成本的测算和分摊成本合理值，大部分钢铁企业还没有成熟的研究和科学的实验数据以估算为主；（3）各类、各批次废钢的纯净度差异很大；（4）粗钢品种结构对碳含量需求不同等。当这些不确定因素趋于稳定，趋于真实时，才会有一个相对合理的价位。

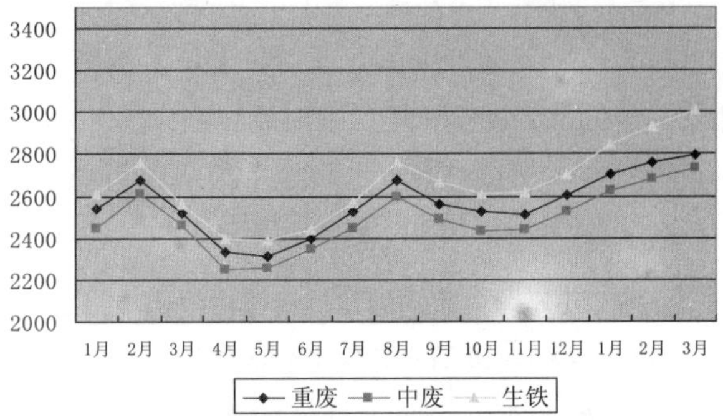

图7　2009～2010年废钢、生铁市场走势图

四、2009年进口废钢市场稳步复苏，运行稳健

经济危机给市场带来伤害也创造新生。2008年世界金融危机给我国废钢铁行业造成很大的冲击和损失。同时也带来了新的发展机遇。世界各国粗钢普遍减产，国际废钢供应商纷纷看好中国市场，使我国进口废钢铁市场连续几年低迷之后走向了复苏和新生。

（一）20世纪90年代我国开始进口废钢，补充国内资源的不足。2004年～2005年我国废钢年进口量均超过1000万吨，此后，国际废钢市场持续高价位运行，价格和国内废钢形成倒挂，进口量同比以50%左右的降幅递减。2008年全国进口总量仅为359万吨。

2009年我国全年进口废钢总量为1369万吨，比2008年增加了1000万吨，同比增长了280%，创我国进口废钢以来最好水平，使我国废钢资源缺口得到一次有益的补充，同时促进了国内废钢市场的稳定。

（二）进口废钢价格全年呈逐月持续小幅上扬的态势，普通废钢1月份平均到岸价294美元/吨，12月份为424美元/吨，增长44%，高于国内废钢的增幅。全年平均344.5美元/吨，总体低于国内价格，市场发展比较稳健理性。

表7　2009进口废钢量及均价统计表

月份	1	2	3	4	5	6	7	8	9	10	11	12	合计
数量（万吨）	69.3	112.6	136.3	147.5	165.7	126.3	129.5	101.9	130.3	102.4	65.2	82.3	1369
价格（美元）	294	327	348	351	346	341	363	388	418	428	473	424	372

注：数量指当月进口的不锈钢碎料、废合金钢、普通废钢总量。价格为当月上属品种的综合平均到岸价。

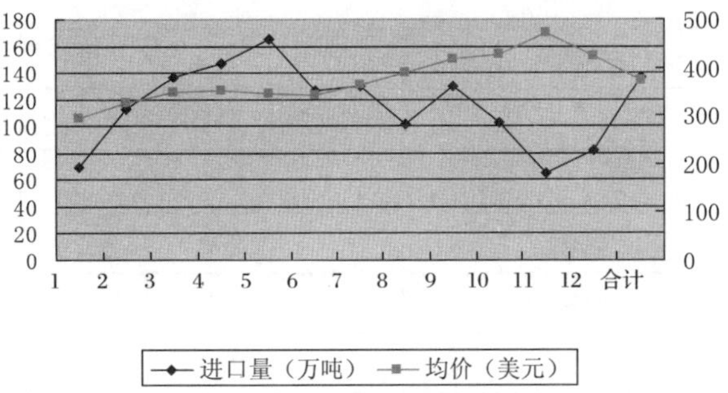

图8　2009年进口废钢量及价格走势图

（三）我国废钢进口在国际废钢市场中的份额较大，所以在价格体系中的主导作用逐步凸现。当我国进口量增加时国际市场价格就跟着上扬。反之进口量减少时价格就随之下跌。所以我国的废钢进口企业要做到理性采购，顾全大局，维护好市场秩序，用好这一市场地位优势尤为重要。全行业如何接受铁矿石进口的经验教训，应对新的废钢国际市场，建立新的进口秩序是重点研究的新课题。

（四）2009年我国进口废钢的主要来源国为美洲、欧洲、中亚、东南亚有关国家。向中国出口量的大小，除决定于本国的工业化程度外，还受经济危机、粗钢产量、国家限制性政策、运输条件、外交等诸多因素的影响。2010年随着全球经济的复苏，进口市场的格局将有所变化。

如何进一步放开废钢进口市场，鼓励企业到境外投资，建立废钢跨国公司，扩大资源渠道，对进口废钢资源给予政策上的扶持等则是扩大进口、扩大供给、促进我国废钢铁产业快速发展的重要途径。

总之，2009年我国国内废钢市场运行平稳，供需两旺；进口废钢市场稳步复苏，创历史最好水平；国内和进口两个市场政策法规正逐步完善，管理日益规范，市场运行日益成熟、理智、健康。两个市场的有序运行繁荣了市

表8 2009年我国进口废钢主要来源国进口量

	国别	累计数量（吨）	累计金额（美元）
1	美国	4899430.00	1565242782
2	日本	4463968.51	1792522501
3	澳大利亚	668349.65	195886880
4	英国	539275.94	187803135
5	韩国	295679.41	190891517
6	荷兰	262889.96	129745379
7	哈萨克斯坦	176159.35	39837287
8	俄罗斯联邦	106996.81	28737004
9	德国	104414.11	50898781
10	加拿大	91010.79	30364072
11	比利时	57273.33	22810354
12	西班牙	48243.98	21714640
13	朝鲜	37363.53	7093317
14	波多黎各	36235.12	10353561
15	马来西亚	34184.58	16233357
16	新西兰	26938.69	7772544
17	吉尔吉斯斯坦	24271.78	4811571
18	泰国	23315.22	9839673
19	法国	22878.51	13705919
20	新加坡	21560.99	7438815
21	瑞典	16609.27	7352760
22	菲律宾	15709.14	6857257
23	巴拿马	10529.61	2783179

场，丰富了资源，增加了废钢原料的供给，促进了我国钢铁工业的快速健康发展。

当然发展好国内国际两个市场，用好两个资源，还有一段较长的艰难历程，还需要全社会的关注，需要体制的深化改革，需要政策的支持，需要技术进步和科研的支持，才能实现资源科学配置的战略目标。

五、发展废钢铁是缓解铁矿石进口、降低碳排放的重要途径

废钢铁和铁矿石是钢铁工业必不可少的两种钢铁原料。从终端产品讲，废钢铁也是铁矿石唯一可以替代的资源。在钢铁冶炼中，废钢铁比铁矿石有着更多的优点。尤其在当今，我国正处于“加快转变发展方式，努力控制温室气体排放，建设资源节约型和环境友好型社会”，发展循环经济、节能减排、再生利用、降低碳排放的新的低碳经济时期，发展优势日益凸现。

世界发达国家在实现工业化过程中对大自然造成了大量的三废污染和碳排放，给全球带来的污染危害日趋显现。其中钢铁工业就是高能耗、高排放、重污染的重点产业之一。

人类的生存与延续，社会的文明与进步需要低碳经济，发展工业化需要节能减排。发展废钢铁、提高废钢供应能力，缓解对铁矿石的依赖，减少铁矿石的开采和应用，从资源配置的源头上规避碳排放，则是实现生态工业、绿色钢铁的主要途径。

（一）废钢铁是一种载能资源。应用废钢炼钢比用矿石炼铁炼钢可以大幅降低钢铁生产综合能耗。在钢铁制造过程中，从炼钢工艺的角度分为“长流程”和“短流程”。

长流程：铁矿石→烧结→炼铁→炼钢→轧钢

焦化↗

短流程：废钢→炼钢→轧钢

当前，长流程一般指转炉炼钢，原料以铁矿石为主，废钢为辅。短流程一般指电炉炼钢，原料以废钢为主，生铁为辅。

在大型的钢铁联合企业，从铁矿石进厂到焦化、烧结、炼铁到炼钢，整个工艺流程中能源消耗和污染排放主要集中在炼铁及前工序，一般为综合能耗的60%。也就是说和铁矿石相比，用废钢直接炼钢可节约能源60%，其中每多用一吨废钢少用一吨生铁可节约0.4吨焦炭或一吨左右的原煤。

（二）废钢铁是一种绿色环保资源。应用废钢炼钢比用铁矿石炼铁炼钢可以大量减少“三废”排放污染，降低碳排放。

用废钢炼钢和铁矿石炼铁、炼钢相比可减少炼铁及焦化、烧结等前工序的废水、废渣、废气的排放。国际回收局研究表明，在一般钢铁企业可减少排放$CO/CO_2/SO_2$等废气86%，废水76%，废渣72%。若加上铁矿石选矿过程所产生的尾矿渣，炼焦和烧结过程中产生的粉尘、废渣等可减少排放废渣97%。换算成实物量每用一吨废钢可减少炼铁渣0.35吨，尾矿2.6吨，加上烧结、焦化粉尘约3吨固体废物的排放。

（三）废钢铁是一种再生循环资源。发展废钢铁，增加废钢铁供应能力是缓解铁矿石供应紧张局面的重要途径。钢材从制造→使用→报废，每8～30年一个轮回，无限循环反复利用再生，且自然损坏很低。有利于减少原生资源的开采；有利于生态平衡；有利于人和自然的和谐。每多用一吨废钢，可少用1.7吨精矿粉，可以减少4.3吨原矿的开采，减少2.6吨钢铁尾矿渣的排出。

我国是一个铁矿石资源比较贫乏的国家，每年需要进口大量的铁矿来保证钢铁工业的需要。2009年我国进口铁矿石6.2亿吨，同比增长41.5%，我国铁矿石进口量占世界贸易量的50%以上，却不掌握定价权，长年处于被动的局面。

2001年我国进口铁矿石9230万吨，到岸价27.12美元/吨。2009年进口6.3亿吨，增长到6.8倍。2008年到岸价达136.21美元/吨，增长到5倍。海运费也同步上涨。使钢铁成本大幅增加，利润空间越来越少。“多吃废钢、少吃矿

石”减少对铁矿石的依赖度，是缓解进口铁矿石被动局面的重要举措。

表9　　2001~2009年我国进口铁矿石统计表

年份	2001	2002	2003	2004	2005	2006	2007	2008	2009
数量（万吨）	9230.8	11150	14812	20808	27523	32632	28309	44366	62778
均价（美元/吨）	27.12	24.84	32.79	61.09	66.76	64.12	88.22	136.21	79.87

（四）废钢铁是一种不可缺少的钢铁原料，也是铁矿石唯一可以替代的原料。2009年我国废钢铁消耗总量为8300万吨，占粗钢产量的14.6%，采购成本约2500亿元人民币。在钢铁工业节能降耗、污染防治、降低综合成本、提高利润中起着举足轻重的作用。世界废钢比平均水平为40%~45%，有着广阔的发展空间。随着低碳经济的发展将日益彰显出废钢铁自身的资源优势和主导趋向。

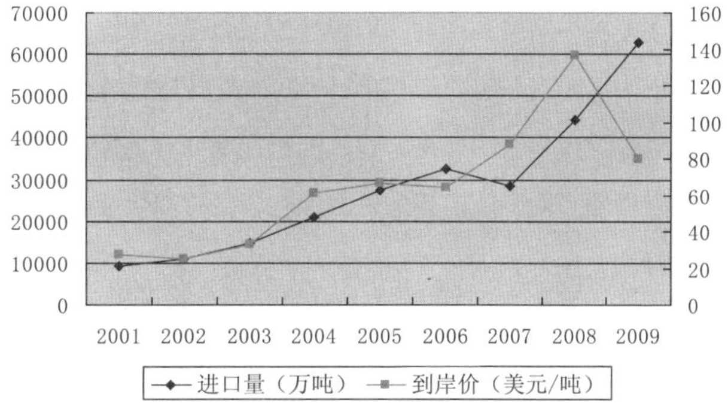

图9　2001～2009年进口铁矿石走势图

总之，废钢铁是钢铁工业不可缺少的主要炼钢原料，是节能减排的“绿色资源”，是可以无限循环使用的再生物资，有着强劲的发展后劲和巨大的发展潜力，将在发展低碳经济、建设“两型”工业体系、发展“绿色钢铁”中起着重要的支撑作用。

六、关于发展我国废钢铁产业的几点建议

（一）纳入新兴产业：废钢铁作为钢铁工业必不可少的重要原料，发展废钢铁产业，提高供应能力是缓解对铁矿石依赖的主要途径。其优势日益凸现，有着广阔的发展前景和巨大的潜力。建议国家将废钢铁产业既作为传统行业振兴又作为国家节能、环保的新兴产业立项和规划，并正式纳入国家《国民经济和社会发展第十二个五年规划纲要》，促进我国废钢铁产业的科学发展。

（二）资金扶持：建议国家划拨一定数量的专项扶持资金，对具有一定规模、管理规范的废钢加工配送公司在经营、技改或新建项目上给予资金上的帮助，如无息贷款，项目补贴，无偿使用等。

（三）减免所得税：2011年国家将结束对废钢铁加工配送行业增值税政策的过渡期，全额征收17%的增值税。从事废钢铁、加工配送的企业属高投资微利企业。为了体现国家对废钢循环利用的关注和支持，建议对废钢回收加工配送企业实行所得税减免政策。

（四）恢复抵扣税政策：为了鼓励钢铁企业多用废钢，减少对铁矿石依赖的压力，建议恢复2009年以前实施的对利用废钢的企业实行抵扣10%进项税政策，或以其他转移支付的方式给予补贴和鼓励。为了规避以往所发生的虚开虚抵的不法行为，可启动行业协会的监督职能。

（五）扩大进口市场：建议进一步放开废钢铁进口市场，扩大资源渠道，扩大进口量。对具有一定规模、一定的废钢加工配送能力、一定的装备水平、环保达标、遵纪守法、管理规范的专业化废钢公司，给予自主进口的资格。可组织制订准入标准和认证机构。建议基本标准为：占地面积100亩左右；年加工配送能力30万吨以上；有一条废钢破碎生产线和相应的配套设备。

（六）简化行政审批：现行的废钢进口申报和行政审批程序十分繁琐。每一单进口废钢申请要先由废钢企业签字盖章，再由县、地、市、省地方各级环保局层层签字盖章后报国家环保部废物进口登记中心汇总上报，经部行政例会审批后，办理进口许可证。周期较长不能适应国际市场快节奏变化，错失商机。建议对进口废钢企业的环保评

价认可改为一年一次，随时申请随时办理。同时要适当增加接货码头的数量，以应对废钢销售中的不确定变故。

（七）减免进口废钢增值税：按现行政策我国对进口废钢实行免关税，全额征收17%的增值税政策，而且有的地方海关还设有进口废钢最低限价纳税，增加了企业负担。我国钢产以普钢为主，发达国家以特钢为主，废钢成本压力大，在国际废钢市场中采购竞争力差。建议实行进口废钢减免增值税的优惠政策，提高在国际废钢市场采购中的竞争力。

（八）给予拆解废汽车的资格：我国从2002年开始对从事废汽车拆解的企业实行资格准入。全国确定了237家，至今已经8年没有改变。全行业基本是作坊式，技术落后，资源流失严重，二次污染控制能力差。而且专业化废钢加工配送公司设备先进，拆解处理能力强，却没有回收报废汽车的资格。建议修订准入标准，给予废钢加工配送中心拆解报废汽车的资格。有利于我国废汽车拆解业的科学发展，发挥其技术装备优势。

（九）重视协会的作用：建议国家在制订有关废钢铁的政策、法规、标准、规划、项目评估、资质审查、棘手个案的处理等方面多邀请相关协会参与，多听取协会的意见，取得协会的支持。协会会全力以赴，协助政府部门把事情做好。

我国未来的钢铁工业将逐步告别“高能耗、高污染”，走向生态和谐，清洁能源将逐步取代高碳能源，电炉钢将逐步取代转炉钢的主导地位，废钢铁资源将逐步取代铁矿石的主体优势，实现资源科学配置。我国废钢铁产业的发展需要国家、钢企、同仁的关注和支持，只要政策有力，发展前景看好，发展潜力巨大。

再生有色金属回收利用

中国有色金属工业协会

2009年，面对不利的国际国内市场形势，中国再生有色金属产业积极开拓国内市场，调整经营策略，转变发展方式，有效克服了金融危机的不利影响，各品种产量均有所增长。

一、2009年中国再生有色金属行业发展概况

（一）行业生产经营恢复较快，主要品种产量均有所增长

2009年以来，随着中国政府一系列刺激经济增长措施的实施，国民经济逐步企稳回升，加上再生有色金属产业具有“流程短”等多种优势，行业恢复较快。2009年主要再生有色金属产量约为633万吨，同期比增长19.4%，占十种有色金属产量的比例达到24.3%，比2008年提高3.3个百分点。其中再生铜200万吨，同期比增长5.3%；再生铝310万吨，同期比增长19.2%；再生铅123万吨，同期比增长75.7%，详见图1。

单位：万吨

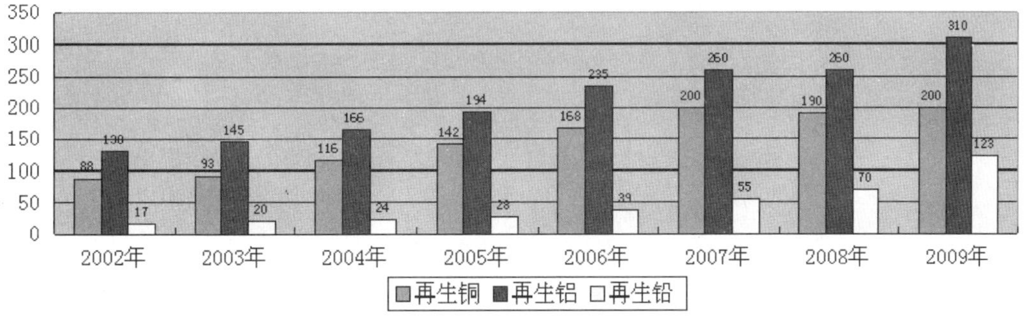

图1　近年来中国主要再生有色金属产量（万吨）

与生产原生金属相比，2009年中国再生有色金属产业相当于实现节能1359万吨标煤、节水11.3亿立方米、减少固废排放9.8亿吨、减少SO_2排放31万吨，再生有色金属产业的发展在有效缓解中国资源短缺矛盾的同时，极大地促进了中国有色金属工业的节能减排、清洁生产和减少碳排放。

（二）废金属原料供应不稳，废金属进口标准和监管机制有待完善，国内废金属回收急需鼓励和扶持

2009年，中国共进口有色金属废料665万吨（实物量），同期比减少14.1%。其中，含铝废料262万吨，同期比

单位：万吨

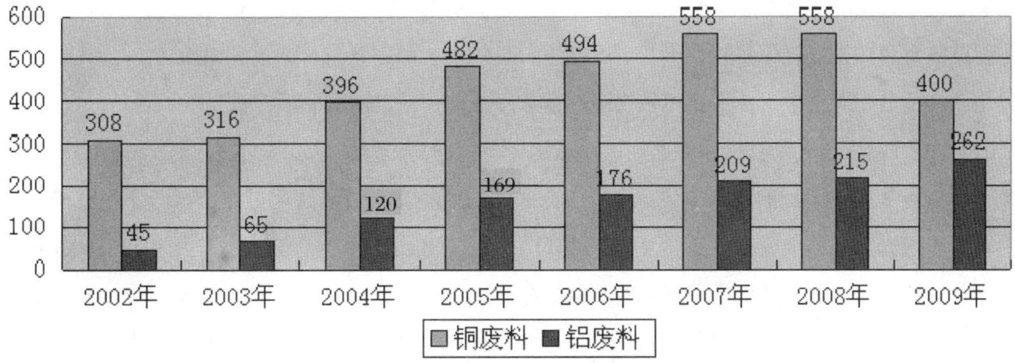

图2　近年来中国废金属进口量

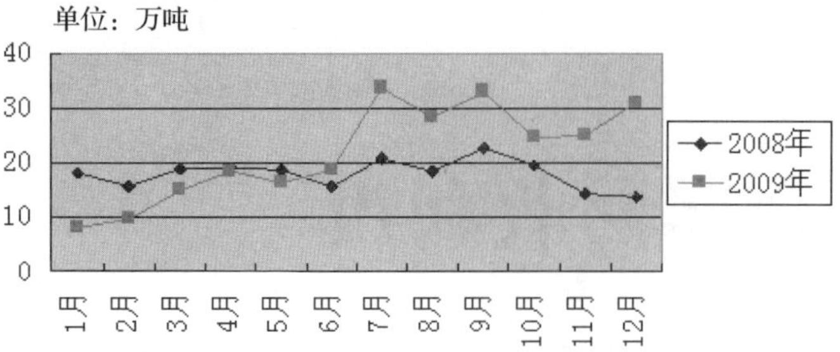

图3　2008年与2009年含铝废料进口走势

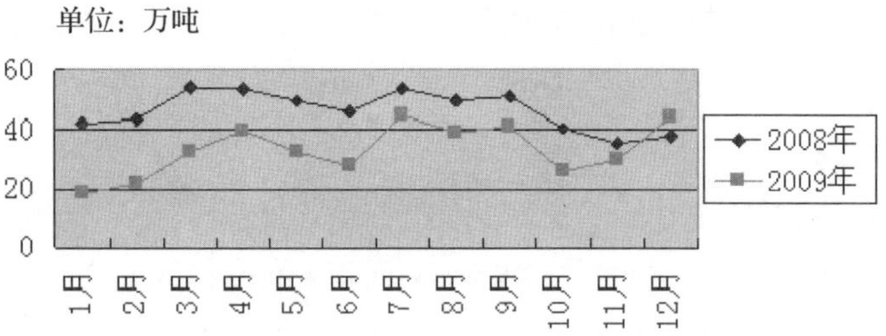

图4　2008年与2009年含铜废料进口走势

增长21.9%；含铜废料400万吨，同期比减少28.3%，详见图2。

目前中国再生铜铝的原料有三分之二左右来自进口，因此，废金属进口是否顺畅是中国再生有色金属产业能否实现持续、稳定和健康发展的重要因素。虽然同受金融危机影响，但2009年中国含铜废料和含铝废料进口呈冰火两重天态势。

受汽车、房地产等行业发展和家电下乡、汽车下乡等政策影响，2009年中国再生铝产业的国内市场需求大幅增长，带动废铝进口相应增长，详见图3。

由图3可见，2009年第一季度、第二季度、第三季度和第四季度的废铝进口量分别是2008年同期的61.9%、100%、153.9%和169.5%。废铝进口的快速增长，反映了再生铝行业从金融危机中的迅速恢复和发展，也说明中国政府一揽子经济刺激计划对再生铝行业发展的重要作用。

与废铝进口迅速恢复不同的是，废铜进口持续低迷，详见图4。

由图4可见，2009年第一季度、第二季度、第三季度和第四季度的废铜进口量分别是2008年同期的52.3%、67.4%、81%和88.3%，造成国内废铜市场原料供应紧张。究其原因，主要是废铜价值高，成份复杂，进口监管难度相对较大。为规范废金属进口秩序，海关部门2009年以来加大了进口查验力度，废金属进口由抽查改为全部倒箱检查，此举在规范废金属进口秩序的同时，也导致废铜进口通关速度慢、成本增加，同时，由于进口废金属拆解的利润率已经很低，加上铜价波动造成的风险大，导致部分企业不得不停止进口含铜废料，行业内出现以电铜代替废铜的现象，所以，尽管铜价已经恢复到金融危机前的价位，但进口废铜仍没有恢复到以前的水平。这也说明中国的废金属进口标准和监管机制急需完善，这是保证再生铜行业持续、稳定、健康发展的重要条件。

国内废金属回收方面，新的再生资源增值税政策自2009年1月1日实施后，由于取消了回收企业的免增值税政策，造成回收企业成本增加，由于成本增加势必向下游转嫁，进一步造成加工利用企业税负加重。同时，由于新的再生资源增值税政策设有两年的过渡期，2009年和2010年回收企业的增值税可分别按70%和50%先征后退，部分地区虚开增值税发票现象依然存在，由于废有色金属价值相对较高，造成行业的严重不公平。国内废金属回收急需规范、鼓励和扶持。

废金属进口标准、监管机制和国内回收政策的不完善，对中国刚刚在全球建立的废金属采购渠道和国内刚刚起步的再生资源回收体系建设都是一个重要考验，当然也不利于中国再生有色金属产业的持续、平稳、健康发展。

（三）行业固定资产投资仍保持较快增长，产能进一步扩大，部分领域产能过剩明显

随着市场回暖，各地对再生有色金属项目投资热情重回高涨，新增产能和新建项目增长迅速。

表1仅为初步统计结果，实际新增和在建项目产能估计至少在450万吨以上。

在再生金属拆解加工园区方面，目前包括进口园区和国内回收交易市场已超过20个，产能超过2000万吨，而经济危机前中国每年进口的有色金属废料总量仅为700万吨左右，产能过剩明显，造成行业无序竞争和投资浪费。

（四）产业升级缓慢，行业深层次矛盾和问题依然存在

技术装备方面：2009年大部分企业忙于应对经济危机，预处理技术、加工利用技术、节能环保等技术研发停滞

表1　部分新建和在建再生有色金属项目

序号	单位名称	规模（万吨）	进度
再生铜项目：			
1	赣州江钨新型合金材料有限公司	12	投产
2	河北大无缝铜材有限公司	12	在建
3	浙江宏马铜业有限公司	5	在建
4	宁波世茂铜业有限公司	10	一期投产
5	黄山兴乐铜材有限公司	6	在建
6	安徽省青阳县九华铜材有限责任公司	6	在建
7	福建鑫宇有色金属制品有限公司	3	在建
8	江西金田铜业有限公司	8	在建
9	江西金龙铜业有限公司	12	在建
10	吉安思瑞再生铜有限公司	3	在建
11	广西有色集团	30	可研
12	西部矿业	20	可研
13	广西某企业	10	可研
小计		**137**	
再生铝项目：			
1	重庆新格有色金属有限公司	30	在建
2	重庆剑涛铝业有限公司	30	在建
3	中铝南海合金有限公司	11	在建
4	湖北金洋冶金股份有限公司	5	试产
5	苏州华美达铝业有限公司	5	试产
6	浙江鑫鼎铝业股份有限公司	6	在建
7	江西雄鹰实业有限公司	12	在建
8	江西万泰铝业有限公司	10	在建
9	江西宏成有色金属有限公司	5	在建
10	茌平县方正铝业有限公司	8.5	在建
11	河南豫联能源集团有限责任公司	10	在建
12	甘肃东兴铝业有限公司	5	在建
小计		**137.5**	
再生铅项目：			
1	湖北金洋冶金股份有限公司	10	在建
2	湖北骆驼蓄电池股份有限公司	10	试产
3	浙江天能动力	10	在建
4	河北奥冠电源有限责任公司	10	在建
5	德兴市益丰再生有色金属有限责任公司	6	在建
6	山东富隆铅业有限公司	15	在建
7	济源市金利冶炼有限责任公司	14	在建
8	新乡市亚洲金属循环利用有限公司	15	在建
小计		**90**	
总计		**364.5**	

不前。

产品结构方面：再生金属仍以初级产品为主，高科技含量、高附加值、高端领域应用产品开发不足。

行业管理水平方面：大部分企业依然采用家族式管理，没有建立现代企业制度，没有建立应对价格波动的风险决策和防范机制，完全凭老板的个人直觉。

产业集中度方面：行业整体规模很大，但平均产能仅三五千吨，产业集中度过低导致在行业规范和管理、技术研发投入、产业升级等方面增加了很大难度。

（五）行业科技创新与技术进步开始启航，但任务艰巨

2009年10月，由中国资源综合利用协会发起、中国有色金属工业协会再生金属分会参与、国家科技部批准成立的中国再生资源行业第一个技术创新战略联盟——“中国再生资源产业技术创新战略联盟”在北京正式成立。联盟得到了政府有关部门和主要再生有色金属企业的广泛关注和支持，将为推动中国再生金属产业技术创新和进步、促进产业升级发挥积极作用。但同时应当看到，联盟的成立仅仅是个良好的开端，特别是对于中小企业占多数的中国再生金属行业，技术的研发、推广和实施仍需要一个较长的过程。

（六）国家进一步重视，行业发展前景看好

2008年再生有色金属行业共有14个项目获得国家国债资金扶持，总额超过1亿元。2009年又有一批示范项目获得国家资金扶持，随着国家对资源循环利用产业的重视，再生有色金属作为资源循环利用的重要领域，行业社会地位将进一步提高，也必将获得国家更大的支持。

2009年5月，国务院发布《有色金属产业调整和振兴规划》，明确提出：着力抓好再生利用，大力发展循环经济；加快建设覆盖全社会的有色金属再生利用体系，支持具备条件的地区建设有色金属回收交易市场、拆解市场；支持有条件的企业建设若干年产30万吨以上的再生铜、铝等生产线；到2011年，再生铜、再生铝占铜、铝产量的比例分别提高到35%、25%，比2008年分别提高6个和4个百分点。

2009年9月，工业和信息化部节能与综合利用司在江西南昌召集主要再生有色金属企业召开座谈会，就《再生有色金属利用专项规划（2009－2015）》广泛征求企业意见。规划以2011年和2015年为目标，在产业规模、产业布局、产业集中度、技术装备、淘汰落后产能、资源综合利用和节能环保方面提出了全面发展目标，并明确了主要任务和保障措施。

此外，国家发改委、环境保护部、商务部、海关总署、税务总局、质检总局等有关部门正在制定和完善行业十二五发展规划、进口再生资源拆解加工园区发展规划、国内再生资源回收体系建设、废金属分类标准修订及进口固废政策等有关规范文件。政府有关部门对行业发展更加重视，行业发展前景看好。

（七）废金属原料供应将进一步趋紧，鼓励废金属进口迫在眉睫

前已述及，废金属原料保障是中国再生有色金属产业能否实现持续、健康、稳定发展的重要因素。

目前，国内回收还无法满足日益发展的中国再生有色金属产业的原料需求，进口废金属在相当长一段时期内仍将是中国再生有色金属产业的主要原料来源，但是：第一，世界各国对再生资源日益重视，废金属输出国对优质资源保护力度不断加大；第二，印度、越南、泰国等东南亚国家的再生金属产业近年来发展迅速，废金属进口税率极低，在国际废金属市场对中国企业造成严重威胁；第三，中国废金属进口不是很稳定。

为此，切实希望政府有关部门增加废金属进口品种、扩大进口范围；进一步完善废金属分类标准；完善和统一废金属进口监管机制；提高通关效率；降低进口成本；减化审批手续。从根本上规范和鼓励废金属进口，促进中国再生有色金属产业发展。

二、中国再生有色金属产业发展前景展望及建议

中国再生有色金属产业经过近些年的快速发展，已经具备了较大规模，具备了产业升级和实现更大发展的基

础，加上国家大力发展资源循环利用产业的历史机遇以及政府的规划和引导，行业前景看好。

（一）前景展望

中国正处于工业化中期，有色金属需求仍将进一步增长；随着中国“世界制造业中心”地位的进一步加强，原料供需矛盾将进一步突出；中国的原生矿产资源原本供应不足，尤以铜为突出，供需矛盾将越来越大。为缓解原生矿产资源的供需矛盾，这是中国再生有色金属行业的优势之一。

同时，再生铜、铝、铅的综合能耗分别只是原生金属的27%、4%和22%。100吨铜精矿最多可以生产30吨阴极铜，同时必然要产生70吨无用的固体废物，而对于废电线电缆、废电机等，则可以做到吃干榨尽，实现完全利用。

（二）建议

环境保护方面：环境保护是任何一个行业发展的前提。再生金属是以各类再生资源为原料的循环经济产业，在加工利用过程中必须避免二次污染，避免给广大人民群众的生命健康造成损害。但我们必须树立“环保就是生命”的理念，下大力气研究烟气治理、粉尘治理、含重金属离子废水治理等技术，提高行业环境保护水平。

产业升级方面：产业升级是决定中国再生有色金属行业能否实现跨越发展的关键因素。产业升级的核心是提高产业集中度，只要产业集中度提高了，技术创新、淘汰落后产能、新产品开发、清洁生产等问题都将迎刃而解。

行业沟通方面：中国再生有色金属行业仍处于成长发展阶段，处于产业持续快速发展与矛盾突显并存的时期。为此，必须充分发挥行业协会的作用，加强企业与政府间的沟通，加强国内国外的交流与合作。

汽车再制造

中国汽车工业协会

“循环经济专家行”汽车零部件再制造专项活动

再制造工程具有巨大的资源、环境和社会效益，是我国构建循环经济、建设资源节约型、环境友好型社会的重要技术支撑，是汽车行业践行科学发展观、发展循环经济的重要途径。

再制造是指将旧机电产品运用高新技术和传统加工手段进行专业化修复或升级改造、使其质量和性能达到原有新品水平的批量化制造过程。再制造可以将修复与制造、回收与利用、生产与流通有机结合起来，基本特征是：毛坯来源于消费过程后的旧产品；采用高新技术手段进行修复；再制造产品技术性能和质量达到原有新品；生产具有批量化的特点；产品销售、质保均按同等型号新品要求。再制造产业对有效扩大内需，加快现代化生产性服务业发展、促进经济又好又快发展有着积极作用。

一、汽车零部件再制造现状

自2008年3月国家发改委在全国启动汽车零部件再制造试点工作以来，除了14家汽车零部件再制造试点单位外，一些未进入试点的单位也开展了汽车零部件再制造的工作。目前企业开展汽车零部件再制造的产品主要包括：汽车发动机、变速箱、发电机、起动机、转向器、机油泵等。2009年各再制造企业实际生产零部件，产值达12亿元。

（一）再制造企业类型

从调研结果看，我国汽车零部件再制造企业发展程度不一，企业类型不同。总体概括来说，可以分为制造企业拓展型（整车厂和零部件厂）、大修企业升级型、销售企业延伸型、制造基地链条型”四类。其中，制造企业拓展型企业主要有：济南复强动力有限公司、上海大众联合发展有限公司、潍柴动力有限公司、广

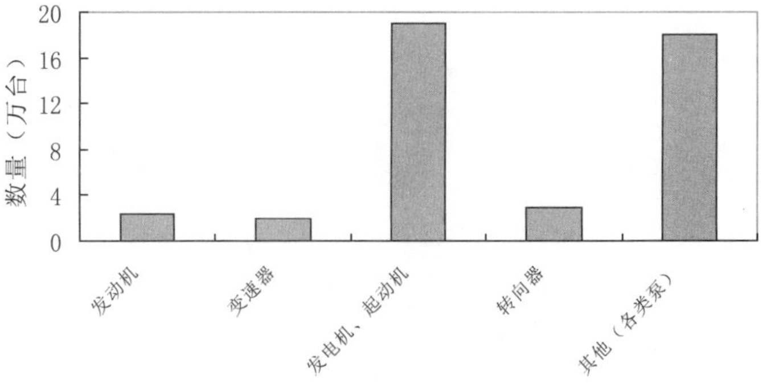

再制造零部件产量

西玉柴机器股份有限公司、奇瑞汽车有限公司、安徽江淮汽车集团有限公司、东风鸿泰控股有限公司、东风康明斯发动机有限公司、陕西法士特汽车传动集团有限责任公司、第一汽车集团公司、江苏柏科（常熟）电机有限公司、浙江万里扬变速器有限公司、广州跨越汽车零部件工贸有限公司等。大修企业升级型代表企业主要有：广州花都全球自动变速箱有限公司、解放军6456工厂。销售企业延伸型企业主要包括武汉千里马工程机械再制造有限公司等。制造基地链条型企业主要包括湖南浏阳再制造工业园等。

（二）汽车零部件再制造试点企业再制造现状

目前，再制造试点企业分别开展了汽车发动机、变速箱、发电机、起动机的再制造，产值达12亿元。各企业对再制造的认识程度、技术水平、生产规模、管理制度、销售渠道各不相同，企业的再制造试点现状主要分为四个层次：

一是再制造试点企业的再制造技术水平和生产能力相对完善，特别是在自主创新中国特色的再制造关键技术、积极拓展再制造市场等方面处于国内领先水平，代表企业是济南复强动力有限公司。该公司是国内第一家从事汽车零部件再制造的企业，2005年被列为国家循环经济重点领域——发动机再制造示范试点企业。公司已形成了以再制造斯太尔发动机为主的二十多个品种再制造发动机产品，已达到年生产各类再制造发动机2万台的能力。该公司通过产学研结合，承担科技部和国家发改委的再制造科研项目，引进吸收了创新再制造关键技术，采用性能提升尺寸恢复再制造模式，确保了再制造产品质量、提升了再制造节能减排效率，形成了一套成熟的发动机再制造工艺。旧件进厂建立了严格的检测鉴定程序，生产过程全面体现清洁生产意识，再制造加工实现了先进的专业化生产，并在国家再制造重点实验室的支持下采用先进表面再制造技术，初步建成具有中国特色的先进发动机再制造技术体系，其中已采用自动化纳米电刷镀、自动化高速电弧喷涂等技术对缸体、缸盖、曲轴、连杆、凸轮轴等10多种零件进行了再制造生产应用，显著提高了旧件再制造率，降低了再制造成本，为国家节能、节材及保护环境等方面做出积极贡献。公司在市场开发方面，出台再制造“亲人”延伸服务等相关政策，拓宽了再制造回收与销售途径；结合我国汽车维修和零部件市场的实际初步建立了一套适合在我国开展汽车零部件再制造市场销售和服务的物流体系。

二是部分企业的再制造技术水平和生产能力已具备一定规模，并具备一定的旧件回收网络和新件销售渠道。但是，再制造模式主要是引自欧美国家的换件和尺寸修理法。代表企业有上海大众联合发展有限公司、广州花都全球自动变速箱有限公司和解放军6456工厂、江苏柏科（常熟）电机有限公司、潍柴动力有限公司。其中上海大众联合发展有限公司1998年启动再制造发动机项目，由上海大众汽车有限公司正式授权定点生产再制造发动机。公司的再制造工艺以德国大众卡塞尔工厂的工艺和标准为基础，公司具有良好的旧件分拣、清洗、尺寸加工和装配等再制造技术；在回收销售物流方面主要依托上海大众分布在全国各地的售后网络，同时建立了一个由几十家经销商构成的销售和回收网络，目前年再制造发动机3000台。广州花都全球自动变速箱有限公司成立于1998年，专业从事自动变速箱等汽车传动系统零部件再制造、自动变速箱零部件再制造设备研发等业务，已获得19家汽车生产厂家或自动变速箱生产厂家的再制造授权。该公司除在广州花都总部外，还建立了上海四惠、上海天脉、长春花都全球3家分公司，并在国内及东南亚建立了33家网络销售服务机构，目前，公司可年再制造自动变速箱近万台。

三是部分企业能够很好地按照实施方案开展试点工作，再制造厂房与生产线建设快、起点高，再制造清洗、加工等设备已初步到位，并初具一定的再制造生产能力，回收和销售未来具有较好的发展潜力。代表企业有广西玉柴机器股份有限公司、浙江万里扬变速器有限公司、奇瑞汽车公司、陕西法士特汽车传动集团有限公司、东风康明斯发动机有限公司。其中浙江万里扬公司变速器公司的再制造业务主要在原来的故障或废旧变速器维修基础上发展起来，目前主要采用换件和尺寸修理法进行再制造，2008年公司再制造变速器9800台。

四是部分企业仍处于规划建设和试生产起步阶段，回收和销售体系还未建立，并存在一定困难。代表企业有一汽集团公司、安徽江淮汽车集团有限公司、东风鸿泰控股有限公司。

再制造标准起草小组第三次工作会议

二、主要推进工作

2009年，在政府有关部门的统领和支持下，行业协会、试点企业和部分非试点企业、有关科研院所齐心协力分别从政策法规、技术攻关、行业管理、市场监管等不同方面和角度力推再制造产业向健康方向发展，做了大量并卓有成效的工作。

（一）启动了汽车零部件再制造产品标准制订工作

制订标准就是“立法”，制订汽车零部件再制造产品标准，使再制造企业有法可依，用户放心使用再制造产品。在国家标准化委员会和汽标委的支持下，先后启动了发动机、变速器、发电机、起动机和转向机技术要求及拆解、清洗、检测分类、装配、包装检测等技术规范和标志、标识技术规范等11个标准，计划2010年底完成报批。试点企业和部分非试点企业对标准编制工作积极报名参加，出资出人，表现出极大的热情。

（二）出台了汽车零部件再制造产品标志

国家发改委环资司委托中国汽车工业协会于2008年10月就启动了汽车零部件再制造产品标志征集工作，在全国范围内233份设计方案中经过专家评审，最后选定了最佳方案。2010年2月国家发改委、国家工商总局联合行文《关于启用并加强汽车零部件再制造产品标志管理与保护的通知》，对维护消费者利益、培育发展再制造产品市场发挥了重要作用。

（三）开展了循环经济专家行汽车零部件再制造专项活动

为了调研再制造试点的情况，总结试点的经验，分析存在的问题，研究推进试点工作还需采取哪些必要措施，国家发改委和中国工程院联合开展了循环经济院士专家行活动。在此基础上特别开展了汽车零部件再制造专项活动，分三次选择了11家试点企业和3家非试点企业（园区）。

院士专家行活动采取看现场、座谈讨论等方式宣讲有中国特色表面工程技术，受到当地政府和试点企业的欢迎。一方面，宣讲、交流了再制造技术；另一方面，了解了发展再制造产业的难点与政策扶植取向，如体现中国特色再制造技术的设备已列入下一步有关部门、行业组织研究解决的重点。院士专家行对促进汽车零部件再制造产业的发展发挥了较大作用。

（四）拓展了试点范围

在国家明确以汽车零部件为再制造试点行业启动试点一年后，2009年，工信部又宣布了机床、工程机械、石油机械、冶金、医疗卫生、办公用具等八大行业35家试点单位，试点行业由一个扩展到九个，试点企业由14家增至49家。试点范围的扩大，提振了汽车行业开展汽车零部件再制造的决心，增强了广大消费者使用再制造产品的信心。

汽车零部件再制造产品标志

三、试点的基本经验

（一）培育再制造产品市场各层面负有不同的责任

再制造在国际上虽有60年的发展历史，但在我国发展时间尚短，处于试点阶段，再制造产品市场发育不健全，需要精心呵护和培育。从一年多的实践看，政府、行业中介组织、企业都有培育的责任，但职责不同。

政府（包括中央与地方）的主要责任：调动各种力量，采取必要的措施，营造良好的舆论氛围，提高广大公民对发展循环经济和开展再制造重要性的认识，并身体力行地带头使用再制造产品，将再制造产品纳入政府采购序列；积极创造有利再制造的法制环境；要抓紧修订国务院307号令；制订促进再制造产业发展的财税政策。

行业协会等中介组织的主要责任：抓紧制订标准；成立再制造分会，并支持其工作；为政府出台支持再制造产业发展的政策做好前期准备工作。

再制造企业的主要责任：生产合格的再制造产品；提供用户满意的售后服务；制订合理的价格，使经销商有利可图，使用户乐意使用。

（二）走产学研相结合的道路是再制造技术创新的重要途径

复强动力所以成为再制造行业的先进典范，各项指标名列前矛，能较早较好地掌握并有效使用有中国特色的再制造关键技术，得益于国家再制造重点实验室的帮助。复强动力技术来源靠再制造重点实验室，同时复强动力又是再制造重点实验室的技术实验阵地，厂校双赢。

其他企业都分别与本省或国家再制造重点实验室挂钩，签订合作协议。从院士专家行了解的情况来看，无一例外，产学研相结合对提升再制造技术水平和产品质量发挥了重要作用。

拆船业循环经济

中国拆船协会

中国拆船协会协办“2009中国废钢铁大会”

2009年是《中华人民共和国循环经济促进法》正式实施的第一年。作为促进发展循环经济重要组成部分的中国拆船业，也在这一年里进入了新的发展阶段。2009年2月，国务院常务会议审议并原则通过《船舶工业调整和振兴规划》，提出了“规范发展拆船业，实行定点拆解”的方针；5月，国际海事组织(IMO)在中国香港召开外交大会，审议通过《2009香港国际安全与无害环境拆船公约》；12月，商务部等八部委联合印发《关于规范发展拆船业的若干意见》，确定了拆船业发展指导思想和目标。2008年爆发的金融危机，冲击了航运业，运力过剩，老旧船舶加速淘汰。低迷多年的拆船业在规范发展的前提下，得到快速复苏。

一、循环利用资源，促进节能减排

2009年，我国拆船业把发展循环经济作为工作重点，按照“减量化、再利用、资源化”的基本原则，利用老旧船舶大量进入拆船市场的机遇，以绿色拆船为宗旨，加速废船资源的循环与综合利用，取得了明显成效。

据统计，2009年中国拆船协会会员企业共计采买各类废钢船442艘，计323万轻吨（1轻吨=1.016吨），其中：进口废船395艘,305.48万轻吨；国内废船47艘,17.55万轻吨。拆解进口和国内废钢船吨位分别比2008年增长近4倍和1.5倍，贸易额超过52亿元人民币。废钢船进口环节增值税和关税合计超过10亿元人民币，比上年增加6.2倍。拆船企业就业人数比金融危机前增加近3倍。各项数据均已超过金融危机前最好的2003年。

（一）废钢船的循环利用

2009年，中国拆船协会会员企业循环利用金属资源295.35万吨，是2008年的 3.65 倍。其中2009年循环利用拆船板材144.72万吨；型材及废钢132.91万吨；各类机电设备14.77万吨；有色金属2.95万吨（见图1）。

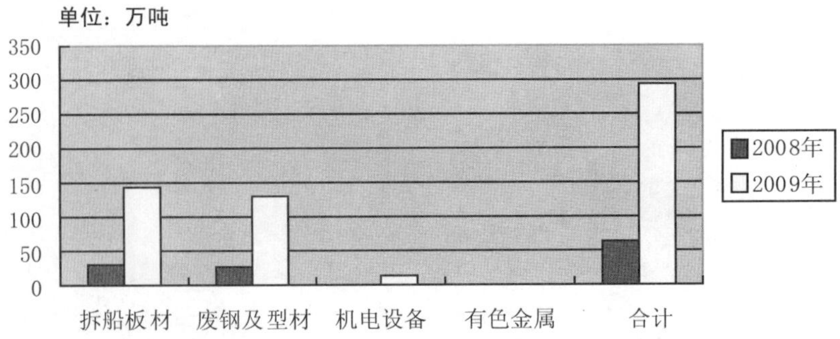

图1　2008年和2009年主要拆船资源回收利用量

（二）拆船业的节能减排贡献

按2008年中国钢铁业平均铁钢比和废钢单耗测算，以2009年拆解废船金属回收量估算，拆船业的节能减排贡献：可节约490万吨精矿粉，减少1247万吨原生铁矿石开采，节约10.15万吨标煤,节约水耗约800万吨，节约溶剂（石灰石）80万吨，减少废渣17.4万吨，节约运力4000～5500万吨，减少二氧化碳排放520万吨。

（三）拆船业的环保投入

据不完全统计，2009年度会员企业在环境保护方面的资金和设施投入超过2000万元人民币，比2008年大幅增加。一年间，行业内新增1家企业通过ISO9001质量管理体系认证，4家会员拆船企业通过ISO14001环境管理体系和OHSMS18001职业健康与安全管理体系的双认证。

二、加强业界合作与交流，促进废船资源循环利用

（一）促进船业循环发展

2009年，为贯彻国务院《船舶工业调整和振兴规划》，中国拆船协会与中国船舶工业行业协会、中国船东协会首次在秦皇岛召开研讨座谈会，共同会商落实规划细则，为促进造船、航运、拆船产业链的可持续健康发展，形成了“共商《船舶工业调整和振兴规划》细则会议纪要”，分别报送国家发展和改革委员会、财政部、工业和信息化部、交通运输部、国家税务总局等有关部门，得到有关部门的重视。

（二）举办国际国内大型研讨会

2009年2月，中国拆船协会配合交通运输部等在上海举办“国际海事组织（IMO）拆船国际研讨会”，探讨废船资源循环利用与环境保护问题。 11月，中国拆船协会协同中国废钢铁应用协会、中国物资再生协会等协会举办了“2009中国废钢铁大会”，为实现低碳经济、促进废钢铁资源循环利用，搭建上下游企业交流与合作的平台。

（三）拆船企业与相关企业间的战略合作得到进一步的深化

2009年，为促进废船物资资源的循环与综合利用，国内拆船企业纷纷与相关企业结成战略合作伙伴关系，如江苏省江阴夏港长江拆船厂、广东省江门市新会双水拆船钢铁有限公司、江门市新会中新拆船钢铁有限公司和天津天马拆船工程有限公司等企业都与国内的一些大型钢铁企业签署了拆船废钢循环利用的战略协议。

三、国家发展循环经济试点企业工作取得新进展

江门市新会双水拆船钢铁有限公司是具有25年专业拆船历史的大型拆船企业，也是国内拆船行业唯一被列入第一批国家发展循环经济试点的企业。近年来，该公司在实行绿色拆船的同时，利用拆船废钢作资源，生产集装箱配件、合作生产船舶配件，初步形成循环经济产业链，推动企业和地区经济的发展。

2009年，公司积极采取灵活的经营策略，抓住废船大量上市的机遇，做到快买船，快拆船，多利用，形成了以

拆船厂貌

拆船厂貌

拆船业为龙头，集装箱箱角、型材、精密钢管为补充的产品结构。通过价格、供销渠道、供货方式和售后服务等优势，努力规避市场风险。全年的拆解废船量、企业销售产值、企业上交税费、经济效益以及员工人均年收入均超历史水平。

2009年，公司累计拆解废船75艘，共计80万轻吨，回收废钢铁资源73万吨，有色金属0.8万吨，机电设备4万吨。利用废钢生产集装箱箱角、型材、法兰等产品近18万吨。企业内循环利用废钢约占25%。2009年企业产值近25亿元，为国家和地方创造利税约3.5亿元。拆船产业链的延伸，提高了社会效益，同时也使企业经济效益得到进一步提高。

2009年4月，公司通过与广东省循环经济试点企业——韶关钢铁集团结成战略合作伙伴，发挥双方优势，较好地解决双方推行循环经济中的链接技术问题，即：拆船公司保障钢铁公司所需的优质废钢资源，钢铁公司利用拆船废钢制造船板材，供应双方合资组建的船舶工程公司，构建了循环经济运行模式，收到较好的效果。

目前，公司在建集装箱箱角第10条生产线，项目建成后，拆船废钢的直接利用量将进一步增大，年产箱角能力可达120万套。产品占国内市场份额将进一步扩大。

四、今后拆船业发展循环经济的重点工作

加强行业建设,实现规范发展。认真组织贯彻落实《关于规范发展拆船业的若干意见》，组织制订拆船业准入条件，实行定点拆解；规范废船拆解安全环保要求，制订行业标准和规范；抓好产业定位，提升产业进步。

强化行业自律，引导企业管理上水平、上台阶。倡导、实践绿色拆船，引导拆船企业建立质量管理、环境管理和职业安全健康管理体系；确立考核拆船企业发展循环经济的指标评价体系；组织推动开展创建“绿色拆船企业”活动。

研究拆船业可持续发展问题。坚持发展循环经济理念，研讨拆船业发展循环经济的基本模式；研究报废船舶定点拆解优惠政策，运用经济手段引导船舶的绿色拆解；鼓励拆船企业加大对下游产品的开发力度，研究开发拆船物资按照市场需求进行深加工和再制造。

示范试点与实践

国家循环经济示范试点名录

国家循环经济示范试点单位（第一批）

一、重点行业

（一）钢铁

鞍本钢铁集团　攀枝花钢铁集团有限公司　包头钢铁集团有限公司　济南钢铁集团有限公司　莱芜钢铁集团有限公司

（二）有色

金川集团有限公司　中国铝业公司中州分公司　江西铜业集团公司　株洲冶炼集团有限责任公司　包头铝业有限责任公司　河南省商电铝业集团公司　云南驰宏锌锗股份有限公司　安徽铜陵有色金属（集团）公司

（三）煤炭

淮南矿业集团有限责任公司　河南平顶山煤业集团有限公司　新汶矿业集团公司　抚顺矿业集团　山西焦煤集团西山煤矿总公司

（四）电力

天津北疆发电厂　河北西柏坡发电有限责任公司　重庆发电厂

（五）化工

山西焦化集团有限公司　山东鲁北企业集团有限公司　四川宜宾天原化工股份有限公司　河北冀衡集团公司　湖南智成化工有限公司　贵州宏福实业有限公司　贵阳开阳磷化工集团公司　山东海化集团有限公司　新疆天业（集团）有限公司　宁夏金昱元化工集团有限公司　福建三明市环科化工橡胶有限公司　烟台万华合成革集团有限公司

（六）建材

北京水泥厂有限责任公司　内蒙古乌兰水泥厂有限公司　吉林亚泰集团股份有限公司

（七）轻工

河南天冠企业集团公司　贵州赤天化纸业股份有限公司　山东泉林纸业有限公司　宜宾五粮液集团有限公司　广西贵糖（集团）股份有限公司　广东省江门甘蔗化工(集团)股份有限公司

二、重点领域

（一）再生资源回收利用体系建设

北京市朝阳区中兴再生资源回收利用公司　石家庄市物资回收总公司　吉林省吉林市再生资源集散市场　湖南汨罗再生资源集散市场　广东清远再生资源集散市场　深圳报业集团

（二）废旧金属再生利用

天津大通铜业有限公司　上海新格有色金属有限公司　河南豫光金铅集团有限责任公司　江苏春兴合金集团有限公司　深圳东江环保公司　广东新会双水拆船钢铁有限公司

（三）废旧家电回收利用

浙江省　青岛市　广东贵屿镇

（四）再制造

济南复强动力有限公司　北京金运通大型轮胎翻修厂

三、产业园区

天津经济技术开发区　苏州高新技术产业开发区　大连经济技术开发区　烟台经济技术开发区　河北省曹妃甸循环经济示范区　内蒙古蒙西高新技术工业园区　黑龙江省牡丹江经济技术开发区　上海化学工业区　江苏省张家港扬子江冶金工业园　湖北省武汉市东西湖工业园区　四川西部化工城　青海省柴达木循环经济试验区　陕西省杨凌农业高新技术产业示范区

四、省市

北京市　辽宁省　上海市　江苏省　山东省　重庆市（三峡库区）　宁波市　铜陵市　贵阳市　鹤壁市

国家循环经济试点单位（第二批）

一、重点行业

（一）钢铁

宝山钢铁股份有限公司　太原钢铁（集团）有限公司　马鞍山钢铁股份有限公司　福建三钢（集团）有限责任公司　重庆钢铁（集团）有限责任公司

（二）有色

葫芦岛有色金属集团有限公司　广西河池市南方有色冶炼有限责任公司　云南铜业股份有限公司　云南锡业集团（控股）有限责任公司　新疆有色工业(集团)稀有金属有限责任公司

（三）煤炭

山西潞安矿业（集团）有限公司　内蒙古伊东煤炭集团有限责任公司　内蒙古庆华集团有限公司　铁法煤业（集团）有限责任公司　黑龙江龙煤矿业集团有限责任公司（鸡西分公司）　安徽皖北煤电集团有限责任公司

（四）电力

江苏宜兴协联热电有限公司　深圳南山热电股份有限公司

（五）化工

山西丰喜肥业（集团）股份有限公司　山西安泰集团股份有限公司　浙江巨化集团公司　广东云浮硫铁矿企业集团公司　云天化集团有限责任公司

（六）建材

江西华春企业集团公司　四川国栋建设股份有限公司

（七）造纸

湖南泰格林纸集团有限责任公司

（八）纺织（印染）

河北唐山三友集团化纤有限公司　青岛凤凰印染有限责任公司　四川宜宾丝丽雅集团有限公司　福建凤竹纺织科技股份有限公司

（九）机械制造

中钢集团西安重型有限公司

（十）农产品加工

内蒙古塞飞亚集团有限公司　江苏省南通鑫缘茧丝绸集团股份有限公司　山东菱花集团有限公司　山东香驰粮油有限公司　贵州茅台酒厂有限责任公司　中粮新疆屯河股份有限公司

（十一）农业（林业）

北京市密云县十里堡镇　黑龙江省望奎县望奎镇　安徽省阜阳市阜南县　河南省沈丘县付井镇　黑龙江伊春市朗乡林业局

二、重点领域

（一）再生资源加工利用基地

天津子牙工业园　河南省大周镇再生金属回收加工区　辽宁省沈阳市再生资源产业基地　江苏省吴江市再生资源回收利用有限公司　江苏中再生投资开发有限公司　安徽省界首市田营循环经济工业区　湖南省郴州市永兴县　陕西省西安市物资回收利用总公司

（二）再生金属回收利用

宁波金田铜业股份有限公司　山东金升有色集团有限公司　厦门钨业股份有限公司

（三）废电子、废轮胎、废电池回收利用

伟翔环保科技发展（上海）有限公司　青岛天盾橡胶有限公司　深圳市格林美高新技术有限公司　湖北金洋冶金股份有限公司

（四）包装物回收利用

盈创再生资源有限公司　四川绵阳长鑫新材料发展有限公司

三、产业园区（重化工集聚区）

天津市临港工业区　大连松木岛化工园区　吉林省四平循环经济示范区　上海莘庄工业园区　苏州工业园　扬州经济开发区　浙江绍兴滨海工业园区　福建泉港石化工业园区　江西永修云山经济开发区　湖北宜昌经济开发区　湖北武汉市青山区　湖南株洲市清水塘工业区　广州经济技术开发区　广东银洲湖纸业基地　海南省昌江循环经济工业区　四川成都市青白江工业集　中发展区　重庆长寿化工产业园区　青海省西宁市经济技术开发区　宁夏宁东　能源化工基地　新疆库尔勒经济开发区

四、省市

天津市　山西省　浙江省　河南省　甘肃省　青岛市　深圳市　邯郸市　阜新市　白山市　七台河市　淮北市　萍乡市　荆门市　榆林市　石嘴山市　石河子市

部委示范试点名录

汽车零部件再制造试点企业

国家发改委

（2008年3月2日）

一、汽车整车生产企业

中国第一汽车集团公司　安徽江淮汽车集团有限公司　奇瑞汽车有限公司

二、零部件再制造试点企业

上海大众联合发展有限公司（上海大众汽车有限公司授权）　潍柴动力（潍坊）再制造有限公司（潍柴动力股份有限公司授权）　武汉东风鸿泰控股集团有限公司（东风汽车公司授权）　广州市花都全球自动变速箱有限公司（东风悦达起亚汽车有限公司等授权）　济南复强动力有限公司（中国重型汽车集团有限公司授权）　广西玉柴机器股份有限公司　东风康明斯发动机有限公司　柏科（常熟）电机有限公司　陕西法士特汽车传动集团有限责任公司　浙江万里扬变速器有限公司　中国人民解放军第六四五六工厂

国家生态工业示范园区

环境保护部

(截至2008年12月31日)

一、通过验收批准命名的国家生态工业示范园区

苏州工业园区国家生态工业示范园区(2008年3月31日）

苏州高新技术产业开发区国家生态工业示范园区(2008年3月31日)

天津经济技术开发区国家生态工业示范园区(2008年3月31日)

二、批准建设的国家生态工业示范园区

贵港国家生态工业（制糖）建设示范园区(2001年8月14日)

南海国家生态工业建设示范园区暨华南环保科技产业园(2001年11月29日)

包头国家生态工业（铝业）建设示范园区(2003年4月18日)

长沙黄兴国家生态工业建设示范园区(2003年4月29日)

鲁北国家生态工业建设示范园区(2003年11月18日)

抚顺矿业集团国家生态工业建设示范园区(2004年4月26日)

大连经济技术开发区国家生态工业建设示范园区(2004年4月26日)

烟台经济技术开发区国家生态工业示范园区(2004年11月22日)

贵阳市开阳磷煤化工国家生态工业示范基地(2004年11月29日)

潍坊海洋化工高新技术产业开发区国家生态工业示范园区(2005年3月31日)

郑州市上街区国家生态工业示范园区(2005年4月21日)

包头钢铁国家生态工业示范园区(2005年12月8日)

山西安泰国家生态工业示范园区(2006年5月18日)

青岛新天地工业园（静脉产业类）国家生态工业示范园区(2006年9月11日)

张家港保税区暨扬子江国际化学工业园国家生态工业示范园区(2006年10月24日)

昆山经济技术开发区国家生态工业示范园区(2006年10月24日)

福州经济技术开发区国家生态工业示范园区(2006年10月24日)

无锡新区国家生态工业示范园区(2006年11月22日)

绍兴袍江工业区国家生态工业示范园区(2006年12月4日)

日照经济开发区国家生态工业示范园区(2006年12月29日)

上海市莘庄工业区国家生态工业示范园区(2007年1月19日)

青岛高新区市北新产业园国家生态工业示范园区(2007年5月16日)

扬州经济开发区国家生态工业示范园区(2007年5月16日)

上海金桥出口加工区国家生态工业示范园区(2008年8月25日)

南京经济技术开发区国家生态工业示范园区(2008年8月25日)

天津新技术产业园区华苑产业区国家生态工业示范园区(2008年8月25日)

昆明高新技术产业开发区国家生态工业示范园区(2008年8月25日)

北京经济技术开发区国家生态工业示范园区（2009年1月7日）

萧山经济技术开发区国家生态工业示范园区（2009年1月7日）

广州开发区（含广州经济技术开发区、广州高新技术产业开发区）国家生态工业示范园区（2009年1月7日）

循环农业示范市

农业部

（2008年）

河北省邯郸市　山西晋城市　辽宁阜新市　山东淄博市　河南洛阳市　湖北恩施市　湖南常德市
江西吉安市　广西桂林市　甘肃天水市

商务部再生资源回收体系建设第一批试点单位

（2006年4月）

北京市（朝阳区中兴再生资源回收利用公司） 天津市

河北省石家庄市（石家庄市物资回收总公司） 山西省太原市

辽宁省沈阳市 吉林省吉林市（吉林市再生资源责任有限公司）

黑龙江省哈尔滨市 上海市 山东省济南市

江苏省南京市 浙江省宁波市 浙江省永康市

福建省福州市 江西省南昌市 河南省郑州市

湖北省武汉市 湖南省汨罗市（汨罗市团山再生资源市场）

广东省清远市（清远再生资源集散市场） 广西区南宁市

重庆市 四川省成都市 云南省昆明市

陕西省西安市（西安市物资回收利用总公司） 新疆区乌鲁木齐市

商务部第二批再生资源回收体系建设试点单位

(2009年6月）

一、城市

张家口市 大同市 赤峰市 铁岭市 长春市 佳木斯市 苏州市 杭州市 马鞍山市 三明市 景德镇市 临沂市 烟台市 潍坊市 漯河市 襄樊市 长沙市 广州市 海口市 内江市 遵义市 玉溪市 拉萨市 汉中市 兰州市 西宁市 银川市 库尔勒市 青岛市

二、集散市场

长春亿北再生资源集散市场 苏北再生资源集散市场

赣粤闽湘区域性再生资源集散市场 江门市嘉能再生资源回收市场

大连废旧金属集散交易市场 马鞍山再生资源集散市场

常州再生资源集散市场 山东德力西再生资源集散市场

浙江慈溪再生塑料产业基地 江西丰城市赣中再生金属集散市场

白银有色集团西北再生金属加工基地

循环经济标准化试点单位

国家标准化管理委员会

浙江蓝天生态农业开发有限公司　大连经济技术开发区

沈阳东北制药集团　重庆三峡库区

广东清远市华清循环经济产业园区　苏州高新技术开发区

灌输泰兴金江化学工业有限公司　河南省鹤壁市

重庆市　四川省成都市　云南省昆明市

陕西省在天之灵市（西安市物资回收利用总公司）

新疆自治区乌鲁木齐市

地方试点名录

北京市

一、区县类

海淀区

延庆县

二、城镇类

昌平区马池口镇

房山区长阳镇

通州区西集镇

三、园区类

北京市朝阳区垃圾无害化处理中心

密云县水源保护区循环农业区

海淀区六里屯循环经济产业园

用友软件园

四、重点领域类

北京格林雷斯环保科技有限公司

北京恒通创新木塑科技发展有限公司

北京青龙河经济技术开发有限公司

北京奥宇可鑫表面工程技术有限公司

北京市华京源再生资源回收市场有限公司

五、企业类

北京太空板业股份有限公司

北京嘉捷博大汽车节能公司

北京燕京啤酒股份有限公司

北京归原生态农业发展有限公司

北京德青源农业科技股份有限公司

北京市琉璃河水泥有限公司

北京御香苑畜牧有限公司

北京古杉生物能源有限公司

北京神雾热能技术有限公司

密云冶金矿山公司

上海市

一、区县

宝山区、青浦区

二、园区

上海金桥出口加工区

上海金山工业园区（金山第二园区块）

庄行综合试点站

老港固废综合处置与资源化基地

长江生态循环农业园区（长江农场）

上海实业东滩园区

三、企业

上海通用汽车有限公司

上海富士施乐有限公司

上海三菱电梯有限公司

上海烟草（集团）公司

绿色工艺编结有限公司

上海电子废弃物交投中心有限公司

金山区畜禽粪便处理中心

新金桥工业废弃物管理有限公司

国际会议中心

申瑞家具有限公司（宜家）

锦江金门大酒店

上海智慧广场

新世界股份有限公司

四、社区

同济大学

崇明县竖新镇前卫村

平和学校

万科朗润园

四平路街道

华师大一附中

寿祥坊小区

天津市

第一批

一、园区

天津经济技术开发区

天津子牙工业园

天津临港工业区

天津华苑产业区

二、企业

天津北疆发电厂

天津大通铜业有限公司

天津挂月集团有限公司

三、小城镇

天津东丽区华明示范镇

第二批

一、冶金

天津天铁冶金集团有限公司

天津荣程联合钢铁集团有限公司

天津友发钢管集团有限公司

二、化工

蓝星（天津）化工有限公司

天津市凯威化工有限公司

天津市腾飞化工总厂

天津联博化工股份有限公司

天津渤大硫酸工业有限公司

天津云海裕森科工贸有限公司

天津长芦汉沽盐场有限责任公司

三、造纸

玖龙纸业（天津）有限公司

四、医药

天津市津康制药有限公司

五、水泥

天津市雍阳减水剂厂

六、食品

天津盘山啤酒厂

七、建筑

天津市津南区建设开发公司

八、建材

裕川建筑材料制品有限公司

九、环保

天津合佳威立雅环境服务公司

十、工业园区

空港加工区

十一、农业园区

天津市青水源生态循环农业示范园区

天津市超跃畜牧养殖有限责任公司

天津市凯润淡水养殖有限公司

天津市水高庄农业科技示范有限公司

宝坻区新开口镇循环农业园

台头镇万亩立体循环农业示范项目

静海县双塘镇西双塘村委会

宁河县农业局种猪场

十二、小城镇

蓟县许家台乡示范小城镇

小城镇　　蓟县邦均镇

小城镇　　天津市汉沽区茶淀镇孟家瞿村

十三、服务业

天津老板娘水产食品物流有限公司

天津市东丽湖地热开发有限公司

重庆市

一、试点区县

涪陵区

二、试点园区

重庆经济技术开发区

永川工业园区（港口组团）

三、试点企业

重庆市涪陵榨菜（集团）有限公司涪陵区农工循环经济产业链、产品链

重庆桂楼食品股份有限公司涪陵区农工循环经济产业链、产品链

重庆三峡果业集团有限公司万州区农工循环经济产业链、产品链

重庆市太白酒厂万州区农工循环经济产业链、产品链

重庆业兴实业集团渝北酒厂渝北区农工循环经济产业链、产品链

南川市绿态丝厂南川区农工循环经济产业链、产品链

重庆天运生物液体燃料有限责任公司忠县农工循环经济产业链、产品链

铜梁县沙心生态食品有限公司铜梁县农工循环经济产业链、产品链

重庆星星套装门有限责任公司开县农工循环经济产业链、产品链

重庆石柱宏达畜产品有限公司石柱县农工循环经济产业链、产品链

中化重庆涪陵化工有限公司涪陵区工业废弃物综合利用

重庆长寿化工有限责任公司长寿区工业废弃物综合利用

重庆松藻煤电有限责任公司綦江县煤炭、电力、煤层气

重庆市邵新煤化有限公司梁平县煤炭、电力、煤层气

重庆同兴垃圾处理有限公司北碚区垃圾资源化发电

重庆拉法基水泥有限公司南岸区余热回收利用发电

重庆长江造型材料有限责任公司北碚区铸造废砂回收加工利用

重庆超科实业发展有限公司南岸区废旧橡胶回收加工利用

重庆顺搏铝合金有限公司璧山县废铝回收加工利用

双钱集团（重庆）轮胎有限公司双桥区橡胶制品

山西省

一、试点市

长治市 运城市

二、试点县

清徐县 永济市 新荣区 朔城区 河曲县 介休市

交城县 平定县 高平市 潞城市 洪洞县

三、试点社区

太原市小店区亲贤社区

新荣区社区管理中心循环经济社区

朔州市禹丰社区

忻州市忻府区长征街办事处社区

吕梁市离石区凤山社区

晋中市榆次区东阳镇

运城市荟萃小区

阳泉市城区新华东街社区

长治市城区演武社区

晋城市城区泰昌社区

临汾市尧都区平阳社区

四、试点园区

太原不锈钢产业园区

同煤集团塔山工业园区

大同医药工业园区

交城经济开发区

太原高新技术产业开发区

武乡县蟠洪循环经济工业园区

金海洋工业园区

夏县庙前镇万亩高效生态农业示范园

山西凤凰山生态植物园区

侯马北方轻工城

五、试点企业

阳泉市南庄煤炭集团有限公司

山西沁新煤焦股份有限公司

山西焦化集团有限公司

山西安泰集团股份有限公司

山西东辉煤焦化集团有限公司

山西天脊煤化工集团有限责任公司

山西合盛工贸有限公司

晋城无烟煤矿业集团有限责任公司

太原化学工业集团有限公司

山西泰尔钢铁有限公司

山西闻喜银光镁业集团有限责任公司

临汾同世达实业有限公司

山西潞宝焦化有限公司

山西兰花煤炭实业集团有限公司

山西三佳煤化有限公司

山西阳泉铝业股份有限公司

平朔煤炭工业公司

山西锌业集团

偏关县晋电化工有限公司

山西省中阳荣欣焦化有限公司

美锦能源集团

高平市兴高焦化有限公司

山西华翔实业（集团）有限公司

山西三联技术产业集团有限公司

中国蓝星集团总公司

运城市鑫源骏达木业有限公司

山西古城乳业有限公司

内蒙古自治区

第一批

内蒙古亿利资源集团

内蒙古黄河工贸集团

内蒙古阿拉善经济开发区

棋盘井工业园区

通辽市科尔沁工业园区（含开鲁园区）

内蒙古托克托工业园区

第二批

中电投蒙东能源集团有限责任公司

乌海市君正科技产业集团公司

鄂尔多斯电力冶金股份有限公司

中盐吉兰泰盐化集团有限公司

华能伊敏煤电有限责任公司

赤峰大吉药业（集团）有限公司

巴彦淖尔紫金有色金属有限公司

内蒙古蒙牛乳业（集团）股份有限公司

内蒙古汇能煤化工工业园区

赤峰市喀喇沁旗锦山工业园区

包头稀土高新技术开发区

希望工业园区

丰镇高科技氟化学工业园区

锡林郭勒盟东乌旗乌里雅斯太工业园区

锡林郭勒经济技术开发区

第三批

赤峰市红山经济开发区

巴彦淖尔市青科乐工业园区

锡林郭勒盟多伦新型工业化化工区

锡林郭勒盟白音华能源化工园区

乌海市经济开发区乌达园区

内蒙古齐华矿业有限责任公司

通辽市霍林郭勒工业园区

内蒙古大唐国际（呼和浩特）资源综合利用基地

包头市石拐工业园区

内蒙古山路煤炭集团

辽宁省

一、重点行业

冶金 石化 电力 煤炭 建材 镁硼

二、重点城市

沈阳市 大连市

营口市 盘锦市

葫芦岛市

三、重点县（区）

瓦房店市 法库县

海城市 南芬区

振安区 黑山县

灯塔市 调兵山市

凌源市 大石桥市

四、重点园区

沈阳化学工业园区

大连长兴岛临港工业园区

抚顺李石生态工业园区

桓仁县农村高效能源示范区

东港经济开发区

锦州经济技术开发区

营口经济技术开发区

阜新城南工业园区

盘锦经济技术开发区

葫芦岛煤炭工业园区

五、重点企业

（一）冶金：

大连金牛有限责任公司

鞍山宝得集团

抚顺新抚钢责任有限公司

北台钢铁（集团）有限责任公司

锦州沈宏集团公司

五矿营口中板有限责任公司

凌源钢铁集团

葫芦岛有色金属集团有限公司

（二）石化：

沈阳化工股份有限公司

中石油大连石化分公司

大化集团有限责任公司

中石油抚顺石化分公司

中石油锦州石化分公司

营口三征有机化工股份有限公司

中国石化辽阳分公司

辽河石油勘探局

辽宁华锦化工集团有限责任公司

中石油锦西石化分公司

（三）电力：

沈阳新北热电有限责任公司

华能大连电厂分公司

大连市热电集团有限公司

铁岭发电厂

（四）煤炭：

沈阳煤业（集团）有限责任公司

阜新矿业集团

铁法煤业（集团）有限责任公司

丹东市海珠煤炭销售有限公司

（五）建材：

辽宁工源水泥（集团）有限责任公司

本溪市福星现代建材有限公司

阜新大鹰水泥制造有限责任公司

朝阳华龙企业集团

（六）镁硼：

海城西洋集团

辽宁中兴矿业集团有限公司

辽宁辽科东达化工有限责任公司

（七）轻工：

中新印染有限责任公司

辽宁华福印染公司

（八）机械：

沈阳重型机械集团有限责任公司

大连重工起重集团有限公司

（九）医药：

东北制药集团有限责任公司

（十）再生资源：

沈阳华瑞钒业有限公司

沈阳秋实物资回收有限公司

大连东达环境工程有限公司

大连东泰产业废弃物处理有限公司

兴城市中兴工业有限公司

凤城化工集团有限公司 辽阳统一企业有限公司

（十一）农业：

丹东大鹿岛海兴集团公司

辽宁田园实业有限责任公司

辽宁乌兰山生物技术有限公司

盘锦鼎翔集团

（十二）其它：

沈阳市奥德燃气有限公司

山东省

一、城市

济南市 青岛市 淄博市 东营市

烟台市 潍坊市 济宁市 威海市

日照市 临沂市

二、园区

济南高新技术产业开发区

青岛畜牧科技示范园

青岛市市北区胶州湾新产业基地

淄博高新技术产业开发区

枣庄市经济开发区

枣庄市高新技术开发区

东营市经济开发区

烟台经济技术开发区

烟台资源再生加工示范区

山东潍坊滨海经济开发区

济宁高新技术产业开发区

泰安华丰循环经济工业园

威海经济技术开发区

日照经济开发区

山东鲁北高新技术开发区

德州晶华集团粉煤灰综合利用工业园

山东东阿工业园区

临沂高新技术开发区

临沂金升有色金属产业基地

菏泽交通集团工业园区

三、企业

（一）济南市

山东山水水泥集团有限公司

中国石油化工股份有限公司济南分公司

济南力诺玻璃制品有限公司

济南二机床集团有限公司

山东黄台火力发电厂

济南玫德铸造有限公司

济南市琦泉热电有限责任公司

济南化肥厂有限责任公司

山东明水化工有限公司

章丘日月化工有限公司

中国重型汽车集团有限公司

章丘华明水泥有限公司

济南市北郊热电厂

济南啤酒集团总公司

济南复强动力有限公司

济南佳宝乳业有限公司

山东建工集团公司

济南锅炉集团有限公司

济南卷烟厂

济南趵突泉酿酒有限公司

（二）青岛市

青岛碱业股份有限公司

青岛钢铁控股集团有限责任公司

青岛啤酒股份有限公司

海尔集团公司

华电青岛发电有限公司

山东黄岛发电厂

青岛琅琊台酒业集团股份有限公司

中国石化集团青岛石油化工有限责任公司

胶南易通热电有限责任公司
青岛胶南明月海藻工业有限责任公司
青岛热电集团有限公司
青岛新天地生态循环科技有限公司
青岛万福集团股份有限公司
青岛东方化工股份有限公司
青岛市城阳区金合养殖有限公司
青岛酒厂有限公司
青岛凤凰印染有限公司
青岛美高集团有限公司
青岛市宝荣水产科技发展有限公司
青岛港（集团）有限公司
青岛正大有限公司
青岛海晶化工有限公司
青岛华东葡萄酿酒有限公司
（三）淄博市
山东铝业公司
淄博矿业集团有限责任公司
中国石化集团齐鲁石油化工公司
山东玻璃总公司
山东东岳化工股份有限公司
山东博汇纸业股份有限公司
山东宝山生态建材有限公司
淄博嘉周热电有限公司
山东东佳集团有限公司
山东联合化工有限公司
山东鲁阳股份有限公司
山东瑞阳制药有限公司
淄博兰雁集团股份有限公司
山东贵和纸业集团有限公司
山东东大化学工业有限公司
南金兆集团有限公司
淄博科丰化工有限公司
淄博市周村同森木业有限公司
淄博博丰复合肥有限公司
淄博万昌集团有限公司
淄博市华联矿业有限责任公司
淄博市临淄鲁恒建材有限公司
（四）枣庄市
山东榴园新型水泥发展有限公司
鲁南中联水泥有限公司
兖矿鲁南化肥厂
枣庄八一水煤浆热电有限责任公司
枣庄华润纸业有限公司
华电国际十里泉发电厂
枣庄矿业集团有限责任公司
山东丰源煤电有限公司
山东大宗集团公司
山东鲁南牧工商联合公司
山东神工化工股份有限公司
（五）东营市
华泰集团有限公司
正和集团股份有限公司
万达集团股份有限公司
东营市天信纺织有限公司
山东利华益集团股份有限公司
山东垦利石化有限责任公司
山东石大科技集团有限公司
山东华星石油化工集团有限公司
山东海科化工有限公司
山东金岭集团公司
利津力能热电有限公司
东营胜动机械有限责任公司
山东胜通集团股份有限公司
东营鑫大地化工有限公司
东营方圆有色金属有限公司
山东德仕化工有限公司
（六）烟台市
烟台万华合成革集团有限公司
烟台氨纶集团公司
山东百年电力发展股份有限公司
龙口矿业集团有限责任公司
山东丛林集团公司
烟台鲁宝钢管有限责任公司
正海集团有限公司
招远金宝电子有限公司

山东玲珑橡胶公司
山东九发集团公司
烟台恒邦集团有限公司
烟台巨力化肥有限公司
烟台张裕集团有限公司
烟台绿环再生资源有限公司
烟台首钢东星（集团）公司
山东国大黄金股份有限公司
招金矿业股份有限公司金翅岭金矿
蓬莱市金冶纳米材料有限公司
蓬莱市海洋生物有限公司
蓬莱市黄金（集团）总公司
山东富尔达空调设备有限公司
山东黄金矿业股份有限公司新城金矿
（七）潍坊市
潍坊亚星化学股份有限公司
山东潍坊发电厂
山东恒联投资有限公司
山东晨鸣集团股份有限公司
山东省联盟化工集团有限公司
山东奥宝化工集团有限公司
潍坊钢铁集团公司
潍柴动力股份有限公司
山东海化集团有限公司
诸城市良丰化学有限公司
孚日家纺股份有限公司
山东昌邑石化有限公司
鲁丽集团有限公司
山东景芝酒业股份有限公司
潍坊新方矿业集团有限公司
寿光蔡伦申兴精细化工有限公司
山东乐化集团有限公司
山东青州云门酒业（集团）有限公司
山东省高密市天恒化工有限公司
颐中烟草（集团）有限公司青州卷烟厂
潍坊汇源实业有限公司
（八）济宁市
菱花集团公司
兖矿集团有限公司
山东里能集团有限公司
山东雪花生物化工股份有限公司
山东太阳纸业股份有限公司
山东鲁抗医药集团有限公司
山东金鲁城有限公司
山东华金集团有限公司
山东昊福集团有限公司
山东民生煤化有限公司
兖矿峄山化工有限公司
济宁矿业集团有限公司
济宁金威煤电有限公司
山东省微山湖矿业集团公司
济宁中银电化有限公司
山东如意科技集团有限公司
兖州银河橡塑集团有限公司
济宁碳素工业公司
山东凯赛里能生物高科技有限公司
（九）泰安市
新汶矿业集团有限责任公司
肥城矿业集团有限公司
山东泰和东新股份有限公司
泰山玻璃纤维股份有限公司
山东石横特钢有限公司
肥城阿斯德化工有限公司
山东飞达化工科技有限公司
山东惠普研石电力股份有限公司
山东岱银纺织集团股份有限公司
山东瑞星化工有限公司
泰山水泥集团有限公司
泰安华丰顶峰热电有限公司
泰安鲁珠水泥有限公司
山东鑫国煤电有限责任公司
泰开电器集团有限公司
山东泰山复合材料有限公司
泰山集团股份有限公司
肥城富源工贸公司
泰安海化新星肥业有限公司

泰安华泰建材有限公司
泰安华新石膏制品有限公司
（十）威海市
三角集团有限公司
华能威海发电有限责任公司
威海热电厂
山东蓝星玻璃集团有限公司
好当家集团有限公司
威海啤酒集团有限公司
威海恒信水泥工业有限公司
成山集团有限公司
威海市第二热电厂
天润曲轴有限公司
乳山市大业金矿
山东威高集团有限公司
文登市第二橡胶厂
山东鸿洋神水产科技有限公司
（十一）日照市
山东日照发电有限公司
日照钢铁控股集团有限公司
山东亚太森博浆纸有限公司
山东洁晶集团股份有限公司
山东日照焦电有限公司
五莲县阳光热电有限公司
海汇集团有限公司
日照鲁信金禾生化有限公司
山东尧王酒业集团有限公司
日照三木木业股份有限公司
山东宝山矿业有限公司
日照海通丝业有限公司
山东永发石业有限公司
山东日照酒业有限公司
（十二）莱芜市
莱芜钢铁集团有限公司
莱芜市泰山阳光电力有限公司
莱芜钢铁集团粉末冶金有限公司
新汶矿业集团有限责任公司鄂庄煤矿
莱芜市泰山阳光水泥有限公司
莱芜泰钢热电有限公司
莱芜钢铁华威工程有限公司
山东鲁碧建材有限公司
莱芜钢铁银山工业有限公司
（十三）临沂市
山东恒通化工股份有限公司
山东金沂蒙集团有限公司
山东阜丰发酵有限公司
山东沂州水泥集团总公司
山东临沂盛能集团股份有限公司
青援食品有限公司
山东省鲁洲食品集团有限公司
山东银麦啤酒股份有限公司
山东冠鲁工业集团公司
山东绿润食品有限公司
山东华丰集团公司
山东宏艺科技有限公司
山东新光股份有限公司
山东正义纺织集团有限公司
山东利丰集团有限公司
山东德利再生资源置业有限公司
泓达生物科技有限公司
山东清华同方鲁颖电子有限公司
临沂新程金锣肉制品有限公司
山东新时代药业有限公司
华盛江泉集团有限公司
沂水大地玉米开发有限公司
（十四）德州市
德州晶华集团有限公司
山东贺友集团总公司
德州沪平永发造纸有限公司
山东德齐龙化工集团有限公司
山东正大纸业有限公司
山东华鲁恒升集团有限公司
山东德棉集团有限公司
山东照东方纸业集团有限公司
华能国际电力有限公司德州电厂
禹城市兴达建材有限公司

山东通裕集团有限公司
山东龙力生物科技有限公司
山东华泰新材料有限公司
禹城福田药业有限公司
皇明太阳能集团有限公司
山东古贝春有限公司
希森三和集团有限公司
（十五）聊城市
山东泉林纸业有限责任公司
山东时风集团有限责任公司
山东凤祥有限责任公司
东阿东昌水泥有限公司
山东省高唐蓝山集团总公司
山东齐鲁味精食品集团有限公司
山东聊城热电有限责任公司
银河纸业有限责任公司
冠州集团股份有限公司
山东东阿阿胶股份有限公司
山东信发铝电集团有限公司
山东聊城鲁西化工集团总公司
阳谷祥光铜业有限公司
高唐县金兴人造板有限公司
山东新嘉华实业集团有限公司
山东科瑞特生物工程有限公司
临清三和纺织集团有限公司
山东三山集团有限公司
（十六）滨州市
山东鲁北企业集团总公司
山东西王集团有限公司
山东滨化集团有限责任公司
山东魏桥创业集团有限公司
山东京博石油化工有限公司
山东齐星集团有限公司
山东滨州渤海活塞股份有限公司
华纺股份有限公司
惠民县光明热电有限公司
山东香驰豆业集团有限公司
山东渤海油脂工业有限公司
山东众和新型墙材有限公司
滨州愉悦家纺有限公司
山东埕口盐化有限责任公司
山东沾化海明化工有限公司
山东省阳信金缘纺化有限公司
山东基德生态科技有限公司
山东万德酒业有限公司
山东珍贝瓷业有限公司
山东沾化海洋化工有限公司
山东明珠集团有限公司
（十七）菏泽市
山东菏泽发电厂
东明县石化集团有限公司
菏泽锦江环保能源有限公司
成武大地玉米开发有限公司
山东银香伟业集团有限公司
菏泽鲁宏水泥有限公司
青岛啤酒（菏泽）有限公司
单县有机化工有限公司
菏泽绿源食品有限公司

河北省

一、城市

（一）地级市
石家庄市 邯郸市
唐山市 廊坊市
秦皇岛市
（二）县及县级市（区）
遵化市 平泉县
涞源县 武安市
邯郸市 峰峰矿区
张家口市察北管理区

二、重点行业

（一）钢铁

石家庄钢铁股份有限公司
邯郸钢铁集团有限责任公司
唐山钢铁集团有限责任公司
宣化钢铁集团有限责任公司
邢台钢铁有限责任公司
承德新新钒钛股份有限公司
（二）化工
河北沧州大化集团有限责任公司
河北盛华化工有限公司
河北粤华化工有限公司
唐山三友集团有限公司
河北华煜化工股份有限公司
河北景化化工有限公司
冀州市银海化肥有限责任公司
（三）煤炭
邯郸市紫山特钢集团有限公司
峰峰集团有限公司
开滦（集团）有限责任公司
（四）电力
国电河北龙山发电厂
（五）建材
冀东水泥股份有限公司
武安市新峰水泥有限公司
（六）轻工
秦皇岛骊骅淀粉股份有限公司
河北衡水老白干酿酒（集团）有限公司
张家口长城酿造（集团）有限责任公司
承德避暑山庄集团有限责任公司
（七）畜牧业
河北省景县津龙良种猪养殖有限公司

三、重点领域

大城县有色金属循环经济试点基地
京东橡胶股份有限公司再生橡胶利用
文安县再生资源回收利用基地

四、产业园区

沧州临港化工园区
石家庄循环经济示范产业基地
廊坊龙河循环经济示范园
保定高新技术产业开发区
秦皇岛经济技术开发区
河北省鸡泽县冀泽生态园
沧州阳光循环经济科技示范园
秦皇岛集发农业生态园
滦县司家营重化产业园
河北西柏坡发电有限责任公司
曹妃甸循环经济示范区
河北冀衡集团有限公司

安徽省

铜陵有色金属集团控股有限公司
淮南矿业（集团）有限责任公司循环经济试点
安徽丰原集团循环经济试点
马鞍山钢铁股份有限公司循环经济试点
安徽海螺集团公司循环经济试点
安徽山鹰纸业股份公司循环经济试点
安徽氯碱化工集团循环经济试点
合肥市城市循环经济试点
马鞍山市城市循环经济试点
芜湖市鸠江区循环经济试点
宁国市县级市循环经济试点
淮南市毛集区循环经济试点
界首市再生铅循环经济产业园试点
安庆市大观民营经济开发区循环经济产业园试点
合肥市庐阳循环经济产业园
临泉县“林、草、牧、沼、菌”农业循环经济试点
合肥市循环经济示范园区（肥东）
宿州市循环经济示范园
五河经济开发区沫河口工业区
安徽省阜阳循环经济园区
阜阳颍上循环经济园区
铜陵农业循环经济试验区
安徽池州东至香隅化工产业园
马鞍山市慈湖经济开发区
舒城县循环经济园

江苏省

一、城市

（一）省辖市

南京市 无锡市 徐州市 苏州市

南通市 常州市 镇江市 扬州市

盐城市

（二）县级市

张家港市 常熟市 江阴市 丹阳市

海门市 泰兴市

二、产业园区

南京化学工业园区

南京经济技术开发区

苏州高新技术产业开发区

江苏扬子江国际冶金工业园

江苏扬子江国际化学工业园

昆山经济开发区

无锡高新技术产业开发区

宜兴环保科技工业园

常州高新技术产业开发区

常州东南经济开发区

南通经济技术开发区

江苏省镇江经济开发区

连云港市化学工业园区

宜兴市昌兴生态型循环农业园区

宝应湖有机农业开发园区

三、企业

（一）冶金

南京钢铁联合有限公司

宝钢集团上海梅山有限公司

江苏锡兴集团有限公司

江阴兴澄特种钢铁有限公司

江苏沙钢集团有限公司

常州市兴昌盛合金制品有限公司

南通宝钢新日制钢有限公司

江苏淮钢集团有限公司

（二）电力

江苏华电扬州发电有限公司

金坛加怡热电有限公司

铜山县新汇热电有限公司

宜兴协联热电有限公司

无锡益多环保热电有限公司

江苏太阳雨太阳能有限公司

南京绿色资源再生工程有限公司

（三）化工

中石化股份有限公司金陵分公司

中石化扬子石油化工股份有限公司

南京红宝丽股份有限公司

江苏北方氯碱集团

江苏灵谷化工有限公司

宜兴市军达化工厂

常熟市江河天绒丝纤维有限责任公司

双狮(张家港)精细化工有限公司

江苏华昌化工股份有限公司

苏州天马医药集团天吉生物制药有限公司

江苏福昌化工残渣处理有限公司

江苏盈天化学有限公司

江苏江东化工股份有限公司

江苏金坛康达有限公司

南通江山农药化工股份有限公司

江苏飞亚化学工业有限责任公司

南通醋酸纤维有限公司

南通文凤化纤有限公司

中石化仪征化纤股份有限公司

江苏联环药业集团有限公司

江苏群发化工有限公司

江苏扬农化工集团有限公司

宝胜集团有限公司

江苏丹化集团有限责任公司

江苏索普（集团）公司

镇江江南化工有限公司

洪泽银珠化工集团有限公司

江苏天士力帝益药业有限公司
江苏安邦电化有限公司
江苏淮河化工有限公司
金湖县国祥工贸有限公司
连云港海水化工有限公司
赣榆县金山化工有限公司
姜堰市化肥有限责任公司
江苏梅兰化工集团公司
江苏陵光股份有限公司
江苏江山制药有限公司
扬子江药业集团有限公司
大丰市劲力化肥有限公司
江苏永林油脂化工有限公司
盐城双昌化工有限责任公司
江苏绿陵化工集团有限公司

（四）轻工

江苏花厅酒业有限公司
东海粮油工业（张家港）有限公司
太仓新太酒精有限公司
江苏昆山协孚人革制品集团有限公司
苏州市相城区江南化纤集团有限公司
常熟市汽车饰件有限公司
鑫缘茧丝绸集团股份有限公司
江苏汤沟两相和酒业有限公司
盐城市华泰纸业有限公司
金东纸业（江苏）有限公司
泰州市东方印刷版材有限公司
江苏三泰啤酒有限公司
江苏洋河酒厂股份有限公司
江苏丝绢集团有限公司

（五）建材

南京三龙水泥有限公司
江南小野田水泥有限公司
中联巨龙淮海水泥有限公司
江苏胜阳实业股份有限公司
无锡海联橡塑五金制品有限公司
江阴泰山石膏建材有限公司
苏州天丰新型建材有限责任公司
中国高岭土公司
江苏华尔润集团有限公司
江苏大亚装饰材料有限公司
仪征市宏图新型建筑材料有限公司
江苏大盛板业有限公司
江苏太平洋玻璃有限公司
江苏太湖巨豪人造板有限公司

（六）再生资源

江苏春兴合金集团有限公司
江苏省物联再生资源有限公司
南京凯燕电子有限公司
南京金泽金属材料有限公司
徐州浩通新材料技术有限公司
江苏万宝铜业集团有限公司
苏州同和资源综合利用有限公司
怡球金属（太仓）有限公司
南通回力橡胶集团有限公司

（七）其他

徐矿集团公司
大屯煤电（集团）有限责任公司
无锡蓝海污泥处理有限公司
无锡华宏生物燃料有限公司
江苏船山矿业股份有限公司
涟水绿壮无公害农产品有限公司

浙江省

一、工业循环经济试点市

湖州市
台州市
嘉兴市
绍兴市

二、工业循环经济试点县（市、区）

杭州市萧山区
杭州市滨江区

宁波市镇海区

宁波市宁海县

温州市龙湾区

温州市乐清市

金华市永康市

衢州市龙游县

丽水市云和县

舟山市定海区

三、工业循环经济试点园区（块状经济）

杭州经济技术开发区

杭州建德大洋工业功能区（马目）

宁波再生金属资源加工园区（废旧金属再生利用）

宁波宁海工业园区

温州扶贫经济开发区

嘉兴工业区大桥产业组团（化工）

嘉兴桐乡市州泉工业区（化纤、橡胶等4个专业区块）

绍兴市袍江工业区（医药、建材、热电）

绍兴诸暨市山下湖镇珍珠产品加工园区

绍兴诸暨市大堂袜业产业区（袜业）

绍兴诸暨市店口镇循环经济试点区域（五金产业）

绍兴县绿色食品工业园区（食品）

金华市工业园区（冷轧、医药、化工）

金华东阳横店集团控股有限公司（电子、医化企业群）

湖州安吉县竹产业科技创业中心（竹制品、竹木机械）

台州市金属再生工业基地（废旧金属再生利用）

台州国家级浙江省化学原料药基地（临海区块）

衢州经济开发区东港工业园区（化工、造纸）

衢州龙游县经济开发区（化工）

衢州巨化片区循环经济实验区（巨化、市高新园区、开发区等）

丽水经济开发区水阁园区（合成革、革基布）

舟山海洋食品工业产业园区（水产加工）

四、工业循环经济试点企业

（一）杭州市

杭州卷烟厂

杭州胡庆余堂投资有限公司

佑康食品集团有限公司

浙江海穆钢铁服务有限公司

杭州欣达混凝土有限公司

杭州西湖啤酒朝日（股份）有限公司

正大青春宝药业有限公司

浙江省南都电源动力股份有限公司

杭州电化集团有限公司

杭州龙山化工有限公司

杭州高新（滨江）水务有限公司

浙江永泰纸业集团有限公司

杭州富春江化工有限公司

浙江鑫富生化股份有限公司

浙江蜂之语蜂业有限公司

杭州杭联热电有限公司

建德市大洋化工有限公司

浙江新安化工有限公司

淳安县千岛湖新安矿产有限公司

杭州锦江集团杭州大地环保有限公司

(二)宁波市

北仑发电有限公司

中华纸业有限公司

宁波阿克苏诺贝尔化学有限公司

宁波牡牛纸业有限公司

金轮集团

浙江杭州湾印染有限公司

宁波中集物流装备有限公司

奉化市茂森竹业有限公司

（三）温州

温州冶炼总厂

伟明集团有限公司

华仪电器集团有限公司

浙江圣雄皮业有限公司

金狮啤酒集团有限公司

（四）嘉兴

民丰特种纸股份有限公司

平湖景兴纸业

浙江新都水泥公司

嘉兴市芽芽水泥有限公司

浙江华友钴镍材料有限公司

浙江京马电机有限公司

嘉兴市富林化纤厂
嘉兴市振申绝热材料厂
浙江大华包装集团公司
海宁宝圆染化有限公司
嘉兴市中华化工有限公司
民丰集团秀州纸业有限公司
桐乡福利造纸厂
浙江振大水泥有限公司
（五）湖州
浙江超威电源有限公司
浙江美欣达印染集团股份有限公司
长兴金泉米业有限公司
浙江山鹰建材集团
德华集团控股股份有限公司
湖州狮王精细化工有限公司
升华集团控股有限公司
浙江五龙化工股份有限公司
安吉圣氏生物制品有限公司
浙江久立集团股份有限公司
浙江欧美环境工程有限公司
浙江长三角建材有限公司
湖州世纪清固体废物处置中心
浙江长广集团水泥分公司
（六）绍兴
浙江绿环橡胶粉体工程有限公司
浙江新和成股份有限公司
浙江蓝星科技有限公司
海亮集团有限公司
上峰集团有限公司
绍兴第二印染有限公司
绍兴爱德新型建筑材料有限公司
绍兴振亚纺织集团
绍兴新民热电
绍兴中成热电有限公司
浙江阮仕珍珠股份有限公司
浙江盾安集团有限公司
上虞热电有限公司
（七）金华
兰溪大明化工厂
浙江武义神龙浮选有限公司
浙江华莱氨纶有限公司
横店集团家园化工有限公司
浙江普洛化学有限公司
金华立信医药化工有限公司
义乌市义南纸业有限公司
浙江金华康恩贝生物制药有限公司
浙江兴达钢带有限公司
（八）衢州
浙江虎山集团有限公司
浙江江山化工股份有限公司
浙江龙游绿得农药化工有限公司
浙江绿源木业股份有限公司衢州分公司
衢州衢通废弃资源回收公司
江山虎霸集团
浙江红火实业集团有限公司
（九）舟山
舟山兴业有限公司
金鹰股份有限公司
（十）台州
台州发电厂
台州市椒江热电有限公司
浙江联化科技股份有限公司
台州齐合天地金属有限公司
浙江仙居车头制药有限公司
浙江仙琚制药股份有限公司
浙江石梁啤酒有限公司
玉环县海洋化学生物有限公司
浙江佳诺水泥有限公司
浙江海正药业股份有限公司
浙江中环物资再生利用公司
（十一）丽水
浙江松寿堂中药有限公司
丽水市南平革基布有限公司
浙江利马革业有限公司
浙江众发实业有限公司
浙江奇尔茶叶有限公司

浙江宏庆祥铜业有限公司
燕京啤酒浙江丽水有限公司
浙江省云和县振鹏实业有限公司
浙江省坤骏纸业有限公司
浙江欧科木业有限公司

（十二）省属企业

杭州钢铁集团公司
巨化集团公司

福建省

福建炼油化工有限公司
福建省三钢(集团)有限责任公司
厦门翔鹭化纤股份有限公司
柯达(厦门)有限公司
厦门华夏国际电力发展有限公司
紫金矿业集团股份有限公司
厦门钨业股份有限公司
福建省南纸股份有限公司
福建省青山纸业股份有限公司
福建石化集团三明化工有限责任公司
福建纺织化纤集团有限公司
厦门通士达照明有限公司
福建省东南电化股份有限公司
福建省南平嘉联化工有限公司
永安智胜化工有限公司
福建省邵武化肥厂
福建水泥股份有限公司炼石水泥厂
福建龙麟集团有限公司
福建建明建材集团三明市新型建材总厂
福建华意新型建材有限公司
泉州市建友新型墙材有限公司
泉州市泉堡新型墙材开发有限公司
厦门万里石板材有限公司
麦特（福建）新型建材有限公司
福建福人木业有限公司
福建省光泽沪千人造板制造有限公司
福建省建阳武夷味精有限公司
三明市环科化工橡胶有限公司
福建省圣农实业有限公司
厦门如意集团有限公司
森宝（龙岩）实业有限公司
福建凤竹集团有限公司
福建众和股份有限公司
福州华冠针纺织品有限公司
福建糖业股份有限公司
龙岩卓越新能源发展有限公司
福建省闽南能源发展有限公司
福建省平潭长江澳风电开发有限公司
福建省石狮热电有限责任公司
晋江创冠环保资源开发有限公司
福建省三安钢铁有限公司
福建宏玮鞋塑有限公司
石狮市华宝海洋生物化工有限公司
福建雪津啤酒有限公司
福建电气硝子玻璃有限公司
福建吴航不锈钢制品有限公司
屏南鑫磊晶体有限公司
龙海市多棱锯条有限公司
莆田市华港制油有限公司
莆田市三江化学工业有限公司

江西省

江西永修云山经济开发区
南昌高新技术产业开发区
江西丰城工业园区
江西信丰工业园区
江西黎川工业园区
江西宜黄工业园区
江西莲花工业园区

广东省

一、重点行业

（一）机电

广州丰田汽车有限公司

广汽丰田发动机有限公司

广东省海丰县机械工业总公司

广东风华高新科技股份有限公司

广东四会互感器厂有限公司

（二）轻工

广州珠江啤酒集团有限公司

青岛啤酒(珠海)有限公司

金威啤酒(东莞)有限公司

肇庆蓝带啤酒有限公司

广州珠江钢琴集团有限公司

广东志诚冠军集团有限公司

茂名市凯利环保热能设备有限公司

广州造纸集团有限公司汕头市龙湖区鑫隆纸类制品厂

广东鼎丰纸业有限公司

清远市威利邦木业有限公司

阳东绿源人造板有限公司

广州白云山制药股份有限公司

广州白云山化学制药厂

广东肇庆星湖生物科技股份有限公司海丰肉联厂

海丰县海发食品贸易公司

海丰县溢盛针织厂有限公司

佛山市南海稳德福无纺布有限公司

开平市花皇淀粉厂有限公司

广东省丰收糖业发展有限公司

广东大华糖业有限公司

安利（中国）日用品有限公司

荷力胜（广州）蜂窝制品有限公司

（三）能源

广州明珠C厂发电有限公司

广州保税区广保电力发展有限公司

广州红鹰能源科技有限公司

广州热力有限公司

广州大学城能源发展有限公司

广州市旺隆热电有限公司

广州恒运东区热力有限公司

（四）有色金属

兴宁市金雁电工有限公司

广东高要河台金矿

广东凌丰集团有限公司

（五）石油化工

中国石化股份有限公司茂名分公司

广州珠江轮胎有限公司

广州珠江化工集团有限公司广州制漆厂

广州市康明硅橡胶科技有限公司

珠海得米化工有限公司

广州市粤首实业有限公司

云浮市宝利硫酸有限责任公司

（六）建材

广东塔牌集团蕉岭县鑫达旋窑水泥有限公司

蕉岭县龙腾旋窑水泥有限公司

茂名市油城牌水泥有限公司

云浮市粤云新型石材有限公司

云浮市亨达利水泥制品有限公司

潮州绿环陶瓷资源综合利用有限公司

（七）钢铁

广东省韶关钢铁集团有限公司

广州珠江钢铁有限责任公司

联众（广州）不锈钢有限公司

广东省韶铸集团有限公司

（八）其它

广州广信江湾新城大酒店

广东省第二工人医院

二、重点领域

（一）再生资源回收利用体系建设

广州番禺绿由工业弃置废物回收处理有限公司

广州广汽丰绿资源再生有限公司

肇庆市鼎湖区莲花镇经济发展总公司

江门市长优实业有限公司

广州市万绿达物资回收有限公司

广州天河奥特农化新技术有限公司

东莞市方达环宇环保科技有限公司

广东建航电池连锁有限公司

（二）建筑节能

招商地产广州金山项目、广州世贸中心大厦、深圳振业城

（三）环保产业

东莞市博海环保资源开发有限公司

三、产业园区

广州开发区

东莞石龙（始兴）产业转移工业园

石龙信息产业园

广东银洲湖纸业基地

中山火炬高新技术产业开发区阳西工业园

肇庆市亚洲金属资源再生工业基地

佛山市南海国家生态工业示范园区

广东西樵纺织产业示范基地

四、区（县）

云浮市云安县

五、试点城市

广州

深圳

佛山

东莞

江门

汕头

广西壮族自治区

广西柳州钢铁（集团）公司

中铝广西分公司

广西鱼峰集团有限公司

柳州化学工业集团有限公司

南宁糖业股份有限公司

燕京啤酒（桂林漓泉）股份有限公司

广西八一（集团）有限责任公司

广西金河集团有限责任公司

南丹县吉朗矿冶有限责任公司

广西维尼仑股份有限公司

和来宾河西工业园区

南丹有色金属冶炼工业园区

北海市合浦东园家酒厂循环经济产业示范园

湖北省

一、重点行业

（一）冶金

大冶有色金属公司

湖北新冶钢公司

鄂州吴城钢铁有限公司

（二）化工

湖北宜化集团有限责任公司（包括湖北楚星化工股份有限公司、枣阳化工工业有限公司、浠水县福瑞德化工有限责任公司）

湖北楚源精细化工集团股份有限公司

沙隆达集团公司

武汉有机实业股份有限公司

武汉青江化工股份有限公司

湖北省黄麦岭磷化工集团公司

宜昌兴发集团有限责任公司

湖北祥云化工股份有限公司

湖北洋丰股份有限公司

湖北三新磷酸有限公司

荆州市博尔德化学有限公司

湖北开元化工科技股份有限公司

利安隆生物化学有限公司

竹溪创艺皂素有限公司

潜江市仙桥化学制品有限公司
湖北益泰药业有限公司
（三）建材
葛洲坝股份有限公司水泥厂
华新水泥股份有限公司
湖北基立环保板材有限公司
（四）电力
鄂州发电有限责任公司
（五）轻工
华润雪花啤酒（武汉）有限公司
武汉远东绿世界集团有限公司
赤壁晨鸣纸业有限责任公司
安琪酵母股份有限公司
湖北稻花香集团
（六）汽车
东风汽车股份有限公司铸造分公司

二、重点领域

（一）废旧金属再生利用
湖北金洋冶金股份有限公司
荆门市格林美新材料有限公司
（二）再生资源回收利用体系建设
湖北衡德环保设备制造有限公司
湖北鑫丰再生资源有限公司
荆州市物资再生利用管理总公司

三、产业园区

武汉市东西湖工业园区（国家第一批试点单位）
武汉市青山区环保产业基地
宜昌经济技术开发区三峡磷化产业区
荆门市高新技术产业开发区

四、市、县

荆门市
谷城县

河南省

第一批

安钢集团
平煤集团
天冠集团
安阳化工
安阳高新技术产业开发区
三门峡湖滨农业生态园区
义马市

第二批

一、**城市**
三门峡市
巩义市
二、**园区**
沈丘付井镇农业产业发展区
大周镇再生金属回收加工区
淇县畜禽产业园区
上街区铝工业园区
新郑市煤炭综合开发区
鹤壁市山城区牟山工业集中区
桐柏碱硝化工产业园区
新乡（七里营）纸制品工业园
三、**企业**
（一）煤炭
鹤壁煤业（集团）有限责任公司
永城煤电集团有限责任公司永夏矿区
河南超越企业集团
（二）电力
郑州裕中能源有限责任公司
（三）冶金
伊川电力集团总公司
济源市金马焦化有限公司
河南济源钢铁（集团）有限公司
灵宝市金源矿业有限责任公司
灵宝豫赣多金属综合回收有限公司
（四）化工
中国神马集团有限责任公司
河南省中原大化集团有限责任公司
河南骏化发展股份有限公司

河南金鼎化工有限公司
河南省世纪金源化工有限责任公司
（五）建材
郑州新登企业集团有限公司
（六）制药
辅仁药业集团有限公司
河南天方药业股份有限公司
开封制药（集团）有限公司
（七）造纸漯河银鸽实业集团有限公司
（八）农产品加工
河南漯河双汇实业集团有限公司
北徐集团有限责任公司
（九）农业
河南省内乡县牧原养殖有限公司
河南省黄泛区实业集团（农业）
河南省花花牛集团
河南恒友牧业有限责任公司
灵宝市生源农业有限责任公司
（十）领域
郑州市污水净化有限公司
安阳市龙悦湾玉花苑住宅小区

四川省

一、试点市

成都　绵阳
攀枝花 泸州
广安　内江

二、试点县

成都：邛崃市 金堂县　青白江区
绵阳：涪城区 江油市 三台县
德阳：绵竹市 什邡市
乐山：井研县 五通桥区
内江：威远县 隆昌县
眉山：洪雅县 彭山县
攀枝花：仁和区 西区
南充：顺庆区 蓬安县
资阳：简阳市 乐至县
雅安：名山县　天全县
遂宁：射洪县　船山区
自贡：富顺县
广安：广安区 岳池县
宜宾：翠屏区 长宁县
泸州：叙永县 龙马潭区
凉山州：冕宁县 甘洛县 盐源县
广元：剑阁县 苍溪县
达州：大竹县 万源县
巴中：通江县 南江县

三、试点企业

川化集团公司（化工）
攀钢集团成都钢铁有限公司（钢铁）
四川国栋建材集团有限公司（建材）
四川高宇集团有限公司（化工）
四川星河建材有限公司（建材）
四川天赐医药科技有限公司（化工）
安县纸业有限公司（轻工）
翰通生物能源有限公司（化工）
剑南春集团公司（轻工）
林辰实业集团公司（化工）
宏达股份有限公司（建材）
金路集团公司（化工）
广安发电有限责任公司（电力）
广能集团公司（煤炭）
爱众投资控股集团有限公司(化工、建材)
恒立化工有限公司(化工)
华威建材有限公司(建材)
银泰控投有限公司（建材）
川威集团公司（钢铁）
内江天科化工有限责任公司(化工)
长安化纤有限股份公司(化工)
五粮液集团公司(轻工)
宜宾天原公司(化工)

丝丽雅集团公司(化工)
泸州老窖集团公司(轻工)
合江蜀能电力有限责任公司
攀钢集团公司 (钢铁)
成洪磷化工有限责任公司(化工)
金象冶金化工股份有限公司（化工）
眉山丰华纸业有限公司（轻工）
中国南车集团资阳机车厂（机械）
四川省阆洲醋业有限公司（轻工）
达州钢铁集团公司（钢铁）
川投峨眉山铁合金（集团）有限公司（钢铁）
永丰纸业股份有限公司（轻工）
川沱曲酒股份有限公司（轻工）
普宁化纤科技有限公司（化工）
'美丰股份有限公司
宝兴微纳粉体有限公司（有色）
川北玻璃厂（化工）
南江矿业集团有限公司（有色）
宏旺实业有限公司（建材）
科瑞德新材料有限责任公司（有色）
鸿鹤化工股份有限公司（化工）
四川雪宝乳业公司
顺庆区农业开发有限公司
嘉陵区农业科技开发公司
岳池县九龙公司
万千集团公司
天华农业科技发展有限公司
德富隆实业有限公司
青川川珍实业有限公司
蒙顶山皇茶茶业有限公司

四、试点园区

（一）工业集中区
绵阳经济技术开发区（绵阳市）
遂宁城南工业集中区（遂宁市）
五粮液工业生态园区（宜宾市）
泸州老窖罗汉基地生态园区（泸州市）
隆昌县工业集中区（内江隆昌县）
华蓥市工业集中区（广安市）
自贡市工业集中区（自贡市）
眉山市工业集中区（眉山市）

（二）农业生态园区
绵阳科技城现代农业科技示范区（绵阳市）
成都金堂农业生态园区（成都金堂县）
敦煌科技农业生态园区（成都都江堰市）
龙泉驿区生态园区（成都龙泉驿区）
南充顺庆农业科技示范园区（南充顺庆区）
南充凤垭农业科技示范园区（南充嘉陵区）
雁江农业生态示范园区（资阳市）
资中县农业生态示范园区（内江资中县）
岳池县农业生态示范园区（四川广安市）
罗江县天马山农业生态园区（德阳市罗江县）

云南省

云锡集团（控股）有限责任公司
云南冶金集团总公司
云南铝业股份有限公司
昆明钢铁集团有限责任公司
云南铜业集团有限公司
云南铜业股份有限公司
云天化集团有限责任公司
云南煤化工集团有限公司
云维集团有限公司
临沧市晶莹糖业有限责任公司
祥云飞龙实业有限公司
云南云景林纸股份有限公司
云南省曲靖化学工业有限公司
云南省陆良化工实业有限公司
海燕橡胶有限股份公司(化工)

陕西省

一、试点园区

西安经济技术开发区
韩城龙门生态工业示范区
神府经济开了区锦界工业园区
宝鸡高新技术产业开发区

二、试点企业

神东神华电力有限责任公司
陕西三秦能源有限公司
陕西正元粉煤灰综合利用有限责任公司
陕西龙门钢铁（集团）的限责任公司
陕西东岭集团股份有限公司
韩城黑猫焦化有限责任公司
汉中八一锌业有限责任公司
陕西旬阳鑫业矿业有限公司
青岛啤酒西安汉斯集团有限公司西安公司
蒲白矿务局
黄陵矿业有限公司
彬县煤业总公司
韩城黑猫炭黑有限公司
北元化工有限责任公司
陕西城化股份有限公司
榆林炼油厂
镇安县秀山水泥有限责任公司
陕西秦岭水泥（集团）有限责任公司
陕西福天宝科技有限公司
西安市物资回收利用总公司

甘肃省

嘉峪关市
金昌市
武威市
白银市
兰州市西固区
平凉市崆峒区
金川集团有限公司
酒泉钢铁（集团）有限责任公司
白银有色金属（集团）有限责任公司
兰州西固石化工业科技园
兰州高新技术产业开发区空港循环经济产业园
金昌市东部化工园区
中科院白银高技术产业园
中石油兰州石化分公司
甘肃稀土集团有限责任公司
甘肃刘化（集团）有限责任公司
甘肃祁连山水泥集团股份有限公司
腾达西北铁合金有限责任公司
窑街煤电公司劣质煤热电厂
兰州连城铝业有限责任公司
西北永新涂料集团公司
甘肃华能平凉发电有限责任公司
天水星火机床有限公司
靖远煤业有限责任公司
国电靖远发电有限公司
金昌水泥（集团）有限责任公司
甘肃金昌化工（集团）有限责任公司
武威市全圣实业集团纸业有限责任公司
甘肃锦世化工有限责任公司
中国核工业总公司四〇四厂

宁夏回族自治区

自治区循环经济试点单位(第一批)

一、试点城市

石嘴山市

二、试点产业园区

银川望远工业园

三、试点企业

宁夏赛马实业股份有限公司

宁夏昌鑫新型建材有限责任公司

宁夏金昱元化工集团有限公司

宁夏沙湖纸业（集团）有限公司

宁夏万胜生物工程有限公司

宁夏贺兰山铁合金有限责任公司

神华宁夏煤业集团有限责任公司太西洗煤厂

宁夏中卫市万国企业有限责任公司

宁夏固原试验区金泉有限责任公司

自治区循环经济试点单位(第二批)

一、试点城市

平罗县、中宁县

二、试点产业园区

石嘴山工业园区、中卫美利工业园区

三、重点试点领域

宁夏房地产开发集团有限公司、宁夏供销社再生资源有限公司

四、试点企业

中电投宁夏青铜峡能源铝业集团有限公司、中冶美利纸业集团有限公司、神华宁夏煤业集团太西电力有限责任公司等23家

新疆维吾尔自治区

一、试点园区

米东化工园区（化工　乌昌地区）

石河子北化工园区（化工　石河子市）

二、试点企业

新疆八一钢铁股份有限公司（钢铁　乌鲁木齐市）

稀有金属有限责任公司（有色　阿勒泰地区）

新疆阿希金矿（有色　伊犁州）

艾维尔沟煤矿（煤炭　乌鲁木齐市）

中国国电集团新疆红雁池发电有限责任公司（电力　乌鲁木齐市）

新疆天山电力股份公司玛纳斯发电分公司（电力　昌吉州）

中国石油天然气股份有限公司独山子石化分公司（化工　克拉玛依市）

新疆中泰化学股份有限公司（化工　乌鲁木齐市）

新疆天山水泥股份有限公司（建材　乌鲁木齐市）

新疆青松建材化工（集团）股份有限公司（建材　阿克苏地区）

新疆特变电工股份有限公司（机电　昌吉州）

新疆众和股份有限公司（机电　乌鲁木齐市）

新疆博湖苇业股份有限公司（轻工　巴州）

新疆四方糖业有限责任公司(轻工　伊犁州)

新疆天山纺织（集团）有限责任公司(纺织　昌吉州)

新疆金纺纺织股份有限公司(纺织　乌鲁木齐市)

新疆金业报废汽车回收（拆解）有限公司(贸易　乌鲁木齐市)

新疆中太肉联有限公司(贸易　克拉玛依市)

新疆制药厂(医药　乌鲁木齐市)

新疆维吾尔药业有限责任公司(医药　乌鲁木齐市)

青岛市

一、市南区（园区1个，企业2个）

园区：青岛软件基地产业园

企业：

青岛市团岛污水处理厂

解放军第4808工厂

二、市北区（企业1个）

企业：青岛三元集团股份有限公司

三、四方区（企业2个）

企业：

青岛华钟制药有限公司

青岛泰能燃气集团有限公司

四、李沧区（企业1个）

企业：一汽解放青岛汽车厂

五、崂山区（城区，企业3个）

城区：崂山区

企业：

崂山玻璃有限公司

青岛天人环境工程有限公司

青岛晓阳工贸有限公司

六、黄岛区（城区，园区2个，企业3个）

城区：

黄岛区

园区：

青岛西海岸出口加工区

黄岛区电镀工业园

企业：

青岛金晶股份有限公司

青岛国风药业股份有限公司

青岛中达化纤有限公司

七、城阳区（城区，企业6个）

城区：

城阳区

企业：

青岛南车股份有限公司

青岛喜盈门集团有限公司

青岛青特集团有限公司

青岛安邦炼化有限公司

山东山水水泥集团青岛分公司

青岛颐安泰科技有限公司

八、即墨市（园区1个，企业1个）

园区：

即墨经济开发区

企业：

山东即墨黄酒厂

九、胶州市（园区1个，企业1个）

园区：

胶州经济开发区

企业：

青岛龙发热电有限公司

十、胶南市（园区2个，企业2个）

园区：

胶南经济开发区

青岛临港经济开发区

企业：

青岛胶南荏原电力有限责任公司

隆海·海之韵国家大生活用海水示范小区

十一、平度市（园区1个，企业3个）

园区：

平度经济开发区

企业：

山东黄金集团平度黄金有限公司

青岛百乐食品有限公司

青岛北苑胜利家具有限公司

十二、莱西市（园区2个，企业2个）

园区：

莱西经济开发区

莱西新天地资源再生产业基地

企业：

青岛九联集团股份有限公司

莱西市孙受镇蒲湾泊村

十三、青岛保税区和青岛保税物流园区（园区2个）

宁波市

一、县（区）：

宁海县 镇海区。

工业园区：

浙江余姚工业园区

宁海临江开发工业园区

鄞州投资创业中心（园区）

宁波化工园区

二、乡镇（街道）：

小曹娥镇 黄家埠镇

莼湖镇 强蛟镇

爵溪街道 云龙镇

集仕港镇 慈城镇

九龙湖镇 小港街道

三、企业：

宁波舜江水泥有限公司

宁波华林橡胶工业有限公司

浙江华鑫化纤集团公司

浙江杭州湾纺织品有限公司

宁波众茂杭州湾热电有限公司

宁波华星轮胎有限公司

重啤集团宁波大梁山有限公司

宁波海山纸业有限公司

浙江东亚线缆有限公司

宁波万冠熔模铸造有限公司

宁波格兰特制冷设备制造有限公司

宁波国泰科技发展有限公司

宁波恒泰草制品有限公司

宁波雅戈尔日中纺织印染有限公司

宁波东海集团有限公司

金田铜业

宁波乐金甬兴化工有限公司

宁波德泰化学有限公司

申洲织造有限公司

宝新不锈钢公司

示范试点单位

国家循环经济试点市

阜新市循环经济

阜新市发展和改革委员会

市委、市政府按照党中央提出的发展循环经济，建设资源节约型和环境友好型社会的战略，结合阜新市经济转型，提出以创建国家循环经济试点市为契机，大力发展循环经济，并取得积极进展。

一、阜新市基本情况

阜新市位于辽宁省西北部，东连沈阳，西接朝阳，南邻锦州，北交内蒙。全境东西长170km，南北宽84km，面积10335平方公里。阜新市有设施完善的铁路、公路网和现代通讯网络，是东北地区的重要交通节点和辽西、蒙东地区的重要交通枢纽。阜新市下辖五区、二县，另设经济技术开发区和高新科技产业园区。全市人口193万，其中城市人口78万。

截至2005年，全市共发现各类矿产46种，其中煤炭保有资源储量8.1亿吨；煤层气保有220亿立方米；金矿保有资源储量4452吨；硅砂保有资源储量20亿吨。2009年阜新市地区国民生产总值为286.24亿元。预计2012年，阜新市生产总值将突破700亿元。

阜新市经济发展长期严重依赖于煤、电等资源性行业，属于典型的资源依托型经济。随着资源的逐步枯竭，老工业基地的资源与发展的矛盾日益凸现，“十五”期间阜新市被列为我国“经济转型试点城市”。阜新市以此为契机，在如何利用循环经济理念、将资源枯竭型城市逐步建设成为可持续发展城市方面开展了许多尝试，产业结构逐步优化，以重点行业、重点企业为突破口，相继开展重大节能、节水工程，实施清洁生产，由以煤为主的单一产业结构逐步向多元化产业格局转变。2008年阜新市被列为国家“循环经济试点城市”。

二、发展循环经济工作情况

煤层气发电机组

35万机组脱硫装置

近年来，阜新市的循环经济发展势头很快，2007年底被确定为国家农业循环经济示范城市。全市已有省级循环经济试点企业4个、省级循环经济试点园区1个。循环经济项目在各领域中均得到实施。经过多年的努力，阜新市的循环经济建设已经取得了初步进展，特别是在农业循环经济、工业废弃物综合利用等方面取得了较大进展，2009年工业用水重复利用率达到80%，工业固体废弃物综合利用率达到62%，城市垃圾无害化处理率达到83%，这三项比2005年水平提高了10个百分点。产业结构进一步优化，2009年农业产业增加值达到63.67亿元，占全市GDP的比重达到22.3%。

污水处理厂沉淀池

（一）组建工作机构，形成工作机制

成立了阜新市循环经济工作领导小组，领导小组组长由市长亲自担任，领导全市循环经济工作的开展。循环经济工作领导小组下设办公室，具体负责落实循环经济发展的各项工作，全方位推进循环经济发展。

（二）制定政策规划，加强政府引导

先后编制了《阜新市循环经济发展规划》及《阜新市循环经济试点实施方案》、《阜新市农业循环经济发展规划》及《阜新市农业循环经济实施方案》等专门规划和实施方案。其中《阜新市循环经济发展规划》已经市人大常委会审议通过。制定了《关于开展资源节约活动的实施意见》、《阜新市建设节约型社会实施意见》、《阜新市节能减排工作方案》、《阜新市重点用能单位节能管理暂行办法》、《阜新市粉煤灰综合利用管理办法》、《阜新市推进循环经济发展专项资金管理暂行办法》等一系列管理办法和实施办法，通过财税、土地、资金等各个方面的措施，形成有利于促进循环经济发展的政策环境。市政府还设立了循环经济发展专项资金，专项用于推进循环经济发展，引导、扶持典型企业和重大循环经济项目的节约降耗、清洁生产、环保产业、资源综合利用、新能源和可再生能源开发利用等方面工作的开展。

（三）实施城市转型，优化产业结构

作为经济转型试点，阜新市城市转型工作取得了重大的阶段性成果，以煤炭为主的单一产业结构逐步向多元化产业格局转变。第一产业已逐渐由原来的以粮食种植业为主向种植业、畜牧业、林果业并举方向发展。第二产业中装备制造和食品加工业快速发展，逐步改变了原来经济发展单纯依赖于煤炭和电力的状况。第三产业中现代物流业、信息咨询业开始起步，逐渐改变了以餐饮、娱乐业为主的低层次结构。阜新市经济发展中的三产结构以及产业内部结构都得到进一步优化。

（四）点线面全方位推进循环经济发展

阜新市在开展循环经济工作过程中，根据自身情况和发展趋势，对本市的工业循环经济体系进行了系统的规划，以“点、线、面”逐步全面推进循环经济发展。

首先，以重点企业为突破口，推出20家重点循环经济企业。这些企业要具有一定规模、要建立健全清洁生产机制，节能审计和节能减排工作能够具体落实执行到位，企业具有较好的发展潜力，并在国家技术发展政策鼓励范畴之内。同时还需要取得了较好的经济、环境和社会效益，能够带动全市循环经济的发展。如阜新市美中鹅业工贸有限公司主要经营鹅、鸭等家禽收购、屠宰加工及产品销售、熟食产品加工，以“公司+基地＋农户”的经营模式，形成了以市场牵龙头、以龙头带基地、以基地连农户的产供销一条龙、农工贸一体化的产业化格局，实现了鹅业废弃物的高附加值利用。

其次，通过发展循环经济，实施传统产业技术升级和发展接续产业。完善煤电建、煤电化、煤化工、装备制造和农业产品深加工5条产业链。通过延伸主导产业链，形成以农业和农产品加工、煤炭深加工和高新技术产业为主导的接续产业格局，推动工业体系向循环型产业转型，实现地区经济跨越式发展。

阜新市在发展循环经济中，非常重视产业合理的空间布局。根据当地的资源条件、环境容量、自然条件、交通状况和基础设施特点，以产业链为基础，形成8个特定产业类型的各具特色的工业园区，使企业共生发展，形成区域循环经济产业带。另外，阜新市还根据农业、林业、畜牧养殖业的具体情况，建设了若干个农林牧业生产基地。

（五）发展循环经济，完善产业链条

2009年阜新市完成循环经济项目77项、以循环经济为主要生产内容的企业有395家，循环经济涉及的行业有化工、建材、建筑、电子、纺织、电力及热水生产供应、矿业开采、食品、酿造、屠宰、养殖、农产品加工、供水、农村能源工程等10多个行业门类。典型项目有煤矸石热电项目、粉煤灰综合利用项目、矿井水开发项目、煤层气开发项目、风电项目。

随着《阜新市循环经济发展规划》等各项规划的实施，“煤电建”等五个产业链条将得到进一步完善，各链条之间的耦合将进一步合理。一是煤—电—建产业链：重点发展煤矸石及煤层气发电、矿井水综合利用、以及煤矸石和粉煤灰为主的新型建筑材料等。二是煤电化产业链：依靠阜新市强大的电力能源优势，并利用当地丰富的石灰石、土地、水等资源积极发展以电石为原料的氯碱化工产业，提高产品附加值。三是煤化工产业链：充分利用蒙东的煤炭，以发展石油替代产品和有机化工产业为主线，构成清洁燃料和煤制烯烃及下游产品两条产业链，使煤化工产业成为阜新经济转型的重要的新的接续替代产业，实现阜新资源型城市经济转型。四是装备制造产业链：依托现有资源，以汽车配件及风电配套设备生产为主要发展方向。实施“错位发展、优势互补”的战略，围绕沈阳经济区、辽宁省及东北地区打造装备制造业基地。利用再生资源回收利用体系，加大废钢铁以及机械加工废钢屑回收和再利用的力度，为铸造提供原料。五是农林产品加工及资源化利用产业链：包括以提高附加值为主的农产品的深加工；以提高资源利用效率为主的农林废弃物的资源化利用。

同时，建立了全市循环经济项目库，共储备项目160个，其中34个项目已经进入《循环经济试点实施方案》，作为重点项目在未来五年试点工作中争取得到国家和省的支持。

（六）推行节能减排，实施清洁生产

阜新市以重点行业、重点企业为突破，相继开展重大节能、节水工程，实施清洁生产。2009年，全市实施清洁生产的企业总共5家。提出的清洁生产方案总数为5个，削减COD5366万吨，削减$SO_2$5089 吨，实现废水“零排放”企业共29家，总投资累计315.5万元。

阜新电厂

（七）开展综合利用，提高资源效率

近年来，阜新市把废弃物的综合利用作为循环经济的重要环节，通过积极扶持重点行业和企业，大力实施综合利用改造项目。已建成的项目有阜矿集团的煤层气开发利用项目、矿井水开发项目、煤矸石发电项目；盛泰燃气煤层气民用及车用项目；泰山石膏板项目；深博粉煤灰综合利用项目；兴华商仝有限公司商品粉煤灰项目；风力发电项目；碧光污水处理厂污水深度处理再利用项目；辽宁田园利用农业废弃物生产褐茹项目；阜新天合环保建筑材料厂隧道窑烧结煤矸石砖余热发电（供暖）生产线项目等。其中利用煤矸石、粉煤灰发展新型建材等方面取得很大成果，年产新型建材折合标砖达15.6亿块。

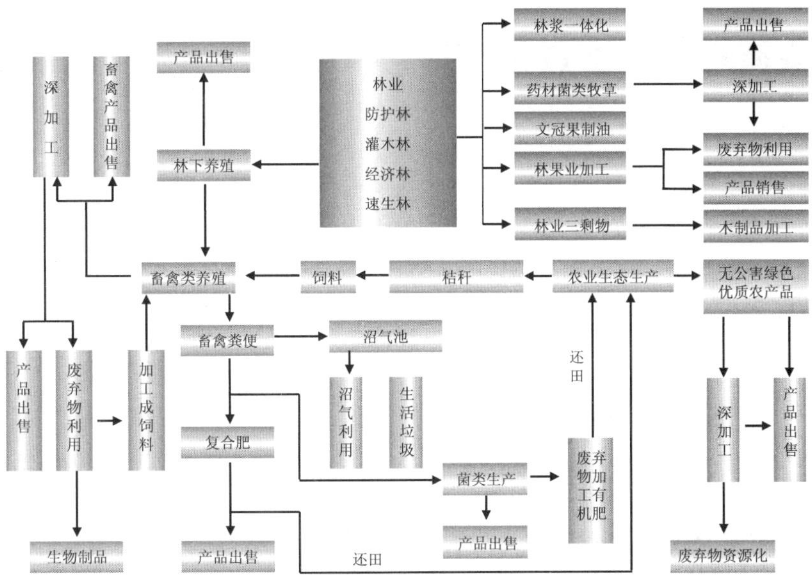

阜新市农业循环经济发展链条

在农业循环经济建设方面，阜新市农业秸秆和畜禽粪便的产生量以及林业三剩物的资源化利用潜力都十分巨大。阜新市重点构建了五条产业链，即农产品深加工产业链、畜禽类养殖及深加工产业链、林产品深加工产业链、食用菌产业链、利用农业废弃物生产沼气产业链。上述五条产业链围绕着阜新市新农村建设同步进行。

（八）加强生态保护，建设园林城市

阜新市以建设国家级生态示范市为目标，大搞植树种草，强化风沙治理，推进封山禁牧，加强“三大工程、两大体系、三个基地、一条林带”建设，提高了全市生态建设水平。通过资源利用、矸石山绿化等方式加大对矸石山的治理力度，对矿区废弃地进行复垦，恢复生态环境；在农村加强了河滩绿化和荒山绿化，强化自然保护区建设，对章古台、老鹰山和关山等自然保护区进行保护性开发；在城市加强了环城绿化带、大外环绿化带、路网绿化带和环水系绿化带建设；加强了城市绿地、湿地和水系建设，实施了河流治理，增加了水面，改善了城市环境，促进了人与自然的和谐发展。“生态园林城市”和“清洁卫生城市”建设取得成效，荣获了“中国人居环境范例奖（水环境治理优秀范例城市）”和省级“园林城市”等。

（九）提升研发能力，推进技术进步

结合经济转型实际，阜新市在煤矸石、粉煤灰、煤层气（瓦斯）、矿井水综合利用，风能综合利用技术，玉米芯综合利用技术、人工湿地污水处理技术、利用秸秆和粪便生产食用菌和有机肥技术、农业节水技术以及化工行业的废渣、废气、废水综合利用技术或无害化处理技术等方面进行了大力扶持和重点引导。其中由阜新华农食用菌科技发展有限公司与中国农业科学院农业自然资源与区域所共同研制开发的特色食用菌白灵菇“中农1号”具有自主知识产权，在中国食用菌业为首创，2005年通过辽宁省科技厅的科技成果鉴定，达到了国内领先水平。这些措施推进了科技成果的应用和转化，促进了节能产品的更新换代，加强了科技对节能减排的支撑和引领作用。

（十）切实加大发展循环经济的宣传力度

在《循环经济促进法》颁布实施之际，2009年1月筹备、组织参加了《循环经济促进法》电视大赛；2009年3月14日参加“辽宁省循环经济发展论坛暨‘突破辽西北’战略研讨会”，为阜新市发展循环经济创造了良好的舆论氛围。

国家循环经济试点市

鹤壁市循环经济

鹤壁市发展和改革委员会

2009年1月，鹤壁市组队参加国家学习《循环经济促进法》电视大赛，荣获华中赛区冠军和全国总决赛亚军。图为国家发改委解振华副主任为鹤壁代表队颁奖

鹤壁市作为国家首批循环经济试点市，坚持把发展循环经济作为走新型工业化道路、转变经济发展方式的重要战略举措。经过几年来的大力发展，以资源综合利用为特征的循环经济发展形成了一定规模，初步形成了煤电化材、食品加工、金属镁等循环经济产业链。

试点以来，规划实施了总投资102亿元的77个循环经济重点项目，截止目前，已竣工59个，在建18个，累计完成投资80.9亿元。其中2009年新开工了总投资16亿元的15个循环经济项目，谋划储备了总投资54.4亿元的40个循环经济项目，正在进行前期准备工作。一大批循环经济重点项目的竣工投产，取得了很好地经济效益、环境效益和社会效益，有力促进了该市循环经济的发展。2009年，全市万元GDP能耗比上年下降8.93%，降幅位居全省首位；工业固体废弃物综合利用率达到91%，比全国平均水平高出近25个百分点，化学需氧量和二氧化硫削减超额完成省定“十一五”目标，全市饮用水源地水质达标率为100%，城市环境空气质量优良率达到92.6%，创历史最好水平。先后被确定为国家循环经济标准化试点城市、全国可再生能源建筑应用示范城市。鹤壁市循环经济取得的主要成效及做法是:

一、围绕综合利用和产业链延伸，强力推进项目建设

根据国家产业政策，针对我市主导产业，通过拉长产业链条、推动产业间相互衔接、围绕废弃物开发新产品、创新生产工艺等措施，使资源得到充分利用，初步形成了煤电化材、食品工业、金属镁等循环经济产业链。

煤电化材产业方面，重点发展煤变电、煤化工和煤电废弃物综合利用等循环产业链。围绕煤电生产过程中产生的煤矸石、粉煤灰、煤层气、矿井水等废弃物利用，建设的2×13.5万千瓦综合利用热电厂，不但每年可消耗煤泥、劣质煤70万吨，而且替代原有46台分散运行的小锅炉集中供热后，年节约标煤15万吨，减排二氧化硫400多吨。该电厂所产生的21万吨灰渣全部制成陶粒砂及砌块，可减少灰场占地300亩。建设的10个大型煤矸石烧结砖和粉煤灰制品项目，年产12亿块标砖，年消耗120万吨煤矸石和45万吨粉煤灰，不仅消耗掉全市当年新产生的煤矸石和部分粉煤灰，每年还可再利用往年堆存的煤矸石50万吨左右。在矿区规划建设的22台瓦斯发电机组项目，已建成16台，全部建成后年可抽采瓦斯2338万立方米，发电6600万度，使全市90%的煤层气实现综合利用。建设的年处理3290万吨矿井水综合利用项目，可全部处理全市煤矿当年产生的矿井水，并基本满足电厂三期和鹤煤综合利用热电厂冷却水的需要。所建电厂全部建设脱硫设施，年可减排二氧化硫4.5万吨。同力水泥公司利用电厂粉煤灰、废渣作为新型干法水泥的掺和料，年消耗粉煤灰和废渣50万吨，利用水泥煅烧过程中的余热，建设的2×0.9万千瓦发电厂，可满

2009年4月，鹤壁市成功承办第七届中国粉煤灰、矿渣及煤矸石加工与应用技术交流大会

2009年6月，鹤壁市举办学习《循环经济促进法》和《节约能源法》电视大赛

足自身用电量的40%左右，年节约标煤5.6万吨。2009年，全市工业固体废弃物综合利用率达到91%。

食品加工产业方面，围绕畜牧养殖业和食品加工业产生的粪便、下脚料等废弃物综合利用，建设了19家有机肥厂，2个大型沼气站和7座沼气发电站，正在建设的沼气发电站8座，年产有机肥40万吨，沼气1200万立方米，年发电2200万度。全市规模化畜禽养殖企业全部完成“无害化和资源化利用”工程，其中大用公司利用鸡血生产血源性生物活性蛋白项目，综合利用鸡血1万吨，可消化周围150公里范围内屠宰生产线产生的鸡血，大用公司和永达公司利用鸡骨生产骨素蛋白生物制品项目，大大提高鸡血和鸡骨的利用价值。围绕种植业废弃物利用，建设了年消耗20万吨玉米秸秆的生物发电厂，并以诺华美生物制品、泰新秸秆科技、恒隆态等企业为重点，利用玉米芯和玉米秸秆分别提取醣清、低聚木糖，开发环保型造纸原料、新型有机肥。通过上述措施，全市农业废弃物综合利用率达到90%。

金属镁产业方面，利用新型水煤浆冶炼法和蓄热式还原炉技术改革传统工艺，使能源综合利用率提高2倍，吨镁成本降低2500元，能耗和环保达到国内先进水平。同时，利用金属镁废渣和煤矸石等废料生产耐火材料和新型陶瓷滤料，使金属镁产业循环链条得到进一步完善。

二、围绕节能降耗和污染减排，推进资源消耗和污染物减量化

围绕节能降耗，大力推进节能技改项目建设，实施的30个节能项目全部完工后，可节约标煤59.4万吨，实现减排二氧化硫9800余吨，减排二氧化碳150万吨。大力推广先进成熟的节能技术、工艺和设备，推行合同能源管理，发展低碳经济。在煤炭行业，大力推广三级计量网络和能源统计台帐管理办法；在金属镁行业，大力推广先进冶炼工艺；在生态农业方面，大力发展户用沼气和大中型沼气及沼气发电工程，开发利用新型能源。围绕污染减排，重点抓好大气和水污染治理，大气治理以电力行业为重点，所有电厂全部建设脱硫设施，全市二氧化硫减排4.5万吨。水污染治理以畜牧养殖和食品加工业为重点，大力推广“无害化处理和资源化利用技术”，使全市畜牧养殖和食品加工业废水基本实现综合利用。围绕节约型城市建设，推进污水处理、垃圾处理、中水回用、地热利用等工程，建筑工程新型墙体材料设计使用量不低于70%，严格按照建筑节能65%的标准建设节约型住宅小区，开展低碳社区试点工作。推进再生资源回收利用体系建设，在山城区、鹤山区开展试点，在先行试点的基础上，在全市全面展开。

三、抓示范企业和示范园区建设，着力发挥示范带动效应

围绕企业节能降耗、资源综合利用、产业链延伸，坚持抓示范企业和示范园区建设，建设了一批循环经济试点企业和循环经济试点园区。鹤煤热电厂、维恩克公司、大用公司、绿佳公司等企业在同行业中发挥了很好的示范引领作用；鹤煤公司被确定为河南省第二批循环经济试点企业。遵循产业布局相对集中、上下游产品连接紧密、资源能源循环利用、废物排放最少的原则，合理构建循环经济产业链，实现资源共享和副产品互换的产业共生组合，进一步提升循环园区发展层次和水平。淇县畜牧业循环经济产业区和宝山循环经济产业集聚区被确定为河南省循环经济试点园区，正按试点园区方案有序推进。同时积极推进节能环保产业园建设，大力培育发展环保产业。

四、完善监督保障机制，强化政府责任

发展循环经济，不仅要靠市场来调节，还要靠政策机制作保障，进一步强化各级政府在发展循环经济中的责任。一是完善政策措施。在认真抓好《鹤壁市循环经济建设规划》和试点《实施方案》贯彻落实的同时，建立健全了推进循环经济发展的目标责任、评价考核和激励约束机制，把循环经济评价指标纳入各县区、有关部门和企业责任目标考核范围。出台了鼓励循环经济发展的若干政策规定，设立了循环经济项目贷款贴息专项资金。二是建立技术创新机制。鼓励支持重点企业与大专院校、科研单位联合，加大技术和产品开发力度，着力突破循环关键链接技术和节能降耗技术。成功研制了从玉米棒芯中提取醣清、从玉米秆芯中提取低聚木糖技术、秸秆生产天然气、粉煤灰生产陶瓷、从鸡血中提取生物活性蛋白等一批新技术。成立了循环经济协会和循环经济工程技术服务中心，加强与省内外专家和企业的交流，不断提高循环经济发展水平。2009年4月，成功承办第七届中国粉煤灰、矿渣及煤矸石加工与利用技术交流大会，并与（国家）建筑材料工业技术情报研究所签订了战略合作协议书。三是加大环保执法力度。关小促大，全部关闭“新五小、十五小”企业，促进资源向优势企业集中。四是注重宣传培训。多次邀请专家举行循环经济讲座，在党校干部培训班中设置循环经济相关课程，编印了《鹤壁市循环经济知识读本》，创办了“鹤壁市循环经济网”等。2009年1月，鹤壁市组队参加了国家学习《循环经济促进法》电视大赛，荣获华中赛区冠军和全国总决赛亚军。同年6月，鹤壁市举办了学习《循环经济促进法》和《节约能源法》电视大赛，8支代表队参加了电视大赛，3500多人参加了笔试赛，营造了良好的舆论氛围。在每年6月份的全市“节能宣传月”活动中，通过设置宣传展板、展示新型产品、开展知识竞赛等措施，调动全民参与节能减排的积极性和主动性。

典型项目：

大用公司肉鸡循环经济示范项目。该公司是一家集畜禽良种繁育、养殖、饲料生产、食品研发加工、冷链销售、物流配送、兽药疫苗研发生产、包装彩印为一体的特大型民营企业集团。近年来，大用公司积极贯彻落实科学发展观，探索出一条以科技为支撑点，由传统畜牧业向畜牧业循环经济转变的发展之路。围绕废弃物实施和规划了一批循环经济项目（如下表），在实现生态养殖和加工上，将养殖、深加工过程中产生的下脚料如畜禽粪便、有机污水、鸡毛、鸡血、鸡骨等全部实施了循环利用。项目实施后每年处理畜禽粪便30万吨，处理动物血水20万吨，处理羽毛30000吨。可实现年产值5亿元，利税8000万元，减排污染物50万吨。解决1000余人的就业问题，同时可有效解决50万吨废弃物的污染问题，实现零排放的循环发展。

大用公司实施和规划的循环经济项目

序号	项目名称	作用和意义
1	年产3万吨酶力肽加工项目	已实施，解决屠宰过程中的鸡羽毛处理问题
2	年产5000吨骨素加工项目	已实施，解决屠宰过程中的鸡骨处理问题
3	年处理1万吨鸡血血源性生物蛋白项目	已实施，解决屠宰过程中的鸡血处理问题
4	年产15万吨生物有机肥项目	已规划，解决养殖过程中的鸡粪处理
5	年加工1万吨蛋壳综合开发项目	已规划
6	淘汰鸡无害化生物法生产鸡源复合蛋白项目	解决养殖加工过程中淘汰鸡的处理问题
7	特大型养鸡场以沼气工程为纽带的循环经济模式示范	已实施，鸡粪为主要原料的沼气生产技术，沼液、沼渣的规模化利用进行研究，建立以鸡粪生产沼气和沼液、沼渣高效利用的标准化技术体系
8	污水处理站技术改造项目	已实施，有效降低污水处理站能耗
9	冷库技术改造及制冷机房余热利用项目	已实施，有效降低冷库的能耗，提高了制冷效率
10	特大型标准化养殖场节能改造工程项目	已实施，引入湿帘蒸发降温技术等先进节能技术，大幅度降低能耗
11	优质标准化肉鸡养殖小区建设暨地热采暖工程项目	已实施，新型养殖模式，提高家禽生存质量，提高料肉比，无污染
12	畜禽废弃物二次开发综合治理暨沼气发电项目	已实施，建立以畜禽废弃物生产沼气和沼液、沼渣高效利用的发电项目

国家循环经济试点市

石河子市循环经济

石河子市发展和改革委员会

在中央、自治区和兵团党委的正确领导下，石河子市党委高度重视，全面落实科学发展观，努力克服严峻困难和不利影响，抓住石河子市进入国家级循环经济试点城市的有利机遇，大力发展循环经济，实施节能减排，促进资源循环式利用，全社会节约资源、保护环境的意识明显提高。

新疆石河子市地处天山山脉伊连哈比尔尕山北麓，古尔班通古特沙漠南缘，面积7762平方公里，总人口63.61万人。新疆石河子垦区管辖14个团场，两个河系管理处，1300余家工交建商企业，城市绿地率达到40 %，全年城市空气质量好于二级的天数保持在94%以上。石河子水土光热资源丰富，是新疆最早引进种植棉花的地方，是新疆重要的粮棉畜商品生产基地,是全国大面积推广现代节水灌溉的示范区，农业机械化程度达到85%以上，石河子市依托丰富的矿产资源加快新型工业化建设，特别是重化工业发展迅速，已形成化工、能源、纺织、食品、建材、现代农业装备六大支柱产业格局，天业集团已经成为全国最大的节水器材生产基地和氯碱化工骨干企业之一， 2005年新疆天业集团成为全国第一批循环经济试点单位、新疆天富热电股份公司被列为国家“千家节能企业”。2006 ~ 2007年新疆宏新生物科技有限公司、新疆西部牧业和石河子北工业园区成为新疆自治区循环经济试点单位。2007年11月新疆石河子市被国务院批准为全国第二批循环经济试点单位，成为新疆第一个循环经济试点城市。

石河子市是自治区和兵团对外开放的重要窗口，先后荣膺联合国改善人类居住环境良好范例奖、首届中国人居环境奖、全国卫生城市、园林城市、投资诚信安全区等称号，并成为新疆唯一的“红色旅游区”，是享誉全国的军垦名城。

一、石河子市循环经济试点工作取得的主要成就

（一）领导高度重视，组织机构健全

石河子市循环经济试点城市领导小组由兵团党委常委、八师党委书记宋志国和八师师长、市长王平海亲自主抓，石河子市发改委、经委、建设局、环保局、科技局、财政局等12个相关部门组成成员单位，做好组织协调和指导推动工作，及时解决推进循环经济发展中遇到的重大问题。石河子市党委和政府把石河子市循环经济试点作为一项重要工作任务来抓，做到主要领导亲自抓，分管领导经常抓，一级抓一级，层层抓落实，上下联动，形成了协调配合、齐抓共管的工作局面，为大力发展循环经济创造了有力条件。

（二）注重发挥循环经济重点项目的带动作用

在循环经济重点项目实施中,结合编制的循环经济发展规划和实施方案，优先安排节能减排作用大、产业联动性强、经济环境效益好的循环经济重点项目，在实施产业化项目时，同步实施以“三废”治理及综合利用为重点的配套的循环经济项目，做到产业化项目与配套的循环经济项目同步策划、同步建设、同步投产。开展了城市循环经济及“十大重点节能工程”。一是对天宏纸业长网纸机、南山水泥厂锅炉和石灰窑炉、长运生化锅炉改造等节能环保项目进行了技术改造；二是天业集团采用新型干法工艺实施了二期40万吨PVC配套日产5500吨电石渣水泥等高耗

能、高排放行业的技术改造项目，和利用工业废渣电石渣、粉煤灰以及柠檬酸渣等实施二期年产1亿块粉煤灰蒸压砖以及电石炉尾气余热余压利用等。三是完成了天业自备电厂、天富南热电厂和西热电厂发电机组烟气脱硫项目。2009年11户重点监控企业全年节约标准煤12.6万吨，预计二氧化硫减排2900吨，化学需氧量减排8000吨。

（三）初步建立了企业和园区循环的发展模式

新疆天业立足新疆丰富的煤、石灰石和原盐优势，发展PVC产业，创新了传统的乙炔法制PVC的工艺路线，使生产成本大幅降低，产品具有较强的竞争优势，资源综合利用程度较高。对生产过程中形成的电石渣，全部用于生产水泥。对自备电厂烟气实施电石渣湿法脱硫改造，减少二氧化硫的排放，所得脱硫废渣全部用于水泥生产。对自备电厂产生的粉煤灰，用于生产粉煤灰蒸压砖，替代粘土实心砖。对电石炉尾气进行余热利用，既降低了排烟温度，又生产了工业蒸汽。对化工生产中的尾气，运用变压吸附、吸收解析等技术回收氯乙烯、乙炔和氢气、氯化氢等资源，回用到生产过程中，提高生产能力。对于化工生产中产生的废水，采用生化、膜过滤等方法进行处理，回用到生产过程中，使单位产品的耗水量得到明显降低。天业集团和北工业园区循环的发展模式初建成效。实现吃干榨尽，废水、废气、废渣得到综合利用，构建了园区和企业层面的循环经济发展模式。

（四）抓好试点，以点带面

以第一批全国循环经济试点企业的天业集团为点范，坚持科技创新，不断突破循环经济的关键技术。一是天业集团成功开发了电石渣湿磨干烧技术和干法乙炔及配套的电石渣新型干法水泥技术，彻底解决了制约电石法聚氯乙烯发展的瓶颈，实现了电石、供电自给及离子膜烧碱的综合配套生产及工业废渣的综合利用。二是成功攻克干法乙炔、乙炔上清液闭式循环、聚合母液水生化处理、含汞废盐酸零解析四大节水核心技术，干法乙炔用水量仅为原工艺用水量的20%，目前达到全国行业领先水平。“兵团现代绿色氯碱化工国家地方联合工程研究中心”已于近期获国家发改委正式批复并授牌。

率先在新疆天富“国家千家节能成员单位”开展节能减排。天富热电股份公司作为兵团唯一一家企业列入全国“千家企业节能行动”成员单位。天富热电今年初被评为自治区节能先进企业。在热电机组建设方面，逐步向大容量、高参数、低能耗的热电机组发展；通过深挖节能潜力，提出了涵盖燃煤工业锅炉改造、余热余压利用、节约和替代石油、电机系统和能量系统优化等5个方面的节能技术改造项目，先后实施了电网无功补偿节能降损、热电厂锅炉小油量气化点火节油、热电厂高压电机变频节电、热电厂磨煤机负荷优化控制节电、节材以及热网系统保温改造、平衡阀应用、换热站水泵更换（包括低压电机变频改造）和板换改造、凝结水回收等节能技术改造工作，取得了良好的节能效益；实施城镇集中供热，对开发区、市区39、41、48等17个居民小区的热交换站内的47台高扬程水泵实施技术节能改造；南热电一期工程项目总投资12亿元，用于节能环保的资金1.2亿元(不含脱硫项目工程)。环保设施采用当今先进的技术，实现“烟囱不冒烟、厂房不漏气、废水零排放、噪声不扰民”的环境保护承诺：两台锅炉均采用先进的小油量点火技术，节油80%，年节油81吨。锅炉采用双室四电场高效静电除尘器，除尘效率达到99.8%；冷却塔采用二次循环系统，使其循环利用率达到80%以上，实现污水零排放，年可节水100万吨；东热电厂投资600余万元对9台高压电机实施变频改造。经过三个月的安装和调试，高压引风机、送风机、给水泵经改造后按期投入运行。变频技术的应用可实现电机节能20%～30%以上。

（五）以发展高科技项目为支撑，大力发展循环经济

科技是发展循环经济的支撑。要加大科技投入，支持循环经济共性和关键技术的研究开发。天业集团充分利用新疆的煤炭资源，开发符合节能减排要求的煤化工新工艺。联合复旦大学、清华大学等国内外一流的科研单位，共同开发“氢等离子体煤裂解制乙炔”新技术。最近,通过国家科技部、财政部核准，被正式批复列入国家高技术研究发展计划（863计划），是兵团承担的首个国家863计划项目；建成了一个最大炬功率 5 兆瓦的等离子体裂解煤制乙炔装置，可年产乙炔4000吨，整套技术水平达到国际领先。与传统电石法生产乙炔相比，采用等离子体裂解煤制乙炔技术，用煤直接生产乙炔，可以降低能耗，且不产生废渣、废水和废气，可实现清洁生产，是电石法生产乙炔的一场伟大的革命。

（六）强化管理，促进全社会节能减排

一是层层落实节能目标，强化目标责任考核。为了贯彻落实《国务院批转节能减排统计、监测及考核实施方案和办法的通知》精神，石河子市相继建立了涵盖一、二、三产业和城乡居民消费的《能源统计指标体系》、GDP能耗指标公报制度，5000吨标准煤以上重点耗能企业跟踪监测统计制度和主要产品单耗统计制度，并在全部规模以上工业企业，建立了统一规范的能源购进、消费、加工转换、主要产品单耗等指标的统计台帐。层层落实节能目标责任，石河子市与重点用能企业签定了节能目标责任书，明确了“十一五”总的和分年度节能目标任务。对12户重点耗能企业严格按照《八师工业企业节能目标责任考核办法》（师办发[2007]12号）要求，进行考核，考核内容主要有节能量和节能率、主要产品单位能耗、节能组织结构、能源审计和能源统计情况以及节能技术进步和节能技改专项等。根据《关于印发八师石河子市国有及国有控股企业负责人经营业绩考核(暂行)办法的通知》(师市办发[2008]51号)，即按照考核分数，得分在85分及以上的企业，增发企业领导班子成员年薪的10%,得分在85分以下的企业，扣发企业领导班子成员年薪的10%。

二是推进结构调整优化，加大淘汰落后力度。加大淘汰落后产生力度，对淘汰落后产能计划予以确认并报国家，淘汰新疆天宏纸业股份公司1万吨落后制浆能力(包括2条制浆生产线相关设备)。另外已经列入淘汰计划的是2015年底前淘汰水泥落后产能20万吨。

三是进一步优化能源结构，开发和推广清洁能源和生物质能源。新疆天富热电股份有限公司红山嘴水力发电厂玛纳斯河一级水电站50MW清洁发展机制(CDM)项目，这是兵团第一个在联合国成功注册的CDM项目，对推动兵团CDM项目开展具有很好的示范作用；总投资16.29亿元的肯斯瓦特10万千瓦水利枢纽工程项目已经开始实施，目前导流洞衬砌工程已完成，出口及消力池底板浇注月底完成；天富巨城58号小区建设节能小区。总面积25万平方米，运用了单体建筑及小区中水回收技术、小区太阳能照明综合技术、建筑智能化技术、垃圾无害化处理绿色生态系统等成套技术体系，全部执行建筑节能65%标准；八师147团一种新型的、绿色节能环保能源——地源热供暖已取代了燃煤供暖。具有环保、节能、运行成本低、保护水资源等显著特点，实现区域零排放、零污染，有效保护周边环境。项目规划总供热面积为30万平方米，总投资6225万元，分三期实施，目前已经实施一期工程供热面积5万平方米，通过该项目的实施，节约成本，节约能耗，产生良好的社会效益、生态效益和经济效益；准备筹划和实施148团 2×2.5MW棉杆气化发电项目，项目总投资5800万元，项目可研、环评等已通过了兵团相关部门的评审，目前正在办理项目的核准。

（七）突出特色，抓节水农业

八师石河子市属于典型的资源性缺水区，农业用水占到95%以上，工业用水紧缺，水资源供给与需求矛盾更显突出，制约着经济的发展。垦区自1996年以来就正式开始进行“棉花大田膜下滴灌节水灌溉技术的研究开发”，经过十多年艰辛努力取得了举世瞩目的成就。将世界上先进的农业滴灌节水技术与地膜覆盖技术成功的组合在一起。同时开发了质优价廉、适合国情的一次性可回收滴灌带和滴灌带回收再生产技术，把废旧滴灌带作为资源再利用，进一步降低了滴灌成本，使世界上这一先进的农业节水灌溉技术从“贵族农业”逐步过渡至普通农民都能使用的“大众农业”，一举结束了兵团和新疆农田滴灌以来国外高价滴管带的历史。该项技术用于膜下滴灌与常规灌溉相比，棉花、加工番茄、大豆、水稻等节水率达到40%以上。实现了传统农业向现代农业的飞跃，带动滴灌肥、农业机械、塑料化工等配套滴灌技术发展相关衍生产业的快速发展，实现了农业节水和农民增效的紧密结合，成为了新疆农业节水一道亮丽的风景线。目前膜下滴灌技术从石河子垦区已走向全国29个省市、中亚及非州等多国，作物有棉花、番茄、小麦、玉米、葡萄、烟草、大豆、甘蔗、辣椒等30等多种作物。其中：棉花、小麦、大豆、玉米、甘蔗、瓜果、蔬菜等多项单产创历史最高水平。累计在全国推广面积超过1000万亩，节水量达10亿立方米。石河子垦区推广了滴灌面积270多万亩，节水量达2.7立方米。石河子天业节水灌溉将逐渐辐射全国干旱和半干旱地区，让全国人民共享着节水灌溉的盛大成果。

（八）加强生态农业建设

一是以节水、节药（农药、兽药）、节肥、节种、节能、节饲料为重点，大力开展节本增效活动，努力提高农业生产资料利用效率。

二是加大了以农作物秸秆、畜禽粪便为重点的农业废弃物综合利用力度。天露节水公司利用秸秆、废旧塑料及废膜，生产PVC木塑套装门、PVC木塑发泡板材等。以规模化奶牛养殖的西部牧业企业为龙头，开展粪便资源化利用，实施沼气工程。

三是加了大生态建设力度。沿沙漠的周边团场实施了防护林建设和退耕还林工程，特别是143团紫泥泉种羊场实施了围栏草场、荒漠林封育以及石南农场万亩荒山蟠桃园种植和石河子将军山绿化等工程建设，改善了生态环境。

二、今后循环经济工作的重点

“十五”时期，石河子市经济是以大农业和农副产品加工业为主体，其特征是劳动密集型、低能耗、低污染、低效益。“十五”期末，石河子市经济进入转型期，重点实施优势资源转换战略，围绕周边丰富的煤炭、石灰石、盐等矿产资源大力发展重化工业，2006年工业经济结构已发生明显变化，呈现出高载能、高效益特征。“十一五”期间，随着能源、化工、纺织、食品等四大产业的发展以及一批用电大户宏远电极箔、碳化硅等企业投产运行，重化工业占到石河子市工业用能的70%以上，综合能耗指标大幅上升。2005～2009年八师石河子综合能耗上升37.56%，能耗上升幅度较大，主要是二产中工业单位增加值能耗，累计增长了62.63%。直接拉动综合能耗的上升。节能减排压力很大。

一是加快产业结构调整步伐。在发展重化工业的同时，大力发展高科技产业、服务业，延伸产业链。加大产业结构调整力度，加快发展高新技术产业和节能环保、新能源、资源综合利用等相关产业，用高新技术和清洁生产技术改造提升农用机械、化工、食品、纺织、建材支柱产业，发展循环经济，实现废弃物循环利用，提高产业的附加值和效益，实现废弃物的最大资源化，实现“三废”综合利用产业化。通过系统之间产品和废物的相互交换，使得各种资源得到有效配置，废物得到有效利用、环境污染降低到最低限度。

二是提升循环经济水平。建立社会层面、高层次的循环经济发展模式。“十二五”期间，随着石河子市经济超常规、跨越式发展，优势资源转换战略将进一步加大，城镇化、新型工业化、农业产业化的进程不断加快，发展循环经济尤为重要。石河子市将按照天业全国循环经济试点企业的模式，打造化工新材料产业园。重点在园区企业小循环的基础上、构建园区与园区之间的大循环，重点打造石河子北工业园区、化工新材料产业园区、西工业园区、南工业园区和团场工业园区五大循环经济示范园区，形成节水农业、畜产品加工、氯碱化工、煤化工、石油化工、生物化工、硅化工、热电联产、纺织、食品、造纸、塑料制品、建材等循环经济产业链。建立各园区产业体系之间副产品、废弃物、边角料的综合利用，促使产业集群化和物质流的有效整合，形成资源高效利用、环境冲击最小、经济效益和环境效益协调发展，可持续发展竞争力不断提高的社会层面或区域层面上的、高层次的循环经济发展模式。

三是创建石河子循环经济示范城市。创建石河子循环经济示范城市，是石河子市加快经济结构调整，转变经济发展方式，促进全市国民经济和社会发展的战略任务，必须从政策上为循环经济的发展提供保障。建立比较完善的发展循环经济法律法规体系、政策支持体系、体制与技术创新体系和激励约束机制。资源利用效率大幅度提高，废物最终处置明显减少。把石河子市循环经济提高到一个新水平，建设成为循环经济示范城市。

国家循环经济试点产业园区

大连经济技术开发区

大连经济技术开发区是2005年被国家批准的国家级循环经济试点园区，近几年在国家、省、市领导部门的大力支持下，在开发区党工委、管委会的正确领导下，积极推进循环经济试点工作，以重点园区、重点项目为抓手大力开展节能减排，走出了具有开发区特色的循环经济产业发展之路。

一、2009年循环经济工作情况

（一）推进产业结构调整，加快全区经济发展

截至2009年，已有48个国家和地区在开发区兴办3000余个外资项目，内资企业发展到7000余家，形成了万商云集的良好局面。全区石油化工、先进制造业、电子信息等支柱产业集群，汽车及其零部件、LED、风电、生物医药等产业集群正在形成，同时节能环保、旅游、航空等新兴产业正在加速向开发区集聚。这些都为开发区循环经济的发展奠定了良好基础。

2009年，全球金融危机对开发区石化、电子信息、装备制造等主要行业均有冲击。面对严峻的经济形势，开发区从源头着手，实施项目促进政策，加快推进产业结构调整，随着一些新能源项目如平山重工（风力装备）等大型新项目提前达产；石化拉长产业链条的典型项目逸盛大化、福佳大化等大项目逐步投产，产品结构调整初见成效，有力拉动了全区工业的迅猛增长。

（二）组织建立循环经济信息化公共服务平台

开发区已初步建立循环经济信息化公共服务平台。该平台能够及时提供国家对绿色产业、循环经济、节能降耗各项法律、法规、政策；反映国内外的发展动态、大连市及开发区的工作动态；推出循环经济、绿色产业、节能降耗的基础知识和培训、专家咨询、生态社会等内容，是一个政府、企业和社会及时沟通，发展绿色产业信息的交流平台。同时组织编制了《大连开发区节能降耗、发展循环经济促进办法》，重点体现节能减排、绿色产业等内容。

（三）强化循环经济领域的技术和资金扶持

2009年尤其是在技术领域方面加大了对节能减排和循环经济建设的支持力度，并在根据《年度产业发展指南》制定的年度科技计划中，从科技政策上向节能减排和循环经济加大倾斜度。同时积极组织有条件的企业申报国家省市对相关成熟项目的资金和政策支持。为加快发展绿色产业，开发区参考国家省市及天津、苏州、山东等地区的做法，准备设立专项资金，对重点项目给予扶持。2009年度正式启动“大连开发区环保专项资金”，优选先进的节能环保技术研发项目、环保改造项目和环保设备产业化项目，包括循环经济相关项目给予支持。截至2009年末已经争取到的国家资金1亿多元、省里资金1000多万元。

（四）加强组织领导，积极落实公共机构和企业节能降耗工作

为认真贯彻落实国务院《公共机构节能条例》以及《关于做好公共机构节能工作的通知》，开发区成立了公共机构节能领导小组，于2009年11月份召开了开发区公共机构联络员会议和能耗统计培训。对公共机构节能工作进行布置和落实，并征求推进2009年公共机构节能的工作思路及建议。开展了对171家公共机构能源统计工作。与此同时，为了更好地推动新能源及循环经济产业的发展，贯彻落实大连市2009年节能降耗、循环经济工作目标，2009

年，开发区发展改革局召开了三次重点用能单位节能降耗及循环经济工作会议，邀请开发区重点用能工业企业负责人参加会议。向各单位传达了《国务院办公厅关于印发2009年节能减排工作安排的通知》（国办发[2009]48号）文件精神，布置开发区各个季度的节能降耗工作任务，把企业在节能减排和循环经济方面的工作成果、技术产品服务及时在信息平台上发布，邀请高校及日本专家对企业人员进行节能培训，并向企业推广高效照明等节能产品。

（五）发展企业节能减排自主创新意识

英特尔大连芯片厂设计和实施全球最领先的水处理系统，每年可节省用水26万吨。在水处理系统方面，英特尔大连芯片厂已站在全球半导体生产行业的前列，延续了英特尔在环境健康与安全方面的承诺与目标。以生产高端数控产品闻名的光洋科技公司，自主研发出数控机床变频自控加工系统（实现节能25%）、平开式加热炉（专利产品，节能效果提高了60%）。光洋科技利用地源热泵技术实现工厂的采暖和温度调节，利用自动跟踪阳光技术解决照明用能问题。这两项技术使用后，将为开发区企业节能减排起到良好的示范带头作用。

（六）积极组织策划公益活动

循环经济促进中心与环保局志愿者协会及企业和高校志愿者联合多次开展了以“校企联动 保护环境”为主题的环保公益活动，通过在沙滩节上开展的志愿者活动，向国内外游客展示了开发区在保护环境的工作上所作出的努力。

（七）积极拓展国际合作领域

2008年10月，大连开发区管委会、中国企联、挪威工商总会和挪威节能国际共同签署了《建立大连“节能减排示范中心”项目》。2009年12月中挪（大连）能源效率中心有限公司正式落户于大连经济技术开发区。这是目前国内唯一的能源效率中心，该中心将致力于公共节能事业，服务项目包括建筑和工业的能源审计、能源管理、市政能源效率规划、能源效率等方面。

(八)循环经济指标完成情况较为理想

2009年，全区万元GDP综合能耗为0.72吨标煤/万元，比上年度降低4.5%，完成了总目标的87.5%，水耗为14.5吨/万元，完成了水量控制目标的93%；再生水回用率达到了40%以上，实现了目标的62%；工业固体废物综合利用率达到了85%，完成了总目标的97%。开发区全部淘汰粘土砖生产企业9家；停产整改造纸企业1家，使其实现了污水零排放，废杂综合利用，经市、区两级环保和发改部门审查达标后，恢复生产。

（九）重点项目（国债投资项目及其他投资项目）建设工作进展顺利

2009年，省政府批复同意将以大连开发区为首的15个区域纳入全省"五点一线"沿海经济带重点支持区域,大连开发区的功能定位为核心产业区。截止到2009年末，开发区在循环经济相关项目的累计投资额达43亿元，占开发区十一五期间循环经济试点项目总投资的70 %。目前开发区已有11家企业获得辽宁省2008年第二批“五点一线”沿海经济带园区产业项目贴息资金共计4699.71万元，其中涉及节能减排的企业有3家，获得补贴490.91万元。这些优惠政策对企业的发展起到了积极推进的作用。

与循环经济相关的新兴产业类项目的投资比例加大：如与西太石化产业链接项目福佳大化石油化工码头和生产设备投资的续建项目；平山重工风力发电设备生产项目，投资6.8亿元；斯凯孚二期设备投资5.4亿元。2009年，中央扩大内需投资开发区小窑湾污水处理厂、东泰产业废弃物处理扩建项目，两个项目本年度已全面开工建设，截至年底小窑湾污水处理厂完成投资额8500万元以上，可以先期启动2.5万吨/日处理能力。另外，绿色低碳房地产投资保持高增长态势，全区采用绿色建筑标准的房地产项目所占的比例逐年增加，为完成大连市建筑节能65%目标和减排目标的实现，奠定了坚实的基础。

编制了“大连市节能与新能源汽车示范项目”《开发区实施方案》，启动50辆纯电动公交客车、和插电式旅游租赁车的试点工作，在金石滩国家旅游度假区开展试运行。2009年11月23日，由开发区管委会和大连市科技局主办、飞利浦照明协办的LED道路照明高层论坛在开发区举行。作为辽宁沿海经济带核心城市的核心区域，开发区将在发展LED产业方面担负起“核中核”的重任。

国家循环经济试点产业园区

西宁经济技术开发区

西宁（国家级）经济技术开发区（以下简称开发区）是2006年根据省委、省政府的决定，按照“一区多园”的管理模式，对原西宁地区工业园区进行整合后新组建成立的开发区，目前下辖东川、甘河、生物、南川四个工业园区，区域规划面积126.89平方公里。2007年12月，开发区被国务院批准为国家第二批循环经济试点园区。初步建立了光伏硅材料、有色金属精深加工、电子信息材料、化工、高原生物制品、中藏药、藏毯绒纺等特色产业。2009年开发区完成地区生产总值135.1亿元，比2005年增长5倍，年均增长57%，占全省的12.5%；完成工业增加值106亿元，比2005年增长8.2倍，年均增长74%，占全省的22.6%；实现一般预算收入11.1亿元，比2005年增长3.44倍，年均增长45.9%。截至2009年底，开发区已累计完成固定资产投资510亿元，入驻工业企业242户，安置就业人员5.1万人。

一、把发展循环经济作为转变发展方式的重要途径

开发区把发展循环经济作为转变发展方式的重要途径，设立了开发区循环经济工作办公室，编制完成了《循环经济试点园区实施方案》并获得国家发改委原则通过，该实施方案中确定的29个循环经济项目，已实施了20个，建成了余热发电、微硅粉、锌粉、有价金属回收、餐厨垃圾再生利用等11个项目。这些项目的实施和运行，对开发区资源综合利用、节能减排发挥了良好的示范作用，产生了明显的经济和社会效益。近年来开发区引进的多晶硅、单晶硅、电子材料、有色金属精深加工、百万吨复合肥、尾矿综合利用等重大工业项目，都是资源综合利用、产业链延伸、环保节能、工艺技术先进和符合循环经济发展要求、带动力强的项目，推动了开发区产业结构的进一步优化、资源综合利用水平的进一步提高。

二、积极淘汰落后产能，推动企业开展节能减排

一是拆除、关停了水泥厂、粗铅厂、小硅铁厂、造纸厂、化工厂、涂料厂、淀粉厂等12家工艺落后、产能规模小、耗能高、污染严重的园区企业。

二是大力推进现有企业节能减排和清洁生产，将节能减排的目标任务分解落实到园区重点企业，加强监督检查，发现问题及时通报，督促企业进行整改，进一步落实了企业节能减排的主体责任。

三是帮助企业积极争取国家和省市相关政策支持，对循环经济和节能减排项目给予技术改造贷款贴息和专项扶持，极大地调动了企业发展循环经济的积极性。

三、提高企业资源综合利用水平

按照构建循环经济产业体系的要求，积极发挥科技支撑作用，在园区企业中大力推广节能减排技术改造和技术开发，提高企业资源综合利用水平，收到了良好的效果。例如：亚洲硅业千吨级多晶硅还原炉余热利用项目，通过热能回收系统、溴化锂制冷系统和空冷系统将余热回收转换再利用，实现整个生产工艺的能源优化和循环利用，每年可节省3.2万吨标煤，提高效益近千万元；青海百通高纯材料开发有限公司实施的20万吨高纯硅铁冶炼烟气余热发电项目属全国首例，被列入青海省科技支撑“123”工程项目，获得两项国家技术专利，填补了我国硅铁冶炼烟气余热发电技术空白，项目装机容量2.4万kW，建成后年发电量可达到2亿度，硅铁冶炼每吨可降低电耗1000度，年新增产值6144万元,利税3000万元，在全国同行业中起到了示范作用。

经过几年的努力，开发区循环经济工作取得了一定的进展，资源综合利用率大幅度提高，经济快速增长，产业链条逐步形成，节能减排成效显著。

国家循环经济试点单位

石家庄市物资回收总公司

石家庄市物资回收总公司是2005年国家发改委、商务部等六部委确定的第一批发展循环经济试点单位。为圆满完成试点任务，在市委、市政府的领导下，石家庄市物资回收总公司紧紧围绕着方案确定的社区回收站、集散转运中心、分拣处理中心、信息服务中心4个主要环节，累计投入1亿多元建设了1350个绿色社区回收站，18个再生资源集散转运中心，4个再生资源分拣处理中心，2个旧货市场、1个综合市场和1个再生资源信息调控服务中心，初步形成了收购—集散—分拣—加工为一体的网络体系。目前通过网络体系年回收废钢铁75万砘、废有色4万吨、废纸15万吨、废塑料橡胶12万吨、各种杂品30万吨、旧货1亿元，年交易总额26亿元。

地方立法，保驾护航。网络体系初步形成后，为了建立长效机制，规范经营管理行为，在市政府主管领导的积极努力和支持下，2008年1月20日，省人大审议通过了《石家庄市再生资源回收利用管理条例》，2008年5月1日施行。为了确保《条例》的贯彻落实，2009年6月5日，市政府成立了全省第一家市级再生资源回收管理办公室，并制订下发了《关于加强再生资源市场管理的通告》和《再生资源回收经营者备案管理说明》等文件。为进一步规范全市的再生资源市场，确保再生资源回收利用体系的有序运行奠定了坚实的基础。

再生资源社区回收站（车）建设。采取居委会和物业提供场地，回收公司投资建设、招聘人员，公安部门严格把关的办法，目前在全市建设了1350个回收站（车）。其中：20～50平方米标准的社区回收站20个，10～25平方米彩钢结构的社区回收亭150个，再生资源回收车1180个。

再生资源集散转运中心建设。在集散转运中心建设上重点打造了三个平台：一是废品经营的平台。投资600多万元建起了8个废品集散转运中心，初步解决了废品购销影响城市形象，污染城市环境的问题。二是废旧金属经营的平台。投资500多万元，建起了8个废金属集散转运中心。将200多个废钢铁经营户集中到市场内规范经营。三是旧货经营的平台。投入1000多万元，建设了贾村、玉铜两个旧货市场，将1000多名旧货经营者，纳入了市场统一经营，统一管理。

再生资源分拣处理中心建设。目前已投资3000多万元，建设4个再生资源分拣处理中心：一是泰华再生资源分拣处理中心。投资900多万元，占地40亩，建筑面积19780平方米。二是奥克废旧纸张分拣处理中心：投资700万元，占地20亩，各类废纸、箱板纸的年加工能力5万吨。三是锦华废旧金属分拣处理中心：投资800万元，占地50亩。该中心年废钢和板材的购销量在10万多吨，年废钢和板材的加工能力在1万吨。四是贾村旧货分拣处理中心：投资800万元，在贾村旧货市场60亩的基础上扩建80亩，完善旧货市场分拣处理功能，年实现经营旧家电100万台（件），年拆解旧家电20万台。

再生资源信息调控服务中心建设。该中心下设3个中心：调控指挥中心、信息反馈中心、在线收购服务中心。在基层单位设置了信息服务站，建立了石家庄再生资源网，开通了在线收购，居民足不出户，按要求点击，就可以得到优质的上门服务。

贵阳市 大力发展循化经济 深入推进生态文明城市建设

贵阳市市长袁周参加农村沼气池VER项目现场会

2009年，贵阳市循环经济发展克服了全球经济危机的不利影响，在重点领域重点行业培育出了一批发展循环经济的典型案例和成功的模式，发展循环经济工作呈现出稳步推进、逆势而上、科学发展的局面。

一、2009年的主要工作

一、制度化建设进一步加强

2009年1月1日，《中华人民共和国循环经济促进法》（以下简称《促进法》）开始实施。发展循环经济从国家层面纳入了法制化轨道。《促进法》正式颁布实施后，为对《贵阳市循环经济生态城市建设条例》进行修改和完善，贵阳市组织了贵州大学、贵阳市经济学会等有关专家对《贵阳市循环经济生态城市建设条例》进行讨论修订，结合贵阳市循环经济发展实际，提出了《贵阳市循环经济实施条例（大纲）》，为循环经济的新发展提供法制保障。积极开展国家发改委下发的省市执行的指标体系的数据收集。进一步完善了政府管理体制，在市发展改革委成立了资源节约与环境保护处，负责全市循环经济工作，确保试点工作的正常运转。

二、试点示范项目稳步推进

认真开展循环经济项目市级试点。充分发挥市级循环经济专项资金的引导作用，投入循环经济项目发展引导扶持资金890万元，在磷煤化工、农业养殖及农产品加工、建筑材料等行业选择了55个示范带动作用较大、技术较为先进、条件较为成熟的项目作为2008年~2009度市级循环经济项目试点，项目涉及总投资 220147.18万元。其中，农业资源综合利用项目14个；工业类节能、节水项目12个，工业类废气、废渣循环利用项目19个；产品和技术开发类项目4个；科研课题 6个。项目投产后，年可实现利税 39790.1万元，节约标煤 38万吨，综合利用农业废弃物 12万吨，综合利用磷渣、粉煤灰等工业废渣490万吨，综合利用黄磷尾气 11500万立方米、合成氨尾气3200万立方米，减排CO_2等温室气体7.8万吨。到2009年底，已完工 25个，开工建设30个，市公交总公司利用合成氨尾气制液化甲烷、青利公司7万吨黄磷尾气制甲酸钠项目已经建成投产。各区（市、县）也结合本地实际开展了试点工作，全市2009年共实施县（区）级循环经济试点项目56个，逐渐形成了一批发展循环经济的典型单位和具有推广价值的模式。

三、园区生态化建设取得进展

启动了乌当医药食品工业园区，南明龙洞堡食品工业园区，开阳磷煤化工(国家)生态示范工业基地，息烽磷煤化工生态工业基地，清镇煤化工、铝加工循环经济生态工业基地等生态园区控制性详细规划的编制工作，统筹园区物质集成、能量集成、废水集成和基础设施建设，发挥园区的工业集聚效益。

抢抓国家扩大内需机遇，以项目为载体，推进园区生态化建设。资源就地深加工实现新突破。建设完成开磷集团年产120万吨磷铵一期工程，年均可实现销售收入35亿元，年可就地深加工磷矿石150万吨，实现税金2.77亿元和税后利润4.04亿元，吨磷矿产值由300元提高到1000元；启动了浙江今飞集团120万只铝合金轮毂的生产线建设前期工作；兖矿集团开阳化工公司年产50万吨合成氨项目

贵阳市委常委、常务副市长申振东参加节能减排宣传

海螺盘江公司水泥生产余热发电控制机房

贵州开阳紫江公司120万吨磷渣特种水泥项目建设现场

开阳化工公司50万吨合成氨建设现场

已完成场平及热电工程，主体厂房正在建设，资源深加工能力进一步增强。产业共生耦合生态链初现雏形。清镇循环经济生态工业园区、开磷集团息烽循环经济磷煤精细化工工业园开工建设，煤—电—铝加工、煤—电—煤化工、煤—磷—碱的产业链条的生态发展模式已形成，地域化规模经济网络进一步完善。资源综合利用稳步推进。海螺盘江2×4500t/d新型干法水泥、紫江公司120万吨磷渣水泥等项目开工建设；编制完成了《贵州修文医药产业园区集中供热方案设计》，制药企业开展污水零排放项目；启动了贵州铝厂10万吨熔铸及配套煤气项目及贵州力邦年产80万吨超细磷、锰渣微粉等项目；开磷集团磷酸副产无水氟化氢项目中试正在开展。资源综合利用经济效益、环境效益进一步凸显。

四、对外交流合作不断加强

积极对外宣传贵阳循环经济建设理念。完成国家发展改革委、中国工程院“2009年循环经济专家行”活动在贵阳的考察调研工作。通过为期三天的考察和深入交流、总结经验，调研组专家在充分肯定贵阳市循环经济工作的同时，对解决发展中的问题特别是技术性问题提出了宝贵意见。

加强与省内外高校、科研机构合作，加强贵阳市循环经济工作宣传和理论研究，开展了《贵阳循环经济案例研究》课题调研、“黄磷尾气净化生产草酸脂”工艺研发、“湿法磷酸节能降耗研究”、“污水处理厂污泥处理工艺研究”等课题，有利促进了贵阳市循环经济理论、技术体系建设。

加强国际交流与合作，与国内外有关机构合作，先后开展“应对气候变化能力建设项目”和“中英城市低碳经济示范项目”两个SPF（中英战略规划基金）项目。贵阳市作为发展中国家应对气候变化能力建设和低碳城市建设试点，进一步拓展了贵阳市循环经济交流层面。

贵阳花溪奶牛场大型沼气池项目

南江现代农业公司畜禽养殖粪便制有机肥料项目

五、循环经济覆盖范围进一步拓展

加快循环经济实践，拓展循环经济领域。积极探索农村清洁能源发展机制，开展了农村户用沼气CDM项目并取得成功,开阳县首批VER（自愿减排量）项目补助金已兑现，清镇、息烽、花溪农村户用沼气池三个CER（核证减排量）项目已签订协议；提高城镇污水处理率，完成了清镇、息烽、修文、新庄等污水处理厂建设并投入使用；百花污水处理厂、站街污水处理厂开工建设；加强农村面源污染治理，把小河区农村清洁工作纳入市级循环经济项目试点建设并基本完成；积极探索城市资源综合利用途径，开展了贵阳市餐饮行业餐厨垃圾（泔水油）回收利用课题调研，草拟了《贵阳市餐厨垃圾管理办法（草案）》。

抢抓国家发改委开展国家低碳示范试点机遇，积极申报国家低碳城市试点，强化节能减排和技术创新，以试点建设促进结构调整，加快实现经济发展方式的根本性转变。

通过以上工作，2009年，贵阳市万元生产总值综合能耗预计比上年下降4%左右，其中，规模以上工业企业万元工业总产值综合能耗为1.43吨标准煤，同比下降7.74%；工业固体废弃物综合利用量预计完成268.5万吨，超额完成年度目标；化学需氧量排放控制在5.07万吨，二氧化硫排放量控制在17.9万吨，提前完成“十一五”总量控制目标；城市污水处理率达49.2%，城区空气质量良好率稳定在95%以上。

利用磷渣、粉煤灰等工业固废生产加气混凝土

磷矿伴生氟资源利用无水氟化氢精制中试项目

磷石膏综合利用生产高强耐水磷石膏砖

华丹可降解塑料袋生产装置

构建循环经济技术及指标评价体系

新疆天业（集团）有限公司

新疆天业集团有限公司（以下简称“新疆天业”）是新疆兵团农八师控股的大型国有企业集团，是全国循环经济第一批试点企业。目前已拥有年产1400MW热电、180万吨电石、120万吨聚氯乙烯树脂、90万吨离子膜烧碱、350万吨废渣制水泥、600万亩塑料节水器材、6万吨番茄酱、1.6万吨柠檬酸生产能力，位居全国氯碱行业第一，成为循环经济发展和科技创新的典范。2009年公司实现销售收入122亿元，利税12.5亿元，2010年位列全国企业500强。

2009年3月中国石化联合会会长李勇武到天业视察工作

循环经济宗旨和节能减排效果

2005年11月，新疆天业被国家六部委（发改环资[2005]2199号）评为第一批循环经济试点企业。新疆天业以减少资源消耗、降低废物排放和提高资源生产率为目标，以技术创新和制度创新为动力，通过实施产业间的“大循环”与产业内部的“小循环”、大力推行清洁生产、创新发展循环经济关键支撑技术等措施，建立比较完善的循环经济体系，制定循环经济发展中长期战略目标，节能减排效果显著。截至2009年，节水产业滴灌面积累计推广已达3000万亩，废旧滴灌带回收率达90%，滴灌资源与能源消耗大幅度降低；化工产业废渣利用率100%，电石、聚氯乙烯和烧碱能耗、资源消耗和“三废”排放指标均达到国家清洁生产一级指标要求，实现了2009年的节能减排目标。

循环经济重点科技项目成果介绍

新疆天业集团有限公司拥有国家认定的企业技术中心、国家节水灌溉工程技术研究中心（新疆）、博士后科研工作站和现代绿色氯碱化工国家地方联合工程研究中心，先后承担多项国家级重大科研项目。截至2009年，已成功攻关12项氯碱化工节能减排关键支撑技术，申请国家发明专利15项以上，多项技术成为国家聚氯乙烯清洁生产标准和国家聚氯乙烯行业清洁生产技术推行方案的推广技术。

干法乙炔、聚合母液水生化处理、含汞废酸深度解析、乙炔上清液闭式循环四项行业节水共性技术全部通过成果鉴定，为国内聚氯乙烯行业建立废水综合利用网络、形成水资源的梯级利用提供了示范。年产40万吨电石法聚氯乙烯清洁生产关键技术开发与示范，所开发的大型氯乙烯流化床反应器、低（固）汞触媒技术为行业清洁生产提供了强大的技术支撑。与浙江大学合作共同开发了大型热电机组电石渣脱硫成套工艺及装备，脱硫效率95%，废渣综合利用率100%，脱硫运行成本仅为现行湿法工艺的50%，为推动国内烟气脱硫技术的发展提供了示范。

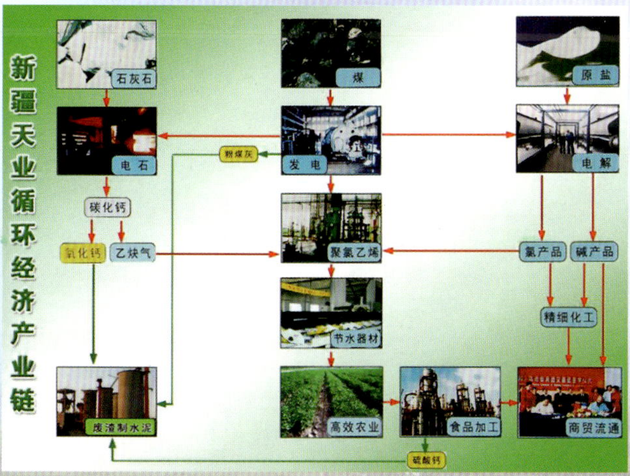

成功开发的天然气制氢联产PVC、变压吸附尾气全回收技术、组合吸收及深度解析等新工艺，构建了新的氯碱平衡新概念，大幅度提高了氯资源的使用效率。自主开发建成年产35万吨电石渣湿磨干烧水泥装置和120万吨电石渣新型干法水泥生产装置，为国家发改委制定有关电石渣水泥的产业政策提供了技术依据。与国内有关单位合作，成功开发出40000KVA大型密闭电石炉及配套的电石炉气综合利用成套技术，于2009年9月通过电石行业的鉴定会认定。开发的“5MW等离子裂解煤制乙炔技术”通过科技成果鉴定，技术水平处于国际领先，被科技部列入2010年度国家863重点项目。新疆天业自主开发节水滴灌成套技术，“西部干旱地区节水技术及产品开发项目”获2009年度国家科技进步二等奖。

下阶段工作计划

2010年是国家“十一五”规划发展的最后一年，也是节能减排工作关键的一年，新疆天业将全面加强循环经济试点工作，逐步建立符合企业和行业发展要求的循环经济技术及指标评价体系，积极推动行业循环的发展工作，成为循环经济示范企业的典范，充分发挥现有节能减排技术，加强对外合作技术交流，将“十一五”节能减排工作当做首要任务来抓，为行业节能减排目标的实现做出贡献。

国家循环经济示范区

高起点高质量高水平建设科学发展示范区

曹妃甸新区

开发建设曹妃甸，是党中央、国务院根据国家能源、交通发展策略，调整优化我国北方地区重化工业生产力布局和产业结构，加快环渤海地区经济一体化发展，引领现代工业走循环经济之路作出的重大战略决策，不仅对唐山市、河北省的长远发展具有重大意义，而且对促进环渤海地区的发展乃至整个北方地区的发展都有重要影响。2005年，曹妃甸工业区成为国家首批循环经济示范区。2007年，曹妃甸循环经济示范区（工业区）产业总体发展规划得到了国务院的批复。

曹妃甸的开发和建设得到了胡锦涛总书记、温家宝总理等党和国家领导人的高度重视，2006年7月，胡锦涛总书记视察曹妃甸时，称曹妃甸是一块“黄金宝地”，并要求高起点、高质量、高水平地把曹妃甸规划好、建设好、使用好，使之成为科学发展的示范区。2007年5月，温家宝总理视察曹妃甸时强调，要把循环经济作为立区之本，不仅要把曹妃甸努力建设成为现代化的港城，而且要使其能够坚持永续的利用和发展，建成环渤海地区的“耀眼明珠”。

为进一步扩大曹妃甸循环经济示范区的品牌优势，更加科学合理配置资源，实现区域一体化协调发展，河北省政府在曹妃甸循环经济示范区的基础上成立唐山曹妃甸新区，包括“两区一城一县”，即曹妃甸工业区、曹妃甸新城、南堡开发区和唐海县，总面积1900平方公里。曹妃甸新区功能的定位是：中国能源矿石等大宗货物的集疏港，新型工业化基地，商业性能源储备基地，国家级循环经济示范区，中国北方商务休闲之都和生态宜居的滨海新城。曹妃甸新区管理委员会委托石油和化学工业规划院编制完成了《曹妃甸新区循环经济总体发展规划》。

一、发展目标

曹妃甸新区的发展建设具有突出的政治优势、临港优势、区位优势、基础优势和资源优势，为曹妃甸走循环经济发展之路奠定了坚实的基础。按照技术一流、规模一流、效益一流、生态一流的要求，在曹妃甸新区逐步形成形成以钢铁、装备制造、石化、电力能源和物流等主导产业为特色的循环经济产业体系，和以生态城为代表的资源节约型、环境友好型城镇体系，实现社会、资源、环境的协调和可持续发展，把曹妃甸新区建成国内领先、国际著名的循环经济发展示范区。到2020年，曹妃甸新区将形成港口、港区、港城协调发展的三大空间布局，建设成为世界一流的综合性国际大港、以发展循环经济为特征的新型工业化基地、具有国际示范意义的滨海生态城市。

二、总体思路

曹妃甸新区发展循环经济的总体思路是：展开四个层面、建设四大体系、探索四种模式。其中，“四个层面”是指实现经济要素在企业（微观）、产业（中观）、社会（宏观）及国际合作（超宏观）等四个层面之间的循环；“四种模式”是指区域协调模式、三次产业互动模式、循环型临港重化工模式、生态城模式。而“四大体系”建设，则是曹妃甸循环经济的核心任务，包括：

循环型产业体系。以产业协调发展和建设新型工业化为目标，分别以生态农业（一产）、循环型工业（二产）和现代服务业（三产）为核心，坚持以技术创新为主要动力，全面推进产业结构优化、升级，积极拓展国内与海外市场，提高产业外向度，探索三产循环互动和临港重化工集聚循环等两种循环经济发展模式，最终形成以钢铁、装备制造、石化、能源和物流等五大产业为主导，以高新技术和现代服务业（不含物流）为两翼，建材、环保和生态农业为支撑的10大循环经济产业体系，实现曹妃甸新区经济的快速协调发展。

两型城镇体系。以建设新型城市化为目标，探索资源节约型和环境友好型城镇的发展模式——生态城模式，具体措施包括采取生态战略建设具有国际示范意义的滨海生态新城，推广绿色消费模式，建设生态社区，建立完善的再生资源回收网络及利用系统，最大限度地利用新能源和工业余热等，使曹妃甸新区成为国内建设“两型”社会的示范区。

环境保护和生态建设体系。以实现环境友好为目标，在曹妃甸新区经济快速发展的同时，通过生态体系和重点环保工程建设，持续改善大气生态环境、水生态环境与人居环境，有效保护湿地等重要生态资源得到，实现经济与环境的和谐发展。

高效的支撑与保障体系。针对发展循环经济的主要问题和薄弱环节，重点建立以管理、科技、体制、资金、公众参与等为核心的支撑体系，为以上三大体系的建设供全方位保障。

三、重点任务

（一）推动十大循环经济型产业的发展、融合与循环

依托深水大港和国内国际两种资源及两个市场，建立以钢铁、装备制造、石化、能源、现代物流等五大产业为主导的循环型主导产业体系；围绕以上五大主导产业体系的发展，根据新形势下的经济发展要求，结合当地的资源特色以及产业基础，建立环保、建材、高新技术、生态农业、现代服务业等五个产业为辅助的配套产业体系。在主导产业自身发展过程中，要高度重视循环经济要求，充分强调清洁绿色生产，全面提高资源综合利用率，具体包括：

钢铁工业：从提高铁素资源利用效率、能源梯级利用率、水循环利用率和固体废弃物综合利用率等四个方面入手，突出高炉煤气、转炉煤气、焦炉煤气、钢渣、水渣、工业余热的综合利用，将钢铁企业由过去单一生产功能，拓展到融钢铁生产、能源转换、固废消纳和资源再生等多种功能。

石化工业：以大型炼化一体项目为核心，突出石油化工、煤化工、盐化工的有机结合，实现“三化合一”，形成企业之间、各产业链之间、各工业区之间的原料、中间体、主产品、副产品及废弃物的互供共享关系。并与海水

曹妃甸新区发展循环经济总体框架

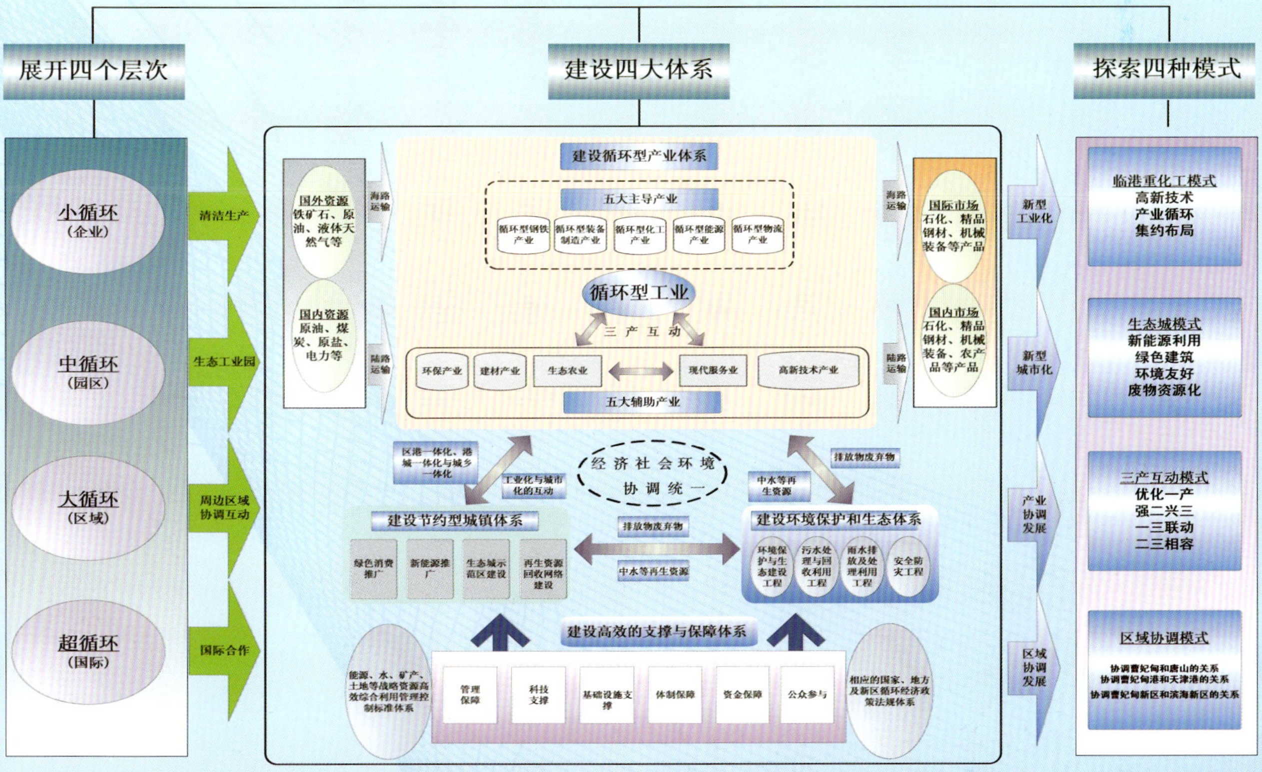

淡化相结合，为发展盐化工和海洋精细化工提供原料。

装备制造工业：重点发展大型矿石、液化天然气和海洋工程船舶、港口机械、发电设备、冶金设备、工程机械、矿山机械等大型重型装备制造业。在曹妃甸形成大型专用成套装备产业集聚区、专用汽车及汽车零部件产业集聚区，修造并举，相互配套，产业之间形成合力。

电力能源产业：实现海水利用与火电项目的深度融合，以提高燃煤发电效率、海水替代淡水、热能梯级利用、灰渣综合利用为重点，以电厂余热综合利用、海水循环冷却、海水淡化、风电新能源、温海水养殖等为特色，构建清洁能源产业示范产业链。

现代物流业：走“以港兴业、以业促港、港业互动”的发展道路，建成“立足唐山、面向京津、辐射三北、联通五洲”的国际现代物流中心，与钢铁产业、石化产业、新城建设有机结合。

结合主导产业以及城市、农村经济的发展需要，同步发展环保产业、新型建材工业、高新技术产业、生态农业、现代服务业等5个主要的关联配套产业，共同构成曹妃甸新区的循环经济体系。十大产业在突出自身循环经济生产特色的同时，纵向适当延伸、横向充分耦合，相互关联配套、协调发展，最终形成曹妃甸新区的循环经济产业体系。

（二）积极建设循环经济十大特色工程

海水综合利用工程、温海水养殖及海洋生态保护工程、废水及雨水资源化工程、IGCC煤气化及电力联合工程、新能源制造工程、新能源及工业余热推广利用工程、生活垃圾及工业废物资源化工程、湿地保护工程、可再生能源建筑应用示范工程、高效率、资源化大气治理工程。

曹妃甸新区能源循环利用示意图

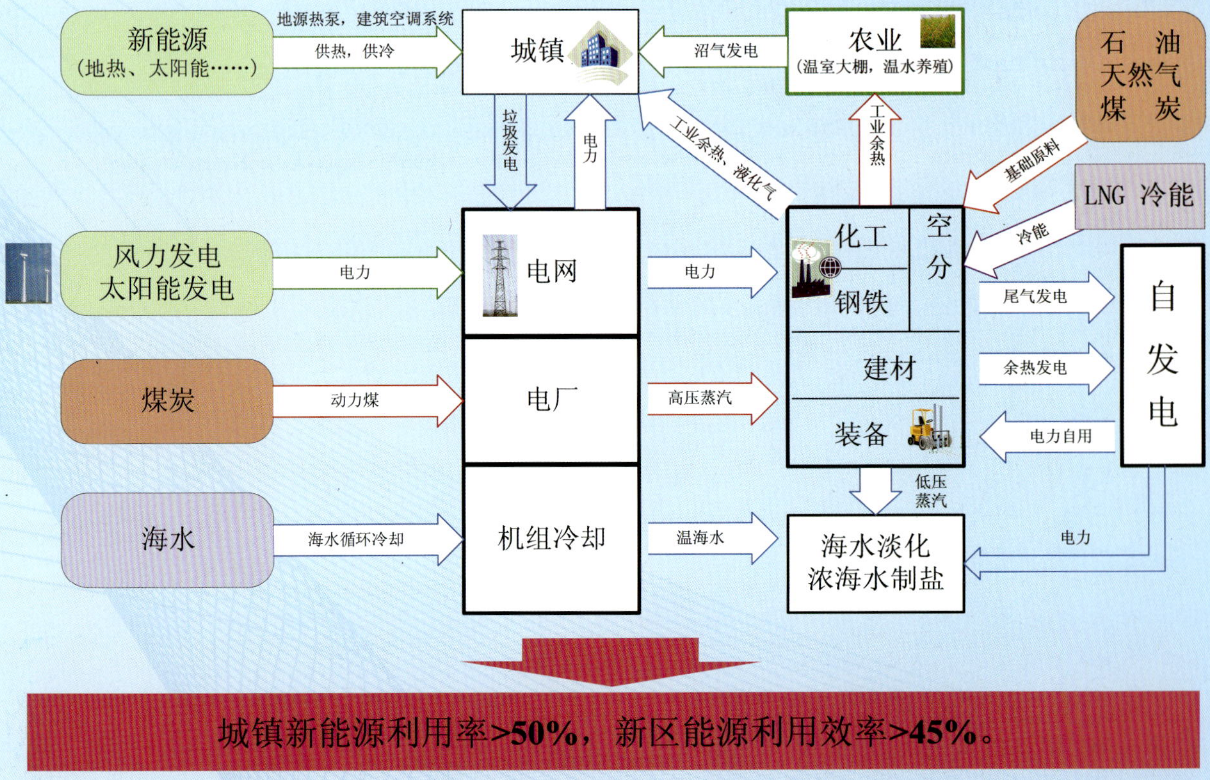

曹妃甸新区十大产业循环经济示意图

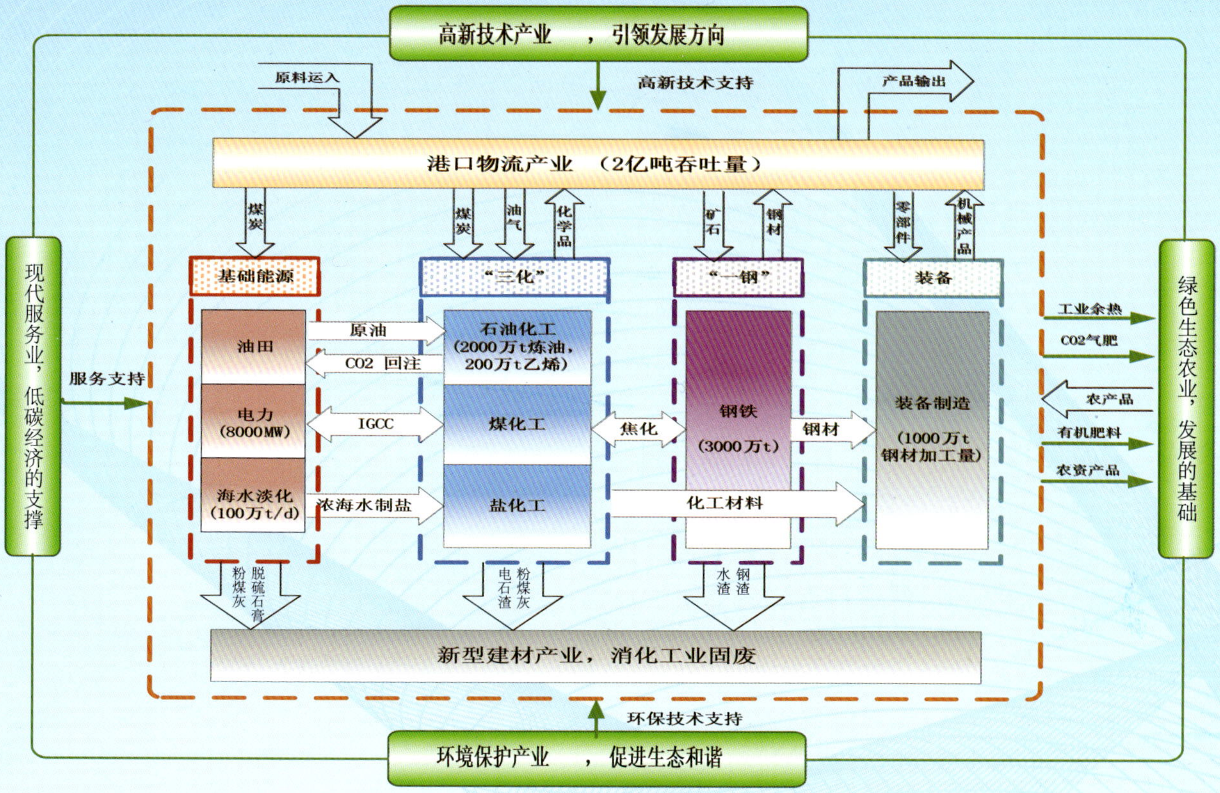

曹妃甸新区水资源循环利用示意图

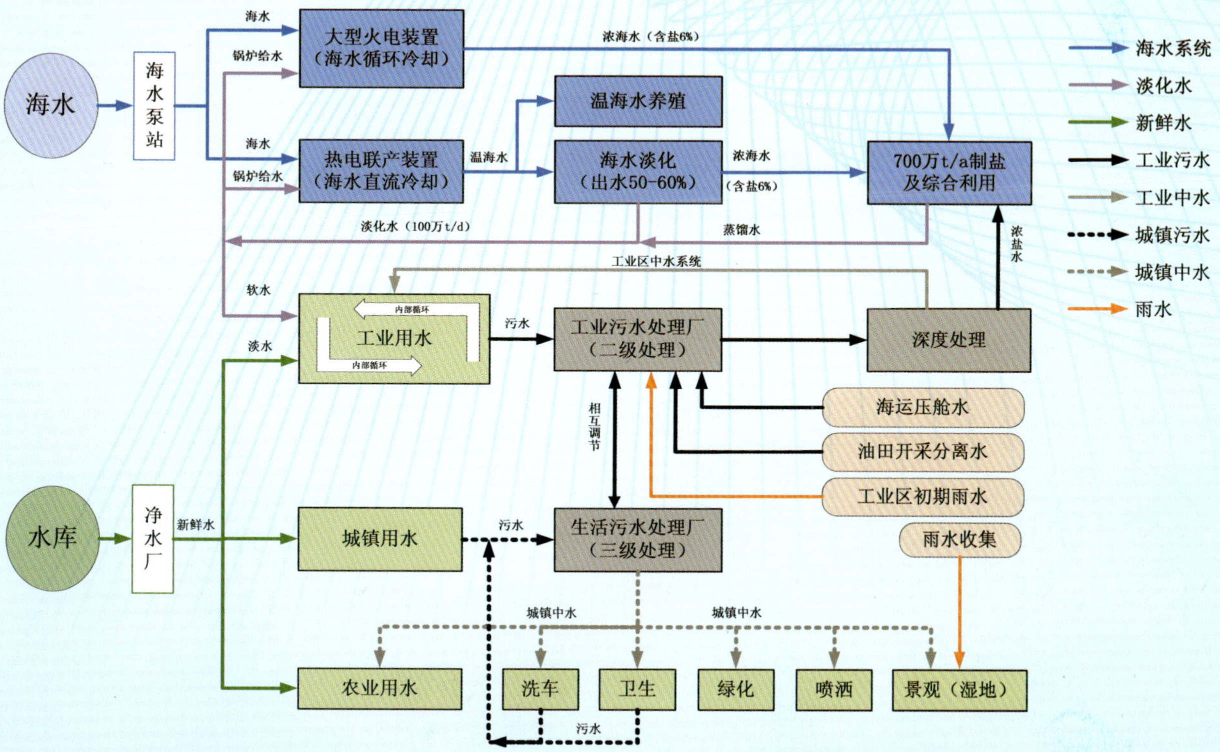

发展循环经济　促资源型城市转型

吉林省白山市

白山市贯彻落实科学发展观，走循环经济发展之路，确立"生态立市、产业强市，打资源牌，走特色路"的发展思路。市委、市政府将保护生态作为立市之本，做出了以大力发展循环经济引领经济转型、实现可持续发展的战略选择，全力推进循环经济发展。自2007年被国家列为第二批循环经济试点单位以来，不断完善循环经济产业链条，构建城市层面循环经济体系。2009年，全市万元GDP综合能耗同比降低5.81%，完成十一五目标的17.59%，二氧化硫和COD提前两年完成十一五减排目标，市中心区环境质量稳定控制在国家二级标准以内。

循环经济试点组织体系建设加快推进

在组织层面，成立了循环经济试点工作领导小组，下设专职办公室具体抓落实。在规划层面，编制了《白山市循环经济发展规划》和《白山市循环经济试点工作实施方案》，全面统筹与系统推进全市循环经济发展。在机制层面，注重强化协调调度、统计评价、监察监测、鼓励扶持等四项工作机制。在宣传层面，广泛利用新闻媒体积极宣传节约能源、节约用水、节约土地资源、开展资源综合利用、发展循环经济、建设节约型社会等内容，介绍和推广先进典型和经验，形成循环经济发展的良好氛围。

节能减排三管齐下

白山市开展以结构调整、技术创新、制度保障相结合的节能减排。一是优化产品结构和技术结构，加大力度淘汰落后生产能力。2007年以来，白山市共实施淘汰落后产能重点工程6项。火电方面，累计关停小机组25万千瓦。水泥方面，累计淘汰落后水泥生产能力87万吨/年。造纸方面，淘汰造纸生产能力4万吨/年。二是以项目为载体，注重产业结构优化升级。积极推进浑江电厂5、6号火电机组汽轮机通流节能改造及脱硫改造、白山市污水处理工程等一批节能减排示范工程建设。三是严格执法监管，加强节能减排管理。2009年共对22户企业进行了电、水、热能源平衡测试，对16户企业进行了节能监察，对10户企业开展了能源审计，对2户企业实施了清洁生产审核。

积极构建循环经济产业链

白山市从矿产、林业等资源条件出发，打造了从资源粗加工到精细化加工再到废物再利用的产业链条，初步构建了煤–电–建材、采煤–洗煤–炼焦–煤化工、硅藻土加工–二三级土再利用、林木种植–造纸和林木加工–新型木质型材–地板家具深加工等循环经济产业框架。

在企业层面，主要工业企业通过技术创新和管理创新拉长产业链，开展企业内部"小循环"。白山市琦

白山市污水处理厂

临江圣迈硅藻土功能材料有限公司厂区

金刚（集团）白山水泥有限公司纯低温余热发

祥纸业有限公司、白山市双益冷藏食品有限公司等企业开展水净化处理，实现中水回用；吉林东圣焦化有限公司利用生产焦炭剩余煤气制取甲醇、金刚（集团）白山水泥有限公司利用水泥生产线产生的余热配备纯低温余热发电装置，实现能源梯级利用；天达玻璃有限公司利用距厂区仅400米曙光焦化厂产生的剩余煤气对玻璃窑炉实施节能技术改造，实现企业间的横向耦合。

白山市一角

在园区层面，白山市制定了循环经济发展规划，并通过建立循环经济工业园区，构建园区层级“中循环”。八宝煤炭循环经济产业园用矿井中抽取的煤层气发电，用洗煤厂排出的煤矸石建矸石电厂，用电厂排出的粉煤灰生产免烧砖。闭合式的循环经济产业发展链条，使煤炭资源在这里实现了再利用和零排放。

在社会层面，以解决废旧资源的回收、处理和再生利用为重点，构筑社会层级的“大循环”。白山市琦祥纸业有限公司通过对废纸资源进行回收利用，建设了东三省最大的高强瓦楞纸生产线，也建立了覆盖东三省的废纸回收网络。面临国家扩大内需投资拉动的历史机遇，全市六个县（市）区污水处理及垃圾处理设施建设全面启动。

坚持科技驱动，推广先进适用技术

重点组织开发和示范具有普遍推广意义的资源节约和替代技术、能量梯级利用技术、延长产业链和相关产业链接技术、“零排放”技术等。在煤化工方面，东圣焦化有限公司依托化学工业第二设计院的先进技术，选择了煤气化路线，建设年制取6万吨甲醇及3万吨液氨项目，节能效果显著，其工艺技术在国内尚属首创。在粉煤灰深度开发技术推广方面，市隆德集团与南京新源天节能公司进行项目合作，计划利用粉煤灰生产玻璃微珠、无机质纤维纸浆、无机质纤维板等高附加值产品。在硅藻土深度开发方面，临江天浩硅藻土公司低品位硅藻土资源综合开发利用与产业化集成和临江圣迈硅藻土功能材料有限公司年产3万吨改性硅藻土功能材料等项目，大多已通过省部级技术成果签定，并已获得发明专利授权或已申请发明专利。

加快低碳发展

一是优化能源结构，发展低碳能源。加强煤炭清洁生产和利用，大力发展核能，加快水能、风能、太阳能、生物质能等可再生能源开发，努力优化能源结构。二是大力发展旅游业，打造长白山生态旅游品牌。三是加强林业建设，稳定森林碳汇，减少二氧化碳排放。

琦祥纸业废纸回收项目

华枫木业木材加工车间

东圣焦化甲醇精馏塔

国家循环经济试点市

发展循环经济　建设龙江强市

黑龙江省七台河市

大唐七台河电厂

七台河市在以科学发展观为总揽，“发展循环经济、建设龙江强市”战略目标指导下，通过发展煤炭循环经济，不断延伸煤炭加工产业链条，实现了有限资源效益最大化，减少煤炭资源的消耗，形成了吸引域外煤源洼地效应，初步建立了具有示范作用的循环经济发展模式。

两大工业循环经济产业链

主要是按照煤炭采选-炼焦-化工三个层次延伸煤化工产业链条，综合利用矿井水、煤层气等煤炭伴生资源，实施煤焦油加工、焦炉煤气联产甲醇等工程，解决七台河市焦化产业“小、散、乱”的现状，整合煤焦化资源，提升煤炭资源利用率，进而促进环境改善；煤－电－建材产业链的构建，主要是利用劣质煤炭资源，发展电力产业和煤建材产业。通过洗中煤、煤矸石及其它低热值燃料发电，利用电力产业废弃物发展建材产业，实现煤炭、电力和建材产业的耦合和资源综合利用。

煤炭洗选方面，精煤产出率不断提高，原煤实现全部入洗；焦化产业方面，坚持“控制总量、关小上大”的原则，发挥产业集聚优势和规模效应，新上了宝泰隆等3个百万吨捣固焦炉，焦炭生产能力达到800万吨。所有焦化企业都上齐了煤焦油、粗苯、煤气等回收利用项目和环保设备，煤焦油年加工能力达到15万吨，粗苯加工能力达到10万吨；煤化工产业方面，宝泰隆10万吨甲醇、亿达信8万吨甲醇、兴盛5万吨粗苯加氢、圣迈焦油加氢、万昌粗苯加氢项目已建成投产，20万吨二甲醚工程筹建中；煤转电方面，大唐发电二期工程的投入运行，七煤公司30万千瓦煤矸石发电项目开始建设，全部达产后，七台河市发电总装机容量可达到243万千瓦，年可消耗煤矸石和洗中煤近800万吨；煤建材方面，在现有的4.3亿煤矸石空心砖的基础上，2个合计生产能力达2.2亿块的煤矸石空心砖项目正在扩建和新建中，全部达产后，年可以消耗煤矸石200万吨。

循环经济示范园区建设

按照循环经济工业示范园区规划，各区、县政府积极对所辖示范园区内进行资源整合、科学规划，园区建设初具规模。新兴煤焦化工业示范园区内的宝泰隆98万吨焦化工程、20万吨甲醇、20万吨煤焦油加氢项目，凯博达、隆鹏两个百万吨焦化工程均已开工建设；万昌5万吨粗苯加氢项目已形成部分生产能力。茄子河煤电建工业示范园区内的大唐七台河电厂二期工程已投入运行；龙洋焦电余热电厂项目已经完工，干熄焦工程正在建设中；吉伟焦化公司焦炉煤气发电项目已投产，8万吨甲醇预计10月末建成投产；北方2亿块煤矸石空心砖项目预计10月份建成投产。勃利东岗焦电化工业示范园区内正在规划建设鲁龙、恒煤两个百万吨焦化工程；亿达信公司甲醇、干熄焦发电项目建设中。新兴煤焦化工业示范园区内企业间的能源、资源梯级利用和链式共生关系已初步形成。

循环经济关键技术的研发和应用不断深入

煤焦油加氢生产燃料油技术在宝泰隆公司投入大规模生产，对煤焦油进行加氢处理，使芳烃完成加氢转化，生产粗石脑油、粗柴油、燃料油，开辟了一条新的能源途径，同时也成为企业新的经济增长点；焦化硫氨处理技术是针对焦化厂氨水处理的新技术，是国内最为先进的硫氨处理技术，使入站氨水中的COD含量下降了600毫克/升，氨氮含量也降到了120毫克/升。大唐七台河电厂进行多项新技术的研发和应用，其中电机变频改造使厂用电率降低了0.48个百分点，供电煤耗降低了1.5克/千瓦时；少油点火改造是国内首台直吹式300MW以上机组进行的改造，改造后节约燃油95%以上，机组冷态启动由原来的耗油120吨，降到了5吨左右，创国内同类型机组纪录。七台河市发改委还促成了美国纳尔科公司的煤焦油回收、矿山除尘、提高精煤回收率等新技术和新药剂的使用，在提高产品回收率和降低环境污染等方面取得了较大的成效。

宝泰隆煤–焦–精细化工产业链

七台河宝泰隆煤化工股份有限公司是民营企业，公司建立初期以煤炭开采、洗选及小型煤焦为主。拥有两个控股公司、七个生产单位和两个参股公司，固定资产22亿元。公司现有煤炭生产能力150万吨/年，洗选加工能力390万吨/年，焦炭生产能力158万吨/年，焦油生产能力5万吨/年，粗苯生产能力3万吨/年。甲醇生产能力10万吨/年，成品油生产能力10万吨/年。2010年实现工业总产值18亿元，上缴税金1.2亿元。先后被黑龙江省评为非公企业纳税50强、工业企业50强、省高新技术企业，建立了国家级博士后工作站。2009年被全国评为二十佳节能减排企业，循环经济试点企业。

泰隆煤化工以资源高效，循环利用为核心，建立了煤炭生产基地、化工基地、煤电化一体转化基地、煤炭综合利用深加工基地，从而进一步拉长煤炭产业链条，成了一个完整的循环系统发展循环经济，打造有利于社会全面发展节能环保高效综合利用型企业。

公司循环经济发展的链条中三个项目环环相扣：

——焦炉煤气制甲醇项目。公司建设了10万吨/煤气制取甲醇项目，不仅对本公司煤气全部利用，还将周边焦化厂煤气全部回收。

——煤焦油加氢项目。使生产甲醇生产过程中产出的氢气和氮气废弃物得到充分利用，公司开发煤焦油加氢生产轻质燃料油项目，填补了国内利用高温煤焦油加氢生产燃料油的空白，为下一步生产甲醇柴油、汽油留下了足够的发展空间。

——干熄焦热电厂项目。将焦化厂原有的湿法熄焦改为干法熄焦，干熄焦产生的余热用于5万千瓦热电厂发电，不足部分由公司洗煤厂产生的煤泥、煤矸石作为补充进行发电，并为100万平方米的居民供热。年可节约工业用水30万吨，节能2.5万吨标准煤，实现减排污染物300吨，酚100吨。电厂投产后，产生的粉煤灰经加工后，生产砌块、水泥等建筑材料。

公司投资4800万元，新建了200吨/时污水处理厂，对全公司污水处理后，全部循环利用，年可处理污水175万吨。

煤炭经过洗选、炼焦、发电、合成甲醇、生产燃料油等过程处理后，实现了资源利用最大化，形成了以煤炭为主链的循环经济模式，从而提升煤炭产品的附加值，实现了经济效益、环境效益和社会效益的全面丰收。实现了将原有的煤炭直接燃烧方式到精深加工方式的转变，年节约标准煤14万吨，节约用水175万吨，实现了废气、废水、废渣的全部循环利用。

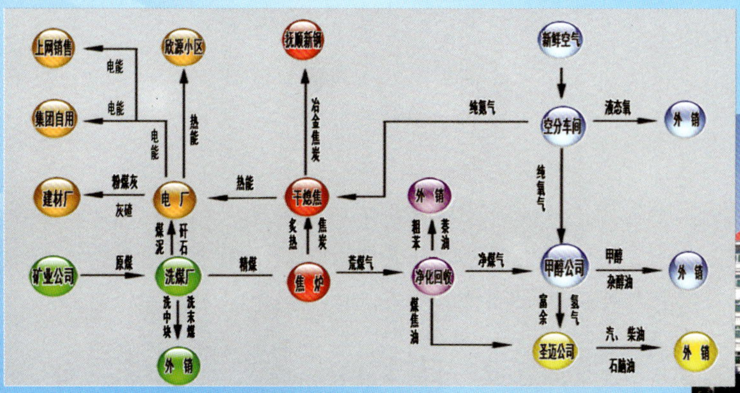

煤炭循环经济示意图

宝泰隆（集团）公司办公楼

国家循环经济试点市

探索资源枯竭型城市循环经济发展的路子

江西省萍乡市

萍乡市是江西省省辖市，是我国最老的工矿城市之一。素有“江南煤都”之称。围绕煤炭的开发，萍乡市逐步形成了煤炭采选、矿山机械、冶金、建材、陶瓷等为主导的产业体系和依赖资源、以资源加工为主的产业结构。萍乡的采掘业和原料工业在全省占有特殊重要的地位，煤炭产量约占全省的40%、钢铁产量约占全省的30%。

循环经济发展取得较快进展

在国家和省发改委的大力支持下，2007年11月，经国务院批准，萍乡市被列为第二批国家循环经济试点城市。通过近几年的努力，全市循环经济工作取得了较快进展。

萍乡市市委、市政府对发展循环经济、建设资源节约型社会工作高度重视，将其列入了重要的议事日程，并将几项主要能耗指标作为考核经济发展的重要内容。

节能节水工作成效显著

自2006年起，抓好了萍乡市重点能耗企业的节能降耗工作，开展了工业循环用水和废水利用工作，萍乡钢铁厂、安源钢铁厂、萍矿集团总公司、萍乡电厂、正大水泥厂等试点企业能耗指标明显降低，工业用水循环利用达到85%以上。同时加强城市用水计划管理，建设农业节水灌溉工程，城区农村节水效果明显。2007-2009年，萍乡市共有59个节能改造项目得到国家发改委和财政部的认可，并将给予财政奖励资金。

关键技术有所突破，资源综合利用和资源再生利用得到强化

在资源综合利用方面，电厂煤灰和锅炉残渣在水泥行业被广泛应用，每年利用煤矸石和低质煤发电可创造近亿元的产值，做煤矸石砖每年也可消耗近60万吨煤矸石。在新能源、可再生能源方面，生物质能转换和利用、水煤浆流化悬浮洁净燃烧等技术均取得了良好的经济效益和社会效益。

创建文明城市

提倡建设节约型社会等工作的开展，使群众认识不断提高，为建设循环经济试点城市打下坚实基础 。

积极推进矿区环境治理和节能减排治污工作

萍乡市生态环境有了逐步好转。目前，全市城区空气质量稳定在国家二级标准，环境水质保持三类水标准，森林覆盖率达到61%，城市建成区绿地率、绿化覆盖率、人均公园绿地面积分别达到35.6%、40.3%和9.03平方米，人居环境明显改善，已被评为国家园林城市。2009年全市万元GDP能耗为2.482吨标准煤，“十一五”期间前四年完成万元GDP能耗下降计划的97.19%，超过预定80%的整体目标。

三大措施推动今后萍乡循环经济发展

一是倡导循环经济的发展理念，引导不同层面、不同主体增强其参与循环经济发展的主动性和自觉性。依托循环经济试点，在萍乡市倡导低投入、高产出，低消耗、少排放，能循环、可持续的生产方式和发展模式，加快健全推进循环经济发展的工作机制，更好地推进节能减排和资源节约型、环境友好型社会建设，为萍乡市实现产业转型和经济社会又好又快发展提供广泛的公众基础。

二是有计划、分阶段地形成一批影响全市的循环经济重点项目，示范带动全市循环经济发展。通过试点示范和重点项目支持，在重点领域和关键环境，重点支持一批主要针对“三废”及难以利用的废弃资源的资源化再利用项目，形成对萍乡市发展循环经济的骨干项目和重要带动力量，帮助萍乡市解决重点领域、关键环节发展循环经济的投融资困难，促进其投融资机制的建设。

三是为资源枯竭型城市循环经济发展探索可供借鉴的经验与模式。以萍乡试点为基础，针对以重化工业为支柱产业的资源型城市和矿产、水、能源等资源枯竭型城市贯彻科学发展观、加快推进循环经济发展、促进发展方式转变面临的共同问题，在实现节能减排、环境治理和可持续发展能力建设和建立有利于可持续发展的体制机制方面，探索出新的模式，为全国同类地区发展循环经济提供示范样板和值得借鉴的经验。

100米液化气隧道窑

产品

设备

芦溪县循环经济重点项目

江西怡源绝缘子有限公司

江西怡源绝缘子有限公司创建于1999年，地处萍乡市芦溪县工业园，厂区紧靠320国道。现有员工283人，高级工程师3人，工程技术人员50余人，注册资本1500万元，占地面积46000余平方米。

近年来，江西怡源绝缘子有限公司将“倒焰窑”全部退出使用，全部使用上天然气、焦化煤气和液化气，使用新型燃料既节约了生产成本又提高了产品质量，实现经济循环与生态环保的双赢。

江西怡源绝缘子有限公司生产电瓷、电器、复合绝缘子，主要为210KN以下悬式绝缘子、针式绝缘子、瓷横担及220KV以下电站棒形支柱产品。根据需要可按国标、部标生产,又可按国际IEC标准及英标BS、美标ANSI、德标DIN、VDF、澳标AS等先进国家标准生产。年产值达1亿元，可实现利税2500万元。拥有自营出口权，年出口电瓷3000余万元。

江西怡源绝缘子有限公司设备完善、工艺精湛、管理严谨、检测设备齐全，顺利通过ISO9001—2008国际质量体系认证，建立和健全了严密的工艺控制系统和质量保证体系。自生产以来,已销往全国21个省市,特别是以质量稳定、性能可靠和优质服务深受南方电网公司、西藏、内蒙电力公司及华北电网公司的欢迎,公司产品质量已由中国人民保险公司承保。

公司以“质量第一、用户至上”为宗旨,以顾客为中心，不断开发新产品并保证产品质量，严守合同信誉，为顾客提供满意产品是本公司全体员工永恒的追求。

怡源公司

上栗县循环经济重点项目

春来绿色食品10万亩双低杂交油菜种植及深加工项目

萍乡市春来绿色食品有限公司10万亩双低杂交油菜种植及深加工项目，建设在充分利用上栗县适宜种植油菜土地基础上，通过双低杂交油菜种植技术推广，有效利用土地资源，加强企业-农户模式，充分利用秸秆制成沼气。准备建设一个10万亩的杂交油菜生产基地，一个精炼绿色食用菜油加工中心，一个800m^{3}大型沼气池利用榨油残渣生产沼气、有机肥，一个菜籽饼粕的综合加工中心。

该项目将采用移动式太阳能沼气发生器，利用秸秆建设大中型沼气工程，解决了传统沼气装置建池工期长、施工工艺复杂、冬季不产气、日常管理不便、维护成本高等问题。 利用农闲时间种植油菜作物，利用上游产品或废弃物生产饲料、复合肥料，沼气发电，减少了种植油菜种植产生的秸秆对环境的污染，带来巨大的经济效益。

萍锋纸业30万吨高强瓦楞纸项目

江西省萍乡市上栗县萍锋纸业有限公司主要利用城市垃圾中的各种废纸和木材加工厂的生产废料——木屑，生产高强度瓦楞纸产品。本产品物理强度为110～220千克/立方米，广泛应用于包装行业、工业用板，同时根据市场需要，也可以生产防水、防火、抗湿等特种纸板，可以完全替代进口产品。目前年生产高强瓦楞纸22000吨,实现销售收入5600万元，利税615.6万元。公司已购地129亩，准备投资14002.52万元兴建两条年产30万吨高强瓦楞纸生产线（生产建筑物建筑面积40000m^2），预计项目投资后年产高强度各种瓦楞纸30万吨，实现产值7.5亿元，实现利税13500万元，项目投产后公司新增员工约800人。

循环经济：潞安发展新引擎

潞安集团公司董事长任润厚

山西潞安矿业（集团）有限责任公司，自2000年8月改制以来，认真贯彻落实科学发展观，立足煤、延伸煤、超越煤，坚持走低碳循环发展之路，全力打造绿色新型能化集团。2009年，煤炭产量5509万吨，销售收入498.6万元，利润总额38亿元，名列2009年中国企业500强第127位。其中，非煤销售收入占总销售收入的一半以上，被确定为国家循环经济试点企业，循环经济成为潞安发展新引擎。李克强在考察循环经济试点示范企业并出席院士专家座谈会期间，对潞安集团做出充分肯定和高度评价。

一、以科技创新为强力支撑，实现企业集约高效、绿色清洁生产

潞安拥有国家级技术中心，并创建了山西省首家企业研究院，被确定为“国家创新型试点企业”。企业科技投入占到总销售收入的3%以上，近年来取得自主知识产权70项，获国家级科技进步奖4项，省部级科技奖116项。潞安连续11年获得“煤炭工业科技进步十佳企业”称号，被确定为国家创新型试点企业。

潞安在巩固提升矿井机械化、现代化水平的同时，加快推进向数字化、信息化迈进，先后建成了全国第一座数字化矿井、第一个大采高自动化综放工作面、第一个数字化掘进工作面、第一个280米超长工作面，全员工效始终名列行业前茅。自主研发的“潞安贫煤、贫瘦煤高炉喷吹技术开发与应用”获国家科技进步二等奖，2009年潞安喷吹煤产量1200万吨，累计生产4000余万吨。潞安喷吹煤与焦炭置换比达到0.95以上，环保效益显著，被评为“国家免检产品”，成为订立国标的基准，被中国冶金协会授予“中国喷吹煤基地”称号，成为“联合国清洁煤技术示范推广企业”。

国家科学技术进步奖

证　书

为表彰国家科学技术进步奖获得者，特颁发此证书。

项目名称：贫煤、贫瘦煤高炉喷吹技术开发与应用

奖励等级：二等

获 奖 者：山西潞安矿业（集团）有限责任公司

2007年12月11日

证书号：2007-J-252-2-01-001

“潞安贫煤、贫瘦煤高炉喷吹技术开发与应用”荣获2007年度国家科技进步二等奖

潞安坚持“绿色开采，清洁利用”，《潞安矿区绿色开采技术研究》达

潞安集团1GW/年太阳能垂直一体化项目一期投产剪彩仪式

到世界领先水平，成功攻克了5米小煤柱技术，资源回收率达到83%。坚持煤气共采、煤水共采、煤与伴生物共采，矿井水处理率100%，复用率91%；原煤入洗率和精煤回收率均达到80%以上；强化生态恢复与环境治理，老矿矸石山全面实现生态化治理，“黑色矸石山”变成了“绿色新景观”；建成年产1.3亿标块单线规模全国最大的煤矸石砖厂。潞安土地复垦、水土保持受到中国水土保持学会高度评价。

2009年，潞安集团万元产值能耗1.05吨标准煤，万元增加值综合能耗1.94吨标准煤，万元产值水耗29立方米，各种减排指标保持在2000年水平，实现了“增产不增污”，先后荣获“中国节能减排功勋企业”、“煤炭工业节能减排先进企业”、“中国能源绿色企业50佳”等荣誉称号。

二、以循环园区为主要载体，建设煤基多联产多元化发展的新型能化集团

充分利用晋东南——湖北荆门我国首条百万伏级特高压输电线路，建设煤电一体的循环经济园区。主要由800万吨/年高河煤矿，一期2×60万kW、二期2×100万kW高河坑口电厂、2×60万kW潞安华厦综合利用电厂组成。主要流程是：实行上、下组煤联合布置，统一开采，配煤发电；综合利用中煤、煤泥、煤矸石、矿井水等，实现煤电一体化循环发展。

对弃采的高硫高灰劣质煤资源实施清洁利用，全力发展煤基合成油品及化学品多联产产业化示范项目，建设煤油循环经济园区。由800万吨/年余吾煤业及配套模块选煤厂、下组煤开发的慈林山煤业和郭庄煤业、新型建材厂、21万吨/年煤基合成油示范项目、540万吨/年煤基合成油产业化厂，以及余吾煤业瓦斯抽采、羿神焦化、IGCC发电项目等组成。

园区的流程是：将原煤全部入洗，加工为高附加值的喷吹煤；开发下组高硫煤作为煤基合成油原料；将矿井瓦斯与附近羿神焦化厂的焦炉煤气，一部分作为煤基合成油的氢源，一部分与煤基合成油生产过程中的富余氢气、高纯度氮气以及二氧化碳废气，联产18万吨合成氨、30万吨尿素和氮气干熄焦，并实现尾气IGCC发电；矿井水经过处理作为煤基合成油、综合利用电厂的水源；中煤、煤泥和矸石等供综合利用厂发电、制砖，废渣用于建材厂制造水泥和填沟等；电厂生产的电，供余吾煤业和煤基合成油厂使用，煤基合成油厂热蒸气及电厂发电余热，可用于生产生活及地方取暖等。

潞安成为世界上唯一一个掌握钴基、铁基两种催化剂进行煤制油技术的企业

整个园区以煤基合成油为基础，以高硫下组煤为原料，以提高能源转化效率为目标，将油、化、气、电有机结合，实现了油品、化学品、合成天然气和发电的联合生产，被列为国家循环经

济示范园区。

21万吨/年煤基合成油项目，是国家“863”、“973”高新技术示范项目。项目继2008年12月产出我国第一桶煤基合成油后，2009年7月全部建成投产，生产的高品质油品以及精细化工产品畅销市场。

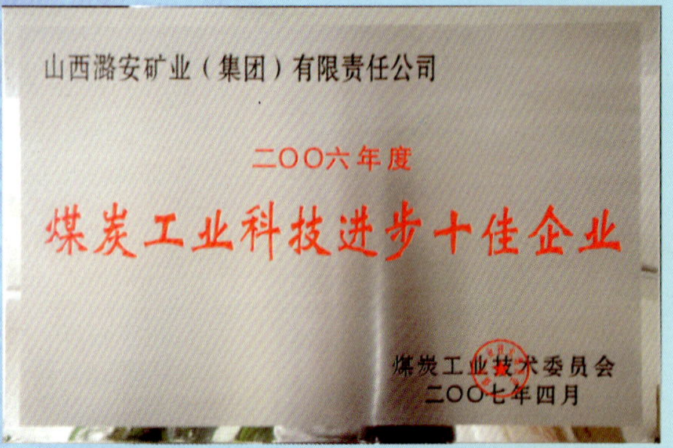

潞安集团连续十一年获得“煤炭工业科技进步十佳企业”称号

2008中国节能减排功勋企业

充分利用潞安中煤、煤泥、煤矸石加上IGCC发电等富裕电量及长治地区品位高、储量丰富的石英砂资源优势，发展高载能产业，构建高纯硅业·太阳能一体化循环经济园区。由62万kW/年中煤、煤泥、煤矸石综合利用电厂、5万吨/年工业硅、40万吨/年聚氯乙烯、1万吨/年高纯度多晶硅、1GW/年太阳能电池组成。

园区的流程是：由煤矸石综合利用电厂提供园区电能，充分发挥长治区域石英砂资源品位高、储量丰富优势，利用聚氯乙烯厂副产氯气作原料，与德国森特塞姆公司技术合作，采用世界领先技术，生产工业硅、多晶硅到太阳能电池，园区废渣综合制成水泥、砖、陶粒等，形成完整的产业链条。

发挥潞安拥有焦煤、气煤、肥煤、焦化资源的优势，建设烯烃类现代煤化工园区。目前，潞安有400万吨/年焦炭产能，已经建成60万吨甲醇装置。潞安坚持“焦炭是副产品，化产是主产品”的理念，以焦油加工制苯胺，重点发展30万吨/年聚氨酯项目；整合现有的焦化及煤化工项目，补充矿井煤层气，以焦炉煤气和煤层气联产甲醇，重点发展60万吨/年烯烃项目。园区建设实现与公用工程统一配套，气、液、固废弃物集中治理；工业装置首尾相接、相互依托，减少中间产品的储运环节，能耗大幅降低，产业走向高端、产品走向终端。

当前，潞安集团正紧紧围绕建设既强又大国际化新潞安这个中心，按照“亿吨煤炭，立体能源，总量翻番，国际潞安”的总体要求，对标世界最先进的煤炭、煤化工企业，进一步突出转型发展、跨越发展，进一步突出资本运作和联合重组，全面建成以煤炭、电力、煤基合成油、煤基天然气、煤制烯烃、太阳能垂直一体化等多层次、立体化能源输出体系为主要内容的绿色新型能化集团，建成国际化潞安，实现潞安国际化。主要目标是：投资2000亿元，新增资产2000亿元（资产总额达3000亿元），营业收入达到2000亿元，实现利润200亿元，跨入中国企业100强，跻身世界500强。

潞安集团煤基油循环工业园区

高起点　超一流　四利用　多循环

太原钢铁（集团）有限公司

焦炉煤气脱硫制酸

太原钢铁（集团）有限公司地处山西省太原市，是全球产能最大、工艺技术装备水平最高、品种规格最全的不锈钢企业，综合实力居国内钢铁行业先列，主导产品有不锈钢、冷轧硅钢、热轧卷板、火车轮轴钢、军工钢等。2007年国家六部委将太钢列为循环经济试点企业。2009年12月，工业和信息化部召集钢铁企业在太钢召开技术改造座谈会，推广太钢坚持技术改造、自主创新、调整结构、节能减排、发展循环经济的经验。2010年3月，太钢循环经济工作通过山西省发展循环经济建设资源节约型社会工作领导组办公室中期评估。

发展模式

太钢以最新的观念、最好的思路、最优的设计、最少的投入、最简化的系统和最好的回报，建设了一大批循环经济项目。形成太钢“高起点、超一流、四利用、多循环”的发展循环经济模式。即：(1)设计高起点，从源头做起，实现工艺技术、装备后现代化。(2)设备大型化、工艺现代化、节能设施同步化、环保装备一流化。(3)加强回收利用，变废为宝：水——分质循环利用；气——二次回收利用；酸——转化再生利用；渣——高效利用；(4)循环物料利用——碳素钢伴生物的利用；不锈钢类（含Cr、Ni类）再生物的利用；焦化环境除尘焦粉用于发电、高炉喷煤等。

先进技术项目与效益

焦化煤调湿：建有国内首家自主集成的焦化煤调湿系统，系统采用蒸汽管式干燥机（STD）工艺，对装炉煤进行干燥处理，每小时可节能3.38×10^{7}kJ。

焦化干熄焦：采用干熄焦工艺回收余热发电；可减少粉尘等污染物排放228吨/年，节水99×10^{4}立方米/年，节能58200吨标准煤/年，发电3.8×10^{5}MW/年。

焦炉煤气脱硫脱氰：采用乙醇胺法实施焦炉煤气脱硫，煤气中的H_2S降到50 mg/m^{3}以下，脱硫后的酸气生产浓硫酸，年产硫酸12000t，用于焦化硫铵生产。

烧结机头脱硫脱销：采用国际先进的活性炭移动层集脱硫、脱硝、除尘“三位一体工艺，”，脱硫效率达到95%以上，脱硝效率达到33%以上，脱硫后的酸气生产浓硫酸，年产硫酸40320t，用于轧钢生产。

酸再生项目：废混酸回收利用项目——年回收氢氟酸8000余吨、硝酸7000余吨，氧化铁粉4000余吨，年创效4400万元；废盐酸回收利用项目——年回收盐酸13000余吨，回收氧化铁粉4200余吨，增加利润600万元。实施废酸再生，形成酸闭路循环。

高炉矿渣超细粉项目：太钢建设了世界上单体产能最大、技术最先进的立式辊磨，年处理120万t的高炉矿渣超细粉生产线，可等量替代水泥，年减少CO_2排放约115万吨。

水资源内部循环利用：太钢为最大限度节约水资源，在全工序推广应用分质供水、串级用水、闭路循环、蒸发空冷、反渗透膜处理等先进节水工艺技术。

社会废水资源化利用：将太原市生活污水引入太钢建成的生活污水处理系统，回收处理能力达到5.5万吨/天，年节约新水1200万吨，区域减排COD 5000余吨。

目标

太钢将瞄准国际一流水平，重点研究发展一批利用尾渣制化肥、尾渣超细粉、冶金除尘灰资源化、冷凝水回收、CO_2减排、低品位余热等循环经济项目，把太钢建成冶金行业低碳发展、绿色发展的示范企业。(1)2015年与2010年比，太钢主要能耗和污染物排放指标显著进步：吨钢综合能耗降低5%；吨钢新水消耗降为0；吨钢烟粉尘排放量减少10%；吨钢二氧化硫排放量减少50%；吨钢二氧化碳排放量减少20%。(2)充分发挥钢铁企业能源转换、废物消纳利用功能，承担城市环境保护责任。

活性生物酶处理酚氰水

混酸再生

国家循环经济试点企业

加快发展循环经济　加快转变经济发展方式

金川集团有限公司

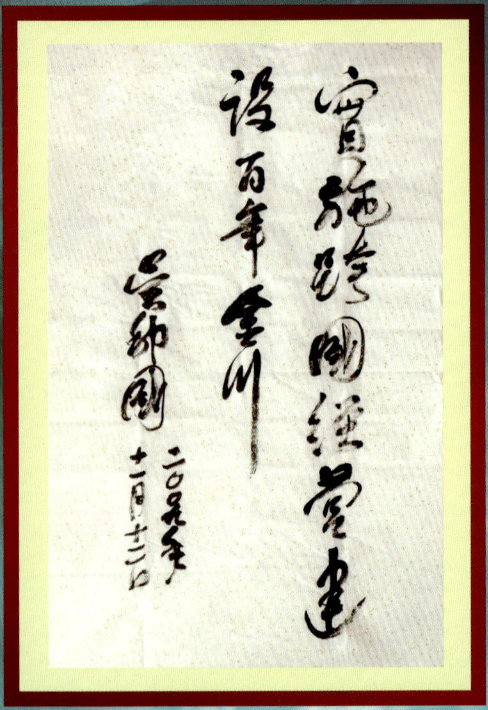

中共中央政治局常委、全国人大常委会委员长吴邦国题词

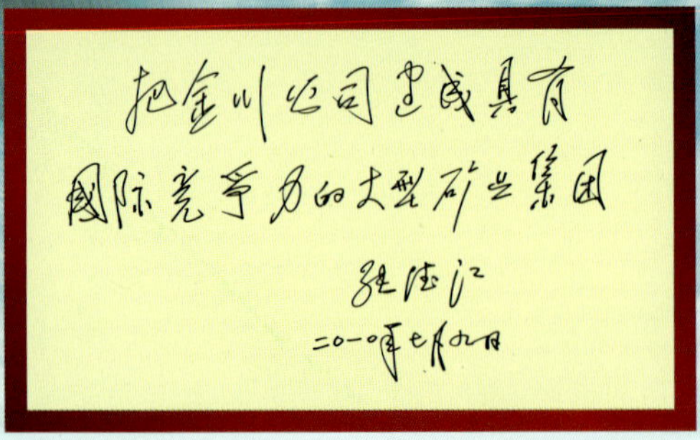

中共中央政治局委员、国务院副总理张德江题词

2009年11月17日，中共中央政治局常委、全国人大常委会委员长吴邦国视察兰州金川科技园。吴邦国指出，要瞄准世界同行业先进水平，主动开展以节能降耗为核心的新一轮技术改造，大力发展循环经济，加强资源综合利用。

2009年10月17日，中共中央政治局常委、国务院总理温家宝考察金川集团兰州金川科技园时说，金川是一座聚宝盆，是中国的一个骄傲。希望依靠你们把矿产资源‘吃干榨尽’，提高资源的综合利用率，防止和减少对环境的污染，实现资源的永续利用。

2010年7月9日，中共中央政治局委员、国务院副总理张德江视察金川公司，对公司提出的“再打一场科技联合攻关硬仗，进一步提高资源综合利用水平”的做法给予充分肯定，并欣然题词：“把金川公司建成具有国际竞争力的大型矿业集团”。

中国的“镍都”金川集团公司

金川集团有限公司成立于1959年，是集采矿、选矿、冶炼、无机化工、贸易、技术为一体的国内最大的综合性镍、铜、钴和铂族金属生产企业，主要生产镍、铜、钴、铂族贵金属、有色金属压延加工产品、化工产品、有色金属化学品等，被誉为中国的“镍都”。邓小平同志在1966年视察金川时，曾赞誉金川为难得的“金娃娃”、祖国的“聚宝盆”。

金川公司经过50年的建设与发展，已成为全球同类企业中生产规模大、产品种类全、产品质量优良的公司之一。2009年，公司生产有色金属产品50.3万吨，化工产品206万吨；实现营业收入665亿元，利税33亿元，其中利润21亿元。公司镍产量居全球第四位、钴产量居全球第二位、铜产量居国内第三位。公司位列2009年中国企业500强第97位、中国制造业企业第38位、中国有色冶金及压延加工第3位、中国企业效益200佳第69位。同时，还被列为国家循环经济示范试点企业、国家首批创新型企业，并获得中国节能减排20佳企业。

2009年7月29日，全国政协副主席，科技部部长万刚视察兰州金川科技园

发展循环经济主要成果

金川集团公司自被国家列为首批循环经济试点单位以来，始终坚持“节能、减排、治理、利用”的方针，以提高资源利用水平、降低能源消耗、减少废弃物排放为目标，瞄准国际先进技术，继续加快贫矿、冶炼渣、尾矿等资源的开发和再利用，提出实施“碧水蓝天”工程，彻底根治污染。依靠科技进步提升公司主要生产系统的工艺、技术、装备水平和清洁生产水平，以二氧化硫污染治理和废水资源化利用为重点，扎实有效地开展污染治理和“三废”资源综合利用工作。通过加快节能降耗技术改造和淘汰高耗能落后工艺、技术及设备，加大节能新技术、新工艺、新设备和新材料的推广应用，促进公司生产工艺的优化和产品结构的升级。积极开发和运用绿色技术，致力于打造绿色产品生产链，将节能减排与产品结构调整相结合，转变经济发展方式，培育新的经济增长点。超额完成了公司“十一五”规划的阶段性目标，为带动区域循环经济发展奠定了良好的基础和条件。

“十一五”以来，金川集团公司累计完成投资130亿元。与试点前相比，公司采、选、冶技术经济指标大幅度提高，选冶综合回收率居同行业先进水平，主要产品能耗指标再创历史最好水平。一些重大科研项目如铜渣选矿、白烟灰综合利用、尾矿再选、低品位矿石酸性废水生物浸出工业试验、提高尾砂充填比例的研究、尾矿库生态复原

金川集团公司领导考察白烟灰现场

申报中的金川国家矿山公园

试验研究等课题均取得重大进展，其中白烟灰利用等已经进入试生产阶段，将进一步提高金川资源综合利用水平。

2009年，金川集团公司万元产值能耗、电镍综合能耗、电铜综合能耗较“十五”末分别下降24.2%、9.2%和39.6%。水重复利用率由“十五”末的75%提高到2009年的88%。中水利用量由“十五”末的78万吨提高到2009年的1176万吨。2009年与“十五”末相比，特征污染物二氧化硫排放量下降51.5%，二氧化硫利用率提高10.8%，烟（粉）尘排放量下降31.0%，固体废物综合利用量提高11.1%。

金川集团公司按照循环经济“减量化”原则，最大限度地减少资源消耗和废弃物的产生，通过科技先行、强化创新，优化技术经济指标、延伸产品链为切入点，使得公司资源综合利用能力得到了进一步提升，经济增长质量得到了提高。正如2009年10月17日，国务院总理温家宝在金川公司调研时强调的“一定要把金川的贫矿利用好，吃干榨尽。”，金川集团不断完善工艺，逐年加大对贫矿的开采力度。2009年，公司自有矿山出矿能力为700万吨，低品位的贫矿开采量为182.4万吨，占总出矿量的26.1%。矿石回采率超过96%，采矿损失率和贫化率控制在5%以下，达到国际充填法坑采矿山的先进水平。

公司集团公司强化全系统清洁生产、注重细节治理，以“再利用”为原则，构建公司内部循环圈。严格按照清洁生产法、环境保护法的要求，实施全系统的清洁生产。严格控制污染物的源头排放和末端治理，按照“三同时”的原则新建、扩建、改建环境保护项目，坚持资源开发与环境保护并重，周边环境得到了明显改善。与2000年相比，二氧化硫排放总量由11.92万吨降为2009年的4.99万吨；单位金属排放量由1753kg/t降为100kg/t;工业水重复利用率由71%提高到88%；工业污水治理率100%；公司2009年有色金属产量超过50万吨，而用水量仅为6340万m^3。每年利用余热和蒸汽量达70多万吨，创经济效益4000余万元。冶炼系统生产过程实现了部分或全部以煤代油，年节约燃料费达1000万元。

金川集团公司供热系统已形成以热电联产、余热利用为主，区域锅炉房集中供热为辅，边远分散锅炉房独立供热为补充的较为合理的供热体系，提高了锅炉燃烧效率，使公司热源效率由“十五”末的75.02%提高到86%以上，

金川集团公司生产物质流、能量流循环网示意

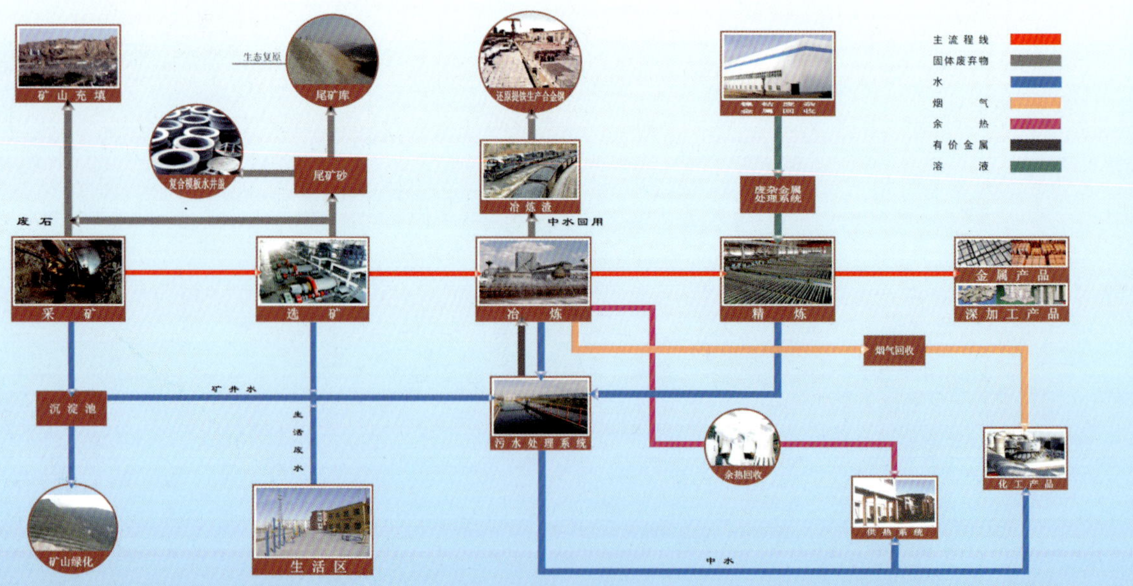

图示说明：

固体废弃物综合利用

矿山产生的废石用于井下充填；选矿尾矿砂代替细砂用于矿山充填；利用选矿尾矿砂和废旧农用地膜生产复合模板、井盖、井圈；通过尾矿再选回收有用矿物。

冶炼渣、水淬渣用于生产空心砖和复合模板；利用冶炼渣和粉煤灰生产复合水泥矿山充填。

烟气处理与回收利用

所有冶炼炉窑、锅炉均配套有高效除尘设施；冶炼SO_2烟气回收用于生产硫酸、亚硫酸钠。

废水回收利用

矿山井下废水部份用于矿山绿化和充填，其余进入污水处理总站；冶炼废水、精炼废水、生活废水进入污水处理总站；污水处理总站处理后的部分中水回用于选矿、冶炼生产和厂区绿化；其余中水进入深度处理站回收镍、铜、钴有价金属后用于供热等。

余热利用

金川公司在所有冶金炉后均配套余热锅炉系统，充分回收利用余热资源生产蒸汽，用于生产、生活供热，每年仅余热饱和蒸汽量可达40多万吨，年创经济效益达2000余万元。

再生金属回收

利用自身优势，对外购镍、钴废杂合金等废旧金属回收处理；冶炼渣中提取镍、铜等有价金属；利用冶炼渣中的铁资源生产镍铁合金和微晶玻璃；利用钴系统富锰溶液生产锰系列产品；利用铅碲渣提取金属碲。

每年减少二氧化硫排放量1192吨、烟尘340吨。

通过不断加大对生态保护的投入，初步形成了防护绿地、专用绿地、公共绿地、工矿企业防护林和苗圃基地等较为完整的富有金川特色的企业园林绿化体系，绿化面积达407万平方米，改善了企业的生态环境，极大地提升了环境效益、社会效益和经济效益。

在节能减排的过程中，企业内部小循环、园区间的中循环和区域间的大循环在金川集团逐渐形成。公司充分发挥区域核心企业的作用，积极推动区域循环经济发展，最大限度地发挥公司在资源等方面的优势，采取互补、共生、耦合等多种思路促进区域循环经济发展，使公司的减排产品和废料成为下游相关企业的原材料。金昌化工集团有限公司作为金川公司的下游企业，每年消耗金川公司70万吨的硫酸，用于生产磷酸、农用肥等；金化集团产生的烧碱又可作为金川公司镍精炼过程中的试剂。金川公司年产20万吨烧碱项目所产生的液氯供新川化工公司生产20万吨聚氯乙稀，聚氯乙稀生产过程中的电石渣供金泥集团生产水泥。通过企业与企业之间形成一种固定的生产联系，建立稳定的废弃物循环利用网络，推动了整个地区的工业生态化和区域循环经济的发展。

“十二五”循环经济发展重点

——加快对金川未来发展具有重大影响的循环经济示范项目的研究进度，使得金川冶炼渣中铁资源的回收率达到90%以上，二次炉渣应用于建材、水泥行业，实现冶炼固体废弃物零排放；在此基础上，研究开发高温合金、耐蚀合金及不锈钢等合金新材料，最终形成较大生产规模的合金压延型材生产线。

——大力发展再生金属的利用。在镍铜钴和贵金属等有色金属再生资源再利用产业方面，通过进入国内外再生资源回收再利用企业和投资，加快有色金属再生资源再利用示范基地建设，提高产业集中度，发挥企业集群、产业集聚效应，使示范基地形成产业规模化，取得良好的经济和社会效益。

——全面实现二氧化硫、烟尘等主要废气污染物达标排放，环境空气质量达到国家大气环境质量二级标准；中水全部利用，酸性废水和含金属废水处理率达到100%；粉煤灰利用率达到100%，尾矿砂、冶炼渣等固体废弃物综合利用水平进一步提高，并实施老尾矿库和新尾矿库闭库后的生态复原工程。建立并有效运行ISO14001环境管理体系，积极推行清洁生产，把公司建成环境友好型企业。

2010年11月10日，银硒生产线投产典礼

2010年6月30日，6万吨铜管棒、40万吨离子膜烧碱投产典礼

2010年7月13日，金川公司110万吨铜渣选矿工程奠基仪式

8000吨污水处理站

国家循环经济试点企业

努力构建低能耗、低污染、低排放的经济发展模式

马鞍山钢铁股份有限公司

马钢年产500万吨新区能源控制中心

马鞍山钢铁股份有限公司是我国特大型钢铁联合企业，A+H股上市公司。现具备1600万吨钢配套生产规模，总资产800多亿元，拥有多种世界先进的钢铁制造业生产线，形成独具特色的"板、型、线、轮"产品结构。

作为能源资源密集型企业，马钢把节能降耗作为提高企业运行质量、降低成本的重要途径，一大批关键与共性节能减排技术得到应用。公司提前完成“十一五”节能减排目标。

为加快产业结构调整，实行循环经济和低碳发展，自"九五"以来，马钢近年来投入50多亿元，专项用于资源综合利用和环境治理。在行业率先淘汰了一批高能耗、高污染的工艺和装备，累计淘汰轧钢产能400余万吨。在围绕钢铁企业产品制造、能源转换、社会废弃物消纳处理三大功能方面，马钢坚持"减量化、再利用、资源化"原则，深入推进节能减排，强化技术创新和管理支撑，通过系统节能深化能源经济运行，努力构建以低能耗、低污染、低排放为基础的经济发展模式。2007年，马钢在淘汰落后的基础上，投资400多亿元快速实施完成了"十五"和"十一五"两轮大规模钢铁主业结构调整系统工程。与此同时，对高速线材、H型钢、车轮、中板等原有生产线实施了高起点的技术改造，提高了这些生产线的节能减排效果。

马钢积极推广应用了一批关键与共性节能减排技术，结合建设与生产实际，马钢自主研究和吸引了一批节能技术，如转炉负能炼钢、转炉煤气全额回收、高能蓄热试燃技术、高炉鼓风脱湿、热风炉自动寻优燃烧、高效连铸技术等。同时积极引进和创新研究一些前沿技术，大大提升了马钢节能减排技术水平。

马钢正以构建循环经济社会的全新理念，从更广大的时间、空间上谋划节能减排和循环经济发展。

马鞍山钢铁股份有限公司厂区

马鞍山钢铁股份有限公司鸟瞰

炼钢生产线

国家循环经济试点企业

走有云锡特色的新型工业化道路

云南锡业集团（控股）有限责任公司

云南锡业集团（控股）有限责任公司党委书记、董事长雷毅

云锡贵金属二次资源利用基地在云南省玉溪市易门县开工建设

云南锡业集团（控股）有限责任公司（以下简称“云锡”）是清光绪九年（1883年）清政府建办的个旧厂务招商局，在世界锡行业中排名第一，是世界锡生产企业中产业链最长、最完整的企业，是中国最大的锡化工、锡材加工中心以及稀贵金属研发中心。是中国锡工业的发源地，中国500强企业。年营业收入130亿元，现有资产总额235 亿元。

多年来，云锡以节能降耗、资源再循环和高效、清洁、综合利用为中心，围绕“地质找矿—开采—选矿—冶炼—深加工—资源回收利用”的大循环以及“采、选、冶、深加工各工艺环节、产品”的小循环模式，加大资源的综合回收利用，着力推进管理、科技节能，大力发展产品的精深加工，走云锡特色的新型工业化道路，努力建设资源节约型、环境友好型企业。锡化工产品连续七年以25%的速度增长。2009年，完成20762吨标准煤节能量，完成云南省政府考核节能目标的296.6%。2006~2009年累计完成节能量118079吨标准煤，完成“十一五”节能目标的175.72%。云锡的锡冶炼综合能耗处于国内同行业领先水平。

云锡中长期发展目标：围绕“1188656”发展纲要，打造有色金属产业、新能源产业、稀贵金属产业、房地产及建筑产业、优势特色产业及新兴产业六大产业板块，走有云锡特色的新型工业化道路，实现跨越式可持续发展，到2015年实现营业收入500亿元。打造卓越企业，实现产业报国。

云锡锡化工生产基地

绿树成荫的云锡办公大楼

环境优美的云锡锡冶炼厂

着力构建中国铜冶炼企业循环经济体系

中铝云南铜业（集团）有限公司

公司与国外公司签定技术合作合同

云南铜业(集团)有限公司凭借“有色金属王国”的美名和优势、悠久的历史、先进的技术、科学的管理、优质的产品、热忱的服务和不懈的追求，在中国铜工业中占有重要地位，成为中国著名的以铜为主的采、选、冶、加联合企业之一。公司主体前身为云南冶炼厂，成立于1958年，1998年改制为股份制上市公司，主要冶炼、加工及副产品有高纯阴极铜、电工用铜线坯、工业硫酸、金锭、银锭、硫酸胺、硫酸铜等，并能综合回收铅、铋、锡、铂、钯等多种金属。2007年9中铝集团入主云铜，使中铝的管理优势、资源优势与云铜的技术优势得到完美结合，中铝云铜正着力于打造中铝旗下铜板块的排头兵和中国一流的铜联合企业。

发展循环经济的工作基础

公司长期以来一直致力于循环经济建设，特别是1998年起，围绕节约资源能源、减少三废排放、提高产品质量、实现产品多元化、二次铜资源的利用等进行了一系列探索，以实现高产率、高质量、高寿命、低能耗和低污染为目标，努力建设和谐统一、资源节约的循环型企业。通过思想观念的根本性转变、科技进步和强化管理，目前已初步构建了铜冶炼企业的循环经济体系，提升了企业的信誉，提高了经济效益、环保效益和社会效益，实现了云南铜业的可持续发展。

开展的循环经济项目

艾萨熔炼技术的二次开发和研究

通过大量采用新工艺、新材料、新设备，工艺生产装备得以向专业化、规模化和集约化发展，生产的自动化、智能化水平大幅提升后，公司又成功进行了艾萨熔炼技术的二次开发和研究。通过二次开发，云铜艾萨炉物料处理量达到120吨／小时；实现了云铜艾萨炉温度自动控制，温度最少能够在2小时以内不需要人工干预，将主控人员的操作由对温度的调控转为对系统运行的监测；通过“艾萨炉过程模拟及动力学研究”，得到了直观展现艾萨炉内流体运动状态的物理模型，获得了最佳冶炼控制参数范围，提出了强化冶炼过程、提高炉龄和节能降耗的途径；通过“降低贫化电炉渣含铜方法研究”工作，使得贫化电炉渣含铜小于0.7%，贫化电炉渣综合电耗小于95kWh／t渣。

燃煤回转式阳极炉工艺技术开发

公司成功开发火法精炼系统燃煤回转式阳极炉工艺，新建两台350t回转式阳极炉，不仅满足了公司的需要，达到节能降耗、降低生产成本的目的，而且进一步推广应用，获取更大的行业和社会效益。达到如下技术经济指标：1）燃料(粉煤)单耗（标煤）45kg /t–Cu；2）还原剂(固体还原剂)单耗12kg/t–Cu。

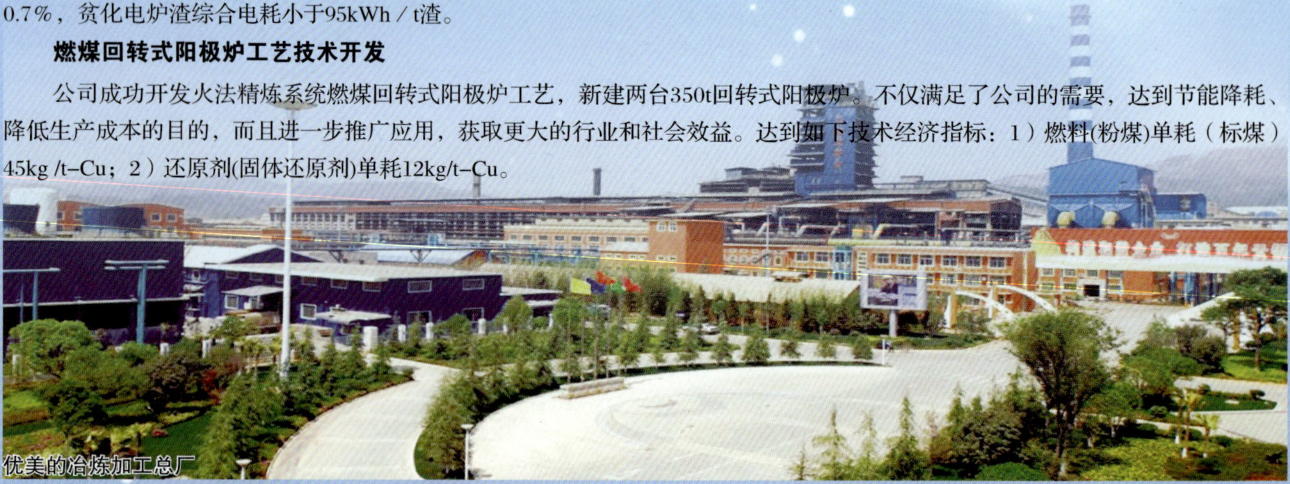
优美的冶炼加工总厂

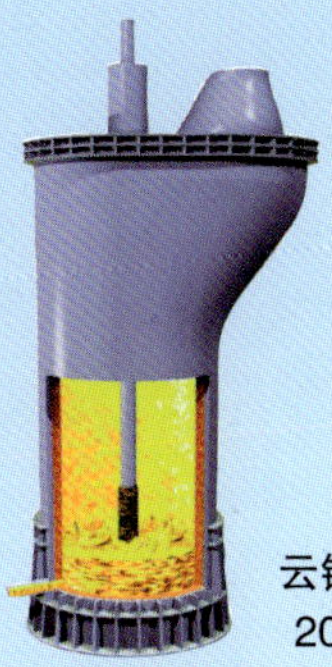

云铜富氧顶吹铜熔池熔炼技术获
2006年度国家科技进步二等奖

液氩、液氧、液氮生产车间

污水处理设备

新增电解产能项目

为适应云南省委省政府经济发展的倍增计划，结合云南铜业集团公司“十一五”发展的“1743”（矿山铜金属资源量1000万吨、电铜60万吨、有色金属加工材40万吨、矿山铜精矿含铜30万吨）规划，新建9、10跨电解工场，生产能力为18万吨/年，工艺方案采用当今国际上具有先进水平的永久阴极电解法，产品档次和技术装备水平力争有很大的提高。

开发铜阳极泥处理新工艺，提高硒的回收率，增加硒、银产品产量

2004年公司改造新建一套阳极泥脱硒渣过滤系统，开发新建一套液体二氧化硫硒还原新工艺，硒的回收率由50%提高到85%；硒品位由原来的55%提高到90%以上，每年可处理分银炉烟尘160～200t，可为公司多回收1.4t白银。年创造的利润就达1860万元以上，取得了明显的效果。

开发冶炼烟尘处理的新技术，综合回收铅、砷等有价金属，新增产值4000万元以上，年可为公司增创利润1000万元以上，并使铜精矿带入流程的各种有害杂质元素被迅速开路，有效地避免了有害杂质元素在流程中的不断富集和循环。

采用先进技术提高水利用率，建设水处理再利用系统

云铜始终把水资源的高效利用放在战略高度考虑，提出“清污分流，分点治理，封闭循环，达标截流”的制水方针，采用工业用水综合最优化技术。其内涵是无害化和集成化，关键技术就是集成，即集“生产系统—循环系统—排污系统”的信息采集和预测、预报、预控为一体，达到综合控制和统筹运行，最终实现大幅度提高工业用水循环利用率的目标。

新增液氩、液氧、液氮新产品，提高气资源利用率

加强工艺的调整和优化，在氧量达标生产的同时，产出液氩气体520Nm^3/h、液氧200 Nm^3/h、液氮100 Nm^3/h。新产品投入市场后，按现在市场价值计算，年创利润近1000万元，降低了系统运行成本，创造了新的经济增长点。

建成硫酸尾气治理工程，开发硫酸铵和液体SO_2新产品

公司火法流程产出的冶炼混合烟气SO_2浓度在8%～12%之间，经制酸系统产出工业硫酸。原制酸尾气直接排空，为了减少尾气中微量SO_2对大气的污染，公司分别于2000年、2005年建成尾气吸收装置及液体SO_2生产装置，分别产出化肥产品固体硫酸铵和化工原料液体SO_2。尾气吸收装置投产后，年可消减排放SO_2量1960吨，年创利润75.2万元，综合经济效益和环境效益明显。

取得的成果

技术经济指标达到国内领先水平，部分指标达到世界领先水平：

铜冶炼总回收率大于96.5%；

伴生有价金属元素综合回收率达到70%；

总硫利用率由原来的87.05%提高到96.8%以上；

生产用水的重复利用率从75%提高到90%以上；

单位产品耗水量由2001年的10.29吨/吨铜下降到2008年的4.33吨/吨铜，降幅达58%；

工业废水排放量由2001年的9.12吨/吨铜下降为2008年的6.7吨/吨铜，下降幅度达27%，三废达标排放。

燃煤回转式阳极炉

新增电解产能项目生产线

发展循环经济 建设生态临港

天津临港工业区

中共中央政治局常委、全国人大常委会委员长吴邦国在中共天津市委书记张高丽、市长黄兴国的陪同下考察天津临港工业区

国家发改委副主任解振华在天津临港工业区调研循环经济工作

天津临港工业区位于海河入海口南侧滩涂浅海区，规划面积80平方公里，是围海造陆而成的港口与工业一体化产业区，是滨海新区的重要功能区和国家循环经济示范区。

天津临港工业区遵循循环经济的发展理念和新型工业化的发展道路，围绕先进制造产业，形成海陆运输、海上工程、矿山机械和起重吊装、新能源设备制造板块，努力建成中国北方最大的重型装备制造基地。同时，建设粮油深加工基地、生态型化工基地、港口物流基地、研发转化基地和生活配套区，致力于打造中国北方以重型装备制造为主导的生态型临港工业区。

发展循环经济的主要成效

一、先规划，后招商，合理布局

针对临港工业区为新建工业园区的特点，把循环经济发展理念纳入临港工业区总体发展规划，坚持高起点规划、高标准设计的原则，在对临港工业区产业发展、基础设施建设、生活配套区建设进行科学规划和生态化合理布局的基础上，组织招商。对进入园区的企业在土地、能源、水资源利用及废弃物排放等方面制定严格的准入门槛，精选项目，发挥产业集聚和共生效应，实现产业发展的生态化布局；科学规划建设园区水、电、能、路、治污、绿化等基础设施和企业孵化、技术研发等科技服务体系，实现资源循环利用、能源梯级利用和污染减排，最大程度地提升经济效益与环境效益，推进新建产业园区的循环型布局与发展，打造循环经济先导区。

二、加快围海造陆，循环经济发展特色初步显现

临港工业区的土地开发来源于围海造陆，不占用宝贵的陆地资源，充分利用滩涂浅海资源，实现用海护海双赢，经济环保并举。在大规模围海造陆中，临港工业区将建设大坝、吹填、开挖航道与防洪清淤、海河河口整治相结合，将航道淤泥、城市建筑垃圾、皂化渣等变成新资源，大大地降低了建设成本，经济效益、社会效益和环境效益显著。在围海造陆、向海洋要地的过程中，临港工业区秉承在保护中开发、在开发中

华能绿色煤电天津IGCC电站效果图

天津临港工业区生态景观绿化带

保护的原则，自2003年围海造陆至今，近岸海域海洋生态环境多项指标趋于好转。目前，临港工业区已造陆65平方公里，开挖了天津市第二深水航道——大沽沙航道，航道水深达到12.5米，长27公里，具备5万吨级船舶通航条件。

三、依托港口优势规划产业，循环经济示范带动作用突出

凭借港口优势，突出水路运输量大、经济成本小、能源消耗低的特点，将港口建设与临港产业发展相结合，把临港产业作为临港工业区产业发展的“重头戏”，初步规划了大型、重型、成套装备制造的龙头产业。按照产品原料最大化延伸、资源能源最大化利用和废弃物综合利用的原则，还规划了一批上下游关联紧密、资源能源共享互供的循环经济产业链和节能减排项目。同时，临港工业区努力做到港区联动发展，以“蓝色理念”发展“绿色经济”的临港型循环经济示范带动作用凸显。

四、建设公用工程岛，形成发展循环经济的体系

针对临港工业区高起点、高标准建设的特点，以资源共享、能量互供、节约土地、节能减排为目标，集中建设集水、电、燃气、蒸汽、工业气体、污水处理、海水淡化于一体的公用工程岛资源能源集成共享体系，具体包括华能绿色煤电天津IGCC电站工程、胜科污水处理项目、威立雅渤化永利水务污水处理项目、津水海洋海水淡化项目、液空滨海工业气体空分项目、液空永利工业气体空分项目等。

围海造陆 玉汝于成

五、建设生态廊道，功能区间生态屏障基本形成

临港工业区在着力发展经济的同时，投入大量资金用于生态环境建设。现已沿西部海滨大道建设长约4公里、宽为500米、总面积2平方公里的生态景观带，包括长度超过8000米的环形景观河，总面积超过6万平方米的人工湖和两个人工岛。截至目前，临港工业区共完成绿化种植面积340万平方米，栽植槐树、合欢、椿树、火炬、杨树等100多个品种的乔灌木近140余万株，使工业区绿化率达到20%以上。生态廊道的建成使临港工业区的生态环境进一步改善，同时，生态廊道具有隔音、防尘、防污染等作用，成为临港工业区的绿色屏障。

规划目标及下一步工作安排

根据国家发改委建设国家循环经济示范试点园区的要求，下一步天津临港工业区将以《天津临港工业区循环经济示范试点实施方案》的实施为中心工作。在企业层面，推进企业开展ISO14001环境管理体系认证、清洁生产审核和能源审计，促进企业节能、降耗、减污、增效，使资源产出、资源能源消耗、资源综合利用、废物排放和环境管理等各项指标达到循环经济示范试点实施方案的目标；在产业层面，结合区域产业发展定位，构建四大循环经济产业体系，即重型装备制造循环经济产业体系、粮油储备加工产业体系、化工循环经济产业体系和物流循环经济产业体系；在社会层面，将工业区内的生活居住配套区建设成为空间结构合理、公共服务设施完善、绿色建筑普及、生活方式文明的人工环境与自然环境融合的循环型社区。到2012年，率先把临港工业区建设成为港口－工业联动发展、产业链条高效对接、公用工程一体化建设、资源能源集成共享、废弃物最小化排放、生态环境安全、“政、产、学、研”相结合、生产－消费耦合互动的国家循环经济示范区，各项指标达到国内同类工业园区领先水平。

作为滨海新区最具发展潜力的功能区之一，天津临港工业区以科学规划、合理布局为前提，以围海造陆为特色，以港口与工业一体化为核心，以公用工程岛建设为重点，以制度创新和科技创新为动力，努力以循环经济模式谋求临港工业区的又好又快、可持续发展，正在走出一条具有临港特色的循环经济发展之路，为加快滨海新区开发开放、实现天津的新跨越做出更大贡献。

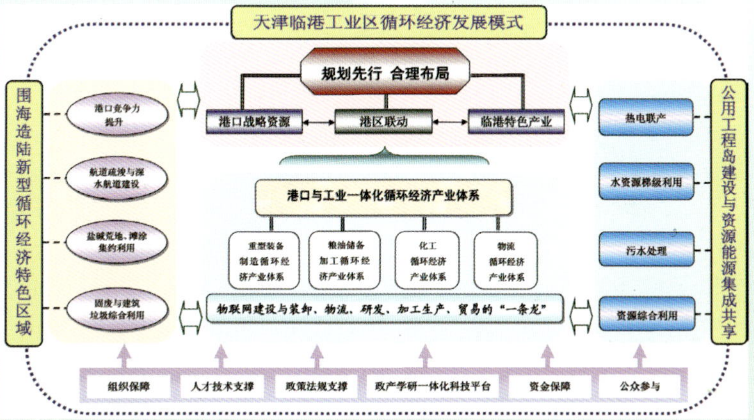

天津临港工业区循环经济发展模式

建设全国最具影响力的再生资源产业示范基地

湖南汨罗工业园

国务院常务副秘书长尤权（左三）考视察汨罗工业园

湖南汨罗工业园始建于2003年，为省级工业园区，是全国首批循环经济试点单位、湖南省长株潭两型社会建设政策核心区。目前园区投资7亿多元，开发建成面积近8平方千米，形成了以再生资源为主导，以电子信息、机械加工、精细化工为补充的四大产业集群。园区现有企业256家，其中再生资源企业247家，集聚了大批再生铜、铝、不锈钢、塑料及橡胶等回收、加工企业，成为全国最具影响力的再生资源产业示范基地，年工业产值近80亿元，年创造税收6.7亿元。

发展循环经济主要做法

一、坚持市场主导，政府引导

汨罗废品收购产业历史悠久，至20世纪90年代中期形成了以汨罗市团山村为中心的废品交易市场，出现了“户户经营、人人收购”的场面。为了解决废品分散经营所带来的不利影响，汨罗市政府因势利导投资5000万元建成了占地5万平方米的再生资源交易市场，结束了一家一户分散经营局面，使废品从简单的收购、分拣、交易走上了集约化发展之路，依靠市场牵引和辐射，带动了更多的人员资金投入再生资源回收领域，从而使汨罗再生资源市场迅速发展壮大。2003年，汨罗市政府又在此投资建立工业园，使大量再生资源加工企业向这里聚集，全国各地的人员、资金、技术向这里汇集，促进了再生资源回收利用在发展方向上实现了产业化、在发展机制上实现了市场化、在服务形式上实现了社会化、在运作规模上实现了企业化、在生产方式上实现了集约化。

二、实施积极的财税政策

为了吸引投资，扶持利废企业发展，2001年以来，汨罗市政府实施了一系列的地方优惠政策，改多头征税、分散征税为实行国税、地税、财政合署办公，按行业征税的征收体制，减免收费和地方税，兑现与入库税收挂钩的地方财政奖励政策，大力兴办民政福利类利废企业，有利促进了再生资源加工企业迅猛增长。

三、充分发挥市场中介组织的作用

通过组建再生资源行业信用协会、会计咨询公司、资产管理公司和担保公司等市场中介组织，提高了再生资源行业的自我发展能力。

重大举措

一、健全市场体系，推动再生资源集散网络化

重点加快“三网”、“三场”建设。“三网”：一是再生资源回收网。目前，汨罗市已吸纳从事再生资源收购、处理、交易的回收公司120家，经营户4000多家，5000多个回收网点遍布全国（除台湾、西藏外）的所有省、市、自治区，收购品种包括废铜、废铝、废不锈钢、废塑料、废橡胶、废纸和电子废弃物等。二是再生资源物流网。高标准建设物流园，整合物流资源，组建股份制物流公司，发展现代物流业。三是再生资源电子交易网。建成了中南再生资源网，及时发布国内外和汨罗市场再生资源供求信息、价格动态、法律咨询等，成为全国首个循环经济及再生资源信息平台。“三场”：一是再生资源交易市场；二是再生资源原料市场；三是再生产品市场。目前，正在加快建设汨罗再生资源集散市场二期工程建设，努力打造一个集废品收购、综合利用、再生原料批发、现代物流、电子商务、科研开发等多功能于一

体的专业市场。

二、夯实园区平台，推动产业集群化

2003年以来，汨罗市先后投入7亿多元，建设汨罗循环经济工业园。目前，一期工程8平方公里的核心区，已完成“五通一平”，建立了较为完备的道路、水电、通信、管网等基础设施，提高了园区对项目的吸纳和承载能力。同时对再生资源利废企业实施财政扶持政策。引导加工企业向园区聚集。目前，园区初步形成再生铜、铝、不锈钢、塑料为主的四大加工板块，集聚加工企业127家，其中规模企业46家，再金属加工集群已成为湖南省有色金属行业重点发展的几大集群之一，湘北铜业等6家企业进入全省有色金属行业60强。

三、鼓励科技创新，推动企业发展高新化，引导产业转型升级

一是激励。设立1000万元的发展奖励资金，重奖科技创新有功之臣。二是联姻。支持企业与科研院所合作，成立湖南省第一个再生资源经济与管理研究中心、湖南省第一个县级博士后流动协作研发中心。平桂制塑的“抗菌塑料新技改”已上报科技部，湘北铜业的无氧铜棒生产技术达到国内先进水平。三是引进、鼓励企业引进先进设备、生产工艺，引进技术含量高、附加值高、回报率高的项目。龙舟铝业引进美国航天铝合金生产线，成为全国再生铝生产技术的先行者。

四、引导诚信建设，推动行业管理规范化

创建再生资源行业信用协会、会计咨询公司、资产管理公司、中小企业信用担保公司，搭建“一会三公司”四位一体的信用平台。五年以来，“一会三公司”已吸纳会员350人，累计为企业融资5.4 亿元，同时，对再生资源企业普遍实行“一对一”的管理模式，即利废企业普遍设立“一对一”回收公司，并规定回收公司将从废品集散市场或其他合法渠道购入的废旧物资销售给对应的生产公司，不得向其他单位或个人出售，有效规范了再生资源行业废旧物资的流向。

五、加强环境保护，推动产业发展“两型”化

把再生资源产业发展成为资源节约型、环境友好型产业，有效防止“二次污染”。一是完善环保设施。目前，园区排污管网全线启动，污水处理厂、固废处置中心、重金属污水处理厂等主要环保设施正在规划建设。二是严格环保审批，近两年先后否决不符合环保要求的项目20多个。三是加强环保执法。建立环保联合执法体系，加大对企业、市场和园区的日常管理和执法力度，实施“淘汰落后产能”行动，推动节能减排、取缔“十五小”企业，仅再生造纸行业就关闭环保不达标企业27家。实施“清洁生产”行动，推广绿色工艺，培育绿色企业，倡导绿色管理，建设绿色园区。

主要成效

经济效益。一是财政增收从2001年到2007年，税收收入年年翻番，2009年达到6.61亿元，占汨罗市当年财政总收入的69.6%，汨罗再生资源行业2001年至今累计净上交中央税收近16亿元。二是企业增收。汨罗近几年再生资源产业的迅速发展，造就了一大批私营企业主。资产价值达百万元以上的私营企业主近8000人。三是产业发展已对整个汨罗的社会经济形成了强烈的带动作用。建筑业、房地产业、零售业、服务业随之有了较大的发展，促进了市域经济整体实力的提升。

社会效益。到2009年，汨罗市从事再生资源行业的人员达4万人，这4万人中既有城镇就业人员，也有农村富余劳动力，年工资性收入达5亿元。再生资源行业门槛低，不需要太多的资产和技术，几乎没有市场壁垒，适合城镇就业人员及农村富余劳动力自主创业，是扩大就业、转移农村剩余劳动力的一条切实可行的途径。

资源环境效益。汨罗再生资源行业的铜、铝、不锈钢、塑料、纸张为主，这些材料的再生利用将大大减少原生资源的开采以及大大减少开采这些原生资源带来的能源消耗和环境污染。按2009年汨罗市场14万吨再生铜加工计算，可以少耗用1890万吨铜矿石和756万吨标准煤。避免了1876万吨铜尾矿和1386亿立方米的废气产生，而由此节约的土地资源、矿石资源和减少的有害气体排放量更是无法估算。

重大项目、重点技术及产品

汨罗市政府鼓励企业自主创新，与科研院所合作，走产学研相结合之路，从而涌现出了一大批如平桂制塑、湘北铜业、长江铜业、天立橡胶等规模

较大的再生资源精深加工企业，使废铜、废塑料、废铝、废橡胶加工利用中的关键技术获得了重大突破。目前，废塑料加工利用中的关键技术已有“自带滑轨的塑钢型材”、“白色PVC型材輥涂印花方法”、“丙烯酯改性高耐候涂料的制备方法”、“PVC型材輥涂印花方法”、“提高聚氯乙烯型材表面光洁度的工艺”、“未增塑聚氯乙烯型材”等六项获得国家发明专利和湖南省科技成果鉴定；废铜加工利用中的关键技术已有“低氧铜杆生产工艺”获得国家发明专利。

湖南平桂制塑科技实业有限公司

湖南平桂制塑科技实业有限公司（简称平桂制塑）是中南地区最大的塑料异型材、板材、管道管材生产基地之一，公司位于湖南汨罗工业园，占地面积近100亩，现有各种管理人员、科技研发、技术工人286人。

平桂制塑在董事长许平桂先生的带领下，自2006年起连续获得国家高新技术企业称号，并通过了ISO9001质量管理体系和ISO14001环境管理体系认证，公司生产的“平桂”牌和“洞庭”牌PVC异型材产品系列、管道管材产品系列先后获得由湖南省建设厅颁发的“湖南省建设科技成果推广项目证书”以及“湖南省名牌产品证书”和“湖南省著名商标”等荣誉称号，公司长期担任中国建筑金属结构协会会员单位、湖南省建筑节能协会常务理事单位、湖南省塑料协会副理事单位等。

平桂制塑主要产品包括PVC、PE两大系列，其中PVC系列产品有窗材、门材、板材、棒材、焊条、波纹管、排水管、电力管、电信管、七孔管、穿线管等；PE系列产品有供水管、新型防水卷材、排水卷材、双壁波纹管、碳素波纹管、木塑发泡建筑模板等；公司先后投入4000多万元，引进了国内一流水平生产线36条，年生产能力3万吨，产值2亿元。平桂制塑第三期项目正在筹建中，总规划面积160亩，总投资1.5亿元，年生产能力17万吨，预计年产值可达12亿元。

为保证产品质量，公司严格执行质量管理标准，通过引进国内最先进的生产设备和技术力量，坚持以“未经检验合格的原材料不采购、未经检验合格的产品不入库、出库检验有瑕疵的产品不出库”的“三不准原则”，严格把好各个关口，确保了产品质量符合国家和行业标准。

公司不断专注人才培养和产品研发以及技术创新，培养了一支由30多名技术人才组成的专业队伍，并与中南大学、湖南大学、长沙理工大学、湖南省塑料研究所等高等院校和科研机构长期进行技术合作，聘请了行业内知名的专家教授为长期顾问，公司于2007年与中南大学合作建立了产学研教学基地。公司目前已拥有多项专利和科技成果，其中一项成果被评为湖南省科学技术进步一等奖。

湘北铜业有限责任公司

湘北铜业有限公司是湖南省一家大型再生铜材料深加工企业，位于国家循环经济首批试点单位湖南省汨罗工业园区，是国家循环经济试点企业之一。公司座落于风景秀丽的汨罗江畔，交通区位优越，107国道、京珠高速、京广铁路、武广高速铁路贯穿而过。公司注册资金3000万元，项目占地32.4亩，总投资1.5亿元。

公司拥有上引无氧铜杆、挤压铜制品等多条生产线，主要生产铜排、铜棒、铜管及铜件制品。公司采用国内新型环保节能工业工频电炉，熔解过程中不产生有害气体，并可根据挤压模具的规格性能加工管件、阀门等铜制品。公司注重加工技术的更新、新产品的开发，不断引进国内外先进的铜加工设备和技术，完全符合国家环保要求。公司年耗电量为200万千瓦时，年耗标准煤300吨，用水采用循环利用系统，年耗水仅6万吨，比传统铜材加工企业节能30%以上。公司检测体系完善，整体技术领先，通过了ISO9001-2000国际质量管理体系认证。目前，一期工程已建成无氧铜棒及挤压铜排生产线4条,日产铜材可达80吨。二期工程新上铜管及铜排生产线5条,日产铜管、铜排50吨。公司2007年实现产值6.5亿元，完成税收4115万元；2008年实现工业产值65467万元，税收3629.65万元;2009年实现工业生产值3.4亿元，税收8000万元。

实现“三废”资源化 能源化 效益化

安泰工业园区

国家发改委副主任解振华（右二）考察安泰

安泰工业园区位于山西省介休市，总资产过百亿元，2003年2月园区龙头企业安泰集团股票在上交所上市。园区企业现有生产规模、主要产品与产能：焦炭240万吨、炼铁300万吨、轧材200万吨、资源综合利用发电机组86MW，以矸石和高炉、转炉、焦炉煤气为燃料发电，以及干熄焦余热发电，年发电量近6.5亿度。2009年，园区实现工业总产值79.9亿元，销售收入80.7亿元，上缴国家税金4.3亿元。

循环经济试点及节能减排工作情况

园区龙头企业安泰集团结合循环经济试点工作，加大节能减排项目实施力度，2006、2007、2008、2009四年已累计完成节能量17.64万吨标准煤。

2009年底，园区工业用水重复利用率达到97.2%；煤气综合利用率达到100%；工业固体废物综合利用率达到87.4%以上；行业特征污染物SO_2、烟尘粉尘、COD排放总量低于总量控制指标，且达标排放率为100%；建成区绿化覆盖率达到39.5%。

安泰循环产业链模式

安泰通过“工艺衔接”的方式科学有机地组合为一体，形成独特的循环产业链，实现了“三废”的资源化、能源化、效益化，达到了经济效益、环境效益和社会效益的统一。

废渣循环链运作模式：通过“焦化—冶炼—发电—建材”循环链，使园区内产生的矸石、中煤、高炉矿渣、收尘灰等废渣全部综合利用。

废气循环链运作模式：通过“炼焦—炼铁—炼钢—发电—并网”循环链，使园区内的废气（焦炉、高炉、转炉煤气）全部资源化利用。

废水循环链运作模式：通过“清污分流”及中水“回用—串用—梯级利用”模式，使园区内的废水全部综合利用。

循环经济及节能减排项目

（1）变频节电技术应用：应用用节能专业厂家专利技术，成功运行30余台套高低压变频节电设备，经测试，节电率可达40%左右。

（2）高炉富氧喷煤技术应用：通过采用高炉富氧喷煤节能技术后，用喷入的煤粉替代焦炭作还原剂，使用廉价的非粘结煤，降低了炼铁成本，提高了产品竞争力，取得了较好的经济效益和节能效益。

（3）150t/h干熄焦及余热利用技术应用：采用干熄焦技术，对原有湿法熄焦逐步进行技术改造，促进资源节约，提高环保水平，推进节能减排工作。

（4）挡风抑尘墙应用：煤场挡风抑尘墙高15米，抑尘效率达85%以上，有效减少煤场粉尘对环境的污染。

（5）矸石发电机组脱硫除尘项目：矸石电厂2×35t锅炉脱硫除尘改造工程投运后，脱硫效率达到86%以上，除尘效率在99%以上。

（6）蒸汽系统优化改造及凝结水回收：在焦化系统采用先进技术改造并回收凝结水，将全厂疏水环节的蒸汽直接用于焦炭及其他产品生产过程中直接或间接加热，有效减少了蒸汽泄漏损失和提高凝结水的利用率。

（7）80万吨矿渣粉循环经济项目：利用安泰工业园区内高炉冶金渣建设80万吨冶金渣微细粉项目，补充完善了固废循环产业链缺口。

（8）20000t/d污水处理及中水回用项目：将安泰工业园区生活污水和工业污水处理后作为中水回用，延伸了安泰工业园区的水循环产业链，有效节约了水资源。

安泰将继续积极响应国家号召，一方面大力发展生产力，努力探索，求实创新，围绕焦炭、钢铁两大主导产业做大做强、做精做细，带动服务业，高新技术产业；另一方面不断开展宣传教育，集团上下达成共识，努力做到全员节能促生产，继续以科学发展观为指导，通过不断探索与借助外力，坚持走循环经济发展之路，着眼节能减排，努力为创建“环境友好型”和“资源节约型”的“两型企业”而奋斗。

独具特色的循环经济

贵州茅台酒股份有限公司

办公大楼

贵州茅台酒股份有限公司是中国白酒行业中唯一的国家一级企业、国家特大型企业。连续多年，茅台在知名媒体的国际企业排行评选中位居前列：2008年《福布斯》杂志评出的全球上市公司2000强排行榜中，贵州茅台集团位列上榜中国企业中的食品饮料类第一名；2008年英国《金融时报》发布的2008年全球上市公司500强企业排行榜中，贵州茅台榜上有名，列全球500强企业排行榜第363位，在全球饮料行业排名第九位，是此次中国饮料行业惟一上榜的企业。2009年，茅台集团入选中国制造业企业500强和中国企业500强，位居中国企业效益200佳第41位，上榜2008—2009年度中国最受尊重企业，茅台酒荣获国家名片称号，“贵州茅台”入选“CCTV60年60个品牌”。截至2009年12 月31日，公司总资产为197.7亿元。

贵州茅台酒股份有限公司主导产品贵州茅台酒传承了我国数千年的白酒文化，在国内外有着崇高的地位，誉满全球，是我国走向世界的第一个具有自主知识产权的民族品牌。1915年，茅台酒凭借不凡的品质和独特的醇香，一举获得巴拿马万国博览会金奖及世界名酒称号，与法国科涅克白兰地、英国苏格兰威士忌并称世界三大名（蒸馏）酒，开创了中华民族工业品牌走向世界的先河。1949年，茅台酒成为开国第一酒，其后被誉为中国的国酒、政治酒、外交酒、文化酒和健康酒，近一个世纪来，茅台酒曾先后14次荣获国际金奖，蝉联历次国家名酒评比之冠，并以其独有的魅力在中国政治、经济、军事、外交、文化等方面发挥着不可替代的作用。

多年来，贵州茅台酒股份有限公司十分珍惜茅台酒生产得天独厚的环境资源优势，长期坚持环境立企战略，坚持清洁生产并实现达标排放，重点保护赤水河中下游及茅台镇核心区域的生态环境，大力发展循环经济，形成了纵向闭合的生态产业链，创建资源节约型、环境友好型企业工作取得了明显成效。自2006年以来，企业万元产值综合能耗年均下降4%，被列入国家第二批循环经济示范试点企业。

茅台酒厂全景

独具特色的茅台循环经济

茅台酒厂包装生产线

贵州茅台酒股份有限公司循环经济工作分为两个重点：一是老生产系统的节能减排改造、清洁生产；二是依托现代生物技术、环保技术，高起点、高标准新建新增产能及建设循环经济科技示范园，实现茅台从原料种植到废弃物加工、再到回归原料种植的大循环。

为实现茅台酒废弃酒糟的综合利用，公司经过长期的科研与生产试验，有效地解决了因茅台酒生产发展而不断增加的丢糟以及原料基地不断扩大所需有机肥的供给问题，即通过对茅台酒废弃酒糟的资源化处理，生产中级酱香型白酒；同时对废弃酒糟采取生物转化方式，将废弃酒糟熟化为含优质生物的有机肥料。公司投入了资金11.482亿元，重点建设茅台循环经济科技示范园、茅台镇茅台酒生产区及仁怀市周边地区实施6个项目，其中在茅台循环经济科技示范园实施3个项目，合计投资9.08亿元；在茅台镇茅台酒生产区和二合科技示范园共同实施两个节能减排改造项目，合计投资0.818亿元；在仁怀市周边地区实施茅台酒有机原料生产基地建设项目，投资1.584亿元。已在仁怀市、习水县建成了15块有机原料基地，种植面积达30多万亩。茅台循环经济科技示范园位于距茅台镇20公里的二合镇，占地600余亩，以资源节约、清洁生产和废弃物的多层次循环利用为目标，以现代生物技术、环保技术为依托，运用自然生态规律和生物系统的方法，将生产茅台酒的废弃酒糟作为原料，经生态处理后回到生态农业中实现资源循环和能量多级利用，形成茅台酒产业和生态农业之间的横向耦合；形成有机原料(高粱、小 麦) — 茅台酒生产(节能、环保、清洁) — 酒糟综合利用(生物有机肥等产品开发) — 回归土地 — 种植茅台酒有机原料(高粱、小麦)的纵向闭合的生态产业链。

为全面实现厂区生产、生活用水"清污分流"，实施了厂区污水管网改造工程。茅台集团采用"涡轮增压湍流技术"，对现有锅炉脱硫除尘技术进行了改造，进一步减少了二氧化硫和烟尘排放。节能降耗效果明显，2009年茅台酒单位产量综合能耗同比下降4.71%，超额完成贵州省政府下达的节能目标任务。环保监测表明，厂区环境空气质量处于二级标准（良好），公司各类污染物排放指标均符合国家环保标准，区域生态环境明显改善。

茅台循环经济试点示范作用

贵州茅台酒股份有限公司循环经济的推进，为茅台酒有机原料安全生产提供了条件，形成了终端产品和原料生产之间的良性循环，是发展农产品加工业典型的循环经济示范模式；为白酒行业在节能技术改造、冷却水循环利用、生产废弃物处理等方面工作提供了一个思路；在加强资源综合利用，减少废弃物排放，降低资源消耗，保护环境等方面起到了示范作用；在白酒行业推行清洁生产，实现可持续发展作出了积极贡献；为贵州省农产品加工业按循环经济发展理念进行规划、建设和改造、实现起到示范作用。

茅台酒原料生产基地

国家循环经济试点企业

大力发展循环经济　打造经典环保新型有色工业

河南豫光金铅集团有限责任公司

时任河南省省委书记李克强在豫光集团考察

河南豫光金铅集团有限责任公司是中国有色金属行业铅锌领域大型骨干企业，是世界最大的铅冶炼企业，全国最大铅锌冶炼企业和白银生产企业，是中国企业500强和中国制造企业500强，国家第一批循环经济试点单位，全国废旧金属再生利用领域试点企业。核心企业为河南豫光金铅股份有限公司和河南豫光锌业有限公司，河南豫光金铅股份有限公司于2002年7月在上海证券交易所上市。主导产品“豫光”牌电解铅、“豫光”牌白银、“豫光”牌高纯锌，分别在伦敦金属交易所（LME）和伦敦贵金属协会（LBMA）注册。

公司主要产品的生产能力为：电铅40万吨，电解锌25万吨，硫酸60万吨，黄金3000千克，白银700吨，蓄电池20万KVAH。

2009年公司实现工业总产值110.6亿元、主营销售收入110.4亿元，实现利润3.98亿元，利税6.9亿元。

多年来公司坚持以科学发展观为指导，不断推进自主创新步伐，先后研制开发出非定态SO2转化技术、全湿法金银生产技术、铅冶炼富氧底吹氧化—鼓风炉还原熔炼技术、液态高铅渣直接还原炼铅等四项国际国内领先的核心技术，有力推动了中国铅冶炼工业的技术进步。公司多次参与有色行业国家标准的修订工作，还在氧气底吹炉、高铅渣直接还原、阳极泥底吹熔炼、锌的湿法冶炼等领域形成专利集群申报。

公司积极推进经济增长方式战略转型，大力发展循环经济，做好再生铅和工业废渣综合回收金、银、铜、锑、

先进的豫光生产线

河南省委书记卢展工在豫光考察

时任河南省委书记徐光春考察豫光

铋等有价金属工作，2009年生产再生铅8.7万吨，综合回收黄金2456公斤、白银611吨、硫酸57.6万吨、粗铜4575吨、锑白1600吨、粗铋286吨、精镉650吨、精铟13吨，取得了良好的经济效益和社会效益。

开创铅行业循环经济新模式，大力发展再生铅产业

开发了“废旧铅酸蓄电池自动分离-底吹熔炼再生铅”先进工艺，开创了再生铅和原生铅相结合的新模式，实现了资源循环高效利用，使铅工业步入“生产—消费—再生”的循环发展之路，成为了中国再生铅产业发展的样本。

近年来河南豫光累计投资近10亿元大力发展特色再生铅产业，现已初步建立区域回收网络，形成较完善的再生铅产业生态链。已在河南、河北、陕西、山西、湖北、安徽等地初步形成了较完善的区域回收网络体系。形成年处理废旧铅酸蓄电池36万吨规模，年产再生铅20万吨，塑料1.6万吨。豫光金铅集团对废旧铅酸蓄电池的预处理工艺采用国际先进的CX集成系统，实现了系统全封闭、全自动预处理水力分离。铅膏利用公司拥有的铅冶炼富氧底吹直接炼铅工艺与原生矿一起进行综合处理，实现了铅膏的无碳化处理。按公司年处理20万吨再生铅计算，与国内其它再生铅厂的落后工艺相比每年可多回收利用约1万吨铅金属。氧底吹直接炼铅工艺为“国内领先、国际先进”技术。“废旧铅酸蓄电池自动分离-底吹熔炼再生铅”新工艺的成功应用构建了再生铅熔炼的闭路循环发展新模式，实现了铅全寿命周期的大循环，实现了资源综合回收利用、清洁生产和环境友好材料开发多重目的。

河南豫光再生铅发展规划：3～5年内在中国长三角、珠三角、京津塘地区新建三个18万吨/年废旧铅酸蓄电池综合回收利用工程，形成年处理废旧铅酸蓄电池90万吨生产规模，并从回收网络建设、预处理、熔炼、综合回收以及清洁生产等方面进行技术改造升级，构建完善再生铅循环利用模式，促进再生铅行业整体的技术升级及集中度的提高。

公司2009年完成节能减排项目26项，节约能源折合标准煤12286吨。股份公司通过富氧底吹熔炼技术的应用、新能源的推广和清洁化生产管理，2009年单位粗铅综合能耗为336公斤标煤/吨，比2008年下降了7.62%，单位铅冶炼综合能耗为423.7公斤标煤/吨，比2008年下降了1.46%。

先进的豫光生产线

立足企业小循环　参与社会大循环

烟台万华合成革集团有限公司

烟台万华合成革集团有限公司围绕落实科学发展观，实施“三个三”的经营理念（提高三个质量：运行质量、资产质量和增长质量；增强三个能力：盈利能力、偿债能力和成长能力；延长三个周期：产品生命周期、经济增长周期和企业寿命周期）。在开展循环经济工作中，遵循“立足企业小循环，参与社会大循环”和“发展、创新、降耗并举，安全、健康、环境同步”的发展循环经济思路。

2009年推进循环经济、节能减排取得了显著成效：全年MDI单位产品能耗同比下降了7.4%，氯碱单位产品能耗下降了20%；回收盐2万吨，利用排空氢气800万m^3；全年节能降耗和环保减排效益4800多万元。“十一五”以来节能12.8万吨标煤，被山东省循环经济促进会评为“山东省循环经济优秀企业”。在产量大幅增加的情况下，达到了效益增加、消耗降低、排放减少的目标，基本实现了单位产品原材料消耗、原水消耗和固体废弃物排放三个负增长，收到了良好的经济和社会效益，做到了经济增长、资源节约、环境改善三同步。

理顺环节，抓住重点 管理科学，措施到位

烟台万华合成革集团有限公司紧紧围绕生产、消耗、利用、废弃物减量、资源循环五个环节，突出抓好节能、节水、节材、废弃物资源化和减量化四个重点：在节能方面对内着重进行了能量集成、梯级利用和窄点技术应用，加大工艺优化和技术改进等工作；对外聚氨酯建筑节能墙体材料的研发与推广应用；在节水方面着重进行了生产、生活废水的回收处理利用，废盐水综合利用及工艺过程集成循环等工作；在节材方面着重进行新技术、新工艺、新设备使用，以科技求节约；在废弃物方面着重进行了资源化利用（废盐水、粉煤灰、排空氢气等）和减量化排放（残渣、废水、煤灰等）。

烟台万华合成革集团在发展循环经济中，管理科学，措施到位。一是突出组织领导。把循环经济工作作为企业一把手工程的战略来抓，建立发展循环经济的组织体系。二是突出技术创新，通过引进吸收与自主创新，大力开发有助于循环经济工作向纵深延伸的相关技术（MDI连续精馏/结晶技术、高效低耗工艺技术、光气化喷射反应技术、废盐水综合利用技术、聚氨酯墙体保温材料研制、用于零甲醛的绿色人造板生产的生态粘合剂的研发等），在资源高效利用、综合节能、废弃物再利用等方面形成了一系列技术支撑体系。三是突出综合管理。四是突出财力投入，加快关键项目建设。五是突出人本战略。六是突出文化建设。

项目驱动，以点带面

根据企业自身实际情况和行业特点，编制了适合企业长远发展的循环经济工作方案和规划，通过项目的实施来促进和推动循环经济工作的开展，以达到企业经济效益的提高和社会环境的改善。根据方案和规划，2009年主要实施了以下项目：MDI及合成革生产装置综合节能技术改造项目：继续对生产装置进行工艺优化、技术更新等节能改造；废水资源化项目：对废盐水综合利用项目进一步改造完善，提高效果。并在宁波MDI装置进行了废盐水回用的论证和设计工作；电机系统节能改造项目：对各类电机进行变频改造，淘汰落后设备，更新使用节能产品；气回收和减排项目：增加深冷回用装置，加大光气、氯苯等废气的回收，降低排放量。新上燃氢锅炉，减少了的氢气排空；氯碱装置技术更新改造项目：淘汰了落后的隔膜生产工艺，代之以先进的离子膜生产装置。降低了消耗，减少了三废；聚氨酯建筑节能材料和生态板业技术开发与产业化项目：与烟台市有关部门联合，承办了以“绿色家居，健康生活”为主题的万华生态板业、节能建材推介会，向广大客户和居民宣传、介绍万华的健康、安全、环保绿色家居理念，从而推动生态板业和节能建材的应用。由万华自主研发的辊压式薄型等秸秆板生产线正积极建设中，项目竣工后将使万华生态板业步入新的健康发展轨道。

大力发展循环经济 强力推进重金属污染综合治理

株洲冶炼集团股份有限公司

株洲冶炼集团股份有限公司源于1956年的株洲冶炼厂，2004年在上海交易所上市，资产总额48.76亿元。主要生产铅、锌及其合金产品，并综合回收铜、金、银、铋、镉、铟、等多种稀贵金属和硫酸，公司铅、锌产品年生产能力为55万吨，其中铅10万吨、锌45万吨。是国家级高新技术企业，中国主要的铅锌生产和出口基地，产品畅销世界20多个国家和地区。

2009~2011年公司计划投资7.5亿元，实施新建12万吨搭配锌浸出渣基夫赛特直接炼铅工程、锌电解废液泵系统和锌Ⅰ、Ⅱ系统整流所制冷系统节能改造、锌粉反射炉改造成节能型融化炉等项目，这些项目实施后，将进一步提升公司的工艺装备水平，达到节能降耗、提高资源综合利用率的目的。

“十一五”以来公司已经实现节能量 242990 吨标煤。

常压富氧直接浸出搭配锌浸出渣炼锌项目浸出塔

常压富氧直接浸出搭配锌浸出渣炼锌项目电解八系列

工业废水零排放工程废水膜处理

工业废水零排放工程

公司是国家发展循环经济第一批试点单位。在公司的“十一五”规划中，推行清洁化工业生产，建立“铅锌联合冶炼的循环经济产业模式”，打造铅锌冶炼“绿色工厂”。2005～2010年，公司计划投资47.37亿元，将逐步实施“搭配处理锌浸出渣直接炼铅”、“常压富氧直接浸出处理锌浸出渣炼锌”、“渣山窑渣处理与资源化”、“废水重金属资源化项目”等37个节能减排建设项目。铅锌工艺的技术和装备达到21世纪初的国际领先水平；有价金属资源综合回收率将由目前的73％提高到83％以上；总的节能任务是99600吨标准煤；年减少废气排放含硫1.5万吨，减少铅锌镉等有害金属排放20多吨，实现废水“零”排放，减少废水排放540万吨。

加大节能技术改造力度，积极推进节能技术改造

沸腾炉烟气余热梯级开发利用，发电、供热和制冷，累计余热发电量达15197.8万kWh；通过采用无功补偿技术，使功率因素达到0.96以上；通过燃气工业窑炉改造，将电解阴极反射炉改造成快速节能熔铝炉，煤气单耗下降50％以上，年节约煤气约40万立方米；通过利用高压变频技术，对烟化炉鼓风机进行改造，节电率达35％，年节电145万千瓦时；自动带压榨压滤机取代锌系统干燥窑，节约煤气2600万立方米；熔铅锅进行蓄热式改造节约煤气40％。

2007~2009年公司投资17.02亿元，重点实施了“常压富氧直接浸出搭配锌浸出渣炼锌项目”，项目实施后可大幅度削减SO_2烟气排放量，资源的综合利用率提高15个百分点，达到了88％；年降低能耗约13万吨标准煤，减排CO_2总量相当于CDM值300多万美元。

加大环保投入力度，强化污染治理

——水污染治理。为了实现从源头减少废水产生总量，公司实施了“重金属废水处理资源化项目”。该项目总投资10044万元，工程从2006年1月开工建设，2009年8月30日全部竣工投产。可每年减少废水外排567万立方米 。项目的实施可减少水污染物的排放总量，提高企业的清洁生产水平，并对改善湘江水环境质量起到促进作用。COD、砷、镉等水污染物已超额完成减排目标。

——气型污染治理。2006年以来投资1.8亿元，完成了1#～3#挥发窑烟气脱硫、铅鼓风炉烟气脱硫、锌Ⅰ系统沸腾炉SO_2低空污染治理、熔铅和浮渣反射炉系统技术改造、采用自动厢式压滤机取代干燥窑进行窑渣脱水、锌沸腾炉开停炉烟气治理等20多项烟气治理项目，可实现削减SO_2排放量10000吨/年以上，削减粉尘排放量300多吨/年，取得了较好的粉尘和SO_2减排效果。

——固废治理。一是加强废渣的规范化管理，2006年投资2000多万元对公司暂不能利用的固废进行“三防”处理。二是2007~2008年公司投资5500多万元，实施了“锌工业挥发窑废渣资源化综合循环利用项目”。目前200多万吨老窑渣资源化综合利用已完成需处理量的70%，预计到2013年可彻底消除老渣山，同时完成240余亩土地生态修复。

在“十二五”规划中，公司将继续加大节能减排的力度，大力发展循环经济及湘江流域重金属污染综合治理项目的建设，通过提升铅、锌冶炼工艺，实现清洁生产，提高金属回收率和资源综合回收水平，尽量实现资源利用的最大化和废水、废气、废渣排放的最小化，为长株潭“两型”社会建设作出积极贡献。

国家循环经济试点企业

湖北大地上的一缕奇葩

湖北金洋冶金股份有限公司

金洋 JINYANG

湖北金洋冶金股份有限公司创建于1985年，主要从事收集处置废铅酸蓄电池和含铅废料、铅基系列合金及铝合金研制与生产。在湖北和江西拥有三个再生铅合金工厂和一个再生铝合金生产基地。现已形成年处理废铅酸蓄电池20万吨、铅及铅合金18万吨、铝合金10万吨的生产能力，是国内再生金属无害化处置和综合利用的专业化骨干公司。

金洋人秉承“资源有限、创造无限”的企业理念，在企业、区域、产业三个循环层次建立起蓄电池—铅酸蓄电池—废铅酸蓄电池和废铝资源—再生铝合金—铝合金零件—废铝资源的“资源—产品—再生资源”闭路可持续循环经济产业链，实施“三废”再利用、减量化、无害化的环境友好工程，努力把金洋公司建设成为“世界知名、亚洲领先、国内第一”的再生有色资源示范基地。

金洋公司地处秦巴经济走廊的中心城市襄樊市，处于废铅酸蓄电池集散地。在区域循环经济扎实有效推进下，积极谋求全国范围内再生铅大循环经济，目前在全国十多个省、上百个城镇建立了专业的再生资源回收网络。

公司连年新建环保重点工程，大幅降低三废排放，争做对社会负责的明星企业。

● 2009年公司排放废气总量为32600万m^3，比2005年的42300万m^3减少排放23%。

● 2009年公司排放废水总量为4.4万m^3，比2005年的35万m^3减排放91.9%。

公司始终将技术创新作为加快发展循环经济首要地位，以技术创新推进企业实现跨越发展。

●破碎分选技术可高效回收废铅蓄电池各组分，降低环境污染，提高劳动效率，实现废铅酸蓄电池铅金属、铅膏、PP塑料、硫酸分离，分类综合回收。

● 铅膏脱硫技术可使铅膏中的硫含量从7%降到0.3%，脱硫率达到96%，可降低铅膏冶炼时铁屑和助熔剂的耗量，降低冶炼温度、废渣含铅量及减少二氧化硫排放。

● 短窑密闭冶炼技术具有密闭性好、自动化程度高、劳动强度低、污染小等特点，是目前清洁生产推广使用的冶炼生产清洁设备。

● 锑硒合金生产工艺专利技术制造的存储器件性能优良，锑硒合金产品占国内市场90%。

● 铅合金深度脱氧专利技术提高了铅合金的铸造性能，电池寿命提高3倍，铸板生产效率提高20%。

打造安全处置基地

铅合金产品

再生铅合金锭

节能减排成效显著　新型能源云集园区

牡丹江国家循环经济试点园区

黑龙江省委书记吉炳轩（右五）考察牡丹江循环经济试点园区

2009年，牡丹江循环经济试点园区节能减排取得了新进展，园区万元GDP能耗量比2008年同期下降5%。万元GDP取水量比2008年同期下降2%。固体废弃物利用率66.1%，废水重复利用率72.2%，废气回收利用率33.6%，粉煤灰利用量88万吨，电石渣利用量21万吨，工业固体废物处置量118万立方米；光伏产业、新型电池、风电产业等新能源产业向园区集聚。

新能源、新材料产业，已成为推动牡丹江循环经济试点园区发展的新引擎。

牡丹江华电能源2×300MW上大压小机组项目，砍掉4个100MW机组。2010年10月竣工投产，实现年发电30亿kWh，供热面积增加1200万平方米。与替代的4×100MW机组相比，每年可节省原煤19万吨，降低煤耗10.7%；二氧化硫减排11911.48吨/年，减排94%；氮氧化合物减排18885.05吨/年，减排81%；烟尘排放量减少14587.32吨/年，减排97%。

国家太阳能光伏发电示范工程落户园区。金跃集团在国家财政部、发改委、科技部三部委专家联合评审中一举通过评审，拿到总投资3亿元的20MW太阳能发电并网项目。国家扶持资金2010年一季度就已到位，项目一期工程投资1.5亿元，发电能力10MW， 2011年6月建成并网发电。项目二期工程投资1.5亿元，发电能力10MW，2012年6月并网发电。项目全部建成后，发电能力达到20MW,年发电量3000万kWh，节约标准煤30万吨，减少排放二氧化硫1560吨、粉尘1.08万吨、二氧化碳52万吨。同时，项目注重节约用地，开展种植绿花草坪、饲草和综合养殖多业并举，提高土地利用率和经济效益。

黑龙江金日光电科技有限公司太阳能电池板及光伏逆变器项目总投资5亿元，2009年启动一期工程投资1亿元，2011年太阳能电池板产量40MW，年销售收入6亿元，实现利税1.5亿元。项目达产后，年生产太阳能电池板60MW并配套光伏逆变器，年销售收入12.6亿元，利税3.15亿元。

东旭投资集团有限公司非晶硅薄膜太阳能电池项目采用的技术在国际上处于领先地位，可以大大降低生产成本，符合国家产业政策，项目总投资25亿元，一期项目建设60MW非晶硅薄膜太阳能电池生产线，项目建成后，可实现年销售收入20亿元，利润4.5亿元。东旭投资集团有限公司下一步还将在牡丹江延伸产业链条，逐步完善太阳能产业链。

黑龙江北方工具有限公司风电装备制造项目总投资达10亿元，项目将于2011年年底建成，将形成年产500台（套）风电装备配套能力，年可新增销售收入40亿元，实现利税6亿元左右，可带动700人实现就业。预计到2015年，经过技术升级和扩能改造，实现年销售收入15亿元，年纳税可达1亿元，再增加就业600人。

国家太阳能光伏发电站示范项目奠基仪式

牡丹江华电能源2×300MW机组项目施工现场

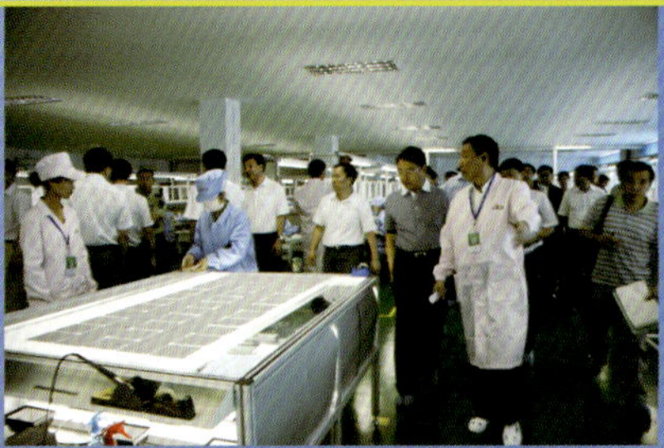

黑龙江金日光电科技有限公司太阳能电池板生产组装车间

再生资源资源再生生生不息 循环经济经济循环环环有利

中国·常州再生资源产业示范基地

中华供销合作总社理事会主任李成玉一行来基地调研

中国常州再生资源产业示范基地奠基仪式

中国·常州再生资源产业示范基地（以下简称“基地”）是国家发改委第二批循环经济试点单位。位于我国塑料工业发达的长三角腹地，由江苏中再生投资开发有限公司（以下简称“江苏中再生”）建设运营，基地占地1000亩，划分为市场交易区、示范加工区、无害化处理区、物流仓储区、管理服务区五大功能区。基地以废塑料加工为主，利用当地及周边地区庞大的废塑料聚集量和巨大的塑料工业原料需求量，辐射整个长三角地区，既为本地区发达的工业提供加工原料，又为国家治理规范废塑料回收加工行业，发展循环经济提供试点经验。

江苏中再生是由我国再生资源回收行业的龙头企业——中国再生资源开发有限公司投资发起的。中国再生资源开发有限公司已在北京、天津、重庆、广东、山东、河南、江苏等地投资建设再生资源综合集散市场及连锁货场，回收网络遍布全国17个省（市、区），形成了环渤海湾经济区、长三角经济区、珠三角经济区三大回收中心。其中，废塑料回收货场在全国建有20多个，年回收处理废塑料50万吨以上。基于母公司强大的回收网络及丰富的回收经验，江苏中再生在此基础上进一步拓展废塑料回收网络。

2009年8月，基地内纤维用PET加工厂、通用塑料改性加工厂、污水处理厂（一期）、技术研发中心、服务中心5个首批规划项目相继建成投产或投入使用，其他项目和二期工程也在加紧建设中。2008年，在启动大规模土建工程的同时，江苏中再生也开始常州地区回收网络的布设，年内先后建立了40余个回收网点，年回收交易量超过90万吨，交易额达31.7亿元。基地是集“回收交易—加工利用—现代物流—污染治理”于一体的废塑料加工利用基地，在全国范围内尚属首例。

强大的网络回收体系，保证基地项目原料来源

为了规范废塑料的回收，保证基地内加工企业的原料供应，基地建立了专业的回收公司——江苏中再物资回收有限公司（以下简称“中再回收”），依托总部——中国再生资源开发有限公司的连锁回收体系，采用科学、严格的废塑料分类标准，在全国铺设废塑料回收网络。

中再回收规划在全国设立7个自营货场，并通过自营货场辐射周边地区，发展加盟货场，最终在全国范围内形成废塑料回收网络；以回收废PET瓶、废PP、PE塑料及混杂废塑料等基地加工厂原料为主，保证基地项目的原料来源。

六大创新模式

基地按照循环经济生态工业园的全新概念规划建设，将废旧资源集中到定点区域内，进行各种工艺再生加工；通过现代物流实现回收、销售配送一条龙服务；通过污染治理杜绝二次污染；打造资源集中、规范加工、无污排放的国家级循环经济示范基地，有效提高废塑料回收行业的资源利用率和再生产品附加值，改善人居生活环境。基地在以下六大方面都有不同程度的创新，在国内外具有先进示范意义：

●**建设模式创新** 基地的建设区别于以往社会上废塑料回收加工行业的分散经营、家庭式回收加工，从回收、加工、再利用直到无害化处理，形成了一条完整的产业链条，将以前断裂的行业模块重新组合，形成回收加工集群化、市场交易集约化的新型生产模式。

● **管理模式创新** 基地实行全程监控，采用信息与技术相结合的方式，对基地内的各个项目进行分类管理，保证进区的废塑料，出区的是再生工业原料；同时建立环境保护管理制度，设置专门机构和人员负责环境保护监测，从而保证废塑料“回收、集中、再生利用、无害化处理”流程的规范操作。

● **环保治理创新** 基地选址严格遵循环保要求，按照国家环

污水处理厂

PET项目加工车间

保总局发布的《废塑料回收与再生利用污染控制技术规范》中的标准，对基地内的各建设项目进行统一规划、合理布局，并成立专门的环境保护部门，与常州市武进区环境保护机构紧密协作，共同管理基地运营。

● **资源循环创新**　基地外，利用遍及全国的废塑料回收网络，聚集废塑料资源，满足基地生产需求；基地内，运用市场经济杠杆，提高对资源和能源的综合利用，使废弃物减量化、资源化和无害化，使基地内的资源得到梯级利用和实现良性循环流动。例如，纤维用PET加工厂的产品可供再生PET纺POY加工厂直接作为原料，通用塑料改性加工厂的废弃物可直接作为混杂废塑料加工厂的原料使用；基地内的水循环，则是在经过工厂内部生产线的小循环和车间污水回用系统之后，进入基地内污水管网，由基地内污水处理厂统一集中处理，实现大循环。

● **技术研发创新**　基地引进国内外先进的废塑料加工技术及设备，利用再生塑料加工生产流水线及机械化的生产手段，达到高效、节水、低污染的目的；同时，基地的技术研发中心将进行配套产品的深层研究和推广，将各种新技术、新工艺逐步推广到废塑料回收利用企业中去，从而彻底改善该行业技术水平落后的现状。

● **发展模式创新**　在基地建设中，建立不同层次的循环经济模式和体系，从企业到基地到城市，从小循环到中循环到大循环，最终建立起“企业小循环、基地中循环、城市大循环”的循环体系，形成具有中国特色的循环经济发展模式。

● **无害化处理，杜绝二次污染**　基地的废弃物主要为生产生活用污水和部分无回收利用价值的固体废弃物。所有污水将通过基地内铺设的地下管道直接通往污水处理厂进行回收处理，处理后的达标水质再经污水回用管道通往各加工工厂循环利用，污水处理形成的污泥将运往市政部门统一进行无害化处理。所有固体废弃物将通过基地内设的固废处理中心进行最终的无害化处理。

● **积极投身社会公益活动**　2008年5月，公司向常州市发出“捐出一张废纸，奉献一片爱心”的倡议，得到了市委市政府的大力支持和广大人民群众的积极响应，在全市范围内引发了一场废纸捐赠的热潮，截止目前，捐赠量已超过3800吨，总价313万元，公司将活动所得款项全额捐赠给了常州市慈善总工会，已有27名先天性心脏病儿童得到医疗救助。基地先后还多次组织青少年学生到基地实地参观，宣传再生资源的回收价值，教育孩子们从我做起，积极加入到环保公益事业中来。

随着石油能源告急，塑料原料价格不断攀升。除了发展可降解的塑料外，回收再利用是塑料工业发展的趋势和关键。江苏中再生项目全部建成投产后，可形成年回收处理废旧物资150多万吨，提供工业原料及再生制品100多万吨，安排劳动力就业1万余人，产值超过100多亿元的循环经济产业园区，对促进常州市发展循环经济体系，建设资源节约型、环境友好型社会具有重要意义。

中再生基地效果图

建好“城市矿产”示范基地 做好循环经济发展文章

安徽省界首市田营循环经济工业区

盛华仁听取界首市委书记王长安关于再生铅循环经济产业发展和环保治理工作的汇报

安徽省省长王三运（前左三）考察田营循环经济工业区

田营循环经济工业区位于安徽省界首市，年回收废旧电瓶40万吨以上，年产再生铅能力达33万吨，是全国最大的再生铅生产基地。工业区总体规划10平方公里，已建成4平方公里，固定资产投资达到10亿以上，2009年实现产值53.3亿元，税收1.18亿元。

一、发展循环经济主要成效

在规范管理上的突破。工业区由市委常委、常务副市长指挥，成立了正科级管委会，下设财贸发展部、规划建设部、污控部和办公室。工业区2006年被列入全省首批循环经济试点园区，其再生铅项目纳入省“861”行动计划，2007年被列为第二批国家级循环经济示范试点园区，是首批国家“城市矿产”示范基地。

在环保上的突破。工业区制定了一系列环保方面的规章制度，全面落实环境影响评价制度与三同时制度。工业区环保投资占整个投资的30%以上，区内所有企业都有一套除尘、环保、清洁生产设施。其中，再生铅冶炼采取国内最先进的有氧负压冶炼工艺，增设重力式除尘、二级布袋除尘、三级脱硫塔除硫等环保设备，使除尘率达到98%以上，2008年8月29日该工艺全面通过了省环保局达标验收。

在冶炼工艺上的突破。安徽华鑫铅业集团有多项工艺在国内处于领先地位：一是除铜工艺，添加稀有金属除铜专利技术在园区已获成功，消除了铜的排放隐患。二是脱硫工艺，拆除旧的金属过滤式脱硫塔，新建花岗岩脱硫塔，采取三级喷淋加中和脱硫工艺，消除了硫排放造成的危害。三是自主研发出HX法余热侧吹节能冶炼炉，先后荣获四项国家专利，具有明显的节能、减排、环保、增效等特点，吨铅耗煤为87.5公斤，远低于国家130公斤的标准，年节约原煤15000吨，增效1200万元。四是上马自动拆解生产线，彻底告别人工拆解，避免了铅对人体的危害。雄厚的技术力量使华鑫集团获得了省环保厅颁发的长效的《危险废物经营许可证》，并被国家标准化委员会指定为《国家再生铅及合金铅锭标准》制定单位，由该公司制定的国家标准已于2008年6月正式在全国颁布实施。

在循环产业链上的突破。围绕再生铅的综合利用，再生铅产业链实现闭合式循环，已初步形成了三大产业和两大产业链。三大产业，即年产33万吨再生铅冶炼产业、年产3000万套极板和3000万只蓄电池产业、年回收3万吨废电瓶壳及年产2000万只新电瓶壳产业。两大产业链，即废旧电瓶进来后，经拆解成含铅的废物，经冶炼加工成粗铅、精铅和极板，废电瓶壳经粉碎、清洁、造粒、注塑，生产成新电瓶壳，两条产业链合拢后即实现了“进来旧电瓶、出去新电瓶”的闭合式循环。

在基础设施上的突破。近年来田营工业区基础设施投资已达亿元以上。投资3000万元建设了主干道供排水管网、污水处理站和自来水厂，投资1500万进行了园区绿化及园区周围种植2600亩的防护林“绿化带”。工业区已经实现了“五通一平”，“林中有厂、厂中有林”的生态工业区初步形成。

二、下一步工作打算

工业区将继续坚持循环经济发展的理念，不断提高产品的档次，有序延伸铅产业的链条，在铅的深加工、精加工上做文章。按照园区“12359”发展战略部署的要求，把田营工业区建成全国最好的“城市矿产”示范基地，成为中国新能源的生产基地。

华鑫集团

打造长江以北最大再生金属集散地

河南大周再生金属回收加工区

河南大周再生金属回收加工区位于河南省长葛市大周镇，依托废旧金属的回收、再生，初步形成了“回收—预处理—初级加工—深加工”产业链条，产品涵盖原材料、简单加工品、精深加工产品等多个层次，构建了融回收网络、市场交易、冶炼加工为一体的再生金属回收利用体系，成为我国长江以北最大的再生金属集散地之一。

大周再生金属回收加工区以再生金属回收拆解、加工、市场集散交易为主业，由回收系统、市场集散交易、冶炼再加工三个层次组成了较为完善的再生资源回收利用体系。大周镇再生金属回收加工区规划用地总面积11.62平方公里，现状建成面积3.45平方公里，2007年12月被确定为国家级第二批循环经济试点单位。按照合理规划、科学组织、循序渐进、稳步发展的方针，以构建完善的再生金属资源回收加工市场体系为基础，通过健全回收网络、建设快捷高效的再生金属回收物流体系、规范的交易市场、培育再生金属回收加工龙头企业等措施，最大限度地提升资源的综合利用，延伸产业链条，减少污染排放，取得了较好的试点经验。2009年，回收加工区拥有收购加工企业1000余家，其中加工企业480余家，规模以上企业168家，年回收废旧金属近200万吨，再生各类金属120万吨。形成了青山金汇、金阳铝业、金佳铝业、河南柯威尔等一批龙头企业，其中河南青山金汇不锈钢产业有限公司年销售收入达到100亿元，年产钢坯60万吨。

为促进回收加工区循环经济发展，长葛市和大周镇党委、政府以及回收加工区都相继制定了一系列的政策制度。在《大周镇国民经济和社会发展十一五规划》中，明确提出了以再生金属回收加工区为重点，大力促进再生金属产业发展，健全回收网络，建设有形市场，提升产业层次。制定了《大周镇再生金属产业发展规划》，在此基础上完成了《大周再生金属循环经济工业园区总体规划》，目前正对回收加工区进行“区域规划环评”工作。

根据《许昌市人民政府关于印发许昌－长葛集群经济产业带发展规划的通知》要求，大周镇有色金属回收加工区要积极关注废旧有色金属二次回收利用工艺技术的研究和发展趋势，最大限度地利用资源和能量，进一步降低生产成本，减少污染物排放，保护生态环境。整合现有高能耗、高污染、资源浪费严重的作坊式生产企业，进行资源的有效配置，形成规模化生产，提高企业的资源利用率。整合现有高能耗、高污染、资源浪费严重的作坊式生产企业，进行资源的有效配置，形成规模化生产，提高企业的资源利用率。加强废旧金属放射性监测管理，杜绝辐射安全事故的发生。

2009年河南省委书记、省人大常委会主任徐光春(右二)到大周调研

园区2009年各项经济指标完成情况

大周镇经济发展水平较高，综合经济实力连续三年居许昌市首位，位列河南省镇域经济50强。2009年，全镇完成主营业务收入156亿元，比上年同期增长59%；税收完成3.5亿元，比2008年同期增长55%；财政收入完成1.02亿元，比2008年同期增长78%。先后被评为“国家级重点镇”、“全国文明创建先进镇”和“中国商业名镇”。

2009年各项经济指标获得了较快的发展，园区主营业务收入、工业增加值、税收等也都得到了大幅度的提高：2009年园区再生资源国内回收200万吨（其中不锈钢95万吨，铝80万吨，铜20万吨）；园区再生资源加工134万吨（其中不锈钢85万吨，铝52万吨，铜7万吨）。

2009-2020年园区重点建设项目

围绕园区发展循环经济的主要任务和工作重点，规划了7个项目，其中重点项目3个，相关项目4个。

重点项目包括：再生金属回收交易市场建设项目；公共服务配套设施建设项目，中小企业孵化园项目。相关项目包括：年产30万吨再生铝项目；年产60万吨再生不锈钢深加工项目；年产10万吨再生铜线杆项目；年产10万吨再生镁项目。规划项目实施以后，对于园区完善再生金属回收网络，提升再生金属交易市场层次、提高再生金属回收率和综合利用率、减少环境污染、实现再生金属产业的良性循环和可持续发展将起到重要的支撑和促进作用。

争当中国电子废弃物处置技术领跑者

伟翔环保科技发展（上海）有限公司

公司生产基地

伟翔环保科技发展（上海）有限公司成立于2005年9月，是新加坡TES Environcorp (Holding) Pte Ltd全额投资、中国团队运作、专业从事电子废弃物处置的跨国企业。投资总额为1500万美金，年处理废弃物能力达1万吨，是目前上海地区唯一具有全段处理能力的电子废弃物处置利用厂商。

伟翔主要从事电子产品及衍生废弃物的回收及循环再生利用；废水、废液、废渣、废纸的综合利用和处理处置；危险废弃物处理处置资源再生及综合利用技术的研发推广和相关产品的生产；环境保护产品的研制；环境污染治理设施的建设经营及为产废企业提供相关服务等。在当今世界同行业中，伟翔的技术处于国际一流水准。

先进的技术及优良的服务使公司获得了社会各界的广泛赞誉和认可。2005年9月，上海市环保局把伟翔的嘉定工厂定为外宾参观的定点环保企业。2006年，伟翔得到CHWMEG全球组织的认可，成为目前上海市得到该组织认可的唯一的电子废弃物回收处理厂。2007年，伟翔被国家发改委等六部委定为“国家第二批循环经济试点单位”。同年，伟翔作为电子废弃物回收的示范企业，被国务院新闻办指定为环保事业发展采访点之一，对境外媒体开放。2008年被上海世博会定为上海电子废弃物处理示范工厂。2009年8月开始，在国家废旧家电“以旧换新”项目中，伟翔又成为上海“以旧换新”项目指定的拆解企业，迄今为止收集处置量居上海第一位。

在循环经济的试点工作中，公司有针对性地制定了一系列任务和重点项目。伟翔将进一步加强和完善公司回收网络建设，组建一支高效的收集团队；同时与清华大学，同济大学等高等学府联盟，解决技术问题，填补行业技术空白，进一步加深电子废弃物资源回收利用率；上海工厂作为伟翔在中国的电子废弃物处理处置中心，为进一步提升伟翔在电子废弃物处理领域的实力，适应循环经济发展的需要及中国政府对电子废弃物管理的新规定，完成伟翔集团在全球的战略部署。伟翔将对现有工厂进行更新改造，引进和研发新生产线、扩大产值规模，以上海电子废弃物处理处置基地为基础建立上海电子废弃物处理处置工艺研发中心，将电子废弃物环保回收处理提高到一个新的领域。

在发展循环经济的实践中，伟翔一方面通过自身的回收网络建设及政府相关部门支持，提高电子废弃物的收集能力。目前公司已经在电子生产集中的长三角、珠三角，京津地区都设置了服务中心，形成了一定规模的电子废弃物回收网络。另一方面通过建立先进的清洁生产内循环的现代化工厂，努力提高各类电子废弃物的再生利用率，减少废物排放率。最大限度地对电子废弃物进行循环利用，使多样化的电子废弃物“变废为宝”，实现环境和经济的双赢。

公司将“我们有志于成为中国环保事业的杰出先锋，为我们的子孙后代构造一个清洁、绿色及安全的环境”作为公司的方针，发挥跨国集团的优势，将先进的技术和设备优化整合为高效的处理流程，将成熟的管理和优质的服务引入中国，将“4R”理念和环保责任感传递给客户和合作者，立志作为中国电子废弃物处置技术的领跑者、中国环保产业的探索者和中国环保理念的传播者。

伟翔环保设备之一

“感知上海--世博与环保”记者邀访团在伟翔采访

构建产业群　走向专业化

广东省贵屿镇

贵屿镇是2005年国家发改委等6部委联合确定的全国第一批废旧家电回收利用循环经济试点单位。全镇从事废弃电器电子产品及塑料回收利用活动的村(居)有21个，共300多家企业、5500多家经营户，从业人员6万多人，年拆解废弃电器电子产品及塑料155万吨左右，为国家提供再生五金、塑料、二手电子元器件等可利用产物总量共150多万吨。经过多年的发展，废弃电器电子产品及塑料回收利用行业在贵屿镇已形成了产业集群，2009年创产值近24亿元，占全镇工业总产值的90%以上，成为当地经济的支柱产业和农民增收的主要来源，也使贵屿镇成为全国乃至全世界最大的废弃电器电子产品拆解地，解决了贵屿镇6万多人的就业和10多万人的生活出路。

南安电子专业市场成为贵屿电子元器件的集散地

已建成的贵屿电子专业市场成为贵屿电子元器件的集散地

发展循环经济的做法、措施

一是加大宣传教育力度，培育循环经济理念。举办循环经济技术培训班，开展多形式的宣传活动，形成了必须在加快发展中规范管理、在规范管理中加快发展的共识，增强了合力建设电子电器资源再生利用产业示范基地的决心和信心。

二是加大引导与管理力度，大力培育示范企业。积极开展电子废物回收拆解清理行动，本着“限期整改一批、关闭处罚一批、规范保留一批、引导扶持一批”的原则，加大巡查、监管、执法力度，分类落实整改。努力培育一批上规模、技术水平高、无二次污染的废弃电子电器拆解回收企业，并列入名录管理，力争全镇拆解利用行业逐步走上合法化、规范化轨道。目前，全镇已兴办年产值几千万到上亿元大型回收加工企业10家，规模化企业已达到40家。

三是不断改进工艺技术，提高再生资源的回收利用率。与多家大学和科研院所签订产学研合作协议，为废旧电子电器拆解和再生资源的综合利用、深加工提供技术支持和信息服务。引进和采用了一批先进工艺和设备，既降低了拆解过程产生的污染，又提高了废旧电子电器再生资源的回收利用率和资源化率，大大提高了工作效率，降低环境污染，提高了废旧家电再生资源的再生利用率和资源化率。

四是积极开展循环经济园区和环保基础设施的规划建设。广东省发改委已将贵屿镇循环经济园区列入2010年省重点项目，已完成《土地利用总体规划》和《城镇建设总体规划》的修编并进入报批程序和园区的选址，编制了循环经济产业园六个片区的《控制性详细规划》。

循环经济试点工作取得成效

一是初步形成产业集群，使贵屿镇成为全国较大的废旧电子电器拆解地和再生五金塑料的集散地。

二是形成了从回收、拆解到加工、利用、销售的完整产业链和购销网络，逐步走向专业化。

三是循环利用率高。随着拆解加工技术和专业化程度不断提高，废旧电器的循环利用率越来越高。电器线路板经过人工精细拆解，回收大量可再利用的二手电子元器件，以及塑料、五金；被拆解后的空板和杂料，也经过粉碎、筛选，回收塑料和含贵金属的铜粉。

四是本地资源化、产品化不断提高。贵屿镇对拆解出来的各种五金、塑料进行分类加工，变废为宝。经机械拆解出来的五金材料经高炉熔铸，加工生成了铜带、铜杆、铜线、圆筒漆包线以及铝锭、铁锭、锡线，还提取了金、钯、银等大量稀有金属。各种再生塑料也在本地加工生产出PVC片材、塑料花、珠帘、文具等产品，不断提高本地资源化率。在一些工厂里能完成从废旧塑料到PVC片材、文具的循环利用过程，进厂的是废旧塑料，出厂的是再生利用产品。

五是污染也得到有效控制，环境大为改善。贵屿镇的环境污染整治工作取得了比较明显的成效，了解贵屿过去的人们都感受到近几年来这里出现了很大变化，对环境污染整治工作给予充分肯定。①重点污染源得到有效遏制，垃圾基本得到妥善处

再制造的条件 --- 公司座落在长沙市浏阳制造产业园内，占地面积 72800 平方米，拥有现代化车间和数控机床生产线、高效磨削实验室、计算设计室、精密检测室，拥有各种检测仪器设备 30 多台套。实验设施比较齐全。各种加工设备 60 多台套。

公 司 生 产 及 检 测 现 场

再制造技术水平能力 --- 公司在技术上依托国际化的专家队伍和清华大学、湖南大学、中南大学在国内外磨削领域的前瞻优势，在磨削领域锐进取，通过技术创新等手段，形成了自已的核心优势。十多年来取得了一系列国内、外领先水平的科研成果，拥有相关专利 26 项，在国内外同业中具有较大的知名度和影响力。承担了国家“十一五”科技支撑计划项目、科技部中小企业科技型创新基金重点项目、国家发改委数控机床产化建设项目。获得各种科技奖励 20 多项。

已取得的再制造成果 --- 从 2007 年以来公司已成功的为奇瑞汽车、河南中轴、湖南正圆、广州冷机、北方动力、安庆帝伯格茨、南京飞燕、淮汽车等厂家对进口的 LANDIS 凸轮轴磨床、高速外圆磨床、V5P 双端面磨床、E351 曲轴连杆颈、主轴颈磨床、德国切片机床等 30 多台数控机床行再制造技术提升。

主要再制造修复：

) 采用 RBF 神经网络预测切入深度、表面粗糙度及数控插补算法将原 LANDIS3200 系统升级为 SINUMERIK840D 数控系统。
) 将原 Marposs E39 量仪升级为 MarpossP7 和 XE5。
) 增加美国 SBS7500 在线动平衡仪。
) 机械精度修复以达到加工零件工艺满足正常生产的精度要求。
) 机床提升改造后满足加工多个曲轴品种的要求。
) 重新设计制造砂轮隔套以及靠模工艺装备，以满足甲方加工需求。

再制造前

再制造后

部 份 再 制 造 成 果

首创矩阵集风力发电
前无古人的千里引渤济锡海水输送工程
七大循环利用与低碳排放项目

锡林郭勒盟

泓元海水淡化有限公司

王秀顺董事长

水，是人类赖以生存之源。如今，水源枯竭的内蒙古大草原奏起了“水从天降”的福音。

一个引渤海之水淡化发展内蒙古草原产业的巨大工程已经启动。

引渤海之水淡化循环经济产业项目是将煤炭资源和海水资源综合利用一体化的循环经济，是一个巨大的系统工程。具有开拓性和现实性。项目的主要建设内容是七大工程，锡林郭勒盟位于内蒙古自治区中部，地域辽阔，全盟土地面积220.3万平方公里，拥有丰富的风能资源和煤炭资源。

锡盟的风能资源品质好，全年有效风速持续时间长。按常规测算统计，全盟的风能总蕴藏量达5亿千瓦以上，是全自治区乃至全国风能资源最丰富的地区之一。经初步勘查，锡盟大部分地区风力田条件优越，风能资源丰富，地形平坦开阔，占全盟土地面积20%左右的风力田适宜建设大型风力发电厂。

国家《可再生能源中长期发展规划》中将锡盟确定为全国风能资源开发的重点地区，享受国家可再生能源开发的相关政策和西部大开发及振兴东北老工业基地的优惠政策，在锡盟投资建设大型风力电厂是一项大有发展潜力的事业。

锡林郭勒盟煤炭资源预测储量达1882亿吨，目前已探明褐煤可采储量1396亿吨，居全国第一位，矿藏埋深浅、煤层厚，非常适宜露天开采。但是褐煤有高水分、低灰分、活性高、易风化的特性，不适合远距离运输和长时间贮存，很适于坑口发电和煤气化。

锡林郭勒盟根据国家“十一五”和“十二五”发展规划及内蒙古自治区的统一规划，确定了在煤炭产区发展坑口发电和煤化工为主体的褐煤开发战略．而发展电力和煤化工均需要消耗大量的水资源。水资源匮乏已成为锡盟经济发展的制约因素。

锡林郭勒盟地处于旱和半干旱地区，降雨量少，蒸发量大。本地区年降雨量仅为150～350毫米，而年蒸发量1500～2700毫米，全盟共有湖泊1363个，现已大部分干涸，草原退化和沙漠化日益加重。

锡林郭勒盟泓元海水淡化有限公司在国家、内蒙古自治区和锡盟各级领导部门支持下，利用本地丰富的褐煤资源和品质尚佳的风能资源，精心规划制定出七大工程项目，组成引海水淡化循环经济产业项目：即矩阵集风发电工

现场勘察

程，风能氢基制油及合成天然气工程，引渤济锡海水输送工程，海水淡化及制盐工程，褐煤露天煤矿开采工程，选煤厂和矸石电厂工程。

引海水淡化循环经济产业项目每年从渤海湾调海水3.65亿立方米，同时利用煤化工项目产生的低品位余热进行海水淡化，年产淡水3.1亿吨，供锡盟工业项目用水，以缓解锡盟水资源制约经济发展的压力。在进行海水淡化的同时年产各类海洋化工产品1120万吨。煤化工采用排碳量极低的风能氢基制油及合成天然气技术每年生产350万吨高级动力燃油和10亿标立米合成天然气及其他副产品。

内蒙古自治区和锡林郭勒盟各级政府及有关部门对该项目十分重视。2007年国家发改办投资[2007]2785号文"关于内蒙古自治区锡林郭勒盟拟建引海水淡化开发草原生态产业项目有关问题的复函"，建议从规划入手，委托大型综合类工程咨询机构进行充分论证。

根据以上文件精神，锡林郭勒盟泓元海水淡化有限公司组织全国22个大型院所、100多名有实践经验的科学家展开项目四年可行性研究，并委托中水北方勘测设计研究院设计输海水工程可研报告，中国天辰化学工程公司设计褐煤制人工天然气可研报告，中国中轻国际工程有限公司设计海水淡化制盐可研报告及总体规划报告，泰戈特（北京）工程技术有限公司设计褐煤选煤厂可研报告，中煤国际工程集团沈阳设计研究院褐煤露天煤矿可研报告。

2008年3月21日，内蒙古自治区发改委给中国国际工程咨询公司申报"关于委托对内蒙古锡林郭勒盟引海水淡化开发草原生态产业项目进行评估论证的函"。2009年2月25～27日，中国国际工程咨询公司组织专家召开了项目总体规划评估会议。同年4月24日，中国国际工程咨询公司提交了咨询评估报告，评估报告结论为：泓元海水淡化有限公司引海水淡化循环经济产业项目总体规划的设想是从辽宁省葫芦岛市引海水到锡林浩特市进行淡化，解决锡盟开发褐煤资源、发展煤炭、电力、化工一体化产业中的缺水问题。用褐煤生产合成天然气和合成油，副产低压蒸汽作为海水淡化的热源，生产淡水和海洋化工产品，是将煤炭资源和海水资源综合利用一体化的循环经济，是一个巨大的系统工程，具有开拓性和现实性。项目的主要建设内容是七大工程，除海水输送工程外均采用一次规划、分期实施的原则。

矩阵集风发电工程

在国家能源安全、节能减排、应对气候变化等背景下，中国风电产业经过二十年的努力，具备了规模化发展的基础和条件。2006年起生效的《可再生能源法》为中国发展可再生能源、包括建立一套风电价格机制以促进风电发展提供了法律框架。风电作为清洁的替代能源在加速能源结构调整中的地位和起到的作用日益凸显。加快风电产业的开发，是解决我国能源结构供需矛盾、加强能源战略储备、保障国家能源安全的一项重要措施。

现在建设的风力发电站有一个缺陷，就是利用风速达到一定范围才能发电，全年在线运行时间短（年运行约2000小时），同时风电还面临配套电网建设基础差、与以煤电为基础的电网调峰匹配困难、投资高、风电长期靠财政补贴负担大等问题，严重制约着风能的利用和发展。如何充分高效地利用风能即如何使风力发电设备在低速风条件下就能发电是

一个技术含量极高的世界级难题。

泓元海水淡化有限公司与北京航空航天大学、华北电力大学合作共同开发的矩阵集风发电试验平台致力于开发新型的风力发电设备，利用风洞设计原理，将自然风通过收缩风道形成可以发电的较高速风。由于在收缩风道的进风口安装了调风速系统，自然风通过收缩风道后可形成任意平稳的风速，对风轮和风力发电机及控制系统作长期考核。试验平台可产生最大240米/秒的风速，可对风轮和发电机及控制系统做高负荷破坏性试验。

本试验平台是世界风电史上第一次对风力发电装置及控制系统进行实物（1：1）试验取得数据，从而选出最优秀的设计方案及风力发电装置最优良的材料。利用上述方案设计的风力发电装置可以在低风速下利用风能发电，解决了目前风力发电存在的问题，同时拥有自己的知识主权，其专利已经向国家知识产权局申报。（专利名称：矩阵式风力发电装置，专利号：201010101821.6；专利名称：风力发电模块及其组成的矩阵式风力发电装置，专利号：201010101851.7）。

矩阵集风发电技术有以下特点：

- 集风是从进风口（大口）捕集自然风通过收缩风道提高风速，在出风口（小口）形成可以发电的较高风速。
- 较弱的自然风通过收缩风道加速，成为高品质的风能资源，确保风电设备全年长周期运行发电。
- 风轮矩阵式布置采用了蜂窝结构，支撑结构合理，将矩阵发电单元推向高空，可充分地利用高空高速气流发电。

引入矩阵集风发电技术后，可以大幅度增加锡盟当地的风能总蕴藏量，提高风能可开采利用量。

矩阵集风发电设备全年在线运行周期长（年运行约8000小时），单位投资低，其投资相当普通风电和煤电的1/10至1/5其发电成本低，估算电价约为0.125元/度，本工程估算投资69.6亿元，初估四年可回收全部投资。

风能氢基制油及合成天然气工程

风能氢基制油及合成天然气工程采用洁净煤加压气化技术，将褐煤干粉加压气化制成煤气，H2/CO比例为1:2.5–3.0，不能满足合成天然气及合成油的所需比例2：1和3：1。要通过一氧化碳和水蒸汽变换反应生成氢气进行调配，此工艺称之为“一氧化碳变换”工艺。而“一氧化碳变换”反应会生成大量的二氧化碳，给大气环境造成严重的污染。

矩阵集风发电装置生产的电成本比较低，不用燃料，没有污染物向大气排放. 利用风电电解水加压制氢技术获得高纯度氢和氧气. 可以代替传统的空分制氧和一氧化碳变换制氢工艺。因此，煤气化工艺不再设空分制氧装置，可以省去空分设备投资，取消空分动力锅炉用燃料煤，大大减少锅炉烟气二氧化碳排放。合成气不用一氧化碳变换制氢而用电解氢配入调节合适的氢碳比. 如此煤化工项目二氧化碳减排量可达90%，取消空分制氧装置和一氧化碳变换装置，简化工艺流程，减少建设投资。电解制氢和氧所耗的风电能量达到制合成油和天然气总能耗的60%，因此称之为风能氢基合成油和风能氢基合成天然气工艺。

根据中国天辰工程公司的工艺计算，风能电解水制氢合成天然气与纯煤制天然气两种方法比较，风能电解水制氢合成天然气可以减排二氧化碳90%，原料煤的消耗减少60%、燃料煤的消耗减少80%、水的消耗减少30%。

煤气化工程利用就地自产的精洗褐煤为原料，以风能发电电解水获得氧气进行煤气化反应代替传统的空分制氧；以电解水制氢配入煤气中代替传统的一氧化碳变换工艺，原规划生产合成天然气100亿立方米/年，其中一期建设规模为50亿立方米/年，现计划调整为生产合成天然气10亿立方米/年，合成油（柴油＋汽油）350万吨/年，估算投资为 145.4亿元。本工程装置属于坑口型煤气化装置，可就地气化、转化，将“次质”褐煤制成高质量人工合成天然气及高级动力燃油。

引渤济锡海水输送工程

引渤济锡海水输送工程是内蒙古自治区锡林郭勒盟引海水淡化循环经济产业项目中的基础性工程。规划从辽宁省葫芦岛市（兴城东）台子里东海岸取水，采用有压埋管和无压隧洞相结合的输水方式，经过辽宁省的葫芦岛市、朝阳市、内蒙古的赤峰市到锡林浩特市，中途不分水，线路总长618.46千米，设计输水规模3.65亿立方米/年，设计流量12.8立方米/秒，全年不间断输水。

本输水工程采用一次建成，建成投资为137.4亿元。一期运行规模为设计规模的60%～70%，二期时运行负荷达100%。

海水淡化及制盐工程

根据本项目特点和对国内外海水淡化技术的综合比较，选取“离子膜反渗透+低温多效板式淡化+多效蒸发结晶分离”工艺淡化海水，主要工艺流程是：

海水经预处理后，进入低温多效淡化装置，经过多效浓缩分离，或者经过离子膜反渗透装置分离为淡化纯水和10%浓缩海水。

淡化后的浓海水采用多效蒸发浓缩工艺，增浓到浓度22%，并获得淡水。

22%的浓缩母液与已分离出硫酸镁的回收高低温盐混合，经多效蒸发结晶析出氯化钠，盐浆经脱水、干燥即为成品精制盐。制盐母液去综合利用生产盐化工产品。

本工艺路线中低温多效板式海水淡化装置采用秦皇岛新源水工业有限公司开发研制的具有自主知识产权并获国家发明专利的新型低温多效海水淡化装置。

本工程规划设计总规模将达到生产淡水3.1亿立方米、生产各类盐化工产品1120万吨，其中精制盐800万吨/年，氯化钾20万吨/年，硫酸镁50万吨/年，溴素2万吨/年，氯化镁200万吨/年，并生产一定数量的其他海水化学资源产品。

为匹配煤化工工程的余热蒸汽，本工程一期建设规模达到总规模的60%～70%，投资为55.8亿元。

本着不污染当地环境、繁荣和发展当地经济的原则，项目所产盐化工产品就地完成下游产品的开发和利用，其中精制盐用于下游两碱化工用盐；硫酸镁、氯化镁用于加工生产氧化镁和金属镁等下游产品；氯化钾、溴素为盐化工短线产品，用于补充国内市场。

下游产品的发展分近期、中期两步走，具体规划安排如下：

近期规划盐化工项目：烧碱150万吨/年；聚氯乙烯170万吨/年；聚碳酸酯5万吨/年；纯碱40万吨/年；氯化铵75万吨/年；甲烷氯化物10万吨/年；氧化镁11万吨/年；金属镁3万吨/年。

中期规划盐化工项目：烧碱

锡林郭勒盟大草原

300万吨/年；聚氯乙烯350万吨/年；聚碳酸酯10万吨/年；纯碱60万吨/年；氯化铵95万吨/年；甲烷氯化物10万吨/年；氧化镁11万吨/年；金属镁3万吨/年。

本项目矩阵集风发电和燃气轮机发电互补产生稳定的电能可低成本将盐及其他化工产品转化成高附加值的下游产品进入国内、国际市场。低价值产品的全部转化，不但使锡盟的化工行业得到快速的扩大和发展，还能增加当地的就业，推动经济的繁荣进程，最重要的是使得项目不会有产品的剩余堆积，杜绝了在草原上任何污染源的可能，从而实现零排放。

褐煤露天煤矿采矿工程

本项目配套煤矿为胜利东一号露天矿位于胜利煤田的中部，西邻锡林河，矿田地表范围为东西向5.0～6.5千米，南北向6.5～7.8 千米，面积41.76 平方公里。开采境界内煤炭地质资源量31.6亿吨。露天矿的建设根据煤化工的用量情况，一次规划，分期建设，滚动发展。根据煤气化工程用煤需求量，露天矿一期建设规模2000万吨/年，投资为59.1亿元；二期建设规模达到5000万吨/年。

选煤厂工程

选煤厂洗选工艺采用国际先进的块煤、重介、浅槽分选，末煤两产品重介、旋流器分选，粗煤泥离心机脱水，细煤泥、筛网、沉降离心机＋快开式、板框、压滤机联合脱水工艺流程。

本工程一期建设规模年处理2500万吨褐煤原煤，产出精洗煤1550万吨/年和矸石＋泥煤950万吨/年，投资为12.5亿元；二期工程建成后总规模达到年处理5000万吨褐煤原煤。

矸石电厂工程

本工程规划利用选煤厂产出的矸石和泥煤为燃料，发电锅炉选用500吨/小时循环流化床锅炉，蒸汽压力为9.8MPa，温度540℃，汽轮发电机组选用低压蒸汽背压式透平机，单台机组发电30万千瓦。矸石电厂总规模60万千瓦，其中一期建设规模为30万千瓦，投资为14.9亿元。

锡林郭勒盟引海水淡化循环经济产业化项目七大工程的产品和原料之间相互链接，形成循环经济产业链如下：（一期工程）

● “褐煤露天矿”生产和外购2500万吨/年褐煤原煤送往选煤厂。在选煤厂，精选出1550万吨/年精洗褐煤产品和副产出950万吨/年矸石和泥煤。其中650万吨/年精洗煤送往煤气化作原料，其余精洗煤送型煤厂干燥成型作为商品煤外销。洗选出的矸石泥煤全部用于煤气化供热站锅炉和矸石电厂锅炉燃料，全部煤灰渣作为建材外销。

● 煤气化厂消耗原料精洗煤650万吨/年和纯氧46.8万标立米/时(电解水装置送来)，气化煤气配入174万标立米/时纯氢。生产合成天然气10亿标立米/年，合成油（汽油＋柴油）350万吨/年，副产硫酸铵183万吨/年，硫磺19万吨/年，液化气35万吨/年，灰渣建材109万吨/年等。

● 煤气化生产过程中副产低压蒸汽1690万吨/年输给淡化制盐厂，作为淡化制盐的热源。

干涸

煤矿

● 海水输送工程从渤海取水口输往项目园区海水3.65亿立方米/年，一期输水量为2.2～2.5亿立方米/年，送入海水淡化及制盐装置。

● 海水淡化及制盐装置利用煤气化和矸石电厂送来的2628万吨/年低压蒸汽供海水淡化作热源。海水淡化和制盐装置生产精制盐500～560万吨/年，硫酸钙30～35万吨/年，氯化钾12～14万吨/年，硫酸镁30～35万吨/年，溴素1.2～1.4万吨/年，氯化镁120～140万吨/年。同时，生产淡水2～2.2亿吨/年，扣除园区自用外尚有1.7亿吨/年富余作为商品淡水外供，此外供淡水可满足五套年产百万吨甲醇厂全部用水量。

● 矸石电厂工程，利用泥煤和矸石为燃料一期发电能力30万千瓦/时，二期发电60万千瓦/时。一期工程园区项目总用电量约为25万千瓦/时，富余5万千瓦/时送入外电网，用于海水输送工程或给输水沿线交换供电。

矩阵集风发电工程一期匹配350万吨/年制油和10亿标立米/年天然气所用电解氢之电力约为780万千瓦/时. 一期水电解制氢量为174万立方米/时，同时制得纯氧量87万立方米/时，其中46.8万立方米/时供煤气化使用，其余40.2万立方米/时氧气外销，这部分纯氧可供五套年产百万吨甲醇项目用。

项目一期总投资628亿元，其中建设投资567亿元。静态投资回收期（包括三年建设期）为税前6.52年，税后7.34年。投资内部收益率税前23.58%，税后19.08%。

为进一步加快引渤济锡循环经济重大项目建设步伐，加大项目实施和工业园区建设综合协调力度和加快推进新型工业化示范园区进程，锡林郭勒盟行署成立了以盟委副书记、盟长张国华为组长的引海水淡化开发草原生态项目前期工作推进领导小组。

锡林郭勒盟引海水淡化循环经济产业项目，将为自治区开创循环经济持续发展的新天地，形成以新型风能利用为龙头、以褐煤开采和海水淡化为基础、以风能氢基制油为支撑、以海洋化工为产业延伸的循环经济产业链条，同时也为海水综合利用开辟了全新的领域，是海洋经济模式新的突破，是海陆统筹发展战略的具体实施，形成煤化工产业健康发展、CO_2大幅减排的新世纪希望工程。

本项目天然气液化后球罐存储，用于燃气轮机组发电，具有瞬间启动、达到稳定电流的特点。可平衡矩阵集风发电设备在风力较小时产生的峰谷，使其产生平稳的电能，形成稳定的风电电网，如此匹配，风力发电可大力发展成代替煤电的主力电网。

在项目中引入风能后，完全可以实现利用风能调海水，使调水成本从4元/吨降到2元/吨，从而使低成本的海水西送改造西部环境成为可能。

矩阵集风新型风电介入风能氢基合成油及合成天然气后，CO_2可减排90%，从而使本项目将来有希望实现零排放。

国家海洋局第一海洋研究所论证认为本项目从渤海调取大量的海水，可以让海水流动起来，使渤海得到一定程度的自身净化。

本项目海水淡化制盐工程相当于10万公顷盐田的产盐量，由此可以置换沿海大量的盐田，缓解滨海经济发达地区的土地紧张问题。

本项目是海水西调的试点工程，取得经验后，进一步实施海水西调工程，与此相关联的煤化工、海水淡化和海洋化工产业、航道运输、渔业和养殖业以及旅游观光业定会得到迅猛发展，造福一方。由此获取大量的淡水资源，对于煤炭资源丰富、严重缺水的内蒙古、新疆乃至整个西部地区改善生态环境、根除北方干旱和消除沙尘暴气候均有着极为深远的意义。

营销模式

合同能源管理模式——

采用合同能源管理（Energy Performance Contracting,简称EPC）机刂，以国电康能公司作为节能服务公司（Energy Management Company,简称EMC），节能服务公司与用户签订能源管理合同，为用户提供节能诊亍、融资、改造等服务，并以节能效益分享方式回收投资和获得合理利润，可以大大降低用能单位节能改造的资金和技术风险，充分调动用能单位节能改造的积极性，是行之有效的节能措施。

模式一：分享型合同。由EMC向客户提供“一条龙”节能服务并提供节能改造投资，合同期内EMC与客户共同分享节能效益，合同期满后由客户独享节能效益。

模式二：两保型合同。由EMC向客户提供“一条龙”节能服务，客户承担全部或部分节能改造投资，即客户需提前支付项目的全部或部分预期效益。合同期内，如预期效益未能达到合同规定，EMC需向客户赔付差额效益。

模式三：托管型合同。EMC向客户提供系统能源管理和改造服务，承包改造及运行费用，并承诺节能改造的效果达到规定要求。双方的经济利益来自于提高能源管理水平和节能改造产生的节能效益，合同期满，如果EMC没有达到合同规定的服务标准和节能效果，则应赔偿客户的相应损失。

融资租赁模式——

模式一：设备方、租赁方、承租方进行三方会谈→租赁方与承租方签订租赁合同→租赁方与设备方签订节能设备购销合同→设备方向承租方提供并安装节能设备→承租方陆续向租赁方支付租金→租赁期满，租赁方将设备产权转移给承租方→完毕。

模式二：租赁方与设备方签订节能设备购销合同→设备方作为承租方与租赁方签订节能设备回租合同→承租方（设备方）陆续向租赁方支付租金→设备方与用户方签订能源管理合同→设备方向用户方提供并安装节能设备→设备方向用户方陆续收取节能效益→能源管理合同期满，租赁方将设备产权转移给用户方→完毕。

总承包模式——

由国电康能公司作为总承包方与客户签订总承包合同，具体实施内容由总承包合同约定。

直接购销模式——

由用户方直接向国电康能公司采购节能设备，并在约定时间内付清全额设备款。付款方式可采取当期支付或分期支付的方式，分期支付的价格比当期支付的价格略高，高出部分主要是分期付款的资金成本。

BT集群经营模式——

以节能产业集群的名义整体经营，以联盟为基础成立独立法人的集团公司，针对各级政府或大型企业的综合节能环保项目，按照BT模式进行工程总承包，项目资金全部由联盟落实，能有效解决政府、大型企业在节能环保项目上的资金困难。

李志宏董事长陪同全国人大常委会副委员长路甬祥（前排右一）参观国电康能公司展台，工作人员向领导介绍KN节电产品的技术情况

全国政协副主席、统战部部长刘延东（右二）参观国电康能公司展品时强调，要尽快把产品推广到社会、应用到企业降低生产成本

国家发改委能源所专家辛定国（左二）、国家电力工业电力设备质检中心主任蔡青有（右一），高度评价KN节电产品拥有自主知识产权，综合节电高达10%～30%，社会效益、经济效益明显

中关村节能环保产业联盟首脑合影

公司领导在生产车间检查工作

李志宏董事长介绍公司节能设备

国电康能公司与青岛市八家大型企业见面会

开创首都中关村节能环保产业联盟新时代

2005年12月，国家发展改革委、环资委、中宣部等13个部委联合举办了“2005建设节约型社会展览会”，国电康能科技股份有限公司作为唯一一家民营企业参加了展会，中共中央总书记、国家主席胡锦涛等领导参观国电康能公司展台时，听取了中关村节能环保产业联盟主席、国电康能公司董事长李志宏的汇报后，高度称赞国电康能公司在节能环保领域做出的努力与业绩。在环保道路上走过荆棘坎坷的李志宏，是节能环保行业的领跑者，更是企业家当中以自己的行动和理念倡导节能的先行者。

古人云：天行健，君子以自强不息；地势坤，君子以厚德载物。李志宏说：“我常常问自己：这辈子追求的价值是什么。我觉得人生的价值要以对社会贡献为标准。我要为祖国繁荣、社会进步做出贡献，实现我的人生价值。为了让节能环保产业有一个新突破和准确定位，我曾17次出国考察，走遍了欧美和亚洲发达国家，看看发达国家的优势产业发展方向及定位。每一次出行都有不少收获和感慨。有一次我在新加坡遇见一对母女，母亲把女儿喝完的矿泉水瓶中还剩下的几滴水倒入另一瓶矿泉水中，并把空瓶和满瓶一并放进书包。这么一个小小的细节给了我巨大的心灵震撼，让我感到珍惜资源、节能环保是多么重要。”

李志宏坚信“有科技才能创新，有创新才能发展”，带领国电康能公司投入了大量资金用于新产品的研发，并先后与中国电力科学院等多家机构合作，成功研制了KN系列综合节电装置等多种高科技产品。作为主要起草单位，国电康能公司参与了27项国家或行业标准的制定工作，先后申报发明、实用新型、外观设计等各类国家专利108项。

党的十六大以来，随着国家节能减排政策的不断加强，李志宏的事业也迎来了又一个春天。2006年，在他的积极倡导和亲自组织下，由国电康能公司牵头，联合国内几十家知名节能环保企业，成立了中关村节能环保产业联盟。作为联盟主席，他深感自己责任重大。在当时的节能环保领域，众多企业仍然存在着生产规模小、资金困难及产品销路不畅等问题。为了解决这些问题，李志宏提出“联盟要以整合资源为核心，以资本运作为龙头，以研发节能环保优质产品为基础，以开拓国内外市场为目的”的创新理念。

一是技术创新。联盟立足实际，建立技术研发中心，聘请专家成立课题组进行技术攻关，与多家大学合作，走产学研相结合的道路。做到研发一批，实施一批，真正做到高起点研发、高水平生产、高投资回报。

二是标准创新。目前，中关村节能环保产业联盟已向国家质量技术监督局、标准化委员会申请成立中关村节能环保产业联盟节能环保专家技术委员会，并与北京市质量技术监督局共建标准创新“绿色通道”，发挥龙头作用，保证标准项目申报渠道的畅通。

三是体制创新。由于中小企业资金困难，市场缺乏，而联盟则具有资源整合的巨大优势，带领联盟内企业走产

节电设备

业集群化发展的道路，通过资源共享产生集群效应，实现多方共赢。

四是是商业模式的创新。在市场运作领域，李志宏和他的团队探索了直接购销、融资租赁、工程总承包以及合同能源管理等多种营销途径。他认为，在当前的节能环保领域，合同能源管理是最适合市场需要的营销模式。2009年，他指挥运作的深圳市南山区路灯节电改造项目，被深圳市政府部门誉为“是迄今在国内所见过的最规范、最全面、最科学的能源管理合同，是合同能源管理机制在我国推广实施的典范之作”。

从20世纪90年代初至今，李志宏已投身节能事业近18载。节能环保产业联盟销售网络遍布全国各地，产品已广泛应用于石油化工、建材、医药、电力等各个领域。截至2009年，联盟旗下成员已经发展到1300余家，在相互协作、资源共享的平台上，各联盟成员通过资源整合，已经初步实现了市场、技术、资本、产品等方面的优化组合，从而极大地挖掘、发挥了联盟成员的潜在优势，提高了联盟的整体竞争力。

李志宏对未来充满着激情、奉献与乐观：“中关村节能环保产业联盟正在组织筹建中关村节能环保科技园区，形成开放式的大规模节能环保技术及产品的集散地，为用户和节能环保企业实现双赢创造良好的条件。在“十二五”期间，节能环保科技园区将力求达到申报国家专利技术在现有1300项的基础上提高一倍，专利产品在现有3000多个品种规格的基础上提高一倍，并力争将全部科研成果转化为生产力，实现销售收入300亿元，实现利税50亿元，解决社会就业人员1万人以上。”

节电设备

加快循环经济发展　打造“绿色矿山”

新矿集团协庄煤矿

协庄煤矿是山东新汶矿业集团主力矿井之一，1958年建井，1962年1月投产，是我国自行设计、施工的一座大型矿井，是当时山东省内第一大矿，被誉为“鲁煤第一峰”。矿井原设计年生产能力120万吨，1989年改扩建后达到180万吨，目前年产量一直保持在200万吨。

近年来，协庄煤矿始终以构筑节能减排型企业为目标，深挖节能减排产业潜力，不断推动循环经济和可持续发展。特别是2009年以来，该矿积极应对金融危机，以“节能增效益，科技促发展”为突破口，坚持高点定位抓环保和循环利用，科技创新促节能，使节能减排工作得到健康、协调发展。企业先后被国家能源局选定为煤炭行业节能示范试点企业；能源管理体系试点工作通过山东省经贸委审核，使该矿成为全国煤炭行业唯一一家“双试点”企业；被中国煤炭工业协会评为“煤炭工业节能减排先进单位”；被泰安市评为“节能先进企业”、“管理创新十佳企业”等几十项荣誉称号。

将全员节能减排理念作为先导

协庄煤矿始终把强化全员节能减排理念作为开展节能减排和循环经济工作的先导，将“理念上的节能是最大的节能，思想上的减排是最大的减排”、“节能就是利润增长点”、“节能项目是投资最好的项目”、“没有无用的垃圾，只有未加利用的资源”等节能理念，利用多种宣传媒介和载体，不断渗透到员工的内心深处。积极开展了“我为企业节能减排谏言献策”、“争当节能标兵事迹报告会”、“为子孙后代留下碧水蓝天演讲会”和“全民节约、举手之劳万人签字”等一系列主题活动，夯实了“思想节能、责任节能”根基。并从“组织保证、目标激励、制度建设”等方面统筹兼顾，构建起三大基础体系，形成

协庄矿景观

矿长：袁秋新

全员参与、全员支持，人人知环保、个个懂节能的良好局面。制定并下发了《协庄煤矿节能减排管理办法》，每月对全矿各单位进行考核评比和奖励罚。

形成全覆盖、全参与、全过程控制的节能减排网络管理体系

为确保节能减排工作顺利开展，取得实效，该矿在40多个单位、部门设置了由专业技术人员构成的专职或兼职节能网员，建立了节能网络和例会制度，各单位工程技术人员都能主动优化生产工艺和生产系统，减少生产环节。并在每月下达生产计划的同时，下达节能计划和科技计划，形成全覆盖、全参与、全过程控制的节能减排网络管理体系。为加强节能减排工作的领导，最大限度地发挥其作用，煤矿成立了节能减排领导小组，由矿长、党委书记亲自挂帅，推动活动的深入开展。成立节能项目评价小组，对项目立项、实施、鉴定全过程进行闭合管理监督，协助矿节能减排领导小组开展工作，为推进企业节能减排提供了有力的技术和智力支持。

创新管理模式，将节能减排和循环经济工作落到实处

协庄煤矿制定了节能减排月度例会分析制度，规定各单位节能网员将本单位的上月完成项目和产生的效益以及下月节能计划在月度例会上向节能减排领导小组汇报，领导小组现场对项目计划进行分析评价，并通过会议纪要的形式在办公网上进行公布。同时，为明确节能减排工作

协庄煤矿全貌

责任，做到奖优罚劣、落实到人，该矿结合自身实际，先后制定并下发了《节能减排管理目标责任书考核办法》、《污染防治设施运行管理办法》、《关于创建节约环保型企业的意见》、《加强峰谷用电管理规定》、《关于持续深入开展清洁生产的通知》、《节能节水管理办法》等十多项管理办法和规定，并对低效高耗和淘汰落后设备进行调查摸底，编制了《协庄煤矿"十一五"节能发展规划》，进一步提高了矿井节电、节水、环境保护和资源综合利用水平，指导各单位采取切实有效措施降低能耗和成本，控制污染物排放，保护和改善生态环境，确保了节能减排工作的顺利、健康、协调发展。

以技术创新作为节能减排和循环经济的强大支撑

协庄煤矿坚持以"技术创新"为支撑，立足中、长期发展目标，积极开展节能减排核心技术研究，推进了企业节能减排和循环经济的健康发展。

矸石量大、占地面积多、污染严重、难处理，一直是企业环保的难题。为实现矿井矸石零排放，协庄煤矿大力实施"以矸换煤"工程。首创低压气力输送技术，在管路上行倾角37°、下行倾角30°的情况下，取得了输送能力80吨/小时、输送距离1000米的较好成绩，解决了传统充矸工艺环节多、用人多、成本高等一系列难题；实施井下煤矸分离，将地面选煤厂"搬到"井下，实现井下原煤洗选后直接运至煤仓。该工艺主要以动筛跳汰机为核心设备，矸石分选率达到96%以上，分选后的矸石含煤率仅在3%以下，分选出的矸石经破碎机破碎后，通过管道排至充填工作面实施充填，实现原煤井下洗选、矸石就地充填的立体作业，填补了国内空白，达到了国内领先水平。

节电是煤矿节能减排和循环经济工作的重点。协庄煤矿率先引入EMC模式，对节能减排项目进行融资改造，在实施矿区供暖系统改造、电厂锅炉二次风机变频调速电机改造、高频无极节能灯绿色照明更换等项目的同时，在副立井水源热泵安装2台GL-H/G3055智能节电器，在主井强力皮带4台电机上安装4台QQJ-DJ智能节电器，年可节电33.1万kWh。同时，大力实施"整体节电"工程，创新采用"工业动力系统整体节电改造技术"，对供电系统进行整体设计、系统改造，堵塞了供电、用电管理中的漏洞，系统整体节电率达到8.6%，全年节约用电1290万千瓦时。

为彻底解决矿井污水处理场所占地和污水外排等问题，提高排水效率和矿井水利用率，该矿投资365万元，在井下-550水平建成了"矿井水处理站"，日处理矿井水9600m^3，年回收煤泥946.08吨，年降低排水费用29万余元，节约水资源开采费45.55万元，增加经济效益143.68万元；处理后的矿井水输送到地表，所含热能经井口水源热泵机组置换后，用于矿井风流冬季供暖、夏季制冷；净化后的水用于矿井工业广场、纸厂、热电厂等生产用水。建成纸厂二期废水治理项目，新增日处理能力达9000m^3，日处理污泥40吨，处理后污水COD达到70mg/L，并全部进入选煤厂闭路循环洗煤，实现了零排放，有效缓解了工业用水紧张局势，产生了良好的经济和环境效益。

延伸产业链条，优化调整产品结构是企业实现节能减排的有效途径。协庄煤矿凭借综合利用、产业结构上的共生，打造更高层次的循环经济，构建起"煤—电—纸—机—包材"循环产业链，形成非煤产业"光明、百川、天元、新巨丰"四大旗舰公司相互影响、全面提升的良好发展态势。该产业链以热电为基，让光明热电公司吃进矸石、煤泥、垃圾、矿井水等废物资源，产生的电能除用于矿井正常生产外，供往百川纸业和天元公司进行造纸和机械制造，蒸汽用于社区供暖；借助百川纸业的技术、人才和原料优势，成立新巨丰公司，大力研发无菌包材和灌装设备，并成为我国首家拥有自主知识产权的无菌包材项目。

为推动资源回收综合利用向纵深层次发展，协庄煤矿深层次挖掘煤矸石、粉煤灰的利用率，新上复合净水剂项目，成功研制出新型净水剂。在成功研制出液态产品的基础上，根据市场和客户需要，又开发出固态产品，每年可消化粉煤灰7000吨，生产净水剂428吨，累计收入1.25万元，实现了环境改善和效益增盈的双丰收。此外，与清华大学工业研究所合作开展粉煤灰制作微晶玻璃技术研究，已完成前期调研和样品生产，将为矿区粉煤灰综合利用开辟一条新途径。

经过卓有成效的工作，协庄煤矿的节能减排和循环经济工作既推动了企业又好又快发展，又实现了几代人让矿区"白天绿起来、夜晚亮起来、环境美起来、人心聚起来"的梦想。"务实求新、争创一流"的协庄人必将在打造"绿色矿山、温馨家园"的大道上越走越宽。

协庄矿环境整洁的-550中央配电所

国家环保产业园

建设北方最大再生资源回收加工基地

文安东都再生资源环保产业园

文安东都再生资源环保产业园位于河北省廊坊市文安县，处于北京、天津、保定三市鼎足交汇之处和环渤海、环京津经济圈的核心地带，区位优势明显。基地北距北京120公里、东距天津80公里，106国道及保静线、廊崔线两条省道与文安县世纪大道形成快捷的交通网络。

2005年8月，国家环保部复函河北省环保局，同意建设文安东都环保产业园。文安东都公司根据国家环保总局《废弃机电产品集中拆解利用处置区环境保护技术规范》科学规划了文安东都再生资源环保产业基地总体布局，以成为“规模北方最大、管理全国一流、环保国际水准，效益同业领先”为经营目标，仅用15个月就按照国家投资项目基本建设程序完成了全部工作内容。并投入巨资快捷、高效地建设了园区一期工程。建有办公楼（包括交易大厅、商务中心、行政一站式服务厅）、职工宿舍楼、污水处理和固废焚烧等配套设施，最终实现“圈区管理”模式。

园区集废旧五金机电、废旧汽车压块、废旧塑料、废旧电子电器加工利用、新型材料及环保技术研发、再生资源贸易、再生资源设备制造、现代物流于一体，采取一次规划，分期、分区逐步推进的方式实施。园区规划总投资为14亿元人民币。

2008年2月29日，正式通过国家环保部对园区和定点加工企业进行的验收。同年4月，国家环保部根据进口废五金电器、废电线电缆和废电机定点加工利用单位（以下简称定点单位）核定程序和进口废物“圈区管理”的有关要求，经核定文安东都环保产业园为新增定点单位。

文安东都环保产业园一期建设用地500亩，园区已于2008年初完成了基础设施、环保设施、生产设施和服务管理设施等项目的建设，总投资5.5亿元人民币，其中，完成供水、排水、供电、道路等基础设施的投资16726万元；完成环保、污染处理设施的投资3538万元，建有日处理2000吨污水的处理厂，建有日处理10吨的固体废物焚烧炉，建有300平方米的危险废物仓库，建有园区货物进出监管、计量系统；办公、管理、服务设施的投资6393万元；生产加工厂区设施、设备的投资及各企业自行建设投资及流动资金28343万元。

园区一期建设已全部完成，现已入驻“废七类”定点加工企业18家。目前，具备年加工废五金电器、电线电缆30万吨以上、加工废旧塑料10万吨的能力。各企业运行状况良好，基本达到环评设计加工能力。2009年，园区营业收入约为10.2亿元，吸纳就业人数4000多人。

文安东都环保产业园欢迎有志于环保事业的有识之士来园区投资，与园区共谋发展。

加工生产线

鸟瞰图

多联推动循环经济发展

湖南凌天科技有限公司

湖南凌天科技有限公司是一家专业从事新能源利用与开发的国家级高新技术企业，主营低碳节能的地源热泵中央空调系列产品，多年来一直致力于绿色产业的建设，为省市两型社会建设做出自己的贡献。

凌天科技实施“逐步转轨、多联推动、初显特色、协调推进”，发展循环经济取得初步成效。在2004年全国循环经济工作会议后，凌天科技以提高资源利用效率、转变经济增长方式、建设节约型社会为目标，以凌天科技现有的国家区域性地源热泵节能示范项目为基础和动力，以发展循环经济的总计划为抓手，按照“干在实处，走在前列”的要求、迅速、积极、有效地开展了发展循环经济工作，取得了较好成效， 公司经济发展正逐步向资源节约型、环境保护型的方向转轨。

●节能。2009年，公司万元GDP能耗为0.9吨标煤，是全国的73.7%；万元工业增加值能耗为1.49吨标煤，是全国的57.5%，能源利用效率为36.3%，高出全国平均水平约3个百分点。2009年，凌天科技万元生产总值综合能耗比上年下降8.5%。

●节水。2009年，公司万元GDP用水量2吨，除员工基本的生活用水和必要的生产用水外，不消耗任何用水，公司承担的湘潭市政府五大家（市委、人大、政协、政府、广电中心）能源（制热供冷）循环利用湘江水，不消耗一滴水，并对改善水质起到了很大的促进作用，在社会引起强烈反响。

●节地。对公司新能源产业化基地建设用地经专家多次论证，改规范、改设计，克服高压线路困难、交通不便、条件恶劣等一系列障碍，节约政府用地近40亩，目前公司新能源产业华基地正在紧张的施工当中，2011年可全部建成投入使用。

●节材。公司各部门在采购、生产、生活、办公等各个领域贯彻节约、节能、节材原则，多方面多渠道降低采购成本，生产中严格管理，严把节能关，避免不必要的浪费，员工生活不浪费一滴水、不浪费一度电的政策得到很好的贯彻，办公领域中充分利用好每一张纸，坚决杜绝任何形式的浪费，节能减排在生产等各个环节中得以很好地贯彻和实施。

●资源综合利用。2009年全公司利用废弃资源约2万吨，新确定认定资源综合利用采购企业13家，对工业生产中的废弃的材料进行合理利用、管理、回收，做到不浪费、不增加负担、不污染、不增大管理难度的二次利用和回收的处理方法。

湘潭市委大厦主楼为21层，总建筑面积40000平方米，位于湘潭城市中心区内，是区内标志性建筑之一，采用目前国内首创的从湘江引水蓄湖再利用地温中央空调进行制冷供暖的技术，于2005年11月投运以来系统运行稳定。该项目充分利用大自然的恩赐——可再生能源，节能，系统本身无排放，是循环经济的典范

湘潭人民政府办公大厦，主楼19层，总建筑面积50000平方米。该大厦的中央空调系统采用国内首创的从湘江引水蓄湖的凌天水源热泵技术。自2004年5月投入运行，效果良好，节能显著。充分体现了水源热泵技术是可再生的、零排放的、可循环的新能源利用技术，也充分证明了当地政府的前瞻性、社会责任感和对循环经济的贡献

武汉火车站总面积370000m^2，空调面积约12万平方米。武广高速铁路沿线各站均采用地源热泵系统。预计未来每年可节约标煤约3000吨，减排二氧化碳7860吨，二氧化硫26吨，将产生巨大的经济和环境效益

伴生型　补环式　平台式

万绿达循环经济模式

万绿达集团有限公司董事长李远峰

万绿达集团有限公司创立于1994年，秉承环保的理念，走“专业化、科技化、规模化”经营之路，经过十几年的发展壮大，现已成长为一家提供废塑料、废钢铁、废五金、废纸、无纺布等工业废弃物和城市生活垃圾的专业回收、再生加工和循环利用一体化服务的专业集团公司。集团属下拥有十六家分公司（分支机构），拥有独立的车队（货车100多辆），已建设的标准化厂房13万多平方米，加工场地总面积26万平方米。

公司现为中国再生资源回收利用协会AAA级信用企业、广东省再生资源行业协会副会长单位、广州市再生资源行业协会会长单位。目前，集团服务的工业企业包括诸如宝洁、丰田、本田、可口可乐、百事可乐、富士康等诸多世界知名公司在内共达300多家，集团与落户珠三角的世界500强企业的三分之二建立了战略合作伙伴关系。

万绿达集团十分注重人才和技术，在再生资源深加工领域、环保领域、再生物资利用等领域聚集了一大批人才，为项目的技术改造提供人、财、物保证和坚强的科研后盾。现阶段，集团正启动上市筹备，并全面介入广州市城市生活垃圾分类回收和再生利用工程项目，城市生活垃圾业务板块有望成为今后集团的新增长极。集团业务的蓬勃发展，拥有良好广阔的发展前景！

总部位于广州经济技术开发区的万绿达集团始创于1994年，在国内静脉产业领域已潜心钻研了16个年头，专注于工业园区循环经济链条的健全，已建设标准化厂房13万多平方米，拥有16家分公司，已通过ISO14001环境质量管理体系认证，目前已形成了工业废弃物质回收、再生加工和循环利用的一体化服务能力，所处理的废弃物质覆盖废塑料、废金属、废纸、废液、废渣等，日处理能力达1500吨，年处理500000吨以上，再生加工产品400多种，再生

2008年万绿达董事长李远峰荣获“广东省十大经济风云人物”提名

2009年2月，李远锋董事长赴日本兵库县大荣环境株式会社考察，并成为广东省中日循环型城市发展合作委员会委员

原料（产品）品质均达国内先进水平，服务对象涉及机械工业、日用化工、生物工程、食品快销品、港口、货运等十几个工业生产和流通行业。万绿达集团于2006年成为广东省第一批循环经济试点企业。2008年集团产值达2.66亿元，是广东省技术领先、服务种类最齐全的再生资源回收企业。

在集团多年的发展过程中，总结了一套符合中国国情的、与区域工业经济发展相适应的、尤其适合于生产加工型工业园区的经济高效、二次污染可控、可复制的循环经济模式——“万绿达循环经济模式”（或简称“万绿达模式”）。

一、万绿达循环经济模式的产生

多年来工业园区的内部循环问题一直困扰着各地方政府和各工业园区的主管部门。广州经济技术开发区是全国循环经济示范试点园区。在广州经济技术开发区的建设过程中，万绿达集团通过主动介入、零距离无缝对接式服务，进入到园区工厂企业的各个生产环节，使生产过程中的废品及时得到处理，为园区企业节约了生产经营成本；通过推行保姆式、科学化的管理，使得园区的废品基本能实现“零排放”，避免产生二次污染；通过多年来形成的服务平台，让更多的产废、利废企业连接起来，进行分工合作和优势互补，延伸产业链，服务环节更加周密，精细技术的应用得以加强。

经过多年的摸索实践，万绿达集团最终建立了能够有效促进工业园区以及园内相关企业健康发展的废弃物回收及再生利用体系，进而发展成为“万绿达循环经济模式”。

二、“万绿达循环经济模式”的主要内容

“万绿达循环经济模式”是以万绿达集团业务为依托，在市场竞争中逐步成长完善起来的可复制移植的高效循环经济模式。该模式以服务和管理为保障，通过高效的管理优化配置各项资源，形成可复制的管理模式；以科技为引擎，不断加大科技投入，形成自有技术，持续提高再加工产品质量，拓展消费市场。模式不断通过产品运营、人才运营、资本运营等为大范围内资源整合、结构优化提供动力，为企业腾飞插上翅膀。

（一）模式的构成要素

“万绿达循环经济模式”由分析决策模块、废弃物回收模块、废弃物再加工模块、加工品销售模块、管理运营模块五部分组成。万绿达在各个模块的具体操作中都有其独到之处，从而使五大模块有机融合，循环互促，整体循环经济模式价值链得到最大程度优化。

五大模块关系拓扑见图1，各模块功能简述如下。

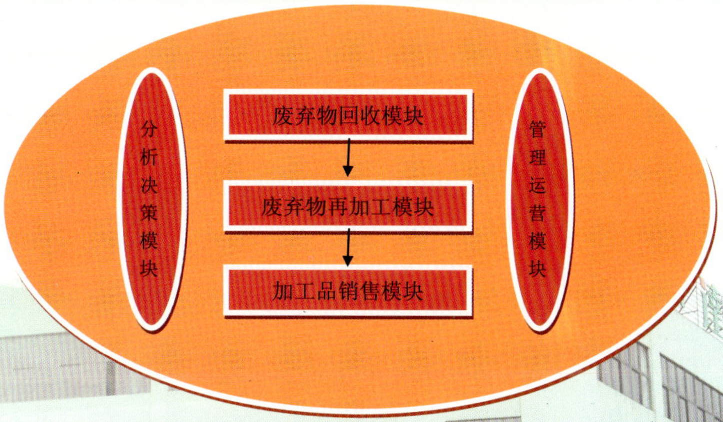

图1　万绿达循环经济模式模块构成要素图

1. 分析决策模块。分析决策模块贯穿整个万绿达循环经济模式，分析内容主要包括国内外循环经济发展进展、资源再生行业技术进展、资源再生产品市场动态、国内外政策研究、循环经济产业链的整体分析、新上项目的投资决策评价分析等，根据分析结果制定重大决策，为整个模式的正常运营打下基础。

2. 废弃物回收模块。废弃物回收模块按照废弃物的易得化、规模化、运输成本最低化的原则运作。由此，“万绿达模式”选址方面，伴生工业园区，以取得废弃物质的规模化效益，以现代物流供应链理念指导安排公司物流工作，降低物流成本。

3. 废弃物再加工模块。废弃物再加工模块以科技为引擎，不断吸收国内外先进适用废弃物加工技术，不断自主创新，推动诸如废旧塑料改性、PCB处理、纳米木塑等系列技改项目的实施，形成自身的科技储备，为废弃物加工产品的市场销售打下坚实的质量基础。

4.加工品销售模块。加工品销售模块以质量做保证，依托万绿达集团客户资源不断开拓，通过规模经济形成辐射工业园区内外的资源再生利用平台，以现代信息技术对平台资源进行整合，以现代营销理念推广产品和循环经济

理念。

5.管理运营模块。管理运营模块覆盖模式全过程，是执行和操作层面。“万绿达模式”的管理运营注重服务功能，不断创新统包式、嵌入式、透明式、返回式等多种服务模式，满足不同客户的个性需求。注重人才运营，管理人员中大专以上学历的占80%，其中专兼职博士生导师2名，博士6名，硕士15名。具有高技术水平层次、研发经验丰富的废旧塑料再生改性专业人士，丰富的产品策划和市场运营经验、擅长营销策划的市场精英以及深谙资本运作和财务管理的财务精英组成的团队。注重先进适用管理理念的总结、引进、创新，不断总结已有的管理经验，形成成熟的模式，不断引进先进的企业管理、项目管理理念，创新出更高效的管理模式。

（二）模式基本特征

“伴生型、补环式、平台式”是万绿达循环经济模式的主要特征，创新服务，规模经营也是模式的重要特征。

1. 伴生型特征。“万绿达循环经济模式”是在广州经济技术开发区的建设过程中慢慢成熟起来的，万绿达集团今天所取得的成绩也与开发区的高速发展息息相关。“万绿达模式”正是因为以工业园区的生产加工企业为主要服务对象，与生产加工企业唇齿相依，相伴相生，才能成熟发展，成为工业园区的重要一环。

2. 补环式特征。“万绿达模式”参与到工业园区可持续发展的总体规划中，建立与产废企业同步的循环利用网络，产废利废同步进行，成为工业园区中循环经济的一个不可或缺的环节。这也是“万绿达模式”的核心价值所在。

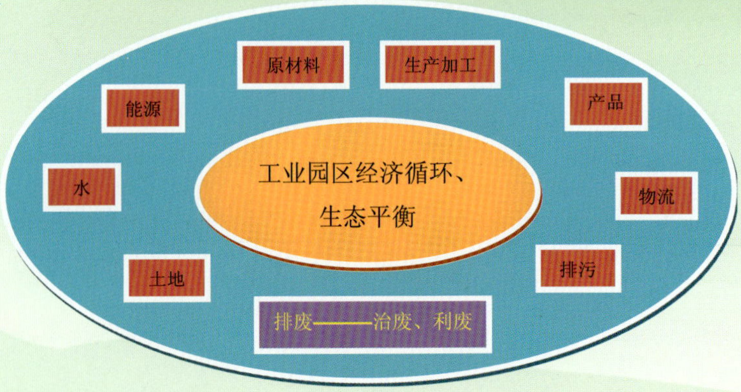

图 2　“万绿达模式”补环特征说明图

3. 平台式特征。因处理品种齐全，产品多样化，万绿达集团的客户资源、经营网络、销售网络、物流网络等资源就自成一体，慢慢地吸引了广州地区产废和利废业界经营者的目光，并引发大量的关联企业和上下游企业的合作和交易，形成一种再生资源的集散市场式的服务平台。“万绿达模式”正是通过这种形式主动参与到国家静脉产业序列，实现大经济循环。

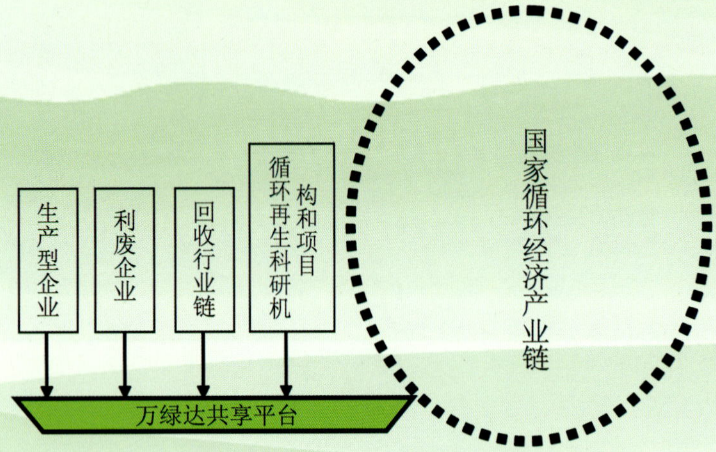

图 3　“万绿达模式”平台特征说明

4. 创新服务特征。万绿达循环经济模式注重服务的创新，力求提供客户的个性化服务，至今已创新提出以下几种类型的服务。

统包式服务：给某一企业提供废品排放处理整体解决方案，点对点服务，对其产生的所有废弃物进行处理。

嵌入式服务：介入企业的生产流程进行无缝对接，把废弃物直接运走，不占用生产企业场地，节约企业生产管理成本。

透明式服务：公开废品回收后的分解、加工环节和重新利用的途径，让一些具有高度责任感的产废企业了解其废品的处理方法、最终去向。

返回式服务：把某一企业的废品分解加工后，作为原材料直接返回给该企业重新利用。

5. 规模经营特征。万绿达集团企业规模大，基本能够满足工业园区内骨干企业废品排放、处理的总量需求。集团实行多品种经营，满足工业园区内的各种废品回收，包括金属类、塑料塑胶类、纸类、日用化工液体、茶渣等，实行多品种回收，精细化处理，对口再利用。

三、模式的先进性

万绿达集团的眼光具有很强的前瞻性，而“万绿达模式”的推广，可以协助国家和政府解决资源循环利用、环境污染、市容市貌、社会治安等问题。综合起来，“万绿达循环经济模式”的先进性主要体现在以下三个方面：

（一） 可盈利性

万绿达集团地处工业园区，与工业园区的生产加工企业伴生成长，基本上可以解决再生回收企业的业务来源，减少竞争，节约成本。这种先天优势使得万绿达集团的规模越来越大，集团服务的工业企业包括诸如宝洁、丰田、本田、可口可乐、百事可乐、富士康等诸多世界知名公司在内共达300多家跨国企业。2008年源自广州经济技术开发区的业务占据了万绿达集团总业务的58%，毛利贡献的73%。近三年来，万绿达集团在广州经济技术开发区业务年增长量保持在50%以上，有力地带动了集团的发展。考虑到国家对同类企业在政策、税收方面的支持，这种工业园区伴生型的再生回收企业，必然具有很强的生命力。

（二） 科技创新性

与经济发展同步，不断投入科研力量，进行技术革新，改进服务质量，是“万绿达模式”在竞争激烈的环境中能够保持高速发展的法宝之一。

2008年，作为万绿达集团的优势技改项目之一的“万绿达废旧塑料再生改性产业化项目”，列入到2009年资源节约和环境保护第二批中央预算内投资备选项目中，到2010年本项目实现年生产再生塑料3万吨，年营业收入2.4亿元；投资利润率达13.3%，每年可为国家节约8.98万吨原油，482万立方米水，2408万度电。与此同时，PCB处理、纳米木塑等技改项目也在研发当中，更多的与企业点对点的服务形式也正在实践应用当中，这些技术和服务的不断创新，将给万绿达带来更加强大的竞争力。

（三） 可推广性

“万绿达模式”符合国家关于建设生态型的工业园区、实现可持续发展的政策和法规。目前全国的各类开发区仍有2000个左右，各式各样的加工区和工业园更是不计其数，星罗棋布，大部分缺乏配套规划，这些工业园区集中了大量的生产加工企业，但是却很少有规划配套的废旧品回收和利用服务机构，存在比较严重的“缺环”情况。尽管近年来各地拥有生态工业园头衔的工业园也纷纷出现，但实际上有很多生态工业园只不过是名义上的，其经营方式仍然很粗放，甚至有些生态工业园中的企业仍然在没有节制地排放废弃物，成为一个个“新的污染群”。

以服务为主导的“万绿达模式”，将是各地解决这些可能存在的“新的污染群”的一个良好的思路，从而有效地实现这些工业园区的补环。

四、模式效益

“万绿达循环经济模式”是在中国的政治、经济体制内成长起来，经过多年考验证明具有顽强市场生命力和不断创新发展能力的高效循环模式，适用于国内所有工业园区。

（一）社会效益

1.“万绿达模式”能形成有效的固废回收途径，提高资源利用效率，节约社会成本，提高了相关行业的经济效益。随着中国经济的迅猛发展，生活消费品的废物消化和处理已成为国民经济发展中的重大课题。而废物处理与再生资源的合理开发是保护环境，节约资源，实现可持续发展的重要途径。合理利用资源和保护环境将有助于国家基础工业和整个国民经济的协调发展。发展国民经济必须兼顾环境保护，合理开发利用资源为子孙后代造福。“万绿达模

广州万绿达科研基地挂牌

2009年2月24日，日本兵库县环境协会回访

2009年5月8日，万绿达双体系认证大会

式”全方位服务的资源回收利用体系，可以很大程度地提高资源利用率和资源再生，有效促进社会可持续发展。

2. 提供就业机会，带动地方经济发展，保持社会稳定。“万绿达模式”在某些环节是劳动密集型产业，如旧物拆卸和分类的部分工作即使在发达国家也由手工完成。推广“万绿达模式”，可以不仅吸收大量劳动力就业，同时也促进地方经济发展和社会稳定。

可见，推广“万绿达模式”发展循环经济，可以提高我国资源利用效率、实现节能降耗减排目标、减轻资源约束和环境污染压力，对于提供就业机会、带动经济发展、改善提高人民生活质量、推进资源节约型和环境友好型社会的建设，均将产生积极影响。

（二） 生态效益

“万绿达模式”主要为处理废弃物污染以及生态美化所带来的效益，通过对废弃物集中，经过科学的方式进行处理，进行资源再生，有效地解决了以往在处理过程中所产生的粉尘、废气、废油、废水等污染环境的问题。处理废弃物的随意堆放问题，防治侵占农田和建设用地，通过推广“万绿达模式”可将废弃物对环境的影响极大程度地减小，生态效益非常显著。

五、万绿达循环经济模式的意义

“万绿达模式”打造的高效循环经济模式，具有多方面的优势，推广该循环经济模式，具有重要的意义。

（一）为经济发展开辟新的资源

资源是经济发展的关键要素，我国经济发展存在资源供给不足和某些资源不可再生的严峻形势，“万绿达模式”采用循环经济3R原则（即“减量化、再使用、再循环利用”）中的“再循环利用”原则，对生产加工型企业产生的所有工业固废物进行全包式处理，达到零废弃，物尽其用——所有废弃物被充分分解为可利用的资源——如卫生巾边角料拆解为塑料（造粒）、木浆纤维、高分子吸水树脂等，确保不发生二次污染。在再生利用过程中，万绿达对工厂企业的固废采用先进处理技术有效变废为宝，使其成为生产资料或生活资料，为经济发展开辟新的资源，也减轻了经济增长对资源需求的压力，实现资源的高效利用和循环利用。

（二）有效减少污染物排放，保护生态环境

“万绿达模式”通过嵌入式服务，即进入对方的生产线，跟进生产的每个环节，设计排废利废一揽子解决方案，促进企业节能减排降耗。同时进行多品种回收服务，确保各种资源都能纳入循环利用体系，再通过低能耗加工、高品质利用、规模化经营的方式，能有效减少污染物的排放，达到节能减排的目的，有效化解经济发展与环境保护之间的矛盾。

（三）有利于提高经济效益

我国资源利用效率与国际先进水平相比仍然较低，资源产出率低、资源利用效率低、资源综合利用水平低、再生资源回收和循环利用率低，较低的资源利用水平，已经成为企业降低生产成本、提高经济效益和竞争力的重要障碍，大力发展循环经济，提高资源的利用效率，增强国际竞争力，已经成为我们面临的一项重要而紧迫的任务。“万绿达模式”对企业产生的所有工业固废全包式处理，避免了固废的多头回收、资源的分散和浪费，采取多品种回收，确保各种资源都能纳入循环利用体系，进行精细化处理，确保各类废旧物资能实现最大的经济价值，提高资源利用效率和循环利用水平，能较大程度提高行业的经济效益。

2009年5月23～24日，万绿达高管群策群力行动学习会

2010年9月26日，参加“迎亚运动员大会暨微笑使者百日志愿行动”启动仪式

2010年第三季度优秀员工的评选

2010年万绿达新创产业

改性塑料与木塑加工

改性塑料是涉及面广、科技含量高的一个塑料产业领域。改性塑料技术是对废旧塑料的再生利用技术，可有效降低塑料制品的成本，提高其应用功能。万绿达采用共混改性技术，即性质相近的两种或两种以上的高分子化合物按一定比例混合制成高分子共混物。自2007年开始，万绿达在塑料改性项目上持续投入共计3000万元，现已拥有厂房面积2780平方，年加工处理量1万吨。

木塑，是对环境友好的再生复合材料，万绿达正与相关方面合作，利用聚乙烯、聚丙烯和聚氯乙烯等，代替通常的树脂胶粘剂，与超过 35%～70%以上的木粉、稻壳、秸秆等废植物纤维混合成新的木质材料，再经挤压、模压、注射成型等塑料加工工艺，生产出的板材或型材。木塑复合材料系可作木材替代品，广泛应用于物流、园林景观、建筑装饰以及包装等行业，并能减少白色污染。

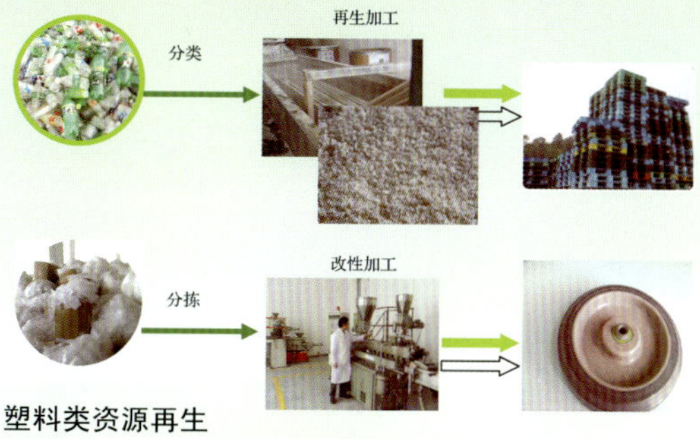

塑料类资源再生

利乐包再生利用

以“利乐包”为代表的“软包装纸盒”，其原材料由75%的纸浆、20%塑料和5%铝合成6层复合结构组成，又称为“复合纸包装”。“软包装纸盒”与百姓生活息息相关，消耗量极大，近十年来“软包装纸盒”成为城市垃圾的又一污染源。

万绿达集团为此专门成立了广州绿峰软包装回收利用有限公司，计划实现年回收软包装纸盒6000～10000吨。公司将同时运作回收与再生利用两个环节，减低“软包装纸盒”的焚烧和填埋量，构建专门的回收体系，采取“高价”回收政策提升回收率，开办再生工厂，实行物理分离再生技术，提高再生利用率，最终达到社会和经济效益的双丰收。广州绿峰软包装回收利用有限公司计划成为广州市乃至华南地区规模最大的软包装纸盒回收利用的专业公司。

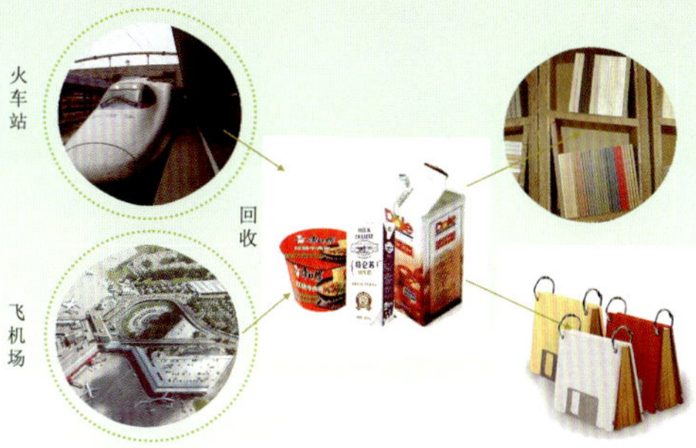

利乐包装再生利用

建筑废弃物资源化利用

目前广州市每天产生四万立方的建筑废弃物，除了少部分得到专门的处理外，大多是非法弃置。万绿达联合其他积极参与改善市容环境的合作伙伴，签订了建筑废弃物资源化利用联合体项目，项目总投资额人民币三亿元。第一期投入5千万现已基本到位，其中：购置土地200亩，兴建码头2个泊位，可同时装卸3600立方米建筑废弃物。船只运力规模达7000～10000立方米，投入生产设备2千万元。按总投资估算，项目公司年处理建筑废弃物可达250万立方米左右，产值2亿2千万元左右。联合体的远期目标为：日消纳3万6千立方米，年处理1100万立方米建筑废弃物。

建筑垃圾回收利用

厨余垃圾再生利用

据广州市环卫局提供的数据显示，2008年广州十个区垃圾日产量为9776吨，其中最多的是厨余垃圾，占35%，可计算广州市日产厨余垃圾约3500吨，每年130万吨左右，到2012年将达到150万吨左右。当前广州对厨余垃圾的处理方式是填埋为主，部分被不法之徒用来加工生产潲水油，对社会危险极大。

目前，万绿达正积极筹备投资兴建厨余垃圾处理工程，计划采用生化综合处理法将厨余垃圾用于发电，做可燃冰，以及生产其它再生资源。

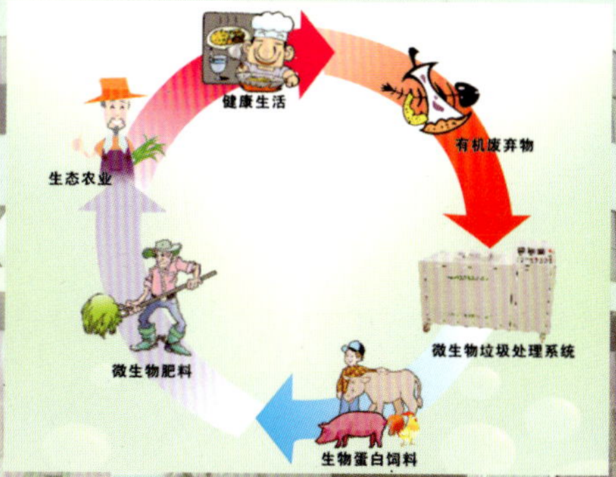

餐厨垃圾处理循环示意图

大连市循环经济试点企业

挖掘城市“金矿” 发展再生资源回收利用产业

大连环嘉集团

大连环嘉集团董事长王金平

大连环嘉集团成立于2005年，坐落在素有“北方明珠”之称的大连，集团拥有完善的现代化办公设施，是一个立足大连问鼎东北的大型物资回收企业。主要经营废钢、有色金属、废塑料、纸张、玻璃等废旧物资的回收加工销售。集团的经营理念是：以环保做基础，以管理增效益，以创新促发展，整合资源，文明回收。大连环嘉集团是中国再生资源协会会员单位，集团董事长王金平是中国再生资源协会常务理事。

作为大连市政府批复的循环经济示范基地，环嘉集团注重把利用再生资源回收体系和发展循环经济紧密结合起来，集团2008年曾获“守合同、重信用单位”；2009年曾获全国精神文明建设先进单位；2009经大连市政府批复，将大连环嘉集团列为循环经济试点单位，作为大连市再生资源回收行业的龙头企业。集团以奉献绿色能源服务为理念，以打造再生资源行业品牌为目标，以保护环境节约资源为己任，以废旧物资回收网络为基础，最终实现“挖掘城市金矿、打造静态产业”的企业宗旨。

环嘉集团旗下包括6家子公司。集团总资产超3亿元。员工2万人，带动就业近10万人。集团年销售额超50亿元，年纳税3亿元。集团是大连市物资回收体系建设的龙头企业。集团现位于大连市甘井子区棋盘村，占地面积3000余亩，拥有完善的现代化办公设施、先进的自动化生产流水线及封闭的现代化花园式再生资源回收加工利用中心，目前拥有生产加工车间100个，分拣中心500个，分拣种类1000余种，设备900余台，车辆3000余台。集团将陆续对现有车辆部分基础设施、机械设施进行改造、提升和更新。

环嘉集团经过二十多年的原始积累和不懈的努力，成功借鉴国内外成熟的经验，不断进行技术革新和设备的升级改造，目前已拥有国内领先的整套加工流水线，是整个东北地区最大的废旧物资回收、分拣、调剂、集散、加工、利用、供应中心。

环嘉集团作为蓬勃发展的绿色产业、朝阳产业，环嘉集团年销售额50个亿，不仅增加了社会就业，也有效地保护了生态环境，减少了垃圾处理量，降低了环境污染，改善了市容市貌，创造了不可低估的社会效益。

王金平董事长与来宾亲切交谈

大连环嘉集团与日本日立公司合作洽谈会

推进循环经济的发展模式

环嘉再生资源回收利用体系由再生资源回收站、封闭式交易市场、旧货调剂市场、现代化分拣中心、高科技研发利用中心、无害化处理的静脉产业园区、全国性的交易平台组成。

环嘉集团运用连锁经营的方式，结束了大连市长期以来“散兵游勇”的回收方式，严格地按照“七统一、一规范”和“便于交售”的原则建立起社区内的配套工程。在面对种类繁多、数目庞大的再生资源时，环嘉集团建立拥有完善的储存、集散、初级加工、交易、信息收集发布等功能的，具有一定的区域辐射能力的大型跨地区的集散市场，并将这种集散市场推广向全市各个网点，全面建立起以大连环嘉集团为主体的再生资源回收体系。

推进循环经济的发展成效

目前，环嘉集团在规模、技术、设备等方面均在全国同行业处于领先地位。2010年公司出资将固有的回收站以加盟连锁的方式整合，按照“便于交售”的原则[城区每2000户居民设置1个回收站（点）；乡、镇每2500户居民设置1个回收站（点）的建设标准]，在主城区新建680个规范的回收站点和686个流动专业车队，实行“七统一、一规范”的管理，并着手整合系统内外不同投资主体的集散交易市场，将其纳入环嘉回收体系建设中。按照商务部“五区一中心”要求指导改造升级、完善功能、提升服务，同时为再生资源回收经营人员提供法律及业务等相关培训，提高行业的综合素质，以此来规范再生资源回收行业的发展。

企业发展运作过程中，“环嘉”依托自身强大的流动收购团队，结合现代物流体系的特点，设立全天候呼叫服务中心，同时结合GPS全球卫星定位系统，调度中心可随时掌控流动收购车辆的位置，为客户提供及时的管家式服务。为了更好地发展再生资源回收产业，“环嘉”创造了“7大中心模式”，有了“环嘉”的独特经营模式作为保障，使得“环嘉”处理废旧物资达3万余吨，拥有大连市再生资源回收市场50%的份额，成为同行业中的龙头企业。

大连市政府根据本地的实际情况，结合大连环嘉集团提出的经验，组织编写相应的培训教材，由大连环嘉集团牵头对再生资源行业的行政管理人员、企业管理人员和回收拆解工人进行培训，提高再生资源回收行业的管理水平和专业化、组织化、规范化程度。

外宾参观环嘉集团

环嘉集团厂区

推进循环经济发展规划目标

2009年，国务院正式批准《辽宁沿海经济带发展规划》，标志着辽宁沿海经济带的开发开放成为国家战略，将推动东北地区成为中国新的经济增长极。大连作为辽宁沿海经济带和振兴东北老工业基地的核心城市，肩负着实施循环经济、建设节约型社会的重要时代责任和历史使命，必将为城市发展再生资源回收利用产业提供大好的机遇。“环嘉”作为再生资源回收利用领域的龙头企业，面临着新一轮的发展契机，抓住历史机遇，加快项目建设，充分利用大连的区位、资源、环境、政策优势，进一步优化产业结构，摆脱独木支撑局面，壮大综合实力，通过项目建设，拓展再生资源开发利用思路，探索循环经济产业发展模式，规范再生资源回收市场环境，提高从业人员整体素质，扶持一些大型企业进入再生资源回收领域，整合现有营销网络，通过兼并、整合等形式建立产权清晰的股份制龙头企业，实现低成本连锁经营和跨行业发展，推动再生资源回收体系建设向前飞跃。

环嘉集团以集散市场循环利用为主体，立足于整合规范现有的回收网络资源，使城市90%以上的再生资源进入指定市场进行规范化的交易和集中处理，防止二次污染。实现经营规范的固定或流动社区回收点，以点带面，实现大连市再生资源回收体系建设的平稳较快发展。

集团计划用一年时间在大连市建立和完善再生资源回收体系，实现“9998”目标（90%以上的回收站纳入体系建设、90%以上的回收人员纳入规范化管理、90%以上的再生资源进入市场交易、80%以上的再生资源主要品种实现回收利用）。

循环经济新项目

废旧家电拆解项目

该项目落户于庄河大郑镇，环嘉集团投资1.5个亿，并且于2010年11月底与日本日立公司达成合作意向，项目全面达产后，将达到废旧家电200万台的年处理能力。该项目基地首先以电视机、洗衣机、电冰箱、空调、电脑五大类废旧家电处理为基础，将占领东北废旧家电处理市场；随后逐步向汽车、手机等其他产品的拆解处理发展，同步开发废旧塑料和机板的处理项目，进行相关产品转化；项目后期通过人才和技术引进的方式，开展高价值深加工、金属提取和危废处理等业务。该项目投入使用后可以为当地政府创造大量的增值税和附加，预计投入使用第一年销售额能达到30亿元人民币，创造税收近5个亿，接下来年增长率可达到20%～30%，同时能解决近2万余人的就业问题。

城市矿产基地项目

此项目将落户在安徽界首和河北魏县两地，基地将按照市场经济规律，组织规模经营，推广应用高新技术，实行统一管理、集中加工，建设功能齐全、连接城乡、覆盖东北、辐射全国，集“回收、集中、规范、减废、再生利用、无害化处理”为一体的再生资源回收网络。该项目建成后，预计正常年可实现营业收入11亿元，实现利润总额2亿多元，年均上缴税金1.3亿万元。同时，社会效益明显，可增加就业岗位2500个。另外本项目的实施，能完善城市功能，使该市产生的大量废旧机电设备、电线电缆、通讯工具、汽车、家电、电子产品、金属和塑料包装物以及废料中可循环利用的钢铁、有色金属、稀贵金属、塑料、橡胶等资源进行有效的无害化处理和实现加工增值、再利用，并能有效处理“城市矿产”150万吨左右的废旧物资。

废旧轮胎回收网络和集散系统

环嘉目前着手策划废旧轮胎回收网络和集散系统这一项目。本着对民族经济可持续发展的高度负责精神、对环保这一关乎子孙后代生存、发展的伟大事业的支持，环嘉集团旨在解决废旧轮胎严重污染环境的问题，同时开辟经济可持续发展的模式。

我国再生资源回收利用事业将进入一个新的发展阶段，面临着新的发展机遇。新的征程即将开启，机遇摆在面前，让我们携起手来，全力以赴推进再生资源回收利用行业发展，大力节约能源资源，保护生态环境，为建设资源节约型、环境友好型社会作出更大的贡献。

塑料的粉碎机以及粉碎流水线

A级纸壳

打包

废钢铁回收场

回收废旧电视机库房

回收废旧家用电器

河北省循环经济示范园区

努力打造绿色、环保、生态化工产业园区

沧州临港化工园区

污水处理厂

罐区

沧州临港化工园区为河北省循环经济示范园区，园区建设自2003年启动以来，已有建成投产、开工建设、年内计划开工建设、签订相关协议的项目60个，固定资产总投资300亿元。2010年是该园区的“招商和项目建设年”，沧州临港化工园区坚持以科学发展观为指导，以项目建设为中心，取得了突破性的发展。

从建立伊始，临港化工园区就选择了高起点，把更多注意力放到企业和区域的动态循环体系上。早在2005年，园区就与中国石油和化学工业规划院合作完成《沧州临港化工园区循环经济实施方案》，努力打造绿色、环保、生态化工产业园区。

按照石油化工、煤化工、氯碱化工产品链的上下游关系，构建循环经济的产业链。坚持按照“五个一体化”的建设理念，突出“产品项目一体化”，以产品链上下游关系布局，按产品链上下游关系招商，努力使上游产品、副产品和废弃物作为原料继续生产新的化工下游产品，以实现资源的减量化、再利用、效益最大化。

建立以“三圈”为主要特征的循环经济体系。一是严格项目审批，构建企业内部循环圈。例如，河北临港化工有限公司8万吨/年三聚氯氰项目生产过程中的副产品盐，经过去杂质处理，可回收利用作为公司10万吨/年离子膜烧碱项目的原料，每年可节省原料资金2000万元，实现了企业内部良性循环。二是循环利用园区资源，构建园区内部循环圈。例如，沧州大化TDI生产过程中产生的废物氯化氢，通过管道直接供给冀中能源集团的PVC作为原料使用，实现了企业间产品的有效循环利用，以市场价格计算直接经济效益5000万元。三是注重和谐发展，构建园区与周边地区的循环圈，形成社会层面的循环发展模式。例如，钢厂、电厂及所有化工企业的矿渣、粉煤灰等收集生产水泥、建筑砌块、电厂余热进行海水淡化后供给化工企业，浓盐水给盐场晒盐，节约大量初级晒盐蒸发池，余出大量土地搞工业建设。循环经济模式在临港化工园区的有力实践，促进了经济发展方式的转变，既彰显了产业特色，又提升了产业集聚和项目建设的速度和质量。

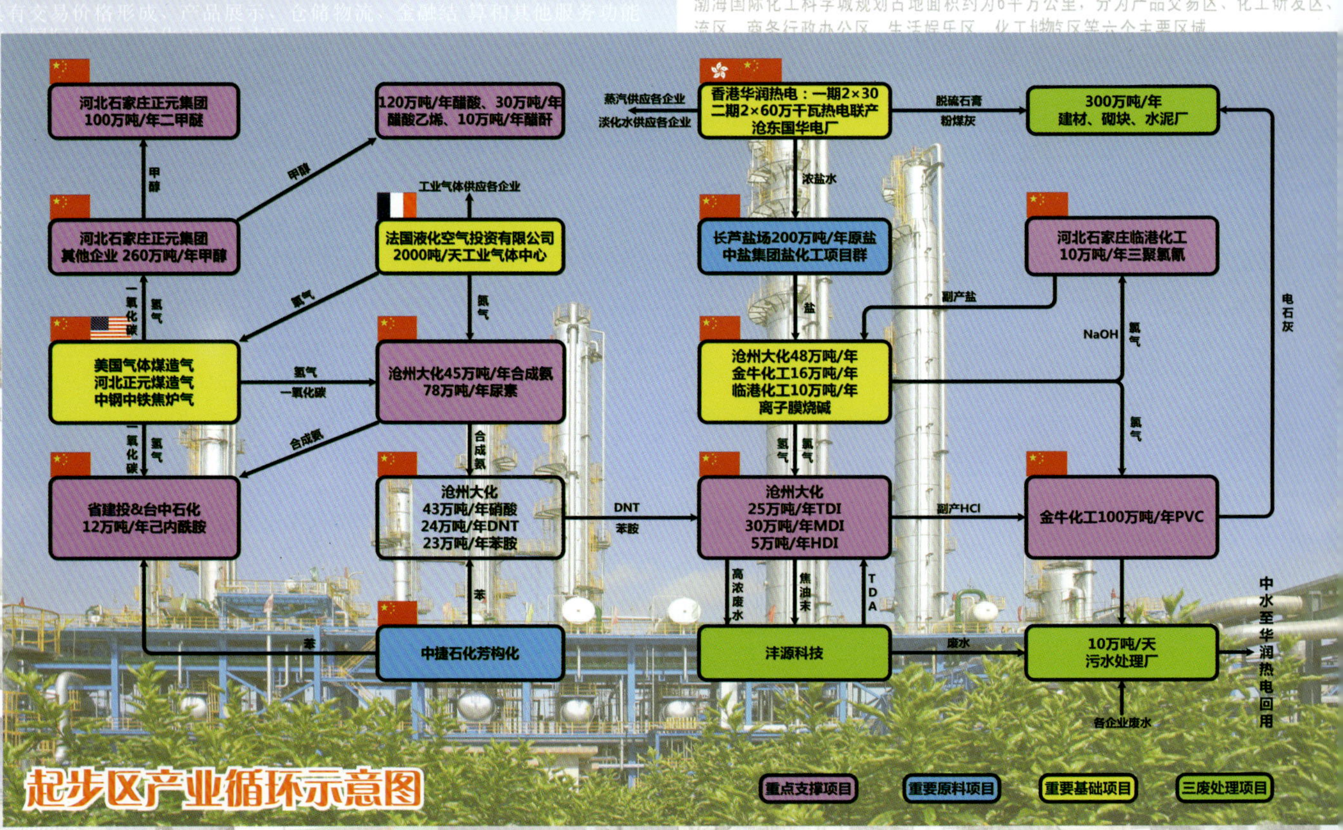

起步区产业循环示意图

实现“四结合” 促进科学发展

江苏省海门市

海门市景

南通回力橡胶有限公司

申海特种镀饰生产线

2006年江苏省海门市被确定为首批省级循环经济试点城市。五年来，该市始终坚持循环经济试点与发展方式转变结合起来，循环经济试点与产业转型升级结合起来，循环经济试点与资源环境保护结合起来，循环经济试点与生态城市创建结合起来，通过“四结合”，科学发展这一主线更加突出，持续发展这一目标得以实现，和谐发展这一核心充分展示。

2006年和2007年，海门市在县级市城镇环境综合整治定量考核中名列全省第一；2008和2009年，生态环境质量评价指数在南通市排名第一；2009年，被评为南通市新型工业化考评先进单位，同时被评为南通市节能工作先进单位。截至2009年底全市单位地区生产总值能耗降到0.587吨标煤（GDP按2005年价格），单位地区生产总值取水量降至41.44立方米，工业固体废物排放量为17.82万吨，工业固体废物处置量为17.82万吨，工业固体废物综合利用率达到96.86%，绿化覆盖率为18.2%，工业用水重复利用率提高到83.3%，化学需氧量排放总量比2006年下降13%。2009年，全市完成节能与循环经济(清洁生产)项目投入1.5亿元，实施重点技能技改项目15个，实施循环经济(清洁生产)示范项目20个。

南通回力橡胶有限公司作为江苏省级循环经济试点企业，成为全国最大的利用废旧轮胎生产再生胶的生产基地。公司废丁基胶再生利用项目采用自主研发获得国家发明专利的高温连续再生技术，年回收利用废旧丁基内胎3万多吨，丁基再生胶年生产能力达3万吨。

南通市申海特种镀饰有限责任公司作为江苏省级循环经济试点企业，成为全国规模最大、镀种最全的表面处理企业。主要应用生化除油技术、薄膜阳极技术和三价铬纯化液选择性离子交换技术等国际先进的绿色电镀技术，彻底改变了传统电镀行业污染大，能耗高的特点。

海门工业园区以叠石桥家纺市场为平台，以规模以上企业为龙头，形成了集原料生产、纺织加工、成品制造配套完整的家纺产业链。目前，产业集聚区内总生产规模超过了500亿元，被评为南通市级生态工业园区。

山西省循环经济试点区

循自然之法　环和谐之道　持续必发展　新荣定欣荣

山西省大同市新荣区

大同市恒晟焦化有限公司镁渣砖产品

大同新成电炭有限责任公司利用煤气烧制成型石墨电极产品

党的十六大以来，党中央提出了科学发展观。山西省大同市新荣区领导深刻认识到，走循环经济发展道路是新荣发展的必然之路。特别是新荣区2007年被省确立为循环经济试点县区之后，区委、区政府从“凝心聚力”入手，以“转型创业”为方向，开始积极探索发展循环经济之路。

一、明确方向

新荣区明确了建设循环经济的主要任务、方法步骤和保障措施。同时，将循环经济纳入国民经济和社会发展计划，将循环经济重点建设任务分解到各个单位和部门，全面启动了循环经济发展战略。

二、强化组织领导

成立了以区长任组长、有关部门和乡镇主要负责人为成员的循环经济建设领导组，明确了各部门职责分工。同时还建立循环经济专项资金，引导、扶持循环经济项目建设。

三、严考核，强激励

将循环经济建设纳入政府目标管理和干部考核，做到层层有责任、逐级抓落实。制定和实施发展循环经济政府专项奖惩制度，对发展循环经济贡献突出的单位和个人给予特殊奖励，对推动循环经济发展工作不力或对工作有不利影响的单位和个人给予必要的惩罚。2008年，区政府表彰奖励了表现突出的六家企业。

四、择强劣汰

新荣区坚决淘汰国家明令禁止的设备和工艺，支持发展清洁生产工艺和高新技术产业。一是对能耗高、污染重的企业采取提高排污费征收标准及停贷、停电、停运等措施，促进其进行技术改造、转产或退出市场，重点是小焦炭、小洗煤、小碳素、小化工、小砖窑等。二是加强了重点企业节能监控。对全区33户规模以上企业能耗进行了目标分解，实行目标责任制管理。三是以高新技术改造提升传统产业，降低能耗水平。煤炭行业实施资源战略整合，扶持发展现代化大型煤矿，全区22座煤矿整合为5座，提高了机械化装备程度，煤炭资源回收率进一步得到提高。焦炭行业关停3户，保留了5户，所产煤气已充分回收利用。水泥厂通过技改，达到了国家环保要求。

五、项目支撑

发展循环经济必须用项目实体进行支撑。新荣区一是对已建成企业进行了节能、减排技术改造。二是对新上项目严格把关。如：10万千瓦风力发电项目与相同发电量的火电项目相比，每年可节约标准煤3.4万吨，相应减少二氧化硫废气排放1566吨，减少二氧化碳排放8.3万吨，减少烟尘排放为0.8万吨。大同市新成电炭有限责任公司利用回收石墨化冶金焦生产特碳阴极碳块。利用回收焙烧沥青焦生产特种石墨碳块。将150m³/h的石墨化炉头水余热全部回收利用，不但解决了全公司取暖和供热等事宜，而且淘汰了燃煤锅炉，实现环境保护。刚建成的污水处理厂，日可处理污水5000吨。同时，还实施了煤矿井下污水净化、区址烟尘治理、煤化工脱硫除尘、活性炭粉尘治理及余热回收利用、户用沼气、绿化、森林资源保护等项目。全区购买节能灯15万多支，3万户居民用上了节能灯。另外，新荣区积极鼓励各企业筹备新上太阳能、风能路灯，目前唐山沟煤业公司、和合焦化公司已安装使用。

通过几年的努力，全区循环经济得以健康发展。特别是甘庄煤矿在全区循环经济发展中起到了典型示范作用。甘庄煤矿的成功在于首先确立了循环发展模式，并努力付诸实施。

依照这一循环模式，甘庄煤矿依托优质资源，引资 2500 万元，于 2001 年 4 月建成了坑口焦化厂，即大同市恒晟焦化厂。该企业年产值 600万元，年创利税 270 万元，安排就业人员 360 人。坑口焦化厂的建设，使甘庄煤矿生产的籽煤全部就近售往焦化厂，确保了甘庄煤矿煤炭市场的稳定，而售往焦化厂的籽煤由于运途短，每吨售价提高了 10 元，甘庄煤矿一年就增收 600 多万元。这一产品结构多元化的深加工之路，为甘庄煤矿走出产品单一之路，提高了抵御市场风险的能力。

焦化厂的建成，初步实现了产品的加工、转化、增值目的，使甘庄煤矿有了稳定的销售市场。但是，在生产焦炭的过程中，产生副产品荒煤气全年约有 1.8 亿立方米，除 60% 回到焦炉助燃外，其余的却无法利用，只好通过“点天灯”燃烧排空，不仅浪费了能源，对大气也造成严重污染。2006 年，焦化厂投资 3000 万元兴建了利用荒煤气为燃料的镁合金项目，充分以资源的循环利用为目的，使荒废煤气减量化、再利用、资源化。项目建成后，年创利税 1700 万元，为 120 人解决了就业问题。通过煤—焦—镁的延伸，解决了荒煤气的利用问题。生产成本下降了，效益也提高了。2005 年，为落实“蓝天碧水”工程，经专家论证，甘庄投资 500 万元，引进焦化厂的荒废煤气，把燃烧锅炉改造成煤气锅炉。改造完成后，当年节约人工费 11万元、电费 1.5万元、煤炭3400 吨。采暖锅炉的改造，使甘庄煤矿与焦化厂在经济效益上实现了双赢，也使企业的环境得到了很大的改善。生产镁的同时，又产出了大量的镁渣，再加上甘庄煤矿开采产生的矸石、矿井外排废水，这些废弃物的处理成了企业发展面临的一个问题。甘庄煤矿积极与焦化厂协商，决定实行矿厂联合大循环，利用镁渣、矸石为原料，投资 1800 万元，于 2007 年兴建一座年产 1 亿块镁渣矸石砖厂。镁渣矸石砖厂的建设，既节约了宝贵的土地资源，又是一个资源综合利用、循环发展的好项目，煤—焦—镁渣矸石砖的闭路循环生产模式，跳出了高投入、高消耗、高排放的困境。

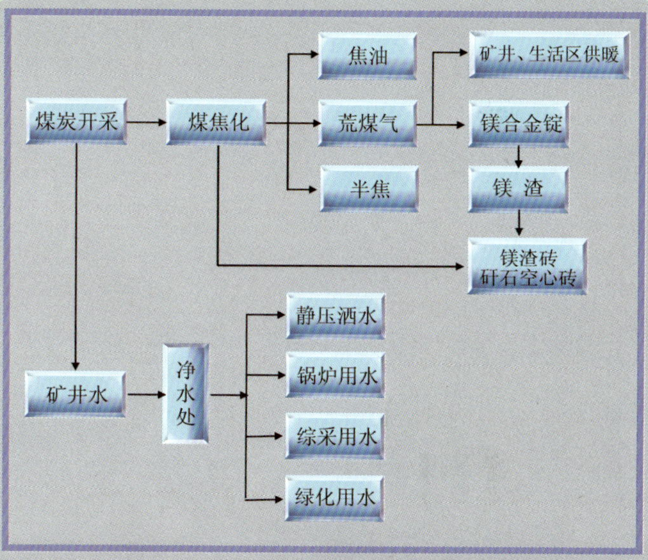

甘庄煤矿循环模式图

王堂窑万亩生态林工程

小窑山5万千瓦风力发电项目

甘庄煤矿在多年的煤炭开采过程中，对环境及地下水造成了明显灾害。近年来，甘庄煤矿把发展循环经济与恢复生态治理结合起来，取得了很好的社会与环境效益。由于矿井开采深度的增加，矿井外排水的水量也逐渐增加。为充分利用宝贵的水资源，并填埋大量的煤矸石，甘庄煤矿先后投资700 多万元砌碴涵洞 560 米，全部进行了矸石填埋，置换土地 2 0 余亩。建设了拦河大坝和一个容量为 3000 立方米的蓄水池，收集矿井外排水经澄清、净化后，全部用于制砖、绿化、井上 、井下除尘，节约了大量的水资源。以上项目达到了节能、减排、增效的目的，每年可节约标煤 11.3 万吨，减少二氧化硫排放 800 吨，减少工业废渣 18 万吨，矿井废水利用 4 万立方米，增加效益 5500 万元。通过发展循环经济、走节能减排之路，不仅为企业找到了一条发展壮大的捷径，而且也为营造绿色矿山、再造秀美山川，做出了企业应有的贡献。

建设东北地区废金属综合交易平台

沈阳炉料市场

辽宁省政协副主席李国忠（中）考察沈阳炉料市场。右一为李新泉董事长

沈阳炉料市场坐落于辽宁省沈阳市于洪区沈新路140号，是目前全国规模最大、惟一的专业化炉料市场，经营产品以废旧金属等炉料产品为主。市场于2000年开始招商建设，目前营业面积19万平方米，有800余户经营者驻场经营。市场年交易量达200万吨以上，年交易额超50亿元人民币。在中国物资再生协会进行的物资再生行业评比中，沈阳炉料市场的年交易额位居全国第一。在沈阳市十大重点市场中，沈阳炉料市场排名第四，在区域经济中有着重要地位。

在市场从事经营活动的主要是辽宁、吉林、黑龙江、内蒙古、河北、山东、山西、安徽等省市的生产企业和经销商，市场产品除东北三省外，主要销往内蒙古、河北、山东、安徽等地的钢铁企业。

通过市场并积极引导，现市场经营者正逐步利用各种机械设备开展废金属和钢材的深加工。年加工废钢压块约21.5万吨，剪切废钢约29万吨，切割废钢约15万吨，同时在市场的督促和指导下，业户积极开展清洁化生产，受到购货方和附近群众的一致好评。沈阳炉料市场正逐步由单纯的交易市场转型为废金属综合平台。

沈阳炉料市场的飞速发展受到了省委省政府、市委市政府、于洪区委区政府的高度重视，被沈阳市商业局选为批发市场转型升级试点单位，沈阳市政府重点联系企业、重点市场。2005年被中国物资再生协会吸收为副会长单位，并成为沈阳市再生资源协会副会长单位、中国废钢应用协会常务理事单位。市场于2004年12月14日通过了ISO9001质量管理体系的认证，成为辽宁省首家质量管理体系认证的现货交易市场，在规范化管理的道路上迈出了最为坚实的一步。2008年商务部将沈阳炉料市场评为全国A级信誉企业，并建立信誉档案，同时被中国物流与采购联合会列为重点联系批发市场。市场提倡环保经营、安全经营，倡导业户由粗犷经营走向深加工、由传统经营走向信息平台。通过剪、切、压、割等工序提高了废金属质量，沈阳炉料市场的精品废钢得到各大钢厂的称赞，同时也被辽宁省质量万里行评为“行业先锋、品牌、质量服务

沈阳炉料市场业户机械设备统计表（表1）

设备名称	数量	设备名称	数量
鳄鱼剪断机	83台	液压打包机	122台
折弯工具	2部	大型剪板机	2台
压条机	3台	吊锤	3部
钻床	4台	电锯	8部
氧割设备	488套	点焊机	2台
小型货车	83辆	计量工具	181台
大型货车	10辆	铲车	5台
电子地中衡（100吨）	3座	叉车	4台
电子地中衡（120吨）	1座		

沈阳炉料市场交易大厅暨钢材超市开业

沈阳炉料市场

诚信示范单位”，并被中国产品质量管理联合会、中国名优品牌战略促进会、中国品牌企业管理委员会评为“全国名优产品”。

项目与发展

中钢集团北方金属资源基地

经由沈阳炉料市场与中国中钢集团多年的研究、探讨、协商，且双方多次派员相互进行考察，最终沈阳炉料市场董事长李新泉与中钢集团总裁黄天文共同作出决定：将以沈阳炉料市场为切入点，团结、协作，把沈阳建设成为中国中钢集团在北方地区的集金属资源仓储、加工和供应为一体的综合性产业基地，这将是沈阳炉料市场和中钢集团中远期战略中的重要布局。2008年6月19日，沈阳市政府代表沈阳炉料市场与中国中钢集团公司正式签约，中钢集团将投资100亿元人民币，在沈建设金属资源加工、配送项目，该项目预计每年可实现销售收入400~500亿元，实现利润15~20亿元，实现税收10~15亿元。该项目的建设对于东北地区乃至全国钢铁工业发展具有重要的示范作用，同时，对于提升沈阳冶金工业和循环经济产业的发展水平，实现沈阳产业结构优化升级，都具有十分重要的意义。

沈阳炉料市场凭借行业地位的优势和区位优势，将作为中钢集团项目的总部和采购基地，同时计划以市场现地为基础，通过调整、提升、建设，打造一个集深加工、配送、贸易、仓储为一体的大型废金属集散市场，建设现货市场、网络市场、分拣市场三位一体的贸易格局，全面保障废金属深加工的资源供给。

沈阳废钢网络市场

网络市场是现货交易市场的一个必要补充，同时也是废钢贸易发展的必然趋势。

沈阳炉料网络市场有由沈阳炉料市场主办的网络交易平台，依托大型废钢现货交易市场及专业化网站中国炉料信息网（www.cnssin.com），旨在建立一个庞大而有序的网络交易平台，为废钢经营者、工业企业、冶金行业创造一个公平、自由、安全的交易空间，促使信息流、资金流、商流、物流的有效融合，简化废钢的交易流程，加速行业体系建设。

目前已有1000余家省内废钢经营者在网络市场注册登记，在网络平台上交互供求信息，降低了业务成本，拓展了销售渠道。我们希望在下一步将网络市场业户拓展至整个东北乃至全国各地。

南宁（中国-东盟）商品交易所东北总部

在2010年中国废钢电子交易论坛中，沈阳炉料市场与南宁（中国—东盟）商品交易所就废钢电子交易进行了深入的研讨并达成了广泛的共识。此后沈阳炉料市场与南宁（中国—东盟）商品交易所相互进行了多次的考察、磋商，最终双方达成意向——以沈阳炉料市场为主体，利用炉料市场的区位优势、资源优势、行业地位，利用东盟交易所的技术优势，开展废钢及交易所经营品种范围内粮油、糖、糖蜜、化肥等产品的电子交易业务。

2010年3月25日，沈阳炉料市场董事长李新泉与南宁（中国—东盟）商品交易所董事长舒扬在广西南宁就相关合作事宜签署了合作意向书。

2010年5月7日，南宁（中国—东盟）商品交易所正式下发文件，正式成立东北总部，并由沈阳炉料市场董事长李新泉出任东北总部总经理，负责组织全面工作。

现货经营

沈阳炉料市场目前已经与本钢等各大钢厂签定了长期供货协议，组织市场业户向各大钢厂提供优质废钢。

与各大钢厂长期供货协议的签定，活跃了市场的经营，年供货200万吨，基本保障了市场业户的销售渠道，推进并普及了废钢深加工产业：市场业户通过废钢的分拣、加工、包装获得了更高的附加值，而钢厂则得到了规范、优质的废钢，更好地满足了生产需求。

推进废钢产业高科技发展

沈阳炉料市场目前正在与多家废钢加工设备生产企业沟通，计划将沈阳炉料市场做为废钢加工设备的示范基地。通过设备的实地生产作业引导业户淘汰落后产能，引进高科技、高效率的先进设备，促使废钢加工产业向高科技方向发展。

沈阳废钢网络市场总部

山东省循环经济试点单位

发展循环经济，做绿色化工的倡导者和实践者

滨化集团

滨化集团成立于1970年，历经四十年艰苦奋斗和创新突破，迄今已发展成为主业突出、产业链完整的综合型化工企业集团，总资产89.28亿元,产业涵盖石油化工,精细化工、氯碱、炼油、热电、口岸仓储、文化传媒等领域，拥有良好的油品、沥青、化工产品、环保化学品、油田化学品及工业助剂系列产品格局。

多年来，集团秉承全面、协调、可持续发展的理念，立足雄厚的资源优势，集四十年丰富的生产经验，创造了世界领先的工艺装备和独有的核心技术，塑造了高素质的人才梯队，建立起了以“资源合理开发、产品精深加工和能源综合利用”为特色的绿色循环经济一体化运营模式，以循环经济推动发展，以责任构建和谐，发展绿色化工，追求企业与人类、社会和自然的和谐进步，综合竞争实力不断增强，荣获“2008年度中国化工行业技术创新示范企业”、“2008中国节能减排贡献企业”等荣誉称号。2009年，滨化集团实现营业收入185.85亿元，实现利润16.56亿元，利税合计39.31亿元，继续保持了稳定、持续、健康发展的良好势头，实现了企业发展和社会责任的双赢。

滨化集团股份有限公司(简称滨化股份，601678 SH)注册资本4.4亿元，是我国最大的环氧丙烷、三氯乙烯及油田助剂供应商和重要的烧碱产品生产商，公司拥有良好的环氧丙烷、三氯乙烯、油田助剂和烧碱四大主营业务格局及独具特色的循环经济一体化的产业链，为国内化工氯碱行业具有较大影响力的企业，在业内享有良好的知名度和美誉度。公司拥有省级企业技术中心和国家级企业博士后工作站，为中国先进生产力示范研究基地，全球契约组织成员。2010年2月23日，滨化股份正式在上交所挂牌上市，为公司今后的资源配置、产业整合和资本运作及后续发展奠定了良好基础。

18万吨/年环氧丙烷装置

作为山东省循环经济试点单位，滨化集团始终秉承可持续发展理念，坚持科学发展观，在实现内涵快速发展、盈利能力和市场竞争力不断提高的同时，坚持走资源节约和绿色环保的循环经济和可持续发展之路，实现经济效益和社会效益的双赢。在打造

10万千瓦自备热电装置

全资子公司东瑞公司厂区

1.6亿块/年皂化残渣综合利用制建筑用砖

绿色循环经济的切入点上，滨化集团紧紧把握资源消耗环节，在提高资源高效利用上做文章，真正做到了“物尽所用”。目前，滨化整个生产链条以资源的高效利用和循环利用为核心，降低了中间化工产品尤其是危险品储存、运输、处理环节的成本，并回收全部生产过程中产生的主要气态、液态、固态废弃物供给上下游工序进行循环利用，形成资源、生产、再利用的闭环形态，真正做到了“源消减、再循环”，在实现了清洁生产的同时也大大降低了成本，增强了市场竞争力。

山东省环保厅领导在滨化集团考察

节能。在国内首家引进德国西门子氯气透平压缩机，比传统氯压机节能45%，仅用循环水冷却液化，比传统工艺节电81.5%。到2009年底，与2005年相比公司已累计实现产品节能量14万吨标准煤，完成省政府下达的“十一五”节能目标的2.5倍。

减排。污水处理上，国家二级排放标准为COD100mg/l，滨化平均75mg/l，每年比二级标准减排COD281吨；锅炉烟气治理上，2009年，滨化处理后烟气含SO_2平均为431.38mg/m^3，比2009年省颁布排放标准低368.62mg/m^3，每年减排$SO_2$1292吨；废渣利用上，滨化利用废渣制砖1.6亿块，每年减少废渣排放36.8万吨，比使用粘土砖每年可节约土地360亩。

以绿色循环经济一体化为特色的氯碱产业链大大提高了滨化的市场竞争力。2001年至2005年“十五”期间，集团累计实现利税44.7亿元，上缴税金31.5亿元，2006年至2009年4年时间，集团累计实现利税达110.69亿元，上缴税金80.71亿元，在履行社会责任、建设环境友好型企业、促进人与自然和谐发展方面做出了突出成绩和贡献，有力地推动了国家和地方经济的繁荣和发展。

绿色企业，基业长青。国家黄河三角洲高效生态经济区和山东半岛蓝色经济区大开发已拉开序幕，作为滨州市发展海洋化工的龙头，滨化将抓住这一历史性机遇，进一步发挥公司在资源、技术、管理、循环经济一体化上的优势，走盐化工、油盐化工结合、下游深加工、产品多元化发展的道路，加快建设资源节约型和环境友好型企业，做绿色化工的倡导者和实践者，形成资源综合开发利用、精细化工、化工新材料等多元化、一体化的绿色化工产业链，致力于打造“科技创新、资本运作、企业文化”三个平台，对员工负责，对股东负责，对社会负责，为中国的化工事业做出更大贡献！

8万吨/年三氯乙烯装置

42万吨/年离子膜烧碱装置

5～10万吨级港口码头

山东省循环经济示范园区

增强发展意识　创造一流环境

东营经济技术开发区

近年来，在东营市委、市政府的正确领导下，东营经济技术开发区管委会牢固树立和落实科学发展观，严国家、省、市发展循环经济工作的总体部署和要求，不断加大工作力度，制定了循环经济方案，实施了节能、节源综合利用、清洁生产、清洁能源建设、再生资源回收利用六大循环经济工程，被评为山东省首批 6 个循环经园区之一，方圆有色金属有限公司列为山东省循环经济示范单位之一，华泰英特罗斯双氧水项目列为山东省首个循环经济重点项目之一。

一、在园区方面，积极构筑循环经济产业链条

利用政策导向，鼓励企业利用自身产业优势，进一步拉伸产业链，增强企业抗风险的能力。重点构筑了有色新材料等六大循环经济产业链：

1、有色金属：以方圆公司、天圆铜业、亨圆铜业为依托，以废旧有色金属回收、阴极铜生产、高精铜深加础，形成废旧铜回收－阴极铜生产－铜带、铜线、铜板－电子工业产业等有色金属生产加工产业链。

2、石油装备：以高原公司、胜鑫防腐公司、龙玺石油、荣兴测井、金地伟业等企业为依托，以连续抽油杆油管、地面驱动及电动潜油螺杆泵、钢制连续抽油杆、直缝钢管、防腐耐磨抽油杆及油管防腐为基础，形成石装备制造（钻采）、技术服务为主的产业链，以产品、技术等服务国内外油田。

3、新材料：以华泰化工集团、金岭集团、大海集团为依托，围绕华泰化工 50 万吨离子膜烧碱项目、金岭万吨离子膜烧碱项目、大海集团 20 万吨离子膜烧碱项目，形成烧碱、有机硅、环氧氯丙烷、聚氯乙烯、甲烷苯胺、双氧水、盐酸产业链。

4、新能源：以泰岱光伏、伏达太阳能、海利丰、康特姆、天丰太阳能等为依托，形成地热能、太阳能、空新型能源设备制造的产业集群。以恩德、萨泰克斯、中凯风电等为依托，形成整套风电设备制造产业链。

5、电子信息：以东芯 8 英寸集成电路芯片项目、科英新型功率半导体项目、泰克拓普 LED 项目、宝力系列品项目等为依托，大力发展电子信息产业。

6、汽车及零部件：以吉奥汽车、东方曼低速商用车、易威电动汽车、俊山五菱微卡／微面以及汽车零部件主，形成整车制造及零部件生产产业链。

另外以天信纺织、金茂纺织、双福织造、东洲服饰等区内纺织、服装公司为依托，形成棉麻丝生产－纺织－织布－服装产业链。以人造板厂、圣西门木业、广田木达家具等企业为依托，形成次小薪材－板材－家具生产产业链。

二、在企业层面，大力发展循环经济项目

2007 年，开发区及方圆公司、天信纺织被列为山东省循环经济“123”工程。全区围绕节能、节水、清洁生产、资源综合利用、环保产业，筛选了 18 个项目进行育，项目计划总投资 13.11 亿元，目前已完工 17 个，总投资 10.31 亿元，年节约标煤 7 万吨，水 300 万立方，综合利用各种固体废弃物 96 万吨。其中方圆公司余热余利用项目被列入国家发改委节能技术改造财政奖励实施计划，获得专项资金 225 万元。东营市人造板厂次小薪材综合利用项目、山水水泥公司废渣综合利用项目列为山源综合利用项目。在 07 年重点培育的项目基础上，2009 年，开发区进一步筛选重大节能、循环经济项目，加大资金、政策扶持力度。其中高原公司投资 2.2 亿元的 1钢质连续抽油杆产业化项目列入国家发改委资源节约和环境保护项目，获得财政扶持资金 1000 万元。天信纺织有限公司投资 4500 万元的余热余压利用项目被列入国家节能技术改造财政奖励资金，获得扶持资金 337 万元。

三、搞好循环经济产业规划

以创建国家生态工业示范园区为契机，以规划为先导，集中培育发展大型循环经济企业集团，培植壮大循环经济产业集群。高标准建设滨海新材料园，聘请清华大循环经济发展规划，严格控制开发建设范围，严格控制入园项目，严格控制环境风险，努力把滨海新材料园建设成为国内一流的循环经济示范园区。

下一步，开发区将继续完善和落实开发区循环经济示范园区工作实施方案，明确各部门职责，完善考核体系和监控体系。集中培育发展大型循环经济企业集团，培循环经济产业集群，促进开发区循环经济健康、快速的发展。

探索“资源—产品—再生资源—再生产品”循环发展道路

阜丰集团有限公司

董事长李学纯

阜丰集团有限公司是一家在香港联交所主板上市的国际化生物制品公司，是全球最大的谷氨酸味精及黄原胶生产商。目前，集团已全资控股山东阜丰发酵有限公司、宝鸡阜丰生物科技有限公司、内蒙古阜丰生物科技有限公司、呼伦贝尔东北阜丰生物科技有限公司、江苏神华药业有限公司等多家实体。集团先后通过了ISO9001质量管理体系、ISO14001环境管理体系、OHSAS18001职业健康安全管理体系认证、ISO22000食品安全管理体系以及美国Kosher认证和Halal认证。2010年上半年实现销售收入29.9亿元人民币，较2009年同期上升约45.4%，实现毛利7.42亿元，跃升约28.6%，实现净利润4.6亿元人民币，较2009年同期上升约30.0%。

作为一个对社会负责任的企业，在企业飞速发展的过程中，阜丰集团始终坚持把“发展循环经济，治理环境污染”作为一项生命工程来抓，围绕生物发酵生产这个主线，集团加强传统生物发酵产品的新工艺新技术研发，开发出污水处理、能源再利用、副产品开发等辅助链条，最终形成了一条“资源—产品—再生资源—再生产品”的典型循环经济发展道路。在此基础上，集团上马了结晶果葡糖、玉米胚芽油、加气混凝土砖以及小品种氨基酸等项目，这些项目的上马和投产，不仅为集团发展带来了良好的经济效益，而且丰富和发展产业链，提高行业壁垒，巩固阜丰集团的强势地位。2009年，集团成功攻克了一直以来普遍困扰全球味精行业的烟气净化难题，这在国家对环保的进一步重视和严格规范的大背景下，必将成为集团发展的新制高点。

今年以来，集团把第四大生产基地——东北公司的建设作为重中之重来抓，集团不仅针对东北地区的气候特点，对原有的生产工艺和设备进行了相应的改进，而且通过管网把各生产车间贯通起来，降低了产品的能耗。为了配合集团实施的“大物流”战略，公司配备了一条连接港口与公司仓库的铁路支线，不仅解决了东北地区冬季运输困难的问题，而且大大降低了运输成本，形成了原料运入、产品运出交互式“大物流”经济。另外，针对传统氨基酸发酵行业中存在的共性问题，集团深入开展产品工艺简化及发酵过程智能控制与专家系统优化、氨基酸发酵过程营养元素再生循环利用、氨基酸生产废弃物资源化、氨基酸绿色制造等新工艺、新技术的研发。近期，通过对山东分公司原有部分黄原胶设备、技术的完善和改造，集团又一新高附加值产品透明质酸顺利投产。同时，离子树脂脱铁、连续等电结晶等国际领先技术也已实验成功，并作为一项成熟的技术在全集团推广。

构建循环经济示范生态体系

山东景芝酒业股份有限公司

山东省副省长王军民（右）为景芝酒业公司颁发"芝麻香型白酒领军企业"奖牌

景芝酒业现代化包装车间

南校场遗址

山东景芝酒业股份有限公司位于"齐鲁三大古镇"之一的景芝镇，距今已有5000年的酿酒历史。山东景芝公司已形成了以酿酒为主，热电、酒精、纸箱、饲料、旅游等多元化发展格局。公司总资产3.5亿元，占地面积60万平方米，是年产白酒能力10万吨的大型企业集团。

公司加速建设资源节约型和循环经济发展型企业，推动企业持续、稳定、健康发展。景芝白干被认定为"中华老字号"产品，景阳春商标被评为"中国驰名商标"，一品景芝成为企业自主创新的全国代表香型——芝麻香型代表。景酒公司是山东省十大影响力和竞争力行业品牌之一。

在开展循环经济工作方面，遵循循环经济理念和生态学原理，全面落实目标措施，延长循环经济生态链，取得了一定成绩。2005年被列入山东省循环经济示范企业，在全省率先开展能源审计和清洁生产审核工作，通过了ISO9001质量管理体系认证、ISO14001环境体系认证、ISO22000食品安全管理体系认证、保健食品GMP酒类产品质量等级认证，是山东省循环经济试点企业，山东省科学发展和循环经济十佳功勋企业。山东省环保优秀企业，山东省循环经济优秀企业，山东省清洁生产先进企业。实现了转方式、调结构、促发展的新格局。

山东景芝酒业公司通过构建循环经济发展模式，将传统的"资源—废物"单向线性工业生产模式，转变成为"资源—产品—再生资源"的闭环式经济模式，充分发挥各产业的联动效应，提高企业整体发展水平和利用效能，从而达到节约资源、保护环境、提高效益的目的，实现产前、产中和产后的生态化，逐步建立具有行业示范作用的循环经济示范生态体系。

景芝酒业循环经济项目被列入潍坊市100个重点建设项目之一。主要建设内容：

一是污水处理厂整修改造及深度处理，实现污水零排放。新上IC反应器，由一级厌氧处理变成二级厌氧串联运行，对高浓度废水进行强化处理，多产沼气进行沼气发电。好氧系统由四级生物接触氧化变成二级活性污泥和三级生物接触氧化，好氧曝气头更换成悬挂溶喷管式曝气头，节约电力消耗。新建了综合池和臭氧氧化池，利用臭氧氧化技术对废水进行脱色、杀菌、消毒等深度处理，实现中水回用，做到了稳定达标运行。利用沼气发电余热加热热电厂锅炉用水，沼气机组冷却水用于酒精生产拌料和生活办公采暖，排放水质提前三年达到一级标准排放。

二是加强固体废物的综合利用，注重生态建设，推动了循环经济既好又快发展。一方面利用粮食酒糟制作菌体蛋白饲料项目，以酒糟为载体，添加豆粕、杂粕等多种蛋白原料，经微生物发酵转化成菌体蛋白，营养成分含量高，有利于动物吸收，被养殖专家称为"新型绿色饲料"。目前已经建设成年产3万吨的生产规模，具有很好的发展前景。另一方面利用酒精糟泥、污泥和其他固体废物制作有机肥项目。引进专利技术，采用杀毒、发酵机理，制作生物有机肥、有机复混肥，目前已经达到4万吨生产能力。生产过程中产生的固体废物全部综合利用，解决了堆积存放带来的二次污染问题，将传统的"资源—产品—废弃物排放"开环式经济模式转变为"资源—产品—废弃物—再生资源"的闭环式经济模式。

三是淘汰落后产能，加快产业结构调整。对工艺落后白干生产线进行技术升级改造成芝麻香型白酒机械化生产线。对包装生产线进行升级改造，改善了工作环境，实现了机械化生产。淘汰2.5万吨酒精生产线。减轻了劳动强度，提高了生产效率，降低了生产成本，解决了多年来能耗高、劳动强度大、效率低、污染重的问题，为企业快速发展奠定了良好的基础。

探索具有西王特色的循环经济模式

西王集团有限公司

山东省委书记姜异康（前排中）在集团董事长王勇（前排左一）
陪同下视察西王集团

西王集团有限公司始建于1986年，是以玉米深加工和特钢为主业的全国大型工业企业集团，主导产品为淀粉糖和玉米油，2005年12月9日在香港上市，2006年5月、2010年8月，被中国食品工业协会先后冠名“中国糖都”、“中国玉米油城”。集团现拥有总资产133.4亿元，职工10000余人。2009年实现销售收入151.6亿元，利税10.2亿元，荣列2010年中国企业500强380位，中国制造业500强201位。

在各级党委政府的正确领导下，西王集团积极响应省委、省政府建设“生态山东”的号召，学习落实科学发展观，大力发展循环经济，始终把循环经济的理念贯穿到企业发展中去。通过推进低碳经济，加大节能减排力度，建设资源节约型、环境友好型企业，在玉米深加工方面形成了原料环利用、产品梯次开发的具有西王特色的循环经济模式，做到了污水排放最小化、废物资源化和无害化，实现了低投入、利用，以最小的成本获得最大的经济效益和社会效益。同时不断调整产品结构，发展高附加值、高技术含量产品，实现产升级和延长产业链，使玉米深加工产品的各项能耗指标一直位于全国先进行列。循环经济使原料总利用率高达99%以上，品总收率达到97.5%以上。2006年，企业被国家环保总局授予“国家环境友好企业”称号，是玉米深加工行业唯一获此殊的企业。2006年，西王集团被山东省委宣传部确定为落实科学发展观、建设节约型社会重大典型，进行了集中宣传推广。09年12月西王工业园被国家列入黄河三角洲开发循环经济示范园区。

国内唯一的玉米果糖产业化生产车间

沼气发电机

污水处理厂

西王科技大厦

山东省枣庄市循环经济试点企业

点、线、面三位一体的循环经济模式

山东滕州盛隆煤焦化有限责任公司

中国第三套焦炉煤气制甲醇装置

花开绿地促和谐

绿荫中的厂房

山东滕州盛隆煤焦化有限责任公司自成立以来，坚持资源化、无害化并重的绿色企业发展思路，合理布局循环经济项目，拉长产业链条，积极探索新的“煤—焦—化—钢”关联贸易型、跨行业、跨区域性的循环经济发展模式，建成了循环型、集团化、区域型煤炭能源化工体系，形成了在自己企业“点”上小循环、在枣庄矿区“线”上中循环、在上下游的产业链中“面”上大循环。不仅每年为企业增加了数亿元的巨额收入，而且凸现了企业的社会责任感，走出了一条节能环保、提高经济效益的循环经济之路，提高了焦化产品的附加值和竞争力，实现了经济效益和社会效益的统一，为我国经济发展、和谐社会建设做出了应有的贡献。

山东滕州盛隆煤焦化有限公司是2003年兴建的煤焦化工企业，位于鲁南煤田腹地，滕州市西岗镇境内。企业主要产品有焦炭、甲醇以及煤焦油、硫铵、轻苯、硫磺等。企业分四块区域发展，一是本部80万吨焦炭10万吨甲醇项目，2004年8月投产；二是项目新区98万吨焦炭10万吨甲醇技改项目，2010年5月动工建设，预计2011年4月投产；三是参股子公司山东微山同泰煤焦化公司70万吨焦炭8万吨甲醇项目，2005年投产；四是预留化产品深加工区域。项目全部达产后，将形成近300万吨焦炭30万吨甲醇的生产规模，年产值近百亿元。企业根据客户生产需求，科学配煤，按质按量生产焦炭产品，是冶金行业的首选炉料。

点、线、面三位一体循环经济模式的实践

一、合理的产业结构，保证了实现产业链“面”上的大循环

合理布局循环经济项目，拉长产业链条。盛隆公司在项目立项上、在企业选址布局上着眼于积极有效的上、下游企业链接，为拉长产业链奠定了坚定的基础。

盛隆公司的三家大股东分别是枣庄矿业集团公司、马鞍山钢铁股份公司、江苏沙钢集团公司。枣矿集团通过实施大集团战略，发展势头强劲。盛隆公司炼焦所用的原料煤主要来自枣矿集团，供货渠道既简又短，大大降低了成本，使本公司的原料煤供应紧张的“瓶颈”得以解决。

马钢股份公司与沙钢集团公司则是我国大型钢铁生产基地，三者强强联合组建的盛隆公司，具备了得天独厚的稳定的供销渠道，形成了完整的产业链。生产的冶炼焦通过船运或火车运输，供给投资方马钢和沙钢，销售渠道非常畅通，供求关系非常稳定，受市场对焦炭需求影响较小；而马钢和沙钢两大冶金企业也因有盛隆公司而有了良好

和稳定供应商，减少了大量人员与费用。

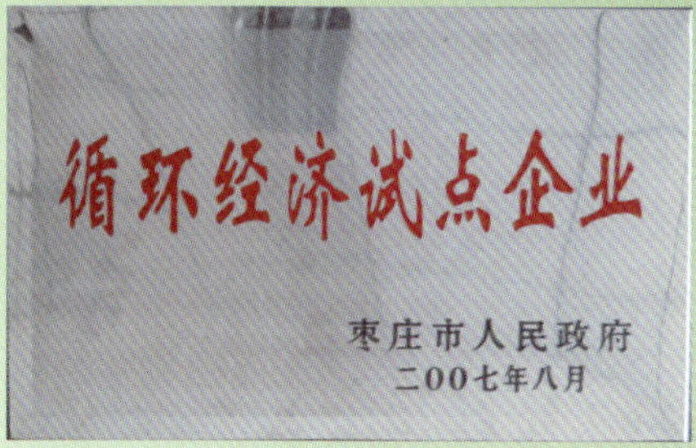

盛隆公司在做好做足煤焦主产业的同时，不断拉长产业链，建成了利用焦炉煤气合成甲醇项目，成为中国第三家利用此项先进技术的煤焦化企业。盛隆公司的建立，完全符合山东省焦化行业结构调整所提倡的“走焦钢联合发展”的布局结构。其甲醇生产利用焦炉富余煤气，原料廉价，是国家确定综合利用煤气资源的最佳项目之一。

二、合理的布局结构，保证了实现枣庄矿区“线”上的中循环

盛隆公司选址在枣矿集团柴里煤矿附近，该矿建有入选能力300万吨/年煤炭的选煤厂、发电能力3.3万kwh的热力发电厂、矿井开采产生丰富的矿井水。生产所需65%以上的原料煤实现了从煤矿通过皮带直接送入炼焦粉碎系统，进行配煤炼焦，不但解决了能源供应紧张问题，而且实现了零距离运输，节约了大量运费，杜绝了运输中的损耗；生产所需动力电力和中、低压蒸汽，全部实现由电厂以及枣矿集团稳定的内部电网供应；盛隆公司拥有自己的深层水源地和丰富的矿井水。枣矿集团建有自备铁路，从盛隆公司的货场直接连接着京沪铁路大动脉以及转运距离不足10公里的京杭运河港口，产品运输实现了一站式进入钢铁企业的货场。

盛隆公司合理的布局结构，科学的选址，使本公司与相邻的柴里煤矿及枣矿集团的其他企业和设施融为一体，形成了又一个层次的循环，这不但为这些企业节约了大量费用，而且为社会节约了大量宝贵资源，实现了矿区产业“线”上的中循环。

三、合理的产品结构，保证了实现企业内部“点”上的小循环

盛隆公司炼焦产生的焦炉煤气通过化产回收各工段进行回收煤焦油、硫铵、轻苯、硫磺等副产品，外销下游深加工企业进行再利用；净化后的煤气一部分供焦炉自身加热，一部分送入甲醇工段进行合成甲醇，仅此一项每年增收2亿多元。另外，合成甲醇后产生的弛放气又回焦炉和甲醇预热炉燃烧加热替代部分焦炉煤气，每年可多产出甲醇8800吨，年创产值2300万元，使“废料”成为香饽饽，形成了比较完整的闭环式生态产业链；生产生活用水继续循环利用，重复使用，实现污水“零”排放；对焦粉进行筛分回配炼焦，对生产工艺过程中产生的余热等尽量予以回收利用，提高能源资源利用率，以延长循环经济产业链，追求更大的经济效益。以2009年本部80万吨焦炭项目为例，虽然受到金融危机的影响，在全国焦化行业普遍不景气的情况下，全年实现工业总产值16亿元，销售收入15.3亿元，利润总额达1.3亿元。企业发展呈现出稳中上升的趋势，经济效益更是取得了显著的成效。

按照循环经济发展总体部署，盛隆公司在厂区同时全面实施绿化、美化、硬化，即“三化”工程，坚持了“建生态厂区，办绿色项目”的宗旨，科学整合生产力布局，全力打造绿色焦化。盛隆公司于2005年顺利通过国家首批焦化行业准入。

2009年，滕州盛隆煤焦化有限责任公司以优异的成绩通过山东省经信委命名为“清洁生产先进企业”，并被列为“山东省循环经济试点单位”。

坚持循环经济理念 建设资源节约型环境友好型企业

淮北矿业集团公司

淮北矿业集团董事长、党委书记王明胜

淮北矿业集团公司是全国13个亿吨级煤炭生产基地之一。矿区煤种优势突出，肥煤、焦煤、瘦煤等稀缺煤种占总储量的85%以上。53年来，集团公司累计生产原煤6.8亿多吨，上缴利税240多亿元，为国家经济建设和能源安全做出了重要贡献，企业自身也获得发展壮大，集团公司现拥有资产600多亿元，年产冶炼精煤900万吨，位列华东第一。在2010年中国企业500强中排名第246位，全国煤炭企业50强中排名第19位。曾先后荣获全国煤炭工业优秀企业、全国“五一”劳动奖状、安徽省节能先进企业等多项荣誉称号。被列为中华环境友好能源企业和安徽省循环经济试点企业。“十一五”期间，集团公司进入历史上发展最快的时期，企业资产总额达到600多亿元，是2005年的3.36倍；2010年原煤产量3200万吨，是2005年的1.4倍；销售收入超过320亿元，是2005年的2.7倍；利税总额超过42亿元，是2005年的3倍，五年累计实现利税160多亿元，相当于前几十年总和的2倍。

一、开展循环经济取得的主要成绩

通过大力发展循环经济，积极推进煤炭清洁生产和综合利用，节能减排工作取得了较大进展，循环经济框架基本形成。集团公司万元产值（GDP）综合能耗降至1.04吨标煤，“十一五”期间，共节约标准煤33.57万吨，超额2.3万吨完成省政府下达的节能指标。固体废弃物达标处置率100%，废气排放达标率100%，废水排放达标率100%。集团公司依靠科技进步，推广应用高效综合采煤技术，煤炭资源采区回采率由2005年的76.8%提高到2009年的83.9%。积极发展清洁生产，选煤厂和矿井同步建成投产，加大对现有矿井选煤厂技术改造力度，提高原煤入选比例，实现原煤全部入选。积极探索煤层气开发及利用技术，先后建设芦岭、海孜、朱仙庄及祁南四座瓦斯电站，总装机容量1.67万千瓦。通过对原有矿井水净化站进行改建、扩建，提高水处理能力，新建矿井同步建设矿井水净化站，2010年矿井水利用率达到70%。集团公司通过建设煤矸石砖厂、粉煤灰粉磨站，消耗了大部分块矸和粉煤灰，其余的用于充填采空区、塌陷区、村庄搬迁筑地基、筑路等，有效的减少了塌陷面积，保护了耕地。充分利用选煤厂末矸、煤泥资源，配套发展电力产业，先后建设5座煤泥矸石综合利用电厂，装机容量达到66万千瓦，促进了资源高效利用。2010年矸石利用率将达到90%。根据宜水则水、宜耕则耕的原则，利用矸石和粉煤灰等固废物回填沉陷区，最大限度地复垦土地，节约土地资源，重建生态系统，2010年沉陷土地治理率达到80%。积极开发高岭土、天然焦等伴生资源，实现资源综合利用，提高了经济效益。充分回收、利用焦化厂、水泥厂生产过程中的余热发电，实现节能减排，获得良好的经济和社会效益。

二、循环经济重点工作和主要项目进展情况

集团公司通过大力发展循环经济，开展资源综合利用，延长产业链，煤焦化电基地基本建成，50多年以煤炭生产经营为主的格局发生了根本性变化。

（一）煤化—盐化一体化循环经济标志性工程

目前，集团公司以煤化—盐化一体化工程为龙头的多个循环经济项目建设正有序向前推进，显现出蓬勃的发展潜力。我们在坚持做强主业的同时，充分发挥炼焦煤资源的禀赋优势，延伸煤炭产业链条，使资源优势转化为产业优势、经济优势。制定并实施了被省政府命名为振兴皖北经济一号工程的“煤化—盐化一体化”工程规划。一方面延伸产业链条，发展煤化工产业。在淮北市临涣工业园建设煤焦化电循环经济园区，焦化项目总规模达到年产440万吨焦炭、联产40万吨甲醇，临涣中利电厂项目总装机容量4×30万KW，形成煤—焦—化—电产业链。另一方面整合区域资源，发展盐化工产业。在定远县建设盐化工基地，建设年产100万吨PVC，形成盐化产业链。目前，焦化项目一期、电厂项目一期全部建成投产，2010年销售收入50多亿元；盐化项目一期工程全面开工建设，2011年8月份投料试生产。年入洗1600万吨的临涣中央选煤厂为亚洲最大的炼焦煤选煤厂，4×30万千瓦的循环硫化床综合利用电厂在规模和技术方面国内第一、世界领先。煤焦化电基地基本建成，淮北矿业50多年来以煤炭生产经营为主的格局发生了根本性变化。

淮北矿业技术中心被国家发改委等五部委认定为国家级企业技术中心

2009年被认定为中华环境友好企业

（二）有效开发煤炭资源，资源回收率不断提高

依靠科技进步，推广高效综合采煤设备和加强管理，淮北矿业集团公司的煤炭资源采区回采率由2005年的76.8%提高到2009年的83.9%。

（三）综合利用矸石、煤泥和粉煤灰资源

井下掘进矸石主要用于煤矸石砖、充填采空区、塌陷区、基础回填、筑路等。集团公司通过建设煤矸石砖厂、粉煤灰粉磨站，消耗了大部分块矸和粉煤灰，其余的用于充填采空区、塌陷区、村庄搬迁筑地基、筑路等。充分利用选煤厂末矸、煤泥资源，配套发展电力产业，先后建设5座煤泥矸石综合利用电厂，促进了资源高效利用。2010年矸石利用率达到90%。

（四）扩大煤层气开发利用规模，发展煤层气产业

从2006年起在芦岭、海孜及祁南煤矿开展了瓦斯利用示范工程项目，将抽采出的瓦斯用于瓦斯发电和民用燃气。芦岭煤矿开展民用燃料利用和瓦斯发电工程，民用燃料利用瓦斯的规模为18000m3/d，总装机5000kW；海孜煤矿开展瓦斯发电工程，总装机3700kW；祁南煤矿瓦斯电站总装机3000kW，朱仙庄矿瓦斯电站装机规模5000kW。其中海孜矿、芦岭矿、祁南矿、朱仙庄矿四个瓦斯发电项目和桃园煤矿通风瓦斯余热利用项目已被批准为清洁发展机制（CDM）项目。截至2009年集团公司瓦斯发电站累计发电9545万度。

（五）充分利用矿井水资源，提高开发利用水平

近年来安排环保资金1000多万元，对在童亭矿工人村建成一座处理能力0.3万m3/d的污水处理厂，解决了矿工人村1.2万居民的生活污水处理问题；重建杨庄矿矿井水处理厂，处理能力为2.5万m3/d，2010年已发挥治理功能和减排效益；临涣工业园矿井水综合利用项目设计处理能力达20万m3/d，满足园区煤焦化电各个工程用水需要水。通过对原有矿井水净化站进行改建、扩建，提高对原有矿井的水处理能力；各规划的矿井建设时将同时建设矿井水净化

淮北矿业盐化工基地鸟瞰图

站。2010年矿井水利用率达到65%。

（六）加大沉陷区治理，节约土地资源，重建生态系统

加强"三下"采煤技术的研究，最大限度地减少沉陷面积和沉降深度。根据宜水则水，宜耕则耕的原则，利用矸石和粉煤灰等固废物回填沉陷区，最大限度地复垦土地，2010年沉陷土地治理率达到80%。

（七）积极开发高岭土、天然焦等伴生资源，实现资源综合利用

淮北矿业清洁生产

淮北矿业共拥有高岭土总储量为3.16亿吨，天然焦资源总量为4.93亿吨。集团公司从上世纪八十年代中期就开始从事煤系硬质高岭土资源的开发和应用研究，公司"金岩"牌系列产品远销十多个国家和地区。近年来根据天然焦赋存情况，围绕煤焦共采和煤焦地下导控气化项目，开展天然焦的回采研究，取得了一定经验和成绩。通过建设天然焦地下气化和煤焦共采项目，实现天然焦资源的开发利用，提高经济效益。

（八）充分回收、利用工业生产过程中的余热余压

临涣焦化通过干熄焦装置，每年可回收能源折合标准煤85788吨，同时每年减少大气污染物的排放约164吨，经济、社会效益良好。集团公司水泥公司充分利用水泥生产线窑头、窑尾的余热资源，建设装机容量为4.5MW的余热发电项目，每年可回收能源折合标准煤10000吨，还减少了对环境的热污染以及粉尘污染。余热余压利用不仅节能，还有利于环境保护，是企业发展低碳经济的重要途径。

淮北矿业瓦斯电站

三、大力发展循环经济，实现高碳产业、低碳发展

"十二五"期间，集团公司将按照"依托煤炭、延伸煤炭、超越煤炭"的战略发展思路，充分发挥淮北矿区炼焦煤资源的禀赋优势，强力推进煤化—盐化一体化工程，统筹发展煤炭采选、煤化工、盐化工三大主业，构建"以煤为基、结构合理、循环利用、绿色发展"的产业格局，走出一条符合科学发展要求、具有淮北矿区特色的崛起之路。到2015年，实现原煤产量6000万吨、销售收入600亿元、职工人均年收入超过6万元，向资产总额、销售收入双千亿元企业迈进，把淮北矿业建设成为更具生机活力的大型能源化工集团。淮北矿业将按照循环经济理念，以煤化工和盐化工为核心，致力于提高资源回收率，综合开发利用煤炭及共伴生资源，积极探索高碳产业低碳发展途径，形成循环经济产业链条，建立完善的循环经济体系，走出一条科技含量高、经济效益好、资源消耗低、环境污染少的新型工业化发展之路，使资源优势转化为产业优势、经济优势，实现绿色发展、和谐发展。到"十二五"末，煤化—盐化一体化工程全面竣工，非煤产业收入占据半壁江山，产业结构更加合理、循环经济特征更加明显，符合未来清洁、低碳、高效发展的主旋律，使淮北矿业集团成为国家级循环经济示范企业。

江苏省循环经济试点园区

发展低碳经济　打造绿色化工

构建国内一流循环经济园区

南京化学工业园区

江苏省省长罗志军参观塞拉尼斯公司

南京化学工业园区自 2001 年成立以来，坚持把发展循环经济、建设低碳绿色园区、实现可持续发展作为园区各项工作的基础，园区先后被批准为“省级循环经济试点园区”、“省级循环经济标准化试点园区”，并正在积极申报“国家级循环经济试点示范园区”、“国家级循环经济标准化试点园区”和“国家级生态工业示范园区”。

园区通过构建涵盖企业、园区和社会三个层面的“三圈循环体系”，采取五大举措实施循环经济，发展绿色低碳化工。

1、构建合理产业结构，形成三大产业链。按照国家产业政策导向，以区内乙烯、醋酸、氯碱等上游产品为依托，积极规划引进中下游延伸配套项目，提高园区的精细化率和深加工率。通过发展化工新材料、新能源、生命科学化学品等新兴产业链，实现园区产业发展向高技术含量、高附加值、低污染的精细化工、绿色化工转变。以塞拉尼斯 120 万吨醋酸项目为例，原料来自于区内惠生的甲醇与一氧化碳项目，惠生的原料来自于空气化工产品（南京）有限公司为其配套的空气分离装置。塞拉尼斯生产的醋酸
塞拉尼斯多元化工生产醋酸乙烯、EVA 乳液、醋酐等产品，醋酐再供应钻石木（南京）木业有限公司用作化工新材料乙酰木材的原料。惠生副产的氢气又用
安迪苏南京有限公司生命科学化学品蛋氨酸的生产原料。这样，园区实现了原料的“就近供应、就近生产”，充分发挥装置的规模效应，实现企业资源利用
大化。

、重视基础设施建设，保障园区健康发展。采用“公用工程岛”理念，集中建设水厂、污水处理厂、热电厂、固废处置中心等重点公用工程，并通过管网连
业，实现集中供热、供水、供汽，污水与固体废弃物集中处理。比如：园区采用集中供热，同比 10t/h 燃煤小锅炉，锅炉效率从 81.15% 提高到 92.1%，每年
准燃煤 3.6 万吨。园区集中规划与建设的供热管网，低压蒸汽管线的热损失从 2006 年 30% 降到 2009 年 9%。

、推行清洁生产、发展绿色产品。针对化工企业特点，着手编制清洁生产实施方案，强化企业在循环经济建设中的主体地位，推动园区环保工作从末梢治理
为主和全过程控制转变。园区规模以上企业 100% 实施清洁生产，重点环保企业 100% 通过清洁生产审核。十一五以来，园区共组织 32 家企业通过清洁生产
实施清洁生产方案 717 个（其中：无 / 低费方案 594 个，中 / 高费方案 123 个），投资 2.1 亿元。2009 年，园区与南京工业大学共同出资建设了江苏低碳绿
技术平台及示范基地，积极推进低碳绿色化工技术研究及应用。

、组织实现节能工程，推进节能减排管理。十一五以来，园区先后实施了总投资 6000 万元的化工园热电厂 3 号锅炉项目，总投资 2710 万元的惠生（南京）化
公司余热发电等 38 个项目，总投资 4.3 亿元。比如：惠生（南京）化工有限公司余热发电项目，建设一套 12MW 凝汽式汽轮发电机组进行余热发电。项目投
每小时额定发电量 9640 度，每年可发电 7200 万度。年节约标煤 2.7 万吨，实现年销售收入 2700 万元（不含税），全部投资内部收益率 26.11%。

、加强省级试点园区建设。通过省级试点园区的建设，园区基本完成了循环经济领导体系、组织架构、产业链结构、信息平台及网络建设；正在加紧建立三
链综合标准体系及企业之间的循环经济标准化工作模式。

通过以上五大措施的开展，2006 至 2009 年，园区万元工业增加值能耗四年累计下降幅度达 47.89%；单位产值能耗四年累计下降 51.9%，超额完成“十一五”
0% 的目标。化工园企业二氧化硫去除率为 87%，粉尘去除率为 99%。工业固废综合利用率为 98.1%。

APCI 空分装置

南京惠生化工有限公司

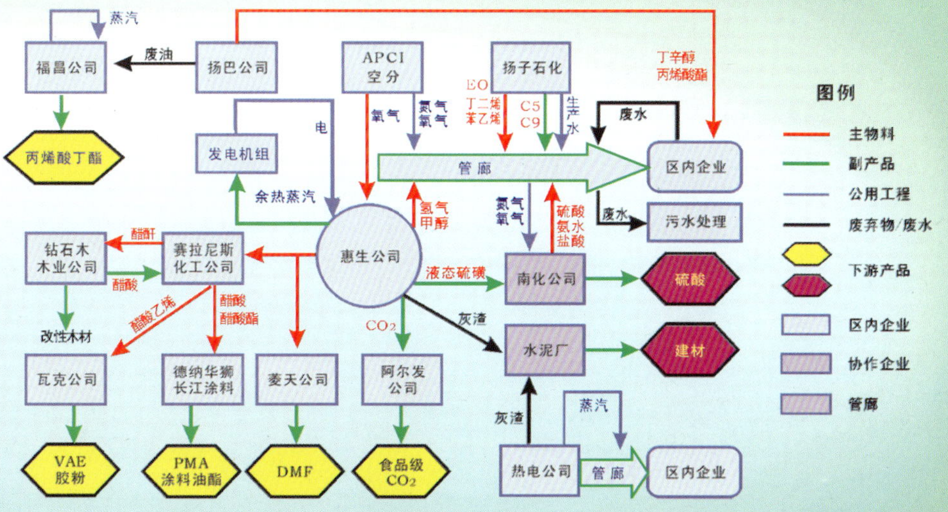

南京化工园区循环经济示意图

努力把园区建成循环利用生态型产业新城

浙江龙游工业园区

浙江龙游工业园区创建于2003年初，是省级工业园区，同时也是浙江省循环经济示范园区、生态化建设与改造试点园区、浙江省特种纸产业基地、浙江省最具投资价值工业园区。浙江龙游工业园区自2003年2月建区以来，一直十分重视开展循环经济工作，并于2006年7月和浙江省节能技术服务中心共同编制了《龙游工业园区工业循环经济发展规划》。

一、推进清洁生产审核，建立一批循环经济型企业

着力抓好园区内工业企业的清洁生产审核工作，通过清洁生产的实施，建立比较完善的园区和企业清洁生产管理体制和实施机制。大力推行清洁生产工艺和技术，降低原材料和能源的消耗，重点提高造纸、机电等行业的清洁生产技术和装备，创建清洁生产示范企业。认真组织清洁生产审核工作，督促被列入清洁生产审核名单的企业实施清洁生产，对“双有双超”企业强制实施清洁生产审核，同时鼓励企业自愿参加清洁生产审核。2006–2009年，园区内共有4家企业通过清洁生产审核。现有两家企业已被授予“浙江省绿色企业”称号。2009年园区COD排放量992t，清洁生产审计率90%以上。

二、构建生态产业链，不断提升循环经济水平

实行园区内部以及园区之间“补链”战略，引导产业间综合利用生产余料、废料，集中回收治理工业废水，构建中水回用体系，充分利用重点企业的余热供能，实现园区内部以及园区之间物质流的循环利用和能量流梯级利用。一是将单个企业的“小循环”提升到园区的“中循环”。利用国有注资，调整股权结构，将原凯丰纸业的热电厂——恒盛热力改造成公共供热企业，并通过技改，不断提高供热水平，目前，恒盛热力已为维达纸业、凯丰纸业、华邦纸业等15家企业供热。为充分利用余热，恒盛热力又着手热网冷凝水回收循环利用项目建设，将原热用户的冷凝水回收利用，提高锅炉给水温度。该项目既可充分利用余热，又可提高造纸企业的回水利用率。这个项目的实施，企业年可增加收入300余万元。二是充分利用废弃物，建成生物质发电厂——恒鑫电力，目前，该企业已开始试生产，年可利用枯枝、锯木屑等废弃物19.24万吨，节标煤8.27万吨。三是在尽可能拉长产业链的同时，提出了循环利用项目，加大产业招商力度，切实提高园区的资源利用率，促使废弃物全面综合利用。

三、强化“四节一利用”工作

一是推进工业企业的节能降耗工作。鼓励用电大户实施以改善电能质量、推广应用节电新技术为核心的节能改造项目，对重点用能单位依法开展能源利用检测工作。调整能源结构和供应方式，提高能源利用效率，特别是解决好新型和可再生能源的开发利用以及供热体制与供热方式改革问题。2009年园区工业产值能耗为0.30吨标煤/万元，工业增加值综合能耗为1.2吨标煤/万元。二是开展工业节水回用工作。推动节水技改，减少工业废水排放，提高工业用水重复利用率。推广应用节水器具，减少供水与排水管网漏损，着重解决好污水再生利用问题。2009年园区工业增加值取水量65.5立方米/万元，工业用水重复利用率67.5%，工业废水排放量620万吨。三是鼓励企业开展节材工作。推广应用高性能、低材耗、可再生循环利用的材料，并注意因地制宜、就地取材，研究解决材料的回收与利用问题。四是盘活现有土地存量，提高项目用地节约集约水平。对具体项目转而不用、圈而不建、闲置、利用不充分的土地，一方面限期开发，另一方面收回或采取招标、拍卖等方式确定新的土地使用者。通过压缩、置换项目用地等方式，盘活了现有土地资源，满足了一些大项目的用地需求。五是提高工业“三废”的综合回收利用率。最大程度地实现废弃物的资源化和再生资源的回收利用，培育资源综合利用型企业和资源综合利用产业链。2009年园区工业固体废物综合利用率82%，工业固体废物处理量2.2万吨，二氧化硫排放量598t。

建设海峡西岸废旧家电和电子废弃物回收处理中心

福建省宏源废旧家电回收处理有限公司

卢总经理主持研究废旧家电和废弃电子产品回收利用

环保部有关领导到公司考察

拆解厂操控室

福建省宏源废旧家电回收处理有限公司成立于2006年7月，是由福建省物资（集团）有限责任公司出资组建的国有企业。公司成立时，就把促进资源循环利用、刺激消费、保护环境、保障人体健康作为公司的宗旨。公司主营业务定位在废旧家电及电子废物回收处理上。鉴于国家当时只在浙江和青岛做“废旧家电回收处理试点”，政策尚不明朗，法规还不健全，公司这个既专业又前瞻的项目定位，面临着项目投资大、资金回收期长等巨大风险。

机会往往就在风险之中，数字电视的普及、CRT的大量淘汰对福建宏源来讲又是一个利好。福建宏源敢为人先，紧紧抓住机遇，建厂房买设备、招兵买马，很快建立起一支能打硬仗的队伍。经过相关部门的多次检查指导、审核验收，2009年7月福州市人民政府正式确定福建省宏源废旧家电回收处理有限公司为福州市唯一的有资质的拆解企业，成为福建省唯一规范回收处理电子产品的示范企业。

2009年初，在金融危机的背景下，公司仍咬紧牙关投入巨资，在海峡都市报、东南快报、福州晚报、福州电视台1套天气预报栏目、福州电视台2套天气预报栏目等各大媒体宣扬循环经济建设，竭尽全力地推进废弃电器电子产品回收拆解工作。公司从一年拆解1万台到现在一年拆解30万台，效率提高了20倍。从无名小卒到业内小有名气，公司现已建成废旧家电和电子废弃物中转站15处；并在龙岩、厦门、莆田、泉州、漳州设立了分公司，在福州市仓山区城门镇樟岚村建起了年处理能力100万台废旧家电的回收处理基地，占地32亩，拆解处理厂房5800平米，有处理电视机、电脑、洗衣机流水线两条，电子显像管处理设备一套，氟利昂回收装备3套，叉车2台，老虎车16个，40吨电子地磅一台，及其他配套设施。公司现有员工89人，专业拆解处置废旧家电及电子废弃物。2009年福建宏源公司又中标家电“以旧换新”回收企业。企业的努力加上政府的支持，从2009年8月16日到2010年6月短短10个月，已拆解处理各类废旧家电30万台。

为进一步提高拆解处理能力，最近公司又在谋发展，添置新设备，并对其他设备进行更新，建设海峡西岸废旧家电和电子废弃物回收处理中心的设想已成现实。

秉承现代工业园区建设理念　建设全国最大“城市矿山”基地

台州市金属资源再生产业基地

金属资源再生产业是世界性朝阳产业，素有“城市矿产”之誉。台州金属资源再生产业发端于20世纪70年代，历经30多年的发展，台州现已成为全国基础最好、规模最大的金属资源回收利用产业基地，享有“中国再生金属之都”的美誉。台州市现有定点拆解企业44家，其中路桥区34家，非定点企业近千家，主要分布在峰江一带。2009年共拆解各类固废250多万吨，回收利用铜50多万吨，铝36万多吨，废钢废铁110多万吨，实现销售收入近200亿元。

迁建的台州市金属资源再生产业基地位于路桥三山涂围垦区，总用地6643多亩，毗邻规划建设的台州沿海高速、75省道和台州新机场，并规划建设专用配套码头，交通十分便利。台州市金属资源再生产业基地建设、前期资金筹措及后期经营管理主要由台州市路桥金属再生基地基础设施建设投资有限公司负责，拟投入21.65亿元（不含企业生产性投资）。基地建成后，将形成年回收利用国内外各类固废500万吨，实现销售收入600亿元、利税80亿元，提供直接就业岗位6万个，成为中国规模最大、最具竞争力和最具技术优势的产业龙头之一。台州市金属再生产业基地被国家环境保护部确立为“圈区管理”试点基地之一，并先后被列入国家财政部、商务部终点支持的区域性大型再生资源回收利用基地；浙江省重点建设项目、浙江省循环经济试点、浙江省产业集群转型升级示范区、浙江工业循环经济“733”工程首批示范基地和浙江省循环经济“991”行动计划。

一、努力建成全国最大的“城市矿山”

基地规划建设生产区、生活区、市场交易仓储区、环保设施区和综合办公区等五大功能区，设置海关、商检、税务、环保等管理机构。整个基地分二期建设，一期3300亩，现有34家固废定点企业入园，预计2012年基本建成，二期重点发展废五金拆解及精深加工、废塑料加工利用、废旧家电及电子线路板拆解利用等主导产业。新基地建成后，年综合拆解能力达到500万吨，成为中国产业规模最大、最具竞争力和最具技术优势的产业基地之一。

二、努力打造现代产业集群转型升级示范区

一是进一步做大产业规模、拉长产业链，主导再生产业重点发展金属资源再生产业，其中约2891亩为再生产业区核心区；辅助再生产业重点发展废旧家电拆解和塑料再生利用两个辅助产业；上下游产业重点发展进口固废贸易、五金机电产品加工、塑料和模具加工。二是提升价值链，主要引导企业做好延伸产品的开发，提高附加值。三是参与资本链，引导企业积极参与产权重组，进一步做大做强，提高抵御风险和壮大发展的能力；引进战略投资，建立研发中心，为企业下游产品开发提供服务，目前全国500强京城控股已落户基地；推动企业上市，齐合天地已在香港联交所上市，巨东等企业积极实施上市准备工作。四是完善供应链，在原料采购上引导企业分欧美、日韩组建进口固废贸易代理企业，提高国际市场话语权；在国内废品回收上完善回收网点建设，积极开拓新市场，形成新增长点。

三、努力建成国家级循环经济示范区

一是严格遵循可持续发展和循环发展理念，通过规划控制合理布局产业，把基地当作一个企业、而入园企业作为其中一个车间来实施，实现产品-原料的共生互补、基地内循环的最大化；通过建设科技服务平台为企业提供技术支撑，优化工艺来提高拆解率和资源利用率；通过建设市场交易平台引导企业有序开展订单加工，为周边的汽摩、机电、模具等产业提供原料或半成品支撑，实现基地与当地社会间的循环最优化。二是严格按照“圈区管理”要求，建立管委会、口岸、海关、出入境检验检疫、边检、海事、环保、公安“八位一体”的管理体系，实行废料入园—各厂区分散加工—原料成品出园的封闭循环运行。同时积极实施环境保护专项规划，完善污水处理、水、电、燃气和地下管网等基础设施建设，对污水、废气、废物统一集中处理，实施中水回用、太阳能、风能发电和集中供热工程，大力推进清洁生产。

台州市金属再生产业基地——堆场之一

台州市金属再生产业基地——堆场之二

台州市金属再生产业基地——堆场之三

四、努力建成现代工业园区的样板

新基地将秉承现代工业园区建设理念，实行统一的形象策划（CIS），实行严格的色彩控制和建筑外观引导，实施统一的绿化和景观设计，营造森林式的景观效果。 建立管委会、口岸、海关、商检、边检、海事、环保、公安的管理体系，实行全封闭管理模式，实现废料入园——各厂区分散加工——原料成品出园的封闭循环运行。

台州市路桥金属再生基地基础设施建设投资有限公司

台州市路桥金属再生基地基础设施建设投资有限公司是台州市路桥区国有资产投资控股有限公司投资组建的国有独资企业，成立于2008年9月，注册资本1000万元。

该公司主要负责台州市金属资源再生产业基地建设、前期资金筹措及后期经营管理，依法履行区政府国资委赋予的职责，服务于台州金属资源再生行业，促进现有金属资源回收利用企业和经营户的转型升级，形成金属资源回收利用产业的现代产业集群。同时将公司打造成为集废旧物资收购、物流、分拣加工、再生资源销售、综合管理为一体的大型资源回收利用公司。

台州市路桥金属再生基地基础设施建设投资有限公司恪守循环经济发展理念，遵循“减量化、再利用、资源化”原则，大力发展废旧电机、废旧家电及线路板、废旧塑料回收利用产业，完善资源回收体系、提升拆解技术、强化经营管理、重视环境保护。建立回收利用中心、交易中心、物流中心、信息中心、研发中心和培训中心，并结合基地的产业发展导向，布局产业发展区、综合办公区、生活配套区、市场交易仓储区和环保设施区五大主导功能区。通过科技创新、人才引进、品牌建设等各项措施，把台州市金属资源再生产业基地打造成一个集产业优势化、生产清洁化、资源循环化、环境生态化、管理现代化为一体的现代产业集群示范区。

台州市金属再生产业基地——废旧电线加工

台州市金属再生产业基地——废电机加工

台州市金属再生产业基地——热解炉加工场地

使废液成宝　让废渣重生

宜昌三峡制药有限公司

宜昌三峡制药有限公司位于风光秀丽的长江三峡西陵峡峡口，与举世闻名的三峡大坝、葛洲坝水利枢纽工程相毗邻，是研究和生产抗生素原料药、兽用药、氨基酸原料及系列制剂的中型制剂企业，拥有西坝主厂区、紫阳动物药分厂和三峡医药科技产业园三个厂区，其生产规模、生产技术、产品质量及管理水平均在全国制药行业同类产品中处于领先地位。

湖北省常务副省长周坚卫到三峡制药公司考察

公司资产总额 3.2亿人民币。其中三峡制药公司的支柱产品之一硫酸新霉素，是一种广谱抗生素，也是企业自主研发的兽药产品，其“静态法提取硫酸新霉20’素工艺”获得国家发明专利；“硫酸新霉素菌种选育及发酵工艺优化”科技成果通过了湖北省科技厅鉴定；其原料药和兽药制剂分别获得农业部颁发的新兽药证书，产品均通过国家GMP认证和美国FDA认证，以对动物的高度安全性和不易产生耐药性等优点而成为国内外最常用的兽药之一，此产品的国家标准由该公司起草。该产品自2006年9月技改项目完成后，年产量迅速突飞猛进，至此，三峡制药超过美国普强公司成为世界最大的硫酸新霉素生产企业；年销售量稳居世界第一，取得了硫酸新霉素世界销售市场的话语权。

宜昌市委书记李佑才、市长郭有明、开发区管委会主任等市领导到三峡医药科技产业园调研

三峡制药公司是国内最早的氨基酸原料生产基地之一，缬氨酸、异亮氨酸、亮氨酸、醋酸赖氨酸的国家标准均由该公司起草，于2005年通过KOSHER认证。目前缬氨酸、异亮氨酸年产量均居国内之首，国内销售市场占有率达60%以上。

宜昌三峡制药有限公司生产氨基酸的产量由最初一种氨基酸原料年产1吨到2005年多种氨基酸年产近300多吨，随之而来的是主要废弃物——菌渣和母液的总量迅速增加，环保问题日益突出。

针对这些问题，通过公司生产技术人员的攻关，逐渐完善了母液中回收氨基酸的工艺，母液量由原来的10立方米/月缩小为3立方米/月，但这部分母液仍无法处理。缬氨酸提取生产过程中产生的母液中含有大量的其他氨基酸，比如赖氨酸、丙氨酸、谷氨酸等以及少量的缬氨酸，这些氨基酸对动物生长都是有益的物质。公司研究人员经过反复试验，最后采取喷雾干燥的工艺，通过增加喷雾干燥设备，成功解决了母液的回收利用问题。目前年产饲料级氨基酸约25吨，创造年产值100多万元。

发酵菌体废渣是氨基酸生产企业在生产氨基酸过程中的废弃物。2000年以前生产产生的菌渣未经处理，以废弃物交由环卫部门处理，每年需交几千元垃圾处理费。因为菌渣的底物主要由葡萄糖、玉米浆、无机盐等组成，其营养丰富，粗蛋白含量平均在60%以上，还含有多种维生素和微量元素，可作为优质的氮源。经过公司销售人员市场调查和技术人员仔细研究，公司购置了干燥设备，及时处理生产出来的菌渣，并且进行了包装处理，这样既解决环保的问题，又使公司的蛋白粉产量达到30吨/月的量，创造年产值50多万元。

公司领导决策着眼于未来，已在宜昌市高新技术产业开发区征用土地190亩，全力打造三峡医药科技产业园，实现公司产业发展壮大的历史跨越。

建设新型循环经济工业基地

宁夏宝丰能源集团有限公司

国家发改委主任张平等领导考察宝丰能源集团

宁夏宝丰能源集团有限公司积极响应自治区党委和政府号召，发挥人才、技术和资金优势，抓住宁东大开发、建设“两个最适宜城市”的契机，全力投身于宁东能源化工一号工程建设，在宁东能源化工基地临河综合工业园A区和B区，投资约200亿元人民币，兴建占地总面积11000亩的“宝丰能源循环经济工业基地”。

宝丰能源循环经济工业基地的建设始终遵循科技创新、资源节约、环境友好、循环利用的宗旨，倡导科学发展、持续进步、综合开发的理念，坚持走煤、电、化、油多联产的新型煤化工技术路线，努力建设国内技术、设备、环保水平领先、产品多元化的新型一体化煤化工多联产企业。力争在短时间内建设成为宁夏地区拥有可持续发展资源，产业链有效延伸，效益环保兼顾，产品结构多元化的现代化大型煤化工企业。

宝丰能源循环经济工业基地可开采煤炭资源总储量约12亿吨，基地内已建成和正在建设的项目包括：生产能力240万吨/年马莲台煤矿、180万吨/年四股泉煤矿、60万吨/年丁家梁煤矿、240万吨/年红四煤矿、1000万吨/年洗煤、500万吨/年焦化、30万吨/年焦油深加工、40万吨/年焦炉煤气制甲醇废气回收综合利用项目、10万吨/年苯加氢、40万吨/年醋酸、45万吨/年合成氨、80 万吨/年尿素、10万吨/年气分、2万吨/年MTBE、2×300MW综合利用电厂、2×25MW余热发电等项目及配套的净化水厂、污水处理厂、物流中心、铁路货场等公共辅助设施。截至2009年底，240万吨/年马莲台煤矿、600万吨/年洗煤厂、220万吨/年焦化厂、40万吨/年甲醇厂已全部投产。产品涉及冶金焦、洗精煤、中煤、煤泥、煤焦油、粗苯、酚、萘、硫铵、甲醇等十多种，初步取得了资源充分利用、生态环境优美、煤化工产业链不断完善的良好成果。

宁夏宝丰能源集团公司建设循环经济示范园区得到国家、自治区等各级领导的关心和支持：2010年4月16日，中共中央政治局常委、国务院副总理李克强到公司考察；2010年5月20日，中共中央政治局委员、国务院副总理张德江到公司考察；2009年8月6日，国家发改委主任张平到公司考察；2009年8月14日，国家发改委副主任朱之鑫到公司考察；宁夏自治区、银川市党政领导班子多次到公司检查指导工作。

绿色发展　环保先锋

广州市越堡水泥有限公司

广州市越堡水泥有限公司（前身为广州水泥厂）是由广州水泥股份有限公司与德国海德堡水泥集团、香港越秀企业（集团）有限公司共同出资成立的一家中外合资企业。公司位于广州市花都区新华镇马溪工业区，地理位置和水陆路交通条件十分优越。公司采用世界上最先进的新型干法预分解窑工艺技术和装备，设计日产熟料6000吨，年产水泥230万吨，可生产PC、PO及PII型水泥。公司自有大型石灰石矿山，矿山开采方式为下陷地坑式，设计开采年限为50年。

循环经济示范项目——水泥窑协同处置生活污泥项目

采用先进工艺及设备，确保污染物低浓度排放

为有效地控制烟（粉）尘低浓度达标排放，公司收尘设施全部采用脉冲式布袋除尘器（共设132台），其中窑、磨工艺的废气处理引进意大利REDECAM的喷吹袋式收尘器。熟料煅烧工艺采用德国洪堡公司带燃烧室的PYROCLON低氮分解炉及PYROJET多通道喷煤管，有效地控制氮氧化物低浓度达标排放浓度。

坚持绿色经营，推行清洁生产

越堡自2005年4月2日正式点火试产以来，在生产上贯彻循环经济和清洁生产的理念，2006年8月29日通过了ISO14001：2004环境管理体系认证；2008年12月，越堡被评为广东省清洁生产企业及广州市首批优秀清洁生产企业。

依托自身优势，发展循环经济

越堡自投产以来一直致力于资源及能源的循环利用。在生料制备中大量采用矿山剥离土及湿煤渣；在水泥生产中掺入脱硫石膏及粉煤灰等工业废弃物；同时投入大量人力、物力开展水泥窑协同处置废弃物技术的研究和工业试验，并成功地将水泥窑协同处置污泥的技术推向工业规模化。

循环经济示范项目——水泥窑协同处置生活污泥项目

该项目是国家“十一五”科技支撑计划(工业及城市废弃物在水泥窑中的处置技术及装备研究)攻关项目，也是“广东省水泥窑协同处置固体废弃物试验的试点示范工程” 及中德在环保领域的合作交流项目。项目总投资7076万元，每日可处理含水率80％的湿污泥600吨，年处理量达18.6万吨，是目前我国最大的水泥窑协同处置污泥项目。该项目的实施，可以节约采用卫生填埋方法处置污泥占用的土地资源，可彻底消除其他处置方式产生的残渣及飞灰等二次污染难题，实现规模化处置污泥的目标。

本项目采用水泥窑窑尾废热将原生污泥（含水率约80％）烘干至半干污泥（含水率≤30％）后，再经分解炉焚烧，并最终随其它物料一起进入回转窑内彻底焚毁。既能减少污泥中水分对窑系统的影响，又能增大窑系统处置污泥的能力，且能充分利用余热，节省一次燃料。

来自窑尾的废热烟气经管道输送至烘干车间，通过风机升压后鼓入烘干机烘干室进口。需要烘干的湿污泥由专用的输送装置送至污泥储料小仓，然后送到烘干机。在烘干室内，气固两相进行对流型烘干，完成热交换后的污泥和烟气一起进入袋式收尘器。收尘后的干泥污泥颗粒通过锁风卸料阀后由胶带输送机、提升机送入成品污泥储仓。烘干后的尾气经处理后排放。半干污泥经皮带秤称计量后喂入窑尾分解炉（喂入点温度大于900℃），并随生料进入回转窑，参与熟料煅烧过程。污泥中的有机物被彻底分解，重金属及无机物等被晶化在熟料中，无底渣及飞灰等二次污染物排出。

2009年6月9日，项目一期工程(日处置能力300吨）投入试运行，承担了广州市大坦沙、沥窖、龙归及竹料等污水处理厂全部污泥处置任务。2010年4月，项目二期工程(日处置能力300吨）也投入试运行，至今共处置污泥约9万吨。

大力推进重庆市资源循环利用

重庆市再生资源（集团）有限公司

企业精神：诚信经营 创新进取 努力拼搏 和谐发展

企业宗旨：统筹城乡再生资源发展，引领全市再生资源回收网络体系建设

企业未来发展规划：将“重庆再生资源”这一品牌打造成为享誉全国的优质品牌，引领全市再生资源网络体系建设，打造再生资源行业“航母”，带动中西部地区循环经济大发展。

重庆市再生资源（集团）有限公司系重庆市供销合作总社直属的全市性集团公司，是重庆市循环经济试点企业和再生资源回收体系建设试点企业。公司于2009年1月重组成立，注册资本3000万元，主营废金属、废塑料、废纸、废电子产品、竹木等再生资源的回收和加工利用，报废汽车回收处理，废铝进出口和铝产品加工等业务。截至2010年6月，公司成立18个月以来，回收各类再生资源物资23.1万吨，实现销售收入3.73亿元。

集团公司资产总值已近2亿元，现有员工320人，从业人员近万人。公司旗下有重庆渝供再生资源有限公司和重庆蓝宇再生资源回收有限公司两家全资子公司，还有重庆市物华再生资源有限责任公司、重庆铝王铝业有限公司、重庆市物华报废汽车回收拆解专营公司、重庆市鑫源物资回收有限责任公司、重庆农联家电市场有限公司等11家控参股企业；参股30家区县再生资源企业；紧密合作的有10家大型再生资源回收、加工和利用企业，均凭借其优秀的业绩和诚信经营在业界享有良好的口碑。

公司自成立以来一直致力于大型项目建设，先后启动了再生资源网络体系建设项目、城市矿产示范基地项目、电子废弃物回收拆解项目、农业再生资源回收项目等。目前，公司已建立了覆盖全市40个区县、遍布城乡的标准化社区回收站点2269个，废铝回收站点100个，农业再生资源回收站点60个，区域分拣中心、中转站40个，报废汽车处置场40个，废铝利用中心2个。

2010年集团公司在重庆市西彭铝工业园区内建设了重庆市城市矿产示范基地，该项目总规划用地1500亩，总投资14.11亿元。通过建设废铝加工利用中心、废塑料加工利用中心、废旧电器电子产品处置中心、报废汽车回收拆解中心、再生资源交易市场、产品研发中心、有色金属交割库等板块，形成集再生资源回收、分拣、加工、物流、交易为一体的循环经济产业基地。项目建成后将进一步推动重庆市资源循环利用产业向规模化、集约化方向发展，培育新的经济增长点。项目建成后，运营收入将突破50亿元，带动相关产业产值突破200亿元。

光明工程 蓝天工程

窑街劣质煤热电厂

窑街劣质煤热电厂为西北首座利用煤矸石作为主要燃料发电的热电厂，采用我国首台具有知识产权的130t/h循环流化床锅炉，总装机容量为4×25MW。电厂采用煤矿产生的煤矸石为主要燃料进行发电和供热，既节约了能源，又实现了废物利用，同时采用热电联产的方式为整个矿区的办公楼及住宅实行集中供热，取代矿区原有14个锅炉房56台小锅炉的分散供热方式，使矿区空气质量得到全面改善。是国家产业政策鼓励、支持发展的项目,被原国家经贸委列为“双加”技术改造项目和国家节能综合利用示范工程。本项目建成以来，不但成为煤电公司生产发展的一个亮点，而且带动了整个窑街地区的经济发展，发挥了良好的经济效益和社会效益，被誉为“光明工程、蓝天工程”。

厂区一角

电厂采用煤矸石为主要燃料发电，一方面使废物变成可利用的资源，大大节约了一次性能源，同时还消除了煤矸石因长期堆放和自燃造成的环境污染和土地资源的浪费，可以使煤矸石堆放所占的大量土地资源得到有效利用；而且锅炉燃烧产生的粉煤灰和炉渣在当地全部由水泥厂和粉煤灰免烧砖厂进行了综合利用。同时，汽轮机冷却系统采用闭式循环系统，冷却水可重复使用，极大地节约了水资源。

窑街热电厂从项目审批、设计到开工建设都坚持从有利于企业和社会的角度出发，将环保工作列入到重要的工作日程，做到了环境保护设施建设与工程项目建设同步进行。在生产设备运行方面，加大对环保设施投入力度，环保设施投入率为100%，且设备性能良好，达到了预期的目的，环保设施的正常运转，采用三电场静电除尘器，除尘效率在99%以上，使氮氧化物、二氧化硫等的排放量均低于国家排放标准；对生活、生产废水分别采用不同的废水处理装置，使污染物排放达到国家规定标准。一、二期工程经甘肃省环保局审查验收，各项指标完全达到了环保要求。同时，对道路两旁和厂区空地植树种草栽花，目前，全厂绿化面积达到可绿化面积的80%，厂区环境和谐、幽雅，草绿花香。

通过几年的运行证明，循环流化床锅炉技术由于燃用低热质煤和煤矸石进行发电，前景广阔、技术可行，对实现煤矸石废物利用、减少资源的浪费效果是明显的，为我国煤矸石的综合利用开辟了一条出路。

国内首台130t/h循环流化床锅炉

以大项目带动产业发展 以大企业支撑大基地建设

广东省江门市新会区双水镇

双水镇位于珠江三角洲的江门市新会区西南部，地域面积207平方公里，户籍人口约9.2万，辖37个行政村和2个社区，是新会区人口最多、镇域最大的农村镇，先后取得了广东省中心镇、省级可持续发展试验区、省城镇化技术集成应用示范试点单位、省教育强镇、全国环境优美乡镇和省生态示范镇等称号。近年来，双水镇坚持走以大项目带动产业发展、以大企业支撑大基地建设的循环经济之路，初步形成了两个国家级的循环经济试点单位——双水拆船钢铁公司和广东银洲湖纸业基地。

双水拆船钢铁公司

通过物资综合利用，实施清洁生产、降耗节能，走可持续的循环经济发展之路是双水拆船钢铁业一直以来的发展战略。2005年，双水拆船钢铁公司作为该镇拆船业的龙头企业，顺利通过国家发展和改革委员会等部门的联合认定，成为全国第一批循环经济试点单位。双水拆船钢铁公司通过综合利用拆船物资进行深加工发展循环经济，已成功开发了集装箱角、型材和无缝钢管等一系列高附加值产品，从单一化的拆船转变成为集拆船、铸造箱角、轧制型材、精制钢管和拆解报废汽车等于一体的综合性企业，形成了“拆—铸—轧—制”的新型低碳产业链，企业综合实力不断加强。2009年，拆船公司抓住全球经济不景气的契机，全年累计购进废船98万轻吨，拆解废船60多艘，共70多万轻吨，实现产值29.8亿元，纳税3.5亿元。强劲的发展势头拉动双水镇镇整个拆船钢铁产业实现了新一轮的发展,全镇40多家轧钢企业全年实现产值约10亿元。

双水拆船钢铁公司

广东银洲湖纸业基地

广东银洲湖纸业基地（下简称基地）是广东省长远规划发展的三大造纸基地之一，并于2007年被国家发展和改革委员会认定为全国第二批循环经济试点单位。基地根据造纸生产需要大量水和能源的特性，在生产过程中严格按照循环经济要求，坚持“减量化、再使用、再循环”的原则，充分利用发电与造纸的相关性，以双水发电厂为公用工程岛，实行横向资源整合，全面发展“七个集中”，“三个一体化”，即集中供热、集中供电、集中供冷、集中供水、集中治污、集中物流、集中废弃物综合利用和公用工程一体化、管理服务一体化、环境保护一体化，大力推进节能降耗、污染物减排，最大限度地提高了能源综合利用率和减少污染物排放，走出了一条有特色的节能减排、竞争力强、产业集群的低碳之路。经过几年的发展，纸业基地发展已初具规模，维达纸业（江门）有限公司、中顺纸业、振隆造纸、仁科绿洲纸业、华泰纸业、阿博特数码相纸等项目相继落户基地，纸业基地发展已初具规模，2009年纸业产业总产能已达31万吨，实现产值39.7亿元，上缴税收1.37亿元。

维达纸业（江门）有限公司

变废为宝 化害为利

金砂湾工业园

污水处理厂

金砂湾工业园紧紧围绕 决战沿江工业，打造经济强县的奋斗目标，以项目建设为突破口，加快分展循环经济，真正实现环境污染最小化，资源利用最大化，变废为宝，化害为利，工业园呈现出持续攀升的良好势头：2009年实现主营业务收入1065303万元，上交税金37365万。

2010年园区共落户企业66家，投产39家，在建27家，预计实现主营业务收入220.1亿元，同比增长106%，企业用电量达165954万千瓦时，同比增长42%，

循环经济效益明显

湖口县金砂湾工业园在发展循环经济中已形成钢铁冶金、有色冶金、化工化纤、船舶制造四大主导产业和钢铁、化工两大循环经济产业链，一条是以九江钢厂为核心的钢厂配套及副产品深加工的产业链，一条是以中伟科技和新康达为核心的化工产业链。以九江钢厂为核心的钢厂配套及副产品综合利用产业链聚集了近30家企业，九钢产生的大量水渣和钢渣作为生产微粉水泥的原料销售给锦溪水泥、合昌水泥、中冶环保等5家企业，每年可以生产微粉水泥200多万吨，增加产值2亿余元。钢厂在冶炼过程中产生的大量高炉、转炉煤气，一部分发电，一部分管道输送到中冶环保、高钙石灰厂、联达球团厂当作燃料，每年可节约燃煤5万吨，减少二氧化硫排放1000多吨。以中伟科技和新康达为核心的化工产业链聚集了龙达粘胶、天赐化工、诺贝尔化工、乔旭化工等近20家企业。园区化工企业所需硫酸、盐酸和烧碱分别由中伟科技、新康达提供。中伟科技在生产过程中年产12万吨蒸汽，可满足周边5家化工企业的供热需求，每年为园区减少燃煤使用2万吨，减少二氧化硫排放500吨，直接经济效益达500多万元。

在园区的项目建设和招商引资中，湖口县严格按照产业链来运作，先招龙头企业，再招相关项目，形成“引来一个，构成一串，形成一片，发展一方”的良性发展态势。对不符合工业园产业规范、不能构成循环经济产业链条、环保难以达标的企业，该县坚决亮“红灯”，先后拒绝了4个投资亿元以上的污染项目。凡引进的项目，该县用科学方法将上游企业的下脚料变成下游企业的原材料，在最大范围内实现变废为宝、变害为利，通过副产品、能源、废弃物和原材料的相互交换，形成了一套比较完整的工业生产系统，以凸显循环经济的集聚效应。

园区夜景

金砂湾工业园已具备循环经济的强大磁性，吸引着相关产业和项目的进驻，中伟科技有限公司附近的企业群就是很好的诠释。工业园针对中伟科技产生的硫酸渣，引进金山金属公司来治理，从中炼出的铁矿粉，又供给九江钢厂作原料，这样中伟科技没有固体废物排放，不但减少了环境污染，而且节省了成本。新康达生产的主产品为烧碱，副产品为氯气、氢气，企业为此引进一个投资30亿元的龙达粘胶下游项目，龙达利用新康达的烧碱、氯气生产粘胶短纤维。同时，龙达在生产中产生的废液又卖给乔旭化工，废液经过乔旭加工处理变废为宝，又生产出硫氢化钠产品。可见，园区上下游企业的“链式”发展，既节约了成本，又达到节能减排的目的。目前，湖口县的工业发展呈现“井喷”之势，大项目接踵而至，产业链越拉越长，进入良性互动的发展局面，成为循环经济发展的样本。

项目建设取得重大突破

萍钢集团九钢分公司150万吨板材项目、龙达一期11万吨粘胶项目、天赐化工锂离子电解液项目、联达球团40万吨技改项目、博林高新材料项目、赣弘矿粉项目、华东船业已正式造船投产；投资50 亿元的江铜铅锌冶炼项目土建工程进展顺利；投资50亿元的攀森镍粒项目一期可以试产。诺贝尔高新材料、中石油油库、长江炉料等10个亿元以上在建项目进展顺利。

新的园区开发已经启动

为加速推进项目落户，2010年园区突出了“三大平台建设：一是完善金砂湾建设；二是启动万亩银砂湾工业园；三是建设轻工业物流园。

循环经济实践单位

以循环经济推动区域经济可持续发展

唐山南堡经济开发区

近年来，南堡经济开发区以科学发展观统领经济工作全局，用循环经济理念调整优化产业结构，立足区内丰富的盐碱资源优势，积极引进上下游项目，努力延长化工产业链条，构筑起循环开发的产业体系，实现了较低消耗基础上的快速发展。

循环经济发展现状

全区已形成了以南堡盐场和三友集团为主体，上游海盐生产、中游“两碱一化”、下游氯气利用的“三大板块”，构筑了海洋化工循环产业体系，初步建立起“盐—碱—氯气—四氯化钛—海绵钛”、“盐—烧碱—粘胶短纤维”、“氢氧化钾—三氯氢硅—气相白炭黑”、“氯气—有机硅—有机硅下游产品”4条主导产业链。全区拥有各类工业企业55家，其中大型国有企业2家，外资企业5家，民营企业48家，其中，原盐产量亚洲第一，纯碱和粘胶纤维产量全国第一，海洋化工循环经济总量占地区生产总值的80%以上，钛材料、硅材料等新兴产业链蓬勃兴起。

循环经济发展重点及主要做法

原材料利用方面。南堡盐场280平方公里的腹晒场地中养殖鱼虾蟹等海产品，初级卤水中放牧卤虫，中级苦卤被送到南盐化工厂提取工业溴、氯化钾和氯化镁等重要的化学资源，高级卤水晒盐；唐山三友集团利用原盐生产纯碱、烧碱。初步形成了上下游产品接续成链、关联产品复合成龙、资源循环综合利用为特色的循环发展模式。

资源综合利用方面。南堡盐场晒盐产生的老卤用来生产溴素、氯化镁、氯化钾等产品；三友集团纯碱蒸氨废液回收用于生产氯化钙，氯化钙做原料生产融雪剂；三友化纤废气回收二硫化碳重复用于粘胶短纤维生产；三友热电副产的粉煤灰、灰渣用于修路和制砖等；碱渣制工程土已获得建设部出具的鉴定成果报告，压滤碱渣基本实现全部外售，从根本上解决碱渣占地和环境污染的问题。烧碱产生的电石渣浆回收提取乙炔后做石灰乳进行二次综合利用，蒸氨废液回收用于生产氯化钙。

公用工程系统建设方面。南堡开发区在水、电、蒸汽等公用工程使用方面统筹优化配置，有效提高了资源利用率。一是大力推进水循环系统建设，通过日处理能力8万吨的污水处理厂和日生产4万吨中水回用工程减少对地下水的开采，从而实现由企业排出废水经污水处理厂和中水回用后再供企业使用的水资源循环体系，有效保护了区域水资源。二是利用三友集团热电公司为区内居民和企业提供电力和蒸汽，做到了汽、电联产、蒸汽梯级利用。

科技创新方面。用高新技术改造传统工艺装备，推进产业升级；加快产品升级步伐，提升核心竞争力；区内建立了集科研、开发、设计及试验于一体的综合性技术创新体系。

循环经济发展目标

“十二五”期间，南堡开发区循环经济产业发展将继续以南堡盐场、三友集团两大核心企业为龙头，坚持以海洋化工为基础，以战略性新兴产业为主导，以临港经济为特色，以循环发展、低碳发展、绿色生活为主要模式，加快推进“一港两区”开发建设，加快循环产业聚集，推进经济发展方式转变，实现跨越发展。

开发区大楼

污水处理系统

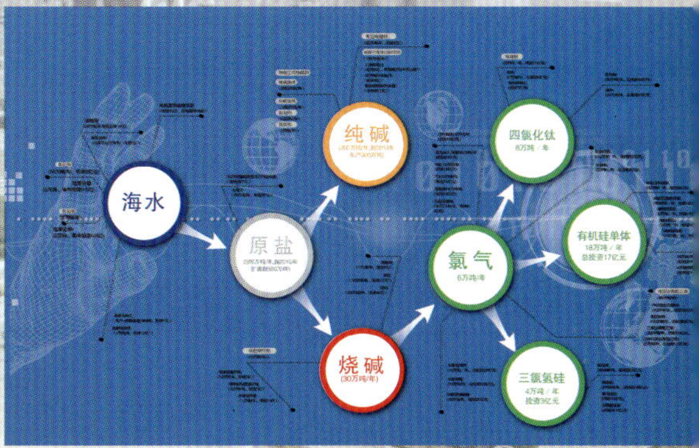

循环产业链

循环经济实践单位

发展循环经济　全力打造资源节约型和环境友好型企业

日照钢铁控股集团有限公司

日照钢铁控股集团有限公司成立于2003年2月，是一家集制氧 、球团、烧结、炼铁、炼钢、轧钢、发电为一体的大型钢铁联合企业。地理位置得天独厚，陆路、海路交通便利、淡水资源丰富，是具备产品优势、规模优势、地域优势、资源优势的沿海钢铁企业。主要产品有热轧带肋钢筋、热轧H型钢、热轧工字钢、热轧带钢、高速线材，已形成了板、棒、线、型并举的产品格局。产品畅销全国及世界各地。

日钢集团公司现有员工12000余人，占地414公顷，年生产能力铁1300万吨，钢1200万吨，材1200万吨。2009年实际产铁1321万吨，产钢1228万吨，材1186万吨，完成销售收入355亿元，实现利税79亿元。在中国企业500强中排名第120位，中国制造业500强中排第55位，中国民营企业500强中排第8位，按照工信部统计报告，钢铁产量位居全国第9位。

钢厂全景

发展循环经济的主要做法和措施

日钢集团公司在科学发展观指导下，秉承“与时俱进，认真求实，团结协作，快乐炼钢”的发展理念，彻底改变钢铁企业规模生产、规模消费、规模废弃污染的传统增长模式。集团公司在建设和技术改造上坚持高起点，集合了当今国内外同行业多项新工艺、新技术，并将行业先进企业的最优秀的指标作为日照钢铁总体设计规划的起点。坚持以科学发展观为指导，按照“减量化、资源化、再利用”的原则，发展循环经济，全力打造资源节约型、环境友好型企业。至2009年，节能环保循环经济项目累计投资30.20亿元，主要包括煤气发电、余热余能发电、水渣超细粉项目、钢渣超细粉项目、综合污水处理、固废综合利用等项目，大幅度提高了能源效率、资源效益，取得了明显的环境和经济效益。

一、把生产工艺节能降耗纳入发展出发点

日钢集团公司实施了“炼钢全连铸、钢坯全热送、轧钢全一火成材、提高高炉喷煤量”、“钢渣和含铁尘泥零排放、高炉、转炉煤气零排放、生产废水零排放、余热蒸汽闭路利用”等清洁生产工艺，优化工艺流程，提高生产的集约化程度，促进了成本降低、效益提高。将节能减排的目标集中到资源的高效利用、能源的高效转化和废弃物的高效再生上，资源能源利用水平不断提升。

● 球团工序：生产工艺采用了链篦机、回转窑新工艺，不仅提高了球团的质量，而且达到了节约资源的效果。

● 烧结工序：生产工艺采用“均质烧结技术、自动配料技术、小球烧结技术、蒸汽混合料预热技术、厚料层操作、高炉煤气低温点火技术、机尾除尘以及烧结余热发电技术”等先进工艺技术。2009年烧结工序为46.36kgce/t,在全国82家钢铁企业中位居第4位。

● 炼铁工序：生产采用炉顶无料钟生产工艺，高炉全部配备富氧喷煤系统，铁场除尘工艺，煤气系统采用干法除尘实现吨铁节水0.7m^3/t，高炉全部采用TRT发电技术。通过高炉风机“PCBB”节电技改，降低了高炉风机用电消耗，同时提高了送风压力，BCS热风炉燃烧自动控制系统的应用技术。实施“三高两低”（炼铁高风温、高喷煤、高系数、低休风率、低焦比）。2009年炼铁工序能耗为383.581kgce/t,在全国82家钢铁企业中排名第8位。

● 炼钢工序：全面实现“负能炼钢”，其工艺技术主要体现在转炉煤气回收技术、转炉配小烧结技术、溅渣护炉提高炉龄技术、钢包吹氩技术、100%全连铸工艺、蓄热式钢包烘烤技术、转炉余热发电技术。转炉煤气吨钢回收125Nm^3/t。

● 轧钢工序：“三全两调”（钢坯全热送热装、加热炉全蓄热化、中厚板全倍尺轧制，以及煤气结构和煤气热值调整、轧钢坯料结构调整），轧钢生产工艺全部实现一火成材，加热炉全部采用100%燃烧高炉煤气蓄热式加热并实现热装热送，目前“三率”即成材率、热装率、作业率达到90%以上，不仅减少了钢坯氧化烧损，提高了成材率。

120t转炉

转炉煤气回收柜

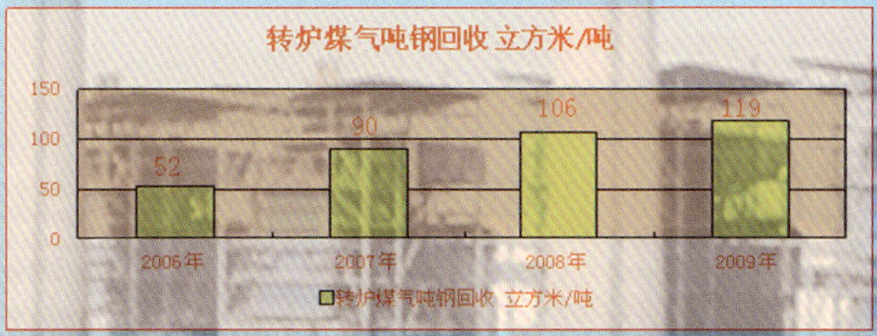

二、大力发展循环经济项目

——高炉、转炉煤气回收及综合利用:

● 高炉煤气回收系统:高炉煤气经干法除尘后进入TRT余压发电装置，利用余压发电，后进入煤气管网，外供高炉煤气。高炉煤气管网压力依靠电厂锅炉发电进行调整，实现零排放。高炉煤气综合利用率达到99%以上，基本实现了全部回收利用。

● 转炉煤气回收系统：采用OG工艺，转炉煤气采用两级文氏管湿法净化，然后经过精除尘，除尘效率大于99%，除尘后煤气含尘浓度小于10mg/m^3。炼钢转炉煤气回收目前达到吨钢125Nm^3/t。

● 高炉煤气综合利用发电：利用公司钢铁材生产中的富余煤气投资建设了煤气综合利用电厂，现在已形成8炉8机，总装机容量400MW，是目前国内

综合利用电厂

TRT发电

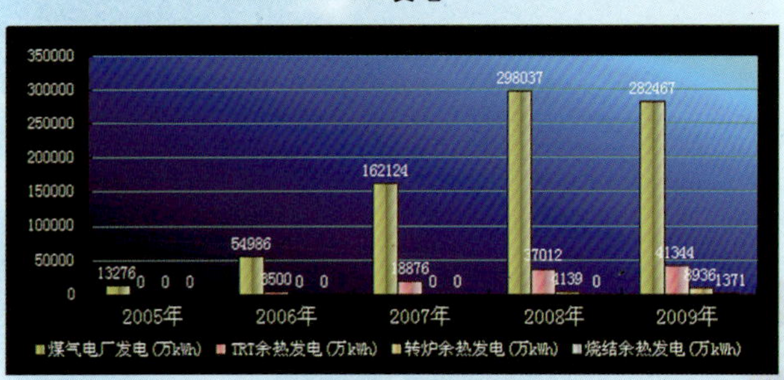

逐年综合回收发电量

污水处理

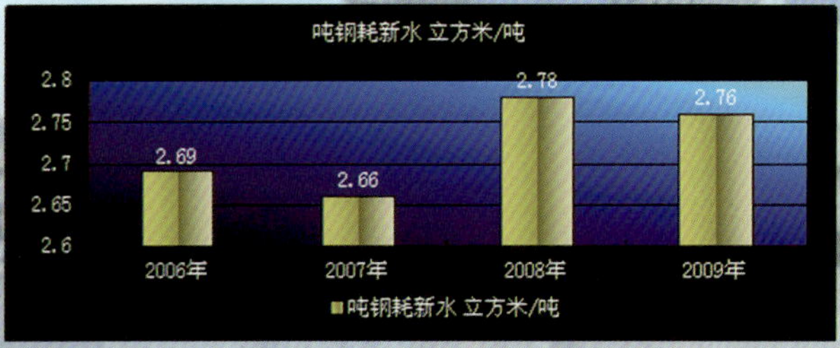

日钢集团公司近年来吨钢耗新水对比

规模最大的煤气综合利用发电厂。年减少了120亿立方米煤气放散，保护了环境,真正达到了“废气全回收”、“综合再利用”效果。

——余压余热余能回收利用:

● TRT余压透平发电技术的应用:公司16台高炉全部配套 TRT发电机组，实现吨铁发电32kWh/t左右，吨铁发电最高的机组可达40kWh/t。日发电110万千瓦时。发电量占炼铁用电量四分之一，回收了高炉鼓风机30%电耗。

● 转炉余热蒸汽发电技术：日钢集团公司根据转炉生产能力，建设了一台目前国内单机容量最大的12MW低饱和蒸汽参数补气发电机组回收余热蒸汽发电，使炼钢工序能耗降低1.3kgce/t，目前机组运行平稳，满足设计要求，达到预期目的。

● 烧结环冷机余热回收发电技术：日钢集团公司 $2\times360m^2$烧结机环冷机发电项目，建2台余热锅炉和一台25MW的双进汽的汽轮发电机组，每年可以减少相当于燃烧8.07万t标准煤产生的有害气体的排放,全年可以供电1.28亿千瓦时，吨矿发电最高达到16kWh/t矿。

日钢集团公司仅通过上述综合利用发电系统，已经达到了年发电35亿千瓦时左右，用电自给率高达到58%以上，是钢铁行业最优水平。

——水资源综合利用

炼铁、炼钢及各轧材工序均有独立的水循环系统，循环率达到98.3%。2007年，建设了日处理能力3万立方米的综合污水处理厂。项目是国家科技部“科技支撑”计划示范项目，具备在线监测功能，所有数据可在中心控制室显示并调控。出水COD小于30mg/L，基本实现了废水零排放。

水钢渣超细粉

固废综合利用

——固体废物全部综合利用：

● 水渣超细粉项目：投资5亿多元从德国进口设备，采用国际先进、成熟的集烘干、粉磨、选粉于一体的立磨工艺，将炼铁过程中产生的水渣处理成细度为450m^2/kg矿渣粉。是国家鼓励发展的新型建筑材料。

● 钢渣微粉项目：投资4亿元，年产80万吨钢渣粉。采用余热自闷解处理工艺，经三级破碎、磁选后，钢豆送到炼钢厂回收利用，尾渣送入法国进口的磨机制粉，是国家鼓励的资源再生高科技环保项目。

● 固废回收综合利用项目：投资近3亿元，与钢铁研究总院共同研发，使用自主知识产权，建设2条20万吨富锌精粉生产线。处理转炉污泥和高炉灰的混合料，生产富锌精粉3万吨/年，并副产金属化球团。年可处理转炉污泥和高炉灰40万吨，不仅可消除目前日钢集团公司固废大量占地和污染环境的问题，而且实现了锌、铁、碳等资源的综合回收利用。

循环经济实施的效果和成效

日照钢铁控股集团有限公司凭借着先进的管理模式、从基础能源管理入手，加强节能管理，不断采取有效的节能降耗措施，并不断与宝钢、鞍钢、马钢等先进指标企业进行对标，自查自纠，系统挖潜，不断改造工艺和设备，加大节能环保技术投资，充分回收余热余能资源，工序水平也得到明显提升，促使能耗指标处于行业领先水平，为发展循环经济和创造良好的经济效益打下了坚实的基础。逐步构建循环经济长效机制，经过近几年的努力，日钢集团循环经济成效显著，已成为企业可持续发展的重要支撑。2009年吨钢综合能耗576.5千克标准煤/吨，吨钢耗电318.9千瓦时/吨，吨钢耗新水2.76立方米/吨，各项余热余能发电33.41亿千瓦时，企业自供电率达58.13%，各项指标达到国内同行领先水平，节能效果显著。

积极推进循环经济 促进企业可持续发展

邯邢冶金矿山管理局

邯邢冶金矿山管理局是国有大型黑色冶金矿山采选联合企业，是我国重要的钢铁工业原料生产基地。企业总部位于河北省邯郸市，下属单位分布于河北邯郸（武安、涉县）、安徽霍邱以及山东临淄、昌邑和辽宁营口境内。截至2009年底，企业在册员工9900人，各类专业技术人员两千多人。

企业主要经营铁矿石采选，兼营建筑安装、机械制造加工、地质岩土工程、仓储运输等，现有5座生产矿山、3座在建矿山，至2009年底，具有铁矿石650万吨/年、铁精矿260万吨/年以上的生产能力，在建矿山采选生产能力830万吨/年，生产规模位居全国地下铁矿山前列、河北省首位。主产品“邯邢牌”铁精矿，具有品位高、粒度细、有害元素含量低、全自熔等优点，产品质量被国家权威部门评为“达到国际先进水平”，深受用户欢迎，畅销河北及中原地区各钢铁企业；2008年，被中国市场监测中心和中国市场研究中心联合授予“中国铁矿石产业十大著名品牌”及“中国铁矿石产业十大用户满意产品”。

建矿近60年来，邯邢冶金矿山管理局先后建成16座铁矿山，8座选矿厂。至2009年底，累计生产铁矿石17218万吨，生产成品矿 11695 万吨；2009年生产铁矿石660万吨、铁精矿263万吨，实现营业收入26.52亿元、利润总额4.58亿元。

推进循环经济的措施和成效

一、积极推进技术攻关，促进铁矿资源有效开采、合理开发

多年来，邯邢冶金矿山管理局和高等院校及科研院所合作，积极推进技术攻关，掌握了难采矿体高效采矿方法、复杂富水矿床开采、残留矿体回收方法、地压管理和控制、地下矿山安全生产管理等方法和技术，对地下矿山合理有效开采提供了支撑。2009年采矿回采率80.85%，同时，

北洺河铁矿

西石门铁矿矿区

邯邢冶金矿山管理局在多年的矿山开采中，在合理开采矿区周围边角矿体、残留矿体方面积累了一定经验，取得了丰硕成果，2006~2009年四年间回收残矿580万吨，相当于一个中型矿山两年的产量，为矿山企业的可持续发展和效益的提升做出了积极贡献。

二、在新建矿山积极推行充填采矿法，实行保护性开采

近几年来，邯邢冶金矿山管理局在资源控制与开发方面取得了积极进展，先后在安徽省霍邱县取得了李楼铁矿、吴集铁矿（北段）的采矿权，并在矿山建设中实行联合建设。根据国家对矿山环境保护的要求，邯邢冶金矿山管理局以建设和谐矿山为原则，根据矿体赋存条件及内外部技术经济条件，在联合建设实施方案中，采用了阶段空场嗣后充填采矿法，并以吴集铁矿（北段）为试点，联合科研院所深入研究充填采矿法在低品位矿山开采中的应用，取得了可喜成果。

该采矿法相对于冶金地下矿山传统的崩落采矿法，主要有如下优点：一是可有效防止采场顶板及上覆岩层的冒落，地表村庄、农田及地表设施可得到有效保护；二是可以有效提高资源利用率，相比其他采矿方法回采率提高10%~20%；三是70%以上的尾矿用于充填井下采空区，可以减少尾矿排放，尾矿库占地面积及尾砂排放费用大大降低，具有良好的社会效益。

新建成的3号充填站

霍邱诺普矿业有限公司

废弃矿山上生长的茂盛 的槐树林

塌陷坑回填现场

地质勘查院承担的毛里塔尼亚项目

北洺河铁矿

玉石洼铁矿

目前，李楼–吴集铁矿750万吨/年联合建设工程进展顺利，一座充填站已建成并投入试运行。

地下充填采矿法将是矿山实现清洁生产、保护环境的一种非常有效的方法，地下充填采矿法在资源的开发利用方面将成为一种人与自然和谐发展的新途径。

三、积极推进矿山地质环境综合治理

邯邢冶金矿山管理局多年来一贯重视矿山地质环境的综合治理工作，尽可能减少因矿山开采对地质环境的影响和破坏。从冶金地下矿山来看，传统的铁矿资源利用方案大多选择空场采矿法和崩落采矿法，这两种采矿方法都不同程度地造成地表塌陷，给生态环境造成破坏。2005年以来，邯邢冶金矿山管理局从建设资源节约型、环境友好型企业出发，积极申请国家专向资金，对所属老矿山积极实施地质环境综合治理。2005~2009年，地质环境综合治理项目完成投资6340万元，其中利用国拨资金3960万元。重点开展了一下工作：

——对开采过程中产生的废石，不再向废石场堆放，而直接排向地表塌陷区，逐步使塌陷区进行地貌恢复，两年回填总量达到270万立方米。

——对尾矿库的坝面进行全面的植被、覆土植草，种植适合于在尾砂中生长的沙棘，两年补土9.2万立方米，种植沙棘9.36万株，很好地固结了尾砂，有效地防止了坝面的雨水冲刷。在已形成的沙棘植被中，还常有野生动物出没，恢复到了自然生态的状况。

——利用尾矿对河道周边的滩涂进行充填造地。把杂草丛生的乱石滩充填平整，覆土后改造为耕地、树林，造福百姓。

总之，邯邢冶金矿山管理局在可持续发展的思想指导下，按照“低开采，高利用，低排放”的总体要求，大力发展循环经济，为实现经济效益、社会效益和生态效益的最大化作出了积极贡献。

恢复植被的尾矿坝

尾矿砂造田造林

提供低硫、低灰、低磷、高发热量的优质环保动力煤

内蒙古中煤煤电运销集团有限公司

公司总裁：王闯关

内蒙古中煤煤电运销集团有限公司是一家从事煤炭运销的股份制企业，是国家重点合同煤铁路计划运销单位。从古城湾站和公积坂站发往秦皇岛等各大港口年发运煤炭量300万吨以上，为了应对金融风暴于2009年6月组建成立集团公司，集团公司下设三个分公司，注册地在鄂尔多斯市，母公司注册资本6000万元，集团公司注册资本9000万元。主要经营范围为煤炭批发经营，种树种草，各类土石方工程施工等。

内蒙古中煤煤电运销集团有限公司拥有发运计划和装车煤台，现有职工60余人，固定资产2000余万元。内蒙古鄂尔多斯地区是全国著名的煤都，已探明煤炭储量1496亿吨，占全国已探明储量的1/6。鄂尔多斯市是神府东胜煤田的主采区，具有低硫、低灰、低磷、高发热量的特点，被中外能源专家称为优质“精煤”，是世界上罕见的优质环保动力煤。

内蒙古中煤煤电运销集团有限公司现已是一个中型企业，在2008年南方冰雹灾害和四川地震发生后，公司积极响应党中央的号召，加班加点，夜以继日地抢运煤炭，为南方灾区分忧解难，为灾区人民送去温暖与光明。2008年全年已向南方发运煤炭20余万吨，在抗灾救灾中奉献了爱心。

内蒙古中煤煤电运销集团有限公司总裁王闯关，从事煤炭生产、运销近30年，有着丰富的煤炭管理经验。内蒙古中煤煤电运销集团热忱欢迎全国各地客商前来合作洽谈，公司可将国家免检环保煤从包头公积坂站和古城湾站经铁路直接发运到秦皇岛港和京唐港。

联系电话：15049875199 13310316139
0477—8549598、8549384
传　真：0477—8549381

实现水的可持续利用和汗水资源化

昆明辰龙润东科技有限公司

昆明辰龙润东科技有限公司在云南省人民政府有关部门领导的支持下，于1992年10月创办了“云南矿冶高新技术研究开发中心”（以下简称“中心”），为有利于具体运作，“中心”于2002年6月改制为“昆明辰龙润东科技有限公司”，进入昆明国家高新技术产业开发区登记注册。

公司董事长：徐有生

昆明辰龙润东科技有限公司董事长、总工程师徐有生2001年10月8日被选为世界生产率科学院中国分院院士；2001年11月24日被中国科联经济发展研究中心授予“技术创新奖”；2002年12月6日被中国科联经济发展研究中心授予“科联精英奖”；2007年2月获由全国人大环境与资源保护委员会、全国政协人口资源环境委员会指导支持的《创新中国系列活动组织委员会》的“2007创新中国·民营环保创新杰出人物”奖鳣2008年11月13日被推选为中国公益事业促进会副会长鳒2010年5月被国家工业和信息化部纳入科技人才专家库专家。

徐有生1983年始从事微波能及等离子体技术在矿冶中的应用研究。在徐有生的主持与率领下，昆明辰龙润东科技有限公司现具有自主知识产权并可直接工程化和产业化的高科技项目20多项（已获中国发明专利10多项，其余正申报中），其知识资本价值数十亿元，均与环境保护和资源的节约利用及可持续发展相关，其中获四项国际金奖、一项国际铜奖、一项全国发明金奖精品、五项全国发明金奖、三项全国发明铜奖；2006年10月荣获“世界生产率自主创新中国百强企业”称号；2007年2月公司被全国人大环境与资源保护委员会和全国政协人口资源环境委员会评为“2007年创新中国民营环保创新杰出品牌”奖。“一种微波废水处理的方法”2003年获云南省优秀创造发明一等奖、第

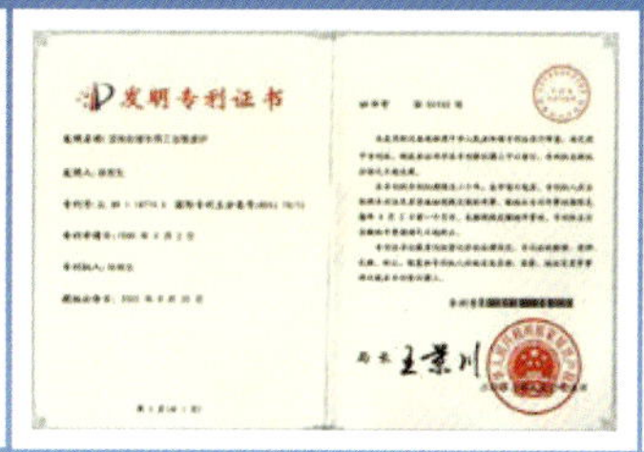

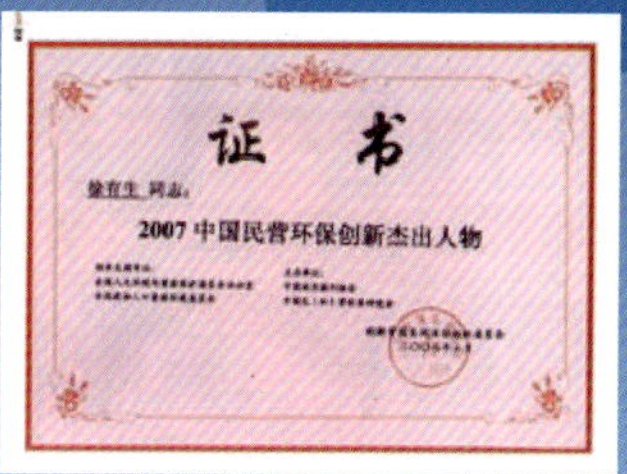

十四届全国发明展览会金奖。

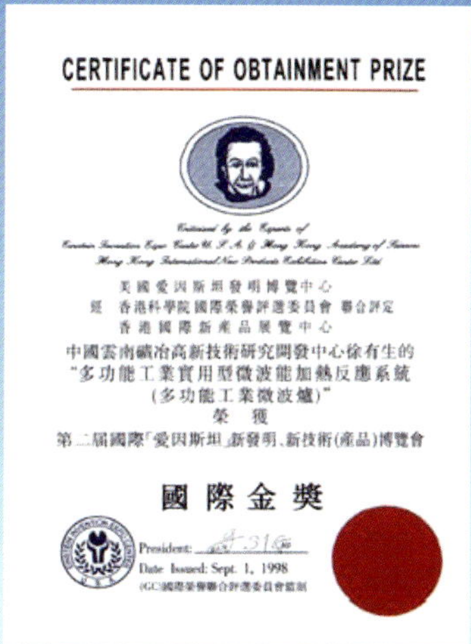
CERTIFICATE OF OBTAINMENT PRIZE

美國愛因斯坦發明博覽中心
經 香港科學院國際榮譽評選委員會 聯合評定
香港國際新產品展覽中心
中國雲南礦冶高新技術研究開發中心徐有生的
"多功能工業實用型微波能加熱反應系統
(多功能工業微波爐)"
榮 獲
第二屆國際「愛因斯坦」新發明、新技術(產品)博覽會

國際金獎

President:
Date Issued: Sept. 1, 1998
(GC)國際榮譽聯合評選委員會監制

甘当大任治污水

水是万物不可或缺的生命之源。人类的生产和生活给江河湖泊乃至海洋都造成巨大的污染，若不防治或治理不力，给人类整个水生态环境造成的破坏是广泛的、循环的、恶性的、持续的，将最终危及人类自身的生存。解决“水荒”的根本途径是实现水的可持续利用，使污水资源化，形成水的循环利用，这与对江河湖泊水污染的防治是一致的，要从根本上解决江河湖泊的污染，就是要堵住污染源，而不是截流，无论城市还是农村乡镇都不能例外。

因此，实现水的可持续利用及清水资源化和水循环经济，把已被污染的江河湖泊水净化为生活的、工业的、农业的安全绿色用水，是缓解和克服淡水资源短缺的根本途径。环保治污技术是低碳经济的重要组成部分，又是民生重大问题。中国的污染防治技术并不落后于欧美，加快先进成果转化，加大推广力度，是加快治污进程的重要环节。

微波能和等离子体技术1986年开始微波能在废水处理中的应用研究，国外微波能在矿冶中的应用技术研究也起步于20世纪80年代初。为使其技术尽快工业化和产业化利用，在云南省人民政府有关部门领导的支持下，1992年10月创办了“云南矿冶高新技术研究开发中心”，后于2002年6月改制为“昆明辰龙润东科技有限公司”，之后又在昆明国家高新技术产业开发区登记注册。

在微波能和等离子体的20多项项目中，对国家经济建设和环境保护最为重要的五项是：“一种废水微波处理的方法”（专利号 ZL99115141.0）；“铜、镍硫（砷）化矿无污染火冶法”（专利号ZL98116475.7，国家级“火炬计划”实施项目，原国家计委连续三年批准的云南省第一号重点科技项目）；“流体处理专用工业微波炉”（专利号 ZL99114774.X）；“多功能工业微波炉”（ZL96104170.6）；“WB-热等离子体处理含钴氧化矿”（专利号 ZL96112578.0）。

微波污水处理技术的优势与应用

微波水处理法（专利号 ZL99115141.0、专利申请号 200910218277.0）为集微波场对单相流或多相流流体的稀相选择性供能、微波对流体中吸波物质的物化反应具有的强烈催化作用、微波对流体的穿透作用及其杀灭微生物的功效等八大独特（与传统供能法相较）优点为一体的一种污水物化处理法。与传统污水处理法比较，微波水处理法的优点是：污水处理投资强度低，占地面积小，污水处理工程可大也可小型分散化（堵住污染源头），污水处理工艺流程短，污水中污染物降解物化反应迅速，单位污水处理综合能耗低，单位污水处理运行费用低，污水中污染物清除彻底，污水处理进程不受环境温度及原污水污染物浓度的影响，污水处理过程中可根据需要随意开停，实现水的可持续利用及使污水资源化和水的循环经济，淤泥对环境不产生二次污染并可作为资源回归大自然，杀灭污水中病原体，可把已被污染了的江河池塘湖泊水转化为生活的、工业的、农业的安全绿色用水等。因此，微波水处理法将为从源头上消除因人类的生活和生产活动给江河湖泊带入的污染、使人类生活步入水环境良性循环、解决人类面临的世界性“水荒”作贡献。

微波水处理技术工艺分为三大步：

第一步，脱色、消泡、除臭；

第二步，脱氮、除磷、分离重金属等盐类；

第三步，分离中性环境下的固相沉淀物，产出清水和无毒无臭淤泥。

微波水处理技术经济指标：

技术指标：城镇污水经微波一次性处理产出的清水水质主要理化指标达到或优于国标（GB3838-2002）《地表水环境质量标准》Ⅰ类水水质标准，产出淤泥无毒无臭，作为资源回归大自然。对现行城镇污水处理厂传统生化处理产出二次水，经微波处理产出清水，其理化指标优于国标（GB3838-2002）《地表水环境质量标准》Ⅰ类水水质标准；绝大多数工业废水或其生化处理出水经微波一次性处理后产出清水主要理化指标可达国标（GB/T19923-2005）《再生水用作工业用水水源的水质标准》；已被污染了的江河湖泊水经微波净化产出清水水质优于国标（GB3838-2002）《地表水环境质量标准》Ⅰ类水水质标准。

经济指标：与地区物价水平相关。以城镇污水处理为例，产出水水质达到前述指标，并产出无毒无臭淤泥作为再生资源利用，单位污水处理运行费用约0.4元/m^3，单位污水处理成本（含运行费用）约0.8～0.9元/m^3。

微波水处理技术适用范围；城镇污水，普遍适用；工业污水已作过验证的有酒精废醪液、玉米酿酒废水、啤酒厂废水、造纸废水（含纸浆、草浆、木浆等废液）、电镀废水、煤焦化生产废水、煤气化废水、火电厂废水、石化生产系统废水、化纤厂废水、荧光废水、中药制药厂废水、西药制药厂废水、日用化工厂废水、漂染厂废水、印染厂废水、缫丝厂废水、选矿厂废水、冶金厂废水、香料厂废水、垃圾填埋场渗透液、玻璃纤维生产废水等数十种，还未发现本技术对某种废水处理不适用，只是处理的难易程度和处理的工艺稍有差别，证明了微波水处理技术对工业废水处理的广泛适用性；可把已被污染了的江河池塘湖泊水净化为生活的、工业的、农业的安全绿色用水。

微波水处理技术成熟程度和法律状态。微波水处理技术已完成由知识→技术→工程的转化全过程，技术工程应用成熟，具有自主知识产权，已获多项中国专利权。

示范工程验收会

示范工程

循环经济促进生产与环境协调发展

中国石油化工股份有限公司北京燕山分公司

催化装置外排的干气经过吸附技术进行分离后，其中蕴藏的乙烯、乙烷、丙烯、丙烷等有用资源就成为了生产乙烯的原料；工业废水经双膜处理装置过滤处理后就变成了高品质的锅炉补水，水质达到了纯净水标准。就连水煤浆锅炉燃烧后剩下的粉煤灰和炉底渣也被加工制成了建筑用砖……这些废气、废水、废物在中石化燕山石化北京分公司的手里变成了宝贵的资源。

多年来，燕山石化依靠科技进步，积极探索“资源利用率高，核心竞争力强”的发展道路，使资源利用率和环保水平明显提升。2009年与2004年比，公司原油加工量提高37.74%，而工业用新鲜水总量下降46.13%，外排污水总量下降76.90%、外排污水化学耗氧量下降87.45%。大力发展循环经济，使公司自身由人们印象中高污染、高消耗的石化企业，变成了“中国能源绿色企业50佳”及“中华环境友好企业”。

依靠技术进步实现资源再利用与低碳排放

40年来，公司注重开发和运用高新技术，把生产过程中产生的废弃物最大限度地转化为资源，变废为宝、化害为利，既减少了自然资源的消耗，又减少了污染物的排放，拓展了企业新的发展空间。

“十五”期间，为充分利用有限的水资源，在采取多种节水减排措施的同时，积极实施污水回用。2002年，燕山石化采用自主开发的炼油污水深度处理净化回用成套技术，投资1600万元建成了西区污水回用装置。2004年又投资7000多万元建成了东区污水回用装置，该装置在国内首次采用双膜技术深度处理化工废水，实现了用脱盐水作为锅炉补水在实践上的突破。这两套装置每小时可回用污水1000立方米以上。目前，工业水重复利用率提高到98.5%，实现由污水达标排放向水资源循环再利用型企业的转变。同时采取多种措施努力做到“增产不增新水”，工业用新鲜水由2000年的6800万吨/年下降到2009年的2423万吨/年。

在石化企业的生产过程中，会产生一些富含瓦斯等成分的可燃性废气。为了处理这些废气，过去只有通过火炬进行高空燃烧，之后再排向大气这条路。因此，熊熊燃烧的火炬曾经成为石化行业的标志，既造成了资源的浪费，又污染了环境。1996年，公司开始了火炬气回收利用工程，增建了火炬气压缩机、瓦斯气柜和火炬自动点火等系统，进一步回收利用废气中的有用物质。到2004年，8支火炬在正常生产时完全熄灭，每年回收约20万吨火炬气。回收的火炬气可替代重油作燃料，同时又减轻了大气污染物的排放。

催化裂化装置外排干气中蕴藏着丰富的乙烯、乙烷、丙烯、丙烷等基本化工原料资源，可作为生产乙烯等高效益产品的原料。而这些有用资源在过去由于没有工业化的回收技术，只能被当作燃料烧掉。为此，公司与四川天一科技股份有限公司共同开发出吸附分离技术，并于2005年8月建成国内首套3000吨立方米/小时催化干气提浓回收乙烯装置并成功投产，每年可回收乙烯5万吨，年增经济效益8360万元。

对于炼化装置尾气中富含的大量二氧化碳，公司与专业气体公司合作，采用先进工艺，先后建成多套二氧化碳回收利用装置。随着这些装置的相继投产，每年可减少温室气体二氧化碳排放量达 28万吨，而且还可将这些二氧化碳回收利用，生产出食品级的二氧化碳产品供给饮料公司。2002年，公司建成了一套压缩净化装置，成功将乙二醇装置排放的二氧化碳制成液体二氧化碳和干冰。2008年又成功地将丁辛醇装置和环氧乙烷乙二醇装置尾气中的二氧化碳进行回收，生产食品级二氧化碳。2009年，利用有机厂搬迁的时机，在醋酸乙烯装置建设的同时，增上了装置尾气二氧化碳回收处理工艺。还有制氢尾气回收、提纯二氧化碳装置，采用变压吸附分离提纯氢气及压缩分离技术，分离、提纯尾气中的二氧化碳等气体，生产食品添加剂及液体二氧化碳，主要供饮料公司生产汽水和可乐，其设计能力达到了20万吨/年。

过去，公司许多锅炉一直使用重油作燃料，不仅污染空气，而且一年要烧掉的重油就达十几万吨。为此，公司积极探索用价格相对低廉的煤来替代宝贵的重油。2000年3月，公司采用日本技术建成了我国第一台220吨/小时水煤浆示范炉，并先后解决了除尘、脱硫、喷嘴等一系列技术难题，使水煤浆示范炉日臻成熟。采用这台水煤浆锅炉后，每年可替代重油近十万吨，减少燃料成本上亿元；同时，一年替代出来的重油通过深加工，可生产出近7万吨的汽柴油。

公司还加大废物的回收利用。为确保水煤浆锅炉燃烧后产生的粉煤灰和炉底渣得到有效利用，不产生环境污染，在水煤浆锅炉建设初期，公司便投资新建了北京市环生建筑材料厂，利用锅炉粉煤灰、炉底渣等制造建筑用砖。目前，包括脱硫产生的石膏在内的固体废料全部被综合利用。2007年6月，公司1000万吨炼油系统改造项目一次开车成功。至此，公司硫磺回收能力达到7.6万吨/年，既可完全满足炼油厂掺炼国外原油后对脱硫处理能力的要求，又可使排出的工业废气达到国家环保要求，而且回收的硫磺纯度大于99.9%，经该装置处理后的净化尾气二氧化硫、净化水等排放指标均满足国家和北京市“三废”排放标准要求。炼油厂硫磺回收项目还获得北京市发展和改革委员会综合利用项目认证。

“资源节约型、环境友好型、科技创新型、本质安全型”的发展思路，加速了燕山石化由传统能源化工企业向现代绿色石化企业的转型。绿色发展已显现出巨大的经济和社会效益，燕山石化也由此向世界展示了中国石化工业的崭新形象和综合实力。

循环经济污水处理设备

循环经济硫磺回收装置

北京现代循环经济研究院

北京现代循环经济研究院是我国第一家成立的最大的从事循环经济和低碳v 发展理论研究与实践推动的术科研机构。国家工商和民政部门正式注册。国家发展和改革委员会指定重点联系单位。北京市社会科学联合会主管。

研究院所属北京现代循环经济研究院绿色产业专家委员会（以联合国工业发展组织中国投资与技术促进办事处绿色专家委员会的专家组建）和中国循环经济发展中心。研究院进入联合国工发组织支持的NGO（非政府机构）的候选单位名单。

研究院主要由中央部委、国务院直属科研机构、院校和农业、钢铁、煤炭、有色金属、石油化工、能源、建筑、电力、航空、包装、建筑、再生资源等行业的研究机构、管理部门的资深科研专家和高管人员组成。在230多位团队成员中，90%以上的研究员享有高级职称，其中两院院士、外籍院士21人，博士生导师40人。

北京现代循环经济研究院以推动我国循环经济、低碳发展为已任，承担并完成了一批国家和省、市、园区、企业的循环经济重大课题研究，规划与方案制订。合作主办和承办了多个大型循环经济论坛和研讨会。参与国家循环经济试点单位的试点方案制订和评审。在全国选定了5个综合研究基地和由绿色产业专家委员会授牌的10个绿色产业基地。编著出版了《循环经济要览》、《产业循环经济》、《区域循环经济》。从2008年起受国家发改委的委托，承担编辑出版了由国家发改委解振华副主任主编的我国第一部大型循环经济典籍《中国循环经济年鉴》2008卷和2009卷。2010年承担由国务院部委联合编辑出版的《中国低碳年鉴2010》的编辑出版工作。编辑出版《循环经济要情》（出版200多期）、《中国现代循环经济》、《中国低碳发展》和“北京现代循环经济研究院网”和“中国低碳产业网”。

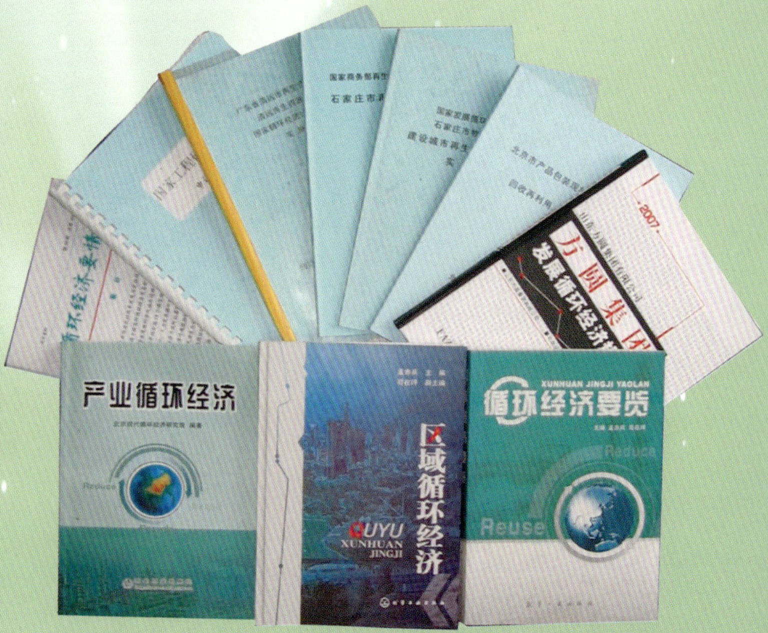

发展循环经济的绿色平台

北京现代循环经济研究院
绿色产业专家委员会

北京现代循环经济研究院绿色产业专家委员会，同时也是联合国工业发展组织中国投资与技术促进处绿色产业专家委员会。现有资深专家188人，涉及37个专业。其中院士13人、博士生导师37人、外籍专家5人。

绿色产业专家委员会是一个专家指导、咨询、服务机构，是一个多学科的专业性、综合性、权威性很强的专家群体。

绿色产业专家委员会运作整合的人才、技术、信息、培训、网络、资信、市场、投资促进等方面的资源，与地方政府以及各类型的企事业单位合作，发挥其指导、咨询、服务作用，大力推进中国绿色经济、循环经济和绿色产业的发展。

目前绿色产业专家委员会已形成了一整套支持绿色产业和循环经济发展的业务模式和服务体系，成为中国绿色产业、循环经济领域发展的有利推手。

绿色产业专家委员会主要以项目为载体，提供以下方面的技术支持和服务。组织行业专家指导或编写《发展规划》；组织专家对规划方案进行评审。帮助引进国内外有关先进技术，推荐适合企业发展的新技术和新项目；组织专家实地进行专业技术指导和咨询服务；开展技术业务培训；举办相关论坛或技术交流会；搭建投资与技术促进平台，召开项目对接会；提供有机产品、绿色产品等认证及环境测量等。

发展循环经济 造福人类社会

中国保利能源集团公司

山西省常务副省长李小鹏（前右2）参观保利集团公司展台

中国保利集团公司是中央特大型企业之一，截止到2010年6月，保利集团总资产2000亿元，在中央企业排名36位，2009年末实现利润总额68.6亿，在中央企业排名21位。2010年上半年已实现利润总额36亿元。具有强大的品牌、信誉和投融资能力。

保利集团于2005年进入山西煤炭领域，2006年注册成立了专业从事煤炭资源投资开发的保利能源控股有限公司（以下简称“保利能源公司”），注册资本金25亿元。2008年国务院国资委将资源投资开发列为保利集团主业之一。2009年，保利能源公司取得了晋中、晋城和临汾市煤炭资源整合主体资格。保利能源公司成立四年多来，煤炭业务已扩展到山西、新疆、内蒙等地。现有原煤生产能力995万吨/年，焦炭生产能力60万吨/年，洗煤生产能力225万吨/年，铁路发运能力425万吨/年。控制煤炭地质储量8.51亿吨，在新疆哈密地区拥有面积530平方公里的探矿权，初步预测有50亿吨优质长焰煤资源储量。

保利能源公司自2006年进入矿山资源开发领域以来，始终坚持以科学发展观为统领，以改善人居环境、造福人类社会为己任，在开发矿产资源发展经济的同时，树立发展循环经济的理念，从节能减排入手，坚持走可持续发展的道路，致力于企业与社会、企业与自然的和谐发展。

一、循环经济发展概况

保利能源公司在矿山资源开发中，始终从战略的高度出发，对新建、技改或扩建的煤炭项目，从立项、设计、审批、施工到竣工验收的各个环节，始终把握节能环保的主题，严格把关，在初步设计和设备选型时就充分考虑节能减排和环境保护，不节能的坚决不上，高排放的坚决不通过，从源头上防止高排放重污染。公司下属水峪、沙峪、铁新、金庄、木凹沟等矿井，在改扩建过程中，把发展循环经济融入设计、施工的全过程，从减少能源消耗、减少“三废”排放入手，实现了采光充分和低碳节能。

二、循环经济发展主要工作和效益

保利能源公司在节能减排和循环经济发展方面所做主要工作和取得的效益有以下几个方面。

（一）加强技术创新，实现节能减排

煤矿主要通风机、提升机、主运输皮带机、主排水泵等机电设备启动转距大、消耗功率大、运行时间长，是煤矿用电大户。保利能源公司下属各技改或基建煤矿在上述设备的电控选型上统一选用变频电控，变频启动，变频运行，有效解决了启动和运行环节能耗大的问题，平均节电10%以上。仅此一项，全公司每年估计节约电能近200万度，节约电费100多万元。

（二）创新采掘工艺，提高资源回收率

公司下属沙峪煤矿针对万吨掘进率较高的状况，大胆采用沿空留巷技术，一条回采巷道先后服务于两个相邻的采煤工作面，使采煤工作面少掘进巷道200多米，保证了采掘接续，节约资金60多万元。该矿投资2000多万元采用薄煤层超长工作面综采工艺，工作面倾向长度达203米，超过标准长度80米，超长布置一个采煤工作面少掘巷道650米，节省资金195万元。掩护式支架和薄煤层采煤机配套，端头支架、刮板机头机尾、皮带机尾实现自移，薄煤层开采技术取得了9项创新，在国内煤炭行业处于领先地位，生产效率提升一倍，完全成本下降25%，工作面资源回收率提高到96%以上，同时提高了安全可靠程度，降低了劳动强度和人力资源成本，全员劳动率大幅提高。下一步，薄煤层综采工艺拟在所有具备条件的煤矿推广。

（三）减少“三废”排放，保护人居环境

一是公司所属各煤矿根据循环经济“三原则”的要求，都建立了污水处理厂，矿井水和生活污水分别采用物理和生物的处理工艺进行无害化处理，各项指标达到回收再利用的标准，可作为井下消防除尘和地面绿化用水。

二是热力和生活锅炉全部采用脱硫技术，安装先进的脱硫除尘器等设备，处理后的锅炉烟气达到《锅炉大气排放标准》，大大减少了SO_2和烟尘的排放。

三是各煤矿煤场设置了挡风墙进行封闭，并采取喷淋洒水措施加强装卸和运输环节扬尘的治理，防止煤尘随风漂出煤场污染周边环境。

三、制定“绿色环保行动计划”

循环经济发展任重道远，保利能源公司制定了“绿色环保行动计划”：以生态园区建设为重点，治理与开发利用相结合，大力发展循环经济，走可持续发展的道路，使环境经济发展再上新台阶，实现新跨越。

一是建设生态工业园，加大矿区生态环境保护。已建成投产的项目基本完成生态园区的改造。保利生态园规划绿化面积10万亩，已完成1万亩。矿井“三废”实现达标排放。“十二五”期间，保利能源公司将在山西临汾安泽县、乡宁县分别建设“煤–气–化”、“煤–焦–化”工业园区，以循环经济为主线，统筹考虑，综合布局，吃干榨净，争取建成投产后即可实现零排放、零污染的目标。

二是治理矸石荒山，变废为宝。矸石山生态治理以植被复垦、绿化环境为手段，把煤矸石生态治理与矿区生态建设、环境污染治理相结合，促进生态的动态平衡和良性循环。矸石山生态治理采用煤矿井下充填、铺路填沟、煤矿地面塌陷区充填、投资兴建煤矸石砖场等措施，合理开发利用煤。井下掘进巷道产生的矸石不升井，直接充填老空区或者废弃的巷道，减少了矸石污染，减少提升运输量，节约了运输和治理成本。

三是继续开展节能降耗、降本增效活动。全公司范围内继续开展以倡导低碳生活为主题，以节约一滴水、一张纸、一度电为口号，以减少排放、保护生态环境为目标的节能降耗、降本增效活动，节能减排实行常态化管理，建立环境保护长效机制。活动有目标，有措施，有检查，有考核。活动的每个阶段都要制定奋斗目标，目标可量化、易考核，然后将目标分解到每个单位、每个部门、每一间办公室、每一个人。促使广大员工养成低碳环保的生活方式，在衣、食、住、行、办公的每一个环节，处处节能，时时减排，努力取得经济效益和社会效益双丰收。

保利能源公司将继续秉承“绿色环保，低碳发展”的宗旨，践行安全发展、节约发展、清洁发展的方针，走新型工业化发展之路，为山西省经济社会发展和生态环境保护做出更大的贡献。

发展循环经济 推进绿色发展

冀中能源张矿集团宣东瓦斯热电有限公司

冀中能源张矿集团宣东瓦斯热电有限公司牢固树立和全面贯彻科学发展观，大力发展循环经济，切实强化节能减排，积极推进绿色发展，把节能减排作为企业又好又快发展的必然途径，在创造企业经济效益的同时，积极履行社会责任，将瓦斯“煤矿杀手”转变为“能源新秀”，走出了一条安全健康和谐发展的“双赢”之路，实现了经济效益与环境效益的同步发展。

宣东瓦斯热电有限公司从运行发电截止到2010年11月底，已经安全向国家电网输送电能13673万千瓦时，综合利用煤层气5469万立方米，节约标煤1.68万吨。宣东电站配套安装4台余热锅炉，产生蒸汽与宣东矿的供热管网相连接，可以代替宣东矿部分燃煤锅炉，既为宣东矿提供了蒸汽，又每年可节约标煤3000余吨，生产用水全部利用宣东矿矿井水。该公司实现了瓦斯循环利用，真正达到了节能减排的良好效果。达到了“瓦斯来发电、蒸汽代燃煤、利用矿井水、节能又减排”的生态矿山绿色生产新模式。

一、坚持创新发展理念，走出一条循环经济之路

宣东瓦斯热电有限公司发电所用瓦斯均来自宣东二号煤矿的瓦斯抽采。作为张矿集团主力生产矿井的宣东二号煤矿，经过扩能改造后，目前年生产能力达到150万吨，属高瓦斯矿井。随着矿井开采区域的不断扩大，瓦斯涌出量逐年上升，特别是2006年经矿井瓦斯等级鉴定，瓦斯绝对涌出量达115.8m^3/min，相对涌出量是42.72m^3/t。张矿集团先后在宣东矿工业广场和风井建立了三套瓦斯抽放系统。瓦斯抽放站每日有大量瓦斯气体直接向大气中排放。瓦斯直接排空，一是严重污染了环境，二是瓦斯气作为低热值能源，造成自然资源的浪费。

为此，张矿集团积极谋划建设瓦斯电厂，按照“煤与瓦斯共采、治理与利用并重，煤气电一体化发展”可持续发展总体思路，于2005年10月开工建设了瓦斯发电一期电站，并于2006年1月运行发电，所发电量供宣东矿井自用。瓦斯发电一期电站的成功运行促进了矿井安全生产，综合利用了矿井排放的瓦斯，保护了大气环境，为矿井提供了稳定的电能，也为企业创造了可观

环境优雅的矿区

的经济效益。面对企业快速发展的根本需要，为提高竞争优势，摊薄一期成本，公司领导审时度势，把握有利时机，又投资8291.19万元启动了二期扩建工程，工程建设规模为32台 500kW燃气发电机组并配套安装尾气锅炉。二期工程分两部分，一个电站建在宣东工业场地东侧,装机规模12台 500kW燃气发电机组，装机容量6000kW，目前该电站已并网发电，日消耗瓦斯纯量4.32万m^3。另一个电站建在风井的东侧装机规模20台 500kW低浓度内燃发电机组，装机容量10000kW，该工程于2009年10月22日并网发电。截止到2010年11月底，风井低浓度瓦斯发电站已累计向华北电网供电1475万kWh，并实现了安全运行。2008年7月20日，是冀中能源张矿集团宣东瓦斯热电有限公司载入史册的日子，他们电站发出的电正式接入京津唐电网。一个矿靠瓦斯发电并接入国家网，向社会输送电力，这在全国是第一家。

同时，由于内燃机发电后排放的高温烟气温度约为500℃，为了充分利用风井电站20台内燃发电机组产生的余热蒸汽，该公司在风井电站配套安装了1台 1500 kW蒸汽汽轮机发电机组，4台余热锅炉，形成余热利用发电系统。目前发电系统正在调试阶段，达产后每年可增加发电量1000kWh，增加收入近600万元，节约标煤7000余吨，实现燃气和蒸汽联合循环发电，并能够保证风井场地的冬季采暖和供应职工生活热水。同时节约燃煤、减少粉煤灰的排放，净化了矿区环境，真正达到了节能减排的良好效果。

二、坚持可持续发展理念，走出一条安全健康和谐之路

在科学发展观的引领下，张矿集团明确提出了"建设环境优美的花园式厂区"的发展理念，把节能减排、发展循环经济融为一体，作为自主创新的重要内容，列入企业发展战略目标，实行同步规划，同步投入，同步推进，产生了显著的企业和社会效益，为实现企业和社会及自然环境的和谐发展打下了坚实的基础。

一是建立节能管理体系，使节能管理步入企业发展轨道。宣东瓦斯热电有限公司成立了节能管理组织机构，使节能管理目标更加明确，管理渠道更加顺畅，实现了瓦斯气源总量、机组发电总量等主要指标的全过程控制，做到了制订计划、责任落实、监督考核、反馈整改的闭环管理，提高了工作效率。修订完善了《节能奖惩实施细则》、《小指标竞赛管理办法》等系列考核办法，确保管理型节能降耗措施落实到位。 在实际操作中，公司管理人员在节能指标管理上做好指标统计的同时，还对一些非正常的指标进行分析，提出指导性建议，特别是根据气量的变化对机组气门进行调整，保证机组最大限度的将瓦斯"吃干榨净"。

二是积极推进CDM项目，为企业创造更大的经济效益。矿井的瓦斯被排出后直接释放到大气中去，对环境造成严重污染，形成温室效应的潜力高21倍。所以瓦斯综合利用对保护地球，降低温室效应尤其重要。瓦斯利用后，由于减排了甲烷，可作成CDM项目进行出售，根据联合国环境与发展大会签署了联合国《气候变化框架公约》，发达国家可以以资金援助或技术转让的方式，在没有减排指标的发展中国家实施环保项目，通过购买经认证后的减排量来履行减排义务。对发展中国家而言，能够利用减排成本低的优势从发达国家获得资金和技术，促进其可持续发展。

目前，宣东瓦斯热电有限公司通过利用宣东矿的瓦斯气体进行发电，每年可减排二氧化碳约为45万吨，按照与国际能源系统（荷兰）上海济丰公司签订的CDM减排购买合同，减排每吨二氧化碳折合人民币85元/吨计算，则每年收益为3825万元人民币。该项目正在积极运作之中，届时将为公司创造更大的经济效益。

三是风排瓦斯化害为利，实现环保、效益双赢。 矿井风排瓦斯浓度虽然低于0.75%，但是排放总量较大，占矿井排放瓦斯总量的30%。为了做到瓦斯"零排放"、最大限度地利用宣东矿废气中的瓦斯气体。从2009年上半年开始，公司积极寻找合作伙伴，多次到山东胜利油田胜利动力机械集团有限公司调研，积极开展矿井乏风利用项目。该项目于2010年11月开工建设，该项目完成后，预计每分钟处理通风瓦斯1万立方米，折合年处理1.7万吨纯度甲烷，约30万吨CO_2当量，通过出售CERs，可增加收入3000万元币。届时，宣东矿废气中的瓦斯气体可以全部利用，做到瓦斯"零排放"，彻底解决多年来矿井风排瓦斯白白排到大气中，可改善大气环境，更好地实现节能减排。

四是煤矿瓦斯实现综合利用后，将为改善全球环境做出积极贡献。目前，公司三个瓦斯发电站全部建成发电，一年就少对空排放20万吨瓦斯，年节约标煤 6 万多吨。特别是2008年7月20日12台机组并入京津唐电网的成功，等于奥运期间一天少往首都上空排放500吨二氧化碳（因为张家口位于北京的上风口）。

目前，宣东瓦斯热电有限公司由过去谈"气"色变转变为现在视"气"如宝。治理瓦斯由单纯抽放到抽采利用，实现了从关注安全的"生命工程"向关注资源、环保的"绿色工程"的跨越，在节能减排工作中走出了一条创新之路。

循环经济实践单位

加强循环经济建设 促进资源高效利用

北方华锦化学工业集团有限公司

北方华锦化学工业集团有限公司是中国兵器工业集团以做强做大军民结合兵器石化产业为目标，整合兵器集团石化资源，在辽宁华锦化工集团和盘锦北方沥青股份公司的基础上组建成立的。集团公司以石油化工、化学肥料为主业，拥有辽宁盘锦、葫芦岛和新疆库车三个生产基地，下属辽河化肥、锦西化肥、新疆库车化肥3套大化肥装置，炼油、乙烯、ABS、氧化沥青减粘裂化、环烷基加氢等石化装置，以及热电、油品储运、供水、工程维护、物流等辅助企业。现有在岗职工1.2万人。

2006年4月，企业正式加入中国兵器工业集团，并利用兵器集团海外石油资源，启动了炼油、乙烯扩建等“十一五”发展项目。2010年2月，“十一五”项目历经31个月的建设和试车，全面建成投产。北方华锦集团形成了年产尿素160万吨、年产乙烯70万吨、聚合树脂83万吨、柴油180万吨、道路沥青60万吨的生产能力，有中国兵器特色的石化产业初具规模。

一、在循环经济建设方面主要做法

随着北方华锦集团规模不断壮大，资源对外依存度不断上升，原材料的综合利用，物耗能耗的降低摆上了重要日程。企业认识到必须节能减排，加强循环经济建设，促进资源的高效利用和循环利用，才能保持经济持续快速增长。为此，北方华锦在“十一五”重点工程建设的同时，配套建设了污水处理中水回用以及烟气脱硫等项目，其

烟气脱硫后的华锦热电厂

中，污水处理项目投资41464万元，于2008年12月建成投用，投用后，集团公司工业污水和双台子区部分生活污水通过污水处理场进行处理，处理后达到一级A排放标准，对于辽河流域环境治理、净化城市环境发挥了重要作用；同时，40%的污水经处理变为中水后，用于脱盐水等装置，节约了企业的水资源。蒸汽锅炉脱硫项目投资6500万元，该项目采用先进的氨法脱硫技术，用氨吸收烟气中的二氧化硫，脱硫效率达到95%以上，实现了锅炉烟气达标排放，创造了清洁的生活和工作环境，实现了良好的社会效益。

45万吨乙烯

致力推进节能、环保与资源可重复利用

广东科达机电股份有限公司

广东科达机电股份有限公司（以下简称“科达机电”）创建于1992年，于2002年在上海证券交易所挂牌上市，坐落在民营经济繁荣的广东省佛山市顺德区，是一家以生产制造陶瓷、石材、墙体材料、节能环保等大型机械及机电一体化装备为主，并从事陶瓷、石材整线工程建设和技术服务的高科技上市公司，是目前中国最大型的专业制造陶瓷墙地砖液压机、干燥器、窑炉、瓷质砖全自动抛光生产线等墙地砖生产成套设备的高科技企业，同时也是国内唯一一家可提供陶瓷整厂整线工程的生产企业。在国内建筑陶瓷成套机电装备制造行业处于龙头领军地位，当前综合实力在行业内的排名是中国第一，世界第二！

科达机电是国家级高新技术企业，先后被评为全国企事业知识产权试点单位、中国机械500强企业、广东省创新型企业、广东省民营科技企业，拥有良好的科研创新环境，设有国家级企业技术中心、省级工程技术研究中心、企业博士后工作站、院士工作室，并建有世界最大、设备最齐全的陶瓷工程试验中心，为科达机电的科技创新发展提供了坚实的后盾。

科达机电坚持将“创新永无止境、永远追求最好”作为企业的经营哲学，一直致力于推进建陶产业向节能、环保、资源可重复利用的循环经济方向发展，依靠自主创新不断发展壮大，十八年来实现了超常规的发展，创新领域不断拓宽。2007年，科达机电在国内率先推出了大规格陶瓷薄板生产整线装备，可生产最大规格为1000mm×3000mm×3mm大规格陶瓷薄板，与传统陶瓷砖产品相比，厚度降低1/2～2/3，材料减少1/2～2/3，生产能耗降低1/2～1/3，是陶瓷行业及陶瓷机械行业一次重大技术革命；2008年，科达机电瞄准“禁实”后新型墙材广阔的市场，开发利用工业废料生产蒸压砖和加所混凝土砌块/板材成套设备，利用建筑废料和陶瓷废渣生产彩色透水砖成套设备，其产品适应了全国墙改工作不断深入发展的趋势，符合国家节能降耗的产业政策；2009年，科达机电厚积薄发，在清洁能源技术领域取得重大突破，第一套“Newpower清洁燃煤气化系统”于2009年4月正式投入运行，成立了全国独一无二的多联产燃气供应项目，在业内引起了极大的反响，也标志着科达机电成功实现了多元化经营的战略转型。

中共中央政治局委员、时任广东省委书记张德江（左二）在科达机电公司考察

国家发改委副主任解振华（左二）在科达机电公司考察

"Newpower清洁燃煤气化系统"采用循环流化床燃烧技术，该燃烧技术是将固体燃煤粒在炉床内经气体流化后进行燃烧的技术，燃煤颗粒在炉体内及炉外分享器之间循环运行，煤的燃烧更充分。煤气产生的原理同传统燃煤气化并无不同，但加料及燃烧的方式不同，使燃煤气化过程在高温中进行，使煤炭中的有害成分发生裂解，煤气"干净"了。

"Newpower清洁燃煤气化系统"具有以下创新点：

（1）采用了新式布风结构、不小于700℃的高温气化剂和旋风除尘两级回流技术，使冷煤气效率达到83%以上；

（2）采用布袋除尘和湿法造粒使煤气除尘无废水产生，杜绝了酚氰排放；

（3）采用了高温空气预热器、低温空气预热器和热管技术，有效地回收了系统余热；

（4）系统设计充分考虑了安全、节能、环保要求，与国内外现有粉煤气化装置相比，明显具有流程简单、自动化程度高、投资低、运行成本低等特点，经济效益和社会效益显著。

"Newpower清洁燃煤气化系统"的关键技术参数：

煤种	粉煤	煤渣残碳率	≤6%
粉煤、煤气转化率	3.5～4.0Nm³/kg	SO_2排放量	≤100mg
煤气热值	1350～1450kcal/Nm³	粉尘排放量	≤10mg

"Newpower清洁燃煤气化系统"所产煤气成分：

CO	H_2	CH_4	HS	CO_2	N_2
22%～24%	18%～22%	1%～2%	＜1%	6%～9%	46%～50%

"Newpower清洁燃煤气化系统"于2009年7月通过了由广东省经济贸易委员会组织的广东省新产品鉴定，鉴定委员会一致认为："该研发成果意义重大，可为我国能源领域提供清洁、高效的燃料，可广泛应用于冶金、化工、建材等行业，综合技术水平处于国际领先。"

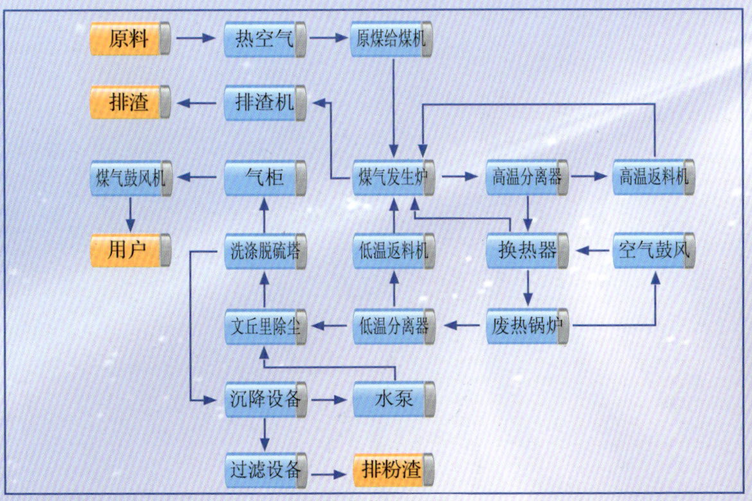

制气工艺流程图

Newpower清洁燃煤气化系统

倡导低碳 积极创建节水先进单位

北京市朝阳区建外街道

美丽而繁华的建外大街，从建国门到西大望路全长3.7公里

北京市朝阳区建外街道地处北京商务中心区核心区，东起西大望路，西至建国门立交桥，南临通惠河，北到光华路，辖区面积4.4平方公里，是首都对外交往的窗口区、创意文化产业聚集区、商务经济发达区。辖区有8个社区居委会，常住人口5.5万人，有社会单位1.2万家，其中高档酒店、公寓、写字楼、市场达80余家，有70余家世界五百强企业入驻建外地区，是北京商务最发达的窗口地区。建外地区有外国使馆29个、纳税单位5968个，2006年完成税收42亿元，形成区级财力11亿元。辖区内有著名的中国国际贸易中心、北京国际俱乐部、友谊商店、长富宫饭店、赛特大厦、中国大饭店、建国饭店等，还有闻名中外的秀水街市场。

建外街道工委立足CBD功能区建设和发展的实际，坚持以党建为龙头，不断加强自身建设，夯实工作基础，推动区域经济社会各项事业快速协调发展，地区面貌焕然一新，城市文明得到提升，群众生活得到改善，社会事业欣欣向荣，和谐创建工作取得了显著成绩。街道先后被评为全国和谐社区建设示范街道、全国社区服务示范街道，荣获全国和谐社区建设自主创新奖、全国1%人口抽样调查先进单位，成为首批全国安全社区，并被世界卫生组织命名为国际安全社区。

街道在区节水中心的指导下开展创建节水型机关工作研讨会

近年来，街道工委坚持落实科学发展观，高度重视节水工作，注重倡导低碳生活，通过努力，取得了显著成效。12月15日，建外街道代表朝阳区在全市节水工作大会上介绍了工作经验，得到市、区与会领导的肯定。2010年建外街道荣获朝阳区节水先进单位，目前正在申请市级节水街道单位。

以“节约每一滴水”为主题，积极打造节水型机关

街道工委和办事处主要领导高度重视节水工作，认真落实市节约用水大会会议精神，立足于创建节约型社会，站在建设世界城市的高度，积极响应市、区政府要求党政机关率先开展创建节水型机关的号召，从自身做起，以“节约每一滴水”为主题，打造节水型机关。年初投资3.8万元，对机关3处浴室28个淋浴喷头进行了改造，安装了

国际大厦利用冷却塔的冷却水和雨水浇灌花草、作为室内的循环用水。

利用冷却水浇灌室内的各种植物和盆景

智能节水设备。干部洗浴全部使用了智能卡，杜绝了外来人员在机关洗澡浪费水的现象。用水人员由原来的300人减少到150人，预计年用水量由原来的5400吨下降到现在1800吨，年可节约开支7.9万元。

街道创建节水型机关的做法在媒体进行了报道，并形成了良好的社会反响。

以倡导“低碳经济，节约用水”为重点，把节水工作延伸到地区社会单位

在抓好节水型机关创建的同时，街道积极倡导“低碳经济，节约用水”，组织开展社会单位的节水工作，重点抓了中服大厦、国际大厦、北京广播大厦等单位的节水工作。其中中服大厦于2006年投资30万元，安装使用中水处理设备，把职工洗澡用水收集在一起进行处理，大厦实现了全部用中水冲厕，年节约用水达1万吨左右。2008年度荣获市水务局颁发的节水型先进单位，2009年度荣获市政府颁发的节约用水先进单位。

国际大厦利用冷却塔的冷却水和雨水浇灌花草和室内的循环用水。北京广播大厦积极开展节水宣传，在楼道走廊中，张贴节水宣传画，并安装水处理设备，节约用水效果明显。

以开展日常宣传教育为抓手，形成全民节水的良好氛围

街道城建科在抓好社会单位节水工作的同时，积极开展节水宣传，在各社区定期举办节水主题推广活动，

室内小景色和循环水
大厦增添色彩

街道在地区繁华地段宣传节水工作现场

广播电台大厦水处理先进设备

传授家庭节水的经验做法，推广节水小窍门，使广大居民群众的节约用水意识不断提高，形成了全民节水的良好氛围。

为落实北京市节约用水大会精神，完善节水“四大体系”，全面完成节水工作各项任务，2010年10月15日，由街道城建科牵头组织召开了创建朝阳区节水单位培训会。国贸中心、外交部幼儿园、市城区供电建设公司、双井街道办事处，三里屯街道办事处，三里屯派出所，三里屯医院等14家单位参加了会议。会上，区节水服务管理中心技术人员对参会人员进行节水业务知识的培训。从节水目的、制定措施、建立台账、节水管理4个方面详细进行了讲解。建外街道就创建节水型机关、进行节水技术改造介绍了经验。各单位表示要全面开展节水宣传，将节水工作向广度和深度开展，创新工作思路，积极推进本单位的节水技术改造，为世界城市的建设做贡献。

光华里社区居民郭玉兰在厨房水池旁边的两只小白桶，一只桶里的放洗菜水，另外一只放洗碗水。洗菜水，用来浇花，洗碗水，用来冲厕所。从2004年至今，家里每月能节省6吨水，已经节省了480吨水。

光华里社区楼门组长马名林开展节水活动。在洗脸池旁，把水盆下面的水管节水口打开后，水就不会直接流掉，而是流到下边的盆里，还可以用来冲马桶。洗澡的时候站大盆里边，洗澡水还可以再用来洗袜子、擦地。

此外，街道在积极开展节水工作的同时，还联合区水政监察大队、城管、派出所等共同对赛特商场周边的非法洗车点进行多次打击，在维护环境秩序的同时，减少浪费水的现象。

循环经济实践单位

ENFI 中国恩菲

做中国绿色与循环经济的领跑者

中国有色工程有限公司
中国恩菲工程技术有限公司

洛阳中硅高科技有限公司

恩菲朔州测光电站

无锡锡东垃圾焚烧发电厂

北京良乡污水处

中国有色工程有限公司暨中国恩菲工程技术有限公司(简称恩菲），是一家国际化工程公司，其前身是中国有色工程设计研究总院集技术研发、工程一体化、产业投资为一体的科技型企业。恩菲拥有中国工程院院士1名，全国工程设计大师3名（采矿、选矿、冶炼大师各1名）,建有博士后科研工作站，多晶硅材料制备技术国家工程实验室。拥有国内外专利200多项。获得国家及省部级科技进步奖秀设计奖、优秀工程咨询成果奖等700余项。

多晶硅产业化

以恩菲拥有自主知识产权的多晶硅清洁生产工艺为技术支撑，成立恩菲绝对控股的洛阳中硅高科技有限公司，注册资本金7亿元，偃师、洛阳两个生产基地、一个多晶硅制备技术国家工程实验室和一个省级研发中心，在国内率先实现了多晶硅规模化生产，产量连年位居国内前茅，多项技术达到国内领先和国际先进水平。其中“四氯化硅氢化技术”等获国家发明专利。2009年多晶硅产量位居世九位，其示范及辐射作用更带动了国内多晶硅行业的迅猛发展，改写了中国多晶硅发展历史，也改变了世界多晶硅的格局。

中硅高科攻克了只有美、德等国掌握的超高纯多晶硅核心技术，打破国外的技术封锁和市场垄断，实现了规模化生产，使我国摆多晶硅高度依赖进口的困窘局面，从而奠定了中硅高科在业内的龙头地位。到2011年底，将形成年产10000吨多晶硅的产能；并且还将扩产，同时形成2500吨气相白碳黑、2GW太阳能电池用硅片，1GW太阳能电池片的生产能力。

太阳能发电

中国恩菲大力发展太阳能发电产业。2007年承包中原地区首座光伏电站建设，2009年已完成数个大型并网光伏电站项目的可行究，并中标了3个“金太阳”示范工程，承担累计装机容量4MW的工程总承包项目；2010年在北京、宁夏、内蒙、山西、浙江建设了太阳能测光电站，用于收集气象资料，并测试和比选光伏产品，其中2010年8月在宁夏建立首座光伏生态大棚；2010年中标北京市最大电建筑应用一体化示范项目——良乡卫星城污水处理车间太阳能光电建筑应用示范项目；2010年研发出国内领先的太阳能自动跟踪系2011年将在宁夏中卫等地投资建设大型荒漠光伏电站，力争为社会贡献更多的清洁能源。

垃圾焚烧发电

中国恩菲掌握了国内外各类垃圾焚烧技术，特别是对垃圾焚烧技术在我国的本地差异化应用，在垃圾焚烧发电厂所涉及的焚烧、发电、烟气净化、污水处理以及灰渣处理等多项专业技术领域，拥有深厚的技术积淀和丰富的工程经验。截至2010年6月，由中国恩菲的垃圾焚烧发电项目已有20余个，其中千吨级以上的有15个，且分布广泛，包括大连、天津、武汉、襄樊、曲靖、深圳、济南、扬州州、秦皇岛、温州、宁波、无锡、马鞍山、宜兴、临沂和成都等城市。这些项目的垃圾处理能力总和达24000吨/日，占全国在建和已垃圾焚烧发电项目的垃圾日处理能力总和的近三成。2010年12月31日，由中国恩菲设计的云南省曲靖市生活垃圾焚烧发电厂投产发电计规模日处理生活垃圾1200吨。2010年12月，由恩菲投资并总承包、目前国内已投产的规模最大、建设速度最快的垃圾焚烧发电项目无锡锡东生活垃圾焚烧发电厂1号2号生产线点火运行。

水资源保护及水处理

恩菲水资源领域的对外窗口——北京恩菲环保股份有限公司致力于城市污水处理工程设计、技术咨询、工程总承包、战略投资及管理。近年来，先后完成了山西潞城市污水处理厂总承包、贵阳市二桥、清镇污水处理厂设备成套、内蒙古牙克石市污水处理BT项北京市房山区良乡卫星城污水处理BOT项目、浙江富阳市春南污水处理厂BOO项目、湖北孝感市污水处理BOT项目等多项工程设计、包、战略投资及运营管理，既积累了投资建设和运营管理经验，又创造了良好的经济效益和社会效益。

促进循环、节能、安全可持续发展

济南民泰煤矿有限公司

济南民泰煤矿有限公司董事长崔维锦

中国企业家管理思想国际俱乐部代表团参观济南民泰煤矿

济南民泰煤矿有限公司成立于1998年10月。十几年来，民泰煤矿有限公司在山东煤监局鲁中分局、省煤炭局及济南市等各级领导的关怀指导下，经过全体干部职工的共同努力，民泰矿区加快循环经济发展，加大环境保护力度，实现了转型升级。济南民泰煤矿有限公司董事长、总经理崔维锦曾获山东省人民政府颁发的三等功勋章、国家级中小煤矿优秀管理者、山东省煤炭系统劳动模范、全国百名行业创新杰出人物金像奖等荣誉。2003年被济南市煤炭工业办公室授予“优秀矿长”称号。

为了保障煤矿保持循环利用高产、高效优质的可持续发展，济南民泰煤矿有限公司不断加大对科技创新的投入，设立了“技术创新奖金”，引导和鼓励干部职工进行以节能、安全、环保和循环利用为核心的技术革新。十几年来，先后完成技改创新项目20多个，促进了资源的循环利用与安全生产，保护了矿山生态，提高了生产工作效率。

济南民泰煤矿有限公司还对薄煤层的开采进行了重点研究。目前民泰煤矿开采的山西记第三、第四层煤平均厚度只有0.7米。公司大胆采用新技术、新设备，率先在全省极薄煤层开采中推广采用MJLB-22型链式截煤机截煤新工艺，大大降低了采用炮采时放炮崩落造成的浮煤损失，提高了采煤工作面的安全系数和采煤率。加强增产节约、增收节支，科学合理地提出采掘计划，杜绝不必要的掘进工程，增强工作面回采率的管理，降低了浮煤损失。自2003年始，民泰煤矿创造性地以混凝土充填带代替留设的护巷煤柱，真正实现了无煤柱留巷。

开展循环利用 加强环境保护

小鱼沟煤矿

小鱼沟煤矿位于内蒙古自治区准格尔旗大路镇，设计年生产能力120万吨，井田面积15平方公里。

小鱼沟煤矿以循环经济为理念，大力开展循环利用，加强环境保护。空气污染物除尘效率98%以上，处理经15m高排气筒排放，大气污染物排放达到《煤炭工业污染物排放标准》要求。煤泥水达到煤泥水闭路循环一级要求，无废水外排；生活污水采用污水处理装置处理，处理后的生活废水综合利用。煤泥经压滤后销售。建设期矿井掘进矸石均用于工业场地平整和道路填筑，投产后选煤厂排放矸石全部进行综合利用。

小鱼沟煤矿共四层可采煤层，其中6号煤层平均厚度11.2米；8号煤层平均厚度1.44m；9号上煤层平均厚度2.90m；9号煤层平均厚度3.23m。6号、9号煤层为主要可采煤层。首采煤层为6号煤层：6层煤为井田最上层煤，开采成本低，投资回报快。开拓方式为斜井开采，主斜井倾角14°，斜长865米，副井倾角5.5°，斜长1781米，风井倾角21°，斜长513米。采煤方法为综合机械化放顶煤开采，装备两套综合掘进机组和1套炮掘设备进行掘进准备。井田资源储量为9968万吨。洗煤厂洗选能力为300万吨，洗选出比例为精煤60%，中煤14%，矸石17%，煤泥9%采煤工作面走向长度1500米，倾向长度200米。产煤主要供应当地煤化工厂、电厂、水泥厂和秦皇岛、曹妃甸、天津港等地。

建设中的矿井

即将安装的综合机械化采煤系统

矿部

大力发展循环经济　走低碳发展之路

淄矿集团许厂煤矿

淄矿集团许厂煤矿矿长侯宇刚

许厂煤矿位于山东省济宁市高新开发区，是淄矿集团在济宁建设的第一座现代化矿井， 1998年10月建成投产。同期建有一座2×6千瓦的热电厂和一座年入洗能力200万吨的选煤厂。矿井年核定生产能力320万吨。先后荣获煤炭工业科技进步“十佳矿井”、“环境友好企业”、“ 全省煤炭工业节能减排先进单位”、山东省65家污染减排成效突出企业之一等荣誉称号。

近年来，许厂煤矿坚持以科技创新促进生态文明矿井建设，不断加大资金投入和技术创新的力度，大力发展低碳经济，强力推进节能减排，实现了绿色开采。

实施置换开采，实现资源利用最大化和废弃物排放最小化。在充分调研国内外解决压煤问题研究状况的基础上，结合矿井自身地质条件，进行《建下条采保护煤柱矸石置换式开采综合技术研究》，利用理论分析、数值计算和物理模拟相结合的方法进行系统研究，确定了矸石置换开采条带煤柱后上覆岩层围岩结构不发生破坏、不影响地表建筑物的技术方案和参数，并自主研发了矸石充填设备和运输系统，经过现场实验取得了成功。该工艺利用煤矸石作为支撑体，有效控制了巷道下沉问题，达到了采出部分煤柱后，对地面建筑物影响轻微的效果，实现了用矸石换煤炭的构想。截至2010年底，已累计产煤80万吨，消化矸石71万立方，基本实现了矸石不升井、地面矸石逐步倒流井下的目标，走出了一条资源节约、绿色开采之路。《建下条采保护煤柱矸石置换开采综合技术研究》被煤炭工业技术委员会评为煤炭工业十大科技成果，并获得山东省优秀节能成果奖。

采用新技术，加大矿井水深度处理和资源化利用。许厂煤矿在废水治理上投资700多万元，选用国家重点技术创新项目“矿井水资源化成套技术与装备”科研成果，新建一套处理能力为$30000m^3/d$的矿井水处理工程和回用系统，外排水水质均达到国家污水综合排放一级标准。采用澄清、过滤、消毒相结合的工艺对矿井水进行深度处理。该系统处理后的矿井水经山东省环境监测中心站监测：pH值为7.8，化学需氧量（COD_{Cr}）小于10mg/l，浊度小于3，浊度、色度、细菌等指标均达到生活饮用水卫生标准，处理效果处于国内先进水平。铺设了覆盖井上下的矿区中水管网，实现了井下生产用水、洗煤用水、电厂循环冷却水、地面生产、绿化及清洁用水等全部用处理后的矿井水。在满足自身生产生活用水的同时，积极开辟外部用水渠道，将外排水用于农灌、水产养殖及改善水环境等，为地方工农业生产和经济发展提供水源条件。

推广应用“四新”成果，降低电耗。一是吸纳节能新技术，推广应用节能新产品。购置了电机容量55kW的水源井恒压变量供水设备替代了地面蓄水池、水塔及配套设备，年可节电36.8万kWh；投资302万元，在井下安装防爆变频绞车，实现了重物下行或上提减速时向电网输送电量，年节电54.6万kWh；对电厂两台250kW引风机进行了变频改造，实现了电机无级调速，年节电98万kWh。二是加大技改力度，对高能耗设备、系统进行技术改造。将主井底18.5kW往复式给煤机改为7.5kW皮带式给煤机，年节电7万kWh；将电厂两台1000kVA厂用变压器加装JKL5C-A型无功自动补偿设备，变压器功率因数从0.75提高到0.97，每年节电30.4万kWh。三是加大投入，淘汰高耗能设备150多台套。将地面所有的淘汰型变压器全部更换为S11节能型变压器，更换总容量为2530kVA，年节电量达到11.39万kWh。通过不断加大节电工作力度，收到了明显成效，在井下生产环节增多、战线加长以及涌水量、通风量增大的情况下，年平均原煤生产电耗连续3年达到了不增长。

许厂煤矿

许厂煤矿5.5米大采高支架的投入使用，使煤炭回收率提高到98%以上

许厂煤矿利用处理后的矿井水建设了多处环境优美的花园、喷泉

全力为下一代缔造理想生活环境

香港中华煤气有限公司

中华燃气总裁陈永坚接受由香港特区政府行政长官曾荫权先生颁发的2007香港工商业奖——环保成就大奖

港华燃气是香港中华煤气有限公司（中华煤气）在内地经营之燃气品牌。中华煤气成立于1862年，是香港第一家公用事业机构，管网已拓展至超过3200公里、覆盖全港85%的经济区，为逾170万民用及工商客户供应燃气。

中华煤气自1994年开始发展国内城市燃气业务，2002年，中华煤气在深圳成立港华投资有限公司，负责管理内地之投资项目。2007年3月，中华煤气完成并购百江燃气（现称港华燃气有限公司）。中华煤气也积极投资上、中游项目、自来水与污水处理、加气站及新兴环保能源项目等。现时，中华煤气已于内地19个省/直辖市/自治区合作取得100余个项目。城市燃气用气量超过58亿立方米，客户数超过1000万户。

港华集团的健康、安全及环保(HSE)政策

公司一直关注保障雇员、承建商、客户及公众的健康及安全，务求在运作上不会对他们造成危险，并减低污染和浪费，全力为下一代缔造理想的生活环境。

洁净能源

广泛使用洁净的天然气，以代替柴油和煤，有助于国家建设环境清新的城市。

江苏省宜兴市素有“陶都”之称，宜兴以往多数用煤来烧制陶器，导致漫天尘雾，但自从在宜兴的燃气合资公司积极推广更洁净、更具能源效益的天然气，这个集陶瓷、文化与艺术于一身的历史名城，又再度展现一片蔚蓝天空。

企业碳排放审计

2008年，香港中华煤气已率先成为香港政府环境保护署首批“碳审计绿色机构”，并承诺对其辖下的建筑物进行或协助推动碳排放审计。2009年底，中华煤气已根据香港政府的指引，完成集团(包括香港和内地业务)碳排放的审计工作。

环保宣传活动

国家限塑令政策于2008年中期已在全国全面推行，集团借助“绿色奥运”活动推动公众环保意识，面向合资公司举办了一项环保购物袋设计比赛。我们更在奥运帆船比赛的主办城市　　青岛，与当地的环保单位及北京奥运的帆船项目委员会合办一连串推广活动，宣传国家限塑令政策及“绿色奥运”。

集团借助“六·五世界环境日” 环保宣传挂图活动鲀推动公众加强环保的意识，2008、2009、2010年连续三年成为活动的协举单位。2008年的环保挂图，被奥组委选做“北京奥运会”官方环保宣传资料。

循环经济实践单位

坚持可持续发展　大力发展循环经济

中信泰富特钢集团

中信泰富特钢集团（简称中特集团）是中国中信集团旗下香港上市公司中信泰富有限公司控股的专业化集团公司，旗下有江阴兴澄特种钢铁有限公司、湖北新冶钢有限公司、大冶特殊钢股份有限公司、安徽铜陵新亚星焦化有限公司。

中特集团具备900万吨特钢年产能力，工艺技术和装备具世界先进水平，是全球最大的特钢制造集团和中国最大的高标准轴承钢、齿轮钢、弹簧钢、合金管坯钢、中厚壁无缝钢管、高温合金钢、易切削非调质钢、工模具钢等优特钢材生产基地。产品广泛应用于交通运输、机械制造、仪器仪表、石油、化工、煤炭、汽车和航空、航天等领域，畅销全国各地，并远销韩、日、美、东南亚、欧盟等50个国家和地区。

中特集团倡导可持续发展与和谐共存，广泛使用清洁的资源和能源，大力发展循环经济，认真贯彻国家相关法律法规和企业制度，建立二次能源利用、热能回收、废弃物回收利用和生态环保的先进管理模式，以资源的高效利用和循环利用为核心，以“减量化、再利用、资源化”为原则，积极推行清洁生产和节能降耗工艺，大力发展循环经济，抓好资源节约和替代技术、能量梯级利用技术、“零排放”技术、废弃物的综合利用回收处理技术等的应用，企业的经济效益、环境效益和社会效益稳步提高。

集团围绕“电、气、水、固废”的循环利用来开展节能减排工作。

1. 利用高炉压差TRT发电、利用低温低压余热发电、利用蓄热式加热炉，提高能源综合利用率。

2. 水循环率97%以上，吨钢耗新水率达到国家清洁生产一级标准。

3. 钢渣等固体废弃物经过深加工，实现了回收再利用。

旗下的兴澄特钢和湖北新冶钢历年来在环境保护和节能减排方面取得了突出成绩，均通过了GB /T24001/ISO14001环境管理体系认证；其中兴澄特钢2007年被江苏省评为“节能减排科技创新示范企业”；湖北新冶钢获得“湖北省2008年度十大节能减排行动环保创新单位”。

烧结脱硫项目

低温低压余热发电项目

蓄热式加热炉

地址：上海市南京西路1168号

中信泰富广场15楼

电话：021-61713366

传真：021-61710111

建设企业和社会效益共赢的“绿色环保能源项目”

佛山市顺德五沙热电有限公司

佛山市顺德五沙热电有限公司位于广东省佛山市顺德区，紧邻广州市，项目建设两台30万“热电联供”发电机组，总装机容量60万千瓦。公司地处珠三角地经济发达区的用电负荷中心，交通便利，水量充沛，建厂条件优异。

本工程项目是国家在广东省“上大压小”总体部署的首批实施项目。工程项目在2005年12月20日获得国家发改委的正式核准批复，于2008年底顺利通过168小时试运行，并正式投入商业运行。

五沙热电公司发电机组主机采用哈尔滨动力集团的设备，工程由广东电力设计院设计，技术指标达到国内同类机组的领先水平。工程以“绿色环保能源项目”为建设理念，采用石灰石—石膏湿法烟气脱硫，并在广东同类型电厂中率先实施SCR法脱硝，项目通过了国家环保部严格的环评审核。工程建设严格遵守环保设施与主体工程的“三同时”，机组脱硫效率超过90%，脱硝效率超过80%，除尘率高达99.85%，实现了废水零排放，电厂主要辅机广泛地采用了变频节能设备，降低了生产能耗。由于环保设施完善、技术指标先进、设备运行状态良好，顺利通过了国家环保部组织的环境保护工程竣工验收。

通过“上大压小”对高污染机组的替代以及对工程环保设施的高标准建设，该项目对促进区域环境保护、缓解本地区用电矛盾、优化广东省电网结构具有积极的意义。公司将严格执行各项审核要求以及国家相关的规定，把该项目运营成为一个企业效益和社会效益共赢的“绿色环保能源项目”，并在此基础上发展壮大，使之成为本地区的绿色能源基地，为社会的环保建设及可持续发展做出贡献。

循环经济实践单位

推进发展循环经济，促进企业发展壮大

广东塔牌集团股份有限公司

黄华华省长到塔牌考察时与钟烈华董事长亲切交谈

广东塔牌集团股份有限公司（证券简称：塔牌集团，证券代码：002233）是一家被列入国家重点支持发展、《广东省建材工业2005~2010年发展规划》和《广东省建材行业结构调整实施方案》鼓励扶持发展的以水泥为主业、跨地区、跨行业、关联多元化发展的梅州市骨干企业集团之一的大型企业集团。公司目前形成了“三大”水泥生产基地（广东惠州基地、广东梅州基地、福建武平基地），拥有9个大中型熟料、水泥生产企业，并涉及电力、矿山、铁路运输和设备制造安装等行业；资产总额43亿元；水泥生产规模1100多万吨。

推进发展循环经济的做法

多年来，公司一直以“为股东提供回报、为员工提供平台、为客户创造价值、为社会创造繁荣”为己任，大力发展循环经济，推进经济社会可持续发展。一是大力推行旋窑水泥生产线配套余热发电系统，充分利用水泥窑余热发展循环经济。二是充分利用企业省级技术中心这一平台，大力推进粉煤灰、煤渣、铁渣、废石膏模、脱硫石膏等工业废物在生产中的应用。三是大力推进新型干法旋窑熟料生产线建设，提高入窑物料质量，降低消耗，提升产品质量。

推进发展循环经济的成效

余热发电方面　2007初至2010年7月，公司实现发供电29577万Kw.h，按2008年全国火电标准煤耗349g/Kw.h计，实现节约标准煤10.32万吨，减少温室气体二氧化碳排放量26.55万吨。依据当地市场电价0.58元/度电计，合共实现节约电费17154.66万元。

目前，公司在建一条5000t/d新型干法熟料生产线配套余热发电系统，该线的装机容量达到10MW，预计该项目于2010底完工并试投产，届时公司将实现六条水泥窑余热发电系统，装机容量达到48.5MW。预计至2011年底，公司实现余热发电总装机容量63.5MW，余热发电供电约3.4亿Kw.h。如：公司在惠州龙门基地的分公司2条5000t/d新型干法熟料生产线配套余热发电系统，每年供电量约8800万Kw.h，可以解决企业生产生活自身用电量的30%左右。

工业废渣材料循环利用方面　公司坚持采用资源利用率高、污染物排放量少的设备和工艺，应用经济合理的废弃物综合利用技术和污染物处理技术，在各生产工艺中做到“低消耗、低排放、高效率”。2008年，公司在生产中利用工业废渣材料合计43.4万吨，2009年，在生产中利用工业废渣材料合计72.7万吨。

新型干法旋窑熟料生产线方面　目前，公司已掌握大型新型干法水泥熟料生产技术、新型干法旋窑无烟煤煅烧技术、新型干法旋窑余热锅炉发电技术、低热水泥生产技术等，各主要技术性能指标达到了当前国际先进水平。现拥有6条大型新型干法旋窑生产工艺的生产线（其中1条在建）。截至2010年6月30日，公司新型干法旋窑熟料产能占比达82.42%，远高于广东省乃至全国的平均水平。

今后，公司将继续认真贯彻国家法律、法规和有关规定，落实行业结构调整政策措施，把发展循环经济作为公司义不容辞的责任，接受社会各界的监督，努力打造“创新型、环保型、效益型、和谐型” 现代化特大型水泥生产企业，促进公司与社会、自然的协调、和谐和可持续发展作出新的更大的贡献。

日产5000吨新型干法
旋窑生产线和能源综合利用电厂全景

余热发电

公司网址：www.tapai.com
公司地址：广东省蕉岭县蕉城镇塔牌大厦
电话：（0753）7887036　传真：（0753）7887233

拉法基瑞安水泥有限公司

致力于成为中国水泥行业可持续发展的典范

拉法基集团1833年成立于法国巴黎，是当今世界建材领域的领袖企业，其水泥、骨料与混凝土和石膏板业务均居世界领先地位。现在79个国家拥有2100个工作场所，84000名员工，是世界五百强公司之一。拉法基集团于1994年进入中国，目前所有分支都已在中国开展业务。2005年11月与香港瑞安建业有限公司合资组建拉法基瑞安水泥公司，总部设于北京，目前拥有12000名员工，21家水泥厂，年产2400万吨水泥，是中国特别是西南地区水泥行业的领军企业。

作为连续六年当选“全球可持续发展百佳企业”的拉法基集团旗下的公司之一，拉法基瑞安自成立以来一直秉承拉法基集团将创造价值、保护环境和自然资源、节约能源与专业技术相结合的战略方针，致力于成为中国水泥行业中可持续发展的典范，积极贯彻中国政府节能减排政策，发展循环经济，努力为减缓气候变化作贡献，并在“2012可持续发展远景”中设立了具体的环境管理目标。

为了实现节能减排、减缓气候变化、发展循环经济、保护环境和人类健康的承诺，2005～2009年间，拉法基瑞安共关闭了38条高耗能、高污染的立窑、湿法窑落后生产线，同时投资61亿元人民币用于技术更新和兴建新型干法生产线。按照中国《循环经济促进法》和《应对气候变化国家方案》对水泥工业的要求，积极发展新型干法窑外分解技术，采用节能粉磨设备和余热发电技术，利用可燃废弃物替代矿物燃料，综合利用工业废渣和尾矿，积极协助地方政府利用水泥窑协同处置市政污泥。目前，拉法基瑞安已有8个工厂建设并成功运行余热发电项目，每个项目平均投资6～9千万元人民币，平均年减排二氧化碳7～9万吨。随着公司业务的发展，拉法基瑞安将为今后所有的新线配套余热发电设施。

市政污水处理厂的污泥处置是城市环境保护一大难题。在重庆市环保局和重庆市市政委员会的大力支持下，拉法基瑞安重庆分公司依靠拉法基集团在全球工业生态领域的丰富经验和雄厚的技术研发实力，经过多次试验与评估，于2008年8月在南山工厂实现了对市政污泥的协同处置，年处理城市污水厂污泥3万余吨，不仅解决了填埋相应污泥的占地难题，而且避免了专门焚烧的投资、煤耗和二噁英污染，并减少了相应的二氧化碳排放，得到了当地政府和社区的好评。2009年9月，拉法基集团与重庆市政府签订战略合作协议，将在更多的领域与重庆市开展合作，尤其是在固体废物的处置和利用方面开展更深层次的合作，包括城市污泥利用、污染土壤综合利用、脱硫石膏利用等项目，同时积极推广“绿色建筑”节约能源，提高资源利用率。

2005～2009年期间，拉法基瑞安水泥公司中国区工厂在产能提高30%的同时，粉尘、二氧化硫和氮氧化物的年排放总量分别削减了87%，71%，34%，吨熟料粉尘、二氧化硫和氮氧化物的排放强度分别降低了90%、78%和49%。1990～2009期间，吨熟料的二氧化碳排放削减了29%，提前并超额完成了集团分解给中国区的减排任务。单位产品能耗平均值达到并超过了GB16780-2007《水泥单位产品能源消耗限额》推荐执行的先进水平。2010年被工信部评选为全国首批“两化融合促进节能减排试点示范企业”。

未来，可持续发展将成为所有企业业务运行的通行证，这将不可避免地带来更多崭新的、错综复杂的挑战。拉法基瑞安将本着创新、有序、务实和透明的精神去面对和解决这些挑战，致力于成为行业内倡导可持续发展的领军企业。

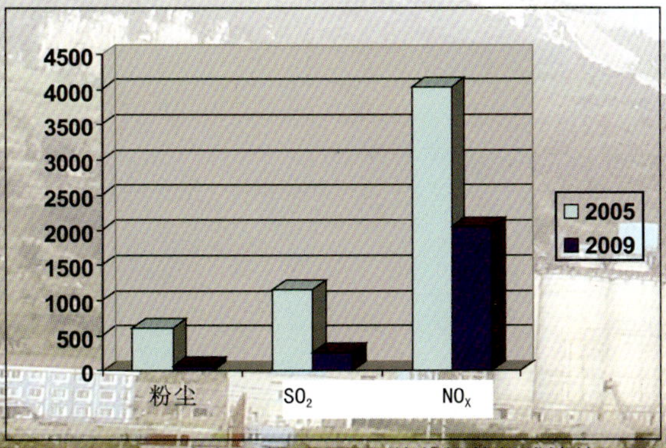

2005-2009年间吨熟料大气污染物排放削减绩效

1990-2009年间吨水泥二氧化碳排放削减绩效

循环经济实践单位

积极实施循环经济发展战略 努力打造绿色矿山

会理县马鞍坪矿山废石综合利用有限责任公司

四川省会理县马鞍坪矿山废石综合利用有限责任公司属凉山矿业股份有限公司的控股子公司，于2007年4月29日在四川省会理县注册设立，注册资本7000万元。公司以处理多年堆积的矿山废石为主营业务，设计规模为日处理矿山废石6000吨，是目前国内首家以处理原矿含铜品位低于0.2%，生产出合格的铜、钴、钼、铁精矿产品的企业。

废石堆料场

公司现有员工425名，其中大中专以上学历153人，设置了“五部一室三车间”，车间装备现代化程度高，管理完善，机制健全，从生产、经营、销售、安全环保、劳动人事、财务管理、物资供应等方面实现了全面预算化管理。

马鞍坪公司6000吨/日矿山废石综合利用项目自实施以来，积极推行循环经济战略，努力打造绿色矿山企业，对矿山废石进行综合回收利用过程中，生产用水实现了循环利用，工业污染物实现了“零”排放，电能、水能利用实现了节能降耗，产生了良好的经济效益和社会效益，为推动地方经济发展、促进当地就业、发展当地其他产业等做出了积极贡献。

公司办公楼

2008年3月，在当地政府及各上级单位的大力支持下，公司6000吨/日矿山废石综合利用项目经过整整一年的紧张建设，顺利竣工投入试生产。自投产至2010年底，马鞍坪公司共处理矿山废石530万吨，综合回收铜精矿含铜7664吨、钴精矿含钴34吨、钼精矿480吨、铁精矿184237吨、铜精矿含金209公斤、铜精矿含银697公斤；实现利润总额8616万元，工业总产值5.67亿元，上缴税费8168万元。

经短短一年多的生产，公司已跻身2009年四川有色金属矿采选业最佳效益10强，位列第9；2009年四川有色金属矿采选业最大规模20强，位列第13。

循环经济实践单位

北京密云桃源仙谷风景名胜区

北京市桃源仙谷风景名胜区，距北京90公里。景区东起密云水库，西至观峰台之巅，总面积16平方公里。一湖六瀑十三潭，冬天冰雪有奇观，天画八峰神仙界，远望云海碧水天，80余个景观镶嵌其中，构成了世外桃源的天然风景画廊。整个景区，山峦起伏，峡谷纵深，森林茂密，集湖、瀑、潭、洞、峰、林、石、水于一体。

风景区致力绿色低碳生态发展和循环利用，大力发展生态和低碳旅游。四季景致让人赏心悦目。每年1~2月冰雪活动，3~4月杏花观赏活动，5~6月山花观赏活动，7~8月保护水源活动，9~10月金秋采摘活动，11~12月红叶观赏活动。

中国56个民族图腾集锦

中国56个民族图腾集锦于2009年开始筹建，2010年建成、对外开放。图腾集锦高5米，宽8米，在一块美丽完整的天然岩石上雕刻而成。

56个民族图腾集锦

中国56个民族图腾集锦让人们了解到各民族人口、居住地、古老文化、民族信仰的简况。让人们感受到民族团结、祖国统一、祖国强盛的重要，激发了人们热爱祖国的情感。

忠孝图

忠孝图建在群山环抱、松柏成林的岩壁上。在悬崖峭壁上雕刻着二十四幅精美的中国传统石刻。孝悌是中国传统美德。孝悌教育基地以岩壁为依托，用雕刻的工艺，形象化地弘扬了中国传统美德，让人们孝敬父母、忠于家庭、忠于祖国。

忠孝图

慈母洞

慈母洞于2009年开始筹建，2010年建成、对外开放。慈母洞长21.6米，高5米，宽0.8米，由天然山洞和人工开凿的岩洞构成。洞顶最低处仅为1.38米，仅够一人进出。洞中有三幅摩崖石刻壁画，分别名为：“十月怀胎”、“一朝分娩”、“哺乳情深”。让人们记住母亲的孕育之恩；记住母亲的生育之恩；记住母亲的养育之恩。

慈母洞

行车路线：

1. 北京：走101国道三元桥——京顺路——京密路——密关路——密云水库左转至桃源仙谷；
2. 京承高速路：京承高速——密云收费站出口——密关路——密云水库左转至桃源仙谷

联系电话：

北京密云桃源仙谷风景名胜区：（010）61025309　（010）61025667

北京密云桃源仙谷度假山庄：（010）61025977　（010）61025529

网址：www.bjtyxg.com

电子信箱：ghx@bjtyxg.com

绿色发展　循环发展　可持续发展

江苏联海生物科技有限公司

江苏联海生物科技有限公司位于江苏省海门市灵甸工业集中区，占地600亩，总投资10亿元。该公司于2007年开工建设，目前，已经形成年产10万吨丁醇丙酮生产规模。2009年实现销售收入2.2亿元，上缴税收1200万元。

公司始终坚持绿色、循环、可持续的企业发展理念，以“减量化、再利用、资源化”为核心，加快循环经济先进技术的推广应用。全力实施“以农产品深加工为基础，以生物化工为主导，以化工延伸产品及资源综合利用为支撑”的企业发展战略，形成了农产品深加工、生物化工、生物质资源综合利用的新型工业发展模式，实现了“自然资源—生物绿色制造—绿色产品—再生资源综合利用—绿色产品”的闭路循环，成为国内重要的农产品深加工基地、生物丁醇生产基地、循环经济和可持续发展示范基地。

公司先后成立了南通市企业工程技术研究中心、江苏省非粮生物质发酵法生产丁醇工程技术研究中心，建立健全了一套科学的人才培养支撑体系。近年来，公司先后承担了3项国家和省级重点项目，目前已经获得授权发明专利3项，申请发明专利6项，获得授权专利许可2项，其中“利用面粉深加工废水发酵法生产丁醇绿色工艺的研发及产业化”项目于2009年获得江苏省重大科技成果转化专项资金项目支持，公司清洁生产项目经过层层筛选入选工信部2010年清洁生产技术推广示范项目。

公司循环经济产业链包括：50万吨/年面粉深加工项目；年产10万吨丁醇、丙酮项目；年产10万吨二氧化碳项目；年产3万吨蛋白饲料项目；1×12MW生物质综合利用热电联产项目；年产20万吨醋酸丁酯及醋酸乙酯项目。通过对工农业废弃物进行一系列“吃干榨净”，不断强化综合利用水平，拉长产业链条，实施产品的多次开发和价值多次增值。小麦经过加工分离后获得谷朊粉、精淀粉、麸皮，在生产过程中产生的面粉深加工废水输送至丁醇发酵车间，采用定向筛选的高产菌种发酵生产丁醇，发酵生产丁醇后的废醪再发酵生产酵母饲料，残渣进入锅炉焚烧产生蒸汽供给生产过程，发酵过程产生的氢气和二氧化碳经过分离，氢气送入热电厂作为燃料，二氧化碳制成液体食品级或工业级二氧化碳，生产饲料酵母后的高COD废水厌氧处理后产生的沼气、生物污泥及氢气进入生物热电厂，生产的电和蒸汽再供给各生产车间，热电厂的草木灰作为肥料还田，改良土壤的物理化学性能。生产的丁醇和乙醇直接输送至酯化车间生产醋酸丁乙酯，提高产品附加值。在该产业链中产品有生物丁醇、丙酮、乙醇、醋酸丁酯、醋酸乙酯、谷朊粉、精淀粉、食品级二氧化碳等，在整个生产过程中，每个产品都是生产扩展的链条，也是增值的环节。产业链条的延伸，实现了从单一产品到产品多样化，而且新产品的开发过程就是一个增值过程。同时，经过综合利用，整个生产环节无污染和浪费，资源实现利用最大化，形成一个大自然状态下完整的物质循环过程，实现了生产、环保、资源再利用的持续发展，达到了循环经济所倡导的“资源－产品－资源再生”的物质循环流动，有效解决了长期以来环境与发展之间的尖锐冲突，实现了节能降耗、清洁生产及资源综合利用，为传统经济向可持续发展的循环经济提供了实践典范。

公司近三年研发投入已经达到3600万元，实施全系统的清洁生产、优化生产工艺。目前，发酵总溶剂由1.8%提高到2.2%，吨产品耗水量由80吨降至10吨，蒸汽消耗由15吨降至8吨。同时强化了废物资源化利用，以面粉深加工废水替代80%的原料，极大地降低生产成本，生产过程中的二氧化碳和氢气经过回收分离提高附加值，废水经过IC罐厌氧处理生产沼气供给燃气锅炉。生产过程中的排放物实现资源化、减量化、无害化处理，实现了产品增值和环保达标的双赢。

智能建筑 绿色节能 数字医疗

中程科技有限公司

SINOSTRIDE

中程科技有限公司总裁姜东

中程科技成立于1992年，现为香港首长科技集团有限公司（股票代码HK521）旗下企业。作为业界知名的IT企业，创业十多年来，中程科技依托浙江大学科研院所领先的研发能力、首长科技集团雄厚的实力，在智能信息化领域不断探索，成为国内著名的以智能化、节能、医疗软件为核心的增值服务商。近年来，公司实现了从系统集成为主的工程型公司向自主产品为主的服务型公司的转变，提高了公司的核心竞争力，促进公司的健康可持续发展，公司现拥有"智能建筑"、"绿色节能"、"数字医疗"等一系列完整的解决方案。

中程科技倡导绿色、低碳、环保，在绿色节能领域，公司拥有建筑设备控制方面的丰富经验，提供建筑节能相关咨询、设计、调试、认证、融资顾问等服务。自主研发的智能建筑能源管理系统SinoEMS，对建筑能耗数据进行采集、监测、计算、分析、预测与诊断，为能源管理提供详实、有效的能源审计与诊断报告，为客户节能优化指明方向、优化能源管理、节约能源开支。

在专业节能方面，公司致力于研发具有针对性的节能产品和方案，重点针对移动通信基站/机房能耗高居不下的情况，提供系列智能节能产品、方案以及配套增值服务。根据浙江大学提出的面向对象的冷却方法，公司推出的全天候智能型分布式冷却系统SinoDCS，适应我国广大地区的气候状况，在各个季节都高效节能，满足各种基站及类似机房的设备冷却需求。

分布式冷却系统的节能机制，基于“面向对象的冷却方法”（实用新型专利），改变传统的冷却方式，将冷量通过有效的系统布局和末端设计，更有针对性地对需要冷却的设备进行冷却，不仅可改善被冷却对象的工作温度环境，而且节能效果显著。配合利用自然冷源的辅助冷却系统的整合应用（通风换热），基站分布式冷却系统（DCS）相比实现传统冷却方式达到可观的节能效果。

中程科技密切关注国际智能信息化建设发展趋势，始终走在智能信息化领域的前沿。公司与浙江大学建立了紧密的战略合作关系，并与美国、韩国、日本等国的国际性企业及国内著名的上市公司有着广泛的合作。2002年，中程科技在香港创业板成功上市。2005年底，与香港首长科技集团进行了吸收、合并、重组，成为首长科技集团重要成员之一。2009年，与世界500强美国开利公司签约组建合资公司，共同打造中国绿色建筑。

中程科技以人为本，现有员工约300人，30%具有中高级职称或硕士以上学历，80%具有大学以上学历。优秀的管理团队、专业的技术力量和完善的售后服务体系，保证了公司业务迅速拓展。目前中程科技在浙江、北京、江苏、重庆、广东、云南、福建、四川等地设有总部或分支机构，业务覆盖全国十八个省市。

“铸就中程品牌，取信天下用户”，以诚为本、以变为道的中程人将继续追求技术创新，致力成为中国智能信息化建设的领导者。

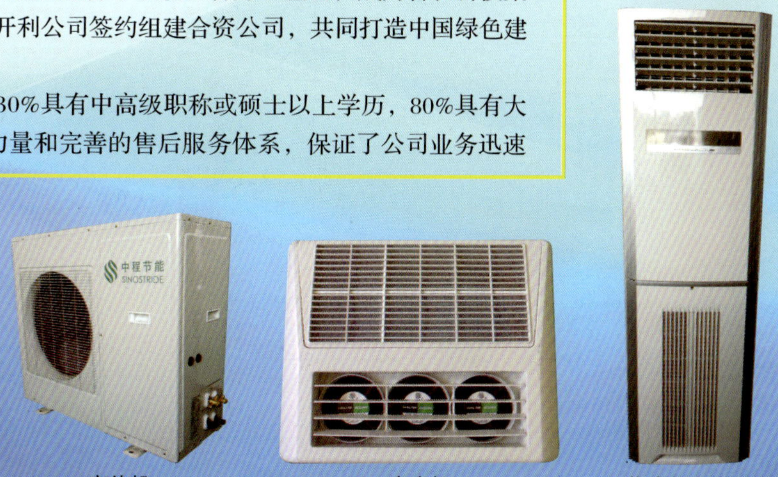

室外机 室内机 载冷剂室内机

有效的利用自然资源 减少二氧化碳的排放量

豪瑞管理顾问（中国）有限公司

重视价值创造

豪瑞是世界领先的水泥、集料、预拌混凝土和沥青供应商。成立于 1912 年，如今业务已纟盖了全球五大洲。

公司的核心目标在于创造价值，并非常重视经济、生态以及社会的可持续发展。豪瑞努力F所有利益相关团体重视并信赖的合作伙伴，同时立志成为建材行业最受尊敬、最具吸引力的公

优秀的员工是成功的基石

豪瑞为员工提供具有吸引力和挑战性的工作以及发展空间，致力于成为模范雇主，招聘最亻的员工，并给他们以长期激励和培训。以开阔的胸怀尊重各种文化一直是豪瑞对自身定位的一分。

针对职业健康和安全，豪瑞发起“安全至上”的倡议，在集团内部营造新的安全理念。

致力于环境保护和社会发展

豪瑞的产品依赖于采石和大量能源。有效的利用自然资源、减少二氧化碳的排放量是公司政策的基石。在这方面，公司主要将精力放在提高能源利用效率、循环利用废物和用其他矿合材料代替熟料上。豪瑞坚信利用可替代燃料和原料是对可持续发展的积极贡献，率先在生产中使用环保新技术、可替代燃料和原料。

豪瑞在其设厂地区向社区做出长期承诺，作为当地最大的雇主，深知其肩负的社会责任，于社区可持续发展和当地基础设施的改善。

豪瑞在中国

中国是世界最大的水泥市场，对豪瑞意义重大。早在 20 年前就开始向中国的水泥生产商工业技术。1995 年，成为苏州金猫水泥的股东，并在北京成立代表处。四年后，豪瑞成为华泥的战略投资者，后又将所持的金猫股份卖给了华新。

稳步的发展已使华新成为中国水泥行业的领先企业。2008 年，豪瑞获得机会通过定向增大在华新的股份，成为了华新最大的股东。北京代表处也由“豪瑞管理顾问（中国）有限公司替。该公司将支持豪瑞与华新的合作，并进一步加强豪瑞在中国的业务活动。通过多年的合作新与豪瑞之间形成了彼此信任的友好关系，这为双方今后更深远和紧密的合作奠定了坚实的基

豪瑞重视在中国的发展，对中国的热情和承诺不断增强。豪瑞的基本理念是通过支持各地务伙伴而取得成功。与华新的合作还涉及清洁生产、环境保护、废弃物协同处理、能源节约，企业社会责任。与此同时豪瑞还与各政府部门和行业组织在多方面展开合作，以期利用豪瑞的经验为中国水泥工业的整体发展做出贡献。

以绿色能源与环保先进技术为使命

绿能科技股份有限公司

绿能科技园长晶三厂

绿能科技薄膜厂

宇骏（潍坊）新能源科技有限公司模型图

绿能科技股份有限公司是台湾最早投入“多晶硅制程”专业产出太阳能硅晶圆(Wafer)的公司，厂区位于桃园县及高雄县等地，隶属于涵盖光电、能源、通讯、系统整合服务等产业范围的大同集团，主要产品是尺寸为125mmx125mm或156x156mm的多晶硅硅片以及单晶硅锭和硅片。绿能科技以绿色能源与环保先进技术为使命，致力于研发高效率低成本的太阳能产品。

以林和龙为总经理的绿能科技技术团队拥有30多年从事硅晶产业的技术与经验，大同集团以其强大的实力提供绿能人才、知识与技术支撑。即使面对金融危机的的重大冲击，绿能科技仍秉持“正诚勤俭”的经营理念，落实稳健经营，积极进行组织精实改造，获得快速发展,在高速发展的大中华地区市场中奠定了稳固的地位。

在产能部分，绿能2010年产能自410MW扩增至1GW，也促使营收与出货量同步攀升，2010年全年营收较去年成长120%以上。绿能为确保质量与供货量同步稳定，高效硅片转换效率达16.7%-16.8%，Super硅片也向超越17%前进。绿能也自行研发长晶切片制程及回收系统的精进技术，以提高硅片竞争优势，并获得国际重量级客户与供货商支持，成为台湾最大的硅片厂商。

绿能科技投资在山东省成立了宇骏（潍坊）新能源科技有限公司，注册资本3480万美元，主要从事太阳能硅片、硅碇的制作加工销售和薄膜型太阳能电池板、模块、系统的制作加工销售。2010年5月在潍坊高新区投入生产。山东潍坊的宇骏新能源科技第一阶段太阳能硅晶圆切片厂的年产能力已不段提升。

循环经济实践单位

共同推进废旧家电资源化、环保化、产业化

绿电再生股份有限公司

绿电再生股份有限公司为亚洲地区第一家真正实际运转的专业废家电资源再生处理公司，目前拥有2座处理工厂，其处理量占全台湾的16%，并已处理完成废家电350万台以上。

绿电再生股份有限公司为台湾十二大家电制造厂商为承担对环境保护的责任，于1998年共同成立的专业废家电处理公司，处理技术选择由德国环保大厂ADELMANN公司导入技术及设备，配合现地化研发改造后，完成技术生根动作，使本公司具备完整废家电处理系统规划及设备提供能力。目前除独家取得该公司亚洲策略伙伴关系外，并积极拓展到废电子产品无害化处理领域，均取得显著成效。

绿电再生股份有限公司采用的处理设备均以“物理干式”技术为原则，在处理期间对环境之影响均降至最低点，与传统拆解业的脏乱不堪等落后处理方式大相径庭。由于设备本身为自动化分选，将人工操作降至最低，从根本上保障了作业人员的健康与安全。

绿电再生股份有限公司为开发大陆废旧家电及电子产品回收处理市场，积极推动大陆废旧家电及电子产品回收处理行业朝着资源化、环保化、产业化的方向发展，加快与大陆再生资源回收利用企业的合作，提供废旧家电资源再生设备、技术的硬件及软件面的整体规划，并提供适合本地的最佳设计及工厂的运营、物流管理等经验。

2006年绿电再生股份有限公司与中国再生资源开发有限公司，于山东省临沂市共同组建专业回收处理废弃电器电子产品的合资企业－山东中绿资源再生有限公司，现为“山东省废旧家电及电子产品回收处理企业”与“山东省家电以旧换新废旧家电回收拆解企业”，并已先后荣获“国家科技支撑计划项目示范基地”、“山东省资源再生利用示范企业”等资质荣誉，累计拆解达120万台，其处理规模、处理工艺和处理技术居大陆国内领先地位。2009年11月，绿电再生股份有限公司与中国再生资源开发有限公司签署了“废旧家电电子产品回收处理合作框架协议”，双方决定建立长期、稳定、友好的战略合作关系。该项目总投资2.5亿元人民币，计划分3年完成。首先在广东、四川、黑龙江、江西、湖北等省投建废旧家电及电子产品回收拆解处理工厂，并由双方出资设立项目公司，负责项目的建设和运营。

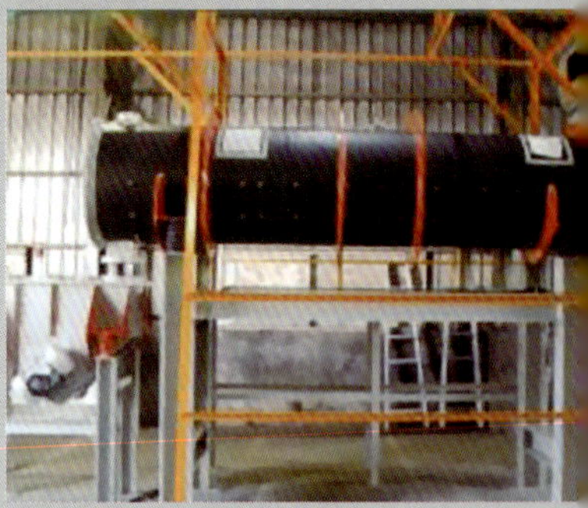

废旧家用电器资源化处理生产线整套设备

山西吉天利科技实业有限公司

SHANXI JITALY SCIENCE TECHNOLOGY INDUSTRIAL CO., LTD.

山西吉天利循环经济低碳产业示范园是在我公司拥有十多年技术研发、生产制造、资金储备等方面的丰厚础上，于2009年8月依据国家战略性新型产业政策，按照循环经济低碳产业运营模式规划、设计、开工建设示范园区。目前在建的一、二期工程占地1000亩，三期工程拟占地3000亩，设计总投资50亿元人民币，计于2015年全部建成完工。

园区在科学发展观的指导下，紧紧围绕“资源综合利用”，以资源和产品的循环为本源，将在五年内倾力造完成“160万KVAh/年环保型铅酸蓄电池生产项目、10万吨/年废旧铅酸电池无害化处理综合利用项目；乙Ah/年锂离子电池生产项目、LED系列产品产业化生产项目、10万吨/年电子废弃物无害化处理综合利用项；200万吨/年再生资源综合利用生态工业圈区管理项目”的三期工程。

吉天利人以“致力资源综合利用，开发‘城市矿山’”为使命；以“生生不息、创造生态动力”为企业目；秉持“物尽其用、变废为宝、化害为利”的理念，建设形成园区“三个循环系统”，实现“蓄电池生产与电池处理、LED系列产品生产与电子废弃物回收处理的循环，以及废旧有色金属等资源的再生循环、高效利的目标，从真正意义上实现了零排放，包括雨水全部回收利用，资源的综合再利用率达到98%以上。

地址：山西省盂县苌池镇吉天利工业园 P.C:045100 Http: //www.jitaly.com
Tel:86 353 8177777 Fax:86 353 8086643
北京办事处：北京市西城区金融街广成街4号2-1-1002 P.C:100140
Address: Jitaly Industrial Park in Changchi Township,Yuxian,Shanxi Province 045100 P.R.China
Beijing Office: 2-1-1002, 4 Guangcheng Street, Financial Street,Xicheng District, Beijing 100140 P.R.China

01 01/建设中的吉天利新园区

02 02/吉天利办公大楼

03 03/吉天利工业园区效果图

创建国内废旧家电处理行业领航企业

TCL奥博（天津）环保发展有限公司

TCL奥博（天津）环保发展有限公司是由惠州TCL环保资源有限公司、天津市博奇金属制品有限公司、天津子牙环保产业园有限公司共同组建的大型环保企业，主营业务为废旧家电及电子电器产品回收、拆解与加工处理，废五金、废塑料回收处理，废水、废液回收处理，货物与技术进出口等。

公司位于天津子牙循环经济产业园内，占地面积约28万平方米，一期规划总投资3亿元人民币，建筑面积3.7万平方米，包括车间、仓库、办公及福利设施等共16座建筑物，一期建成后可实现每年10万吨废旧家电、电子处理能力。

公司始终以创建国内废旧家电处理行业第一、争取成为国际同领域知名企业为奋斗目标，工艺设备以机械化、自动化处理为主体，其中用于电视机、洗衣机、电冰箱、空调、电脑拆解处理的一次拆解线；用于金属、塑料物质的分选处理线；用于处理生产过程中所产生废液、废气、废渣的三废处理线。

通过采用以上目前达国际先进水平的工艺与设备，在直接产出可再生利用的原材料的同时，将有害物质进行无害化处理，其中对于三废处理的排放标准将同时满足中国以及欧盟的环保相关法规要求。

作为大型电子电器生产企业，TCL始终秉持回报于社会的原则，积极承担企业的社会责任，以实际行动为中国的环保事业贡献力量，通过产品的绿色设计、绿色制造，再加上无害化回收处理废旧电子电器产品，最终实现整个产业链的生态循环。

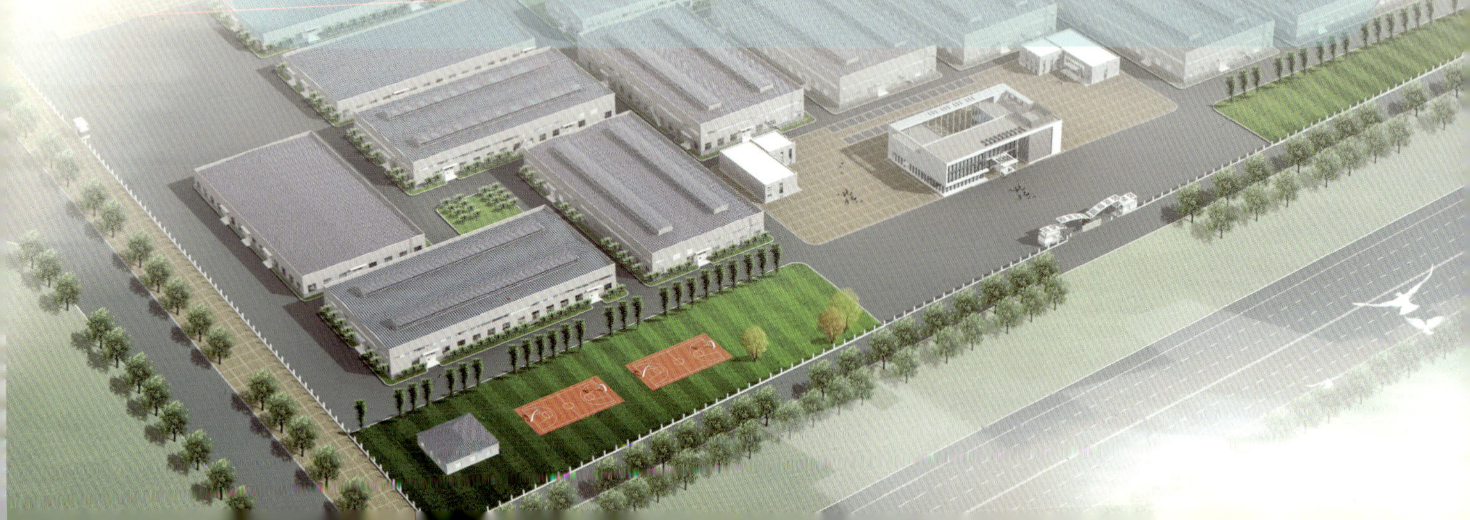

推行循环经济模式　树立无尾矿工程典范

宜春钽铌矿

宜春钽铌矿是1970年开始筹建的大型露天矿山，原名四一四矿，1972年定名为宜春钽铌矿，国家二级企业，现隶属于江西钨业集团有限公司，是我国目前规模最大的钽铌采选企业和钽铌锂原料生产基地。宜春钽铌矿位于自然条件优越的江西省宜春市袁州区新坊乡境内，矿床中含钽铌锂铷铯等多种稀有金属，开采条件好，储量大，建矿之初探明的矿石地质储量达1.76亿吨，是迄今亚洲探明可开采、储量最大的钽铌矿山。企业主要从事矿山采掘业务，主要生产和经营钽铌精矿（省优）、锂云母精矿（省部优）、锂长石粉、高岭土等产品。近年来，宜春钽铌矿实施以无尾矿为目标的资源综合利用管理战略，提高矿产资源开发利用深度，为国内同行业企业树立了节能减排、发展循环经济的新标杆。

宜春钽铌矿矿长毛美心

一、推进循环经济措施

1.确立多品种发展战略。宜春钽铌矿从综合利用矿产资源角度出发，不断提升采选技术和磨矿自动化水平，提高回收率。矿山一方面生产钽铌矿精矿，另一方面依靠科技进步，对原来重选钽铌精矿后的尾矿，增加浮选回收锂云母和分级回收长石粉的工艺，生产锂云母精矿和长石粉，将原有的单一钽铌精矿产品提升为钽铌、锂云母、长石粉三个产品，实现了资源综合利用。

2.实施无尾矿化生产。企业新建了钽铌尾矿综合回收车间、烘干车间、压滤车间，资源综合利用率已超过95%，实现了尾矿零排放的最高目标。借助3000吨/日扩产改造，实施了锂云母精矿过滤脱水工艺，不断提高产品品质，满足客户需求。筹建无尾矿化生产线，对原生产流程中钽铌重选尾矿排放的下段增加综合回收锂云母、长石粉的生产线，综合回收锂云母精矿和长石粉产品，创新实施无尾矿化生产。2010年实现锂云母精矿销量5万多吨、锂长石粉45多万吨，实现了以先进的生产工艺提高综合利用率的目标，在国内外矿山企业中树立了无尾矿工程典范，符合国家产业政策和发展循环经济的政策导向。

3.“尾矿产品为核心产品定位”纳入企业发展规划。进入新世纪，企业将“尾矿产品为核心产品定位”纳入了企业发展规划，实施清洁生产和无尾矿生产。2010年宜春钽铌矿尾矿资源综合利用项目入选《中国资源综合利用典范要目》。企业进行了产品战略部署细化实施工程，成立技术部，加强尾矿利用技术攻关。2010年，《宜春钽铌矿钽铌尾矿综合回收项目》通过了江西钨业集团有限公司组织的竣工验收专家组评审，专家组认为该项目大大提高了矿产资源的利用率，综合利用水平在国内处于先进水平，其社会、经济效益显著。矿山还与各设计研究院、大学等有关科研单位和技术力量合作，形成了企业成熟配套的尾矿资源综合利用生产工艺，确保了企业持续、稳定和健康发展。

二、未来规划

未来的宜春钽铌矿将在做好主产品钽铌精矿的同时，配套对其他综合产品进行新的探索，将向产品的再加工、深加工方向努力，综合循环利用资源，打造一个高级玻璃、陶瓷行业的大型原材料基地，建成适应未来社会循环经济要求的强大现代集团。

宜春钽铌矿总部

扩能改造工程新选厂全景图

通过带式过滤机工艺回收锂长石粉

无尾矿压滤工艺

阜宁澳洋产业园

江苏双昌肥业有限公司

江苏金杉化工有限公司

江苏氟美斯环保节能新材料有限公司

江苏特华新材料科技有限公司

阜宁澳洋产业园位于县城西郊，是县城经济发展“一主两翼”的西翼，建于2003年，规划面积50平方公里，正在实施18.8平方公里，是苏北规划起点高、设施条件好、政策环境优的大型特色园区。园区产业特色鲜明，重点发展以粘胶纤维为主的化学纤维产业、光伏新材料新能源产业、煤盐化工产业和配套基础化工产业。园区水陆交通便捷，区位优势明显，形成了铁路、公路、水路、航空、港口等全方位综合运输体系。园区基础设施齐全，功能配套，建有日供4万吨和5万吨水厂各一座，日处理4万吨和5万吨污水处理厂各一座，110KV、220kV变电所各一座，建有3×7.5MW机组热电厂和固废综合利用中心，实行统一供水、统一供汽、统一污水处理和固废物集中处理。

园区秉承生态立园、产业建园、特色兴园的发展理念，重抓项目推进、重抓功能配套、重抓产业链接、重抓优质服务，全力打造澳洋新城，努力营造低成本的生产环境和高品质的人居环境。目前，已有江苏澳洋集团、浙江传化集团、美国捷安迪亚公司、上海百金集团、江苏华兴投资集团和香港朗地公司等50多家国内知名企业落户园区。

新奥集团股份有限公司

新奥集团创建于1989年，以创新清洁能源为使命，立志成为受人尊敬的全球清洁能源企业。公司在“C经济，智能化”理念的指导下，依托系统能效技术和煤基低碳能源转化技术的创新，围绕节能减排、传统能源的高效、清洁利用和可再生能源开发，为客户提供清洁能源整体解决方案，满足客户日益增长的用能、节能和环保要求。

新奥智能能源国家重点实验室

公司从燃气业务起步，经过持续的产业扩张与战略升级，构建了能源服务、能源科技、能源资本、能源分销、能源化工、太阳能源和能效城市开发等相关多元的业务组合。截至2009年底，集团拥有员工2.5万余人，总资产超过330亿元人民币，100多家全资控股公司和分支机构分布在国家80多座城市及美国、欧洲等国家和香港地区。

新能化工凤凰（滕州）全景照片

系统能效技术

是一种新型的智能能源技术。它通过信息流与能量流、物质流的耦合，形成多品类能源泛能流，构成能源生产、储运、应用与再生四环节的智能闭环泛能网络。再通过对泛能流从输入到输出的跨时空协同及泛能网内多角度智能互动，实现对环境势能的高品位吸收和对资源能量的高效利用，产生系统能量在全生命周期的非线性增效，从而输出高品质、高效率的智能能源。

新奥集团微藻养殖室

煤基低碳能源转化技术

煤基能源的清洁利用技术，主要包括地下气化技术、煤催化气化技术、微藻生物吸碳等多项新能源技术。通过催化气化与地下气化两种方式，煤炭被转化为合成气，之后合成气被转化为甲烷，转化过程中产生的二氧化碳被微藻生物吸碳和加氢方式吸收利用，分别转化为生物柴油和化工原料。这是新奥集团自主创新的一套完整的清洁煤技术体系，该体系不仅实现了煤的全价开发和清洁利用，产出天然气、电力、生物柴油及其他高附加值产品，还解决了二氧化碳的排放问题，从而真正实现了煤基能源的高安全、高效率、低成本、低污染。

全球第三大专业多晶硅生产商

江苏中能硅业科技发展有限公司

江苏中能硅业科技发展有限公司是香港上市公司保利协鑫（HK3800）全资控股的高纯多晶硅生产企业。2006年3月在江苏省徐州市经济开发区成立，经过三年建设，到2009年6月，建成5条共18000吨产能的多晶硅生产线，2010年产能提升至21000吨，是目前世界上单体投资规模最大的多晶硅生产基地。已经建成的产能产量位列全国第一、亚洲首位，是全球第三大专业多晶硅生产商。

公司成立之初，就高起点地选定了世界主流的新一代制造工艺。在消化吸收的基础上，企业对工艺技术路线深化组合，集成再造，攻坚完善，实现了GCL法集成创新。四年多来企业的技术水平稳步提升，生产线上共有40多项具有自主知识产权的核心技术投入应用；尤其是副产物回收的关键核心工艺是公司自主研发的“氯氢化技术”。这项技术能将系统中产生的四氯化硅等大量副产物四氯化硅全部直接转化成原料三氯氢硅回到系统循环使用，该装置目前已经形成的氯氢化处理能力能够满足年产3万吨多晶硅的物料回收循环配套，四氯化硅等副产物循环利用率达99%,处理率达100%，彻底消除了生产多晶硅副产物难以处理的世界性难题；也成功地证明了独具特色的GCL工艺技术路线的制造优势。

通过引进先进技术和自主创新,在还原、精馏等工艺实施节能降耗和能量回收利用技术推广，2010年实现节能降耗30%的目标，从2N的工业硅原料，提纯到10N的多晶硅，价值增长了25倍，但每生产一公斤多晶硅综合电耗已经降到90千瓦时的世界顶尖水平，每万吨产值耗能仅为0.6吨标准煤，真正做到了多晶硅生产的高效节能。公司自2007年以来，三年累计生产并提供太阳能电池生产商2.7万吨高品质多晶硅原料，制造交付的太阳能组件达到4吉瓦，年利用清洁的太阳能高达52亿千瓦时，为充分利用可再生能源、优化能源结构、保护人类生存环境做出重大贡献。

生产厂区概貌

世界上单体投资规模最大的多晶硅生产基地——江苏中能硅业科技发展有限公司

致力再生资源回收和加工利用

广州市物资再生协会

广州市物资再生协会会长、广州市金属回收公司总经理周锦

广州市物资再生协会于1994年成立，会员为从事再生资源回收、加工利用的专业性企业。协会的职责是：以宣传与遵守国家对再生资源的方针政策为导向；对再生资源的开发利用进行指导，树立行业信誉，推动再生资源行业的发展；积极发挥企业与政府之间的桥梁和纽带的作用，积极为会员排忧解难，维护会员单位的合法权益，做好各项服务工作；做好行业自律，加强协会自身建设，协助政府有关部门制定行业规章制度、发展规划，对建立健全行业法规提出建议；协助政府部门做好对市场和网点的监管工作；协调各会员之间、会员与其他方面之间关系，促进行业内外的合作与发展；向会员提供市场信息，组织会员总结交流经验；组织各种培训活动，提高行业人员的管理素质和经营水平。为配合做好再生资源回收的管理工作，积极发挥行业协会的作用，及时向政府部门提供了参考的意见和建议。

广州市物资再生协会现有会员单位69个，范围广泛，从业人员逾万人，会员单位合计的经营面积30多万平方米，其中最大的经营面积近10万平方米。会员单位主要从事废旧金属的回收，经营规模较大。2009年会员单位合计的产值达31多亿元，积极服务会员、反映诉求、争取合理权益、参与行业的管理、促进再生行业的健康发展是协会当前的主要工作和任务。

广州市物资再生协会也是广州地区承办老旧汽车更新补贴和汽车以旧换新的服务受理机构。

广州市金属回收公司基本情况和优势

广州市金属回收公司于1977年建立，是广州地区最早从事报废汽车、废旧机械设备的回收拆解、废旧金属回收处理等业务的专业公司，是经国家、省、市审核认定的广州市唯一合法的报废汽车回收拆解的国有独资企业，经营场地面积超过10万平方米，是广东省内经营场地面积和经营规模最大的报废汽车回收企业，综合优势明显。公司拥有各类大型的专业拆解汽车设备和运输工具，拥有一批经验丰富的专业拆车技术人员，每年可回收、处理、拆解大批量的报废汽车、摩托车。

循环经济实践单位

打造国内物资回收机械行业领军型企业

江苏华宏科技股份有限公司
JIANGSU HUAHONG TECHNOLOGY STOCK CO.,LTD.

江苏华宏科技股份有限公司位于全国百强县之首的江苏省江阴市，是国内生产大中型液压设备的专业制造企业，也是国内最具规模的物资回收加工机械生产基地。经过20余年发展壮大，已成为国内物资回收机械行业的领军型企业，产品广泛用于物资再生、废物利用等循环经济行业。目前已形成液压金属打包机、液压金属剪断机、大型废钢破碎流水线、生活垃圾压缩机等十几个系列100多个品种产品。

公司占地面积120000多平方米，生产车间68000平方米，办公用房6000平方米。拥有大型数控落地铣镗床、龙门铣床、数控车床、数控切割机、数控加工中心、深孔钻镗床等各种生产设备300多台；拥有数字超声波检测仪、直读光谱分析仪及各种精密量具等检测设备，检测手段先进齐全。

公司现已具备年产4000余台套大中型液压机械设备的生产能力，并设有国内首家“物资回收机械工程技术中心”，拥有一支高素质、年轻化、创新能力强的科研队伍。截至目前公司拥有专利44项，其中发明专利8项，实用新型专利35项，外观专利1项。

企业已通过ISO9001 质量体系认证、ISO14000环境管理体系认证、ISO28000职业安全健康管理体系认证，公司先后被评为“无锡市十佳民营科技型企业”、“江苏省高新技术企业”、“江苏省星火龙头企业”、“国家高新技术企业”。“金属打包液压机”和“液压废金属剪断机”先后获得“江苏名牌产品”的称号，“华宏”牌商标被认定为“中国驰名商标”。多年来“华宏”牌系列设备获得了社会和客户广泛的认可，在国内同行业中，市场占有率遥遥领先，公司产品远销欧、亚、美等30多个国家和地区。

志存高远、展望未来。华宏将秉承“以科技创新为先导，以服务客户为宗旨，以市场价值为中心”的企业理念，以不懈的努力赢得客户的信赖和支持，华宏科技期待与您的真诚合作，为国家循环经济产业的发展作出更大的贡献。

公司生产主要物资回收机械有：Y81-150Y型液压金属打包机:、Y83系列液压金属屑压块机、Y82系列立式液压打包机、Q15系列龙门式剪板机、 Q43系列金属剪断机:、Y81系列金属打包机、Y63系列沉降式液压垃圾压缩机:、SX系列废钢破碎生产线等。

Y82系列立式液压打包机

Y63系列沉降式液压垃圾压缩机

PSX系列废钢破碎生产线

谱写废物加工利用新篇章

佛山市北方光电金属有限公司

佛山市北方光电金属有限公司位于中国广东省佛山市南海区，是国家环保总局核定七类进口废物加工利用定点单位，是国际两大废金属回收工业协会 一美国废金属回收工业协会（ISRI）和国际回收局（BIR）会员。 公司占地80000平方米，拥有1000多名员工。在清远、宁波、天津等地设有多家分厂。每月采购及加工各种高低品位，不同混杂程度的废金属，当中的大部分都在公司的加工厂里被加工成具附加值的产品以便最终被回收利用。 公司在全世界范围内形成的一套经认可的客户服务记录跟踪机制，及其忠诚可靠的信誉。

佛山市北方光电金属有限公司

公司采取有利于环境保护的措施处理固体废弃物，减少其对环境的污染，对有害固体废弃物进行合法处理。对于厂区内所有固体废物，根据技术条件对可利用的固体废物加以利用，对不能利用的废物进行无公害处理；特殊处理有毒有害固体废弃物，并确保100%由南海区再生资源协会回收。对其它固体废弃物进行分类，并根据具体分类情况，100%由南海区再生资源协会回收。在加工废旧金属前，对含尘的货场地面进行洒水湿润处理，各个生产车间每天洒水1次，每晚定时冲洗1次厂区道路，保证空气无浮尘。厂区内植树种草，加大绿化范围，涵养水资源。

废旧金属回收处理车间

公司根据固体与水比重不同的原理，进行废水的处理，经过三级沉淀预处理达标后，通过相关的市政管道排放至城市污水处理厂；生产过程中产生的废油由南海再生资源协会全部回收。其中废水预处理达标率达100%。废机油100%处理后，定期由南海区再生资源协会统一回收。推行无纸化办公和“二次纸”的使用，提高纸张的利用率。

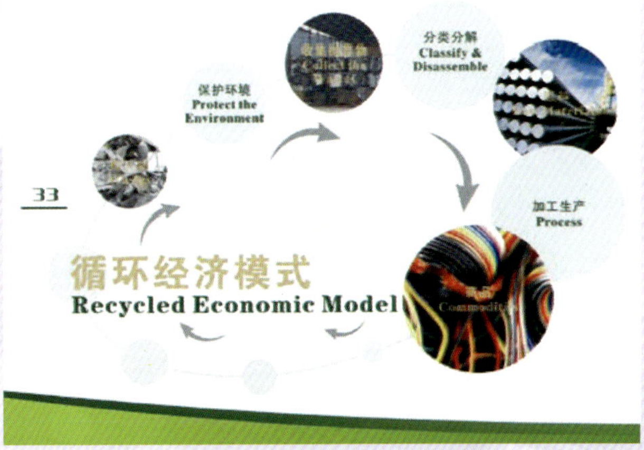

使蜜柚生产走上可持续发展的循环经济之路

福建南海食品有限公司

福建南海食品有限公司成立于1996年4月，是集蜜柚种植、加工、出口为一体的农业产业化龙头企业。位于闽南金三角漳州市南端的平和县，气候温和、土地肥沃、雨水充足，是闻名海内外的花果之乡，被称为“世界柚乡、中国柚都”。蜜柚饮料等蜜柚深系列产品加工被列为福建省首批循环经济项目。

公司通过ISO9001:2000和HACCP认证，通过全球良好农业规范GLOBLE GAP认证，荣获“CHC全国高技术产业化绿色农业示范企业”，荣获中国绿色食品发展中心批准为“绿色食品”基地，荣获农业部批准为“全国农产品加工业出口示范企业”，荣获福建省农业厅授予“福建无公害农产品水果基地”，目前拥有国内蜜柚深加工的各项发明专利技术25项。

2006年，成为全国第一家以自有品牌，直接向欧洲市场出口蜜柚产品的企业。企业“南胜牌”，被福建省工商管理局认定为“著名商标”、漳州市“知名商标”。2010年1月“南胜”牌蜜柚蜜饯被福建省政府评为“福建名牌产品”。2007年以来连续荣获“省级重点龙头企业”、“国家级扶贫龙头企业”、“省级守合同信用企业”、“质量管理先进企业”等荣誉。

公司实行“公司+基地+农户+标准化”的经营模式，采用与合作社合作经营管理方式，向种植户提供先进的农产品种植技术，对基地果农的用肥、用药进行统一指导、统一管理，实施病虫害综合防治措施，发展带动周边15万亩蜜柚生产基地逐步实施标准化管理。

公司生产蜜柚果脯、蜜柚软糖，蜜柚果茶、蜜柚果浆、蜜柚浓缩汁，蜜柚饮料等蜜柚深加工系列产品，是全国首家具备规模化生产蜜柚深加工系列产品的企业。并被列为福建省首批循环经济项目。蜜柚深加工系列新产品的研发成功，使长期未能解决的废弃物——柚皮，通过综合利用，变废为宝，不仅可以提高公司经济效应，促进果农增产增收，也从根本上解决了环境污染问题，使蜜柚生产走上良性可持续发展的循环经济之路。每年可综合利用残次果和蜜柚皮、囊衣等弃物1.5万吨，生产果哺蜜饯、浓缩密柚茶、膳食纤维等系列食品。

公司目前拥有万亩水果生产基地、2万吨气调保鲜库，是世界第二大柚子生产加工企业，国内最大的平和琯溪蜜柚出口企业，琯溪蜜柚出口量全县第一，占欧盟市场近20%的市场份额。已销往荷兰的pingpoog、家乐福、法国的kzma等欧盟各国各大超市并成为德国DFM公司的特约供应商。

打造铜回收、冶炼、精深加工的循环经济产业链

贵溪同顺金属有限公司

2010年8月，贵溪同顺金属有限公司等企业入驻的鹰潭铜产业经济循环基地拆解加工区开工建设

贵溪同顺金属有限公司成立于2008年9月3日，位于鹰潭铜产业经济循环基地拆解加工区，注册资金为625万元，公司主要经营废旧金属拆解、分解、打包整理、加工、销售金属原料及产品。公司总面积160亩，厂区面积54086m^2。贵溪同顺金属有限公司通过自建回收网络和利用社会回收平台，初步形成初具规模的回收体系，与欧洲、美国、日本、中东等发达国家知名回收商形成了合作关系，国内网点遍布多个省市。

贵溪同顺金属有限公司项目2010年被环保部核定批准为第七类废物定点加工利用单位，总投资33431.02万元，年拆解能力达10万吨，每年可得到拆解杂铜3.4万吨，杂钢铁 4.2 万吨，废铝 1.6 万吨，废塑料等0.4 万吨；将拆解的产品作为原料进一步深加工成黄铜冷凝管和汽车同步器齿环管，总年产量3万吨。

鹰潭市委、市政府提出把鹰潭建成可持续发展的世界铜都，在江西铜业集团公司所在地贵溪市规划建设江西鹰潭铜产业循环经济基地，打造“三个基地、一个中心”（全国最大的铜冶炼、铜废旧原料再生利用、铜精深加工基地和铜产业物流中心）。贵溪同顺金属有限公司顺应市场的需求及发展循环经济的号召，加入鹰潭铜产业经济循环基地拆解加工区，部分产品做为原料供应给为江西铜业集团公司贵溪冶炼厂，为江西铜业集团公司提供一份有限的支持；同时利用江铜生产的电解铜和自身拆解出的废黄铜，深加工成技术含量较高的黄铜冷凝管和汽车同步器齿环管。整个项目符合循环经济理念，可有效地缓解环境压力，形成了铜回收、冶炼、加工产业链。项目建成后，每年拆解10万吨废七类产品，除部分产品销售外，剩余产品精加工成新型黄铜冷凝管和汽车同步器齿环管，从而形成铜回收、冶炼到精深加工较为完整的循环产业链。

建设循环经济试点目标　在位于鹰潭铜产业经济循环基地建设年拆解10万吨废七类及铜管加工项目，建成后进一步利用现有的条件，踏实经营，努力占领废铜、废铝、废钢及黄铜冷凝管、汽车同步器齿环管等产品市场，使企业具备较大的发展后劲。

发展目标

拆解目标：到2012年底，形成废七类进口10万吨的年拆解规模，达到年产废铜3.4万吨、废钢铁4.2万吨、废铝1.6万吨、废塑料0.4万吨，产值18亿元的能力。

铜材深加工目标：立足铜资源优势，以示范基地建设为契机，以市场为导向，以科技为动力，发展精深加工，提高产品附加值，在现有的基础上逐步做强铜产业。到2012年，铜材加工能力超过3万吨，黄铜冷凝管及汽车同步器齿环管共3万吨，实现销售收入14亿元以上。

节能目标：到2012年，可少排出尾矿600-750万吨/年，少排放冶炼废渣20-30万吨/年，少排放硫1.8万吨/年，节省能源折合标准煤29.5万吨/年，减少废水排放1460万吨/年。

循环经济实践单位

加快绿色环保建设 打造"华中硅都"

秭归三金硅业有限公司

董事长宋文诏

秭归三金硅业有限公司是专业生产工业硅的冶金企业，位于三峡库首的秭归沙镇溪工业园区，水、陆交通十分便利。公司始建于1988年，在职员工320人，注册资本1200 万元，总资产7938万元。年生产能力1.2万吨，是湖北省最大的工业硅生产企业之一，是国家发改委批准符合铁合金生产条件准入的企业。

公司始终坚持"高科技、高质量、创一流名牌"的发展战略，严格执行ISO9001国际质量体系管理模式。以优化产业结构为基础、技术创新为动力、资本运营为杠杆，快速成长，迅猛发展，率先在秭归打造出工矿产品出口创汇，主导产品为：工业硅（又名金属硅、结晶硅），远销欧美、日本、韩国、东南亚等国家和地区，被评为"湖北省名牌产品"，"三金"硅商标被评为"湖北省著名商标"，在国际、国内享有较好的声誉，公司拥有自营出口经营权。

烟尘净化与回收系统

公司把环境保护与企业发展放在同等重要的位置，打造绿色环保型企业，引进挪威埃肯集团铁合金粉尘过滤技术 —布袋除尘器干法除尘，建成了具有国际先进水平的烟气净化与回收系统，对电炉烟气、水、渣、噪声都采用了综合处理，并每年可回收硅微粉2000多吨。企业年实现产值过亿元，实现利税近千万元，经济效益连年递增，实现了跨越式增长，迈上了新的台阶。公司多年来被誉为"国家AAA级企业"、"中国百佳企业"、"中国优秀创新企业"、"省、市守合同重信用企业"等称号。

面对飞速变化的市场环境，公司积极进行调整转型和变革，正在实现由"产品导向"到"市场导向"的转变，制定了清晰的中长期发展战略。未来五年，传承和弘扬"更高、更快、更强"的奥林匹克精神，以"追求卓越、再创辉煌"为自己的信念，锲而不舍地在同行业中"打造华中硅都"、"争创第一"。

公司法人代表：宋文诏
联系电话：0717—2611128
传真：0717-2611126
地址：湖北省秭归县沙镇溪镇
邮编：443611
电子信箱：swzh2929@vip.sina.com
公司通用网址：三金硅业，
英文域名：http://www.sanjingui.cn

循环经济实践单位

节能减排　低碳发展

江苏梅兰化工有限公司

泰州梅兰热电有限公司

江苏梅兰化工有限公司坐落于古城泰州。50多年来，企业从一个小型氯碱化工厂发展成为开发研制有机氟、有机硅、氟制冷剂、氯碱、苯胺等产品多系列的高新技术大型化工企业集团。年销售收入30多亿元，年利税总额3亿多元。拥有氯碱化工、氢化工、氟化工、硅化工等系列产品，形成了产品相互配套，市场自我调节，规模协调发展的产业结构链。其烧碱、六氟丙烯、甲烷氯化物的生产能力分别居江苏、全国和亚洲地区第。集团建有国家级博士后科研工作站，被命名为"中国石油和化工百强企业"、"国家高新技术企业"、"江苏省成长型企业"，被列为江苏省重点培育企业。

江苏梅兰化工有限公司拥有系列自主知识产权，50多项新工艺、新技术、新产品填补国家空白。2009年，由江苏梅兰化工有限公司承担的"12万吨/年超高纯甲烷氯化物生产关键技术研发及其产业化"项目通过专家验收，成为亚洲规模最大的甲烷氯化物生产装置。该项目的实施，使江苏省掌握了超高纯度甲烷氯化物生产的核心技术，项目产品完全替代进口。

梅兰集团作为我国低碳发展的先导企业，早在2005年底，就与世界银行签订减排协议，通过吸收CDM专项资金，引进国际先进技术对F23气体进行高温分解。按照协议，2007～2013年的7年间，梅兰集团将减少排放相当于5770万吨二氧化碳的F23气体，世界银行按照每吨二氧化碳6欧元的价格支付技术与发展费用，项目收入的65%上缴国家技术发展基金会，其余用于减排项目的正常运行以及企业的可持续发展。

2007年，江苏梅兰化工集团收到联合国国际清洁发展机制（CDM）理事会签发的第一份有关今年第一季度CERS（国际二氧化碳减排当量）履约认可书，标志该集团CDM项目成功实施，并步入正常运行轨道。梅兰集团每季度可向大气减少排放相当于200万吨二氧化碳的温室气体。该集团的氟化工产品F22产生副产品F23，而F23的温室效应是同吨位二氧化碳的1.17万倍。

梅兰化工集团与世行签约后，从法国引进F23尾气处理和回收装置。在F23尾气处理过程中，通过高新技术的实施，每季度不仅可减排相当于200万吨二氧化碳的温室气体，并可产生800吨含量为40%、具有高附加值的氢氟酸。

为满足泰州城市发展需要，提高机组供热能力和效率，梅兰化工集团公司现有二座热电站，承担着公司内部及泰州市主城区的供热任务。第一热电站现有5台35t/h锅炉和3台总容量为15MW的供热机组，运行时间超过20年，设备参数低、能耗高，同时已被泰州城区发展规划作为居住用地；第二热电站现有3台130t/h锅炉和2台25MW供热机组。

江苏梅兰化工集团5万吨年离子膜烧碱项目电气仪表安装工程

彬长集团
BINCHANG GROUP

勇担社会责任 发展循环经济

陕西彬长矿业集团有限公司

彬长集团执行董事、总经理严广劳(右三)和陕西煤业化工集团总经理高仰才(右二)陪同陕西省副省长吴登昌(左一)考察长矿集团

陕西彬长矿业集团有限公司是隶属陕西煤业化工集团有限责任公司的国有大型煤炭企业，是彬长矿区开发建设的主体。彬长矿区位于陕西省彬县、长武县境内，规划面积790平方公里，煤炭地质储量67.29亿吨，其中彬长矿业集团依法取得煤炭资源储量50.3亿吨和相对应的煤层气资源储量，是全国13个大型煤炭基地之一。

彬长矿业集团自成立以来，全面贯彻落实科学发展观，坚持走新型工业化道路，努力建设大型煤炭生产深加工基地和循环经济示范工业园区。2009年5月，彬长集团在北京第十二届科技博览会上介绍了发展循环经济的作法、成效和经验，被中国循环经济高层论坛组委会评为全国“节能减排十佳标志企业”。

按照企业可持续发展战略，彬长集团着力开发建设“四大产业板块”：

煤炭生产板块——建设大佛寺、胡家河、小庄、文家坡4对大型现代化煤矿，前期将形成3200万吨/年的煤炭生产能力，最终达到5000万吨/年的销售规模。大佛寺煤矿一期建成投产并通过国家发改委竣工验收，其它矿井正在建设之中。

煤电一体化板块——与大唐电力公司相互参股建设500万吨的胡家河煤矿和装机容量480万千瓦的马屋电厂，形成了煤电联营、煤电一体化开发的战略布局。

煤化工板块——投资建设180万吨煤制甲醇、甲醇制烯氢、文家坡煤矿和煤矸石发电综合利用项目，到2012年将形成技术含量高、聚集效益好、生态环境有保障的煤化工园区。

煤层气开发利用板块——按照以利用促抽采、以抽采保安全、以安全增效益的思路，大力实施瓦斯综合开发利用“三步走”战略。第一步：低浓度瓦斯发电形成产业集群。目前，大佛寺煤矿已建成装机容量1.3万千瓦的瓦斯电厂，年发电能力8000万度，每年减排二氧化碳37.8万吨。该电厂是目前全国装机容量最大的低浓度瓦斯电厂，被国家发改委确定为CDM(清洁发展机制)项目，并通过联合国CDM项目执行理事会注册。陆续在胡家河、小庄、文家坡矿井配套建设瓦斯电厂，届时矿区瓦斯发电装机容量将达到5万千瓦以上，年减排二氧化碳160万吨以上，形成低浓度瓦斯发电产业集群；第二步：矿井通风瓦斯利用取得重大进展。全国煤矿通风瓦斯(主扇通风抽放瓦斯)占矿井生产瓦斯排放总量的82%。据统计，我国每年有150亿立方米以上的瓦斯通过矿井通风系统直接排空，相当于排放约2亿多吨的二氧化碳所产生的温室效应。目前，世界上仅有澳大利亚成功利用矿井通风瓦斯发电。大佛寺煤矿通风瓦斯发电实验项目即将调试发电，每年可减排二氧化碳56万吨。取得成熟经验后，陆续在其它矿井建设通风瓦斯电厂，届时将形成总装机容量3.2万千瓦以上的发电能力，每年可减排二氧化碳224万吨；第三步：地面瓦斯抽采利用全面实施。待确认具有商业开发价值后，组建瓦斯抽采公司和压缩液化公司，对地面抽采瓦斯进行净化、加压液化处理，送入城市煤气管道，用于居民生活用气；在城市建立加汽站，为汽车提供清洁燃气能源。

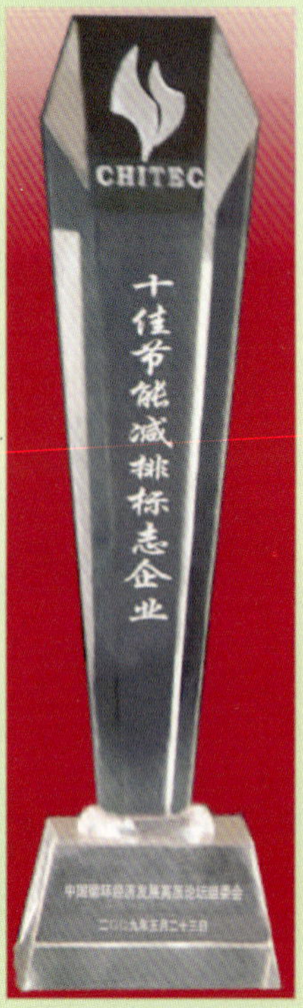

彬长矿业集团把搞好节能减排与项目同步设计、同步规划、同步建设。治理煤矿“流体”污染，开展瓦斯和污水治理和综合利用，大佛寺煤矿矿井水复用率达到100%；治理煤矿“固体”污染，在当前煤矸石填沟造田的同时，建设煤矸石发电综合利用项目，变废为宝，变害为利；治理煤矿“噪声”污染，在建项目全部采用降噪设备和隔音材料，达到了国家环保有关规定要求。

到2012年，原煤生产能力达到3200万吨，形成5000万吨的煤炭销售规模；瓦斯发电装机容量达到8万千瓦，实现矿井有害气体零排放目标；甲醇产量达到180万吨；煤层气开发利用有重大突破；实现工业总产值200亿元以上；人均年收入大幅度提高，建成资源节约型、环境友好型、安全高效型的循环经济示范工业园区。

大佛寺煤矿建成装机容量1.3万千瓦的瓦斯电厂，年发电能力8000万度，每年减排二氧化碳37.8万吨

科技支撑

国家发展和改革委员会公告

2009年　第24号

为贯彻落实《中华人民共和国节约能源法》、《国务院关于加强节能工作的决定》和《国务院关于印发节能减排综合性工作方案的通知》，加快重点节能技术的推广普及，引导用能单位采用先进的节能新工艺、新技术和新设备，提高能源利用效率，我们组织编制了《国家重点节能技术推广目录（第二批）》，现予公布。　本目录涉及煤炭、电力、钢铁、有色金属、石油石化、化工、建材、机械、纺织、建筑、交通等11个行业，共35项高效节能技术。

附件：国家重点节能技术推广目录（第二批）

中华人民共和国国家发展和改革委员会

二〇〇九年十二月三十一日

附件：

国家重点节能技术推广目录（第二批）

序号	节能技术名称	适用范围	主要技术内容	典型项目				目前推广比例（%）	预计2015年		
				技术条件	投资额	单位节能量	项目节能量		该技术在行业能推广到的比例（%）	总投入（万元）	节能能力（万tce）
1	煤炭储运减损抑尘技术	煤炭等行业粉料运输及露天堆放	通过喷洒减损抑尘剂，使煤炭或粉状物料表面形成固化层，以达到降低损耗、防治扬尘的目的。	煤炭运输量1000万t/a以上	300万元	70t煤炭/万t煤炭运输量	50000tce/a	14%左右(铁路煤炭运输部分)	>50%（铁路煤炭运输）20%～30%（公路煤炭运输）	35000	500
2	电除尘器节能提效控制技术	电力、冶金、建材等行业电除尘器改造	通过采用优化控制的高频脉冲供电波形，提高设备的电能利用效率，大幅度降低设备运行电耗，减少粉尘污染物排放，达到节能减排目的。	1台300MW发电机组用大型电除尘器	270万元	电除尘器节电70%以上	1400tce/a	<1%	25%	90000	50
3	纯凝汽轮机组改造实现热电联产技术	电力行业125～600MW纯凝汽轮机组	纯凝汽轮机组的导汽管打孔抽汽，实现热电联产。	2台200MW三缸三排汽纯凝机组，抽汽参数可调	1600万元	改造后每供1GJ热节能28 kgce	14000tce/a（按1个采暖期供热500000GJ）	<10%	20%	160000	400
4	电站锅炉空气预热器柔性接触式密封技术	电力行业火力发电锅炉空气预热器	采用柔性金属密封组件，直接与空预器的密封板进行接触，从而降低运行电耗，提高除尘效率。	2台1000MW火力发电机组，采用回转式空气预热器	600万元	漏风率减少2%	15700tce/a	<5%	20%	37500	80

国家重点节能技术推广目录（第二批）

序号	节能技术名称	适用范围	主要技术内容	典型项目				目前推广比例（%）	预计2015年		
				技术条件	投资额	单位节能量	项目节能量		该技术在行业能推广到的比例（%）	总投入（万元）	节能能力（万tce）
5	锅炉智能吹灰优化与在线结焦预警系统技术	电力、钢铁、化工等行业工业锅炉	在锅炉各受热面污染在线监测的基础上，实现系统开环运行操作指导与闭环反馈监测控制相结合的智能吹灰运行模式，从而减少吹灰蒸汽用量，降低排烟温度，提高锅炉效率。	电厂大型锅炉机组	150～200万元	降低发电煤耗0.5～1.5 g/kWh	5000～15000tce/a	8%左右	30%	67500	350
6	电站锅炉用邻机蒸汽加热启动技术	电力行业	采用蒸汽替代燃油和燃煤对锅炉进行整体预加热，使锅炉在点火时已处于一个“热炉、热风的热环境。从而大大降低燃油点火强度，大幅缩短燃油时间，使锅炉启动耗油量下降一个数量级。	2×1000MW直流锅炉机组的冷态启动	200万元	启动用油量节省90%	调试阶段：约13000tce 商业运行阶段:2600tce/a	<2%	10%	8000	10

国家重点节能技术推广目录（第二批）

序号	节能技术名称	适用范围	主要技术内容	典型项目				目前推广比例（%）	预计 2015 年		
				技术条件	投资额	单位节能量	项目节能量		该技术在行业能推广到的比例（%）	总投入（万元）	节能能力（万 tce）
7	脱硫岛烟气余热回收及风机运行优化技术	电力行业	取消脱硫系统传统的GGH，通过在吸收塔前加装烟气冷却器，利用烟气热量加热机组给水；在两台并联的增压 风机基础上增加一条增压风机旁路烟道，通过优化风机的运行方式，实现在低负荷工况下以 单引风机运行代替双引风机＋双增压 风机运行。	2×1000MW机组石灰石一石膏湿法烟气脱硫系统	4370 万元	供电煤耗下降 2.71 g/kWh	29000tce/a	<2%	10%	150000	90
8	高炉鼓风除湿节能技术	钢铁行业	采用冷凝方式将空 气降温，使之低于 露点除去饱和水， 降低炼铁焦比。	空气含湿量高的季节或区域	3000 万元（2台高炉鼓风机组改造）	6～10kgce/t Fe	14000tce/a	<5%	10%	150000	75

国家重点节能技术推广目录（第二批）

序号	节能技术名称	适用范围	主要技术内容	典型项目				目前推广比例（%）	预计2015年		
				技术条件	投资额	单位节能量	项目节能量		该技术在行业能推广到的比例（%）	总投入（万元）	节能能力（万tce）
9	铝电解槽新型阴极结构及焙烧启动与控制技术	有色金属行业电解铝企业	1）通过改变现行铝电解槽的阴极和内衬结构，提高阴极铝液面的稳定性和电解槽的保温性能，降低槽电压，实现节能； 2）采用二段焙烧技术，提高焙烧质量缩短焙烧周期，使电解槽快速转入正常生产。	适用于160 kA及以上铝电解系列实现技术升级改造	依铝电解槽系列电流强度和配套技术完善情况不同而有所差异，吨铝改造投资2000～3000元	500～800 kWh/T-Al	1）10万t电解铝厂，20000tce/a以上； 2) 20万t电解铝厂，40000tce/a以上； 3) 50万t电解铝厂，80000tce/a	3%左右	>50%	2500000	210
10	流态化焙烧高效节能炉窑技术	有色金属等行业的焙烧工序	通过优化炉衬结构设计、优化施工、烘炉、初投运等技术，实现节能、减排、降耗、高产的焙烧目标。	1）适用于国内30～145m²流态化焙烧炉； 2）适用于新建窑炉和大修技改工程； 3）整体窑炉技术推广应用	40万t Al_2O_3（1400t/d）气态悬浮焙烧炉改造，480万元	$Al(OH)_3$稀相流态化焙烧环节TAO能耗降低25%～30%，约38 kgce；吨精锌节能10%，约200kgce	焙烧环节15000tce/a	<10%	30%（氧化铝企业） 20%（有色重、贵金属行业流态化焙烧企业）	12000	40

国家重点节能技术推广目录（第二批）

序号	节能技术名称	适用范围	主要技术内容	典型项目				目前推广比例（%）	预计2015年		
				技术条件	投资额	单位节能量	项目节能量		该技术在行业能推广到的比例（%）	总投入（万元）	节能能力（万tce）
11	精滤工艺全自动自清洁节能过滤技术	有色金属行业、化工行业的精滤工序	利用高位槽与过滤机壳体的液位差，高效自清洁反冲卸饼，滤后精液反向清洗滤布，水耗为零，并有效降低蒸发工序负荷。	有色金属生产工艺中的精滤操作单元，年产80万t氧化铝规模	2000万元	2160tce/台·年	26000tce/a	已推广200余台	25%（约1500万t氧化铝产能）	37000	45
12	先进煤气化节能技术	化工行业煤制合成气	粉煤加压气化技术	采用常压固定床间歇式气化技术、20万t总氨能力的化工企业	18000万元（气化岛）	0.22tce/t合成氨	44000tce/a	已推广8套	30%（共推广1800万t总氨能力规模）	1600000	390
			非熔渣—熔渣水煤浆分级气化技术		16000万元（气化岛）	0.22tce/t合成氨	44000tce/a	已推广8套			
			多喷嘴对置式水煤浆气化技术		18500万元（气化岛）	0.22tce/t合成氨	44000tce/a	已推广35套			
13	新型高效节能膜极距离子膜电解技术	化工行业氯碱生产	通过减小极间距达到降低电耗的目的，关键技术为电解槽设计制造和电极制造技术。	20万t/a隔膜法烧碱装置改造（电解工艺部分）	13000万元	0.23tce/t碱	46000tce/a	<1%	50%（指替代隔膜法烧碱装置，共推广400万t/a规模）	260000	90

国家重点节能技术推广目录（第二批）

序号	节能技术名称	适用范围	主要技术内容	典型项目				目前推广比例（%）	预计2015年		
				技术条件	投资额	单位节能量	项目节能量		该技术在行业能推广到的比例（%）	总投入（万元）	节能能力（万tce）
14	全预混燃气燃烧技术	通用于工业燃烧加热工序	通过将燃料与空气在进入燃烧室喷嘴前进行完全混合，提高燃烧效率。同时采用自动化预混控制技术，保证混合比例精确，同时保证工作安全，不会产生回火现象。	7万t/a大锅法固体烧碱生产企业	500万元	$25m^3$天然气/t碱	2100tce/a	<1%	50%（仅按化工烧碱企业测算）	12000	6
15	稳流行进式水泥熟料冷却技术	建材行业水泥熟料生产	通过自动调节冷却风量，步进式冷却方式，对高温颗粒物料进行冷却的技术，主要用于对热熟料进行冷却和输送。	5500 t/d 水泥新型干法生产线	1000万元	节电1.5kWh/t熟料节约热能5.27kJ/kg熟料	5330tce/a	2%左右	42%～45%	170000	90
16	四通道喷煤燃烧节能技术	建材、冶金、有色行业回转窑	大速差、大推力燃烧技术，四通道、周向均匀分布的小孔结构，周向均匀分布的旋流风和高速轴流风技术。	5500t/d水泥生产线	60万元	21kJ/kg熟料	1218tce/a	1%	25%～30%	18000	35

国家重点节能技术推广目录（第二批）

序号	节能技术名称	适用范围	主要技术内容	典型项目				目前推广比例（%）	预计2015年		
				技术条件	投资额	单位节能量	项目节能量		该技术在行业能推广到的比例（%）	总投入（万元）	节能能力（万tce）
17	高效节能选粉技术	建材行业水泥粉磨生产线、化工行业干法粉体制备以及工业废渣综合利用	利用空气动力学原理，采用目前最先进的第三代笼型转子高效选粉分级技术，对分选物料进行充分分散和多次分级分选，达到高精度、高效率分选。	5000t/d熟料生产线配套200万t/a水泥粉磨生产线闭路粉磨系统（2−ϕ4.2×13米球磨机）	200万元	系统电耗降低5kwh/t水泥	3500tce/a	35%左右	75%	50000	160
18	频谱谐波时效技术	机械行业	采用频谱谐波时效方式取代热时效方式消除金属工件残余应力，减少热能损耗。	铸造、锻造、焊接等热时效工艺	400万	改造后能耗为1kwh/t铸件	9310tce/a	<6%	15%	57000	130
19	动态谐波抑制及无功补偿综合节能技术	煤炭、电力、钢铁、有色金属、石油、石化、化工、建材、机械、侧电流、纺织等行业	针对负载需要，动态抑制各次谐波、补偿无功功率，使得电源侧电流谐波含量降低，调节三相不平衡，提高用户的电能质量，降低线路损耗。	谐波治理和无功补偿装置(1600kVar)	160万元	每补偿1kVar节能394kWh/a	255tce/a	1%	15%	30000	5

国家重点节能技术推广目录（第二批）

序号	节能技术名称	适用范围	主要技术内容	典型项目				目前推广比例（%）	预计2015年		
				技术条件	投资额	单位节能量	项目节能量		该技术在行业能推广到的比例（%）	总投入（万元）	节能能力（万tce）
20	控制气氛渗氮工艺节能技术	机械行业热处理工艺	采用硅酸铝纤维炉衬，减少蓄热量，缩短升温时间，降低能耗；调节渗氮气氛，加快渗氮速度；改进冷却系统加快冷却速度，提高工效。	装机容量800kW，年氮化处理量约1.2万t	500万元	蓄热节电52%，保温节电10%，升温节电20%，催渗节电30%	284tce/a	5%左右	50%	150000	25
21	螺杆膨胀动力驱动节能技术	工业低品位余热资源回收利用	利用工业中的蒸汽、热水、热液或汽液两相流体等动力源，将热能转换为动力，驱动发电机发电或直接驱动机械设备。	蒸汽压力0.1~3.5MPa 蒸汽温度＜300℃ 热水温度>60℃烟气温度> 150℃	5000~10000元/kW	350gce/kWh	相应于100~1500kW/台的动力机功率；节能250~3750tce/a	<1%（仅按钢铁，石化行业测算）	80%（仅按钢铁、石化行业测算）	375000	200
22	大型高参数板壳式换热技术	石化行业	在重整、芳烃、乙烯等装置中，高温反应出料与低温反应进料在进料换热器中换热，从而达到回收大量反应热及节能的目的。与管壳式换热器相比具有传热效率高、占地面积小、污垢系数低等优点。	设计压力≤32MPa；操作压差≤1.6MPa；操作温度≤550℃；单台面积50~10000m²	1150万元（换热面积5000m²的板壳式换热器）	节油2036t/a	2900tce/a	<2%	40%	300000	75

国家重点节能技术推广目录（第二批）

序号	节能技术名称	适用范围	主要技术内容	典型项目				目前推广比例（%）	预计2015年		
				技术条件	投资额	单位节能量	项目节能量		该技术在行业能推广到的比例（%）	总投入（万元）	节能能力（万tce）
23	高效节能电动机用铸铜转子技术	通用于30kW以下中小型电动机系统	以铸铜转子代替目前广泛使用的铸铝转子，降低电动机损耗，提高效率，提高电动机寿命。	改造100台各种规格电机	30万元	1837kWh/台·年	64tce/a	<1%	10%（按100万台铸铜转子测算）	50000	65
24	稀土永磁盘式无铁芯电机技术	通用于小型电动机及发电机系统	因不使用硅钢片作定/转子铁芯材料，消除了传统永磁电机无法克服的磁阻尼及铁损问题，可降低驱动功率，减少铁损发热源，降低电机运行温升，提高永磁电机的效率和可靠性。	用稀土永磁盘式无铁芯电机替代传统永磁电机	1500元/kW	0.2592tce/kW·a	63250tce/a (25万kW)	<1%	5%（125万kW）	180000	30
25	汽车混合动力技术	汽车行业混合动力汽车	再生制动能量回收技术；消除怠速工况技术；高效率混合动力专用发动机技术；整车集成和整车控制策略优化匹配技术等。	100辆混合动力系列车	单台混合动力汽车平均增加投资5万元	0.71tce/车·年	71tce/a	<1%	20%（按2015年乘用车产量测算）	15000000（300万辆）	210

国家重点节能技术推广目录（第二批）

序号	节能技术名称	适用范围	主要技术内容	典型项目				目前推广比例（%）	预计2015年		
				技术条件	投资额	单位节能量	项目节能量		该技术在行业能推广到的比例（%）	总投入（万元）	节能能力（万tce）
26	纯电动汽车动力总成系统技术	汽车行业纯电动汽车	通过高效电驱动系统取代传统内燃机动力系统，有车载储能元件提供能量，从电网补充能量，取代汽油、柴油。关键技术为电驱动技术、动力电池技术、电池成组应用技术以及动力系统集成与匹配技术。	5万辆纯电动汽车	单台纯电动汽车平均增加投资10万元	1.43tce/台·年（替代燃油）	71500tce/a	<1%	10%（按2015年乘用车产量测算）	15000000（150万辆）	210（替代燃油）
27	温拌沥青在道路建设与养护工程中的应用技术	交通行业沥青路面的建设和养护	通过在沥青混合料的拌和过程中加入温拌添加剂等技术手段降低沥青结合料的粘度，从而实现沥青混合料在较低温度（110～130℃）下进行拌和并压实，实现节能并减少有害气体排放。	应用于沥青混合料搅拌设备	20万元	减少约20%加热燃料损耗	2.4kgce/t沥青混合料	3%(主要在北京、上海)	60%	5000	35

国家重点节能技术推广目录（第二批）

序号	节能技术名称	适用范围	主要技术内容	典型项目		节能量		目前推广比例（%）	预计2015年		
				技术条件	投资额	单位 节能量	项目节能量		该技术在行业能推广到的比例（%）	总投入（万元）	节能能力（万tce）
28	基于吸收式换热的热电联产集中供热技术	供热行业	1)设置于热力站的吸收式换热机组代替常规水水换热器，降低一次网回水温度 2)在热电厂供热首站内设置电厂余热回收专用热泵机组代替常规的汽水换热器，提高换热效率，增大热网扩容能力。	20万m^2的集中供热系统	450万元	103tce/万m^2a	2056tce/a	一个示范项目	20%（新增供暖面积）	45000	20
29	供热系统智能控制节能改造技术	供热行业	1)智能温控平衡技术 2)智能变频技术。 3)无线传感技术，该技术为智能变频和能效分析提供了基础。 4)EAOC 技术，确保了系统实现管理上的节能。	14万m^2的集中供热系统	90万元	10W/m^2	800tce/年·套	<1%	10%（新增供暖面积）	7000	6
30	夹芯复合轻型建筑结构体系节能技术	建筑行业新建建筑（六层及六层以下）	集结构与保温于一体的新型剪力墙结构体系。	年产60万m^2复合轻型网架板，可建设100万m^2节能型住宅	4800万元	10kgce/m^2a	10000tce/a	<1%	1%	240000	100

国家重点节能技术推广目录（第二批）

序号	节能技术名称	适用范围	主要技术内容	典型项目				目前推广比例（%）	预计2015年		
				技术条件	投资额	单位节能量	项目节能量		该技术在行业能推广到的比例（%）	总投入（万元）	节能能力（万tce）
31	炭黑生产过程余热利用和尾气发电（供热）技术	化工行业炭黑生产	使用专用尾气燃烧器（新）和尾气锅炉燃烧尾气产生的蒸汽发电，所产电力回用炭黑装置，达到节能目的。	6000kW炭黑尾气发电装置	2900万元	2660kJ/Nm^3	16800tce/a	15%左右	50%	102000	85
32	谷氨酸生产过程中蒸汽余热梯度利用技术	轻工、化工等行业	1)采用高热蒸汽冷凝水替代蒸汽为溴化锂制冷机组提供动能； 2)改造结晶罐加热系统，增大加热面积，充分利用蒸汽余热； 3)利用冷凝水热能替代蒸汽烘干谷氨酸钠； 4）淀粉乳二次液化闪蒸余热再利用。	年产8万t味精	4300万元	0.53tce/t味精	42400tce/a	<8%	80%	80000	80
33	聚酯化纤酯化工艺余热制冷技术	纺织行业化纤生产	利用化纤行业酯化工艺中产生的多组分酯化蒸汽作为驱动热源，通过余热制冷技术制取冷水，满足抽丝生产工艺制冷需求。	年产30万t涤纶短纤	300万元	节蒸汽24000t/a	3000tce/a	<2%	60%	120000	120

国家重点节能技术推广目录（第二批）

序号	节能技术名称	适用范围	主要技术内容	典型项目				目前推广比例（%）	预计2015年		
				技术条件	投资额	单位节能量	项目节能量		该技术在行业能推广到的比例（%）	总投入（万元）	节能能力（万tce）
34	乏汽与凝结水闭式全热能回收技术	使用蒸汽进行间接加热的热交换系统	将凝结水密闭在封闭管道中，采用电动离心泵加压或高压蒸汽加压方式回收并输送至二次换热设备/锅炉，其中包含汽水分离、消除汽蚀、多路共网自力增压、自动感应、数字控制等多项技术。将乏汽换热成凝结水后按凝结水进行回收利用，节水节能。	压力不大于2.0 MPa; 回收凝结水温度不高于170℃	800万元(6套凝结水回收装置)	16.13 kgce/t凝结水	13000tce	10%左右（仅按石化、化工行业测算）	50%（仅按石化、化工行业测算）	290000	90
35	纳米陶瓷多空微粒绝热节能材料涂层技术	通用于油气储存设备、运输设备、生产设备等	纳米陶瓷多孔微粒绝热技术、附加复合防腐性能设计、水性环保涂料施工工艺、超长耐老化及使用年限，具有耐高温性能及防静电设计等。	超过8万m^2储罐及设施绝热改造	233元/m^2	0.056 tce/m^2a	4484tce/a	<2%	40%（仅按油气储罐测算）	40000	10

环境保护部关于印发《国家先进污染防治示范技术名录》（2009年度）和《国家鼓励发展的环境保护技术目录》（2009年度）的通知

（环发[2009]146号）

各省、自治区、直辖市环境保护厅（局）：

为贯彻落实《国务院关于落实科学发展观加强环境保护的决定》（国发[2005]39号）、《国务院关于印发节能减排综合性工作方案的通知》（国发[2007]15号）以及《国务院办公厅关于印发2008年节能减排工作安排的通知》（国办发[2008]80号）精神，加快节能减排技术产业化示范和推广，引导环保产业发展，我部组织编制了《国家先进污染防治示范技术名录》（2009年度）和《国家鼓励发展的环境保护技术目录》（2009年度）。　《国家先进污染防治示范技术名录》所列的新技术新工艺在技术方法上具有创新性，技术指标具有先进性，均为我国当前迫切需要的节能减排技术和工艺，并已基本达到实际工程应用水平。鼓励各地对名录中的新技术新工艺进行工程示范和推广。环境保护专项资金安排污染防治新技术新工艺推广应用项目应当符合本名录的要求。　《国家鼓励发展的环境保护技术目录》所列的技术是经工程实践证明了的成熟技术，国家鼓励企业优先采用目录所列的污染防治技术。　现将《国家先进污染防治示范技术名录》（2009年度）和《国家鼓励发展的环境保护技术目录》（2009年度）印发你们，请在实际工作中参考。2008年发布的《国家先进污染治理示范技术名录》和《国家鼓励发展的环境保护技术目录》同时废止。

附件：1.　2009年国家先进污染防治示范技术名录

2.　2009年国家鼓励发展的环境保护技术目录

二〇〇九年十二月十一日

附件一：

2009年国家先进污染防治示范技术名录

序号	技术名称	技术指标	适用范围	发展状况	解决的技术难题
一、城市污水、污泥、垃圾渗滤液处理及水体修复技术					
1	交替式活性污泥法生活污水处理技术	该技术采用改进的UNITANK工艺，三池之间水力连通，每池都设有曝气系统，边池设有出水堰及剩余污泥排放 口，作为曝气池和沉淀池交替运行。通过调整系统的运 行，形成好氧、厌氧或缺氧条件，以适应不同处理目标 的要求。COD去除率为80～90%，NH_3-N去除率为85～90% TP去除率>80%。出水COD≤60mg/L，NH_3-N≤8mg/L的污 水厂，吨水投资800～1200元，吨水运行成本0.4～0.5 元。	城镇污水的处理和水质相近的工业废水处理	完成工业化试验并正在进行工程应用	解决与工艺 相配套的高 效、低能耗的成套设备及 系统自动化控制问题。
2	污水好氧生物脱氮技术	该技术在好氧环境下，实现生化、硝化、反硝化同时进行 通过加入复合菌群和工艺条件控制，使处理装置可以承受 更高的进水浓度。应用该技术处理 COD 和 NH_3-N 分别为5500～7000mg/L 和800mg/L 的渗滤液时，出水 COD 和NH_3-N 可达 500～800mg/L 和 15mg/L 以下，吨水运行费用不足10 元；当出水 COD 和 NH_3-N 达到 200mg/L 和 5mg/L 左右时 吨水运行费约 15 元。	高含氮废水处理	已有少量工程应用	解决低碳氮比下废水同时 生化/硝化/反硝化工艺中 存在的技术难题。

序号	技术名称	技术指标	适用范围	发展状况	解决的技术难题
3	垃圾渗滤液处理技术	（1）该技术采用“絮凝沉淀+MBR+特种膜集成分离”组合工艺，先通过絮凝沉淀去除部分重金属离子和悬浮物，然后进入序批式好氧/缺氧膜生物反应器，出水经特种集成膜分离设备达标排放或回用，浓水进入干燥池强化风干。该技术应用于150m^3/d 的垃圾渗滤液处理工程时，入水 COD≤50000mg/L、NH_3–N≤1500mg/L 的情况下，出水 COD≤90mg/L、NH_3–N≤10mg/L，吨水运行成本 28 元。 （2）该技术采用“电解+UASB+MBR”组合工艺系统处理垃圾渗滤液。其中电解工艺可选择性去除毒害性有机物，使 BOD_5/COD 值从原水的0.26 增加到0.54，VFA 含量增至 16.2%；UASB工艺将90%以上的有机物转变为可降解物质；MBR 的膜截留作用可延长大分子物质及有效微生物在生物反应器中的停留时间，提高对污染物的降解能力。日处理 12m^3的中试系统 COD 去除率为 99.6%，NH_3–N 去除率为 97.3%。经测算，吨水投资约 3 万元。 （3）该外置式膜生物反应器包括前置反硝化罐、硝化罐和管式超滤系统，超滤清液经纳滤后外排，超滤剩余污泥经脱水处理，泥饼填埋，滤清液泵入膜生物反应器。入水COD_{Cr}≤30000mg/L、BOD_5≤15000mg/L、NH_3–N≤2000mg/L、SS≤1500mg/L 时，出水COD_{Cr}≤70mg/L、BOD_5≤20mg/L、NH_3–N≤10mg/L、SS≤10mg/L，吨水投资约 6 万元，运行费用约 30 元。	垃圾填埋场和焚烧厂渗滤液处理	工艺（1）已有少量工程应用 工艺（2）完成工业化试验 工艺（3）已有少量工程应用	工艺（1）解决垃圾渗滤液等高浓度有机废水的处理中膜污染及清洁、运行稳定性、降低运行费用等问题。工艺（2）解决电解作为预处理工艺费用高，对特种污染物选择性差的问题。工艺（3）解决进一步降低能耗和成本的问题。

序号	技术名称	技术指标	适用范围	发展状况	解决的技术难题
4	城市污水、污泥双V深井曝气处理技术	该工艺利用潜置于地下的深井（口径 0.7~6m、井深 90~120m）反应器对污水或污泥进行超深水曝气、高温好氧 生物处理，减少了曝气量、提高了单位反应区的处理效 率。处理污水时氧传导率 80%左右，BOD 去除率≥95%， 吨水投资 1200~1500 元，处理污泥时氧传导率 50%~85%可将城市污泥转化成美国环保署规定的 A 级生物固体（即无害化、可直接用作土壤肥料），吨水投资 400~700 元。	生活污水、污泥处 理以及工业废水处，理，尤其适用于北 方寒冷地区	已有少量工程应用	解决了污泥处理的问题。
5	城市污水厂污泥的水热法稳定化－重力浓缩－机械脱水－半干法处理技术	该技术采用以水热处理为核心的污泥处理组合工艺，先通过水热处理将难脱除的细胞水转化为自由水，难降解的大分子有机物水解为小分子；然后经重力浓缩和机械脱水使泥饼含水率降低为 50%；最后采用厌氧发酵法处理脱水废液产生沼气回收热能。本技术污泥可实现稳定化，污泥总COD 溶解率≥20%，SS溶解率≥30%，污泥减容率≥90% 进料污泥含水率 90~95%，出料为 50%，呈半干化状态，可直接焚烧。日处理污水 5 万 t 的污水处理厂（日产 80% 含水率污泥 30t），污泥处理设施建设投资 20 万元/t，运 行成本 65 元/t；平均电耗 55 万 kWh/a。	城市污水厂污泥以及石化等工业废水；处理产生的剩余污泥处理	已完成中试	提高水热处理单元固体负荷、污泥自身潜在生物质能的利用率、污泥输送设备运行稳定性和污泥换热器换热效率，减少换热器结垢结焦；提高整套水热干化处理系统的一体化、自动化、智能化水平。
6	城市污水处理厂污泥干化焚烧技术	该技术采用雾化干燥与回转式焚烧集成技术，经胶态磨研磨、破碎、压力雾化后的脱水污泥，经高温焚烧烟气直接 干化进入回转式焚烧炉充分燃烧。污泥减容率≥95%，污泥中的有机物 99%以上被焚烧，排放的烟气经过布袋除 尘、喷淋塔脱酸和生物除臭后，烟尘≤80mg/m^3，二噁英≤1.0ng TEQ/m^3。日处理 50t 脱水污泥（含水率为 80%） 的项目投资 350 万元，吨运行费用 180 元。	城市污水处理厂污泥处置	已有少量工程应用	解决烟气干化、焚烧成套设备的国产化及降低运行费用问题。

序号	技术名称	技术指标	适用范围	发展状况	解决的技术难题
7	利用太阳能、城市污水热量和高温热泵干燥城市污泥技术	该技术采用太阳能集热器供热系统、城市污水处理厂出水供热系统和热泵循环供热系统相结合对污泥进行干燥处理，可将污泥含水率从80%降至15%。各供热系统彼此独立，可单独循环供热，也可组合供热（太阳能充足时将太阳能和热泵相结合，太阳能微弱时将城市污水处理厂出水热量和热泵相结合）。日处理100吨污泥（含水率80%），干燥成本为9301~12212元。	城市污水处理厂污泥干燥	已有少量工程应用	解决热源之间的耦合、热源稳定性、自控系统优化的问题。
8	污泥堆肥技术	该技术将脱水污泥（含水率80%）经重金属检验，合格污泥直接发酵制肥，不合格污泥经生物淋滤去除重金属后与合格污泥一并发酵制肥，淋滤液经处理后达标排放，污泥送危险废物中心处置。日处理100吨污泥的工程，投资约1400万元，销售收入1530万元/年，处理成本1150万元/年。	城市污水处理厂污泥处置	已完成中试	解决了污泥的处置问题。
二、工业废水处理、回用与减排技术					
9	马铃薯淀粉废水治理及综合利用工程技术	（1）该技术采用高效凝聚、吸附、膜分离和无害化絮凝剂的集成技术，先回收纤维、蛋白、植酸、肌醇等副产品，然后对混合高浓度淀粉废水（COD10000~30000mg/L）采用绒毛状生物膜接触氧化深度处理，COD去除率>99%，NH_3-N去除率>98%。日处理1200 t的项目投资约5200万元，年运行费用60万元，年盈利900万元，6年可收回投资。 （2）该技术对马铃薯淀粉生产中产生的三种废水进行分类处理：即马铃薯冲洗废水采用二级沉淀池串联沉淀处理后回用；淀粉提取废水沉淀处理后回用；蛋白质液采用物化、生化和生物组合处理技术，提取饲料蛋白和生产饲用活菌剂后，作为冲洗水循环利用。蛋白质液经综合利用后COD降低75.5%，SS降低95.2%。该技术可节约用水75%年生产淀粉5000t，可生产蛋白液25000t，饲料蛋白637t微生物制剂91t，利润103万元。	工艺（1）适用于年产量3万吨以上的淀粉生产企业 工艺（2）适用于年产量5千吨以上的马铃薯淀粉生产企业	已完成工业化试验	工艺（1）解决投资、运行费用高，能耗高，且运行效果不稳定的问题。工艺（2）解决生产废水的清污分流及工程化技术的集成；马铃薯蛋白与饲用活菌制剂的动物喂养。

序号	技术名称	技术指标	适用范围	发展状况	解决的技术难题
10	高浓度、难生化废水湿式催化氧化处理技术	（1）采用湿式催化氧化法处理有毒高浓度有机废水，开发出的新型催化剂使废水中的高分子有机物在催化剂作用下直接氧化降解为无机物或小分子有机物。COD 去除率>90%，总有机碳去除率>85%，有机硫去除率>85%。处理 COD 为 80000mg/L 的乙基氯化物废水时，催化剂制备成本<60000 元/吨，吨水处理费用<52 元，每公斤 COD 处理费用<0.7 元。 （2）该技术采用高温、高压湿式催化氧化技术，将高浓度、难生物降解有机废水中的有机物、氨氮、氰化物等分解为二氧化碳、氮气和水等。当处理原水中 COD> 30000mg/L、NH_3-N>3000mg/L、TN>10000mg/L 时，在 200~300℃的反应温度和 5~10MPa 的反应压力下，COD、NH_3-N 和 TN 的去除率>99%。	农药、染料、焦化石化等行业高浓度、难降解的有机废水处理	（1）已完成工业化试验 （2）已有小规模工程应用	工艺（1）解决应用过程中能耗高的问题，提高处理效率，减少运行费用。工艺（2）解决在高温、高压下高浓度有机废水和氨氮废水的处理难题。
11	焦化、煤化工难降解有机废水高效菌处理技术	该技术采用新型微电解装置、块状催化剂和必要介质的预处理工艺，投加高效菌剂，通过 UASB 工艺处理焦化、煤化工难降解有机废水，其 COD 从 3000~3500mg/L 降至40~60mg/L；酚类从 150~100mg/L 降至 0.5~0.8mg/L；NH3-N 从 140~200mg/L 降至 2~3mg/L，处理出水可达到回用要求。该处理工艺基建费约 1000 元/t，运行费用约为 4~5 元/t。	焦化、煤化工、军工、等难降解废水处理。	已完成中试	解决菌群选育与最佳配比，菌群粉末化等技术问题。
12	低含铜废液处理技术	该技术采用旋转阴极直接电解沉积工艺，通过加入特殊的铜沉积添加剂，将废水中99%以上的铜电解回收，并获得纯度大于 99.8% 的电解铜板；废水处理后含铜低至 0.1g/L，而且处理后废液可回用于印制电路板厂脱膜显影废液的酸化处理。年处理12万m^3 的项目投资约 8000万元，运行费约 3000 万元/年，产值约 5000 万元/年。	印制电路行业低含铜废液处理	已有少量工程应用	解决低含铜废液的回收处理问题。

序号	技术名称	技术指标	适用范围	发展状况	解决的技术难题
13	电解锰企业末端废水铬锰离子回收技术	该技术将电解锰企业末端废水经预处理后，采用高选择性吸附材料回收废水中的铬，然后用沉淀法分离废水中的锰和镁，最后用高选择性吸附材料回收废水中剩余的锰，出水达标排放。锰和铬的回收率均≥97%，回收的锰、铬可 直接回用于主体生产工艺。日处理 100 吨的项目年运行费 用约 75 万元，年回收效益约 86 万元。	电解锰行业末端废水处理	已完成中试	解决电解锰行业废水污染 问题。
三、脱硫、脱硝技术					
14	循环流化床烧结烟气脱硫技术	该技术以循环流化床原理为基础，采用干态消石灰粉脱 硫剂，通过在脱硫反应塔中部喷水，脱除烟气中的二氧 化硫。脱硫后的烟气部分回到塔体中部，部分随烟气进 入布袋除尘器中，颗粒物被布袋除尘器收集后，大部分 经过再循环系统返回到脱硫反应塔中循环利用。钙硫比 为 1.2 的情况下，脱硫效率能高达到 90%以上，粉尘排 放量<30mg/Nm^3。	烧结机烟气脱硫	已有少量工程应用	解决大于 300m^2烧结机的烟气脱硫除尘问题。
15	氨肥法烟气脱硫技术	该技术采用一定浓度的氨水或液氨作吸收剂，与烟气发生反应产生亚硫酸铵，亚硫酸铵在吸收塔内氧化成硫铵溶液 并经蒸发浓缩、离心分离，得到固体硫酸铵。脱硫效率≥95%，脱硝效率≥20%，硫酸铵符合 GB535－1995 的合格品要求，氨逃逸≤8mg/m^3。	具有氨 吸 收剂来源、燃料硫含量>1.5%的大型工业锅炉和电站锅炉的烟气脱硫	已有少量工程应用	解决大于300MW机组燃用中高硫煤时的稳定运行问题。
16	大型燃煤电厂SCR 烟气脱硝技术	该技术采用选择性催化还原脱硝技术处理火电厂烟气，以氨为还原剂，在催化剂的作用下将氮氧化物还原成氮气和水。脱硝效率80～90%，氨逃逸率<2.5mg/m^3 ，SO_2 氧化率<1%，催化剂运行寿命>16000h。	大型燃煤电厂锅炉烟气脱硝	已有少量工程应用	解决系统集成优化，烟气含尘量对SCR反应器的影响等工艺改进，实现国产催化剂的应用。

序号	技术名称	技术指标	适用范围	发展状况	解决的技术难题
四、工业废气治理、净化及资源化技术					
17	黄磷尾气利用技术	该技术采用变温变压吸附黄磷尾气中的一氧化碳，利用羰基合成技术生产甲酰胺等系列产品。净化后黄磷尾气中磷、硫、砷、氟化物杂质含量<1ppm，一氧化碳回收率>85%。	黄磷生产企业尾气治理	已完成工业性试验	解决变温变压吸附高效回收一氧化碳操作工艺参数的确定问题。
五、固体废物综合利用、处理处置及土壤修复技术					
18	废弃印刷电路板的处理及资源化技术	采用物理方法，先拆除废弃电路板上的部分元器件，再将废弃电路板破碎，破碎后的产物经脉动气流分选、磁选分级、电选和高效离心分选，实现金属和非金属的有效解 离，可得到回收率高于90%的金属富集体，金属富集体中的主要金属铜以单体存在，品位高于 65%；部分贵金属及 其他金属以金属富集体形式存在，回收率>85%。	电子废弃物处理	已完成中试	解决废弃印刷电路板的处 理处置和资源化及避免二 次污染问题。
19	电子废弃物中热固性塑料的再生利用技术与设备	该技术针对现有电子废弃物中热固性塑料的特点，将热固性塑料粉碎至600目以下，然后对其表面进行化学改性，改性后的热固性塑料粉末可应用在沥青改性业、橡胶业和 塑料业。整个生产过程处于全封闭状态下，没有废水、废 渣及有害气体的排放。总处理能力200000吨热固性塑料的 项目，投资约6000万元，运行费用5000万，产值2亿元。	电子废弃物中热固性塑料的改性处理	已完成	解决电子废弃物中热固性塑料粉碎及提高活性问 题。
20	脱硫石膏的综合利用	该技术根据脱硫石膏综合利用要求，优化提出了电厂工艺 参数：石灰石纯度>90%、烟气飞灰含量≤50mg/Nm^3 、pH5.5~6.5、液气比 11~15L/Nm^3；不掺入添加剂、不干燥直接制成脱硫石膏，用于水泥缓凝剂。采用双筒回转窑 生产脱硫建筑石膏，指标达到《建筑石膏》质量要求，生产的粉刷石膏、石膏砌块也达到标准要求。	脱硫石膏综合利用	已有少量工程应用	解决了脱硫石膏综合利用中脱硫石膏形成、加工、应用的技术问题。

序号	技术名称	技术指标	适 用 范 围	发展状况	解决的技术难题
21	磷石膏制取建材产品、硫酸技术	磷石膏主要成份是二水硫酸钙，加热脱出部份结晶水后再加水重结晶时可生成具备一定机械强度的建材产品。该技术可使磷石膏的分解温度由通常的 1060℃降低到900℃以下，掺入的改性剂和复合激发剂消除了磷对磷石 膏制品性能的不良影响。磷石膏在更高的温度及还原剂的作用下，可分解成出二氧化硫和氧化钙，二氧化硫经 净化、催化氧化及吸收可制得硫酸，氧化钙在高温下与 其中的二氧化硅、氧化铁、氧化铝发生反应生成水泥熟料。	磷石膏处理利用	已有工程应用	解决了资源化利用磷石膏 的问题。
22	钢渣热闷自解处理技术	该技术充分利用钢渣余热，生成蒸汽消解 f–CaO、f–MgO，使其稳定。钢渣中废钢回收率高，尾渣中金属含量<1%，基本无粉尘和污水排放。钢渣粉比表面积在420m^2/kg 以上，吨产品主机电耗 32kWh，技术指标达到《用于水泥和混凝土钢渣粉》。（GB/T20491–2006）。年 处理钢渣 168 万吨项目投资 12600 万元，单位产品成本23 元/t，电耗 6.8 kW·h/t，水耗 0.27m^3/t，利润 103 元/t。年生产钢渣粉80万吨项目投资 8800万元，单位 产品成本 75 元/吨，电耗 38kW·h/t，水耗 0.12m^3/t， 利润 65 元/t。	冶炼钢渣处理	已有工程应用	解决 1650℃钢渣直接热闷 提高粉化率、消除喷水产 生的爆炸、热闷装置内压 力和温度自动化控制、提 高热闷装置使用寿命等问 题。
23	木薯渣饲料资源化技术	该技术从细菌和真菌中筛选出能降解木薯渣中纤维素的菌株，经过物理和化学等多种方式诱变处理后作为生产菌 种，将木薯渣转化为饲料原料。处理后的木薯渣氨基酸含 量提高，赖氨酸达0.93%，蛋氨酸达 0.81%，苏氨酸达0.54%。处理能力1万吨的木薯渣加工车间投资约 350 万元，当年可产生利润 500万元左右。	农副产品加工的糟渣处理	已完成工业化试验	解决木薯渣饲料资源化的 菌种问题。

序号	技术名称	技术指标	适用范围	发展状况	解决的技术难题
24	锰渣制砖技术	该技术通过预处理将锰渣中的有害物质固化或去除，然后添加碎石、河砂等骨料以及水泥和其他添加剂，充分搅拌混合后压制成型，经蒸养或自然养护后制得建材用砖。锰渣添加量不低于30%的情况下，蒸压锰渣灰砂砖达到《粉煤灰砖》（JC239–2001）的要求；免烧免蒸砖达到《混凝普通砖和装饰砖》（NY/T61–2003）或《混凝土小型空心砖砌块标准》（GB8239–1997）的要求，且放射性物质和毒性都在相应标准规定的安全范围之内。年产3000万块蒸压锰渣灰砂砖或免烧免蒸砖的建设总投资约800万元，建成后净利润分别为430.3万元/年和213.7万元/年。	电解锰锰渣处理利用	已完成工业化试验	解决锰渣的资源化利用问题。
25	垃圾焚烧飞灰药剂稳定化—卫生填埋技术	采用DTC类高分子螯合剂对飞灰进行强化化学稳定化，经拌合及养护，重金属元素被捕集，生成交联网状结构的螯合物，实现飞灰的高效稳定化。经处理后的飞灰浸出浓度Pb<3mg/L，Cu<50mg/L，Cr<0.3mg/L，Zn<50mg/L，Cd<10mg/L，对填埋场环境的影响降至一般废物水平，可进入卫生填埋场处置。吨飞灰投资8~30万元，运行费222元/t，水耗0.25t/t，电耗25 kW·h/t，药耗<0.03 t/t	垃圾焚烧飞灰的处理	已完成工业性试验	解决飞灰稳定化关键技术的工程化及飞灰中二噁英的稳定性问题。
26	石油污染土壤生态修复技术	采用了以植物–微生物联合为主，辅以物理化学措施的生态修复技术体系；利用固定化方式建立外源微生物的保护机制，辅以合理的作物品种、种植结构、污染物活化及农田管理措施进一步强化污染土壤处理效果，最终完成生态修复过程。土壤中石油类污染物在第一个生长季中的降解率即可达55~70%，平均在60%以上。以原位修复耕层土壤（0~20cm）为目标，按照1~2%的固定化菌剂接种量每公顷污染土壤的修复费用为1000~2000元。	石油污水灌区的土壤生态修复	已完成工业化试验	解决单一修复技术难以实现预期目标、生物修复中外源微生物生存能力差、生物量难以维持及土壤中游离微生物的传质性差等问题。

序号	技术名称	技术指标	适用范围	发展状况	解决的技术难题
		六、工业清洁生产技术			
27	蛋白质纤维微悬浮体节能环保染色技术	采用自行研制的微悬浮体化助剂，使微悬浮体化后的染料颗粒达到纳米级，从而对纤维的吸附能力显著加强，可提高固色率10~30%，缩短染色时间1/3~1/2，减少染料用量10%左右。	毛用活性染料、酸性染料、中性染料及酸性络合染料对蛋白质纤维的染色加工	已完成工业化试验	解决各种蛋白质纤维染料的微悬浮体化，提高染料对纤维的吸附率及体系中各种相关参数的优化。
28	涤纶织物的无助剂免水洗清洁染色工艺	该技术使用自主研发的微胶囊化分散染料，配合专用的染料萃取器，对传统的高温高压染色工艺和设备实施改造，缩短了聚酯纤维制品染色工艺流程，可使染色用水单耗下降70%，热能消耗降低1/3。在染色品质不低于传统染色工艺的前提下，染色后排出废水的色度、COD和BOD_5达到或接近国家一级排放标准；经简单处理的染色废水可100%回用。采用该技术的染色设备（400kg容量）改造费每台10万元，每日减少废水180t，需处理的固体废物仅为织物重量的2%左右。	适用于对疏水性纤维（涤纶、锦纶）及涤/棉等混纺织物的染色加工	已完成工业化试验	解决产业化过程各种织物的微胶囊材料工艺的开发与优化，提高系统稳定性。
29	色谱法提取柠檬酸新工艺	该技术用热水作洗脱剂、以树脂色谱分离技术替代现行的钙盐法生产柠檬酸，消除了二氧化碳废气、硫酸钙等废渣排放；废糖水循环发酵，回用水达到200次以上。柠檬酸收率>98%，固定相利用率提高2~5倍，降低生产成本达10%~15%，产品浓度提高5%~15%。	有机酸生产行业	已有少量工程应用	解决在柠檬酸行业的规模扩大问题和在其他有机酸行业的应用问题。
30	煤矿井下采煤工作面环保单体支柱	采用多元素合金沉积法对煤矿采煤工作面用于支护的单体液压支柱进行防锈处理，代替传统使用的乳化液防锈。工作介质采用清水以后防止了乳化液在支柱回收时排入采空区而污染地下水。防锈处理使每根支柱生产成本上升30元，但整个行业每年可节约乳化剂费用1.4~2.1亿元。	煤矿井下采煤工作面用单体液压支柱支护顶板	已完成工业化试验	解决了乳化液污染地下水资源的问题。

序号	技术名称	技术指标	适用范围	发展状况	解决的技术难题
31	环保节能干法乙炔制备技术	该技术用略多于理论量的水，以雾态喷在电石粉上使之水解生产乙炔。反应温度气相为 90~93℃，固相为 100~110℃，水与电石的比例约为 1.2: 1，电石水解率>99%电石渣含水率低，乙炔收率>98.5%。提高了生产安全性工艺水循环使用。生产密闭进行，消除大气污染。无须沉降和压滤处理，节省投资和占地面积，年产10万t PVC 节约成本 810 万元。	乙炔生产行业	已有工程应用	解决了乙炔制备工艺的节能减排问题。
32	中高压 SF6 配电设备气体泄漏、污染的替代治理技术（固体绝缘开关技术）	该技术采用环氧树脂替代六氟化硫（SF_6），生产中高压电气设备的固体绝缘开关。主回路一律采用环氧树脂浇注成 型，通过自动压力凝胶技术设计制造，开关安装后无裸露带电体，不受外界环境污染，电缆连接采用可触摸电缆头 可以直接或间接接触部分均为全绝缘。	40.5kV及以下电力系统	已有少量应用	解决中高压电气设备的固体绝缘开关生产中六氟化硫的替代技术。
33	电解锰企业锰粉酸浸液二次酸浸洗涤压滤一体化技术	该技术采用二段酸浸和不同浓度含锰溶液逆流漂洗工艺，采用自动化控制将这两段工序与压滤工序全部集成 于压滤机内一次性完成，减少了锰残留和污染物排放，降低了劳动强度。应用后全行业锰利用率可提高约15%，锰渣中的硫酸铵可回收约50%，锰和氨氮含量可 降低 50%左右；锰渣中总锰含量（即硫酸锰和碳酸锰，以Mn 计）≤1.8%、锰渣含水率≤30%。以年产 3 万吨电 解锰企业为例，该技术总投资金额约为 2000 万元，应用该技术使企业每年少消耗锰矿石（以 16%品位计）约4.5 万吨，少排放锰渣 3.9 万吨，为企业年新增利润1500~2000 万元。	电解锰行业	已完成工业化试验	解决电解锰企业锰利用率低的问题。

序号	技术名称	技术指标	适用范围	发展状况	解决的技术难题
34	控氧干馏回收废低汞触媒工艺	该技术利用活性炭焦化温度比氯化汞升华温度高的原理设计了一套氮气保护干馏法废低汞触媒回收氯化汞。将干燥的废触媒置于密闭的可旋转调温的炉中，物料中的氯化汞变为蒸气，经气体抽出装置抽出，强力冷却成固体颗粒进行回收。灰尘部分进入水中，强制溶解，达一定浓度后再回收。工艺过程全封闭，水、气在系统内循环，氯化汞基本实现完全回收，处理后触媒中氯化汞含量为0.26%。	电石法聚氯乙烯（PVC）生产中废低汞触媒回收与再生	已完成工业化试验	解决电石法 PVC生产过程中汞触媒的 环保回收问 题。
七、噪声与振动控制技术					
35	阻尼弹簧浮置板轨道隔振技术	以阻尼弹簧隔振技术为基础，采用大荷载阻尼弹簧隔振器和浮置板道床工艺技术相结合进行隔振处理。阻尼弹簧浮 置板轨道隔声装置的隔振效果≥25dB，每个阻尼弹簧隔振 器的承载能力 30～80kN，隔振系统阻尼比为 0.05～0.08 满足国家《城市区域环境振动标准》规定的居住、文教区 标准要求。采用该技术的轨道隔振工程费约 0.6～0.75 万元/m。	城市轨道交通隔振	已完成中试	解决抗冲击负荷和小型化及相应的铺设工艺、隔离层施工到浮置板鼎升、轨道调整等工装技术问题。
八、农村污染治理技术					
36	用于污染控制和资源回收的源分离负压排水技术	该技术利用低于大气压的管道压力单独收集粪、尿和生活 杂排水，避免粪尿被稀释与其他废水混合，降低了处理难 度。收集的粪、尿污水经稳定化处理后作为肥料，分离后 的杂排水简单处理后即可作为景观水体的补给水或绿化 灌溉用水使用。由于采用负压排水（负压管网的工作压力 为 0.4bar～0.7bar），系统的节水效果明显，与传统混合 排放相比，室内排水的总量减少约 1/3。	农村生活污染治理	已有少量工程应用	解决运行过程中的技术问题和管理问题。

序号	技术名称	技术指标	适用范围	发展状况	解决的技术难题
37	高位池封闭循环生态养殖技术	该技术通过在养殖池塘中央底部增设引水口和引水通道在池塘堤坝边增建短程平流沉淀槽，将池塘中央底部养殖废水引至沉淀槽，悬浮有机物沉淀下来，而上层养殖水沿 池塘坝内斜坡形成薄层水流，经太阳光照射净化后，返回 养殖池塘再利用，沉淀污泥可制生物肥料。系统 COD 平均去除率为 27%，SS 去除率为 82%，硝态氮去除率为 10%~27%，亚硝态氮去除率为 22%~45%，溶解性磷酸盐为 39%~49%。每造每塘的运行费用约 40000 元，比常规方式可少 支出约 10000 元，比投菌方式可少支出 3000 元。	热带、亚热带海水 或淡水养殖业	已有少量工程应用	解决了水产养殖污染问题。
38	农村生活垃圾双回路热解焚烧处理技术	该技术针对农村生活垃圾低热值、高含水率的特点，采用双回路热解焚烧工艺，高温焚烧烟气一部分经过余热利用和除酸、活性炭吸附、布袋除尘后达标排放净化装置排入大气，一部分进入烘干窑烘干垃圾，经过净化装置补氧后 回到焚烧炉进行助燃。炉渣用于制砖，飞灰作为危险废物 外运处理。焚烧量 100t/d 的项目土建投资约 1000 万元 设备投资约 1500 万元，运行费用约 45 元/t。	经济发达地区中小乡镇 50 ~ 300t/d 的生活垃圾处理	已有少量工程应用	解决农村低热值、高含水 率生活垃圾焚烧处理技术 问题。
九、重金属污染控制技术					
39	重金属（汞、镉、铅、砷）废水生物制剂法处理与资源化技术	该技术采用生物制剂配合水解组合工艺处理酸性含汞废水，实现水中重金属汞污染的有效治理，出水达到国家排放标准。再配合深度脱钙集成工艺可处理含镉 铅、砷废水，出水镉离子浓度≤0.005mg/L，铅离子浓 度≤0.01mg/L，砷离子浓度≤0.01mg/L，为水回用提 供可能。	有色冶金行业废、水、酸性重金属废水和电镀废水处理	已有少量工程应用	解决了生物法重金属废水 的处理问题。

序号	技术名称	技术指	适用范围	发展状况	解决的技术难题
40	砷污染地区饮用水处理技术	该技术采用砂滤+吸附+纳滤组合工艺处理高砷饮用水，可 去除水中残余的砷、有机物、无机物等，出水砷含量<10ug/L。投资成本约为 1500 元/吨水，运行费用 1.7 元/ 吨水。	砷污染地区饮用水除砷处理	已有少量工程应用	解决了砷污染地区饮用水的处理问题。
41	湿法废蓄电池资源化利用技术	采用自主开发的自动破碎分选技术和铅膏预脱硫–电 解沉积工艺，将硫酸、铅膏和栅板、塑料、胶木等有 效分离，并电解得到最终产品电铅。年处理万吨废蓄 电池投资规模为 3900 万元，脱硫率>97%，铅回收率>95%，电流效率>96%，电耗<700kWh，电铅质量>99.99%。	年处理规模 10000 吨以上的废蓄电池回收利用	已完成生产性试验	解决蓄电池铅膏脱硫技术和电解沉淀技术生产电解铅的生产规模扩大和工业化问题。
42	含砷、氰化物及 COD 尾矿浆 资源化、无害 化处理装备及 技术	该技术采用 Cotl's 酸法工艺处理含砷、氰化物和COD 尾矿浆。气–液曝气装备加快氢氰酸气体发生效率，高效、节能型酸化氧化发生器是尾矿浆的综合治理技术的关键设备，硫氰酸去除率 99.92%，再生氰化 物 回 收 率 91.57% ，砷排放 浓度 ≤0.50g/m^3 ，COD≤100g/m^3。	黄金矿山尾矿治理	已完成中试	解决黄金矿山含砷、氰化物和 COD 尾矿浆的治理问 题。
43	重金属污染场地土壤固化稳定化治理技术	采用药剂对污染土壤中重金属污染物进行处理，使污染物浸出浓度大大降低。对汞、铅、镉、铜、锌、铬、镍浸出 毒性浓度超标 50 倍以下和砷浸出毒性超标 8 倍以下的污 染土壤处理后，主要重金属污染物浸出毒性浓度降低80%~98%。在治理土壤量达到 50000m^3 以上时，设备投资≤15 元/m^3，药剂成本 35~50 元/m^3，施工及管理成本为25~30 元/m^3，电耗≤0.3kwh/m^3，水耗≤0.001t/m^3。	受重金属污染的工业场地治理修复	已完成工业化试验	解决大规模作业过程的工程化及固化、稳定化长期效果。

序号	技术名称	技术指标	适用范围	发展状况	解决的技术难题
44	铬渣及污染堆场微生物治理与修复技术	该技术采用生物堆浸工艺，将铬渣造粒筑堆、喷淋处理，浸出液进入生化池，利用微生物制剂，将活性铬生化还原沉淀，实现铬渣及污染物的解毒及资源化。解毒后的铬渣浸出毒性≤5mg/L，铬渣中Cr(VI) 的回收率在90%以上。	碱性含铬废水、铬渣渗滤液，铬盐、铁合金等生产过程排放的铬渣，以及铬渣堆埋场污染土壤的治理	已完成工业化试验	解决铬渣及污染堆场微生物治理技术问题。
45	含砷废水沉淀法制备三氧化二砷技术	该技术可使重有色金属冶炼产生的含砷废水资源化，其创新点为：二段中和除杂，回收石膏和重金属；可制备亚砷酸铜，并用于铜电解液净化；可制备三氧化二砷产品；亚砷酸铜经SO_2还原、硫酸氧化浸出回收硫酸铜，循环利用。产品三氧化二砷纯度可达95.12%，砷总回收率≥85%。	铜、铅、锌、锑、金银等冶炼行业以及农药、化工行业的含砷废水处理	已有少量工程应用	解决了重有色金属冶炼产生的含砷废水资源化问题。
46	硫化砷滤饼加压氧化浸出工艺研究与应用	该技术采用加压浸出技术处理硫化砷滤渣，反应速度快、重金属浸出率高（砷、铜的浸出率均可达到98%以上）、工艺流程短，易实现自动化，处理的同时回收三氧化二砷、硫酸铜、氧化铋及铼酸铵等产品，资源回收、经济效益好。	含砷硫化物的无害化处理	已完成工业化试验	解决硫化砷废渣无害化及有价重金属回收技术问题。

附件二:

2009年国家鼓励发展的环境保护技术目录

序号	技术名称	技术内容	适用范围
		一、城镇污水、污泥处理及水体修复技术	
1	AAO城市污水处理技术	采用分离池型的反应池，单独设立缺氧池（除磷时还应设厌氧池）及好氧池，并采取内 部循环的混合液回流，采取鼓风微孔曝气或射流曝气方式。COD 的去除率≥85%，BOD_5 的 去除率≥95%，NH_3-N 的去除率≥90%，TN 的去除率≥75%，SS 的去除率≥95%。	5~150 万 m^3/d 生活污水或水 质类似的工业废水处理
2	氧化沟活性污泥法污水处理技术	该技术采用环形廊道反应池和延时曝气，曝气设备可采用鼓风微孔曝气方式，也可以采 用表面曝气方式。COD 去除率≥85%，BOD 去除率≥95%，NH_3-N 去除率≥90%，TN 去除率≥75%，SS 去除率≥95%。	大中型生活污水或水质类似的工业废水处理
3	序批式活性污泥法污水处理技术	该技术在一个或多个带有选择器，平行运行，且反应容积可变的池子中完成生物降解和 泥水分离过程。每次工艺操作按进水/曝气→进水/沉淀→滗水→闲置（视具体运行条件 而定）进行，在曝气阶段完成生物降解过程，在非曝气阶段完成泥水分离，在滗水阶段出水并排出剩余污泥。COD 的去除率≥85%，BOD 的去除率≥95%，NH_3-N 的去除率≥90%， TN 的去除率≥75%，SS 的去除率≥95%。	2~10 万 m^3/d 生活污水或水质 类似的工业废水处理
4	好氧生物流化床污水处理技术	该技术采用以内循环三相生物流化床技术为原理的生物反应器，填充高强度轻质载体以 降低流化过程的动力消耗，迷宫式载体分离器结构保证载体的年流失率<10%，进水有 机负荷 5~15kgCOD/m^3·d，COD 去除率 80~90%，出水 COD≤60mg/L，NH_3 -N≤8mg/L。	工业园区集中式污水处理和 中小城镇生活污水处理

序号	技术名称	技术内容	适用范围
5	膜生物反应器污水处理技术	采用内置超滤膜或微滤膜的生物反应器（曝气池），反应器由生物单元和膜分离单元组成，在生物反应池和膜单元之间形成水力循环，保证生物单元较高的污泥浓度。生物单元出水经膜的高效截留作用，实现固液分离，出水 COD≤50mg/L，NH_3-N≤5mg/L。	生活污水深度处理、小区中水回用
6	生物接触氧化污水处理技术	采用特效微生物菌剂，以复合填料作为生物载体，通过对曝气及微生物反应过程的调控，实现对生物接触氧化技术的优化。该技术应用于处理城镇污水时，其出水 COD≤60mg/L，NH_3-N≤8mg/L，具有占地少、投资省、运行费用低和操作管理方便的特点。	中小型城镇污水处理厂
7	高效生物曝气滤池用于污水回用技术	污水进入生物絮凝池后，经沉淀池去除大部分的 SS 和有机物，改善后续高效曝气生物滤池的工况条件、降低负荷。再经高效曝气生物滤池和消毒处理后排放，满足城镇杂用水或循环冷却系统补充水的水质控制指标。	要求回用的城市生活污水处理
8	悬挂链曝气污水处理成套技术	（1）该技术采用经防渗处理的土地结构为一体化生物处理反应器，悬浮富氧曝气机或悬浮曝气链为充氧设备，形成曝气池中多级 AO 交错的污水处理单元。与常规活性污泥工艺相比，可降低工程投资40%以上，SS 去除率≥87%，COD 去除率≥67%，BOD_5去除率≥83%，TP 去除率≥67%，NH_3-N去除率≥73%。用于城镇污水处理时，其出水 COD≤60mg/L，NH_3-N≤8mg/L。 （2）以悬挂链曝气技术为核心的多级AO工艺，在保证脱氮除磷效果的前提下使能耗降到最低；通过优化污泥的回流比，保证氮磷的高效去除。对城镇污水处理，出水水质 COD<50 mg/L，BOD_5<20 mg/L，SS<20 mg/L，NH_3-N<8 mg/L，TP<0.5 mg/L，去除率分别达 98%，93.3%，95%，75%，60%。该技术在中小城镇污水集中处理和工业园区污水集中处理的领域有独特的优势。	城镇生活污水及啤酒、食品加工等行业废水的处理

序号	技术名称	技术内容	适用范围
9	导流曝气生物过滤法污水处理装置	该技术通过合理设计，将接触氧化生物过滤区、污泥回流区和曝气生物过滤区整合成一套装置，经预处理的污水先从顶部进入装置中心的接触氧化生物过滤区完成一级处理，污泥依靠重力作用进入装置底部的污泥回流区，清液自下而上通过装置四周的曝气生物过滤区完成二级处理。装置的 COD_{Cr} 和 TP 的去除率大于 95%，BOD 和 NH_3-N 的去除率大于90%。	小区生活污水、小城镇生活污水处理及回用
10	硅藻土物化和曝气生物滤池联合处理技术	采用硅藻土物化和曝气生物滤池联合处理技术，其复合型硅藻土药剂用量是 PAC 处理同类废水的 1/4；通过在改进型曝气生物滤池（CN 处理池和 N 处理池）中使用硅藻土烧制 的滤料，可提高生物附着性、反冲效率和处理负荷。该技术应用于城镇污水处理，其出 水 COD≤50mg/L，NH_3-N≤5mg/L。	城镇污水和工业园区废水处理，以及中水回用和小型水体 修复
11	生活污水回用膜处理技术	城市二级处理排水经粗过滤后进入配水渠道，通过超滤膜膜池，超滤膜的过滤孔径为0.02μm，平均通量为 23 L/m^2·h，出水可达城市污水再生利用景观环境用水水质。	生活污水回用
12	污泥厌氧消化技术	在密闭的消化槽内，保持 30° C 下，贮停 15~20d，定期排泥，当 VSS/SS 比值在 45%±5% 时，污泥经厌氧消化达到稳定。	污水处理厂污泥的稳定化处理
13	污泥高温好氧发酵技术	（1）采用好氧发酵技术，综合考虑污泥好氧发酵周期、腐熟度、能耗、运行成本等指数，分别设定发酵初、中、后期三阶段的曝气参数（曝气量、曝气时间、曝气频率），提高了堆肥效 率。堆肥周期夏季10天、冬季 15天以内；发酵后污泥达到含水率<35%，各项指标符合污泥 稳定化和粪便无害化要求，可作为园林绿化、植被恢复、回填土等用或制成有肥。 （2）该技术采用自动控制生物堆肥工艺，对污泥好氧高温发酵过程温度、氧气等参数 进行实时在线监测和计算机自动测控，优化了堆肥过程中的温度和氧气调控，实现工业 化自动生产有机肥产品或有机-无机复合肥原料。污泥处理后能减容1/3，堆肥过程始终 处于好氧条件，避免排放恶臭气体和招引蚊蝇，保证厂区的清洁卫生和环境安全。	污水处理厂污泥资源化处理

序号	技术名称	技术内容	适用范围
14	水生植物法湖泊生态修复技术	该技术以水生植被恢复/重建为核心进行研发与集成，通过将水质和底质改善技术有机结合，为水生植物的恢复创造条件；通过对种类筛选与定植技术的研究与应用，促使水生植物恢复，重建湖泊生态系统，恢复生态系统功能。该技术成功地在高氮、高磷、低透明条件下，湖泊逐步恢复以沉水植物为主的水生植被，取得了较好的生态修复与水环境改善效果，使湖泊主要水质指标达到Ⅳ类水体，氮磷去除率可分别达到30%和60%。	城市景观水体和自然湖泊生态系统的恢复
二、工业废水处理、回用与减排技术			
15	高浓度有机废水浓缩燃烧技术	（1）该技术采用耐热渗透酵母菌以间接加热蒸溜方式生产糖蜜酒精，并对糖蜜酒精废液进行回用，可提高废液排放浓度，减少废液量，使每吨酒精产生 9t 20oBx 的废液。 将废液浓缩到 60oBx（低位热值7000J/kg）后焚烧，可提供浓缩工艺所需能量的 120%， 实现浓缩工艺的能量自给。焚烧炉渣的钾含量达15%，可用于制造复合有机肥或加工成 硫酸钾，日产 50 吨酒精厂可因此获利 250 万元/年。 （2）该技术将初始浓度为 10–17° BX 的有机废水经蒸发浓缩至 55–70° BX 的浓废水， 然后直接喷射进生物质锅炉中燃烧（不需添加任何辅助燃料），产生的蒸汽进入汽轮机 发电机组发电，炉渣含钾量≥10.3%，可回收利用；从发电机组出来的乏汽再用于生产 工艺和浓缩废水，在废水浓缩过程中的汽凝水全部回用于生产。	酿造、酒精、制糖、造纸、食品等行业的高浓度有机废液 处理
16	高浓度有机废水无害化生产液态生物有机肥技术	该技术采用农业部认证的微生物菌种，加入到高浓度的酒精废液中发酵，生产出符合标准 的液态生物有机肥，实现 COD 零排放。液态有机肥的有效活菌总数≥0.2（cfu）/〔亿/g(mL)〕， 有机质 250（g/L），pH4.0~7.5，粪大肠菌数≤100 个/g(mL)，蛔虫卵死亡率≥95%，汞及 化合物（以 Hg 计）≤5mg/kg，镉及化合物（以 Cd 计）≤10mg/kg，铬及化合物（以 Cr 计）≤150mg/kg，砷及化合物（以 As 计）≤75 mg/kg，铅及化合物（以 Pb 计）≤100mg/kg。	农产品加工过程中产生的高浓度废液及酒精厂生产过程中产生的糖蜜酒精废液处理

序号	技术名称	技术内容	适用范围
17	厌氧颗粒污泥床废水处理技术	该技术采用厌氧颗粒污泥悬浮床反应器，针对不同的进水水质，培养具有特定功能的自固定化颗粒污泥或固定在颗粒载体上的厌氧生物膜，在高效厌氧反应器内处理淀粉废水等高、中浓度工业有机废水。对于高浓度易降解有机废水，在设计条件下厌氧反应器负荷可达40kgCOD/(m^3·d)；对于难降解有机废水，负荷可达 15 kgCOD/(m^3·d)，在 10~12℃温度范围内，负荷≥8 kgCOD/(m^3·d)。产生的沼气可用于发电。	玉米淀粉及各类高、中浓度工 业有机废水的处理
18	改进型高效折板厌氧反应系统	该技术是在折流厌氧反应器（ABR）的基础上，根据屠宰、制药废水的特性，对ABR的配水、隔室宽度、填料筛选和安装位置进行改性和优化，增设中间池，在中间池进行出水沉淀和预曝气，将沉淀污泥回流。改进型高效折板反应系统容积负荷在处理屠宰废水时为 6.0kgCOD/（m^3·d），在处理中药制药废水时为 4.5 kgCOD/(m^3·d)，HRT 在 18~24h之间，COD 去除率达 85%~87%，与 UASB 相比投资节省30%。	适用于屠宰、制药废水
19	大霉素废水处理技术	先分别采用加药絮凝和气浮的方法对庆大废水和麦白废水进行预处理，回收丝蛋白和溶媒。然后再采用UASB+SBR工艺处理混合废水，将内循环三相流化床和拼装搪瓷罐成功应用于制药废水，有效进行 SBR反应池程序控制，使出水 COD≤150mg/L，BOD5≤50mg/L， SS≤80mg/L，去除率均达 99%。	微生物发酵生产庆大霉素等 抗菌素的企业的废水治理
20	废纸造纸废水低排放技术	该技术设计了多级造纸用水循环网络，采用厌氧–好氧技术净化废水，以生物软化技术 控制废水循环中的盐积累，最终实现废纸造纸废水低排放，并补充少量清水（1~2.5 m^3/t 纸）以平衡蒸发损失；此外，通过回用纤维降低原料消耗和污泥量，污泥减量 90%以上，年纤维原料用量节约 4~8%。	本色废纸造纸厂
21	印染废水处理和回用技术	（1）对印染废水进行清污分流后，采用“废水–水质水量调节–生化处理–混凝沉淀–过滤–活性炭吸附–软化–出水回用”的工艺，对染色残液及初次漂洗水进行处理，处理后水质优于纺织印染生产行业用水水质标准，回用于生产。中和调节停留时间为4.6h，生化处理时间 3.8h，沉淀池表面负荷 2.4m^3/（m^2）·h，过滤滤速 7m/h，软化器滤速20m/h。吨水投资 1050 元，运行费用≤0.5 元/m^3。	印染行业废水处理及回用

序号	技 术 名 称	技术内容	适用范围
21	印染废水处理和回用技术	（2）该技术采用清浊分流，轻污染水（COD≤300mg/L）经“生物接触氧化－生物滤池－复合反应器－陶瓷膜处理”后回用，回用率 70%；陶瓷膜过滤浓水与其他废水合并， 处理达标后排放。污染物削减 75%以上，出水透明度>30，色度<25，高锰酸盐指数≤20mg/L，pH6～9，并已使用了约 5 万 t 回用水，染色几十种织物。总体回用率 50%， 吨水处理费 1.5 元。 （3）该技术对各排放废水企业分别设输送泵站，送至集中污水处理厂，经预处理系统提高水质水量的稳定性后，采用物化与生化处理（调节池、水解酸化池等）→生化处理→化学处理工艺，使出水水质：pH 6.5～8.5、COD 40～70、BOD_5 8～12、SS 10～20、 色度 5～10，削减率均≥80%，污泥经贮池、脱水后外运。	印染行业废水处理及回用
22	染料废水处理及回用技术	对含 8～10%以上硫酸酸度的染料母液及中间体酸性废水进行四级多效浓缩，浓缩到硫酸浓度为 40～50%后，有机杂质可析出；过滤除杂后，过滤液中加入氯化纳置换出氯化氢， 制成工业盐酸、氯磺酸和硫酸钠。硫酸钠纯度达到 98%，可应用于染料生产作添加剂， 结晶母液可循环回用。废渣采用焚烧处理。	低浓度硫酸废水综合利用
23	高浓度含盐有机废水生化处理技术	该技术采用“折流厌氧+好氧生物气浮+折流缺氧+好氧生物膜”的工艺，以牡蛎壳为载体，富集并固定耐盐菌（氯化物），处理高含盐量（10000～24000mg/ L）有机废水。处理出水 pH 为 6～9，SS≤20mg/L，BOD_5≤20mg/L，COD≤60mg/L。	使用海水做生产用水的高含 盐量有机废水的处理
24	焦化废水处理技术	（1）该技术通过硝化、反硝化菌的生物作用将污水中的氮转化为氮气，从而达到去除氨氮的目的。以废水中有机物作为反硝化碳源和能源，不需补充外加碳源，废水中的部分有机物通过反硝 化作用去除，减轻了后续好氧段负荷，减少了动力消耗；反硝化产生的碱度可部分满足硝化过程 对碱度的需求，降低了化学药剂的消耗。出水氨氮排放浓度≤15mg/L。 （2）该技术筛选、固定高效脱酚菌，制成生物强化剂用于焦化废水的处理，提高了原有水处理系统的稳定性和抗水力冲击负荷能力，提高功能菌群的比例，提高降解有机物的能力。在进水 COD 为 1600～2400 mg/L，进水酚为 340～600 mg/L 时，出水 COD≤500mg/L，挥发酚≤0.5mg/L。	焦化废水处理

序号	技术名称	技术内容	适用范围
25	高氨氮废水处理技术	该技术是双污泥系统，初曝池+初沉池构成一个独立污泥系统，兼（缺）氧池+好氧池+二沉池构成一个独立污泥系统。在每一段污泥系统中，微生物制剂结合生物载体将传 统的活性污泥法和生物膜法有机结合起来；初曝池根据工艺需要降解进水COD和有毒有害 物质（如焦化废水中的酚、氰等），A/O系统实现脱氮并进一步去除COD和其他污染物。作 为双污泥工艺，其抗冲击性能较强；使用的微生物制剂菌群能较完全地分解底物，产泥 量仅为常规活性污泥法的1/10。在进水COD800～ 4500mg/L，NH_3–N：100~650mg/L，挥发酚≤1000mg/L，氰化物≤70mg/L，BOD_5/COD为0.1～0.3的情况下，出水COD＜100mg/L， NH_3–N＜15mg/L。	化工行业高氨氮废水处理
26	化工园区废水处理技术	该技术是包含点源预处理、集中污水处理、过程监控管理和污泥处理处置的集成技术。开发了以电解催化氧化为核心的点源预处理、以适应难降解化工废水的多 重循环生物强化技术（包括厌氧水解、缺氧、预曝、初沉、高效好氧（MBBR+活 性污泥）、二沉池）为核心的集中污水处理技术和计算机动态监控管理的水质在 线监测系统。点源预处理出水指标满足排放标准间接排放要求，集中处理出水COD≤120mg/L。	高浓度、难降解、有毒有害的 化工废水处理
27	化纤碱减量废水综合处理技术	该技术提取化纤碱减量废水中的对苯二甲酸，对其粗品进行规模化生产利用，大幅削减废水的有机负荷，保障后续废水处理达标。对苯二甲酸提取率达到 85%～90%，总回收率 达到 65%～70%。	化纤碱减量废水中对苯二甲 酸的回收利用
28	糠醛工业废水综合利用技术	采用双效蒸发技术处理糠醛废水，处理出水回用于锅炉补充水及锅炉烟气脱硫除尘补充 用水；残余有机污染物及醋酸钙镁集中处理，无害化后可取代食盐作为生产融雪剂的工 业原料。出水水质为：COD_{Cr}≤100mg/L，SS≤70 mg/L，BOD_5≤30 mg/L，pH6～9，去除率 均≥95%。	糠醛处理废水

序号	技术名称	技术内容	适用范围
29	钢铁企业综合污水处理及回用技术	该技术以强化预处理为基础，以高效澄清池和滤池为核心，以反渗透膜法脱盐进行深度 处理并辅以回用水含盐量控制技术处理钢铁企业综合废水（不含焦化废水），最终回用 于工业循环冷却水系统作为补充水。该处理工艺 V 型滤池出水 SS<5mg/L，COD<30mg/L， 油<2mg/L，平均去除率为：SS 70.4%，COD 70.5%，石油类 66%。V 型滤池部分出水（1/4～1/3）进除盐水系统进行膜法脱盐，其脱盐率可达 98%，产水回收率可达 75%，脱盐系统 的出水返回生产系统循环使用。关键设备已实现国产化，自控系统为自主开发，设备投 资为国外同类设备的 1/7，占地面积为常规工艺的 1/6。	钢铁工业废水处理
30	火电厂烟气脱硫废水处理技术	该技术采用“脱硫废水→氧化→pH 调节→混凝反应→沉淀分离→最终处理→排放”的工艺路线。各项污染物的削减率：悬浮物≥99%、COD≥50%、氟化物≥50%，出水汞离子≤0.05mg/L，处理量为2～40m³/h，混凝剂投加量为 30～50mg/L、金属离子沉淀剂投加 量为 0.2～0.5mg/L、絮凝剂投加量为 0.2～0.5mg/L，pH 为 9～10。	脱硫废水处理
31	电子、电镀废水处理及回用技术	（1）该技术通过对电子、电镀废水分流进行分类设计，并针对废水的不同性质制订相 应的单元处理工艺；采用化学混凝沉淀－生物接触氧化－反渗透膜产水回用处理工艺处 理电镀废水。以 10000t/d 废水计，年可削减 Cu^{2+}240t，COD770t；出水 COD 稳定在 60～80mg/L，氨氮浓度稳定保持在 8mg/L 左右。经反渗透处理后的电镀废水回用率≥60%。 （2）该技术通过超滤、反渗透法和离子交换法，提取电镀废水中的重金属离子，重新 应用于电镀生产过程。重金属基本全部回收，过滤回收水 65%左右。吨水运行成本 3～4元。 （3）该技术采用溶剂萃取－膜处理－电积还原法对蚀刻废液进行再生处理，工艺过程由 蚀刻液、电解液、萃取剂、氨洗水和油相洗水五个闭路循环组成。首先利用萃取剂对蚀 刻液中的铜离子进行萃取，实现铜的无损分离，萃余液经膜处理、组份调节，恢复其蚀 刻性能后，全部返回蚀刻生产线使用，最后利用电解法对反萃后的电解液进行电积，得 到含铜 99.95%以上的副产品—阴极铜。	电子、电镀企业废水处理

序号	技术名称	技术内容	适用范围
32	矿山废水膜处理技术	该技术将选矿废水经机械过滤器、纤维球过滤器、活性碳过滤器和精密过滤器，除去油质、浮选剂和一些难于处理的悬浮物，然后用高压泵加压进入反渗透膜处理系统，出水 可用于选矿新水源，浓水含有重金属，经回收后循环用于选矿。	矿山采选废水和尾矿库废水 处理
33	双膜法浓水循环中水回用技术	该技术是中空纤维多孔膜和反渗透膜的组合膜处理技术，原水先经中空纤维多孔膜过滤掉部分污染物，然后进入具有浓水在线增压回流和双向进水功能的反渗透膜，其中浓水 在线增压回流功能利用了回流浓水的余压可达到节能的目的，双向进水功能使膜组件的 两端可换用，进一步提高膜的抗污染能力。反渗透系统脱盐率≥95%。	印染、电镀、皮革、钢铁等工 业废水深度处理及回用
		三、脱硫、脱硝、除尘技术	
34	石灰石/石灰－ 石膏法烟气脱硫及关键设备制造 技术	该技术采用石灰石/石灰浆液洗涤烟气，SO_2与烟气中的碱性物质在不同结构形式的吸收塔中发生化学反应生成亚硫酸盐和硫酸盐；新鲜石灰石/石灰浆液不断加入，浆液中的固体（包括燃煤飞灰）连续地从浆液中分离出来并排往沉淀池，从而脱硫烟气中的 SO_2。 主要工艺及技术参数：脱硫效率≥95%、钙硫比≤1.03、脱硫装置电耗<1.5%、石膏中 $CaSO_4 \cdot 2H_2O$ 含量>95%、$CaCO_3$ 的含量≤3%。	单台装机容量>300MW 的燃煤电站锅炉烟气脱硫
35	烟气循环流化床干法脱硫技术	该技术采用消石灰粉作为吸收剂喷入脱硫吸收塔内，并通过吸收剂的内外多次循环，实现高效脱硫，脱硫后气体中的固体颗粒物通过布袋除尘器收集可进一步综合利用。系统 没有废水产生，系统烟道和设备不需要防腐；SO_2 脱除率可达 85~90%，可有效脱除 HCl、 HF；脱硫装置阻力 1200~1500Pa。	适用于600MW及以下机组烟气脱硫
36	大型燃煤工业锅炉烟气袋式除尘湿法脱硫技术	该技术为负压袋式除尘正压湿式脱硫烟气净化技术，对锅炉烟气的净化采用一级袋式除尘，有效去除烟尘；除尘后烟气进入二级脱硫系统效去除 SO_2和粉尘，除尘效率>99.9%， 脱硫效率>90%，设备阻力≤2200Pa。	大于等于20t/h的燃煤工业锅炉除尘脱硫

序号	技术名称	技术内容	适用范围
37	炼焦废氨水脱硫技术	该技术采用氨或焦化副产物氨水作为吸收剂原料，吸收 SO_2 后形成亚硫酸盐，在微量催 化剂催化作用下，被空气氧化为硫酸铵溶液，经蒸发浓缩、结晶、干燥得到固体硫铵产品。SO_2 吸收率为 97~99%，硫铵符合 GB535-1995 一等品标准。	钢铁、化工行业、有色（黑色）冶炼炉窑烟气脱硫
38	百万千瓦燃煤发电机组电除尘技术	该技术采用电除尘器，通过对装置极配型式、振打方式、配套高压供电电源选型和控制 方式等的改进和完善，使其处理能力达到百万数量级烟气量，并保证设备大型化后每室 烟气量分配均衡、气流分布均匀、减少系统阻力。在入口含尘浓度≤50g/Nm^{3}时，出口排放浓度：≤50mg/m^3，除尘效率≥99.5%，设备阻力<300Pa。	100 万千瓦燃煤发电机组烟气 除尘处理
39	大型燃煤电厂袋式除尘技术	该技术对大型袋式除尘器进行结构优化，降低了设备阻力，保证高效落灰；系统还采用 耐高温高效过滤材料，烟尘捕集效率>99.8%、设备阻力<1200Pa、烟尘排放浓度<30mg/Nm^3。	600MW 及以上燃煤电厂锅炉烟气粉尘治理
40	电袋复合除尘技术	该技术采用电除尘和布袋除尘的组合技术，实现除尘效率 99.9%，排尘浓度<30mg/Nm^3， 设备阻力 600~1000Pa，过滤速度≥1.2m/min，滤袋寿命>4 年。特别适用于现役机组 除尘系统改造和工业炉窑除尘。	电力、建材、冶金等行业燃煤 锅炉烟气除尘
41	高效低阻脉冲袋式除尘技术	该技术采用脉冲喷吹清灰，提高了单个脉冲阀的喷吹面积；滤袋长度达到 7m~9m，设备 阻力小于 1100Pa，整机静态漏风率小于 2%；烟尘排放浓度小于 10mg/Nm^3。	各种工业炉窑除尘
42	高炉煤气袋式除尘技术	采用袋式除尘系统净化高炉煤气。除尘系统采用组合式筒体分筒离线清灰技术，克服了 "粉尘再附"，保证高效清灰的同时提高了单阀喷吹的过滤面积及滤袋长度（袋长可达7m以上），减少了占地面积和设备重量，具备在线检修功能。除尘后，出口烟尘排放浓度<5mg/m^3，除尘效率>99.99%，滤袋使用寿命>3 年。	高炉煤气除尘
43	焦炉烟气净化技术	在焦炉装煤、出焦两个环节，将烟气导入除尘地面站系统中，经过处理进入袋式除尘器 后排入大气，除尘器回收的粉尘送到储灰仓中。烟尘捕集率≥95%，烟尘净化率≥99%， 经处理后的烟尘含尘浓度<50 mg/m^3；苯可溶物≤0.7mg/m^3。	钢铁和炼焦行业烟气净化

序号	技术名称	技术内容	适用范围
44	转炉煤气净化回收技术	转炉烟气经汽化烟道、冷却塔冷却初除尘，经过“OG”环隙除尘器净化。净化的合格煤 气被输送到气柜，其余达标点火放散。本技术与传统湿法工艺相比节能 20~25%，节水30%，投资仅为同类进口设备的20~30%，运行维护工作量小。主要技术指标：处理烟气 量为 10000~300000m^3/h、压力损失<20000Pa、除尘效率>99.95%、粉尘排放量<50mg/m^3。	转炉烟气净化及煤气回收
45	低氮燃烧技术	该技术利用分级燃烧原理使煤粉内的化学能逐步释放，降低燃烧区域的烟气温度；利用 高浓度煤粉气流形成还原性气氛，使生成的部分 NO_x 还原为 N_2；在适当缺氧条件下燃烧， 使热量得不到充分的释放，降低燃烧温度，从而降低热力型 NO_x 的生成。以墙式燃烧方 式的低 NO_x 燃烧技术，应用于老机组改造，对燃用烟煤的机组 NO_x 排放浓度控制到300mg/m^3；对燃用贫煤的机组 NO_x 排放浓度控制到400mg/m3。	各种煤粉燃煤锅炉和工业窑炉
四、工业废气治理、净化及资源化技术			
46	硫酸工业烟气酸洗净化技术	该工艺是将沸腾炉出口的烟气经过余热锅炉、旋风除尘器、电除尘器后、进入两级洗涤 器进行降温除尘，最后烟气进入电除雾器除去酸雾。第一级洗涤器排出的稀酸经斜管沉 降器固液分离后循环使用，第二级洗涤器排出的稀酸经板式换热器移走热量后循环使 用。电除雾排出的稀酸和第二洗涤循环系统多余稀酸串入第一洗涤循环系统，由斜管沉 降器固液分离后，一部分循环使用，一部分经脱气塔吸收后外排。与水法净化技术相比 较，酸洗净化产生的污水量仅为水法净化的 1/80~1/100。	硫铁矿制酸和有色金属冶炼、 石化工业产生的含硫废气的 治理
47	蓄热式热力焚化技术	该技术将待处理的有机废气引入蓄热室的陶瓷介质层，吸热升温后进入氧化室，使废气中 的 VOC 氧化分解成为 CO_2 和 H_2O，并将热量“贮存”到蓄热体后排放。VOC 净化率 95%~99%。	高浓度有机废气净化
48	有机废气活性炭 吸附及回收技术	该技术以活性炭纤维、活性炭颗粒为吸附剂，实现工艺过程中吸附、脱附工序与吸附床 干燥工序相结合。对有机废气回收可达 90%以上，回收的溶剂可直接用于生产。	石油化工、人造革等行业的有 机废气处理

序号	技术名称	技术内容	适用范围
49	恶臭气体的微生物治理技术	该技术采用废气生物净化技术，废气经带有填料的生物滴滤床或生物滤床，被微生物分解，空床停留时间≤20s，H_2S、恶臭去除率≥90%。	恶臭气体的治理
50	压缩冷凝式油气回收技术	该技术在装油时将油气从油罐（汽车油罐、火车油罐）中置换出来，通过油气集输管线进入液环压缩机，恒温压缩后，进入第一级冷箱冷却，将油气中水和重组分冷凝成液体， 流入油水分离器，剩余油气进入第二级冷箱冷却，此时油气已约 90%被冷凝成液体进入 集油箱，剩余油气进入第三级冷箱冷却，排放油气浓度≤25g/m^3。	石化厂油库及城市中储油库 油品装卸过程的油气回收
51	挥发性有机物的吸附催化净化技术	该技术是一项吸附、浓缩、催化氧化净化工艺，处理风量 10000~200000m^3/h，废气浓 度<1000mg/m^3。排放浓度：苯≤12mg/m^3，甲苯≤40mg/m^3，二甲苯≤70mg/m^3。	挥发性有机化合物的污染治理
五、固体废物综合利用、处理处置及土壤修复技术			
52	碱回收白泥制备轻质碳酸钙技术	该技术采用专用砂磨机对白泥进行定向研磨，解絮规整，使其细度和微观结构满足造纸加填的需要，过筛后生产轻质碳酸钙。白泥轻质碳酸钙细度 500 mesh，白度 90%，D98 粒径 25μm，沉降体积 3.0ml/g；100t 的碱回收炉，投资约 200 万元，回收成本约 190 元/t 碳酸钙，每吨比商品重质碳酸钙节约 100 元以上。	木浆生产企业（5 万 t/年）的 碱回收白泥的综合利用
53	碱回收白泥污染控制及资源化技术	该技术在碱回收苛化工段中增加石灰和苛化绿液的深度净化过程，从而使苛化产生白泥（碳酸钙）的纯度和白度得到提高，达到造纸过程中所加填料碳酸钙的质量要求，使草 浆白泥回收成为可能。生产的含水沉淀碳酸钙经烘干后碳酸盐不溶物≥97%，pH9.0~11.0，筛余物（325 目）≤0.5%，白度≥88%。采用该技术进行技改时，设备投资为 550~690 万元，碳酸钙生产成本为 190~220 元/吨，投资回收期 0.5~1 年。	碱回收白泥综合利用
54	啤酒废酵母利用技术	（1）该技术将啤酒废酵母为原料，将其中的核糖核酸经酶解、离子交换树脂分离、纯化等工艺生产 4 种单核苷酸，降解率稳定在 80%以上，产品纯度≥95%，每年可减少废酵 母液（COD：10 万~20 万 mg/L）排放 1.6 万 t 左右。	啤酒废酵母综合利用与处理

序号	技术名称	技术内容	适用范围
54	啤酒废酵母利用技术	（2）该技术将啤酒废酵母经除杂除苦后，采用自行研发的胞壁溶解酶和磷酸二酯酶实现破壁自溶，干燥后得到粗产品酵母精，而细胞壁残渣则利用酶膜反应器制备甘露糖蛋白及水溶性葡聚糖。年生产啤酒100万t，可利用废酵母1500t，项目可每年新增产值3000万元。	啤酒废酵母综合利用与处理
55	啤酒麦糟资源化开发和利用	该技术是利用酶技术和膜分离工艺从麦糟中提取功能性膳食纤维和蛋白质，作为食品配料应用于各类健康食品中，并采用挤压改性技术开发麦糟膳食纤维方便食品，由此可达 到无污染物排放和提高麦糟的经济附加值。酶解温度55～60℃，酶解时间4～5h，膳 食纤维回收率90%以上（以干基计）。年生产10万t啤酒，投资2000万元，利用麦糟可 生产1250t膳食纤维，5000t挤压膳食纤维食品，销售收入8750万元。	啤酒麦糟资源化利用
56	丢弃酒糟无害化、效益化处理 技术	该技术采用2000m^3大窖，以酿酒丢弃酒糟为原料，加入糖化酶和固体酵母生产复糟白酒；生产复糟白酒后的丢糟经烘干后作为锅炉燃料生产蒸汽；燃烧后的酒糟灰再采用沉淀法（低压液相法）生产水玻璃，进而生产白炭黑。使酿酒丢弃酒糟资源化、减量化、无害化，实现了固态酿酒清洁生产。	酿酒行业丢糟处理
57	制革固体废弃物资源化利用	该技术以废皮屑为原料，开发废皮屑–单宁–双官能团交联剂“共价交联”固化单宁和 “有机蒙囿”固化Fe^{3+}、Al^{3+}、Zr^{4+}、Ti^{4+}等的制备技术；制备的两种新型吸附材料，分别 用于工业废水中有毒重金属离子的吸附和无机阴离子、染料、有机物等的吸附。年产1000t吸附材料的项目总投资1096万元，可实现总产值960万元/年，投资平均利润率为45%。	制革废物资源化利用
58	屠宰厂、肉联厂、皮革厂废弃物生产蛋白质技术	该技术是利用自主生产的复合蛋白酶，将屠宰场、肉联厂、皮革厂生产的废弃物、啤酒 厂生产的酵母泥、淀粉加工厂废水提取物经过加工，生产蛋白质系列产品。剩下的骨渣、 肉渣、皮渣可作为饲料添加剂，油可作为化工原料；生产废水经处理后回收用于生产， 清洗设备、生产场、原料用水，经分化沉淀变成清水达标排放，沉淀下来的污泥可作为 肥料使用。	屠宰厂、肉联厂、皮革厂生产的废弃物、啤酒酵母泥的处理

序号	技 术 名 称	技术内容	适用范围
59	废橡胶轮胎深加工利用技术	该技术将废橡胶轮胎经过粗破机、粉碎磁选、纤维分离，再经过机械和化学方式进行硫化橡胶分子中的硫化学键的打开，而后再经过捏炼、精炼最后制成高品质再生胶。断硫过程中产生的废气冷凝后经生物净化后达标排放，捏炼、精练过程中产生的废气经吸收 后达标排放。	废橡胶轮胎深加工技术
60	磷石膏制水泥缓凝剂	该技术包括原料磷石膏的预处理、煅烧、收尘和成球。磷石膏先经过洗涤净化、过滤等预处理，降低其中的有害杂质，并降低含湿量；加入一定比例的添加剂后，部分原料送去煅烧制半水石膏，煅烧烟气中的粉尘经布袋收尘后，与另一部分原料混合送去成球。	磷肥企业
61	废碱焚烧中熔融碳酸钠固体回收技术	该技术采用汽液动雾化加饱和溶液载送的工艺流程，将废碱焚烧产生的熔融碳酸钠经喷流雾化区、冷却、碎化后进入导流筒．经碳酸钠饱和溶液冷却后顺流推送至刮板机，进行含渣液的固液分离，清液溢流至中间槽，再由循环泵进行循环；固渣经螺旋机分水和 筛网沥水脱湿，干燥后得到粗碳酸钠产品。该技术解决了环己酮生产中排放含碳酸钠废水的问题，使污水中碳酸钠排放削减率达 99.96%，同时可回收碳酸钠 1 万 t/年（以 7 万 t/年环己酮产量计）。	环己酮生产行业
62	生活垃圾焚烧处理系统技术	采用炉排炉结构，实现垃圾稳定而充分地燃烧，并对垃圾焚烧产生的余热进行利用，通过汽轮机发电机组转化为电能。灰渣送去填埋处理，烟气经半干式烟气处理装置除去有害气体和粉尘后排放。喷雾塔、除尘器收集下来的飞灰与烟气处理系统的残余物收集到 灰仓，经固化后进行危险废弃物填埋处理。单台处理能力 300t/d 以上，炉膛设计可确 保烟气在 850℃的停留时间≥2s。	低位热值>5000kJ的城镇生 活垃圾焚烧处理
63	填埋场气体利用技术	（1）该技术采用数学模型对填埋气体产生量及收集量进行预测，设计出适用于新建、正在运行和封场垃圾填埋场的填埋气体导排井、集气管网、排水井、监测井、抽气风机、 燃烧器、发电机组等，将收集的填埋气经过预处理后通入装机容量为500kW以上的沼气 内燃机组燃烧发电，使填埋场气体能源化，减少温室气体排放。	累计容量达到100万m^3以上，垃圾填埋堆体厚度>10m的生活垃圾填埋场气体处理及规模>100Nm^3/h的厌氧产沼气处理

序号	技术名称	技术内容	适用范围
63	填埋场气体利用技术	（2）该技术先利用变压吸附技术将甲烷气体和其他气体分离，再经预处理系统对其进行脱水、脱硫、多级过滤等，保证系统和设备的安全稳定运行，最后经脱氧、深度脱硫、深度干燥等深度处理，使产品气稳定并达到国家天然气相关标准。 （3）采用常压多胺法净化填埋场气体，收集的填埋沼气经过煤气风机的加压后进入净化塔，在净化塔内，填埋沼气与吸收液进行化学反应，使其 CO_2含量从 37.5%降到 2%以下，CH_4含量从54%提高到 96%以上。净化后的气体性能同二级天然气，经过加压至 25MPa，可送汽车加气站。吸收液经解吸后可循环利用。	累计容量达到100万m^3以上，垃圾填埋堆体厚度>10m的生活垃圾填埋场气体处理及规模>100Nm^3/h 的厌氧产沼气处理
64	医疗废物非焚烧处理技术	采用高温蒸汽、微波或其组合消毒技术处理医疗废物，实现医疗废物的消毒、灭菌和毁形，无二次污染。对繁殖体细菌、真菌、亲脂性/亲水性病毒、寄生虫和分枝杆菌的杀灭对数值≥6，对枯草杆菌黑色变种芽孢（B.subtilis-ATCC 9372）的杀灭对数值≥4。	10t/d 以下的医疗废物集中处置
65	含油污泥过热蒸汽喷射处理系统	该技术将高温蒸汽（0.3MPa）与含油污泥碰撞，油份和水分被瞬间蒸出，与固体颗粒一起进入旋风分离器，在旋风作用下实现蒸汽和固体颗粒的分离，蒸汽冷却后可直接回收原油，固体颗粒进入残渣罐内作为制砖原料或掺入煤粉作为燃料。对油水含量为 90%的污泥，其污染物消减率为 90%，残渣含油量≤1%。系统运行消耗蒸汽 350~500kg/h，柴油 6~8L/h（天然气 9m3/h），电 7 度/h，水 0.5t/h。	油田、化工企业等产生的含油污泥
66	PCBs、农药等污染土壤的间接热脱附处置技术与装置	该技术将污染土壤做预处理后，在 500℃以上进行热脱附，使土壤中 PCBs 和农药的含量低于相关标准，土壤排渣经工业循环废水冷却和水化后排放。污染气体部分经除尘后通过湿法洗涤，洗涤后气体经过滤、冷凝、吸附等过程达标后排放；洗涤废水经中和、沉降、分液后循环利用，对污染物进行固态分离后进行异地焚烧终端处理。	受到 PCBs 和农药污染土壤的处理
67	赤泥堆场生态修复技术	该技术通过选择适宜的、抗逆性好且逆生的植被品种，对赤泥堆场进行生态修复。该技术不需要覆土，实施无土植被恢复，人工改善基质，植被覆盖率>80%，减少水土流失和扬尘 85%以上；可显著减少流域水体、土壤的酸碱、重金属污染。治理成本约 5~50 元/m^2，运行费 3~10 元/ m^2。	同类尾矿库及类似废弃物堆场治理

序号	技术名称	技术内容	适用范围
		六、工业清洁生产和资源综合利用技术	
68	湿法磷酸生产用水多次串级循环使用技术	该技术在湿法磷酸生产中将工艺水经过5~7次的串级和循环使用，实现节约用水和减少排污。工艺水逐级由轻污染到重污染，最后转变成磷酸。工艺水消耗定额从原来的7~11m3/tP_2O_5减少到3~4m3/tP2O5，污水排放量从原来的1.5~2.0m^3/tP_2O_5减少到接近于零排放，30万t/年磷酸装置可减少污水排放量45~60万m^3/年。	磷酸生产工艺的节水改造
69	湿法三氧化砷生产技术	采用湿法生产工艺，由置换浸出、氧化浸出、还原晶析、产品干燥包装、硫酸铜制备、蒸发浓缩、系统环保七个工序组成。置换率95%，砷直收率72.4%，铜浸出率90%，处理后废气中SO_2浓度为128.96mg/Nm^3。	砷滤饼的回收利用
70	还原靛蓝生产中氨气回收再利用技术	该技术将反应过程中压力在0.25MPa，温度230℃状态下间歇式排放的氨气经过降温冷却、过滤、干燥，再经过氨压缩后形成氨液，再作为原料用于生产。项目实施后，80%的废氨气回收再利用，有效降低大气污染，同时降低生产成本。	精细化工行业氨气回收再利用
71	染料清洁生产技术	（1）在染料生产过程中，采用膜处理技术代替原盐析和压滤工艺，提高染料的回收率， 并对滤后水进行催化氧化及 pH 调节、沉淀和膜处理。出水 COD180mg/L，$BOD_5$30 mg/L， 色度 80，NH_3-N25mg/L，pH6~9，含盐量 1~2%，达到工业用水的水质要求。减少精盐用 量 1.5t/t 染料，降低生产成本 1.2 万元/t，处理成本为每吨废水 12 元，比传统喷雾干 燥工艺节约了近 90%。 （2）采用纳滤膜处理技术和浓缩液喷雾干燥技术进行染料后加工，削减废物和废水产 生量。主要工艺及技术参数：喷雾干燥设备主要参数：塔径 6000mm、塔高 49000mm、进 口温度 220℃、出口温度 85℃、水分蒸发量 1100kgH_2O/hr；纳滤膜设备主要参数：分子 量 350、面积 800m^2、通透量 1.1~2.0t/h。	染料生产行业

序号	技术名称	技术内容	适用范围
72	松香酸析脱色回用技术	该技术将蜡染废水酸化后，再经过对废松香采用松香酸析脱色处理，有效去除了杂质，回收的松香可直接回用于生产，回用率达 100%，剩余的废渣可作为制造橡胶的添加剂。废水中 COD 含量由 10000mg/L 降低到 900mg/L，色度由 900 倍降到 500 倍，回收松香的 色度可达到国家二级松香标准，酸度为 160 以上，软化点在 74℃以上。每年可回收旧蜡7500t，每年可削减 COD 外排量 1000t，减少废水排放量 70 万 t。总投资 324 万元，运 行费用为 700 元/t 松香。	印染行业中的蜡染企业
73	环保型水剂硫化黑应用技术	该技术将水、氢氧化钠及其他助剂混合，在一定温度下，加入硫化黑，混合均匀后缓慢 加入环保复合型还原剂，升温、保温，使硫化黑充分还原，全部转变为硫化黑的隐色体。 实现在染色过程中大量减少使用或不用染色助剂硫化碱，有效减少染色中含硫废水和硫 化氢对环境的污染。	染料、印染行业
74	冷冻法处理卤水中硫酸盐技术	该技术在卤水代盐生产烧碱工艺中，将富集硫酸盐的高芒母液与原卤混合后进行冷冻， 经沉降分离出十水芒硝，去除了卤水中的硫酸根离子，与传统的化学沉淀法相比，年减 排硫酸钡盐泥 8万m^3。分离出的十水芒硝再经蒸发、干燥得元明粉，实现排放废物的综合利用。	用卤水或部分卤水制碱的氯 碱企业
75	二乙二醇浓缩再利用技术	该技术采用压滤机将捏合物料打浆水进行回收，用蒸发器进行浓缩，用离心机进行固液 分离。使二乙二醇年排放 500t 降低到年排放 25t；污水中 COD 的含量,由治理前的2000mg/kg 降低到治理后的 150mg/kg。	精细化工行业二乙二醇回收 再利用
76	竹浆高效高白度 清洁漂白技术	该技术采用氧气和过氧化氢为主要漂白剂取代全氯漂白剂，通过活化处理，提高过 氧化氢漂白效果，漂后浆白度达到 85%ISO。与传统全氯漂白比较，有效氯用量减少70%、AOX 产生量减少 70%以上、清水用量减少 60%以上、漂白废水排放量减少 60% 以上。	适应于造纸行业纸浆漂白生产线的新建和旧全氯漂白生产线的改造

序号	技术名称	技术内容	适用范围
77	啤酒低压煮沸等工艺中麦汁真空蒸发节能及减少不良气体排放技术	采用低压煮沸等工艺（低压煮沸、动态煮沸、循环煮沸）缩短麦汁煮沸时间 30～50%。低压或常压回收麦汁煮沸产生的二次蒸汽；热麦汁冷却过程采用真空蒸发技术回收瞬间真空产生的二次蒸汽。将回收二次蒸汽的热量用于预热麦汁或作为热水用于投料、洗涤等。与无此技术的常压煮沸相比，减少蒸汽用量30～60%。对于年产 30 万 t 冷麦汁的糖 化生产线，每年减少原煤消耗量 2200t，减排 SO_2 5.4 t，烟尘 0.54 t，并减少 7000 t 二次蒸汽直接排入大气。	啤酒厂糖化工艺的节能降耗、减少二次蒸汽排放改造
78	酿酒底锅黄水生产乳酸及乳酸钙 技术	该技术充分利用酿酒底锅黄水中的有机酸、残糖、残淀等有益成分，运用现代生物工程技术接种黄水中的乳酸菌发酵，在经过中和、沉降、结晶、干燥酸解、除杂、真空浓缩 等工序，生产出符合国家食品标准的乳酸和乳酸钙。提取乳酸和乳酸钙后的废水再进入 废水站处理可确保达标排放。	酿酒底锅黄水处理
79	氮肥生产企业清洁生产技术	（1）该技术采用洗涤回收技术，将尿素造粒塔尾气中的尿素粉尘含量从100mg/Nm^3以上降到30mg/Nm^3以下，氨含量由50 mg/Nm^3以上降到10mg/Nm^3以下。采用大型吹风气余热集中回收技术、三废流化混燃技术、全燃渣循环流化床锅炉、循环流化床锅炉技术等回收造气吹风气、合成放空气、弛放气、造气炉渣、煤灰、无烟煤末、煤矸石等的余热，副产3.82MPa及以上压力等级蒸汽。蒸汽先发电后供生产使用，实现能量的梯级利用。每生产1吨合成氨可副产3.82MPa、350℃蒸汽1980kg，发电220 kw·h。减少造气炉渣排放量210kg，减少吹风气中CO排放量约150 m^3。锅炉炉渣用于生产水泥等建材。 （2）该技术将反渗透脱盐水作为循环水系统的补充水，在保证循环冷水水质的前提下，大大提高循环水的浓缩倍数，使循环冷却水做到基本不排放。吨氨循环冷却水排放量可由10～50m^3减至2.0m^3以下。该技术与清洁生产工艺改造、闭路循环改造、末端治理回用和在线监测管理相结合，可实现氮肥企业的生产污水零排放和废水的超低排放。每生产1吨氨可减排NH_3–N 3.4kg、COD 7.29kg、氰化物 0.05kg、SS 9.73kg、石油类0.49kg、挥发酚0.01kg、硫化物0.05kg，节约用水10～50t。	（1）适用于采用自然通风造粒塔的尿素企业以及以无烟煤为原料采用固定床间歇式制气工艺的氮肥企业 （2）适用于氮肥企业污水减排

序号	技术名称	技术内容	适用范围
80	大型矿业节水综合集成技术	采用"节水优化管理－复杂酸性废水处理－废水回用"全过程优化集成技术，提高利用效率，减少废水产生量，金属矿山废水回用率达到90%以上；采用高浓度泥浆法处理矿山酸性废水，运行费用降低15%以上，减少污泥输送费用20%以上，减少管道设备腐蚀。	矿山节水及酸性废水处理
81	复合相变换热器技术与装置	该技术通过改变锅炉尾气温度和最低壁面温度的函数关系，当热换热器的壁面温度不低于77.5℃时，排烟温度可降至92℃左右，比传统热管换热器低58℃，为烟气余热的回收增加了的空间，锅炉热效率相应提高近4个百分点。	燃煤、燃油、燃气锅炉及加热炉、工业窑炉的余热回收
七、农村污染治理技术			
82	一体化自回流多级生化污水处理装置	该装置由底部相通的四个同心环组成，由内自外分别为厌氧区、缺氧区、好氧区和沉淀区，污水在厌氧区停留约1h、缺氧区约2h、好氧区约6h，沉淀区的污泥借重力作用下沉到好氧区，无需使用污泥回流泵。装置的COD和BOD_5消减率大于85%，COD排放浓度小于40mg/L，BOD_5排放浓度小于20mg/L。	1000～30000t/d的农村生活污水处理
83	复合厌氧法生活污水处理装置	该技术由圆筒形结构的钢混管件和钢制罐体组装成型，采用厌氧－好氧法处理生活污水，厌氧区投放填料利于微生物附着挂膜，同时在厌氧段和好氧段投加高效菌种，使其对污水降解能力比普通活性污泥效果提高20%～30%。出水COD<45mg/L、BOD_5<8.5mg/L、SS<10mg/L，对NH_3-N、COD、浊度的去除率均≥90%。	村镇、乡村低浓度常规生活污水处理
84	生态填料土地处理系统	该技术利用薄膜在地下围成一个生物滤池，利用透气性土壤作为好氧填料，将厌氧化的生活污水引进草坪下，通过由干管、支管组成的布水系统，均匀地由透气性土壤向下渗滤，污水滞留到厌氧砂盘后，再通过表面张力作用上升，越过砂盘的堰之后，再通过虹吸作用连续地向下层土壤渗透并流出生物滤池。在上述渗滤过程中，水与污染物分离，污染物通过物理化学吸附作用被截留在土壤中，由土壤中的好氧微生物降解，其降解物再由草坪等植物所利用，出水作为中水回用。	农村低浓度污水处理

序号	技术名称	技术内容	适用范围
85	人工湿地污水处理技术	（1）该技术采用预处理与人工湿地组合的工艺，针对北方冬季特点进行了抗寒保温设计，可保障污水处理设施在低温条件下正常运行，具有占地面积小，负荷高等特点。用 于城镇污水处理，对各类污染物去除率：COD 80%，BOD_5 84%，SS 87%，NH_3-N 58%，TP 73%，出水 COD≤60mg/L，NH_3-N≤8mg/L。 （2）该技术采用以沸石为基质的潜流人工湿地，辅以厌氧生物滤池，处理生活污水。原水经格栅进入厌氧生物滤池，滤池出水进入人工湿地进行深度处理。对污水中BOD_5的去除率在 85%～95%之间，COD去除率>80%，N 去除率>60%，P 去除率>90%。	村镇、农村生活污水处理，以及河道的水质改善与生态环 境修复
86	三段式红泥塑料畜禽污水处理技术	前处理将粪污进行固液分离，液态粪污水经厌氧发酵处理产生沼气和沼液，沼气可用于 基地猪栏保温和生活燃料，沼液稀释后可用于果园灌溉；固态粪渣和猪舍干拾的鲜粪， 经堆肥化发酵可得商品有机肥。厌氧发酵池采用耐腐蚀、抗老化、气密性和吸热性好的 红泥塑料作为覆皮，能充分利用太阳能，提高发酵温度，加快发酵速率。	畜禽养殖场粪便污水处理
87	高强度合成材料软体沼气发生装置、沼气贮气袋的技术及其应用	该技术采用高强度、高弹力涤纶丝网布和双面涂刮橡塑改性增强树脂的合成软体材料， 通过高周波自动控温控压熔接工艺，制成弹性软体沼气发生装置、贮气袋，代替传统沼 气发生池，具有施工快、可折叠、自重轻、可二次移动等特点。根据处理量的不同可以 十分方便的模块式组合，并联、串联组成 300～5000m^3的规模化集群装置。建池和装置 费用比传统池低。	产沼气的厌氧处理
88	畜禽养殖场粪污处理和利用技术	采用固、液分别处理。液体经厌氧UASB或USR反应器降解后，产生的沼气存入贮气柜；沼液作为液体有机肥料利用或经过好氧生物处理后达标排放；沼渣和固体粪便高效堆肥，堆肥时间一般在5～7d，USR厌氧反应器内水力停留时间一般为7～10d，COD负荷为8～10kg/（m^3·d）；UASB反应器COD负荷为2～5kg/（m^3·d）。对NH_3-N、TN去除率分别达99%和93%。	规模化畜禽养殖场粪污和废水的处理

序号	技术名称	技术内容	适用范围
89	生物发酵舍零排放养猪技术	该技术将锯末、谷壳、米糠和微生物菌种混合成垫料，进行水分调节、混合搅拌和堆积 发酵后，作为垫料铺在猪舍内，降解、消化生猪排出的粪、尿，三年后即可达到《有机－无机复混肥料》（GB18877－2002）要求，作为生物有机肥料出售。与传统养猪技术相 比，无需设置清粪和粪尿处理措施，节约用水约80%，猪场场界无恶臭，猪肉可达 NY5029－2001《无公害食品猪肉》的要求。	规模化养殖场
90	生物质能源工程	该技术利用农业废弃物（秸秆、树枝、木屑等）为原料，经过常压、高温无氧热解（热 解温度为 400～800℃），得到优质可燃气、木炭、木焦油和木醋液。一吨秸秆可产300m³可燃气（热值大于15000 千焦）、300kg 木炭（热值大于 30000 千焦）、50kg 木焦油、220kg 木醋液。	农业废弃物处理
91	农业废弃物燃烧 发电技术	利用农作物秸秆、稻壳等代替石化燃料在循环流化床内燃烧，产生蒸汽发电，并将汽轮 机的余热外供工业生产用热。锅炉容量 20～220t，锅炉热效率≥85%，发电机额定功率15MW。炉膛温度控制在 900℃左右，采用炉内喷钙法，当钙硫比为 2 时，脱硫效率便可 达到 90%，污染物排放达到《火电厂大气污染物排放标准》。	农业废弃物利用
92	秸秆制人造板技术	该技术以农村废弃物农作物秸秆（稻草）为主要原料，以国产异氰酸酯为胶粘剂，将秸 秆（稻草）经过粉碎干燥、纤维分选、拌胶、高温热压、冷却、砂光等类似于木质刨花 板的生产工序，生产中密度稻草板。产品甲醛释放量为 0，其性能介于普通刨花板与中 密度纤维板之间，与生产木质人造板相比，可节约用水和用电。	农业废弃物利用
八、噪声与振动控制技术			
93	大型发电厂环境噪声综合治理技术	该技术采用隔声、消声、吸声等综合降噪治理，对燃气、燃油、燃煤发电厂和热电厂的 各项高噪声设备进行声源识别，对高压排气噪声、吹管噪声和主机设备空气声隔离降噪30dB 以上，使之达到国家标准规定的厂界和居民敏感点环境噪声标准。	各种燃气、燃油、燃煤发电厂 和热电厂的环境噪声综合治理

序号	技术名称	技术内容	适用范围
94	双曲线冷却塔噪声控制系统研发	(1)利用声学和空气动力学原理，采用在冷却塔进风口周围设置大型通风消声装置的降噪措施，在获得良好降噪效果的同时还保证了冷却塔的热工性能。 (2)采用在冷却塔上加吸声遮阳板，加强了隔声屏障的作用，并将隔声屏障整体做成圆弧状，以扩大声影区，增强隔声效果。	(1)双曲线冷却塔淋水降噪 (2)适应于各种规模形式的双曲线自然通风冷却塔噪声 治理。
95	道路声屏障材料、结构及其应用技术	采用不同类型和参数的声屏障治理噪声污染，其材料、结构，包括隔声量、吸声性能、面密度，应满足不同声屏障插入损失设计和不同环境条件使用要求。当道路声屏障的传 声损失 TL 为 20~30dB，由声透射引起的插入损失的降低量为△Lt 时，TL－△Lt≥10dB；当声屏障的道路一侧附加吸声结构时，所使用的吸声材料的吸声性能应具有全天候功效，特别是应具备不受雨水、潮湿、粉尘条件的影响；3~6m高的声屏障，其声影区内 的降噪效果应为 5~12dB。	道路交通隔声
96	直流输电工程大型换流站噪声综合治理技术	根据直流输电工程大型换流站噪声特点，自主创新开发了大型平波电抗器噪声控制设备、大型换流变压器噪声控制设备和低噪声电抗器。装置外 3m 处，噪声插入损失为 15~16dBA。	大型输送变电换流站环境噪声污染治理
97	室内低频噪声和固体声污染控制设备及集成控制 技术	该技术采用以低频噪声和固体声分析识别技术为基础的高效低频隔振器件、隔振基础等各类隔振系统，控制室内噪声。隔振效率在宽频带>95%，采用集成控制技术，可以使 室内低频噪声（200Hz 以下）和固体声减低 10dB 以上。	城市民用建筑和公共建筑的低频噪声和固体声污染控制
九、重金属污染控制技术			
98	高浓度泥浆法处理重金属废水技术	该技术采用高浓度泥浆法（HDS）处理矿山企业酸性废水，是对常规的酸碱废水中和法处理技术的改进。与传统方法相比，处理能力提高1~2倍，药剂（石灰）消耗减少 5~10%， 所产污泥含固率高、体积小，水质达标。吨水运行费用 0.90~3.96 元。	有色金属（矿山、冶炼、加工等）废水的处理

序号	技术名称	技术内容	适用范围
99	含铬、镉类重金属废水集成膜分离处理技术	该技术采用特种集成膜组件替代现有反渗透组件，截留有机物的分子量约在200以上，对氯化钠及氯化钙的脱除率达90%，对硫酸镁及硫酸钠的脱除率达98%，设备运行压力较低，电耗约为常规反渗透设备的50%。处理电子线路板废水的吨水投资2500~32000元/m^3，运行成本2.0~3.0元/m^3；处理电镀废水的吨水投资2000~4500元/m^3，运行成本3.8~7.5元/m^3。	含有铬、镉等重金属类污染物的废水处理与回用
100	冶炼烟气洗涤废酸处理技术	该技术采用硫化剂与烟气洗涤废酸中砷、铜等重金属离子反应，生成难溶的硫化物沉淀，从而实现砷、铜等重金属离子的脱除。通过对硫化反应进行精确控制，可有选择性的回 收重金属和砷。滤液经过后续废水处理后达标排放。脱铜率>98%，脱砷率>98%，废水 排放含铜<0.2mg/L，含砷<0.02mg/L。与中和法相比，具有重金属离子去除率高、副产品可回收的特点。	冶炼烟气洗涤废酸的处理利用
101	干法废蓄电池资源化利用技术	在废旧铅蓄电池回收工艺中引入了破碎分选技术、铅膏脱硫技术、短窑密闭燃烧技术和铅基合金深度脱氧技术等。铅回收率>95%，锑回收率≥90%，资源综合利用率达到 98%，铅膏脱硫后物料含硫<0.5%。固体废弃物排放率下降 70%，减少到 7.5%以下；废渣含铅 率下降 75%，达到 2%以下；烟尘排放浓度降低98%；尾气含铅量降低 90%；工业用水循 环重复利用率达 95%。	废蓄电池处理
102	氧气底吹熔炼一鼓风炉还原炼铅新工艺及装置	该技术将硫化铅精矿、熔剂、少量煤粉混合制粒后加入氧气底吹炉，生成一次粗铅和含 铅达 40%的氧化渣。氧化渣还原产生二次粗铅和炉渣，含 SO_2 的烟气用于制酸。硫捕集率大于99.7%，铅、银回收率提高1~2 个百分点。	铅冶炼

统计数据

2009年各省、自治区、直辖市单位国内生产总值（GDP）能耗等指标公报

国家统计局 国家发展和改革委员会 国家能源局

（2010年7月15日）

现将2009年各省、自治区、直辖市单位GDP能耗、单位工业增加值能耗、单位GDP电耗公布如下：

	单位GDP能耗		单位工业增加值能耗		单位GDP电耗	
	指标值（吨标准煤/万元）	上升或下降（±%）	指标值（吨标准煤/万元）	上升或下降（±%）	指标值（千瓦时/万元）	上升或下降（±%）
北 京	0.606	-5.76	0.909	-12.30	681.85	-2.74
天 津	0.836	-6.03	0.911	-13.54	782.88	-8.49
河 北	1.640	-5.02	2.999	-9.54	1449.94	-2.52
山 西	2.364	-5.73	4.550	-8.81	1921.93	-8.50
内蒙古	2.009	-6.91	3.557	-15.10	1686.72	-9.73
辽 宁	1.439	-5.08	2.257	-6.95	1119.99	-6.82
吉 林	1.209	-6.19	1.621	-8.19	809.13	-8.64
黑龙江	1.214	-5.85	1.382	-9.64	798.67	-7.72
上 海	0.727	-6.17	0.957	-5.00	808.49	-6.39
江 苏	0.761	-5.17	1.107	-10.17	1064.25	-5.50
浙 江	0.741	-5.41	1.123	-4.96	1176.50	-2.33
安 徽	1.017	-5.39	2.100	-11.13	1088.76	-1.83
福 建	0.811	-3.81	1.150	-2.70	1032.05	-5.87
江 西	0.880	-4.54	1.674	-10.13	922.46	-1.52
山 东	1.072	-5.46	1.543	-9.20	972.49	-3.86
河 南	1.156	-6.16	2.708	-11.56	1218.36	-4.79
湖 北	1.230	-5.97	2.350	-12.27	1018.45	-5.52
湖 南	1.202	-5.10	1.570	-13.68	911.00	-3.05
广 东	0.684	-4.27	0.809	-6.94	1002.09	-6.13
广 西	1.057	-4.43	2.235	-6.68	1279.87	-2.00
海 南	0.850	-2.81	2.613	-4.53	922.89	-2.61
重 庆	1.181	-5.50	1.854	-11.95	894.27	-4.69
四 川	1.338	-5.83	2.249	-9.18	1085.91	-4.66
贵 州	2.348	-4.12	4.320	-0.03	2328.02	-0.83
云 南	1.495	-4.60	2.739	-3.78	1591.10	-4.16
陕 西	1.172	-4.56	1.367	-5.82	1078.51	-7.98
甘 肃	1.864	-6.97	3.530	-12.84	2398.81	-5.55
青 海	2.689	-6.46	2.936	-9.46	3862.12	-2.24
宁 夏	3.454	-6.26	6.509	-8.71	4720.74	-5.90
新 疆	1.934	-1.53	3.095	-1.72	1408.20	5.73

说明：

1、计算公式

$$单位GDP能耗=\frac{能源消费总量}{GDP}$$

$$单位GDP能耗上升（+）或降低（-）\%=(\frac{2009年能源消费总量/2009年GDP}{2008年能源消费总量/2008年GDP}-1)\times100\%$$

$$单位GDP电耗=\frac{全社会用电量}{GDP}$$

$$单位GDP电耗上升（+）或降低（-）\%=(\frac{2009年全社会用电/2009年GDP}{2008年全社会用电/2008年GDP}-1)\times100\%$$

$$单位工业增加值能耗=\frac{工业能源消费量}{工业增加值}$$

$$单位工业增加值能耗上升（+）或降低（-）\%=(\frac{2009年工业能耗增长指数}{2009年工业增加值增长指数}-1)\times100\%$$

2、单位工业增加值能耗的统计范围是年主营业务收入500万元及以上的工业法人企业。

3、GDP和工业增加值按照2005年价格计算。

4、根据能源消费总量和GDP年度统计结果计算，2009年全国单位GDP能耗为1.077吨标准煤/万元，降低3.61%。

5、根据第二次经济普查结果，2005年至2008年全国单位GDP能耗分别修订为1.276、1.241、1.179、1.118吨标准煤/万元，2006年至2008年单位GDP能耗降低率分别修订为-2.74%、-5.04%、-5.20%。各地区数据也进行了相应修订。

6、西藏自治区的数据暂缺。

7、公报不含香港特别行政区、澳门特别行政区和台湾省。

国家发展和改革委员会公告

2010年　第8号

根据《国务院批转节能减排统计监测及考核实施方案和办法的通知》（国发[2007]36号）有关规定，国家发展改革委会同有关部门，对全国31个省、自治区、直辖市2009年节能目标完成情况和节能措施落实情况进行了评价考核。现将各地区2009年节能目标责任评价考核结果公告如下：

北京、天津、河北、山西、内蒙古、辽宁、上海、江苏、福建、江西、山东、湖北、广东、重庆、四川、云南、陕西、宁夏18个省（区、市）考核结果为超额完成等级；吉林、黑龙江、浙江、安徽、河南、湖南、广西、海南、甘肃、青海10个省（区）考核结果为完成等级；西藏自治区考核结果为基本完成等级；贵州、新疆2省（区）考核结果为未完成等级。

根据国家统计局初步核算数，截至2009年底，已完成“十一五”节能目标的有北京、天津2个直辖市；完成进度超过80%的有湖北、湖南、广西等22个省（区、市）；完成进度70–80%的有西藏、安徽、吉林、贵州、青海5个省（区）；完成进度低于60%的有海南、新疆2个省（区）。

2010年是实现“十一五”节能目标的最后一年，各地区、各部门要按照国务院的部署和要求，下更大决心、花更大力气、做更大努力，采取强有力、见效快的措施，综合运用经济、法律、技术和必要的行政手段，确保实现“十一五”节能目标。

附表：2009年各省自治区直辖市节能目标完成情况

2009年各省自治区直辖市节能目标完成情况

单位：%

地区	2009年万元地区生产总值能耗降低目标	2009年万元地区生产总值能耗降低率	“十一五”前四年万元地区生产总值能耗累计降低率	“十一五”节能目标完成进度
北　京	4.00	5.57	23.34	119.14
天　津	4.00	6.03	20.07	100.39
河　北	5.00	5.02	17.21	84.62
山　西	5.60	5.72	18.28	81.23
内蒙古	5.00	6.91	18.82	83.90
辽　宁	4.00	5.08	16.64	81.55
吉　林	5.00	5.98	17.47	77.29
黑龙江	5.00	5.61	16.39	80.23
上　海	3.60	6.17	17.12	84.14
江　苏	4.60	5.17	17.51	86.28
浙　江	4.00	5.41	17.36	85.42
安　徽	4.00	5.13	16.13	78.82
福　建	3.20	3.52	13.22	81.32
江　西	4.00	4.54	16.68	81.79
山　东	5.45	5.46	18.51	82.39
河　南	4.80	6.02	17.03	83.65
湖　北	4.40	5.84	18.46	91.43
湖　南	4.50	5.02	18.20	90.02
广　东	3.70	4.14	13.77	84.99
广　西	3.40	4.43	13.48	89.10
海　南	1.00	2.78	7.12	57.75
重　庆	4.70	5.50	17.13	84.19
四　川	3.80	5.83	16.36	80.05
贵　州	4.30	3.95	15.00	72.84
云　南	4.30	4.60	14.11	81.63
西　藏	2.50	2.67	9.60	78.99
陕　西	4.50	4.56	17.24	84.78
甘　肃	5.20	6.82	17.32	85.21
青　海	5.00	6.46	12.53	71.84
宁　夏	4.00	6.04	16.36	80.04
新　疆	2.00	1.53	8.55	40.05

注：1.　2009年万元地区生产总值能耗降低目标依据各省、区、市人民政府确认函；

2.　2009年万元地区生产总值能耗降低率依据国家统计局初步核算数（西藏自治区2009年万元地区生产总值能耗降低率数据由西藏自治区提供）。

国家统计局2009年统计数据（选录）

国家统计局提供

一、自然资源

表1–1　自然状况

项　　目	2009
国土	
国土面积　　（万平方公里）	960
海域面积　　（万平方公里）	473
海洋平均深度　　（米）	961
海洋最大深度　　（米）	5377
岸线总长度　　（公里）	32000
大陆岸线长度	18000
岛屿岸线长度	14000
岛屿个数　　（个）	5400
岛屿面积　　（万平方公里）	3.87
气候	
热量分布　　（积温≥0℃）	
黑龙江北部及青藏高原	2000-2500
东北平原	3000-4000
华北平原	4000-5000
长江流域及以南地区	5800-6000
南岭以南地区	7000-8000
降水量　　（毫米）	
台湾中部山区	≥4000
华南沿海	1600-2000
长江流域	1000-1500
华北、东北	400-800
西北内陆	100-200
塔里木盆地、吐鲁番盆地和柴达木盆地	≤25
气候带面积比例　　（国土面积=100）	
湿润地区　　（干燥度<1.0）	32
半湿润地区　　（干燥度=1.0-1.5）	15
半干旱地区　　（干燥度=1.5-2.0）	22
干旱地区　　（干燥度>2.0）	31

注：1. 气候资料为多年平均值。
　　2. 岛屿面积未包括香港、澳门特别行政区和台湾省。

表1-2　土地状况

项　目	面　积	占总面积(%)
总面积　(万平方公里)	960	100.00
按地形分　(万平方公里)		
山地	320	33.33
高原	250	26.04
盆地	180	18.75
平原	115	11.98
丘陵	95	9.90
按地高分　(万平方公里)		
500米以下	241.7	25.18
500–1000米	162.5	16.93
1000–2000米	239.9	24.99
2000–3000米	67.6	7.04
3000米以上	248.3	25.86
按特征分　(万公顷)		
耕地	12172	12.68
森林	19545	20.36
内陆水域面积	1747	1.82
草地	40000	41.67
#可利用草地	31333	32.64
其他	22536	23.47

注：1. 本表数字多为过去清查数。
2. 耕地面积数据来源于国土资源部2008年底数据。

表1-3　主要矿产基础储量

项　　目		2009
石油	(万吨)	294919.8
天然气	(亿立方米)	37074.2
煤炭	(亿吨)	3189.6
铁矿	(矿石，亿吨)	213.0
锰矿	(矿石，万吨)	18576.6
铬矿	(矿石，万吨)	522.5
钒矿	(万吨)	1258.9
原生钛铁矿	(万吨)	23291.4
铜矿	(铜，万吨)	2951.0
铅矿	(铅，万吨)	1340.1
锌矿	(锌，万吨)	3838.5
铝土矿	(矿石，万吨)	83923.9
镍矿	(镍，万吨)	281.8
钨矿	(WO3，万吨)	228.7
锡矿	(锡，万吨)	143.5
钼矿	(钼，万吨)	444.8
锑矿	(锑，万吨)	76.5
金矿	(金，吨)	1909.7
银矿	(银，吨)	38448.5
稀土矿	(氧化物，万吨)	1859.1
菱镁矿	(矿石，万吨)	207981.8
普通萤石	(矿物，万吨)	4401.3
硫铁矿	(矿石，万吨)	162133.4
磷矿	(矿石，亿吨)	31.7
钾盐	(KCl，万吨)	35840.9
盐矿	(NaCl，亿吨)	1730.6
芒硝	(Na2SO4，亿吨)	90.8
重晶石	(矿石，万吨)	9537.2
玻璃硅质原料	(矿石，万吨)	147172.9
石墨	(矿物，万吨)	5432.0
滑石	(矿石，万吨)	12755.6
高岭土	(矿石，万吨)	63593.1

注：本表资料由国土资源部提供。其中，石油和天然气的数据为剩余技术可采储量(下表同)。

表1-4 各地区主要能源、黑色金属矿产基础储量(2009年)

地 区	石 油	天然气	煤 炭	铁 矿	锰 矿	铬 矿	钒 矿	原生钛铁矿
	(万吨)	(亿立方米)	(亿吨)	(矿石,亿吨)	(矿石,万吨)	(矿石,万吨)	(万吨)	(万吨)
全 国	294919.8	37074.2	3189.6	213.0	18576.6	522.5	1258.9	23291.4
北 京			7.0	3.0			0.2	7.1
天 津	3436.8	311.1	3.0					
河 北	26380.7	294.0	56.3	35.7	4.8	6.9	13.7	373.4
山 西			1055.5	5.8	12.9			
内蒙古	7618.3	6721.3	772.7	15.8	568.7	126.7	0.8	
辽 宁	14937.7	187.1	43.8	70.2	1364.6			
吉 林	18223.6	677.0	12.8	2.4	0.4			
黑龙江	54519.9	1338.0	69.0	0.4				
上 海								
江 苏	2568.1	22.6	14.5	1.8			5.4	
浙 江			0.5	0.2				
安 徽	180.9		83.7	7.3	9.5		8.3	
福 建			4.2	3.6	69.8			
江 西			7.2	1.7			2.2	
山 东	32636.3	353.8	82.1	9.7				99.5
河 南	5051.9	84.1	114.7	1.7				0.5
湖 北	1224.1	4.4	3.3	3.9	857.1		49.8	
湖 南			18.9	1.6	5881.6		226.1	
广 东	8.3	0.3	1.9	1.2	215.8			
广 西	181.7	3.4	7.7	1.1	3848.1		171.5	
海 南	2.7	2.5	0.9	0.3				
重 庆	161.7	1969.8	21.3		1806.9			
四 川	105.1	6487.0	52.3	28.9	32.1		689.8	22763.3
贵 州		4.5	128.1	0.5	2479.6			
云 南	12.2	2.5	77.5	4.2	582.4	0.1	0.1	
西 藏			0.1	0.3		209.1		
陕 西	22490.2	5658.7	268.7	4.1	287.5	1.1	0.9	
甘 肃	13798.8	163.6	58.4	3.9	132.4	125.1	89.9	
青 海	4361.7	1377.3	20.0	0.1		0.8		
宁 夏	190.9	2.2	55.5					
新 疆	46664.0	8354.1	148.0	3.6	422.4	52.7	0.2	47.6
海 域	40164.5	3054.8						

表1-5 各地区主要有色金属、非金属矿产基础储量（2009年）

地区	铜矿	铅矿	锌矿	铝土矿	菱镁矿	硫铁矿	磷矿	高岭土
	(铜,万吨)	(铅,万吨)	(锌,万吨)	(矿石,万吨)	(矿石,万吨)	(矿石,万吨)	(矿石,亿吨)	(矿石,万吨)
全国	2951.0	1340.1	3838.5	83923.9	207981.8	162133.4	31.7	63593.1
北京			2.6	2.3				
天津								
河北	15.3	16.2	145.8	393.8	876.4	1787.4	2.1	58.3
山西	272.5	1.5	1.3	11472.4		1996.8	0.9	160.2
内蒙古	290.0	385.8	1005.8			17485.5	0.1	433.2
辽宁	13.3	13.6	41.7		179669.4	2864.1	0.8	525.0
吉林	22.2	10.6	12.8		1.1	803.1		50.9
黑龙江	119.6	5.4	21.6			48.2		
上海								
江苏	6.5	15.8	27.3			456.7	0.3	771.3
浙江	12.6	41.1	70.4			743.0		723.9
安徽	203.5	5.6	25.6			13771.3	0.4	234.0
福建	83.7	24.6	49.9	65.0		1022.7		5628.1
江西	711.7	33.5	44.3			14127.8	0.8	3309.5
山东	29.4	6.9	2.3	403.6	27196.4	311.7	0.7	564.1
河南	13.9	30.1	35.6	21811.8	2.1	8741.4	0.1	31.3
湖北	158.3	1.1	3.3	244.2		3800.6	6.2	419.9
湖南	39.1	114.6	187.2	176.1		6303.3	2.8	2105.1
广东	58.5	111.7	204.5			28199.9		27981.4
广西	13.9	18.3	153.6	22573.4		4636.5		18185.0
海南	2.5	1.2	0.6					1872.6
重庆		3.9	14.8	3639.1		1907.1		
四川	83.7	78.1	220.0	14.4	186.5	40605.6	3.5	56.1
贵州	0.3	6.0	14.7	20430.6		5716.2	4.1	10.4
云南	289.4	179.5	820.0	1971.3		6111.7	8.1	391.7
西藏	199.4							
陕西	16.0	13.5	64.2	725.9		577.6	0.2	81.1
甘肃	178.2	103.0	436.1			1.0		
青海	45.9	86.4	145.7		49.9	96.8	0.6	
宁夏								
新疆	71.6	32.1	86.8			17.4		
海域								

二、能源

表2-1 生活能源消费量

能源品种	1990年	1995年	2000年	2005年	2006年	2007年	2008年
合计（万吨标准煤）	15799	15745	15614	25305	27765	30814	31898
煤炭 （万吨）	16700	13530	8457	10039	10036	9761	9148
煤油 （万吨）	105	64	72	26	23	20	13
液化石油气（万吨）	159	534	858	1329	1456	1638	1457
天然气（亿立方米）	19	19	32	79	103	143	170
煤气 （亿立方米）	29	57	126	145	166	186	184
热力（万百万千焦）	8972	12637	23234	52044	56948	57689	62765
电力（亿千瓦小时）	481	1006	1452	2885	3352	4063	4396

表2-2 平均每天能源消费量

能源品种	1990年	1995年	2000年	2005年	2006年	2007年	2008年
合计（万吨标准煤）	270.4	359.4	397.6	646.6	708.7	768.5	796.3
煤炭 （万吨）	289.1	377.2	385.5	635.2	698.8	747.2	768.0
焦炭 （万吨）	18.9	29.4	29.6	68.8	76.4	79.9	81.7
原油 （万吨）	32.2	40.8	58.0	82.4	88.3	93.2	97.0
燃料油 （万吨）	9.2	10.2	10.6	11.6	12.0	11.4	8.8
汽油 （万吨）	5.2	8.0	9.6	13.3	14.4	15.1	16.8
煤油 （万吨）	1.0	1.4	2.4	3.0	3.1	3.4	3.5
柴油 （万吨）	7.4	11.8	18.6	30.1	32.4	34.2	37.0
天然气（亿立方米）	0.4	0.5	0.7	1.3	1.5	1.9	2.2
电力（亿千瓦小时）	17.1	27.5	36.8	68.3	78.3	89.6	94.4

表2-3 各地区农村可再生能源利用情况(2009年)

地 区	沼气池产气总量(万立方米)	#大中型沼气工程	太阳能热水器(万平方米)	太阳房(万平方米)	太阳灶(台)	生活污水净化沼气池(个)
全 国	1307748.3	66978.5	4997.1	1733.8	1484271	186945
北 京	2285.9	2013.0	66.1	30.6	2318	
天 津	1713.4	551.4	32.8	1.0		8
河 北	94337.4	1291.5	514.2	154.9	6805	161
山 西	20885.9	1301.1	407.0	0.3	3632	53
内 蒙	12524.3	822.9	37.4	133.0	30035	5
辽 宁	13440.3	982.5	116.9	513.3	952	
吉 林	2866.2	9.0	30.6	281.1	630	2
黑龙江	4853.0	147.0	41.6	301.9	401	
上 海						
江 苏	19188.1	4995.5	526.7	5.5	15	29974
浙 江	13377.4	7242.7	408.6			61840
安 徽	21093.8	439.5	373.2			1396
福 建	25638.3	4080.6	35.8			1782
江 西	52316.3	2617.8	81.2			1821
山 东	70069.9	8836.4	797.2	13.2	15434	109
河 南	121579.2	6266.0	279.1	1.9	20	1258
湖 北	90674.8	1722.1	191.4			1154
湖 南	80962.6	1458.8	106.5		4	2036
广 东	21635.8	3821.5	8.0	0.7	19	3626
广 西	120424.6	1098.3	35.8	…		605
海 南	27849.5	5396.7	392.8			7
重 庆	37369.2	783.6	6.7			17284
四 川	176135.8	7745.7	48.8	0.9	130087	61933
贵 州	80961.0	1282.4	31.7			1557
云 南	113726.0	126.4	184.3		264	178
西 藏	2485.0				13165	
陕 西	32576.3	276.9	103.7	5.4	15363	119
甘 肃	27338.0	767.0	59.5	222.2	780341	37
青 海	4012.1	102.3	2.4	43.1	221019	
宁 夏	5045.2	211.9	23.2	15.4	260840	
新 疆	9211.4	4.8	47.0	9.4	2927	
新疆兵团	802.8	328.8				
黑龙江农垦	368.9	254.2	6.9			

资料来自农业部。

三、人民生活

表3-1 各地区城市燃气情况（2009年）

地区	人工煤气	管道长度（公里）			全年供气总量			用气人口（万人）		
	生产能力（万立方米/日）	人工煤气	液化石油气	天然气	人工煤气（万立方米）	液化石油气（吨）	天然气（万立方米）	人工煤气	液化石油气	天然气
全国	11099.5	40447	14236	218778	3615507	13400303	4050996	2971.0	16924.5	14543.7
北京			245	15313		367323	682839		348.6	1143.2
天津			177	10233		58963	149736		37.5	569.8
河北	95.1	3509	217	6975	68793	284101	89065	191.6	629.6	673.6
山西	436.7	4694	190	2626	82276	55884	103239	282.0	196.6	358.3
内蒙古	179.0	470	98	1942	3915	84206	46136	63.2	356.5	178.7
辽宁	293.9	5081	626	6941	54441	398309	60035	523.7	693.6	751.1
吉林	92.4	2296	105	3223	17616	219848	33774	166.6	490.9	216.0
黑龙江	76.4	669	21	5164	26349	195710	46770	85.1	537.9	512.1
上海	867.4	6156	500	14997	162721	400176	334399	351.3	719.3	850.7
江苏	4765.0	2352	1771	22155	1728890	865663	343544	135.5	1248.1	1029.6
浙江	5.5	193	2265	11784	1468	909487	86536	30.4	1235.9	459.5
安徽	3.5	282	317	8165	1372	594994	89259	14.4	524.7	529.5
福建	8.0	255	1394	2982	2537	341795	10295	13.9	712.0	211.4
江西	160.0	2073	358	2622	37898	179792	6187	145.7	453.9	114.0
山东	119.3	2175	1172	20328	29377	872762	242908	156.5	1252.8	1231.2
河南	175.6	1731	25	10870	111136	237895	126721	179.8	547.4	706.6
湖北	58.9	660	655	9838	12382	343513	117703	48.5	876.8	610.3
湖南	282.2	515	96	4956	89819	235885	95816	39.3	647.3	331.3
广东	113.1	590	3521	8885	15493	4704485	117125	25.4	3309.0	850.4
广西	10.6	387	40	3613	4449	296843	7050	41.5	595.8	88.6
海南			18	1108		61724	12760		113.2	64.3
重庆				5980		70066	205164		110.4	729.8
四川	511.0	509	75	21748	162826	176579	511115	39.6	134.4	1079.4
贵州	191.8	2784	106	112	26886	60227	2336	161.3	193.7	10.3
云南	82.2	2159	163	300	33113	155859	73	234.8	244.7	32.6
西藏						826148			37.8	
陕西				6287		111081	144275		216.6	480.1
甘肃	15.9	614	1	846	9427	185733	59505	21.7	186.8	180.7
青海				780		7628	152572		19.2	83.4
宁夏		160		2007	1024	15625	69561	12.9	92.8	85.0
新疆	2556.0	134	82	5998	931300	81999	104498	6.2	160.8	382.3

表3-2 各地区城市公共交通情况（2009年）

地 区	年末公共交通运营数（辆）	公 共 汽、电车	轨 道 交 通	运营线路网长度（公里）	公 共 汽、电车	轨 道 交 通	公共交通客运总量（万人次）	公 共 汽、电车	轨 道 交 通	出租汽车（辆）
全 国	370640	365161	5479	209249	208250	999	6767589	6401819	365770	971579
北 京	23730	21716	2014	228		228	658785	516517	142268	66646
天 津	8118	7862	256	759	680	79	121573	116178	5395	31940
河 北	13531	13531		8410	8410		166910	166910		46597
山 西	6655	6655		8710	8710		99887	99887		28729
内蒙古	5558	5558		2810	2810		64298	64298		43084
辽 宁	18955	18855	100	8449	8362	87	380652	373767	6885	77295
吉 林	10187	10047	140	4729	4690	39	156675	153721	2954	53472
黑龙江	13401	13401		5698	5698		204493	204493		62012
上 海	18105	16272	1833	7097	6754	343	402428	270591	131837	49111
江 苏	28296	28176	120	16444	16422	22	384552	373199	11353	45016
浙 江	22135	22135		20022	20022		320709	320709		31116
安 徽	9712	9712		5026	5026		182560	182560		35591
福 建	10106	10106		6685	6685		175940	175940		14291
江 西	6358	6358		4762	4762		112248	112248		10785
山 东	25272	25272		18296	18296		335324	335324		57278
河 南	15735	15735		9475	9475		200187	200187		45001
湖 北	16556	16508	48	12089	12079	10	306369	305052	1317	28230
湖 南	11736	11736		5433	5433		199092	199092		24258
广 东	39212	38328	884	24030	23858	172	716429	656849	59580	57789
广 西	6933	6933		4960	4960		133106	133106		13888
海 南	1676	1676		1211	1211		30746	30746		3687
重 庆	7130	7046	84	2724	2705	19	145647	141466	4181	9295
四 川	14583	14583		8705	8705		276147	276147		25622
贵 州	4439	4439		2790	2790		405571	405571		8652
云 南	6286	6286		5928	5928		121842	121842		14752
西 藏	751	751		748	748		5618	5618		1544
陕 西	9103	9103		2620	2620		198598	198598		20278
甘 肃	4172	4172		2405	2405		72966	72966		21347
青 海	1994	1994		1057	1057		42158	42158		7041
宁 夏	2133	2133		2708	2708		26993	26993		12582
新 疆	8082	8082		4241	4241		119086	119086		24650

表3-3　各地区城市绿地和园林(2009年)

地　区	城市园林绿地面积(公顷)	#公园绿地	公　园(个)	公园面积(公顷)	建成区绿化覆盖率(%)
全　国	1993168	401584	9050	235825	38.2
北　京	61695	18070	212	9858	47.7
天　津	17369	5219	68	1504	30.3
河　北	60923	17095	338	9441	40.0
山　西	27973	7872	171	4954	36.5
内蒙古	29585	9233	121	7143	32.4
辽　宁	84145	20501	294	10263	38.3
吉　林	34755	10038	116	4136	32.8
黑龙江	64234	14180	262	8009	33.6
上　海	116929	15406	147	1687	
江　苏	214989	32403	590	13740	42.0
浙　江	74362	18969	893	13727	38.2
安　徽	67269	12338	219	7664	37.2
福　建	41330	9986	349	7999	39.7
江　西	37596	8884	209	5270	44.4
山　东	146993	40167	575	20426	41.2
河　南	62947	17154	248	8627	36.3
湖　北	54884	16131	251	7352	37.8
湖　南	42940	10077	171	6135	36.6
广　东	401604	53246	2294	50618	40.8
广　西	57812	7560	137	5423	33.7
海　南	48947	2112	48	1629	41.9
重　庆	32451	10294	138	3746	38.5
四　川	66817	14262	287	7038	36.4
贵　州	27771	3272	55	2940	27.4
云　南	22372	5860	424	5443	36.3
西　藏	2174	354	39	575	29.6
陕　西	23426	7256	113	2560	38.8
甘　肃	14702	4257	81	2394	27.3
青　海	3290	912	20	474	29.0
宁　夏	14525	3275	51	1904	38.8
新　疆	36359	5201	129	3146	36.3

注：公园绿地面积包括综合公园、社区公园、专类公园、带状公园和街旁绿地。

四、水资源利用

表4-1　水资源情况

年份 地区	水资源总量 (亿立方米)	地表 水资源量	地下 水资源量	地表水与地下 水资源重复量	人均水资源量 (立方米/人)
2000	27700.8	26561.9	8501.9	7363.0	2193.9
2001	26867.8	25933.4	8390.1	7455.7	2112.5
2002	28261.3	27243.3	8697.2	7679.2	2207.2
2003	27460.2	26250.7	8299.3	7089.9	2131.3
2004	24129.6	23126.4	7436.3	6433.1	1856.3
2005	28053.1	26982.4	8091.1	7020.4	2151.8
2006	25330.1	24358.1	7642.9	6670.8	1932.1
2007	25255.2	24242.5	7617.2	6604.5	1916.3
2008	27434.3	26377.0	8122.0	7064.7	2071.1
2009	24180.2	23125.2	7267.0	6212.1	1816.2
北京	21.8	6.8	17.8	2.7	126.6
天津	15.2	10.6	5.6	0.9	126.8
河北	141.2	47.5	122.7	29.1	201.3
山西	85.8	47.7	76.1	38.1	250.8
内蒙古	378.1	263.4	214.4	99.6	1563.9
辽宁	171.0	138.0	87.6	54.6	396.0
吉林	298.0	252.8	97.3	52.0	1088.9
黑龙江	989.6	845.6	313.4	169.4	2586.9
上海	41.6	34.6	9.9	3.0	218.3
江苏	400.3	306.0	110.8	16.5	519.8
浙江	931.3	917.4	208.0	194.1	1808.4
安徽	733.1	685.9	185.4	138.3	1195.3
福建	800.8	799.6	244.7	243.4	2214.9
江西	1166.9	1144.7	312.9	290.7	2642.5
山东	285.0	173.8	180.7	69.5	301.7
河南	328.8	208.3	188.1	67.6	347.6
湖北	825.3	794.4	263.4	232.6	1443.9
湖南	1400.5	1393.8	351.7	345.0	2190.6
广东	1613.7	1604.1	407.6	398.0	1682.5
广西	1484.3	1484.3	256.8	256.8	3069.3
海南	480.7	474.6	106.3	100.3	5596.2
重庆	455.9	455.9	81.9	81.9	1600.3
四川	2332.2	2330.6	580.0	578.4	2857.5
贵州	910.0	910.0	249.0	249.0	2397.7
云南	1576.6	1576.6	582.6	582.6	3459.7
西藏	4029.2	4029.2	871.5	871.5	139658.9
陕西	416.5	393.7	132.4	109.6	1105.6
甘肃	209.0	201.8	123.6	116.4	794.3
青海	895.1	873.9	392.3	371.1	16113.6
宁夏	8.4	6.0	22.1	19.7	135.5
新疆	754.3	713.7	470.5	429.8	3516.6

表4-2 供水用水情况

年份 地区	供水总量 (亿立方米)	地表水	地下水	其他	用水总量 (亿立方米)	农业	工业	生活	生态	人均用水量 (立方米/人)
2000	5530.7	4440.4	1069.2	21.1	5497.6	3783.5	1139.1	574.9		435.4
2001	5567.4	4450.7	1094.9	21.9	5567.4	3825.7	1141.8	599.9		437.7
2002	5497.3	4404.4	1072.4	20.5	5497.3	3736.2	1142.4	618.7		429.3
2003	5320.4	4286.0	1018.1	16.3	5320.4	3432.8	1177.2	630.9	79.5	412.9
2004	5547.8	4504.2	1026.4	17.2	5547.8	3585.7	1228.9	651.2	82.0	428.0
2005	5633.0	4572.2	1038.8	22.0	5633.0	3580.0	1285.2	675.1	92.7	432.1
2006	5795.0	4706.8	1065.5	22.7	5795.0	3664.4	1343.8	693.8	93.0	442.0
2007	5818.7	4723.9	1069.1	25.7	5818.7	3599.5	1403.0	710.4	105.7	441.5
2008	5910.0	4796.4	1084.8	28.7	5910.0	3663.5	1397.1	729.3	120.2	446.2
2009	5965.2	4839.5	1094.5	31.2	5965.2	3723.1	1390.9	748.2	103.0	448.0
北京	35.5	7.2	21.8	6.5	35.5	11.4	5.2	15.3	3.6	205.8
天津	23.4	17.2	6.0	0.1	23.4	12.8	4.4	5.1	1.1	194.4
河北	193.7	37.5	154.6	1.6	193.7	143.9	23.7	23.4	2.7	276.3
山西	56.3	23.3	32.9		56.3	34.4	10.5	10.0	1.3	164.6
内蒙古	181.3	93.5	87.5	0.3	181.3	138.7	20.9	14.1	7.6	749.6
辽宁	142.8	71.6	67.4	3.8	142.8	91.1	23.9	24.4	3.3	330.8
吉林	111.1	68.6	42.5		111.1	71.2	23.6	14.1	2.3	405.9
黑龙江	316.3	180.2	136.0		316.3	237.4	55.7	18.8	4.4	826.7
上海	125.2	124.9	0.3		125.2	16.8	84.2	23.1	1.2	657.4
江苏	549.2	540.4	8.8		549.2	300.1	194.5	51.4	3.2	713.2
浙江	197.8	192.3	5.0	0.5	197.8	97.3	55.3	37.6	7.5	384.0
安徽	291.9	265.3	26.1	0.5	291.9	167.2	93.7	29.0	2.0	475.9
福建	201.4	196.4	4.8	0.3	201.4	100.8	77.2	22.1	1.3	557.2
江西	241.3	230.9	10.4		241.3	157.2	53.2	26.1	4.8	546.3
山东	220.0	119.6	97.0	3.3	220.0	156.4	24.7	34.9	3.9	233.0
河南	233.7	94.3	139.0	0.4	233.7	138.1	53.5	35.8	6.3	247.1
湖北	281.4	271.5	8.8	1.1	281.4	149.4	100.8	30.9	0.2	492.4
湖南	322.3	301.8	20.6		322.3	189.3	83.5	46.1	3.5	504.2
广东	463.4	440.8	21.0	1.6	463.4	228.7	136.2	90.4	8.1	483.2
广西	303.4	289.0	11.6	2.7	303.4	195.3	54.0	48.4	5.7	627.3
海南	44.5	41.0	3.5		44.5	34.0	3.9	6.4	0.1	517.6
重庆	85.3	83.5	1.8	0.1	85.3	19.0	47.6	18.2	0.5	299.4
四川	223.5	204.6	16.4	2.4	223.5	123.6	61.6	36.3	2.0	273.8
贵州	100.4	93.2	7.0	0.2	100.4	50.8	34.1	14.9	0.6	264.5
云南	152.6	145.7	4.3	2.6	152.6	103.5	22.4	23.6	3.2	335.0
西藏	30.9	28.3	2.6		30.9	27.4	1.4	2.0		1069.4
陕西	84.3	50.9	33.1	0.4	84.3	57.2	11.4	14.8	0.9	223.9
甘肃	120.6	94.7	24.0	1.9	120.6	93.8	13.1	10.8	3.0	458.4
青海	28.8	23.9	4.7	0.1	28.8	21.6	3.0	3.4	0.8	517.8
宁夏	72.2	67.0	5.2		72.2	65.3	3.7	1.7	1.6	1162.3
新疆	530.9	440.2	90.0	0.7	530.9	489.4	10.1	14.9	16.5	2475.1

注：生态用水仅包括部分河湖、湿地人工补水和城市环境用水。

五、废水排放及处理利用

表5-1 各地区废水排放及处理情况（2009年）

地 区	废水治理设施数(套)	工业废水排放总量(万吨)	#直接排入海	工业废水排放达标量(万吨)	工业废水中化学需氧量排放量(万吨)	工业废水中氨氮排放量(万吨)	生活污水排放量(万吨)	生活污水中化学需氧量排放量(万吨)	生活污水中氨氮排放量(万吨)
全 国	77018	2343857	134695	2208743	439.68	27.35	3547021	837.86	95.2
北 京	524	8713		8574	0.49	0.05	132100	9.39	1.26
天 津	848	19441	584	19440	2.35	0.29	40206	10.95	0.91
河 北	3869	110058	1162	108166	23.04	1.72	134931	33.97	3.79
山 西	2548	39720		32694	14.19	1.15	66155	20.25	2.92
内蒙古	889	28616		24366	12.01	0.47	44539	15.85	2.92
辽 宁	1798	75159	24435	64593	21.63	0.96	141996	34.64	5.29
吉 林	638	37563		30621	14.72	0.26	72151	21.36	2.60
黑龙江	1465	34188		31379	11.19	0.68	76320	35.01	4.08
上 海	1730	41192	2536	40687	2.90	0.20	189326	21.44	2.78
江 苏	6877	256160	1623	251290	25.13	1.38	266169	57.04	5.16
浙 江	8202	203442	11641	193847	24.05	1.52	161575	27.33	2.58
安 徽	1987	73441		70657	12.88	1.44	106260	29.53	3.24
福 建	3949	142747	73811	141032	7.54	0.62	103266	30.03	2.39
江 西	1826	67192		63047	10.35	0.73	79888	33.17	2.68
山 东	4824	182673	7495	180030	26.05	1.39	204058	38.65	5.34
河 南	3210	140325		134850	29.77	2.57	193656	32.86	4.95
湖 北	2068	91324		87594	14.37	1.51	174433	43.20	4.95
湖 南	3195	96396		88059	21.56	2.40	163883	63.28	6.00
广 东	9826	188844	7549	174377	21.68	1.00	498585	69.44	10.51
广 西	2539	161596	1597	153458	51.88	1.40	143911	45.75	3.41
海 南	267	7031	2263	6789	1.16	0.06	30486	8.87	0.76
重 庆	1638	65684		61925	10.03	0.73	81385	13.95	1.95
四 川	4377	105910		101029	24.51	1.35	156799	50.25	4.60
贵 州	2050	13478		9570	1.30	0.09	45682	20.30	1.62
云 南	2088	32375		29991	8.53	0.32	55215	18.78	1.58
西 藏	16	942		210	0.07		2514	1.47	0.15
陕 西	1728	49137		47523	12.64	0.72	62082	19.17	2.47
甘 肃	657	16364		13266	4.87	1.19	32907	11.94	1.48
青 海	155	8404		4692	3.93	0.17	13767	3.69	0.54
宁 夏	353	21542		18835	9.73	0.42	19794	2.78	0.39
新 疆	877	24201		16152	15.14	0.58	52983	13.53	1.97

表5-2　工业按行业分废水排放及处理情况（2009年）

行　业	汇总工业企业数（个）	工业废水排放总量（万吨）	工业废水排放达标量（万吨）
行业总计	110903	2090300	1980075
煤炭开采和洗选业	4261	80236	73665
石油和天然气开采业	233	10197	10005
黑色金属矿采选业	1146	15546	14650
有色金属矿采选业	1628	37307	32730
非金属矿采选业	958	7719	7292
其他采矿业	74	574	460
农副食品加工业	7481	143838	132050
食品制造业	3707	52699	48365
饮料制造业	2748	69674	65459
烟草制品业	158	3253	3176
纺织业	8070	239116	230806
纺织服装、鞋、帽制造业	1451	14728	14324
皮革毛皮羽毛(绒)及其制品业	1695	24964	23087
木材加工及木竹藤棕草制品业	1526	6137	5703
家具制造业	340	1856	1836
造纸及纸制品业	5771	392604	367176
印刷业和记录媒介的复制	558	1783	1743
文教体育用品制造业	270	1239	1109
石油加工、炼焦及核燃料加工业	1139	66406	63474
化学原料及化学制品制造业	9985	297062	282138
医药制造业	2939	52718	51003
化学纤维制造业	350	43855	41858
橡胶制品业	918	6783	6704
塑料制品业	1409	4387	4005
非金属矿物制品业	21435	32777	30434
黑色金属冶炼及压延加工业	3562	125978	122036
有色金属冶炼及压延加工业	2643	28976	27643
金属制品业	6118	31346	30166
通用设备制造业	3764	13452	12953
专用设备制造业	1294	11006	10747
交通运输设备制造业	2539	27422	26473
电气机械及器材制造业	1654	9324	9002
通信计算机及其他电子设备制造业	1872	33513	32776
仪器仪表及文化办公用机械制造业	511	5798	5675
工艺品及其他制造业	948	3587	3362
废弃资源和废旧材料回收加工业	189	959	917
电力、热力的生产和供应业	4132	149010	144573
燃气生产和供应业	88	2013	1927
水的生产和供应业	262	22919	22421
其他行业	1077	17537	16152

表5-3　主要城市工业废水排放及处理情况（2009年）

城　市	工业废水排放量（万吨）	工业废水排放达标量（万吨）	工业废水中化学需氧量排放量（吨）	工业废水中氨氮排放量（吨）	废水治理设施数（套）	本年运行费用（万元）
北　京	8713	8574	4898.1	452.8	524	65702.5
天　津	19441	19440	23469.4	2915.5	848	73073.1
石家庄	19045	18992	49738.4	4068.5	589	46852.5
太　原	2483	2417	4920.0	353.8	238	41219.8
呼和浩特	2374	2373	2474.1	236.3	54	9061.4
沈　阳	6259	5722	7947.0	1086.4	356	24178.2
长　春	5489	5133	25947.0	468.5	104	5708.0
哈尔滨	3539	3446	13865.1	510.9	153	20847.1
上　海	41192	40687	29030.6	1982.8	1730	264295.6
南　京	36339	33698	26702.5	1099.0	677	85539.5
杭　州	79959	76925	86449.3	2364.4	1221	90202.8
合　肥	2036	1961	1380.7	80.1	166	9570.4
福　州	4288	3860	3980.1	550.3	382	12994.5
南　昌	10238	9554	21000.0	1085.5	207	12303.4
济　南	5014	4954	7004.6	319.9	264	25822.3
郑　州	11240	11155	9353.7	233.1	377	19533.0
武　汉	22532	22334	21808.1	1225.9	248	27054.3
长　沙	3726	3354	4920.9	228.7	260	5283.0
广　州	26023	25116	23425.3	935.8	996	61140.0
南　宁	12347	11291	71981.7	1341.5	384	17523.6
海　口	475	475	328.6	8.7	33	1439.9
重　庆	65684	61925	100290.3	7251.4	1638	54792.7
成　都	24554	24487	41504.0	5755.5	1512	32644.1
贵　阳	2356	2292	1791.0	97.0	298	8335.3
昆　明	4256	4249	3276.3	209.8	538	20781.8
拉　萨	986	210	489.9	2.7	13	158.2
西　安	14203	13281	40823.5	2230.2	383	13360.2
兰　州	2945	2905	1834.6	134.9	78	15379.2
西　宁	4387	3828	15990.1	970.8	127	2771.7
银　川	4987	4946	12552.6	1227.7	128	6317.6
乌鲁木齐	5968	5251	8667.5	1668.5	107	7879.8

六、废气排放及处理利用

表6-1 各地区废气排放及处理情况 (2009年)

地 区	废气治理设施数(套)	工业废气排放总量(亿标立方米)	燃料燃烧	生产工艺	工业二氧化硫排放量(万吨)	生活二氧化硫排放量(万吨)	工业二氧化硫去除量(万吨)	工业烟尘排放量(万吨)	生活烟尘排放量(万吨)	工业烟尘去除量(万吨)	工业粉尘排放量(万吨)	工业粉尘去除量(万吨)
全 国	176489	436064	241201	194862	1865.9	348.5	2889.9	604.4	243.3	32848.1	523.6	8722.6
北 京	2603	4408	1777	2631	6.0	5.9	11.3	1.9	2.5	181.7	1.7	80.3
天 津	3157	5983	4040	1943	17.3	6.4	25.7	5.9	1.3	420.3	0.8	65.1
河 北	11845	50779	24836	25943	104.3	21.1	123.8	33.0	18.9	2355.6	42.7	561.0
山 西	9200	23693	13066	10627	101.0	25.9	143.4	43.8	20.9	2137.2	42.8	319.2
内蒙古	4956	24844	14382	10462	120.4	19.5	164.6	32.1	17.3	2458.2	16.4	234.4
辽 宁	10067	25211	11284	13928	91.9	13.3	102.2	40.1	21.1	1865.5	22.7	636.5
吉 林	3037	7124	5095	2029	30.0	6.3	12.8	27.7	10.7	868.9	6.6	374.8
黑龙江	4313	9977	8260	1717	41.9	7.1	7.4	31.9	11.4	1058.7	10.1	79.8
上 海	3986	10059	3382	6677	23.9	14.0	38.5	3.6	6.5	513.5	0.8	95.7
江 苏	11508	27432	17752	9680	101.2	6.2	185.6	30.1	2.9	2279.4	16.4	323.1
浙 江	14526	18860	11913	6947	67.7	2.4	130.6	18.0	1.0	1234.3	16.8	869.7
安 徽	4733	15273	7038	8234	48.7	5.2	161.9	23.0	5.0	1363.6	28.5	344.4
福 建	6931	10497	6580	3917	39.9	2.0	35.5	7.1	4.3	606.4	15.7	249.2
江 西	3953	8286	4711	3575	49.0	7.4	143.0	13.9	2.5	741.8	26.3	567.4
山 东	11727	35127	19539	15587	136.6	22.4	273.3	30.2	11.5	3339.8	22.1	554.6
河 南	8740	22186	12773	9412	117.6	17.9	141.4	52.1	7.6	2685.9	24.9	572.7
湖 北	5211	12523	5958	6565	52.7	11.6	88.5	17.9	3.7	789.0	18.3	408.3
湖 南	5117	10973	4373	6599	64.9	16.2	84.8	27.6	6.6	660.2	57.5	323.5
广 东	13011	22682	14033	8649	101.3	5.8	187.4	24.8	5.3	988.3	10.5	464.1
广 西	6006	13184	7588	5596	83.5	5.5	87.8	24.7	1.3	372.6	46.7	323.6
海 南	397	1353	1023	330	2.1	0.1	6.0	0.8	0.2	55.9	0.9	12.6
重 庆	3309	12587	6659	5928	58.6	16.0	78.0	10.9	8.2	439.0	10.8	59.0
四 川	6927	13410	7436	5974	94.6	18.9	83.8	19.6	8.9	946.3	11.4	179.4
贵 州	2441	7786	4763	3023	62.4	55.2	131.8	11.8	32.2	1396.9	9.9	177.4
云 南	5432	9484	4758	4726	41.8	8.1	141.7	12.4	5.5	1105.3	10.2	370.5
西 藏	51	15	14	2	0.2			0.1	0.2	0.1	0.1	
陕 西	4035	11032	6822	4210	74.2	6.3	74.5	15.1	5.2	779.9	14.8	221.4
甘 肃	2716	6314	3375	2939	40.1	9.9	191.3	9.2	7.0	304.7	8.4	89.4
青 海	752	3308	757	2551	12.7	0.8	1.3	5.4	2.2	107.8	6.9	63.7
宁 夏	1503	4701	2556	2144	27.8	3.6	29.3	7.9	1.8	466.0	3.6	45.6
新 疆	4299	6975	4658	2317	51.5	7.5	3.0	22.0	9.7	325.3	18.5	56.3

表6-2　工业按行业分废气排放及处理情况（2009年）

单位：万吨

行　业	工业二氧化硫排放量	工业二氧化硫去除量	工业烟尘排放量	工业烟尘去除量	工业粉尘排放量	工业粉尘去除量
行业总计	1694.06	2889.86	544.62	32848.15	476.20	8722.65
煤炭开采和洗选业	14.99	9.73	9.83	171.18	18.78	16.22
石油和天然气开采业	3.53	6.26	1.11	4.67		
黑色金属矿采选业	5.45	1.51	1.84	10.28	3.78	14.63
有色金属矿采选业	12.30	58.33	1.21	12.63	1.16	4.95
非金属矿采选业	4.52	2.62	2.23	25.81	2.59	5.66
其他采矿业	0.11	0.01	0.19	0.12	0.06	0.02
农副食品加工业	16.09	6.65	11.23	123.43	0.38	6.18
食品制造业	10.76	4.88	5.72	85.32	0.13	4.24
饮料制造业	10.58	5.11	6.75	103.87	0.11	0.67
烟草制品业	1.16	0.60	0.51	3.11	0.10	1.72
纺织业	25.61	10.45	12.66	141.90	0.17	0.90
纺织服装、鞋、帽制造业	1.24	0.69	0.66	7.28	0.03	0.05
皮革毛皮羽毛(绒)及其制品业	1.78	0.31	1.03	5.62	0.03	0.01
木材加工及木竹藤棕草制品业	3.21	0.53	3.23	10.23	2.48	29.29
家具制造业	0.26	0.09	0.37	1.25	0.10	0.22
造纸及纸制品业	45.74	23.42	19.18	344.34	0.75	1.44
印刷业和记录媒介的复制	0.27	0.06	0.15	0.52		
文教体育用品制造业	0.11	0.17	0.06	0.19	0.03	0.22
石油加工、炼焦及核燃料加工业	61.42	230.75	22.46	279.73	15.55	117.60
化学原料及化学制品制造业	97.52	112.36	41.72	764.71	11.16	104.90
医药制造业	7.76	4.96	4.51	41.86	0.08	0.15
化学纤维制造业	11.46	8.58	2.78	113.48	0.06	1.18
橡胶制品业	3.78	3.57	1.84	29.07	0.06	0.92
塑料制品业	2.34	0.62	1.01	7.49	0.03	0.29
非金属矿物制品业	160.52	41.79	92.51	1114.15	309.04	5259.28
黑色金属冶炼及压延加工业	170.18	126.30	51.84	1244.78	84.15	2649.43
有色金属冶炼及压延加工业	66.09	783.15	12.28	420.96	8.84	370.75
金属制品业	3.84	0.80	2.18	9.50	0.76	9.00
通用设备制造业	4.62	1.23	3.01	10.72	2.96	43.55
专用设备制造业	3.83	1.54	1.30	19.48	1.67	3.39
交通运输设备制造业	3.68	1.66	2.93	37.42	2.69	14.05
电气机械及器材制造业	1.13	0.47	0.64	4.88	0.06	0.18
通信计算机及其他电子设备制造业	1.00	0.61	0.50	5.33	0.27	5.52
仪器仪表及文化办公用机械 制造业	0.14	0.06	0.07	0.41	0.03	0.23
工艺品及其他制造业	0.37	0.06	0.16	0.78	0.91	0.64
废弃资源和废旧材料回收加工业	0.17	0.10	0.05	0.37	0.20	0.25
电力、热力的生产和供应业	932.99	1437.90	222.15	27665.56	0.67	1.71
燃气生产和供应业	2.33	0.91	1.38	19.31	0.41	0.05
水的生产和供应业	0.05		0.05	0.17		
其他行业	1.10	1.01	1.29	6.27	5.90	53.15

七、工业固体废物排放及处理利用

表7-1　各地区工业固体废物产生及处理利用情况（2009年）

地 区	工业固体废物产生量(万吨)	#危险废物	工业固体废物综合利用量(万吨)	工业固体废物贮存量(万吨)	工业固体废物处置量(万吨)	工业固体废物排放量(吨)	“三废”综合利用产品产值(万元)
全 国	203943.4	1429.9	138185.8	20929.3	47487.7	7104521	16082440
北 京	1242.4	11.2	910.4	43.7	754.6	881	71680
天 津	1515.7	7.8	1498.3	0.1	25.7		187882
河 北	21975.8	27.7	15693.3	1168.4	5259.9	304551	936390
山 西	14742.9	6.8	8955.8	718.7	5099.4	1415688	342721
内蒙古	12108.3	50.2	6367.9	1235.6	4513.0	92171	217936
辽 宁	17221.4	91.0	8240.7	1981.2	7261.1	27510	443699
吉 林	3940.5	57.5	2538.8	1324.8	88.5		308741
黑龙江	5274.7	17.0	3809.7	993.7	513.0	9763	247210
上 海	2254.6	47.6	2171.6	12.7	85.7	42	161409
江 苏	8027.8	126.1	7862.2	168.3	102.0		2014356
浙 江	3909.7	60.1	3585.9	74.7	256.0	7824	2513210
安 徽	8470.8	11.6	7227.0	544.0	922.7	15	509654
福 建	6348.9	8.0	5425.8	55.9	874.5	24334	492686
江 西	8898.2	6.5	3702.7	786.0	4416.1	139938	470277
山 东	14137.9	221.4	13826.4	237.9	523.9	144	1725361
河 南	10785.8	17.9	8064.3	283.0	2691.4	13104	693261
湖 北	5561.5	91.4	4210.2	251.4	1164.4	51170	699428
湖 南	5092.8	53.9	4010.4	822.2	379.8	185972	695004
广 东	4740.9	99.2	4321.6	137.8	313.5	159839	509827
广 西	5693.1	12.5	3856.7	461.4	1434.4	120979	432197
海 南	200.9	0.2	167.9	11.8	21.2		24440
重 庆	2551.8	14.7	2076.7	262.3	126.7	1498598	274133
四 川	8596.9	83.4	4952.3	1076.1	2845.2	61159	612686
贵 州	7317.4	52.6	3350.7	1792.4	2109.4	944884	165524
云 南	8672.8	50.4	4264.8	2001.6	2615.4	606462	604415
西 藏	11.1		0.2	6.8		41243	239
陕 西	5546.7	13.0	2997.6	1099.5	1445.1	172657	222059
甘 肃	3150.2	20.9	1072.7	937.0	1216.8	123102	260170
青 海	1347.6	83.3	508.2	850.2	1.5	13904	26311
宁 夏	1398.3	0.4	987.9	169.7	251.0	36588	66672
新 疆	3206.1	85.4	1527.2	1420.5	175.8	1051998	152865

表7-2 按行业分工业固体废物产生及处理利用情况（2009年）

行业	工业固体废物产生量（万吨）	#危险废物	工业固体废物综合利用量（万吨）	工业固体废物贮存量（万吨）	工业固体废物处置量（万吨）	工业固体废物排放量（万吨）	“三废”综合利用产品产值（万元）
行业总计	190673.5	1429.84	128607.6	19391.0	44940.2	631.57	16082440
煤炭开采和洗选业	23868.6	0.06	18409.9	1490.3	5069.7	261.35	215935
石油和天然气开采业	175.5	12.31	57.6	11.2	106.7	0.03	124425
黑色金属矿采选业	23441.8	0.01	5823.3	3905.1	13700.2	25.53	40444
有色金属矿采选业	25847.9	158.08	8953.5	4713.7	12164.7	121.57	296452
非金属矿采选业	1454.6	72.75	765.0	330.0	353.3	6.99	33334
其他采矿业	46.0		30.2	10.1	5.7	0.08	1679
农副食品加工业	2090.6	0.14	2055.7	7.8	27.5	2.92	441431
食品制造业	531.9	0.44	522.4	0.2	8.3	1.16	175440
饮料制造业	930.0	0.27	914.3	1.2	7.2	7.48	322744
烟草制品业	40.7	0.01	33.9	0.2	6.3	0.28	4492
纺织业	732.5	18.48	685.4	0.3	45.8	0.96	258373
纺织服装、鞋、帽制造业	46.9	0.13	44.2	0.1	2.5	0.06	6318
皮革毛皮羽毛(绒)及其制品业	80.4	1.92	65.9	0.6	13.7	0.15	15079
木材加工及木竹藤棕草制品业	170.0	0.03	167.6	0.1	2.1	0.26	134383
家具制造业	15.8	0.18	14.8	0.1	0.9	0.04	4824
造纸及纸制品业	1938.7	8.67	1734.9	28.7	177.2	4.75	2045188
印刷业和记录媒介的复制	15.8	1.69	14.2		1.6		17626
文教体育用品制造业	3.0	0.19	2.3		0.6	0.03	1216
石油加工、炼焦及核燃料加工业	2994.4	141.27	2704.0	110.2	199.6	2.89	877195
化学原料及化学制品制造业	12595.5	521.88	8660.3	1546.0	2528.8	15.13	1352448
医药制造业	345.9	31.93	316.0	1.5	27.3	1.68	126706
化学纤维制造业	373.0	41.49	347.4	9.4	23.7	0.09	87763
橡胶制品业	138.7	0.54	135.1	0.1	3.4	0.28	56086
塑料制品业	65.7	2.33	61.3		4.3	0.08	70474
非金属矿物制品业	4358.6	2.72	4514.0	49.8	115.4	35.05	4067650
黑色金属冶炼及压延加工业	33893.7	62.13	29382.4	1296.6	3353.2	49.91	2447857
有色金属冶炼及压延加工业	7087.3	169.87	3209.3	898.6	2963.2	40.09	1089261
金属制品业	505.8	36.19	471.6	0.7	33.5	0.22	132107
通用设备制造业	488.6	6.49	453.5	0.7	32.1	2.35	169775
专用设备制造业	186.8	3.61	160.6	1.0	23.2	1.93	98385
交通运输设备制造业	505.8	15.01	455.9	0.2	47.7	2.01	240684
电气机械及器材制造业	71.3	10.84	62.7	0.2	8.5	0.08	85284
通信计算机及其他电子设备制造业	172.5	79.56	132.5	0.5	39.3	0.26	170358
仪器仪表及文化办公用机械制造业	26.1	11.40	18.3		7.8	0.02	31346
工艺品及其他制造业	18.7	0.33	17.7		0.6	0.37	6045
废弃资源和废旧材料回收加工业	64.1	0.09	59.3		4.5	0.27	91022
电力、热力的生产和供应业	45131.2	15.67	36963.8	4975.6	3798.0	45.17	718419
燃气生产和供应业	55.6	0.31	35.4		20.2	0.01	1887
水的生产和供应业	19.4	0.77	8.9		10.4	0.03	15870
其他行业	144.1	0.04	142.5		1.6		6439

表7-3　主要城市工业固体废物产生及处理利用情况（2009年）

单位：万吨

城　市	工业固体废物产生量	#危险废物	工业固体废物综合利用量	工业固体废物排放量	工业固体废物综合利用率(%)
北　京	1242	11.19	910	0.09	68.9
天　津	1516	7.84	1498		98.3
石家庄	1273	19.41	1209		92.5
太　原	2410	1.91	1172	9.29	48.6
呼和浩特	592	0.30	158		64.6
沈　阳	645	9.72	606	0.02	17.9
长　春	406	1.27	404		76.3
哈尔滨	1330	1.47	1015	0.28	71.0
上　海	2255	47.62	2172		98.6
南　京	1442	18.25	1319		99.3
杭　州	635	7.20	606	0.27	93.9
合　肥	277	1.12	273		60.4
福　州	425	0.83	401	0.61	94.4
南　昌	118	0.17	114	0.35	93.9
济　南	968	6.71	909		89.2
郑　州	915	0.28	756		35.2
武　汉	1215	2.72	1087		99.9
长　沙	155	0.11	140	0.03	95.6
广　州	642	22.59	598	0.03	90.1
南　宁	380	0.05	344	0.16	97.1
海　口	4	0.06	4		79.8
重　庆	2552	14.68	2077	149.86	20.0
成　都	576	0.78	570		74.8
贵　阳	873	1.04	411	0.01	39.9
昆　明	2161	1.24	862	9.70	18.7
拉　萨	26		5	1.21	81.1
西　安	247	0.83	241	0.40	29.5
兰　州	486	15.79	365		22.8
西　宁	250	10.62	243	0.51	91.9
银　川	164	0.31	150	0.72	90.8
乌鲁木齐	551	1.69	360	0.31	65.3

八、生活垃圾处理利用

表8-1 各地区城市生活垃圾清运和处理情况（2009年）

地区	生活垃圾清运量(万吨)	无害化处理厂数(座)	#卫生填埋	#堆肥	#焚烧	无害化处理能力(吨/日)	#卫生填埋	#堆肥	#焚烧	无害化处理量(万吨)	#卫生填埋	#堆肥	#焚烧	粪便清运量(万吨)	粪便无害化处理量(万吨)	生活垃圾无害化处理率(%)
全国	15733.7	567	447	16	93	356130	273498	6979	71253	11232.3	8898.6	178.8	2022.0	2141.0	846.1	71.4
北京	656.1	19	16	2	1	13680	12280	800	600	644.4	548.1	27.6	68.7	211.2	175.7	98.2
天津	188.4	7	5		2	7600	5800		1800	177.6	126.4		51.2	29.6		94.3
河北	678.1	23	18	3	1	12242	10042	1400	400	400.0	348.6	33.0	14.1	174.0	98.1	59.0
山西	374.6	15	12		3	13022	10922		2100	235.6	202.4		33.2	75.9	0.6	62.9
内蒙古	366.5	17	16	1		8726	7926	800		263.9	240.0	23.9		125.7	71.7	72.0
辽宁	813.3	13	11	1	1	11695	10695	600	400	487.0	450.5	21.9	14.6	129.2	38.2	59.9
吉林	521.3	9	7		2	6326	4806		1520	200.2	165.6		34.6	117.1	51.1	38.4
黑龙江	912.4	18	16		2	10048	9548		500	272.5	256.7		15.7	179.9	32.6	29.9
上海	710.0	12	4	1	3	10345	5750	500	2575	559.3	380.7	15.2	106.1	221.0		78.8
江苏	957.3	41	27		14	34570	20502		14068	870.9	479.6		387.1	116.1	95.9	91.0
浙江	925.6	52	31		21	31173	15408		15765	903.4	498.5		404.9	84.4	41.7	97.6
安徽	432.8	14	13		1	8054	7004		1050	263.6	230.4		33.2	55.7	5.6	60.9
福建	392.4	21	15	1	5	10398	6432	116	3850	363.1	228.9	5.3	128.9	24.8	10.4	92.5
江西	280.8	13	13			5930	5930			237.0	237.0			55.4	2.8	84.4
山东	958.4	54	45	1	6	32810	24520	660	6700	867.7	721.9	4.1	110.6	94.7	69.7	90.5
河南	679.5	38	33	3	2	19171	17038	983	1150	511.9	459.5	20.7	31.7	50.4	17.9	75.3
湖北	680.6	19	17	1		12013	11493	120		378.8	362.6	3.6		23.1	0.9	55.7
湖南	511.9	15	15			9312	9312			341.0	341.0			5.4		66.6
广东	1960.6	37	19		17	36087	22702		13035	1283.9	860.5		411.4	125.1	30.9	65.5
广西	240.2	17	14	1	2	7482	6262	400	820	207.3	186.1	8.3	12.9	24.0	7.4	86.3
海南	88.7	3	2		1	1720	1600		120	57.7	53.6		4.0	8.6		65.0
重庆	224.3	13	12		1	6265	5265		1000	215.1	172.6		42.5	75.0	7.7	95.9
四川	590.1	31	25		5	15571	12871		2000	492.7	420.5		72.3	43.5	20.8	83.5
贵州	209.1	11	11			5175	5175			170.8	170.8			7.0	4.1	81.7
云南	282.1	15	12		2	6088	4688		1300	228.2	174.6		42.3	31.3	19.8	80.9
西藏	22.9													0.8		
陕西	356.2	11	10		1	9172	8672		500	246.4	244.4		2.0	20.5	10.0	69.2
甘肃	263.6	11	11			2950	2950			85.3	85.3			23.4	19.6	32.4
青海	87.4	3	3			1950	1950			56.9	56.9			1.3		65.1
宁夏	70.4	2	2			1195	1195			29.6	29.6			2.4	10.1	42.0
新疆	298.2	13	12	1		5360	4760	600		180.8	165.5	15.3		4.8	2.8	60.6

中国循环经济大事记

（2009年）

中国循环经济大事记

（2009年）

1月1日 《循环经济促进法》正式实施。该法以“减量化、再利用、资源化”为主线，坚持减量化优先原则，提出建立循环经济规划制度、抑制资源浪费和污染物排放的总量调控制度、循环经济评价和考核制度、以生产者为主的责任延伸制度、对高耗能高耗水企业的重点管理制度和建立合理的激励机制。《循环经济促进法》的实施，有利于提高资源利用效率、保护和改善环境、实现可持续发展。通过在全社会倡导一种资源节约和环境友好的理念，逐渐让政府、企业事业单位、公民、行业协会等主体形成一种资源节约和环境友好的行为方式，从而促进可持续发展。

1月16日 由国家发展和改革委员会、全国人大环境与资源保护委员会、环境保护部联合主办的学习“循环经济促进法”电视大赛在人民大会堂举行了颁奖仪式，全国人大常委会副委员长陈至立出席颁奖仪式，国家发展改革委副主任解振华、全国人大环资委主任汪光焘、环保部副部长吴晓青等领导发表讲话。大赛受到了社会各界的高度关注和积极响应，为宣传循环经济理念和先进典型，提高全社会节约和循环利用资源、保护生态环境的意识和自觉性，营造实施《循环经济促进法》的良好社会氛围，起到了重要的推动作用。

1月16日 工业和信息化部节能与综合利用司环境保护处召开清洁生产工作研讨会，中国机械工业联合会、中国钢铁工业协会等12 个协会和有关单位共17位同志参加了本次会议。会议对配合国家发改委筛选2009年工业及通信业清洁生产技术、研讨建立清洁生产水平评价标准体系、组织编制工业和通信业清洁生产水平评价标准编制通则、组织编制钢铁、热处理、氯碱、纯碱、氮肥、造纸、染整、PCB、肉类加工等行业清洁生产示范推行方案等进行了探讨。

1月23日 国务院办公厅印发《国务院办公厅关于治理商品过度包装工作的通知》，强调要充分认识治理商品过度包装的重要意义;抓紧制定完善标准、法规和政策，禁止生产、销售过度包装商品；加大宣传教育力度，动员全社会抵制过度包装；加强组织领导，强化监督检查。

2月9日 国家发改委、农业部联合发布的《关于印发编制秸秆综合利用规划的指导意见的通知》提出，到2010年，东部发达地区、中心城市周边、机场和高速公路沿线地区将基本实现秸秆禁烧，力争到2015年，在全国建立较完善的秸秆还田、收集、储运体系，基本形成布局合理、多元利用的秸秆还田和产业化综合利用格局，秸秆综合利用率超过80%。

2月20日 国家发展改革委、国土资源部、住房和城乡建设部、农业部印发《关于公布第三批限时禁止使用实心粘土砖城市名单的通知》，全国限时第三批禁止使用实心粘土砖城市151个。

2月25日 温家宝总理签署国务院令，《废弃电器电子产品回收处理管理条例》将于2011年1月1日正式实施。该条例的实施对规范废弃电器电子产品的回收处理、促进资源综合利用和循环经济发展、保护环境、保障人体健康具有重要意义。

3月5日 国务院总理温家宝在第十一届全国人民代表大会第二次会议所作的《政府工作报告》中强调，要大力发展循环经济和清洁能源。坚持节能节水节地。积极发展核电、水电、风电、太阳能发电等清洁能源。推进洁净煤技术产业化。严格执行能耗和环保国家标准，加大节能技术和产品推广应用力度，加强资源综合利用。

3月6日　国家发展改革委、国家能源局、环境保护部、电监会发布《全国关停小火电机组情况》2009年第4号公告：2008年全国共关停小火电机组1669万千瓦，超额完成年度计划目标。至此，“十一五”前三年全国累计关停小火电机组3421万千瓦，已完成“十一五”目标的68％。

3月19日　工业和信息化部印发《关于太湖流域加快推行清洁生产的指导意见》提出：到2012年，符合强制性清洁生产审核条件的工业和通信业企业全部实施一轮清洁生产审核，其他企业依法开展自愿清洁生产审核。力争重点行业和重点企业中70%的企业能够实施清洁生产技术改造项目，企业清洁生产水平在原有基础上有较大提高。

3月19~23日　科技部、国家发展改革委、教育部、工业和信息化部、财政部、环境保护部、住房和城乡建设部、交通运输部、铁道部、国务院机关事务管理局、国家能源局、中国科学院、中国科协联合主办的“2009中国国际节能减排与新能源科技博览会”在北京展览馆举行。博览会期间，还举办了高层论坛和节能减排科普日活动。来自包括世界500强企业在内的十几个国家和国内二十多个省、自治区、直辖市以及香港特别行政区的200余家企业和机构参加了博览会展示。

3月23日　财政部和国家税务总局印发《关于中国清洁发展机制基金及清洁发展机制项目实施企业有关企业所得税政策问题的通知》。

4月1日　为贯彻落实《国家中长期科学和技术发展规划纲要（2006–2020年）》，加强对矿产资源科技的宏观指导和政策引导，科技部会同国家发展改革委、国土资源部、国家能源局联合制定了《固体矿产资源技术政策要点》。

4月20日　为总结试点工作经验，帮助试点单位提高技术和管理水平，宣传典型经验，促进循环经济形成较大规模，国家发展改革委办公厅、中国工程院办公厅发出《关于开展循环经济专家行活动的通知》，国家发展改革委、中国工程院于2009年4月下旬至8月联合开展“循环经济专家行”活动。“循环经济专家行”活动的主要内容是：对试点单位循环经济实施情况进行调研，总结提炼循环经济发展模式，挖掘典型经验；开展技术评估和咨询，帮助试点单位解决循环经济发展中存在的主要问题，推动完成重大技术改造工程，提高试点单位科技创新能力和循环经济发展水平；提供宏观决策咨询，与试点单位决策层面对面探讨在新形势下循环经济发展的思路；组织新闻媒体随行报道，宣传发展循环经济的典型经验和先进人物，介绍循环经济发展模式，普及循环经济发展理念；贯彻《循环经济促进法》，推动循环经济更好更快发展。

4月23日　国家发展和改革委员会、中国工程院举行“循环经济座谈会暨循环经济专家行启动仪式”。座谈会由国家发展改革委副主任解振华主持，国务院副总理李克强发表了重要讲话。科技部、工业和信息化部、财政部、环境保护部、商务部、国家统计局等有关部门负责同志，以及循环经济领域的知名院士、专家，企业代表等共80人参加了座谈会。会后，国家发展改革委、中国工程院组织近百名院士、专家，于4月下旬至8月分赴天津、山西、上海、浙江、江苏、山东、吉林、黑龙江、重庆、贵州、甘肃、宁夏等省、自治区、市循环经济试点单位开展现场调研、咨询、指导活动。

4月27日　山东民和沼气工程项目在联合国成功注册，成为我国注册成功的首个特大型沼气工程清洁发展机制（CDM）项目。买方为世界银行，购买期限为10年。CDM是发达国家和发展中国家合作控制温室气体排放、应对气候变化有效且双赢的机制。山东民和沼气工程项目年可处理鸡粪18万吨、生产沼气1095万立方米、生产有机肥25万吨、发电2190万千瓦时，年减排温室气体6.7万吨二氧化碳当量，CDM年收益达630万元。民和沼气工程CDM项目的成功运行，为解决养殖场污染问题、减缓温室气体排放、促进沼气工程可持续运行提供了很好的模式。

5月6日　中国工程院院长徐匡迪、国家发展改革委副主任解振华等20多位院士和专家考察了北京盈创再生资源有限公司，这是由国家发展改革委和中国工程院组织的“循环经济专家行”活动的第一站。专家学者在北京三个国家级试点单位把脉循环经济试点情况，为它们出谋划策，排忧解难。

5月13日 国家发展改革委解振华副主任在北京主持召开了《浙江省循环经济试点实施方案》论证会。

5月19日 国务院常务会议研究部署鼓励汽车、家电“以旧换新”政策措施。

5月21日 财政部在北京召开全国财政支持新能源和节能环保等新兴产业发展工作座谈会。李克强出席并讲话，强调要通过健全和完善财税政策等措施，推进新能源和节能环保技术产业化，加快用新能源和节能环保技术改造传统产业，大力发展循环经济和清洁生产，扩大终端消费，培养新的市场，促进新兴产业发展壮大。

6月1日 国务院办公厅发出《关于转发发展改革委等部门促进扩大内需鼓励汽车家电以旧换新实施方案的通知》。国家将采取财政补贴方式，鼓励汽车、家电“以旧换新”，建立有效的激励机制，进一步扩大内需特别是消费需求，促进节能减排，发展循环经济。

6月5日 国家应对气候变化领导小组暨国务院节能减排工作领导小组会议在北京召开。国务院总理、国务院节能减排工作领导小组、国家应对气候变化领导小组组长温家宝主持会议并讲话。会议强调，大力发展循环经济。建立循环经济发展专项资金，支持循环经济技术开发、示范推广、能力建设。加快再生资源回收体系建设。继续推动“限塑”、秸秆综合利用，治理商品过度包装。

6月8日 工业和信息化部印发《关于加强工业和通信业能源资源节约宣传工作的通知》，要求以进一步提高能源资源节约意识为中心，以促进产业升级为目标，全面推进节能、节水、节材、节地、资源综合利用工作和发展循环经济，实现可持续发展。

6月11日 国家发改委和中国工程院联合主办的为期8天的“循环经济专家行”活动在山东进行，院士专家先后到中国重汽济南复强动力有限公司、济南钢铁集团有限公司、新汶矿业集团公司、山东海化集团有限公司、青岛天盾橡胶有限公司等10家循环经济试点单位进行考察咨询。

6月24日 商务部发出《关于组织开展第二批再生资源回收体系建设试点工作的通知》，确定张家口市等29个城市、长春亿北再生资源集散市场等11个集散市场作为第二批试点单位。第二批试点将围绕实现节能减排、资源节约、生态环保和扩大消费的目标，对第一批试点进行补充和深化，以城市为重点，选择在直辖市、计划单列市和省会城市开展试点，取得经验后逐步向地级及以下城市推开。

6月26日 《工业和信息化部办公厅关于组织开展机电产品再制造试点工作的通知》印发。《通知》提出了机电产品再制造试点工作的目标、范围、组织申报程序及相关要求。机电产品再制造试点的工作目标是，通过试点，为制定再制造产品相关技术标准和市场准入条件、完善流通监管体系、加强逆向物流体系建设等提供参考，为大规模推进机电产品再制造产业发展积累经验。机电产品再制造试点工作的主要内容是，选择部分机电产品制造行业，确定一批具备行业代表性和较好再制造基础的企业开展再制造试点，依托试点企业积极探索机电产品再制造的基本做法、相关政策、管理制度和监管体系。开展再制造试点的范围包括：工程机械、大型工业机电设备、机床、农用机械、矿采机械、铁路机车装备、船舶装备、医疗及办公信息设备等整机及关键零部件。

6月28日 财政部、商务部、国家发展改革委、工业和信息化部、环境保护部、工商总局、质检总局印发《家电以旧换新实施办法》。

7月6日 国家发展改革委、住房和城乡建设部联合下发了《关于做好城市供水价格管理工作有关问题的通知》。《通知》要求，水价调整要以建立有利于促进节约用水、合理配置水资源和提高用水效率为核心的水价形成机制为目标，促进水资源的可持续利用；要重点缓解污水处理费偏低问题，促进水污染防治和污水处理行业健康发展。

7月6日 由国家发展和改革委员会、中国工程院组织的“循环经济专家行”在天津进行考察。在3天的考察期间，院士专家们就天津市和天津经济技术开发区循环经济发展情况提出了有针对性的意见和建议，参观了天津利用工业余热淡化海水的电厂及部分变废为宝的资源循环利用企业。

7月13日 财政部、商务部等10个部门联合发布《汽车以旧换新实施办法》，就汽车以旧换新补贴范围及标准、申请流程、补贴资金审核、监督管理等方面做了具体规定。

7月17日 工业和信息化部在延吉召开了全国工业和通信业清洁生产工作座谈会。会议就新形势下如何推进工业和通信业清洁生产工作进行了座谈讨论。

7月19日 国务院办公厅发出《国务院办公厅关于印发2009年节能减排工作安排的通知》强调：大力发展循环经济。做好循环经济促进法贯彻实施工作。组织编制重点行业和重点领域循环经济发展规划，印发省市循环经济发展规划编制指南。建立循环经济发展专项资金，支持循环经济技术研发、示范推广、能力建设等。深化循环经济示范试点，开展“循环经济专家行”活动。加快实施汽车零部件再制造试点，出台促进汽车零部件再制造产业发展意见，建立汽车零部件再制造产品标识制度。组织编制实施再生金属利用规划、重大机电装备再制造产业发展规划。加快国家生态示范工业园区建设。研究建立循环经济评价指标体系和统计制度。发展矿产资源领域循环经济，推进矿产资源综合利用，加快脱硫石膏、磷石膏、农作物秸秆等资源化重点工程建设。启动第三批禁止使用实心粘土砖和第三批“禁止现场搅拌砂浆”工作。制定重点电子信息产品污染物管理目录，推动废弃电器电子产品回收利用。加快第二批再生资源回收体系建设试点，支持建设一批统一规范的社区回收站点、专业化分拣中心和区域集散市场。推进城镇污水处理再生利用。启动餐厨垃圾无害化处理试点。促进灾区建筑废弃物资源化利用。进一步加大“限塑”和秸秆综合利用工作力度。落实国务院办公厅关于治理商品过度包装的有关文件精神，抓紧制定治理商品过度包装的相关标准和政策。推动机电产品包装节材代木。推进循环农业促进行动，重点抓好10个循环农业地市建设，以及农垦制糖业、天然橡胶业的循环产业建设。

7月21～25日 国家发展改革委、中国工程院联合开展的“循环经济专家行”活动在山西省进行。这是继北京、山东、天津之后的第四站活动。中国工程院院士谢克昌，清华大学教授、中国工程院院士金涌等10多位专家先后来到太原钢铁集团、潞安矿业集团、山西安泰集团、阳煤丰喜肥业等4家国家循环经济示范试点单位，开展了调研巡诊和座谈。

7月 住房和城乡建设部印发《城镇污水处理厂污泥处理处置及污染防治技术政策（试行）》。

8月中旬 国家发展改革委和中国工程院联合院士和专家一共17人，来到了“循环经济专家行”活动第五站——贵州和重庆，进行了一个星期的调研与咨询。

8月20日 国家发改委副主任解振华在北京主持召开循环经济座谈会。会议的主要议题有三个方面，一是总结我国推进循环经济发展在理论上取得了哪些重要成果，实践上有哪些重要进展和突破；二是总结具有中国特色、潜力巨大、前景广阔的循环经济典型模式；三是加快推进发展循环经济的基本思路、需要着力解决的重大问题和政策建议。冯之浚、倪岳峰、孙国强、石军、季昆森、赵新良、金涌、左铁镛、张懿、徐滨士、陈吉宁等政府官员、专家学者共30人参加了座谈会。

8月21日 国家发展改革委解振华副主任在北京主持召开《河南省循环经济试点实施方案》论证会。此前，国家发展改革委于2008年12月份组织专家对河南省发展循环经济的工作进行了实地调研。

8月23~25日 中共中央政治局常委、国务院副总理李克强在青海省考察时强调，西部地区资源开发利用潜力巨大，要依靠科技创新，加强资源勘查，努力增加探明储量，合理布局上下游产业，做好发展循环经济这篇大文章。

8月30日 全国煤炭行业第一个循环经济园区——大同煤矿集团塔山循环经济园区正式建成。始建于2003年的塔山循环经济园区，总投资170亿元，以年产1500万吨煤炭的塔山煤矿为龙头，配套建设了选煤厂、坑口电厂、建材厂等10个项目，各项目首尾相接，环环紧扣，园区所有工序中的“废弃物”均被消化在循环链条之内，充分体现出“绿色、环保、转型、高效”的特点，开创了黑色煤炭、绿色开采、科学发展的先河，探索出具有同煤特色的循环经济发展模式，实现了资源综合利用的最大化和经济效益、社会效益的最大化。

9月3日 第二届中国再生铅产业发展高峰论坛在河南济源召开。工业和信息化部节能与综合利用司介绍了《再生有色金属利用专项规划》编制情况，并听取了有关方面的意见和建议。

9月4日 工业和信息化部、中国轻工业联合会在广州珠江啤酒集团召开酿酒行业推行清洁生产现场交流会，工业和信息化部副部长苗圩对加快清洁生产促进工作、转变工业发展方式、走新型工业化道路作了工作部署。珠江啤酒集团、隆大生物等5家企业以及发酵、酿酒协会就推行清洁生产的先进经验与大家进行了交流。

9月21日 国家发展改革委批复《浙江省循环经济试点实施方案》。批复要求，浙江省要通过《实施方案》，到2012年，全省资源利用效率和再生资源回收利用率显著提高，主要污染物排放得到有效控制，生态环境质量明显改善，发展循环经济的主要指标达到或优于《实施方案》所规划的目标要求，循环型生产方式和消费模式在全社会广泛推广，资源环境对经济社会发展的支撑能力进一步增强，创建全国循环经济示范区取得明显阶段性成果。

9月21~22日 国务院连续召开3次新兴战略性产业发展座谈会，原则批复了国家发改委上报的《关于加快培育战略性新兴产业有关意见的报告》，对战略性新兴产业作出了总体部署，确定节能环保产业是国家九大“战略性新兴产业“之一。

9月22日 国家主席胡锦涛在联合国气候变化峰会开幕式上的讲话指出，大力发展绿色经济，积极发展低碳经济和循环经济，研发和推广气候友好技术。

9月29日 国家发展改革委批复了《山西省循环经济发展总体规划》。批复要求，山西省要通过《总体规划》，到2012年，全省资源产出率和矿产资源综合利用率显著提高，主要污染物排放得到有效控制，生态恢复取得初步成效，发展循环经济的主要指标达到或优于《总体规划》所确定的目标要求，不断提高资源循环利用产业对经济社会发展的贡献和作用。

10月9日 国家发改委公布2008年各省自治区直辖市节能目标完成情况：北京、天津、河北、辽宁、江苏、山东、云南7个省（市）考核结果为超额完成等级；山西、内蒙古、吉林、黑龙江、上海、浙江、安徽、福建、江西、河南、湖北、湖南、广东、广西、重庆、贵州、陕西、甘肃、宁夏19个省（区、市）考核结果为完成等级；海南、西藏、青海3个省（区）考核结果为基本完成等级；四川、新疆2个省（区）因地震灾害影响等原因没有完成当年节能任务，考核结果为未完成等级。“十一五”节能目标完成进度超过60%的有北京、天津、湖南、陕西、江苏、湖北、河北、广西、福建、广东、浙江11个省（区、市）；完成进度50%~60%的有山东、重庆、江西等16个省（区、市）；完成进度低于50%的有四川、海南、新疆、青海4个省（区）。

10月10日 第二次中日韩领导人会议在中国北京举行，中国国务院总理温家宝主持会议，韩国总统李明博、日本首相鸠山由纪夫出席会议。会议发表了《中日韩合作十周年联合声明》和《中日韩可持续发展联合声明》，达成了十项合作协议。三国在发展循环经济方面决定：根据“减量化、再利用、资源化”的原则，探讨建立“中日韩循环经济示范基地”，为促进形成资源节约型、环境友好型的产业结构、增长方式和消费模式而共同努力。

10月13~15日 根据《中日关于推动环境能源领域合作的联合公报》精神，国家发展改革委环资司与日本国际协力机构（JICA）在北京共同举办了“中日城市典型废弃物资源化”研讨会。会议就中日两国餐厨垃圾、包装废弃物、园林垃圾和废旧轮胎等四种城市典型固体废弃物的现状、存在的问题、政策和技术措施等展开了形式多样的交流探讨；天津、合肥、青岛、宁波等四个城市结合实例，系统介绍了在处理餐厨垃圾、包装物、废旧轮胎、园林垃圾等典型城市固体废弃物方面的经验。

10月16~19日 中共中央总书记、国家主席胡锦涛到山东考察时强调，继续加大技术创新和工艺改造力度，不断完善循环经济产业链，努力实现企业发展与节能环保双赢，为建设资源节约型、环境友好型社会作出新的贡献。

10月19日 国务院副总理李克强出席中欧战略伙伴关系研讨会开幕式并致辞强调，应对气候变化、保护生态环境是国际社会的共同愿望，也是中国可持续发展的内在要求。加大节能增效力度，发展绿色经济、循环经济、低碳经济，有利于促进资源节约型、环境友好型社会建设，有利于推进产业结构优化升级、培育新的经济增长点，可以也应当作为中国经济结构战略性调整的重要抓手和现实突破口。

10月20日 由国家发展和改革委员会、中国工程院组织的“循环经济专家行再制造专项行动”专家团在中国工程院院士、国家再制造重点实验室主任徐滨士率领下，对东风康明斯发动机有限公司再制造进展情况进行考察咨询。

10月29日 浙江省政府公布《循环经济试点实施方案》。根据试点实施方案，浙江省将大力建设一批循环经济示范企业和园区，重点布局废旧家电回收利用循环经济试点基地等20多个循环经济试点基地。在循环经济试点建设中，浙江明确了地区的重点，如杭州市重在生态化改造开发区、土地集约使用等，温州重在清洁型工业、生态型农业、绿色服务业等方面。

10月30～31日 广东、广西的 8 个城市的有关负责人在梧州举行第二届西江经济发展论坛，就如何更好地开发和保护西江进行了研讨并发表《梧州宣言》，表示要积极调整发展模式，按照循环经济的要求打造西江经济带。

10月31～11月2日 2009年中国（杭州）国际循环经济产业博览会召开，17个国家的170多家参展商带来了循环经济和节能环保的最新技术，近20项中外合作项目进行了签约。

11月3日 工业和信息化部节能与综合利用司在北京召开了部分省市资源综合利用工作座谈会。与会同志就本地区资源综合利用工作的情况进行了交流，并就当前资源综合利用工作的重点和难点和如何推动工业领域资源综合利用工作提出了宝贵建议和意见。

11月8日 第四届中日节能环保综合论坛循环经济分论坛在北京举行。中共中央政治局常委、国务院副总理李克强出席论坛开幕式并讲话。中日双方围绕发展循环经济的最新进展、中日循环型城市合作、再生资源循环利用企业实践等方面的内容分别进行演讲，我国甘肃省、唐山市应邀在分论坛上介绍了各自循环经济发展情况。一些循环经济的合作项目正式签约或达成意向。

11月8日 2009年中国矿业循环经济论坛在烟台召开。论坛的主题是“绿色矿山”，围绕如何发展循环矿业、推进资源整合、促进矿产资源综合利用可持续发展等问题进行了讨论。

11月20日 国家发展改革委环资司在青岛市主持召开《青岛市循环经济试点实施方案》论证会。与会院士专家对该方案给予充分肯定，认为符合科学发展观要求，符合青岛市实际，符合国家发展改革委的编制要求，具有较强的科学性和可操作性。

11月25日 国务院召开常务会议，公布了中国的碳减排目标——到2020年，中国单位国内生产总值二氧化碳排放比2005年下降40%~45%，将作为约束性指标纳入国民经济和社会发展中长期规划，并制定相应的国内统计、监测、考核办法。中国是第一个公布降低碳强度目标的发展中大国。从数据上看，中国作出的减排承诺相当于同期全球减排量的约四分之一。

11月26日 工业和信息化部召开建筑废弃物综合利用座谈会。与会专家对当前建筑废弃物产生量与处理技术现状和综合利用面临的各种困难和问题进行了交流讨论。

11月29日 国家发展改革委环资司在深圳市组织召开《深圳市循环经济试点实施方案》论证会。

11月30日 国家首批循环经济试点项目国投北疆发电厂2号超临界燃煤发电机圆满完成了168小时满负荷试运行后，胜利投产发电，各项参数、指标达到设计规范要求。

11月 我国工业行业已发布30项清洁生产评价指标体系 。

12月1日 工业和信息化部印发《机电产品再制造试点单位名单（第一批）》和《机电产品再制造试点工作要求》的通知，确定了徐工集团工程机械有限公司等35个企业和产业集聚区为第一批试点单位。

12月1日 商务部办公厅、财政部办公厅、环境保护部办公厅、工商总局办公厅联合发布《关于家电以旧换新工作有关问题的通知》。

12月4日 工信部节能司发布《高耗能落后机电设备（产品）淘汰目录（第一批）》公告，第一批淘汰的高耗能落后机电设备（产品）共9大类272项设备（产品），包括电动机27项，电焊机和电阻炉13项，变压器和调压器4项，锅炉50项，风机15项，泵123项，压缩机33项，柴油机5项，其他设备2项。要求各生产和使用单位应抓紧落实《目录》中所列设备（产品）的淘汰工作，生产单位应停止生产，使用单位应尽快更换高效节能设备（产品）。各级节能监察机构应加强对《目录》中所列设备（产品）停止生产和淘汰情况的监督检查工作。

12月5~7日 中央经济工作会议在北京举行，发展包括节能环保产业在内的"战略性新兴产业"成为备受关注的新亮点。

12月7日 财政部、国家税务总局印发的《关于以农林剩余物为原料的综合利用产品增值税政策的通知》：自2009年1月1日起至2010年12月31日，对纳税人销售的以三剩物、次小薪材、农作物秸秆、蔗渣等4类农林剩余物为原料自产的综合利用产品(产品目录见附件)由税务机关实行增值税即征即退办法，具体退税比例2009年为100%，2010年为80%。

12月24日 国务院批复《甘肃省循环经济总体规划》，标志着甘肃省成为全国首个国家级循环经济示范区。这是我国第一个由国务院正式批复的省级循环经济发展规划，是循环经济上升为国家发展战略的又一个标志性事件。根据《规划》，甘肃省将着力打造16条循环经济产业链，重点培育100户骨干企业，积极改造提升36个省级以上开发区，逐步形成覆盖全省的各具特色的 7 大循环经济专业基地。

12月26日 2009年第十一届全国人民代表大会常务委员会第十二次会议通过《关于修改〈中华人民共和国可再生能源法〉的决定》，《中华人民共和国可再生能源法（修正案）》公布施行。

12月29日 财政部和国家税务总局印发了《关于资源综合利用及其他产品增值税政策的补充的通知 》。

12月31日 国家发展改革委批复并原则同意《河南省循环经济试点实施方案》。批复要求，河南省通过《实施方案》的实施，主要资源产出率、固体废弃物综合利用率、农业灌溉水有效利用系数显著提高，主要污染物排放得到有效控制，以五大循环链、八大工业行业、循环型农业、循环经济新兴产业等为重点的循环经济产业初步建立；以政策、机制、资金、技术等为重点的循环经济保障措施进一步完善；以生态城乡和绿色消费为特点的循环型社会逐步形成。